法官评述
100个影响中国的知识产权经典案例

◎主编 奚晓明　　◎副主编 孔祥俊

FAGUAN PINGSHU 100GE YINGXIANG ZHONGGUO DE
ZHISHICHANQUAN JINGDIAN ANLI

知识产权出版社
INTELLECTUAL PROPERTY PUBLISHING HOUSE

内容提要

本书以案例评析方式，收录了100个推动中国知识产权法制建设进程的知识产权经典案例。每个案例包括阅读提示、裁判要旨、案情、裁判及法官评述。不仅全面完整地反映了当事人的诉讼请求、争议焦点，法院审理查明的事实、裁判理由和裁判结果等内容，而且充分展现了法官在裁判具体案件过程中对法律适用、裁判方法、司法理念等案件焦点问题的简要判断，是一本具有很好实践参考价值的工具书。

读者范围：法官、法律从业人士、高校相关专业的师生及相关领域研究人员。

责任编辑：李 琳　卢海鹰　　　　责任校对：韩秀天
特邀编辑：宋宏涛　卢 群　　　　责任出版：卢运霞

图书在版编目(CIP)数据

法官评述100个影响中国的知识产权经典案例/奚晓明主编．
—北京：知识产权出版社，2010.8
ISBN 978－7－5130－0101－4
Ⅰ.①法… Ⅱ.①奚… Ⅲ.①知识产权法—案例—分析—中国　Ⅳ.D923.405
中国版本图书馆CIP数据核字（2010）第138796号

法官评述100个影响中国的知识产权经典案例

主　编：奚晓明

副主编：孔祥俊

出版发行：知识产权出版社

社　址：	北京市海淀区马甸南村1号	邮　编：	100088
网　址：	http://www.ipph.cn	邮　箱：	bjb@cnipr.com
发行电话：	010－82000860转8101/8102	传　真：	010－82005070/82000893
责编电话：	010－82000860转8122	经　销：	新华书店及相关销售网点
印　刷：	北京市兴怀印刷厂	印　张：	49.75
开　本：	787mm×1092mm　1/16	印　次：	2010年9月第1次印刷
版　次：	2010年9月第1版	定　价：	108.00元
字　数：	1175千字		

ISBN 978－7－5130－0101－4/D・1044（3044）

出版权专有　　侵权必究
如有印装质量问题，本社负责调换。

本书编辑委员会

主　　编：奚晓明（最高人民法院副院长）

副 主 编：孔祥俊（最高人民法院知识产权审判庭庭长）

编　　委：金克胜　张绳祖　于晓白
　　　　　王永昌　郐中林　夏君丽

执行编辑：郐中林　郎贵梅

编者说明

在 2008 年 11 月开展的全国法院"司法护权、激励创新"加强知识产权司法保护行动月活动期间,最高人民法院向社会公布了 100 件全国知识产权司法保护典型案例。这些案例生动地展现了人民法院知识产权司法保护工作的广度和深度,是改革开放 30 年来我国知识产权司法保护水平不断提高的缩影,也是人民法院不断强化知识产权审判职能、不断加大知识产权保护力度、不断增强知识产权司法保护能力的集中体现。为了便于知识产权各界人士了解和研究,本书编委会组织相关案件的承办法官对这些案例进行了分析和解读,汇集成书。

本书以案例评析方式进行编写,每个案例一般包括如下部分:(1)阅读提示和裁判要旨。阅读提示同时体现在目录和正文中,有助于读者根据目录迅速判断出案例所涉法律或者其他裁判问题。裁判要旨在于展现法官在裁判具体案件过程中对法律适用、裁判方法、司法理念等案件焦点问题的简要判断。(2)案情和裁判。该部分全面完整地反映了当事人的诉讼请求、争议焦点,法院审理查明的事实、裁判理由和裁判结果等内容。(3)法官评述。包括对本案争议焦点和不同意见、裁判思路和方法的深入分析,以及对本案纠纷发生的社会背景、裁判结果的社会影响和效果的介绍等内容。

本书基本选用的是 2008 年全国法院"司法护权、激励创新"加强知识产权司法保护行动月活动期间公布的典型案例,此外,还选用了三件在其他刊物公布的知识产权典型案例。

本书力求能够展现法官的司法智慧和法律贡献,希望能为法律职业者和有关社会公众提供参考、指导和启迪。当然,法律适用是一个与时俱进的过程,对于本书案例中的有些观点,需要历史地、实事求是地理解和看待。除最高人民法院裁判的案件外,本书案例及评析中的观点也并不必然代表本书编委会的观点。由于时间仓促,水平有限,本书编辑过程中也存在疏漏和不妥之处,敬请读者批评指正。

本书编委会
2009 年 12 月 8 日

目　录

最高法院审理的案件

民事案件

1. 宁波市东方机芯总厂诉江阴金铃五金制品有限公司侵犯专利权纠纷案 ………（ 3 ）
   阅读提示：专利说明书中记载的实施例对专利权保护范围的确定有何影响？在认定等同侵权时，如何比较被控侵权产品和方法的效果与专利的效果？

2. 大连仁达新型墙体建材厂诉大连新益建材有限公司侵犯专利权纠纷案 ………（ 17 ）
   阅读提示：专利侵权判定中是否适用"多余指定原则"？

3. （美国）伊莱利利公司诉江苏豪森药业股份有限公司侵犯专利权纠纷案 ………（ 26 ）
   阅读提示：专利侵权诉讼中，对于被控侵权方提交的涉及其商业秘密的证据材料人民法院应当如何审理和进行质证？涉及专门技术问题需要进行技术鉴定时，人民法院应当如何正确使用证据材料？

4. 新疆岳麓巨星建材有限责任公司诉新疆维吾尔自治区阿克苏地区国家税务局、新疆建工集团第一建筑工程有限责任公司侵犯专利权纠纷案 …………（ 35 ）
   阅读提示：专利权被宣告部分无效后如何确定专利权的保护范围？

5. 湖南省株洲选矿药剂厂诉广东省罗定市林产化工厂、刘显驰侵犯商业秘密纠纷案 ………………………………………………………………………（ 42 ）
   阅读提示：民事诉讼时效是否因权利人举报中断？权利人应否明确界定要求保护的商业秘密内容？鉴定机构能否判断是否构成商业秘密？产品销售利润和营业利润，哪个作为赔偿依据较为合理？

6. 海鹰企业集团有限责任公司诉无锡祥生医学影像有限责任公司等侵犯商业秘密纠纷案 ………………………………………………………………（ 50 ）
   阅读提示：商业秘密侵权案件的审理方法与裁判思维是什么？

7. 成都佳灵电气制造有限公司诉成都希望电子研究所、成都希望森兰变频器制造有限公司、胡向云、余心祥、郑友斌、邓仕方侵犯商业秘密纠纷案 ……（ 61 ）

阅读提示：审理商业秘密侵权案件应当注意哪些问题？

8. 张培尧、惠德跃、江苏省阜宁县除尘设备厂诉苏州南新水泥有限公司侵犯商业秘密、财产损害赔偿纠纷案 …………………………………（82）

阅读提示：如何判断主张被侵权的商业秘密是否采取了保密措施？在他人合法占有作为技术载体的产品的情况下，该产品的所有权人对该产品所有权的宣示或者确认是否构成对相关技术信息所采取的合理保密措施？未尽保管责任致使作为技术载体的设备损坏和遗失，是否等同于有关技术信息被公开？

9. 四川省广汉市三丰科技实业有限公司诉四川省环保建设开发总公司、高进明、四川省绿色环保产业发展有限公司、四川省内江机械厂侵犯技术秘密纠纷案 ……………………………………………………………………（93）

阅读提示：国家有关行政部门针对相关技术出具的成果鉴定或者颁发的证书对技术秘密的认定有何影响？

10. 电子工业部第十八研究所诉孙洗尘、邵桂荣、鲁文东、秦皇岛抚天电源公司、抚宁县开关厂、抚宁县抚宁镇经济管理委员会侵犯商业秘密纠纷案………（103）

阅读提示：如何确定依法应受保护的商业秘密的范围？本案中的两个被告并未直接使用商业秘密，是否构成侵权？

11. 宁夏正洋物产进出口有限公司诉宁夏福民蔬菜脱水集团有限公司等侵犯商业秘密纠纷案 ……………………………………………………………（110）

阅读提示：商业秘密中的客户名单能否等同于一般的客户资料？确定侵犯商业秘密的损害赔偿额能否参照确定侵犯专利权的损害赔偿额的方法进行？

12. 意大利费列罗公司（FERRERO S. p. A.）诉蒙特莎（张家港）食品有限公司、天津经济技术开发区正元行销有限公司不正当竞争纠纷案 …………（123）

阅读提示：在国外知名的商品是否当然就是《反不正当竞争法》中的知名商品？如何看待竞争中的模仿自由？在有各自商标的情况下，如何认定《反不正当竞争法》第5条第（2）项规定的混淆误认？

13. 北京地坛医院诉江苏爱特福药物保健品有限公司等仿冒知名商品特有名称纠纷案 ……………………………………………………………………（137）

阅读提示：如何认定知名商品的特有名称？

14. 福建省福清大闽生物工程有限公司诉福州南海岸生物工程有限公司不正当竞争纠纷案 ……………………………………………………………（143）

阅读提示：本案中被告的广告宣传行为是否构成不正当竞争？

15. 台湾泰山企业股份有限公司与福建省长乐市台福食品有限公司不正当竞争纠纷案 ………………………………………………………………………（152）

阅读提示：在台湾地区知名的商品是否属于《反不正当竞争法》规定的知名商品？在经济特区的国营外币免税商场销售，是否属于在中国境内或者中国大陆销售？

16. 香港 8 分钟国际洗涤集团有限公司、大庆市肇源县创亿公司诉中化四平联合
化工总厂、四平市鑫平洗涤产业有限公司不正当竞争纠纷案 ················ (157)
  阅读提示：如何对比判断是否构成仿冒知名商品特有装潢？对真实
  信息的片面宣传是否构成引人误解的虚假宣传？

17. 福建省乔丹体育用品有限公司诉晋江市阳新体育用品有限公司擅自使用知名
商品特有装潢纠纷案 ·· (168)
  阅读提示：企业不规范使用企业名称、商标对其相关民事权利有何
  影响？如何认定知名商品？如何确定包装物特有装潢侵权损害赔
  偿额？

18. 厦门大洋工艺品有限公司诉厦门市黄河技术贸易有限公司专利实施许可合同
纠纷案 ·· (185)
  阅读提示：约定由技术许可方提供履约所需专用设备是否构成"非
  法垄断技术、妨碍技术进步"？非专利权人签订专利实施许可合同
  是否构成欺诈？

19. 王兴华诉黑龙江无线电一厂，第三人王振中、吕文富、梅明宇专利实施许可
合同纠纷案 ··· (192)
  阅读提示：如何认定专利权人与其他非专利权人共同作为合同的一
  方当事人，与他人签订专利实施许可合同的效力？

20. 山西省科林环境保护技术中心诉山西大学、第三人山西省环境保护局技术
合作开发合同及侵权纠纷案 ··· (199)
  阅读提示：技术合作开发合同纠纷中合作开发技术成果权利主张者
  应承担何种举证责任？

21. 山东省泰安市郊区福利化工厂与武汉化工学院技术转让合同纠纷案 ········· (206)
  阅读提示：技术转让合同一方违约，另一方能否行使合同解除权？
  合同解除后，损害赔偿是否由违约方承担？

22. 赵士英诉河南中原特殊钢集团有限责任公司、鞍钢集团新钢铁有限责任公司
等侵犯专利权纠纷管辖权异议案 ·· (214)
  阅读提示：原告能否以专利方法使用者和依专利方法直接获得产品
  的使用者为共同被告，向依专利方法直接获得产品的使用地人民法
  院提起专利侵权诉讼？

23. （日本）本田技研工业株式会社、东风本田汽车（武汉）有限公司诉河北
新凯汽车制造有限公司、高碑店新凯汽车制造有限公司、北京鑫升百利
汽车贸易有限公司侵犯外观设计专利权纠纷管辖权异议案 ··················· (218)
  阅读提示：在管辖权异议审理中是否需要对作为确定管辖依据的证
  据进行实质审查？

24. 哈罗·斯特瑞特有限公司诉武汉银鲨休闲用品有限公司、百盛商业发展有限
公司等侵犯商标专用权及不正当竞争纠纷案 ··································· (223)

阅读提示：当对涉外案件当事人名称的理解出现歧义，导致对诉讼主体资格产生争议时，应如何认定？对基于他人许可，在同一种或者类似商品上使用他人注册商标的行为是否构成侵犯商标专用权，应如何判定许可是否有效？

25. 雅马哈发动机株式会社诉浙江华田工业有限公司等侵犯商标专用权纠纷案 ········· (236)

阅读提示：在境外注册的企业名称是否可为境内企业经许可后无限制地使用？如何认定此种使用行为是否构成商标侵权？本案赔偿数额的认定是否可采用原告提供的计算方法？

26. 意大利傲时公司诉上海申德系统技术公司等侵犯著作权及不正当竞争纠纷案 ········· (249)

阅读提示：如何界定《反不正当竞争法》中所称"经营者"的范围与竞争关系？根据本案具体情况，确定法定赔偿额应当考虑哪些因素？

27. 中国粮油食品集团有限公司诉北京嘉裕东方葡萄酒有限公司等侵犯注册商标专用权纠纷案 ········· (259)

阅读提示：在审理侵犯商标专用权案件中，认定商标相同和近似的原则是什么？是否需要考虑请求保护商标的显著性和知名度？

28. 安徽双轮酒业有限责任公司诉安徽迎驾酒业股份有限公司侵犯商标专用权纠纷案 ········· (266)

阅读提示：如何判定本案中的文字商标是否近似？

29. 福州万达铅笔文具有限公司、福州铅笔厂诉福建省轻工业品进出口集团公司等侵犯商标权及不正当竞争纠纷案 ········· (274)

阅读提示：特定历史条件下，如何确定知名商品特有包装装潢的权利人？

30. 漳州市中一番食品有限公司诉石狮佳祥食品有限公司、福建省石狮市华祥食品有限公司、石狮德祥食品有限公司侵犯商标权纠纷案 ········· (280)

阅读提示：二审审理期间，商标权人的注册商标被商标行政部门依法撤销，人民法院正在审理的商标侵权纠纷案件应如何处理？

31. 艾格福（天津）有限公司诉四川省富顺县生物化工厂侵犯商标专用权纠纷案 ········· (284)

阅读提示：行政许可等行政行为对商标权的行使有何影响？商标使用许可合同未依法备案是否影响合同效力？商标显著性丧失、侵权故意明显、侵权产品属于劣质产品对于侵权赔偿责任有何影响？如何以侵权获利计算赔偿额？

32. 兰州佛慈制药厂诉甘肃省医药保健品进出口公司、兰州岷山制药厂商标专用权权属、侵权与不正当竞争纠纷案 ········· (292)

阅读提示：在过去我国商标注册采取内外销"两本账"商标做法的情况下，外贸企业将外销商标在国外取得注册商标，生产企业主张该国外注册商标权归其所有，应如何处理？

33. **四川省射洪沱牌曲酒厂等十一家单位诉四川省宜宾杞酒厂恶意商标索赔纠纷案** ·· (300)

    阅读提示：宜宾杞酒厂在注册"杞"字商标时，有意隐瞒了该厂将"杞"字商标主要使用在滋补酒上，"枸杞"是该滋补酒的主要原料的事实，能否适用《商标法实施细则》的有关规定认定其有"恶意"？

34. **北大方正集团有限公司、北京红楼计算机科学技术研究所诉北京高术天力科技有限公司等侵犯计算机软件著作权纠纷案** ·········· (306)

    阅读提示："陷阱取证"是否有违公平原则，能否予以支持？

35. **福州外星电脑科技有限公司诉福州大利嘉城环球电器商行、乌鲁木齐市利军电器商行、翁正文、叶秀娟、王晓燕侵犯游戏软件著作权纠纷案** ·········· (313)

    阅读提示：未经许可复制、销售被控侵权游戏软件，应承担哪些法律责任？

36. **浙江省图书馆诉何湖苇等网络著作权侵权纠纷申请再审案** ·········· (320)

37. **广东唱金影音有限公司诉中国文联音像出版社等侵犯著作权纠纷案** ·········· (321)

    阅读提示：对于戏剧类作品的演出，谁是著作权法意义上的表演者？对音像制品享有的独家发行权与独家出版、发行音像制品的权利有何不同？

38. **洪如丁、韩伟诉广东大圣文化传播有限公司等侵犯著作权纠纷案** ·········· (328)

    阅读提示：使用他人已经合法录制为录音制品的音乐作品制作录音制品，是否要经著作权人许可？

39. **陈敦德、北海中鼎股份有限公司等诉香港沛润国际有限公司、南宁泰安物业发展有限公司著作权许可使用合同纠纷案** ·········· (335)

    阅读提示：本案当事人签订的影片发行权合同是否有效？能否以双方当事人不具备《影片交易暂行规定》中规定的从事影片交易主体资格为由来认定前述合同无效？

40. **广州国际华侨投资公司诉江苏长江影业有限责任公司影片发行权许可合同纠纷案** ·········· (342)

    阅读提示：投资公司不具有制片许可证、发行许可证，且与长江公司倒签合同，双方签订的《影片票房分账发行放映合同》是否有效？前述合同约定的按照查出的漏瞒报票款数额10倍承担赔偿责任是否合理？

41. **沈金钊诉上海远东出版社图书出版合同纠纷案** ·········· (352)

    阅读提示：出版社丢失书稿是否构成侵犯作者著作权？

42. **王志荣诉湖南大学出版社出版合同纠纷案** ·········· (358)

    阅读提示：国家版权局制定的《出版文字作品报酬规定》第16条应否在本案中适用？

请示案件

43. 最高人民法院关于云南省高级人民法院请示昆明制药集团股份有限公司与昆明龙津药业有限公司专利侵权纠纷一案的答复 ………………………… (365)
44. 最高人民法院关于对河南省高级人民法院请示郑州市振中电熔锆业有限公司与郑州建嵩耐火材料有限公司专利侵权纠纷再审一案有关问题的答复 ……… (367)
45. 最高人民法院关于江苏省高级人民法院对当事人能否选择从属权利要求确定专利权保护范围的请示的答复 ………………………………………… (369)

行政案件

46. 四川华蜀动物药业有限公司诉国家工商行政管理总局商标评审委员会、第三人重庆正通药业有限公司商标行政纠纷案 ……………………………… (371)
    阅读提示：《商标法》第15条规定的代理仅限于商标代理人、代表人吗？
47. 常州诚联电源制造有限公司诉国家工商行政管理总局商标评审委员会、第三人常州市创联电源有限公司商标撤销行政纠纷案 ……………………… (382)
    阅读提示：《商标法》第41条第1款的规定能否作为撤销注册商标的私权理由？如何理解《商标法》第31条中的"有一定影响"？
48. 许文庆诉国家知识产权局专利复审委员会、第三人邢鹏万宣告专利权无效决定纠纷案 ………………………………………………………………… (387)
    阅读提示：如何理解《审查指南》规定的听证原则？如何理解"权利要求书应当以说明书为依据"？
49. 如皋市爱吉科纺织机械有限公司诉国家知识产权局专利复审委员会、第三人王玉山实用新型专利无效行政纠纷案 …………………………………… (396)
    阅读提示：企业标准备案本身是否构成专利法意义上的公开？法院能否对专利复审委员会的错误决定直接予以变更？
50. 济宁无压锅炉厂诉国家知识产权局专利复审委员会、第三人舒学章发明专利权无效纠纷案 …………………………………………………………… (416)
    阅读提示：如何界定"同样的发明创造"？如何理解"同样的发明创造只能授予一项专利权"即禁止重复授权原则？

地方法院审理的案件

民事案件

1. 陶义诉北京市地铁地基工程公司专利权权属纠纷案 ………………………… (437)
   阅读提示：如何判断职务发明和非职务发明？

2. 北京市王码电脑总公司诉中国东南技术贸易总公司侵犯专利权纠纷案 ……… (442)
   阅读提示：如何确定发明专利权的保护范围？

3. 黑龙江省珍宝岛制药有限公司诉昆明制药集团股份有限公司确认不侵犯
   专利权纠纷案 ………………………………………………………………… (451)
   阅读提示：人民法院能否通过对两个企业生产、销售的产品与企业
   所发明的专利权利要求进行比较，从而判断出该企业是否构成专利
   侵权？企业之间发函并在报刊上发表声明称其侵权，其行为能否对
   企业的生产经营活动、商誉构成影响和损害？

4. 山东九阳小家电有限公司诉上海帅佳电子科技有限公司等侵犯发明专利权
   纠纷案 ………………………………………………………………………… (458)
   阅读提示：人民法院决定中止专利案件审理时是否要作实质审查？
   如何判断公知技术抗辩是否成立？人民法院确定损害赔偿的主要考
   量因素有哪些？

5. （法兰西共和国）香奈儿股份有限公司诉北京秀水街服装市场有限公司等侵犯
   注册商标专用权纠纷案 ……………………………………………………… (465)
   阅读提示：商标侵权诉讼中，如何确定市场经营管理者的法律责任？

6. 宁夏香山酒业（集团）有限公司诉宁夏亨泰枸杞保健饮品有限公司仿冒知名
   商品特有名称、包装、装潢纠纷案 ………………………………………… (472)
   阅读提示：本案中被告获得专利的外观设计与在先使用的知名商品
   特有的名称、包装、装潢相似，对该外观设计的使用是否构成不正
   当竞争行为？

7. 江西康美医药保健品有限公司诉江西天佑医药科技有限公司、江西药都顺发
   生物保健有限公司仿冒知名商品的特有名称纠纷案 ……………………… (477)
   阅读提示：如何认定知名商品特有的名称？如何认定"傍名牌、搭
   便车"的不正当竞争行为？

8. 南京雅致珠宝有限公司诉广州园艺珠宝企业有限公司网络通用网址纠纷及
   侵犯商标权纠纷案 …………………………………………………………… (483)
   阅读提示：通用网址是否应受法律保护？在法律没有明文规定的情
   况下，如何认定通用网址的注册和使用是否侵犯注册商标专用权？

9. 伊士曼柯达公司与苏州科达液压电梯有限公司侵犯商标专用权纠纷案 ………(490)

　　阅读提示：侵犯商标权纠纷案件中如何认定商标驰名是否属于原告的诉讼请求内容？驰名商标适用跨类保护如何界定其外延？驰名商标跨类保护中的侵权赔偿责任如何判定？

10. 博内特里塞文奥勒有限公司诉上海梅蒸服饰有限公司等商标侵权和不正当竞争纠纷案 ……………………………………………………………(499)

　　阅读提示：使用企业名称或者注册商标中的一部分与他人注册商标相近似，是否构成侵权？

11. 杭州张小泉集团有限公司诉上海张小泉刀剪总店、上海张小泉刀剪制造有限公司侵犯商标权及不正当竞争纠纷案 ………………………………(508)

　　阅读提示：如何处理因历史原因引发的企业老字号与注册商标、驰名商标的权利冲突？

12. 中国中信集团公司诉天津中信置业有限公司商标侵权及不正当竞争纠纷案………(516)

　　阅读提示：企业名称权与商标专用权同属行政授权，因授权部门不同，商标权与企业名称权时常发生权利冲突，擅自在企业名称中使用他人驰名商标，是否构成商标侵权及不正当竞争？是否应禁止他人擅自在企业名称中使用他人驰名商标？

13. 黑龙江省饶河县四排赫哲族乡人民政府诉郭颂等侵犯著作权纠纷案 ……(521)

　　阅读提示：四排赫哲族乡政府是否有权提起对赫哲族民间文学艺术作品保护的诉讼？对民间文学艺术作品保护到何种程度？《乌苏里船歌》是否构成对涉案赫哲族民间文学艺术作品的改编？

14. 王蒙诉世纪互联通讯技术有限公司侵犯著作权纠纷案 ……………………(526)

　　阅读提示：网络环境下使用作品是否应受《著作权法》调整？

15. 姜思慎诉乔雪竹侵犯著作权纠纷案 ………………………………………(535)

　　阅读提示：编辑受作者邀请改编作品，是否对改编作品享有著作权？

16. 湖北教育出版社诉北京高教音像出版社、惠州东田音像有限公司音像制品复制权、发行权纠纷案 ……………………………………………(539)

　　阅读提示：在审理著作权侵权纠纷类案件中，当被告有证据证明涉案作品的原始权利人非原告所获权利的授权人时，应如何处理？

17. 高小华、雷著华诉重庆陈可之文化艺术传播有限公司著作权纠纷案 ………(546)

　　阅读提示：作品的构思和创意是否受《著作权法》保护？表现相同历史事件的不同作品，如果作品中反映了相同的自然地貌特征和其他要素，是否构成剽窃侵权？

18. 刘国础诉叶毓山侵犯著作权纠纷案 ………………………………………(553)

　　阅读提示：合作创作雕塑作品是否须共同创作人进行口头或者书面约定？参与雕塑作品的放大制作或者在放大制作过程中对雕塑作品提出艺术造型方面的建议，能否构成事实上的合作创作关系？

19. 晏泳诉永城市文物旅游管理局、永城市芒砀山旅游开发有限公司侵犯著作权
    纠纷案 ·· (559)
    阅读提示：复制的古碑上出现人像幻影，该人像幻影是否为《著作
    权法》所保护的"作品"，复制该碑的雕刻石匠是否对人像幻影享
    有著作权？
20. 赵继康诉曲靖卷烟厂侵犯著作权、不正当竞争纠纷案 ······················· (566)
    阅读提示：作品名称是否受法律保护？
21. 原告王跃文诉被告王跃文等著作权侵权及不正当竞争纠纷案 ·············· (572)
    阅读提示：将自己的姓名改为名人的姓名后并以该姓名发表作品是
    否构成不正当竞争？
22. 宋维河诉广州市越秀区东北菜风味饺子馆不正当竞争纠纷案 ··············· (579)
    阅读提示：具有独特风格的整体营业形象是否应当受到《反不正当
    竞争法》保护？
23. 新疆华世丹药业公司诉广东长兴保健品公司、乌鲁木齐满江红药业零售连锁
    有限责任公司擅自使用知名商品特有名称、包装、装潢纠纷案 ·············· (587)
    阅读提示：如何认定知名商品、知名商品特有名称以及造成相关公
    众"混淆"？
24. 上海化工研究院诉陈伟元、程尚雄、强剑康、昆山埃索托普化工有限公司、
    江苏汇鸿国际集团土产进出口苏州有限公司侵犯商业秘密纠纷案 ·········· (598)
    阅读提示：在审理侵犯商业秘密民事纠纷时如何对待涉及同一事实
    的刑事案件中的认定？
25. 海南亨新药业有限公司诉江苏鹏鹞药业有限公司、桂林市秀峰振辉药店
    不正当竞争纠纷案 ·· (605)
    阅读提示：获得中药保护品种证书是否意味着获得类似于专利权的
    知识产权？《中药品种保护条例》是否创设了新类型知识产权？
26. 宁波华能国际经济贸易有限公司诉福建天龙电机有限公司商品条形码不
    正当竞争纠纷案 ··· (614)
    阅读提示：冒用他人商品条形码的行为是否构成不正当竞争？
27. 内蒙古小肥羊餐饮连锁有限公司诉河北汇特小肥羊餐饮连锁有限公司、
    周文清不正当竞争及注册商标侵权纠纷案 ······································· (619)
    阅读提示：不具有原创性的名称能否成为知名商品或者服务的特有
    名称？
28. 山东鲁锦实业有限公司诉鄄城县鲁锦工艺品有限责任公司、济宁礼之邦家纺
    有限公司侵犯注册商标专用权及不正当竞争纠纷案 ··························· (626)
    阅读提示：对于具有地域性特点的商品，如何认定其通用名称？在
    商品或者服务上使用了他人注册商标中含有的本商品的通用名称，
    是否构成对他人注册商标专用权的侵犯？
29. 报喜鸟集团有限公司、浙江报喜鸟服饰股份有限公司诉香港报喜鸟股份有限

公司、乐清市大东方制衣有限公司商标侵权及不正当竞争纠纷案 ………… (635)

  阅读提示：将与他人具有一定知名度的注册商标在境外登记为企业名称后授权境内企业使用，境内企业在其生产或者销售的与注册商标核准范围相同或者类似的商品上突出使用或者使用企业字号，是否构成商标侵权及不正当竞争？

30. 炬力集成电路设计有限公司与美国矽玛特有限公司（SIGMATEL INC.）、东莞市歌美电子科技有限公司、黄忠达申请诉前停止侵犯专利权案 ……… (643)

  阅读提示：诉前停止侵犯专利权的启动条件是什么？人民法院审查应否采取诉前禁令的条件有哪些？对外国企业制造的产品进口到中国境内涉嫌侵犯专利权的，人民法院能否作出诉前禁令？

31. 山东省登海种业股份有限公司诉山东省莱州市农业科学研究所有限责任公司侵犯植物新品种权纠纷案 ………………………………………… (649)

  阅读提示：被告以其实施的行为是科研活动作为抗辩的理由是否成立？如何判定是否构成侵权？在没有相关法律规定的情况下，如何计算侵犯植物新品种权纠纷案件的赔偿数额？

行政案件

32. 香港美艺术（珠记）金属制品厂诉中国专利局专利复审委员会及广州市番禺县拉闸厂发明专利权无效案 …………………………………… (654)

  阅读提示：发明目的、技术方案及实施效果对判断发明专利的创造性有什么作用？

33. 比亚迪股份有限公司诉国家知识产权局专利复审委员会及第三人惠州超霸电池有限公司实用新型专利权无效纠纷案 ………………………… (663)

  阅读提示：如何确定实用新型专利与现有技术是否属于相同或者相近技术领域？

34. 昆明欧冠窗业有限公司诉昆明市知识产权局专利行政处理决定案 ………… (672)

  阅读提示：专利行政案件中，因处理决定的事实依据不足和行政程序违法而被撤销，可否直接认定侵权行为成立？撤销处理决定的同时，可否判决重作？

35. 兰州凯瑞中药科技开发有限公司诉甘肃省知识产权局专利行政处理决定案 ……………………………………………………………………… (680)

  阅读提示：专利权人在被授予发明专利证书前与他人合作开发药物，合作中止后，该合作者利用在合作期间掌握的技术资料改进和开发药物，在专利权人取得专利权后继续销售，是否对专利权人构成侵权？

36. 张梅桂诉江苏省知识产权局专利纠纷处理决定案 …………………… (685)

  阅读提示：对于经工商行政管理机关核准、登记字号的个体工商户,知识产权局在审理其专利侵权纠纷案件时,应否以其字号作为案件当事人?诉讼中,法院应否将个体工商户的经营者和其字号均列为原告?知识产权局在审理专利侵权纠纷案件中,何种情形下可以采取口审或者书面审理的方式?对当事人提出的相关事实何种情形下必须依职权调查、收集证据?知识产权局对专利侵权人作出"销毁库存侵权产品"的决定是否属于行政处罚?

37. 东莞市华瀚儿童用品有限公司诉广东省知识产权局专利行政处理纠纷案……(690)

    阅读提示:在进行外观设计专利侵权判定时,首先应考虑的问题是什么?如何判断被控侵权产品与专利产品是否属于同类产品?

38. 上海思迪企业管理咨询有限公司诉上海市知识产权局发放专利专项资助费案……(695)

    阅读提示:培育专利试点企业将他人外观设计以自己名义申请专利能否获得专利专项资助?

39. 益安贸易公司诉国家工商行政管理总局商标评审委员会、第三人龙岩卷烟厂商标异议裁决案……(700)

    阅读提示:广告用语能否视为所宣传商品的商标给予法律保护?

40. 浙江省食品公司诉中华人民共和国国家工商行政管理总局商标局商标管理行政批复案……(706)

    阅读提示:商标专用权的保护对象是什么?如何理解《商标法实施条例》第49条规定的地名的正当使用?

刑事案件

41. 李亚德、陈俊假冒注册商标罪案……(717)

    阅读提示:假冒注册商标罪在客观方面的行为特征是什么?假冒注册商标,情节严重的行为,是否都可能构成假冒注册商标罪?若单位犯假冒注册商标罪,应如何承担刑事责任?如该单位已经停业,没有适格的诉讼代表人,是否应将其列为被告单位参加诉讼?

42. 北京美通嘉禾科技有限公司及张升德、吴瑞英销售假冒注册商标的商品案……(724)

    阅读提示:销售假冒注册商标的商品罪与类罪(如销售伪劣产品罪、假冒注册商标罪)如何区分?粘贴商标行为,即将购进的盗版软件及假冒的注册商标进行包装后销售是构成假冒注册商标罪还是销售假冒注册商标的商品罪?

43. 骆幸福非法制造注册商标标识案……(730)

    阅读提示:为他人制造假冒注册商标的商品,约定按件计酬,是否属于共同犯罪?以制造假冒注册商标的商品为目的,非法印制他人注册商标标识时被查获,是构成假冒注册商标罪还是非法制造注册商标标识罪？

44. 徐楚风、姜海宇侵犯著作权案 ························· (734)
   阅读提示：未经著作权人许可在开放式软件许可协议中添加未经许可的软件名称，并许可他人使用，是否构成我国《刑法》规定的侵犯著作权罪？本案应被定为诈骗罪还是侵犯著作权罪？

45. 陈寿福侵犯著作权案 ························· (739)
   阅读提示：如何认定捆绑、修改计算机软件的商业插件并复制发行的侵权性质以及与违法所得的关系？

46. 葛权卫侵犯著作权案 ························· (747)
   阅读提示：本案被告人的行为构成销售侵权复制品罪，还是侵犯著作权罪？

47. 顾然地等销售侵权复制品案 ························· (754)
   阅读提示：未取得《音像制品经营许可证》而销售侵权音像制品，同时触犯《刑法》第218条和第225条，应认定构成销售侵权复制品罪还是非法经营罪？

48. 幸发芬侵犯商业秘密案 ························· (762)
   阅读提示：违约带走所掌握的原单位商业秘密能否认定为侵犯商业秘密犯罪的预备行为？刑事案件被害人的经济损失能否适用确定民事赔偿额的相关规定来计算？

49. 苏东岭、陈忠政、何红旭、蔡云良侵犯商业秘密案 ········· (767)
   阅读提示：侵犯知识产权案件是否属于《最高人民法院关于刑事附带民事诉讼范围问题的规定》所指称的刑事附带民事诉讼范畴？在侵犯知识产权刑事案件中，如何处理相关民事问题？

50. 於博怀非法经营案 ························· (772)
   阅读提示：通过网络销售假冒他人注册商标的药品，应如何定罪？商标权人委托调查公司从被告人处购买假冒药品，被告人与调查公司的交易行为是否应当受到《刑法》规制？

最高法院审理的案件

民事案件·请示案件·行政案件

民事案件

1. 宁波市东方机芯总厂诉江阴金铃五金制品有限公司侵犯专利权纠纷案

阅读提示：专利说明书中记载的实施例对专利权保护范围的确定有何影响？在认定等同侵权时，如何比较被控侵权产品和方法的效果与专利的效果？

裁判要旨

专利说明书中记载的实施例是说明书的组成部分，是专利技术的最佳实施方案，不是专利技术的全部内容，实施例不能用来确定专利权的保护范围。如果专利包含了发明的实施例或者该发明功能或效果的例子，权利要求书不应该解释成局限于这些例子。

人民法院在认定等同物替换的侵犯专利权行为时，对被控侵权产品和方法的效果与专利的效果进行比较是必要的。但在比较二者的效果时，不应强调它们之间完全相等，只要基本相同即可。被控侵权产品和方法的效果可能优于专利效果，也可能比专利效果稍差，只要效果基本相同，均不影响对侵犯专利权行为的判断。

案 号

二审：江苏省高级人民法院（1999）苏知终字第9号
再审：最高人民法院（2001）民三提字第1号

案情与裁判

原告（二审上诉人、再审申请人）：宁波市东方机芯总厂（简称"宁波机芯总厂"）
被告（二审被上诉人、再审被申请人）：江阴金铃五金制品有限公司（简称"金铃公司"）

一、二审审理查明

1995年7月1日，宁波机芯总厂（原宁波市江东东方机芯厂）获得了（原）中国专利局授予的"机芯奏鸣装置音板的成键方法及其设备"发明专利权，专利号为

92102458.4，并于1995年8月9日公告。该发明专利的独立权利要求是：一种机械奏鸣装置音板成键加工设备，它包括有在平板型金属盲板上切割出梳状缝隙的割刀和将被加工的金属盲板夹持的固定装置，其特征在于：a. 所述的割刀是由多片圆形薄片状磨轮按半径自小到大的顺序平行同心的组成一塔状的割刀组；b. 所述的盲板固定装置是一个开有梳缝的导向板，它是一块厚实而耐磨的块板，其作为导向槽的每条梳缝相互平行、均布、等宽；c. 所述的塔状割刀组，其相邻刀片之间的间距距离与所述导向板相邻梳缝之间的导向板厚度大体相等；d. 所述的塔状割刀组的磨轮按其半径排列的梯度等于音板的音键按其长短排列的梯度。一种机械奏鸣装置音板的成键方法，它是采用由片状磨轮对盲板相对运动进行磨割、加工出规定割深的音键，其特征在于：在整个磨割过程中塔状割刀组的每片磨轮始终嵌入所述导向板的相应梳缝内并在其内往复运动，盲板被准确定位并夹固在所述的导向板上。该发明的目的在于推出一种纯机械的导切法的加工方法和专用设备，使盲板的成键加工变得十分简单，设备和加工成本降低，但音板的质量却得以提高。另外，该专利的说明书中还表明："在加工时由于盲板不是呈悬臂状腾空地接受旋转刀片的割入加工的，而是背贴在厚实的导向板上，被压块固定，由于导向板质量大，所以，在加工时盲板不发生哪怕是微小的振动。所以，用本发明的设备和方法加工出的音板其音齿成形质量好，而且生产效力高。"

被控侵权产品也是生产机械奏鸣装置的设备，与专利技术相比，缺少金属盲板被夹持在开有梳缝的导向板上的技术特征，它的盲板没有被夹持在开有梳缝的与专利技术中形式结构相同的限位装置上，换言之，它的限位装置不是在盲板下，而是位于磨轮一侧。由于缺少这一技术特征，导致限位装置与导向板在分别与其他部件的结合使用过程中产生不同的结果：1. 作用不同。专利技术中导向板的作用一是固定音板，使其在切割过程中不发生振动，二是给磨轮限位，防止其在运转时发生晃动飘移。被控侵权产品中的限位装置只给磨轮限位，没有固定盲板的作用。2. 切割方法不同。专利技术在切割时，每片磨轮始终嵌入导向板的相应梳缝内并在其内往复运动，盲板被准确定位并夹固在导向板上。被控侵权产品在切割时，盲板呈悬臂状腾空的接受旋转刀片的割入加工，没有被准确定位并夹固在其限位装置上。3. 效果不同。专利技术在切割过程中由于导向板将盲板固定住，不发生振动，而被控侵权产品切割时盲板易产生振动，达不到该专利在效果上的目的。

一审判理和结果

南京市中级人民法院一审认为：金铃公司生产音板的设备上没有导向板装置，缺少专利保护范围中的必要技术特征，不构成侵权。该院依照原《专利法》第59条规定，判决：驳回宁波机芯总厂的诉讼请求。该案诉讼费15 010元，诉讼保全费5 520元，由宁波机芯总厂承担。

二审判理和结果

江苏省高级人民法院二审认为：1. 就形式结构而言，宁波机芯总厂的专利权利要求书中记载的导向板与被控侵权产品中的限位装置相同。2. 被控侵权产品的限位装置与专利技术的导向板虽然在形式结构上相同，但由于限位装置缺乏专利技术导向板能固定盲板的必要技术特征，改变了其在设备中的位置及其与其他部件的结合关系，从而使切割方法也不同,并因此导致其在使用目的、作用、效果上的不同。故被控侵权产品中的限位装置与专利技术的导向板不属于等同技术的替代。同时,由于专利说明书中已明确将盲板不固定在导向板上而是呈悬臂状腾空地接受旋转刀片的割入加工排除在权利要求之外,所以,被控侵权产品未落入专利权保护范围,金铃公司未侵犯宁波机芯总厂的专利权。该院依照《民事诉讼法》第153条第1款第1项的规定判决:驳回上诉,维持原判。二审案件受理费15 010元由宁波机芯总厂负担。

申请再审理由与答辩

宁波机芯总厂申请再审称:1. 原审上诉人技术方案与原审被上诉人技术方案的区别,实质上是等同技术替代。申请人专利的主要技术特征有两个:塔状割刀组和开有梳缝的导向板。关于塔状割刀组,原审被上诉人的技术方案与之完全一致。关于导向板,原审被上诉人虽称限位装置,但其功能与原审上诉人的导向板完全一致,都是对薄片砂轮在高速运转中发生飘移进行限制,把薄片砂轮引导至所要求的切割平面上去。所不同的是在原审上诉人的专利技术中,导向板还有固定盲板的作用,而原审被上诉人的限位装置没有这个作用。这一点被原审法院认为是原审被上诉人的技术方案不具备专利技术方案必要技术特征的主要依据。但事实上,原审被上诉人的技术方案也存在一个固定盲板的装置,将音板夹固准确定位,同样达到防止盲板被切割时产生振动。也就是说,原审被上诉人将专利技术中的一个装置一分为二,这二者结合起来的目的、作用和效果与专利技术中的导向板完全一样。原审被上诉人这一做法属于典型的等同技术替换。2. 原审法院认定专利技术与被控侵权产品两种技术方案在形式结构、作用目的、效果方面不同,并不正确。在形式上,导向板是一块开有梳缝的厚实而耐磨的块板,其作为导向槽的每条梳缝相互平行、均布、等宽,被控侵权产品的限位装置也同样有平行、均布、等宽的所谓限位槽,形式上完全相同。在作用上,二者都是保证割片组和薄片砂轮在切割过程中不发生晃动和飘移。在目的上,二者都是为了使薄片砂轮切割音板直至加工成音片得以实现。在效果上,专利技术阐明在切割过程中由导向板将音板夹固,以尽量防止在加工时盲板产生振动,而被控侵权产品的限位装置虽不起固定音板的作用,但也存在另一固定音板的装置,将音板夹固准确定位后,同样达到了防止音板被切割时产生振动的效果。3. 原审法院曲解了禁止反悔原则。原审法院认为,由于专利说明书已明确将音板不固定在导向板上而是呈悬臂状腾空地接受旋转刀片的割入加工排除在外,所以,被控侵权产品未落入专利权保护范围。其实,这是对禁止反悔原则的曲解。专利说明书中虽称:"采用导切法对机械奏鸣装置音板的成键加工带来的优点是割出的梳缝的平行度、均布度、等宽度、表面光洁度均能达到令人相当满意的程度,另外,在加工时由于盲板不是呈悬臂状腾空地接受旋转刀片的割入加工,而是背贴在厚实的导向板上,被压块固定,由于导向板质量大,所以,在加工时音板不发生哪怕是微小的振动。"但说明书所阐述的盲板"背贴在厚实的导向板上,被压块固定"这种方式是专利实施方案中最佳的实施例,并不是特指只有这一种方法;说明书所说"盲板不是呈悬臂状腾空地接受旋转刀片的割入加工"方法,并非将这种方法排斥在权利要求之外,而只是一种相互的比较,是对专利技术最佳实施方案的进一步描述。4. 原审上诉人曾向原审法院申请对本案被控侵权物所使用的技术方案与专利技术方案是否等同进行技术鉴定,遭到原审法院拒绝，从而导致其判决的随意性。此外，原审上诉人还称：在本案纠纷发生前，台湾商人曾耀升、冯鲁（即金铃公司的法定代表人）曾于1993年慕名前来宁波，与申请人商谈合资生产八音琴事宜，并于1994年6月成立了宁波韵美精机有限公司，由专利发明人竺韵德任董事长，曾耀升任副董事长，冯鲁任副总经理。冯鲁在合资前多次以考察为名和合资后利用副总经理职务之便，了解并掌握了原审上诉人的发明专利方法及其设备的技术特征。冯鲁随后即到原籍江苏省江阴市出资开办了合资企业金铃公司，即原审被上诉人，并担任董事长，生产音乐铃（即八音琴）及其配件。该事实表明，冯鲁等人与原审上诉人合资办厂是假，窃取原审上诉人的技术、工艺、设备秘密是其真正的目的。综上，原一、二审法院判决确有错误，请求本院撤销原一、二审判决，指令江苏省高级人民法院再审或者由本院提审，判令金铃公司立即停止侵权，赔偿经济损失100万元，并承担本案诉讼费。

金铃公司答辩称：1. 在原审上诉人92102458.4号专利中，将导向板安装在金属盲板夹持装置上，盲板被准确定位并夹持在导向板上是该专利必不可少的技术特征，也是该专利之所以取得专利权的基础。这可以从该专利的权利要求对必要技术特征所作的限定，专利说明书对导切法的定义和对导向板的安装位置、作用、效果以及音板的磨割加工过程所作的说明等方面得到证明。2. 原审被上诉人的盲板加工设备与专利相比，缺少所述的导向板这一必要技术特征，其加工方法也因此不同。原审被上诉人的音板加工设备包括割刀组、盲板夹持装置两个基本部件，盲板是被呈悬臂状腾空固定在夹持装置上，并接受旋转刀片的割入加工。这一点恰好是专利技术所克服的，是被专利权利要求排除在外的。3. 原审被上诉人音板加工设备中的限位装置与专利技术中的导向板不是等同技术的替代。尽管限位装置与导向板均有梳缝结构形式，但二者的目的、作用和效果却完全不同。导向板的目的一是固定盲板，使盲板在切割过程中不发生振动，二是导引切割，三是给磨轮限位。而限位装置只给磨轮限位，防止磨轮飘移和破碎，没有固定盲板和导引切割的目的；专利中导向板安装在进给机构上，并在加工过程中随进给机构作进退往复运动，盲板固定在导向板的平面上并在导向板的导引下被切割加工成音板。在整个磨割过程中，每片磨轮始终嵌入导向板相应的梳缝内并在其内往复运动，盲板被准确定位并夹固在导向板上。被上诉人的限位装置垂直固定在机身上，并在加工过程中固定不动，盲板呈悬臂状腾空地直接定位固定在进给机构上；专利技术在切割过程中导向板将盲板固定住，不发生振动，而原审被上诉人的盲板易产生振动，限位装置仅起到防止磨轮飘移、破碎的作用。4. 原审被上诉人的音板加工设备中的限位装置是一种公知技术，例如，专利号为昭61－25764的日本专利，其所公开的技术方案就带有与原审被上诉人类似的限位装置。因此，原审被上诉人的音板加工设备没有落入92102458.4号专利的保护范围，不构成侵权。

再审审理查明

除原审法院认定被控侵权产品的限位装置与专利产品的导向板在分别与其他部件的结合使用过程中，其作用、切割方法和效果不同的事实外，原审法院认定的其余事实基本属实。

经双方当事人协商同意，本院委托中国科技法学会专家评价委员会组织有关专业技术人员和法律专家对本案所涉及的专业技术问题进行鉴定。即通过对本案被控侵权产品的技术特征与专利权利要求记载的必要技术特征的异同及其功能、效果进行比较，特别是对（1）被控侵权产品中的限位装置与专利权利要求书记载的导向板，和（2）被控侵权产品中的盲板固定方式与专利权利要求书记载的盲板固定方式的异同及其功能、效果进行比较，提出二者在技术特征上的不同点是否属于等同物替换的意见。中国科技法学会专家评价委员会根据本院委托，组织由王先逵（清华大学精密仪器与机械学系教授、博士生导师）、邓中亮（北京邮电大学自动化学院教授、博士生导师）、郑维志（北京工商大学机械自动化学院高级工程师）、郑胜利（北京大学知识产权学院教授、博士生导师）、张遵逵（中国专利局专利复审委员会原副主任、研究员）5人组成的鉴定专家组，经过阅卷和勘验被控侵权产品实物，于2000年11月27日提出鉴定意见。

被控侵权产品与专利的主要相同点为：1. 在成键盲板的加工原理、方法上，二者都是利用片状磨轮组或者割刀组对盲板相对运动进行磨削，加工出规定割深的音键，在整个磨割过程中，塔状磨轮组的每片磨轮始终位于所述导向板或者防震限位板的相应梳缝内。2. 二者所用成键加工设备都是由机床、磨轮组、工件定位夹紧装置、磨轮定位导向装置等部分组成。3. 二者在加工成键时所用工具都是塔状平行同心磨轮组。4. 二者所用磨轮组相邻磨轮之间的间距与导向板或者防震限位板梳缝间的厚度大体相等。5. 宁波机芯总厂专利所用导向板在加工过程中起磨轮导向、防震、定位作用。主要不同点为：1. 宁波机芯总厂专利所用导向板与工件一起进给运动，金铃公司装置所用防震限位板装在横滑板上，不与工件一起进给运动。2. 在工件安装方面，宁波机芯总厂专利将工件安装在导向板上，金铃公司装置将工件安装在工件拖板上，而不是安装在防震限位板上。3. 宁波机芯总厂专利的盲板成键加工设备中，磨轮导向与工件支承功能均由导向板来实现，金铃公司装置的盲板成键加工设备中的磨轮导向功能由防震限位板来实现，工件支承功能由工件拖板来实现。鉴定结论为：宁波机芯总厂专利与金铃公司装置在工作原理、方法上是一样的，在具体结构上，分别采用了导向板和防震限位板，这两个重要零件在加工中起的主要作用是：磨轮导向、防震、定位，二者的主要功能是基本一致的。导向板与防震限位板的主要工作面的结构形状是相似的，呈梳缝状。在宁波机芯总厂专利中导向板具有工件（盲板）支承功能，有利于削弱工件的加工振动，提高加工质量。金铃公司装置中，工件安装在工件拖板上，与宁波机芯总厂专利比较，很难看出金铃公司装置有明显技术进步。二者技术特征的不同之处，对具有机械专业知识的普通技术人员而言，无需创造性的劳动就能实现。

金铃公司对鉴定意见提出异议：1. 鉴定意见关于"宁波机芯总厂专利与金铃公司装置在工作原理、方法上是一样的"表述，不符合专利只保护技术方案，不保护抽象的原理、思想的一般原则。2. 在宁波机芯总厂的专利中，导向板除了起磨轮导向、防震、定位作用外，还起支承和固定工件的作用，而被控侵权产品中的限位装置却不具有支承和固定工件的作用。鉴定意见关于"两者的主要功能是基本一致的"结论不客观、不全面。3. 鉴定意见一方面认为宁波机芯总厂专利中的导向板"有利于削弱工件的加工振动，提高加工质量"，另一方面又认为金铃公司装置"与宁波机芯总厂专利比较，很难看出金铃公司装置有明显技术进步"，结论前后矛盾。4. 鉴定意见没有将导向板和限位装置分别与日本昭 61—25764 专利中的导片及昭 58—217266 专利中的切入槽在作用、效果上进行异同对比。被控侵权产品中的限位装置与上述两份现有技术中的导片、切入槽在作用、效果上完全相同。5. 鉴定意见没有对宁波机芯总厂的权利要求,特别是对权项 1 中的 b 项、权项 9 以及说明书中所述的发明目的、盲板固定方式、优点进行充分的分析和解释,就作为鉴定结论的根据。6. "是否属于等同替代"的判断应属于人民法院的职权范围,不应通过技术鉴定来确定。

庭审中,鉴定人员对金铃公司的异议作出了解答。鉴定人员认为,技术方案包括原理、结构、方法,在进行技术方案对比时,也反映了原理和方法。专利与被控侵权装置组成部分相同,都是塔状同心平行磨轮组,相邻的间距梳缝大体相等,鉴定意见中已指出专利中的导向板与被控侵权产品中的防震限位板之间的不同点,但二者在磨轮导向、防震、定位方面所起的主要作用是相同的。专利中的导向板起支承、固定工件作用,有利于削弱工件的加工振动,提高加工质量。被控侵权产品中的防震限位板不起固定工件作用,工件是固定在工件拖板上,加工质量较差。因此,被控侵权产品无明显技术进步,不仅没有改进,反而不如专利的效果好。鉴定人接受的鉴定任务只是对专利技术与被控侵权产品进行比较,没有要求将专利技术或者侵权产品技术与现有技术进行比较,故金铃公司所提两份日本专利文献只作为进行鉴定的参考。

金铃公司提供的《自来水笔制造工艺》(轻工业出版社出版)、昭 61—25764 号和昭 58—217266 号日本专利等三份公开文献,其所记载的导片、切入槽装置均为单片割刀和单槽,而非塔状割刀组和导向槽的每条梳缝相互平行、均布、等宽。

金铃公司于 2000 年 3 月 6 日将本案所涉及的被控侵权产品申请实用新型专利,名称为"音片开缝装置",并于同年 11 月 4 日获得实用新型专利权,专利号为 00219524.0。其说明书载明:本实用新型的目的是提供一种简易型的音片开缝装置,它能有效地防止因砂轮片振动而影响音片的质量。本实用新型在音片的下方设有一个与机身固定的梳状防震限位装置,砂轮片嵌入梳状防震限位装置的梳缝内,这样既能防震,又能限位,提高了音片加工生产的质量,减少了砂轮片的破碎率。说明书的实施例部分还记载:音片与梳状防震限位块之间设有间隙,以 0.5~1mm 为最佳。

另查明,1994 年 6 月,金铃公司的法定代表人冯鲁以及台湾商人曾耀升曾与宁波机芯总厂合资成立宁波韵美精机有限公司,冯鲁出任该公司副总经理。

还查明,1994 年 6 月,宁波机芯总厂将其 92102458.4 号专利许可给宁波韵声(集团)股份有限公司(1998 年 7 月 15 日更名为宁波韵升(集团)股份有限公司,简称"宁波韵升公司")实施,生产音片,有双方签订的专利实施许可合同为证。宁波韵升公司使用该专利技术所生产的音片,其出口出厂报价为每片 0.16 美元,国内销售价格为每片 1.33 元人民币,有该公司 1997 年 4 月 6 日的报价单和 1997 年 3 月 19 日编号为 00644545 的宁波增值税专用发票为证。1998 年 10 月 23 日,宁波公正审计事务所根据宁波市江东区人民检察院的委托,对该公司 1997 年度生产的机芯、音片的利润情况进行了专项审计,作出宁公审(1998)179 号审计报告。审计报告以宁波韵升公司 1997 年音片出口出厂报价每片 0.16 美元(折合人民币为 1.3264 元)作为音片的销售价格。审计结果为:每片音片的生产成本为 0.473 元,应负担税金 0.0041 元,三项费用

0.1116元，单位利润为0.545元。

1998年10月8日，金铃公司总经理薛凤清在接受一审法院调查时称，该公司从1995年至1998年10月，大约生产音片七八百万片，有谈话笔录为证。金铃公司2001年7月向本院提供的该公司"鸣金片生产情况和成本核算"证据材料，也进一步证实其共生产鸣金片（即音片）720万片。

再审判理和结果

最高人民法院经再审认为，针对宁波机芯总厂申请再审的事实和理由以及金铃公司的答辩，本案主要涉及以下三个问题：

一、关于如何确定本案专利权的保护范围

根据我国1992年《专利法》第59条第1款、现行《专利法》第56条第1款的规定，发明或者实用新型专利权的保护范围以其权利要求书的内容为准，说明书和附图可以用于解释权利要求。这里所说的权利要求，是指权利要求书中的独立权利要求，即从整体上反映发明或者实用新型的技术方案，记载为实现发明或者实用新型目的的必要技术特征的权利要求。在确定专利权的保护范围时，既不能将专利权保护范围仅限于权利要求书严格的字面含义上，也不能将权利要求书作为一种可以随意发挥的技术指导。确定专利权的保护范围，应当以权利要求书的实质内容为基准，在权利要求书不清楚时，可以借助说明书和附图予以澄清，对专利权的保护可以延伸到本领域普通技术人员在阅读了专利说明书和附图后，无需经过创造性劳动即能联想到的等同特征的范围。既要明确受保护的专利技术方案，又要明确社会公众可以自由利用技术进行发明创造的空间，把对专利权人提供合理的保护和对社会公众提供足够的法律确定性结合起来。根据这一原则，发明或者实用新型专利权的保护范围不仅包括权利要求书中明确记载的必要技术特征所确定的范围，而且也包括与该必要技术特征相等同的特征所确定的范围，即某一特征与权利要求中的相应技术特征相比，以基本相同的手段，实现基本相同的功能，达到基本相同的效果，对于本领域的普通技术人员来说无需经过创造性的劳动就能联想到的。对此，《最高人民法院关于审理专利纠纷案件适用法律问题的若干规定》第17条专门作出了解释。

本案所涉及的"机械奏鸣装置音板成键方法及其设备"的发明专利，系属一个总的发明构思的两项发明，即机械奏鸣装置音板的成键方法和为实现该方法而专门设计的设备。在该发明专利的权利要求书中分别记载了两项独立权利要求：权利要求1为实现机械奏鸣装置音板成键方法设备的独立权利要求；权利要求9为机械奏鸣装置音板成键方法的独立权利要求。根据专利权利要求1，成键加工设备的必要技术特征可以分解为五个：1.一种机械奏鸣装置音板成键加工设备，它包括在平板型金属盲板上切割出梳状缝隙的割刀和将被加工的金属盲板夹持的固定装置；2.所述的割刀是由多片圆形薄片状磨轮按半径自小到大的顺序平行同心的组成一塔状的割刀组；3.所述的盲板固定装置是一个开有梳缝的导向板，它是一块厚实而耐磨的块板，其作为导向槽的每条梳缝相互平行、均布、等宽；4.所述的塔状割刀组，其相邻刀片之间的间距距离与所述导向板相邻梳缝之间的导向板厚度大体相等；5.所述的塔状割刀组的磨轮按其半径排列的梯度等于音板的音键按其长短排列的梯度。根据专利权利要求9，成键方法的必要技术特征可以分解为三个：1. 采用由片状磨轮对盲板相对运动进行磨割、加工出规定割深的音键；2. 在整个磨割过程中塔状割刀组的每片磨轮始终嵌入所述导向板的相应梳缝内并在其内往复运动；3. 盲板被准确定位并夹固在所述的导向板上。只要被控侵权人所使用的机械奏鸣装置音板的成键方法或者所制造的实现该成键方法的设备覆盖了专利权利要求1或者权利要求9所记载的必要技术特征，或者属于它们的等同物，即落入专利权的保护范围，构成侵犯专利权。

二、关于被控侵权产品和方法是否与专利技术等同，构成等同侵权

被控侵权产品和方法是否与专利技术等同，涉及专业技术问题，需要借助本领域专业技术人员的判断。为此，本院委托了有关专业人员对本案所涉及的专业技术问题进行了鉴定。在鉴定机构、鉴定人员的选择上，事先经过了双方当事人的同意，且鉴定人员出具的鉴定意见也经过了当庭质证。参加本案鉴定的专家组组长邓中亮教授等出庭解答了有关问题。金铃公司认为鉴定意见关于"宁波机芯总厂专利与金铃公司装置在工作原理、方法上是一样的"表述，不符合专利只保护技术方案，不保护抽象的原理、思想的一般原则。而事实上，鉴定意见除对专利与被控侵权装置在工作原理上进行比较之外，也对技术方案进行了比较，并明确指出，"两者技术特征的不同之处"，对具有机械专业知识的普通技术人员而言，无需创造性的劳动就能实现。金铃公司认为鉴定意见关于专利中的导向板与被控侵权产品中的防震限位板"两者的主要功能是基本一致"的结论不客观、不全面，专利技术中的导向板除了起磨轮导向、防震、定位作用外，还起支承和固定工件的作用，而被控侵权产品中的防震限位板却不具有支承和固定工件的作用。对此，鉴定人员在分析了二者的相同点与不同点之后，强调了这两个部件主要是起磨轮导向、防震、定位作用，所以认为二者的主要功能是基本一致的。事实上，金铃公司是将专利中固定盲板和导向为一体的导向板分解成分别起固定盲板和导向作用的工件拖板和防震限位板两个部件，如果将工件拖板和防震限位板作为一个整体看，其功能与专利中的导向板并无不同。金铃公司认为鉴定意见一方面认为宁波机芯总厂专利中的导向板"有利于削弱工件的加工振动，提高加工质量"，另一方面又认为金铃公司装置"与宁波机芯总厂专利比较，很难看出金铃公司装置有明显技术进步"，该结论前后矛盾。对此，鉴定人员分析了专利中的导向板起支承、固定工件作用，相对于被控侵权产品中的防震限位板不起固定工件作用，工件被固定在工件拖板上来说，有利于削弱工件的加工振动，提高加工质量。同时指出，被控侵权产品无明显技术进步，不仅没有改进，反而不如专利技术效果好。鉴定意见的这一结论并无矛盾之处。金铃公司认为鉴定意见没有将导向板和防震限位板分别与日本昭61-25764专利中的导片及昭58-217266专利中的切入槽在作用、效果上进行异同对比，而被控侵权产品中的防震限位板与上述两份现有技术中的导片、切入槽在作用、效果上完全相同。本院充分注意到这两份文献。日本昭61-25764专利"装有超硬耐磨材料制成的导片的磨石切割片"、昭58-217266专利"关于高速磨石切割机的轻松切割法和工作台"，其切割装置均为单片割刀和单槽，而非塔状割刀组和导向槽的每条梳缝相互平行、均布、等宽，故无需借助于本领域的专业技术人员的判断就能看出日本两个专利与本案所争议技术二者之间存在的明显区别。所以，本院没有必要对该问题再委托鉴定。金铃公司认为鉴定意见没有对宁波机芯总厂的

权利要求,特别是对权项1中的b项、权项9以及说明书中所述的发明目的、盲板固定方式、优点进行充分的分析和解释,并依此作为鉴定结论的根据。金铃公司的此种意见也缺乏根据。在鉴定专家组的五名成员中,有知识产权法律方面专家,有具有专利复审工作经验的专业人员,他们对专利法和有关专利法的理论有较深刻理解,称其脱离开专利权利要求书和说明书进行比较和分析依据不足。且鉴定意见全文引用了专利权利要求书的内容,这本身也表明鉴定意见仍然以专利权利要求书等专利文献作为比较的基础。金铃公司还认为,"是否属于等同替代"的判断应属于人民法院的职权范围,不应通过技术鉴定来解决。而这恰恰是对等同替代性质的一种误解。等同替代或者称等同物替换,应属技术事实问题,即专利权利要求中的必要技术特征与被控侵权产品的相应特征相比,在技术手段、功能和效果方面是基本相同的;二者的互相替换对本领域普通技术人员来说是无需经过创造性劳动即能实现。人民法院在认定二者是否属于等同物替换时,有时需要借助本领域专业技术人员的判断。等同物替换并非都构成专利侵权,在判断是否构成专利侵权时,仍须考虑其他构成要件。因此,就等同物替换本身认定是否构成侵犯专利权,方系法律问题,应当属于人民法院的职权范围。综上,该鉴定意见产生程序合法,其所述技术事实清楚,对所得鉴定结论论证充分,并经当庭质证,可予采信。

根据查明的事实和前述的鉴定意见,可以认定被控侵权的设备和方法与专利发明主题相同,都是一种机械奏鸣装置音板的成键方法及其设备,且都采用塔状割刀组的每片磨轮始终嵌入导向板或者防震限位板的平行、均布、等宽的梳缝槽内作往复运动,以实现将盲板加工成规定割深的音键。而这一点,正体现了宁波机芯总厂专利的显著技术进步。就被控侵权的成键设备来说,其与专利权利要求相对应的五个技术特征相比,1、2、4、5四个特征完全相同。与特征3的区别在于:被控侵权设备的盲板不是固定在防震限位板(即权利要求所说的导向板)上,而是另增加一个工件拖板,盲板固定在工件拖板上。就被控侵权的成键方法来说,被控侵权的成键方法与专利权利要求相对应的三个技术特征相比,1、2两个特征完全相同,与特征3的区别在于:被控侵权的成键方法,其盲板不是夹固在防震限位板上,而是夹固在工件拖板上。

被控侵权的成键方法及其设备对应于专利权利要求1和9所记载的必要技术特征3之间的前述区别,从鉴定专家组的鉴定结论看,被控侵权的产品和方法与专利相比,在工作原理、方法上是一样的,导向板和防震限位板这两个重要零件的主要工作面的结构形状是相似的;二者技术特征的不同之处,对于具有机械专业知识的普通技术人员而言,无需创造性的劳动就能实现。据此,可以认定二者在技术手段上基本相同。专利中的导向板和被控侵权产品中的防震限位板这两个重要零件的主要功能基本一致,可以认为二者所要实现的功能基本相同。特别是当把被控侵权产品中的防震限位板与工件拖板作为一个整体来看时,其功能与专利中的导向板并无实质性不同。被控侵权产品将工件固定在工件拖板上,而不固定在防震限位板上,相对于专利将工件固定在导向板上来说,不利于削弱工件的加工振动。正如鉴定意见所述,专利中导向板具有工件(盲板)支承功能,有利于削弱工件的加工振动,提高加工质量,但并非被控侵权产品中的防震限位板不具有减震效果或者减震效果根本不同。关于这一点,可以从将被控侵权产品申请实用新型专利权的专利说明书中得到证实。该实用新型专利的说明书载明："本实用新型的目的是提供一种简易型的音片开缝装置，它能有效地防止因砂轮片振动而影响音片的质量。""本实用新型在音片的下方设有一个与机身固定的梳状防震限位装置，砂轮片嵌入梳状防震限位装置的梳缝内，这样既能防震，又能限位，提高了音片加工生产的质量，减少了砂轮片的破碎率。"据此，可以认为二者所要达到的技术效果也是基本相同的。此外，本院还查阅了宁波机芯总厂专利的申请文档，证实该专利独立权利要求 1 和 9 中记载的盲板固定在防震限位装置上这一必要技术特征，并不是专利权人为了获得专利授权而在审查员的建议下特别进行修改的，故也不属于禁止反悔的情况。因此，被控侵权产品和方法以将专利中固定盲板和导向为一体的导向板一个技术特征，分解成分别进行固定盲板和导向的防震限位板和工件拖板两个技术特征相替换，属于与专利权利要求中的必要技术特征以基本相同的手段，实现基本相同的功能，达到基本相同的效果的等同物，落入了宁波机芯总厂专利权的保护范围，构成侵犯专利权。

此外，金铃公司的法定代表人冯鲁与宁波机芯总厂在 1994 年一段时间的合作事实，客观上也为金铃公司实施侵犯宁波机芯总厂专利权提供了一定的条件。

再审法院认真听取和分析了金铃公司的答辩意见。金铃公司辩称，盲板被准确定位并夹持在导向板上是宁波机芯总厂专利必不可少的技术特征，本院对此并没有否认。正是因为盲板被固定在导向板上是宁波机芯总厂专利的必要技术特征之一，才有被控侵权产品将这一必要技术特征分解成防震限位板和工件拖板两个技术特征而与之相等同的问题。金铃公司辩称其盲板加工设备与专利相比，缺少所述的导向板这一必要技术特征，与事实不符。因为被控侵权产品中的防震限位板与专利中的导向板结构相似，主要功能基本一致，只是名称不同，并非缺少导向板。金铃公司辩称其音板加工方法与专利不同，其盲板是被呈悬臂状腾空固定在夹持装置上，并接受旋转刀片的割入加工的，这一点恰好是专利技术所克服的，是被专利权利要求排除在外的。本院注意到宁波机芯总厂专利说明书中载有"在加工时由于盲板不是呈悬臂状"的内容，但是，该内容是在说明书实施例的表述中出现的，并没有写入权利要求 1 或者 9 中。按照权利要求不应该解释成局限于专利的实施例这一公认的原则，金铃公司以其使用的设备或者方法包含有专利实施例中未出现的附加特征为由，试图排除在权利要求保护范围之外，显然缺乏根据。金铃公司辩称其音板加工设备中的限位装置与专利技术中的导向板不是等同技术的替代。但鉴定结论已经表明，专利中的导向板与被控侵权产品中的防震限位板在结构形状上相似，主要功能基本一致，两者技术特征的不同之处，对于具有机械专业知识的普通技术人员而言，无需创造性的劳动就能实现。因此，应当属于等同技术的替代。

金铃公司还以公知技术抗辩，认为其使用的设备中的防震限位板与日本昭 61－25764 专利中的导片、昭 58－217266 专利中的切入槽和《自来水笔制造工艺》一书中记载的自动开缝机相同。但经查实，上述其所提三种切割装置均为单片割刀和单槽，并非塔状割刀组和导向板的每条梳缝相互平行、均布、等宽，而被控侵权产品中的割刀恰恰是塔状割刀组，其防震限位板则带有平行、均布、等宽的梳缝。故被控侵权产品中的防震限位板与公知技术中的切割装置明显不同，而与宁波机芯总厂专利中的导向板则是基本相同的。所以，金铃公司以其使用的是公知技术的答辩理由不能成立。

原审法院对本案专利侵权与否的认定上存在以下错误：

1. 关于被控侵权产品和方法中防震限位板与专利中的导向板的功能或者作用问题。专利中的导向板是导向和固定盲板结合一起的整体装置，其功能即可以导向，又可以固定盲板，构成一个整体的技术特征。而被控侵权产品和方法是将导向和固定盲板这一整体的技术特征予以分解，替换成由防震限位板导向、工件拖板固定盲板两个技术特征；而它们结合为整体，仍起导向和固定盲板的作用。这种做法属于等同物替换的常见形式之一。原审法院没有将分解后的技术特征作为一个整体来考量，故而认为二者在功能上不同是错误的。

2. 关于确定专利权保护范围问题。确定专利权的保护范围，应以权利要求书的内容为准，说明书和附图用于解释权利要求。说明书和附图只有在权利要求书记载的内容不清楚时，才能用来澄清权利要求书中模糊不清的地方，说明书和附图不能用来限制权利要求书中已经明确无误记载的权利要求的范围。说明书中的实施例是说明书的组成部分，是专利技术的最佳实施方案，不是专利技术的全部内容，实施例不能用来确定专利权的保护范围。如果专利包含了发明的实施例或者该发明功能或效果的例子，权利要求书不应该解释成局限于这些例子。尤其，当一个产品或者方法包含了一个在专利所披露的例子中未出现的附加特征，缺少这些例子中的特征，或者为达到目的或者不具有这些例子中写明的或潜在的所有优点时，不能以这些事实将该产品或者方法排除在权利要求的保护范围之外。就本案来说，专利说明书实施例部分虽载有"在加工时由于盲板不是呈悬臂状"字样，但这一特征并没有写入专利权利要求1或者9中，故不能利用实施例中出现的特征来限定专利权利要求范围。原审法院以说明书实施例中的特征来限定权利要求1或者9的范围，从而将被控侵权方法中"盲板呈悬臂状腾空地接受旋转刀片的割入加工"排除在专利权保护范围之外，是不妥的。

3. 关于被控侵权产品和方法与专利的效果问题。人民法院在认定等同物替换的侵犯专利权行为时，对被控侵权产品和方法的效果与专利的效果进行比较是必要的。但在比较二者的效果时，不应强调它们之间完全相等，只要基本相同即可。有时专利的效果要比被控侵权产品和方法的效果稍好，有时也可能是相反的情况，都不影响对侵犯专利权行为的判断。甚至出现被控侵权的产品和方法的效果比专利效果稍差的情形，则属于改劣的实施，改劣实施也是等同物替换的表现形式之一。本案中被控侵权的设备和方法增加了一个工件拖板来固定工件，工件不固定在防震限位板上，其防震性就不如专利的效果好。但这样的改变，相对于专利技术来说，只是削弱了防震效果，而不是没有防震效果或者防震效果根本不同，是一种较为典型的改劣实施。原审法院忽略了改劣实施这一情况，过于强调被控侵权产品和方法与专利在效果方面的相等性，也与等同判断原则相悖。因此，该院认为被控侵权产品中的防震限位板与专利中的导向板不属于等同技术的替代，没有落入专利权的保护范围，并据此判定金铃公司未侵犯宁波机芯总厂的专利权不当。

三、关于如何确定本案的赔偿数额

根据本院原《关于审理专利纠纷案件若干问题的解答》第4条第2款第（1）项规定，专利权人因被侵权所受到的损失，可以根据专利权人的专利产品因侵权所造成销售量减少的总数乘以每件专利产品的合理利润所得之积计算。但实践中，往往也存在：专利产品销售量减少总数难确定，每件专利产品利润却可以确定；侵权产品在市场上销售的总数可以查明，每件侵权产品的利润却难以确定。针对这种情况，司法实践中也将每件专利产品的合理利润乘以侵权产品的销售总数所得之积，推定为专利权人因被侵权所受到的损失。采用这种推定的方法来确定专利权人因被侵权所受到的损失，具有充分的合理性。因为市场上销售了多少侵权产品，就意味着侵占了专利产品多大的市场份额。如果这部分被侵占的市场销售份额属于专利产品，自然应当以该专利产品的价格进行销售。所以，本院于2001年6月公布的《关于审理专利纠纷案件适用法律问题的若干规定》第20条第2款确认了上述计算方法。就本案来说，宁波机芯总厂已举证证明宁波韵升公司使用该厂专利所生产的音片，其出口出厂报价为每片0.16美元，国内销售价格为每片1.33元人民币，并提供宁波公正审计事务所宁公审（1998）179号审计报告一份，证明该公司生产的音片的单位成本为0.473元，负担税金为0.0041元，费用为0.1116元，单位利润为0.545元。宁波机芯总厂同时还举证证明金铃公司共生产侵权音片七八百万片，金铃公司也承认其自成立以来至1999年上半年，共生产音片720万片。庭审中，金铃公司对宁波公正审计事务所的审计报告与本案的关联性提出异议，认为该份审计报告是对宁波韵升公司生产的音片单位利润所作的审计，与本案无关。但根据查明的事实，宁波韵升公司生产的音片使用的就是宁波机芯总厂92102458.4号专利技术，有该厂与该公司签订的专利实施许可合同为证。所以，金铃公司认为该审计报告与本案无关的理由不足。金铃公司还认为，该份审计报告是宁波公正审计事务所根据宁波市江东区人民检察院的委托，为黎国琪侵犯宁波机芯总厂商业秘密罪一案所作的审计，且在宁波市江东区人民法院对本案所作出的（1998）甬东刑初字第206号刑事附带民事判决书中也没有认定这份审计报告，故该份审计报告所审计的音片单位利润不能用来作为计算本案损害赔偿额的依据。但经对审计报告的内容进行审查和分析，审计报告所依据的每片音片销售价格0.16美元（折合人民币为1.326元）是真实可靠的，有该产品的报价单据和销售发票为证。审计报告审计的音片的单位利润0.545元，除减去了音片的生产成本外，还减去了税金和应摊的费用，属于营业利润，也符合按营业利润计算侵权损害赔偿额的一般原则。金铃公司也没有指出该份审计报告的审计内容存在错误。因此，该份审计报告有关音片的单位利润的审计结论，本院予以采信。根据宁波韵升公司专利音片单位利润0.545元和金铃公司共生产侵权音片720万片计算，宁波机芯总厂因被侵权所受到的损失应为392.4万元。鉴于宁波机芯总厂只主张金铃公司赔偿其因被侵权所受到的经济损失100万元，且考虑到宁波机芯总厂生产的音片利润中含有其他知识产权所创造的价值等因素，故宁波机芯总厂的赔偿请求，本院予以支持。金铃公司虽然也提供了一份有关该公司加工生产音片的成本核算情况，每片加工成本为0.4075元，出口加工费为0.42元，每片利润为0.0125元，但由于没有相应的证据佐证，且每片所获利润明显不合理，故本院不予采信。

综上，原审判决对本案涉及侵权行为等事实认定不清，适用法律不当，应予纠正。宁波机芯总厂申请再审的理由成立，本院予以支持。依照《专利法》第11条第1款、第56条、第57条第1款和《民事诉讼法》第177条第2款、第184条第1款，以及参照本院《关于审理专利纠纷案件适用法律问题的若干规定》第17条、第20条第2款之规定，判决如下：

一、撤销江苏省高级人民法院（1999）苏知终字第9号民事判决；

二、金铃公司立即停止侵犯宁波机芯总厂92102458.4号专利权的行为，包括制造专利设备，使用专利方法，以及使用该专利设备和方法生产音片；

三、金铃公司赔偿因侵犯宁波机芯总厂专利权而给该厂造成的损失100万元，自本判决生效之日起10日内付清。

本案一、二审案件受理费共30 020元，由金铃公司负担，并与本判决主文第三项支付内容一并支付。

本判决为终审判决。

法官评述

本案判决主要涉及以下几个要点：

一、明确了确定专利权保护范围的司法原则。即在确定专利权的保护范围时，既不能将专利权保护范围仅限于权利要求书严格的字面含义上，也不能将权利要求书作为一种可以随意发挥的技术指导。确定专利权的保护范围，应当以权利要求书的实质内容为基准，在权利要求书不清楚时，可以借助说明书和附图予以澄清，对专利权的保护可以延伸到本领域普通技术人员在阅读了专利说明书和附图后，无需经过创造性劳动即能联想到的等同特征的范围。既要明确受保护的专利技术方案，又要明确社会公众可以自由利用技术进行发明创造的空间，把对专利权人提供合理的保护和对社会公众提供足够的法律确定性结合起来。根据这一原则，发明或者实用新型专利权的保护范围不仅包括权利要求书中明确记载的必要技术特征所确定的范围，而且也包括与该必要技术特征相等同的特征所确定的范围，即某一特征与权利要求中的相应技术特征相比，以基本相同的手段，实现基本相同的功能，达到基本相同的效果，对于本领域的普通技术人员来说无需经过创造性的劳动就能联想到的。

二、将分解权利要求必要技术特征的行为认定为等同物替换的形式之一。专利中的导向板是导向和固定盲板结合一起的整体装置，其功能即可以导向，又可以固定盲板，构成一个整体的技术特征。而被控侵权产品和方法是将导向和固定盲板这一整体的技术特征予以分解，替换成由防震限位板导向、工件拖板固定盲板两个技术特征；而它们结合为整体，仍起导向和固定盲板的作用。这种做法属于等同物替换的常见形式之一。原审法院没有将分解后的技术特征作为一个整体来考量，所以认为二者在功能上不同是错误的。

三、进一步确认专利说明书中记载的实施例不能用来限定专利权的保护范围。说明书中的实施例是说明书的组成部分，是专利技术的最佳实施方案，不是专利技术的全部内容，实施例不能用来确定专利权的保护范围。如果专利包含了发明的实施例或者该发明功能或效果的例子，权利要求书不应该解释成局限于这些例子。尤其，当一个产品或者方法包含了一个在专利所披露的例子中未出现的附加特征，缺少这些例子中的特征，或者为达到目的或者不具有这些例子中写明的或潜在的所有优点时，不能以这些事实将该产品或者方法排除在权利要求的保护范围之外。就本案来说，专利说明书实施例部分虽载有"在加工时由于盲板不是呈悬臂状"字样，但这一特征并没有写入专利权利要求1或者9中，故不能利用实施例中出现的特征来限定专利权利要求范围。原审法院以说明书实施例中的特征来限定权利要求1或者9的范围，从而将被控侵权方法中"盲板呈悬臂状腾空地接受旋转刀片的割入加工"排除在专利权保护范围之外，是不妥的。

四、改劣或者改优不影响等同侵权判定。正如判决书所述，人民法院在认定等同物替换的侵犯专利权行为时，对被控侵权产品和方法的效果与专利的效果进行比较是必要的。但在比较二者的效果时，不应强调它们之间完全相等，只要基本相同即可。有时专利的效果要比被控侵权产品和方法的效果稍好，有时也可能是相反的情况，都不影响对侵犯专利权行为的判断。甚至出现被控侵权的产品和方法的效果比专利效果稍差的情形，则属于改劣的实施，改劣实施也是等同物替换的表现形式之一。本案中被控侵权的设备和方法增加了一个工件拖板来固定工件，工件不固定在防震限位板上，其防震性就不如专利的效果好。但这样的改变，相对于专利技术来说，只是削弱了防震效果，而不是没有防震效果或者防震效果根本不同，是一种较为典型的改劣实施。原审法院忽略了改劣实施这一情况，过于强调被控侵权产品和方法与专利在效果方面的相等性，也与等同判断原则相悖。

（再审合议庭成员：蒋志培　王永昌　段立红
编写人：最高人民法院知识产权审判庭　王永昌）

2. 大连仁达新型墙体建材厂诉大连新益建材有限公司侵犯专利权纠纷案

阅读提示：专利侵权判定中是否适用"多余指定原则"？

裁判要旨

根据《专利法》第 56 条第 1 款的规定，发明或者实用新型专利权的保护范围应当以专利权利要求书的内容为准。凡是专利权人写入专利权利要求书的技术特征，都是必要的技术特征，都应当纳入技术特征对比之列。

案　号

一审：辽宁省大连市中级人民法院（2003）大民知初字第 25 号
二审：辽宁省高级人民法院（2004）辽民四知终字第 67 号
再审：最高人民法院（2005）民三提字第 1 号

案情与裁判

原告（二审被上诉人、再审被申请人）：大连仁达新型墙体建材厂（简称"仁达厂"）

被告（二审上诉人、再审申请人）：大连新益建材有限公司（简称"新益公司"）

仁达厂以新益公司侵害其独家使用"混凝土薄壁筒体构件"专利技术的实施权为由向辽宁省大连市中级人民法院提起诉讼，请求判令被告停止生产和销售与专利相同或者等同的产品，公开赔礼道歉，并赔偿损失 10 万元。

一审审理查明

1999 年 10 月 13 日，"混凝土薄壁筒体构件"被授予实用新型专利权，专利权人为王本淼，专利号为 ZL98231113.3。

2001 年 2 月 16 日，仁达厂与王本淼及其授权的湖南省立信建材有限公司签订专利实施许可合同，合同约定涉案专利的实施范围为辽宁省，使用费为 20 万元，并约定了双方的其他权利义务。2001 年 6 月 9 日，合同双方又签订了一份补充协议书，补充约定仁达厂的实施为"独家使用"，即双方所签的专利实施许可合同为独占实施许可合同，又规定"因该专利产品在生产经营中所产生的法律问题与湖南省立信建材有限公司无关"，即出现问题由仁达厂独自处理。使用费变更为 10 万元。仁达厂据此两份协议取得了该专利在辽宁省的独家使用权。

该实用新型专利权利要求书的内容为：一种混凝土薄壁筒体构件，它由筒管和封闭筒管两端管口的筒底组成，其特征在于所述筒底以至少二层以上的玻璃纤维布叠合而成，各层玻璃纤维布之间由一层硫铝酸盐水泥无机胶凝材料或者铁铝酸盐水泥无机胶凝材料相粘接，筒底两侧板面亦分别覆盖有一层硫铝酸盐水泥无机胶凝材料或者铁铝酸盐水泥无机胶凝材料。同样，所述筒管以至少二层以上的玻璃纤维布筒叠套而成，各层玻璃纤维布筒之间由一层硫铝酸盐水泥无机胶凝材料或铁铝酸盐水泥无机胶凝材料相粘接，筒管内腔表面与外柱面亦分别覆盖有一层硫铝酸盐水泥无机胶凝材料或者铁铝酸盐水泥无机胶凝材料。

2002年初，仁达厂发现新益公司生产与该专利相类似的产品并投入市场。该产品的主要技术特征为：筒管由一层玻璃纤维布夹在两层水泥无机胶凝材料中，封闭筒管两端的筒底亦由水泥无机胶凝材料构成，其中没有玻璃纤维布。与涉案专利相比，新益公司的被控侵权产品的筒管部分少一层玻璃纤维布，筒底部分没有玻璃纤维布。遂向辽宁省大连市中级人民法院提起诉讼，请求判令新益公司停止生产、销售与该专利相同或者等同的产品，公开向仁达厂赔礼道歉，并赔偿损失10万元。

一审判理和结果

辽宁省大连市中级人民法院一审认为：仁达厂是涉案专利在辽宁的独占实施许可合同的权利人，享有独占使用权。根据法律规定，独占实施许可合同的被许可人可以单独向人民法院提起诉讼，且专利权人对此也有明确授权，故仁达厂可以单独向人民法院提起诉讼。

新益公司的被控侵权产品与涉案专利虽有不同，但不存在本质上的区别。被控侵权产品也是由筒管和封闭筒管两端的筒底组成，与专利的前序部分相同。被控侵权产品筒管管壁的内部结构为两层水泥无机胶凝材料夹着一层玻璃纤维布，筒底壁不带玻璃纤维层，这与涉案专利关于筒管、筒底的构造在字面描述上虽有不同，但涉案专利的主体部分是筒管，其采用水泥层间隔加有玻璃纤维布层，就使得管壁既坚固又薄，其内腔容积增加，从而大幅度减轻其构成楼层层面的重量。也就是说，增加空腔容积、减轻重量，主要靠筒管壁的减轻，减薄，而筒底只起到防止水泥砂浆渗入的作用，起次要作用。同时，更说明在筒管管壁增加玻璃纤维布隔层，就能达到增加强度的功能作用及减少壁厚增加空心体积的效果。被控侵权产品的具体技术特征与涉案专利独立权利要求中的必要技术特征相比，从手段上看，两者都是在水泥无机胶凝材料层之间增设玻璃纤维布，本质都是在水泥层之间增加了玻璃纤维布结构，一层与两层只是数量的差别，这种差别不会引起质的变化，所以，两者的手段基本相同；从功能上看，两者增设玻璃纤维布层都起到了增强薄壁强度的功能作用，特别是起到增加薄壁受力变形拉伸强度的功能。两端有堵头的薄壁筒管，受力变形主要发生在筒管管壁，所以，增加薄壁受力变形的拉伸强度的功能主要体现在筒管管壁，两端的筒底主要起封堵作用，承受的是周向压力，壁层之间增加玻璃纤维层，并不增加筒底的抗压强度，只要在筒管管壁形成了水泥层间增加玻璃纤维层，就达到了增强变形的拉伸强度的功能，形成的功能就与涉案专利的功能基本相同；从效果上看，两者都是有效地减少了筒体的重量及楼层面的重量，效果基本相同。通过上述比较，可以看出，该领域的普通技术人员可以根据需要选择玻璃纤维层数量多少且不引起功能的本质变化的构造，无需经过创造性劳动就能想到，并达到基本相同的效果。所以，被控侵权产品在手段、功能和效果上，与涉案专利基本相同，构成等同侵权。该院依法判决：1. 新益公司立即停止生产和销售被控侵权产品。2. 新益公司于判决生效后 10 日内向仁达厂书面赔礼道歉（逾期不执行，法院将在辽宁省公开发行的报刊上公布判决内容，相关费用由新益公司负担）。3. 新益公司于判决生效后 10 日内向仁达厂赔偿损失 10 万元。一审案件受理费 4 010 元，由新益公司负担。

二审判理和结果

新益公司不服该判决，向辽宁省高级人民法院提起上诉。

辽宁省高级人民法院二审认为，被控侵权产品与专利产品是基于同行业使用形成的提高产品强度、减轻产品重量的产品，两者在技术构思上是基本相同的，而且均由筒管和封闭筒管两端的筒底组成，与权利要求书前序部分相同。虽然被控侵权产品与专利权利要求书载明的必要技术特征存在玻璃纤维布层数的差别，但这种差别与化合物和组合物等数值范围的限定不同，它只是数量的替换，并没有引起产品本质的变化。一审法院判定等同侵权成立，并无不当。该院依法判决驳回新益公司的上诉，维持原判。二审案件受理费 4 010 元，由新益公司负担。

申请再审理由与答辩

新益公司向最高人民法院申请再审称：

1. 原审法院错误地解释专利权的保护范围。首先，原审法院以"筒底仅起次要作用"为由，错误地把专利独立权利要求中所记载的"筒底以至少二层以上的玻璃纤维布叠合而成，各层玻璃纤维布之间由一层硫铝酸盐水泥无机胶凝材料或铁铝酸盐水泥无机胶凝材料相粘接，筒底两侧板面亦分别覆盖有一层硫铝酸盐水泥无机胶凝材料或者铁铝酸盐水泥无机胶凝材料。"（简称"筒底壁层结构"）这一必要技术特征排除在侵权对比范围之外，从而将专利人本已排除在保护范围之外的筒底不含玻璃纤维布的纯混凝土单层结构又纳入专利的保护范围。权利要求书将筒底壁层结构列为第一项区别特征，表明专利权人认为筒底部分对于实现专利的发明目的和效果是非常重要、必不可少的。说明书对筒底只是描述"其构件的筒管两端管口亦封闭，故同时又具有良好的隔音效果"，从"同时又具有"可以看出，隔音作用只不过是筒底的第二作用，即筒底还具有隔音作用之外的第一作用。由于说明书并未具体描述筒底的第一作用，则本领域技术人员在全面阅读权利要求书和说明书的基础上，只能认为筒底的第一作用与筒管的作用是相同的。且说明书没有任何地方描述筒底壁层结构是非必要的。所以，筒底壁层结构是必要技术特征。而且，在专利申请日之前，现有技术中已经出现将筒管壁层作成三层水泥中间间隔夹有两层玻璃纤维布的五层或五层以上的结构。因此，专利区别于现有技术的特征实际上仅仅在于筒底壁层结构。本案不应适用"多余指定原则"将筒底壁层结构予以忽略。其次，原审法院以"一层与两层只是数量的差别，这种差别不会引起质的变化"为由，错误地将筒管壁层中只含有一层玻璃纤维布这已被专利权人明确排除在保护范围之外的技术方案重新纳入专利权保护范围。事实上，专利权利要求书明确使用了"至少二层"而不是"二层"这一边界和底线十分清楚的限定条件来限定壁层中应包含的玻璃纤维布的层数。这就表明，专利权人认为壁层中所包含的玻璃纤维布不能少于二层，否则就不能实现其发明目的或者与现有技术相区别，并因此使用"至少二层"这样的限定特征将不使用或者仅使用一层玻璃纤维布的技术方案排除在专利权保护范围之外。而原审法院显然背离了专利权人的本意及其在专利独立权利要求中所作出的数量限定，不适当地扩大了专利的保护范围并损害公众利益。

2. 原审法院错误地运用等同侵权的判断原则。根据最高人民法院的有关司法解释，等同是指个别技术特征的等同，而不是指整体技术方案的等同。被控侵权产品比专利在筒管壁层方面减少了至少两层水泥和一层玻璃纤维布，在筒底壁层方面减少了至少两层水泥和两层玻璃纤维布，在结构上有明显区别。原审法院却以"被告的产品在手段、功能和效果上，与涉案专利基本相同"为由，认定被告的产品与专利构成等同，显然违反了最高人民法院关于等同判断的规定。关于仁达厂所称的因技术进步导致仅使用一层玻璃纤维布就可实现专利目的，因新益公司已举证证明在专利申请日前，耐碱玻璃纤维布已经在我国得以应用，且本案专利是实用新型专利，受保护的是产品的形状、构造或者结合方面的特征，而不涉及材料特征，故仁达厂关于因玻璃纤维布技术进步导致等同的观点不能成立。

3. 原审法院判决赔礼道歉缺乏法律依据。专利权主要是一种财产权利，不涉及人身权利。所以，专利法并未规定在处理专利侵权纠纷中适用赔礼道歉这种针对人身权利的民事责任承担方式。原审法院判决新益公司赔礼道歉，于法无据。

综上，新益公司认为，原审判决存在明显错误，请求本院撤销（2004）辽民四知终字第67号民事判决书，并驳回仁达厂的所有诉讼请求；责令仁达厂在《大连日报》上刊登再审判决书；由仁达厂承担本案一、二审全部诉讼费用。

仁达厂答辩称：

1. 根据专利说明书的描述，混凝土薄壁筒体构件的主体筒管管壁采用水泥层间隔夹有玻璃纤维布层，故使得管壁既坚固又薄，其内腔空间容积相应成倍增加，从而大幅度减轻其构成楼层层面重量。可见，为实现增加内腔容积、减轻重量的发明目的，主要靠筒管管壁的减轻、减薄，而筒底减轻、减薄不起作用。增加薄壁受力拉伸强度的功能主要在筒管管壁。在筒管管壁增设一层或者二层玻璃纤维布，就起到增强拉伸强度的功能作用。筒底主要起封堵作用，壁层之间增加玻璃纤维层，并不增加筒底的径向抗压强度。所以，筒底壁层结构，不是专利的必要技术特征。

2. 被控侵权产品筒管部分的技术特征与专利相应的技术特征是等同特征。因为两者都采用在水泥层之间增设玻璃纤维布层的手段，玻璃纤维布层一层与二层的差别，只是数量的差别，而不是质的差别，所以手段基本相同；两者增设玻璃纤维布层都是起到增强薄壁强度的功能作用。受力变形主要发生在筒管管壁，只要在筒管管壁的水泥层间增加玻璃纤维层，就达到了增加强度的功能；两者的效果都是有效增大筒体的内腔容积，减少筒体壁厚和楼板重量。而且，玻璃纤维布层数的选择多少，无需经过创造性劳动就能联想到。

另外，随着玻璃纤维布技术的进步，专利申请后采用一层玻璃纤维布就能实现专利的发明目的。专利申请时，只有非耐碱玻璃纤维布的标准，1999年颁布耐碱玻璃纤维网格布标准后，才有正式的耐碱玻璃纤维布被使用。耐碱玻璃纤维布抗腐蚀性好，所以筒管部分采用一层玻璃纤维布，就可以形成很好的筒体构件产品，达到与专利基本相同的功能、效果。专利权利要求书所写"至少二层以上玻璃纤维布",是最好的技术方案。筒底的玻璃纤维布,可夹可不夹,但当水泥压力大时,可在筒底夹上玻璃纤维布,这样筒底就可以作得薄了,使重量减轻,且筒体不容易弯曲。另,被控侵权产品筒管接口部分是否重合,并不影响等同的认定。

3. 新益公司所称的已有技术方案,不是用于填充现浇楼板的封闭筒体,与涉案专利方案不是同一主题。所以,新益公司关于专利筒底壁层结构是唯一区别特征的观点不能成立。

4. 赔礼道歉是法律规定的民事责任之一。新益公司的故意侵权,必然在同行中给专利权人的声誉造成不良影响,要求其赔礼道歉并不为过。

再审判理和结果

最高人民法院经审查查明,原审法院认定的事实基本属实。另查明,专利申请日前,已出现耐碱玻璃纤维布。

最高人民法院认为,针对新益公司申请再审的事实和理由以及仁达厂的答辩,本案主要涉及以下三个问题。

一、筒底壁层结构是否是专利的必要技术特征

首先,从权利要求书的撰写要求看,《专利法实施细则》第20条、第21条明确规定,权利要求书应当清楚、简要地表述请求保护的范围。权利要求书应当有独立权利要求。独立权利要求应当从整体上反映发明或者实用新型的技术方案,记载解决技术问题的必要技术特征。应当认为,凡是专利权人写入独立权利要求的技术特征,都是必要技术特征,都不应当被忽略,而均应纳入技术特征对比之列。最高人民法院不赞成轻率地借鉴适用所谓的"多余指定原则"。其次,从权利要求书的作用看,根据《专利法》第56条第1款的规定,发明或者实用新型专利权的保护范围以权利要求书的内容为准。权利要求书的作用是确定专利权的保护范围。即通过向公众表明构成发明或者实用新型的技术方案所包括的全部技术特征,使公众能够清楚地知道实施何种行为会侵犯专利权,从而一方面为专利权人提供有效合理的保护,另一方面确保公众享有使用技术的自由。只有对权利要求书所记载的全部技术特征给予全面、充分的尊重,社会公众才不会因权利要求内容不可预见的变动而无所适从,从而保障法律权利的确定性,从根本上保证专利制度的正常运作和价值实现。本案专利权利要求书只有一项权利要求,即独立权利要求。该独立权利要求对筒底和筒管的壁层结构分别给予了明确记载。所以,仁达厂关于专利筒底壁层结构不是必要技术特征的主张,不能成立。"筒底以至少二层以上的玻璃纤维布叠合而成,各层玻璃纤维布之间由一层硫铝酸盐水泥无机胶凝材料或者铁铝酸盐水泥无机胶凝材料相粘接,筒底两侧板面亦分别覆盖有一层硫铝酸盐水泥无机胶凝材料或铁铝酸盐水泥无机胶凝材料",是本案专利的一项必要技术特征。

故此,本案专利的全部必要技术特征为:(1)筒管。(2)封闭筒管两端管口的筒底。(3)所述筒底以至少二层以上的玻璃纤维布叠合而成,各层玻璃纤维布之间由一层硫铝酸盐水泥无机胶凝材料或者铁铝酸盐水泥无机胶凝材料相粘接,筒底两侧板面亦分别覆盖有一层硫铝酸盐水泥无机胶凝材料或铁铝酸盐水泥无机胶凝材料。(4)所述筒管以至少二层以上的玻璃纤维布筒叠套而成,各层玻璃纤维布筒之间由一层硫铝酸盐水

泥无机胶凝材料或者铁铝酸盐水泥无机胶凝材料相粘接，筒管内腔表面与外柱面亦分别覆盖有一层硫铝酸盐水泥无机胶凝材料或者铁铝酸盐水泥无机胶凝材料。

与专利筒底壁层结构该项必要技术特征相对比，被控侵权产品筒底的水泥无机胶凝材料中没有玻璃纤维布。显然，两者并不相同。又因被控侵权产品筒底的水泥无机胶凝材料中不夹玻璃纤维布，而专利筒底的水泥无机胶凝材料中间隔夹有至少二层以上的玻璃纤维布，两者不属于基本相同的手段，故亦不等同。仅被控侵权产品筒底的技术特征与专利相应技术特征既不相同又不等同一点，就足以判定被控侵权产品没有落入专利权的保护范围。

二、被控侵权产品筒管部分在水泥无机胶凝材料中夹有一层玻璃纤维布是否属于与专利相应技术特征的等同特征

首先，根据《专利法》第56条第1款的规定，发明或者实用新型专利权的保护范围以其权利要求的内容为准，说明书及附图可以用于解释权利要求。由于本案专利权利要求书在叙述玻璃纤维布层数时，明确使用了"至少二层以上"这种界限非常清楚的限定词，说明书亦明确记载玻璃纤维布筒的套叠层"可以少到仅两层"，故在解释权利要求时，不应突破这一明确的限定条件。应当认为，本领域的普通技术人员通过阅读权利要求书和说明书，无法联想到仅含有一层玻璃纤维布或者不含玻璃纤维布仍然可以实现发明目的，故仅含有一层玻璃纤维布或者不含有玻璃纤维布的结构应被排除在专利权保护范围之外。否则，就等于从独立权利要求中删去了"至少二层以上"，导致专利权保护范围不合理地扩大，有损社会公众的利益。其次，本案专利中玻璃纤维布层数的不同，不能简单地认为只是数量的差别，而是对于筒体构件的抗压能力、内腔容积以及楼层重量具有不同的物理力学意义上的作用。筒管部分含有"至少二层以上"玻璃纤维布，在增强抗压能力、减轻楼层重量、增加内腔容积方面达到的技术效果应优于筒管部分仅含"一层"玻璃纤维布的效果。应当认为，仅含"一层"玻璃纤维布不能达到含有"至少二层以上"玻璃纤维布基本相同的效果，故被控侵权产品筒管部分在水泥无机胶凝材料中夹有一层玻璃纤维布不属于与专利相应技术特征等同的特征，更不是相同特征。因此，被控侵权产品亦没有落入专利权的保护范围。

另，关于耐碱玻璃纤维布的问题，因耐碱玻璃纤维布早在专利申请日之前已出现，专利申请人对此应有预见，但在权利要求书中仍然使用了"至少二层以上玻璃纤维布"的措辞，故仁达厂关于因玻璃纤维布技术进步导致等同侵权成立的主张，不能成立。关于被控侵权产品筒管接口的问题，因仁达厂自认被控侵权产品筒管接口部分是否重合不影响等同的认定，故本院对此不再评判。

三、本案是否适用赔礼道歉的责任承担方式

赔礼道歉，主要是针对人身利益和商业信誉受到损害的一种责任承担方式。而专利权主要是一种财产利益，故专利侵权纠纷案件一般不适用赔礼道歉。而原审法院在未有证据证明新益公司的行为造成仁达厂重大商誉损失的情况下，判令新益公司赔礼道歉，有所不妥。但因新益公司再审期间未提供相应证据证明原审判决书业已刊登及其对新益公司造成的不良影响，故新益公司关于刊登再审判决书以挽回刊登原审判决书影响的再审请求，本院难以支持。

综上，被控侵权产品筒底的水泥无机胶凝材料中没有玻璃纤维布，与专利筒底壁层结构相比，既不是相同特征，也不是等同特征；被控侵权产品筒管部分的"水泥材料中夹有一层玻璃纤维布"，不能达到与专利筒管部分的"水泥材料间隔夹有至少二层以上的玻璃纤维布"基本相同的效果，被控侵权产品筒管部分的技术特征，与专利相应的技术特征，不构成等同特征，更不是相同特征。故此，被控侵权产品没有落入专利权的保护范围，新益公司的行为不构成对涉案专利权的侵犯。原审判决以专利的主体部分是筒管、筒底起次要作用为由，忽略筒底壁层结构这一权利要求书明确记载的必要技术特征，未将其纳入技术特征的对比之列，且在筒管部分玻璃纤维布"一层"和"至少二层以上"的理解上，错误地认为只是数量的差别，进而判定符合等同特征的构成要件、等同侵权成立，属适用法律错误，应予纠正。依照我国《专利法》第 56 条第 1 款、《专利法实施细则》第 21 条第 2 款、《最高人民法院关于审理专利纠纷案件适用法律问题的若干规定》第 17 条和《民事诉讼法》第 177 条第 2 款、第 184 条第 1 款的规定，判决如下：1. 撤销辽宁省高级人民法院（2004）辽民四知终字第 67 号民事判决；2. 驳回仁达厂的诉讼请求。一、二审案件受理费共 8 020 元，由仁达厂负担。

法官评述

本案反映的主要问题是，在专利侵权判定中，能否适用"多余指定原则"将明确记载于权利要求书的技术特征认定为非必要技术特征，从而不纳入技术特征对比之列。

一、多余指定原则的提出

多余指定原则，一般是指当专利独立权利要求中记载了与完成发明目的无关的技术特征时，可以将该技术特征认定为附加技术特征或者非必要技术特征，不是专利技术的构成部分。如果被告在被控侵权物中未实现该附加技术特征或者非必要技术特征，仍可以认定被告构成侵权。❶ 只有为解决技术问题所不可缺少的技术特征才是必要技术特征，在确定专利权保护范围时可以逐个甄别独立权利要求中的每一个技术特征。如果认定某一技术特征不是必要技术特征，则认定为属于可有可无的附加技术特征，专利申请人将其"指定"在独立权利要求中是"多余"的，在确定专利保护范围时可以对附加技术特征忽略不计。❷

中国司法中第一次在专利侵权判断中正式确立多余指定原则的案件是 1995 年北京法院审理的"人体频谱匹配效应场治疗装置"案件。❸ 一审法院北京市中级人民法院认为，该案专利是一项重要的组合发明，其突出的实质性特点在于该项技术方案中提出了 14 种组分及其含量，构成效应场治疗装置的模拟人体频谱发生层，取得了积极的治疗效果和商业上的成功，对其专利保护范围应予较宽的解释。被控侵权产品虽缺少专利权利要求书中的"立体声放音系统及音乐电流穴位刺激器及其控制电路装置"，但该特征

---

❶ 程永顺. 专利侵权判断中几个主要原则的运用// [C]. 程永顺. 专利侵权判定实务 [M]. 北京：法律出版社，2002：49.

❷ 尹新天. 专利权的保护（第 2 版）[M]. 北京：知识产权出版社，2005：429.

❸ 北京市中级人民法院（1993）中经知初字第 704 号案，北京市高级人民法院（1995）高知终字第 22 号案.

是否存在并不影响整个技术方案完整性，应属非必要技术特征。被控侵权产品与原告专利是本质上等同的技术方案。因此，该院认定侵权成立。二审法院北京市高级人民法院认为，虽然"立体声放音系统及音乐电流穴位刺激器及其控制电路装置"被写入独立权利要求书，并在专利无效审理中被认为具有实质性特点，但结合该专利说明书中的阐述，就该专利整体技术方案的实质来看，该技术特征不产生实质性的必不可少的功能和作用，显系申请人理解上的错误及撰写申请文件缺乏经验误写所致，故应视其为附加技术特征。最后，二审法院维持了一审判决。

1998年，最高人民法院经济审判庭在法知（1997）第58号对云南省高级人民法院请示的复函中，明确认可了多余指定原则。该答复称："根据对李振东'一种席梦思'实用新型专利的权利要求书、说明书的分析，同意你院请示中的第二种意见，即认定独立权利要求中记载的'拉簧'这一技术特征为非必要技术特征。理由是：'一种席梦思'实用新型专利的发明目的在于提供一种具有整体弹力、使用寿命长的席梦思，其采用的技术方案是在压簧与衬垫之间铺有一层钢丝网，而实现了发明的目的，'拉簧'是记载在独立权利要求的前序部分的已有技术特征，在说明书中明确它起'连接'作用。有无'拉簧'这一技术特征，该专利的发明目的及效果均可实现。被控侵权物是将压簧固定在床基框或者横支架上，形成连接，替代了'拉簧'这一技术特征。从专利复审委员会的审查决定可以看出，采用拉簧连接压簧和将压簧固定在床基框或者横支架上均是公知的技术手段。因此这种替代对同领域普通技术人员而言是显而易见的。"

二、关于多余指定原则的主要争论

多余指定原则自从产生以来就备受争议，对于专利侵权判断中是否应适用多余指定原则，以及如何适用多余指定原则有不同的意见。主要集中在以下几个方面：

（一）法院是否应当主动适用多余指定原则。大多认为，法院不应当主动适用多余指定原则。必要时，专利权人应当提出请求，并陈述为什么认为独立权利要求中所记载的某一技术特征是非必要技术特征以及当初为什么将它写入独立权利要求的理由，同时必须给被控侵权人提供对此陈述意见的机会。只有当专利权人提供了令人信服的理由时，法院才可以忽略独立权利要求中的技术特征。❶

（二）多余指定原则是否适用于实用新型专利。一种观点认为，多余指定原则不适用于实用新型专利，如《北京市高级人民法院专利侵权判定若干问题的意见（试行）》第54条规定："对于发明高度较低的实用新型专利，一般不适用多余指定原则确定专利保护范围。"另一种观点认为，在适用多余指定原则上不能将发明和实用新型专利区别对待。因为发明和实用新型两种专利之间没有明显界限，作为发明的主题一般同样能够作为实用新型的主题。若把同一主题的技术特征作为发明专利申请并获得专利权，则该技术特征可以适用多余指定原则；相反，若把它申请实用新型专利，则不可以适用多余指定原则。同样的技术特征在发明与实用新型中的结果截然不同。❷

（三）适用多余指定原则是否影响侵权赔偿责任。一种观点认为，多余指定原则只

---

❶ 尹新天. 专利权的保护（第2版）[M]. 北京：知识产权出版社，2005：432.
❷ 张泽吾. 多余指定原则之缺陷分析及司法对策[J]. 行政与法，2004（2）.

影响侵权判断，不影响赔偿责任的确定。赔偿责任与多余指定原则的适用并无必然联系；另一种观点认为，适用多余指定原则判定侵权成立的，法院应当考虑具体情况，免除或者减轻侵权人的赔偿责任。也就是说，法官应综合参考多余技术特征与必要技术特征在技术方面的关联程度，专利申请人撰写独立权利要求时的过错程度，侵权人实施侵权行为的主观过错以及被侵权的专利技术可专利性的高低程度，衡平地决定赔偿数额，实现当事人之间的利益平衡。❶

三、本案判决的意义

本案提审判理之所以表述为"本院不赞成轻率地借鉴适用所谓的'多余指定原则'"，是因为，一是《专利法实施细则》第21条明确规定独立权利要求应当从整体上反映发明或者实用新型的技术方案，记载解决技术问题的必要技术特征，因此，凡是专利权人写入独立权利要求的技术特征，都是必要技术特征，都不应当被忽略；二是权利要求书的作用是确定专利权的保护范围。只有对权利要求书所记载的全部技术特征给予全面、充分的尊重，社会公众才不会因权利要求内容不可预见的变动而无所适从，从而保障法律权利的确定性，从根本上保证专利制度的正常运作和价值实现。换言之，既然专利法要求专利权利要求记载解决技术问题的必要技术特征，而权利要求的作用是确实专利权的保护范围，专利申请人在起草权利要求书时就是按照规定把解决技术问题的必要技术特征写入权利要求的，并且该权利要求已经向社会公示，法院就应当按照权利要求书记载的全部技术特征确定专利的保护范围。在判决中，最高人民法院没有对筒底壁层结构在实现专利发明中的作用进行分析，而是直接以权利要求书中有明确记载为由认定其为专利的必要技术特征，驳回了专利权人多余指定的主张。可以看出，最高人民法院对多余指定原则采取了否定的态度。但是，为了兼顾在极特殊情况下保护专利权人实体利益的需要，本案判决并没有将多余指定原则全部否定，而表述为"不赞成轻率地借鉴适用所谓的'多余指定原则'"。换言之，原则上不能借鉴适用多余指定原则。即便如此，本案对于法院有关多余指定原则的适用，仍然具有非常重要的方向性的指导意义。至于何谓极特殊情况，本案判决没有也不可能给出答案。

本案所确立的原则上不适用多余指定原则的指导原则，这给专利权人及其代理人提出了更高的要求，即专利申请人在起草专利权利要求书时，应当对其发明的进步所在有清楚的认识，在专利申请时，专利申请人应当更谨慎地起草权利要求书，防止将对实现发明的目的无关的特征写入权利要求中，不应再寄希望于在以后的专利侵权诉讼中通过多余指定原则将权利要求中的技术特征排除。

（再审合议庭成员：王永昌　邻中林　李　剑
编写人：最高人民法院知识产权审判庭　李　剑）

---

❶ 张泽吾. 多余指定原则之缺陷分析及司法对策[J]. 行政与法，2004（2）.

3.（美国）伊莱利利公司诉江苏豪森药业股份有限公司侵犯专利权纠纷案

阅读提示：专利侵权诉讼中，对于被控侵权方提交的涉及其商业秘密的证据材料人民法院应当如何审理和进行质证？涉及专门技术问题需要进行技术鉴定时，人民法院应当如何正确使用证据材料？

裁判要旨

在专利侵权诉讼中，对于被控侵权方提交的涉及其商业秘密的证据材料应当进行质证，法院应当采取不公开审理方式，并要求参与诉讼的人员承担保密义务，不得将通过诉讼程序获得的属于被控侵权方商业秘密的技术信息用于诉讼以外的商业用途，否则将追究其法律责任。

鉴定机构接受人民法院的委托，对争议的技术问题作鉴定，应当以双方当事人经过庭审质证的真实、合法、有效的证据材料作为鉴定依据。鉴定机构依据未经双方当事人质证或者核对的证据材料所作出的鉴定结论，不是合法有效的证据，不能作为认定本案事实的依据。

案 号

一审：江苏省高级人民法院（2001）苏民三初字第001号
二审：最高人民法院（2002）民三终字第8号

案情与裁判

原告（二审上诉人）：（美国）伊莱利利公司（Eli Lilly and Company）（简称"伊莱利利公司"）

被告（二审被上诉人）：江苏豪森药业股份有限公司（简称"豪森公司"）

起诉与答辩

2001年4月17日，原告向江苏省高级人民法院起诉称：吉西他滨是原告公司开发的一种抗癌药，1998年6月20日、1999年3月25日、1999年9月4日，经国家知识产权局核准，该公司被授予吉西他滨和吉西他滨盐酸盐的三项方法发明专利。2000年，被告未经专利权人许可，制备了吉西他滨和吉西他滨盐酸盐，并向国家药品监督管理局申报生产吉西他滨和吉西他滨盐酸盐许可证。被告用于生产吉西他滨和吉西他滨盐酸盐的方法正是原告的专利方法，同时被告也积极促销其侵权成品。被告未经许可为生产经营目的实施了原告的专利，侵犯了原告的专利权，应当承担侵权责任。请求判令被告：1.停止一切侵犯原告发明专利权的行为；2. 赔偿原告因被告的侵权行为而造成的经济损失人民币 550 万元；3. 在《中国医药报》上向原告公开道歉，以消除不良影响；4. 承担本案的全部诉讼费用；5. 承担原告的诉讼损失，包括律师费、调查费和其他合理费用。

被告答辩称：吉西他滨的制造方法不止一种，原告的专利方法只是其中之一；原告不能证明答辩人的方法就是其专利方法，请求法院驳回其诉讼主张。

一审审理查明

1. 原告伊莱利利公司对生产吉西他滨及其盐酸盐方法在中国分别拥有三项专利：(1) 1993 年 6 月 21 日申请，1998 年 6 月 20 日授权的立体选择性糖基化方法专利，专利号为 ZL93109045.8。(2) 1995 年 11 月 1 日申请，1999 年 3 月 25 日授权的提纯和分离 2'-脱氧-2',2'二氟核苷的方法发明专利，专利号为 ZL95196272.8。(3) 1995 年 11 月 14 日申请，1999 年 9 月 4 日授权的 1-(2'-脱氧-2',2'-二氟-D 呋喃核糖基)-4-氨基密啶-2-酮盐酸盐的制备方法发明专利，专利号为 ZL95196792.4。

2. 被告豪森公司经过研究和试验，已研制出制备盐酸吉西他滨的工艺方法，并于 1999 年向国家药品监督管理局申报新药证书和新药生产批件，2001 年 5 月 18 日国家药品监督管理局核发新药证书及新药生产批件。2001 年 11 月，豪森公司对其改进后的新工艺向国家药品监督管理局补充申报批件。2002 年 3 月 29 日国家药品监督管理局核发新药补充申请批件。2000 年伊莱利利公司发现豪森公司制备有注射用盐酸吉西他滨样品，并进行相应的临床试验和宣传，遂认为该公司未经许可而使用原告的专利方法制备盐酸吉西他滨，侵犯了其专利权，向一审法院提起专利侵权诉讼。

一审法院审理期间，伊莱利利公司向法院提出申请，请求责令被告豪森公司先行停止侵犯其专利权的一切行为。一审法院审理认为，原告伊莱利利公司并无证据证明被告豪森公司正在实施或者即将实施侵犯其专利权的行为以及如不及时采取有关措施将使其合法权益受到难以弥补的损害，且伊莱利利公司未提供相应的担保，因此裁定驳回了原告申请。

一审法院从江苏省药品监督管理局调取了豪森公司申报生产工艺方法资料，并与该公司在国家药品监督管理局申报时备案的工艺方法资料核对后，确认在两机构备案的申报工艺资料内容基本一致。

豪森公司在向一审法院提交证明其生产工艺方法资料的同时，以该资料涉及其未公开的生产盐酸吉西他滨的工艺方法等技术秘密为由，申请法庭对该资料予以保密，不予提交给对方。伊莱利利公司则认为应当将上述资料交由原告审查。一审法院认为，如以通常方式质证，将豪森公司工艺方法的内容交予伊莱利利公司审查，则有可能会使豪森公司遭受无法预见和弥补的损失，因此决定对记载豪森公司几套工艺方法资料的内容不予提交伊莱利利公司查阅，而交鉴定专家鉴别豪森公司提供方法的真伪，以及与伊莱利利公司独立权利要求记载的保护方法是否相同。一审法院向伊莱利利公司转交了豪森公司提供的工艺方法资料以及一审法院所调取的豪森公司向国家药品监督管理部门报批的方法资料的清单、豪森公司的中试工艺与伊莱利利公司三项专利方法的对比说明以及相关的实验图谱。伊莱利利公司对此认为：清单不能反映方法内容；对比说明仅对其中试工艺进行了说明，而未说明其临床制备工艺和其生产时拟采取的工艺；有关实验图谱和数据没有记录其样品的方法来源，也未记录其HPLC色谱条件及其定量分析的标准样品和分析的精确度，甚至没有证据表明所用样品一定是其实际使用的方法所制得，该证据缺乏关联性。一审法院认为，豪森公司已经按照《专利法》（修改前）的有关规定提供了其中试工艺方法及申报生产的全套工艺方法，本案争议所涉技术问题应由鉴定机构作出结论。

一审法院委托江苏省科技厅进行了技术鉴定。委托鉴定的内容是：1. 豪森公司提交的研制方法是否能够生产出吉西他滨或者盐酸吉西他滨。2. 如果能够生产出吉西他滨或者盐酸吉西他滨，则豪森公司的工艺方法与伊莱利利公司专利独立权利要求所记载的保护方法是否相同。3. 豪森公司向国家药监局的申报方法与伊莱利利公司三项独立权利要求所记载的保护方法是否相同。一审法院向鉴定机构提交的资料包括：伊莱利利公司三项专利的相关文献资料，豪森公司盐酸吉西他滨三套中试工艺、2001年11月豪森公司向国家药品监督管理局补充申报生产新工艺方法资料、一审法院向江苏省药品监督管理局调取的该局备案的豪森公司二次申报生产工艺资料。2002年2月21日，一审法院又出具委托鉴定补充函，提供两份补充资料进行鉴定：1. 豪森公司于2001年11月始向国家药品监督管理部门提交的盐酸吉西他滨生产新工艺申报资料一套。2. 有关实验图谱。

2002年5月17日，鉴定机构出具如下意见：1. 豪森公司提供的其研制盐酸吉西他滨的证据资料，技术上合理、可行，能够生产出吉西他滨或者盐酸吉西他滨；2. 豪森公司提供的生产吉西他滨或者盐酸吉西他滨的方法与伊莱利利公司三项专利独立权利要求所记载的保护方法不同：（1）伊莱利利公司ZL93109045.8专利要求保护的是α-异头物富集的糖磺酰氧基（Y）与过量核碱反应立体选择性地制备β-异头物富集的核苷，而豪森公司所用α-异头物和β-异头物之比近似于1的核糖为原料，使用近似于等量的核碱，制得β-和α-异头物之比小于1（即β-异头物不富集）的核苷。（2）伊莱利利公司ZL95196272.8专利要求要对富含β-异头物的核苷的混合物进行提纯和分离，而豪森公司生产的是β-异头物和α-异头物之比小于1（即β-异头物不富集）的核苷，在豪森公司的整个生产步骤中没有专利的独立权利要求保护的这一步处理方法。（3）伊莱利利公司ZL95196792.4专利要求保护范围为在基本无水的条件下，在甲醇或者乙醇存在下，用催化量的烷基胺进行脱保护即有机胺脱保护直接获得最终产物盐酸吉西他滨，而豪森公司采用氨气对带保护的β-和α-异头物之比小于1（即β-异头物不富集）的核苷进行脱保护，即无机胺脱保护，得到的是β-和α-异头物之比小于1（即β-异头物不富集）的脱保护核苷，最终再经过结晶分离得到盐酸吉西他滨。通过对伊莱利利公司三项专利与豪森公司生产盐酸吉西他滨的工艺流程的比较可明显看出其不同之处，亦可得出无相同之处的最终结论。3. 豪森公司提供给法院的生产吉西他滨、盐酸吉西他滨的方法与法院向国家药监局提调的该产品申报资料一致。豪森公司向国家药监局申报研制或生产吉西他滨、盐酸吉西他滨的方法与伊莱利利公司三项独立权利要求所记载的方法不同。4. 豪森公司2001年向国家药监局提出的改进工艺，与原工艺或者生产方法比较，不同之处是所用原料比例改变，并加入催化剂，反应时间缩短，后处理操作简单，使反应收率和中间体质量有所提高。改进后的工艺，仍以α、β-异头物之比近似于1的核糖为原料，制得β-异头物和α-异头物之比小于1（即β-异头物不富集）的核苷，与伊莱利利公司三项专利独立权利要求所记载的保护方法不同。

一审期间，鉴定机构两名专家代表出庭接受当事人质询。伊莱利利公司认为：鉴定专家应全部到庭，现到庭两位，程序不合法；豪森公司方法的内容未经伊莱利利公司审查；鉴定意见未明确豪森公司拟将使用的方法，未对豪森公司改进前的工艺方法进行比对，未明确高效液的误差值，未对双方方法是否等同作出鉴定。故鉴定意见不能作为定案依据使用。豪森公司则认为鉴定意见是针对该公司提交的中试工艺方法、申报生产方法以及法庭在国家药品监督管理局调取的豪森公司申报方法资料，由双方认可的鉴定专家按法定程序作出的，是科学的结论，应作为确定案件事实的证据采用。

一审判理和结果

1. 关于新产品的认定。一审法院审理认为，本案在诉讼之初即涉及吉西他滨或者盐酸吉西他滨是否为新产品的争议。专利法所规定的"新"产品，只要某种产品在专利申请日前国内市场上从未出现过，且该产品与申请日前已有的同类产品相比，在产品组分、结构或者质量、性能、功能等方面有明显区别即为新产品。本案原告伊莱利利公司提供的证据证明在原告专利申请日后，国家相关部门才对吉西他滨或者盐酸吉西他滨受理进口药品评审、审查行政保护申请并进行相关注册；且国家药品监督管理局于2000年6月21日公告盐酸吉西他滨为新药品种，故原告已证明在其专利申请日前国内市场没有相同产品出现过这一事实。被告提供的证据证明的是原告专利申请日前已有相同产品的资料的国外公开出版，没有证据证明在该申请日前已有相同产品在国内生产或者在国内市场出现过；且被告亦将盐酸吉西他滨申报注册为新药，国家药品监督管理局已向其核发新药证书。因此，认定盐酸吉西他滨为专利法所规定的新产品。为此，法庭确定被告应就其制备盐酸吉西他滨的工艺方法负举证责任。被告在规定期限内向法庭提交了其研制盐酸吉西他滨的工艺方法、申报生产的工艺方法、其工艺方法与原告专利方法的对比说明以及相关实验图谱和数据。

2. 关于对鉴定意见的采信及被告侵权与否的判定。出庭的鉴定专家代表从事鉴定工作和出具鉴定意见的鉴定机构，而非代表个人，因此，鉴定机构无须委派所有鉴定专家出席。本案中，鉴定机构委派两名专家出庭程序上并无不当。基于本案的特殊性，如将涉及被告工艺方法的技术资料内容交由原告审查，则可能会使被告的商业利益遭受无法预见和无法弥补的损害。一审法院对被告工艺方法的技术资料采取了变通的质证方式：不将该资料提交原告审查而交独立的鉴定专家组审查其真实性以及与原告专利方法是否相同，此后再将鉴定结论交原告质证。鉴定结论为：被告改进后的工艺方法以及申报生产的工艺方法与原告专利独立权利要求所记载的保护方法不同，且理由非常详尽。在此结论下，再要求明确被告拟将采用何种工艺并无实际意义；被告拟将采用何种工艺，已非本案的核心问题；且该项内容并非本院委托鉴定的事项，鉴定机构无权超出委托范围作出鉴定。

综上，一审法院认为，原告关于鉴定意见的质证意见不能成立，也无足够相反证据推翻上述鉴定结论，故该鉴定意见应作为有效的定案证据使用。按照该鉴定意见，被告制备盐酸吉西他滨的工艺方法（包括中试工艺和申报生产工艺）与原告三项独立权利要求所记载的保护方法不相同，未落入原告专利独立权利要求的保护范围。因此，原告起诉被告侵犯专利权没有事实和法律依据，其诉讼请求应予驳回。依据《专利法》（修改前）第59条第1款、第60条之规定，判决驳回原告伊莱利利公司的诉讼请求。案件受理费37 510元，鉴定费25 000元，由伊莱利利公司负担。

上诉与答辩

伊莱利利公司上诉称：1. 一审法院违反《民事诉讼法》以及《最高人民法院关于民事诉讼证据的若干规定》的规定，剥夺上诉人正当诉讼权利，在一审诉讼中拒绝上诉人审查被上诉人侵权证据资料，一审判决认定的"事实"均未经上诉人质证。2. 一审法院以其内部文件为依据指定江苏省科技厅为本案的鉴定机构，违反《最高人民法院人民法院司法鉴定工作暂行规定》，鉴定人员与被上诉人有利害关系，鉴定范围不清，鉴定意见所依据的证据前后矛盾，也未能认识上诉人专利发明的基本发明要点，鉴定结论没有事实支持。请求对本案重新审理，并支持上诉人在一审提出的所有诉讼请求。

被上诉人豪森公司答辩称：1. 一审法院认定事实清楚，答辩人根据已经公开的技术文献资料，形成与被答辩人专利方法不同的工艺方法，并已经过技术鉴定。2. 本案不适用《最高人民法院关于民事诉讼证据的若干规定》，伊莱利利公司与豪森公司之间存在显而易见的商业竞争关系，如果伊莱利利公司利用质证程序获得了豪森公司的商业秘密，必将使其商业利益遭受无法预见和无法弥补的巨大损失。根据《民事诉讼法》第66条以及《最高人民法院关于适用〈中华人民共和国民事诉讼法〉若干问题的意见》第72条的规定，一审法院采取的变通方式，没有侵犯伊莱利利公司平等诉讼的权利。3. 鉴定意见客观、真实，一审法院作为定案依据，不无不当。

经二审法院调查并总结双方上诉和答辩意见，确定本案双方争议焦点如下：1. 涉及被上诉人豪森公司制备盐酸吉西他滨工艺方法的技术资料，该公司称其享有技术秘密，这些证据是否应当交由上诉人进行质证？2. 被上诉人制备盐酸吉西他滨所使用的方法是否侵犯上诉人三项专利权？即两种方法是否相同或者等同？3. 一审法院委托鉴定的程序是否合法，该鉴定结论能否作为判断侵权的依据？

二审审理查明

（一）关于一审法院对豪森公司提交的涉及侵权判断的相关证据是否进行质证问题

二审查明，一审审理过程中，对被上诉人豪森公司向一审法院提交的证明其方法不同于专利方法的所有证据均未提交伊莱利利公司进行质证。这些证据包括豪森公司声称为其商业秘密的涉及吉西他滨产品制造工艺方法的资料，以及该公司称已经公开的四份资料，即有机化学、西班牙未来药物、合成改进方法、西班牙未来药物。被上诉人豪森公司声称其生产盐酸吉西他滨产品的工艺方法涉及其商业秘密，但未就其所称商业秘密的具体内容界定明确的范围。

（二）关于伊莱利利公司三项专利权的保护范围问题

二审法院在第二次不公开开庭审理时，要求伊莱利利公司对其享有的三项专利权的保护范围作出说明。伊莱利利公司在庭审中作出了说明，豪森公司也针对对方的技术说明提出了口头抗辩意见，对本案涉诉的三项专利权的保护范围提出自己的意见。

(三) 关于一审法院委托鉴定的有关事实问题

关于鉴定所采用的证据材料问题。上诉人伊莱利利公司提出：鉴定过程中从未向上诉人披露据以作出鉴定结论的依据、实验数据和鉴定过程。被上诉人豪森公司认为：专家仅通过书面资料对比，就可以得出结论，不需要实验。

对此，二审法院查明：国家药品监督管理局档案室现存关于豪森公司申报的盐酸吉西他滨申报资料中没有豪森公司向法院提交的盐酸吉西他滨生产新工艺资料及文献资料（申报资料附件1）、盐酸吉西他滨中试新工艺（申报资料附件2）、盐酸吉西他滨新工艺小试中间体、产物及中试产物有关物质HPLC图（申报资料附件3）和盐酸吉西他滨补充申请内容及依据（申报资料）。而上述证据材料一并提交给鉴定机构。一审庭审及法院委托鉴定过程中，始终未向伊莱利利公司提交任何证明豪森公司吉西他滨产品生产方法的证据材料。

关于鉴定结论能否作为本案定案依据问题。上诉人伊莱利利公司提出：鉴定意见未能认识到涉诉专利发明的基本发明点，该意见认为豪森公司方法在中间体数量和不同于专利，即认定工艺与上诉人专利方法不同没有任何事实支持；鉴定意见笼统表明豪森公司方法不同于专利方法，没有表明不相同或者不等同。被上诉人豪森公司认为，鉴定结论经一审审理质证，专家说仅通过书面资料对比就可以得出结论，不需要实验；自己的工艺方法与公开的文件相同，指控侵权无事实依据。

二审判理和结果

根据上述查明的事实，二审法院认为，根据《专利法》第57条第2款的规定：被上诉人豪森公司应当提供其盐酸吉西他滨产品制造方法不同于专利方法的证明。《民事诉讼法》第66条规定："证据应当在法庭上出示，并由当事人互相质证"，"对涉及国家秘密、商业秘密和个人隐私的证据应当保密，需要在法庭出示的，不得在公开开庭时出示"。上述法律规定，在程序上给予上诉人伊莱利利公司要求被控侵权方有效披露完整的涉及该新产品制造方法的证据材料并进行质证的权利，给予被上诉人要求上诉人对披露的证据中涉及商业秘密的内容进行保密的权利；在实体上对当事人在诉讼中披露商业秘密可能受到的损害也充分给予了考虑，在保障当事人合法诉讼权利的同时对当事人的实体民事权益提供有效保护。

对被上诉人豪森公司提交的要求保密的制备盐酸吉西他滨产品的工艺方法资料，也应当依照上述法律规定进行质证。只有在双方当事人对证据进行质证的基础上，才能够对被控侵权方法与专利方法是相同、等同还是不同作出正确的判断。因此，本院在审理本案过程中，根据被上诉人豪森公司的申请采取不公开审理的方式，并要求上诉人伊莱利利公司法定代表人、委托代理人以及其他参与诉讼的人员承担保密义务，不得将通过诉讼程序获得的属于豪森公司商业秘密的技术信息用于诉讼以外的商业用途，否则将追究其法律责任。上述庭审质证方式，既能保障上诉人伊莱利利公司依法获得涉及被控侵权方法的证据材料进行质证的诉讼权利，同时也能避免被上诉人豪森公司所称其商业秘密因诉讼程序而泄露，保护豪森公司的合法利益。但是本院在二审中的努力，仍不能弥补一审在程序上的缺陷。

鉴定机构接受人民法院的委托，对争议的技术问题作鉴定，应当以双方当事人经过庭审质证的真实、合法、有效的证据材料作为鉴定依据。被上诉人豪森公司向法院提交的其2001年11月补充申报资料，包括盐酸吉西他滨生产新工艺的研究资料及文献资料等四份证据材料，未在国家药品监督管理局盐酸吉西他滨的批件档案中存档，其真实性无法核实。一审法院提交给鉴定机构的所有涉及被上诉人豪森公司生产吉西他滨产品的工艺技术材料均未经双方当事人庭审质证，其中包括被上诉人豪森公司声称已经公开的"有机化学"等四份文献资料。因此，鉴定机构依据未经双方当事人质证或者核对的证据材料所作出的鉴定结论，不是合法有效的证据，不能作为认定本案事实的依据。一审法院根据鉴定结论驳回伊莱利利公司对豪森公司侵犯专利权的诉讼请求，属认定事实不清。

综上，一审法院采信未经双方当事人质证的证据，未能保障上诉人伊莱利利公司获得被上诉人豪森公司吉西他滨产品生产方法不同于专利方法的有关技术信息的正当诉讼权利，并以未经质证的证据作为委托技术鉴定的依据，违反民事诉讼法关于证据应当经过庭审质证才能够作为定案依据的规定，导致一审判决认定事实不清，证据不足，适用法律错误。因此，二审法院依照《民事诉讼法》第153条第1款第（3）项、第（4）项之规定，作出裁定：1. 撤销江苏省高级人民法院（2001）苏民三初字第001号民事判决；2. 本案发回江苏省高级人民法院重审。

法官评述

本案涉及的焦点问题在于：

一、关于专利侵权诉讼中，被控侵权方豪森公司所称涉及其技术秘密的证据是否应当提交上诉人伊莱利利公司进行质证问题

对此问题，涉及《专利法》第57条第2款、《民事诉讼法》第66条和《最高人民法院关于适用〈中华人民共和国民事诉讼法〉若干问题的意见》第72条的理解与适用。

《民事诉讼法》第66条明确规定：证据应当在法庭上出示，并由当事人互相质证。因此，证据必须经过当事人质证，才能作为定案的依据，这是民事诉讼法关于证据适用的基本原则。《民事诉讼法》第66条还规定，对涉及国家秘密、商业秘密和个人隐私的证据应当保密，需要在法庭出示的，不得在公开开庭时出示。上述规定体现了对当事人合法民事权益的保护，同时与保障双方当事人合法、平等的诉讼权利并不矛盾。《最高人民法院关于民事诉讼证据的若干规定》虽然不直接适用于本案，但是，该司法解释第47条规定的"未经质证的证据不得作为认定事实的依据"，与民事诉讼法关于证据适用的基本原则是一致的。在具体案件适用法律过程中，保护当事人正当合法的民事权益非常重要，但是在保护的同时，仍然不能与法律适用的基本原则相违背。因此，一审法院以涉及豪森公司商业秘密为由，对相关证据材料未经质证即作为定案依据，违法了民事诉讼法关于证据适用的基本规定。

那么，在专利侵权案件审理过程中，被控侵权方声称其提交的证据材料涉及商业秘密，对于这类证据材料应当如何质证？是否仍然要遵循民事诉讼法关于证据适用的基本原则？

本案是专利侵权纠纷，涉及新产品制造方法的发明专利。《专利法》第57条第2款规定："专利侵权纠纷涉及新产品制造方法的发明专利的，制造同样产品的单位或者个人应当提供其产品制造方法不同于专利方法的证明。"本案在二审中，双方当事人对吉西他滨产品为新产品的事实已经没有争议，因此，根据本案查明的事实，以及《专利法》第57条第2款的规定，在举证责任上，豪森公司有义务提供其产品制造方法不同于专利方法的证明，并且该证明应当是内容上完整、方法上科学可行的，才完成法律规定的举证责任的要求。作为专利权人，根据《专利法》第57条第2款及《民事诉讼法》关于证据适用的规定，有权要求被控侵权方有效披露涉及其工艺方法的证据材料。只有在双方当事人对相关证据材料进行质证、对各自的主张进行有效抗辩的基础上，才能够对被控侵权方法与专利方法是相同、等同还是不同作出正确的判断。二审已经查明，一审法院未将豪森公司提交的证据全部提交对方质证，包括豪森公司声称已经公开的四份文献资料，因此，一审法院在诉讼程序上剥夺了本案上诉人伊莱利利公司对对方证据质证的权利，进而以未经质证的证据提交给专家鉴定，由此得出的鉴定结论和判决结果亦不能作为认定事实的依据。

在裁判理由部分，最高法院的二审民事裁定书清楚地阐述了对涉及当事人声称的商业秘密的证据材料如何进行质证的具体方法和理由。首先，二审法院采取了不公开审理的方式，尽管豪森公司在诉讼中始终没有对其所声称的吉西他滨产品生产方法存在的商业秘密作出明确的界定，但为了在程序及实体上保证双方的权利，法院仍然根据豪森公司申请进行不公开审理。其次，在程序上给予上诉人伊莱利利公司要求被控侵权方有效披露完整的涉及该新产品制造方法的证据材料并进行质证的权利，给予被上诉人豪森公司要求上诉人伊莱利利公司对披露的证据材料中涉及商业秘密的内容进行保密的权利，从而保证双方当事人享有正当程序的权利。再次，二审法院在实体上对当事人在诉讼中披露商业秘密可能受到的损害也充分给予了考虑。豪森公司庭审时多次强调其生产方法来源于公知技术或者公开的技术文献资料，甚至称自己的工艺方法与公开的文献相同，且始终未向法庭明确其所声称的商业秘密的具体范围。另外，在吉西他滨产品生产领域，伊莱利利公司与豪森公司的竞争优势差距非常明显。综合本案审理查明的事实，豪森公司提出的"可能会使本公司的商业利益遭受无法预见和无法弥补的损害"而不将相关证据交对方质证的理由不能成立。

二、本案一审法院委托鉴定作出的鉴定结论能否作为判断侵权是否成立的依据问题

鉴定机构接受人民法院的委托，对争议的技术问题作鉴定，应当以双方当事人经过庭审质证的真实、合法、有效的证据材料作为鉴定依据。本案中，豪森公司提交的证据材料，只有在双方当事人质证、抗辩的基础上，才能够对其所提供的产品制造方法的科学性、可行性作出判断，从而判定与专利方法相同、等同还是不同。另外，豪森公司向法院提交的其2001年11月补充申报材料，包括盐酸吉西他滨生产新工艺的研究资料及文献资料等四份证据材料，未在国家药品监督管理局档案中存档，其证据的真实性无法核实。鉴于一审法院提交给鉴定机构的所有涉及豪森公司生产吉西他滨产品的工艺技术材料均未经当事人庭审质证，其中还包括豪森公司声称已经公开的"有机化学"等四份文献资料。因此，鉴定机构依据未经双方当事人质证或者核对的证据材料所作出的鉴定

结论，不是合法有效的证据，不能作为认定案件事实的依据。一审法院根据鉴定结论驳回伊莱利利公司对豪森公司侵犯专利权的诉讼请求，属于认定事实不清。

综上，鉴于本案在一审程序中违法民事诉讼法关于证据应当经过庭审质证才能够作为定案依据的规定，导致一审判决认定事实不清，证据不足，适用法律错误，因此，二审法院根据《民事诉讼法》第153条第1款第（3）项之规定，裁定撤销一审判决，将本案发回一审法院重审。

（二审合议庭成员：蒋志培　董天平　段立红
编写人：最高人民法院知识产权审判庭原法官　段立红）

4. 新疆岳麓巨星建材有限责任公司诉新疆维吾尔自治区阿克苏地区国家税务局、新疆建工集团第一建筑工程有限责任公司侵犯专利权纠纷案

阅读提示：专利权被宣告部分无效后如何确定专利权的保护范围？

🔹 裁判要旨

专利权被宣告部分无效后，应当以每一个被维持有效的权利要求与其所引用的权利要求分别作为确定专利权保护范围的依据。

🔹 案　号

一审：新疆维吾尔自治区乌鲁木齐市中级人民法院（2005）乌中民三初字第3号
二审：新疆维吾尔自治区高级人民法院（2005）新民三终字第35号
再审：最高人民法院（2006）民三监字第16-1号

🔹 案情与裁判

原告：（二审上诉人、再审申请人）：新疆岳麓巨星建材有限责任公司。

被告：（二审被上诉人、再审被申请人）：新疆维吾尔自治区阿克苏地区国家税务局。

被告：（二审被上诉人、再审被申请人）：新疆建工集团第一建筑工程有限责任公司。

起诉与答辩

新疆岳麓巨星建材有限责任公司以侵犯其专利权为由向新疆维吾尔自治区乌鲁木齐市中级人民法院起诉称：其公司系"预置空腔硬质薄壁构件现浇钢筋砼空心板及其施工方法"的排他实施许可人。2004年9月，发现阿克苏地区国家税务局未经过其公司及专利权人的同意，在其办公楼工程中实施涉案专利技术，该工程由新疆建工集团第一建筑工程有限责任公司承建。新疆维吾尔自治区阿克苏地区国家税务局、新疆建工集团第一建筑工程有限责任公司的行为侵犯了该公司对涉案专利技术的排他实施许可权，请求判令被告立即停止侵权、赔偿经济损失50万元以及为制止侵权支付的公证费、交通费、差旅费5 424元。

新疆维吾尔自治区阿克苏地区国家税务局答辩称：1. 涉案专利技术的大部分技术特征已经被宣告无效，原告无权提起专利侵权诉讼。2. 本案的审理有赖于相关行政诉讼的结果，本案应当中止审理。3. 该项工程由阿克苏农一师勘测设计院负责设计的，

阿克苏地区国家税务局并不知道使用方法采用的是涉案的专利技术，其无侵权故意，即使侵权也是设计院侵权，与其无关。

新疆建工集团第一建筑工程有限责任公司辩称：其作为承建方按图施工，主观上无过错，并且在施工中并没有采用涉案的专利技术，无侵权行为。

二审审理查明

一、二审法院所查明的本案事实一致，即：2003年10月16日，国家知识产权局公告并向邱则有颁发了其发明的"预置空腔硬质薄壁构件现浇钢筋砼空心板及其施工方法"发明专利证书，专利号为ZL99115648.X。该专利的权利要求为：1.一种预置空腔硬质薄壁构件式现浇钢筋砼空心板，它包括钢筋、砼、预置在钢筋砼中的空腔硬质薄壁构件、固定定位构件，空腔硬质薄壁构件通过固定定位构件定位，其特征在于所述空腔硬质薄壁构件为封闭的空腔构件。2.根据权利要求1所述的预置空腔硬质薄壁构件式现浇钢筋砼空心板，其特征在于所述的空腔构件为单个封闭的空腔构件。3.根据权利要求1所述的预置空腔硬质薄壁构件式现浇钢筋砼空心板，其特征在于所述空腔构件为多个开口式空心构件组合后封闭两端开口形成的封闭空腔组合构件。4.根据权利要求1所述的预置空腔硬质薄壁构件式现浇钢筋砼空心板，其特征在于所述空腔硬质薄壁构件为空腔硬质薄壁筒或空腔硬质薄壁盒，其截面形状为圆形、方形或者其他异性。5.根据权利要求1、2、3或者4所述的预置空腔硬质薄壁构件式现浇钢筋砼空心板，其特征在于所述的空腔硬质薄壁构件的两端之间有与构件间现浇砼纵肋相交的现浇砼端间肋。6.根据权利要求5所述的预置空腔硬质薄壁构件式现浇钢筋砼空心板，其特征在于所述的空腔硬质薄壁构件两端的现浇砼端间肋在同一直线上，构成与多条现浇砼纵肋相交的现浇砼通长端间肋。7.根据权利要求6所述的预置空腔硬质薄壁构件式现浇钢筋砼空心板，其特征在于所述的现浇砼通长端间肋有至少两条相互平行。8.根据权利要求1、2、3或者4所述空腔硬质薄壁构件式现浇钢筋砼空心板，其特征在于所述空腔硬质薄壁构件的管或盒壁为不溶于水的硬质材料，硬质材料为水泥纤维、有机无机复合材料、钢材、塑料或硬质纸。9.根据权利要求1、2、3或者4所述的预置空腔硬质薄壁构件式现浇钢筋砼空心板，其特征在于所述单个空腔硬质薄壁筒的空腔轴线单向平行排列，或纵横交叉排列，或多向排列。10.根据权利要求1、2、3或者4所述的预置空腔硬质薄壁构件式现浇钢筋砼空心板，其特征在于所述空腔硬质薄壁盒的几何中心点连接线形成网状。11.根据权利要求1、2、3或者4所述的预置空腔硬质薄壁构件式现浇钢筋砼空心板，其特征在于所述空腔硬质薄壁构件可设置在空心板的上部或者中部或者下部或者偏下部位置。12.根据权利要求1、2、3或者4所述的预置空腔硬质薄壁构件式现浇钢筋砼空心板，其特征在于所述固定定位构件为压顶钢筋、紧固铁丝和定位块。13.根据权利要求1、2、3或者4所述的预置空腔硬质薄壁构件式现浇钢筋砼空心板，其特征在于该空心板应用于楼板、空腹桥梁、空心路面。

2003年9月9日，专利权人邱则有与巨星公司签订专利实施许可合同，约定由巨星公司在新疆维吾尔自治区范围内排他实施该项专利技术，包括生产、销售专利产品，使用专利方法。专利使用许可费为每年100万元，每年分两期支付。2005年，专利权人邱则有授权巨星公司为维护上述专利权，有权在新疆提起专利侵权诉讼。

2004年8月，阿克苏地区国税局立项建造办公大楼，该项目由农一师勘测设计院设计图纸。该图纸反映：现浇空心楼盖结构GBF薄壁管系涉案专利产品，空心楼盖施工方法采用的是涉案专利施工方法。并注明"高强薄壁管现浇空心板"必须在设计单位和专利实施单位的指导下施工。该工程于2004年9月开工，施工单位为新疆建工集团一建公司兴亚分公司。在工程施工过程中，新疆建工集团一建公司兴亚分公司按图施工，采用了涉案专利的施工方法，其现浇空心板中的薄壁管为单向平行排列，但将设计图要求采用的涉案专利产品GBF薄壁管变更为王本淼专利产品"混凝土薄壁筒体构件"即GRF管。巨星公司发现后，向施工单位发出了要求停止侵权通知书，并为诉讼支出公证费、交通费5 464元。

另查明，案外人王本淼就涉案专利向国家知识产权局专利复审委员会申请宣告无效，专利复审委员会于2005年3月15日作出复审决定：认为涉案专利（ZL99115648.X号）的专利权利要求第1~4项、第8项、第9项第一技术方案（薄壁管单向平行排列）、第11~13项不具备专利的新颖性和创造性，被宣告无效，但在权利要求第5~7项、第9项的第二、第三技术方案、第10项的基础上维持该专利权继续有效。申请人王本淼不服该决定，认为邱则有的ZL99115648.X专利应宣告全部无效，向北京市第一中级人民法院提出行政诉讼。后王本淼申请撤回诉讼，北京市第一中级人民法院于2005年11月4日依法作出准予撤诉的决定。

一审判理和结果

一审法院认为：巨星公司依据专利实施许可合同和专利人的授权，依法取得该项发明专利的使用权和侵权诉讼权的事实清楚。专利权是否有效对当事人的诉讼主体资格并不产生影响，且涉案专利经复审后也予以维持，故二被上诉人以专利被部分宣告无效为由，提出原告无诉讼主体资格的抗辩主张不能成立。

关于本案两被上诉人的行为是否构成专利侵权的问题，该院认为，虽然该工程设计图纸要求使用涉案专利产品GBF薄壁管，但作为建设单位和施工单位，对工程使用何种材料拥有选择权，两被上诉人并未实际使用涉案的专利产品，故不存在两被上诉人侵犯涉案产品专利权的事实。两被上诉人在施工中确系采用了涉案方法专利，但该方法专利中的部分技术特征已被国家知识产权局宣告无效，其中包括被告采用的薄壁管单向平行排列的技术特征。国家知识产权局维持该方法专利的其中一个必要技术特征为原专利权利要求第9项第二（纵横交叉排列法）、第三（多向排列法）技术方案，而两被上诉人实际采用的施工方案为单向平行排列法，与专利的上述该项必要技术特征明显不同，根据专利侵权判定"全面覆盖"的原则、两被上诉人的施工方法缺少涉案方法专利的一项必要技术特征，故其采用的施工方法不构成对涉案方法专利权的侵犯。巨星公司主张二被上诉人侵犯其排他专利实施许可权的诉讼主张与事实不符。据此判决：驳回巨星公司的诉讼请求。案件受理费10 064.24元，由巨星公司负担。

上诉与答辩

巨星公司不服上述判决，提起上诉认为：上诉人经合法授权所拥有的专利的性质为产品发明专利和方法发明专利的结合。该发明专利经专利复审确认继续有效。被上诉人在明知是专利方法及产品的情况下，未经专利权人许可，故意实施了制造专利产品和使用专利方法的行为,直接侵犯了上诉人的发明专利权。原判决认定被上诉人不构成侵权,实属不当。上诉人的发明专利在维持有效后的权利要求 5 已经上升为新的独立权利要求,被上诉人提供的具体施工图纸的剖面图,与上诉人的发明专利实施例 2、6、7 相同,据此被上诉人制造的空心楼板技术特征,已全面覆盖了上诉人发明专利的必要技术特征,已落入了上诉人发明专利的保护范围。被上诉人的行为已构成侵权,请求二审法院撤销原判,依法改判。

二审判理和结果

二审法院认为:专利侵权中被侵犯的客体应是有效的专利权。邱则有所享有的 ZL99115648.X 号专利经国家知识产权局专利复审委员会审查,已确认原权利要求 1~4 项、8 项、9 项的第一个技术方案、11~13 项无效,其他部分继续有效。三方当事人当庭承认两被上诉人所使用的技术方案就是已被宣告无效的第 9 项第一技术方案,即单向平行排列。由于该技术方案已被宣告无效,不再受专利法律、法规的保护,使用该技术方案的行为也不能构成侵权。

从另一方面说,凡是在权利要求中写进了一项技术特征,就意味着专利权人向公众表明,其权利要求所要求保护的技术方案,应当包含该技术特征。ZL99115648.X 号专利被宣告部分无效后,继续有效的部分形成一个新的权利要求。其中权利要求第 9 项第二、第三技术方案"纵横交叉排列或多向排列",是上诉人要求保护的专利的必要技术特征,而两上诉人所使用的施工技术方案是单向平行排列,也就是被控侵权产品或方法缺少上诉人使用的专利必要技术特征、该施工技术方案没有落入上诉人使用的专利权利要求保护范围,两被上诉人的行为不构成侵权。

上诉人认为两被上诉人制造和使用的被控侵权产品或者方法具有与涉案专利相等同的特征,即以基本相同的手段,实现基本相同的功能,达到基本相同的效果,并且本领域的普通技术人员无需经过创造性劳动就能够联想到,因此被控侵权产品或者方法已落入涉案专利的权利要求保护范围。国家知识产权局专利复审委员会对涉案专利所作出的无效宣告请求审查决定书确认,涉案专利权利要求第 9 项第一技术方案"单个空腔硬质薄壁筒的空腔轴线单向平行排列"已被证明公开,不具备创造性。而另两个技术方案没有公开,且这两个方案能够使空心板双向或者多向受力,相对于现有技术具有实质性特点和进步,具备创造性。也就是说"单向平行排列"不能实现涉案专利另两个有效技术方案的功能和效果,因此被控侵权产品或方法的技术特征与涉案专利的技术特征不是等同特征,被控侵权产品或者方法并不能因此落入涉案专利的保护范围。上诉人的该项上诉理由亦不能成立。综上,上诉人的上诉理由均不能成立,一审判决认定事实清楚,判决结果正确,予以维持。依照《专利法》第 56 条第 1 款、《最高人民法院关于审理专利纠纷案件适用法律问题的若干规定》第 17 条、《民事诉讼法》第 153 条第 1 款第 1 项之规定,判决如下:驳回上诉,维持原判。二审案件受理费 10 064.24 元(巨星公司已预交),由巨星公司负担。

申请再审理由与答辩

巨星公司不服二审判决,以与上诉相同的理由向原审法院申请再审。原审法院经审查认为,两被申请人在施工中确系采用了涉案专利的施工方法,但在二审期间三方当事人均认可两被申请人所使用的技术方案就是已被国家知识产权局专利复审委员会宣告无效的第 9 项第一技术方案，即"单个空腔硬质薄壁筒的空腔轴线单向平行排列"，由于该技术方案已被宣告无效，不再受专利法律、法规的保护。故两被申请人使用该技术方案的行为亦不能构成侵权。巨星公司的申请再审理由不能成立，不符合再审条件，予以驳回。

巨星公司不服原审判决及驳回再审申请，向本院申请再审称：再审申请人的发明专利维持有效的权利要求 5~7 已经上升为新的独立权利要求。被申请人之一的阿克苏地区国家税务局所提供的具体施工图纸的剖面图，与再审申请人发明专利第 2、6、7 实施例相同，两被申请人制造的空心楼板技术特征，已全面覆盖了再审申请人发明专利的必要技术特征，落入了再审申请人发明专利权的保护范围。原审法院认定二被申请人的行为不构成侵权实属不当。请求本院依法改判。听证中，巨星公司进一步将其专利权的保护范围具体化，以被宣告无效的原独立权利要求 1 与被维持有效的从属权利要求 5 重新组合成新的权利要求作为确定其专利权保护范围的依据。

二被申请人没有提交书面答辩意见，听证中，口头答辩称：再审申请人的专利权已被部分宣告无效，应以被维持有效的所有权利要求与其所引用的权利要求共同组合形成新的权利要求作为确定其专利权保护范围的依据，而不应仅以权利要求 1 与权利要求 5 重新组合为新的权利要求作为确定其专利权保护范围的依据。由于被控侵权产品采用的是空腔硬质薄壁筒的空腔轴线单向平行排列的技术方案，即权利要求 9 所记载的第一技术方案，而该技术方案已被宣告无效，故被控侵权产品没有落入专利权的保护范围，二被申请人不构成侵权。

此外，听证中，二被申请人还辩称：（1）被控侵权产品与专利权利要求记载的技术特征不同。一是被控侵权产品的固定定位构件与专利权利要求记载的固定定位构件不同。被控侵权产品是用铁丝或者钢筋捆扎的方法实现对空腔硬质薄壁管进行固定的，而专利权利要求记载的固定定位构件是压顶钢筋、紧固铁丝和定位块。二是被控侵权产品的薄壁管端间是实心混凝土，中间没有钢筋，不构成"肋"，因此，也就不具有专利权利要求记载的"端间肋"技术特征。故被控侵权产品与专利权利要求记载的技术方案根本不同。（2）被控侵权产品使用的是公知技术，并提交了两份公知技术文献，一份是《钢筋混凝土大开间现浇管芯楼板》科学技术成果鉴定证书，注明的时间为 1992 年 8 月 25 日，另一份是 1993 年第 2 期《建筑技术开发》杂志上刊登的一篇论文《钢筋混凝土大开间现浇管芯楼板的研究》，作者为钱英欣、张志强。

申请再审人针对二被申请人提出的上述抗辩理由，辩称：（1）专利权利要求 1 记载的"固定定位构件"是上位概念，包括被控侵权产品的固定方式；被控侵权产品薄壁管端间的混凝土就是专利权利要求所记载的"端间肋"。故被控侵权产品落入了专利权的保护范围。（2）二被申请人提交的《钢筋混凝土大开间现浇管芯楼板》科学技术成果鉴定证书不属于公开出版物，不能作为证明公知技术的证据使用；所提供的 1993 年第 2 期《建筑技术开发》杂志上刊登的《钢筋混凝土大开间现浇管芯楼板的研究》论文，在宣告专利权无效程序中已经提交，因没有公开专利权利要求记载的"端间肋"技术特征，故没有被专利复审委员会采用，因此也不能作为证明公知技术的证据使用。

再审审查结果

最高人民法院经审查认为，当专利权被宣告部分无效后，应当以每一个维持有效的权利要求与其所引用的权利要求分别作为确定专利权保护范围的依据，即以维持有效的权利要求记载的技术特征与其所引用的权利要求记载的技术特征共同限定该专利权的保护范围。因为这些被维持有效的权利要求记载的都是各自不同的完整的技术方案，应当分别受到保护。原审判决对权利人申请保护的技术方案未作具体分析，笼统以维持有效的所有权利要求及它们所引用的权利要求一起共同作为确定专利权保护范围的依据，以致认定被控侵权产品没有落入专利权保护范围，确有错误。申请再审人的申请符合《民事诉讼法》第179条第1款第（3）项规定的再审立案条件。依照《民事诉讼法》第177条第2款、第140条第1款第（8）项、第3款之规定，2007年8月10日，以(2006)民三监字第16-1号民事裁定指令新疆维吾尔自治区高级人民法院再审本案。再审期间，中止原判决的执行。

法官评述

本案的主要焦点问题是专利权被宣告部分无效后，如何确定专利权的保护范围问题。再审申请人的观点是，当专利权的原独立权利要求被宣告无效后，应当以维持有效的权利要求与其所引用的权利要求作为确定专利权保护范围的依据。二被申请人的观点则是，当专利权的原独立权利要求被宣告无效后，应当以被维持有效的所有权利要求与它们所引用的权利要求一起作为确定专利权保护范围的依据。原审判决显然是采纳了二被申请人的观点，即以被维持有效的所有权利要求与它们所引用的权利要求一起作为确定专利权保护范围的依据。例如，原审判决书认定，"ZL99115648.X号专利被宣告部分无效后，继续有效的部分形成一个新的权利要求"。由于原审判决对于专利权被部分宣告无效后，是按照被维持有效的所有权利要求与它们所引用的权利要求一起作为确定专利权保护范围的依据的，所以才认为，权利要求9记载的第一技术方案空腔硬质薄壁筒的空腔轴线"单向平行排列"已被宣告无效，被控侵权产品采用该被宣告无效的技术方案不构成侵权。

再审申请人的ZL99115648.X号专利共有13项权利要求，其中，权利要求1、2、3、4、8、9的第一技术方案、11、12、13被宣告无效，权利要求5、6、7、9的第二、三技术方案、10被维持有效。根据维持有效的权利要求与它们各自所引用的权利要求之间的关系，权利要求5与其所引用的权利要求1；权利要求6与其所引用的权利要求5和权利要求5引用的权利要求1；权利要求7与其所引用的权利要求6以及权利要求6引用的权利要求5和权利要求5引用的权利要求1；权利要求9第二或者第三技术方案与其所引用的权利要求1；权利要求10与其所引用的权利要求1等，均应当分别作为确定本案专利权保护范围的依据。本案中，再审申请人既然主张以权利要求5与其所引用的权利要求1作为确定其专利权保护范围的依据，就应当以这两个权利要求所记载的所有技术特征与被控侵权产品的相应技术特征进行比较，而不应当在权利要求5记载的技术特征中再引用权利要求9记载的技术特征，因为二者所保护的是各自不同的技术方案，不存在任何引用关系。所以，原审法院以被控侵权产品没有采用权利要求9第二或者第三技术方案，不具有专利权利要求记载的必要技术特征为由，认定被控侵权产品没有落入专利权的保护范围是错误的。正确的方法应当是：当专利权被宣告部分无效后，应当以每一个维持有效的权利要求与其所引用的权利要求分别作为确定专利权保护范围的依据。因为这些被维持有效的权利要求记载的都是各自不同的应受保护的完整的技术方案。

（再审合议庭成员：王永昌　邹中林　夏君丽
编写人：最高人民法院知识产权审判庭　王永昌）

5. 湖南省株洲选矿药剂厂诉广东省罗定市林产化工厂、刘显驰侵犯商业秘密纠纷案

阅读提示：民事诉讼时效是否因权利人举报中断？权利人应否明确界定要求保护的商业秘密内容？鉴定机构能否判断是否构成商业秘密？产品销售利润和营业利润，哪个作为赔偿依据较为合理？

裁判要旨

权利人以追究刑事责任的方式进行举报，并不代表其放弃保护实体民事权利的要求。将权利人的举报认定为时效中断是公平合理的，也符合诉讼时效中断的特征。权利人向侦查或者检察机关举报能够产生民事诉讼时效中断的法律效果。

为防止损害公众利益，亦为避免不当加重侵权人的法律责任，法律保护的商业秘密客体应当属于权利人专有，不应当及于公知公用技术。法院应当要求权利人对请求保护的客体内容进行具体而明确的界定，并在程序上给予对方当事人有针对性地进行答辩以及要求进行技术鉴定等权利和机会。

人民法院应当严格区分事实认定和法律适用问题。是否构成商业秘密，属于法律问题，应当由人民法院判断，不能由鉴定机构认定或者在鉴定结论中体现。

为保障司法公平公正，人民法院应当根据我国会计制度的相关规定，实事求是地计算和确定侵权人因侵权行为所获利润。一般侵权行为应当以侵权人因侵权行为获得的营业利润进行赔偿。而出于严厉制裁目的，对以侵权为业的侵权人的侵权行为，人民法院可以以产品销售利润作为赔偿依据。

案 号

一审：湖南省高级人民法院（1997）湘高经初字第25号
二审：最高人民法院（1999）知终字第5号

案情与裁判

原告（二审被上诉人）：湖南省株洲选矿药剂厂（简称"株洲厂"）
被告（二审上诉人）：广东省罗定市林产化工厂（简称"罗定厂"）
被告（二审上诉人）：刘显驰

1994年12月20日，株洲厂向湖南省株洲市中级人民法院起诉罗定厂和刘显驰，请求追究其共同侵犯技术秘密的法律责任。罗定厂提出管辖异议后，最高人民法院指定湖南省高级人民法院审理。该院于1996年9月20日作出（1996）湘高经二初字第9号

民事判决,罗定厂、刘显驰不服前述判决,上诉至最高人民法院。1997年8月7日,最高人民法院以(1996)知终字第1号民事裁定撤销原判,发回重审。湖南省高级人民法院经重审后作出(1997)湘高经初字第25号民事判决。罗定厂、刘显驰不服该重审判决,再次向最高人民法院提起上诉。

一审审理查明

株洲厂自1996年开始生产"黄药"。自1975年起,该厂对黄药生产合成技术中存在的质量不稳定、物料泄漏、温度控制难、容易起火等问题开始进行攻关。1981年,该厂对黄药生产的关键设备"混捏机"与"球磨风选系统设备"进行了重新设计、制造、安装,降低了生产成本,提高了生产的安全性和产品质量。其黄药系列产品质量稳定,丁黄药在1982年、1987年获国家银质产品奖,1981年、1989年获湖南省名牌产品;乙黄药于1983年、1988年获部优产品奖,1982年、1985年、1990年获湖南省优质产品奖。

株洲厂对其技术成果采取了保密措施,颁布了《保密、档案工作制度》《科技档案管理标准》,规定科技档案不得擅自复制、抄录、转借等,非经领导批准科技档案一般不得外借。

刘显驰毕业于武汉钢铁学院,历任株洲厂CS(黄药原料)车间技术员、药剂车间副主任、CS车间主任、厂设计室副主任兼设计室黄药工艺组组长。1990年10月,罗定厂找到刘显驰,要求其提供黄药生产的设备图纸及技术。双方口头约定,由刘显驰承担技术工作,罗定厂付酬金4万元,其中交完图纸付2万元,试车成功后再付2万元。此后,刘显驰在1991年5月底前向罗定厂黄武毅交付全部设备图纸(共包括底图、蓝图、白图四本181张),并在图中标明设计人为柳顺直(刘显驰谐音)、单位为园利来技术开发公司(该单位并不存在),并取得约定的2万元整。罗定厂即将这些图纸委托给广州市昆仑公司加工,期间,刘显驰应罗定厂要求曾到昆仑公司指导设备生产。设备生产出来后,罗定厂请刘显驰安装。刘显驰除请株洲厂三位退休工人一起到罗定厂进行安装外,还单独到罗定厂指导试车。1991年11月试车成功,罗定厂又付给刘显驰2万元。刘显驰为罗定厂设计了二台车共1 200吨的生产能力,罗定厂又根据图纸另安装了二台车,生产能力达到2 000吨,主要产品有乙黄药、丁黄药等。罗定厂使用上述设备生产黄药至1997年4月拆除设备止。

本案一审期间,一审法院委托湖南省科学技术委员会组织技术鉴定,鉴定结果为:1. 株洲厂黄药生产工艺的关键设备混捏机是该厂集多年生产经验自行设计的设备,在国内处于领先地位,属该厂专有技术。2. 株洲厂黄药生产用球磨风选系统是自行设计、调试而逐步形成的技术成果,属该厂技术诀窍。3. 罗定厂所取的黄药生产合成工艺的关键设备混捏机图纸是株洲厂图纸的复制品。4. 罗定厂所获取的黄药生产球磨风选系统设计图纸,系使用了株洲厂的技术诀窍(抄袭了图纸)。

一审法院在本案重审期间,委托湖南省科学技术委员会再次组织鉴定,鉴定结论是:1. 株洲厂黄药生产合成工艺的关键设备混捏机系该厂凭多年生产经验自行改进、设计、制作的设备,具有密封性能好、有效防爆、控温准确、变载性能可靠、出料阀独特等五项技术;该厂自行设计、调试并逐步形成的球磨风选系统所具有的封闭循环流程、重力分离器、鼓风机的改造、球磨机进出口端部的封闭装置和管道配置等五项技术,均系处于秘密状态、不为公众知悉、具有实用价值和相对进步性、能为权利人带来经济利益且被该厂采取保密措施的技术秘密。2. 罗定厂所获取并使用的黄药生产工艺的关键设备混捏机图纸和黄药生产球磨风选系统设计图纸,实质上是株洲厂图纸的复制品。

本案重审期间,一审法院委托湖南省湘司审计师事务所对罗定厂生产销售黄药的获利情况进行了审计,结论是:罗定厂自1992年1月至1997年12月底,黄药销售收入35 355 011.44元,产品销售利润为5 167 753.47元,减去管理费用、财务费用等,利润总额为1 292 060.89元,所得税后净利润为412 358.74元。根据审计报告结论和当事人提供的账目资料,自1993年1月至1997年4月,该厂销售黄药收入共计2 988 782.92元,产品销售利润为4 206 430.80元,营业利润为816 736.99元。

1992年6月,株洲厂根据群众揭发线索,向株洲市北区人民检察院举报刘显驰出卖该厂技术资料、贪污犯罪的问题。该院在侦查过程中将刘显驰收受的4万元予以追缴后交还株洲厂,并于1994年12月20日向株洲厂发出一份检察建议书,称刘显驰案已侦查终结,建议株洲厂对刘显驰和罗定厂的侵权行为向人民法院提起诉讼。

一审判理和结果

一审法院经重审认为:

株洲厂在其黄药生产设备混捏机和球磨风选系统方面拥有自己的技术秘密,这一事实已经湖南省科学技术委员会鉴定确认,一审法院予以认定;株洲厂对其技术秘密采取了严格的保密措施,从未向外公开,且该技术秘密用于生产后,产生了较好的经济效益和社会效益,故株洲厂的上述技术秘密尚不属于社会公知技术,依法应予保护。罗定厂明知株洲厂生产黄药,采用不正当手段,通过刘显驰共同实施侵权行为,应承担法律责任。罗定厂获取技术秘密的目的是制造设备进行黄药生产,自1991年11月试车生产开始至1997年8月底拆除设备,其行为已构成持续侵权。依据《民法通则》第61条第2款、第118条、第139条、第140条之规定,判决:

1. 罗定厂赔偿株洲厂经济损失人民币4 155 882.07元,此款限在本判决生效之日起15日内一次性支付。

2. 刘显驰赔偿株洲厂经济损失人民币5万元(含罗定厂支付的报酬4万元)。本案案件受理费、财产保全费共计5万元,鉴定费1.5万元,审计费8万元,共计14.5万元,由罗定厂承担。

上诉与答辩

罗定厂与刘显驰上诉称:重审判决对技术秘密是否存在的事实认定不清,认定构成共同侵权错误,本案已超过诉讼时效,判决赔偿415万余元没有事实和法律依据。请求撤销原判,驳回株洲厂的诉讼请求。

株洲厂答辩称:原审判决事实清楚,适用法律正确,应予维持;被告实施的是持续侵权行为,本案没有超过诉讼时效,且时效应自1994年12月检察机关提出司法建议时起算。

二审审理查明

原审判决认定的事实属实。二审期间,株洲厂认可其赔偿请求数额可以在1993年至1997年4月间计算。

二审判理和结果

二审法院认为：

本案争议所涉技术经过两次鉴定，确认了株洲厂黄药生产合成工艺的关键设备混捏机具有密封性能好、有效防爆、控温准确、变载性能可靠、出料阀独特等五项技术；该厂自行设计、调试并逐步形成的球磨风选系统具有的封闭循环流程、重力分离器、鼓风机的改造、球磨机进出口端部的封闭装置和管道配置等五项技术，均系处于秘密状态，不为公众知悉。罗定厂、刘显驰异议称上述技术秘密已经公开，但未提供充分证据，其提供的技术资料，未发现载有上述技术秘密的内容，故上述鉴定结论应当采信。株洲厂为保护其技术秘密，订立了严格的保密措施；这些技术秘密能够应用于生产并产生了实际效益。株洲厂的上述技术秘密符合《民法通则》和《反不正当竞争法》规定的保护条件，应当依法受到保护。罗定厂明知株洲厂是生产黄药的专业厂家，为取得该厂生产设备的技术，私下找到该厂掌握此项技术的人员刘显驰，要求其提供有关技术，并在取得株洲厂的技术图纸后，进行了复制和抄袭，用于制造设备生产并销售，其行为构成侵犯他人商业秘密；刘显驰为获得酬金，将株洲厂严格保密的技术图纸提供给罗定厂，披露了株洲厂的技术秘密，与罗定厂共同构成侵犯商业秘密行为，罗定厂与刘显驰应当承担共同侵犯商业秘密的法律责任。罗定厂虽然于1991年5月就从刘显驰处获得了有关技术，随后即制造了设备，但是其使用设备进行生产的侵权行为和结果一直持续发生到1997年4月拆除设备为止。在此期间，罗定厂通过对设备的使用，一直在利用株洲厂技术秘密的效能，保证生产的安全、正常进行和产品的质量。虽然株洲厂仅向检察机关举报要求追究刘显驰的法律责任，未向人民法院提出追究罗定厂侵权责任的请求，但是在检察机关侦查终结于1994年12月提出检察建议之前，没有证据证明株洲厂当时已经清楚知道其权利被罗定厂侵犯的情况，故株洲厂于同年12月20日起诉罗定厂，并没有超出诉讼时效；其根据群众揭发的线索向检察机关举报刘显驰，等待检察机关侦查结束后提起民事诉讼，应当认为诉讼时效自其举报时起中断，因此，株洲厂起诉罗定厂和刘显驰，均未超过诉讼时效。经征求双方当事人意见，株洲厂同意赔偿责任自1993年起算，故本案赔偿数额计算期间为1993年至1997年4月罗定厂拆除设备为止。株洲厂要求按照罗定厂的生产能力推算其获得的利润，但相对来说，以参考审计结果并综合全案情况来确定赔偿数额更为合理。原审判决除认定罗定厂拆除设备的时间有误外，其他事实认定正确；判决认定罗定厂与刘显驰共同侵犯了株洲厂的技术秘密，但却没有依据《民法通则》第130条的规定判决两当事人承担共同侵权责任是不妥的；此外，对罗定厂和刘显驰的侵权行为仅适用《民法通则》的规定而未适用《反不正当竞争法》的有关规定处理，以及侵权利润按照销售利润计算问题上也有失当。

经二审法院审判委员会讨论决定，依据《民法通则》第61条第2款、第118条、第130条、第139条、第140条和《反不正当竞争法》第10条第1款第（2）项、第20条之规定，判决：

1. 变更湖南省高级人民法院（1997）湘高经初字第25号民事判决第一项为：罗定厂赔偿株洲厂经济损失816 736.99元及其从1997年4月至本判决执行之日的同期银行

贷款利息，自本判决送达之日起 15 日内支付，刘显驰对上诉款项承担连带责任。

2. 变更湖南省高级人民法院（1997）湘高经初字第 25 号民事判决第二项为：刘显驰赔偿株洲厂经济损失 4 万元人民币，此款已支付，不再另付。

一审案件受理费、财产保全费、鉴定费、审计费共计 14.5 万元，由罗定厂承担；二审案件受理费 27 010 元，由罗定厂承担 25 010 元，刘显驰承担 2 000 元。

法官评述

一、诉讼时效问题

本案的诉讼时效问题很有典型意义，它涉及了刑事诉讼与民事诉讼的关系和涉及刑事侦查时民事诉讼时效的确定问题。商业秘密的权利人在其商业秘密遭受侵犯时，有权向人民法院请求保护其民事权利；同时可以向侦查机关举报犯罪嫌疑人，待侦查机关侦查终结，检察机关提起公诉时，提起附带民事诉讼。权利人选择后一做法时，就产生了附带民事诉讼的诉讼时效问题。该附带民事诉讼仍然受《民法通则》关于时效问题规定的约束，这一点一般没有异议。但实践中对举报行为是否产生民事诉讼时效中断的法律效果却有不同意见。

一种意见认为：权利人的举报与其他公众的举报没有不同，其效果只能是为侦查机关进行侦查行为提供线索，即使举报行为是权利人完成的，也不属于向人民法院请求保护民事权利或者向侵权人提出请求等能够产生民事诉讼时效中断的行为，故权利人的举报不产生时效中断的法律效果。

另一种意见认为：权利人的举报不同于其他人的举报，其真实意思表示是追究侵权人的法律责任。这也是一种对其民事权利进行保护的请求，只不过以追究刑事责任的方式提出，其并未放弃对实体权利进行保护的要求。权利人举报后等待检察机关侦查终结后提起公诉时提起附带民事诉讼，这是权利人权利的持续行使，也是法律对提起刑事附带民事诉讼的形式要求。如果检察机关就侵权行为不提起诉讼或者免予起诉，不能为此剥夺权利人提起独立民事诉讼的权利。因此，将权利人的举报认定为时效中断是公平合理的，也符合诉讼时效中断的特征。

最高人民法院二审判决中，采纳了第二种意见，认为株洲厂对刘显驰的起诉存在诉讼时效中断的情形，保护了株洲厂的实体权利，对上述分歧意见作出了统一的规范性总结，意义重大。

值得一提的是，前述意见后被最高人民法院以司法解释的形式进一步确认。在 2008 年 8 月 21 日发布的《最高人民法院关于审理民事案件适用诉讼时效制度若干问题的规定》第 15 条第 1 款明确规定："权利人向公安机关、人民检察院、人民法院报案或者控告，请求保护其民事权利的，诉讼时效从其报案或者控告之日起中断。"

二、技术鉴定问题

（一）权利人应当具体确定要求保护的商业秘密内容

本案一审法院曾先后两次委托湖南省科学技术委员会进行鉴定，其中第二次鉴定是在最高人民法院发回重审并指出原审判决事实不清后再次进行的。在第一次鉴定中，对当事人请求保护的混捏机的技术秘密，鉴定人给出了明确的鉴定结论，原审判决予以采信是可以的；但对当事人请求保护的球磨风选系统，由于其没有向法庭陈述要求保护的具体技术方案或者技术特征，鉴定结论也模糊不清，仅笼统提出该系统为技术秘密，原审判决予以保护是不妥的。

从当事人陈述的情况看，权利人并不认为整体系统是全新的应当受保护的客体，而是认为该系统是对原有系统部分技术的改进。对此，法庭应当要求权利人对该部分改进所涉及的名称、技术特征等进行说明，确定应当保护的客体。如果当事人不说明或者不能说明，则法庭应当拒绝支持其实体请求。

这样做的法律原因在于：一方面，法律所保护的客体应当是属于权利人专有的商业秘密，而不应当及于公知公用技术，防止损害公众利益。当事人笼统提出要求保护的技术，其中往往含有部分公知公用技术，如果不加区别地一律给予保护，实际上纵容了不正当竞争行为，对对方当事人也是一种不公正；另一方面，权利人在请求保护其权利时，应当对要求保护的客体内容进行限定，使之具体化、确定化，从而在程序上给予对方进行答辩、要求进行技术鉴定的机会。法院只有在这种情形下进行审理，才能公正保障当事人诉讼权利的行使。因此，最高人民法院对权利保护客体的确定问题，给予了极大的关注，认为这是涉及司法公正的大问题，不能含糊。❶

2007年1月，前述审判意见同样以司法解释的形式被最高人民法院确认。《最高人民法院关于审理不正当竞争民事案件应用法律若干问题的解释》第14条明确规定："当事人指称他人侵犯其商业秘密的，应当对其拥有的商业秘密符合法定条件、对方当事人的信息与其商业秘密相同或者实质相同以及对方当事人采取不正当手段的事实负举证责任。其中，商业秘密符合法定条件的证据，包括商业秘密的载体、具体内容、商业价值和对该项商业秘密所采取的具体保密措施等。"

（二）是否构成商业秘密属于法律问题，应由人民法院判定

本案两次鉴定中一审法院出具的委托鉴定书内容，部分反映了一审法院审判侵犯商业秘密案件的经验不足。如委托书中均要求鉴定人对原告的技术是否商业秘密问题进行鉴定。当时，类似情况在全国各地法院案件审理中层出不穷。然而法院应当认识到：一项技术是否公开，属于事实问题，可以通过当事人的举证及鉴定进行认定；但其是否构成商业秘密，则要根据《反不正当竞争法》规定的商业秘密构成条件进行判断，这属于人民法院行使审判权进行裁决的内容，不属于可以当作事实进行鉴定的范围，更不宜在鉴定结论中出现，否则就把依法辩论的问题转为证据的质证问题，成为谬谈。人民法院的审判权，只能由人民法院行使，不能擅自交由其他部门或者个人行使。从这一点看，这个问题极端重要，任何错误或者模糊认识都必须纠正或者澄清。

最高人民法院副院长曹建明此后亦在2007年1月18日全国法院知识产权审判工作座谈会上的讲话中明确指出："认定事实和适用法律是知识产权审判的两个基本环节，

---

❶ 在最高人民法院审理的（1999）知终字第15号黑龙江企达农药开发有限公司上诉南海市里水绿洲化工有限公司侵权纠纷案中，最高人民法院对怎样确定当事人请求保护的客体、确定该客体内容的法律意义等问题亦作出明确解释。

都是法官的职责,但在审判中应注意有所区别对待。一是,解决法律适用问题是法官的职责,不能把法律适用问题交给法官以外的任何人去判断,包括不能把权利是否存在、是否构成侵权、是否构成商业秘密等法律问题交由鉴定机构去判断。"

本案中,最高人民法院考虑到重审判决仅采信了鉴定结论中涉及事实的部分,重新鉴定已无必要,故维持了一审法院对证据的认定,但是不等于认可一审法院将是否构成商业秘密的问题交由鉴定机构判定的做法。

三、损害赔偿依据问题

本案一审法院在两次判决侵权人承担的赔偿责任时,均以侵权人在侵权期间因侵权所获得利润的方法来计算。这种方法易于计算,又具有相对确定性,当事人往往乐于选择,各地人民法院也普遍适用。最高人民法院对此持赞成态度。

在确定侵权获利时,往往有三组数字可供选择:一是产品销售利润,即侵权人侵权产品销售收入减去因该产品发生的制造费用、销售费用、税金及附加后的利润;二是营业利润,即以产品销售利润减去其侵权人全部管理、财务费用分摊到侵权产品上的部分后的利润;三是营业利润缴纳所得税后的净利润。

在以往的司法实践中,存在着不同法院使用不同的利润数字进行判决以及同一法院在不同的案件中使用不同数字进行判决的情形。在对知识产权侵权赔偿数额较低屡有反映和意见的情况下,赔偿上这种司法标准不统一的状况,又进一步给当事人造成了困惑,成为反映的又一热点问题,影响了人民法院公正司法的社会形象。同时,这种状况还对审判人员研究解决损害赔偿问题的信心产生了不良影响,表现为在赔偿问题上部分审判人员只求领导审核过关,不注意认真研究案情,不注意追求裁判结果的公正合理性。此外,赔偿标准的不统一,还往往使一、二审法院在赔偿问题上产生意见分歧,甚至使二审法院发回重审或者直接改判。这种做法难免对下级法院工作产生消极影响。

对于损害赔偿问题,最高人民法院一直给予高度关注,认为它关系到人民法院对知识产权保护的力度和公正问题,也关系到人民法院自身制度建设和审判队伍建设问题。由于损害赔偿问题错综复杂,只能逐步研究解决,故最高人民法院审判委员会以本案为契机,为侵权获利的确定问题确定了一个原则,即一般侵权行为以侵权人因侵权行为获得的营业利润进行赔偿。最高人民法院李国光副院长在全国第四次民事审判工作会议上讲话中对此再次予以明确,并补充说:对以侵权、造假等为业的侵权人的侵权行为,可以以产品销售利润进行赔偿。这就在全国范围统一了相关执法标准。

最高人民法院以营业利润而不是以产品销售利润判决赔偿的理由是:根据我国会计制度的有关规定,企业的管理费用和财务费用属于实际支出,分摊到各项产品上。侵权产品也一样有分摊两项费用的实际情况。该费用在单位进行生产销售活动中实际发生,不属于获利范围。将该分摊费用排除在赔偿的利润数额之外,是实事求是计算侵权人因侵权获得利润的做法,对一般的企事业单位比较公平。如果不排除这两项费用,侵权人承担的责任过高,很难承受,赔偿后也难以弥补。但如果侵权人的全部生产经营活动主要在于侵权,则以产品销售利润进行赔偿就是必要的了,其目的在于制裁侵权人,使之不能靠侵权而生存。

前述审判委员会意见亦已被司法解释采纳。《最高人民法院关于审理专利纠纷案件适用法律问题的若干规定》（2001 年 6 月 22 日发布）第 20 条明确规定，人民法院追究侵权人的赔偿责任时，"可以根据权利人的请求，按照权利人因被侵权所受到的损失或者侵权人因侵权所获得的利益确定赔偿数额。……侵权人因侵权所获得的利益一般按照侵权人的营业利润计算，对于完全以侵权为业的侵权人，可以按照销售利润计算。"其后，2007 年 1 月发布的《最高人民法院关于审理不正当竞争民事案件应用法律若干问题的解释》第 17 条规定："确定反不正当竞争法第十条规定的侵犯商业秘密行为的损害赔偿额，可以参照确定侵犯专利权的损害赔偿额的方法进行……"

需要说明的是，在本案审理过程中，尽管双方当事人主要围绕诉讼时效是否因举报而中断、损害赔偿数额依据产品销售利润还是营业利润等问题产生争议，然而权利人应否明确界定其要求保护的客体内容，以及鉴定机构能否成为认定商业秘密构成的主体，实质上也影响着当事人尤其是被控侵权人的程序性甚至实体性权利，也是本案中亟需解决的关键问题。本案纠纷发生时甚至在审理期间，国内对上述问题尚无明确法律规定、司法解释抑或指导性意见，也无任何生效判决可供参考或借鉴，本案二审合议庭组成人员只能在公平公正原则的指引下，在全面查明案件事实的基础上，通过深入透彻的法理分析，逐步摸索保障当事人合法权益、平衡当事人与社会公共利益的公平合理的纠纷解决方式。实践证明，本案裁判思路和方法是公正的科学的，也经受住了时间的检验，其中权利人举报引起诉讼时效中断、权利人应当明确界定其权利客体内容、法院是认定商业秘密是否构成的主体以及合理选择侵权获利作为赔偿依据的方式方法等，日后均已成为最高人民法院相关司法解释或者指导性意见的重要内容，甚至在 2004 年前述大部分规定正式出台以前，就已经以最高人民法院公报案例的形式指导全国各地法院的相关案件审判工作，事实上已经成为司法实践中处理上述问题的司法标准和审判原则。

（二审合议庭成员：蒋志培　董天平　张　辉
编写人：最高人民法院知识产权审判庭原法官　董天平）

6. 海鹰企业集团有限责任公司诉无锡祥生医学影像有限责任公司等侵犯商业秘密纠纷案

阅读提示：商业秘密侵权案件的审理方法与裁判思维是什么？

◆ 裁判要旨

审理好商业秘密侵权案件需要准确把握如下关键环节：商业秘密点的固定、商业秘密的法定构成要件的审查、与被控侵权物的对比、不正当手段（即非法渠道）的认定、赔偿额的计算、对技术鉴定结论和财务审计结论的司法审查等。

在商业秘密侵权案件中，原告起诉时往往不能准确地界定其主张权利的商业秘密的具体内容，能够作为商业秘密保护的信息，一般会随着被告的抗辩和法院的审查而逐渐缩小。

本案之后发布的《最高人民法院关于审理不正当竞争民事案件应用法律若干问题的解释》第10条对于如何具体理解和掌握商业秘密的秘密性、价值性和保密性三项条件作出了具体的解释。对于秘密性的判断，尤其是涉及技术信息的秘密性判断，特别要注意发挥专家证人的作用，慎重考虑是否需要进行技术鉴定或者专家咨询。

◆ 案 号

一审：江苏省高级人民法院（1997）苏知初字第3号
二审：最高人民法院（1999）知终字第3号

◆ 案情与裁判

原告（二审被上诉人）：海鹰企业集团有限责任公司（简称"海鹰公司"）
被告（二审上诉人）：无锡祥生医学影像有限责任公司（简称"祥生公司"）
被告（二审上诉人）：莫善珏
被告（二审上诉人）：吴荣柏
被告（二审上诉人）：顾爱远

一审审理查明

海鹰公司为一研制和生产水声电子设备的专业工厂。1984年，当时在该公司工作的莫善珏等人根据单位的工作安排，开始拟定B超探头有关的技术课题任务书。1987年4月25日，无锡市科学技术委员会受江苏省科学技术委员会的委托，会同江苏省医药总公司在海鹰公司召开了"B超线阵探头"重大科研项目专家技术论证会，会上就该公司对 3.5MHz 探头产品的研制进行了肯定。1989 年 7 月 30 日，江苏省科委组织对海鹰公司所完成的 3.5MHz 线阵探头进行成果鉴定：海鹰公司所承担的 3.5MHz 线阵探头重点科研项目（编号：87034），经科研人员两年多时间的技术攻关，完成了声学材料和声学器件的设计与制造、超薄长条型压电陶瓷片的高精细加工、超薄层透声胶层胶合工艺、窄深槽切槽工艺、高密集电极焊接工艺、探头电声参数的测试方法研究和设备的建立及开关控制接口电络的研制等七个关键技术，至 1989 年 6 月已试生产"探头" 130 只，该探头经检测各项性能均达到 B 超线阵探头的企业标准 Q/320000KFl－89 要求，该探头技术是 B 超的关键技术，国内外严格保密的技术。3.5MHz 线阵探头获江苏省政府颁发的 1989 年度科技进步二等奖，1990 年 3.5MHz 线阵探头技术与 B 超主机技术一起获国家科技进步二等奖，获奖者均为海鹰公司。海鹰公司利用该探头配套生产了 2031、218、220、2032、2035 等型号的 B 超诊断仪，并投放市场，产生了较高的经济效益。

  1995 年，海鹰公司在《4 月份试制产品计划进度》表中提出了简易线阵（即 218 B 超机）的研制项目，并在为该项目确定的任务内容中规定：第一完成总体设计方案，第二完成分板设计方案。在同年《5 月份试制产品计划进度》表中，也列出了简易线阵 B 超的研制项目，具体规定了其任务是，第一印制板绘制出图，第二确定结构设计方案。1995 年 10 月 10 日，当时在海鹰公司所属医电分公司线路二室任副主任的顾爱远在《关于计划生育用简易线阵 HY218 总体方案的报告》中写道：从今年 5 月开始，我们花了 3 个月时间开发成功了针对计划生育市场的简易线阵 HY218。同时，顾爱远也于 1995 年 10 月 10 日领到海鹰公司支付的简易线阵 B 超开发奖励费 8 000 元。1995 年 10 月 9 日，由海鹰公司售给湖北省仙桃市剅河镇血防站 B 超室 HY218 B 超一台。

  莫善珏于 1963 年 4 月到海鹰公司工作，自 1984 年起参与并负责 3.5MHz 线阵探头的研制工作，1996 年 2 月 1 日被海鹰公司辞退，辞退时为探头室主任。吴荣柏于 1959 年 2 月到海鹰公司工作，负责 3.5MHZ 线阵探头的工艺设计，1996 年 1 月 16 日被海鹰公司辞退，辞退时为换能器制造工艺员。顾爱远于 1991 年 8 月到海鹰公司工作，1995 年 4 月开始负责研制 HY218 B 超主机，1996 年 1 月离开海鹰公司，离开时为该公司所属医电分公司线路二室副主任。祥生公司于 1996 年 1 月 6 日在无锡新区硕放镇召开第一次股东会议，选举了公司董事和监事，莫善珏、吴荣柏、顾爱远为董事。1996 年 1 月 30 日，祥生公司正式注册登记，注册资本 50 万元，其中莫善珏出资 29.1%，吴荣柏出资 9.7%，顾爱远出资 6.06%。公司成立后即从事祥生 500 型 B 超的研制和生产。祥生公司自 1996 年 7 月开始销售祥生 500 型 B 超，至 1998 年 9 月 15 日，产品销售收入为 12 197 081 元。海鹰公司遂于 1997 年 10 月 20 日向江苏省高级人民法院提起诉讼，主张背衬材料技术、晶片—背衬"薄层"胶合技术、双层匹配层的制造技术、窄深槽切割工艺技术、槽内充填物技术、声透镜的制造技术、电极敷设和引出技术、换能器的总的加工流程技术、探头控制电路技术等 9 项探头技术，以及存储器结构、系统控制软件功能、两片可编程门阵功能等 3 项主机技术为该公司的商业秘密，被告祥生公司、莫善珏、吴荣柏、顾爱远侵犯了上述商业秘密，请求法院判令被告立即停止侵权、赔偿原告经济损失 310 万元、赔礼道歉、对原告的商业秘密承担保密责任及承担本案的全部诉讼费用。

一审法院另查明：1996年2月15日，南京大学声学所与祥生公司签订一份研制新一代超声换能器的意向书，1996年3月，南京大学与祥生公司签订了"关于医学超声换能器阵技术转让"合同。1996年2月，在意向书签订之后，南京大学声学所水永安教授即向祥生公司提交了《医学成像超声换能器阵》的技术报告，并且在1996年3月由王敏歧、水永安共同完成了《B超探头的声学设计》和《B超线阵探头工艺流程的设计和要求》两份报告。

1992年3月6日（二审法院纠正为1992年5月20日），海鹰公司的保密委员会在《关于认真执行依法确定的国家秘密事项的通知》中，将3.5MHz线阵探头关键制造技术、工艺定为秘密级，保密年限为10年。该通知经报请上海船舶工业公司的同意，并于1993年经定密工作检查验收小组检查认可，报经中国船舶工业总公司保密委员会认可，于1994年5月发给定密工作合格证书。1995年10月20日，海鹰公司制定了《关于在签订劳动合同中进一步加强保密工作的通知》，并将简易线阵B超中的整机系统软件、数字电路板、发射电路板、接受电路板划定为保密范围，要求对该技术的保密措施比照海鹰司（95）59号《专有技术文件资料管理制度（试行）》中的管理程序和管理办法执行。此外，海鹰公司于1992年8月7日发布了《保密工作制度》，于1995年10月11日该公司第十一届七次职代会上通过了《关于保守商业秘密维护公司利益的暂行规定》。

一审法院审理过程中，曾委托江苏省技术鉴定委员会对海鹰公司HY218型医用B超和祥生公司500型医用B超进行技术鉴定，鉴定结论为：1. 海鹰公司3.5MHz线阵探头中的背衬材料技术、晶片—背衬"薄层"胶合技术、双层匹配层的制造技术、窄深槽切割工艺技术、槽内充填物技术、声透镜的制造技术、换能器的加工流程技术、探头控制电路板技术为非公知技术。电极敷设和引出技术为公知技术。2. 海鹰公司HY218 B超主机中的电子元器件（门阵列、存储器）和编程语言是公知技术，但是利用编程语言和门阵列、存储器及其他元器件来形成系统控制软硬件，并能在B超上运行，完成B超的整个控制功能，属非公知技术。3. 祥生公司转让所得的资料内容仅是涉及国内外医学超声换能器阵技术的发展、设计原理以及复合材料理论研究情况的综述，没有涉及具体工艺细节，不能由此形成祥生公司生产B超仪探头的技术资料，不能依此生产祥生500型B超探头。4. 祥生500型B超和HY218 B超的探头和主机没有本质区别。

一审判理和结果

一审法院认为：3.5MHz线阵探头中的背衬材料技术、晶片—背衬"薄层"胶合技术、双层匹配层的制造技术，窄深槽切割工艺技术，槽内充填物技术，声透镜的制造技术，换能器的总的加工流程技术，利用编程语言和门阵列，存储器及其他元器件形成系统控制软硬件的技术，属于原告海鹰公司的专有技术信息，且原告采取合理的保密措施，应认定为原告的商业秘密，并依法予以保护。被告莫善珏、吴荣柏、顾爱远曾是海鹰公司研制B超的主要技术人员，掌握了原告生产B超的上述商业秘密，且负保密义务，他们在离开原告单位组建祥生公司后，在未经原告许可，又未能举证证明所使用技术秘密合法来源的情况下，在祥生500型B超上使用与原告的商业秘密相同的技术，并将该产品投入市场,构成了对原告商业秘密的侵犯,属不正当竞争行为,并给原告造成了经济损失310万元,依法应当承担停止侵权、赔偿损失、赔礼道歉的法律责任。被告提出原告所要保护的技术是公知的技术,以及是通过转让和研制的主张与事实不符,不予支持。该院依照《反不正当竞争法》第10条第1款第(2)项和第20条的规定,判决:1.被告应立即停止使用原告的商业秘密,3.5MHz线阵探头中的背衬材料技术,晶片—背衬"薄层"胶合技术,双层匹配层的制造技术,窄深槽切割工艺技术,槽内充填物技术,声透镜的制造技术,换能器的总的加工流程技术,利用编程语言和门阵列、存储器及其他元器件形成系统控制软硬件的技术,并对上述商业秘密承担保密责任,至上述秘密成为公知技术为止。2.被告赔偿原告经济损失310万元,于本判决生效10日内付清,祥生公司、莫善珏、吴荣柏、顾爱远负连带赔偿责任。3.被告应在本判决生效后10日内在《中国人口报》上刊登向原告赔礼道歉的声明(内容须经一审法院核准)。案件受理费25 510元,财产保全费5 520元,技术鉴定费4万元,合计71 030元由祥生公司承担。

上诉与答辩

祥生公司、莫善珏、吴荣柏、顾爱远不服上述判决向最高人民法院上诉称:一审判决认定事实有误,适用法律不当。请求:1.依法撤销一审判决,驳回海鹰公司的诉讼请求。2.重新鉴定,判定海鹰公司的商业秘密并不存在,祥生公司不构成侵权。3.判令海鹰公司赔偿祥生公司商誉和经济损失。4.判令海鹰公司澄清事实,清除影响,公开向祥生公司赔礼道歉,承担一、二审全部诉讼费用。理由是:1.一审采用的重要证据——江苏省技术鉴定委员会技鉴字(98)02号"鉴定意见"存在大量错误,不应依此定案。首先,海鹰公司提供的技术文件不具有客观真实性,不应作为技术鉴定的对象;其次,鉴定回避实质性问题,以不属于技术秘密的机器外观、显示格式、尺寸等认定两方的探头和主机没有本质区别;最后,鉴定程序不合法,重要证据未经质证,参加鉴定的人员均与海鹰公司有密切关系,鉴定成员缺乏技术鉴定所涉及技术领域的专业背景知识。2.一审判决认定祥生公司"在祥生500型B超上使用与原告的商业秘密相同的技术"没有事实依据。3.海鹰公司对其所主张的秘密由于自己的过错而并未采取保密措施,海鹰公司诉称的所谓"国家秘密"已于1995年前被解密,而海鹰公司确定的专有技术项目中又未列入B超探头技术,且海鹰公司在一审鉴定之后,将此前未曾主张过的"鉴定意见"认定为有相似性的系统软件、数字电路板、发射电路板、接收电路板纳入其主张的秘密范围内,并向法庭提供伪证。4.莫善珏、吴荣柏、顾爱远是在海鹰公司推行全员劳动合同制时,坚持合法要求,拒签不平等的劳动合同而遭海鹰公司的辞退,并非为谋私利而主动跳槽。5.一审判决祥生公司赔偿海鹰公司经济损失310万元缺乏事实和法律根据。6.一审判决莫善珏、吴荣柏、顾爱远负连带赔偿责任,缺乏事实和法律依据。

海鹰公司答辩称:1.一审法院委托的鉴定活动严格依《江苏省人民法院技术鉴定规则》进行,程序合法、过程严谨、结论科学公正。2.莫善珏、吴荣柏、顾爱远作为海鹰B超产品的主要研制负责人,完全掌握海鹰公司的技术秘密,该三人离开海鹰公司后,仅3个月就在祥生公司生产出与被上诉人相同的B超产品,且上诉人未能向法庭说明其生产B超的工艺技术有其他真实的合法来源。3. 被上诉人职工代表大会讨论通过的一系列文件、建立专门的保密工作机构以及具体的管理工作等，都说明被上诉人采取了保密措施，上诉人所称"国家秘密"已于1995年前被解密以及被上诉人提供伪证等主张，没有事实根据。4. 祥生公司非法使用被上诉人的技术秘密，给被上诉人带来的直接经济损失不止310万元，一审判决祥生公司赔偿310万元有事实和法律根据。5. 一审判决莫善珏、吴荣柏、顾爱远负连带责任，也是有事实和法律根据的。二审审理过程后期，被上诉人海鹰公司提出增加诉讼请求申请，请求二审法院判定祥生500系列B超中的500A型、500A全型及300型B超也是侵权产品，并请求追加赔偿数额。

二审审理查明

一审法院查明的事实除对本案双方当事人的有关技术认定和祥生公司生产祥生500型B超的产品销售收入外，其余基本属实。另查明：海鹰公司《关于在签订劳动合同中进一步加强保密工作的通知》第1条规定："凡是被列入厂保字（92）146号文《关于认真执行依法确定的国家秘密事项的通知》列入的15项国家秘密项目都应向有关人员明确，作为保护内容"。

二审法院根据上诉人的重新鉴定申请，委托中国科技法学会科技评价专家委员会对本案的有关技术问题进行技术鉴定，结论为：1. 双方提供的技术资料在形式和内容上均存在一定缺陷，但通过综合分析判断，结合鉴定样机，鉴定专家小组认为双方所提供鉴定的技术资料在内容上基本反映了各自真实的技术状态，可予认定。2. 海鹰公司的HY218 B超是在公知技术基础上发展而来的，但与公知技术相比，在背衬材料配方，晶片－背衬"薄层"胶合技术，双层匹配层的配方、厚度和工艺，窄深槽切割顺序、斜切法，换能器总加工流程，探头控制电路技术，存储器实施线路，系统控制软件功能，门阵列编程内容等（9个）方面形成了本企业的非公知技术。3. 祥生公司的500型B超是海鹰公司HY218 B超的继承与改进，仅凭其所提供的三个技术来源，祥生公司不可能使其在3个月内生产出500型B超。祥生公司的500型B超与海鹰公司的HY218 B超两种机型的外型、结构大体相似，500型B超在背衬材料配方，晶片－背衬"薄层"胶合技术，双层匹配层的配方、厚度和工艺，斜切法和系统控制软件功能等（5个）方面利用了HY218 B超的非公知技术。但500型B超与HY218 B超相比，增加了M型等功能，电路有改进，超声探头各部件的配方、制作工艺也有所不同。这表明，祥生公司的500型B超基本上沿用了HY218 B超的技术，但不是简单地重复，而是做了若干改进。4. 换能器总加工流程，探头控制电路技术属于企业的非公知技术，但由于海鹰公司与祥生公司均未提供相应技术资料，也无法从鉴定样机中直接获知，故专家鉴定小组对上述技术不作比对。5. 存储器结构为公知技术，但具体的实施线路属于非公知技术。从海鹰公司提供的技术资料判断，海鹰公司提供了两套图纸，其中一套的拟制和完成时间在1996年1月30日（祥生公司成立）之后；另一为调试图纸，完成于1995年，该图纸中线存储器6264，在鉴定样机中没有使用，还有几处与提供的鉴定样机存在差异。祥生公司没有提供对应图纸，无法对比。6. 门阵列系可购买的公知器件，但不同产品的编程内容各自企业的非公知技术。双方均没有提供具体编程内容的技术资料，而具体编程内容无法从实物中印证，故无法对比。

二审法院还委托华建会计师事务所对祥生公司 1996 年 7 月至 1999 年 12 月销售祥生 500 型 B 超的产品销售利润及其相应应分摊的管理费用和财务费用进行审计，结论为：祥生公司 500 型 B 超在上述期间的销售利润为 2 605 798.63 元，按销售收入比例应分摊的管理费用为 1 723 323.99 元，应分摊的财务费用为 365 508.78 元，营业利润等于产品销售利润减应分摊的管理费用和财务费用，上述期间祥生 500 型 B 超的营业利润为 516 965.86 元。

在对上述鉴定结论和审计结论质证时，上诉人均提出了异议。

二审判理和结果

二审法院经审理认为：

第一，被上诉人所主张的 12 项技术中，背衬材料配方，晶片-背衬"薄层"胶合技术，双层匹配层的配方、厚度和工艺，窄深槽切割顺序、斜切法，换能器总加工流程，探头控制电路技术，存储器实施线路，系统控制软件功能，门阵列编程内容等九项技术符合法定条件，构成商业秘密，应予保护。首先，二审技术鉴定关于海鹰公司上述 9 项技术为非公知技术的鉴定结论应予采信。该鉴定结论表明，通过综合分析判断，结合鉴定样机，海鹰公司的技术资料在内容上基本反映了真实的技术状态，上诉人对二审技术鉴定结论所提有关异议因没有足够的证据支持不能成立。鉴定结论认为双层匹配层的配方、厚度和工艺是海鹰公司的非公知技术，日本专利 J60－31397 提供了一些可供选用的材料类型以及各匹配层声阻抗率的大致范围，但未提供具体原材料、配方、声阻抗率、厚度以及详细的工艺过程等，并未涵盖海鹰公司双层匹配层技术的全部；鉴定结论认为海鹰公司采用特殊配方配制成与背衬材料声阻抗率相同的胶合材料，达到消除背衬回波的目的，构成非公知技术，日本专利 J58－118739 采用与背衬材料完全相同的材料作黏合剂，使两材料声阻抗率相同，以消除背衬回波，与海鹰公司采用的方法不同；鉴定结论认为海鹰公司的窄深槽切割顺序、斜切法是非公知技术，日本专利 J61－113400 所称切割深度"线性变化"是指斜切，但该专利未提供具体的切割顺序、部位、宽度、深度及角度等，也未涵盖海鹰公司斜切技术的全部。因此，上诉人所提有关异议也不足以推翻鉴定结论。除一审鉴定结论外，被上诉人无其他证据证明声透镜的制造技术是非公知技术，故被上诉人所提有关异议也不成立。其次，海鹰公司对其所主张的商业秘密采取了保密措施。根据海鹰公司 1995 年 10 月 20 日《关于在签订劳动合同中进一步加强保密工作的通知》第 1 条的规定，海鹰公司将 B 超探头关键制造技术、工艺列入签订全员劳动合同过程中的保密事项范围之内，故无论 B 超探头技术作为国家秘密是否已被解密，海鹰公司是将 B 超探头技术列入该公司保密工作范围的。上诉人认为被上诉人提供伪证、对其主张的商业秘密未采取保密措施以至于海鹰公司的商业秘密并不存在的上诉请求不予支持，原审判决对此认定正确。

第二，根据二审技术鉴定结论和法庭调查查证的事实，可以认定祥生公司在背衬材料配方，晶片-背衬"薄层"胶合技术，双层匹配层的配方、厚度和工艺以及斜切法等 4 项技术上利用了海鹰公司的非公知技术。首先，鉴定人通过双方当事人提供的资料、陈述意见，结合实物样机，根据专家的经验和知识作出判断的鉴定方法符合本案的实际情况，上诉人无证据证明其与被上诉人在背衬材料配方上有何实质性差别，故其有关异议不能成立,技术鉴定的该项结论应予采信;经法庭质证查实,鉴定人在对双方的系统控制软件进行对比时,未将祥生 500 型 B 超的系统控制软件代码进行反汇编,而是利用了海鹰公司提供的材料,故该对比结论不足采信,上诉人所提有关异议成立。其次,经查被上诉人提交鉴定的主要技术资料《线阵 B 超探头技术报告》,其中载明海鹰公司使用的是真空灌注法,被上诉人亦无证据证明祥生公司使用的是非真空灌注法,故被上诉人对二审技术鉴定结论所提此点异议无事实依据,不能成立。

第三,上诉人莫善珏、吴荣柏、顾爱远曾为被上诉人单位主管 B 超探头和主机技术的工作人员,因工作关系掌握了被上诉人的上述商业秘密,应当保守该商业秘密。但三上诉人却允许祥生公司使用其中的背衬材料配方,晶片－背衬"薄层"胶合技术,双层匹配层的配方、厚度和工艺以及斜切法等 4 项商业秘密,根据《反不正当竞争法》第 10 条第 1 款第(3)项的规定,该三上诉人构成侵犯被上诉人的商业秘密,应当承担侵权的民事责任;上诉人祥生公司明知三上诉人的上述违法行为,仍使用该商业秘密,根据《反不正当竞争法》第 10 条第 2 款、《民法通则》第 130 条的规定,构成与三上诉人共同侵权,应当承担连带责任。上诉人关于撤销一审判决,驳回被上诉人诉讼请求,以及其不构成侵权的上诉请求不予支持。但原审判决引用《反不正当竞争法》第 10 条第 1 款第(2)项的规定不妥,应予纠正。

第四,在对审计结论的质证中,审计人结合我国会计制度,针对双方当事人所提异议分别进行了说明,二审法院予以采信。上诉人与被上诉人所提异议事实依据不足,审计结论应予认定。由于本案被上诉人因上诉人侵权所遭受的损失难以计算,被上诉人亦未对调查等合理费用主张权利,根据《反不正当竞争法》第 20 条的规定,本案应当以上诉人在侵权期间所获利润作为赔偿数额。侵权获利是指侵权人在侵权期间因侵权所获得的实际利润,应当以营业利润作为计算依据。根据二审技术鉴定结论,祥生公司在基本沿用被上诉人技术的基础上做了若干改进,据此,应当酌减上诉人的赔偿数额,但考虑到审计结果中未包括审计截止日期至今祥生公司销售侵权产品的营业利润,赔偿数额应当在审计结果的基础上酌情增加,故二审法院将该两部分抵消。原审判令上诉人赔偿 310 万元,与审计结论相差较大,事实依据不足,应予纠正。

至于上诉人请求判令被上诉人赔偿其商誉和经济损失,判令被上诉人清除影响、赔礼道歉的上诉请求,因上诉人在一审时未就此提起反诉,故不属本案二审审理范围,二审法院不予支持。关于被上诉人在二审期间增加诉讼请求问题,因本案一审是针对被控侵权的祥生 500 型 B 超进行审理和判决的,被上诉人在一审过程中未提出追加诉讼请求的申请,其在二审中请求二审法院对新的侵权事实作出认定,根据《民事诉讼法》第 151 条的规定,被上诉人该增加的诉讼请求不属本案二审审理范围,故对其增加的诉讼请求不予支持,被上诉人可就该部分诉讼请求另行起诉。

综上,二审法院依据《民法通则》第 130 条;《反不正当竞争法》第 10 条第 1 款第(3)项、第 2 款、第 3 款、第 20 条;《民事诉讼法》第 153 条第 1 款第(2)项、第(3)项之规定,判决:1. 变更一审判决主文第一项为:祥生公司、莫善珏、吴荣柏、顾爱远立即停止使用海鹰公司 3.5MHz 线阵探头中的背衬材料配方,晶片－背衬"薄层"胶合技术,双层匹配层的配方、厚度和工艺以及斜切法技术等四项商业秘密,并对上述商业秘密承担保密责任。2. 变更一审判决主文第二项为：祥生公司、莫善珏、吴荣柏、顾爱远赔偿海鹰公司经济损失 516 965.86 元及利息（利息自 2000 年 1 月 1 日起按中国人民银行同期同类贷款利率计算），自本判决送达之日起 15 日内支付，祥生公司、莫善珏、吴荣柏、顾爱远负连带赔偿责任。3. 维持一审判决主文第三项。本案一、二审案件受理费合计人民币 51 020 元，由祥生公司、莫善珏、吴荣柏、顾爱远承担 38 265 元，由海鹰公司承担 12 755 元；一审财产保全费 5 520 元、技术鉴定费 4 万元、二审技术鉴定费 73 318 元、审计费 70 200 元、咨询费等其他诉讼费用 7 500 元，合计人民币 196 538 元由祥生公司、莫善珏、吴荣柏、顾爱远承担。

法官评述

本案的典型性主要在于如何审理好商业秘密侵权案件。审理好商业秘密侵权案件一定要把握好以下几个关键环节：一是权利人主张保护的商业秘密的内容的固定；二是商业秘密的法定构成要件的审查，其中重点是对"不为公众所知悉"和保密措施的审查；三是与被控侵权物的对比，以确定是否相同或者实质上相似，往往涉及技术鉴定问题；四是不正当手段即所谓的非法渠道的认定；五是赔偿额的计算。本案在这几个方面都有所涉及，而且法院的审查比较具体和全面。

一、商业秘密的固定

商业秘密侵权案件审理中，作为审查对象的原告权利内容，往往都有一个由大变小或者由多变少的过程。一开始权利人总是主张很多的信息都是其商业秘密，经过对方的抗辩和法院审查，实际可以认定为商业秘密的信息往往会大为缩小，而最终能够认定被告非法获取、使用、披露的信息可能更少。这可谓商业秘密侵权案件审理的一个规律。本案中原告主张其有 12 项技术（9 项探头技术和 3 项主机技术）构成涉案商业秘密，且均被侵犯。法院经审查之后认定了其中 9 项构成商业秘密，而被告实际使用的仅有 4 项。

商业秘密侵权案件的审理，首先要确定涉案的商业秘密到底是什么。由于对法律上的商业秘密的理解的误差以及商业秘密本身的不确定性，原告在起诉的时候往往不能够准确地界定其主张权利的商业秘密的具体内容（即人们习惯所称的秘密点）。因此，法庭审理的首要任务就是要要求并指导原告固定其秘密点，包括商业秘密的载体（证据）、具体构成（即秘密点是有关信息的要素还是要素间的组合）。一个载体上可能包含很多信息，其中可能只有很少一部分才具有秘密性。固定商业秘密的过程，往往也是要经过若干回合的主张与抗辩以及法庭的适时指导，才能够完成。因此，在商业秘密侵权案件中，不能对原告固定秘密点的要求过于严苛，要允许其作一些必要的补充和细化，但也应当努力做到及时固定，以便进一步审理。在这个过程中，法官尤其要注意行使释明权，及时对当事人的举证和陈述予以指导。

二、商业秘密的法定构成要件的审查

在原告主张的秘密点确定以后，第二步就是要判断所主张的秘密点是否符合法定的商业秘密的构成要件。商业秘密的法定构成要件，《反不正当竞争法》第 10 条第 3 款作

出了明确规定，即："本条所称的商业秘密，是指不为公众所知悉、能为权利人带来经济利益、具有实用性并经权利人采取保密措施的技术信息和经营信息。"《刑法》第219条第3款也有同样的规定。《反不正当竞争法》和《刑法》规定的商业秘密实际上是要求具备4个要件，即秘密性、价值性、实用性和保密性。世界贸易组织《与贸易有关的知识产权协定》（即 TRIPS）第39条之二规定："自然人和法人应有可能防止其合法控制的信息在未经其同意的情况下以违反诚实商业行为的方式向他人披露，或被他人取得或使用，只要此类信息：（a）属秘密，即作为一个整体或就其各部分的精确排列和组合而言，该信息尚不为通常处理所涉信息范围内的人所普遍知道，或不易被他们获得；（b）因属秘密而具有商业价值；并且（c）由该信息的合法控制人，在此种情况下采取合理的步骤以保持其秘密性质。"从这一规定可以看出，TRIPS对商业秘密的构成只规定了秘密性、价值性和保密性三项条件，并无实用性的要求，这种规定所包涵的信息的范围从措词上看要大于我国《反不正当竞争法》和《刑法》的有关规定。考虑到TRIPS对商业秘密的构成要件的规定，2005年1月1日起施行的《最高人民法院关于审理技术合同纠纷案件适用法律若干问题的解释》第1条第2款单独重新对技术秘密（商业秘密包括技术秘密和经营秘密两类）的概念作了解释，即："技术秘密，是指不为公众所知悉、具有商业价值并经权利人采取保密措施的技术信息。"实际上是将传统的理解也是我国《反不正当竞争法》第10条和《刑法》第219条所确认的商业秘密的构成要件中的"能为权利人带来经济利益、具有实用性"的要求统一规定为"具有商业价值"。这样规定更符合国际标准和惯例，有利于按照我国加入世界贸易组织承诺，加强对包括技术秘密在内的商业秘密的法律保护。自2007年2月1日起施行的《最高人民法院关于审理不正当竞争民事案件应用法律若干问题的解释》第10条也作出了在精神上一致的解释，即："有关信息具有现实的或者潜在的商业价值，能为权利人带来竞争优势的，应当认定为《反不正当竞争法》第10条第3款规定的'能为权利人带来经济利益、具有实用性'。"该司法解释对于如何具体理解和掌握商业秘密的秘密性、价值性和保密性三项条件作出了具体的解释，本文不再展开评述。

在实践中，当事人一般不会对商业秘密的价值性发生争议，主要的争议在于秘密性和保密性。对于秘密性的判断，尤其是涉及技术信息的秘密性判断，特别要注意发挥专家证人的作用，然后才能考虑是否需要进行技术鉴定或者专家咨询。本案二审判决对涉案技术信息是否构成商业秘密，从法定构成要件上逐一作出了比较详尽的审查和充分的说理分析。

三、与被控侵权物的对比判断

商业秘密侵权案件审理的第三步一般涉及讼争信息的相同性或者相似性判断。只有当被控侵权人非法获取、使用、披露的信息（被控侵权物）与原告的商业秘密相同或者在实质上相似时，才会涉及进一步的是否构成侵权的判断。在这一问题的判断上，如上所述，也要首先注意发挥专家证人的作用，然后才能考虑是否需要进行技术鉴定或者专家咨询。

四、非法渠道的认定

所谓的"接触加相似"是实践中普遍采用的商业秘密侵权判定原则。确认了讼争信息的相同性或者相似性，并不等于被告当然构成侵权。反之亦然。被告是否采用了不正当手段或者说是否存在信息流动的非法渠道也是一个法定的侵权构成要件。因此，对于不正当手段或者说非法渠道举证责任仍然在于原告。当然，被告可以抗辩系通过合法渠道获得，如自行开发研制、反向工程等方式获得和从其他合法渠道获得。对于因职工跳槽引起的侵犯商业秘密纠纷，原告只要证明职工接触过商业秘密和跳槽的事实存在，被告不能证明系通过合法渠道获得的，一般即可以认定职工跳槽即构成商业秘密流动的非法渠道。本案中被告祥生公司的主要技术人员也是三名自然人被告均来自原告海鹰公司，而且三名自然人被告均系被告祥生公司的发起股东。应当说，商业秘密流动的非法渠道十分清楚，无需原告进一步举证证明三名自然人被告是如何具体将原告的商业秘密带走、如何披露和使用的。

五、赔偿额的计算

损害赔偿的计算是知识产权案件中普遍存在的司法难题，商业秘密案件有其困难。根据《反不正当竞争法》第20条的规定，商业秘密侵权案件的损害赔偿责任，首先应当以被侵害人的损失计算；被侵害人的损失难以计算的，可以侵权人在侵权期间因侵权所获得的利润计算；并应当承担被侵害人调查该侵权行为所支付的合理费用。自2007年2月1日起施行的《最高人民法院关于审理不正当竞争民事案件应用法律若干问题的解释》第17条明确规定，侵犯商业秘密行为的损害赔偿额，可以参照确定侵犯专利权的损害赔偿额的方法进行；因侵权行为导致商业秘密已为公众所知悉的，应当根据该项商业秘密的商业价值确定损害赔偿额。商业秘密的商业价值，根据其研究开发成本、实施该项商业秘密的收益、可得利益、可保持竞争优势的时间等因素确定。

本案裁判时，虽然并无上述司法解释，但最高法院也是严格依据《反不正当竞争法》第20条的规定，科学合理地确定了本案的赔偿额。由于本案被上诉人因上诉人侵权所遭受的损失难以计算，需要以上诉人在侵权期间所获利润计算赔偿数额。实践中，多数案件因原告的损失难以准确计算，而需要考虑侵权获利。按照我国现行的会计制度，一般有三种利润的概念，即销售利润、营业利润和净利润。以生产型企业为例，销售利润最大，是指产品销售总收入减去产品制造成本；营业利润居中，是指在销售利润基础上减去管理费用（如人员工资）和财务费用（如贷款利息）；净利润最小，是指在营业利润的基础上再减去应缴税款。三种利润数额差别很大，需要慎重把握以哪一种利润作为计赔依据。一般来说，在依据不同的利润标准计算损害赔偿时也要考虑行为人的主观过错程度。对于侵权人因侵权所获得的利益，一般应当按照侵权人的营业利润计算，但对于完全以侵权为业的侵权人，可以按照销售利润计算。2001年7月1日起施行的《最高人民法院关于审理专利纠纷案件适用法律问题的若干规定》第20条第3款对此作出了明确规定。本案中，二审法院指出，侵权获利是指侵权人在侵权期间因侵权所获得的实际利润，但考虑到还不能说被告就是以侵权为业，因此，最终以营业利润作为计算赔偿的依据。而且二审法院对其他有关计算赔偿的因素也作出了全面合理的考量。根据二审技术鉴定结论，被告祥生公司在基本沿用被上诉人技术的基础上做了若干改进，据此，应当酌减侵权人的赔偿数额，但法院同时考虑到审计结果中未包括审计截止日期至今祥生公司销售侵权产品的营业利润，赔偿数额本应当在审计结果的基础上酌情增加。最终法院酌情决定将该两部分相互抵消。

六、商业秘密案件的技术鉴定

最高人民法院副院长曹建明在2007年1月份召开的全国法院知识产权审判工作座谈会上的讲话指出，认定事实和适用法律是知识产权审判的两个基本环节，都是法官的职责，但在审判中应注意有所区别对待。一是解决法律适用问题是法官的职责，不能把法律适用问题交给法官以外的任何人去判断，包括不能把权利是否存在、是否构成侵权、是否构成商业秘密等法律问题交由鉴定机构去判断。二是知识产权案件中涉及的专门性问题多，经常需要通过鉴定或者其他专门人员辅助的方式进行事实认定，但法官首先应当尽可能自行对事实问题作出判断，只有采取其他方式难以作出认定的专业技术事实问题，才可以委托鉴定。三是法官绝不能因为有鉴定结论和专业人员辅助就放弃事实认定职责，而是必须充分发挥开庭质证等审查判断证据的程序功能，认真审查并作出认定。特别是在移交鉴定之前应当组织当事人对提交鉴定的材料进行质证；对鉴定结论也必须经过庭审质证，由法官结合涉案证据综合审查后独立作出评判。

上述有关讲话精神在商业秘密侵权案件的处理中尤为重要。对于秘密性的判断，尤其是涉及技术信息的秘密性判断和与被控侵权信息的对比判断（即相同性或者相似性判断），往往需要借助技术鉴定。但要注意，不是一遇到技术问题就首先考虑委托鉴定，而是法官首先要尽可能在了解相关技术问题和原理的基础上自行作出判断，特别要注意发挥专家证人的作用，然后才能考虑是否需要进行技术鉴定，必要时也可以就有关专业问题进行专家咨询。目前实践中不仅法院更主要的是当事人对专家证人的运用不够充分，如果能够利用好这一制度，不仅能够大大减轻法官和当事人的负担，而且可以提高审判的效率。一般只有在通过专家证人仍然不能够解决问题时，才应当考虑委托鉴定或者专家咨询。需要特别注意的是，对商业秘密的保密性的审查（涉及保密措施的是否采取和有效性的判断）和对于非法渠道的认定，除非特殊情况，原则上不得进行鉴定。因此，委托鉴定时，鉴定的问题只能是"是否不为公众所知悉"和"是否相同或者实质上相似"等这些事实认定问题，而不能是"是否属于商业秘密"和"是否侵犯商业秘密"等这些法律判断问题。

本案涉及B超技术，案情比较复杂，为了澄清双方当事人所争议的有关专业技术事实，二审法院委托相关领域的专业技术人员、审计人员对有关专业技术和财务问题进行了鉴定和审计。但法院并非简单地直接依赖鉴定结论和审计结论，而是对当事人就鉴定和审计结论提出的异议逐一进行了详尽的审查，通知鉴定人员、审计人员出庭接受询问，并对有关鉴定和审计结论等进行了全面的质证，还就上诉人在技术鉴定后补充提供的日本专利文献向有关专家进行了咨询。合议庭在充分考虑双方当事人的诉讼请求和答辩意见后，经过认真分析判断，对有关鉴定和审计结论的采信与否独立做出了评判，并在裁判文书中对有关问题予以了具体、充分的表述和说明。

(二审合议庭成员：蒋志培　张　辉　王永昌
编写人：最高人民法院知识产权审判庭　郃中林)

7. 成都佳灵电气制造有限公司诉成都希望电子研究所、成都希望森兰变频器制造有限公司、胡向云、余心祥、郑友斌、邓仕方侵犯商业秘密纠纷案

阅读提示：审理商业秘密侵权案件应当注意哪些问题？

裁判要旨

认定商业秘密应当以《反不正当竞争法》规定的条件为依据。一项技术信息只要具备法律规定的商业秘密的条件，就应依法受到保护，不以该项技术信息是否列为国家级秘密为前提。

自行研制、自行开发是侵犯商业秘密案件中被告的重要抗辩理由。

职工跳槽到其他公司从事基本相同的工作并不必然存在商业秘密侵权行为。

案 号

一审：四川省高级人民法院（2000）川经初字第05号
二审：最高人民法院（2001）民三终字第11号

案情与裁判

原告（二审上诉人）：成都佳灵电气制造有限公司（简称"佳灵公司"）

被告（二审被上诉人）：成都希望电子研究所（简称"希望研究所"）

被告（二审被上诉人）：成都希望森兰变频器制造有限公司（简称"希望森兰公司"）

被告（二审被上诉人）：胡向云

被告（二审被上诉人）：余心祥

被告（二审被上诉人）：郑友斌

被告（二审被上诉人）：邓仕方

一审审理查明

1991年7月，四川省洪雅电力变频器厂高级工程师吴加林到成都武侯区佳灵变频技术研究所兼职。1993年8月，该所法定代表人由杜淼青变更为吴加林，吴加林与杜淼青结清债权债务工作，并约定此后一切民事责任由吴加林承担。该所也更名为成都佳灵电气研究所（简称"佳灵研究所"）。主营变频器等产品的技术开发、生产及自研、自制产品的销售等业务。1992年3月，成立了由吴加林任法定代表人的佳灵公司，主营各类电器，兼营电子产品。1994年1月，经四川省科委对JP6C全数字式变频器（简称

"JP6C变频器")进行鉴定,成果完成单位为佳灵研究所(公司),以吴加林等为主要研究人员,自行研究、开发、设计和生产的节能产品,功能齐全,保护功能完善,其中获得了三件专利,填补了国内空白,并颁发了《科学技术成果鉴定证书》。1994年8月,佳灵研究所被原国家科委批准为"国家级科技重点推广计划"JP6C变频器项目的技术依托单位。后因该研究所未经工商行政管理部门年检,于1997年11月被吊销企业法人营业执照。1995年10月,佳灵公司生产的JP6C变频器被评为1994年度四川省优秀新产品一等奖。1996年9月,原国家机械部等八单位以机械科(1996)768号文件,将佳灵公司JP6C变频器作为第十七批节能机电产品推广项目。同年10月,佳灵公司生产的JP6C变频器产品被国家经济贸易委员会评为向社会和用户推荐的产品。同年12月27日,经中国方圆标志委员会巴蜀认证中心评定,证明佳灵公司建立和实施了符合GB/T19001-1994-ISO9001-1994标准要求的质量体系。该体系覆盖了JP6C型变频器设计、开发、生产、安装和服务的全过程,并颁发了《质量认证体系证书》。1999年1月,JP6C变频器研究成果被授予"世界华人重大科学技术成果"证书。佳灵公司生产的JP6C变频器被四川省科委、四川省国家保密局列为1999年度军民两用国家技术秘密项目(无密级)。

佳灵公司称:JP6C变频器的商业秘密包含主电路元件的选择,低电感母线技术,驱动技术,启动过程中的过流失速和减速过程中的过压失速采用软硬件结合的方法来实现,经济的电流检测技术、采用康铜丝来完成,高压开关电源技术,变频器的硬件封锁,软件保护技术,IPM、GBT不同厂家产品死区时间的确定,转矩提升大小的确定,PWM波形的生成与压频比的关系,主从机之间的通讯协议的确定,WC196MH与93CX6之间的通讯协议,各项管理功能的实现、数据地址口的复用技术,操作板的软件设计内容,印制电路板设计中的特殊要求,变频器老化和检测中的电机对拖技术,变频器出厂检验是否合格的关键参数,各种元器件参数的确定值等19项技术秘密点。该技术的载体是其设计图纸、软件和生产出的JP6C变频器产品。此外,还包括各种元件的供应商定点名单、价格的确定技术等。佳灵公司对其JP6C变频器技术采取了相应的保密措施,颁布了《保密的相关规定》,如保密制度、软件安全管理规定和档案管理制度等,规定非经领导批准不得擅自查阅、借阅、复制档案材料。与员工在签订劳动合同的同时,还签订了保守技术、商业秘密合同,要求员工严格遵守《保密守则》,要求对公司的知识产权、专有技术和商业秘密负有保密责任。

希望研究所于1996年8月5日经工商行政管理部门核准登记,法定代表人刘永言,其经营范围为主营各种功率变频调速器系列、电力电子技术产品的开发研制、生产经营和转让等业务。1997年,该所的交流电机森兰变频调速器在"第四届上海科学技术博览会"上被评为金奖,并颁发证书。1998年3月该所的交流电机森兰变频调速器被原国家科委列为"国家级火炬计划项目",并颁发项目证书。1999年4月该所的交流电机森兰变频调速器在国家知识产权局主办的"中国专利技术博览会"上被评为"金奖",并颁发证书。希望森兰公司于1998年4月经工商行政管理部门核准登记,法定代表人刘永言,其经营范围为:设计、研制、生产、销售维护变频调速器及相关电子产品。主营各种变频调速器及相关电子产品的开发、研制、生产、销售等。同年5月,希望森兰公司被成都市科学技术委员会认定为高新技术企业,并颁发"高新技术企业认定证书"。1999年5月,该公司生产的森兰牌变频器获"99年四川名优特新博览会银奖产品称号"。2000年4月中国进出口商品质量认证中心向该公司颁发的《质量体系认证证书》载明其建立的质量体系经评审合格,认证范围为森兰变频调速器、电力交流器产品的设计、开发、生产制造、安装和服务。

该院另查明:1998年10月以前胡向云在佳灵公司工作,曾任副总工程师、总工程师。后因故被公安派出所扣押数十小时,引起不满离开佳灵公司。1998年10月胡向云从成都市人才流动服务中心(简称"人才中心")应聘到成都市培根教育研究所(简称"培研所")工作。1999年3月胡向云从培研所借调到希望森兰公司从事技术管理工作,同年9月正式受聘于该公司。余心祥、郑友斌于1998年11月以前在佳灵公司分别从事电器硬件和结构设计工作。他们因对佳灵公司自1993年以来扣缴其养老保险金不满而离开佳灵公司,于1998年12月从人才中心受聘到培研所工作,1999年3月从培研所借调到希望森兰公司。1999年2月以前邓仕方在佳灵公司从事空调变频器软件开发工作,因对佳灵公司扣缴其养老保险金不满而离开佳灵公司,于1999年3月到成都通达自动化控制工程公司工作。1999年9月,上述三被上诉人受聘于希望森兰公司,分别从事硬件、结构设计和新产品软件开发工作。

1999年9月,佳灵公司向国家工商总局举报希望研究所、希望森兰公司侵犯其商业秘密,国家工商总局转四川省工商局查处。四川省工商局受案后,对双方当事人生产的相关型号产品送四川省电子产品质量监督检验站(简称"省质检站")进行技术鉴定。2000年8月21日,四川省工商局根据证据资料和省质检站的《产品技术鉴定报告》,作出川工商办(2000)130号调查终结报告,处理结论为希望森兰公司与佳灵公司的产品不具有相同性或者一致性,佳灵公司指控希望研究所、希望森兰公司侵犯其商业秘密不成立。

2000年3月,佳灵公司以希望研究所、希望森兰公司设计生产的BT40S系列高性能数字式变频调速器(简称"BT40S变频器")侵犯其商业秘密为由,向一审法院提起诉讼,请求判令被上诉人立即停止侵权,赔偿经济损失3 000万元,并向上诉人赔礼道歉,承担本案诉讼费用和上诉人支付的律师费用。此后,根据佳灵公司的申请,一审法院又追加胡向云、余心祥、郑友斌、邓仕方为本案共同被告。

一审法院审理期间,根据佳灵公司的申请,采取了证据保全措施,依法扣押了希望森兰公司生产的BT40S、BT12S变频器2.2KW各一台,扣押了希望研究所BT40S变频器软盘一张,技术图纸复印件一份。经双方当事人同意,一审法院委托中国科学技术法学会华科知识产权鉴定中心(简称"华科鉴定中心")对佳灵公司主张的JP6C变频器19个技术秘密点是否属于公知技术,希望研究所、希望森兰公司的BT40S变频器是否使用了该技术进行了鉴定。2001年9月,华科鉴定中心作出鉴定意见,结论为:佳灵公司所主张的19项技术秘密点中的理论和技术均属于公知技术。佳灵公司利用这些公知技术进行一些工艺设计和参数的确定以及一些元器件的选择是其非公知技术。希望研究所和希望森兰公司也利用上述的公知技术做了相似的工作,但从样机对比看,所得到的结果与佳灵公司的非公知技术不同。

一审判理和结果

一审法院认为：佳灵公司对JP6C变频器技术成果享有所有权。所委托的鉴定机构主体合格，鉴定程序合法，鉴定意见客观公正，并经庭审质证，应作为本案的定案依据。根据华科鉴定中心的鉴定结论，应认定佳灵公司的JP6C变频器与希望森兰公司的BT40S变频器不具有相同性，希望研究所、希望森兰公司未侵犯佳灵公司JP6C变频器的技术秘密。故佳灵公司关于希望研究所和希望森兰公司采取高薪利诱，挖走其技术人员，利用其掌握的技术秘密和生产工艺流程，设计生产侵权产品BT40S变频器的起诉请求不能成立。胡向云、余心祥、郑友斌、邓仕方虽然曾在佳灵公司工作过，现四被告又在希望森兰公司工作，但四被告离开佳灵公司有正当的理由。佳灵公司不能证明胡向云等四被告侵犯其商业秘密的具体手段及商业秘密的具体内容，故佳灵公司诉胡向云、余心祥、郑友斌、邓仕方侵犯其商业秘密的理由不能成立。佳灵公司关于希望研究所和希望森兰公司利用其掌握的销售渠道及客户资料销售侵权产品的起诉，亦不予支持。根据《民事诉讼法》第120条第2款、第72条、第134条第1款、第2款、第3款、第138条之规定，一审法院判决：驳回原告佳灵公司的诉讼请求。一审案件受理费192 012元，鉴定费4万元，共计232 012元，由佳灵公司负担。

上诉与答辩

佳灵公司上诉称：1. 鉴定机构不具有鉴定资格，其鉴定结论不具有合法性，不应采信。一审判决是以华科鉴定中心的鉴定结论为判决的主要依据，但是华科鉴定中心在作出本案的鉴定结论之时及此后尚未成立，更未经司法部核发司法鉴定许可证，不具有从事司法鉴定的主体资格；一审法院通知的鉴定机构为华科鉴定中心，但鉴定意见上所署名的鉴定机构却为中国科学技术法学会。尽管民政部颁发的《社会团体法人登记证书》表明该学会具有司法鉴定业务范围，但该项业务却未经司法部核准登记。因此，以该学会名义所从事的司法鉴定活动也是不合法的；该鉴定意见采用断章取义的态度，把一个完整的技术体系进行肢解，然后将分散的部分鉴定为公知技术，技术鉴定方法错误。2. 上诉人所有的JP6C变频器技术为国家级秘密，依法应受法律保护。原国家科委和国防科工委共同认定该项技术为国家级军民两用技术，相当于国家级秘密。3. 被上诉人应承担侵权的连带责任。被上诉人胡向云等四人为上诉人JP6C变频器技术的主研人员，充分掌握和知悉该项保密技术，是商业秘密的活化载体，根据保密合同规定，应承担保密责任，且该项责任不以是否有合理的理由而免除，因此，被上诉人胡向云等四人以上诉人所谓扣缴养老保险金等貌似合理的理由而不履行保密责任的借口是不能成立的。被上诉人胡向云等四人违反劳动合同和保密合同规定，从1998年下半年开始即在被上诉人希望森兰公司工作，且工作岗位和职责与在佳灵公司完全相同，因此，该四被上诉人故意侵权的行为是显而易见的。被上诉人希望森兰公司明知被上诉人胡向云等四人为上诉人JP6C变频器主研人员，掌握了上诉人的商业秘密，且未与上诉人解除劳动合同和保密合同，却恶意挖走并委以重任，以期尽快进入变频器行业和解决自身的技术难关，大肆生产销售侵权产品，并因此获得巨额利益，这一事实已得到充分证实。希望森兰公司在一审中逃避其侵权事实，向一审法院提供伪造的虚假证据，企图掩盖事实真相，不仅违反民事诉讼法的有关规定，而且影响了法院的正确判决。希望森兰公司等被上诉人明显违反原国家劳动部《关于企业职工流动若干问题的通知》第4条及原国家科委《关于加强科技人员流动中技术秘密管理的若干意见》第3条、第8条之规定,并且有预谋、有组织的恶意串通损害上诉人权益,根据《民法通则》第4条、第61条第2款之规定,被上诉人应承担侵权的连带责任。据此,上诉人佳灵公司请求本院撤销一审法院判决,改判被上诉人承担侵犯上诉人商业秘密的连带法律责任;立即停止使用上诉人拥有的JP6C变频器的技术秘密和商业秘密进行BT系列变频器及其改头换面的同类产品的生产和销售;赔偿上诉人由于被上诉人侵权行为所造成的直接经济损失3 000万元;向上诉人赔礼道歉;由被上诉人承担本案的全部诉讼费用。

上诉人在补充上诉状还称:1.一审法院对部分事实认定错误。被上诉人胡向云等四人离开佳灵公司是受希望森兰公司高薪利诱,而不是对于扣缴其养老保险金不满;胡向云等四人在离开佳灵公司后即直接进入被上诉人希望森兰公司工作,胡向云、余心祥、郑友斌与培研所的劳动合同,邓仕方与通达自动化控制工程公司的劳动合同只是借以掩盖跳槽和非法披露商业秘密行为的形式。一审诉讼中,上诉人提交了从希望森兰公司取得的关于希望森兰公司工作安排、会议纪要及有关工作联络书等证据材料,清楚地表明胡向云等四人在1999年元月以前就已经在希望森兰公司工作,希望森兰公司并没有否定该证据材料的真实性,只是认为这些证据材料属于其商业秘密。但是一审法院却没有认定这一重要的事实。2.一审法院未进行严格的质证程序,有些重要证据材料是在上诉后通过代理律师阅卷才看到。一审判决在查明事实部分认可了四川省工商行政管理局委托省质检站对双方个别产品的鉴定报告,但该份报告却未经上诉人质证;上诉人对鉴定意见提出的合理意见未得到鉴定专家的解释,对鉴定意见的质证程序形同虚设。3.一审鉴定不完善、不合理,鉴定结论含糊不清,应予重新鉴定。一审法院对委托专家鉴定需要查明哪些事实认识不清,致使委托事项不完整、不准确;一审鉴定依据的资料不仅不全面,而且不真实,提供的产品只是46个规格中的一种,根本无法反映上诉人的技术秘密要点;一审鉴定专家对重要的软件技术秘密没有进行鉴定,所下结论是推定的;《鉴定意见》认为上诉人的部分技术是公知技术的依据不充分;《鉴定意见》的鉴定结论2用词含糊,不能客观地反映事实,连本不完整的委托事项都不能满足;一审鉴定专家组的组成不合理,没有软件专家和变频器技术专家,难以对本案技术问题作出全面正确的鉴定。4.一审法院错误理解鉴定结论,判定被上诉人未使用上诉人的技术秘密依据不足。鉴定结论中有关"希望公司也利用上述的公知技术作了相似的工作"的表述,其中"相似的工作"应该指佳灵公司利用这些公知技术进行一些工艺设计和参数的确定以及元器件的选择,也就是佳灵公司的非公知技术。由于一审法院仅给专家提供了一个规格的样机,所以鉴定结论才指出"从样机对比看,所得到的结果与佳灵公司非公知技术不同"。事实上,涉案产品共有50个规格的产品,技术不尽相同,希望森兰公司一个规格的样机的结果与佳灵公司的非公知技术不同,不能说明其他全部产品的技术与佳灵公司的非公知技术不同。一审法院认定佳灵公司的JP6C变频器与希望森兰公司生产的BT40S变频器不具有相同性,缺乏依据。5.一审法院对上诉人主张的经营信息商业秘密没有认真审理,对上诉人提出的证据未认真审查,认定上诉人的此项主张"因无事实和证据",违背了客观事实。据此,上诉人认为,一审法院对主要事实没有查清,对于技术问题的鉴定存在重大疏漏，请求二审法院重新组织鉴定。

希望研究所答辩称：1. 佳灵公司并非所谓商业秘密权利人，诉讼主体不适格。佳灵公司称其为JP6C变频器商业秘密权利人所依据的证据是四川省科委于1994年2月1日向成都佳灵电器研究所颁发的94—36号科技成果登记证和四川省科委对成果完成单位成都佳灵电器研究所出具的（94）川科委鉴字016号科学技术成果鉴定证书。而工商登记档案表明，成都佳灵电器研究所由四川省乐山市加林变频技术研究所投资20万元，设立于1991年8月5日，经济性质为集体，该所于1997年11月29日被依法吊销企业法人营业执照。佳灵公司由成都市武候区永丰乡太平村投资，设立于1992年3月11日，经济性质为集体。之后的变更投资中，并无成都佳灵电器研究所的任何投资，更无无形资产投资。佳灵公司与成都佳灵电器研究所后期的法定代表人虽然均为吴加林，但却是两个不同的企业法人。2. 鉴定机构合法，鉴定结论客观、公正，应予采信。一审法院指定鉴定机构符合我国民事诉讼法的规定。《民事诉讼法》第72条第1款规定："人民法院对专门性问题认为需要鉴定的，应当交由法定鉴定部门鉴定；没有法定鉴定部门的，由人民法院指定的鉴定部门鉴定。"一审过程中，全国尚无一家从事知识产权鉴定的法定鉴定部门。因此，由一审法院指定的鉴定机构进行鉴定，符合上述规定。参照最高人民法院《全国法院知识产权审判工作会议关于审理技术合同纠纷案件若干问题的纪要》第97条规定，人民法院既可以根据当事人的协商一致，也可以依职权指定相关组织或者专家进行鉴定，没有要求这些组织或者专家必须领取司法鉴定许可证。事实上，由于佳灵公司对一审法院原来指定的鉴定机构不满，对后来委托的华科鉴定中心非常赞成，并且是在一审法院充分征求了双方当事人意见，双方当事人一致同意的情况下指定的，完全符合最高人民法院的有关规定。司法部《司法鉴定机构登记管理办法》属部门制定的规范性意见，其中规定的"领取司法鉴定许可证后方可从事司法鉴定活动"的规定，显然有悖于《民事诉讼法》第72条的规定，对人民法院审判活动不具有约束力。本案的鉴定机构无论是华科鉴定中心，还是中国科学技术法学会，均具有合法主体资格。前者有司法部司发函（2000）244号同意设立的批复，后者有司法鉴定业务范围的《社会法人登记证书》。本案鉴定机构根据各方当事人提交的技术图纸资料、软盘和相关样机，并采用面对面的询问，再结合公知技术进行对比，所作出的鉴定结论客观、公正，并且与以下两份鉴定结论相印证：其一是佳灵公司提供给一审法院的四川省科委（94）川科委鉴字016号科学技术成果鉴定证书中的鉴定意见。该鉴定意见认为：JP6C变频器技术"填补了国内空白……达到80年代末和90年代初国际水平"。事实也正是如此，佳灵公司的变频器技术就是80年代已进入我国公知领域的日本富士、三菱以及台湾的台达等变频器技术。其二是四川省工商行政管理局在查处佳灵公司投诉希望森兰公司侵犯其商业秘密一案中，委托省质检站所作的技术鉴定结论。该鉴定结论认为："两公司的产品所采用的变频技术是国际国内通用技术。"3. 佳灵公司称其JP6C变频器技术为国家级秘密是自欺欺人。一审庭审质证中，佳灵公司没有提交任何证据证明该项技术是国家级秘密。4. 答辩人独立研究变频器的技术成果，与上诉人原职工胡向云等四人没有任何因果关系。答辩人原法定代表人刘永言毕业于原成都电讯工程学院（现更名为电子科技大学）计算机专业，1972年至1987年在成都68信箱研制出第一台电子管变频器，直接法脉冲充磁设备、线切割自动编程 BCD 软件，是一位电子专家。1997年4月17日中央电视台第二套节目的《带着希望飞》专题报道中报道了刘永言研制成功森兰变频器。同年，森兰变频器获第四届科技博览会金奖。1996年至1999年间，刘永言的7项专利被应用于森兰变频器。森兰变频器因此于1999年4月5日获得由国家知识产权局主办的中国专利技术博览会金奖。1998年3月16日，原国家科委给森兰变频器颁发国家级火炬计划项目证书。这些事实和证据充分证明答辩人早已在公知技术基础上独立研制出了森兰变频器，同时糅合进了自己的多项专利技术。从一审查明的事实看，被上诉人胡向云等四人均在1999年3月以后才通过人才交流中心等单位到希望森兰公司工作的，而答辩人早在胡向云等四人到来之前就已取得变频器技术成果。因此，答辩人认为佳灵公司的上诉理由及请求不能成立，请求本院驳回上诉，维持原判决。

希望森兰公司和胡向云等四人未向法庭提交书面答辩意见，但在庭审中作了口头答辩。

二审审理查明

一审法院认定的主要事实基本属实。另查明：

一、关于佳灵公司所主张的19项技术秘密点是否为公知技术以及希望森兰公司是否使用佳灵公司的技术秘密的事实

2001年7月31日，华科鉴定中心在其出具的鉴定意见第五部分对佳灵公司主张的19项技术秘密及希望森兰公司 BT40S2.2KWI 变频器产品所作的"技术对比分析"中认为：

1. 关于主电路元件的选择。变频器主电路元件的选择方法为公知技术。见参考文献《东芝公司 IGBT 应用手册》中文版 Sep－1997 和《三菱电机第三代 IGBT 和智能功率模块应用手册》。各企业利用此公知技术进行选择的元器件参数可能相同，也可能不同，由于双方提供的主电路元件参数数据不全，以双方的样机进行对比，佳灵公司样机中采用的 IGBT 为 EUPEC 公司生产的 BXM10GP120 元件，希望森兰公司样机中采用的 IGBT 为三菱公司生产的 PM15RSH120 元件。故此，双方主电路元件参数选择不同。

2. 关于低电感母线技术。该项技术在变频器中的应用为公知技术，见参考文献《三菱电机第三代 IGBT 和智能功率模块应用手册》。母线设计的工艺要求（位置与尺寸）为佳灵公司的非公知技术。从佳灵公司与希望森兰公司提供的二台样机看，两个公司的产品的母线设计不相同。

3. 关于驱动技术。IGBT 驱动电路及 IC 的选择为公知技术，见参考文献《三菱电机 IGBT 应用手册》（中文版）、《东芝公司 IGBT 应用手册》。关于并联 IGBT 的驱动工艺设计为佳灵公司的非公知技术，在希望森兰公司的变频器样机中未见有使用并联的 IGBT。

4. 关于启动过程中的过流失速和减速过程中的过压失速，采用软、硬件结合的方法来实现。采用软、硬件结合的思想进行各种保护和处理的技术为公知技术，也是目前通用的设计思路。在这一设计思路上，希望森兰公司和佳灵公司的实现思路是一致的，由于双方样机中采用的电路不同，导致软件是不同的，所以具体实施的方法不同。

5. 关于经济的电流检测技术，采用康铜丝来完成。利用康铜丝测量电流的技术为

公知技术,见参考文献《电机及拖动基础手册》《传感器与变送器》(清华大学出版社出版)。根据变频器的规格选用康铜丝的阻值,是本行业的一般技术人员都应该具备的常识。

6. 关于高压开关电源技术(800V 电压)。高压开关电源技术为公知技术,在希望森兰公司的样机中没有使用高压开关电源。

7. 关于变频器的硬件封锁,软件保护技术。变频器中硬件封锁和软件保护技术为公知技术,也是目前通用的设计思路。由于双方样机中采用的电路不同和编写的软件不同,所以双方所实施的方法不同。

8. 关于 IPM、IGBT 不同厂家产品死区时间的确定。有关的 IPM 和 IGBT 的死区时间的参数是相关的产品的必要参数,在生产厂家提供的使用手册中均有提供。佳灵公司在使用时需要自行测试,希望森兰公司直接采用产品生产厂家在使用手册中提供的参数。

9. 关于转矩提升大小确定。该项技术是公知技术,希望森兰公司和佳灵公司实际采用的计算公式和思路是不相同的。

10. 关于 PWM 波形的生成与压频比的关系。PWM 波形的生成技术双方均认为是公知技术。佳灵公司采用软件实现,并采用加密技术;希望森兰公司自行设计与编写实现软件,二者的软件是不同的。

11. 关于主从机之间通讯协议的确定。该项技术是公知技术。两个公司分别开发和编写软件实现,所实现的软件不相同。

12. 关于 WC196MH 与 93CX6 的读、写擦除操作,通过在主程序中调用子程序来完成。该项技术是公知技术。两个公司分别开发和编写软件实现,所实现的软件不相同。

13. 关于各项管理功能的实现。该项技术是公知技术。两个公司分别开发和编写软件实现,所实现的软件不相同。

14. 关于数据地址口的复用技术。该项技术是公知技术。两个公司分别开发和编写软件实现,所实现的软件不相同。

15. 关于操作板的软件设计内容。该项技术是公知技术。两个公司分别开发和编写软件,所实现的软件不相同。

16. 关于印制电路板设计中的特殊要求。佳灵公司提出的印刷电路板设计中要注意的特殊要求的条目为公知技术。见参考文献《三菱电机条三代 IGBT 和智能功率模块应用手册》。从佳灵公司和希望森兰公司的样机看,双方所设计的印刷电路板是不同的。

17. 关于变频器老化和检测中的电机对拖技术。该项技术为公知技术。在双方提供的材料中均无体现该项技术的具体资料,而且不是产品自身的设计。在清华大学电力拖动实验室中自 20 世纪 80 年代就已普遍使用该项技术。

18. 关于变频器出厂检验是否合格的关键参数。测试标准是变频器出厂测试的依据,也是各个变频器生产厂家必备的技术文件。希望森兰公司没有提供具体的测试标准条款。

19. 关于各种元器件参数的确定值。从希望森兰公司和佳灵公司的样机(图纸)

看,由于采用的电路不同,各元器件的参数也不完全相同。

此前,省质检站根据四川省工商行政管理局2000年4月28日送检的样机,对佳灵公司生产的JP6C-T92.2KM(机号:0004222122,生产日期:2000年4月28日,JLZDX1-1G板生产日期为2000年3月4日,JLT92.3D板生产日期为1999年6月29日)、JP6C-J9-5.5KM(机号:0004552167,生产日期:2000年4月28日,JLDQ35X1-1A板生产日期为1999年3月23日,JLZKX1-1C板生产日期为1999年10月28日)变频器各一台与希望森兰公司生产的BT40S2.2KWI(机号:00040487,生产日期:2000年4月16日,XW-P-2.2KWQD2板生产日期为2000年3月7日,XW-P-3.7KWZK2板生产日期为1999年10月12日)、BT12S5.5KWI(机号:0001019,生产日期:2000年1月31日,XW-12S-KZK3板生产日期为1999年12月29日,5.5-22KWQD-3D板生产日期为1999年9月7日)变频器各一台进行了对比鉴定,并出具了No.18-(00)164号产品技术鉴定报告。报告载明:

1. 该型产品现有国家标准为GB12668-1990《交流电动机半导体变频调速装置总技术条件》。

2. 常温性能检测结果,两公司样机绝缘电阻、压频比、噪声等性能参数存在着差异(具体数字略)。

3. 两家公司变频器产品存在的区别。关于2.2KW通用变频器产品的区别为:在硬件方面,(1)两家公司的产品电路不一样。取样电路不一样:佳灵公司的产品用互感器取样,希望森兰公司的产品用直流取样;电源变换电路不一样:佳灵公司的产品用一级电源变换电路,希望森兰公司的产品用两级电源变换电路;主芯片部分引脚用法不一样(详见该报告的附件一、二);存储器用法不一样(详见该报告附件二)。(2)两家公司的产品元器件选择不一样。佳灵公司的产品用无引线电阻、较大的脉冲变压器;希望森兰公司的产品用有引线的电阻、较小的脉冲变压器。(3)两家公司的产品生产工艺不一样。佳灵公司的产品两面贴元件,希望森兰公司的产品单面焊接元件;两家公司的产品在排版、布线、安装结构等方面也不一样(详见该报告的附件四)。(4)两家公司产品标注频率范围不一样。佳灵公司的产品为0.5Hz~400Hz,希望森兰公司的产品为0.1Hz~400Hz。(5)两家公司的产品部分功能不一样。希望森兰公司BT40S产品具有而佳灵公司JP6C-T9产品没有的功能共计15个;佳灵公司产品具有而希望森兰公司产品不具有的功能共计26个;希望森兰公司产品与佳灵公司产品都有但具体含义和处理方式不同的功能共计28个;希望森兰公司产品与佳灵公司产品都有但功能参数范围不同的功能共计24个;希望森兰公司产品与佳灵公司产品都有但不能直接得出二者区别的功能共计22个(详见该报告附件三)。

在软件方面,根据对部分电路与功能进行比较,两家公司的产品的区别在于:(1)主芯片部分引脚用法不一样。(2)根据存储电路可知,希望森兰公司采用93LC36配置为16位,佳灵公司采用93C56W配置为8位。管脚的使用不相同,与主芯片的连接也不相同。(3)部分输出端子含义不同。例如,Y_1、Y_2、Y_3运行状态输出,佳灵公司的Y_2、Y_3有7种,希望森兰公司的有11种。管脚分配也不完全相同。(4)通信端口波形不一样(在不按任何按键的情况下,波形取自主芯片N87C196M的51,52

脚）。由于波形周期不一样，根据脉宽可知传输数据个数不一样（波形见该报告的附件四）。（5）两公司产品的部分功能不一样（详见该报告附件三）。

关于5.5kW专用变频器的区别为：硬件部分，（1）两公司的产品电路不一样。取样电路不一样：佳灵公司的产品用互感器取样，希望森兰公司的产品用直流取样；电源变换电路不一样：佳灵公司的产品用一级电源变换电路，希望森兰公司的产品用两级电源变换电路；主芯片部分引脚用法不一样（详见该报告附件一、二）；存储器用法不一样（详见该报告附件二）。（2）两公司的产品元器件选择不一样。佳灵公司产品用的是较大的脉冲变压器、互感器，希望森兰公司产品用的是较小的脉冲变压器，未用互感器。（3）两公司的产品生产工艺不一样。如产品结构、排版、布线等均不一样（详见该报告附件四）。（4）两公司的产品标注频率范围不一样。佳灵公司的产品为0.5 Hz～400Hz，希望森兰公司的产品为0.1 Hz～120Hz。

软件部分，根据对部分电路和功能进行比较：（1）主芯片部分引脚用法不一样（详见该报告附件一、二）。（2）根据存储器电路可知，希望森兰公司采用93LC56配置为16位，佳灵公司采用93C56W配置为8位。管脚的使用不相同，与主芯片的连接也不相同。（3）通信端口波形不一样。（在不按任何按键的情况下，波形取自主芯片N87C196M的51、52脚）。由于波形周期不一样，根据脉宽可知传输数据个数不一样。关于两公司产品的功能，由于佳灵公司产品说明书与产品不完全相同，无法进行功能比较。

4. 两公司的产品的相同之处为：（1）主变频芯片型号一样，均为进口的同一型号芯片（N87C196M）。（2）主变频芯片部分引脚用法相同，如51、52脚均为键盘输入（其余相同引脚未列出）。

5. 两公司的产品采用的变频技术是国际国内通用技术。

6. 两公司产品技术除国际国内通用的技术外，无相同性或者一致性。

7. 两公司产品的生产工艺流程除国际或者国内通用的外，无相同性或者一致性。

此外，佳灵公司自认所主张的第6项技术秘密即高压开关电源技术，希望森兰公司没有掌握。

二、关于鉴定机构以希望森兰公司生产的BT40S2.2KWI变频器产品作为被控侵权产品鉴定样机是否具有代表性的事实

2000年3月22日，佳灵公司向一审法院提出证据保全申请书，其中证据保全的范围第5项载明："查封被申请人生产的BT40S和BT12S系列数字式变频器2.2～30kW中任意一台"。一审法院根据佳灵公司的申请，扣押了希望森兰公司生产的BT40S、BT12S变频器2.2kW各一台。佳灵公司法定代表人吴加林在接受一审法院询问时也明确称："它（指希望森兰公司）的任何产品都用了我的技术。"2001年7月23日一审法院在征求双方当事人对专家提出带2.2kW变频器到鉴定机构进行鉴定的意见时，佳灵公司法定代表人吴加林明确表示没有异议。

三、关于华科鉴定中心鉴定资格及技术鉴定专家组成员结构、李国俊身份的事实

2000年10月19日，司法部司发函（2000）244号批复同意中国科学技术法学会设立华科鉴定中心，从事专利技术、专有技术等知识产权技术的等同程度、成熟程度以及

风险责任等技术问题的司法鉴定。2002年7月9日，司法部向该中心颁发《司法鉴定许可证》。2001年5月28日，一审法院委托该中心进行技术鉴定时，该中心的司法鉴定许可证正在办理之中。对此，一审法院已向双方当事人说明，双方当事人表示同意认可该中心的鉴定。华科鉴定中心属于中国科学技术法学会的内设机构，对外以中国科学技术法学会行文。本案技术鉴定专家组成员为：刘福中，中国家电协会副理事长，高级工程师；杨士元，清华大学自动化系博士生导师，教授；李国俊，中国机电一体化技术应用协会第二届理事会常务理事，高级工程师；郑维智，北京工商大学机械自动化学院副院长，高级工程师；乔五之，北京工商大学教授。鉴订单位在鉴定前已将上述专家组成员名单书面提交一审法院，并由一审法院征求双方当事人的意见，佳灵公司及希望森兰公司、希望研究所对专家组组成人员均表示无异议。佳灵公司委托代理人还特别强调"没有证据证明他们与此专业无关系，所以无意见。"鉴订单位提交的有关技术鉴定专家组成员名单中，有关李国俊的"中国机电一体化协会常务理事"的单位和职务有误，李国俊系中国机电一体化应用技术协会第二届理事会常务理事，有该协会签发的证书为证。本案委托鉴定期间，正值该协会理事会换届，李国俊不再担任换届后该协会的常务理事。

四、关于一审法院对四川省质检站出具的《产品技术鉴定报告》和华科鉴定中心所出具的《鉴定意见》进行质证的事实

2000年11月6日，一审法院组织双方当事人对四川省质检站出具的《产品技术鉴定报告》进行了质证，佳灵公司的委托代理人张利锋、李世亮到庭并对该鉴定报告陈述了意见，有一审法院的质证笔录为证。2001年9月15日，一审法院不公开开庭对鉴定意见进行了质证。鉴订单位指派技术鉴定专家组成员刘福中、李国俊两位高级工程师及鉴订单位工作人员谢冠斌到庭接受询问。法庭上宣读了鉴定结论，专家组成员回答了当事人提出的有关问题。一审法院审判人员在法庭上征求佳灵公司对鉴定意见的客观性和公正性有无异议的意见时，佳灵公司的法定代表人吴加林表示无异议，但对所鉴定的样机不具有代表性等方面也陈述了自己的意见。上述质证情况，有一审法院庭审笔录为证。

五、关于佳灵公司指控希望森兰公司侵犯其经营秘密的事实。在佳灵公司向一审法院提交的《成都市佳灵电器制造公司部分技术商业秘密点及相关证据材料》中，将其经营秘密具体表述为"各种元件的供应商定点名单、价格确定技术"。其中具有代表性的供应商为：1.××特种变压器厂，长期提供特殊变压器。该厂生产的JP6C变频器的电抗器，其技术要求由佳灵公司提供。2.××××多层精密印制板厂（×××厂），为佳灵公司制作印制板。3.××××公司，为佳灵公司提供JP6C变频器整流模块。一审庭审过程中，佳灵公司又提出××亚大公司和××钢铁有限公司为其主要经销商客户名单，后成为希望森兰公司的客户。佳灵公司在二审庭审中自认价格确定技术不作为商业秘密。关于三个供应商名单，佳灵公司没有提供证据证明希望森兰公司等被上诉人从上述供应商处购买其生产的元器件的事实。关于两个经销商名单，其中，希望森兰公司只与××亚大电子工程有限公司存在经销变频器产品的关系，而与××亚大公司则不存在经销关系。××亚大电子工程有限公司在2000年5月出具的情况证明中称："公司自

(1998年)12月起开始试销成都佳灵公司的佳灵牌变频器。但在批量销售过程中,出现接连不断的质量事故,其中二批20台的佳灵变频器出现100%的维修率,给公司造成了极大的信誉损失,而且产品的供货也不及时。为了长远发展,公司决定寻找新的品牌,通过朋友的介绍、资料的查阅及现场考察,对于森兰变频器严密的生产管理,良好的产品性能和具有竞争力的价格有了深刻的了解。鉴于希望集团已有的品牌优势,通过多次交流,双方达成经销意向。同时,为了减少佳灵变频(器)质量问题给公司造成的损失,本公司决定重新注册一个公司——××亚大电子工程有限公司,专业经销森兰变频器。"××钢铁股份有限公司(××钢铁有限公司更名)技术能源处在希望森兰公司客户访问卡"你通过何种渠道了解森兰变频器"一栏中填写道:"会展"。此外,希望森兰公司为宣传其变频器产品,还先后在《变频器世界》《浙江日报》等媒体上作了大量广告宣传。"

六、关于胡向云等四自然人到希望森兰公司工作的时间

被上诉人已在二审庭审中自认胡向云等人1999年9月1日与希望森兰公司签订正式劳动合同前已零星来希望森兰公司工作。

七、关于希望研究所和希望森兰公司自行研制数字式变频器的事实

自1996年至1998年,希望研究所和希望森兰公司共发明了7项发明专利和实用新型专利用于制造变频器产品。具体包括:"一种绕组间耐高压的低分布电容、多绕组脉冲变压器"实用新型专利(专利号:96233907.5)、"一种电子产品装配工作台"实用新型专利(专利号:97237771.9)、"避免逆变器上下功率管瞬间短路的电路"发明专利(专利号:96117751.9)、"一种变频调速器机箱"实用新型专利(专利号:99232468.8)、"一种组合式散热器"实用新型专利(专利号:99232010.0)、"电子产品装配工作台"发明专利(专利号:97107688.X)、"一种拟超导稳速系统"发明专利(专利号:98124016.X)。

还查明:2001年7月3日,佳灵公司的名称由原"成都市佳灵电气制造公司"更名为"成都佳灵电气制造有限公司"。

1998年4月22日,希望森兰公司的法定代表人由刘永言变更为林俊如。2000年5月31日,希望研究所法定代表人由刘永言变更为林俊如。

二审判理和结果

最高人民法院经审理认为,根据《反不正当竞争法》第10条的规定,构成侵犯商业秘密必须同时具备三个条件:一是权利人合法掌握一项符合法律条件的商业秘密;二是行为人实施了获取、披露、使用或者允许他人使用该项商业秘密的行为;三是行为人获取、披露、使用或者允许他人使用该项商业秘密的行为违法。权利人指控他人侵犯其商业秘密,必须对上述三个条件成立的事实负有举证责任,其中任何条件不能证明成立的,被控侵权人都不构成侵犯商业秘密。

具体到本案而言,佳灵公司主张的JP6C变频器的19项技术秘密点和三个供应商、两个经销商客户名单是否为其合法控制的商业秘密,则是本案的争议焦点问题之一。从一审法院查明的事实看,JP6C变频器技术成果即佳灵公司所主张的19项技术秘密点,是由佳灵研究所于1994年完成并通过四川省科学技术委员会组织的技术鉴定的,其成

果权应属于佳灵研究所所有。其后,该项技术成果一直由佳灵公司独家使用,1997年11月佳灵研究所被吊销企业法人营业执照后,该项技术成果经过原佳灵研究所的法定代表人吴加林事实上的认可,已实际处于佳灵公司的合法掌控之下。因此,佳灵公司应当属于JP6C变频器技术成果的合法权利人。希望森兰公司等被上诉人以JP6C变频器技术成果系由佳灵研究所开发完成为由,认为佳灵公司并非JP6C变频器技术秘密的合法权利人的答辩理由,显然不能成立。关于佳灵公司主张的JP6C变频器技术成果中的19项技术秘密点,是否构成《反不正当竞争法》第10条第3款规定的商业秘密,即不为公众所知悉、能为权利人带来经济利益、具有实用性并经权利人采取保密措施,需要由人民法院根据查明的事实依法作出认定。由于佳灵公司主张的19项技术秘密点是否属于"不为公众所知悉",涉及专业技术问题,经双方当事人协商同意,一审法院委托华科鉴定中心组织本技术领域的专业技术人员对佳灵公司主张的该19项技术秘密点是否为公知技术进行了技术鉴定。鉴定结论认为,佳灵公司所主张的19项技术秘密点中的理论和技术均属于公知技术,佳灵公司利用这些公知技术进行一些工艺设计和参数的确定以及一些元器件的选择是其非公知技术。佳灵公司对上述非公知技术采取了合理的保密措施,同时这些技术对佳灵公司来说经济价值也显而易见。因此,应当认定为佳灵公司的商业秘密。一项技术信息只要具备法律规定的商业秘密的条件,就应依法受到保护,不以该项技术信息是否列为国家级秘密为前提。所以双方就佳灵公司的上述商业秘密是否为国家级秘密的争论,于本案纠纷的解决并没有直接的关系。关于佳灵公司所提及的供应商和经销商客户名单,由于这些客户与佳灵公司之间存在的特定的供货或者经销关系不为公众所知悉,佳灵公司也采取了合理的保密措施,这些名单也能够为佳灵公司带来经济利益。所以,佳灵公司所主张的上述客户名单应当认定为该公司的商业秘密。

希望森兰公司等被上诉人是否使用了二审法院认定的佳灵公司的上述商业秘密,是处理本案的另一个关键问题。佳灵公司根据希望森兰公司生产的BT40S和BT12S两种变频器的《使用说明书》所记载的产品功能参数分别与自己所生产的JP6C-T9和JP6C-J9Z变频器的功能参数基本相同,原为佳灵公司职工且掌握佳灵公司JP6C变频器技术秘密的胡向云等人违反劳动合同到希望森兰公司从事相同的工作等事由,推定希望森兰公司通过胡向云等人获取并使用佳灵公司的JP6C变频器技术秘密生产BT40S和BT12S系列变频器。这一结论是否真实,同样涉及专业技术问题,一审法院一并委托华科鉴定中心组织本技术领域的专业技术人员进行鉴定。从该中心提供的鉴定意见可知,希望森兰公司变频器使用的技术与佳灵公司JP6C变频器中的非公知技术部分不同。这就表明了希望森兰公司和希望研究所没有通过胡向云等四自然人获取并使用佳灵公司的技术秘密。而希望森兰公司、希望研究所提供的有关其自行研究开发变频器产品的证据,足以使二审法院相信它们有足够的能力自行研制开发自己的变频器产品技术。关于希望森兰公司是否使用了佳灵公司的供应商、经销商客户名单等商业秘密问题,从二审法院查明的事实看,佳灵公司并未能举证证明希望森兰公司从3家元器件供应商处购买与佳灵公司变频器专用元器件相同的元器件;××亚大电子工程有限公司、××钢铁股份有限公司虽然也是希望森兰公司变频器产品的经销商,但这两家经销商是通过资料查阅、会展等渠道与希望森兰公司建立业务联系的，且这两家经销商经营变频器产品也是向社会公众公开的，因此，该两家经销商经销希望森兰公司生产的变频器产品，也不存在希望森兰公司使用佳灵公司客户名单等商业秘密问题，而是希望森兰公司自行开发的客户。所以，佳灵公司仅凭产品说明书记载的产品功能参数的对比、本单位原职工到对方从事相同的工作等事由，即推定希望森兰公司等被上诉人使用其商业秘密，显然证据不足。需要特别阐明的是以两个产品的功能或者功能参数相同推定两个产品所采用的技术方案也一定相同，显然是一种缺乏科学依据的做法，相同功能的产品完全可能采用不同的技术方案来实现。其实，省质检站的《产品技术鉴定报告》表明，两家产品的部分功能并不相同。希望森兰公司 BT40S 产品具有而佳灵公司 JP6C－T9 产品没有的功能共计 15 个；佳灵公司产品具有而希望森兰公司产品不具有的功能共计 26 个；希望森兰公司产品与佳灵公司产品都有但具体含义和处理方式不同的功能共计 28 个；希望森兰公司产品与佳灵公司产品都有但功能参数范围不同的功能共计 24 个；希望森兰公司产品与佳灵公司产品都有但不能直接得出二者区别的功能共计 22 个。显然，两家产品功能真正完全相同的只有 22 个。

关于希望森兰公司等被上诉人是否采用了违法手段，也即是希望森兰公司、希望研究所是否采用了佳灵公司所指控的高薪利诱、恶意串通等手段，胡向云等四个自然人是否在希望森兰公司、希望研究所的高薪利诱下，违反佳灵公司关于保守商业秘密的要求向希望森兰公司、希望研究所披露佳灵公司的商业秘密并允许希望森兰公司、希望研究所使用，从而构成共同侵权，则是本案的另一个争议焦点问题。应当说，在已经能够认定希望森兰公司、希望研究所没有通过胡向云等四自然人获取并使用佳灵公司的商业秘密的情况下，由于已不能满足构成侵犯商业秘密的必要条件，完全可以判定佳灵公司指控的侵犯商业秘密不成立，并且也能表明希望森兰公司等被上诉人没有采用不正当竞争手段。但是，为了对侵犯商业秘密的构成条件有个完整的表述，二审法院仍有必要对该焦点问题作出评判。从一审法院查明的事实看，佳灵公司没有提供有关希望森兰公司、希望研究所采用高薪利诱胡向云等四自然人或者与该四自然人恶意串通的手段获取佳灵公司商业秘密的具体证据。胡向云、余心祥、郑友斌等三人与培研所签订的劳动合同以及他们与希望森兰公司签订的劳动合同，有合同双方的签名或者盖章，并且有鉴证机关的鉴证；邓仕方与成都通达自动化控制工程有限公司以及希望森兰公司签订的劳动合同，亦有合同双方当事人的签字或者盖章，并且有鉴证机关的鉴证或者加盖有关部门的推荐章。佳灵公司称这些合同是虚假合同，缺乏足够的证据佐证，更不能证明希望森兰公司、希望研究所与胡向云等四自然人之间存在恶意串通的行为。胡向云等四自然人虽然与佳灵公司签订有保守商业秘密的协议，但佳灵公司未能举证证明该四自然人违反了佳灵公司保守商业秘的协议，向希望森兰公司、希望研究所披露并允许该两被上诉人使用其所掌握的商业秘密。而希望森兰公司生产的变频器与佳灵公司生产的变频器不同的事实反倒证明了胡向云等四自然人并没有向希望森兰公司、希望研究所披露并允许该两被上诉人使用他们所掌握的佳灵公司的商业秘密。希望森兰公司自认胡向云等四自然人在与希望森兰公司正式签订劳动合同前即零星到希望森兰公司工作，但是，在二审法院能够认定胡向云等四自然人没有违反佳灵公司保守商业秘密的协议向希望森兰公司、希望研究所披露并允许该两被上诉人使用他们所掌握的佳灵公司的商业秘密的情况下，胡向云等四自然人什么时间到希望森兰公司工作已不重要。同理，胡向云等四自然人由于受其知识、工作经验和技能的局限，到希望森兰公司后从事其原在佳灵公司基本相同的工作，也是无可厚非的。至于他们离开佳灵公司是否违反其与佳灵公司签订的劳动合同，则属另一法律关系，不属本案审理的范围。因此，佳灵公司上诉称胡向云等四自然人违反劳动合同，于1998年下半年即到希望森兰公司工作，并不能证明胡向云等四自然人违反保守商业秘密的协议向希望森兰公司、希望研究所披露并允许该两被上诉人使用他们所掌握的佳灵公司的商业秘密的事实。而且这个时间所依据的证据是希望森兰公司的质量分析会纪要、月度工作计划安排、联络书及图纸等资料，二审庭审结束后佳灵公司又向二审法院提交了这些证据材料。但是由于这些证据材料的内容可能涉及希望森兰公司的商业秘密，并且这些资料是佳灵公司通过希望森兰公司的职工米熙睿私自获得的，因此，希望森兰公司辩称这些材料属于其商业秘密，一审法院以证据来源不合法未采信上述证据是正确的。二审法院注意到佳灵公司在二审证据交换后提交了米熙睿关于向佳灵公司提供上述证据材料的经过说明及成都市武侯区公证处公证员舒金华出具的证明书，证明米熙睿向佳灵公司提供上述证据材料的经过，但是仍不能证明上述证据材料不属于希望森兰公司的商业秘密和这些证据材料来源的合法性，故二审法院不予采信。

鉴于佳灵公司仅根据某些间接证据推定希望森兰公司等被上诉人侵犯其商业秘密，但是有关的直接证据则证明希望森兰公司、希望研究所以及胡向云等四自然人未侵犯佳灵公司的商业秘密，且希望森兰公司和希望研究所提供了足够的证据证明其具有研究开发变频器技术的能力。因此，一审法院认定佳灵公司指控希望森兰公司等被上诉人侵犯其商业秘密不能成立，二审法院予以维持。

关于一审法院委托华科鉴定中心组织有关专业技术人员对本案所涉及的两个专业技术问题所作的鉴定意见能否采信，双方当事人围绕这一争议焦点进行了充分的辩论。佳灵公司认为该鉴定意见不能采信，除在上诉状中已经提出的异议之外，还在《上诉人对一审〈鉴定意见〉的意见》《关于一审〈鉴定意见〉的效力》中系统具体地提出了书面异议。

异议之一是佳灵公司认为一审法院委托鉴定的事项不完整、不准确。对此，二审法院倒并不认为如此。由于佳灵公司所主张的19项技术秘密点是否属于"不为公众所知悉"、希望森兰公司等被上诉人是否获取、披露、使用了佳灵公司的技术秘密，也就是希望森兰公司的变频器产品与佳灵公司的产品是否相同，均涉及专业技术问题，所以一审法院就这两个事项委托鉴定机构进行鉴定并无不妥之处。事实上，双方当事人对一审法院委托的鉴定事项于事前都是知道的，佳灵公司事前不提异议，在鉴定意见作出后才提出这样的异议，难以使人信服。

异议之二是鉴定所依据的资料不全面、不真实，鉴定的样机只是46个规格中的一种，根本无法反映佳灵公司的技术秘密要点。对此，二审法院查阅了佳灵公司向一审法院提交的《民事起诉状》《追加被告请求书》《证据保全申请书》以及佳灵公司在一审向法庭所作的陈述的有关笔录，证实鉴定机构所鉴定的希望森兰公司生产的BT40S2.2KWI变频器样机属于佳灵公司指控的被控侵权产品的范围，以该样机代表所有的被控侵权产品是佳灵公司的本意。该样机是一审法院根据佳灵公司的证据保全申请所保全的产品，鉴定机构通知双方提供鉴定样机也是经过一审法院征求了双方当事人无意见后才提供的。佳灵公司在提供样机时不提出异议，在鉴定结果出来并对其不利的情况下，又提出鉴定的样机只是46个规格产品中的一个，甚至认为上诉人的技术秘密主要被运用在希望森兰公司1999年元月以前生产的产品中，而该样机是希望森兰公司1999年以后生产的产品，不能反映佳灵公司的技术秘密要点，更难令人信服。其实，佳灵公司自己对希望森兰公司生产的变频器产品也没有确切的指控范围。一方面没有明确指出希望森兰公司何种产品使用了佳灵公司的何种技术秘密，另一方面指控也缺乏一致性。佳灵公司的补充上诉状中所称的被控侵权产品是希望森兰公司生产的50个规格的产品，而在佳灵公司《上诉人对一审〈鉴定意见〉的意见》及《关于一审〈鉴定意见〉的效力》中，则又称是46个规格的产品。事实上，四川省质检站的《产品技术鉴定报告》不仅对希望森兰公司生产的BT40S2.2KWI变频器进行了对比鉴定，对该公司生产的BT12S5.5KWI变频器也进行了对比鉴定，结论仍然是"两公司产品技术除国际或国内通用的技术外，无相同性或者一致性"。因此，佳灵公司该项异议不能成立。

异议之三是鉴定机构不具有鉴定资格，没有司法部颁发的司法鉴定许可证。对此，二审法院一方面对华科鉴定中心的鉴定资格问题作了核实，另一方面也查阅了一审法院有关委托鉴定机构进行鉴定的事实经过的笔录。证实华科鉴定中心于2000年10月19日经司法部批准获得从事知识产权司法鉴定业务的批复，但一审法院委托该中心对本案进行鉴定时，该中心的司法鉴定许可证尚在办理之中，一审法院已将这一情况向双方当事人说明，双方当事人对此均予以认可。2002年7月9日，该中心获得司法部颁发的《司法鉴定许可证》。另须指出的是，在最高人民法院《人民法院司法鉴定工作暂行规定》于2001年11月16日颁布实行前，一审法院按照二审法院的有关规定确定鉴定机构并经过双方当事人协商同意，不存在华科鉴定中心不具有鉴定资格问题。由于华科鉴定中心是中国科学技术法学会的内设机构，其组织鉴定所形成的鉴定意见以该学会的名义盖章行文，不影响该鉴定意见的实质内容。

异议之四是鉴定专家组组成人员不合理，没有软件专家和变频器技术专家，难以对本案技术问题特别是软件技术问题作出全面正确的鉴定。鉴定专家组成员李国俊的身份不真实，从鉴定专家组进行鉴定工作时至今李国俊并不是中国机电一体化协会常务理事。二审法院注意到本案技术鉴定专家组5位组成人员的构成，他们大部分属于自动化或者机电一体化技术领域的专业技术人员，而这一领域里的专业技术人员，不仅具有机械、电子专业知识背景，而且也具有计算机软、硬件方面的专业知识，否则就不能从事这个领域的专业研究工作，这是由该技术领域的性质所决定的。而本案所涉及的变频器产品，应当属于机电技术领域，所以本案技术鉴定专家组由自动化和机电领域的专业技术人员组成，应当认为其人员组成专业结构合理。此外，上述技术鉴定专家组在组成前，其名单已由组织鉴订单位提交一审法院，并由该院征求双方当事人的意见，双方当事人也均表示没有异议。佳灵公司二审中提供的有关一审鉴定专家组成员杨士元、郑维智、乔五之、刘福中的个人简历等证据材料，试图证明一审鉴定专家组的组成人员不合理。但是这些证据材料并不能证明上述人员不是自动化或者机电领域的专业技术人员，因此本院对这些证据不予采纳。在佳灵公司提供的中国机电一体化技术应用协会第三届理事会常务理事名单中,确实没有李国俊的名字,但李国俊曾经担任过该协会第二届理事会常务理事,后换届改选。这一变化,对于鉴定意见的形成并无实质性影响。因此,佳灵公司有关鉴定专家组组成人员结构不合理的异议不能成立。

异议之五是鉴定专家对重要的软件技术秘密没有进行鉴定,所下结论是推定的。对此,二审法院审查了鉴定意见和所依据的鉴定资料,包括佳灵公司和希望森兰公司的软盘各一张。在该鉴定意见的技术对比分析部分,所述4、7、10、11、12、13、14、15等各点均涉及对软件技术的对比分析,特别是第4点已明确指出:"由于双方样机中采用的电路不同,导致软件是不同的"。鉴定专家组的专业技术人员根据对变频器的电路、软件实物的对比分析,以及基于他们的专业知识和经验,得出双方的软件不同的结论,有充分的依据。佳灵公司认为鉴定意见没有对软件技术进行鉴定,所下结论是推论的,显然与实际情况不符。

异议之六是鉴定意见认为佳灵公司的部分技术为公知技术的依据不充分。具体指佳灵公司在《上诉人对一审〈鉴定意见〉的意见》中所称的主电路元器件的选择技术、启动过程中的过流和减速过程中的过压失速采用软硬件结合的方法来实现、经济的电流检测技术采用康铜丝来完成、变频器出厂检验是否合格的关键参数、各种元器件参数的确定值等五项技术信息。二审法院注意到鉴定意见对上述五项技术信息是否为公知技术的表述。关于主电路元器件的选择,鉴定意见认为变频器主电路元件的选择方法为公知技术,并列举了相应的参考文献,但同时又认为各企业利用此公知技术进行选择的元器件参数可能不同;关于启动过程中的过流和减速过程中的过压失速采用软、硬件结合的方法来实现,鉴定意见认为采用软、硬件结合的思想进行各种保护和处理的技术为公知技术,是通用的设计思路,但又认为具体实施的方法是不同的。关于经济的电流检测技术采用康铜丝来完成,鉴定意见认为利用康铜丝测量电流的技术为公知技术,并列举了相应的参考文献。根据变频器的规格选用康铜丝的阻值,是本行业的一般技术人员都应该具备的常识。关于变频器出厂检验是否合格的关键参数和各种元器件参数的确定值两项技术信息,鉴定意见并没有说是公知技术。鉴定专家组的成员们根据相关的参考文献、普遍运用的设计思想以及本行业的一般技术人员都具备的常识,认为变频器主电路元件的选择方法、采用软硬件结合的思想进行各种保护和处理的技术和利用康铜丝测量电流的技术为公知技术,其依据和论证都是充分的,并且得到了四川省质检站《产品技术鉴定报告》的印证。佳灵公司的此一异议同样不能成立。

异议之七是鉴定意见采用断章取义的态度,把一个完整的技术体系进行肢解,然后将分散的部分鉴定为公知技术,技术鉴定方法错误。二审法院的看法是,作为受法律保护的商业秘密,可以是技术信息或者经营信息的一个整体或者就其各部分的精确排列和组合,关键是看权利人请求保护什么。就本案来说,佳灵公司将其请求保护的JP6C变频器技术秘密限定为19项技术秘密点,鉴定意见对其是否属于公知技术进行逐项对比分析并作出结论,并不存在断章取义、肢解技术体系的问题。所以,佳灵公司的此一异议本院不能赞同。

异议之八是鉴定意见的鉴定结论中有关"希望公司也利用上述的公知技术作了相似

的工作"的表述用词含糊。本院注意到这句话的表述,但结合鉴定意见全文的精神实质和该句话的字面意思来理解,其含义是明确的,即希望森兰公司的变频器技术和佳灵公司的变频器技术都是利用公知技术各自独立开发研究出来的,"相似的工作"也仅指这个层面上的工作"相似",而不会像佳灵公司所说的那样,该句话中的"相似的工作"就是指佳灵公司的"非公知技术",希望森兰公司从事了"相似的工作",就是使用了佳灵公司的"非公知技术"。

异议之九是一审法院对鉴定结论中"希望公司也利用上述的公知技术作了相似的工作"和"从样机对比看,所得到的结果与佳灵公司非公知技术不同"两句话理解有误,判定被上诉人未使用上诉人的技术秘密依据不足。对此,二审法院已在异议之三和异议之八阐明了理由,一审法院对上述两句话的理解是正确的,佳灵公司的此一异议不能成立。

异议之十是一审法院未进行严格的质证程序,对四川省质检站所作的《产品技术鉴定报告》未经上诉人质证;上诉人对鉴定意见提出的合理意见未得到鉴定专家的解释,鉴定意见质证程序形同虚设。为此,二审法院查阅了一审法院的有关庭审笔录。关于《产品技术鉴定报告》,一审法院2000年11月6日质证笔录上明确记载有对该份鉴定报告质证的经过和双方当事人陈述的意见,并且有佳灵公司的两名委托代理人在笔录上的签名。关于鉴定意见的质证情况,一审法院2001年9月15日的庭审笔录上也清楚地作了记载。鉴订单位指派了技术鉴定专家组成员刘福中、李国俊两位高级工程师及鉴订单位工作人员谢冠斌到庭接受询问。法庭上宣读了鉴定结论,并将《鉴定意见》文本交双方当事人阅读。到庭的两位专家组成员回答了当事人提出的有关问题。一审法院审判人员在法庭上征求佳灵公司对鉴定意见的客观性和公正性有无异议的意见时,佳灵公司的法定代表人吴加林表示无异议,但对所鉴定的样机不具有代表性等方面也陈述了自己的意见。该笔录有佳灵公司的委托代理人的签名。由此可见,佳灵公司关于一审法院未进行严格的质证程序的说法,显然与事实不符。

佳灵公司在二审证据交换后向本院提交了佳灵公司JP6C变频器技术秘密在希望森兰公司BT系列变频器产品中的体现对照表及附件、中国测试技术研究院20010148号检测报告、希望森兰公司与佳灵公司110kW变频器实物比较照片、清华大学机电工程系教授、博士生导师李永东对一审鉴定意见的咨询意见、四川省电工技术学会《认定意见》等证据材料,目的是要证明一审鉴定意见错误。由于佳灵公司当庭提交的这些证据材料是在证据交换后提交的,经征求希望森兰公司等被上诉人的意见,庭审中没有组织双方当事人进行质证,希望森兰公司等被上诉人于庭审后提供了书面质证意见。综合双方的意见,二审法院认为,中国测试技术研究院20010148号检测报告是佳灵公司单方委托进行的,不仅检测项目不全,如对涉及软件的技术部分均没有检测,而且内容也存在明显错误。如在"主要元件对比"一项,检测的29个元件中,只有4个相同,但得出的结论却是"绝大部分相同",甚至把"技术性能相同"、个数相同,也认为是元件相同,这样的检测报告显然不能采信。清华大学机电工程系教授、博士生导师李永东对一审鉴定意见的咨询意见,主要是认为一审鉴定意见没有对软件程序进行对比,而这与一审鉴定意见的内容不符,二审法院已在异议之五中作了阐述。李永东的个人咨询意见与一审法院依照法律程序委托鉴订单位组织的专家组所作出的鉴定意见相比，证明力较弱，也不能作为证据采信。四川省电工技术学会的《认定意见》是在"听取了中国测试技术研究院检测报告介绍"的情况下作出的，而这个检测报告在内容上有明显错误，所以在这个检测报告的影响下作出的认定意见根据也不扎实，而且这个认定意见内容含糊，也由佳灵公司单方委托作出，很难作为证据采信。在中国测试技术研究院的检测报告等证据不能采信的情况下，佳灵公司提供的有关其JP6C变频器技术秘密在希望森兰公司BT系列变频器产品中的体现对照表及附件和双方变频器产品的实物照片，不能证明所要证明的案件事实，二审法院亦不予采信。

鉴于佳灵公司对该鉴定意见所提出的各项异议不能成立，所提供的有关证据不能否定鉴定意见，而一审法院对本案委托的技术鉴定程序合法，鉴定意见依据充分，论证合理，结论正确，并且能够得到省质检站《产品技术鉴定报告》的印证。所以，一审法院将其作为本案的定案依据并无不当之处。在佳灵公司没有充分理由否定该鉴定意见的情况下，向二审法院提出对本案重新组织技术鉴定的请求，不予准允。

二审法院注意到佳灵公司在庭审结束后又向二审法院提交了佳灵公司JP6C变频器软件源程序以及佳灵公司关于19个技术秘密点中软硬件结合部和软件中的载体分布说明等证据材料。其中，关于佳灵公司JP6C变频器软件源程序，由于该源程序只是佳灵公司单方的源程序，佳灵公司未能举证证明希望森兰公司BT系列变频器是否使用了该源程序。在审理商业秘密案件中，原告对被告是否使用了其商业秘密负有举证责任，而不能实行举证责任倒置，否则，就有可能使被告合法控制的商业秘密被泄露，而且也缺乏法律依据。因此，在一审鉴定意见已经对双方产品使用的软件程序作出"不相同"的结论的情况下，佳灵公司仍认为希望森兰公司使用其软件程序，佳灵公司对此负有举证责任，在佳灵公司不能提供希望森兰公司变频器使用的软件程序与自己产品使用的软件程序相同的情况下，应承担举证不能的责任。佳灵公司关于19个技术秘密点中软、硬件结合部和软件中的载体分布的说明材料，仅是对其原主张的19个技术秘密点中的有关软、硬件结合及载体分布情况所作的进一步的解释，没有主张新的技术秘密点。同样的理由，由于这个解释是佳灵公司对自己技术的单方解释，没有说明希望森兰公司变频器使用的软硬件结合及载体分布情况，也没有说明二者是否相同，故佳灵公司对此同样要承担举证不能的责任。

鉴于希望森兰公司、希望研究所以及胡向云等四自然人没有侵犯佳灵公司的商业秘密，因此，不应承担任何侵犯商业秘密的民事法律责任。佳灵公司上诉请求本院判令上述被上诉人停止侵权、赔偿佳灵公司经济损失3 000万元、赔礼道歉并承担本案全部诉讼费用的上诉请求，因缺乏事实和法律的根据，二审法院不予支持。

综上，一审判决认定的主要事实清楚，适用法律正确，应当予以维持。依照《民事诉讼法》第153条第1款第1项之规定，判决如下：

驳回上诉，维持原判决。

本案二审案件受理费192 012元，由佳灵公司负担。

本判决为终审判决。

法官评述

本案判决要点在于：

一、阐明了审理侵犯商业秘密案件的基本思路

根据《反不正当竞争法》第10条的规定，构成侵犯商业秘密必须同时具备三个条件：一是权利人合法掌握一项符合法律条件的商业秘密；二是行为人实施了获取、披露、使用或者允许他人使用该项商业秘密的行为；三是行为人获取、披露、使用或者允许他人使用该项商业秘密的行为违法。权利人指控他人侵犯其商业秘密，必须对上述三个条件成立的事实负有举证责任，其中任何条件不能证明成立的，被控侵权人都不构成侵犯商业秘密。

二、认定商业秘密应当以《反不正当竞争法》规定的条件为依据

一项技术信息只要具备法律规定的商业秘密的条件，就应依法受到保护，不以该项技术信息是否列为国家级秘密为前提。所以判决认为双方就佳灵公司的上述商业秘密是否为国家级秘密的争论，与本案纠纷的解决并没有直接的关系。根据查明的事实，佳灵公司所主张的19项技术秘密点中的理论和技术均属于公知技术，但是，佳灵公司利用这些公知技术进行一些工艺设计和参数的确定以及一些元器件的选择则是其非公知技术。佳灵公司对上述非公知技术采取了合理的保密措施，同时这些技术对佳灵公司来说经济价值也显而易见。所以判决认定上述非公知技术仍为佳灵公司的商业秘密。

三、自行研制、自行开发是侵犯商业秘密案件中被告的重要抗辩理由

从查明的事实看，希望森兰公司变频器使用的技术与佳灵公司JP6C变频器中的非公知技术不同。这就表明了希望森兰公司和希望研究所没有通过胡向云等四自然人获取并使用佳灵公司的技术秘密。而希望森兰公司、希望研究所提供的有关其自行研究开发变频器产品的证据，足以令终审法院相信它们有足够的能力自行研制开发自己的变频器产品技术。关于希望森兰公司是否使用了佳灵公司的供应商、经销商客户名单等商业秘密问题，佳灵公司并未能举证证明希望森兰公司从3家元器件供应商处购买与佳灵公司变频器专用元器件相同的元器件；××亚大电子工程有限公司、××钢铁股份有限公司虽然也是希望森兰公司变频器产品的经销商，但这两家经销商是通过资料查阅、会展等渠道与希望森兰公司建立业务联系的，且这两家经销商经营变频器产品也是向社会公众公开的，因此，该两家经销商经销希望森兰公司生产的变频器产品，也不存在希望森兰公司使用佳灵公司客户名单等商业秘密问题，而是希望森兰公司自行开发的客户。所以，判决采纳了二被上诉人的抗辩理由。

四、要区别对待"职工跳槽"行为

胡向云等四自然人虽然与佳灵公司签订有保守商业秘密的协议，但佳灵公司未能举证证明该四自然人违反了佳灵公司保守商业秘的协议，向希望森兰公司、希望研究所披露并允许该两被上诉人使用其所掌握的商业秘密。而希望森兰公司生产的变频器与佳灵公司生产的变频器不同的事实反倒证明了胡向云等四自然人并没有向希望森兰公司、希望研究所披露并允许该两被上诉人使用他们所掌握的佳灵公司的商业秘密。希望森兰公司自认胡向云等四自然人在与希望森兰公司正式签订劳动合同前即零星到希望森兰公司工作,但是,在二审法院能够认定胡向云等四自然人没有违反佳灵公司保守商业秘密的协议向希望森兰公司、希望研究所披露并允许该两被上诉人使用他们所掌握的佳灵公司的商业秘密的情况下,胡向云等四自然人什么时间到希望森兰公司工作已不重要。同理,胡向云等四自然人由于受其知识、工作经验和技能的局限,到希望森兰公司后从事其原在佳灵公司基本相同的工作,也是无可厚非的。至于他们离开佳灵公司是否违反其与佳灵公司签订的劳动合同,则属另一法律关系,不属本案审理的范围。基于上述理由,所以,终审判决没有采纳上诉人的此一上诉理由。

(二审合议庭成员:罗东川　王永昌　夏君丽
编写人:最高人民法院知识产权审判庭　王永昌)

8. 张培尧、惠德跃、江苏省阜宁县除尘设备厂诉苏州南新水泥有限公司侵犯商业秘密、财产损害赔偿纠纷案

阅读提示：如何判断主张被侵权的商业秘密是否采取了保密措施？在他人合法占有作为技术载体的产品的情况下，该产品的所有权人对该产品所有权的宣示或者确认是否构成对相关技术信息所采取的合理保密措施？未尽保管责任致使作为技术载体的设备损坏和遗失，是否等同于有关技术信息被公开？

裁判要旨

采取保密措施是相关信息能够作为商业秘密受到法律保护的必要条件。这种措施应当是商业信息的合法拥有者根据有关情况所采取的合理措施，在正常情况下可以使该商业信息得以保密。即，这种保密措施至少应当能够使交易对方或者第三人知道权利人有对相关信息予以保密的意图，或者至少是能够使一般的经营者施以正常的注意力即可得出类似结论。

在作为技术载体的产品归他人合法占有、使用的情况下，不能仅以所有权人对产品所有权的宣示或者确认作为对相关技术信息所采取的合理保密措施，未尽保管责任致使作为技术载体的设备损坏和遗失，并不等同于有关技术信息被公开或者被泄露给他人，被告主张有关技术信息因技术载体的损坏或者遗失而被公开的，其仍应当就此承担进一步的举证责任。

案　号

一审：江苏省高级人民法院（1999）苏知初字第 3 号
二审：最高人民法院（2000）知终字第 3 号

案情与裁判

原告（二审上诉人）：张培尧
原告：惠德跃
原告：江苏省阜宁县除尘设备厂（简称"阜宁除尘厂"）
法定代表人：惠德跃
被告（二审被上诉人）：苏州南新水泥有限公司（简称"南新水泥公司"）

一审审理查明

一审法院经审理查明：1996 年 12 月 4 日，南新水泥公司与阜宁除尘厂签订协议一份，约定：阜宁除尘厂供给南新水泥公司 LZ-2 型立窑湿式除尘器一台，合同费用 29

万元;如经阜宁除尘厂调试,仍达不到排放浓度低于 150mg/Nm³,南新水泥公司不予付款,但产品仍属阜宁除尘厂所有;如阜宁除尘厂拆除,必须负责恢复南新水泥公司系统原始状态。合同签订后,阜宁除尘厂将除尘器安装完成。之后,经多次检测,除尘器不能达到合同约定的除尘标准,故南新水泥公司一直未予付款。1998 年 9 月 16 日,阜宁除尘厂向苏州仲裁委员会申请仲裁。同年 11 月 13 日,苏州仲裁委员会作出裁决,认定立窑湿式除尘器没有达到协议约定的粉尘排放标准,不符合约定的付款条件。故裁决:1. 双方 1996 年 12 月 4 日所签协议终止。2. 阜宁除尘厂应在本裁决书送达之日起 3 个月内自行拆除 1 号立窑安装的湿式除尘器,南新水泥公司应在拆除期间停窑 20 天时间;南新水泥公司在阜宁除尘厂拆除设备后补偿阜宁除尘厂损失费用 3 万元。

　　1998 年 10 月 21 日、12 月 29 日,江苏省环境保护委员会及苏州市经济委员会分别下文,将南新水泥公司列入 2000 年必须达标排放大气污染物的主要企业名单。南新水泥公司为在规定期限内达标,必须安装新的除尘设备,故于 1999 年 1 月 25 日致电阜宁除尘厂,要求其电告拆除日期。同时去信,希望阜宁除尘厂能在 2 月 1 日或 2 日派人拆除除尘器。同年 2 月 6 日,在未得到阜宁除尘厂回复的情况下,南新水泥公司再次致信阜宁除尘厂,希望阜宁除尘厂能在规定期限内拆除除尘器,否则将委托他人代为拆除,并由阜宁除尘厂承担费用,且不负责保管拆除的设备。1999 年 2 月 12 日,阜宁除尘厂致函苏州市仲裁委员会,要求其转告南新水泥公司,要求南新水泥公司将装于 1 号立窑烟囱上的两个蝶阀拆除,否则无法拆除除尘器。2 月 14 日,南新水泥公司回函,提出蝶阀并不影响除尘器的拆除,且新的除尘设备需要安装,将于 2 月 20 日委托施工队拆除设备。阜宁除尘厂收函后,未予答复。同年 2 月 20 日,南新水泥公司与江阴冷作队、常熟冷作队签订拆除影响南新水泥公司 1 号机窑水收尘部分设备协议。之后,部分除尘器设备被拆除并放置于公司内。

　　还查明:1995 年 6 月 6 日,张培尧、惠德跃向中国专利局申请实用新型和发明两项专利。同年 12 月 2 日,张培尧与阜宁除尘厂签订技术转让合同,约定由张培尧将立窑烟气湿式除尘装置技术(包括喷淋、喷雾、射流、水膜等)转让给阜宁除尘厂;阜宁除尘厂对张培尧提供的全部图纸和技术秘密承担保密义务;技术所有权属于张培尧,阜宁除尘厂只有使用权;技术转让费为 150 万元。1996 年 5 月 27 日,张培尧、惠德跃就前述申请获得了 95213206.0 号"一种立窑湿式除尘器"实用新型专利权。1997 年 3 月 20 日,阜宁除尘厂向阜宁县科学技术局申报"立窑湿式除尘器"科技项目计划,并于同年 11 月 1 日获得阜宁县科学技术局正式立项。阜宁除尘厂即投资进行研制、生产。

　　张培尧、惠德跃、阜宁除尘厂以南新水泥公司自行拆除阜宁除尘厂提供的除尘器,致使其中的商业秘密泄露并造成除尘器灭失为由,于 1999 年 5 月 10 日向一审法院提起诉讼,请求判令南新水泥公司:1. 赔偿因商业秘密侵权造成的损失 2 000 万元。2. 赔偿违法灭失原告 LZ-2 型立窑湿式除尘器的损失 129 万元。3. 返还不当得利 60 万元。4. 承担全部诉讼费用。

　　张培尧、惠德跃在一审主张的技术秘密为:喷头的材质、尺寸、效果;不锈钢管长度、直径、壁厚以及不锈钢管排列间的详细尺寸、安装方法和固定装置;阀门材质、尺寸、技术特征;闸板提升器、电器控制装置的技术特征;主动及从动链轮的外形尺寸、材质；喷淋、喷雾、射流、水膜形成的原理及相关的技术参数；固液分离装置的几何尺寸、所用材质、材质厚度、相关各种尺寸、各室之间相互尺寸等。

一审法院对拆除的部分设备情况进行了现场勘验。勘验结果为：遗失的有喷头120个、不锈钢管240米、中小球阀26个、提升器3个（一个残件）、大闸板3块（一块残件）、直径1.6米圆形钢管20米、不锈钢管安装固定装置5块半（现存3块半）。现存的有JZQ250型减速机2台、5.5千瓦Y132M-6电机2台、7.5千瓦Y132S2-2型管道泵2台、水箱1个、自动浮球阀1个、开关柜1台、直径2米的蝶阀2个、钢板若干。双方争议的有：一是链条长度。现存链条长55.8米，原告称当时安装有68米，现场对安装链条的装置进行了丈量，上下链轮的长度为7.8米。由此，原告主张的68米缺乏依据，应以现存数量为准。二是刮板数量。现存刮板20块，原告称安装了40块，而原告提供的图纸记载为35块，故应以图纸为准，刮板遗失15块。一审庭审中，原告提出遗失部分设备的价格为：不锈钢管每支（每支6米）29.64元、大闸板每块400元、刮板每块20元。被告对此予以认可。但对喷头、球阀、提升器，原告未提供价格计算标准。

一审判理和结果

一审法院认为：1. 诉讼主体问题。本案为侵犯商业秘密和财产损害赔偿纠纷。就商业秘密而言，生产立窑湿式除尘器技术系张培尧转让给阜宁除尘厂使用，所有权归张培尧所有，而涉及专利部分的技术为张培尧和惠德跃共有，故张培尧、惠德跃有权就商业秘密主张权利。LZ-2型立窑湿式除尘器为阜宁除尘厂所有，但其不享有生产该设备技术的所有权。因此，阜宁除尘厂只能就除尘器本身的损坏要求赔偿。南新水泥公司认为立窑湿式除尘器的研制费用为阜宁除尘厂支付，张培尧、惠德跃的专利属职务技术成果，个人无权起诉。因该主张涉及专利权属，不属本案审理范围，故不能成立。2. 是否存在商业秘密问题。阜宁除尘厂在与南新水泥公司签订协议时，没有采取任何保密措施，没有言明LZ-2型立窑湿式除尘器包含有商业秘密，不能自行拆除，且张培尧、惠德跃主张的商业秘密均为除尘器内部构件的材质、几何尺寸、排列顺序等，这些都可以通过简单的拆卸、测绘得知，不能成为不为公众所知悉的技术信息。张培尧以图纸未交给被告，对关键技术予以密封，且在除尘器上方立有专利号牌子，即为采取保密措施，于法无据。张培尧、惠德跃关于南新水泥公司自行拆除除尘器，将有关商业秘密披露，造成原告已申请尚处于实质审查阶段的专利及尚未申请专利的技术被公开，使技术和设施丧失新颖性，构成商业秘密侵权的主张，不符合法律规定。张培尧、惠德跃关于南新水泥公司构成商业秘密侵权的主张不能成立。3. 拆除除尘器的责任承担问题。仲裁裁决书一经送达，即产生法律效力，当事人即应遵照执行。南新水泥公司在收到裁决书后，主动与阜宁除尘厂联系，以确定拆除时间，而阜宁除尘厂却置之不理。在南新水泥公司再三催促之下，阜宁除尘厂才致函南新水泥公司，以蝶阀尚未拆除为由，不履行仲裁裁决。南新水泥公司回函提出蝶阀并不影响除尘器的拆除。阜宁除尘厂收函后却一直不予答复。南新水泥公司为不违反政府关于2000年水泥生产达标的规定，需要安装新的除尘设备，在得不到阜宁除尘厂答复的情况下，自行拆除了影响新除尘设备安装的部分。对此，阜宁除尘厂应负主要责任，南新水泥公司虽有一定的理由，但采取的方式欠妥,且对拆除的设备未能妥善保管,造成一部分设备遗失,故应承担相应的赔偿责任。阜宁除尘厂认为除尘器拆除的责任应由南新水泥公司承担,缺乏事实依据,不予支持。阜宁除尘厂对遗失的部分设备不提供赔偿计算的依据,结合本案的具体情况及双方当事人的责任确定赔偿额。综上,依照《反不正当竞争法》第 10 条第 3 款、《民法通则》第 106 条第 1 款的规定,判决:一、南新水泥公司赔偿阜宁除尘厂损失 3 万元,拆除的设备由阜宁除尘厂自行运回,于本判决生效后 10 日内一次性执行;二、驳回张培尧、惠德跃的诉讼请求。案件受理费 119 460 元,张培尧、惠德跃、阜宁除尘厂负担 118 250 元,被告南新水泥公司负担 1 210 元。

上诉与答辩

张培尧不服一审判决,以南新水泥公司为被上诉人提起上诉称:1. 张培尧主张的商业秘密存在。该商业秘密是由一个已授权的实用新型专利、一个经过四年实质审查即将授权的发明专利、两个已受理的发明专利申请和其他未申请专利的技术信息所构成。(1) 阜宁除尘厂与南新水泥公司 1996 年 12 月 4 日的协议载明"LZ-2 型立窑湿式除尘器为中国专利产品",这就是张培尧采取的保密措施之一。且该协议约定"产品仍属乙方(即阜宁除尘厂)所有",从安装到被违法拆除之前,除尘器均由阜宁除尘厂派专人管理控制,一天都没有交给南新水泥公司,南新水泥公司也未支付过任何货款,除尘器的产权、管理控制权属于阜宁除尘厂。(2) 原判认定通过简单的拆卸、测绘可以得知的技术信息即不属于技术秘密,没有法律依据。关键要看这种拆卸、测绘是否合法。张培尧相关的一些技术在申请专利后有的已被授权,有的已被专利局受理,除尘器"内部构件的材质、几何尺寸、排列顺序等"均属于技术信息,也构成技术秘密。2. 南新水泥公司侵犯了张培尧的商业秘密。(1) 由于南新水泥公司以不正当手段违法拆除尘器,导致大量零部件、装置包括喷嘴被盗窃,使张培尧的技术秘密和设备的新颖性丧失,有关发明专利申请面临不能授权的威胁。(2) 除尘器从未委托南新水泥公司保管,南新水泥公司在致阜宁除尘厂的函中也一再声明其对拆除的设备、材料不负保管责任。南新水泥公司是侵犯商业秘密,而不是一审认定的"未能妥善保管"的责任即可代替的。3. 1999 年 2 月 14 日南新水泥公司致阜宁除尘厂的函未加盖印章,不具有法律效力。一审依此认定阜宁除尘厂对拆除除尘器负主要责任错误。真正应当负责的是不依法向人民法院申请执行的南新水泥公司。4. 请求成立两个专家委员会,分别对除尘器的破坏程度进行鉴定和对除尘器是否包含有技术秘密进行确认。综上,张培尧请求撤销原判,依法判决。

南新水泥公司辩称:1. LZ-2 型立窑湿式除尘器中无商业秘密可言。(1) 阜宁除尘厂没有采取任何保密措施。在与我公司的协议中无保密条款;协议也明确阜宁除尘厂提供的除尘器的工艺布置及施工图、详细的设备清单和技术说明须经南新水泥公司认可后才能施工;在设计安装、调试过程中均有我公司人员参与,处于公开状态。(2) 张培尧的技术并非"不为公众所知悉"。张培尧称其除尘器是专利产品,而专利产品所涉专利技术本应公开;阜宁除尘厂应用的除尘、回收、水路系统及故障排除方法和参数,在 1992 年、1994 年、1995 年、1997 年全国发行的《水泥技术》杂志上已公开;张培尧主张的商业秘密无非是除尘器内部构件的材质、几何尺寸、排列顺序等,这些均可通过简单的拆卸、测绘得知。(3) 张培尧的技术不具有实用性、先进性，不能带来经济利益，相反只有造成张培尧和我公司经济损失。为我公司所装除尘器为阜宁除尘厂第一台试制试用产品，其粉尘排放浓度达不到约定的必须小于 150 mg/Nm³ 标准。而 1997 年 1 月《水泥技术》杂志刊登的水膜除尘器，烟尘排放浓度已能达到 150 mg/Nm³，远较张培尧的除尘器先进、实用，该除尘器已属淘汰产品。2. 南新水泥公司的拆除行为不构成侵犯商业秘密。(1) LZ-2 型立窑湿式除尘器中本无商业秘密可言。(2) 我公司没有侵犯商业秘密的故意。我公司的拆除行为完全是由于阜宁除尘厂不执行仲裁裁决、不理会我公司的多次催促的不作为行为引起的，且仅仅是为了排除该产品占据的安装位置对我公司生产和环保所带来的严重妨碍，以便能够如期安装新的除尘设备，完成政府下达的环保达标任务，实属无奈之举。(3) 我公司仅对除尘器部分设备进行了拆除，并未测绘、研究除尘器内部结构和构件。3. 张培尧关于财产损失的赔偿请求没有事实依据。即使有损失，也应当由张培尧自己承担。

一审原告惠德跃、阜宁除尘厂曾与张培尧共同提交上诉状向二审法院提起上诉，并共同向二审法院提出免交、减交或者缓交上诉费的申请。在二审法院规定的缴费期限内只有张培尧实际缴纳了上诉费，二审法院依法对惠德跃和阜宁除尘厂按自动撤回上诉处理。在二审法院审理期间，两一审原告所提意见与张培尧相同。另，阜宁除尘厂于 2000 年 9 月 18 日向二审法院来函，以本案侵犯商业秘密与财产损害赔偿是不可分割的两个诉讼请求，不能将两个诉讼请求分割判决为由，申请增加其为本案上诉人。

二审审理查明

二审法院确认一审查明的事实属实。另查明：安装在南新水泥公司 1 号立窑上的 LZ-2 型立窑湿式除尘器经两次测试，其粉尘排放浓度分别为 260.9 mg/Nm³ 和 312.5 mg/Nm³，达不到约定的 150mg/Nm³ 的国家一级标准，但已达到国家二级标准 400 mg/Nm³，也明显低于除尘器安装前的粉尘排放浓度。南新水泥公司于 1999 年 2 月 21 日至 28 日对该除尘器实施了部分拆除。该除尘器由下部的固液分离器和上部的除尘塔两部分组成，蝶阀属于除尘塔中的设备，但安装在 1 号立窑的烟囱管中部。张培尧、惠德跃的 95213206.0 号实用新型专利和在同日提出的发明专利申请均涉及该除尘器的固液分离器部分。国家知识产权局于 1999 年 6 月 25 日发出《第一次审查意见通知书》，认为该发明专利申请与已授权的 95213206.0 实用新型专利属于同样的发明创造，只能被授予一项专利权，申请人可选择放弃该实用新型专利权，或者撤回该发明专利申请。对除尘塔部分，张培尧于 1999 年 11 月 29 日向国家知识产权局分别提出了名称为"水泥立窑湿式除尘塔"（申请号 99125209.8）和"一种高压水螺旋喷嘴"（申请号 99125208.X）的两个发明专利申请并被受理，该申请目前尚未公开。

二审判理与结果

二审法院认为，本案当事人争议的主要问题是：张培尧所主张的商业秘密是否存在和南新水泥公司自行拆除除尘器行为应承担的民事责任。

第一，关于张培尧所主张的商业秘密是否存在的问题。

根据《反不正当竞争法》的规定，商业秘密是指不为公众所知悉、能为权利人带来经济利益、具有实用性并经权利人采取保密措施的技术信息和经营信息。

采取保密措施是相关信息能够作为商业秘密受到法律保护的必要条件。这种措施应当是技术信息的合法拥有者根据有关情况所采取的合理措施，在正常情况下可以使该技术信息得以保密。即，这种保密措施至少应当能够使对交易对方或者第三人知道权利人有对相关信息予以保密的意图，或者至少是能够使一般的经营者施以正常的注意力即可得出类似结论。本案南新水泥公司取得除尘器是通过与阜宁除尘厂1996年12月4日的协议实现的，其属于合法地占有和使用包含有张培尧要求保护的技术信息的除尘器。张培尧与南新水泥公司并无合同或者其他直接法律关系存在。因此，本案中张培尧对有关技术信息是否采取了保密措施，应当考察阜宁除尘厂在其与南新水泥公司的协议中有无相关保密义务的约定以及合同实际履行中有无采取其他保密措施。从协议内容看，既没有写明除尘器中包含有技术秘密，也没有其他任何保密责任条款。协议约定有关的工艺布置施工图、详细的设备清单和技术说明应当经过南新水泥公司认可后方可执行，其中也无保密义务的约定。张培尧认为协议已载明该除尘器为"中国专利产品"，就是保密措施，显然于法无据。获得专利以公开相关技术方案为前提，既然言明是专利产品，说明相关技术方案就是公开的，在不对产品中除专利技术以外是否还有技术秘密进行特别说明的情况下，对交易对方而言，在该产品中就不存在技术秘密。张培尧关于协议约定"产品仍属乙方（即阜宁除尘厂）所有"以及协议履行中该除尘器实际由阜宁除尘厂派人管理、控制，也是一种保密措施的认识，亦没有依据。在作为技术载体的产品归他人合法占有、使用的情况下，不能仅以对产品所有权的宣示或者确认作为对相关技术信息所采取的合理保密措施，况且协议对此实际约定是如经调试不达标后，产品仍归阜宁除尘厂；所谓派人管理和控制，实际是由阜宁除尘厂派人负责除尘器的安装、调试并投入运行，这并非是直接针对相关技术信息所采取的保密措施，况且南新水泥公司在没有保密义务约定的情况下亦派人参与了安装工作。总之，因阜宁除尘厂对其提供给南新水泥公司的除尘器中是否含有技术秘密未作出适当的提示，张培尧所主张的保密措施不能使一般经营者可以正常地得出其所占有、使用的产品中存有技术秘密的判断，阜宁除尘厂与张培尧在本案纠纷发生之前也未采取其他适当措施来保守相关技术信息不被南新水泥公司掌握或者对外披露，对南新水泥公司而言，本案并无合理的保密措施存在。因此，张培尧不能在本案中主张将有关技术信息作为商业秘密来保护，其有关上诉请求不能成立。对此也无需组织技术专家予以确认，张培尧就此所提有关意见亦不予支持。

从南新水泥公司拆除行为的实际后果看，张培尧主张因南新水泥公司自行拆除导致大量零部件、装置被盗缺乏证据支持，同时被拆除设备的遗失并不当然导致有关技术信息即已公开或者向他人泄露的结果。因此，也不能当然地认为因南新水泥公司的拆除行为已造成对有关技术申请专利时新颖性的丧失。张培尧就此所提意见不能成立。

张培尧也不能将其已经申请专利并已公开的技术方案在本案中主张作为商业秘密予以保护，其可以就其他未公开的专利申请和未公开也未申请专利的部分主张权利。南新水泥公司所提阜宁除尘厂应用的除尘、回收、水路系统及故障排除方法和参数已在《水泥技术》杂志上公开，但这些技术方案与张培尧要求保护的技术信息并不完全相同，不能直接依此得出有关技术信息均已公开的结论。

南新水泥公司所提其新安装的除尘设备以及被相关文献公开的技术方案远较张培尧

的技术先进，因此本案争议技术不具备先进性和实用性的主张，也没有法律依据。不能以有比争议技术更加先进的技术存在，即认为争议技术就不构成商业秘密。只要是能够为权利人或者使用人带来一定的经济利益或者竞争优势，能够实际使用的技术信息，即符合商业秘密的价值性和实用性条件的要求。南新水泥公司在安装了阜宁除尘厂提供的除尘器后，其粉尘排放浓度虽然达不到约定的国家一级标准，但已高于国家二级标准，也明显低于安装前的粉尘排放浓度，应当认为相关技术信息具备价值性和实用性。

第二，关于南新水泥公司自行拆除除尘器行为的民事责任问题。

本案南新水泥公司在阜宁除尘厂不自动履行仲裁裁决的情况下，应当依法向人民法院申请强制执行，而不得自行处置他人财物。即使其是为了完成政府下达的环保达标任务，也应当依法进行拆除。南新水泥公司自行拆除除尘器且未能尽到妥善的保管责任，由此造成部分设备的损坏和遗失，已构成对阜宁除尘厂财产的侵害，其应当对由此产生的损失承担主要责任。阜宁除尘厂在执行仲裁裁决时未能尽到善意的协作义务，其不作为行为亦属不当，且其所提须先拆除上部烟囱管和蝶阀才能拆除除尘器的理由也不充分，对造成拆除除尘器的损失，亦应负有一定责任。一审对此认定由阜宁除尘厂承担主要责任不妥，应予纠正，相应的赔偿额也应当酌情增加。至于1999年2月14日南新水泥公司致阜宁除尘厂的函虽未加盖印章，但此系南新水泥公司单方告知行为，只要有关信息是真实的并送达于被告知人，能够使其知悉告知人的真实意思表示，即发生告知的法律效力。被告知人对未加盖印章的表面瑕疵，应当及时提出异议，不能以存有表面瑕疵即当然认为在法律上不具有告知的效力。一审原告和张培尧在庭审中均承认阜宁除尘厂已收到该函，且对该函本身的真实性并无异议。张培尧和一审原告就此所提意见不能成立。一审法院已经对除尘器的拆除情况进行了现场勘验，当事人也均未对勘验结果提出异议，无需就此再作鉴定，张培尧和一审原告的有关请求亦不予支持。因南新水泥公司已构成对阜宁除尘厂财产的侵害且具有过错，应当适用《民法通则》第106条第2款和第117条第2款的规定予以处理，一审法院适用《民法通则》第106条第1款判决本案的赔偿不当。

阜宁除尘厂作为本案所涉除尘器的所有人，同时又与南新水泥公司有合同关系，其可以对拆除除尘器造成的损失主张权利，但其并非本案所涉技术信息的权利人，其不能就该技术信息主张权利；张培尧、惠德跃作为本案所涉技术信息的共同权利人，其可以就此主张权利，但其并非除尘器的所有人，与南新水泥公司也无合同关系，其不能就拆除除尘器造成的损失主张权利。阜宁除尘厂与张培尧、惠德跃在本案中的诉讼请求所针对的诉讼标的不同，并不享有共同的诉讼权利。阜宁除尘厂不依法缴纳上诉费导致其不能成为本案上诉人的责任应当自行承担，其关于成为本案上诉人的请求于法无据，不予采纳。

造成本案一、二审案件受理费都高达119 460元的主要原因是一审原告特别是张培尧的不当诉讼请求所致，但南新水泥公司的自行拆除行为以及未能妥善保管拆除设备则是造成本案实际损失的主要原因，其对本案纠纷的产生亦应负有一定责任，本案诉讼费应当按照当事人各自的责任适当分担。

另外，一审中原告曾以仲裁裁决书确定在拆除除尘器期间南新水泥公司应停窑20

天，而南新水泥公司自行拆除并未停窑就应当产生不当得利 60 万元为由，请求予以返还。一审法院对此未作认定和处理，属于漏判。但该诉讼请求明显缺乏法律和事实依据，不能成立。停窑只是为拆除除尘器提供条件，如果实际拆除不需停窑即可进行也应当予以支持，南新水泥公司因此而节约的支出或者产生的利益并非民法上的不当得利。况且，南新水泥公司在庭审中提出其拆除除尘器是在春节放假期间，拆除时实际已经停窑，而张培尧和一审原告又无证据证明其并未停窑，在二审中亦未就此再提出任何主张。鉴于本案实际审理情况，二审法院对此亦不再作出处理。

综上，张培尧的上诉理由不能成立，其上诉请求应予驳回。原判认定事实基本清楚，但适用法律确有不当之处，应予纠正。依据《反不正当竞争法》第 10 条第 3 款、《民法通则》第 106 条第 2 款和第 117 条第 2 款、《民事诉讼法》第 153 条第 1 款第（2）项、《最高人民法院关于适用〈中华人民共和国民事诉讼法〉若干问题的意见》第 180 条的规定，判决如下：

一、变更江苏省高级人民法院（1999）苏知初字第 3 号民事判决第一项为：苏州南新水泥有限公司赔偿江苏省阜宁县除尘设备厂损失 6 万元，拆除的设备由江苏省阜宁县除尘设备厂自行运回，于本判决生效后 10 日内一次性执行；

二、驳回上诉，维持江苏省高级人民法院（1999）苏知初字第 3 号民事判决第二项。

一审案件受理费 119 460 元，由张培尧、惠德跃、江苏省阜宁县除尘设备厂承担 83 622 元，苏州南新水泥有限公司承担 35 838 元；二审案件受理费 119 460 元，由张培尧承担 83 622 元，苏州南新水泥有限公司承担 35 838 元。

法官评述

作为商业秘密侵权案件，本案的裁判反映出了商业秘密保护中的若干重要问题。

一、商业秘密保密性的判断

在商业秘密侵权案件的审理中，首先需要确定权利人主张的商业秘密是什么，然后再对权利人所主张的秘密点是否具备受法律保护的商业秘密的构成要件。《反不正当竞争法》第 10 条第 3 款规定："本条所称的商业秘密，是指不为公众所知悉、能为权利人带来经济利益、具有实用性并经权利人采取保密措施的技术信息和经营信息。"对此，我国传统的观点认为，受该法保护的商业秘密需要具备秘密性、价值性、实用性和保密性四个要件。但是，根据 TRIPS 关于"未披露信息"应当具备秘密性、价值性和保密性的三要件规定，近年来我国主流的观点也认为我国《反不正当竞争法》上的商业秘密也应当被解释为 TRIPS 的三要件，也就是说，将我国《反不正当竞争法》上的"能为权利人带来经济利益、具有实用性"解释为 TRIPS 的"具有商业价值"。这种观点实际上也为最高人民法院的有关司法解释所确认，2004 年底发布的关于技术合同的司法解释中对技术秘密概念的界定就明确采取了这种三要件说，2007 年初发布的关于不正当竞争的司法解释亦实际采纳了所谓的三要件说。❶ 上述三个构成要件缺一不可，在判断是否具备上述要件时，并没有顺序要求，只要欠缺任何一个构成要件，就可以认定不构成商业秘密。审判实践中，被控侵权人对权利人主张的商业秘密可以选择任何一个构成要件进行抗辩，法院也可根据案件具体情况决定审查商业秘密构成要件的顺序。

本案中，一审法院查明了权利人所主张的商业秘密的内容，权利人在上诉中再次声明了其主张的商业秘密的内容和构成，二审法院针对其主张重新查明了相关事实。可见，权利人所主张的商业秘密具体内容往往会随着诉讼的进程不断地进行调整。这符合商业秘密侵权案件的诉讼规律。在权利人主张的商业秘密固定后的下一步工作就是审查其是否具备商业秘密的三个要件了。本案双方当事人主要对权利人张培尧主张的商业秘密是否采取了保密措施，即是否具备保密性，存在争议。

保密性体现了权利人对其商业秘密进行保护的主观努力和采取的客观措施。之所以要求受法律保护的商业秘密有保密性，理由有二。一是若权利人本身都不将商业信息作为秘密进行保护，法律就没有必要为其提供保护；二是商业秘密作为权利客体，必须有一个确定的保护范围或者内容，这首先要求权利人对此予以明确，并采取保密措施使该商业秘密处于不为公众所知悉状态，否则无法为其提供法律保护。

对于保密性或者说采取保密措施的判断，我国《反不正当竞争法》未作具体规定。原国家工商行政管理局《关于禁止侵犯商业秘密行为的若干规定》（1995年11月23日公布，1998年12月3日修订）第2条第4款规定："本规定所称权利人采取保密措施，包括订立保密协议，建立保密制度及采取其他合理的保密措施。"《国家工商行政管理局关于商业秘密构成要件问题的答复》（工商公字［1998］第109号）指出："权利人采取保密措施，包括口头或书面的保密协议、对商业秘密权利人的职工或与商业秘密权利人有业务关系的他人提出保密要求等合理措施。只要权利人提出了保密要求，商业秘密权利人的职工或与商业秘密权利人有业务关系的他人知道或应该知道存在商业秘密，即为权利人采取了合理的保密措施，职工或他人就对权利人承担保密义务。"在过去的司法实践中，人民法院根据反不正当竞争法对商业秘密保护的立法精神，参考国家工商局的相关规定和答复，一般认为，保密措施的采取应当能够做到以下两个方面，一是使无关人员不能轻易接触到相关信息，二是使依法或者根据约定接触到该信息的人知道权利人对相关信息予以保密的意图，从而对接触者提出承担相关信息保密义务的合理要求。欲将相关信息作为商业秘密加以保护者，不仅要在客观上采取保密措施，对于有条件接触该信息者还要提出保密要求。

2007年2月1日起施行的《最高人民法院关于审理不正当竞争民事案件应用法律若干问题的解释》第11条对保密措施作出了具体规定，即："权利人为防止信息泄漏所采取的与其商业价值等具体情况相适应的合理保护措施，应当认定为《反不正当竞争法》第10条第3款规定的'保密措施'。人民法院应当根据所涉信息载体的特性、权利人保密的意愿、保密措施的可识别程度、他人通过正当方式获得的难易程度等因素，认

---

❶ 关于商业秘密的法定构成要件，可参见本书中《海鹰企业集团有限责任公司诉无锡祥生医学影像有限责任公司等侵犯商业秘密纠纷案》法官评述部分的主要内容。

定权利人是否采取了保密措施。具有下列情形之一,在正常情况下足以防止涉密信息泄漏的,应当认定权利人采取了保密措施:1.限定涉密信息的知悉范围,只对必须知悉的相关人员告知其内容。2.对于涉密信息载体采取加锁等防范措施。3.在涉密信息的载体上标有保密标志。4.对于涉密信息采用密码或者代码等。5.签订保密协议。6.对于涉密的机器、厂房、车间等场所限制来访者或者提出保密要求。7.确保信息秘密的其他合理措施。"该司法解释对保密措施合理性考虑因素的规定和对保密措施具体情形的列举,相比较于前述的行政规章的规定,更加明确、具体和具有可操作性,不仅有助于指导权利人依法保护商业秘密,更重要的是它能够作为人民法院对商业秘密保密性进行判断的法律依据。

本案发生在前述本司法解释发布之前,但有关的裁判精神与该司法解释是一致的。本案中,由于阜宁除尘厂对其提供给南新水泥公司的除尘器中是否含有技术秘密未作出提示,其与张培尧也未采取其他适当的措施来保守相关技术信息不被南新水泥公司掌握或者对外披露,南新水泥公司作为除尘器的使用者根本不知道该除尘器中是否存在技术秘密,无法得出结论认为原告已经对南新水泥公司提出保守技术秘密的要求。因此,原告不能在本案中对被告南新水泥公司主张存在商业秘密并要求予以保护。

二、商业秘密作为知识产权的特殊性

与专利权、商标权、著作权等知识产权不同,商业秘密作为知识产权具有特殊性,即,其是通过权利人自己保护的方式而存在的权利,该权利能否成立或者受到法律保护,一方面要看是否符合法律规定,另一方面也要依赖于权利人本身的努力和行动。本案中,不排除张培尧、惠德跃有将其主张的技术信息作为商业秘密保护的意愿,但其没有采取法律规定的保密措施而无法向他人主张商业秘密权利,因此,法院依法认定本案不存在其主张的商业秘密。需要说明的是,这种认定并不意味着张培尧、惠德跃不能在本案中主张商业秘密保护的技术信息就当然公开了,在今后其他任何情况下也不能主张商业秘密保护。特别是在存在合同等交易关系的当事人之间,如果权利人在有关技术信息未实际公开之前已经采取了合理或者适当的补救性措施来保守其秘密,则不排除有关技术信息仍然可以作为商业秘密得到保护。作为通过合同等正当程序或者手段掌握有关信息的相对人,在其知悉有关信息系他人商业秘密后或者在权利人采取保密措施后,也负有相应的保密责任。《合同法》第43条也规定:"当事人在订立合同过程中知悉的商业秘密,无论合同是否成立,不得泄露或者不正当地使用。泄露或者不正当地使用该商业秘密给对方造成损失的,应当承担损害赔偿责任。"

三、涉案技术信息载体的拆除、损坏、遗失对技术信息公开乃至商业秘密认定的影响

本案中,法院以原告未采取保密措施为由认定张培尧、惠德跃主张的商业秘密不存在,在此情况下,南新水泥公司自行拆除行为不论是否违法或者是否正当,均不构成对权利人的有关技术信息的权利的侵犯。需要考虑的是,若商业秘密存在的话,南新水泥公司的自行拆除行为包括对涉案技术信息载体的拆除、损坏、遗失,对技术信息公开、商业秘密认定有何影响。

对技术信息载体进行拆卸、测绘和分析,是获取技术信息的手段之一,又称为反向

工程。《最高人民法院关于审理不正当竞争民事案件应用法律若干问题的解释》第12条对此进行了规定："通过自行开发研制或者反向工程等方式获得的商业秘密，不认定为《反不正当竞争法》第10条第（1）项、第（2）项规定的侵犯商业秘密行为。前款所称'反向工程'，是指通过技术手段对从公开渠道取得的产品进行拆卸、测绘、分析等而获得该产品的有关技术信息。当事人以不正当手段知悉了他人的商业秘密之后，又以反向工程为由主张获取行为合法的，不予支持。"

但是，并不是任何技术信息均可通过反向工程获得。因此，一审法院认为张培尧、惠德跃主张的商业秘密都可以通过简单的拆卸、测绘得知，不能成为不为公众所知悉的技术信息。二审法院认为，这种认识缺乏事实依据，并无证据可以证明这些技术信息都是可以通过"简单的拆卸、测绘"即可得知的。

此外，也不能认为凡是通过反向工程可以获得的信息就不是商业秘密，因为信息被他人获得并不意味着该信息已经为公众所知悉。在权利人对有关信息没有采取保密措施的情况下，只意味着任何人可以通过反向工程的手段来获取并公开相关的技术信息，但只要进行反向工程的人没有将该信息公开，则该信息仍秘密性，只是为不同的主体所拥有，在相关权利人采取了合理或者合适的保密措施后，其仍可以作为商业秘密来获得保护。

本案中，南新水泥公司拆除除尘器并没有获取有关技术信息的主观意图，张培尧没有提供证据证明南新水泥公司有非法拥有有关技术信息的目的、南新水泥公司已对拆除的设备进行了测绘、研究以及南新水泥公司获得了有关技术信息，更没有举证证明因该拆除行为导致有关技术信息已被非法公开或者已被其他人所掌握。因此，南新水泥公司的自行拆除行为并没有导致原告主张的有关技术信息已被公开，也不会当然地构成对有关技术申请专利时新颖性的丧失。

四、关于原告的诉讼主体问题

该问题虽与商业秘密认定的关联性不大，但仍有必要在此予以说明。南新水泥公司在一审中主张除尘器的研制费用为阜宁除尘厂支付，张培尧、惠德跃的专利属职务技术成果，个人无权起诉。对此，一审法院以涉及专利权属，不属本案审理范围为由，不予支持。这种理由不完全正确。如果当事人所提权属问题确有证据支持，则应当依法通知权利人作为有独立请求权的第三人参加诉讼。本案中，因南新水泥公司所主张的技术归属的权利人——阜宁除尘厂已参加到现有的侵权诉讼中，其并未对张培尧、惠德跃以权利人身份主张权利提出异议，同时张培尧、惠德跃作为95213206.0号实用新型专利权的共有人，又以共同权利人的名义对与该专利有关的技术秘密主张权利，应当视为一审原告的当事人之间对涉案技术的权利主体并无争议，因此，法院对本案原告各方当事人的诉讼主体地位予以确认。

（二审合议庭成员：王永昌　邰中林　段立红
编写人：最高人民法院知识产权审判庭　邰中林　郎贵梅）

9. 四川省广汉市三丰科技实业有限公司诉四川省环保建设开发总公司、高进明、四川省绿色环保产业发展有限公司、四川省内江机械厂侵犯技术秘密纠纷案

阅读提示：国家有关行政部门针对相关技术出具的成果鉴定或者颁发的证书对技术秘密的认定有何影响？

裁判要旨

国家有关行政部门针对相关技术出具成果鉴定或者颁发证书，一般可表明该项技术成果具有一定的先进性和创造性，但并不能表明该技术成果就是当然的技术秘密。行政部门的成果鉴定与人民法院对技术秘密的认定标准不一样。成果鉴定可能特别强调该项成果的先进性、创造性，而对其保密性往往不作审查。人民法院对技术秘密的认定，则要对其秘密性、保密性和经济实用性进行全面审查。

案号

一审：四川省高级人民法院（1999）川经初字第 19 号
二审：最高人民法院（2000）知终字第 2 号

案情与裁判

原告（二审上诉人）：四川省广汉市三丰科技实业有限公司（简称"三丰科技公司"）

被告（二审被上诉人）：四川省环保建设开发总公司（简称"省环保开发总公司"）

被告（二审被上诉人）：高进明

被告（二审被上诉人）：四川省绿色环保产业发展有限公司（简称"绿色环保公司"）

被告（二审被上诉人）：四川省内江机械厂（简称"内江机械厂"）

起诉与答辩

原告三丰科技公司于 1999 年 3 月 9 日诉称："生活垃圾无害化资源化处理工艺与利用技术"系原告承担研制并完成的"九五"国家重点科技公关成果，1997 年 7 月通过国家科委组织技术鉴定验收。该工艺技术国内领先，社会效益和经济效益显著，其成套设备被审定批准为国家重点新产品等。原告一直以保密形式对该技术进行保护。1997 年底，省环保开发总公司副总经理高进明提出与原告合作，并于 1998 年 1 月 14 日与原告签订了《合作协议书》，但被告高进明在以合作名义取得相关技术资料后，交给内江

机械厂等单位,仿造出了全套设备,并以该技术与内江有关单位合作修建完成照搬原告技术的垃圾处理工程等。被告的上述行为侵害了原告的专有技术所有权。据此,请求判令被告立即停止侵害原告专有技术"生活垃圾无害化资源化处理工艺与利用技术"权属的行为,并立即归还从原告处以违法手段获得的全部技术资料等;判令被告原告直接和间接损失 1 000 万元;判令被告承担本案诉讼费用。

被告省环保开发总公司辩称:省环保开发总公司并未与原告签订《合作协议书》,该协议书上加盖的合同专用章不是省环保开发总公司合法登记注册的印章,此外,本公司也未授权任何人与原告签订《合作协议书》,请驳回原告对省环保开发总公司的诉讼请求。

被告高进明辩称:原告提供的证据不能证明原告承担了国家"九五"重点攻关课题;原告提供的《科技成果鉴定证书》实际是"评议验收",且原告并无证据证明其享有与本案有关的科技成果。为此,原告不拥有科技成果权。被告高进明也未通过不正当手段获取原告的所谓科技成果,请求驳回原告的诉讼请求。被告高进明还向一审法院提交了《国外城市废弃物处理》《城市垃圾处理与处置》等公开刊物,用以证明其技术来源于公知技术。

被告绿色环保公司辩称:绿色环保公司的组建系经有关主管部门批准,并经工商登记和取得业内资质等级证书,与本案侵权纠纷无关。此外,原告并无证据证明绿色环保公司使用了原告的技术。

被告内江机械厂辩称:其与原告并未就"生活垃圾无害化、资源化处理工艺与利用技术"签订任何技术合同,也没有从原告处获取任何技术资料。其不应成为本案被告。

一审审理查明

"生活垃圾无害化资源化处理工艺与利用技术"研究项目,系由三丰科技公司承担完成。1997年7月5日,该技术通过了原国家科委委托四川省科委组织的科学技术成果鉴定。同日,四川省环保局局长,广汉市副市长及三丰科技公司总经理王英宾与高进明就如何开发市场事宜进行了商谈。同年8月25日,三丰科技公司以传真方式向省环保开发总公司提供了"YB-150生产线机械设备报价"和"机械设备清单及报价"。9月18日,四川省环保局、内江市政府、内江市建委就建设内江市生活垃圾处理厂问题进行研究,并以此会议纪要为委托书,委托省环保开发总公司负责工程总承包。

1997年11月16日,三丰科技公司向省环保开发总公司提供"利用城市生活垃圾生产有机复合肥项目投资及经济效益分析"(以 YB-100 生产线为例)。该分析主要内容有:项目设计及投资规模、年制造成本分析、管理费用等。1997年11月27日,四川省内江市建委主持召开了"内江市城市生活垃圾处理厂初步设计审查会",对省环保开发总公司送审的《内江市城市生活垃圾处理厂工程方案(初步)设计说明书》等初步设计文件进行评审。评审意见为:该方案用地布置合理,功能分区明确、工艺先进。要求设计单位同年12月15日前完成总平面竖向布置图,1998年元月底前提供全套施工图。高进明、三丰科技公司的王英才均代表省环保开发总公司参加"内江市垃圾处理厂工程初步设计审查会",《说明书》的审定人为高进明,设计人有王英宾、王英才等。该初步设计方案中的主要工艺流程的原理、步骤、方法及技术参数与三丰科技公司科技成果鉴定《研究报告》中工艺流程的内容基本相同。1997年12月1日，三丰科技公司向省环保开发总公司发送《垃圾处理设备制造安装及资金使用情况安排》传真件。1997年12月18日，内江市东观岩垃圾处理厂（简称"内江垃圾处理厂"）工程建设指挥部办公室（发包方）与省环保开发总公司（承包方）签订《内江市东观岩垃圾处理厂工程总承包合同》。该合同第5条第1项写明：本工程所有设备、材料由承包方组织采购。主要设备的选择、费用的确定由分包单位安排等，在征得发包方同意后，由承包方负责实施。

1998年1月14日，省环保开发总公司（甲方）与三丰科技公司（乙方）签订《合作协议书》。双方约定：甲方利用乙方工艺技术及其装备进行推广实施建造垃圾处理厂；甲方承担业务联系、工程土建设计、施工管理等；乙方负责工艺总体方案、工艺技术设备制造、安装调试等；凡是由甲方签订的承包合同所承建的垃圾厂工程，乙方向甲方交纳自制设备价格的5‰～10‰作为管理费用；乙方提供的任何工程的总体方案、工艺技术和配套设备所有权归乙方，甲方对该技术和相关硬件技术有保守秘密的责任，并在其承包中对接产方有保密的要求，要在承包协议中申明：保证对该技术不外泄和严禁仿造设备等。合同期限为三年。省环保开发总公司副经理高进明和三丰科技公司总经理王英宾均在该协议上签字并加盖省环保开发总公司经济合同专用章和三丰科技公司印章。

同年2月12日，三丰科技公司总经理王英宾从省环保开发总公司处借出内江垃圾处理厂主厂房±0.000米层、6.000米层平面图（底图，1997年11月）各1张。同月19日，王英宾向省环保开发总公司归还"内江垃圾厂生产线设备布置图"（2张）。1998年4月2日，省环保开发总公司（甲方）与内江机械厂（乙方）签订《城市生活垃圾无害化、减量化、资源化生产流水线全系统设备配置工程合同》。双方约定：甲方将其所承担的内江垃圾处理厂建设工程中利用垃圾生产复合肥工艺的全部配套设备及其生产线全部设施委托乙方设计、制造、安装等。

而后，国家环境保护总局向三丰科技公司的"生活垃圾无害化资源化处理工艺与利用技术"颁发了《1998年国家环境保护最佳实用技术推广计划项目证书》；中华人民共和国科学技术部、国家税务总局、中华人民共和国对外贸易经济合作部、国家质量技术监督局、国家环境保护总局联合向三丰科技公司的"生活垃圾无害化资源化成套装备YB-100型"项目颁发《国家重点新产品证书》。

在一审法院审理过程中，三丰科技公司确定其包含工艺、设备尺寸、设备布局等11项技术信息的"生活垃圾无害化资源化处理工艺与利用技术"专有技术的载体为12张图纸、《生活垃圾无害化资源化处理工艺与利用技术研究报告》《机械设备清单》和广汉市垃圾处理厂（现场）等。1999年9月15日，三丰科技公司向一审法院提出鉴定申请，要求该院委托有关机构对其所列的技术信息是否属于技术秘密、被上诉人是否使用了三丰科技公司的技术秘密进行鉴定。三丰科技公司提交的鉴定材料和对象为：12张图纸、《生活垃圾无害化资源化处理工艺与利用技术研究报告》、广汉垃圾处理厂（现场）、《机械设备清单》《内江市城市生活垃圾处理厂工程方案（初步）的设计说明书》等。其要求鉴定是否是技术秘密的具体技术信息为以下内容：1.工艺流程和生产线设备布置；2.总体设计方案和物料的取舍；3.生化车间的通仓式结构；4.快速、连续静态好氧发酵技术；5. 设置匀质库；6. 专用土建设计方案；7. 典型的设备安置和选型；8. 污水循环、减污、接种一举多得；9. 燃烧取热供给生产线；10. 综合利用减容量高达90%以上；11. 八角形多功能筛分机滚筒筛的巧妙利用。经三丰科技公司与高进明协商，一致同意委托四川省建设委员会组织有关专家对上述技术进行鉴定。同年9月20日，一审法院委托四川省建设委员会指派专业人员就三丰科技公司所提交的技术资料是否属专有技术、高进明及绿色环保公司是否使用了三丰科技公司的专有技术进行技术鉴定。同年12月7日，四川省建设委员会组织的专家组根据三丰科技公司所提交的技术资料及现场考察，并依照最高人民法院原《关于正确处理科技纠纷案件的若干问题的意见》中关于受法律保护的非专利技术成果应具备的条件，以川建城（99）便字第01号《技术认定意见》，对三丰科技公司提出鉴定的11项技术信息做出均不构成专有技术的结论。

鉴定结论作出后，三丰科技公司在质证中对《技术认定意见》提出异议，主要有：1. 三丰科技公司拥有的工艺、技术取得国家科学技术部等五个国家行政部门颁发的《国家重点新产品证书》，取得国家环保总局颁发的《1998年国家环境保护最佳实用技术推广计划项目证书》。上述证书是三丰科技公司拥有该技术的合法凭证，任何单位或者个人无权否定由国家行政机关依法认定该技术的先进性。2. 《技术认定意见》并未对三丰科技公司的技术与使用的技术进行对比，其认定偏离了法院委托其认定的目的。3. 专家组成员中有三位专家曾参与绿色环保公司的技术认证会，与本案有利害关系，应予回避。

一审法院另查明：1997年4月16日，王英宾向中国专利局申请"垃圾复合肥料及其生产方法"发明专利，该发明专利申请公开日为1997年10月29日。三丰科技公司系1996年5月经工商行政管理机关注册登记的有限责任公司企业法人，经营范围为新产品研制、垃圾处理等。绿色环保公司系1998年2月经工商行政管理机关注册登记的有限责任公司企业法人。

一审判理和结果

一审法院经审理认为："生活垃圾无害化资源化处理工艺与利用技术"的研究项目，系由三丰科技公司具体承担完成。1997年7月5日，该项技术成果通过了原国家科委委托四川省科委组织的鉴定，故三丰科技公司享有该项技术的成果权。然而，根据专家组的《技术认定意见》，三丰科技公司的技术不构成依法保护的专有技术。该《技术认定意见》结论与国家科技部等行政机关颁发的证书内容及证书的取得，与三丰科技公司的技术是否为专有技术，或者无必然联系，或者无关，二者并无冲突与矛盾，《技术认定意见》并不构成对行政机关授予证书的否定。根据《技术认定意见》的结论，也无需再对三丰科技公司的技术与省环保开发总公司的技术进行对比。鉴于对本案所争议的技术鉴定系由三丰科技公司提出的申请，专家组成员在鉴定之前已当面介绍，鉴定前与鉴定期间三丰科技公司均未提出回避申请，故三丰科技公司异议称《技术认定意见》无效的理由不能成立。四川省建设委员会组织本行业专家作出的《技术认定意见》真实客观，应予以认可采纳。依法应予保护的专有技术，是指处于秘密状态、有实用价值并采取保密措施的技术方案或者技术诀窍，三丰科技公司将其拥有的"生活垃圾无害化资源化处理工艺与利用技术"即视为专有技术的理由不能成立。三丰科技公司向省环保开发总公司提供的"机械设备清单及报价",主要系设备的规格和价格,并不能反映出本案所涉的专有技术,故三丰科技公司以被告利用其提供的"设备清单及报价"侵犯其专有技术的理由也不能成立。三丰科技公司诉称其设备布局及设备尺寸亦系"生活垃圾无害化资源化处理工艺与利用技术"的技术内容,但三丰科技公司并未提供相应证据证明它们对实现该垃圾处理工艺的作用及效果。又因最高人民法院原《关于正确处理科技纠纷案件若干问题的意见》所规定受法律保护的非专利技术成果构成要件,与《反不正当竞争法》中商业秘密的构成要件相同,故《技术认定意见》以该司法解释作为专有技术的认定依据,与《反不正当竞争法》中商业秘密的规定并不相悖。三丰科技公司的包含工艺原理、设备布局、设备尺寸等11项技术信息的"生活垃圾无害化资源化处理工艺与利用技术",均可从公开出版物和行业标准等公知技术中获取,故三丰科技公司拥有的该项技术不具有专有技术的特征,也不具备依法受保护的非专利技术成果的构成要件。三丰科技公司诉称被告侵犯其"生活垃圾无害化资源化处理工艺与利用技术"无相应事实和证据证明,不予支持。一审法院依据《民事诉讼法》第138条之规定,判决如下:驳回原告的诉讼请求。本案诉讼费60 010元,技术鉴定费58 053.80元,全部由三丰科技公司负担。

上诉与答辩

三丰科技公司上诉称:一审法院将专有技术与非专利技术、商业秘密视为等同,混淆了法律概念,造成本案事实认定缺乏法律和事实依据。1. 本案所涉及的"生活垃圾无害化资源化处理工艺与利用技术"是上诉人的专有技术。一审法院忽略该技术处于秘密状态且权利人采取了保密措施的事实,实属错误。2. 双方所争议的技术是经原国家科委进行鉴定的一项技术成果,并由国家有关行政管理部门对该技术设备颁发了证书。《技术认定意见》中列举了许多实例以证明本案该项技术是公知技术,但却未将该项技术与实例中的技术进行对比。专家在鉴定时以原理相同、用词不够准确、有相关行业标准等为由,否定上诉人的技术具有先进性,其鉴定依据错误。此外,参加技术鉴定的3名专家曾参与被上诉人之一的绿色环保公司的技术认证,与本案有利害关系,应予回避。因此,该《技术认定意见》不能作为定案依据。3. 被上诉人从上诉人处获取了该项技术,但其未按合同约定的保密条款履行合同,利用了上诉人的该项技术,构成了对上诉人技术秘密的侵权。因此,请求依法撤销一审判决,判令被上诉人立即停止侵权,赔偿经济损失1 000万元,并承担本案一、二审的诉讼费用和鉴定费用。

被上诉人省环保开发总公司答辩称:1. 一审判决对专有技术、非专利技术成果和商业秘密三个法律概念的解释清晰,其适用法律准确。2. 一审判决对上诉人所称的"专有技术"的范围界定明确,采信《技术认定意见》程序公正、合法,定性准确。3. 答辩人从未使用过上诉人所谓的专有技术,根本构不成法律上的侵权关系。《合作协议书》不是技术转让协议及技术实施许可协议,而是开拓市场、推销上诉人所谓设备的协议。协议中涉及的关于技术归属和保密义务条款问题,该协议没有具体实施方案和根本没有履行,也就不可能涉及技术权属和违约侵权的问题;上诉人未以法人的名义与答辩人和其他被上诉人进行过技术、经济上的合作,答辩人亦从未获取过上诉人的技术资料,更不可能使用其技术。因此,请求本院驳回上诉人的上诉请求,维持原判决。

被上诉人高进明答辩称:1. 上诉人为确保在内江工程中选用其设备,确立共同拓展市场、推销设备的关系等,签订了合作协议书。因此,该协议不是技术实施许可协议。后由于内江业主通过实地考察,并经内江市政府决定,未选用上诉人的设备,故该协议实质上并未履行。被上诉人的技术是吸收公知技术等通过自己的诚实劳动进行的再创造,与上诉人的技术存在显著差异,侵权无从谈起。2. 科技成果鉴定是有关科技行政机关按照法律规定的形式和程序,对科技成果进行审查和评价所做出的结论,与上诉人在本案中所称的工艺、技术是否构成专有技术更无必然联系。3. 一审法院委托四川省建设委员会对本案进行技术鉴定,是上诉人要求的,且主持单位也是由上诉人首先提议的。参加鉴定的3位专家参加了绿色环保公司承建的都江堰城市垃圾堆肥处理工程技术论证会,这次会议是国家环保总局主持召开的,是一次国家行政主管部门正常公务活动,不存在利害关系。同样,这3位专家也参加了上诉人承建的广汉垃圾处理厂的经验交流会,推广上诉人的技术,其中,作为鉴定专家之一的徐振渠教授还陪同外国专家到上诉人处考察,说明这些专家与上诉人之间的交往早于、深于同被上诉人的交往。因此,请求驳回上诉人的上诉请求。

被上诉人绿色环保公司答辩称:1. 上诉人至今没有证明绿色环保公司在独立承担的垃圾处理厂项目中使用了上诉人的技术。2. 绿色环保公司从未与上诉人签订过任何协议,上诉人所出示的合作协议对本公司无任何约束力。上诉人也未给过本公司技术资料。3. 一审法院委托四川省建设委员会对本案所作的技术鉴定,是由上诉人申请并提议的。参加鉴定的有3位专家参加相关技术推广会和论证会是正常的,且上诉人在鉴定前也知道此事,因此,不存在回避的理由。故请求驳回上诉人的上诉请求。

被上诉人内江机械厂答辩称:一审法院委托四川省建设委员会组织的技术鉴定,程序合法,内容真实;上诉人的技术构不成专有技术,无需再将上诉人的技术与被上诉人的技术进行对比。因此,一审判决正确,应予维持。

二审审理查明

一审法院认定的事实属实。二审法院另查明:1999年4月18～19日,国家环保总局在四川省成都市召开"城市生活垃圾堆肥处理技术论证会",对绿色环保公司承建的都江堰垃圾处理厂进行技术论证,参加本案鉴定的3位专家徐振渠、陈世和、张进锋参加了该次技术论证会。此前,1999年1月13～15日,国家科技部、建设部在四川省广汉市召开"全国城市生活垃圾处理与资源利用经验交流会",上述3位专家也参加了此次会议,并参观了上诉人承建的广汉垃圾处理厂。1998年4月,徐振渠还陪同外国公司的专家前来上诉人处进行参观。

二审法院还查明:王英宾向中国专利局申请"垃圾复合肥料及其生产方法"发明专利(申请号为97103929),因未在指定期限内陈述意见,于2000年2月9日被该局视为撤回申请。该项技术方案现已进入公知领域。

在本案二审期间,二审法院针对三丰科技公司对鉴定组织单位四川省建设委员会出具的《技术认定意见》提出的专业技术问题,通知参加本案鉴定的五位鉴定人到庭接受询问并进行当事人互相质证,四川省建设委员会也派代表出庭。到庭鉴定人为本业务领域的专业技术人员。《技术认定意见》和鉴定人证实，三丰科技公司所主张的11项专有技术要点，有的已规定在行业标准中，有的已在使用中公开并见诸于公开的出版物，故该公司的"生活垃圾无害化资源化处理工艺与利用技术"属于公知公用技术。其中，关于"工艺流程和生产线设备布置"和"总体设计方案和物料的取舍"，在1993年8月实施的中华人民共和国行业标准《城市生活垃圾好氧静态堆肥处理技术规范》（CJJ/T52—93）中，已规定了相同的一次性发酵工艺和二次性发酵工艺，混合进料和分选进料两种基本进料工艺流程。在国家科委社会发展科技司、建设部科技发展司编写的《城市垃圾处理技术推广项目》（1992年6月中国建筑工业出版社出版）一书中，登载了上海、无锡、杭州、武汉等11家的静态好氧堆肥技术，它们与上诉人的工艺技术方案实质相同。关于"生化车间的通仓式结构"，早在北京市通州区、上海市、桂林市等地使用，上诉人主张的风量、风压等参数，上诉人并未具体写明，而在行业标准CJJ/T52—93、CJ/T3059—1996中已有明确的规定和要求。关于"设置匀质库"技术要点，其功能实质上起到二次发酵作用，对于改善堆肥制品质量（均匀性）是有益的，但属于一般技术措施，且浙江省常州垃圾处理厂已使用这样的技术。关于"专用土建设计方案"，需根据工艺技术要求和相关制约条件，如地形、地质、气候等进行设计提出，属常规技术。关于"典型的设备安置和选型"，与该领域工艺技术相关，属于常规的技术措施。关于"污水循环，减污、接种一举多得"，已在行业标准CJJ/T52—93第5.2.4条和CJ/T3059—1996第3.2.8条中作出规定，至于该方案中设计使用几个水池，由工艺技术决定，可以有自己的特点，但应属于一般技术措施。关于"综合利用减容量达90％以上"，据现场查看此技术措施如"人工分选废塑料粒"、"可燃物焚烧"等，仍属于一般技术措施。关于"八角形多功能筛分机滚筒筛的巧妙利用"，上海、天津、北京市等地已公开使用这种技术；在行业标准CJ/T29.4—91和CJJ/T52—93中均已对用于筛选垃圾的滚筒筛从定义到主要技术条件做了明确的表述；上诉人称其技术方案"喂料机与八角滚筒筛巧妙配合"，但并没有指出具体的巧妙之处，等等。

二审判理和结果

二审法院认为：受我国《反不正当竞争法》、原《技术合同法》等法律保护的专有技术，即技术秘密，应当具有不为公众所知悉，能为权利人带来经济利益、具有实用性并经权利人采取保密措施的基本法律特征。为了准确判断上诉人所要求保护技术是否符合上述法律规定，一审法院在上诉人的请求下，邀请该领域专业技术人员进行了有关专业技术鉴定。该鉴定的鉴订单位、人员事先均经当事人协商同意，上诉人事先也了解其中3位专家曾与对方当事人有过工作接触，并未提出异议。二审中上诉人提出以3位专家鉴定人未予回避而质疑鉴定程序是否公正，主张所作的《技术认定意见》无效。经审查，上诉人提出鉴定人回避的理由难以服人，也不构成法律意义上应当回避的条件。所以，一审法院委托进行的此次鉴定程序上并无不当，上诉人的主张不能予以支持。

本院为了查实鉴定的实质内容是否准确，特通知鉴定人到庭，为双方当事人质证特别为上诉人对鉴定人发问创造了条件。经过庭审，5位专业技术人员对上诉人所主张的11项技术秘密要点逐项与公开出版物、行业标准等载明的及实际公开使用的相应技术进行了具体、详细、耐心地对比。他们的陈述的根据确实、理由充分、内容完整。而上诉人的举证和辩解却显得不足和无力。因此，一审法院采信该《技术认定意见》并无不妥。根据五位专家的鉴定意见，三丰科技公司所主张的技术属于公知公用技术，不属法律所保护的技术秘密。因此，无论四被上诉人是否从三丰科技公司获取该项技术以及是否使用该技术，均不构成对三丰科技公司技术秘密或者"非专利技术成果权"的侵犯，至于三丰科技公司与省环保开发总公司签订的《合作协议书》中，虽有三丰科技公司"提供的任何工程的总体方案、工艺技术和配套设备所有权归乙方，甲方对该技术和相关硬件技术有保守秘密的责任"的字样，但该协议书对三丰科技公司提供何种技术、何时提供等具体内容并没有约定，事后也未再议定和履行。同时该《合作协议书》中却有被上诉人省环保开发总公司对外签订工程合同三丰科技公司要向其交纳自制设备价格5%~10%的管理费。因此，从协议的总体看，被上诉人辩称的该《合作协议书》仅为双方开拓上诉人设备销售市场的一致意向的主张，理由更为充足，该协议书不足以认定为一份技术转让协议。何况辨别某项技术是否属于受法律保护的技术秘密，主要不在于协议上是否标有"秘密"字样，而在于该技术方案是否具备技术秘密的法定条件。

人民法院在审理侵犯技术秘密等案件中，应当对双方当事人所争议的技术方案是否为技术秘密进行审查。被审查的技术尽管在诉讼前或许进行过有关技术鉴定或者被行政管理部门颁发过相关证书，但都不能构成抗辩人民法院在审判中依据国家法律对某项技术作出是否为技术秘密、是否应获得法律保护最终司法认定的正当理由。对于一项技术是否构成技术秘密的认定，属于人民法院行使司法审判权进行法律适用的范围。专业技术人员在受委托的技术鉴定中，主要是利用其专业知识就该项技术是否为公知公用技术等技术事实问题做出判断。一审法院在鉴定委托中将当事人所争议的技术是否为受法律保护的技术秘密也委托给专业技术人员鉴定，不尽妥当。但在本案鉴定中专业技术人员主要是对所争议的技术是否为公知公用技术作出判断，故一审法院的鉴定委托虽有不妥，但此点对本案的实体判决却没有影响。本院将本案案由纠正为侵犯技术秘密纠纷，更能准确、集中的体现双方当事人争讼的知识产权法律关系，也更明确地昭示所应当适用的法律领域。

综上所述，一审法院认定事实清楚，适用法律正确，应依法予以维持。三丰科技公司的上诉理由不足，其上诉请求予以驳回。依据《民事诉讼法》第153条第1款第（1）项之规定，判决：驳回上诉，维持原判决。本案一审案件受理费60 010元，技术鉴定费58 053.80元，按一审判决执行。二审案件受理费60 010元，专家出庭差旅费12 906元，由三丰科技公司负担。

法官评述

本案主要涉及如下问题：

一、关于《技术认定意见》能否采信问题

一审法院根据三丰科技公司的申请，委托四川省建设委员会组织对该公司的"生活垃圾无害化资源化处理工艺与利用技术"是否为公知公用技术进行鉴定，组织鉴订单位及参加鉴定的5位专家是经过双方当事人协商同意的，对5位参加鉴定的专家中的其他

3位专家，在参加本案鉴定前分别与对方有过一些工作上的接触也是知道的，双方当事人没有申请该3位专家回避，因此，本案鉴定程序合法。一审法院对四川省技术委员会出具并由参加鉴定的专家签字的《技术认定意见》进行了当庭质证，二审法院还通知参加的5位专家及组织鉴订单位的代表到庭质证。5位专家对三丰科技公司所主张的11项技术秘密要点逐项与公开出版物、行业标准上记载的以及实际公开使用的相应技术进行了具体对比，依据充分，内容真实。因此，二审法院认为，一审法院采信该《技术认定意见》并无不妥。

此外，从一、二审法院查明的事实看，三丰科技公司在与省环保开发总公司签订《合作协议书》前，其法定代表人王英宾及其设计人员王英才即已与省环保开发总公司承建的四川省内江市垃圾处理厂工程的初步设计，且该初步设计方案的主要工艺流程的原理、步骤、方法及技术参数与三丰科技公司通过技术鉴定的"生活垃圾无害化资源化处理工艺与利用技术"基本相同，表明三丰科技公司对该项技术并未予以保密，这也从另一方面印证了《技术认定意见》的结论是正确的。

二、关于四被上诉人是否构成侵权问题

根据上述《技术认定意见》，三丰科技公司所主张的11项技术秘密要点或者非专利技术，均属于公知公用技术，不应通过技术秘密或者非专利技术予以保护。因此，无论四被上诉人是否从三丰科技公司获取此项技术以及是否使用此项技术，均不构成对三丰科技公司技术秘密或者非专利技术成果权的侵犯。至于三丰科技公司与省环保开发总公司签订的《合作协议书》中，虽有三丰科技公司"提供的任何工程的总体方案、工艺技术和配套设备所有权归乙方，甲方对该技术和相关硬件技术有保守秘密的责任"条款，但该协议书对三丰科技公司提供何种技术、何时提供等具体内容并没有约定，事后也未再议定和履行。同时，该协议书中却有被上诉人省环保开发总公司对外签订合同，三丰科技公司要向其交纳自制设备价格5%～10%的管理费。所以二审法院认为，从协议书的总体看，被上诉人辩称的该协议书仅为双方开拓上诉人设备销售市场的一致意向的主张，理由更为充足，它还不足以认定为一份技术转让协议。

三、关于行政部门技术鉴定的抗辩问题

三丰科技公司其"生活垃圾无害化资源化处理工艺与利用技术"已通过国家科委组织的技术鉴定，并且国家环境保护总局等部门也颁发了相关证书，试图以此证明该项技术成果为其技术秘密。一般来说，一项技术成果通过国家有关行政部门的成果鉴定，表明该项成果具有一定的先进性和创造性，但是，通过成果鉴定的技术成果，并不能表明该技术成果就是当然的技术秘密。因为行政部门的成果鉴定与司法部门对技术秘密的认定标准是不一样的。成果鉴定可能特别强调该项成果的先进性、创造性，而对其保密性往往并不作审查。而人民法院对技术秘密的审查，则要对其秘密性、保密性和经济实用性进行全面审查。所以，二审法院认为，人民法院在审理侵犯技术秘密纠纷案件中，应当对双方争议的技术方案是否为技术秘密进行审查。被审查的技术尽管在诉讼前或许进行过有关技术鉴定或者被行政管理部门颁发过相关证书，都不能构成抗辩人民法院在审判中依据国家法律对某项技术是否为技术秘密、是否应获得法律保护最终司法认定的正当理由。

四、有关专有技术、非专利技术和技术秘密之间的关系问题

原《技术合同法》所规定的非专利技术，根据《最高人民法院关于审理科技纠纷案件的若干问题的规定》第51条第2款所作的解释，其应具备的实质条件与《反不正当竞争法》所规定的商业秘密中的技术秘密是一致的，即秘密性、实用性，并且采取了保密措施，只是提法不同，《合同法》也已将原《技术合同法》中规定的非专利技术修改为技术秘密。专有技术要获得法律保护，也必须符合上述三个实质条件，因此，二审法院认为，一审法院按照非专利技术或者技术秘密的构成条件认定三丰科技公司所主张的技术不是非专利技术，并无错误。二审法院也指出了一审法院的错误，即一审法院在委托专家对三丰科技公司所主张的技术是否为专有技术进行鉴定是不妥的。专有技术是否构成非专利技术或者技术秘密，属于人民法院司法审判权的范畴，应由人民法院进行认定，专家只能就该项技术是否为公知公用技术等技术事实问题，利用其专业知识进行判断，这是需要今后注意的。本案中好在专家是在对所争议的技术作出是公知公用技术的判断的基础上，才认定其为不是专有技术的，故一审法院这一做法虽然欠妥，但对本案的实体判决没有影响。

五、关于案由问题

一审法院将本案案由定为"侵害专有技术纠纷"，并不准确。因为专有技术是学术用语，我国原《技术合同法》和《反不正当竞争法》都没有专有技术的规定，专有技术要获得保护，必须具备非专利技术或者技术秘密的条件。所以，为了更能准确、集中地体现双方当事人争论的知识产权法律关系，明确昭示所适用的法律领域，二审法院将本案案由纠正为侵犯技术秘密纠纷。

（二审合议庭成员：蒋志培　王永昌　段立红
编写人：最高人民法院知识产权审判庭　王永昌）

10. 电子工业部第十八研究所诉孙洗尘、邵桂荣、鲁文东、秦皇岛抚天电源公司、抚宁县开关厂、抚宁县抚宁镇经济管理委员会侵犯商业秘密纠纷案

阅读提示：如何确定依法应受保护的商业秘密的范围？本案中的两个被告并未直接使用商业秘密，是否构成侵权？

◉ 裁判要旨

在商业秘密侵权案件中，原告请求保护的商业秘密的范围会随着被告的抗辩和法院的审查而进行不断的调整，一般来说，其范围是逐步缩小的。法院对商业秘密范围的认定要根据《反不正当竞争法》第10条所规定的商业秘密的法定构成要件进行。

本案中，抚宁县开关厂、抚宁县抚宁镇经济管理委员会两被告虽然并没有直接使用商业秘密，但其引诱孙洗尘非法披露商业秘密，通过秦皇岛抚天电源公司非法获取和使用商业秘密，其行为也构成侵权。

◉ 案　号

一审：天津市高级人民法院（1996）高知初字第1号
二审：最高人民法院（1997）知终字第1号

◉ 案情与裁判

原告（二审被上诉人）：电子工业部第十八研究所（简称"十八所"）
被告：孙洗尘，男，秦皇岛抚天电源公司总工程师
被告：邵桂荣，女，无职业
被告：鲁文东，男，十八所工程师
被告（二审上诉人）：秦皇岛抚天电源公司（简称"抚天电源公司"）
被告（二审上诉人）：抚宁县开关厂
被告（二审上诉人）：抚宁县抚宁镇经济管理委员会（简称"抚宁镇经委"）

起诉与答辩

原告十八所诉称：镉镍、氢镍电池制造技术是原告多年来投入大量人力、物力研究开发的国家重点工程和军工配套项目。其技术水平居于国内领先地位，其产品销往全国各地，并多次进行技术转让、咨询等。获经济收入累计达4 000多万元，已形成社会产值3亿多元，该技术是原告的技术秘密。被告孙洗尘、邵桂荣、鲁文东在本所工作期间为获取现金、住房、股份等，私自与被告抚宁县开关厂、抚宁镇经委达成转让镉镍、氢

镍电池制造技术协议,并将上述技术作为股份投资建立抚天电源公司,该公司利用原告技术秘密生产、经营上述电池,其产品已获新技术产品交易会金奖。被告各方明知镉镍、氢镍电池制造技术为原告技术秘密,未经原告许可,私自转让,已构成对原告技术秘密的侵权,给原告造成了损失。请求法院判令被告立即停止侵权,由各被告赔偿原告经济损失 415 万元,其中被告抚天电源公司赔偿 60 万元,被告抚宁县开关厂赔偿 70 万元,被告抚宁镇经委赔偿 70 万元,被告孙洗尘赔偿 140 万元,被告邵桂荣赔偿 50 万元,被告鲁文东赔偿 25 万元,并由各被告承担全部诉讼费用。

被告孙洗尘辩称:原告所述协议是一个无效且未履行的协议。本人离开原告后,虽仍从事电池生产技术的开发研制工作,但此种开发研制是利用公开可以获得的技术知识编制新的工艺流程及配方,而不是将原告现有的技术搬来使用,所以不构成侵权。

被告邵桂荣辩称:其不知原告所述协议,其是学社会科学的,不懂技术,没有能力与条件为抚天电源公司提供技术,也没有取得任何报酬,担任过任何职务,故不构成侵权。

被告鲁文东辩称:对原告所述协议并不知情,协议签订后,孙洗尘曾非正式地透露过有关内容,但本人表示反对,故不构成侵权。

被告抚天电源公司辩称:被告孙洗尘根本没有履行协议。抚天电源公司的技术来自公知技术,来自孙洗尘和抚天电源公司技术人员的开发研制,其研制任务还未完成,产品正在试生产阶段,抚天电源公司获奖产品是用原告方出售的零部件组装的,故不构成侵权。

被告抚宁县开关厂、抚宁镇经委辩称:抚天电源公司是否侵犯原告的技术秘密与该二被告无关,请求驳回原告的诉讼请求。

一审审理查明

一审法院经审理查明:镉镍电池制造技术是十八所于 1965 年研究开发出的技术成果。1966 年镉镍电池应用于军工配套项目,1985 年部分技术用于生产民用产品。1992 年 8 月,该项技术通过中国电子工业总公司成果鉴定,结论为:镉镍碱性电池是一种高能优质电池,其性能达到国际同类产品 20 世纪 80 年代以来先进水平,并居国内同类产品的领先地位。氢镍电池制造技术是国家下达的重点工程项目,十八所于 1990 年开始研制,1994 年该项技术通过所级鉴定,结论为:氢镍电池是化学电源领域近年来兴起的新型碱性蓄电池,能量高于镉镍电池 1.5~2.0 倍,可与镉镍电池互换且没有镉污染,综合性能居国内领先地位,应用领域广泛,经济效益高。镉镍、氢镍电池制造技术成果均已经过中试,并形成生产能力。十八所已向国内多家企业有偿转让该技术,技术转让费报价为 300~340 万元。

孙洗尘于 1977~1989 年在十八所任镉镍电池课题组长。1990 年至 1994 年 7 月任氢镍电池课题组长、高级工程师,并多次在镉镍、氢镍电池研究中获奖。1991 年氢镍研究课题正式列入国家高科技"863 计划"。在南开大学、包头稀土院与十八所共同组成的攻关组中,十八所负责电极工艺和电池装配工艺研究。该课题于 1992 年 10 月通过国家教育委员会、中国电子工业总公司、中国冶金工业部联合主持的技术鉴定。此间,孙洗尘参与了技术攻关工作。

1985年，十八所制定了《保密工作暂行规定》，其中保密范围包括镉镍、氢镍电池制造技术。该规定对该所科研成果的保密问题亦作了详细、具体规定。1991年3月，孙洗尘在十八所制定的内容为"谁主管谁负责，防丢失和泄密"的班组长治安安全工作保证书上签字。1992年6月23日国家科委颁布《"863计划"保密规定》，其中将"氢镍电池制造技术"列入保密范围，要求承担"863计划"课题的单位应将课题的保密事宜纳入本单位的科技保密工作中统一管理，对违反国家保密法规和规定的单位、个人，依据保密法有关规定处罚。

1993年5月，抚宁县开关厂原法定代表人王树仁、原抚宁镇经委主任周志强、副主任公守礼到十八所洽谈镉镍、氢镍电池制造技术转让事宜，十八所由孙洗尘、鲁文东出面洽谈，后因转让费高，三方未达成协议。

1993年8月30日，孙洗尘（在十八所任职期间）与抚宁县开关厂、抚宁镇经委签订关于组建抚天电源公司的协议。该协议内容为：甲方抚宁县开关厂，乙方抚宁镇经委，丙方孙洗尘、邵桂荣、鲁文东。甲方投资170万元，股份为32%；乙方投资170万元，股份为32%；丙方为技术股，股份为36%，其中孙洗尘、邵桂荣股份为30%，鲁文东股份为6%。甲、乙双方提供场地、厂房及水电配套等设施并负责筹建公司及招工等事宜。丙方负责提供产品的生产技术工艺，提供设备清单，使生产的产品达到国家标准，并指导设备安装、负责产品销售及新产品的开发及研制。协议还约定：孙洗尘为公司董事长，王树仁、周志强为公司副董事长，邵桂荣、鲁文东为董事。为引进高科技技术人才，甲、乙双方为孙洗尘、邵桂荣二人提供风险金人民币20万元，于协议生效之日一次付清；为孙洗尘、邵桂荣夫妇提供住宅一套，于1994年7月底前竣工，建房资金由公司投资10万元，超过部分自付。除不可抗拒的因素外，甲、乙方在投资过程中终止协议，保险金全部给丙方，如投产后终止协议，赔偿丙方销售总额的3%。丙方在投产前违约，甲、乙方收回丙方的保险金，投产后合同期内违约，丙方赔偿甲、乙方销售总额的3%，合同期限十年。王树仁代表抚宁县开关厂，周志强代表抚宁镇经委，孙洗尘代表邵桂荣、鲁文东在协议上签字。协议签订后，抚宁县开关厂、抚宁镇经委依据该协议于1993年9月9日为孙洗尘夫妇在河北省抚宁县城关信用社存入人民币20万元，存单户名为邵桂荣，存款期限3年，存款单账号为5476，并为其提供住房一套六间，价值人民币10万余元。抚天电源公司于1995年3月将存款单交于孙洗尘，孙洗尘已用去5万元，并于同年12月迁入抚天电源公司提供的住房居住。邵桂荣未使用该住房，亦未动用存款。1995年3月，邵桂荣与孙洗尘离婚。孙洗尘亦依约于1993年8月30日开始参与抚天电源公司的筹建工作。1993年11月26日，抚天电源公司股东各方制定了该公司股份合作制章程，其主要内容是：企业经营范围为蓄电池，企业注册资本100万元，企业法定代表人王树仁，企业股份为集体股、个人股两种；集体股为抚宁县开关厂和抚宁镇经委投入的资金，个人股为社会个人和厂内职工投入的资金，孙洗尘以技术股占30%。1994年1月29日，抚天电源公司正式成立。1994年6月25日，抚天电源公司开始试生产镉镍、氢镍电池，孙洗尘进行了技术指导工作，并参与编写抚天电源公司简介及镉镍、氢镍电池产品说明书。1994年10月30日，孙洗尘调离十八所至天津和平海湾置业发展公司工作。1995年3月，孙洗尘调入抚天电源公司任总工程师，负责抚天电源公司镉镍、氢镍电池技术工作。在孙洗尘调离十八所时,未按规定将其使用的技术手册全部移交十八所。1995年1月6日,抚天电源公司生产的AA型氢镍可充电电池获"'95全国新技术产品交易会"金奖。至1995年11月,抚天电源公司继续生产和销售镉镍、氢镍电池,并作出扩大生产的预算报告。

另查明:十八所因抚天电源公司、抚宁县开关厂、抚宁镇经委及孙洗尘侵犯其镉镍、氢镍电池制造技术秘密而造成经济损失90万元,调查费用8 027.58元。

一审期间,一审法院委托北京有色金属研究总院对抚天电源公司生产的"抚天牌"镉镍、氢镍电池与十八所生产的"兰天牌"同类同型号电池进行检测,结论为:在检测项目中,双方产品除镉镍电池的正极骨架以外,其他项目均相同或者基本相同。

一审判理和结果

一审法院认为:镉镍、氢镍电池制造技术系十八所开发的受法律保护的技术秘密,任何单位和个人未经权利人许可不得以非法手段获取、披露和使用。经鉴定,证实抚天电源公司通过孙洗尘的传授,使用了十八所的镉镍、氢镍电池的技术秘密。抚宁县开关厂、抚宁镇经委明知十八所镉镍、氢镍电池技术具有较高价值,属技术秘密,未通过有偿转让的正当途径,与孙洗尘私下签订协议,采取物质引诱手段使孙洗尘披露十八所技术秘密,且通过抚天电源公司获取和使用十八所技术秘密。抚天电源公司、抚宁县开关厂、抚宁镇经委及孙洗尘均有过错,给十八所造成了损害后果,依法应承担相应的法律责任。但十八所诉邵桂荣、鲁文东侵犯技术秘密证据不足,不予支持。该院依照《民法通则》第118条、第130条、第134条第1款第(1)项和第(7)项及第2款,《反不正当竞争法》第10条、第20条,《民事诉讼法》第232条,《最高人民法院关于适用民事诉讼法若干问题的意见》第154条、第294条的规定,判决:一、抚天电源公司、孙洗尘在本判决生效后,立即停止使用十八所镉镍、氢镍电池技术秘密进行电池产品的生产和销售;二、抚宁县开关厂、抚宁镇经委在本判决生效后立即停止对十八所商业秘密的侵权行为;三、十八所经济损失共计908 027.58元人民币,由抚天电源公司、抚宁县开关厂、抚宁镇经委共同承担608 027.58元人民币,由孙洗尘承担30万元人民币(含其非法获利15万元人民币及利息),该四被告应赔偿数额为本判决生效之日起30日内向十八所付清,逾期按延付金额的同期贷款最高利率加倍计付迟延利息。抚天电源公司、抚宁县开关厂、抚宁镇经委、孙洗尘承担连带赔偿责任;四、抚天电源公司、孙洗尘对十八所技术秘密负有保密义务,不得擅自扩大知悉范围;五、驳回十八所其他诉讼请求。本案案件受理费30 760元,其他诉讼费用8 652元,技术鉴定费14 830元,总计54 242元,由十八所承担23 647.20元,由抚天电源公司承担7 648.70元,抚宁县开关厂承担7 648.70元,抚宁镇经委承担7 648.70元;孙洗尘承担7 648.70元。该四被告连带承担案件受理费等诉讼费用。

上诉与答辩

抚天电源公司、抚宁县开关厂、抚宁镇经委不服一审判决,提起上诉称:1. 一审法院将镉镍、氢镍电池的全部制造技术均列为被上诉人的商业秘密不当,能够列入被上诉人商业秘密的仅是两种电池制造中的某几个技术环节或者配方。2. 上诉人并没有实施《反不正当竞争法》第10条所列举的侵犯商业秘密的行为,一审法院依据1993年8

月 30 日上诉人抚宁县开关厂、抚宁镇经委与孙洗尘签订的协议，即认定上诉人侵犯了被上诉人的商业秘密同样是不恰当的。3. 北京有色金属研究总院的技术鉴定只对上诉人与被上诉人生产的两种电池的常规项目进行了比较，而没有比较其特性。一审法院依据该院所作出的鉴定结论，确认上诉人使用了被上诉人的技术秘密，证据不足。4. 一审法院判决抚宁县开关厂和抚宁镇经委承担侵权的民事责任，在事实认定和适用法律上均有错误。5. 一审法院确认被上诉人技术转让费收益损失 90 万元，没有证据。故上诉人请求撤销一审判决，驳回一审原告的诉讼请求。被上诉人答辩称：一审判决认定事实清楚，证据确凿，适用法律正确，应予维持。

二审审理查明

二审法院经审理查明：一审法院查证事实属实。另查明：十八所研制的镉镍、氢镍电池制造技术秘密，主要包括：两种电池的高容量设计技术、特有的电池电极制造工艺、以及电池组装技术。其中特别是电池电极制造工艺中的"机械连续刮浆负极工艺"，是该所开创性的研究成果。上述技术成果均已经过"中试"形成生产能力，十八所已向国内多家企业有偿转让该技术，技术转让费一般根据生产规模而定。其中 1994 年 5 月该所与其他单位签订的"高能镉镍蓄电池生产线"技术转让合同，所约定的技术软件、服务费为人民币 300 万元。

二审判理和结果

二审法院认为：以机械连续刮浆负极工艺为主要内容的镉镍、氢镍电池制造技术是十八所自行研究开发的技术成果，属十八所的技术秘密，应依法予以保护。上诉人抚宁县开关厂、抚宁镇经委在与十八所洽谈转让该项技术未成后，却采用提供风险金、住房、技术入股等物质利诱手段，与孙洗尘私下签订组建抚天电源公司的协议，获取孙洗尘向该公司披露的十八所的技术秘密。上述风险金、住房由抚宁县开关厂、抚宁镇经委和后来成立的抚天电源公司已实际提供给孙洗尘，孙洗尘在公司中所占有的技术股份亦在该公司的成立章程中得到确认。抚宁县开关厂、抚宁镇经委的上述行为，显然属于引诱他人披露商业秘密的不正当竞争行为。孙洗尘明知其掌握的该项技术属于十八所的技术秘密，但在抚宁县开关厂、抚宁镇经委的物质利诱下，却违反法律规定，擅自向抚天电源公司披露、使用，已构成对十八所技术秘密的侵害。对此，有孙洗尘指导抚天电源公司生产镉镍、氢镍电池的大量事实为证，且一审法院委托鉴定的检测结果，也证实孙洗尘确实将十八所的技术秘密披露给了抚天电源公司。抚天电源公司明知孙洗尘个人无权将十八所的该项技术秘密投资入股，但却通过接受入股等不正当手段获取并使用该项技术，生产、销售镉镍、氢镍电池产品，给十八所造成了一定经济损失。因此，抚宁县开关厂、抚宁镇经委、抚天电源公司与孙洗尘具有共同的侵权故意，实施了共同的侵权行为，一审法院认定三上诉人与孙洗尘构成共同侵权并判决承担共同侵权的民事责任，并无不当。三上诉人所提一审法院确定技术秘密范围不当、其未实施侵犯十八所商业秘密的行为等上诉理由，均不能抗辩其已通过引诱孙洗尘披露并获取、使用十八所以机械连续刮浆负极工艺为主要内容的镉镍、氢镍电池制造技术的事实，故不予采信。至于对十八所经济损失的赔偿，一审法院以该项技术秘密的一般转让费为标准，综合考虑本案具体情况，确定三上诉人及孙洗尘对十八所的应赔偿数额，亦属合理，并无不当。据此，本院依照《民事诉讼法》第153条第1款第（1）项之规定，判决如下：驳回上诉，维持原判决。二审案件受理费30760元，由抚天电源公司、抚宁县开关厂、抚宁镇经委共同负担。

法官评述

本案是典型的商业秘密侵权案件。商业秘密案件是知识产权案件中审理难度较大的案件。在审理商业秘密案件时应当把握正确的审理思路，其中首要的工作是查明原告请求以商业秘密保护的信息的内容和范围，然后审查原告诉请保护的信息是否构成《反不正当竞争法》第10条规定的商业秘密，最后判断被控侵权人的行为是否构成侵犯商业秘密并确定其侵权责任。本案裁判中，有两个问题值得研究：

一、本案中受《反不正当竞争法》保护的商业秘密的范围

本案中，从原告的诉称来看，其主张的技术秘密是镉镍、氢镍电池制造技术，被告对镉镍、氢镍电池制造技术是否属于商业秘密均没有进行抗辩，一审法院最后笼统地认定"镉镍、氢镍电池制造技术系十八所开发的受法律保护的技术秘密"并作出侵权判决，而被告抚天电源公司、抚宁县开关厂、抚宁镇经委的上诉理由中有一点是针对商业秘密范围的认定，即，"一审法院将镉镍、氢镍电池的全部制造技术均列为被上诉人的商业秘密不当，能够列入被上诉人商业秘密的仅是两种电池制造中的某几个技术环节或者配方。"在商业秘密侵权案件中，法院对商业秘密的审查建立在原告的主张和被告的抗辩基础上，原告所主张的商业秘密的范围也会随着被告的抗辩和法院的审查而进行不断的调整，一般来说，其范围是逐步缩小的。法院对商业秘密的认定要根据《反不正当竞争法》第10条所规定的商业秘密的法定构成要件进行。在审判实践中，由于经营者对商业秘密的理解和认识不全面完整，需要法院在审理中进行不时的指导和释明。本案中，由于被告未进行抗辩，一审法院确定的原告的商业秘密的范围过宽，被告就此提出上诉后，二审法院补充查明了相关事实，明确界定了应当依法保护的原告的技术秘密的具体内容，这一补充对最终认定被告构成侵权是非常重要的。

二、抚宁县开关厂、抚宁镇经委的涉案行为是否构成侵犯商业秘密

本案中，抚宁县开关厂、抚宁镇经委并没有直接使用涉案商业秘密，其在本案中的行为主要是派人出面与孙洗尘等人私下签订组建抚天电源公司协议，并通过提供风险金、住房、技术入股等手段诱使孙洗尘等人带着十八所的商业秘密入股抚天电源公司。对于上述行为是否构成侵犯商业秘密存在争议。有观点认为，抚宁县开关厂、抚宁镇经委自己并没有直接使用商业秘密，其行为不构成不正当竞争。这种观点对于侵犯商业秘密的具体行为方式的理解过于狭隘。我国《反不正当竞争法》第10条规定："经营者不得采用下列手段侵犯商业秘密：（一）以盗窃、利诱、胁迫或者其他不正当手段获取权利人的商业秘密；（二）披露、使用或者允许他人使用以前项手段获取的权利人的商业秘密；（三）违反约定或者违反权利人有关保守商业秘密的要求，披露、使用或者允许他人使用其所掌握的商业秘密。第三人明知或者应知前款所列违法行为，获取、使用或者披露他人的商业秘密，视为侵犯商业秘密。本条所称的商业秘密，是指不为公众所知

悉、能为权利人带来经济利益、具有实用性并经权利人采取保密措施的技术信息和经营信息。"从上述规定看，侵犯商业秘密的具体行为方式包括获取、披露、使用、允许他人使用商业秘密，当然，这几种行为方式构成侵权尚有其前提条件。但并不是仅使用商业秘密行为才构成侵权。抚宁县开关厂、抚宁镇经委作为利用商业秘密生产销售镉镍、氢镍电池的抚天电源公司的集体股股东，在明知相关技术属于商业秘密的情况下，引诱孙洗尘等非法披露商业秘密，通过抚天电源公司非法获取和使用商业秘密，其与孙洗尘、抚天电源公司具有共同的侵权故意，构成共同侵权行为。一、二审法院认定抚宁县开关厂、抚宁镇经委构成侵权是正确的。

（二审合议庭成员：蒋志培　程永顺　王永昌
编写人：最高人民法院知识产权审判庭　王永昌　郎贵梅）

11. 宁夏正洋物产进出口有限公司诉宁夏福民蔬菜脱水集团有限公司等侵犯商业秘密纠纷案

> 阅读提示：商业秘密中的客户名单能否等同于一般的客户资料？确定侵犯商业秘密的损害赔偿额能否参照确定侵犯专利权的损害赔偿额的方法进行？

◎ 裁判要旨

商业秘密中的客户名单，不应是简单的客户名称，通常还必须有名称以外的深度信息，一般是指客户的名称、地址、联系方式以及交易的习惯、意向、内容等，其构成包括汇集众多客户的客户名册以及保持长期稳定交易关系的特定客户。确定侵犯商业秘密的损害赔偿额，可以参照确定侵犯专利权的损害赔偿额的方法进行。

◎ 案 号

一审：宁夏回族自治区高级人民法院（2005）宁民知初字第1号
二审：最高人民法院（2007）民三终字第1号

◎ 案情与裁判

原告（二审上诉人）：宁夏正洋物产进出口有限公司（简称"正洋公司"）
被告（二审上诉人）：宁夏福民蔬菜脱水集团有限公司（简称"福民公司"）
被告：马宏东
被告：刘军

案件由来

2002年3月，正洋公司以马宏东、刘军侵犯其商业秘密造成正洋公司巨额经济损失为由向银川市公安局报案。刑事侦查阶段，公安机关调取福民公司与外商出口业务成交结算单据资料，委托宁夏正大会计师事务所对正洋公司的损失进行评估测算（简称"正大报告"），评估测算结论为：福民公司的销售利润为2 251 947.08元，预计给正洋公司造成的直接经济损失为2 251 947.08元人民币。据此，银川市公安局以涉嫌侵犯商业秘密罪将案件移送银川市兴庆区人民检察院。2003年4月10日，银川市兴庆区人民法院对福民公司、马宏东、刘军侵犯正洋公司商业秘密罪刑事案件作出一审刑事判决，认定马、刘二人行为构成侵犯商业秘密罪，福民公司罪名不成立。宣判后，马宏东提起上诉，银川市兴庆区人民检察院提起抗诉。2003年6月24日，银川市中级人民法院作出刑事裁定驳回上诉和抗诉，维持原判。

2003年7月8日，正洋公司以福民公司、马宏东、刘军侵犯商业秘密为由向宁夏回族自治区高级人民法院提起民事诉讼，请求赔偿损失1370多万元、停止侵害、赔礼道歉并承担案件诉讼费用，一审庭审中福民公司以诉讼诽谤、敲诈致使公司名誉受损为由提出反诉。一审法院委托宁夏宏源会计师事务所对福民公司提供的会计账册进行审计（简称"宏源报告"），结论为福民公司与涉案8家客户成交38笔出口业务，实现利润382 190.90元。2004年6月17日，宁夏回族自治区高级人民法院作出一审判决，判令三被告停止侵犯正洋公司商业秘密、赔偿损失382 190.90元，驳回福民公司反诉。正洋公司、福民公司均不服，提出上诉，最高人民法院依法组成合议庭，公开开庭审理了本案。2005年4月13日，以一审法院对诉争商业秘密的范围、被控侵权行为及损失赔偿等事实认定不清，证据不足为由，将案件发回宁夏回族自治区高级人民法院重审。

本案重审期间，马宏东依据宏源报告，以正大报告不具有合法性、刑事案件认定事实错误为由提出刑事申诉称，其行为不构成犯罪。2005年6月16日，福民公司请求本案中止审理，一审法院裁定中止案件审理。2005年10月19日，银川中院刑事再审裁定维持了银川市中院和兴庆区法院的刑事判决、裁定。2005年11月8日，本案恢复审理。福民公司撤回反诉请求，正洋公司提出对其商业秘密开发费用进行司法鉴定以及对福民公司财产予以保全的申请，一审法院根据正洋公司提供的担保财产价值，作出对福民公司价值285万元财产予以保全的民事裁定。2006年7月，一审法院委托北京九州世初知识产权鉴定中心鉴定，结论为：具体开发费用取得的成本金额为1 791 356.11元。2006年12月7日，一审法院作出民事判决，判决三被告侵权成立，马、刘二人不再承担民事责任。福民公司赔偿正洋公司造成的直接经济损失共计人民币2 584 324.99元，赔偿商业秘密开发费、开发成本费的1/2，即896 178.06元；福民公司不得公开披露、扩散正洋公司的客户经营信息；福民公司于本地主要报刊上刊登向正洋公司道歉的声明；驳回正洋公司的其他诉讼请求。案件受理费78 752元，正洋公司承担59 064元，福民公司承担19 688元；第一审鉴定费1万元、重审鉴定费3万元、财产保全费15 520元，由福民公司承担。

一审审理查明

一审法院经审理查明：1998年10月，对外贸易经济合作部以（1998）外经贸政审函字第2689号文件批复宁夏军正物产股份有限公司作为民营企业享有进出口经营权。1999年1月27日，宁夏对外经贸厅以宁外经贸（贸）发（1999）年046号文件，批复同意宁夏军正物产股份有限公司更名为宁夏正洋物产股份有限公司，企业的经营范围、进出口商品目录不变。1999年8月19日，又以宁经贸（贸）发（1999）356号文件，转发对外贸易经济合作部（1999）外经贸政审函字第1601号文件，同意成立宁夏正洋物产进出口股份有限公司，并赋予其进出口经营权，同时撤销宁夏正洋物产股份有限公司的进出口经营权。同年8月23日，宁夏正洋物产股份有限公司经工商登记，名称变更为宁夏正洋物产进出口股份有限公司。2000年10月30日，宁夏正洋物产进出口股份有限公司向工商部门申请企业名称变更，恢复为宁夏正洋物产股份有限公司。同时，由正洋股份有限公司、正洋食品配料基地有限公司作为发起人，申请登记成立宁夏正洋物产进出口有限公司。同年11月8日，宁夏正洋物产进出口有限公司成立。2000年12月21日，宁夏对外经贸厅批复同意宁夏正洋物产进出口有限公司具有宁夏正洋物产进出口股份公司的进出口经营权，并扩大企业经营范围，撤销了宁夏正洋物产进出口股份有限公司的进出口经营权。1998年以来，在同一进出口经营权下，经营脱水蔬菜的出口贸易是正洋系列公司的主要外贸业务。从军正物产股份有限公司到正洋公司，均投入资金、人力、物力，开发建立了国际市场的客户经营信息网络，在国际市场上具有一定的知名度。从军正物产股份有限公司起，该公司就与职员签订保密协议，制定保密制度，指定专用计算机，并设置密码，公司的保密措施一直执行到本案的正洋公司。1999~2001年，正洋公司每年与国外客户成交一定数量的脱水蔬菜销售业务，与荷兰迪卡（DIKA）公司、德国密克斯（MIX）公司、德国舒马赫（W·SCO）公司、德国迪埃芙（DIAFOOD）公司、荷兰卡兹（CATZ）公司、意大利纽芙德（NEWFOODS）公司、德国超考·斯特（TRO-KOST）公司、德国翰森（HANSA）公司以及美国FDP公司等均成交过脱水蔬菜的销售业务。2004年12月17日，正洋物产进出口有限公司法定代表人由何正明变更为平学新。

1998年9月，马宏东应聘到正洋股份公司工作，作为公司单证科业务员，从事出口货物制单和储运工作。业务具体内容是：审核信用证，制作出口货物商检局报检、海关报关等单证，按照外销合同编制发票、装箱单，核对提单，联系出口货物运输，向银行交单结汇等。1999年2月5日，马宏东与正洋物产股份有限公司签订劳动合同书，聘任期限为5年。同年6月25日，马宏东与正洋物产股份公司签订保密协议，约定公司商业秘密的内容为对外签订的各种经济合同和协议的内容格式、生产销售采购管理的工作方案和计划、公司的客户档案资料（包括信用证、提单、发票等公司业务中的所有资料）及凡是能为公司带来经济利益、具有实用性且要求保密的所有技术信息和经营信息、管理信息。1999年7月，正洋物产进出口股份公司为马宏东办理了职工养老保险。马宏东在正洋公司工作期间，经手办理正洋公司与国外客户（包括涉案的国外客户）脱水蔬菜销售业务的出口报检、报关、储运、银行结汇等具体业务。2001年1月，马宏东未与正洋公司办理解除劳动合同等辞职手续便离开了正洋公司。

1999年9月，刘军应聘到宁夏正洋物产股份有限公司工作，自2000年6月开始从事开发脱水蔬菜出口美国市场的业务。1999年9月20日，刘军与正洋物产进出口股份有限公司签订劳动合同，同年10月7日签订保密协议（保密协议和劳动合同的内容与马宏东签订的内容相同）。同年10月，正洋物产进出口股份有限公司为刘军办理了职工养老保险。刘军在正洋公司从事外销业务期间，掌握正洋公司的国外客户资料及公司对外销售脱水蔬菜的经营信息资料。2001年6月，刘军向正洋公司提出辞职申请，离开了正洋公司。

1999年，宁夏正洋物产进出口股份有限公司为马宏东、刘军办理了公司职工基金、养老保险账户的划转缴费。同年6月30日，宁夏正洋物产股份公司为马宏东、刘军二人申报了社会保险，2000年由宁夏正洋物产进出口股份有限公司为马宏东、刘军二人办理了社会保险缴费。2001年社会保险申报单位由宁夏正洋物产进出口股份有限公司变更为宁夏正洋物产进出口有限公司。同年7月，宁夏正洋物产进出口有限公司申报缴纳养老保险的职工减少名额花名册中载明刘军"辞职"，马宏东"解除"。2000年正洋物产进出口股份有限公司缴费工资核定表中的人员名单与2001年正洋物产进出口有限公司缴费工资核定表以及 2002 年正洋物产进出口有限公司缴费工资表中的人员名单相同。

2001 年 3 月初，离开正洋公司的马宏东得知福民公司急需办理出口货物单证的业务员，便主动打电话与福民公司联系，应聘到福民公司工作，约定试用期 3 个月，从事与其在正洋公司工作性质相同的办理脱水蔬菜的出口单证、储运和银行结汇业务。福民公司的法定代表人张东玲告知马宏东："只要把以前福民公司通过外贸公司做的业务拉过来，由福民公司直接同国外客户做，每做成一笔，公司按货物的离岸价 1.5% 给你提成。"

2001 年 4 月某晚，马宏东到正洋公司刘军的办公室，趁其不在，将载有正洋公司对外销售业务人员与国外客户联系业务时积累的客户信息和销售经营信息的电子邮件拷贝到软盘上后离开，当时还复印了国外客户与正洋公司的传真函件 2 张。回到福民公司后，马宏东以正洋公司电子邮件的格式、交易方法等客户经营信息内容为参照，用福民公司的产品名称、数量、库存商品最低成本价等信息制作成"模式化"（即固定邮件格式）的电子邮件，向从正洋公司窃取的 100 多家国外客户发送了电子邮件。数天后，马宏东多次向刘军索要其持有的记载正洋公司客户信息资料的笔记本。刘军将笔记本交给马宏东，并嘱咐不要出事，要求一小时内归还。马宏东在交还笔记本前，复印了笔记本的全部内容（正反面共 59 页）。马宏东在福民公司按照刘军笔记本上记载的 100 多家国外客户的联系人及联系地址发送了福民公司销售脱水蔬菜的电子邮件。同年 4 月 17 日，马宏东办理福民公司出口单证业务时，正洋公司法定代表人何正明从马宏东处抢走了福民公司出口货物的品质证书，并指责马宏东为什么到其他公司从事与正洋公司相同的业务。事后，张东玲向何正明打电话索要，电话中何正明告诉张东玲，福民公司聘任马宏东做业务使用的是正洋公司的客户信息。

2001 年 4 月、7 月、8 月，马宏东分三次通过窃取的电子邮件向 100 多家国外客户发送有关福民公司销售脱水蔬菜的电子邮件，收到回复后，按照正洋公司电子邮件中的交易方法、价格谈判方式，与国外客户就福民公司的货物进行交易。此后，福民公司陆续与国外一些客户取得联系并成交了出口脱水蔬菜的业务。

2001 年 7 月，刘军经马宏东介绍到福民公司从事脱水蔬菜对外销售业务，福民公司也向刘军作了按离岸价 1.5% 提成的承诺。刘军到福民公司后，利用正洋公司的客户经营信息先后与荷兰迪卡（DIKA）公司、德国密克斯（MIX）公司、意大利纽芙德（NEWFOODS）公司从事脱水蔬菜销售业务。

自马宏东、刘军到福民公司至发案时止，福民公司利用非法获取的正洋公司的客户经营信息，先后与意大利纽芙德（NEWFOODS）公司、德国迪埃芙（DIAFOOD）公司、荷兰迪卡（DIKA）公司、荷兰卡兹（CATZ）公司、德国密克斯（MIX）公司、德国舒马赫（WSCO）公司、德国翰森（HANSA）公司、德国超考·斯特（TRO—KOST）公司等国外 8 家客户成交出口脱水蔬菜业务 38 笔，共计 323.957 吨，获得销售收入 761 089.4 美元。马宏东获得公司提成人民币 28 000 元，刘军获得提成人民币 8 000 元。

2002 年 3 月，正洋公司以马宏东、刘军侵犯其商业秘密造成巨额经济损失为由向银川市公安局报案。立案侦查中,公安机关搜查了马宏东、刘军在福民公司的办公室并扣押了马宏东从正洋公司窃取的电子邮件打印件、传真复印件、刘军笔记本复印件以及福民公司与国外客户(包括涉案8家客户)往来的电子邮件等。在公安机关审讯中,马宏东、刘军供述了采用窃取、泄露等方式获取正洋公司客户经营信息,并在福民公司出口销售业务中披露、使用所获信息的事实经过。马宏东供称,他到福民公司时,福民公司就已与美国FDP公司签订了外销合同。2001年3月福民公司第一笔直接出口业务(与美国FDP公司)的客户是张东玲开发的。2001年4月,当他看到正洋公司电子邮件信息内容时,想到如果让自己拿来运作的话,将方便在福民公司做销售业务。马宏东还供称,在他联系办理出口贸易业务过程中,张东玲曾问过客户开发的事,担心货款拿不上。当时,他曾向张东玲讲:"市场开发这个事,你不用管,只要是我签的单子,货款能到账就行了。钱不到账,我能把货给你拉回来"。张东玲听后没作任何表示,后来也再未问过类似的问题。马宏东还多次供称,从国内出口贸易公司的外销合同、出口货物的发票、装箱单、报检委托书中不能获得国外客户的直接联系人和联系方式,仅能反映出客商名称和地址,而凭这些信息是不能联系到国外客户的,因为客户信息的具体联系方式,代理出口贸易的外贸公司是不会告诉生产加工商的。

银川市公安局委托宁夏正大会计师事务所对正洋公司的损失进行了评估测算,2001年9月至2002年7月,福民公司与8家国外客户成交了29笔业务,出口脱水蔬菜266.242吨,销售额689 210.059美元,折合人民币5 685 982.79元(以汇率8.25计算,不含海运费)。福民公司的销售利润为2 251 947.08元。另据福民公司提供的银行结算资料显示,公安机关调取证据时漏算9笔(销售额为117 540.4美元,折合人民币为969 708.3元),福民公司与8家国外客户做成的业务实为38笔。两项销售额合计为6 278 987.55元,销售利润为2 584 324.99元。

2003年7月8日,正洋公司以福民公司、马宏东、刘军侵犯其商业秘密为由向宁夏回族自治区高级人民法院提起民事诉讼,请求三被告赔偿以下经济损失:正大会计师事务所审计报告中认定的销售利润2 251 947.08元;正大会计师事务所审计中遗漏的9笔业务造成的直接经济损失332 377.91元;福民公司与美国FDP公司成交12笔业务造成的直接经济损失2 555 982.87元;正洋公司开发客户信息花费的成本1 791 356.11元;正洋公司丧失可获得的直接利益4 455 743.22元;正洋公司的名誉损失费100万元。马宏东、刘军赔偿违约金各50万元,由福民公司承担连带责任。此外,要求福民公司立即停止侵害,不得再继续使用窃取的商业秘密,同时在新闻媒体上公开道歉。本案全部诉讼费由福民公司承担。

一审法院另查明,福民公司前身为宁夏惠农福利蔬菜脱水有限公司,系民营股份制企业,经营蔬菜加工销售,生产脱水蔬菜系列产品。1999年9月,惠农福利蔬菜脱水有限公司获得进出口权,2000年取得自营进出口权。2001年3月以前,惠农福利蔬菜脱水有限公司通过国内进出口贸易公司代理脱水蔬菜的出口业务。2001年3月初,惠农福利蔬菜脱水有限公司开始与美国FDP公司订立外销合同,成交第一笔直接出口脱水蔬菜贸易。2002年3月26日,惠农福利蔬菜脱水有限公司更名为宁夏福民蔬菜脱水有限公司;2002年5月又更名为宁夏福民蔬菜脱水集团有限公司。

一审法院还查明,从马宏东到福民公司工作至2005年5月案发,徐州国际经济技术合作公司以及上海、江苏盐城等地的外贸公司代办福民公司出口业务,福民公司通过留在公司的这些出口贸易发票、合同书以及福民公司张东玲参加广交会获得的名片等信息没有做成脱水蔬菜的直接出口业务。

一审判理和结果

一审法院认为:从宁夏军正物产股份有限公司到本案原告公司,虽然公司的名称、结构发生了变化,但控制股东、经营管理制度等均没有实质性的变化,围绕取得的进出口经营权,公司的经营范围、出口业务、办公地点均相同,且经营人员为同一套人马。马宏东所窃取的电子邮件所反映的时间、业务人员也证明原告正洋公司取代正洋物产进出口股份有限公司后,承继了该公司的进出口经营权及公司的相关权利义务。因此,正洋公司作为正洋物产进出口股份公司的承继人,是本案正洋物产进出口股份有限公司的客户经营信息的权利人,是适格的原告。

正洋公司的信息内容由两部分组成:一是公司汇集整理的国外客户的名称、地址、电子邮件、网址、业务联系人等客户名单资料;二是客户名单资料与公司业务经营内容相结合,以电子邮件为载体的客户经营信息。这些内容反映了正洋公司与国外客户就货物品名、规格、质量、数量、产地、价格等的谈判过程以及谈判技巧、正洋公司货物的销售价格、客户订单等外销业务的实际操作情况。因此,正洋公司的客户经营信息体现了公司的经营特点。对于同行业的一般人员来讲,以上客户经营信息不能够轻易得到,具有秘密性。正洋公司自1998年以来,重视保护公司客户经营信息,建立公司保密制度,与公司人员签订保密协议,指定业务人员专用微机并加设密码,采取了合理的保密措施。正洋公司利用上述客户经营信息,每年与多家国外客户成交脱水蔬菜销售业务,取得了一定的经济效益。马宏东通过窃取的手段获得正洋公司的客户经营信息,并与刘军共同在福民公司使用,在一年多的时间里为福民公司与8家国外客户成交销售业务38笔,实现了销售收入6 278 987.55元。因此,正洋公司的客户经营信息具有实用性和价值性。该客户经营信息属于商业秘密,应当受到法律的保护。福民公司提交了宁夏回族自治区公证处公证书,证明正洋公司的客户经营信息属公开信息,网上可查实,因此不是商业秘密;还提交了福民公司与国内外贸公司的证明材料及内购合同、外销合同、装箱单、提单、代理出口协议等,证明涉案8家国外客户对福民公司而言不属于商业秘密。经审查,福民公司的该主张与马宏东、刘军关于正洋公司的客户信息网上查不到的供述相矛盾。福民公司提供的证据与马宏东、刘军窃取的正洋公司的客户经营信息的内容相对照,不具有关联性。因此,对福民公司提供的公证书和证明材料不予采信。

福民公司提供的其与美国FDP公司的两份外销合同传真件,分别为2001年3月1日和4月16日,合同上均有案外人劳明的签字,正洋公司提交的其与美国FDP公司的外销合同上也有劳明的签字,这说明美国FDP公司确与劳明有关系。由于无证据证明马宏东在2001年3月1日之前到福民公司工作,因此马宏东没有披露使用正洋公司客户信息的可能,对正洋公司主张福民公司在与美国FDP公司成交业务中使用了正洋公司客户信息的事实不予认定。

马宏东以窃取、复制的不正当手段获取了正洋公司的客户经营信息,并为福民公司与国外客户联系出口脱水蔬菜销售业务。刘军将持有的客户资料笔记本交给马宏东复制，泄露了正洋公司的客户信息。马宏东、刘军共同在福民公司的经营活动中披露、使用以不正当手段取得的客户经营信息，使福民公司与正洋公司客户信息中的8家国外客户成交38笔出口业务，二人的行为侵犯了正洋公司的商业秘密。马宏东、刘军供称，福民公司没有给二人提供实质性的客户资料供联系业务使用。马宏东除办理福民公司单证储运业务外，还经手联系出口销售业务。福民公司在聘用马宏东、刘军二人时，知道二人原是正洋公司的业务员，应当知道马宏东在联系出口销售业务时使用的是正洋公司的客户信息。发生"抢单证"冲突后，福民公司对马宏东在联系业务中使用了正洋公司客户经营信息的事实应当是明知的，但其为追求商业利益，放任马宏东、刘军的披露、使用行为，主观上具有过错，客观上披露、使用了正洋公司的商业秘密，获取了经济利益。因此，福民公司的行为构成侵犯正洋公司的商业秘密。马宏东、刘军在福民公司的经营活动中实施的侵权行为，使福民公司获取了经济利益，福民公司作为企业法人应当对企业人员的侵权行为承担民事责任。虽然正洋公司的保密协议中，关于企业人员的竞业禁止条款没有约定支付竞业补偿金和竞业禁止的合理期限，但马宏东、刘军作为企业雇员，不论是否离开正洋公司，都应当本着诚实的商业原则，在合理的期间内以默示的方式保守正洋公司的商业秘密。因马宏东、刘军已被追究刑事责任并判处经济处罚，故在本案中不再承担民事责任。福民公司作为侵权人应当承担给正洋公司造成经济损失的民事赔偿责任。

  关于侵权损失的赔偿计算。正大会计师事务所在进行评估测算时未被列为司法鉴定机构，但其具有进行会计评估的资质，且事后取得了司法鉴定资质，出具的评估测算报告具有相应的事实根据和法律依据，此证据应予认定并采信。宏源会计师事务所依据福民公司的银行结算资料，对福民公司与8家国外客户成交的38笔出口业务进行了审计，因银行的结算资料是真实的，故正洋公司提出公安机关调取资料时遗漏了9笔业务，福民公司利用其商业秘密与8家国外客户成交出口业务应为38笔的主张成立。刑事再审中，检察机关通过调查取证对福民公司提交审计的会计账目进行司法鉴定，提出该会计账目不真实，福民公司会计做账违反规定，宏源审计报告无法采信。福民公司提出对公司获取利润进行会计审计，但又不提供真实、合法的会计账目，应针对正洋公司提出损失数额的证据承担举证不能的责任。因此，在正洋公司的损失难以计算的情况下，依据正大会计师事务所的报告结论，应当认定福民公司29笔业务给正洋公司造成的直接经济损失为2 251 947.08元，推定福民公司给正洋公司造成9笔出口业务的经济损失为332 377.91元。由于此38笔业务是马宏东、刘军在完全使用正洋公司商业秘密的情况下成交的销售业务，故福民公司应赔偿正洋公司造成的直接经济损失共计2 584 324.99元（2 251 947.08元＋332 377.91元）。北京九州世初知识产权鉴定中心出具的正洋公司客户经营信息开发费用的鉴定报告客观、公正，对其结论应予以采信。福民公司的侵权行为不仅导致正洋公司市场份额被挤占，还导致正洋公司的商业秘密贬值，企业竞争优势减少，福民公司应当承担相应的赔偿责任。鉴于正洋公司所开发的客户经营信息系在经营活动中使用，投入的开发成本费用由销售利润逐年予以摊销，故其开发费应酌情由福民公司予以赔偿。对正洋公司要求赔偿商业秘密开发费1 791 356.11元的主张予以部分支持，福民公司赔偿开发成本费的 1/2，即 896 178.06 元。"

没有证据证明福民公司除在经营活动中披露、使用正洋公司的商业秘密外还存在向外再度扩散、公开正洋公司商业秘密的行为。正洋公司的客户经营信息仍具有秘密性，故福民公司承担不得公开披露、扩散正洋公司商业秘密的责任。对正洋公司提出要求福民公司公开赔礼道歉的主张予以支持。因无证据证明马宏东、刘军、福民公司捏造、散布虚伪事实贬低、毁损正洋公司的企业名誉，故对正洋公司要求福民公司赔偿其企业名誉损失费 100 万元的主张不予支持。正洋公司要求福民公司赔偿其可得利益损失 4 455 743.23 元以及要求马宏东、刘军各赔偿公司培训费 50 万元的诉讼请求亦不予支持。

综上，一审法院依照《反不正当竞争法》第 2 条、第 10 条、第 20 条；《民法通则》第 43 条、第 106 条第 2 款、第 117 条、第 118 条、第 134 条第 1 款第（1）项、第（10）项；《民事诉讼法》第 64 条、第 71 条、第 72 条、第 92 条、第 94 条、第 120 条第 2 款、第 130 条、第 131 条、第 147 条之规定，判决：一、福民公司于本判决生效 10 日内，赔偿正洋公司经济损失 2 584 324.99 元；赔偿正洋公司客户经营信息开发费 896 178.06 元；二、福民公司不得公开披露、扩散正洋公司的客户经营信息；三、福民公司自本判决生效 10 日内，于本地主要报刊上刊登向正洋公司道歉的声明；四、驳回正洋公司的其他诉讼请求。案件受理费 78 752 元，正洋公司承担 59 064 元，福民公司承担 19 688 元；一审鉴定费 1 万元、重审鉴定费 3 万元、财产保全费 15 520 元，由福民公司承担。

上诉与答辩

正洋公司上诉称：1. 一审法院认定福民公司在与美国 FDP 公司联系出口业务过程中没有侵犯正洋公司商业秘密的事实存在错误。马宏东在正洋公司工作期间亲自办理了正洋公司与美国 FDP 公司的出口业务，掌握了该项商业秘密。其在 2001 年 2 月中旬到福民公司工作后，披露、使用了正洋公司与美国 FDP 公司的商业秘密，并以福民公司的名义签订、执行外销合同 12 份，应当赔偿正洋公司的经济损失 2555982.87 元。2. 一审判决确定的赔偿数额过低。请求判令福民公司赔偿正洋公司商业秘密的全额开发费用 1791356.11 万元以及因侵权给正洋公司造成的可得利益损失 4455743.23 元、名誉损失 100 万元，判令福民公司承担本案一审鉴定费，保全费及一、二审诉讼费。

福民公司上诉称：1. 一审法院作出的判决认定事实不清。（1）正洋公司作为本案原告主体不适格。与马宏东、刘军签订劳动合同、保密协议的不是正洋公司；本案商业秘密所有者为宁夏正洋物产股份有限公司，无证据证明正洋公司合法持有或者经合法授权取得涉案商业秘密；正洋公司与宁夏正洋物产股份有限公司是两个不同的企业法人，二者相互独立，不存在承继关系。（2）正洋公司并不拥有法律上所指的商业秘密。其电子邮件内容基本上是要约邀请，没有商业秘密特有的价值性，也无证据证明原告与这些客户发生过实质性的贸易往来。（3）福民公司是在不知情的情况下以善意第三人身份获取、使用正洋公司的客户名单，主观上不具有故意或者重大过失，不构成侵权，也从未授意或者操纵他人取得正洋公司的客户名单，不应承担任何侵权民事责任。一审判决认定福民公司"在应知或者明知的状态下，披露、使用了正洋公司的商业秘密进行不正当竞争"的证据不足。银川市兴庆区人民法院（2003）兴刑初字第 41 号刑事判决书、银川市中级人民法院（2003）银刑终字第82-1号刑事裁定书以及银川市中级人民法院（2003）银刑再终字第1号刑事裁定书均认定"福民公司不是在明知或应知的状态下使用马宏东、刘军窃取的商业秘密，没有实施侵犯商业秘密的行为"。根据刑事卷宗，马宏东供述其从未向福民公司或者张东玲告知其窃取正洋公司的商业秘密并在福民公司使用的事实。福民公司向马宏东提供过开拓市场的一定条件，马宏东开发的客户没有超过福民公司通过国内外贸公司进行交易的范围。因此，福民公司对马宏东的违法行为不知道也没有理由应当知道。2. 一审判决确定赔偿数额错误。（1）正大会计师事务所出具两份咨询报告时不具备司法鉴定的资质；该报告将宁夏正洋物产股份有限公司与原告正洋公司混淆为一个公司；计算价格时参照物不是同一标准，计算方式错误，在计算销售成本时，不应仅包括原材料采购总价、手续费、海运费，还应包括将新鲜蔬菜加工成脱水蔬菜的加工成本、运输成本、销售费用等。因此，正大会计师事务所出具的报告不能作为测算损失的证据使用。（2）一审法院判令福民公司依照销售利润承担相应赔偿责任的同时，又判令其赔偿正洋公司商业秘密的开发费用，属于将侵权获利和侵权损失重复计算，严重侵害了福民公司的合法利益。（3）福民公司作为以脱水蔬菜为主营范围的生产企业，产品大部分内销，外销只是一小部分，不属于"以侵权为业的侵权人"，一审法院按照"销售利润"计算侵权所得错误。3. 福民公司没有捏造、散布虚伪事实，贬低、毁损正洋公司名誉的行为，也无证据证明正洋公司因侵权行为导致名誉、商业信誉、商品声誉受损，一审判决福民公司承担赔礼道歉的责任不当。综上，请求二审法院撤销一审判决，裁定驳回正洋公司诉讼请求，或者依法改判福民公司不承担民事责任，并由正洋公司承担本案一、二审诉讼费用及鉴定费用。

正洋公司针对福民公司的上诉答辩称：1. 正洋公司作为正洋物产进出口股份公司的承继人，在商业秘密载体、保密措施、社保、工资、经营管理制度、股权、资产、业务人员、办公设施、通讯设备等方面与正洋物产进出口股份公司均具有同一性和唯一性，是适格的原告。2. 刑事一、二、再审和民事重审查明的事实证明正洋公司的电子邮件、传真件、客户资料笔记本记载的经营信息具有竞争优势，不可能从公开渠道知悉，更不可能轻易得到，正洋公司对此采取了合理保密措施，该客户经营信息属于商业秘密。3. 福民公司有计划、有目的地挖聘掌握正洋公司商业秘密的员工，对马宏东、刘军非法使用正洋公司的商业秘密不仅明知且提供了便利条件。4. 在福民公司不提供真实合法的会计账目予以审计，其获利无法计算的情况下，应当对实际损害进行全部赔偿，正大会计报告依据的证据资料来源真实、客观，应当依此测算福民公司的销售利润，确定正洋公司的直接经济损失。一审法院对以上事实的判定正确。

福民公司针对正洋公司的上诉答辩称：1. 一审认定福民公司在与美国FDP公司联系出口业务过程中没有侵犯正洋公司的商业秘密正确。2. 无证据证明正洋公司存在可得利益损失，一审法院对正洋公司的此主张未予支持正确。3. 正洋公司计算客户开发费用时使用的凭证与本案不具有关联性，开发费用的测算结果不应被采信，一审法院对赔偿额的计算有误。

二审判理与审理结果

二审法院经审理查明，一审法院查明的事实基本属实。

二审法院认为：本案当事人争议的主要问题为宁夏正洋物产进出口有限公司作为本案原告主体是否适格；本案商业秘密的范围；福民公司是否属于善意获取、使用涉案客户名单经营信息；一审判决确定赔偿额是否合理有据。

（一）关于原告诉讼主体资格的问题

从一审法院查明事实分析，正洋系列公司的名称及结构发生了多次变更，均是经过当地政府批准并在工商管理部门登记注册的。无论公司的名称如何变更，围绕着公司的进出口权的撤销和取得，马宏东、刘军的实际雇主未变，业务范围未变。马宏东、刘军一直从事外销业务，虽然与他们签订劳动合同的是宁夏正洋物产股份有限公司，但本案诉争脱水蔬菜出口业务的国外客户经营信息的实际持有者是正洋公司。因此，正洋公司作为商业秘密的实际持有人有权提起侵权之诉。上诉人福民公司上诉称正洋公司诉讼主体不适格的理由不能成立。

（二）关于正洋公司涉案客户信息是否为商业秘密，福民公司是否使用了这些信息的问题

商业秘密中的客户名单，不应是简单的客户名称，通常还必须有名称以外的深度信息，一般是指客户的名称、地址、联系方式以及交易的习惯、意向、内容等，其构成包括汇集众多客户的客户名册以及保持长期稳定交易关系的特定客户。本案诉争的客户名单等经营信息是上诉人正洋公司通过长期从事脱水蔬菜出口外销业务积累形成的与国外客户的往来业务邮件，不同于公开领域中的一般客户资料。在扣押的马宏东窃取的43份电子邮件及马宏东窃取复制的传真件记载的内容中，不仅包含客户的名称、地址、联系方式，还包含了外销业务中客户的交易习惯、付款方式、购买产品的意向以及在交易中对方客户的一些特殊需要，构成了深度信息。通过互联网虽然能够查询到涉案8家国外客户，但这些客户联系出口业务的电子邮件地址以及交易习惯、付款方式、包装规格、所需货物的品名、质量、特殊需求等信息资料在该经营领域内不为相关人员普遍知悉，且获得这些信息资料具有一定难度。本案诉争客户名单经营信息的价值性体现在其所伴随的交易机会、销售渠道以及销售利润的增加，这些经营信息能够直接在联系外销业务中获得时间优势，提高竞争能力，创造经济价值，具有现实及潜在的竞争优势，从而具有商业秘密特有的价值性。正洋公司采取了合理的保密措施，在正常情况下足以防止涉密信息的泄漏，符合商业秘密管理性条件的要求。另在二审中福民公司亦提不出证据证明其对涉案8家客户的客户名单经营信息拥有合法来源。故此，一审法院认定涉案客户名单经营信息属于商业秘密且为福民公司使用正确，上诉人福民公司主张诉争客户名单经营信息不是商业秘密的上诉请求不能成立。

（三）关于福民公司是否善意取得诉争商业秘密的问题

福民公司聘用马宏东和刘军时知道其曾为正洋公司职工，并掌握该公司的经营信息，故其在尚无充分客户信息来源情况下成交大量外销业务，应具有注意义务，履行必要的审查职责。但福民公司对马宏东、刘军的行为未进行询问或者审查，更未采取进一步措施制止，主观上存在过错。故福民公司对马宏东、刘军二人披露和使用正洋公司商业秘密的不正当竞争行为应当承担民事赔偿责任。

（四）关于侵权损害赔偿的计算问题

确定侵犯商业秘密的损害赔偿额，可以参照确定侵犯专利权的损害赔偿额的方法进行。根据《最高人民法院关于审理专利纠纷案件适用法律问题的若干规定》第20条第3款规定，侵权人因侵权所获得的利益一般按照侵权人的营业利润计算，对于完全以侵权为业的侵权人，可以按照销售利润计算。本案中福民公司并不是完全以侵权为业的公司，在计算侵权获利时可按照该公司的营业利润为据，而不以销售利润为标准。二审法院综合考虑当时当地出口外销脱水蔬菜企业的一般经营状况、相关成本、费用及营业利润等情况，酌情确定福民公司的损害赔偿额。

本案诉争的商业秘密属于外销出口业务中客户名单经营信息，尚无证据证明该商业秘密已被扩散而导致被公众所知悉。因此，侵权人承担其披露、使用正洋公司商业秘密造成损失的赔偿责任即可，而不应再行承担对该商业秘密开发费用的赔偿责任。福民公司就此的上诉理由成立，应予支持。赔礼道歉的民事责任适用于加害人的行为侵害公民或者法人的人格权，给受害人造成商誉、名誉损害的情形。现尚无证据证明福民公司的侵权行为已造成正洋公司名誉或者商业信誉受损，故福民公司可不必承担赔礼道歉的法律责任。

正洋公司提供的证据不能证明马宏东到福民公司工作的时间早于福民公司与美国FDP公司签订合同的时间，故对其所提福民公司与美国FDP公司成交业务中使用了正洋公司客户信息的主张不予支持。

综上所述，上诉人正洋公司的上诉请求缺乏充分的事实依据，其上诉请求应予驳回；上诉人福民公司的上诉理由部分成立，可予支持。依据《反不正当竞争法》第10条、第20条，《民事诉讼法》第153条第1款第（3）项之规定，判决如下：

一、维持宁夏回族自治区高级人民法院（2005）宁民知初字第1号民事判决第二、四项；

二、撤销宁夏回族自治区高级人民法院（2005）宁民知初字第1号民事判决第三项；

三、变更宁夏回族自治区高级人民法院（2005）宁民知初字第1号民事判决第一项为：宁夏福民蔬菜脱水集团有限公司自本判决送达后15日内，赔偿宁夏正洋物产进出口有限公司经济损失934 834元。逾期支付，按照《民事诉讼法》第232条之规定，加倍支付迟延履行期间的债务利息。

一审案件受理费78 752元，由宁夏正洋物产进出口有限公司承担59 064元，宁夏福民蔬菜脱水集团有限公司承担19 688元；第一审鉴定费1万元、财产保全费15 520元由宁夏福民蔬菜脱水集团有限公司承担；重审鉴定费3万元由宁夏正洋物产进出口有限公司承担。二审案件受理费78 752元，由宁夏正洋物产进出口有限公司承担66 939元，宁夏福民蔬菜脱水集团有限公司承担11 813元。

法官评述

本案诉争的客户名单的经营信息是上诉人正洋公司通过长期从事脱水蔬菜出口外销

业务积累形成的与国外客户的往来业务邮件，不同于公开领域中的一般客户资料，是具有特定性的信息财产。从扣押的43份马宏东窃取的电子邮件看，这些电子邮件不仅包括正洋公司对产品的报价、包装、规格、价格的发盘，国外客户对包装、价格、付款方式、船运的还盘，还包括与DIKA公司只使用托收方式不使用信用卡进行交易的付款习惯；WSCO公司询问是否寄出洋葱样品以及要求提供脱水菠菜加工说明的特殊要求；NEWFOODS公司已收到番茄粉正在等待实验室检测，需要二级红、绿椒，样品需要在1月运到，对一级产品没兴趣，在等待特级菠菜叶样品的购买意向以及正洋公司告知样品到达的时间、地点、包装等内容。在马宏东窃取复制的传真件中，德国超考·斯特（TRO－KOST）公司告知正洋公司菠菜样品经过检测不合格，该公司不需要此产品，询问特级胡萝卜是否进行过光照或者经过特殊处理，对02126特级胡萝卜提出样品中有细菌并发酵严重。这些信息不仅包含客户的名称、地址、联系方式，还包含了外销业务中客户的一些特殊要求、交易习惯、付款方式、购买产品的意向以及双方在商业阶段对方客户的一些特殊需要，包括否定信息在内，构成了深度信息。

虽然可以通过互联网查询到涉案8家客户，但涉案8家客户联系出口业务的具体电子邮件地址以及其与国内脱水蔬菜出口公司的交易习惯、付款方式、包装规格、所需货物的品名、质量、特殊处理等信息资料在相关经营领域内不为相关人员普通知悉，不能从公开渠道直接、轻易获取，而且，获得这些信息资料具有一定难度，故该商业信息具有秘密性。

本案诉争客户名单经营信息的价值性体现在其所伴随的交易机会、销售渠道以及销售利润的增加，这些经营信息能够直接在联系外销业务中获得时间优势，提高竞争能力，创造经济价值，具有现实及潜在的竞争优势，从而具有商业秘密特有的价值性。正洋公司采取了合理的保密措施，在正常情况下足以防止涉密信息泄漏，符合商业秘密管理性条件的要求。福民公司无证据证明对涉案8家客户的客户名单经营信息拥有合法来源。由于正洋公司与涉案客户进行交易的具体联系人的电子邮件地址、销售价格、付款方式等深度信息不为公众所知悉和难以获得，正洋公司采取了合理的保密措施，这些信息能为正洋公司带来经济利益，所以，正洋公司所主张的上述客户名单应当认定为该公司的商业秘密。

从一审查明的事实看，福民公司聘用马宏东和刘军时知道其曾为正洋公司职工，马、刘二人在公安机关及刑事审理中曾供述没有向福民公司透露过窃取、复制正洋公司商业秘密在福民公司进行使用的事实；福民公司张冬玲仅要求两人将以前福民公司通过外贸公司代理的出口业务变为直接出口业务。虽然福民公司不能预测马、刘二人侵犯正洋公司商业秘密的行为必然发生，但是，福民公司自2000年取得自营进出口权，直到2001年3月才成交第一笔直接出口业务，而自马、刘二人进入福民公司，一年多的时间，福民公司就与国外8家客户成交出口业务38笔，实现销售收入6 278 787.55元，并且在2001年4月17日发生"抢单证"事件后，何正明曾告诉张东玲，福民公司使用的是正洋公司的客户信息。福民公司应当意识到市场的开拓总是具有步骤性和渐进性的，马宏东、刘军带来的大量外销业务是在福民公司没有充分客户信息的基础上完成的，可能存在违法使用正洋公司商业秘密的情形。福民公司作为一般的经营者应当具有注意的义务，履行审查的职责，但却对马宏东、刘军的出口业务是否使用正洋公司的商业秘密从未进行询问或者审查，并采取进一步措施，其主观上存在过错。福民公司的这种懈怠不可避免地造成正洋公司损害后果的发生，福民公司使用正洋公司商业秘密的行为并非纯属善意。故其对马、刘两人披露和使用正洋公司的商业秘密应当承担相应的民事赔偿责任。

（二审合议庭成员：蒋志培　王永昌　邻中林
编写人：最高人民法院知识产权审判庭　罗　霞）

12. 意大利费列罗公司（FERRERO S. p. A.）诉蒙特莎（张家港）食品有限公司、天津经济技术开发区正元行销有限公司不正当竞争纠纷案

阅读提示：在国外知名的商品是否当然就是《反不正当竞争法》中的知名商品？如何看待竞争中的模仿自由？在有各自商标的情况下，如何认定《反不正当竞争法》第5条第（2）项规定的混淆误认？

● 裁判要旨

我国《反不正当竞争法》对知识商品特有名称、包装、装潢的保护，以知名商品在中国境内为相关公众所知悉为条件，在国外知名的商品并不当然受我国《反不正当竞争法》保护。

对他人具有识别商品来源意义的特有包装、装潢，不能作足以引起市场混淆、误认的全面模仿，否则就会构成不正当竞争。

我国《反不正当竞争法》规定的混淆、误认，是指足以使相关公众对商品的来源产生误认，包括误认为与知名商品的经营者具有许可使用、关联企业关系等特定联系。

● 案 号

一审：天津市第二中级人民法院
二审：天津市高级人民法院（2005）津高民三终字第36号
再审：最高人民法院（2006）民三提字第3号

● 案情与裁判

原告（二审上诉人、再审被申请人）：意大利费列罗公司（FERRERO S. p. A.）（简称"费列罗公司"）

被告（二审被上诉人、再审申请人）：蒙特莎（张家港）食品有限公司（简称"蒙特莎公司"）

被告：天津经济技术开发区正元行销有限公司（简称"正元公司"）

起诉与答辩

费列罗公司向天津市第二中级人民法院起诉称：费列罗公司自1984年起通过中国粮油食品进出口总公司在中国市场销售巧克力产品，目前该产品在中国市场有很大的占有率。原告产品不仅在世界范围内，而且在中国也是尽人皆知的知名商品。多年来该产品一直保持特有的包装、装潢，其涵盖了原告商标、外观设计、著作权等多项知识产权，具有独创性，是原告知识产权的综合性体现。费列罗公司的巧克力产品使用的特有

包装、装潢为：①金色呈球状的纸质包装。②在金纸球状包装上配以椭圆形金边并且印有原告"FERRERO ROCHER"商标的标签作为装潢。③每一粒金纸球状包装的巧克力均有咖啡色纸质底托作为装潢。④具有各种形状的塑料制硬包装盒，但包装盒的盒盖均为透明，以呈现金纸球状内包装。⑤使用原告所持有的配有产品图案的组合商标作为装潢，并由商标标识处延伸出红金颜色的绶带状图案。该产品的金纸球状包装，以及金纸球状包装上贴有的椭圆形金边标签，实际上构成了原告产品的立体商标，在广大消费者中具有极高的认知度，任何消费者看到符合上述包装、装潢的巧克力产品都会认同为原告的产品。被告蒙特莎公司多年来一直仿冒原告产品，擅自使用与原告知名商品特有的包装、装潢相同或者近似的包装、装潢，误导消费者，使消费者产生混淆。而且，原告一推出新产品或者时节性产品马上就会遭到蒙特莎公司仿冒，甚至在欧洲推出的新产品尚未进入中国市场即遭仿冒。蒙特莎公司的上述行为及被告正元公司销售仿冒产品的行为已经给原告的生产和销售造成了恶劣影响，并侵害了广大消费者的合法利益，造成原告重大经济损失。请求判令蒙特莎公司不得生产、销售，正元公司不得销售符合前述费列罗公司巧克力产品特有的任意一项或者几项组合的包装、装潢的产品或者任何与费列罗公司的上述包装、装潢相似的足以引起消费者误认的巧克力产品，并赔礼道歉、消除影响、承担诉讼费用，蒙特莎公司赔偿原告经济损失人民币300万元。

蒙特莎公司答辩称：原告涉案产品在中国境内市场并没有被相关公众所知悉，无证据证明其在中国境内的市场销售量和占有率。相反，蒙特莎公司生产的金莎巧克力产品在中国境内消费者中享有很高的知名度，多次获奖，属于知名商品。原告诉请中要求保护的包装、装潢是国内外同类巧克力产品的通用包装、装潢，不具有独创性和特异性。而且，该包装、装潢是由商品的功能性质所决定的，不能认定是特有的包装、装潢。蒙特莎公司生产的金莎巧克力使用的包装、装潢是自己的工作人员和张家港市工艺美术印刷厂的专业设计人员合作开发，经过多次改进最终定型的，并非仿冒他人已有的包装、装潢。普通消费者在购买时只需施加一般的注意义务，就不会混淆原、被告各自生产的巧克力产品。原告认为自己产品的包装涵盖了商标、外观设计、著作权等多项知识产权，但未明确指出被控侵权产品的包装、装潢具体侵犯了其何种权利，其起诉要求保护的客体模糊不清。故，原告起诉无事实和法律依据，请求驳回原告的诉讼请求。

一审审理查明

一审法院经审理查明：1986年费列罗公司在中国核准注册了"FERRERO ROCHER"商标，其"FERRERO ROCHER"系列巧克力产品（简称"FERRERO ROCHER巧克力"）在1988年前通过中国粮油食品进出口总公司采取寄售方式进入中国市场。其产品总体外观、布局与其当前销售的产品基本没有差别，细节略有变化。费列罗公司自1993年开始，以广东、上海、北京地区为核心逐步加大FERRERO ROCHER巧克力在国内的报纸、期刊和室外广告的宣传力度。相继在一些大中城市设立专柜进行销售，并通过赞助一些商业和体育活动，提高其产品的知名度。2000年6月，其"FERRERO ROCHER"商标被国家工商行政管理部门列入全国重点商标保护名录。

蒙特莎公司是1991年12月张家港市乳品一厂与比利时费塔代尔有限公司合资成立的生产、销售各种花色巧克力的中外合资企业。张家港市乳品一厂是1989年12月成立的经营麦乳精、巧克力等产品的集体企业。1993 年 6 月经江苏省体制改革委员会批准，以张家港市乳品一厂为主体，成立了江苏梁丰食品集团公司，后变更为江苏梁丰食品集团有限公司。蒙特莎公司为江苏梁丰食品集团有限公司所属的紧密层企业之一，其中方投资者随后变更为江苏梁丰食品集团有限公司。1990 年 4 月 23 日，张家港市乳品一厂申请注册"金莎"文字商标，1991 年 4 月经国家工商行政管理局商标局核准注册。费列罗公司在 1994 年曾向国家工商行政管理局商标评审委员会提出撤销该商标，但未获支持。上海外贸申港食品厂是 1989 年 3 月成立的非法人国家、集体联营企业，1992 年 3 月取得法人资格，主营麦乳精、巧克力产品。张家港市乳品一厂为其联营企业之一，同时，上海外贸申港食品厂也是江苏梁丰食品集团有限公司的下属公司。有关政府部门对张家港市乳品一厂的资质认证中均同时附注上海外贸申港食品厂。1993 年以前，使用"金莎"商标的巧克力（简称"金莎巧克力"）获得的荣誉均颁发给张家港市乳品一厂。1992 年下半年开始，金莎巧克力的宣传、销售均冠以上海外贸申港食品厂或者在上海外贸申港食品厂前加注江苏梁丰食品集团有限公司。

张家港市乳品一厂自 1990 年开始生产金莎巧克力，该巧克力的包装、装潢与蒙特莎公司自 2002 年起生产销售的被控侵权巧克力使用的包装、装潢基本一致，与 FERRERO ROCHER 巧克力使用的包装、装潢较为近似。该产品 1990 年被张家港市经济委员会确认为市级新产品；1991 年荣获北京市第二届国际博览会银奖、江苏省第七届轻工业优秀新产品金奖、江苏省第三届轻工美术设计展评会二等奖；1992 年获得苏州市第二届优秀新产品。在此期间，金莎巧克力也作为上海外贸申港食品厂的产品对外宣传并销售。金莎巧克力在 1998 年被中国焙烤食品糖制品工业协会评为中国市场优秀品牌巧克力推荐产品之一；在 2000 年和 2001 年连续被中国食品工业协会评为国家质量达标食品，并在 2000 年获得中国知名食品信誉品牌；在 2000 年被江苏省质量技术监督局认定为江苏省重点保护产品；在 2001 年获得西部名牌产品贸易洽谈会金奖；在 2004 年被评为中国名牌产品并被确定为国家免检产品。"金莎"商标在 2001 年被认定为苏州市知名商标、江苏省著名商标。经上海外贸申港食品厂及江苏梁丰食品集团有限公司自 1992 年以来对金莎巧克力的广泛宣传，其知名度逐步提高，在获得上述荣誉的同时，在《中国食品报》公布的由中华全国商业信息中心或者全国连锁店超市信息办公室等单位发布的全国食品市场调查及全国连锁店销售统计、监测排行中，1997 年至 2002 年，金莎巧克力排名靠前。该统计排名中未出现 FERRERO ROCHER 巧克力。

2002 年张家港市乳品一厂向蒙特莎公司转让"金莎"商标（2002 年 11 月 25 日提出申请，2004 年 4 月 21 日国家工商管理总局商标局核准转让），蒙特莎公司开始生产、销售金莎巧克力。正元公司为蒙特莎公司生产的金莎巧克力在天津市的经销商。2003 年 1 月，费列罗公司经天津市公证处公证，在天津市河东区正元公司处购买了被控侵权产品。

一审判理和结果

天津市第二中级人民法院一审认为：知名商品是在市场上具有一定知名度，为相关公众所知悉的商品。由于其具有明显的地域特点，商品在国外的知名程度并不代表在中国境内的知名度，商品是否知名以及知名程度应根据其存在的市场具体情况予以认定。

早在20世纪70年代，采用金色锡箔纸包裹球状巧克力，使用透明塑料外包装，呈现巧克力内包装，已为其他巧克力生产企业所使用，并非FERRERO ROCHER巧克力所特有，该包装属通用包装，不应保护。但是，FERRERO ROCHER巧克力的装潢是费列罗公司在1988年前进入国内市场即已使用，具有识别和美化商品、区别商品来源的显著特征，构成其特有的装潢。蒙特莎公司生产、销售的金莎巧克力虽是延续使用张家港市乳品一厂的装潢，但金莎巧克力最早使用该装潢是在1990年，晚于费列罗公司。蒙特莎公司提供的其他证据不足以否定FERRERO ROCHER巧克力产品装潢的特有性。应当认定费列罗公司诉状中请求保护的②、④、⑤项装潢为FERRERO ROCHER巧克力所特有。蒙特莎公司生产、销售被控侵权的金莎巧克力产品是江苏梁丰食品集团有限公司对所属公司经营该产品采取的营销策略。蒙特莎公司承继张家港市乳品一厂、上海外贸申港食品厂生产该产品，具有延续性。不能因集团内部生产厂家的调整而将金莎巧克力的发展过程割裂，而应以产品的整体连续性作为其考察、评价基准。金莎巧克力自张家港市乳品一厂于1990年推出以来，一直采用与被控侵权巧克力一致、同时与FERRERO ROCHER巧克力近似的装潢。此后，经过以江苏梁丰食品集团有限公司为龙头的各生产企业的广泛宣传，金莎巧克力的市场占有率在巧克力产品中名列前茅，并多次获得国家政府部门和相关协会的褒奖，成为在中国知名度较高的商品。在原、被告的巧克力商品均为我国知名商品的情况下，二者商品知名的时间先后及知名度的高低应当作为普通消费者能否将被告商品误认为原告商品的具体认定因素。从双方巧克力商品知名的时间分析，蒙特莎公司生产的金莎巧克力至20世纪90年代中期已经逐步从地方政府及消费者认可的商品发展为全国知名商品，市场占有率较高，并于2004年被评为中国名牌产品。FERRERO ROCHER巧克力进入国内市场后的一段时间直至1993年前，仅在一些城市的免税商店、机场等场所销售，与普通消费者的生活距离较远，其在该段时间不具有知名性。1993年以后，FERRERO ROCHER巧克力以广东、上海、北京为主要宣传、销售市场，并以此三地为核心逐步扩展销售范围，近几年成为国内知名商品，其知名的时间要晚于蒙特莎公司生产的金莎巧克力。就双方巧克力商品的知名度而言，蒙特莎公司提供的连续多年的市场销售占有率排行榜表明，消费者对金莎巧克力商品的认可度较高，经常出现在排行榜前列，而排行榜中从未出现FERRERO ROCHER巧克力，足以说明金莎巧克力知名度明显高于FERRERO ROCHER巧克力。由于金莎巧克力的知名度高、知名持续时间长，使其相对于其他品牌的巧克力产生较强的区别性特征，产品外观的显著性日益提高，在此种情况下，消费者不会将蒙特莎公司的金莎巧克力误认为是费列罗公司的FERRERO ROCHER巧克力。再者，蒙特莎公司与费列罗公司的巧克力产品在国内市场十多年的并行存在和宣传、销售的过程中，对各自产品的商标及产地来源极为注重，对产品的质量、价格、口味及消费层次的不同需要使双方拥有各自的消费群。由于费列罗公司的"FERRERO ROCHER"商标与蒙特莎公司的"金莎"商标均处于产品包装的显著位置，消费者能从巧克力的商标及生产厂家等不同之处进行分辨，购买自己所需要的产品，近似的装潢已经不能成为消费者选择的障碍。因此，尽管二者产品装潢近似，亦不足以使消费者产生误认，混淆二者的产品。综上，蒙特莎公司生产的金莎巧克力使用的包装、装潢不构成对费列罗公司的不正当竞争,正元公司销售金莎巧克力的行为亦不构成侵权。

2005年2月7日,天津市第二中级人民法院一审判决:驳回费列罗公司对蒙特莎公司、正元公司的诉讼请求。

上诉与答辩

费列罗公司对一审判决不服,提起上诉称:1. 一审法院将蒙特莎公司生产的TRESOR DORE巧克力与使用"金莎"商标的糖果食品混为一谈,错误认定了FERRERO ROCHER巧克力在中国境内知名的时间以及被控侵权产品TRESOR DORE巧克力在中国境内知名的事实。2. 一审法院忽视FERRERO ROCHER巧克力在国际范围内的知名性证据,错误认定产品在国外的知名程度并不延伸至国内。而实际上,国家工商行政管理总局商标局及商标评审委员会均认可FERRERO ROCHER巧克力早在20世纪80年代即有广泛的知名性,这与其在国际上形成的知名程度有重要联系。3. 一审法院错误否定FERRERO ROCHER巧克力使用的部分包装、装潢的特有性,忽视基本的隔离比对、整体比对和主要部分的比对原则,违背有关法律法规的基本原则,导致已经认定TRESOR DORE巧克力与FERRERO ROCHER巧克力使用的包装、装潢近似却得出不构成混淆的错误结论。4. 一审法院错误理解相关公众的概念,将接触免税商店商品的消费者错误地排除在相关公众之外,并将相关公众按照商品的价格及消费层次的不同需求进行分层。5. 一审法院对费列罗公司坚持主张蒙特莎公司违反诚实信用原则,如抢注"金莎"商标以及在商标标签上虚假标注"始于1968年"等恶意行为也未予认定。故,请求二审法院撤销一审判决,支持其诉讼请求,本案全部诉讼费用由蒙特莎公司负担。

蒙特莎公司答辩称:被控侵权商品就是金莎巧克力,被控侵权商品的包装、装潢就是金莎巧克力使用的包装、装潢。"TRESOR DORE"商标是2003年获得注册的商标,蒙特莎公司将"TRESOR DORE"商标和"金莎"组合使用在自己的产品上并没有改变产品的来源。仅从费列罗公司以寄售方式销售FERRERO ROCHER巧克力这一事实就可以认定其在20世纪90年代的国内市场不可能知名。一审判决综合考虑商品的销售时间、范围、市场占有率及广告宣传等要素,认定FERRERO ROCHER巧克力近几年才逐渐发展为在相关公众中知名的商品,知名时间晚于蒙特莎公司完全正确。FERRERO ROCHER巧克力使用的包装、装潢除涉及商标的部分外不具有特有性。一审法院除认定费列罗公司诉请中②、④、⑤项为特有有误以外,其他基本正确。费列罗公司错误理解了相关公众和判断的标准。一审判决在认定事实、法律适用和实体裁决上正确。故,请求驳回上诉,维持原判。

二审审理查明

天津市高级人民法院二审经审理认定了一审法院查明的大部分事实。同时,另查明:费列罗公司于1946年在意大利成立,1982年其生产的FERRERO ROCHER巧克力投放市场,在亚洲多个国家和地区的电视、报纸、杂志曾发布广告。在我国台湾地区和香港市场,FERRERO ROCHER巧克力取名"金莎"巧克力,并分别于1990年6月和1993年在我国台湾地区和香港地区注册"金莎"商标。1984年2月,FERRERO ROCHER巧克力通过中国粮油食品进出口总公司采取寄售方式进入了国内市场,主要在免税店和机场商店等当时政策所允许的场所销售，并延续到1993年前。1986年10月，费列罗公司在中国核准注册了"FERRERO ROCHER"和图形（椭圆花边图案）以及其组合的系列商标，并在中国境内销售的巧克力商品上使用。FERRERO ROCHER巧克力使用的包装、装潢的主要特征是：1. 每一粒球状巧克力用金色纸质包装。2. 在金色球状包装上配以印有"FERRERO ROCHER"商标的椭圆形金边标签作为装潢。3. 每一粒金球状巧克力均有咖啡色纸质底托作为装潢。4. 若干形状的塑料透明包装，以呈现金球状内包装。5. 塑料透明包装上使用椭圆形金边图案作为装潢，椭圆形内配有产品图案和商标，并由商标处延伸出红金颜色的绶带状图案。FERRERO ROCHER巧克力产品的8粒装、16粒装、24粒装以及30粒装立体包装于1984年在世界知识产权组织申请为立体商标。我国广东、河北等地工商行政管理部门曾多次查处仿冒FERRERO ROCHER巧克力包装、装潢的行为。蒙特莎公司生产、销售金莎TRESOR DORE巧克力商品，其除将"金莎"更换为"金莎TRESOR DORE"组合商标外，仍延续使用张家港市乳品一厂金莎巧克力商品使用的包装、装潢。2003年7月，"TRESOR DORE"商标经国家工商行政管理总局商标局核准注册，注册人为江苏梁丰食品集团有限公司。正元公司所经销的蒙特莎公司生产的金莎TRESOR DORE巧克力商品使用的包装、装潢与FERRERO ROCHER巧克力使用的包装、装潢主要特征基本相同。

二审判理和结果

天津市高级人民法院二审认为，我国《反不正当竞争法》规定的知名商品，是指已在特定市场销售并为相关公众知晓的商品。对商品的知名状况的评价应根据其在国内外特定市场的知名度综合判定，不能理解为仅指在中国境内知名的商品。费列罗公司作为专业生产巧克力食品的国际知名企业，此系该行业公知的事实。其生产的FERRERO ROCHER巧克力在1984年进入国内市场销售前，已经在巧克力市场为相关公众知晓，具有较高的知名度。该产品自1984年开始在国内公开销售，在当时中国市场上，FERRERO ROCHER巧克力商品特有的包装、装潢作为整体，具有显著的视觉特征和效果。此后，该产品在中国市场长期销售，已为相关公众知晓，应当认定为知名商品。FERRERO ROCHER巧克力使用的包装、装潢为整体设计，表达了特定的含义，形成特有的包装、装潢形式。蒙特莎公司金莎TRESOR DORE巧克力使用了与FERRERO ROCHER巧克力基本相同的包装、装潢，而蒙特莎公司不能证明系自己独立设计或者在先使用，因此，认定其擅自使用了FERRERO ROCHER巧克力特有的包装、装潢。根据诚实信用原则和公认的商业道德准则，知名商品应当是诚实经营的成果。在法律上不能把使用不正当竞争手段获取的经营成果作为商品知名度的评价依据。蒙特莎公司擅自使用FERRERO ROCHER巧克力特有的包装、装潢，生产、销售金莎TRESOR DORE巧克力，直接影响了FERRERO ROCHER巧克力的销售和知名度。故，如果以蒙特莎公司生产的金莎TRESOR DORE巧克力现在在我国的市场知名度高于FERRERO ROCHER巧克力的知名度为由，驳回费列罗公司的诉讼请求，实际上是维持了本案不正当竞争的后果。本案的审理根据《民法通则》关于涉外民事关系法律适用之规定，应适用《反不正当竞争法》。同时，我国与意大利共和国均为《保护工业产权巴黎公约》成员国，遇有我国法律与公约有不同规定的情形，应当适用《保护工业产权巴黎公约》的规定。依据《保护工业产权巴黎公约》第10条之二的规定，本案在适用《反不正当竞争法》第5条第（2）项时，应当不限于法律所列举的一般情形，本案应认定蒙特莎公司的行为构成对费列罗公司的商品及商业活动造成混淆的不正当竞争，依法应予制止。故本案的审理应依据我国《反不正当竞争法》规定的宗旨和原则及相关国际公约规定，维护商业活动的诚实信用和公平竞争。一审判决适用法律不当，处理有失公允。上诉人费列罗公司的主要上诉理由成立，予以支持。

2006年1月9日，天津市高级人民法院依照《民事诉讼法》第130条、第153条第1款第（2）项，《反不正当竞争法》第1条、第2条和第5条第（2）项，并适用《保护工业产权巴黎公约》第10条之二、之三的规定，判决：一、撤销一审判决；二、蒙特莎公司立即停止使用金莎TRESOR DORE系列巧克力侵权包装、装潢；三、蒙特莎公司赔偿费列罗公司人民币70万元，于本判决生效后15日内给付；四、责令正元公司立即停止销售使用侵权包装、装潢的金莎TRESOR DORE系列巧克力；五、驳回费列罗公司其他诉讼请求。一审案件受理费25 010元，由蒙特莎公司承担2万元，费列罗公司负担5 010元。二审案件受理费25 010元，由蒙特莎公司承担2万元，费列罗公司负担5 010元。

申请再审理由与答辩

蒙特莎公司不服二审判决，向最高人民法院提出再审申请称：二审判决在事实认定、法律依据以及实体判决中均存在错误。主要理由为：1. 二审判决对特定市场作出的扩大解释不符合《保护工业产权巴黎公约》的规定，而且，该公约并未就如何认定知名商品作出具体规定。费列罗公司的产品在国际市场上的知名不能当然地推导其在国内市场也知名。2. FERRERO ROCHER巧克力的市场占有率低于金莎巧克力，二审在无相反证据情况下，错误地推翻了一审认定的FERRERO ROCHER巧克力知名的时间晚于蒙特莎公司生产的金莎TRESOR DORE巧克力的事实。3. FERRERO ROCHER巧克力使用的包装、装潢是国际巧克力行业通用的包装、装潢，不具有特有性。认定该包装、装潢为特有会使巧克力行业的通用包装、装潢被费列罗公司排他性独占使用，垄断国内球形巧克力市场。而且，我国台湾地区"行政院公平交易委员会"就费列罗公司检举台湾大昌贸易有限公司涉嫌违反"公平交易法"一案中认为，FERRERO ROCHER巧克力使用的包装、装潢不具有特有性。蒙特莎公司使用的金莎巧克力产品的包装、装潢是委托专业人员自主开发设计的。蒙特莎公司自1990年起对此包装、装潢已经使用长达15年，且此种包装、装潢现已被国内外众多巧克力生产企业所采用。费列罗公司从未依照《反不正当竞争法》向人民法院或者行政机关主张过蒙特莎公司仿冒FERRERO ROCHER巧克力的包装、装潢，现该主张权利已无保护价值。4. 巧克力作为高档甜食，消费者购买时主要依靠对商标的识别，不会根据包装、装潢进行识别，相似的包装、装潢不会导致消费者混淆。5. 二审判决超越了当事人诉讼请求，费列罗公司仅起诉金莎TRESOR DORE巧克力T3、T8、T16、T24（分别指3粒装、8粒装、16粒装、24粒装）使用的包装、装潢侵权，但二审判决蒙特莎公司立即停止使用金莎TRESOR DORE系列巧克力使用的包装、装潢，不合法地包括了蒙特莎公司生产的

T12、T36、T42、T45 以及纸盒包装的 4 粒、8 粒、16 粒等七种产品，违反了民事诉讼不告不理的原则。故，请求撤销二审判决，维持一审判决并判令费列罗公司承担本案全部诉讼费用。

费列罗公司答辩称：二审判决认定事实清楚，适用法律正确，蒙特莎公司的再审理由缺乏事实和法律依据。主要理由为：1. 二审对 FERRERO ROCHER 巧克力知名性以及 FERRERO ROCHER 巧克力 1984 年进入中国市场的认定正确。2. 蒙特莎公司不能证明涉案包装、装潢是自己独立设计或者在先使用。3. 二审认定蒙特莎公司违反诚实信用原则和公认的道德准则，仿冒 FERRERO ROCHER 巧克力使用的包装、装潢，不能认定其产品为知名商品，故没有就其知名的时间进行认定；同时反驳了一审法院对两个产品知名度进行比较的做法。因此，二审判决从根本上维护了我国《反不正当竞争法》确立的诚实信用准则。4. FERRERO ROCHER 巧克力使用的包装、装潢具有区别其他产品的显著特征，具有特有性。该包装、装潢通过形状、大小、图案、颜色以及排列组合、摆放位置综合形成了 FERRERO ROCHER 巧克力的独有识别性。一般消费者看到该特有包装、装潢即可识别并联想到是 FERRERO ROCHER 巧克力。5. 张家港市乳品一厂生产的金莎巧克力使用的包装、装潢自 20 世纪 90 年代面世以来，出现了很多次变动，发展至今，蒙特莎公司生产的金莎 TRESOR DORE 巧克力已经与当初面世使用的包装、装潢有很大区别，且与 FERRERO ROCHER 巧克力使用的包装、装潢非常相似，足以使消费者造成混淆，引起误认。即使蒙特莎公司长期使用现有包装、装潢，也不影响费列罗公司申请保护相关权利。6. 我国台湾地区法院对 FERRERO ROCHER 巧克力使用的包装、装潢的司法判决不能作为本案审理的参考依据。7. 二审判决蒙特莎公司停止使用金莎 TRESOR DORE 系列巧克力的侵权包装、装潢正是费列罗公司一审诉请所请求保护的包装、装潢，并没有超越诉讼请求。故请求驳回蒙特莎公司的再审申请，维持二审判决。

再审审理查明

最高人民法院经再审审理查明：一、二审法院认定的事实基本属实。另查明：被控侵权的金莎 TRESOR DORE 巧克力包装、装潢为：每粒金莎 TRESOR DORE 巧克力呈球状并均由金色锡纸包装；在每粒金球状包装顶部均配以印有"金莎 TRESOR DORE"商标的椭圆形金边标签；每粒金球状巧克力均配有底面平滑无褶皱、侧面带波浪褶皱的呈碗状的咖啡色纸质底托；外包装为透明塑料纸或者塑料盒；外包装正中处使用椭圆金边图案，内配产品图案及金莎 TRESOR DORE 商标，并由此延伸出红金色绶带。以上特征与费列罗公司起诉中请求保护的包装、装潢在整体印象和主要部分上相近似。

再审判理和结果

最高人民法院认为：本案主要涉及 FERRERO ROCHER 巧克力是否为在先知名商品，FERRERO ROCHER 巧克力使用的包装、装潢是否为特有包装、装潢，以及蒙特莎公司生产的金莎 TRESOR DORE 巧克力使用包装、装潢是否构成不正当竞争行为等争议焦点问题。

一、关于 FERRERO ROCHER 巧克力是否为在先知名商品

根据中国粮油食品进出口总公司与费列罗公司签订的寄售合同、寄售合同确认书等有关证据，二审法院认定 FERRERO ROCHER 巧克力自 1984 年开始在中国境内销售无误。《反不正当竞争法》所指的知名商品，是在中国境内具有一定的市场知名度，为相关公众所知悉的商品。在国际已知名的商品，我国法律对其特有名称、包装、装潢的保护，仍应以在中国境内为相关公众所知悉为必要。所主张的商品或者服务具有知名度，通常系由在中国境内生产、销售或者从事其他经营活动而产生。认定知名商品，应当考虑该商品的销售时间、销售区域、销售额和销售对象，进行任何宣传的持续时间、程度和地域范围，作为知名商品受保护的情况等因素，进行综合判断；也不排除适当考虑国外已知名的因素。本案二审判决中关于"对商品知名状况的评价应根据其在国内外特定市场的知名度综合判定，不能理解为仅指在中国境内知名的商品"的表述欠当，但根据 FERRERO ROCHER 巧克力进入中国市场的时间、销售情况以及费列罗公司进行的多种宣传活动，认定其属于在中国境内的相关市场中具有较高知名度的知名商品正确。再审申请人关于"FERRERO ROCHER 巧克力在中国境内市场知名的时间晚于金莎 TRESOR DORE 巧克力"的主张不能成立。

二、关于 FERRERO ROCHER 巧克力使用的包装、装潢是否具有特有性

盛装或者保护商品的容器等包装，以及在商品或者其包装上附加的文字、图案、色彩及其排列组合所构成的装潢，在其能够区别商品来源时，即属于《反不正当竞争法》保护的特有包装、装潢。费列罗公司请求保护的 FERRERO ROCHER 巧克力使用的包装、装潢系由一系列要素构成。如果仅仅以锡箔纸包裹球状巧克力、采用透明塑料外包装、呈现巧克力内包装等方式进行简单地组合，所形成的包装、装潢因无区别商品来源的显著特征而不具有特有性；而且，这种组合中的各个要素也属于食品包装行业中通用的包装、装潢元素，不能被独占使用。但是，锡纸、纸托、塑料盒等包装材质与形状、颜色的排列组合有很大的选择空间；将商标标签附加在包装上，该标签的尺寸、图案、构图方法等亦有很大的设计自由度。在可以自由设计的范围内，将包装、装潢各要素独特排列组合，使其具有区别商品来源的显著特征，可以构成商品特有的包装、装潢。FERRERO ROCHER 巧克力所使用的包装、装潢因其构成要素在文字、图形、色彩、形状、大小等方面的排列组合具有独特性，形成了显著的整体形象，且与商品的功能性无关，经过长时间使用和大量宣传，已足以使相关公众将上述包装、装潢的整体形象与费列罗公司的 FERRERO ROCHER 巧克力商品联系起来，具有识别其商品来源的作用，应当属于《反不正当竞争法》第 5 条第（2）项所保护的特有的包装、装潢。再审申请人关于判定涉案包装、装潢为特有会使巧克力行业的通用包装、装潢被费列罗公司排他性独占使用，垄断国内球形巧克力市场等理由不能成立。

此外，费列罗公司 FERRERO ROCHER 巧克力的包装、装潢使用在先，蒙特莎公司主张其使用的涉案包装、装潢为自主开发设计缺乏充分证据支持，二审判决认定蒙特莎公司擅自使用 FERRERO ROCHER 巧克力特有包装、装潢正确。

本案诉请是以制止不正当竞争行为的方式保护 FERRERO ROCHER 巧克力使用的由文字、图形、色彩、形状、大小等诸要素构成的包装、装潢的整体设计，该受保护的

整体形象设计不同于三维标志性的立体商标，不影响相关部门对于有关立体商标可注册性的独立判断。蒙特莎公司提交的国家工商行政管理总局商标评审委员会驳回费列罗公司立体商标领土延伸保护的复审决定等与本案并无直接关联，不影响本案的处理。知名商品的特有包装、装潢与外观设计专利的法律保护要求也不同，蒙特莎公司提交的国家知识产权局专利复审委员会对费列罗公司外观设计专利无效宣告请求审查决定与判断FERRERO ROCHER 巧克力使用的包装、装潢是否具有特有性亦无直接关联。蒙特莎公司提交的我国台湾地区"最高行政法院"的裁定以及费列罗公司提交的国外法院的判决等亦与本案所涉相关市场不具有关联性，不能作为本案认定事实的依据。

三、关于相关公众是否容易对 FERRERO ROCHER 巧克力与金莎 TRESOR DORE 巧克力引起混淆、误认

对商品包装、装潢的设计，不同经营者之间可以相互学习、借鉴，并在此基础上进行创新设计，形成有明显区别各自商品的包装、装潢。这种做法是市场经营和竞争的必然要求。就本案而言，蒙特莎公司可以充分利用巧克力包装、装潢设计中的通用要素，自由设计与他人在先使用的特有包装、装潢具有明显区别的包装、装潢。但是，对他人具有识别商品来源意义的特有包装、装潢，则不能作足以引起市场混淆、误认的全面模仿，否则就会构成不正当的市场竞争。我国《反不正当竞争法》中规定的混淆、误认，是指足以使相关公众对商品的来源产生误认，包括误认为与知名商品的经营者具有许可使用、关联企业关系等特定联系。本案中，由于 FERRERO ROCHER 巧克力使用的包装、装潢的整体形象具有区别商品来源的显著特征，蒙特莎公司在其巧克力商品上使用的包装、装潢与 FERRERO ROCHER 巧克力特有包装、装潢又达到在视觉上非常近似的程度，即使双方商品存在价格、质量、口味、消费层次等方面的差异和厂商名称、商标不同等因素，仍不免使相关公众易于误认金莎 TRESOR DORE 巧克力与 FERRERO ROCHER 巧克力存在某种经济上的联系。据此，再审申请人关于本案相似包装、装潢不会构成消费者混淆、误认的理由不能成立。

四、关于二审判决是否超越当事人诉讼请求以及判决赔偿数额是否适当

在原审审理期间，费列罗公司列举提出蒙特莎公司生产的 T3、T8、T16、T24 金莎 TRESOR DORE 巧克力擅自使用了与其特有包装、装潢近似的包装、装潢，使消费者产生混淆、误认。虽然未明确列举对蒙特莎公司生产的 T12、T36、T42、T45 以及纸盒包装的 4 粒、8 粒、16 粒等 7 种巧克力商品的侵权指控，但在费列罗公司的起诉状中，请求判令不得生产、销售符合 FERRERO ROCHER 巧克力特有的任意一项或者几项组合的包装、装潢的产品或者任何与 FERRERO ROCHER 巧克力特有包装、装潢相似的足以引起消费者误认的产品。蒙特莎公司生产的上述另外 7 种巧克力也均采用了与 FERRERO ROCHER 巧克力特有包装、装潢近似的包装、装潢。二审判令蒙特莎公司立即停止使用金莎 TRESOR DORE 系列巧克力侵权包装、装潢并未超出费列罗公司的诉讼请求。

知名商品的特有包装、装潢属于商业标识的范畴，确定《反不正当竞争法》第 5 条第（2）项规定的不正当竞争行为的损害赔偿额，可以参照确定侵犯注册商标专用权的损害赔偿额的方法。由于费列罗公司未能提供证据证明其因本案不正当竞争行为所遭受

的经济损失或者蒙特莎公司因本案不正当竞争行为所获得的利润,人民法院在确定赔偿数额时可以参照《商标法》有关法定赔偿的规定,根据侵权行为的情节,给予人民币50万元以下的赔偿。据此,二审法院判令蒙特莎公司赔偿费列罗公司人民币70万元于法无据,应予纠正。本院综合考虑 FERRERO ROCHER 巧克力的知名度,蒙特莎公司实施不正当竞争行为的时间、规模等因素,酌情确定蒙特莎公司赔偿费列罗公司人民币50万元的经济损失。

此外,本案费列罗公司请求保护的是知名商品特有的包装、装潢,我国《反不正当竞争法》第5条第(2)项对此已有明确的保护规定,而且该规定与《保护工业产权巴黎公约》的有关规定并无不合,在国内已有符合条约要求的法律规定的情况下,无需再援引条约的相关规定。因此,二审判决关于"遇有我国法律与《保护工业产权巴黎公约》有不同规定的情形,应当适用公约的规定,本案适用《反不正当竞争法》第5条第(2)项时,应当不限于法律所列举的一般情形,应认定蒙特莎公司的行为构成对费列罗公司的商品及商业活动造成混淆的不正当竞争"的理由不当,应予纠正。

综上,蒙特莎公司在其生产的金莎 TRESOR DORE 巧克力商品上,擅自使用与费列罗公司的 FERRERO ROCHER 巧克力包装、装潢相近似的包装、装潢,足以引起相关公众对商品来源的混淆、误认,构成不正当竞争行为。二审判决部分理由不妥,但判决蒙特莎公司的行为构成不正当竞争并责令立即停止使用金莎 TRESOR DORE 系列巧克力违法包装、装潢并无不当。为划清本案依法应受保护的包装、装潢整体形象的特有性与其中某些构成要素的通用性,以及该特有包装、装潢与费列罗公司另案主张的相关立体商标之间的界限,更加准确地界定本案不正当竞争行为的范围,对二审有关判决主文作适当调整。二审判决对赔偿额的确定不当,应予纠正。根据《反不正当竞争法》第5条第(2)项和《民事诉讼法》第177条第2款的规定,判决:一、维持天津市高级人民法院(2005)津高民三终字第36号民事判决第一项、第五项;二、变更天津市高级人民法院(2005)津高民三终字第36号民事判决第二项为:蒙特莎(张家港)食品有限公司立即停止在本案金莎 TRESOR DORE 系列巧克力商品上使用与意大利费列罗公司(FERRERO S. p. A.)的 FERRERO ROCHER 系列巧克力商品的特有包装、装潢相近似的包装、装潢的不正当竞争行为;三、变更天津市高级人民法院(2005)津高民三终字第36号民事判决第三项为:蒙特莎(张家港)食品有限公司自本判决送达后15日内,赔偿意大利费列罗公司(FERRERO S. p. A.)人民币50万元,逾期支付,按照《民事诉讼法》第232条之规定,加倍支付迟延履行期间的债务利息;四、变更天津市高级人民法院(2005)津高民三终字第36号民事判决第四项为:责令天津经济技术开发区正元行销有限公司立即停止销售上述金莎 TRESOR DORE 系列巧克力商品。本案一审案件受理费25 010元,由蒙特莎(张家港)食品有限公司承担2万元,意大利费列罗公司(FERRERO S. p. A.)负担5 010元。二审案件受理费25 010元,由蒙特莎(张家港)食品有限公司承担2万元,意大利费列罗公司(FERRERO S. p. A.)负担5 010元。

法官评述

1. 关于认定知名商品的问题

知名商品特有的名称、包装和装潢之所以受保护,是因为其具有商品来源的识别意义,而这种标识意义是由其知名度而产生的,"知名"是其受保护的重要门槛。《反不正当竞争法》所指的"知名商品"是在中国境内具有一定的市场知名度,为相关公众所知悉的商品。对于国外知名商品特有的名称、包装、装潢的保护原则应当以在国内知名为必要,这种知名度通常都是因为在中国市场内生产、销售或者从事其他经营活动而产生的。商品特有的名称、包装和装潢只有在中国境内具有知名度,才可能受中国法律保护。

2. 关于是否具有特有性

《反不正当竞争法》保护的包装、装潢是指能够识别商品来源的盛装或者保护商品的容器,以及为美化商品而在商品或者其包装上附加的文字、图案、色彩及其排列组合。费列罗公司请求保护的 FERRERO ROCHER 巧克力使用的包装、装潢是由一系列特征构成的,如果孤立地看待这些特征,有些特征并不具有特有性。如特征④,这种以呈现金球状内包装的塑料透明包装是食品包装行业普遍使用的方式,不应认定为特有包装;特征⑤,在该塑料透明包装上使用椭圆形金边图案,椭圆形内配产品图案和商标,并由商标处延伸出红金颜色的绶带状图案,也是较为普遍的装潢形式,亦不应当认定为具有特有性。这些不具有特有性的特征不能独家使用。而且,如果简单地以金色锡箔纸包裹球状巧克力,采用透明塑料外包装,呈现巧克力内包装,亦未必具有特有性。但是,在食品包装、装潢领域,对包装纸张、容器的颜色、尺寸、其他附加装饰的选择往往涉及美观或者标识性,很少具有功能性的要求。锡纸的色相如赤、橙、黄、绿、青等,纯度、明度以及尺寸都有很大选择余地。纸托及塑料盒的颜色、尺寸、图案、棱角的垂直内收也有很大选择空间。将商标标签附加在包装上,其标签的尺寸、图案、构图方法等设计的空间也很大。而如何使用这些包装、装潢材质对产品进行富有美感的搭配组合就在于设计者的独创性。因包装、装潢各要素的独特排列组合而具有区别商品来源的显著特征的,可以构成特有的包装、装潢。本案中,FERRERO ROCHER 巧克力使用的这种能够组合的包装、装潢并不是由球形巧克力本身的性质产生的形状,也不存在其他竞争对手由于使用非此种包装、装潢而花费过大成本的情况。其使用此种包装、装潢并没有影响成本和质量,并不具有功能性,并非为获得技术效果而需有的商品形状或者使商品具有实质性价值而产生的形状,应当认定具有特有性。

FERRERO ROCHER 巧克力使用的包装、装潢通过上述有序、富有美感的排列组合,经过长时间的统一、系统地宣传推广使用,能够给消费者提供区别和识别功能。从 FERRERO ROCHER 巧克力使用该包装、装潢的时间以及费列罗公司在巧克力行业中的规模,地位,所投入广告量,媒体主动对 FERRERO ROCHER 巧克力进行的报道,足以证明该包装、装潢具有识别和区分商品来源的特征,具有第二层含义,能够标识商品或者服务的来源。

再审期间，经咨询相关单位，我国对巧克力产品的包装遵循一般食品包装行业的要求，即包装物与包装必须卫生、无毒、无害，并无特定的材质标准要求。中国焙烤食品糖制品工业协会认为，判定涉案包装、装潢为特有会使得一种巧克力行业的通用包装、装潢赋予费列罗公司排他性地独占使用，垄断了国内球形巧克力市场的理由并不存在。蒙特莎公司称其所使用的包装、装潢设计完成于1989年，但案卷中的设计图纸中无时间及色彩，二审认定蒙特沙公司擅自使用知名商品的特有包装、装潢正确。

在本案中给予保护的是 FERRERO ROCHER 巧克力使用的由文字、图形、色彩等要素构成的包装、装潢的整体设计。对费列罗巧克力产品的立体商标申请领土延伸保护的驳回并不等于这种三维立体的包装形式不能用《反不正当竞争法》进行保护。FERRERO ROCHER 巧克力使用的包装、装潢因其构成要素在文字、图形、色彩等方面排列组合的独特性，形成了显著的整体形象。由于《反不正当竞争法》具有补充性的兜底功能，其保护的范围通常需要比《商标法》规定的可注册商标标识的范围要广泛，将不宜以三维标志纳入可注册商标范围的商品形状，有时是可以通过《反不正当竞争法》进行保护的。

3. 关于容易引起相关公众混淆

涉及商品包装、装潢的商业外观在英美法系国家是以存在市场混淆为基础而被纳入商业标识的保护范围的。在美国兰哈姆法第43条中，原告必须证明其外观具有来源上的显著性以及存在与被告商品产生混淆的可能性才能胜诉。在大陆法系国家则作为商业成果进行保护，如模仿行为是否构成了不公平地利用他人商业成果，由此创设了"依样模仿"等独立的不正当竞争行为。其立足于特别法保护之外扩展受保护的商业成果的范围。虽然两个法系有上述的不同，但在实际认定中仍然重视以产生来源上的混淆为条件。我国《反不正当竞争法》的规定中，也将混淆误认作为重要要素之一。《反不正当竞争法》中的混淆误认是指足以使相关公众对商品的来源产生误认，包括误认为与知名商品的经营者具有许可使用、关联企业关系等特定联系。由于产品的包装与商标有着本质区别，费列罗巧克力产品与蒙特莎涉案巧克力产品均在突出位置标示了各自的商标，比较成熟的消费者购买时可能会注意用商标来区别产品，但是，产品的包装作为产品的组成部分，比起商标更具有感官的刺激，更多的处在灰色地带的消费者会通过对产品直观的观察确定产品的来源。对于那些匆忙和没有警觉性的消费者，这些成为产品组成部分的包装、装潢往往比商标更能发挥标识产品来源的作用。

虽然在市场上费列罗巧克力产品与蒙特莎的涉案巧克力产品相差近一倍的价钱，但不能用价格作为认定混淆的标准（况且市场价格受波动的因素较多）。本案中，由于 FERRERO ROCHER 巧克力使用的包装、装潢的整体形象具有独特和显著的特征，具有商品来源的识别意义，蒙特莎公司在其巧克力商品上使用了视觉上基本没有差别的费列罗巧克力产品的包装，足以使相关公众误认为其与费列罗巧克力产品之间存在某种经济或者组织上的联系，应当认定构成误认混淆。

竞争中模仿自由是原则，限制模仿则作为例外。在商品包装、装潢的设计上，经营者可以在学习、借鉴他人包装、装潢设计特征的基础上进行创新而形成有明显区别的包装、装潢。这是市场竞争的正当要求。但是，对于他人具有识别商品来源意义的特有包装、装潢,不能作足以引起市场混淆、误认的全面模仿。允许模仿竞争对手的商品的前提是不能有悖公平和侵害他人受保护的创造成果。否则会构成不正当竞争。在具有其他可选择的途径,又不损害产品的可靠性和用途,而未作如此选择致使公众混淆的情况下,模仿就会构成侵权。这些禁止或者限制模仿的领域通常由知识产权特别法赋予或者由《反不正当竞争法》划定禁限的领域。对于模仿自由的保护的条件和范围应当依其模仿的对象有所区分,创新程度不是太高的包装、装潢的模仿的自由空间不宜太宽。

本案中,FERRERO ROCHER 巧克力使用的包装、装潢的整体形象具有独特和显著的特征及商品来源的识别意义,蒙特莎公司在其巧克力产品上使用了与 FERRERO ROCHER 巧克力特有的包装、装潢在视觉上基本没有差别的包装、装潢,即使由于 FERRERO ROCHER 巧克力与金莎 TRESOR DORE 巧克力因价格、质量、口味、消费层次等的差异,厂商名称、商标的标注不同而使一些相关公众不会产生误认、误购,但由于包装、装潢的整体近似,仍易于使相关公众误认为金莎 TRESOR DORE 巧克力与 FERRERO ROCHER 巧克力存在某种经济或者组织上的联系。据此,再审申请人关于相似包装、装潢不会构成消费者混淆、误认的理由不能成立。

(再审合议庭成员:孔祥俊　王永昌　郃中林
编写人:最高人民法院知识产权审判庭　罗　霞)

13. 北京地坛医院诉江苏爱特福药物保健品有限公司等仿冒知名商品特有名称纠纷案

阅读提示：如何认定知名商品的特有名称？

裁判要旨

知名商品的特有名称，是指不为相关商品所通用，具有显著区别性特征，并通过在商品上的使用，使消费者能够将该商品与其他经营者的同类商品相区别的商品名称。需要注意的是，如已注册为商标，就不再具有知名商品特有名称的属性。特有名称区别于通用名称，商品的通用名称不能获得知名商品特有名称的独占使用权。除了国家标准、行业标准、专业工具书、辞典中已经列入的商品名称是通用名称，已为同行业经营者约定俗成、普遍使用的表示某类商品的名词，也应认定为该商品的通用名称。

案 号

一审：北京市高级人民法院（2001）高知初字第79号
二审：最高人民法院（2002）民三终字第1号

案情与裁判

原告（二审被上诉人）：北京地坛医院（简称"地坛医院"）
被告（二审上诉人）：江苏爱特福药物保健品有限公司（简称"爱特福保健品公司"）
被告：金湖县爱特福化工有限责任公司（简称"爱特福化工公司"）
被告：北京庆余药品经营部

起诉与答辩

原告诉称："84"消毒液又名"84"肝炎洗消剂，系原告前身"北京第一传染病医院"开发完成，由于"84"消毒液是在1984年研制成功并投放市场，故原告将该消毒液命名为"84"。经过原告近20年的不懈努力，"84"消毒液产品在市场上取得了良好的声誉，为普通消费者所认知，成为知名商品。1987年8月21日，爱特福化工公司的前身金湖县有机化工厂与原告签订《关于联合生产"84"肝炎洗消剂合同书》，合同约定：原告许可金湖县有机化工厂生产并销售由原告研制并负责监制的"84"消毒液；原告保留对上述技术成果的所有权和转让权。1992年7月2日，金湖县有机化工厂以其厂房、设备和原告向其转让的"84"消毒液的生产技术与香港励锵行有限公司合资，在金湖县有机化工厂厂址内注册成立了爱特福保健品公司；该公司成立当年即大量生产消毒液，并将该消毒液名称亦命名为"84"。爱特福保健品公司在生产、销售"84"消毒液过程中，使用与原告龙安牌"84"消毒液相同的名称和相近似的包装装潢；同时还以"84"消毒液知名商品名称享有者自居，向公众做虚假广告；特别是近期爱特福保健品公司连续以电视广告和广告招贴等形式宣传其生产的"84"消毒液，足以造成与原告产品的混淆和消费者的误认。其行为严重侵犯了原告的产品声誉和商业信誉。北京庆余药品经营部经销爱特福保健品公司生产的"84"消毒液的行为，侵犯了原告的合法利益，应承担连带责任。请求法院判令：1. 三被告立即停止在其生产销售的消毒液产品上使用"84"名称，停止在媒体上以"84"消毒液为名称的广告宣传。2. 三被告向原告公开赔礼道歉，消除影响。3. 三被告赔偿原告经济损失人民币360万元。

被告爱特福保健品公司、爱特福化工公司辩称：1. 原告对"84"消毒液不享有知名商品名称专用权。"84"消毒液因被全国数十家生产企业在冠以不同品牌后使用，已客观地成为一种通用产品名称；原告并非是"84"消毒液商品的生产者与经营者，其无商品，岂有知名商品存在的可能？目前，全国市场上经批准销售"84"消毒液的各厂商均有各自的品牌，不存在将被告生产经营的爱特福牌"84"消毒液误认为龙安公司生产的龙安牌"84"消毒液的事实和可能。2. 爱特福保健品公司生产销售爱特福牌"84"消毒液合法有据。爱特福保健品公司自行研制与开发"84"系列产品，"84"是爱特福保健品公司三类注册商标；销售爱特福牌"84"消毒液是经省、部卫生管理部门批准的。3. 爱特福化工公司不应承担本案任何民事责任。爱特福化工公司与爱特福保健品公司是两个不同性质的企业法人，两者之间除有投资关系外，并无其他法律上的权利、义务关系；原告称爱特福化工公司将有关"84"消毒液的技术转让给爱特福保健品公司无事实依据；爱特福化工公司与原告有关联合生产"84"肝炎洗消剂的合同争议，目前仍在有关法院审理中，与本案无任何关系。

被告北京庆余药品经营部辩称：其不是"84"消毒液商品名称的使用人，本案诉讼前，没有任何人告知其爱特福牌"84"消毒液是侵权产品。

一、二审审理查明

一审法院经审理查明：1984年，地坛医院的前身北京第一传染病医院研制成功能迅速杀灭各类肝炎病毒的消毒液，经北京市卫生局组织专家鉴定，授予应用成果二等奖，定名为"84"肝炎洗消剂，后更名为"84消毒液"。1985年3月，北京市人民政府授予北京第一传染病医院科技成果三等奖。1984年，北京第一传染病医院设立"北京第一传染病医院劳动服务公司"，生产销售"84"消毒液。1992年6月，地坛医院出资设立"北京龙安医学技术开发公司"（简称"龙安公司"），委托该公司生产销售"84"消毒液。双方约定，凡今后在"84"消毒液的生产、研制开发及经营销售中处理有关法律纠纷均以地坛医院的名义，由地坛医院出面解决。地坛医院还于1997年3月通过组建集团公司的形式，向全国三十多个生产厂家转让、许可使用其技术，生产、销售"84"消毒液。

随着"84"消毒液知名度的提高，在市场中出现了许多仿冒"84"消毒液商品，造成了市场的混乱。根据地坛医院的投诉，国家工商行政管理局公平交易局于2000年5月30日发出公函字［2000］第26号函，要求对仿冒"84"消毒液知名商品的行为进行查处。经查,各地工商行政管理部门从未依据上述公函对爱特福保健品公司生产销售"爱特福牌'84'消毒液"的行为进行过查处。

1987年8月21日,地坛医院与金湖县有机化工厂(简称"金湖化工厂")签订《关于联合生产"84"肝炎洗消剂合同书》,约定:双方联合生产"84"肝炎洗消剂,由地坛医院提供技术,为金湖化工厂培训生产技术人员和检测人员,金湖化工厂向地坛医院支付科研经费1万元,每年分别由本项产品纯利润中提取10%作为地坛医院联合生产的利润,地坛医院保留技术成果的所有权和转让权,在江苏省长江以北及南京市范围内不得再行转让或者联营。1999年10月,金湖化工厂变更名称为爱特福化工公司。

1992年7月2日,金湖化工厂以现金、厂房、设备及商标专用权与香港励锵行有限公司合资成立了爱特福保健品公司,生产消毒清洁、卫生及日化用品。该公司当年即开始生产、销售"84"消毒液。自1994年5月至今爱特福保健品公司先后以报刊广告、电视广告及广告招贴等形式宣传其生产的爱特福牌"84"消毒液。

1996年8月29日,爱特福保健品公司向国家工商行政管理局商标局(简称"商标局")申请在第5类商品上注册"84"商标。经商标局审查认为,该商标表示了本商品的型号、特点,于1997年8月驳回爱特福保健品公司的注册申请。

1999年1月29日,由地坛医院出资设立的龙安公司也向商标局申请在第5类消毒剂上注册"龙安84"商标。由于该商标中"84"直接表示了本商品的型号、特点,商标局于1999年4月8日向龙安公司发出审查意见书,要求申请人龙安公司修正。由于龙安公司未作修正,该注册申请被商标局驳回。

截至2002年9月,已经获得卫生部卫生许可批件并在有效期内的"84"消毒液有五个,除龙安公司"龙安牌84消毒液"、爱特福保健品公司"爱特福牌84消毒液"外,尚有青岛剑盾洗消剂厂"剑盾牌84消毒液"、安徽省蚌埠防疫制品厂"亚康牌84消毒液"、南京江南消毒剂厂"众智牌84消毒液"等。

1999年12月6日,国家工商行政管理局商标评审委员会(简称"商标评审委员会")以商评字(1999)第2750号《"84"商标驳回复审终局决定书》,驳回爱特福保健品公司在第5类消毒剂商品上申请注册"84"商标的复审申请。《"84"商标驳回复审终局决定书》称,经评审,申请商标"84"虽然已有图形变化,但仍能清晰认读。目前,市场上尚有其他企业生产的84消毒液销售,此种称谓已成为该种产品的俗称,不应由一家注册专用。该决定书已经发生法律效力。

1999年3月,地坛医院向商标评审委员会申请撤销商标局误发给爱特福保健品公司在第5类(消毒剂类)商品第1104561号"84"商标注册证。地坛医院在申请书中称:"84"消毒液技术已在国内转让达38家企业,在消毒液市场占有重要的一席之地,该类产品被统称为"84消毒液"。地坛医院在该申请书中还称:将其"84"消毒液注册了"龙安"牌商标,各受让企业也分别注册了商标,其中武汉市的某受让企业于1990年4月29日向商标局申请拟在第5类商品中注册"84"牌,被商标局以《商标法》第8条第1款第(5)项即商标不得使用通用名称和图形的规定驳回。

另查,北京庆余药品经营部在京销售"爱特福牌84消毒液",该产品系从北京安琪华尔医药发展有限公司进货。

一审判理和结果

一审法院认为,"84"消毒液自1985年投放市场以来,受到消费者的广泛认同,在市场上具有一定的知名度,属于为公众所知悉的商品,应认定为知名商品。"84"作为一种消毒液的名称由地坛医院最早使用,并由于该院的使用而知名。"84"一词与地坛医院及其研制生产的消毒液密切相关,成为该商品的代表和象征,故"84"已经具有与其他相关商品相区别的显著特征,应认定"84"为地坛医院生产的消毒液的特有名称。地坛医院虽不是该产品的生产经营者,但由于其资金来源为差额补贴,有权委托他人生产、销售"84"消毒液,且不影响其作为权利主体来主张权利。地坛医院依法享有该知名商品特有名称权。

爱特福保健品公司未经地坛医院许可,擅自使用"84"消毒液作为其产品名称,足以造成与地坛医院产品的混淆和消费者的误认,已构成不正当竞争,应承担民事责任。地坛医院指控爱特福化工公司将有关"84"消毒液技术转让给爱特福保健品公司无事实依据。北京庆余药品经营部系从合法、正式渠道购进"爱特福牌84消毒液",在本案中没有过错。故爱特福化工公司、北京庆余药品经营部不应承担侵权责任。根据现有证据对地坛医院的损失额与爱特福保健品公司的获利额均不能准确计算并予以确认,依据最高人民法院1998年7月20日《关于全国部分法院知识产权审判工作座谈会纪要》的相关规定,并考虑本案的具体情况,酌情确定本案的赔偿数额。依照《反不正当竞争法》第5条第(2)项、第20条第1款的规定,判决:一、爱特福保健品公司立即停止在其生产销售的消毒液上使用"84"作为其商品名称,停止在各媒体上以"84"消毒液为名称进行广告宣传;二、爱特福保健品公司于本判决生效之日起30日内,在《新民晚报》《北京晚报》上,向地坛医院公开赔礼道歉;三、爱特福保健品公司赔偿地坛医院经济损失25万元。案件受理费28 010元,由地坛医院负担26 066.1元,由爱特福保健品公司负担1 943.9元。

上诉与答辩

爱特福保健品公司上诉称:1.地坛医院没有提供证据证明该技术如何市场化,在全国同类市场上占有的份额。"84消毒液"是因爱特福保健品公司生产的"爱特福牌'84'消毒液"而知名。2."84"系同类消毒液产品的通用名称,不应认定为地坛医院所特有。3.地坛医院不具备原告的诉讼主体资格。请求驳回地坛医院的诉讼请求。

地坛医院答辩称:1."84"消毒液产品名称由"消毒液"的通用名称部分和"84"特有名称部分组成,与通用名称有显著区别,并非所有含氯消毒液产品的通用名称。2."84"消毒液在市场上具有一定知名度,为相关公众所知悉,系知名商品。3.地坛医院具备本案诉讼主体资格。4.爱特福保健品公司未经地坛医院同意,在其消毒液产品上擅自使用"84"这一特有名称,构成不正当竞争。

二审判理和结果

二审法院经审理认为:1.关于地坛医院的诉讼主体资格问题,地坛医院虽然不是"84"消毒液产品的直接生产经营者,但是其委托龙安公司生产销售"84"消毒液,并不违反国家法律规定。因此,地坛医院依法享有本案原告诉讼主体资格。2.关于"84"消毒液是否为知名商品问题,双方当事人都认可该商品为知名商品,只是对"84"是否为该知名商品的特有名称各执一词。3. 关于"84"是否为知名商品特有名称问题，地坛医院自1984年研制开发"84"消毒液后，向全国范围内的多家企业转让该技术，并未对该名称的使用有何特殊约定。各受让企业在其产品上均标明各自的商标。按照卫生部的有关规定，各企业合法使用的产品名称均为各自的商标与"84"消毒液的文字组合，仅凭"84"消毒液的名称已经不能区别该商品的来源。在"84"消毒液成为知名商品的过程中，双方当事人均向商标局申请将"84"作为注册商标使用在消毒剂类商品上，但是均未获得商标局的核准。商标局、商标评审委员会和国家卫生行政部门均认为"84"系同类消毒液商品的通用名称，因此，上诉人爱特福保健品公司关于"84"系同类商品的通用名称的上诉理由成立。

综上，知名商品的特有名称依法受到保护，权利人有权制止他人未经许可擅自使用其知名商品特有名称进行不正当竞争的行为。但是本案诉争的"84"消毒液不是知名商品的特有名称，不能为一家所独占使用。原审判决对"84"消毒液是否为知名商品特有名称的事实认定不清，适用法律错误，应当予以纠正。故此，二审法院根据《反不正当竞争法》第5条第（2）项、《民事诉讼法》第153条第1款第（3）项的规定，判决：一、撤销一审判决；二、驳回地坛医院的诉讼请求；三、一、二审案件受理费共计56 020元，由北京地坛医院承担。

法官评述

本案的关键问题在于如何认定知名商品的特有名称。

根据《反不正当竞争法》第5条第（2）项之规定，知名商品的特有名称应当受到法律保护，未经许可，任何人不得擅自使用他人知名商品的特有名称。本案涉及的"84"消毒液为知名商品，对此地坛医院和爱特福保健品公司均无异议，但双方对"84"是否为该商品的特有名称、谁的经营使"84"消毒液知名各执一词，尖锐对立，形成本案主要争议焦点。

《反不正当竞争法》规定了知名商品的特有名称受法律保护，但是对何为知名商品特有名称没有作出具体的规定。这也成为人民法院审理这类案件的难点所在。通过总结多年的审判实践，综合专家学者对此问题的研究和探讨，本案对知名商品特有名称的认定所要考虑的要素作出了归纳。所谓知名商品的特有名称，是指不为相关商品所通用，具有显著区别性特征，并通过在商品上的使用，使消费者能够将该商品与其他经营者的同类商品相区别的商品名称，但已经注册为商标就不再具有知名商品特有名称的属性，而具有注册商标权的专有性。在将知名商品特有名称注册为商标前，该名称所产生的区别商品来源的作用与注册商标是相同的。

特有名称又相对于商品的通用名称，商品的通用名称不能获得知名商品特有名称的独占使用权。判断通用名称时，不仅国家或者行业标准以及专业工具书、辞典中已经列入的商品名称，应当认定为通用名称，而且对于已为同行业经营者约定俗成、普遍使用的表示某类商品的名词，也应认定为该商品的通用名称。

本案中，地坛医院自1984年研制开发"84"肝炎洗消剂（后更名为"84"消毒液）

以来,向全国多家企业转让该技术,许可其生产销售"84"消毒液。在有关技术转让许可合同中,并未对"84"名称有何特殊约定,以至于"84"消毒液作为该类商品的名称被普遍使用,且各个受让企业均在使用该商品名称的同时,标明各自所使用的商标。

2001年4月11日,卫生部发布《卫生部关于印发健康相关产品命名规定的通知》,对包括消毒剂、消毒器械在内的健康相关产品的命名提出了要求。《健康相关产品命名规定》第4条第(3)项规定:"健康相关产品命名必须符合的原则包括:名称由商标名、通用名、属性名三部分组成。"目前市场上生产销售"84"消毒液企业获得的经卫生部批准的许可批件上,按照卫生部发布的《健康相关产品命名规定》的要求,其产品名称均是各生产企业的商标与"84"消毒液的文字组合,仅凭"'84'消毒液"的名称已不能区别该商品来源。区别该类产品的标志是各生产厂家的商标,而非"84"消毒液的商品名称。

本案中地坛医院和爱特福保健品公司都为专有使用"84"的名称而向商标局申请将"84"注册为商标。特别是地坛医院曾以"84"为消毒剂类商品的通用名称为由,向商标评审委员会申请撤销他人在第5类(消毒剂类)商品上注册"84"商标。地坛医院在商标注册争议过程中所认可的"84"为该类商品的通用名称的内容,如实地反映了"84"名称使用的真实情况,又对其反悔这种陈述并以知名商品特有名称起诉他人侵犯其民事权益的请求,具有一定的约束力。涉及"84"消毒液生产经销的卫生部、涉及"84"商标的注册争议的商标评审委员会等有关主管部门,也将"84"作为消毒剂的一种通用名称管理,或者认定"84"表现了本商品的型号、特点不予注册商标,且实际状况是"84"消毒液已作为本行业普遍认可的商品名称所使用,除本案诉争的双方当事人以外,尚有其他企业经国家卫生行政部门批准合法使用该名称。因此,综合上述事实,二审法院在"84"是否为知名商品特有名称问题上作出与一审法院不同的认定,认为"84"为该类商品的通用名称,而非特有名称。

(二审合议庭成员:蒋志培 段立红 夏君丽
编写人:最高人民法院知识产权审判庭原法官 段立红)

14. 福建省福清大闽生物工程有限公司诉福州南海岸生物工程有限公司不正当竞争纠纷案

阅读提示：本案中被告的广告宣传行为是否构成不正当竞争？

◎ 裁判要旨

本案被告在广告中宣称，在同类产品中，只有其产品是正宗的；其产品是国内首创的；其产品为国内唯一鳗钙类保健品（在已有其他公司产品得到批准的情况下）；其他品牌的同类产品在质量上是粗制滥造的等。上述宣传缺乏证据支持，使普通消费者对其他公司的同类产品产生不利的错误认识，其行为已经构成虚假宣传或者商业诋毁的不正当竞争。

◎ 案 号

一审：福建省高级人民法院（2000）闽知初字第 2 号
二审：最高人民法院（2000）知终字第 7 号

◎ 案情与裁判

原告（二审上诉人）：福建省福清大闽生物工程有限公司（简称"大闽公司"）
被告（二审上诉人）：福州南海岸生物工程有限公司（简称"南海岸公司"）

一审审理查明

一审法院经审理查明：大闽公司是一家生产、销售鳗钙及系列保健食品的企业，其主要产品是"大闽鳗钙"。该产品于 1998 年 4 月 7 日取得了国家卫生部卫食健字（1998）第 195 号《保健食品批准证书》。南海岸公司也是一家生产保健食品的企业，其主要产品是"南海岸鳗钙"，该产品于 1997 年 4 月 24 日取得了国家卫生部卫食健字（1997）第 236 号《保健食品批准证书》，载明的"适宜人群"为"儿童、孕期、哺乳期妇女及中老年人"。南海岸公司在取得《保健食品批准证书》后，即在报纸等媒体和散发的广告宣传单上宣称"南海岸鳗钙，国家卫生部批准的唯一鳗钙类法定补钙保健食品"；"未经卫生部正式批准的是一般补钙食品"；"南海岸鳗钙，国内首创以淡水鳗鱼脊椎骨为原料"；"有'电码防伪'标志的南海岸鳗钙，都是南海岸生物工程有限公司生产的正宗产品"等。至 1998 年 10 月间，南海岸公司仍在《海峡都市报》上刊登含有"南海岸鳗钙，国家卫生部批准的唯一鳗钙类法定补钙保健食品"广告词的产品宣传广告。从 1999 年 5 月份起，南海岸公司开始着重宣传南海岸鳗钙是"专为儿童研制的"鳗钙。南海岸公司还散发了题为《最近，我很烦》的广告宣传单，称"妈妈前几天给我买回一盒鳗钙，居然没有买南海岸鳗钙！吃起来，口感又差，又不舒服。我真的很烦！后来妈妈发现，原来有些鳗钙并没有通过国家卫生部的批准，不能用来补钙，甚至没有通过毒理性检验，其质量及服用后的安全性难以保证。我对妈妈说'下次，一定给我买南海岸鳗钙'。"

一审判理和结果

一审法院认为：大闽公司和南海岸公司同为生产保健食品的企业，且主要产品为鳗钙，双方为同行业竞争者。双方在市场竞争中理应遵循诚实信用的原则，不得贬低竞争对手的商品或者服务。南海岸公司宣传其鳗钙产品是"国内首创"，是鳗钙类"唯一"的"法定保健食品"等行为，均不构成对大闽公司的不正当竞争，因为，那时大闽鳗钙还不是经批准的保健食品。此外，南海岸公司在经批准的"适宜人群"的范围内对其鳗钙产品作特定人群的着重宣传，不能视为是在对产品的质量、性能、用途作引人误解的虚假宣传。题为《最近，我很烦》宣传单的主要内容是针对未经批准的鳗钙产品而言。故大闽公司认为以上行为是不正当竞争行为的观点，不予支持。但南海岸公司在大闽公司取得国家卫生部颁发的《保健食品批准证书》的几个月后，仍在报纸上宣传其为鳗钙类"唯一"经批准的"法定保健食品"。这种引人误解的虚假信息，除误导消费者外，还贬损了竞争对手的商业信誉和商品声誉，破坏了诚实信用的市场经济原则和公平竞争的市场秩序，构成不正当竞争。南海岸公司对此应依法承担相应的法律责任。大闽公司要求南海岸公司停止不正当竞争行为、公开赔礼道歉、消除影响、赔偿损失的请求依法有据，应予支持。但大闽公司未能对其因南海岸公司不正当竞争行为所造成的损失进行充分举证，对其要求赔偿的数额不予全部支持，故根据南海岸公司的主观过错、不正当竞争行为的手段、对大闽公司商业信誉和商品声誉的影响程度及大闽公司的社会知名度等因素酌定赔偿数额。大闽公司未对其请求的律师费、调查费进行举证，故其关于律师费、调查费损失的赔偿请求不予支持。

综上，一审法院依照《反不正当竞争法》第14条和第20条、《民法通则》第120条第2款的规定，判决：一、南海岸公司应立即停止损害大闽公司商业信誉、商品声誉的不正当竞争行为；二、南海岸公司应在本判决生效后20日内在《福建日报》《海峡都市报》上刊登声明，向大闽公司公开赔礼道歉，消除影响；三、南海岸公司应在本判决生效后20日内赔偿大闽公司经济损失、商誉损失人民币2万元；四、驳回大闽公司其他诉讼请求。案件受理费人民币21510元，由南海岸公司负担。

上诉与答辩

大闽公司不服福建省高级人民法院上述判决，提起上诉称：1. 一审判决回避了南海岸公司下列不正当竞争事实：（1）关于"正宗"，上诉人指控南海岸公司在《海峡都市报》上刊登的广告"南海岸鳗钙，正宗鳗钙类产品"诋毁大闽鳗钙为一般意义的保健食品，而一审判决却以"有电码防伪标志的南海岸鳗钙都是南海岸生物工程有限公司生产的正宗产品"取代了上诉人指控的事实。（2）关于"国内首创"，南海岸公司在《海峡都市报》上刊登广告称"南海岸鳗钙，国内首创以天然淡水鳗鱼脊椎骨为原料"，其内容虚假，且属于广告禁语，足以引起消费者对鳗钙产品研制的领先权、技术力量等产生误解，侵害了同行业厂家的利益。（3）关于"唯一""法定"，一审判决认为南海岸公司关于"卫生部批准的唯一鳗钙类法定保健食品"的广告宣传，在1998年4月大闽公司鳗钙获得保健食品证书以后才构成侵权，是对南海岸公司不正当竞争行为和责任的淡化。无论是特殊营养品、保健食品、卫药准字号补钙品，都是国家相关行政部门批准的产品，遵守相应的法规都可以经营，药字号诋毁健字号、健字号诋毁食字号都是不正当的。各个产品符合条件完成相应程序，都可以申报获准保健食品，这是申请与批准审查与被审查、管理与被管理的关系，不是"唯一"与"法定"问题。(4) 关于《最近，我很烦》广告宣传单中，含有影射、攻击、诋毁和贬损上诉人及其产品的言词，而南海岸公司向一审法院提供的《最近，我很烦》广告宣传单中，却换掉了其中的影射攻击性语言，其结果是掩盖事实。一审判决认为"题为《最近，我很烦》宣传单的主要内容是针对未经批准的鳗钙产品而言"，缺乏依据。(5) 关于"专为儿童研制"的广告宣传，其内容虚假，将大闽鳗钙及其他钙产品归入"成人钙"，从而误导消费者，试图垄断儿童补钙市场，一审判决认为是南海岸公司在经批准的"适宜人群"的范围内对其鳗钙产品作特定人群的着重宣传，不能视为是对产品的质量、性能、用途作引人误解的虚假宣传，是不妥的。(6) 南海岸公司通过广告称南海岸鳗钙的钙吸收利用率比市面上的其他补钙品都要高，且补钙效果远远优于一般补钙制剂，通过功效比较，严重贬损上诉人。2. 一审法院严重违反公开开庭审理的基本原则，对本案进行不公开开庭审理，而一审判决书却又载明是公开开庭审理，违反了法定的民事诉讼程序。为此，请求本院依法撤销一审判决主文第三、四项，改判被上诉人停止上述不正当竞争行为，并赔偿经济损失230万元，其中一、二审律师费5万元，调查取证费等1.2万元。判令被上诉人承担本案一、二审案件诉讼费。

南海岸公司对大闽公司的上诉没有提供书面答辩意见。南海岸公司亦不服一审判决，提起上诉称：1. 本公司的侵权行为给大闽公司造成的损害远小于福建省高级人民法院同时受理的本公司诉大闽公司不正当竞争纠纷案 [案号为 (2000) 闽知初字第1号] 中大闽公司的侵权行为给本公司造成的损害。在该案中，一审法院判决大闽公司在《福建日报》上向本公司道歉，在本案中，一审法院却判决本公司在《福建日报》《海峡都市报》两家报刊上向大闽公司道歉。显然，一审判决主文第二项有悖公平原则。2. 《福建日报》是福建省的省级刊物，《海峡都市报》是福建省福州市的市级刊物。本公司在《福建日报》上向大闽公司道歉足以消除影响，原审法院判令本公司同时在《福建日报》《海峡都市报》上向大闽公司道歉明显不当。为此，请求二审法院变更一审判决主文第二项为"南海岸公司应在本判决生效后20日内在《福建日报》上刊登声明向大闽公司公开赔礼道歉消除影响。"

大闽公司答辩称：南海岸公司的违法广告绝大部分刊登在《海峡都市报》上，因此，南海岸公司应当在《海峡都市报》上刊登道歉声明，一审法院对此判决正确，二审法院应当驳回南海岸公司的上诉请求。

二审审理查明

二审法院查明一审判决认定的事实基本属实。

另查明：南海岸公司宣传南海岸鳗钙为"正宗"鳗钙类产品的事实是南海岸公司在1998年8月28日《海峡都市报》上刊登广告称："目前市场上出现的所谓第二代、第三代鳗钙均非南海岸公司产品，这些产品有的仅是食品而已（并不具备补钙功能），有的仅是一般意义的保健品，效果如何不得而知。"南海岸公司还在1999年11月19日《海峡都市报》上刊登广告称："……南海岸公司严正声明：目前市场上出现的一些所谓的鳗钙类补钙产品，有的甚至宣称自己是南海岸公司的第二代或第三代产品，均非南海岸公司产品，这些产品有的仅是食品而已，有的是一般意义的保健品。……目前已有一些消费者反映：在市场买了一些其他品牌的鳗钙，回去发现与希望买到的南海岸鳗钙相差甚远，无论从产品质量上还是从口感上大多感觉粗制滥造。给孩子服用的补钙品，专家提醒消费者购买鳗钙类补钙产品，敬请注意以下几点：首先要认准包装盒左上角卫生部的保健食品标识，南海岸鳗钙的批号是卫食健字［1997］第236号；其次要认准南海岸或南海岸人商标以及NHA标识，最后请认准包装盒右上角的电码防伪标志，这样你就可以买到南海岸正宗鳗钙类产品了。"南海岸公司在1998年9月9日泉州市举办的"泉州第三届九九商交会"期间散发的《热烈祝贺南海岸鳗钙荣获泉州第三届九九商交会优质产品质量金奖》广告宣传单中亦称："目前市面上销售的鳗钙产品中，只有福州南海岸生物工程有限公司生产的南海岸鳗钙是正宗的鳗钙产品。"此外，南海岸公司在《海峡都市报》其他若干期及有关广告宣传单中亦作了与上述内容类似的宣传。

南海岸公司宣传其鳗钙产品为"国内首创"的事实是：南海岸公司在1999年4月23日《海峡都市报》上刊登广告称："南海岸鳗钙，国内首创以天然淡水鳗鱼脊椎骨为原料，是我国钙制品在原料上的一次革命性突破！"此后南海岸公司又在该报及有关广告宣传单上多次刊登与上述内容相同或者基本相同的广告。为证明南海岸公司生产的鳗钙产品不是"国内首创"，大闽公司又提供了1995年11月21日福建省卫生厅《关于同意"鳗钙片"生产销售的批复》和1996年1月12日该厅《关于同意"高效鳗钙片"生产销售的批复》两份证据。前者批准福建福清新方圆食品开发公司试产试销"鳗钙片"食品，后者批准福州南海岸生物工程有限公司试产试销"高效鳗钙片"食品。

南海岸公司在《最近，我很烦》广告宣传单中还称："由于南海岸公司出品的南海岸鳗钙深受消费者信赖，某些厂家受利益的驱使，推出许多其他品牌的鳗钙，其中有些没有通过国家卫生部的批准，国家不承认其补钙功能；有些为了迷惑消费者，号称自己为第二代、第三代鳗钙；甚至有的并未通过毒理性检验，对孩子的安全性难以保证。"

南海岸公司宣传其鳗钙产品"专为儿童研制"的事实是南海岸公司在1999年11月27日《海峡都市报》上刊登文章宣称："孩子补钙与成年人补钙是完全不同的两种概念。""目前在福建市场上旺销的南海岸鳗钙，就是根据儿童生理及心理特点，专为孩子们设计研制的补钙保健食品。"该公司还在2000年1月8日《海峡都市报》上刊登广告宣传文章称："更遗憾的是商家把儿童补钙与成人补钙混为一谈，儿童补钙与成人补钙同用一种补钙品，儿童'专用'补钙品迟迟没有被当成一个课题来研究，造成儿童缺钙又补不上钙的局面。给缺钙孩子的父母带来无尽的烦恼。"南海岸公司"实现了钙产品原料、工艺、配方上的重大突破，生产出儿童专用补钙品——南海岸鳗钙""填补了我国补钙品市场的一项空白"，该公司又在2000年3月15日《海峡都市报》刊登广告称："遗憾的是，目前市场上鲜有专为儿童设计的补钙品。"该公司还在2000年4月11日《海峡都市报》上刊登广告称："南海岸鳗钙，专为儿童研制的新一代纯天然生物钙，以淡水鳗鱼脊椎骨为原料,钙磷比例2∶1与人体天然吻合,经功能实验证明,专家评审委员会认定:人体吸收利用率高!""儿童补钙,不要给他(她)服成人钙"。为证明南海岸鳗钙的钙磷比不是2∶1,大闽公司向原审法院提供了一份国家乳制品质量监督检验中心对南海岸鳗钙(草莓型)进行"1999年市场监督抽查"的检验报告,其"检验结果"载明:钙含量为3.501%,磷含量为1.9%。南海岸公司还在《海峡都市报》设置的《南海岸鳗钙智力园》系列栏目中,以医生的口气推荐南海岸鳗钙产品。其中在《南海岸鳗钙智力园》(54)期中称:"经医生介绍,爸爸妈妈给小铃铃买了5盒南海岸鳗钙试试,……5盒服完,……女儿竟然增高了4.5厘米"等。此外,南海岸公司还在《海峡都市报》的其他若干期及有关广告宣传单中作了与上述内容相类似的宣传。

南海岸公司在广告中对商品进行功效比较的事实是:南海岸公司在1998年5月11日《海峡都市报》上刊登广告称:"经临床实验表明:南海岸鳗钙的吸收利用率比市面上其他补钙品都要高,且补钙效果远远优于一般补钙制剂,所以,国家卫生部首次确认南海岸鳗钙吸收利用率高,特别适合缺钙者安全、高效地补钙。"南海岸公司在其制作的有关广告宣传单中亦有类似的宣传。

还查明:一审期间,南海岸公司鉴于本案诉讼过程中涉及其生产工艺、产品配方等商业秘密,为防止商业秘密的泄漏向一审法院申请不公开开庭审理,一审法院根据该申请,对本案进行了不公开开庭审理,但一审判决书却误写为公开开庭审理。为此,原审法院于2000年12月27日作出(2000)闽知初字第2号民事裁定书,对一审判决书中的笔误进行了纠正。

二审判理和结果

二审法院认为:根据我国《反不正当竞争法》第9条的规定,经营者在其商品、服务的广告宣传活动中,应当遵守诚实信用原则,对其商品或者服务作真实、准确、完整的宣传,不得使用引人误解的语言或者其他手段进行不正当竞争。南海岸公司在《热烈祝贺南海岸鳗钙荣获泉州第三届九九商交会优质产品质量金奖》广告宣传单中称"目前市面上销售的鳗钙产品中,只有福州南海岸生物工程有限公司生产的南海岸鳗钙是正宗的鳗钙产品",这一内容足以使普通消费者产生只有南海岸鳗钙是正宗的鳗钙产品,而大闽鳗钙等其他品牌的鳗钙产品都是非正宗的鳗钙产品的误解。南海岸公司在1998年5月11日《海峡都市报》上刊登广告称"南海岸鳗钙的吸收利用率比市面上其他补钙品都要高,且补钙效果远远优于一般补钙制剂",这一广告语缺乏证据支持,足以误导普通消费者产生"南海岸鳗钙"的效果高于"大闽鳗钙"的错误认识,属于虚假宣传。南海岸公司在《海峡都市报》上刊登广告称南海岸鳗钙"国内首创以天然淡水鳗鱼脊椎骨为原料,是我国钙制品在原料上的一次革命性突破",亦缺乏相应的证据支持。大闽公司向二审法院提供的证据证明了在南海岸鳗钙之前福建省卫生厅已经批准福建福清新方圆食品开发公司生产"鳗钙片"。因此,南海岸公司的上述广告内容具有虚假性,足以误导消费者对国内鳗钙产品研制的领先优势、技术力量等方面产生误解,损害了包括大闽公司在内的同行业其他竞争对手的合法权益。综上,南海岸公司的上述各项广告宣传行为均违反了我国《反不正当竞争法》第9条的规定,构成对商品进行引人误解的虚假宣传的不正当竞争行为。

根据我国《反不正当竞争法》第 14 条的规定，经营者不得捏造、散布虚伪事实，实施不正当竞争行为。经营者散布的信息，如果易于使消费者对他人的商品或者服务产生不利的错误认识，也属于本条禁止的不正当竞争行为。南海岸公司在 1999 年 11 月 19 日《海峡都市报》上刊登的广告，虽有针对假冒南海岸鳗钙产品的内容，但仍以消费者来信反映的形式称其他品牌的鳗钙产品在质量上"粗制滥造"，这里虽然没有明确指明大闽公司生产的大闽鳗钙粗制滥造，但是，大闽鳗钙作为福建"其他品牌的鳗钙产品"之一，属于南海岸公司贬损的对象，因此，该广告足以误导消费者以为大闽鳗钙在质量上也可能是粗制滥造的，损害了大闽公司的商业信誉和商品声誉。南海岸公司所作的类似广告宣传还有：在《最近，我很烦》广告宣传单中称"某些厂家受利益的驱使，推出许多其他品牌的鳗钙，其中有些没有通过国家卫生部的批准，国家不承认其补钙功能；有些为了迷惑消费者，号称自己为第二代、第三代鳗钙；甚至有的并未通过毒理性检验，对孩子的安全性难以保证"；在 1998 年 8 月 28 日《海峡都市报》上刊登广告称目前市场上出现的所谓第二代、第三代鳗钙，"有的仅是食品而已（并不具备补钙功能），有的仅是一般意义的保健品，效果如何不得而知"等。以上各项广告宣传行为都在不同程度上损害了大闽公司的商业信誉和商品声誉，违反了我国《反不正当竞争法》第 14 条的规定，构成捏造、散布虚伪事实损害竞争对手商业信誉、商品声誉的不正当竞争行为。

南海岸公司在《海峡都市报》等媒体上宣传南海岸鳗钙系"儿童专用补钙品"的广告与该产品《保健食品批准证书》所载明的"适宜人群"不相符合。《保健食品批准证书》载明的该产品的"适宜人群"为"儿童，孕期、哺乳期妇女及中老年人"，而不是"儿童专用"。南海岸公司在把自己的产品宣传为"儿童专用补钙品"的同时，对其他鳗钙产品的经营者进行了贬损，如称"商家把儿童补钙与成人补钙混为一谈，儿童补钙与成人补钙同用一种补钙品"，并在有关广告中对南海岸鳗钙对儿童的补钙功效作了言过其实的宣传。因此，南海岸公司的上述广告宣传不属于对自己鳗钙产品作特定人群的着重宣传，而是意图损害包括大闽公司在内的其他同行业竞争对手的商业信誉和商品声誉，其行为违反了我国《反不正当竞争法》第 9 条和第 14 条的规定，构成对商品进行引人误解的虚假宣传和捏造、散布虚伪事实损害竞争对手的商业信誉和商品声誉的不正当竞争行为。

一审法院认定《最近，我很烦》广告宣传单的主要内容是针对未经批准的鳗钙产品而言，又对大闽公司指控南海岸公司的有关不正当竞争事实不予认定，其认为南海岸公司的上述广告宣传行为不构成不正当竞争系属错误，应予纠正。

虽然鳗钙类保健食品同鳗钙类食品的配方组成在批准为保健食品前后可能是相同的，但在大闽鳗钙被国家卫生部批准为保健食品前，国内市场只有南海岸鳗钙被批准为鳗钙保健食品，故南海岸公司称其鳗钙产品为国内唯一鳗钙类保健食品，用词虽不贴切，但基本上属于对客观事实的真实陈述，不构成不正当竞争。在大闽鳗钙被批准为鳗钙保健食品后，南海岸公司继续进行相同的宣传活动，使用"唯一""法定"等用语，一方面对自己的商品进行虚假宣传，另一方面排除他人的鳗钙保健食品的合法性，直接损害了大闽公司的商业信誉和大闽鳗钙的商品声誉，构成不正当竞争行为。

一审判决适用《反不正当竞争法》第 14 条认定南海岸公司上述行为构成不正当竞争行为虽然正确,但未适用《反不正当竞争法》第 9 条认定构成虚假宣传的不正当竞争行为属于适用法律错误,应予纠正。

综上,南海岸公司在经营活动中实施了大量的不正当竞争行为,损害了大闽公司的合法权益,应当承担停止侵权、赔礼道歉、赔偿损失等法律责任。

我国《反不正当竞争法》第 20 条第 1 款规定:"经营者违反本法规定,给被侵害的经营者造成损害的,应当承担损害赔偿责任,被侵害的经营者的损失难以计算的,赔偿额为侵权人在侵权期间因侵权所获得的利润;并应当承担被侵害的经营者因调查该经营者侵害其合法权益的不正当竞争行为所支付的合理费用。"

在被侵害的经营者的损失难以计算,侵权行为人没有获得利润或者利润无法查明时,侵权行为人的赔偿责任并不能免除。人民法院可以根据权利人遭受侵害的实际情形公平酌定赔偿额。

大闽公司主张以南海岸公司所做不正当竞争广告所支付的费用作为由于南海岸公司的不正当竞争行为给其造成的损失的赔偿额,缺乏法律依据,一审法院根据本案情况酌定南海岸公司赔偿其一定的损失并无不妥,但酌定赔偿 2 万元的数额显然偏低。鉴于大闽公司指控南海岸公司实施不正当竞争行为的事实基本成立,南海岸公司所做的上述不正当竞争广告的数量和次数亦较多,性质也较为严重,本院酌情将赔偿额提高到 25 万元。大闽公司主张南海岸公司支付其因调查本案南海岸公司不正当竞争行为所开支的调查取证费等,虽于法有据,但因没有提供相应的证据佐证,本院不予支持。

一审法院根据南海岸公司的申请决定对本案不公开审理,于法有据。至于一审判决书中写有"公开开庭审理"字样,属于笔误,一审法院已于 2000 年 12 月 27 日作出(2000)闽知初字第 2 号民事裁定予以纠正。故大闽公司对此的上诉请求不予支持。

南海岸公司的前述不正当竞争广告主要是在《海峡都市报》上刊登的,对大闽公司造成的影响较大。虽然《福建日报》在发行地域上覆盖了《海峡都市报》,但是,由于《海峡都市报》与《福建日报》的读者对象不同,故南海岸公司仅在《福建日报》上刊登致歉声明尚不足以消除对大闽公司造成的影响。一审法院判决南海岸公司在《海峡都市报》上刊登声明,向大闽公司公开赔礼道歉,消除影响,并无不当。南海岸公司的上诉理由不能成立,其上诉请求二审法院不予支持。

综上,一审判决部分事实认定不清,适用法律不当,应依法予以纠正;大闽公司的主要上诉理由和答辩理由成立,应依法予以支持;南海岸公司的上诉理由不能成立,应依法予以驳回。一审判决主文使用当事人名称的简称虽有不妥,但对实体结果未有影响,二审法院不再处理。二审法院依照《反不正当竞争法》第 9 条第 1 款、第 14 条、第 20 条和《民事诉讼法》第 153 条第 1 款第(1)项、第(3)项之规定,判决如下:一、维持福建省高级人民法院(2000)闽知初字第 2 号民事判决主文第二项、第四项;二、变更福建省高级人民法院(2000)闽知初字第 2 号民事判决主文第一项为:南海岸公司应立即停止对其商品进行虚假宣传和捏造、散布虚伪事实损害大闽公司商业信誉和商品声誉的不正当竞争行为;三、变更福建省高级人民法院(2000)闽知初字第 2 号民事判决主文第三项为:南海岸公司应在本判决生效后 20 日内赔偿大闽公司经济损失 25

万元;四、驳回南海岸公司的上诉。本案一审案件受理费人民币 21 510 元,二审案件受理费 21 510 元。由南海岸公司负担。

法官评述

在日益激烈的市场竞争中,经营者必然要通过广告宣传自己的产品,树立良好的品牌形象、增强企业竞争力。但是,如何宣传既能达到预期的目的,又不违背公认的商业道德和行业惯例?商家的行为是否符合诚实信用和公平竞争的原则?在竞争者之间相互诋毁对方的产品和商业信誉的情况下,维护良好的竞争秩序,同时保护消费者的正当利益,是本案要解决的关键问题。

本案的双方当事人均通过虚假宣传进行不正当竞争。在本案之外,南海岸公司以大闽公司为被告也提起反不正当竞争诉讼,福建省高级人民法院一审判决大闽公司停止损害南海岸公司商业信誉、商品声誉的不正当竞争行为,向南海岸公司公开赔礼道歉、消除影响,并赔偿南海岸公司经济损失、商誉损失人民币 15 万元,案件受理费 22 510 元,由大闽公司承担。最高人民法院维持了一审判决。法院对这两个双方当事人互为原、被告的案件的裁判,将对规范市场竞争行为、鼓励诚实信用和公平竞争起到有效的示范作用。

《反不正当竞争法》第 2 条规定:"经营者在市场交易中,应当遵循自愿、平等、公平、诚实信用的原则,遵守公认的商业道德。"这是参与市场竞争的各方应当共同遵守的法则,又被称为"帝王条款"。《反不正当竞争法》第 9 条、第 14 条又分别规定了经营者不得进行虚假宣传和捏造、散布虚伪事实,损害竞争对手的商业信誉。那么,在具体的案件中,什么是公认的商业道德;什么样的行为不符合诚实信用原则?这需要结合具体的案件事实分析判断。

本案中,二审法院分析和论述了南海岸公司在宣传其产品过程中几个方面的行为构成不正当竞争。第一,在广告宣传单中称自己的产品是"正宗"的鳗钙产品,使消费者认为其他品牌的鳗钙产品都是非正宗产品。第二,南海岸公司在《海峡都市报》上称其产品是"国内首创"、"革命性的突破",这种宣传内容是虚假的。第三,该公司在其广告中贬损了其他品牌的鳗钙产品质量上"粗制滥造",损害了作为其他品牌之一的大闽公司的商业信誉和商品声誉。第四,在大闽鳗钙被批准为保健食品后南海岸公司仍然使用"唯一"、"法定"等宣传用语宣传自己的产品,其内容不真实,也排除了他人的鳗钙保健食品的合法性,构成不正当竞争。

本案二审判理部分,不仅结合案件的具体情况,对被控实施的行为内容和认定其构成不正当竞争的理由作了分析,为判决双方承担相应的法律责任打下坚实的事实基础,而且对《反不正当竞争法》第 9 条第 1 款和第 14 条所规定的"引人误解的虚假宣传"、"散布虚假事实、损害竞争对手的商业信誉、商品声誉"的具体标准作了细致的阐述,对今后办理类似的案件具有重要的指导意义。

本案的难点在于如何确定损失赔偿数额。侵犯知识产权侵权赔偿数额计算,可以依据权利人因侵权行为而遭受的损失,或者侵权人因侵权行为获得的利益。而在审判实践中，上述两种方法的适用都存在一定难度。特别是造成权利人利润下降的因素可能是多种，不仅仅有侵权导致的利润下降，而且还有市场风险变化、内部经营管理等因素，都会对权利人的获利产生影响。侵权人因侵权所获得的利益也很难查清，有的情况下甚至没有获利。因引人误解的虚假宣传或者捏造虚伪事实、贬损他人商业信誉产生的侵权纠纷案件中，很难确定权利人利润的下降或者侵权人同期的获利是由于该侵权行为直接造成的。因此，在这类案件中多采用定额赔偿的方法，即在定额赔偿数额范围内，根据被侵害的知识产权类型、侵权持续的时间、权利人因侵权所受到的商誉损害等实际情况，公平酌定赔偿数额。

（二审合议庭成员：董天平　王永昌　邻中林
编写人：最高人民法院知识产权审判庭　王永昌）

15. 台湾泰山企业股份有限公司与福建省长乐市台福食品有限公司不正当竞争纠纷案

阅读提示：在台湾地区知名的商品是否属于《反不正当竞争法》规定的知名商品？在经济特区的国营外币免税商场销售，是否属于在中国境内或者中国大陆销售？

裁判要旨

我国《反不正当竞争法》适用法域为中国大陆，在台湾地区知名的商品不属于《反不正当竞争法》规定的知名商品。

经济特区的国营外币免税商场，也是中国境内市场的组成部分，称之不属于中国境内市场或者中国大陆市场没有任何事实依据和法律依据。国家对这种商场销售的货物实行监管和限制，是对境外商品进入中国境内市场的品种和数量进行调节的行政措施，并不表明被调节商品的生产商的合法权利和利益不受中国法律保护。

案 号

一审：福建省高级人民法院（1996）闽知初字第 02 号
二审：最高人民法院（1998）知终字第 1 号

案情与裁判

原告（反诉被告、二审被上诉人）：台湾泰山企业股份有限公司（简称"泰山公司"）

被告（反诉原告、二审上诉人）：福建省长乐市台福食品有限公司（简称"台福公司"）

起诉与答辩

原告诉称：其于 1986 年开发研制的"仙草蜜""八宝粥"饮品，以草绿色胶冻方块构成包装图案，并以"泰山"作为商标在台湾注册，该产品从 20 世纪 90 年代开始，销往大陆地区，1995 年发现被告生产的相同产品"仙草蜜"及"八宝粥"罐装图案完全抄袭原告，仿冒原告产品，严重影响原告的市场占有率，请求制止被告的侵权行为，并赔偿经济损失，承担本案的诉讼费用。

被告辩称：1994 年 10 月 17 日，其将"仙草蜜"和"八宝粥"产品分别向国家专利局申请外观设计专利，经核对和公告，分别取得国家专利局颁发的专利证书。该两饮品也取得国家工商行政管理局商标局的"泰山"商标的注册证，应受法律保护。从 1995 年开始，原告在大陆地区销售"仙草蜜"和"八宝粥"，侵占了答辩人开拓的市场，提出反诉，请求责令原告停止在大陆的销售活动，赔偿经济损失。

一审审理查明

一审法院经审理查明：原告泰山公司于1950年在台湾彰化县登记设立，1986年，原告将"草绿色仙草胶冻方块"构成包装图案及"泰山"为商标在台湾注册，同年生产"八宝粥"。1993年以后，两产品销往大陆地区。被告台福公司于1994年10月17日申请"饮料罐体片材（仙草蜜）外观设计专利"，于1996年1月7日获准，专利号ZL94312074.8，1994年10月17日申请"八宝粥"（罐片材）外观设计专利，于1995年11月26日获准专利，专利号ZL9431207X。被告生产的两饮品包装图案、色彩、文字均与原告的相似。在诉讼期间，原告向国家专利复审委员会申请宣告被告的专利无效。1997年3月28日，专利复审委员会对被告取得的两项专利（专利号94312074.8和9431207X）宣告专利权无效。

一审判理和结果

一审法院认为：原告泰山公司生产的"仙草蜜"和"八宝粥"饮品早于被告专利申请日以前已在台湾生产销售，20世纪90年代初销往大陆地区。被告生产与原告相同的产品，其包装图案、色彩、文字结构与原告的相似，足以误导消费者，造成两者混淆。被告取得专利证书，现专利权已被宣告无效，其专利权视为自始不存在，被告已构成不正当竞争，侵犯了原告合法权益，给原告造成一定的损害。被告反诉求，缺乏证据，不予支持，根据《反不正当竞争法》第5条第（2）项、《专利法》第50条第1款，《民法通则》第134条第1款第（1）项、第（7）项的规定，判决如下：一、被告台福公司应立即停止生产与原告泰山公司"泰山"牌仙草蜜、八宝粥饮品包装罐外观图案相近似的产品；二、被告台福公司应赔偿原告泰山公司经济损2.1万元，原告的律师代理费2万元，该两项应于本判决生效后10日内一次付清。本案受理费2.1万元，诉讼保全费5 000元，反诉费5 510元，均由被告承担。

上诉与答辩

台福公司不服一审判决，提起上诉称：1. 泰山公司生产的"仙草蜜""八宝粥"饮品合法销往大陆的最早时间是在1995年4月6日，原审判决认定泰山公司于20世纪90年代初将前述两产品销往大陆缺乏事实依据。2. 上诉人于1994年8月即开始将"仙草蜜""八宝粥"饮品推向市场，由于上诉人的产品销售在先，被上诉人生产的与上诉人产品外观装潢相似的"仙草蜜""八宝粥"在中国境内市场销售在后，因此，真正不正当竞争者是被上诉人，而不是上诉人。3. 被上诉人的"仙草蜜""八宝粥"饮品于1993年底至1994年底曾在厦门经济特区国营外币免税商场合法销售，但外币免税商场的销售对象是特定的，其销售的货物受到严格监管和限制，因此，不能认为已进入中国境内市场。故请求本院撤销原审判决。

被上诉人泰山公司答辩称：原审判决认定事实清楚，适用法律正确，请求二审法院予以维持。

二审审理查明

二审法院经审理查明：原审查证事实基本属实。还查明：泰山公司生产的"仙草蜜"饮品所使用的包装装潢主要由"仙草蜜"三个行书字和"草绿色仙草胶冻方块"图案构成。"八宝粥"饮品所使用的包装装潢则主要由"八宝粥"三个行书字及"盛放在盘中的八宝粥饮品彩色图案"构成。上述两种饮品在台湾等地区享有较高的知名度。1993年底至1994年底，泰山公司将带有上述包装装潢的"仙草蜜"和"八宝粥"饮品通过香港进口到大陆，在厦门经济特区国营外币免税商场进行销售，其后在汕头经济特区国营外币免税商场进行销售。该事实有厦门经济特区国营外币免税商场出具的《声明书》、丰利勤贸易有限公司（香港）出具的《声明书》、中华人民共和国厦门进口食品卫生监督检验所《卫生证书》、中华人民共和国汕头进口食品卫生监督检验所《卫生证书》以及有关合同、海运提单、发票等证据证明。1994年8月，台福公司亦开始生产、销售"仙草蜜""八宝粥"饮品，两种产品所使用的包装装潢与泰山公司的基本相同，其中，台福公司生产的"仙草蜜"饮品包装罐上所署的英文制造商名称和地址为泰山公司的名称和地址。

二审判理和结果

二审法院认为：被上诉人泰山公司从1986年起至今，一直连续生产、销售"泰山"牌"仙草蜜""八宝粥"饮品，并使用前述包装装潢，该两种产品在台湾地区享有较高的知名度。1993年底，泰山公司即将其生产的带有前述包装装潢的"仙草蜜""八宝粥"饮品开始在厦门经济特区国营外币免税商场销售，早于台福公司在大陆市场首先使用上述两产品的包装装潢，在相关公众中享有一定的知名度，因此，泰山公司在大陆地区对"仙草蜜""八宝粥"两产品的特有的包装装潢享有专用权，应依法予以保护。台福公司未经泰山公司许可，在自己生产的相同商品上，擅自使用与泰山公司前述基本相同的包装装潢，足以造成消费者的误认，已构成不正当竞争，应当承担相应的民事法律责任。台福公司关于泰山公司的"仙草蜜""八宝粥"饮品最早于1995年4月才合法销往大陆市场的上诉理由，以及其在大陆首先使用"仙草蜜""八宝粥"两饮品的前述包装装潢的上诉理由，与事实不符，二审法院不予采纳；其认为经济特区的国营外币免税商场销售的货物受到监管和限制，因此在该商场销售的货物不能认为已进入中国境内市场的上诉理由不能成立，二审法院亦不予采纳。原审判决认定事实清楚，适用法律正确，应予维持，台福公司的上诉请求应予驳回。二审法院依照《民事诉讼法》第153条第1款第（1）项之规定，判决如下：驳回上诉，维持原判决。本案二审案件受理费2.1万元，由台福公司负担。

法官评述

本案是我国《反不正当竞争法》实施以来发生较早的知识商品特有的包装装潢保护纠纷，又因本案原告是台湾企业，其涉案产品是先在台湾知名，后在中国经济特区的国营免税商场销售，致使案件本身又提出《反不正当竞争法》的适用法域和知识商品的地域性等问题。

一、我国《反不正当竞争法》的适用法域

我国《宪法》序言部分指出："台湾是中华人民共和国的神圣领土的一部分。完成统一祖国的大业是包括台湾同胞在内的全中国人民的神圣职责。"《宪法》第31条规定：

"国家在必要时得设立特别行政区。在特别行政区内实行的制度按照具体情况由全国人民代表大会以法律规定。"目前,海峡两岸尚未实现和平统一,我国台湾地区法律制度独立于我国大陆。即便统一以后,按照"一国两制"的要求,台湾地区同香港、澳门特别行政区一样,也有其独特的法律制度。这样,"一国两制"下中国法律体系出现4个不同的法域。所谓法域,是指一国内部各个具有独特法律制度的区域。我国台湾地区、香港、澳门作为与我国大陆不同的法域,其实行高度自治。我国全国人民代表大会及其常委会制定的全国性法律一般在我国大陆实施,若要在其他3个法域实施,应当在相关的特别行政区基本法中列明。因此,我国《反不正当竞争法》的适用法域是我国大陆地区,不在台湾地区实施。同样,台湾地区的"商标法"和"公平交易法"也仅在台湾地区实施,对我国大陆没有法律效力。本案中,原告是一个台湾企业,其研制的涉案产品"仙草蜜""八宝粥"饮品虽然早于1986年就在台湾生产,且其相关包装图案及"泰山"作为商标在台湾注册,但其不能仅以上述事实在中国大陆请求《反不正当竞争法》保护。被告的行为是否构成不正当竞争,还需要看原告的涉案产品在中国大陆是不是知名商品。

在此需要补充的是,我国法律和司法解释中经常使用"中华人民共和国境内""中国境内"等概念。中华人民共和国境内是指我国行使国家主权的空间,包括陆地领土、领海、内水和领空4个部分,香港、澳门、台湾从主权的意义上来说,也属于中国境内。但考虑到以下两点,很多法律条文中的"中国境内"概念本身并不包括香港、澳门和台湾:一是有的法律在使用"中国境内"或者其他相关概念后,又特别明确,香港、澳门地区的规范另行规定,如《公民出境入境管理法》;二是由于历史的原因,根据宪法和香港特别行政区基本法、澳门特别行政区基本法的规定,在这些地区实施的全国性法律均在基本法附件中列明,其他全国性法律则被排除在外,不在这些地区实施。

二、原告涉案产品在中国大陆是否属于知名商品以及被告的行为是否构成不正当竞争

我国《反不正当竞争法》第5条规定:"经营者不得采用下列不正当手段从事市场交易,损害竞争对手:……(二)擅自使用知名商品特有的名称、包装、装潢,或者使用与知名商品近似的名称、包装、装潢,造成和他人的知名商品相混淆,使购买者误认为是该知名商品;……"这里对知名商品知名的地域并没有作出具体规定。有的国家则对此作出规定。如日本规定,在本法施行地区内使用被人熟知的他人的商品的容器、包装以及其他表明为他人的商品的表示相同或者类似的标志。韩国规定,使用国内周知之他人的商品的容器及包装等表示他人商品的相同或者类似的标志。我国《反不正当竞争法》保护的知名商品知名的地域范围,首先应当是在中国大陆市场内知名,但由于我国地域辽阔、经济发展不平衡、人们的消费水平和消费偏好差异较大,因此不能要求知名商品在全国范围内均知名。

本案中,原告的涉案产品于1993年底至1994年底曾在厦门经济特区和汕头经济特区国营外币免税商场进行销售。被告认为,外币免税商场的销售对象是特定的,其销售的货物受到严格监管和限制,因此,不能认为原告商品已进入中国境内市场。我们认为,经济特区的国营外币免税商场,也是中国境内市场的组成部分,称之不属于中国境

内市场没有任何事实依据和法律依据。国家对这种商场销售的货物实行监管和限制，是对境外商品进入中国境内市场的品种和数量进行调节的行政措施，并不表明被调节商品的生产商的合法权利和利益不受中国法律保护。只要该被调节商品属于知名商品，其包装装潢又是特有的，擅自使用该知名商品特有的包装装潢就构成不正当竞争。原告生产的"仙草蜜""八宝粥"饮品在相关公众中具有一定的知名度，属于知名商品；而且，这两种产品的包装装潢是原告首先在中国大陆地区使用，也说明了该包装装潢是特有的。被告在其生产的"仙草蜜"饮品包装罐上所署的英文制造商名称和地址为原告的名称和地址，这也可以说明被告明知该包装装潢是原告在先使用，甚至可以作为证明被告利用原告知名商品特有的包装装潢具有的竞争优势推销自己产品的证据。因此，被告的行为构成不正当竞争。

（二审合议庭成员：蒋志培　程永顺　王永昌
编写人：最高人民法院知识产权审判庭　王永昌　郎贵梅）

16. 香港8分钟国际洗涤集团有限公司、大庆市肇源县创亿公司诉中化四平联合化工总厂、四平市鑫平洗涤产业有限公司不正当竞争纠纷案

阅读提示：如何对比判断是否构成仿冒知名商品特有装潢？对真实信息的片面宣传是否构成引人误解的虚假宣传？

裁判要旨

本案中，法院以整体观察和隔离观察的方式，认定被告产品与原告产品的内包装袋和外包装箱装潢的主要部分和整体印象均不相近，一般消费者施以普通注意力即可区别，不会因此发生混淆或者误认。因此，被告的产品不属对原告知名商品特有装潢的仿冒。

引人误解的虚假宣传行为是我国《反不正当竞争法》第9条明文禁止的一种行为。该规定的立法目的在于禁止对商品或者服务作虚假或者其他原因引人误解的宣传，因此，内容真实但不全面的宣传在客观上造成或者足以造成相关公众产生错误理解的，也应当构成引人误解的虚假宣传行为。

案 号

一审：吉林省高级人民法院（1998）吉经初字第83号
二审：最高人民法院（1999）知终字第13号

案情与裁判

原告（二审上诉人）：香港8分钟国际洗涤集团有限公司（简称"8分钟公司"）
法定代表人：陈相贵，该公司董事长
原告：大庆市肇源县创亿公司（简称"创亿公司"）
法定代表人：陈相贵，该公司董事长
被告（二审被上诉人）：中化四平联合化工总厂（简称"联化总厂"）
被告（二审被上诉人）：四平市鑫平洗涤产业有限公司（简称"鑫平公司"）
法定代表人：王玉平，该公司董事长

一审审理查明

一审法院经审理查明：1992年12月至1994年12月间，陈相贵（即创亿公司与8分钟公司法定代表人）与联化总厂合作生产8分钟牌洗衣粉。1995年1月18日，陈相贵与联化总厂签订《关于"8分钟"洗衣粉商标使用权的协议》，约定：自1995年1月

18日起至1995年12月31日止，8分钟洗衣粉商标归联化总厂一家使用，陈相贵不得转让其他任何厂家使用等。1995年9月21日，陈相贵为法定代表人的肇东市现代股份有限公司在国家商标局注册了在洗衣粉上使用的"巴芬钟"文字与"8"字图形组合的商标。1996年3月14日，联化总厂在国家商标局注册了在洗衣粉上使用的"四联118"文字与图形组合的商标。1997年1月28日，创亿公司为甲方与联化总厂为乙方签订《关于合作生产销售不担心牌和8分钟牌洗衣粉的协议书》，约定：甲方负责提供不担心牌和8分钟牌洗衣粉的小包装塑料袋、外包装箱，负责办理在所加工的洗衣粉内外包装上冠有"香港8分钟国际洗涤集团公司公司监制、中化四平联合化工总厂生产"的字样，负责全力对外销售洗衣粉；乙方负责按甲方提供的标准和配方进行生产；合作期限为1997年1月1日起至1997年12月31日止；合作期满后，如双方继续合作，另行签订合同，如不合作，乙方不得再使用不担心牌和8分钟牌商标，今后乙方不得使用与这两种名称相似或者近似的牌号，否则乙方赔偿甲方5 000万元整。1997年8月，8分钟公司开始生产8分钟加酶洗衣粉第二代。1998年1月，联化总厂开始生产118高级加酶洗衣粉第二代。同年7月28日，"巴芬钟"注册商标为8分钟公司受让。同年9月22日，王玉平与联化总厂签订由王玉平租赁联化总厂洗涤剂厂（亦称中化四平联合化工总厂合洗分厂，简称"合洗分厂"）的租赁合同，租赁期为10年。同年10月5日和10月7日，王玉平分别在四平电视台和吉林电视台播发一则内容基本相同的声明，内容为："国家大型一级企业中化四平联合化工总厂合洗分厂郑重声明：我厂已停止对原8分钟洗衣粉的生产，如出现任何问题，我厂概不负责。为答谢消费者的厚爱，在建厂40周年之际，即将向社会隆重推出以118为龙头的天池、含笑牌等系列洗衣粉，并将在11月份举办大型赠送活动。"声明底稿上盖有联化总厂及其合洗分厂的公章，有"董事长王玉平"字样的签名。同年10月至11月间，王玉平先后派人在四平市、哈尔滨市散发题为《中化四平联合化工总厂合洗分厂致全市广大消费者》的广告宣传单，载明："敬告广大用户，我厂已停止对原8分钟洗衣粉的生产，如出现任何问题，我厂概不负责……"。1998年10月14日，以王玉平为董事长的私营有限责任公司——鑫平公司成立。同年11月，鑫平公司以其与合洗分厂的名义在辽宁省各地区和河北霸州等地散发广告宣传单，内容为"……我公司已停止对8分钟洗衣粉的生产，如出现任何问题，我公司不予负责……"

创亿公司和8分钟公司以联化总厂及其合洗分厂在联化总厂与创亿公司1997年1月28日的协议期满后，仿冒原告8分钟牌洗衣粉小包装塑料袋及外包装箱的包装、装潢，生产一种与8分钟加酶洗衣粉名称近似的118高级加酶洗衣粉，造成消费者对两种商品的混淆、误认；又通过电视台播发声明和散发广告宣传单等行为诋毁原告8分钟洗衣粉的商品声誉，已构成不正当竞争为由，于1998年11月4日向一审法院起诉联化总厂及其合洗分厂，请求判令二被告：1. 因仿冒二原告知名商品8分钟加酶洗衣粉的包装、装潢，赔偿二原告5 000万元。2. 因在广告宣传中诋毁原告商品声誉，应在相应的电视台为二原告恢复名誉、消除影响、赔礼道歉。3. 承担因二原告调查其不正当竞争行为所支付的合理费用及因提起诉讼所应支付的一切费用。后二原告又共同于1998年11月20日以鑫平公司散发侵权传单为由，请求追加其为本案被告，诉讼请求与原起诉状相同。一审法院于同年 11 月 24 日决定追加鑫平公司为本案被告,并在一审判决书中将本案被告列为联化总厂和鑫平公司。二原告在一审审理过程中于 1999 年 4 月 5 日变更其赔偿请求为 2 000 万元。

一审判理和结果

一审法院认为:1. 被告联化总厂、鑫平公司生产的第二代 118 高级加酶洗衣粉与原告创亿公司、8 分钟公司的第二代 8 分钟加酶洗衣粉的商标均经国家商标局注册,118 洗衣粉其装潢突出的是"118""高级加酶洗衣粉""全新第二代",而 8 分钟洗衣粉其装潢突出的是"8 分钟""浸泡就干净"及人头像,此两种品牌的洗衣粉附在内外包装上的装潢的主要部分和整体形象均不相近似,一般消费者施以普通注意力能够予以区分,不会发生误认或者混淆。"浸泡就干净"只是商品基本性能的描述,二原告对此不享有独占权,故二被告的行为不构成仿冒知名商品特有的名称、包装、装潢的不正当竞争行为。且"牌号"是指商品的商标,故二原告要求二被告赔偿 2000 万元的诉讼请求不予支持。2. 联化总厂、鑫平公司共同及单独散发的广告宣传单和通过四平、吉林电视台播发的声明,从其内容上看,未捏造、散布虚假事实,未作引人误解的虚假宣传,联化总厂确与创亿公司合作生产过 8 分钟洗衣粉,故二被告的市场营销行为不构成《反不正当竞争法》规定的不正当竞争行为。该院依照《反不正当竞争法》第 2 条、第 5 条第(2)项、第 9 条、第 14 条之规定,判决:驳回创亿公司、8 分钟公司之诉讼请求。案件受理费 11 万元由二原告负担。

上诉与答辩

8 分钟公司不服上述一审判决,向最高人民法院提起上诉称:1. 本案程序违法。一审原告起诉的被告除二被上诉人外,还有合洗分厂。该分厂作为联化总厂的一个车间,与鑫平公司的权利义务不能等同。一审判决未将其列为被告且未作出任何说明,属于漏列当事人。2. 原判认定事实错误。(1) 被上诉人的 118 高级加酶洗衣粉第二代与上诉人的 8 分钟加酶洗衣粉第二代内外包装以及构成装潢的文字、图形、排列位置等相同或者极其近似,相同点多于不同点,整体上双方装潢的主要部分近似。体现在:①双方内外包装的形状、大小规格完全一样。②双方内外包装装潢使用的颜色都由红、黄、蓝、白四色组成,且排列近似;文字布局区别不大,且字体及大小相同或者近似;均使用有"国际香型""第二代""加酶""6~8 件普通衣物"等词语;均使用了相同的广告词——"浸泡就干净",且色泽由黄到红完全一样;118 洗衣粉采用了 8 分钟洗衣粉装潢图案中的水圈、气泡、"S"形水汽;118 洗衣粉外包装封口完全仿冒 8 分钟洗衣粉的特有色块及分布。被上诉人的仿冒行为已经在市场上使消费者产生了误认或者混淆。杨青、李立、王立国的证言可以为证。(2) "浸泡就干净"作为 8 分钟洗衣粉最先且长期使用的特殊广告用语,构成广告作品。被上诉人在其内外包装上抄袭该广告词。浸而不洗的特殊性能只有 8 分钟洗衣粉独有,原判把浸泡与洗涤混为一谈,将"浸泡就干净"误认为是全部洗衣粉的基本性能,所作认定不当。(3) 被上诉人的广告宣传单和电视声明的内容不仅使人误解,而且给上诉人造成了严重后果。特别是"我厂已停止对原 8 分钟洗衣粉的生产,如出现任何问题,我厂概不负责"的广告宣传,必然使人产生 8 分钟洗衣粉有问题才停产,以后在市场再出现就是伪劣商品的误解。其电视声明还会使人产生有更好的118洗衣粉来替代8分钟洗衣粉的联想和误解。这些广告宣传行为贬低、诋毁、损害了上诉人的商品声誉。马军胜、赵丽娟、李立等十人的证言证明客观上已因此出现了消费者误认及上诉人销量下降的后果。3. 本案的赔偿仍应当以创亿公司与联化总厂1997年1月28日协议的约定为依据，并由被上诉人承担上诉人为调查本案不正当竞争行为所支付的费用13462.30元。综上，被上诉人违反了《反不正当竞争法》第5条第（2）项、第9条和第14条的规定，构成不正当竞争，请求撤销原判，发回重审或者依法改判。

被上诉人联化总厂辩称：1. 118洗衣粉和8分钟洗衣粉是可以区分的两个品牌，根本不会发生混淆，更谈不上仿冒。双方名称、内外包装及装潢明显不同：118是阿拉伯数字的组合，创意内涵是"要发"之意，而8分钟是一种时间名词；"国际香型""第二代""加酶""6～8件普通衣物"等属产品说明，依法必须在包装上向消费者明示；包装箱规格、封口条是国家标准所要求的；"浸泡就干净"是通用的广告用语，1996年生产的118洗衣粉包装上就有"浸泡漂洗就干净"的用语，"浸泡""就干净"的词句属于联化总厂使用在先，双方在合作期间生产的8分钟洗衣粉包装上并无此词句。2. 联化总厂的广告宣传无可非议。联化总厂确曾生产过8分钟洗衣粉，在不再生产该品牌洗衣粉的情况下，为防止有人利用联化总厂之名欺骗消费者而作的广告宣传，是一种自我保护的合法行为，无从谈及把8分钟洗衣粉说成是会出现问题的产品。上诉人是否有经济损失与此没有任何联系。综上，请求驳回上诉，维持原判。

被上诉人鑫平公司辩称：1. 本案一审程序合法。合洗分厂是联化总厂的内设机构，不具有企业法人资格。一审将被告之一变更为鑫平公司符合法律规定。2. 鑫平公司自成立以来以联化总厂名义生产的118洗衣粉的内外包装没有仿冒其他产品的包装、装潢；在公司成立之前以合洗分厂的名义散发的宣传单也没有捏造、散布虚假事实。（1）双方内外包装及其装潢在文字与图案的主要特征上存在显著区别，主要部分和整体形象均不相似。体现在：①双方均在显要位置印制了各自的注册商标；118洗衣粉包装的正面用粗体字突出地标明"118"三个阿拉伯数字，并用庄重黑体字明确标识出生产厂家为"国家大型Ⅰ级企业中化四平联合化工总厂"，另在多处标识"118"字样，也无人头像，这些装潢的主要内容足以令消费者在正常情况下与其他产品相区别。②"浸泡就干净"是说明洗衣粉的使用方法与效果；"国际香型"是指洗衣粉使用的香精类型，其他的一些文字说明也是国家标准所要求的。（2）被上诉人的广告宣传一方面是履行告知消费者其确已停产8分钟洗衣粉这一事实的义务，另一方面也是宣传自己的118系列洗衣粉。其内容真实，并无虚假，也未贬低、诋毁其他同类产品，不会必然使人产生误解。（3）上诉人指控被上诉人有仿冒与诋毁两种行为，在逻辑上是矛盾的。如果仿冒某产品，就不会诋毁该产品；如果诋毁某产品，就不会仿冒该产品。3. 上诉人要求赔偿2 000万元，没有任何依据，也是企图通过大额诉讼提高其知名度。至于其所主张的调查费用，因其提交的食宿费、交通费等票证已经计入创亿公司1998年企业成本，这些证据与本案既无相关性，又无客观性。综上，请求驳回上诉，维持原判。

一审原告创亿公司未再提交其他书面意见，但在庭审中认为其与上诉人享有共同权利。

二审审理查明

二审法院经审理查明：一审查明的事实基本属实，当事人对此亦无异议。另查明：8分钟公司的前身系1994年10月18日由陈相贵在香港注册的香港三分钟国际洗涤集团有限公司，1996年5月16日变更为现名。陈相贵与联化总厂自1992年12月至1994年12月间的合作系陈相贵委托联化总厂加工8分钟洗衣粉，其后又将"8分钟"作为商标许可联化总厂使用，自1997年7月起联化总厂再未生产8分钟洗衣粉。8分钟加酶洗衣粉第二代由8分钟公司委托黑龙江省合成洗涤剂厂生产，创亿公司并未生产。王玉平在租赁合洗分厂后和鑫平公司成立后均以联化总厂的名义继续生产118高级加酶洗衣粉第二代。8分钟洗衣粉自1992年以来，销量不断上升，在我国东北地区的消费者中知名度较高。8分钟公司所做的8分钟洗衣粉系列广告在1998年12月23日被吉林省工商行政管理局和吉林省广告协会授予"'98吉林省信誉广告"荣誉称号；巴芬钟牌8分钟洗衣粉被吉林省质量管理协会用户委员会于1998年12月15日授予"吉林省用户满意产品"称号。自1998年10月起，8分钟洗衣粉在东北地区和河北霸州等地的销售数量明显下降。8分钟公司因调查本案不正当竞争行为支出食宿、交通等费用13 462.30元。

还查明：上诉人的8分钟加酶洗衣粉第二代与被上诉人的118高级加酶洗衣粉第二代的内包装袋和外包装箱的形状、规格、材质等均相同。双方在各自内外包装上均采用新设计的装潢，与各自原使用包装上的装潢不同。双方内包装袋实物所示装潢和外包装箱照片所示装潢内容如下：

1. 内包装袋：（1）上诉人装潢所用颜色基本均由红、黄、蓝、白四色组成。正面图和背面图的背景图案均为一个带有波纹的蓝色水圈和其上部的蓝色"S"形水汽状。正面图中部标有"8分钟加酶洗衣粉"（其中"8分钟"三字以红色特大号宋体字书写）、"浸泡就干净"（红色大号粗行楷体）字样，其左上方标有其注册商标；上部左侧为陈相贵头像、签名、职务和上诉人名称，右侧标有"浸泡就干净"（大号斜体字，颜色从上到下由黄变红）、"商标注册，中国独家""国际香型"等字样；下部靠右标有"第2代""浸泡8分钟，污垢去无踪"字样。背面图上部与正面图上部图案相同，只是左右内容换位；中部左右两侧各标有相同的大号红色字"8分钟"和其注册商标中的"8"字图形；下部左侧为用法用量等图解和文字说明，右侧为中英文产品说明以及厂商信息等。（2）被上诉人装潢所用颜色基本均由红、黄、蓝、白四色组成。正面图的背景图案为一个蓝色水漩涡，背面图的背景图案为纯蓝色。正面图中部是以黄色圆圈为衬底的红色特大号斜体字"118"，其上部标有汉语拼音"YIYIBAXIYIFEN"，下部标有"高级加酶洗衣粉"字样，左上方标有其注册商标；上部左侧标有"浸泡就干净"（大号新艺体字，颜色从上到下由黄变红），右上角以黄色为背景标有"118进万家，祝您发发发""国际香型"字样；下部标有"全新第2代"和"国家大型I级企业中化四平联合化工总厂"字样。背面图上部与正面图上部图案相同；中下部左侧为中英文产品说明以及厂商信息等，右侧为用法用量等图解和文字说明以及商品条形码等。

2. 外包装箱：（1）上诉人装潢所用颜色基本均由红、黄、蓝、白四色组成。六面视图的背景图案相同，均为蓝色"S"形水汽状。主视图与后视图相同，从上到下、字体从大到小依次标有"8分钟洗衣粉"(其中"8分钟"三字以红色黄边特大号宋体字书写)、"浸泡就干净"和上诉人名称等字样,右上角标有"国际香型"字样。两面侧视图相同,左半部为其内包装袋正面图案,右半部标有"浸泡8分钟,污垢去无踪"(大号红色字,分两列竖排)和"第2代"字样以及厂商和产品介绍。俯视图与下视图相同,均标有两排大号红色字——"浸泡8分钟,污垢去无踪";封口处两侧为紫、黄、蓝、绿、红五种彩色色块与白色色块相间的长条状,每个彩色色块上均注有"一次性使用标记"字样。(2)被上诉人装潢所用颜色基本均由红、黄、蓝、白四色组成。六面视图的背景图案相同,均为两个带有波纹的蓝色水圈。主视图与后视图相同,内容基本与其内包装袋正面图相同,只缺少上部的图文和下部的"全新第二代"字样,另在右上角标有其商品条形码。两面侧视图相同,上部与其内包装袋正面图的上部相同,右下部标有"全新第2代"字样,中间部分为厂商和产品介绍。俯视图标有两排相同大号红色字——"浸泡就干净,欢乐千万家",下视图标有两排相同特大号红色字——"四联118";封口处两侧为红、黄、绿、蓝、紫五种彩色色块与白色色块相间的长条状,每个彩色色块上均注有"一次性使用标记"字样。

二审判理和结果

二审法院认为,本案主要涉及如下问题:

(一)关于当事人的诉讼主体与权利主体资格问题

上诉人主张应当依其诉讼请求将合洗分厂列为本案被告,但其未能举证证明该分厂领有何种营业执照,且其也认为该分厂系联化总厂的一个车间,而联化总厂并未否认该分厂系其内设机构。据此,应当认定该分厂既非企业法人,也非联化总厂设立的领有营业执照的分支机构,其不具备诉讼主体资格,相关的民事责任应当由联化总厂承担。一审判决未依照原告的诉讼请求将该分厂列为本案被告,也未作出任何说明,虽有不妥,但并不属于漏列当事人,不影响原告有关诉讼请求所涉民事责任的承担。故上诉人的这一上诉理由不能成立。

"8分钟洗衣粉"作为商品名称由陈相贵最先在其委托联化总厂加工的洗衣粉上使用,以后又以许可他人使用的方式连续使用。陈相贵作为上诉人的法定代表人,现以上诉人为该商品名称的权利人起诉,被上诉人对此又未提出异议,最高人民法院予以认可。8分钟加酶洗衣粉第二代上的包装和装潢由上诉人设计并最先使用,上诉人可以直接对此主张权利。

对于一审原告创亿公司,虽然其他当事人并未对其诉讼主体资格提出异议,但从其与联化总厂1997年1月28日的协议看,其属于代替他人许可联化总厂使用8分钟洗衣粉品牌,二审中上诉人也确认该协议是其授权创亿公司所签,而且在其与上诉人的共同起诉状中也载明8分钟洗衣粉品牌的专有权利属于上诉人。因此,创亿公司不属于本案所涉保护客体的权利人,其不能与上诉人共同主张权利。一审判决对此未作认定处理不当。

(二)关于被上诉人是否有仿冒知名商品特有名称、包装、装潢的行为

上诉人主张8分钟洗衣粉是其知名商品,被上诉人对此并未提出异议。该洗衣粉自1992年上市以来,市场规模不断扩大,在国内特别是东北地区的消费者中享有一定的

知名度，已为相关公众所知悉，应当认定为知名商品。

关于仿冒知名商品特有名称的问题。上诉人未在其一审诉讼请求中明确提出被上诉人仿冒其知名商品特有名称，但其一直以被上诉人使用与8分钟洗衣粉名称相近似的"牌号"构成侵权为由，请求依据创亿公司与联化总厂1997年1月28日协议的约定计算本案的赔偿。所谓商品"牌号"一般是指商品商标及其特有名称等具有识别性的文字称谓等。本案双方所使用商标不同，当事人对此亦无争议。因此，被上诉人是否有仿冒知名商品特有名称的行为，是上诉人有关赔偿请求能否成立的前提。在上诉人使用的"8分钟洗衣粉"或者"8分钟加酶洗衣粉第二代"名称中，"洗衣粉"是通用部分，"加酶"是表示商品原料和功能特点的部分，"第二代"是表示商品型号系列的部分，这些部分无论单独或者组合使用均不能构成洗衣粉商品的特有名称，只有与既未被注册为洗衣粉商标也不属于洗衣粉的法定名称或者通用名称的"8分钟"组合后，才具有显著区别性，可以作为知名商品的特有名称使用。在被上诉人使用的"118洗衣粉"或者"118高级加酶洗衣粉第二代"名称中，"118"属于非通用部分，也是其注册商标"四联118"的组成部分。将"118"与"8分钟"从文字、形状、发音等方面比较，均有显著区别，且"118"是数字组合，"8分钟"是时间概念，二者含义不同，也无联系，一般消费者施以普通注意力足以将二者区别而不会发生混淆或者误认。被上诉人并未使用与上诉人商品名称相近似的"牌号"，不存在仿冒上诉人知名商品特有名称的行为。因此，上诉人关于依据1997年1月28日协议进行赔偿的请求不能成立。一审判决以"牌号"即为商标为由而不支持原告的赔偿请求，处理结果虽然正确，但理由失当。

关于仿冒知名商品特有包装的问题。上诉人的8分钟加酶洗衣粉第二代与被上诉人的118高级加酶洗衣粉第二代的内外包装的形状、规格等虽然相同，但这种包装是同行业经营者所采用的普通包装，其不能成为上诉人商品的特有包装，上诉人的有关上诉主张亦不能成立。

关于仿冒知名商品特有装潢的问题。从上诉人的举证看，8分钟加酶洗衣粉第二代包装上的装潢是其在先使用的具有独创性的设计。被上诉人对此亦未提出异议。因此，可以认定该装潢属于上诉人知名商品的特有装潢。经观察：（1）本案所涉洗衣粉内包装袋只有两面视图，应当重点考察其正面图装潢是否近似并足以产生误导性后果。上诉人正面图主要部分是"8分钟加酶洗衣粉"名称、两处"浸泡就干净"的广告语和人头像，其中尤以"8分钟"三字以特大号红色字居于图案正中，非常突出、醒目，构成其正面图的视觉中心。被上诉人正面图主要部分是以黄色圆圈为衬底的"118高级加酶洗衣粉"名称、一处"浸泡就干净"的广告语和"全新第2代"的标注，其中尤以"118"三字以特大号红色字居于图案正中，非常突出、醒目，构成其正面图的视觉中心。双方正面图主要部分在整体上不相近似，其中虽然均有"浸泡就干净"的广告语且其表达色彩相同，但其在整体装潢中与"8分钟""118"这些最主要部分相比仍居于次要地位，也不会因此导致消费者的混淆或者误认。双方背面图除"浸泡就干净"的广告语相同外，洗衣图解及文字说明是依据国家标准所采取的通用标注方式，其他部分的内容也不相同。（2）本案所涉洗衣粉外包装箱具有六面视图，应当重点考察其主视图装潢是否近似并足以产生误导性后果。上诉人主视图主要部分是"8分钟洗衣粉"名称和"浸泡就干净"的广告语,其中尤以"8分钟"三字以特大号字体排列,非常突出、醒目,构成其主视图的视觉中心。被上诉人主视图的主要部分是以黄色圆圈为衬底的"118高级加酶洗衣粉"名称,其中尤以"118"三字以特大号字体居于图案正中,非常突出、醒目,构成其主视图的视觉中心。双方主视图主要部分明显不同。双方后视图均与各自主视图相同,其他视图主要部分的内容亦明显不同,且有关文字均以大号字书写,易于辨认。双方封口处图案色块种类虽然相同,但排列顺序不同,且其并非装潢主要部分。另外,双方内外包装上装潢的背景图案虽然均以蓝色为基调,但上诉人主要是"S"形水汽状,被上诉人则是水圈状,具有明显区别;装潢所用颜色虽然基本相同,但具体使用方式及排列组合等差异明显;虽然均使用有"国际香型""加酶""6~8件普通衣物""第2代"等词语,但这些均是依据国家标准所标注的表示商品的原料、功能、用途、型号等特点的词语,其本身不能成为商品名称的特有部分或者直接构成商品的特有装潢。以整体观察和隔离观察方式来观察,双方内包装袋和外包装箱装潢的主要部分和整体印象均不相近,一般消费者施以普通注意力即可区别,不会因此发生混淆或者误认。

杨青等三人的证言中虽提到因包装、装潢的近似造成了误认,但这些证言所述只是个例,尚不足以证明已经在相当范围的消费者中因此产生了误导性后果。

综上,本案被上诉人并不存在仿冒上诉人知名商品特有名称、包装、装潢的不正当竞争行为。一审判决对此认定基本正确。上诉人就此所提有关上诉请求包括赔偿请求,缺乏事实依据,最高人民法院不予支持。

至于上诉人在装潢中使用的"浸泡就干净"的广告语能否构成广告作品,一审中原告并未就此提出明确的诉讼请求,不属于本案审理范围;该广告语由谁在先使用,也与本案无关;"浸泡就干净"的语义本身是对商品性能的描述,上诉人也未举证证明被上诉人的商品不具有此性能,也未明确指控被上诉人因此构成对自己商品的虚假宣传行为。上诉人就此所提上诉主张,最高人民法院亦不予支持。

(三)关于被上诉人的广告宣传是否构成虚假宣传行为和商业诋毁行为

在市场交易中,经营者应当遵循诚实信用原则,遵守公认的商业道德,不得以任何非法的或者不正当方式或者手段损害竞争对手的商业信誉、商品声誉和误导消费者。经营者的广告宣传应当具备真实性,必须客观地介绍商品或者服务内容,不得对相关事实有任何虚构、隐瞒、不合理地省略或者夸张。同时,广告宣传也不应产生误导性,经营者应当对一般消费者的普遍理解予以足够的注意,尤其是在涉及他人商业信誉和商品声誉时,应当对相关事实作全面、客观的介绍,并采取适当措施避免使消费者产生歧义或者误认。

知名商品特有名称的权利人可以将该特有名称以自己使用或者许可他人使用的方式进行使用。商品的特有名称是与特定商品的声誉或者特定经营者的商业信誉联系在一起的,其作用与商标一样,具有商品品牌的识别性。消费者一般也是以商标或者特有名称等来识别商品的。因此,当一个取得许可证的经营者通过广告等手段宣传其已停止生产某品牌商品时,如果不同时对该品牌的使用方式、权利人、停产原因等作出全面说明,消费者在此之前又无从知道或者一般不会注意到该经营者系利用许可证生产时,往往就会产生该品牌商品既已停产,市场上再出现即属非法的认识,这足以导致对该品牌权利人以及其他许可证持有人利益的损害。

本案"8分钟洗衣粉"作为知名商品的特有名称,曾由被上诉人联化总厂以被许可方式使用。被上诉人在电视声明和宣传单中虽然说明其"已停止对原8分钟洗衣粉的生产",但并未同时说明其停止的实际上是一种生产许可,也未说明停产原因,被上诉人也不能证明一般消费者在此之前已经普遍知晓其生产的8分钟洗衣粉系他人授权生产,这在客观上足以导致消费者产生8分钟洗衣粉已停产,再出现即属非法的认识;而其后陈述的"如出现任何问题,本厂概不负责"一语,会使消费者产生因8分钟洗衣粉存在问题才停产的联想。在电视声明中还提到"即将向社会隆重推出以118为龙头的天池、含笑牌等系列洗衣粉",将前后宣传内容结合起来,也容易使消费者产生8分钟洗衣粉是其淘汰产品,有新的118洗衣粉来替代的联想。被上诉人的这些广告宣传既没有对涉及上诉人商品声誉的事实作全面、客观的陈述,也没有对其广告宣传可能对上诉人商品声誉产生的不利影响予以足够的注意并采取相应措施,其行为足以使消费者对上诉人8分钟洗衣粉的品牌形象产生误解。上诉人也举证证明在相当范围的洗衣粉经销商和消费者中因该广告宣传已实际产生了这些误解后果,客观上损害了上诉人的商品声誉。另外,在联化总厂已实际停产8分钟洗衣粉已一年多以后又进行上述广告宣传并且未说明实际停产时间,在庭审中二被上诉人也未能就此作出合理的解释,可以推定其主观上有直接针对上诉人进行宣传的故意。被上诉人的上述广告宣传已构成《反不正当竞争法》第9条规定所禁止的虚假宣传的不正当竞争行为。一审判决未认定二被上诉人构成不正当竞争,确有错误,应予纠正。上诉人的这一上诉理由成立,其要求二被上诉人在相应的电视台为其恢复名誉、消除影响、赔礼道歉的诉讼请求,应予支持。上诉人并未针对该不正当竞争行为提出赔偿请求,最高人民法院对此亦不予考虑。由于被上诉人的广告宣传内容本身并非捏造或者纯属虚假,因此,该行为并不构成《反不正当竞争法》第14条规定的商业诋毁的不正当竞争行为。一审判决对此认定正确,上诉人的这一上诉理由不能成立。

(四)有关不正当竞争行为民事责任的承担

电视声明以合洗分厂名义播发,在底稿上加盖有联化总厂及合洗分厂的印章,当时合洗分厂虽已被王玉平租赁经营,但其对外仍属于联化总厂的内设机构,因该电视声明以及以该分厂名义散发宣传单所产生的民事责任仍应由联化总厂对外承担。鑫平公司成立后以自己和该分厂的共同名义散发宣传单的行为,其民事责任应当由鑫平公司和联化总厂共同承担。上诉人所提由被上诉人承担因其调查本案不正当竞争行为所支付的合理费用的上诉请求,因其指控的不正当竞争行为部分成立,故该诉讼请求也部分成立。其中调查费用虽已进入创亿公司成本账册,但确系因调查本案所诉不正当竞争行为的支出,且主要是因调查被上诉人的虚假宣传行为所产生,故应当由被上诉人承担该费用的主要部分。被上诉人鑫平公司认为该费用与本案无关的理由不能成立。本案一、二审案件受理费应当各计算为110 100元,因一审实际计收11万元,二审亦依此收取,不再变更,该费用最高人民法院根据各方当事人的责任合理分摊。

综上,上诉人的上诉理由部分成立。一审判决认定事实基本清楚,但适用法律确有部分错误,应当依法予以改判。依照《反不正当竞争法》第5条第(2)项、第9条、

第14条、第20条,《民事诉讼法》第108条第(1)项、第153条第1款第(1)项、第(2)项和《最高人民法院关于适用〈中华人民共和国民事诉讼法〉若干问题的意见》第40条第(5)项之规定,判决如下:一、撤销吉林省高级人民法院(1998)吉经初字第83号民事判决主文;二、联化总厂、鑫平公司立即停止其在广告宣传中对8分钟公司所进行的不正当竞争行为;三、联化总厂、鑫平公司于本判决送达之日起30日内在吉林电视台、四平电视台原播发声明的频道和时段共同播发一则致歉声明,为8分钟公司恢复名誉、消除影响、赔礼道歉,声明内容须经最高人民法院核准;逾期不履行的,由执行法院在前述电视台以前述方式公布本判决主要内容,有关费用由被执行人负担;四、联化总厂、鑫平公司各向8分钟公司赔偿调查费用损失5 000元,于判决送达之日起30日内直接给付;五、驳回8分钟公司的其他诉讼请求;六、驳回创亿公司的诉讼请求。一审案件受理费和二审案件受理费各11万元,共计22万元,由联化总厂、鑫平公司各承担6万元,8分钟公司承担4万元,创亿公司承担6万元。

法官评述

本案主要涉及两个法律问题,一是如何判断是否仿冒知名商品的特有装潢的问题,二是如何判断是否属于引人误解的虚假宣传问题。二审判决对第一个问题已经有充分的阐述,在此仅评论第二个问题。

我国《反不正当竞争法》第9条第1款规定:"经营者不得利用广告或者其他方法,对商品的质量、制作成分、性能、用途、生产者、有效期限、产地等作引人误解的虚假宣传。"对经营者同样的要求也见于我国《消费者权益保护法》第19条第1款,该款规定:"经营者应当向消费者提供有关商品或者服务的真实信息,不得作引人误解的虚假宣传。"我国《广告法》第4条也规定:"广告不得含有虚假的内容,不得欺骗和误导消费者。"《消费者权益保护法》和《广告法》对虚假宣传的调整和规范重在保护消费者的利益,而《反不正当竞争法》对引人误解的虚假宣传的调整和规范重点体现了对经营者或者说市场竞争者利益的保护。

在经济生活中,引人误解的虚假宣传比较常见,其形式和内容复杂多变,但目的非常明确,即通过宣传引起消费者的误解,刺激消费者购买自己的商品、接受自己的服务。虽然我国《反不正当竞争法》和《消费者权益保护法》将上述行为特称为"引人误解的虚假宣传"行为,但其关键不在于"虚假",而在于"引人误解",虚假只是造成引人误解后果的一种情况,除此之外,还有其他可能造成误解的情况。本案中,二被告在电视声明和宣传单中称,"我厂(我公司)已停止对8分钟洗衣粉的生产,如出现任何问题,我厂(我公司)概不负责。"上述宣传虽然不涉及虚假的内容,但因隐匿了重要事实,没有对相关事实作全面、客观地介绍,致使消费者产生如下误解,8分钟洗衣粉是淘汰产品或者因出现问题而停产,进而直接损害了原告的利益。这就是一种宣传内容不虚假但引人误解的情况。

从立法目的来看,应当对引人误解的虚假宣传作扩张解释。国外有些立法在这方面的规定比较完善,有国家的《反不正当竞争法》或者其他相关法律从禁止虚假广告发展到禁止引人误解的广告，其目的就在于全面禁止客观上引起消费者误解的不正当竞争行为。实际上，2007年2月1日施行的《最高人民法院关于审理不正当竞争民事案件应用法律若干问题的解释》第8条秉承这一精神已经对"引人误解的虚假宣传"作出了扩张性解释，该条规定："经营者具有下列行为之一，足以造成相关公众误解的，可以认定为《反不正当竞争法》第9条第1款规定的引人误解的虚假宣传行为：（一）对商品作片面的宣传或者对比的；（二）将科学上未定论的观点、现象等当作定论的事实用于商品宣传的；（三）以歧义性语言或者其他引人误解的方式进行商品宣传的。以明显的夸张方式宣传商品，不足以造成相关公众误解的，不属于引人误解的虚假宣传行为。人民法院应当根据日常生活经验、相关公众一般注意力、发生误解的事实和被宣传对象的实际情况等因素，对引人误解的虚假宣传行为进行认定。"本案发生在上述司法解释起草和发布之前，为该解释的出台提供了一个比较典型的实证案例。

引人误解的虚假宣传肯定会损害消费者的利益，一般也会间接损害其他经营者的利益，但其他经营者依据《反不正当竞争法》第9条和第20条请求作引人误解的虚假宣传者承担损害赔偿责任能否得到支持，关键在于该引人误解的虚假宣传是否与其他经营者有直接利害关系，是否直接损害了其他经营者的利益。本案法院认定，二被告的宣传行为违反了《反不正当竞争法》第9条关于经营者不得做引人误解的虚假宣传的规定，直接侵害了原告的利益，构成不正当竞争。

（二审合议庭成员：董天平　王永昌　郃中林
编写人：最高人民法院知识产权审判庭　郃中林　郎贵梅）

17. 福建省乔丹体育用品有限公司诉晋江市阳新体育用品有限公司擅自使用知名商品特有装潢纠纷案

阅读提示：企业不规范使用企业名称、商标对其相关民事权利有何影响？如何认定知名商品？如何确定包装物特有装潢侵权损害赔偿额？

裁判要旨

企业不规范使用企业名称属于应当依法承担行政责任的问题，不能因此对其受损害的相关民事权利就不予保护。企业存在不规范使用商标的行为，也不能因此否认使用人有关商誉的存在和相关合法权益的保护。

在经营者知道或者应当知道他人在先使用的商品装潢的情况下，而对该商品本体的装潢或者其包装物的装潢擅自作相同或者近似使用，足以造成购买者混淆或者误认的，人民法院可以认定该在先商品为知名商品，并依法予以保护。

对包装物特有装潢侵权的后果是造成购买者对被包装产品的混淆或者误认，在该包装物在习惯上与产品一起出售时，可以将侵权人使用侵权包装物销售产品所获得的利润作为确定赔偿额的重要因素。

案　号

一审：福建省高级人民法院（2002）闽知初字第2号
二审：最高人民法院（2002）民三终字第9号

案情与裁判

原告（二审上诉人）：福建省乔丹体育用品有限公司（简称"福建乔丹"）
被告（二审上诉人）：晋江市阳新体育用品有限公司（简称"晋江阳新"）

起诉与答辩

原告诉称：其是运动鞋的专业生产厂家，其生产的"乔丹"牌运动鞋是知名商品。"乔丹"牌运动鞋的包装、装潢包括三部分，即挂牌、塑料袋、鞋盒。挂牌、塑料袋、鞋盒的外观装潢均以红白对比色为基本底色，挂牌、塑料袋、鞋盒顶盖封面和周沿都印有黑色圆圈及篮球运动员运动体态速写。这构成其包装、装潢的独特风格。2000年8月初，其在晋江市场和全国各主要销售点，发现被告制造、销售的运动鞋仿冒原告产品的包装、装潢。被告产品的鞋盒、挂牌、塑料袋以红白对比色为基本底色，挂牌、塑料袋、鞋盒白色顶盖封面和周沿也都印有黑色圆圈及篮球运动员的运动体态。被告在鞋盒上和鞋盒四面以大字醒目地印有"香港乔丹（国际）鞋业公司监制"等字样，将自己公司名称以较小字体印在鞋盒上不显著的位置。被告的上述做法，足以使消费者误认为其产品为原告产品。对此，其于2000年8月24日向晋江市工商局投诉。晋江市工商局经立案调查，认定被告仿冒其知名商品特有的包装、装潢，已构成不正当竞争行为，并对被告作出责令停止违法行为、责令消除现存商品上的侵权包装、没收违法所得21 920元等行政处罚。2000年12月28日，国家工商行政管理总局公平交易局把被告仿冒原告产品的包装、装潢案件列为全国重点查办的不正当竞争案件之一，要求福建省工商局对此案重点查处。综上，被告的上述行为违反了《反不正当竞争法》第5条第（2）项规定，构成不正当竞争行为，且被告的上述不正当竞争行为严重地损害原告的商品声誉和商业信誉，并使原告遭受重大的经济损失。据此，请求法院：1. 判令被告停止侵害、消除影响，并赔偿原告经济损失2 093 108.2元。2. 判令被告在全国性报纸公开向原告赔礼道歉。3. 判令被告支付因侵权行为给原告造成的诉讼费、代理费、差旅费、调查费用等损失8.5万元及承担本案的全部诉讼费用。

被告辩称：1. 福建乔丹诉称其仿冒原告知名商品的特有包装、装潢，违反了《反不正当竞争法》第5条第（2）项的规定，构成不正当竞争行为，但却未见证明福建乔丹"乔丹"牌运动鞋何时成为知名商品，以及其属于特有的包装、装潢的相关证据。2. 福建乔丹提供的所谓知名商品的包装、装潢上的企业名称是"北京乔丹体育用品有限公司（福建公司）"，该企业名称未经工商行政管理部门核准登记，由于该包装、装潢上标名的企业并不存在，因而该权利主体并不明确。故福建乔丹诉称其仿冒福建乔丹知名商品特有的包装、装潢的理由并不能成立。3. 其使用的包装鞋盒并非一种，而是有白色、灰色、红色等几种，与福建乔丹诉称的鞋盒外观设计并不相同。4. 福建乔丹诉称其遭受重大经济损失，但未提供相关证据证实其确实遭受重大损失。福建乔丹提出200多万元的赔偿没有依据。综上，晋江阳新认为，福建乔丹的诉讼请求没有事实与法律依据，完全是原告为了抵消其诉福建乔丹的另一起侵权案件而提出的无理诉讼，请求法院依法驳回原告的诉讼请求。

一审审理查明

一审法院经审理查明：福建乔丹的前身是"福建省晋江市陈埭溪边日用品二厂"（简称"溪边二厂"）。2000年6月28日，晋江市工商行政管理局将溪边二厂甄别为"晋江市乔丹体育用品有限公司"（简称"晋江乔丹"）。2000年9月22日，晋江乔丹经核准变更为福建乔丹，其经营范围为运动器材、运动服装、运动鞋制造。福建乔丹在本案诉讼中主张权利的运动鞋鞋盒和手提袋的包装、装潢系晋江麦克鞋塑有限公司（简称"晋江麦克"）于1998年7月许可给溪边二厂使用，后分别于2000年7月5日和2000年10月1日再次与晋江乔丹、福建乔丹签订类似许可协议。

福建乔丹生产的运动鞋销往全国，在相关消费群体中具有较好的商业信誉和商品声誉。福建乔丹的运动鞋外包装鞋盒的装潢以红色和白色为基本色调；鞋盒上盖装潢以白色为基本色调，在鞋盒上盖中部醒目地印有一个黑框红底的圆圈，圆圈内有一个白色的运动员运球体态速写，球在运动员右手，圆圈内下方有"QIAODAN"字样（该图案以下简称圆圈图案），鞋盒上盖四边均有该圆圈图案，鞋盒上盖用黑色黑体字标明"乔丹®"以及运动鞋名称及相应的英文名称；鞋盒下座装潢以红色为基本色调，并在四周用白色黑体字标明"乔丹®"以及运动鞋名称及相应的英文名称；鞋盒底部印有"北京乔丹体育用品公司（福建公司）"以及圆圈图案、地址、电话、网址等。福建乔丹在运动鞋上使用的挂牌是椭圆形的，以红色为基本色调，上面印有圆圈图案和篮球图案。福建乔丹在诉讼中提供的包装塑料袋是以红色和白色为基本色调，上面印有圆圈图案以及"北京—乔丹""QIAODAN""北京乔丹体育用品公司"字样。

晋江阳新于2000年6月5日登记为企业法人，经营运动鞋、运动服装制造。2000年7月8日，香港乔丹（国际）鞋业公司（甲方）与晋江阳新（乙方）签订《监制委托生产合约》约定：由甲方监制并委托乙方生产运动鞋；甲方委托乙方全权国内销售业务。晋江阳新生产、销售的运动鞋所使用鞋盒的装潢也是以红色和白色为基本色调；鞋盒上盖装潢以白色为基本色调，在鞋盒上盖中部醒目地印有一个黑框红底的圆圈，圆圈内有一个白色的运动员运球体态速写，球在运动员左手，鞋盒上盖四边均有该圆圈图案，鞋盒上盖用黑色黑体字印上"香港乔丹（国际）鞋业公司监制"及相应的英文字样；鞋盒下座装潢以红色为基本色调，并在四周用白色黑体字分别印有"阳新体育用品有限公司制造""香港乔丹（国际）鞋业公司监制""运动、休闲鞋系列"以及相应的英文；鞋盒底部印有监制单位、制造商、地址、电话以及晋江阳新的圆圈图案。晋江阳新的运动鞋挂牌是长方形，以红色和黑色为基本色调，上面有运动员打保龄球的圆形图案。晋江阳新生产的运动鞋在上海、江苏、浙江、云南、辽宁、湖北、江西、河南等地销售。

2000年8月24日，晋江市工商行政管理局检查大队根据晋江乔丹的投诉，对晋江阳新进行立案调查。在投诉中，晋江乔丹的总经理丁国雄称，鞋盒上的"北京乔丹体育用品公司（福建公司）"指的就是晋江乔丹。晋江市工商行政管理局于2000年10月30日作出晋工商处字（2000）第521号行政处罚决定书，认定晋江阳新运动鞋使用的外包装、装潢与晋江乔丹乔丹牌运动鞋的外包装、装潢相近似，构成不正当竞争行为；同时认定晋江乔丹在产品上使用"北京乔丹体育用品公司（福建公司）"名称，擅自改变企业名称；对晋江阳新和晋江乔丹的行为分别作出相应的处罚。晋江阳新和晋江乔丹对该行政处罚均未提出复议或者起诉。在诉讼中，晋江阳新提供了图案基本相同，鞋盒上盖是浅灰色的鞋盒，称其在受到行政处罚之后，采取了整改措施，将鞋盒上盖由白色改为浅灰色，与福建乔丹使用的鞋盒装潢有较大的区别，已不构成侵权。

福建乔丹请求赔偿经济损失2 093 108.2元的依据是福建省泉州市中级人民法院（2001）泉知初字第05号晋江阳新诉福建乔丹等不正当竞争一案中晋江阳新所提供的订货合同、库存清单等以及泉州市中级人民法院拍摄的晋江阳新库存积压运动鞋的照片。在该案中，晋江阳新以福建乔丹散发内容不实、有损企业商誉的传单，构成不正当竞争为由提起诉讼。在该案诉讼中，晋江阳新始终认为，鞋盒上的"北京乔丹体育用品公司（福建公司）"就是福建乔丹。该案一、二审法院的判决也认定鞋盒上的"北京乔丹体育用品公司（福建公司）"就是福建乔丹。

为核实（2001）泉知初字第05号晋江阳新诉福建乔丹等不正当竞争案中泉州市中级人民法院所拍摄晋江阳新库存积压运动鞋的实际状况，本案一审法院于2002年9月4日到晋江阳新仓库进行现场勘验。勘验中发现晋江阳新已处理了库存积压运动鞋，尚有部分带有讼争装潢图案的鞋盒放在仓库中。

一审判理和结果

根据上述事实，一审法院认为：

福建乔丹生产的乔丹牌运动鞋在相关消费者中有一定的知名度，具有良好的商品声誉，其合法取得的运动鞋鞋盒的装潢从 1998 年开始一直使用，可认定为知名商品特有的装潢，应受法律保护。晋江阳新为制鞋企业，同样生产运动鞋产品，与福建乔丹是同行业竞争者。经比较，晋江阳新在其运动鞋鞋盒上所使用的装潢在总体布局、图案设计、色彩搭配、整体效果上与福建乔丹同类产品鞋盒所使用的装潢图案相近似，足以引起消费者的误认。晋江阳新搭知名品牌的"便车"的主观意图明显。晋江阳新已经构成《反不正当竞争法》第 5 条第（2）项规定的不正当竞争。晋江阳新在受到行政处罚后，虽然将其鞋盒上盖从白色改为浅灰色，但由于其在总体布局和图案设计上没有变化，加上浅灰色与白色区别不明显，在鞋盒装潢的整体效果上仍然与福建乔丹相似，晋江阳新此项抗辩理由不能成立。

晋江阳新所使用的挂牌与福建乔丹所使用的挂牌相比，在形状、色彩、图案上均不相同。福建乔丹所诉晋江阳新所使用的挂牌与其相似没有事实依据，不予支持。福建乔丹在诉讼中提供了其运动鞋塑料袋，但未提供晋江阳新所使用的塑料袋样品以作比对，该证据与本案没有关联性。福建乔丹认为晋江阳新使用与其相同的塑料袋，构成不正当竞争，没有事实依据。

福建乔丹所提赔偿损失数额的是根据在（2001）泉知初字第 05 号晋江阳新诉福建乔丹等不正当竞争案中晋江阳新所提供的合同、库存表等计算的，而这些合同、库存表等在该案中并未作为确定赔偿数额的证据，福建乔丹也未提供其他有效的计算依据。晋江阳新库存的运动鞋尚未进入市场，福建乔丹将尚未进入市场的鞋盒作为计算赔偿损失的依据，显然不合理。福建乔丹对其因晋江阳新不正当竞争行为所遭受的损失没有提供充分的证据，因此，对其赔偿请求不予全额支持。根据晋江阳新的主观过错、实施侵权行为的手段和情节、侵权行为的影响范围，以及福建乔丹企业的知名度、为诉讼所支出的合理费用等综合因素，本案酌情确定赔偿额为人民币 25 万元。

晋江阳新以鞋盒上标明的是"北京乔丹体育用品公司（福建公司）"，而该企业名称未进行登记，其权利人不明为由，认为福建乔丹并非该装潢图案的权利人。但晋江阳新在（2001）泉知初字第 05 号起诉福建乔丹等不正当竞争案中，极力主张"北京乔丹体育用品公司（福建公司）"就是福建乔丹，并为法院生效判决所确认，现又提出相反意见，属于无理抗辩。人民法院发生法律效力的判决书所确定的事实可直接作为定案依据。

福建乔丹认为一审法院 2002 年 9 月 4 日到晋江阳新仓库进行现场勘验的笔录违反了最高人民法院有关民事证据规则的相关规定，不能作为证据。事实上，法院人员到现场勘验并非调查新的证据，而是核查已有证据。法院核查核实证据是不受限制的，故福建乔丹的异议不能成立。

综上，一审法院依照《民法通则》第 106 条第 2 款、第 134 条第 1 款第（1）项、第（7）项、第（9）项、第（10）项，《反不正当竞争法》第 5 条第（2）项、第 20 条第 1 款之规定，判决：一、晋江市阳新体育用品有限公司应立即停止在其生产的运动鞋鞋盒上使用与福建省乔丹体育用品有限公司乔丹牌运动鞋鞋盒相近似的装潢的不正当竞争行为，销毁所有带有讼争装潢图案的鞋盒；二、晋江市阳新体育用品有限公司应在本判决生效后 10 日内赔偿福建省乔丹体育用品有限公司经济损失及合理费用人民币 25 万元；三、晋江市阳新体育用品有限公司应在本判决生效后 10 日内在《法制日报》上刊登道歉声明，消除影响，道歉声明的内容由法院审定；四、驳回福建省乔丹体育用品有限公司其他诉讼请求。本案案件受理费人民币 20 900.55 元由晋江市阳新体育用品有限公司负担。

上诉与答辩

福建乔丹不服一审判决，提出上诉称：1. 一审判决赔偿经济损失及合理费用 25 万元，数额偏少。（1）根据晋江阳新在（2001）泉知初字第 05 号晋江阳新诉福建乔丹等不正当竞争案中提供的合同书、库存表、调查表等证据，其在 2000 年的销售额就达到 10 465 541 元，按照 20% 的利润率计算，其当年可获利 2 093 108.20 元。上述证据在该案中未作为确定赔偿数额的依据不能成为对抗福建乔丹在本案中有关诉讼请求的理由。（2）一审法院对晋江阳新工厂现场勘验的结果是现场只有空盒，并且晋江阳新称库存的鞋子已经卖给了外贸公司。由此可以证明晋江阳新的全部库存运动鞋已经售出。一审法院认定晋江阳新库存的运动鞋尚未进入市场，并据此得出福建乔丹将未进入市场的鞋盒作为计算赔偿损失的依据显然不合理的结论，属于严重错误。2. 晋江阳新在其白色和浅灰色上盖的鞋盒和全红色鞋盒上印有"香港乔丹（国际）鞋业公司"字样，构成对福建乔丹名称权、装潢权和商标权的侵犯。（1）国家工商行政管理局公平交易局在 2000 年 11 月 18 日就认定该违法行为误导消费者，但一审未对此一同作出侵权认定，势必造成晋江阳新今后继续这种变相的"搭便车"行为。（2）晋江阳新提供的有关香港乔丹（国际）鞋业公司在香港登记设立的资料也未办理证明手续，无法证明该公司真实合法存在。综上，福建乔丹请求：改判赔偿经济损失 2 093 108.20 元和其他损失 8.5 万元（包括本案的诉讼费 20 900 元和律师代理费 1.6 万元以及赴有关省份调查支出的费用 5 万元）。在二审庭审中，福建乔丹确认：仅就被控侵权产品使用的装潢主张权利，不对被控侵权产品的包装本身主张权利；被控侵犯其知名商品特有装潢的产品包括晋江阳新使用白色和浅灰色上盖的鞋盒，不包括挂牌和塑料袋；仅就晋江阳新使用白色上盖的鞋盒主张计算本案赔偿额。

针对福建乔丹的上诉请求和理由，晋江阳新答辩称：1. 晋江阳新在另案中提供的合同、库存表等在该案的一、二审判决中均未被作为确定赔偿额的计算依据，在本案中也不应当作为计算赔偿的依据；晋江阳新的库存产品已经低价卖给了外贸公司，并且未使用包装盒。2. 香港乔丹（国际）鞋业公司系在香港合法注册的公司，晋江阳新在鞋盒上印上"香港乔丹（国际）鞋业公司监制"字样，有双方的委托生产合约作为依据；本案福建乔丹一审中也未提出商标侵权或者名称侵权之诉，况且其中文"乔丹"商标是在 2001 年 3 月 21 日之后才核准注册，而被控侵权鞋盒是 2000 年使用的，晋江阳新对香港乔丹（国际）鞋业公司名称的使用与福建乔丹的商标无关。

晋江阳新亦不服一审判决，提出上诉称：1. 福建乔丹提供的鞋盒上的企业名称为

"北京乔丹体育用品公司（福建公司）"，福建乔丹并非该鞋盒包装、装潢的权利主体。对于晋江麦克许可福建乔丹及其前身晋江乔丹、溪边二厂使用运动鞋鞋盒和手提袋装潢的协议，因该包装、装潢的设计人丁国雄既是许可人的总经理，也是被许可人福建乔丹及其前身晋江乔丹的总经理，晋江阳新有理由认为这些协议系假证，福建乔丹并未提供其使用乔丹牌运动鞋鞋盒的有效证据。2. 一审认定福建乔丹的"乔丹"运动鞋鞋盒的装潢从1998年开始一直使用，并且乔丹牌运动鞋已成为知名商品没有事实依据。(1) 福建乔丹的前身晋江乔丹成立于2000年6月28日，同年8月24日即到工商行政部门投诉晋江阳新的不正当竞争行为，其成立不到2个月，产品何以知名？(2) 在甄别为晋江乔丹前的溪边二厂也是一个注册资金只有13.6万元的村办小厂，根本不具备知名商品所应当具备的一定规模的产销量、广告投放量和较大范围的销售区域等条件。(3) 福建乔丹在一审中也并没有提交作为知名商品应当具备的产量、销量、广告投放量、产品销售覆盖的范围以及相关部门的认定等证据。3. 一审法院将应受行政处罚的不合格的包装、装潢认定为知名商品特有的装潢，与法相悖。(1) 福建乔丹提供的鞋盒上的企业名称"北京乔丹体育用品公司（福建公司）"并未办理工商登记注册，福建乔丹的有关行为违反了《产品质量法》第4条的规定，其产品依法应当认定为不合格产品。(2) 在中文"乔丹"商标当时尚未核准注册情况下，福建乔丹即在鞋盒上使用注册商标标记®，属于假冒注册商标的行为。4. 判决晋江阳新赔偿25万元没有依据。在晋江阳新的有关行为受到行政处罚、已不再使用原包装之后，福建乔丹又以相同理由起诉，是属恶意；一审法院又依此判决晋江阳新赔偿福建乔丹的经济损失，依据不足。综上，晋江阳新请求：撤销一审判决，改判驳回福建乔丹的诉讼请求。

针对晋江阳新的上诉请求和理由，福建乔丹答辩称：1. 福建乔丹有权在本案中主张权利。(1) 福建省高级人民法院（2002）闽知终字第12号终审民事判决书确认"北京乔丹体育用品公司（福建公司）"就是福建乔丹，而且在该案中晋江阳新就是依据福建乔丹在本案中主张权利的产品包装、装潢提出诉讼请求的，并且还提供了双方鞋盒的实物，说明晋江阳新承认福建乔丹就是本案讼争产品的包装、装潢的权利主体。(2) 福建乔丹对乔丹牌产品的包装、装潢的使用有合法的商标权基础和合同基础。乔丹牌产品的包装、装潢是与乔丹牌商标同时配套使用的。早在1998年6月，乔丹牌图形、文字、拼音组合商标就经麦克公司申请注册并获核准。同年7月，麦克公司即开始在产品上使用该注册商标，并同时许可晋江乔丹以及后来的福建乔丹使用该商标和乔丹牌产品的包装、装潢。晋江麦克与福建乔丹是同一个人开办的两个工厂，这种许可使用方式亦在情理之中。2. 一审法院认定乔丹牌产品为知名商品符合法律规定，对其特有包装、装潢的使用情况的认定有充分的事实根据。(1) 福建乔丹的产品质优、价廉、物美，每年投入1 000多万元广告费在中央电视台和各地方电视台作广告，产品畅销各地，为广大消费者所熟知。(2) 晋江阳新关于晋江乔丹从成立到投诉不正当竞争行为不到两个月，无法证明产品已经知名的说法，没有事实依据。乔丹牌产品在晋江麦克1998年6月获得商标注册后就开始生产，并非2000年6月28日晋江乔丹成立后才生产。晋江乔丹也并非2000年6月28日才存在，它是由1990年5月即存在的溪边二厂甄别而来的。(3) 根据国务院工商行政管理部门的有关规定，商品名称、包装、装潢被他人擅自作相同或者近似使用，足以造成购买者误认的，该商品即可认定为知名商品。（4）晋江市工商行政管理局的行政处罚决定书已经认定乔丹牌运动鞋成为知名商品和福建乔丹作为乔丹牌产品包装、装潢的权利主体并自1998年7月起使用的事实，晋江阳新接受了该行政处罚，并未提出异议。3. 福建乔丹不存在伪造产品产地、伪造或者冒用他人厂名、厂址的行为，所生产的产品也非不合格产品。在乔丹牌图形、文字、拼音组合商标被核准注册后，福建乔丹有权在鞋盒上使用中文商标并加注®，福建乔丹并无假冒注册商标的行为。

二审审理查明

二审法院经审理查明：一审法院查明的事实基本属实，应当予以确认。但对于香港乔丹（国际）鞋业公司身份的真实性，福建乔丹在二审中提出异议，晋江阳新直至二审法庭辩论终结前也未履行相关的证明手续，根据《最高人民法院关于民事诉讼证据的若干规定》第8条第1款和第11条第2款的规定，对该公司身份的真实性在本案中不予认定。相应地，对该公司与晋江阳新签订的《监制委托生产合约》的真实性在本案中亦不予认可。

另查明：晋江麦克于1998年6月28日获准注册自上而下排列有持球运动员体态速写、拼音"QIAO DAN"和中文"乔丹"的文字和图形组合商标（简称"乔丹图文商标"）。自1998年7月起，麦克公司仅授权福建乔丹使用该商标和乔丹牌产品的包装、装潢，并无其他被许可人。根据福建乔丹二审中提供的彩色照片（晋江阳新对其真实性无异议），晋江阳新被控侵权鞋盒在圆圈图案的内下方标注有英文"SPORT"字样。结合晋江阳新在诉讼中的自述，一审法院现场勘验结果所表明的晋江阳新已处理库存积压运动鞋的行为应当认定为晋江阳新已经对外销售了库存积压运动鞋，但并无证据证明晋江阳新销售这些产品时仍使用了被控侵权鞋盒。此外，一审判决和当事人上诉所称福建省泉州市中级人民法院（2001）泉知初字第05号晋江阳新诉福建乔丹等不正当竞争一案的案号应为（2001）泉知初字第05-2号，福建省高级人民法院于2002年10月28日对该案作出（2002）闽知终字第12号民事判决书。

二审判理和结果

二审法院认为，当事人在本案二审中争议的主要问题是：福建乔丹能否成为本案主张权利的主体；福建乔丹的鞋盒装潢是否构成知名商品的特有装潢；对晋江阳新使用"香港乔丹（国际）鞋业公司"企业名称的行为在本案中应当如何认定与处理；以及如何确定本案的赔偿额。

（一）关于福建乔丹能否成为本案主张权利的主体

在晋江阳新诉福建乔丹等另案诉讼中，晋江阳新明确主张"北京乔丹体育用品公司（福建公司）"就是福建乔丹，这也为该案的福建省高级人民法院（2002）闽知终字第12号生效民事判决所确认。晋江市工商行政管理局的行政处罚决定书也作出过同样的认定，晋江阳新也未提出过异议。同时，晋江阳新在本案中也以福建乔丹并未办理工商登记注册而使用"北京乔丹体育用品公司（福建公司）"名称，违反了《产品质量法》的有关规定进行抗辩，这说明其仍然认可是福建乔丹在实际使用"北京乔丹体育用品公司（福建公司）"名称。因此，本案可以认定"北京乔丹体育用品公司（福建公司）"指的就是福建乔丹。福建乔丹不规范使用企业名称依法应当承担行政责任，但其受损害的相关的民事权利仍应受到保护。

福建乔丹对其主张权利的鞋盒装潢的使用有合法有效的合同依据。自1998年7月起，福建乔丹即根据晋江麦克的授权而使用乔丹牌运动鞋包装鞋盒和商标，并且直至本案诉讼前是该鞋盒装潢的唯一被许可使用人，使用该鞋盒的运动鞋产品也因福建乔丹的实际生产、销售行为成为知名商品。所以，福建乔丹可以在本案中作为该鞋盒装潢的权利主体主张权利。至于福建乔丹在其鞋盒装潢中使用"乔丹®运动休闲鞋"的字样，因包含有中文"乔丹"二字的乔丹图文商标当时已被核准注册，即使福建乔丹存在使用商标的不规范行为，也不能否认使用人有关商誉的存在和相关合法权益的保护。

（二）关于福建乔丹的鞋盒装潢是否构成知名商品的特有装潢

对知名商品的特有装潢的保护，不仅指附着在商品本体上的特有装潢，也包括该商品所使用的包装物上的特有装潢。经营者在市场交易中，应当遵循诚实信用的原则，遵守公认的商业道德。经营者负有在其商品来源的标识性文字和装潢上与他人的产品相区别，避免使消费者对商品来源产生混淆或者误认的义务，也负有不得借用他人商誉谋取不正当利益的义务。因此，在经营者知道或者应当知道他人在先使用的商品装潢的情况下，而对该商品本体的装潢或者其包装物的装潢擅自作相同或者近似使用，足以造成购买者混淆或者误认的，人民法院即可认定该在先商品为知名商品，并依法予以保护。

对本案而言，福建乔丹请求保护的并非其运动鞋本身使用的装潢，而是作为其运动鞋包装物的鞋盒上的装潢。虽然福建乔丹在二审中明确表示不主张晋江阳新构成对其知名商品的特有包装的侵犯，而且事实上也因讼争双方所使用的鞋盒的形状、大小、结构等基本相同并且为本行业所通用而无法获得对其包装的独立保护，但这并不意味着在对包装物装潢进行相似性和误导性的判断时就可以完全不考虑包装本身是否相同或者近似的因素。鉴于当事人对双方鞋盒的包装本身基本相同的事实均无异议，本案应当重点就双方装潢的近似性和误导性进行比较判断。

将讼争双方的鞋盒装潢进行比较，双方均使用了白色上盖和红色下座，均在上盖中心位置和各外侧壁的中间分别使用了内有一白色持球运动员运球体态速写的黑框红底圆圈图案，在上盖中心圆圈图案下方和下座各侧壁均以大号字体中文、小号字体英文标注商品来源且均含有"乔丹"字样；双方圆圈图案中运动员持球左右手不同（福建乔丹在右手、晋江阳新在左手），圆圈内下方中标注的字母不同（福建乔丹为"QIAODAN"、晋江阳新为"SPORT"），标注商品来源的文字有所不同（福建乔丹为"乔丹®运动休闲鞋"及其英文，晋江阳新为"香港乔丹（国际）鞋业公司""香港乔丹（国际）鞋业公司监制"及其英文）。通过整体观察，圆圈图案和含有"乔丹"字样的商品来源标注是双方装潢最显著、最醒目的部分，最容易引起购买者的注意，构成双方鞋盒装潢的主要设计内容，即各自装潢的主要部分。进行隔离观察，双方鞋盒装潢的主要设计内容并无显著差异，其中有关不同之处均属于细微、非引人注目的变化，普通购买者施以一般注意力不易区分，不会妨碍其得出该两种装潢整体印象相近的认识。根据前述的比较和观察，本案可以得出双方上述装潢近似并且这种近似的程度足以造成购买者的混淆或者误认的结论。晋江阳新在受到行政处罚之后至2000年底，仅将其鞋盒上盖从白色改为浅灰色，这种单纯的颜色变化甚至仅仅是相近色调的颜色变化，尚不足以将其与福建乔丹主张权利的鞋盒装潢相显著区别，仍应当认定为近似装潢，也足以引起购买者的混淆或者误认。

需要特别指出的是，在双方对商品来源标识的内容中，"运动休闲鞋"系鞋类产品的一种通用名称，"香港""国际""鞋业""公司"等属于地域、行业、组织形式等企业名称的通常组成部分，这些对购买者识别商品来源和市场主体一般不会产生实质性影响，而双方共同使用的中文"乔丹"作为福建乔丹使用的乔丹图文注册商标的主要组成部分和福建乔丹包括其前身晋江乔丹以及晋江阳新的企业名称中的字号，构成区别本案商品来源和市场主体的主要标志。对商品来源标识内容中主要标志作相同使用，就容易使相关消费者对商品来源产生联想，加之本案晋江阳新是将其与其他和福建乔丹相近似的装潢结合在一起使用，更加足以导致消费者对有关商品来源产生混淆或者误认。一审法院对此没有作出明确的认定，二审法院予以认定。

晋江阳新与福建乔丹同为制鞋企业，所生产、销售的鞋类产品也基本相同，属于同业竞争者，而且双方住所地也均在晋江市。晋江阳新显然应当知道福建乔丹已经在先使用的鞋盒装潢，其在主观上有明显的仿冒故意。因此，本案可以认定福建乔丹在先使用的鞋盒所包装的运动鞋产品为知名商品，其鞋盒装潢亦为其知名商品的特有装潢。晋江市工商行政管理局已生效的行政处罚决定书也认定福建乔丹的乔丹牌运动鞋为知名商品。

在福建乔丹向有关部门投诉本案不正当竞争行为之前，福建乔丹及其前身晋江乔丹成立时间虽然很短，但福建乔丹和晋江乔丹系从 1990 年 5 月即存在的溪边二厂甄别而来，有关民事主体资格的延续及相应的民事权利义务的承继关系是清楚的。溪边二厂自 1998 年 7 月起就使用本案据以主张权利的鞋盒装潢，晋江市工商行政管理局的行政处罚决定书也就此事实作出了认定，晋江阳新对此也未提出异议。因此，可以认定福建乔丹的前身晋江乔丹在向有关部门投诉前使用其主张权利的装潢的时间并非如晋江阳新所言不到两个月。从时间因素上考虑，两年多的持续经营也足以使被经营产品在一定的范围内知名。溪边二厂的注册资金虽然只有 13.6 万元，但这并不能当然成为其所生产产品就不会知名的障碍，况且企业的生产经营规模并不总是与其注册资本随时、完全相对应。福建乔丹在一审中确未提交有关其产品产销量、广告投放量和有关部门的认定等方面的证据，在二审中提交的有关广告宣传和所获荣誉的证据也由于证据形成的时间与本案缺乏关联性或者其真实性存在疑问等而不能被采信，但产销量、广告宣传和获得的荣誉以及有关部门的认定等仅是认定知名商品的重要参考因素，并非在个案中必须一一加以证明。晋江阳新有关福建乔丹的产品不构成知名商品的上诉理由均不能成立。晋江阳新在本案中未能提供关于香港乔丹（国际）鞋业公司身份真实性的相关证明手续。因此，对其关于具有合法使用他人企业名称的合同依据的主张，亦不予采纳。况且，即使其履行了相关的证明手续，也不能因此在本案中对抗福建乔丹在先取得的有关知名商品特有装潢的合法权利。

综上，根据《反不正当竞争法》第 5 条第（2）项之规定，应当认定晋江阳新在其白色和浅灰色上盖的鞋盒上的装潢仿冒了福建乔丹知名商品的特有装潢，其行为已经构成了不正当竞争。

(三) 关于对晋江阳新使用"香港乔丹(国际)鞋业公司"企业名称行为的认定与处理

福建乔丹上诉请求判定晋江阳新在白色和浅灰色上盖的鞋盒以及全红色鞋盒的三种产品上使用"香港乔丹(国际)鞋业公司"和"香港乔丹(国际)鞋业公司监制"字样的行为侵犯其名称权、装潢权和商标权。对此,二审法院认为,作为原告主张权利的诉讼请求应当是明确、具体的主张,并且应当在一审法庭辩论终结前提出。福建乔丹在本案一审中仅依据《反不正当竞争法》第5条第(2)项之规定起诉晋江阳新构成不正当竞争,并未提出侵犯其名称权和商标权的诉讼请求。福建乔丹的起诉状中也仅在事实陈述部分在涉及晋江阳新使用与其基本相同的装潢时,同时提及晋江阳新在鞋盒上以大字醒目地印有"香港乔丹(国际)鞋业公司监制"等字样,认为晋江阳新的这些使用装潢和名称的做法,足以使消费者发生误认。事实上,对晋江阳新在白色和浅灰色上盖的鞋盒上使用"香港乔丹(国际)鞋业公司"企业名称的行为,如前所论,这种使用是与其他和福建乔丹相近似的装潢内容结合在一起的使用,确认晋江阳新构成对福建乔丹知名商品特有装潢的侵犯,即可在一定程度上达到制止这种使用的效果。福建乔丹所提侵犯其名称权和商标权的主张,属于在二审程序中增加独立诉讼请求,依法不对此作出认定和处理,但福建乔丹可以依法另行提起诉讼。

(四) 关于本案赔偿额的确定

福建乔丹在本案中主张权利的客体是作为知名商品的包装物上的特有装潢。对包装物特有装潢侵权的后果是造成购买者对被包装产品的混淆或者误认,而且本案侵权鞋盒作为运动鞋的整体包装物在习惯上是与运动鞋一起出售的。所以,在以侵权人因侵权所获得的利润计算赔偿额时,可以将侵权人使用侵权包装物销售产品所获得的利润作为确定赔偿额的重要因素。福建乔丹请求以晋江阳新在另案诉福建乔丹等不正当竞争案中提供的合同书、库存表、调查表等证据作为本案计算晋江阳新销售产品数量的依据。但是福建乔丹依据这些证据计算晋江阳新的销售额时,将晋江阳新已销售但未证实是否使用被控侵权鞋盒的原库存产品部分计入侵权销售额;对晋江阳新已作降价处理的部分和与有关经销商核账作降价处理的部分,福建乔丹仍依原价计算;对晋江阳新为调查福建乔丹不正当竞争行为的4份调查表中所记载的销售额,福建乔丹未作男女鞋价格区分,一律以男鞋作高价计算;对有关经销商的销售额存在重复计算的情况。这些都存在着疑点。更为重要的是,福建乔丹并未举证证明晋江阳新销售产品的实际利润率或者提出一个合理的利润率,甚至其在二审庭审中也承认所主张的20%的利润率只是自己的预测和估计,并无科学依据。所以,二审法院无法根据这些证据支持福建乔丹所提关于赔偿额计算的上诉请求。

福建乔丹主张的其他损失8.5万元中,诉讼费用应当由当事人按照责任另行承担,不应计算在当事人损失范围内;调查所支出的费用5万元,其未提交任何证据,本院不予认可;律师代理费1.6万元虽有收费发票支持,但一审法院在综合确定赔偿额时也已经作出了处理。故此,一审法院根据本案具体案情,酌情确定赔偿额为人民币25万元,并无明显不妥,二审法院不再予以变动。

至于晋江阳新所提福建乔丹恶意诉讼问题，因福建乔丹依法向人民法院起诉请求赔偿损失，属于正当行使其合法权利，无可厚非；人民法院判决侵权人承担赔偿损失的民事责任，于法有据。晋江阳新的有关上诉理由，不予支持。

综上所述，原判认定事实基本清楚，适用法律基本正确。依据《民事诉讼法》第153条第1款第（1）项和《最高人民法院关于适用〈中华人民共和国民事诉讼法〉若干问题的意见》第184条之规定，最高人民法院于2003年9月16日作出终审判决：驳回上诉，维持原判。一审案件受理费20 900.55元，按照原判决执行；二审案件受理费20 900.55元，双方各负担一半。

法官评述

本案涉及的焦点问题在于：原告主体资格的确认；知名商品和近似装潢以及混淆或者误认的认定；对被告使用"香港乔丹（国际）鞋业公司"企业名称行为的认定与处理；包装物侵权损害赔偿额的确定等问题。

一、关于原告行为有瑕疵时主张权利的主体资格和相关民事权利的保护问题

本案晋江阳新以福建乔丹据以主张权利的鞋盒上使用的是未办理工商登记注册的"北京乔丹体育用品公司（福建公司）"的名称，并非福建乔丹或者其前身的名称为由，否认福建乔丹可以作为本案的权利主体提起诉讼。同时晋江阳新以福建乔丹在中文"乔丹"商标当时尚未核准注册情况下即在鞋盒上使用注册商标标记®，属于假冒注册商标的行为为由，认为福建乔丹使用不合格的包装、装潢，应受行政处罚，而不能够被认定为知名商品特有的装潢。晋江阳新的这些抗辩理由均涉及原告不规范使用企业名称和商标的行为。对此，应当严格依法分清行为人因同一行为所应承担的不同性质的责任和承担责任与权利保护的关系。

行为（作为或者不作为）的存在是承担责任的前提，有行为就必然要承担责任，但一个行为不一定仅承担一种责任，很可能要承担多种不同性质的责任。从一般社会意义上讲，一个行为需要承担的责任从轻到重可能涉及道义上的责任、纪律责任和法律责任。就法律责任而言，一个行为也可能因同时涉及民法、行政法和刑法的规定而需要同时承担民事责任（如停止侵权、赔礼道歉、赔偿损失等）、行政责任（如罚款、吊销许可证等）和刑事责任（如罚金、徒刑等）。民事责任、行政责任和刑事责任在法律上是不同性质的责任，彼此不能简单换算和替代。

行为人因自己的行为承担责任并不当然意味着行为人因有关行为就不会产生任何权利乃至有关权利就不受保护，他人不得因行为人行为的瑕疵而任意行事，侵犯行为人的合法权利。承担责任与享有权利并不矛盾，也非简单的此消彼长。行为人因自己的某一行为依据某一特定法律应当承担责任一般并不影响行为人依据另一法律就该行为主张权利，即使是根据同一法律，行为人在承担责任与主张权利之间也并不当然排斥。道理很简单，就像一个人犯了罪，任何人包括国家机关都不能因此可以任意处置该犯罪人的人身权利和财产权利。举一个更贴切的例子，一个人虽然未依法缴纳个人收入所得税，他所应承担的是依法补缴税款和缴纳罚款等行政法律责任问题，不能因此而否认其劳动收

人作为其个人财产的合法性，任何人不得因此而侵占和擅自处分其收入，即使是税务执法机关也无权直接处分其收入。本案中，原告不规范使用企业名称和商标的行为，就属于应当依法承担行政责任的问题，并不能因此否认原告会因自己的使用行为本身会产生一定的民事权利，进而否认对该民事权利的保护。

当然，对于当事人不规范使用企业名称时，如何准确地认定行为主体，需要根据有关证据综合进行判断。本案二审法院考虑在其他诉讼和行政争议中有权机关对涉案行为主体的认定结果和当事人双方在纠纷发生前后对有关行为主体的认知，综合判断得出是福建省乔丹体育用品有限公司在实际使用"北京乔丹体育用品公司（福建公司）"的名称，认定"北京乔丹体育用品公司（福建公司）"指的就是福建省乔丹体育用品有限公司。

本案中要解决原告的诉讼主体资格问题，还需要对福建乔丹使用涉案鞋盒装潢问题作出认定。对福建乔丹提供的晋江麦克许可其及其前身晋江乔丹、溪边二厂使用乔丹牌运动鞋包装鞋盒和商标的有关协议，晋江阳新只是以许可人和被许可人的总经理系同一人为由对其真实性提出怀疑，但没有提供其他有效证据支持其主张，同时本案晋江麦克的有关许可行为并未违反法律、行政法规的强制性规定，实际上也是关联企业常见的市场交易行为。因此，对有关许可协议的真实性应当予以认可，福建乔丹对其在本案中据以主张权利的鞋盒装潢的使用有合法有效的合同依据。自1998年7月起，福建乔丹即根据晋江麦克的授权使用本案据以主张权利的鞋盒装潢，并且直至本案诉讼前是该鞋盒装潢的唯一被许可使用人，使用该鞋盒的运动鞋产品也因福建乔丹的实际生产、销售行为成为知名商品。综合上述分析，福建乔丹可以在本案中作为该鞋盒装潢的权利主体主张权利，是适格的原告。

二、福建乔丹的鞋盒装潢是否构成知名商品的特有装潢以及对涉案被控侵权行为的认定

对于涉及知名商品特有名称、包装、装潢的不正当竞争案件的实体审理，首先需要对涉案原告商品是否系知名商品作出认定。本案与一般这类案件相比，特殊之处在于原告请求保护的不是附着于商品本体的装潢，而是作为运动鞋包装盒上的装潢。所谓包装，是指为识别商品以及方便携带、储运而使用在商品上的辅助物和容器。而装潢则是指为识别与美化商品而在商品或者其包装上附加的文字、图案、色彩及其排列组合。产品包装作为产品销售整体的一部分（对大多数产品而言，是不可或缺的部分），在市场营销中所起到的作用越来越大，甚至有的产品的销售在很大程度上或者说主要是取决于其包装。有的产品仅有一个包装，而有的产品不仅有内包装，还有外包装，如烟酒类产品，甚至还有三重以上的不同包装。由于产品包装在习惯上一般是与产品一体同时出售的，包装物以及包装物上的装潢会因其本身的特有性或者说非通用性而不仅可以吸引消费者，而且可以识别商品来源。因此，二审法院明确指出，对知名商品的特有装潢的保护，不仅指附着在商品本体上的特有装潢，也包括该商品所使用的包装物上的特有装潢。

与对驰名商标的认定（依据2001年修改后的《商标法》认定驰名商标）相类似，对于知名商品的认定也是对一种事实状态的确认，无需国家机关的登记、备案或者批

准,驰名商标或者知名商品本身并非一种新的财产权利,只是对现有权利的扩张保护。因此,对驰名商标和知名商品的认定存有很大的不确定性。1995年7月6日发布的《国家工商行政管理局关于禁止仿冒知名商品特有的名称、包装、装潢的不正当竞争行为的若干规定》第3条第1款规定:"本规定所称知名商品,是指在市场上具有一定知名度,为相关公众所知悉的商品。"这一款的规定实质上只是对知名商品下的一个简单定义,并未解决如何认定知名商品的方式问题。为解决实践中的认定困难和便于执法操作,该规定第4条第1款又规定:"商品名称、包装、装潢被他人擅自作相同或者近似使用,足以造成购买者误认的,该商品即可认定为知名商品。"对此,许多人认为存在逻辑悖论,因为商品知名是认定有关行为构成不正当竞争的前提条件之一,商品知名,名称、包装、装潢特有,被控侵权行为作相同或者近似使用,造成混淆或者误认,这四个条件缺一不可,而这一款的规定则将行为要件之间互为因果关系,不符合《反不正当竞争法》第5条第(2)项规定的文字表述。

尽管前述行政规章对知名商品认定方式的规定在法律逻辑上存在一定问题,但这一规定也有其合理性和实践的易操作性。从市场实践中的实际行为方式来看,凡是被模仿的产品一般都是具有一定知名度的产品。从《反不正当竞争法》的立法宗旨看,该法第2条第1款规定:"经营者在市场交易中,应当遵循自愿、平等、公平、诚实信用的原则,遵守公认的商业道德。"由此可见,诚信和遵守公认的商业道德正是立法精神之所在。由此可以得出这样的推论,经营者负有在其商品来源的标识性文字和装潢上与他人的产品相区别,避免使消费者对商品来源产生混淆或者误认的义务,也负有不得借用他人商誉谋取不正当利益的义务。考虑到《反不正当竞争法》的立法精神,同时借鉴有关行政规章规定中的合理成分,二审法院根据关于构成民事侵权的一般民法理论,认为:"在经营者知道或者应当知道他人在先使用的商品装潢的情况下,而对该商品本体的装潢或者其包装物的装潢擅自作相同或者近似使用,足以造成购买者混淆或者误认的,人民法院即可认定该在先商品为知名商品,并依法予以保护。"这种判理实际上是在有关行政规章规定的认定知名商品的方式的基础上增加了对行为人过错的要件限制。当然,对于如何认定商品知名,2007年2月1日起施行《最高人民法院关于审理不正当竞争民事案件应用法律若干问题的解释》第1条第1款已经明确规定:"在中国境内具有一定的市场知名度,为相关公众所知悉的商品,应当认定为《反不正当竞争法》第5条第(2)项规定的'知名商品'。人民法院认定知名商品,应当考虑该商品的销售时间、销售区域、销售额和销售对象,进行任何宣传的持续时间、程度和地域范围,作为知名商品受保护的情况等因素,进行综合判断。原告应当对其商品的市场知名度负举证责任。"本案虽发生在该司法解释之前,但对于在个案中判定商品知名可考虑被告的过错这一因素,仍具有借鉴意义。

对本案当事人双方装潢的近似性和误导性的比较判断问题,二审判理对此已有比较详尽的论述,笔者在此就不再赘述。但值得说明的是,本案明确了在这类案件中判断近似问题应当以普通购买者施以一般注意力为判断主体和采取的整体观察、要部比对方法的判断原则。

三、关于对晋江阳新使用"香港乔丹(国际)鞋业公司"企业名称行为的认定与处理。

福建乔丹在本案中上诉请求判定晋江阳新在白色和浅灰色上盖的鞋盒以及全红色鞋盒的三种产品上使用"香港乔丹（国际）鞋业公司"和"香港乔丹（国际）鞋业公司监制"字样的行为侵犯其名称权、装潢权和商标权。对此，涉及如何看待一项诉讼请求和对使用企业名称的规制问题。

作为原告主张权利的诉讼请求应当是明确、具体的主张，并且应当在一审法庭辩论终结前提出。固定原告的诉讼请求是一审法院审理案件的一个基本步骤和前提，要区别案件事实和诉讼请求。针对同一法律事实，当事人可以提出若干不同的诉讼请求。法院在审理中可以对有关事实予以认定，但判理和判决主文应当仅就诉讼请求进行，而且一般对与诉讼请求无关的事实也不应予以审查认定。本案福建乔丹的起诉状中仅在事实陈述部分述及有关事实，但在一审中仅依据《反不正当竞争法》第5条第（2）项的规定起诉晋江阳新构成不正当竞争，并未提出侵犯其名称权和商标权的诉讼请求。因此，福建乔丹在二审中提出晋江阳新使用"香港乔丹（国际）鞋业公司"企业名称的行为构成侵犯其名称权和商标权的主张，依法属于在二审程序中原审原告增加独立的诉讼请求，而当事人又不同意就此进行调解，二审法院依法不能对此作出认定和处理，但是福建乔丹可以就此依法另行提起诉讼。

应当说本案一审中涉及原告诉讼请求不明确的问题不仅于此。一审中，原告并未明确区分是对其运动鞋鞋盒包装还是仅就其包装上的装潢主张权利，直到二审在法庭提示和释明之后，福建乔丹才明确表示不对包装主张权利，仅指控被告使用装潢的行为。在这类案件中，区分是对名称，还是对包装或者装潢主张权利很重要。因为知名商品特有的名称、包装、装潢均是《反不正当竞争法》第5条第（2）项保护的对象，不论是将知名商品特有的名称、包装、装潢三者同时作相同或者近似使用，或者将其中之一作相同或者近似使用，均涉嫌构成《反不正当竞争法》第5条第（2）项所规范的不正当竞争行为。

对晋江阳新在白色上盖和浅灰色上盖的鞋盒上使用"香港乔丹（国际）鞋业公司"企业名称的行为，福建乔丹在二审中提出侵犯其名称权、装潢权和商标权的主张。对于原告指控因使用此名称而侵犯其知名商品的特有装潢的问题，二审法院是将该内容作为被告使用的整体装潢的内容之一来予以评价的。二审法院认为，圆圈图案和含有"乔丹"字样的商品来源标注是双方装潢最显著、最醒目的部分，最容易引起购买者的注意，构成双方鞋盒装潢的主要设计内容，即各自装潢的主要部分。由此可见，二审法院是把被告的这种对企业名称的使用行为作为装潢内容中很重要的一部分并结合其他主要的装潢设计内容综合考虑，得出双方鞋盒装潢近似的结论。同时，二审法院认为，在被告使用的"香港乔丹（国际）鞋业公司"的名称中，"香港""国际""鞋业""公司"等属于地域、行业、组织形式等企业名称的通常组成部分，这些对购买者识别商品来源和市场主体一般不会产生实质性影响，而双方共同使用的中文"乔丹"作为福建乔丹使用的乔丹图文注册商标的主要组成部分和福建乔丹包括其前身晋江乔丹以及晋江阳新的企业名称中的字号，构成区别本案商品来源和市场主体的主要标志。对商品来源标识内容中主要标志作相同使用，就容易使相关消费者对商品来源产生联想，加之本案晋江阳新是将其与其他和福建乔丹相近似的装潢结合在一起使用，更加足以导致消费者对有关商品来源产生混淆或者误认。也就是说，二审法院同时把被告的这种对企业名称的使用行为作为认定被告行为误导性的一个重要因素来考虑。

对于福建乔丹主张晋江阳新使用"香港乔丹（国际）鞋业公司"企业名称侵犯其名称权和商标权的问题，因原告未在一审中对此明确提出诉讼请求，故二审法院未就此作出明确的评价。但是，二审法院也认为，因被告对企业名称的这种使用是与其他相近似装潢内容结合在一起的使用，法院确认晋江阳新构成对福建乔丹知名商品特有装潢的侵犯即可在一定程度上达到禁止其在白色上盖和浅灰色上盖的鞋盒上继续使用该名称的效果。同时，因晋江阳新以其使用"香港乔丹（国际）鞋业公司监制"字样系根据其与香港乔丹（国际）鞋业公司的委托生产合约进行抗辩，二审法院也就此进行了一些分析认定。由于晋江阳新在本案中未能提供关于香港乔丹（国际）鞋业公司身份真实性的相关证明手续，二审法院对其关于具有合法使用他人企业名称的合同依据的主张未予采纳；同时认为，即使其履行了相关的证明手续，也不能因此在本案中对抗福建乔丹在先取得的有关知名商品特有装潢的合法权利。总之，二审法院对晋江阳新使用的企业名称问题的审查判断都是在本案审理范围之内进行的，即仅仅围绕是否与侵犯知名商品的特有装潢的权利有关而展开讨论。

本案固然因审理范围的限制，二审法院未能就企业名称中使用他人注册商标中的文字内容问题进行评价。但是，近年来，因企业名称与注册商标发生冲突的案件越来越多。2003年，仅上海法院受理此类案件就超过10件，有的还涉及历史因素，审理难度大。2002年10月12日公布的《最高人民法院关于审理商标民事纠纷案件适用法律若干问题的解释》第1条将"将与他人注册商标相同或者相近似的文字作为企业的字号在相同或者类似商品上突出使用，容易使相关公众产生误认的"行为界定为2001年修改后的《商标法》第52条第（5）项规定的给他人注册商标专用权造成其他损害的行为。该规定的出台对制止以登记和使用企业名称的方式规避侵犯注册商标的行为有十分重要的意义，但是该规定强调对字号的"突出使用"，而实践中频频出现的以非突出使用的行为却难以依法予以规制。

目前司法实践中对将与他人注册商标相同或者相近似的文字作为企业的字号作非突出使用的行为包括在企业字号中使用他人驰名商标的行为，有的直接认定为《商标法》第52条第（5）项规定的"给他人注册商标专用权造成其他损害的"情形，作商标侵权处理；有的则依据《反不正当竞争法》第2条第1款立法原则的规定按照不正当竞争行为予以认定。在江西省高级人民法院2003年终审的南昌电缆有限责任公司诉江西赣昌电缆有限公司商标侵权案中，法院认定，被告将与原告"赣昌"注册商标相同的文字作为企业名称在相同或者类似商品上虽作非突出的使用，但考虑到原告"赣昌"牌系列产品在省内有相当的知名度，被告法定代表人曾经租赁经营原告下属企业并依约合法经营过"赣昌"牌产品，被告在经营中将原告下属企业的名称与自己的名称并用，易使相关公众产生与原告产品的误认，已经构成商标侵权。[1] 湖北省高级人民法院2002年终审

---

[1] 见江西省高级人民法院（2003）赣民三终字第6号民事判决书。

的立时集团国际有限公司诉武汉立邦公司涂料有限公司与商标侵权、不正当竞争纠纷案,认定武汉立邦公司将他人驰名商标作为企业字号登记使用的行为,未遵循诚实信用的原则和公认的商业道德,具有明显的过错,不仅侵犯立时集团的商标专用权,也构成不正当竞争。[1] 浙江省高级人民法院 2002 年终审的报喜鸟集团有限公司、浙江报喜鸟服饰股份有限公司诉乐清市大东方制衣有限公司、香港报喜鸟股份有限公司侵犯商标权、不正当竞争案,认定香港报喜鸟股东与报喜鸟集团、报喜鸟公司同属温州市行政区域,其明知已获得注册商标的"报喜鸟"品牌的知名度,为规避法律,以"报喜鸟"为字号到香港注册公司;大东方公司作为同样生产西服的企业,明知"报喜鸟"品牌的知名度,为追求高额利润,接受香港报喜鸟的委托,生产并销售或授权他人销售香港报喜鸟"德派"西服。[2] 同时,两被告亦明知上述行为易使相关消费者造成误认,有明显的"傍名牌"的故意,并且在事实上已经发生了误导性的后果,两被告的行为已经违背了《民法通则》《反不正当竞争法》规定的诚实信用和公认商业道德的原则,构成不正当竞争。辽宁沈阳市中级人民法院 2003 年审结的大厂回族自治县福华肉类有限公司诉呼建刚商标侵权及不正当竞争案,认定在被告登记取得"沈阳市皇姑区京福华酒店"企业名称之前,原告"京福华"餐饮类商标已经注册并在沈阳当地知名,被告的登记行为构成不正当竞争。[3] 从上述这些案例看,对将注册商标或者驰名商标作为企业字号作非突出使用的问题,有关执法原则和标准亟需明确和统一。笔者认为,在法律法规或者司法解释未就此问题明确作出属于《商标法》第 52 条第(5)项规定的"给他人注册商标专用权造成其他损害的"情形的规定之前,似乎以不正当竞争行为来定性和处理相对较为妥当。

四、包装物侵权损害赔偿额的确定

由于包装物一般是与被包装产品同时出售的,涉及包装物侵权时,如何根据产品销售利润来计算权利人的受损或者侵权人获利的问题,是目前司法实践中一个经常遇到的难题。实践中,一种观点认为,应当根据该包装物与被包装的产品之间的关系以及包装物是作为整个产品的整体包装还是仅作为局部的包装来区别对待,如果包装物与产品密不可分且作为整个产品的总体包装(如酒瓶与酒、黑芝麻糊的外包装袋与黑芝麻糊、茶叶罐与茶叶等),则应当将包装物与其中的产品作为整体确定赔偿额;如果系局部的包装物(如饮料的瓶盖、瓶贴),则不宜按整个商品本身的销售利润来确定赔偿额。第二种观点认为,包装物本身是一种产品,是用于包装其他产品的产品。它不同于商标与商品的关系,商标是用于标识商品的来源,商标侵权的直接后果是导致商品来源的混淆。因此,包装物侵权应当仅就包装物本身的价值决定赔偿额。第三种观点认为,包装物单独存在并没有任何实际意义,它必须与被包装产品一起,才具有可销售性,包装物侵权也会导致商品来源的混淆,如果包装物侵权,消费者不会只购买包装物,而是连同被包

---

[1] 见湖北省高级人民法院(2002)鄂民三终字第 18 号民事判决书。
[2] 见浙江省高级人民法院(2002)浙经二终字第 112 号民事判决书。
[3] 见辽宁省沈阳市中级人民法院(2003)沈民(4)知初字第 98 号民事判决书。

装产品一并购买，这样必然会侵占权利人的市场，应当依据整个产品销售利润计算赔偿额。❶

上述这些观点均有一定道理，但均有失偏颇。如果简单地将产品销售利润等同为包装物侵权时的赔偿额，显然既不科学，也不合理。但如果不考虑产品销售利润，又很难有其他方法来计算案件的赔偿额。因此，越来越多的人认为，一个相对合理可行也是比较科学的办法就是要根据包装物对实现产品销售利润中所起的作用的大小来合理确定赔偿额。这种作用往往可以通过使用一般的包装物（如当事人以前使用的包装物或者他人使用的非侵权的包装物）与使用侵权包装物在产品销售获利上的差别和包装物对消费者购买欲的影响等因素来衡量。

本案中，二审法院考虑到，对包装物特有装潢侵权的后果是造成购买者对被包装产品的混淆或者误认，而且本案侵权鞋盒作为运动鞋的整体包装物在习惯上是与运动鞋一起出售。因此，产品销售利润可以作为计算赔偿的因素。但同时又不能把所有销售获利均归结为对包装物的使用，因为对运动鞋这一类商品而言，消费者购买时更关注的是产品本身的质量、样式和品牌，而非包装盒，而且在消费者实际使用过程中，除少数有心人保留包装盒用于储藏鞋子以外，少有人再保留包装盒，包装盒在使用中几乎不起任何作用。所以，也不能过分夸大包装盒在实现产品销售利润中的作用。本案二审法院最后认为，在以侵权人因侵权所获得的利润计算赔偿额时，可以将侵权人使用侵权包装物销售产品所获得的利润作为确定赔偿额的重要因素。本案一审适用的是定额赔偿的方法，二审也认为并无明显不妥，故维持了一审判决的赔偿额。因此，二审未能就此进一步深入探讨到底以多大比例判赔才能体现出在本案中作为"重要因素"的考量。事实上，这种情况下也只能是法官根据个案情况行使一定程度的自由裁量权的问题了。

（二审合议庭成员：王永昌　邻中林　段立红
编写人：最高人民法院知识产权审判庭　邻中林）

---

❶ 有关观点源自 2003 年最高人民法院进行"专利侵权判定基准"调研时江苏省高级人民法院提交的调研报告。

18. 厦门大洋工艺品有限公司诉厦门市黄河技术贸易有限公司专利实施许可合同纠纷案

阅读提示：约定由技术许可方提供履约所需专用设备是否构成"非法垄断技术、妨碍技术进步"？非专利权人签订专利实施许可合同是否构成欺诈？

裁判要旨

本案专利实施许可的内容并不是制造专利产品，而是使用该专利产品生产、销售最终产品，因此，在本案专利实施许可合同中约定由技术许可方提供履行合同所需要的专用设备并不违反法律法规的规定，不属于《合同法》第329条规定的"非法垄断技术、妨碍技术进步"的情形。

专利实施许可合同并不因许可人并非专利权人本人而当然构成欺诈。

案 号

一审：福建省高级人民法院（2003）闽知初字第2号
二审：最高人民法院（2003）民三终字第8号

案情与裁判

原告（二审上诉人）：厦门大洋工艺品有限公司（简称"大洋公司"）
被告（二审被上诉人）：厦门市黄河技术贸易有限公司（简称"黄河公司"）

起诉与答辩

大洋公司以黄河公司未履行双方签订的"专利技术合作及专利技术实施许可合同"为由诉至福建省高级人民法院，请求：1.依法判令解除双方于1999年11月19日签订的"专利技术合作及专利技术实施许可合同"。2.黄河公司向大洋公司返还因上述合同所取得的财产（即阳明楼6层B、D号房、5层D号房及地下停车场第6号、第7号车位）。3.本案诉讼费由被告全部负担。

一审审理查明

一审法院经审理查明：1999年11月19日，厦门市黄河贸易有限公司（甲方）与大洋公司（乙方）签订"专利技术合作及专利技术实施许可合同"一份，约定：乙方实施甲方拥有的专利技术项目是石材切压成型机，机器品牌为"黄河"牌NEW-668型石板材一次压制成型机；技术实施许可范围为甲方许可乙方在福建省范围内与甲方共同实施，并许可乙方同时独家在上海地区及日本国开发、生产、销售甲方拥有的专利项目及产品，乙方可以在日本国申请专利，独家生产销售；签订本合同后，乙方派员到甲方工厂由甲方负责对其进行技术培训,有关费用由甲方负责;合同签订后的10天内,乙方向甲方支付定金人民币50万元,甲方在收到定金后100天内,分批负责制造出本合同应供给乙方的生产线,并运抵乙方指定的工厂。机械设备在乙方所在地安装调试前支付30万元,安装调试合格后支付20万元;除上款规定付清100万元货款外,其余人民币400万元由乙方用厦门市湖滨北路建业西路阳明楼房产折人民币3 724 050元整。甲方同意上述款项抵本合同货款,但乙方应在本合同签订的两天内与甲方签订上述单元的购房合同并办理公证及产权变更手续。

合同签订后,大洋公司按合同约定将阳明楼房产交付给厦门市黄河贸易有限公司抵合同款,但未按照合同约定支付定金。

1999年11月25日,厦门市黄河贸易有限公司与泉州市丰泽区北峰液压机械厂签订"委托加工合同",委托其生产黄河牌NEW-668A型石板材一次压制成型机50台及黄河牌特种模具250副,并已支付合同款项。1999年12月23日,厦门市黄河贸易有限公司与厦门阳兴兴业输送机有限公司签订"产品制造协议书",订制重型悬挂输送机3条,当挂物输送线运抵大洋公司的生产基地安装时,遭到大洋公司项目负责人王冠的阻拦,导致输送线无法安装,后来依大洋公司通知,厦门阳兴兴业输送机有限公司又将输送线运回。因大洋公司不允许安装设备,时任厦门市黄河贸易有限公司法定代表人吴达新只好通知泉州市丰泽区北峰液压机械厂暂停生产机器及模具等。双方签订的专利技术合作及专利技术实施许可合同停止履行。

2000年1月21日,厦门市黄河贸易有限公司致函大洋公司,认为其已经按合同约定履行了相关义务,要求大洋公司支付定金50万元。2000年1月26日,针对厦门市黄河贸易有限公司的来函,大洋公司复函,提出对方的产品没有专利权保障,且由于市场其他供货商每一平方米的产品市价仅为25元等因素,将导致其无法实现合同目的,要求厦门市黄河贸易有限公司提出解决方案,否则将依合同法规定申请法院予以撤销或变更合同。2000年1月28日,针对大洋公司1月26日来函,厦门市黄河贸易有限公司又函告大洋公司,辩驳大洋公司终止或变更双方签订的合同无理。2000年3月1日,厦门市黄河贸易有限公司再次致函大洋公司,要求大洋公司立即履行双方所签的合同。此后,双方没有再为履行合同等问题进行过接触或者协商,厦门市黄河贸易有限公司也没有向法院申请撤销或变更讼争的合同。

一审判理和结果

一审法院认为:讼争专利技术实施许可合同系双方自愿签订,内容没有违反法律、行政法规的强制性规定,系有效合同。合同签订后,大洋公司虽然已履行合同部分义务,但其未依合同规定交付定金并继续履行完付款义务,已构成违约,而厦门市黄河贸易有限公司在履行合同部分义务后,因遭到大洋公司的无理阻拦而被迫停止合同的继续履行。大洋公司要求解除合同没有事实依据,讼争合同尚不具备《合同法》规定的解除合同的条件,双方也未特别约定合同解除的条件。合同双方停止履约至起诉时虽已达三年多,但《合同法》并没有规定提出解除合同应受诉讼时效的限制,因此,厦门市黄河贸易有限公司答辩认为本诉已经超过诉讼时效缺乏依据。综上,依据《民事诉讼法》第64条第1款、第2款和《合同法》第8条的规定,判决:驳回大洋公司的诉讼请求。

案件受理费 35 010 元由大洋公司负担。

上诉与答辩

大洋公司不服一审判决，向最高人民法院上诉称：1. 本案讼争合同无效，理由是：（1）该合同违反了法律强制性规定。被上诉人实施专利许可的目的是为了强制并高价销售并非实施该专利必不可少的设备，属于"非法垄断技术、妨碍技术进步"的行为。（2）被上诉人通过欺诈手段，诱使上诉人作出错误的意思表示，与之签订技术合同是无效的民事行为。被上诉人不是专利权人而声称是专利权人，导致了上诉人作出签约的错误意思表示。2. 一审法院的判决显然是不合理的，且与《合同法》规定不符。双方已经停止履行合同三年多，合同目的即实施专利技术的目的已经失去，要求各方回到合同签订当时的状况，继续履行合同显然是不合理的，应该判决解除合同。请求二审法院撤销原判，改判被上诉人向上诉人返还因合同所取得的财产，判决由被上诉人承担本案全部诉讼费用。

被上诉人黄河公司答辩称：1. 上诉人主张讼争合同无效没有法律依据。本案合同目的是专利技术产品的销售及使用许可，设备是合同的必然组成部分，石材切压成型机是包含着被上诉人的专利技术的机器，是专用设备。上诉人要使用被上诉人的专利技术，购买该机器是必需的。2. 上诉人主张被上诉人通过欺诈手段，诱使上诉人作出错误的意思表示签订合同没有事实依据。3. 一审法院以讼争合同不具备《合同法》解除合同的条件，驳回上诉人解除合同的诉讼请求符合法律规定。4. 上诉人一审起诉已经超过了诉讼时效，其民事权利不应受到保护。请求二审法院维持一审判决。

二审审理查明

二审法院经审理查明：一审法院查明的事实属实，双方当事人对此也无异议。另查明：1994 年 11 月 2 日，厦门市黄河贸易有限公司成立，2001 年 2 月 19 日，经厦门市工商行政管理局批准，变更企业名称为厦门市黄河技术贸易有限公司（简称"黄河公司"）。还查明：大洋公司在一审起诉时，以黄河公司未履行合同义务为由，要求解除与之签订的讼争合同，判令返还因该合同取得的财产。在一审开庭时，大洋公司委托代理人请求变更诉讼请求为确认该合同无效。一审法院以已经超过举证期限为由，对其变更诉讼请求不予允许。

二审判理和结果

二审法院认为：根据已经查明的事实，被上诉人黄河公司已经履行了双方所订立合同约定的大部分义务，其尚未履行的部分也是由于上诉人大洋公司的阻拦而造成。上诉人大洋公司未支付 50 万元定金等行为违反合同约定，导致了本案专利实施许可合同未全面履行完毕。对此，上诉人大洋公司应当承担违约责任。

大洋公司一审中先是主张解除合同，后又逾期要求变更诉讼请求为确认合同无效，一审法院未予允许。二审中大洋公司再以合同存在非法垄断技术、妨碍技术进步为由，请求确认合同无效。鉴于黄河公司在二审中对此合同无效理由作了实质性答辩，并同意将此作为本案争议焦点，二审法院对此也予以审理。本案讼争合同涉及的石材成型机是包含专利技术的专用设备，上诉人实施该技术，购买该机器设备是必需的。依据专利实施许可合同的约定，实施该专利技术所使用的设备包括主机、特种模具及传送带，以建立造价为人民币500万元的生产线。大洋公司从黄河公司处约定获得的专利实施许可，并不是制造专利产品（即石材切压成型机），而是通过使用该专利产品生产、销售最终产品石材。因此，在专利实施许可合同中约定由技术许可方提供履行合同所需要的专用设备并不违反法律、法规的规定。大洋公司有关合同无效的理由不能成立。

本案讼争合同第3条写明了涉案专利的申请日、专利申请号、专利号、专利有效期、专利证书号等涉及该专利技术的有关真实信息。该合同签订时，黄河公司（其前身为厦门市黄河贸易有限公司）的法定代表人即为本案专利权人。黄河公司作为本案讼争合同的许可方，并没有实施未经专利权人许可的侵权行为，其当时的法定代表人亦为合同许可方的签字人即专利权人，合同所约定的权利义务也未侵害专利权人或者他人合法权益。所以认为该合同系被上诉人欺诈而订立理由不足，应当认定为有效合同。

大洋公司起诉时的诉讼请求仅为解除合同，黄河公司也未提出过追究对方违约责任的诉讼请求。一审法院根据合同的效力、履行情况、大洋公司的违约责任及当事人的诉讼请求等，判决驳回大洋公司诉讼请求并无不当。二审法院考虑到本案专利仍为有效专利，且大洋公司已经支付了大部分的合同款项，许可方黄河公司亦履行了提供合同约定的设备等义务，只要双方当事人本着重合同守信用的原则，平等协商，经过努力合同目的亦可以实现。

综上所述，二审法院认为，一审判决认定事实清楚，适用法律正确。依据《民事诉讼法》第153条第1款第（1）项之规定，判决：驳回上诉，维持原判。一、二审案件受理费共计70 020元由大洋公司承担。

法官评述

本案涉及如下焦点问题：

（一）本案讼争合同是否存在《合同法》第329条规定的"非法垄断技术、妨碍技术进步"的合同无效事由知识产权是一种私权，也是一种垄断权。知识产权权利人为谋求交易优势地位，很容易滥用其知识产权，强迫交易对手实施一些非自愿的行为，从而妨碍交易技术流转与知识传播的自由和公平竞争，妨碍知识创新和科技进步。这一问题在知识产权合同领域特别是技术合同中表现尤为明显。因此，制止滥用知识产权的反竞争或者垄断行为，既是知识产权合同中的一个突出问题，又是反垄断的一项重要内容。TRIPS第40条对"对协议许可中限制竞争行为的控制"也作出了专门规定，该条第（2）项规定："本协定的任何规定均不得阻止各成员在其立法中明确规定在特定情况下可构成对知识产权的滥用并对相关市场中的竞争产生不利影响的许可活动或条件。如以上所规定的，一成员在与本协定其他规定相一致的条件下，可按照该成员的有关法律法规，采取适当的措施以防止或控制此类活动，包括诸如排他性返授条件、阻止对许可效力提出质疑的条件和强制性一揽子许可等。"我国《合同法》对于在技术合同中如何防止滥用知识产权和交易优势地位问题予以特别关注。《合同法》第329条规定："非法垄断技术、妨碍技术进步或者侵害他人技术成果的技术合同无效。"这是《合同法》关于技术合同的法定的特殊无效事由的规定。2005年1月1日起施行的《最高人民法院关于审理技术合同纠纷案件适用法律若干问题的解释》第 10 条列举了 6 种属于《合同法》第 329 条所称的"非法垄断技术、妨碍技术进步"的情形。❶ 司法解释的这一细化规定，符合我国"入世"后的技术经济形势和 TRIPS 第 40 条的精神。这对于制止技术市场的反竞争行为，具有重要意义。❷

本案二审判决于 2004 年 7 月作出，当时上述司法解释尚未通过。但本案的裁判也同样体现了该司法解释有关规定的精神。其中，司法解释第 10 条第（4）项"要求技术接受方接受并非实施技术必不可少的附带条件，包括购买非必需的技术、原材料、产品、设备、服务以及接收非必需的人员等"和第（5）项"不合理地限制技术接受方购买原材料、零部件、产品或者设备等的渠道或者来源"与本案情形有关。解释第（4）项规定的行为一般称为搭售，是指强迫他人购买不必要或者无关的东西；第（5）项规定的的行为一般称为限购，是指限制他人从别的渠道获得有关东西。搭售与限购往往是一个问题的两个方面。判断是否构成搭售，关键要看有关交易标的是否为履行合同所必需，如果是专用设备和专用的配套技术等，就不能够认定为搭售。判断是否构成限购，关键要看是否排除了交易对方与他人交易的可能，或者说如果与他人从事有关交易就会导致本合同违约。需要注意的是，判断有关设备是否为履约所必需，必须还要考虑实施许可合同的具体内容，即专利实施许可的内容是制造许可、销售许可还是使用许可。如果专利实施许可的内容是制造某种专利产品，而合同约定被许可人必须购买许可人自己生产的专利产品，则专利许可的内容就不是制造许可而是销售许可或者使用许可。如果专利实施许可的内容是销售许可或使用许可，而合同约定被许可人必须购买许可人自己生产的专利产品，购买相关的专利产品是履行合同的前提，一般也不会存在搭售的问题。

本案根据查明的事实，讼争专利实施许可合同涉及的石材成型机是包含专利技术的专用设备，上诉人实施该技术，购买该机器设备是必需的。依据本案专利实施许可合同的约定，实施该专利技术所使用的设备包括主机、特种模具及传送带，以建立造价为人民币 500 万元的生产线。上诉人大洋公司从被上诉人黄河公司处约定获得的专利实施许可，并不是制造专利产品（即石材切压成型机），而是通过使用该专利产品生产、销售最终产品石材。因此，在专利实施许可合同中约定由技术许可方提供履行合同所需要的专用设备并不违反法律、法规的规定，合同并不因此而无效。上诉人大洋公司以"非法垄断技术、妨碍技术进步"的上诉理由，请求确认合同无效，不能成立。

另外，本案上诉人大洋公司一审中先是主张解除该专利实施许可合同，后又超过期限要求变更诉讼请求确认合同无效，未得到一审法院的允许。在二审中，上诉人大洋公司再以合同存在非法垄断技术、妨碍技术进步为由，请求确认合同无效。这一诉讼请求本不属于上诉人大洋公司起诉的诉讼请求范围，但鉴于被上诉人黄河公司在二审中针对

---

❶ 2002 年 1 月 1 日起施行的《技术进出口管理条例》第 29 条规定了 7 种在技术进口合同中不得含有的限制性条款。

❷《合同法》第 329 条所称的"非法垄断技术、妨碍技术进步"的问题，也涉及与 2008 年 8 月 1 日起实施的《反垄断法》的相关规定的协调适用问题。因本案发生在《反垄断法》实施之前，本身不涉及反垄断问题，本文不就此展开论述。

上诉人大洋公司提出的导致本专利实施许可合同无效的理由,作了实质性答辩,并同意将此作为本案争议焦点。因此,二审法院在庭审过程中对此问题也进行了法庭调查,双方当事人也发表了法庭辩论意见。

(二)非专利权人签订专利实施许可合同是否构成欺诈

欺诈是以使他人陷于错误并因此为意思表示为目的,故意陈述虚伪事实或者隐瞒真实情况的行为。本案上诉人主张,被上诉人不是专利权人,却声称是专利权人,导致了上诉人作出签约的错误意思表示,合同应当无效。非专利权人签订专利实施许可合同在实践中并不少见,也不一定当然会构成欺诈,而且一般也不宜认定构成欺诈。一方面,专利权人可以作出特别授权,授权他人以专利权人或者他人自己的名义对外签订专利实施许可合同,如对被许可人再许可的授权;专利权人也可以认可或者追认他人对自己专利的许可行为,同时也可以从专利权人本人或者其代表人甚至交易关联人的行为中判断专利权人的真实意思表示。另一方面,专利本身以公开相关技术方案和专利文件为前提,作为市场交易的理性人,都应当注意查询有关专利的法律状态,包括权利人、有效性、技术内容等关键信息。尤其是作为专利实施许可合同的被许可方,在合同中已经写明涉及专利相关信息的情况下,也有义务审查合同标的技术内容的真实性,至少也应当要求对方出示或者自行核查专利证书和专利说明书等有关专利文件,避免不必要的商业风险。

本案讼争的专利实施许可合同第3条写明了涉案专利的申请日、专利申请号、专利号、专利有效期、专利证书号等涉及该专利技术的有关真实信息。首先,上诉人完全可以通过专利公报或者其他公开渠道对专利权人的身份作出核查。即使上诉人没有实际核查,一般也应当推定其知道合同相对人并非专利权人。其次,一定要注意探究当事人签约时的真实意思表示和是否存在非经许可擅自对外许可的问题。我国目前市场上仍有不少人对公司和法定代表人个人的法律身份混同使用,这种情况下更不能轻易地以所谓法律主体身份不一致而否定有关行为的效力。本案即是如此。合同签订时,专利权人吴达新就是被上诉人黄河公司的法定代表人。黄河公司作为本案讼争合同的许可方,并没有实施未经专利权人许可的侵权行为,其当时的法定代表人亦为合同许可方的签字人即专利权人,合同所约定的权利义务也未侵害专利权人或他人合法权益。本案根据现有的证据可以认定,该专利实施许可合同是双方当事人包括专利权人的真实意思表示,合同内容亦未违反国家法律和行政法规的规定。所以,上诉人大洋公司认为该合同系被上诉人欺诈而订立的理据不足。

另外,上诉人大洋公司关于欺诈行为就导致合同无效的理由也不能成立。对于以欺诈手段签订技术合同,依照原《技术合同法》应当作无效处理。但《合同法》改变了原有法律对欺诈行为的处理原则,将之作为可变更或者可撤销合同处理。本案合同的签订和履行均在《合同法》施行之后,应当适用《合同法》的这一规定。

(三)本案合同应否解除

本案上诉人大洋公司在一审提起诉讼时的诉讼请求就是要求解除该专利实施许可合同,上诉理由之一也是认为双方已经实际停止履行合同三年多,合同目的即实施专利技术的目的已经失去,要求各方回到合同签订当时的状况,继续履行合同显然是不合理的，应该判决解除合同。一审法院根据合同的效力、履行情况、大洋公司的违约责任及当事人的诉讼请求等，判决驳回大洋公司诉讼请求。二审法院认为，考虑本案所涉石板材一次压制成型机实用新型专利仍然为有效专利，且上诉人大洋公司已经支付了大部分的合同款项，许可方黄河公司亦履行了提供合同约定的设备等义务，只要双方当事人本着重合同守信用的原则，平等协商，经过努力合同目的亦可以实现。即使双方当事人今后根据情况拟终止履行合同，也应在依法承担相应责任的基础上，对善后事宜另行平等协商。

技术合同的解除是技术合同终止的事由之一。技术合同解除有单方解除和协议解除两种基本方式。协议解除因是双方合议的结果，一般不会产生纠纷。实践中，问题多集中在单方解除的事由判断和解除后果上。按照《合同法》，能够适用于技术合同单方解除的法定事由只有《合同法》第 94 条和第 327 条的规定。《合同法》第 327 条实际上是第 94 条第（5）项"法律规定的其他情形"的体现。从《合同法》第 94 条的规定看，合同解除的基本原因是因为合同目的不能实现。不能实现合同目的的情形主要有两种。一种是出现了不可抗力致使合同目的不能实现，这种情况下任何一方当事人都可以行使解除权。另一种则是因违约行为致使合同目的不能实现，这种情况下，只有非违约方才享有解除权，违约方不享有解除权。也就是说，当合同一方有重大违约行为致使合同目的不能实现时，非违约方不仅可以追究违约方的违约责任，还可以选择是否解除合同。合同对当事人而言，就是他们必须共同遵守的法律。在享有合同解除权的一方不行使解除权的情况下，除非有法律的明确规定，法院不能代替当事人直接裁决解除合同。本案中，上诉人大洋公司系违约方，其虽作为原告起诉，也不享有合同解除权，而享有合同解除权的被上诉人黄河公司并未提出过追究对方违约责任以及请求解除合同的请求。因此，一、二审法院均判决驳回原告解除合同的诉讼请求，完全符合《合同法》的规定。

（二审合议庭成员：王永昌　段立红　李　剑
编写人：最高人民法院知识产权审判庭　郃中林）

19. 王兴华诉黑龙江无线电一厂，第三人王振中、吕文富、梅明宇专利实施许可合同纠纷案

阅读提示：如何认定专利权人与其他非专利权人共同作为合同的一方当事人，与他人签订专利实施许可合同的效力？

◎ 裁判要旨

专利权人与其他非专利权人共同作为合同的一方当事人，与他人签订专利实施许可合同，且合同中明确约定了其他非专利权人的权利义务的，专利权人行使专利权应当受到合同的约束，非经其他非专利权人同意，专利权人无权独自解除该专利实施许可合同。

◎ 案 号

一审：哈尔滨市中级人民法院（1994）哈经三初字第23号
二审：黑龙江省高级人民法院（1997）黑经终字第68号
原再审：黑龙江省高级人民法院（2002）黑高商再字第12号
再审：最高人民法院（2006）民三提字第2号

◎ 案情与裁判

原告（二审上诉人、原再审被申请人、申请再审人）：王兴华
被告（二审被上诉人、原再审申请人、审被申请人）：黑龙江无线电一厂（简称"无线电一厂"）
第三人（二审上诉人、原再审被申请人、申请再审人）：王振中
第三人（二审上诉人、原再审被申请人、申请再审人）：吕文富
第三人（申请再审人）：梅明宇

起诉与答辩

原告诉称：依据与被告签订的专利实施许可合同，被告未按约定履行合同，请求法院判令被告给付使用费109.89万元及滞纳金72.4万元，后补充请求使用费增加到500万元及滞纳金。

被告辩称：原告转让的实用新型专利技术存在着结构方面的根本缺陷，致使合同无法履行，双方已自愿解除了合同。被告生产、销售的浴箱是自行开发制造的，故不应再支付使用费。

第三人王振中诉称：根据省、市法院的判决，作为专利权人参加本案诉讼，请求按

份额由被告支付使用费;请求总数额为近千万元。

第三人吕文富诉称:主张以专利权人的身份按份额由被告支付使用费。

第三人梅明宇诉称:主张以应得份额由被告支付使用费。

一审审理查明

一审法院经审理查明:1990年11月1日,王兴华与无线电一厂签订专利实施许可合同一份,合同主要约定,"王兴华将其所有的实用新型专利'单人便携式浴箱'有偿转让给无线电一厂使用(专利申请号为88202076.5,专利有效期为1988年3月19日至1996年3月19日),无线电一厂在全国范围内独家使用该专利并拥有销售权;王兴华提供该专利产品的全套图纸和设计资料;合同有效期内,由于工艺或者生产等其他方面的需要,双方均可对专利进行技术改进设计,但不影响和改变专利的属性,不影响本合同的执行;无线电一厂在合同生效之日再付给王兴华1.2万元入门费(已付1.3万元);从1990年10月1日起至1991年10月1日止,无线电一厂按销售额的2.5%付给王兴华专利使用费;从1991年10月1日起至1996年3月19日止,无线电一厂按销售额的2.6%付给王兴华使用费;专利使用费按月结算,每月5日前结算并付清上月的使用费;无线电一厂不按时付给王兴华使用费,按月计算付给王兴华5‰滞纳金。"合同签订后,无线电一厂投入了生产。1991年3月20日,王兴华与无线电一厂签订终止合同协议书,以该合同涉及的单人便携式浴箱的结构形式在生产中无法实施为主要理由终止了合同。无线电一厂在1990年10月至1991年3月20日止,计销售S-400A型机4 846台,销售额为2 460 451元。根据哈尔滨市动力区人民法院(96)动经初字第179号判决认定,无线电一厂已支出使用费170 948.8元,入门费25 128元。第三人王振中1991年10月两次在无线电一厂借款7 000元。无线电一厂代交个人所得税43 828.49元。另查明,王兴华与王振中、吕文富、梅明宇三位第三人之间的专利权属纠纷业经哈尔滨市中级人民法院(94)哈经初字第229号判决确认为,"单人便携式浴箱"实用新型非职务发明专利权属为王兴华、王振中、吕文富共有,效益分配比例为王兴华45%,王振中35%,吕文富15%,梅明宇5%,该判决已发生法律效力。本案诉讼中,王兴华对"终止合同协议书"提出异议,经一审法院委托公安部技术鉴定,结论为,除张世杰签字外,王兴华的签字是王兴华本人所写。

一审判理和结果

一审法院认为:王兴华与无线电一厂签订的专利实施许可合同为有效合同,双方在履行过程中,根据实际情况自愿签订的终止合同协议书亦不违反法律规定。经法院判决确认专利权为王兴华及王振中、吕文富共有,无线电一厂应按约定给付王兴华及王振中、吕文富、梅明宇相应的使用费,使用费给付应计算到终止合同协议书签订日期为止。此款无线电一厂已实际支付,王兴华及王振中、吕文富、梅明宇应按法院判决确认的分配比例分享。关于终止合同协议签订后,无线电一厂生产、销售的"单人便携式浴箱"是否构成专利侵权问题,应由当事人另案主张。王兴华及王振中、吕文富、梅明宇要求无线电一厂在终止协议签订后继续给付使用费,无法律根据。根据《经济合同法》第26条第1款第(1)项、《专利法》第12条之规定,判决:驳回原告王兴华以及第三人王振中、吕文富、梅明宇的诉讼请求并承担相应的诉讼费。

上诉与答辩

一审判决后,王兴华、王振中、吕文富三人不服,提出上诉。王兴华上诉称:没有与无线电一厂签订终止合同书。王振中、吕文富上诉称:即使王兴华签订了终止合同协议书也应是无效。无线电一厂辩称:终止合同协议书有效。

二审审理查明

二审法院经审理查明:1. 王兴华、王振中、梅明宇与无线电一厂于1989年9月1日签订了专利技术转让合同,并于1989年10月14日向无线电一厂提交了全套图纸和设计资料,无线电一厂按合同支付了1.3万元入门费。后进行了调试和试生产。在此合同基础上,根据无线电一厂的要求,王兴华、王振中、梅明宇与无线电一厂重新签订排他性专利实施许可合同。王兴华代表王振中、梅明宇在合同文本上签字。2. 无线电一厂从1990年10月至1996年3月对88202076.5号单人便携式浴箱专利技术进行了改进,先后生产出S-400A型浴箱、S-400B型浴箱。其中S-400B型浴箱于1994年3月11日被中国专利局授予93211464.8号实用新型专利。无线电一厂在王兴华专利有效期内共生产S-400A、S-400B浴箱291847台,销售270 086台。自1989年10月至1993年7月10日,无线电一厂已支出使用费177 948.80元,入门费25 128元,并代交个人所得税43 828.49元。1993年7月10日以后,无线电一厂停止支付专利使用费。

二审判理和结果

二审法院认为:1990年11月1日,王兴华本人并代表王振中、梅明宇与无线电一厂签订的排他性专利实施许可合同,是双方当事人真实表示,不违反法律规定,应认定为有效。但该合同中第10条、第11条关于无线电一厂不按时支付使用费,则每月按5%计付滞纳金和一方违约,应赔偿对方经济损失的5%的约定,没有法律依据不应予以保护。该合同签订时,王兴华系作为三人代表在合同文本上签字,无线电一厂对此是明知的。1991年3月20日,王兴华在没有征得王振中、梅明宇同意和授权的情况下,以个人名义与无线电一厂签订"终止合同协议书"侵害了他人的合法权益,且"终止合同协议书"签订后,无线电一厂并没有返还技术的全套设计图纸和设计资料,仍然使用该专利技术进行生产,至1993年7月10日还在支付专利使用费,这些行为说明终止合同协议书并未实际履行。王兴华等人发生权属争议后,经有关部门和法院确认专利权为王兴华、王振中、吕文富共有。依照法律规定,1989年6月1日中国专利局授予该专利权之日,专利权即为王兴华、王振中、吕文富共有。王兴华擅自以个人名义与无线电一厂签订"终止合同协议书"应认定无效。原一审法院认定王兴华与无线电一厂签订"终止合同协议书"有效不当,应予纠正。无线电一厂应按照排他实施许可合同的约定向王兴华、王振中、吕文富、梅明宇支付专利使用费。鉴于无线电一厂在实施专利过程中,对该技术进行了改进,浴箱的销售价格由每台495元上升到1 000元左右,因此,专利使用费应以最初的每台495元计算,无线电一厂自1990年11月1日至1996年3月19日共销售浴箱270 086台,应支付使用费3 464 622.81元,扣除已支付177 948.80元,代交税金43 828.49元,尚欠3 242 844.52元。根据《专利法》第12条、《民事诉讼法》第153条第1款第(2)项之规定,判决:一、撤销原一审判决;二、无线电一厂支付王兴华、王振中、吕文富、梅明宇专利使用费3 242 844.52元。一、二审案件受理费、鉴定费 46 224.22 元，由无线电一厂负担。

申诉与答辩

无线电一厂不服终审判决，以王兴华与其签订的专利实施许可合同和终止合同协议均合法有效，王振中等三人在上述合同中不是专利权的所有人；原二审判决把与王兴华专利无关的技术成果 S-400A 型和无线电一厂具有专利权的 S-400B 型产品认定为应付费范围严重失误为由，向原二审法院申诉。

2002 年 3 月 20 日，黑龙江省高级人民法院以（2001）黑监经监字第 81 号民事裁定书，裁定另行组成合议庭对本案进行再审。

原再审审理查明

原再审法院经审理查明：1."终止合同协议书"是由王兴华本人执笔起草签名，时任无线电一厂法定代表人张世杰签名并加盖公章。此前，王兴华、梅明宇已向国家专利局申请专利号为 91204101.3 的单人用电加热桑拿浴箱专利。王兴华与无线电一厂签订"终止合同协议书"的目的是，用 91204101.3 的单人用电加热桑拿浴箱专利保护无线电一厂当时生产的 S-400A 型产品。2. 原二审期间，黑龙江省高级人民法院曾就无线电一厂生产的 S-400A 型产品技术方案和 S-400B 型专利产品技术是否落入王兴华等 88202076.5 单人便携式浴箱专利的保护范围，委托国家科学技术委员会知识产权事务中心进行技术鉴定。其鉴定结论为："无线电一厂的北燕牌 S-400A 型单人便携式浴箱产品的技术特征和桑拿浴箱专利（专利号 93211364.8）即 S-400B 型产品技术特征，没有全面覆盖单人便携式浴箱专利（专利号：88202076.5）的全部必要技术特征，没有落入该项专利的保护范围"。

原再审判理和结果

原再审法院认为：王兴华作为专利号 88202076.5 当时唯一的专利权人与无线电一厂签订的专利实施许可合同，虽代表非专利权人王振中、梅明宇签订（不含吕文富），但该合同并未约定专利的处分权归上述三个人共有，也未就有关专利实施许可的收益问题对王振中、梅明宇作出分配数额的约定。1991 年 3 月 20 日王兴华与无线电一厂签订"终止合同协议书"时，仍是专利证书上所记载的唯一专利权人。无线电一厂签订"终止合同协议书"是应专利权人王兴华的请求签订，在此期间，王振中、吕文富、梅明宇等人对 88202076.5 专利权与王兴华共有的权利并未依法得以确认，而且原告及第三人等亦未举证证明，无线电一厂应王兴华的请求签订"终止合同协议"有损害第三人合法权益的恶意。实施许可合同和"终止合同协议书"的专利实施许可方均由王兴华一人签字，故两份合同的效力应作同一认定。王兴华以专利权人身份与无线电一厂签订的上述两份合同，符合《专利法》的规定，均为有效合同。专利权经确认为共有时，无线电一厂基于专利实施许可合同所负的义务已经依"终止合同协议书"解除，无线电一厂与王兴华等人之间已不存在合同关系。原二审判决依第三人等事后被确认的专利共有权否认事前已形成的合同被解除的客观事实，没有法律依据。无线电一厂后改进的 S-400A 型浴箱和国家专利局授予专利的 S-400B 型浴箱，经国家科学技术委员会知识产权事务中心技术鉴定，其技术特征没有全面覆盖单人便携式浴箱 88202076.5 专利的全部必要技术特征，没有落入该项专利的保护范围。故原二审判决认定无线电一厂生产的 S-

400A 型和 S-400B 型浴箱系王兴华等人专利产品,判令无线电一厂按已经解除的专利实施许可合同的约定,向王兴华、王振中、梅明宇、吕文富再支付专利使用费 324 万余元,在认定事实和适用法律方面均有错误,根据《民事诉讼法》第 184 条、第 153 条第 1 款第 (2) 项、第 (3) 项之规定,判决:一、撤销(1997)黑经终字第 68 号民事判决;二、维持哈尔滨市中级人民法院(1994)哈经三初字第 23 号民事判决。一、二审案件受理费及鉴定费用由王兴华等人承担。

申诉与答辩

王兴华、王振中、吕文富、梅明宇不服黑龙江省高级人民法院再审判决,向最高人民法院申请再审。其主要理由是,本案原再审判决严重违反法定程序,不告知合议庭成员,不开庭,将没有鉴定人签字、未经鉴定人质询的鉴定材料当作定案的证据;认定"终止合同协议书"有效错误。再审被申请人无线电一厂答辩称:在 1990 年 11 月 1 日签订专利实施许可合同和 1991 年 3 月 20 日签订"终止合同协议书"时,王兴华都是专利证书记载的权利人。虽然在专利实施许可合同的前言部分有"专利设计人王兴华等三人(简称'甲方')"的描述,但并未有梅明宇、王振中对该专利实施许可的授权委托书,且只有王兴华一人签字。专利实施许可合同与终止合同协议书在当时的情况下都合法有效。无线电一厂已依照合同支付了专利使用费。原再审判决关于鉴定问题,也是合法有效,无线电一厂生产的 S-400A 型和 S-400B 型浴箱产品没有落入王兴华专利保护范围,与王兴华专利没有法律上的权利义务关系。对原再审的程序问题,未发表答辩意见。

再审审理查明

再审法院经审理查明:自二审判决后,无线电一厂向王兴华等支付了部分专利使用费 247 609 元。

再审判理和结果

再审法院认为:专利权人与其他非专利权人共同作为专利实施许可合同的一方,特别是合同对其他非专利权人也约定了权利义务的情况下,专利权人行使专利权应当受到合同的约束。不经过其他非专利权人的同意,专利权人无权独自解除所签订的专利实施许可合同,否则,就会损害合同其他当事人的合法权益。未经其他许可人的同意和授权,擅自终止原签订的专利实施许可合同,损害了其他许可人的利益。"终止合同协议书"无效。无线电一厂应当支付王兴华等人专利许可使用费。依照《技术合同法》第 21 条第 1 款第 (3) 项,《专利法》第 12 条,《民事诉讼法》第 153 条第 (2) 项、第 (4) 项之规定,判决:一、撤销黑龙江省高级人民法院(2002)黑高监商再字第 12 号民事判决;二、维持黑龙江省高级人民法院(1997)黑经终字第 68 号民事判决第一项、第二项,即(一)撤销哈尔滨市中级人民法院(1993)哈经三初字第 23 号民事判决,(二)无线电一厂给付王兴华、王振中、梅明宇、吕文富专利使用费 3 242 844.52 元。此前已执行的专利使用费应予扣除。一、二审案件受理费、鉴定费共计 46 224.22 元,由无线电一厂负担。

🔵 法官评述

一、关于"终止合同协议书"的效力问题

"终止合同协议书"的效力,在本案几级法院审理期间,一直是当事人争议的焦点。一审判决及原再审判决都认为,与无线电一厂签订"终止合同协议书"时,王兴华仍是专利证书上所记载的唯一专利权人。专利权人对是否终止合同有决定权。因此,该终止合同协议书有效。据此,双方的专利实施许可合同已经终止履行,无需继续支付专利实施许可费用。虽然专利权人许可他人实施或者终止许可其专利是处分自己的权利,他人无权干涉,但专利权人与其他非专利权人共同作为专利实施许可合同的一方,特别是合同对其他非专利权人也约定了权利义务的情况下,专利权人行使专利权应当受到合同的约束。不经过其他非专利权人的同意,专利权人无权独自解除所签订的专利实施许可合同,否则,就会损害合同其他当事人的合法权益。1990年11月1日签订专利实施许可合同时,王兴华是作为甲方(王兴华、王振中、梅明宇)代表签名,该合同虽没有约定专利的处分权归上述三人共有,但约定了甲方有获得入门费、专利使用费的权利。该合同虽未约定其他两人的收益数额,但没有约定的只是具体的分配比例,并不是没有约定两人应获得收益。1991年3月20日,王兴华与无线电一厂签订终止协议书时,未经其他许可人的同意和授权,擅自终止原签订的专利实施许可合同,损害了其他许可人的利益。根据《技术合同法》第21条第(3)项的规定,侵害他人合法权益的,应认定无效。

关于王兴华签订终止协议书是否构成表见代理,有观点认为,王兴华在签订专利实施许可合同时,是作为代表人签字,终止协议书虽然他一个人签字,应视为代理其他人,构成表见代理,无线电一厂有理由相信,故无需再支付许可费。依据《合同法》第49条的规定:"行为人没有代理权、超越代理权或者代理权终止后以被代理人名义订立合同,相对人有理由相信行为人有代理权的,该代理行为有效。本案不适用《合同法》。"此外,王兴华签订终止协议书的行为并非代理行为,也不是以被代理人的名义,而是作为专利权人,即使适用《合同法》,也不符合表见代理的构成条件。

根据原审查明的事实,王兴华与无线电一厂签订终止协议书,目的是想撇开王振中等人。对于王兴华的用意以及王兴华与王振中等人的专利权属纠纷,无线电一厂是明知的。此外,终止合同协议书表明,专利实施许可合同涉及的单人便携式浴箱的结构形式在生产中无法实施,也与事实不符。

二、关于原再审对鉴定结论的适用问题

原再审期间,黑龙江省高级人民法院采用了原二审法院委托国家科委知识产权事务中心就无线电一厂生产的S-400A型产品技术方案和S-400B型专利产品技术是否落入王兴华等人专利保护范围所做的鉴定。并依据该鉴定关于无线电一厂的两个类型的产品没有落入王兴华等人专利保护范围的结论,得出无线电一厂无需向王兴华等人支付专利使用费,原二审判决认定事实和适用法律错误的结果。

该鉴定是原二审期间,法院为解决本案所涉及专利技术问题委托鉴定部门出具。虽然做了相关鉴定，但认为本案争议的是合同纠纷，而非专利侵权纠纷，故在判决时并未采信此鉴定结论，而且依据合同的维定做出判决。

由于上述鉴定结论未在法庭上出示、未经双方当事人质证，原再审判决将其作为定案的依据，不符合《民事诉讼法》第66条、《最高人民法院关于民事诉讼证据的若干规定》第47条的规定，违反法定程序。

此外，原再审判决在认定终止合同协议有效的情况下，依据鉴定结论，对无线电一厂生产的两种类型的产品是否落入王兴华等人专利的保护范围作出认定。不管无线电一厂继续使用的是王兴华等人的专利技术，还是经过改进的自己的技术或者获得专利的技术，均涉及专利侵权判定，超出本案专利实施许可合同纠纷的审理范围。

三、关于无线电一厂是否需要支付王兴华等人专利许可使用费

本案为专利实施许可合同纠纷。根据双方签订的专利实施许可合同第5条的约定：在合同有效期内，由于工艺或者生产等其他方面的需要，甲乙双方均可对专利进行技术改进设计，但不改变该专利的实际属性，不影响本合同的执行。无线电一厂虽然在生产中对专利技术做了改进，但依据合同的规定，不影响专利实施许可合同的执行。应当按照约定向王兴华、王振中、梅明宇支付专利实施许可使用费。吕文富作为专利权人之一，理应获得相应的份额。

原二审法院在确定专利使用费的数额时，已考虑到无线电一厂技术改进使浴箱的销售价格由每台495元上升到1 000元左右的情况，专利使用费以最初的每台495元计算，公平合理。

(再审合议庭成员：王永昌　夏君丽　王艳芳
编写人：最高人民法院知识产权审判庭　夏君丽)

20. 山西省科林环境保护技术中心诉山西大学、第三人山西省环境保护局技术合作开发合同及侵权纠纷案

阅读提示：技术合作开发合同纠纷中合作开发技术成果权利主张者应承担何种举证责任？

● 裁判要旨

合作开发技术成果权利主张者应当对合作开发的技术成果承担举证责任，不仅要明确合作开发技术成果的内容，证明该技术成果不同于开发前的已有技术成果，还要证明该技术成果是合作开发形成的，即其参与了合作开发。这是审理技术合作开发合同及技术成果侵权案件的一般规律。

● 案 号

一审：山西省高级人民法院（1996）晋经二初字第18号
二审：最高人民法院（1998）知终字第5号

● 案情与裁判

原告（反诉被告、二审上诉人）：山西省科林环境保护技术中心（简称"科林中心"）
被告（反诉原告、二审上诉人）：山西大学
第三人：山西省环境保护局（简称"省环保局"）

一审审理查明
一审法院经审理查明：1994年4月，山西大学与省环保局签订了一份《合作开发环境保护生物工程技术的协议》（简称"协议"），约定：双方决定合作开发环境保护生物工程技术，逐步建成一个以研究、开发、生产生物制品和生物环保设备为主的、集科工贸于一体的环保产业实体，以适应防治污染、保护环境的需要。省环保局责成科林中心，山西大学责成其科研处筹建"山西省环境保护生物工程有限公司"。公司的主要任务是研究利用生物资源和生物工程技术，开发、生产生物环保设备和生物环保制品，科林中心出资50万元，山西大学光合细菌研究室提供有关环境保护的现有技术，双方各占股份50%，山西大学光合细菌研究室提供的有关环保的现有技术包括：1. 应用生物技术净化高浓度有机废水，同时生产单细胞蛋白的技术。2. 含NO_x、SO_2废气的净化技术。3. 应用生物技术处理工业有机废弃物的技术。4. 无污染废旧塑料转化汽油、柴油的设备技术。公司成立前由山西大学投入的技术产权仍属山西大学；公司成立后共同

开发的成果属公司所有,其他产权及利益分配双方各占50%。省环保局保证在科研开发、生产性实验、推广给予扶持和帮助,并保证生产性实验的实施和完成;山西大学保证对技术开发项目的顺利实施给予支持和帮助,并为研究和试验提供方便,保证工作人员及时到位。

合同签订后,双方开始派人着手成立公司及技术合作开发项目。因资金问题,公司一直未能成立。同年4月27日,科林中心在太原市三营盘城市信用社开立了由双方共同掌握的账户,科林中心注入资金5万元。同年7月26日,科林中心租用太原市南郊生产资料公司仓库作为双方进行试验的基地。协议约定由山西大学提供的SO_2废气净化技术,因距离形成工业化生产的差距较大,山西大学于1995年向山西省科学技术委员会申请了该研究课题。协议约定由山西大学提供的利用无污染废旧塑料转化汽油、柴油的技术,双方投入大量的财力、物力进行研制,制作出几台生产燃油的设备,售后用以作为成立公司的投资,因为技术不成熟,用户全部提出退货、索赔。1994年5月,双方在大同糖厂对山西大学提供的"应用生物技术净化高浓度有机废水,同时生产单细胞蛋白的技术"进行了应用性实验。大同糖厂于1996年7月和9月给省环保局和山西省轻工总会的报告以及诉讼中大同糖厂的证明,说明三方的合作情况。该项实验付出相当的人、财、物力后,未获成功。

协议约定由山西大学提供的是"应用生物技术处理工业有机废弃物的技术",双方实际进行的是用农业有机废弃物为原料生产光合细菌菌肥和饲料添加剂的实验。1994年12月,山西大学编写的《光合细菌菌肥研制及其应用技术报告》的内容中涉及双方合作组建公司,以及共同开发应用生物技术处理工、农业有机废弃物技术。该报告载明,试验用的菌剂为9株光合菌,产品质量为10亿/ml,以及实验工艺路线。从1994年10月开始,双方在山西大学实验室实验成果的基础上进行以农业有机废弃物为原料生产光合菌剂产品的工业化生产技术的实验。为此,科林中心向山西省工业设备安装公司定做了厌氧产酸装置的三相分离器,向光华玻璃有限公司定做了玻璃钢箱体。双方还与太原工业大学的有关专家教授共同研究讨论了试验装置的技术问题,绘制出可行性实验装置图纸,并记录了大量实验数据。1995年8月,双方参加了由省环保局在山西省文水县主持召开的工业化生产的光合菌菌肥在大田试验的现场会。同年7月至8月间,山西省稷山县环保公司到双方在太原市北营的试验基地现场考察,并在该基地就光合菌菌肥的生产技术进行学习培训。同年11月,双方与山西利宏工程机械设备有限公司洽谈建厂方案,订购生产光合菌菌肥产品的成套设备。同年10月,以科林中心名义向山西省技术监督局申报了《科林复合生物菌剂制品加工设备》和《科林复合生物菌剂制品的报告》。前者为科林中心合作人员起草,后者为山西大学合作人员起草。报告载明,生产菌肥为10株菌种,饲料添加剂为12株菌种,有效光合菌数为≥50亿/ml,比山西大学原来报告的数据有所提高。双方在光合菌菌肥开发实验中,研制出两套设备。一是"培养光合细菌菌液的装备",山西大学于1995年11月25日向中国专利局申请了该设备实用新型专利,1996年7月26日被授予专利权,专利号为ZL95224674.0。该专利所载明的设计人有5人,其中山西大学合作人员3人,科林中心合作人员两人。二是"厌氧产酸装置",山西大学于1996年2月2日将该装置向中国专利局申请实用新型专利,1997年1月11日被授予专利权,专利号为ZL96204014.2。该专利所载明的设计人全部是山西大学人员,专利说明书的附图系科林中心参加合作人员绘制。该装置的整体结构与山西大学原实验室的实验装置不同。上述两项实用新型专利系工业化生产光合菌菌肥工艺中不可缺少的装置。双方在合作期间还进行了利用光合菌生产抗癌类药的研制。1995年5月,双方邀请山西华医皮肤性病研究所胡景夫医生参与研究。同年8月,科林中心出资成立了"科林环境保护技术中心生物医学研究所";同年10月,双方在太原市南海街开设利用该药物的专科门诊,并通过电视台向社会传播。在此期间,双方就该药物的研制应用等问题派人共同走访了山西省卫生厅厅长,由省卫生厅长给双方讲解了有关药物的研究方法和审批程序,此后,双方各自进行了一系列临床实验。双方在整个合作期间共召开了3次例会,参加人员有双方领导及合作人员。会上讨论了公司的成立、光合菌菌肥研制及药物研制的技术与组织等问题。合作期间,科林中心共投入各类资金1 600 932.93元,用于双方的各项课题的研究开发及材料、资料、差旅、补助、房租等开支,其中经山西大学合作人员签名的各种单据共计76 836.64元。1996年3月26日,山西大学科研处给科林中心去函,表明双方的协议早已自行中止,所有山西大学的技术不得扩散。同日,科林中心给山西大学领导去函,要求澄清双方分歧。同年5月和6月,科林中心继续致函山西大学,要求解决双方停止合作后的事宜,山西大学未予回复。同年8月,科林中心得知山西大学把利用光合菌生产菌肥和抗癌类药两项生产技术以550万元的价款转让给山西华博实业有限公司(简称"华博公司")后,遂酿成纠纷。科林中心以山西大学侵犯其技术成果权为由,向一审法院提起诉讼,请求判令山西大学转让光合细菌菌肥和光合细菌抗癌类药技术的行为无效;山西大学单方申请的ZL95224674.0和96204014.2两项实用新型专利为科林中心和山西大学共同所有,同时对设计人按实际情况更改;赔偿因侵权造成的经济损失;山西大学承担本案的全部诉讼费用。山西大学亦以科林中心侵犯其技术成果权、名誉权等为由,提起反诉,请求判令科林中心停止生产、销售复合生物菌剂及设备,并赔偿由此给反诉人造成的经济损失;销毁科林中心所篡改的(94)晋鉴字431号《科学技术成果鉴定证书》及由此所伪造的有关通知、产品说明书等文件,并消除由此给反诉人名誉、名称造成的不良影响,由科林中心承担全部诉讼费用。

一审判理和结果

一审法院经审理认为:科林中心与山西大学签订的合作协议有效。合作之后双方未按合同的约定成立公司,但仍进行了约两年的技术合作开发,属合作形式的变更,应及时变更合同有关条款,对此,双方均有责任。本案讼争的两项技术生产光合菌菌肥和光合细菌抗癌类药虽未具体写明在合同中,但未超出合同约定的"研究利用生物资源和生物工程技术,开发、生产生物环保设备和生物环保制品"的总任务范畴。该两项技术通过双方合作研究开发,其工艺设备和外观结构以及生产规模、产品质量都明显不同于山西大学原实验室的小试,故该两项被转让的技术属双方共同所有;生产光合菌菌肥所需的已获得实用新型专利的两项设备"培养光合细菌菌液的装置"和"厌氧产酸装置",属于转让技术中的组成部分,亦应属双方共同所有;转让所获的权益应按合同约定由双方分享。故此,山西大学反诉所称对方侵权、请求赔偿的理由不予支持。该院依照《技术合同法》第27条、第30条、第32条,《技术合同法实施条例》第15条,《最高人民法院关于审理科技纠纷案件的若干问题的规定》第14条、第27条、第48条和《民事诉讼法》第138条之规定,判决如下:一、转让给山西华博实业有限公司的利用光合菌生产菌肥和抗癌类药两项技术属原、被告双方共同所有,山西大学自判决生效之日起15日内支付科林中心所得转让费550万元的50%,即275万元;二、专利号为ZL95224674.0的"培养光合细菌菌液的装置"和专利号为ZL96204014.2的"厌氧产酸装置"两项实用新型专利技术属原、被告双方共同所有;三、驳回山西大学的诉讼请求。

上诉与答辩

山西大学和科林中心均不服上述判决,分别提起上诉。山西大学上诉称:科林中心不具有本案作为原告的合适的诉讼主体资格;一审判决认定事实不清,适用法律不当。为此,请求判决科林中心停止对山西大学的侵权行为,并公开赔礼道歉;判决科林中心承担一、二审的全部诉讼费用。科林中心上诉称:一审判决山西大学转让给山西华博实业有限公司的利用光合菌生产菌肥和抗癌类药两项技术以及两项实用新型专利属原、被告双方共同所有,并支付上诉人技术转让费275万元;驳回山西大学的诉讼请求,是正确的,应予维持。但应改判、增判两点:1.判令山西大学支付上诉人合作开发成本费22.25万元;开发"无污染废旧塑料转化汽油、柴油的设备技术"的损失费100万元;"应用生物技术处理高浓度有机废水同时生产单细胞蛋白技术"中间试验失败风险费23万元,以及利息损失。2.将ZL95224674.0实用新型专利的设计人更改为左耀大、魏永杰、刘继彪、宁长满、王兴义、李慧、张伟明;将ZL96204014.2实用新型专利的设计人更改为魏永杰、刘继彪、宁长满、左耀太、张伟明、王兴义、李慧。双方对对方的上诉均未提出书面答辩意见。省环保局未作书面答辩。

二审审理查明

二审法院经审理查明:一审法院认定山西大学与科林中心在利用农业有机废弃物为原料生产光合细菌菌肥和饲料添加剂等项目上进行了合作开发研究,并研制出工业化生产光合细菌菌肥工艺及"培养光合细菌菌液的装置"和"厌氧产酸装置"两项实用新型专利技术成果的事实基本属实。

另查明:1996年4月24日,山西大学与案外人华博公司签订了《光合细菌菌肥和光合细菌抗癌类药技术转让合同书》,约定:山西大学将光合细菌菌肥技术和光合细菌抗癌类药中间技术转让给华博公司,华博公司享有该两项技术成果的独家生产、经营权,华博公司支付光合细菌菌肥技术使用费250万元,支付光合细菌抗癌类药技术使用费300万元,两项合计550万元。其中,光合细菌菌肥的具体技术内容包括:(1)利用农业有机废弃物生产光合细菌菌肥的工艺技术;(2)利用农业有机废弃物生产光合细菌菌肥的设备,即"培养光合细菌菌液的装置"和"厌氧产酸装置"两项专利;(3)光合细菌菌肥在农牧业上应用的现有技术。合同签订后,光合细菌菌肥技术部分已得到履行,华博公司支付使用费200万元。有关光合细菌抗癌类药技术部分没有履行。

还查明:1997年1月17日,科林中心在向山西省吕梁地区文峪河水利管理局出售生产光合细菌菌肥成套设备的同时,亦将光合细菌菌肥技术许可给该局使用,合同价款为13万元；同年4月29日、5月1日和1998年4月，科林中心又以同样的形式，将该项技术许可给山西省太原市第二锅炉辅料厂、山西祁县科技生物菌剂开发基地和山西省五台山复合菌剂厂使用，合同价款分别为22万元、18万元和23万元。上述许可行为，均未获得山西大学同意。科林中心伪造1994年12月20日山西省科学技术委员会（94）晋科鉴字"光合细菌（PSB）菌肥研制及其应用"《科学技术成果鉴定证书》，将山西大学独家完成的该项成果改为山西大学和科林中心共同完成。省环保局1995年8月16日制作的晋环产字（95）249号和250号两份文件对上述鉴定成果的完成单位亦有类似的表述，省环保局虽收回了上述两份文件，但仍有部分文件被科林中心私自拿走，并在其制作的《复合生物菌剂使用说明书》中写有上述两份文件的文号进行宣传。科林中心还在其制作的《复合生物菌剂（Ⅰ~Ⅳ）使用说明书》和复合生物菌剂（Ⅳ~Ⅴ）使用说明书》中，写有"监制：山西大学光合细菌研究室"字样；在另一份《复合生物菌剂使用说明书》中，写有"监测：山西大学科技处"字样。

　　二审判理和结果

　　二审法院认为：科林中心虽然不是山西大学与省环保局签订的《合作开发环境保护生物工程技术的协议》的一方当事人，但是，科林中心与山西大学在利用光合细菌生产菌肥项目上却进行了事实上的合作开发，双方存在着事实上的合作开发法律关系。因此，科林中心与本案有直接的利害关系，具有诉讼主体资格。山西大学以科林中心不是本案协议的当事人，协议因约定的公司未成立而自行终止，山西大学与科林中心之间不存在任何形式的法律关系为由，认为科林中心在本案中不具有诉讼主体资格的上诉理由，不能成立。经对科林中心提供的有关合作期间的光合细菌菌肥生产工艺流程及光合反应器、厌氧罐两项设备的图纸与山西大学合作前单方完成的光合细菌菌肥工艺技术和光合反应器实物、厌氧产酸装置图纸进行比较，前者与后者在工艺步骤、设备结构和部分关键部件方面均有明显不同，而科林中心提供的两项设备图纸与双方停止合作后山西大学单方申请专利的光合反应器和厌氧产酸装置的技术方案相比，二者则基本相同；科林中心提供的光合细菌生产工艺流程与山西大学转让给案外人华博公司的光合细菌菌肥工艺技术相比，亦基本相同，且山西大学转让给华博公司的生产光合细菌菌肥的设备就是上述两项专利。因此一审法院认定山西大学转让给华博公司的光合细菌菌肥工艺技术和光合反应器、厌氧产酸装置两项专利为双方合作期间所共同完成的成果，并判决上述技术成果为双方共同所有正确。关于光合细菌抗癌类药中间技术成果问题，由于科林中心提供不出有关该项中间技术成果的确切内容，也提供不出有关双方在该项目上进行合作开发的直接证据，因此，一审法院认定科林中心与山西大学在光合细菌抗癌类药项目上进行了合作开发，并判决由此所产生的中间技术成果归双方共同所有，证据不足。山西大学在未征得科林中心同意的情况下，单方将双方合作研制的光合细菌菌肥工艺技术和两项实用新型专利转让给华博公司独占使用，侵犯了科林中心的技术成果权，山西大学对此应当承担相应的侵权民事责任。科林中心在山西大学致函要求其不得将山西大学的技术向外扩散和转让的情况下，仍以销售成套设备的形式，将双方合作研制的光合细菌菌肥工艺技术许可给山西省五台山复合菌剂厂等多家企业使用，且未征得山西大学的同意，侵犯了山西大学的技术成果权，科林中心对此亦应承担相应的侵权民事责任。鉴于科林中心和山西大学互有侵犯对方光合细菌菌肥技术成果权的行为，故双方给对方造成的经济损失可相互抵消，互不支付。科林中心伪造（94）晋科鉴字431号《科学技术成果鉴定证书》，将由山西大学独家完成的"光合细菌（PSB）菌肥研制及其应用"，伪称为由山西大学和科林中心共同完成，并借省环保局已收回的两份文件，在其生产的复合生物菌剂的使用说明书中公开宣传。科林中心还在未经山西大学授权的情况下，即在由其单方生产的复合生物菌剂的使用说明书中，写有"山西大学光合细菌研究室""山西大学科技处""监制""监测"字样，因此，科林中心的上述行为构成对山西大学名称权、名誉权的侵犯，科林中心对此应承担相应的民事责任。科林中心在一审起诉时只主张山西大学赔偿其因侵权所造成的经济损失，并没有主张山西大学赔偿其因双方在合作开发过程中所造成的经济损失。科林中心的委托代理人虽然在其补充代理词中提出过这样的请求，但其系一般代理，无权代为科林中心提出增加诉讼请求，且该请求系在一审法庭辩论结束后提出的，因此，科林中心主张山西大学赔偿其因双方在合作开发过程中所造成的经济损失145.25万元及其利息的上诉请求超出了本案的审理范围，二审法院不予审理，科林中心对此可另行起诉。科林中心主张变更ZL95224674.0和ZL96204014.2两项专利的设计人问题，由于科林中心未经设计人的授权，故其对此无权提起诉讼。一审判决认定的部分事实不清，适用法律不当，二审法院依照《技术合同法》第32条第（2）项，《技术合同法实施条例》第50条，《民法通则》第99条第2款、第101条、第118条以及《民事诉讼法》第153条第1款第（1）、（2）、（3）项之规定，判决如下：一、维持山西省高级人民法院（1996）晋经二初字第18号民事判决主文第二项。二、撤销山西省高级人民法院（1996）晋经二初字第18号民事判决第三项。三、变更山西省高级人民法院（1996）晋经二初字第18号民事判决第一项为：山西大学转让给山西华博实业有限公司的光合细菌菌肥工艺技术属于山西大学和科林中心双方共同所有。四、科林中心立即停止在其生产的复合生物菌剂的产品说明书中使用（95）晋环产字249号和250号两文件号和"监制：山西大学光合细菌研究室""监测：山西大学科技处"字样进行产品宣传，消除已印制的产品说明书中的上述字样，销毁已伪造的《科学技术成果鉴定证书》，并在山西省省级报纸上公开向山西大学赔礼道歉，内容须经二审法院审核。五、驳回科林中心上诉。

法官述评

本案属于因当事人违反技术合作开发合同引发的纠纷，涉及履行技术合作开发合同所完成的技术成果的归属这一法律问题，其裁判也揭示了此类案件的审理规律。

一、履行技术合作开发合同所完成的技术成果的归属

此问题涉及当事人切身利益，是技术合作开发合同当事人最为关心的问题，也是审理此类案件的难点问题。对此问题的裁判应当依据当时施行的《技术合同法》及其实施条例等进行。我国《技术合同法》第32条规定："履行技术开发合同所完成的技术成果的归属和分享原则是：……（三）委托开发或者合作开发所完成的非专利技术成果的使用权、转让权以及利益的分配办法，由当事人在合同中约定。合同没有约定的，当事人

均有使用和转让的权利。但是，委托开发的研究开发方不得在向委托方交付研究开发成果之前，将研究开发成果转让给第三方。"我国《技术合同法实施条例》第50条规定："委托开发或者合作开发的技术成果，根据《技术合同法》第32条的规定或者合同约定专利权或者非专利技术成果使用权和转让权为当事人共有的，共有人应当约定利益分配办法。共有人没有约定的，任何一方均有实施专利、使用非专利技术成果的权利，由此所获得的利益归实施、使用方。但一方转让技术必须征得另一方或者其他各方的同意，由此所获得的利益由各方等额分享。"

本案中，科林中心和山西大学在合同中本来是约定共同开发的技术成果属双方共同成立的公司所有，虽然约定的公司没有成立，但双方仍进行了合作开发，对共同开发完成的技术成果应归双方共同所有。

二、技术合作开发合同及侵权纠纷案件的审理规律

根据本案的裁判过程可知，审理好此类案件需要把握好如下关键环节：查清合作开发前已有的技术成果；固定当事人主张权利的履行技术开发合同所完成的技术成果，对此应当由主张权利者承担举证责任；将当事人主张权利的履行技术开发合同所完成的技术成果与合作开发前已有的技术成果进行对比，进一步确定履行技术开发合同所完成的技术成果；根据合同约定或者法律规定确定履行技术开发合同所完成的技术成果的归属。

本案中，科林中心请求判令山西大学转让光合细菌菌肥和光合细菌抗癌类药技术的行为无效，山西大学单方申请的ZL95224674.0和96204014.2两项实用新型专利为科林中心和山西大学共同所有。根据该诉讼请求，科林中心实际上是主张光合细菌菌肥、光合细菌抗癌类药两项技术和上述两项实用新型专利属于其与山西大学合作开发的共同技术成果。作为技术成果权利主张者，科林中心应当对合作开发的技术成果承担举证责任，不仅要明确技术成果的内容，证明该技术成果不同于开发前的已有技术成果，还要证明该技术成果是合作开发形成的，即其参与了合作开发。这是审理技术合作开发合同及技术成果侵权案件的一般规律。

对于光合细菌菌肥技术和两项实用新型专利，科林中心能够证明上述成果与山西大学合作前单方完成的成果不同，而与山西大学转让给华博公司的光合细菌菌肥的技术和设备基本相同，其也参加了上述成果的开发，因此，应当认定上述成果是合作开发成果，为科林中心与山西大学共有。一审法院对此的认定是正确的。

对于光合细菌抗癌类药技术，一审法院虽然查明科林中心与山西大学在合作期间进行了利用光合菌生产抗癌类药的研制活动，但科林中心无法提供有关该药物技术成果的确切内容，因此，在无法确定光合菌生产抗癌类药技术成果存在的情况下，一审法院认定科林中心与山西大学在光合细菌抗癌类药项目上进行了合作开发，并判决由此所产生的中间技术成果归双方共同所有，证据不足。二审法院对此予以纠正是正确的。

（二审合议庭成员：蒋志培　董天平　王永昌

编写人：最高人民法院知识产权审判庭　王永昌　郎贵梅）

21. 山东省泰安市郊区福利化工厂与武汉化工学院技术转让合同纠纷案

阅读提示：技术转让合同一方违约，另一方能否行使合同解除权？合同解除后，损害赔偿是否由违约方承担？

裁判要旨

违约行为是否构成根本违约，需要考虑特定违约行为对履行整个合同的重要性方面来分析，使订立合同目的落空或者不可期待的违约行为可以形成解除权。

因另一方违反合同受到损失的当事人，应当及时采取适当措施防止损失的扩大；没有及时采取适当措施致使损失扩大的，无权就扩大的损失要求赔偿。

案 号

一审：山东省高级人民法院（1996）鲁法经初字第74号民事判决
二审：最高人民法院（1999）知终字第20号

案情与裁判

原告（反诉被告、二审被上诉人）：山东省泰安市郊区福利化工厂（简称"泰安福利化工厂"）
被告（反诉原告、二审上诉人）：武汉化工学院

起诉与答辩

泰安福利化工厂诉称：1995年3月9日，其与武汉化工学院签订了技术转让合同。按照武汉化工学院技术负责人陈芬儿的安排，自同年5月开始土建工程，8月竣工，总造价约86万元。同年5月开始购置设备，进行设备安装，11月设备安装完毕，总造价330余万元。同年10月开始试生产，1996年1月16日由陈芬儿主持了投产剪彩。后经多次投料生产，至今未能生产出合同规定的产品，致使480余万元的厂房、设备闲置，经济损失达560万余元。请求法院判令依法解除合同，赔偿经济损失1 045余万元，承担本案的全部诉讼费。

武汉化工学院反诉称：双方签订的技术转让协议约定，武汉化工学院向泰安福利化工厂提供dL-萘普生技术。但在协议履行进入到试产阶段时，泰安福利化工厂却单方解除合同，致使该协议无法继续执行，泰安福利化工厂的违约行为不仅使武汉化工学院无法获得转让费，而且造成人力、物力等方面的损失，致使武汉化工学院其他转让项目无法进行，经济损失达2万余元。请求法院判令泰安福利化工厂赔偿其经济损失、支付

转让费18万元及滞纳金、诉讼费,并要求继续履行该技术转让协议。

一审审理查明

1995年3月9日,泰安福利化工厂与武汉化工学院签订了《关于dL-萘普生转让协议》一份。协议约定泰安福利化工厂的责任为:1. 支付转让费25万元,合同盖章生效后支付7万元,小试验证后支付7万元,余款待连续生产三批合格产品后付清。2. 不得转让给其他厂家生产。武汉化工学院的责任为:1. 提供dL-萘普生全套技术(包括工艺流程、设备一览表,中间体及成品分析和标准)。2. 原料成本小试在160元/kg以下,生产原料成本在200元/kg以下。3. 产品收率60%以上,产品质量:含量97%~99%,白色粉末,mp151℃以上。4. 指导和试生产设备调试。5. 不得转让第二家。6. 试生产未达到第3条规定,用其他一个产品代替进行。协议签订后,泰安福利化工厂向武汉化工学院支付了第一期转让费7万元。同年4月,武汉化工学院向泰安福利化工厂提交了一套dL-萘普生工艺方框流程草图及设备一览表等技术资料。泰安福利化工厂在泰安化工学校老师的帮助下,依据此方框流程草图绘制了3张工艺流程图纸,该图中无控制点,无物料衡算表,设备一览表内容不齐全,且多处画×涂改,但与武汉化工学院提交的有关资料相符。武汉化工学院陈芬儿教授于同年5月31日在第二张图纸上签了名。泰安福利化工厂在没有正规设计及施工审批手续的情况下,据此购置设备并请当地施工队实施土建工程及旧厂房改造工程。同时派出张学军等三人去武汉化工学院做小试验证。在陈芬儿教授指导下,做了4批试验均未成功。同年7月,武汉化工学院提出改用第二套工艺至同年底在武汉化工学院技术人员张珩、杨建设等人现场指导下,安装设备建成100吨/年规模生产装置车间。1996年1月,武汉化工学院派陈芬儿、张珩、杨建设等人到现场指导设备的调试,并两次投料试车未生产出合同约定的产品。同年2月下旬,在陈芬儿、冯秀美的指导下,进行粗品精制,也未生产出合同约定的产品。经双方协商,泰安福利化工厂再派石立果、林森等四人去武汉做小试。同年3月至5月,在武汉化工学院由陈芬儿指导,用3种方法做了12批次试验,均未成功。同年5月,武汉化工学院再派张珩、杨建设到泰安现场指导粗品精制仍未成功。同年7月上、中旬,武汉化工学院的张珩、万江凌在泰安福利化工厂与该厂的林森等人又进行了3次小试验,均未达到合同要求的标准。同年7月下旬至8月初,武汉化工学院派张珩、万江凌等人组织再次投料试生产,其产品经泰安福利化工厂送样山东省分析测试中心检验,结论为核磁谱图与主化合物结构相一致,但杂峰较多,产品不合格,并建议改进工艺。由于多次试产未能生产出合格产品,泰安福利化工厂遂向一审法院起诉,请求判令依法解除合同,武汉化工学院赔偿经济损失1 045万元,承担本案全部诉讼费。

一审法院审理过程中,曾委托山东省基本化工产品质量监督检验站对武汉化工学院转让的dL-萘普生小试技术做了鉴定,结论为:1. 武汉化工学院所提供的两套dL-萘普生小试工艺成果未经有关部门鉴定。2. 萘普生合成新工艺和dL-萘普生合成新工艺均为小试成果。3. 经技术转让所建成的100吨/年dL-萘普生生产装置,没有经过相应资格的化工设计单位设计,也未经设计单位审查认可,属无设计建设工程项目。4. 开车技术条件不足,没有相应的生产操作规程,缺少原材料、中间产物和产成品技术标准等必要的技术文件,化验室没有建立主含量、鉴别试验等重要技术指标检验手段,不能为控制生产全过程提供可靠技术依据。5. 由于缺乏必要的操作规程和重要的原材料、中间产物和产成品技术指标,只依靠武汉方口头指导。原材料、中间产物和产成品只做熔点和外观测验,重要技术指标不做检验,随意性和盲目性较大。综上原因,技术转让实施过程中建设的 100 吨/年 dL-萘普生生产装置,在建成后 7 个多月的时间,经过多次试车、调整试车没有生产出质量合格产品,达不到合同约定的产品收率 60%以上,原材料成本 200 元/kg 以下的技术经济指标。

一审法院审理过程中,还曾委托山东省光大审计师事务所对泰安福利化工厂因技术转让所投入的资金等费用进行了审计和评估,其结果为:dL-萘普生项目总投资额为 4 392 377.39 元,投资用款应计利息 1 382 848.18 元(利息计算至 1998 年 11 月 30 日),两项合计 5 775 225.57 元。该项目所购机器设备和新建、改建厂房现值为 1 566 968.39 元。泰安福利化工厂还提交了贷款银行计算的 1998 年 12 月 1 日至 1999 年 7 月 20 日止的同期银行贷款利息 245 176.99 元(按月利率 4.875‰上浮 50%计算)。

上述事实有双方签订的技术转让协议,泰安福利化工厂支付的部分技术转让费凭证,武汉化工学院指导下共 15 次小试验证记录、在泰安福利化工厂 3 次投料试生产、2 次粗品精制记录,山东省分析测试中心送样检测结论、山东省基本化工产品质量监督检验站的技术鉴定报告,山东省光大审计师事务所对 dL-萘普生技术转让项目的审计和评估报告,双方提交的技术资料、图纸等相关证据及法庭庭审笔录等证据佐证。

一审判理和结果

一审法院经审理认为:武汉化工学院与泰安福利化工厂签订的 dL-萘普生技术转让协议是双方当事人真实意思表示,且协议的内容不违反法律规定,虽协议条款不够完备,但主要条款如转让的技术名称、内容、标准等以及双方权利义务规定明确,该协议合法有效。在技术协议的履行中,武汉化工学院交付给泰安福利化工厂的技术资料不完备,如技术鉴定中所指出的"萘普生合成新工艺"和"dL-萘普生合成新工艺"是两个小试工艺文件,不是中试生产技术成果,同时没有提供与生产装置相符合的工艺操作规程、缺少物料衡算和三废治理方案,没有原材料规格及检验标准,没有提供该产品的标准,设备一览表内容不完整等等,致使 15 次小试验证均达不到合同要求,试生产未出合格产品,最终原因是其转让的技术工艺不够成熟。因此,武汉化工学院因提供的技术不够成熟,导致泰安福利化工厂新建和改建的萘普生产品装置闲置及原材料浪费等经济损失,负主要赔偿责任。武汉化工学院称合同不能继续履行的责任在泰安福利化工厂的理由不能成立,其反诉请求该院不予采纳。泰安福利化工厂在收到武汉化工学院提交的技术资料后,未按国家有关规定委托设计部门进行正规设计或者将自己绘制的图纸经有关部门审核认可,致使有关技术方面的缺陷未及时发现,盲目实施新车间和旧厂房改造工程,对造成的经济损失也有一定责任。武汉化工学院的技术人员未对泰安方的做法进行正确指导,反而派员参与设备的安装、调试,应对技术转让及试生产负主要责任。该院依照原《技术合同法》第 39 条第(1)项、第(2)项、第 40 条第(1)项及原《技术合同法实施条例》第 32 条、第 74 条、第 75 条第 1 款、第 76 条第 3 款的规定,判决:一、原告泰安福利化工厂与被告武汉化工学院签订的 dL-萘普生转让协议予以解除;二、被告武汉化工学院赔偿原告泰安福利化工厂经济损失 2 672 060.50 元;三、原告泰安福利化工厂自负经济损失1 781 373.67元。案件受理费62 260元,泰安福利化工厂负担38 199元,武汉化工学院负担24 061元。反诉费5 510元由武汉化工学院负担。财产保全费52 250元,泰安福利化工厂负担31350元,武汉化工学院负担20 900元。技术鉴定费2万元由武汉化工学院负担。审计评估费10万元,泰安福利化工厂负担4万元,武汉化工学院负担6万元。

上诉和答辩

武汉化工学院不服上述判决,上诉称:1. 一审赖以判决的基础和核心证据《技术鉴定报告》不具有证据的合法性、客观性和关联性。鉴定主体无技术鉴定资格;鉴定报告的依据和结论无化工理论基础支撑;鉴定对象错误。因此,该技术鉴定报告无证据效力,不能采信。上诉人的技术早已于1995年7月20日通过了江苏省医药管理局主持的技术鉴定,并列为省重点科技项目,进行了20t/年规模中试和工业化生产,其可靠、成熟性不容置疑。2. 原判在事实认定上与客观真相相违背。原判认定"武汉化工学院提出改用第二套工艺",而事实是被上诉人出于自身条件的限制主动提出来的;原判认定"在武汉化工学院由陈芬儿指导,用3种方法做了12批次试验,均未成功",也与事实不符。所谓的12批次试验根本不是进行萘普生工艺的验证实验,而是因为被上诉人人员化工知识贫乏,为了加强其人员的技术承受能力而进行的化工知识、基本操作技能的技术岗位培训;原判认定"林森等人进行了3次小试验,均未达到合同要求的标准",而事实是前2次均已得出合乎要求的试验结果。3. 被上诉人未依照国家有关规范进行项目审批、规划、立项等必经程序,盲目上马,其过错明显,理应承担相应责任。4. 根据协议第2条第(6)项约定,上诉人承担违约责任的方式是用其他产品替代原产品;根据协议第1条第(1)项约定,被上诉人负有对所转让的技术进行小试验证的义务,被上诉人未经小试验证即进行设备投资、安装并强行生产,其造成的损失应全部由被上诉人承担。而一审法院判令上诉人承担赔偿责任,显属错误。5. 一审所引用的山东省光大审计师事务所作出的财务鉴定报告不具有权威性和准确性,应重新审计。为此,上诉人请求二审法院对本案所涉技术问题进行重新鉴定,并依法改判。泰安福利化工厂答辩称:1. 从合同约定的内容看,上诉人所转让的技术应该是连续生产出3批合格的产品,并不仅仅是提供实用、可靠的技术。2. 山东省基本化工产品质量监督检验站是经批准取得资质的化工专业技术监督检验单位,两位鉴定人是多年从事化工技术研究的高级工程专业技术人员,应具备技术鉴定资格。3. 技术鉴定报告是在收集大量证据,并到现场实地勘察的基础上作出的,其内容是符合实际和客观公正的。4. 一审认定被上诉人"对造成的经济损失也有一定责任"是错误的,应由上诉人对本案纠纷负全部责任。综上,上诉人的上诉理由没有事实依据,应依法予以驳回;一审判决的部分错误应依法予以改判。

二审审理查明

二审法院查明,一审法院认定的事实基本属实。

另查明:武汉化工学院在一、二审均提交了编号为苏药徐鉴字(95)6号萘普生《项目鉴定验收证书》,以证明其转让的dL-萘普生小试工艺技术系成熟、可靠的技术。经查实,萘普生"项目验收鉴定证书"是由江苏省医药管理局对案外人徐州第三制药厂和武汉化工学院完成的萘普生20吨/年中试技术组织鉴定验收而制作的。该证书记载的萘普生技术的研究过程为:"我厂(指徐州第三制药厂)于90年初开始立项进行(萘普生)新工艺的研究,1992年与武汉化工学院联合开发,当年5月进行小试工艺交接,1994年该项目被列为省重点科技项目,并进行20吨/年规模的中试,1995年2月完成,总收率(以β-萘酚计)55.6%。"证书载明的有关双方对该项目的贡献为:徐州第三制药厂:完成小试工艺改进,工业化试验等;武汉化工学院:完成小试工艺。这表明武汉化工学院1992年5月提供给徐州第三制药厂的萘普生小试工艺技术尚不是成熟、可靠的小试技术。而武汉化工学院称其按合同提供给泰安福利化工厂的dL-萘普生技术资料《萘普生合成新工艺》,其载明的时间则是1992年4月,正是改进前的萘普生小试技术。

还查明:1996年3月11日至同年5月1日,在陈芬儿指导下,泰安福利化工厂派该厂职工石立果、林森等四人到武汉化工学院就第二套dL-萘普生工艺技术进行了12批次试验。其中,3月11日至3月14日进行的4个批次试验采用的是"重排法",试验出的产品外观为微黄色固体,其他项目未检测。3月24日至3月26日进行的3个批次试验采用的是"缩合醛肟合成法",没有做出结果。4月10日至5月1日进行的5个批次试验采用的是"PPB-产品法",试验结果分别为:4月10日,试验出的产品外观为白色粉末,熔点150℃~156℃,收率35.9%;4月16日:试验出的产品外观为微黄色固体,熔点153℃~155℃,收率46.49%;4月20日,试验出的产品外观为微黄色固体,熔点141℃~144℃,收率46.49%;4月24日,试验出的产品外观为咖啡色固体,熔点135℃~144℃,收率65.0%;5月21日,试验出的产品外观为咖啡色固体,熔点150℃~152℃,收率21.2%。5个批次的产品含量均未检测。1996年7月8日至同年7月19日,武汉化工学院派张珩、万江凌到泰安福利化工厂就dL-萘普生工艺技术进行3次小试验,结果分别为:7月8日,试验出的产品外观为浅白色固体,熔点156℃~157.5℃,收率22.7%;7月11日,试验出的产品外观为白色固体,熔点156℃~158℃,收率47.7%;7月19日,试验出的产品外观为灰色固体,熔点154℃~157℃,收率28.4%。3次试验的产品含量均未检测。3次试验结果表明,所生产出来的dL-萘普生产品,其外观、收率等项技术指标均达不到合同约定的要求。

二审判理和结果

二审法院经审理认为,从武汉化工学院与泰安福利化工厂签订的《dL-萘普生转让协议》第1条第(1)项和第2条第(2)项的约定看,武汉化工学院所转让的dL-萘普生技术尚属于小试技术。武汉化工学院的主要义务是:提供dL-萘普生全套技术;小试和试生产要达到合同约定的经济技术指标;试生产未达到合同约定的经济技术指标,用其他一个产品代替进行。但是,从查明的事实看,武汉化工学院交付给泰安福利化工厂的dL-萘普生技术资料并不完备;该项技术经过数次小试验证均没有达到合同约定的要求;武汉化工学院也没有用其他产品予以替代。因此,本案无需通过技术鉴定,即能认定武汉化工学院的违约责任,武汉化工学院要求二审法院对所争议的技术进行重新鉴定的主张,二审法院不予采纳。武汉化工学院以萘普生合成新工艺已通过江苏省医药管理局组织的鉴定验收来证明其转让给泰安福利化工厂的dL-萘普生技术是成熟、可靠的技术，而蔡普生《项目鉴定验收证书》恰恰证明其转让给泰安福利化工厂的dL-萘普生技术是未经改进的小试技术。武汉化工学院称1996年3月11日至同年5月1日在武汉化工学院所做的12批次试验不是小试验证，而是为泰安福利化工厂培训人员，但无论是小试验证还是培训人员，试验结果均表明所进行的12批次试验是不成功的。武汉化工学院称1996年7月8日至同年7月19日在泰安福利化工厂所做的3次小试验，其中前2次的试验结果已达到合同约定的标准，但却没有提供相应的证据证明。相反，泰安福利化工厂提供的证据表明，3次试验的结果均不符合合同要求。武汉化工学院还称改用第二套工艺是由泰安福利化工厂提出的，而不是武汉化工学院提出的，但却没有提供证据证明，而改用第二套工艺无论是由谁提出的，均不能免除武汉化工学院依约提供dL-萘普生技术并使所生产的产品达到合同约定的经济技术指标的责任。一审委托山东省光大审计师事务所所作的《鉴证报告》，程序合法，内容真实，并经当庭质证，一审采信该《鉴证报告》并无不当，武汉化工学院要求对本案重新进行审计的理由不充分，二审法院不予采纳。根据一审法院委托山东省光大审计师事务所所作的审计结果，泰安福利化工厂投资该项目造成实际损失为4 208 257.18元，加上贷款银行计算的1998年12月1日至1999年7月20日期间的贷款利息245 176.99元，合计损失为4 453 434.17元。由于武汉化工学院在对所转让的技术没有完成小试验证的情况下，即指导泰安福利化工厂购置、安装、调试设备，盲目试生产；同样，泰安福利化工厂在小试验证没有完成且没有正规设计及施工审批手续的情况下，即购置设备，并请当地施工队实施土建工程，因此，双方对造成这一损失均负有同等的责任，应各半承担损失。武汉化工学院关于泰安福利化工厂未依照国家有关规范进行项目审批、规划、立项等必经程序即盲目实施，应承担相应责任的上诉理由成立。但是，武汉化工学院以此为由，主张不承担本案的任何赔偿责任，并由泰安福利化工厂自负因未经小试验证而投产所造成的全部损失，理由不足。一审法院虽对泰安福利化工厂由于自己的过错造成本案损失的扩大作了认定，但判决武汉化工学院与泰安福利化工厂按六四比例分担本案损失有失公平。综上，一审判决认定事实清楚，适用法律基本正确，但对损失分担部分的处理应予适当调整。上诉人的部分上诉理由成立，二审法院予以支持。二审法院依据原《技术合同法》第17条、第24条第（1）项、第40条第（1）项，《技术合同法实施条例》第32条，以及《民事诉讼法》第153条第1款第（1）项、第（2）项之规定，判决：一、维持山东省高级人民法院（1996）鲁经初字第74号民事判决主文第一项；二、撤销山东省高级人民法院（1996）鲁经初字民事判决主文第二、三项，以及一审案件受理费、财产保全费、审计评估费负担部分；三、武汉化工学院赔偿泰安福利化工厂经济损失2 226 717.08元，自判决生效之日起10日内付清。其余损失，由泰安福利化工厂自负。本案一审本诉案件受理费62 260元，由武汉化工学院负担20 056元，泰安福利化工厂负担42 204元；财产保全费52 250元，由武汉化工学院负担15 611元，泰安福利化工厂负担36 639元；技术鉴定费2万元，由武汉化工学院负担；审计评估费10万元，由武汉化工学院和泰安福利化工厂各负担5万元；本案一审反诉案件受理费5 510元由武汉化工学院负担。本案二审案件受理费62 260元，由武汉化工学院负担20 056元，泰安福利化工厂负担42 204元。

📝 法官评述

在《合同法》（1999年3月15日全国人大通过并公布的《合同法》）颁布之前，对于合同解除的条件在《技术合同法》《经济合同法》和《涉外经济合同法》中均有涉及。《技术合同法》第24条规定："发生下列情况之一，致使技术合同的履行成为不必要或者不可能的，当事人一方有权通知另一方解除合同：（1）另一方违反合同；（2）作为技术开发合同标的技术已经由他人公开。也就是说当事人一方违约使合同履行成为不必要，或者当事人一方违约使合同不能履行，一方当事人就可以行使解除权。"这些情形实际上是指使合同目的落空或者不可期待。违约行为只有在构成根本违约的情况下，才能依法解除合同。如果只是部分不能实现，或者部分违约，当事人一方是不享有解除权的。根本违约的法律本意在于严格限定解除权的行使，限制一方当事人在对方违约以后滥用解除合同的权利。本案中，武汉化工学院交付给泰安福利化工厂的dL-萘普生技术资料并不完备、该项技术经过数次小试验证均没有达到合同约定的要求、武汉化工学院也没有用其他产品予以替代。因此，无需通过技术鉴定，即能认定武汉化工学院的违约责任。由于武汉化工学院违反合同约定，致使双方签订的技术合同无法履行，根据原《技术合同法》第24条的规定，一审法院依法解除了双方签订的技术协议。

合同的解除是合同权利义务终止的主要情形之一。特别是在技术合同履行过程中，当事人往往会因为履约瑕疵或者违约行为而提出解除合同，从合同法的立法精神看，应当尽可能维持合同的效力，促使当事人依约履行合同，实现技术交易的目的，但也要保证当事人在不能实现合同目的时能够及时地行使解除权，尽快稳定交易关系。《合同法》第94条规定了当事人可以解除合同的5种具体情形，除了第（1）项是因不可抗力、第（5）项是兜底外，其他（2）～（4）项是针对违约行为而言，即在履行期限届满之前，当事人一方明确表示或者以自己的行为表明不履行主要债务；当事人一方迟延履行主要债务，经催告后在合理期限内仍未履行；当事人一方迟延履行债务或者有其他违约行为致使不能实现合同目的。这些允许解除合同的情形都是指违约行为造成合同目的的落空或不可期待。需要说明的一点是，与原《技术合同法》及其实施条例对技术合同法定解除权行使条件的规定相比，《合同法》第94条第（3）项中，在程序上增加了催告的要求，在期限上限定为是合理期限内。2005年1月1日起施行的《最高人民法院关于审理技术合同纠纷案件适用法律若干问题的解释》第15条中，对因迟延履行技术合同主要债务而行使技术合同解除权时的催告期限已经明确规定为是30日。对专利申请权转让合同中，当事人以专利申请被驳回或者被视为撤回的事实为由请求解除合同的，该解释第23条明确规定，如果该事实发生在专利申请权依法登记之前的，法院应当予以支持。

武汉化工学院作为技术转让方，未能履行《dL-萘普生转让协议》中约定的"小试和试生产要达到合同约定的经济技术指标""试生产未达到合同约定的经济指标，用其他一个产品代替进行"义务，因此应当对由此产生的损失承担赔偿责任。泰安福利化工厂由于武汉化工学院违反合同受到损失，其应当及时采取适当措施防止损失的扩大。因没有及时采取适当措施致使损失扩大的，无权就扩大的损失要求赔偿。根据查明的事实,泰安福利化工厂由于自己的过错造成了本案损失的扩大,一审虽然对此作了认定,但对双方当事人赔偿责任的分担比例有失公平。二审对损失分担部分予以了适当调整,体现了公平原则。

(二审合议庭成员:王永昌　段立红　邻中林
编写人:最高人民法院知识产权审判庭　王永昌　罗　霞)

22. 赵士英诉河南中原特殊钢集团有限责任公司、鞍钢集团新钢铁有限责任公司等侵犯专利权纠纷管辖权异议案

> 阅读提示：原告能否以专利方法使用者和依专利方法直接获得产品的使用者为共同被告，向依专利方法直接获得产品的使用地人民法院提起专利侵权诉讼？

裁判要旨

原告以专利方法使用者和依专利方法直接获得产品的使用者为共同被告起诉的，其选择提起诉讼的依专利方法直接获得产品的使用地人民法院有管辖权，其中，若专利方法使用者与作为管辖联接点的依专利方法直接获得产品的使用者无直接的法律关系，则其不能作为共同被告。

案 号

一审：内蒙古自治区高级人民法院（2005）内民三初字第 1 号
二审：最高人民法院（2005）民三终字第 7 号

案情与裁判

原告（二审被上诉人）：赵士英
被告（二审上诉人）：河南中原特殊钢集团有限责任公司（简称"中原特殊钢公司"）
被告：鞍钢集团新钢铁有限责任公司（简称"鞍钢公司"）
被告：包头钢铁（集团）有限责任公司（简称"包钢公司"）
被告：天津钢管集团有限公司（简称"天钢公司"）

原告赵士英向内蒙古高级人民法院起诉中原特殊钢公司、鞍钢公司、包钢公司、天钢公司专利侵权纠纷后，中原特殊钢公司在提交答辩状期间对管辖权提出异议，认为内蒙古自治区高级人民法院对本案没有管辖权，请求将该案移送河南郑州市中级人民法院审理。中原特殊钢公司系专利方法的被控使用者，鞍钢公司、包钢公司、天钢公司均系依据专利方法直接获得的产品的被控使用者。

一审判理和结果

内蒙古高级人民法院认为：依据《最高人民法院关于审理专利纠纷案件适用法律问题的若干规定》第 5 条的规定，因侵犯专利权行为提起的诉讼由侵权行为地或者被告住所地法院管辖。侵权行为地包括依照专利方法直接获得的产品的使用地。包钢公司作为依专利方法直接获得产品的被控使用者，其侵权行为地在包头市，故内蒙古自治区高级

人民法院对该案具有管辖权。裁定驳回中原特殊钢公司提出的管辖权异议。

上诉与答辩

中原特殊钢公司不服，提出上诉称：1. 虽然包钢公司位于内蒙古自治区境内，但其系依专利方法直接获得产品的被控使用者。而《最高人民法院关于审理专利纠纷案件适用法律问题的若干规定》第6条仅规定，可在销售地同时起诉制造者和销售者，并未规定可同时起诉专利方法使用者和依专利方法直接获得产品的使用者，赵士英向内蒙古自治区高级人民法院起诉，于法无据。2. 本案系方法专利侵权纠纷，被控方法使用地位于河南省，由河南省有管辖权的法院审理，有利于及时查清案件事实，提高审判效率。因此，内蒙古自治区高级人民法院对本案没有管辖权，请求二审法院撤销原裁定，将本案移送郑州市中级人民法院。

赵士英答辩称：1. 包头市是依专利方法直接获得产品的被控使用地，属于侵权行为地之一。根据《民事诉讼法》第29条的规定，因侵权行为提起的诉讼，由侵权行为地或者被告住所地法院管辖。包钢公司是本案原审被告之一，又是依专利方法直接获得产品的被控使用者之一，其位于内蒙古自治区高级人民法院辖区内，故内蒙古自治区高级人民法院有管辖权。2. 根据《民事诉讼法》第22条第3款的规定，同一诉讼的几个被告住所地、经常居住地在两个以上法院辖区的，各法院都有管辖权。原告选择其中一个被告住所地法院提起诉讼，是原告的选择权利。3.《最高人民法院关于审理专利纠纷案件适用法律问题的若干规定》第6条规定的是原告以制造者和销售者为共同被告提起诉讼时，制造地和销售地法院都有管辖权，与《民事诉讼法》第22条关于多个被告住所地的规定并不矛盾。4. 中原特殊钢公司关于本案由河南省的法院审理有利于案件调查的主张，不属于内蒙古自治区高级人民法院不具有管辖权的法定理由。据此认为，中原特殊钢公司的管辖权异议不能成立，请求二审法院维持原裁定。

原审被告鞍钢公司、原审被告包钢公司答辩称：同意中原特殊钢公司的上诉理由，请求二审法院撤销原裁定，将本案移送郑州市中级人民法院。原审被告天钢公司未进行答辩。

二审判理和结果

最高人民法院认为：因包钢公司被控使用依专利方法直接获得的产品，系直接源于中原特殊钢公司被控使用的专利方法，中原特殊钢公司的被控行为是否构成侵权，是包钢公司的被控行为是否构成侵权的重要条件，故两者的被控侵权行为具有密切联系，应当合并审理。因此，原告以专利方法使用者和依专利方法直接获得产品的使用者为被告起诉的，其选择提起诉讼的依专利方法直接获得产品的使用地人民法院有管辖权。原审被告包钢公司系依专利方法直接获得产品的被控使用者，其住所地位于内蒙古自治区高级人民法院辖区内，故内蒙古自治区高级人民法院对赵士英起诉中原特殊钢公司、包钢公司的该方法专利侵权诉讼有管辖权。

因鞍钢公司、天钢公司与包钢公司均无直接的法律关系，且赵士英并未举证证明鞍钢公司、天钢公司与中原特殊钢公司、包钢公司在主观上有共同侵权的过错，故鞍钢公司、天钢公司不应成为内蒙古自治区高级人民法院所受理的该方法专利侵权诉讼的被告，但赵士英可以依法向有管辖权的法院另行起诉。

综上，中原特殊钢公司所提的管辖权异议不能成立，内蒙古自治区高级人民法院对赵士英诉中原特殊钢公司、包钢公司的该方法专利侵权诉讼有管辖权，鞍钢公司、天钢公司不应成为该诉讼的被告。鉴于鞍钢公司等在二审中就管辖问题提出抗辩，故本院一并处理。依照《民事诉讼法》第153条第1款第（1）项、第154条和《最高人民法院关于适用〈中华人民共和国民事诉讼法〉若干问题的意见》第186条之规定，裁定驳回上诉，维持原裁定；驳回赵士英对鞍钢公司、天钢公司的起诉。

法官评述

本案涉及的焦点问题在于，原告能否以专利方法被控使用者和依专利方法直接获得产品的被控使用者为共同被告，向依专利方法直接获得产品的被控使用者所在地法院提起专利侵权诉讼。

根据《民事诉讼法》第53条的规定，构成共同诉讼的关键在于诉讼标的是共同或者同一种类，其中，诉讼标的的共同一般是实体法上具有共同的权利义务。实践中，有些知识产权侵权纠纷有可能突破普通民事案件中的横向"共同"关系，而表现为纵向的"源头与支流"关系。如在专利侵权诉讼中被控侵权产品的制造者是"源头"，分销产品的各个销售者就是"支流"，在各平行销售者之间通常不存在直接的交易关系，但在实体民事责任的承担中存在可能共同承担侵权责任的问题。制造者和销售者之间具有同一事实上或者法律上的原因就属于民事诉讼法所指的共同的诉讼标的，因此，专利产品的制造者和销售者可以被列为共同被告。

本案专利权人赵士英起诉的4个被告中，中原特殊钢公司是专利方法的被控使用者，鞍钢公司、包钢公司、天钢公司都是依据专利方法直接获得的产品的被控使用者。四被告之间是方法专利产品的使用者和方法专利的制造者关系，不是侵权产品制造者和销售者，所以不能援引《最高人民法院关于审理专利纠纷案件适用法律问题的若干规定》第6条的规定，但是可以参照此条的精神。第6条明确了侵权产品的销售地法院是否可以管辖专利权人针对被控侵权人实施的制造行为提起侵权诉讼的问题，规定原告仅对侵权产品制造者提起诉讼，未起诉销售者，侵权产品制造地与销售地不一致的，制造地人民法院有管辖权，同时，如果专利权人以制造者和销售者为共同被告起诉的，销售地人民法院有管辖权。此条强调了如果专利权人在侵权产品销售地起诉制造者而不起诉销售者，不能以侵权产品销售地是制造者实施侵权行为的结果地确定管辖。这样规定的原因是考虑到销售行为的结果与制造者的制造行为之间并不一定存在直接的因果关系，因为民事诉讼法规定的侵权结果是与专利权人所指控的侵权人实施的侵权行为有直接的因果关系。

实践中，制造者与销售者之间存在一对多的关系，每个销售者和制造者都是共同诉讼，在制造地可以起诉销售商，专利权人即可以在制造地所在法院将制造者和多个销售者作为共同被告提起侵权之诉，但不可以在一个销售者所在地将其他平行销售者作为共同被告提起侵权之诉。需要注意的是，之所以构成共同，根本原因在于多个销售者与制造者之间存在源头和支流的因果关系，如果销售者在不同的法院管辖地，能否成为共同诉讼的关键在于是否有共同的诉讼标的，销售者作为共同诉讼的被告必须是和制造者的法院地有联系。专利侵权不同于一般的侵权行为，共同诉讼中的诉讼标的不是实物而是争议的法律关系，只要是当事人都参与了一个侵权行为，且有共同故意或者共同过失，均可作为共同诉讼，当然，把共同过失也作为构成共同被告的前提条件有利于案件审理工作的开展。如果争议的诉讼标的不是共同的，不能作为共同诉讼。分属于不同法院管辖地的销售者在没有共同意思连接的情况下，不能将各个异地销售者作为共同被告起诉，如果是制造、总经销、分销、零售一条龙，存在共同过错，可以作为共同被告起诉。

  本案包钢公司被控使用依专利方法直接获得的产品，是直接源于中原特殊钢公司被控使用的专利方法，两者在被控侵权行为上属于因果关系，被控使用专利方法的行为类似于被控侵权的产品制造行为，而被控使用依专利方法直接获得产品的行为则类似于被控侵权的产品销售行为。因此，原告依照专利方法使用者和依专利方法直接获得产品的使用者作为被告起诉的，依专利方法直接获得产品的使用地人民法院有管辖权。而其他两被告因与作为管辖联接点的包钢公司无直接的法律关系而不能作为共同被告。

  本案鞍钢公司、天钢公司系依专利方法直接获得的产品的被控使用者，没有证据证明与包钢公司及中原特殊钢公司在主观上有共同侵权的过错，不属于在内蒙高院审理的本案方法专利侵权诉讼的被告。在制造地将主观上无意思连接的异地使用者的侵权行为进行合并审理也不利于当事人参加诉讼。

  本案另一问题在于鞍钢公司、包钢公司虽在一审中未提出管辖权异议，但在二审中就管辖权异议进行了抗辩。二审法院出于节约程序、提高审判效率、减少当事人诉累的考虑，驳回中原特殊钢公司上诉、维持一审法院裁定的同时，驳回了赵士英对鞍钢公司、天钢公司的起诉。这种处理结果既节约司法资源和司法成本，又有利于纠纷的及时高效解决，具有新意。

（二审合议庭成员：王永昌　邰中林　李　剑
编写人：最高人民法院知识产权审判庭　罗　霞）

23. （日本）本田技研工业株式会社、东风本田汽车（武汉）有限公司诉河北新凯汽车制造有限公司、高碑店新凯汽车制造有限公司、北京鑫升百利汽车贸易有限公司侵犯外观设计专利权纠纷管辖权异议案

阅读提示：在管辖权异议审理中是否需要对作为确定管辖依据的证据进行实质审查？

裁判要旨

对案件管辖的确定，在受理立案中法院仅进行初步审查，有关证据只要在形式上符合法律规定，即可依法决定受理。但在案件受理后被告依法提出管辖权异议时，受理该案的法院应当就确定案件管辖权的事实依据和法律依据进行全面审查，包括对有关证据的审查认定。

案 号

一审：北京市高级人民法院（2004）高民初字第1472号
二审：最高人民法院（2005）民三终字第2号

案情与裁判

原告（二审被上诉人）：（日本）本田技研工业株式会社
原告（二审被上诉人）：东风本田汽车（武汉）有限公司
被告（二审上诉人）：河北新凯汽车制造有限公司
被告（二审上诉人）：高碑店新凯汽车制造有限公司
被告：北京鑫升百利汽车贸易有限公司

一审情况

北京市高级人民法院受理（日本）本田技研工业株式会社、东风本田汽车（武汉）有限公司诉河北新凯汽车制造有限公司、高碑店新凯汽车制造有限公司、北京鑫升百利汽车贸易有限公司侵犯外观设计专利权纠纷一案后，被告河北新凯汽车制造有限公司、高碑店新凯汽车制造有限公司在提交答辩状期间对管辖权提出异议，认为其住所地在河北省，按照有关法律规定，因侵犯专利权提起的诉讼，应由侵权行为地或者被告住所地人民法院管辖，所以本案的管辖权应当属于河北省人民法院，由北京市高级人民法院受理本案不妥。

北京市高级人民法院经审查认为，因侵犯专利权行为提起的诉讼，由侵权行为地或

者被告住所地人民法院管辖。对产品专利而言，未经专利权人许可，制造、使用、许诺销售、销售、进口专利产品等行为的实施地即侵权结果发生地。按照《最高人民法院关于审理专利纠纷案件适用法律问题的若干规定》第6条第1款规定，原告以制造者与销售者为共同被告起诉的，销售地人民法院有管辖权。本案中，原告诉称北京鑫升百利汽车贸易有限公司销售了被控侵权产品，其侵权行为地及住所地均在北京市，故选择该被告所在地人民法院起诉符合有关法律及司法解释的规定。因此，本院对本案有管辖权。综上，河北新凯汽车制造有限公司、高碑店新凯汽车制造有限公司的管辖权异议理由不能成立，本院不予支持。北京市高级人民法院依照《民事诉讼法》第29条、第38条的规定，于2005年1月20日裁定如下：驳回河北新凯汽车制造有限公司、高碑店新凯汽车制造有限公司对本案管辖权提出的异议。

上诉与答辩

河北新凯汽车制造有限公司、高碑店新凯汽车制造有限公司不服上述一审裁定，提起共同上诉称：1. 对一审裁定关于北京鑫升百利汽车贸易有限公司销售被控侵权产品的说法，被上诉人未举证，也未经质证。2. 一审裁定对上诉人在管辖异议中提出的专利纠纷第一审案件由中级人民法院管辖而不能由高级人民法院管辖的理由未予答复；且北京市高级人民法院关于一审知识产权民事案件级别管辖的有关规定违法，与《最高人民法院关于审理专利纠纷案件适用法律问题的若干规定》第2条的规定相悖。3. 上诉人已就涉案4个专利向国家知识产权局专利复审委员会提出无效宣告请求并被受理，上诉人也已向一审法院提出中止审理的申请，请求二审法院在本案审理中一并予以考虑。

两被上诉人共同答辩称：1. 一审被告北京鑫升百利汽车贸易有限公司销售了被控侵权产品，北京市法院对本案有管辖权，被上诉人对此在一审举证期限内已经提交了经过公证的有关证据；因管辖权异议依法应在答辩期内提出，而答辩期在举证期限内质证程序之前，对管辖权异议的裁定不可能依据已经质证的证据材料作出。2. 北京市高级人民法院有关一审知识产权民事案件级别管辖的规定系依据民事诉讼法及其司法解释的规定而制定，其中规定，争议金额1亿元以上的知识产权案件由高级人民法院管辖。据此，北京市高级人民法院对本案有管辖权。3. 上诉人无权要求在本案二审中审查其向一审法院提出的中止审理的请求。4. 上诉人无正当理由而提出管辖权异议并且曲解法律又就管辖权异议裁定提起上诉，意在拖延本案审理程序。

一审被告北京鑫升百利汽车贸易有限公司未就本案提出意见。

二审审理查明

最高人民法院经审理查明：一审法院于2004年11月30日在向两上诉人送达原告起诉状的同时，已将两被上诉人起诉时提交的16份证据一并送达，其中证据7（北京市公证处（2004）京证经字第05752号《公证书》）和证据8（北京市公证处（2004）京证经字第05753号《公证书》）用于证明北京鑫升百利汽车贸易有限公司销售了被控侵权产品，即厂牌型号为HXK6491E的汽车。二审中，两上诉人认可其已收到上述证据，但以公证人员未出庭为由，拒绝发表进一步的质证意见。

另查明：两上诉人在一审提交答辩状期间对本案管辖权提出共同异议，理由如下：1. 被控侵权产品即型号为HXK6491E的汽车系由河北新凯汽车制造有限公司制造，该公司住所地在河北省,依据有关司法解释,本案应由河北省石家庄市中级人民法院管辖。2.依据司法解释的有关规定,专利纠纷第一审案件由中级人民法院管辖,北京市高级人民法院受理本案不妥。上诉人在管辖权异议中未涉及北京鑫升百利汽车贸易有限公司是否系本案被控侵权产品销售者的问题。

二审判理和结果

最高人民法院认为:

(一)关于确定本案地域管辖权的依据,即北京鑫升百利汽车贸易有限公司是否系本案被控侵权产品的销售者

对案件管辖的确定,在受理立案中法院仅进行初步审查,有关证据只要在形式上符合法律规定,即可依法决定受理。但在案件受理后被告依法提出管辖权异议时,受理该案的法院应当就确定案件管辖权的事实依据和法律依据进行全面审查,包括对有关证据的审查认定。

本案北京鑫升百利汽车贸易有限公司是否系被控侵权产品的销售者,涉及确定一审法院对本案有无地域管辖权的事实依据问题。一审法院未对有关证据召集当事人进行审查核对,有所不妥。但是,在被告并未将此作为其管辖权异议所依据的事实和理由的情况下,一审法院仅针对其异议所依据的事实和理由作出裁定,尚不属实质错误。

在二审期间,本院曾召集双方当事人就此事实进行调查,两上诉人一方面以公证人员未出庭为由,拒绝对两被上诉人提交的证明北京鑫升百利汽车贸易有限公司系本案被控侵权产品销售者的公证文书发表进一步质证意见;另一方面又明确表示对此没有任何证据可以提交。两上诉人对有关公证文书不予认可的理由并不充分,也缺乏法律依据,应当视为其放弃对该证据进行进一步质证的权利。依据《民事诉讼法》第67条、《最高人民法院关于民事诉讼证据的若干规定》第9条第1款第(6)项和第2款之规定,在当事人没有相反证据足以推翻公证证明的情况下,人民法院即将经过法定程序公证证明的事实作为认定案件事实的证据。

因此,本院认定被上诉人所举公证文书可以证明北京鑫升百利汽车贸易有限公司系本案被控侵权产品的销售者。依据《最高人民法院关于审理专利纠纷案件适用法律问题的若干规定》第6条关于"以制造者和销售者为共同被告起诉的,销售地人民法院有管辖权"的规定,作为被控侵权产品销售者所在地,北京市有关法院对本案具有地域管辖权。两上诉人的前述上诉理由虽然部分成立,但尚不足以改变对本案的地域管辖。两被上诉人关于对管辖权异议的裁定不可能依据已经质证的证据材料而作出的答辩意见,亦不成立,也不影响本院对本案管辖的确定。

(二)关于北京市高级人民法院对本案行使级别管辖权是否违法

《最高人民法院关于审理专利纠纷案件适用法律问题的若干规定》第2条规定:"专利纠纷第一审案件,由各省、自治区、直辖市人民政府所在地的中级人民法院和最高人民法院指定的中级人民法院管辖。"本条规定的本意在于专利纠纷案件的最低审级应当是这些指定的中级人民法院,并未排除高级人民法院依法行使一审专利纠纷案件管辖权。北京市高级人民法院于2002年12月17日制定的《关于北京市各级人民法院受理第一审知识产权民事纠纷案件级别管辖的规定》中规定,争议金额1亿元以上的知识产

权民事纠纷案件（含涉外纠纷案件）由高级人民法院管辖。该规定内容符合民事诉讼法及本院司法解释的有关规定，可以作为确定本案级别管辖的依据。本案原告起诉请求的赔偿额为1亿元人民币，北京市高级人民法院对本案具有级别管辖权。两上诉人关于高级人民法院不能管辖第一审专利纠纷案件和北京市高级人民法院制定的关于一审知识产权民事案件级别管辖的有关规定违法的上诉理由均不能成立。但一审法院对两上诉人的此管辖权异议理由未作评判，亦有所缺憾。

（三）关于是否应当考虑两上诉人所提中止诉讼的请求

管辖权的确定是法院处理案件其他程序问题和所有实体问题的前提，只有在管辖权异议问题解决之后，审理法院才需要审查决定是否应当中止诉讼等诸问题。作为处理管辖权异议的上诉案件，中止诉讼问题不属于本案的审理范围，本院对此不予审查。

另外，对两被上诉人所提两上诉人以无理的管辖权异议拖延本案审理程序的意见，由于两上诉人系依法行使诉讼权利，也与本案的审理无关，本院亦不予支持。

综上，上诉人的主要上诉理由不成立。本院依照《民事诉讼法》第153条第1款第（1）项和第154条之规定，于2005年6月28日裁定如下：驳回上诉，维持原裁定。

法官评述

本案的裁判涉及一个重要的程序问题，即法院如何对管辖权异议进行审查。

《民事诉讼法》第38条规定："人民法院受理案件后，当事人对管辖权有异议的，应当在提交答辩状期间提出。人民法院对当事人提出的异议，应当进行审查。异议成立的，裁定将案件移送有管辖权的法院，异议不成立的，裁定驳回。"该规定确定的管辖权异议制度是民事诉讼中一项重要制度，它与人民法院审判权的依法行使和当事人诉讼权利的保护有着密切的联系，在启动案件实体审判前的程序审理中，具有举足轻重的地位。

《民事诉讼法》第38条虽然规定人民法院对管辖权异议应当进行审查，但对于如何审查未作具体规定。因此，对于审判实践如何审查管辖权异议，一直存在争议。主要观点有三种：一是对管辖权异议应当进行形式审查，理由在于，对管辖权异议的审查是一项程序性审查，尚没有进入实体审理，如果在对管辖权异议进行实体审查，就会造成诉讼程序的非法超越，在事实已经查清、证据已经充分认定的情况下，就可以直接进行实体裁判了，这显然有违程序的公正；二是对管辖权异议应当进行实体审查，其理由是，这样能够确保法院有管辖权，有利于审判的稳定和公正；三是应以形式审查为主、实质审查为辅，其理由是，对程序性问题进行审查时当然以形式为主，但为保证法院依法行使对案件的管辖权和审判权，以及保证诉讼的顺利进行，有必要辅之以一定的实体审查。

本案裁判认为，在当事人提出管辖权异议的情况下，法院应当就确定案件管辖权的事实依据和法律依据进行全面审查，包括对有关证据的审查认定。之所以作出这一认定，主要是考虑以下几个方面的问题：1.确定管辖必须要有事实依据，因此，作为确定管辖所以举的证据应当也是真实可靠的。在被告对作为确定管辖依据的证据的真实性提出异议的情况下,应当通过开庭质证或者询问当事人等方式,确认有关证据地真实性。2. 虽然管辖权属于程序性问题,但程序公正是实体公正的前提,程序不公则会引起当事人对实体不公的合理怀疑。而且,并没有法律规定说对程序性问题只能进行形式审查,不能进行实体审查。3. 对确定案件管辖权的事实依据和法律依据进行全面审查后得出结论,有助于说服当事人接受人民法院对案件管辖权的确定,从而保证诉讼的顺利进行。4. 这并不是要对案件整体涉及的所有实体问题进行审查,所以不存在前述观点提到的非法超越诉讼程序以至可以直接进行实体裁判的问题。需要说明的是,对有关证据的审查认定,需要当事人的参与,原告应当向法院提供确定管辖权的有关证据,管辖权异议提出者有权针对有关证据发表意见,既包括提交书面意见,也包括双方当事人到法庭就管辖权确定的事实依据和法律依据进行言辞辩论。

本案中,从起诉状的送达情况来看,原告起诉时提供了证明被告北京鑫升百利汽车贸易有限公司销售被控侵权产品的证据材料,一审法院也向被告送达了上述证据材料。河北新凯汽车制造有限公司、高碑店新凯汽车制造有限公司提出管辖权异议后,一审法院没有对有关证据进行开庭质证或者其他形式的审查认定,而是直接以被告北京鑫升百利汽车贸易有限公司属于销售者、司法解释规定销售者法院有管辖权为由裁定驳回。一审法院的这种做法欠妥。二审法院则是对原告主张的据以确定管辖权的事实开庭进行了调查,并对原告提供的证明被告北京鑫升百利汽车贸易有限公司销售被控侵权产品的证据材料进行了审查认定,在此基础上认定一审法院对本案具有管辖权。二审法院在管辖权异议审查中的做法更能增加管辖权确定的可靠性和说理性,有助于诉讼程序的正确和顺利进行。这一做法有其值得一审法院在处理管辖权异议时予以采用。

需要强调的是,审判实践中,有一些当事人滥用管辖权异议制度,以达到拖延诉讼的目的。即便一审法院对管辖权异议的审查采取如本案二审法院的做法,有的当事人也仍然会针对驳回裁定提起上诉。对于这个问题的解决,只能寄希望于改革现行管辖权异议制度来解决,比如,可以考虑赋予人民法院对滥用管辖权制度者以民事制裁权、建立无正当理由提出管辖权异议者承担对方当事人由此增加的诉讼费用等规则。

(二审合议庭成员:王永昌 郐中林 李 剑
编写人:最高人民法院知识产权审判庭 郐中林 郎贵梅)

24. 哈罗·斯特瑞特有限公司诉武汉银鲨休闲用品有限公司、百盛商业发展有限公司等侵犯商标专用权及不正当竞争纠纷案

阅读提示：当对涉外案件当事人名称的理解出现歧义，导致对诉讼主体资格产生争议时，应如何认定？对基于他人许可，在同一种或者类似商品上使用他人注册商标的行为是否构成侵犯商标专用权，应如何判定许可是否有效？

裁判要旨

对涉外案件当事人的名称，可依其中文译本来确定，进而认定其是否具有诉讼主体资格。判定基于他人许可在同一种或者类似商品上使用他人注册商标的行为是否构成侵犯商标专用权时，应着重审查许可是否成立、被控侵权行为是否超出了有效许可的范围。

案 号

一审：北京市高级人民法院（2002）高民初字第 665 号
二审：最高人民法院（2005）民三终字第 1 号

案情与裁判

原告（二审被上诉人）：哈罗·斯特瑞特有限公司
被告（二审上诉人）：武汉银鲨休闲用品有限公司（简称"武汉银鲨公司"）
被告（二审上诉人）：百盛商业发展有限公司（简称"百盛公司"）
被告（二审上诉人）：北京市西单商场股份有限公司（简称"西单商场公司"）
被告：（香港）富文国际投资有限公司（简称"富文公司"）
被告：中艺华联股份有限公司（简称"中艺华联公司"）

起诉与答辩

原告诉称：1995 年 8 月 1 日，原告下属哈罗·斯特瑞特（香港）有限公司与富文公司签订商标许可合同，授权富文公司在中国内地地区使用 Maui 和 Sons、Shark 标识，Twister Shark 标识，Sharkman、Maui 和 Sons Kids 以及 Maui 和 Sons 标识商标和商号。合同生效后，富文公司未按合同规定支付商标许可费。1998 年 4 月 29 日，根据许可合同的有关规定，哈罗·斯特瑞特（香港）有限公司发函通知富文公司终止许可合同。但富文公司仍通过中艺华联公司指使武汉银鲨公司在百盛公司和西单商场公司开设专卖店，经营冠以"MAUI and Sons 圆形图形""Maui and Sons"及旋转鲨鱼图形、银

鲨、鲨鱼人等标识的服装、运动用品等商品，其行为已经构成对原告注册商标专用权的侵犯。同时五被告擅自在其经营和销售的商品上使用被控侵权商标的行为已经构成与知名商品特有的名称、包装等的相同或者相近似，因而构成对原告的不正当竞争。请求法院判令：五被告停止经销国际分类第 25 类项下、第 18 类项下、第 28 类项下冠以"Maui and Sons""MAUI and Sons 圆形图形""旋转鲨鱼图形"和"鲨鱼人图形"以及任何与"Maui and Sons""MAUI and Sons 圆形图形""旋转鲨鱼图形"和"鲨鱼人图形"近似的标识的所有商品；停止将其作为商品专柜、店中店和专卖店的名称或者标识；销毁侵权商品上的侵权标识和宣传材料；在全国性报刊上发表声明以消除其商标侵权和不正当竞争给原告带来的不良影响；共同赔偿原告经济损失人民币 1 522.5 万元，承担本案的全部诉讼费用。

被告武汉银鲨公司辩称：1. 原告主体不适格。原告提交的主体资格证明与权利证明上载明的权利主体不一致。法庭在审理本案实体争议之前，应先认定原告的诉讼主体资格。2. 武汉银鲨公司的前身为武汉莫依休闲用品有限公司（简称"武汉莫依公司"），原告指控武汉银鲨公司在北京百盛公司、西单商场公司经营场所开设专卖店销售使用争议商标的商品。原告、被告都认为商标许可授权应于 1998 年 12 月 31 日终止，武汉银鲨公司在该日期之前生产和销售使用争议商标的商品，不构成侵犯商标权，武汉银鲨公司在北京百盛公司、西单商场公司销售的商品，全部是授权有效期之内生产的库存产品。依据争议商标权利人与富文公司签订的商标许可合同，被许可方有权在许可合同中止后的 180 天之内，销售库存合同产品。武汉银鲨公司在北京百盛公司和西单商场公司经营场所销售曾被扣留的商品，没有超过 180 天，不构成对商标专用权的侵犯。关于"不正当竞争行为"，原告没有提出具体的指控，也未举证证明，所以原告指控武汉银鲨公司从事"不正当竞争"不能成立。3. 原告提出 1 500 多万元的"损害赔偿"请求，没有依据。请求法院驳回原告的诉讼请求。

被告富文公司辩称：1. 原告主体不适格。原告提交的主体资格证明与权利证明上载明的权利主体不一致。一审法院在审理本案实体争议之前，有必要先认定原告的诉讼主体资格。2. 原告并未就其指控富文公司的所谓"商标侵权行为"提供证据，也没有对富文公司从事"不正当竞争行为"提出具体的诉请和提供相关证据加以证明。富文公司的行为不构成侵犯商标专用权和不正当竞争。3. 根据最高人民法院（2001）民三终字第 10 号民事裁定对原告陈述的认定，哈罗·斯特瑞特香港公司与富文公司商标许可合同已于 1998 年 12 月 31 日终止，那么本案授权期限的截止日期应该是 1998 年 12 月 31 日。4. 原告主张损害赔偿，缺乏法律依据。

被告中艺华联公司辩称：1. 原告主体不适格。原告提交的主体资格证明与权利证明上载明的权利主体不一致。法庭在审理本案实体争议之前，有必要先认定原告的诉讼主体资格。2. 原告虽指控中艺华联公司的侵权行为是"指使武汉银鲨公司从事商标侵权行为"，但其并未提供证据加以证明。中艺华联公司的所谓"指使"行为不构成侵犯商标专用权，且依照《反不正当竞争法》的相关规定，中艺华联公司也不具有不正当竞争行为。3. 中艺华联公司授权武汉银鲨公司使用争议商标的法律依据是富文公司与争议商标权人签订的商标使用许可合同，以及富文公司依据前述合同对中艺华联公司的授权,并未侵犯争议商标权人的权利。

被告百盛公司辩称:1. 依据北京百盛公司与武汉银鲨公司签订的《联营合同》和《联销合同》,双方建立的只是一种合同型的联营关系,即北京百盛公司向武汉银鲨公司提供销售专柜、代收银服务、配套的经营设施等合作条件并收取相应的报酬,而销售专柜则由武汉银鲨公司自主经营管理,包括争议商品在内的货品进销、售后服务以及产品责任全部由武汉银鲨公司负责和承担,北京百盛公司对争议商品既无所有权、经销权,也无任何其他处置权。所以,北京百盛公司不是争议商品的销售主体,不应承担任何应由销售者承担的销售侵权商品的法律责任。2. 北京百盛公司具有法定免责理由,依法应免除赔偿责任。

被告西单商场公司辩称:1. 原告诉讼主体不合格。原告提交的主体资格证明与权利证明上载明的权利主体不一致。法庭在审理本案实体争议之前,有必要先确定原告的诉讼主体资格是否合格。2. 西单商场公司不存在销售争议商标的商品的行为,原告未对西单商场公司构成"不正当竞争"提出具体指控,亦未举证证明,西单商场公司不存在不正当竞争行为。3. 西单商场公司不存在明知武汉银鲨公司销售的是争议商标的商品的情形。4. 西单商场公司早已停止了与武汉银鲨公司的专卖厅设置关系,故原告的第1~4项诉讼请求对西单商场公司没有实际意义;原告提出1 500万元的损害赔偿额,但未提交证据支持其主张。

一审审理查明

一审法院经审理查明,原告哈罗·斯特瑞特有限公司于1995年6月1日在塞浦路斯共和国成立。1996年8月28日,哈罗·斯特瑞特有限公司经受让取得了"MAUI and Sons 圆形图形"商标,该商标注册证号为341629,核定使用的商品为第53类游泳衣、T恤衫,后核准转为商品国际分类第25类,有效期自1989年3月10日至1999年3月9日。

此后,原告哈罗·斯特瑞特有限公司又先后在中国内地注册了16个商标,其中包括"MAUI and Sons 圆形图形"商标在国际分类第9、12、18、28类商品上的注册,"maui and sons"商标在国际分类第3、9、12、14类商品上的注册,"鲨鱼人图形"商标在国际分类第3、9、12、42类商品上的注册,"旋转鲨鱼图形"商标在国际分类第25类商品上的注册,"maui and sons"和"MAUI and Sons 圆形图形"的组合商标在国际分类第42类商品上的注册,"MAUI GIRL"商标在国际分类第25类商品上的注册。

1995年8月1日,哈罗·斯特瑞特(香港)有限公司作为许可人与被许可人富文公司签订商标许可合同(并附有商标图样),授权富文公司在中国内地使用Maui和Sons,Shark标识,Twister Shark标识,Sharkman,Maui和Sons Kids以及Maui和Sons标识商标和商号;使用的商品为服装,包括袜子、鞋子、帽子和配件;配件包括手袋、皮革制品、背包、手表、钥匙链、短袜、毛巾、钱包、贴胶标签、招贴、笔和文具;合同有效期自1995年7月1日至1998年12月31日。该合同第3条"许可"中约定:被许可人可以转授许可产品许可证,在未经许可人事先书面同意的情况下,被许可人可以让位于经销区内的独立承包商生产许可产品;许可人授权被许可人使用"Maui和Sons中国有限公司"商号的权利。合同还约定了"保证最低许可费"、许可证费用及支付方式。该合同第29条"权利的转移或转让"中约定：被许可人不得出售、转让或者让与本协议项下的任何权利；被许可人可以在经销区内不征得许可人事先同意而寻求被转授许可人；被许可人不得签订转分销协议，除非被许可人是许可产品的制造者。许可人可以在不征得被许可人事先书面同意的情况下，转让或者让与其在本协议项下的权利或者义务，前提条件是受让人向被许可人同意受本协议条款的制约。该合同为独占实施许可合同。

1995年9月1日，哈罗·斯特瑞特有限公司出具授权书，授权富文公司在1995年8月1日所签特许经营协议项下有关地区享有"MAUI AND SONS"品牌及相关"鲨鱼"标识和注册商标的使用权。使用期限自协议生效起到协议终止或撤销为止。

1996年12月26日，富文公司出具授权书，授权中艺华联公司在中国地区享有"MAUI AND SONS"品牌及相关"鲨鱼"标识的注册商标的生产权和使用权。

1998年4月15日，中艺华联公司出具授权书，授权武汉莫依公司在特许经营合同项下享有北京地区的独家经营权，销售"MAUI AND SONS"品牌系列服饰。授权期限为1998年4月15日至2003年4月14日止或者另行终止为止。

根据原告投诉，西城工商分局于1999年2月2日对北京百盛购物中心销售的带有"MAUI"及图形商标的商品采取行政强制措施予以扣押，扣押服装102件、旱冰鞋5双、帽子15顶，并于2000年2月17日做出《关于查处"MAUI"及图形商标侵权案件的调查报告》，其主要内容为：由于哈罗·斯特瑞特（香港）有限公司与富文公司对"MAUI"及图形商标特许协议认识上的差异和经营中的分歧，哈罗·斯特瑞特（香港）有限公司于1998年4月29日通过（香港）文彬事务所向富文公司发出终止授权的通知，发送地址为武汉市江岸区青岛路7号国际青年大厦。该地址正是中艺华联公司和武汉莫依公司的注册地址，而无"MAUI AND SONS CHINA"公司，因此，哈罗·斯特瑞特（香港）有限公司所终止协议的对象不明确。武汉莫依公司是被中艺华联公司授权，中艺华联公司又是被富文公司授权，武汉莫依公司和中艺华联公司均为被授权公司。在案件调查中，武汉莫依公司、中艺华联公司均未被终止授权，且哈罗·斯特瑞特（香港）有限公司是否向富文公司发出终止授权的通知尚不清楚。由于该取消授权通知对象不明确，因此，该商标侵权案件不成立。2000年3月3日，西城工商分局做出《解除行政强制措施通知书》，将扣押商品发还给武汉莫依公司。

2000年6月2日，武汉莫依公司的企业名称变更为武汉银鲨公司。

2000年7月26日下午，原告代理人先在西单商场公司银鲨专卖柜台购得"MAUI and SONS"标牌女士T恤衫3件、男式T恤衫1件，并现场取得"MAUI and SONS"购物袋和购物发票1张、西单商场公司销货凭证2张，又在百盛公司银鲨专卖柜台购得"MAUI and SONS"标牌女士T恤衫1件、男式T恤衫1件和"MAUI and SONS"及圆形图形标牌女士T恤衫、网球裙各1件，并现场取得"MAUI and SONS"购物袋和购物发票1张。购买过程经北京市公证处公证。在该商品的吊牌上标有"银鲨（中国）有限公司监制，武汉莫依休闲用品有限公司出品"等字样。庭审中，武汉银鲨公司承认银鲨（中国）有限公司与武汉莫依公司是同一家公司。

1998年5月1日至2000年7月1日百盛公司与武汉莫依公司先后签订了5份《联

营合同》或者《联销合同》。上述合同约定的相关内容为：百盛公司为武汉莫依公司提供专柜及商场的有关经营管理条件；武汉莫依公司根据百盛公司要求提供货源及适销的商品，包括授权代理的商品；百盛公司从武汉莫依公司每月销售额中提取29％；武汉莫依公司对其专柜名称及所陈列、销售的商品不得侵犯他人的商标权、专利权、独家代理权等合法权益等负有义务。

2000年3月1日，西单商场公司与武汉莫依公司签订协议书，约定由西单商场公司在商场为武汉莫依公司提供营业用地，由武汉莫依公司提供商品；经营双方所商定的品牌；在专卖厅出售的商品武汉莫依公司必须持有在中国市场销售的有关手续（进口商品必须有商检用税单）并实行三包；还约定了结算形式、月销售计划等。

原审法院另查明，武汉兆丰纺织有限公司申请注册"MAUI AND SONS及图"和鲨鱼图商标。哈罗·斯特瑞特有限公司在异议期内提出异议。1999年12月2日，国家商标局作出裁定认为，被异议商标与异议人商标如此相同或者近似，绝非偶然巧合，被异议人在多个类别抄袭异议人商标，违反了诚实信用原则，是商标法所禁止的。因此，异议人所提异议成立。被异议商标不予注册。

一审判理和结果

一审法院认为，原告所享有的注册商标专用权以其核准注册的商标和核定使用的商品为限，并受我国法律保护。本案中原告指控五被告侵犯其商标专用权的行为发生在《商标法》和《商标法实施细则》第二次修正之前，故本案应适用修正前的《商标法》及其实施细则。

（一）关于原告的诉讼主体资格是否适格。经过公证认证的原告注册文件所示公司名称及商标注册证标明的商标权人均为哈罗·斯特瑞特有限公司，原告的诉讼主体资格是适格的。原告提交的补充证据的出文机构系合伙组织而非官方主管机构，并不影响该证据的形式要件。该补充证据中的英文与中文的内容不一致的问题，根据《民事诉讼法》第240条，"人民法院审理涉外民事案件，应当使用中华人民共和国通用的语言、文字"的规定，对该补充证据中的中文内容予以确认，即认定哈罗·斯特瑞特（欧洲）有限公司与哈罗·斯特瑞特有限公司是同一家公司。

（二）关于原告指控五被告侵犯其注册商标专用权是否成立。第二次修正前的《商标法》第26条规定："商标注册人可以通过签订商标使用许可合同，许可他人使用其注册商标。"从原告提供的哈罗·斯特瑞特（香港）有限公司与富文公司签订的商标许可合同的内容来看，富文公司获得的是独占许可及再授权许可的权利。依据该商标许可合同和哈罗·斯特瑞特有限公司于1995年9月1月出具的授权书以及富文公司于1996年12月26日出具的授权书，富文公司、中艺华联公司在1995年8月1日至1998年12月31日使用争议商标是有合法授权的。但该商标许可合同不能证明中艺华联公司享有再许可的权利，因此，中艺华联公司于1998年4月15日出具的授权书是无效的。武汉银鲨公司在没有得到原告合法授权的情况下，在其生产、销售的服装、运动用品等商品上使用原告的"MAUI and Sons圆形图形"注册商标，其行为已构成对原告所享有的注册商标专用权的侵犯，应承担相应的民事法律责任。中艺华联公司关于其授权武汉银鲨公司使用争议商标的法律依据是富文公司与原告签订的商标使用许可合同以及富文公司依据前述合同对中艺华联公司的授权的主张,缺乏事实和法律依据,不予采信。

依据百盛公司与武汉银鲨公司签订的《联营合同》《联销合同》以及西单商场公司与武汉银鲨公司签订的协议书,百盛公司与武汉银鲨公司之间以及西单商场公司与武汉银鲨公司之间建立的不仅仅是单纯的租赁关系,而是联营或者联销关系。百盛公司和西单商场公司通过上述合同,为武汉银鲨公司提供营业用地和经营管理条件,并由此获得相关经济利益。虽在百盛公司与武汉银鲨公司签订的《联营合同》《联销合同》中明确约定:如销售的商品侵犯他人商标权,由武汉银鲨公司自行承担责任。但上述合同只能约束合同双方当事人,而不能对抗合同之外的第三人。因此,百盛公司和西单商场公司关于其不是使用争议商标的商品的销售主体,不应承担法律责任的主张不能成立。百盛公司、西单商场公司应与武汉银鲨公司一起,对由此给原告造成的经济损失共同承担连带赔偿责任。

(三)原告指控五被告的行为构成不正当竞争是否成立。原告指控被告实施不正当竞争行为的证据与指控被告侵犯其注册商标专用权的证据相同。原告虽主张冠以其注册商标的商品在世界范围内享有较高的声誉和知名度,但并未提交任何证据支持这一主张。因此,原告关于被告的行为违反了《反不正当竞争法》第5条第(2)项的规定,是在利用原告的商标推销自己的商品,因而构成不正当竞争的主张不能成立。此外,根据原告当庭陈述,其指控被告所谓的不正当竞争行为,还涉及富文公司的股东武汉兆丰纺织有限公司"抢注商标的行为"。原告未提交武汉兆丰纺织有限公司是富文公司股东之一的相关证据加以证明;其次,即使武汉兆丰纺织有限公司是富文公司的股东,如果其以自己的名义从事了与其享有股权的公司无关的违法行为,则应由该股东单独承担相应的法律责任,而与富文公司无关。因此,原告对被告富文公司的这一指控亦缺乏事实依据。

综上,原告哈罗·斯特瑞特有限公司指控被告富文公司和中艺华联公司侵犯其注册商标专用权及不正当竞争缺乏事实和法律依据。原告关于被告武汉银鲨公司、百盛公司及西单商场公司侵犯其注册商标专用权的诉讼主张成立,因此,原告要求武汉银鲨公司、百盛公司和西单商场公司承担停止商标侵权、赔偿经济损失的诉讼请求,予以支持,但原告所提赔偿数额过高,且没有足够的证据证明,故不予全额支持。根据上述三被告侵权行为的性质、持续时间、范围、主观过错程度,原告商标的声誉、商标使用许可费的数额等情况,酌情确定本案的赔偿数额。原审法院依照1993年2月22日修正的《商标法》第26条第1款,第37条,第38条第(1)项、第(4)项,《商标法实施细则》第41条第(1)项,《反不正当竞争法》第5条第(2)项,《民事诉讼法》第240条的规定,判决:一、武汉银鲨公司停止其在生产、销售的产品上使用"MAUI and Sons圆形图形"商标;二、百盛公司和西单商场公司停止销售由武汉银鲨公司生产的带有"MAUI and Sons圆形图形"商标的产品;三、武汉银鲨公司、百盛公司和西单商场公司停止使用"MAUI and Sons圆形图形"商标以及任何与"MAUI and Sons圆形图形"相近似的商标作为商品专柜、店中店和专卖店的名称或者标志;四、武汉银鲨公司和百盛公司共同赔偿哈罗·斯特瑞特有限公司经济损失20万元;五、武汉银鲨公司和西单商场公司共同赔偿哈罗·斯特瑞特有限公司经济损失10万元;六、驳回哈罗·斯特瑞特有限公司的其他诉讼请求。案件受理费86135元，由三被告共同负担。

上诉与答辩

武汉银鲨公司、百盛公司、西单商场公司不服原审判决，向最高人民法院提起上诉。

武汉银鲨公司上诉称：1. 原审法院关于被上诉人哈罗·斯特瑞特有限公司主体资格的认定不清。被上诉人向法院提交的公司注册文件及授权委托书表明为哈罗·斯特瑞特（欧洲）有限公司，原审法院却认为是哈罗·斯特瑞特有限公司，属认定错误。被上诉人提交的补充证据由非官方机构出具，且该证据"哈罗·斯特瑞特（欧洲）有限公司和哈罗·斯特瑞特有限公司是同一公司/集团"中英译文不符，不应采信。2. 原审法院对上诉人被授权事实认定不清，适用法律不当。富文公司与中艺华联公司签署《授权协议书》，授权中艺华联公司实施权及转授许可产品的特许权。上诉人曾为实施该许可合同支付巨额对价。被上诉人对此明知且未提出异议。原审法院在当事人未提出相关主张，未对相关事实进行调查的情况下，以上诉人与被上诉人之间不存在直接授权关系而认定上诉人构成侵权，无事实和法律依据。3. 即使侵权成立，上诉人销售商品不过数千元，原审法院适用"定额赔偿"数额过高。被上诉人滥用诉权，应承担诉讼费用。

百盛公司上诉称：1. 依据百盛公司与武汉银鲨公司签订的合同，双方建立的是租赁性质的联营关系，百盛公司不是实际的销售者，原审法院认定事实有误。2. 百盛公司不是争议商品的生产者，所销售的争议商品具有合法的来源，并能说明提供者。不知道所争议的商品是侵权商品的，根据新修改的《商标法》的规定不应承担赔偿责任。3. 原审法院判决赔偿的金额缺乏证据和法律支持，在有证据证明销售的争议商品数量和价值的情况下，适用"定额赔偿"判决百盛公司承担20万元显失公正。

西单商场公司上诉称：1. 原审法院对哈罗·斯特瑞特有限公司主体资格的认定不清。2. 西单商场公司与武汉银鲨公司之间是场地租赁关系，西单商场公司未自行销售争议商品。3. 西单商场公司不存在明知销售侵权商品的情况，根据《商标法》的规定不应承担赔偿责任。

哈罗·斯特瑞特有限公司答辩称：答辩人具备诉讼主体资格，在英文名称中出现"（欧洲）"字样的原因是由于公司注册地塞浦路斯的特殊情况所致。"（欧洲）"不构成公司名称的一部分，只是公司在塞浦路斯共和国取得注册的一种模式，用以区别南塞浦路斯和北塞浦路斯不同的政治和经济环境。但在使用时为避免产生误解，公司一般不使用带有"（欧洲）"字样的名称。所提交的主体资格证明也符合域外证据的要求。3个上诉人商标侵权行为成立。答辩人不存在滥用诉权的行为。原审判决事实清楚，适用法律正确，应予维持。

二审审理查明

二审法院经审理查明，原审法院查明的事实基本属实。

二审法院另查明，哈罗·斯特瑞特有限公司在第25类商品上使用的注册号为341629号"MAUI and Sons圆形图形"商标，经续展有效期自1999年3月10日至2009年3月9日。

哈罗·斯特瑞特（香港）有限公司于1995年8月1日与富文公司签订了《许可证

协议》（原审判决称商标许可合同）。在该协议第 27 条"终止时需继续履行的义务"中，双方约定了 180 天的销售存货期。该条第（1）项第③、④、⑤目约定，协议终止后 30 天之内，许可人有权了解存货情况，并可行使购买存货的选择权。如果许可人不行使购买存货的选择权，则从选择期限到期日起算，或者从许可人通知被许可人其不打算行使该项权利之日起算，在 180 天之内被许可人有权出售此存货。在此期限后，被许可人对未被售出或者分销的产品无许可权。

富文公司根据与哈罗·斯特瑞特（香港）有限公司签署的《许可证协议》，作为"Maui and Sons"系列商标及产品在中国内地唯一合法权利使用人，于 1996 年 12 月 26 日与中艺华联公司签订《许可协议》，将"Maui and Sons"系列商标及产品特许权利转授予中艺华联公司使用。双方在《许可协议》第 5 条就"专有权"约定：1. 本许可协议项下，富文公司授予中艺华联公司为中国内地唯一合法权利使用人，包括富文公司在内的任何人不得在该许可区域和许可期限内使用。2. 中艺华联公司可以转授许可产品的特许权，在未经富文公司事先书面同意的情况下，可以在许可区域内将特许权转授给独立的承包商生产、销售许可产品。双方还对商品质量、违约、终止、存货的处理等作了约定，约定中艺华联公司有 180 天的清货期以出售存货。如非中艺华联公司的原因导致在 180 天内无法行使清货权利，清货期间中止，待原因消失后再连续计算。《许可协议》的许可期限自 1996 年 12 月 26 日至 2003 年 12 月 31 日止。

中艺华联公司根据其与富文公司签署的《许可协议》，于 1998 年 4 月 15 日与武汉莫依公司签订《授权协议书》，将"Maui and Sons"系列商标及产品特许权利转授权给武汉莫依公司在北京区域使用。双方在《授权协议书》第 5 条"双方权利义务"中约定："2. 武汉莫依公司在该区域的商标使用权是独家的、唯一的。包括中艺华联公司在内的其他一切人不得在授权期限内在该区域制造、广告、促销、销售授权协议规定的产品。3. 未经中艺华联公司事先书面同意，武汉莫依公司不得在该区域内将使用权转授给独立的承包商生产、销售。"该《授权协议书》也约定了 180 天的清货期。该协议的有效期自 1998 年 4 月 15 日至 2003 年 4 月 14 日止。

二审庭审中，当事人均承认除武汉银鲨公司外，富文公司、中艺华联公司均未生产销售涉案产品。

上述事实，有被上诉人哈罗·斯特瑞特有限公司向原审法院提交的《许可证协议》、上诉人武汉银鲨公司向二审法院提交的富文公司与中艺华联公司签订的《许可协议》、中艺华联公司和武汉银鲨公司签订的《授权协议书》、被上诉人哈罗·斯特瑞特有限公司提交的 341629 号商标注册续展证明，以及庭审笔录等在案佐证。上诉人武汉银鲨公司提交的《许可协议》《授权协议书》虽不属新证据，但涉及对本案事实的认定，经庭审质证及庭后书面质证，被上诉人对两份协议书的真实性无异议，二审法院予以确认。

二审判理和结果

本案争议的焦点是：（一）被上诉人哈罗·斯特瑞特有限公司的诉讼主体是否适格；（二）上诉人武汉银鲨公司、百盛公司和西单商场公司是否构成侵权。

（一）关于哈罗·斯特瑞特有限公司的诉讼主体是否适格

哈罗·斯特瑞特有限公司提交的公司注册文件及授权委托书证明其主体英文表述为

"HARROW STREET（EUROPE）LIMITED"，但在文件的中文译本上为"哈罗·斯特瑞特有限公司"，缺少"（欧洲）"字样。该公司提交的补充证据及注册商标证均证明其主体为"哈罗·斯特瑞特有限公司"。哈罗·斯特瑞特有限公司对此所作的解释理由充分，原审法院根据《民事诉讼法》第240条关于"人民法院审理涉外民事案件，应当使用中华人民共和国通用的语言、文字"的规定，依据经过认证的中文译文，作出"哈罗·斯特瑞特有限公司与哈罗·斯特瑞特（欧洲）有限公司为同一家公司"的认定并无不妥。三上诉人主张的关于被上诉人哈罗·斯特瑞特有限公司主体资格的认定不清，补充证据不宜采信的主张，本院不予支持。

（二）关于上诉人武汉银鲨公司、百盛公司和西单商场公司是否构成侵权

本案诉争的行为应适用2001年修改前的《商标法》。被上诉人哈罗·斯特瑞特公司合法取得的核定使用在第25类游泳衣、T恤衫、第28类运动用品、第18类手提包及背包上的第341629号、第945006号、第928220号"MAUI and Sons 圆形图形"注册商标专用权依法应受保护。依照修改前《商标法》第26条第1款、第38条第（1）项之规定，本案上诉人武汉银鲨公司在其生产、销售的服装、运动用品上使用被上诉人的"MAUI and Sons 圆形图形"注册商标是否构成侵犯商标专用权，应审查武汉银鲨公司的行为是否经过合法许可。

依据哈罗·斯特瑞特（香港）有限公司与富文公司签订的《许可证协议》，富文公司获得了哈罗·斯特瑞特（香港）有限公司约定产品的独占许可及再授权许可的权利。富文公司通过与中艺华联公司签订《许可协议》，将转授许可产品的特许权许可给中艺华联公司，中艺华联公司可以在许可区域内将特许权转授给独立的承包商生产、销售许可产品。中艺华联公司据此又与武汉银鲨公司签订《授权协议书》，将上述商标及产品转授给武汉银鲨公司，武汉银鲨公司由此获得在中国北京区域使用"Maui and Sons"系列商标及产品，并在其生产的一切授权产品上使用正式的"Maui and Sons"标签的权利。

哈罗·斯特瑞特（香港）有限公司与富文公司签订的《许可证协议》的有效期为1995年8月1日至1998年12月31日。而富文公司与中艺华联公司签订的《许可协议》的期限是1996年12月26日至2003年12月31日，中艺华联公司与武汉银鲨公司签订的《授权协议书》的许可期限为1998年4月15日至2003年4月14日。后两份协议超出前《许可证协议》的期间应认定无效。中艺华联公司与武汉银鲨公司签订的《授权协议书》的有效期间应认定为1998年4月15日至1998年12月31日。

根据《授权协议书》的约定，武汉银鲨公司应在1998年12月31日后，对存货有180天的清货期。根据原审查明的事实，1999年2月2日西城工商分局将百盛公司销售的带有"MAUI"及图形商标的商品采取行政强制措施予以扣押，至2000年3月3日解除扣押将所扣押的商品发还武汉银鲨公司，该行政扣押期间应从180天中扣除。故在2000年8月3日前，武汉银鲨公司销售涉案产品的行为未超出协议终止后的清货期间。对于武汉银鲨公司销售的是库存产品的主张，被上诉人并未提出相反证据证明其不是库存产品。

因此，武汉银鲨公司关于在其生产、销售的服装、运动用品上使用被上诉人的

"MAUI and Sons 圆形图形"注册商标和"Maui and Sons"标签,取得了授权许可,不构成侵犯商标权的上诉理由应予支持。原审法院对此部分事实认定存在错误,应予纠正。

百盛公司与和西单商场公司按照与武汉银鲨公司签订的《联营合同》《联销合同》和《协议书》在合法期限内进行销售不构成侵犯商标专用权。原审法院关于百盛公司、西单商场公司侵犯哈罗·斯特瑞特公司商标专用权,应分别与武汉银鲨公司共同承担连带赔偿责任的认定有误,本院予以纠正。

综上所述,原审法院关于上诉人武汉银鲨公司、百盛公司、西单商场公司构成侵犯商标权的认定事实不清,适用法律错误。依据修改前《商标法》第26条第1款,第38条第(1)项、第(4)项,《商标法实施细则》第41条第(1)项,《民事诉讼法》第153条第1款第(3)项之规定,判决:一、撤销北京市高级人民法院(2002)高民初字第665号民事判决;二、驳回哈罗·斯特瑞特有限公司的诉讼请求。一审案件受理费86 135元,二审案件受理费86 135元,均由哈罗·斯特瑞特有限公司负担。

法官评述

本案主要涉及如下问题:1. 被上诉人的诉讼主体资格问题。2. 三上诉人的行为是否构成侵犯商标专用权。

一、关于被上诉人哈罗·斯特瑞特有限公司的诉讼主体资格问题

被上诉人在原审中提交了商标注册证及核准转让注册商标证明,可以证明涉案商标的权利人是哈罗·斯特瑞特有限公司,住所地在塞浦路斯共和国。被上诉人在原审起诉时提交了哈罗·斯特瑞特(香港)有限公司与富文公司签订的《许可证协议》,用以证明侵权事实的存在。对于哈罗·斯特瑞特(香港)有限公司是否有权将哈罗·斯特瑞特有限公司的商标许可他人,原审法院对此未予查明,双方当事人在原审中也未对此提出异议。作为《许可证协议》签订一方的哈罗·斯特瑞特(香港)有限公司,其是哈罗·斯特瑞特有限公司的下属,《许可证协议》签名处标注的是哈罗·斯特瑞特有限公司,协议第31条通知一栏中,"许可人:Harrow Street 有限公司,香港北角电气道169号Manulife 大厦7楼。"哈罗·斯特瑞特有限公司既然基于哈罗·斯特瑞特(香港)有限公司与富文公司签订的《许可证协议》向原审法院提起诉讼,主张相关权利,可以认为其对哈罗·斯特瑞特(香港)有限公司的许可行为予以确认。

在此情况下,被上诉人向原审法院提交的英文公司注册文件及授权委托书表明其主体是"哈罗·斯特瑞特(欧洲)有限公司",但在其公司注册文件的中文译本上翻译为"哈罗·斯特瑞特有限公司"。在其提交的补充证据及注册商标证均证明其主体为"哈罗·斯特瑞特有限公司"。被上诉人对此作出解释称,之所以出现哈罗·斯特瑞特有限公司和哈罗·斯特瑞特(欧洲)有限公司,是基于塞浦路斯的国情。由于政治上的原因,塞浦路斯分为南塞和北塞,一部分归土耳其,一部分归属希腊。在公司注册时,要求标注公司所在地,所以才出现有"(欧洲)"的公司名称,但在使用时,为避免产生误解,该公司一般不使用带有"(欧洲)"字样的名称。在原审时,被上诉人也提交了哈

罗·斯特瑞特有限公司和哈罗·斯特瑞特（欧洲）有限公司为同一家公司的证明，且该证明经过了认证。

因此，原审法院依照《民事诉讼法》第240条规定的"人民法院审理涉外民事案件，应当使用中华人民共和国通用的语言、文字"，根据被上诉人的注册文件的中文译本认定哈罗·斯特瑞特有限公司与哈罗·斯特瑞特（欧洲）有限公司是同一家公司，并无不当。

二、关于本案的法律适用问题

本案诉争的行为应适用修改前的商标法。根据《最高人民法院关于审理商标案件有关管辖和法律适用范围问题的解释》第8条规定，对商标法修改决定施行前发生的侵犯商标专用权行为起诉的案件，人民法院于该决定施行时尚未作出生效判决的，参照修改后《商标法》第56条的规定处理。本案涉及赔偿问题，应适用司法解释的有关规定。

三、三上诉人武汉银鲨公司、百胜公司、西单商场公司是否构成侵犯被上诉人哈罗·斯特瑞特有限公司的商标专用权

1. 武汉银鲨公司是否构成侵犯商标专用权

原审法院查明，除341629号"MAUI and Sons 圆形图形"商标，核定使用的商品为第25类外，被上诉人哈罗·斯特瑞特公司又先后在中国大陆注册了16个商标，其中包括"Maui and Sons 圆形图形"商标在国际分类第9、12、18、28类商品上的注册，"maui and sons"商标在国际分类第3、9、12、14类商品上的注册，"鲨鱼人图形"商标在国际分类第3、9、12、42类商品上的注册，"旋转鲨鱼图形"商标在国际分类第25类商品上的注册，"maui and sons"和"MAUI and Sons 圆形图形"的组合商标在国际分类第42类商品上的注册，"MAUI GIRL"商标在国际分类第25类商品上的注册。

在二审审理期间，被上诉人主张本案涉及的商标有三个：其合法取得的核定使用在第25类游泳衣、T恤衫、第28类运动用品、第18类手提包及背包上的第341629号、第945006号、第928220号"Maui and Sons 圆形图形"。上诉人主张争议商标是"Maui and Sons"。二审法院经审查认为，被上诉人的上述3个合法取得的注册商标专用权依法应受保护。

修改前《商标法》第26条第1款规定："商标注册人可以通过签订商标使用许可合同许可他人使用其注册商标。"该法第38条第1款第（1）项规定："未经注册商标所有人的许可，在同一种商品或者类似商品上使用与其注册商标相同或者近似的商标的"属于侵犯注册商标专用权的行为。本案武汉银鲨公司在其生产、销售的服装、运动用品上使用了被上诉人的"MAUI and Sons 圆形图形"注册商标，并分别与百盛公司及西单商场公司签订了《联营合同》《联销合同》及《协议书》，依据上述法律规定，判定武汉银鲨公司是否构成侵犯商标专用权，关键在于分析武汉银鲨公司的行为的性质，即认定该行为是否直接或者间接地取得了商标权人的合法许可，并在许可范围内从事生产、销售活动。

第一，武汉银鲨公司取得了合法授权。1995年8月1日，哈罗·斯特瑞特（香港）有限公司与富文公司签订的《许可证协议》，根据该协议第3条"许可"的约定，哈罗·斯特瑞特（香港）有限公司赋予富文公司在中国大陆地区的独占许可及再转授许可

的权利。1996年12月6日，富文公司与中艺华联公司签订《许可协议》，中艺华联公司取得了转授许可产品的特许权，可以在许可区域内将特许权再转授给独立的承包商生产、销售许可产品。1998年4月15日，中艺华联公司与武汉莫依公司签订《授权协议书》，依据该协议书第1条的约定，武汉莫依公司的生产、销售行为的产生是基于其与中艺华联公司签订的《许可协议》。根据该协议，武汉莫依公司享有在中国北京地区使用"MAUI and Sons"系列商标及产品，并在其生产的一切授权产品上挂上正式的"MAUI and Sons"标签的权利。2000年6月2日，武汉莫依公司变更为武汉银鲨公司。结合前述第一点对哈罗·斯特瑞特有限公司认可哈罗·斯特瑞特（香港）有限公司的许可行为的分析，武汉银鲨公司在其生产、销售的服装、运动用品上使用被上诉人的"MAUI and Sons 圆形图形"注册商标和"MAUI and Sons"标签，是经合法授权取得的。

被上诉人对此辩称，其与富文签订的许可协议是有限制的，其授予富文公司的权利只是再授权生产以及产生的销售行为，并非再转许可的权利。该协议并未对再授权许可的内容进行明确约定，其再授权生产以及产生的销售行为应是再授权许可的内容之一。那么，分析许可协议中再授权许可的含义则成为判断富文公司是否有权再授权许可中艺华联公司的关键。该协议明确约定被许可人可以转授许可产品许可证，未对禁止授权的内容作出约定。此外，哈罗·斯特瑞特公司许可富文公司、富文公司转授中艺华联公司，中艺华联公司再授权许可武汉银鲨公司，系列许可都是独占许可，哈罗·斯特瑞特公司、富文公司、中艺华联公司均未有生产和销售行为。如无系列转许可，哈罗·斯特瑞特公司的权益将不会得以实现。从哈罗·斯特瑞特公司因富文公司在合同生效后未按约定支付商标许可费，而于1998年4月29日向中艺华联公司和武汉银鲨公司的注册地发送终止特许协议书的行为可以推定，被上诉人对中艺华联公司或者武汉银鲨公司的行为是应知的，此前并未对系列许可提出异议。应认定系列许可行为有效。即使如被上诉人称富文公司无再授权许可的权利，对于富文公司的超约定的许可行为，属于违约行为，不属于本案侵权纠纷的审理范围。

第二，武汉银鲨公司的行为在合法许可范围内。中艺华联公司与武汉莫依公司签订的许可协议有效期自1998年4月15日至2003年4月14日。原审法院认定哈罗·斯特瑞特（香港）有限公司与富文公司签订的许可合同的有效期间为1995年8月1日至1998年12月31日，哈罗·斯特瑞特公司在本院庭审中对此予以认可。武汉银鲨公司与中艺华联公司签订的超出母协议有效期间的约定应认定为无效，其有效期间应认定为1998年4月15日至1998年12月31日。

根据一、二审法院查明的事实，中艺华联公司与武汉银鲨公司签订的《授权协议书》中约定了180天的清货期，即在1998年12月31日后，武汉银鲨公司对存货有180天的清货时间。武汉银鲨公司主张其销售的是库存产品，哈罗·斯特瑞特公司没有举出相关证据予以反驳。根据原告的投诉，西城工商分局于1999年2月2日，对北京百盛购物中心销售的带有"MAUI"及图形商标的商品采取行政强制措施予以扣押，最终该局认定此商标侵权案件不成立，并于2000年3月3日作出《解除行政强制措施通知书》，将所扣押的商品发还给武汉莫依公司，该行政扣押期间应予扣除。通过计算，

2000年8月3日前，武汉银鲨公司销售所涉商品的行为并未超出《授权协议书》终止后的180天清货期间。

因此，武汉银鲨公司在获得合法授权的前提下，在合法许可范围内在其生产、销售的服装、运动用品上使用被上诉人的"MAUI and Sons 圆形图形"注册商标和"MAUI and Sons"标签，不构成侵犯被上诉人的商标专用权。原审法院对富文公司与中艺华联公司签订《许可协议》、中艺华联公司与武汉莫依公司签订《授权协议书》的事实未予查明，作出的中艺华联公司不享有再许可的权利、出具的授权书无效的认定错误，应予纠正。

2. 百盛公司、西单商场公司是否构成侵犯商标专用权

《商标法实施细则》第41条第（1）项对修改前《商标法》第38条第1款第（4）项规定的"给商标专用权造成其他损害的行为"解释为"经销明知是侵犯商标专用权的商品的"行为。百盛公司和西单商场公司按照与武汉银鲨公司的约定，在合法的期间内进行销售，不构成侵犯商标专用权。即使认定武汉银鲨公司侵权成立，两商场从事了销售行为，因其尽到了合理的注意义务，对销售侵权商品不明知，也应根据最高人民法院司法解释的相关规定，参照修改后的《商标法》第56条第2款的规定，不应承担赔偿责任。

（二审合议庭成员：孔祥俊　夏君丽　王艳芳
编写人：最高人民法院知识产权审判庭　夏君丽　王　新）

25. 雅马哈发动机株式会社诉浙江华田工业有限公司等侵犯商标专用权纠纷案

阅读提示：在境外注册的企业名称是否可为境内企业经许可后无限制地使用？如何认定此种使用行为是否构成商标侵权？本案赔偿数额的认定是否可采用原告提供的计算方法？

裁判要旨

境内企业经许可使用境外注册的企业名称应受到限制，构成商标侵权的还要依法承担法律责任。被告拒绝提供据以审计的完整的财务凭证，原告计算被告获利的方法具有一定合理性，可以直接支持原告的索赔请求。

案　号

一审：江苏省高级人民法院（2002）苏民三初字第006号
二审：最高人民法院（2006）民三终字第1号

案情与裁判

原告（二审被上诉人）：雅马哈发动机株式会社
被告（二审上诉人）：浙江华田工业有限公司（简称"华田公司"）
被告：台州华田摩托车销售有限公司（简称"台州华田销售公司"）
被告：台州嘉吉摩托车销售有限公司（简称"台州嘉吉公司"）
被告：南京联润汽车摩托车销售有限公司（简称"南京联润公司"）

起诉与答辩

原告雅马哈发动机株式会社诉称：雅马哈发动机株式会社在中国合法注册并享有"YAMAHA""雅马哈""FUTURE"商标的专用权。三商标为业界知名商标，且"YAMAHA""雅马哈"是市场认可的驰名商标。华田公司生产，台州华田销售公司、台州嘉吉公司，南京联润公司购进大量涉案摩托车，其车身上标有"日本YAMAHA株式会社"，后装饰板两侧贴有"FUTURE"字样。被告公然将与原告"YAMAHA"注册商标相同或者近似的标志作为商品名称或者商品装潢使用，足以造成消费者的误认和混淆；将原告注册商标"FUTURE"作为商标在摩托车上使用，侵犯了原告的商标专用权。故要求其承担停止侵权，在全国有影响的报刊杂志上公开赔礼道歉，赔偿损失8 349 200元，并承担全部诉讼费用。庭审中，原告明确要求被告在《摩托车商情》《人民日报》上公开向原告赔礼道歉，同时对浙江华田公司、台州华田销售公司、台州嘉吉公司的赔偿责任变更为要求其连带赔偿原告 8 300 440.43 元，其中台州嘉吉公司对 8 227 977.03元承担连带赔偿责任。

被告浙江华田公司、台州华田销售公司辩称：日本雅马哈株式会社已在日本合法登记注册。其与浙江华田公司签有协议，许可浙江华田公司、台州华田销售公司使用其商号，故不构成侵权。即使侵权成立，原告主张赔偿损失也无依据。

被告南京联润公司辩称：同意浙江华田公司与台州华田销售公司的答辩意见。南京联润公司通过合法渠道购买涉案摩托车，主观上无侵权故意，客观上无法辨认侵权产品，且在知悉购进的是涉嫌侵权产品之后，已主动退回所购产品。故南京联润公司不构成侵权。

台州嘉吉公司未作答辩。

一审审理查明

一审法院查明，"YAMAHA""雅马哈""FUTURE"注册商标由日本雅马哈发动机株式会社在中国依法注册，注册号分别为 1255404、1337138、868533。"YAMAHA""雅马哈"商标核定使用于第 12 类的摩托车、汽车、自行车、陆地车辆用发动机、摩托车零配件、摩托车用油箱等多种交通运输工具及其配件上。"FUTURE"商标核定使用于第 12 类的摩托车及其零部件、船舶及其零部件、飞机及其零部件等商品上。1999 年 4 月，原告"雅马哈"及"YAMAHA"注册商标入选国家工商总局编制的《全国重点商标保护名录》。

2001 年 7 月 31 日，台州市工商局对浙江华田公司、台州华田销售公司做出行政处罚决定，认定浙江华田公司从 2000 年 12 月至 2001 年 2 月，共生产标有"华田摩托·日本 YAMAHA 株式会社"字样的摩托车 534 辆，其中后装饰板两侧贴有"FUTURE"字样标贴的摩托车 379 辆，其型号分别为 HT50QT-12 风帆、HT150T-10 鲨鱼王、HT125T-5 新迅风、HT150T-11 飞舰、HT150T-9 神行太保、HT250T 神行太保、HT125-2A 王太子、HT100-5 弯梁 8 种，共计经营额 3 263 486.09 元。生产的 534 辆摩托车由台州华田销售公司销售 338 辆，共计销售额 2 136 273.09 元。台州市工商局认定两公司的上述行为侵犯了原告的商标权，并对两公司进行了处罚。该处罚决定经浙江省工商局复议，并经台州市椒江区人民法院行政判决予以维持。

工商机关在对浙江华田公司进行查处前拍摄的一组照片显示，华田牌 HT125T-5 型摩托车使用保养说明书上的显著位置标明"日本 YAMAHA 株式会社"字样。在产品的包装箱正中间醒目标注较大的"日本 YAMAHA 株式会社"字样，下方以相对较小字体标注作为"联合制造"商名称"日本 YAMAHA 株式会社 台州华田摩托车有限公司"字样。台州华田摩托车有限公司于 2001 年 1 月 19 日更名为浙江华田公司。

南京市工商局 2001 年 4 月 16 日对南京联润公司做出处罚决定，认定该公司于 2001 年春节前后，从浙江台州华田摩托车公司购进华田牌 YAMAHA 摩托车 122 辆，价值 47 万元。该摩托车外包装上写有"日本 YAMAHA 株式会社"字样，车身写有"日本 YAMAHA 株式会社"及"FUTURE"字样。该局认为该公司的上述行为构成商标侵权，对其进行了行政处罚。2001 年 3 月 21 日，台州雅马哈摩托车销售有限公司向南京联润公司致函，要求将其发往南京联润公司的 122 辆摩托车返还。2001 年 4 月 9

日,台州雅马哈摩托车销售有限公司更名为本案被告台州华田销售公司。2001年4月22日,台州华田销售公司向南京联润公司出具收条,称收到退回的华田牌摩托车122辆。

此外,长兴金鹰摩托车销售有限公司2000年11月27日从台州华田销售公司购进11辆华田牌摩托车,涉及车型HT125T-5(进价7 370元)、HT150T-10(进价8 220元)、HT150T-9(进价8 920元)。浙江省德清县双发摩托车有限公司于2000年11月至2001年3月27日,从台州华田销售公司购进30辆华田牌摩托车,涉及车型HT125T-5(进价7 680元)、HT150T-9(其中2辆进价9 280元,另2辆进价8 480元)、HT150T-10(进价7 780元)、HT150T-11(进价8 780元)、HT50QT-12(进价6 880元)、HT125-2A(进价10 980元)、HT250T(进价12 480元)。该两批摩托车的灯箱、排气管、减震器上均标有"日本YAMAHA株式会社"字样。此外,双发摩托车有限公司店堂内陈列的6辆华田牌摩托车上除标有"日本YAMAHA株式会社"字样外,在侧盖上还标有"FUTURE"字样。上述事实,经浙江省长兴县、德清县工商局处罚决定认定,同时处罚决定还认定该批产品由浙江嘉吉公司生产。

2000年12月12日《摩托车商情》第95期上刊登署名"日本雅马哈株式会社、台州华田摩托车有限公司"的《郑重声明》,该声明针对原告此前为了澄清消费者的错误认识,打击侵权行为曾经在报刊上作出过的《严正声明》,称原告的声明内容不实,并有可能要通过法律途径解决。此外,《摩托车商情》2001年1月2日第663期上刊登HT125T-5新迅风摩托车的广告中使用"日本YAMAHA株式会社 华田摩托"字样,摩托车减震器上标有"日本YAMAHA株式会社"字样,页下署名"台州雅马哈摩托车销售有限公司"。其地址、联系电话、传真电话与2001年5月29日第702期上浙江华田公司完全相同。

一审法院在审理过程中,应原告申请,于2003年6月27日作出裁定,保全到浙江华田公司8本会计凭证资料。并于2004年1月12日应原告申请对查封的会计凭证委托审计机构进行司法审计,以确定浙江华田公司生产、销售涉案摩托车的利润。2004年2月12日,审计机构向一审法院发函称涉案8种车型分车型审计的财务资料不全,并列明了需要提供的13种资料清单。对此,一审法院召集双方当事人对查封的会计凭证进行质证,并限定被告浙江华田公司、台州华田销售公司限期提供鉴定所需财务资料。浙江华田公司在限期内拒不提供。台州华田销售公司以公司年代久远、不可能建立规范的财务账册、公司已改制为由未提供相关鉴定资料。且在一审法院庭审中,明确表示不提供销售成本的财务资料以及反映其经营状况的工商登记资料。

2004年8月22日,审计机构根据现有资料审计后,出具审计报告载明:浙江华田公司自2000年12月至2001年3月间生产、销售涉案8种型号摩托车2113辆。"以华田公司(注:浙江华田公司)记账凭证为基础反映的华田公司生产的8种鉴定车型摩托车的销售利润为-37 921.49元,营业利润为-152 195.84元,利润总额为-152 195.84元。……浙江华田公司共向台州嘉吉公司出售属于鉴定车型的摩托车2 094辆,销售收入8 403 495.76元,产品销售利润-30 106.16元,营业利润-143 522.27元,利润总额-143 522.27元。"

同时，一审法院在审理过程中，应原告申请对被告台州嘉吉公司进行证据保全。在因其他原因无法实施保全措施后，要求该公司提交证据保全裁定所涉的证据材料。该公司及其法定代表人在规定期限内，拒不提供相关证据材料。

一审法院另查明，2000年9月25日，日本雅马哈株式会社由"吉吉设备株式会社"更名而来，李书通为该公司董事、董事长。

2001年1月1日，由中出隆代表的日本雅马哈株式会社与蒋富春代表的台州华田摩托车有限公司签订了《技术合作、企业管理、商号使用协议书》，其中第5条约定："（日本雅马哈株式会社）同意乙方（台州华田摩托车有限公司）使用日本国地方法务局批准的日本YAMAHA株式会社及中文日本雅马哈株式会社的商号，在以下范围内使用：（1）在华田摩托车及发动机产品及广告宣传资料上使用。（2）台州雅马哈摩托车销售有限公司使用。（3）华田牌摩托车经销商及店面内装潢使用。"

2001年1月24日，原告向日本金泽地方法院小松分院提起诉讼，认为日本雅马哈株式会社注册该商号并用于其业务，极有可能造成混淆和误认，对原告在中国及日本的营业利益造成损害。2001年9月12日，日本金泽地方法院小松分院因被告未出庭和提交答辩书等，判决原告的诉讼请求成立。

关于相关公司的设立、变更情况，一审法院还查明：

1997年7月7日，浙江嘉吉公司成立。2000年5月10日，公司法定代表人为李书通。2002年5月26日前，李书通为最大股东。

1997年7月14日，被告台州嘉吉公司设立，法定代表人李书通。2001年4月9日，浙江嘉吉公司将其在台州嘉吉公司的全部股权转让给浙江华田公司。

2001年1月19日至7月23日，李书通任浙江华田公司法定代表人。

一审判理和结果

一审法院认为，原告指控被告侵权的期间为2000年12月至2001年3月。根据《最高人民法院关于审理商标案件有关管辖和法律适用范围问题的解释》第8条、第9条的规定，本案应适用修改前的《商标法》及其实施细则等相应的法律规定。关于赔偿数额的确定及责任的承担，可以参照修改后的《商标法》第56条及相关司法解释的规定处理。

被告浙江华田公司在生产的摩托车上使用原告的"FUTURE"注册商标并对外销售，根据修改前的《商标法》第38条第1款第（1）项规定："未经注册商标所有人的许可，在同一种商品或者类似商品上使用与其注册商标相同或者近似的商标的"属于侵犯注册商标专用权的行为。浙江华田公司的行为侵犯了原告的注册商标专用权。

浙江华田公司在其生产销售的摩托车上使用"日本YAMAHA株式会社"字样也侵犯原告注册商标专用权。因为：1."雅马哈""YAMAHA"牌摩托车早在2000年之前即在国内生产、销售。原告的注册商标具有相当高的显著性和知名度，为相关公众所熟知。2."日本YAMAHA株式会社"从未在中国作为商号或者商标登记注册。日本雅马哈株式会社不享有商号、商标等权利，无权将"日本YAMAHA株式会社"作为商号许可给浙江华田公司、台州华田销售公司使用。"日本雅马哈株式会社"被日本国法院认定注册非法，并被判决取消注册，禁止使用。同时，许可他人使用的标识应不得与法律保护的在先权利相冲突,并致相关公众误认和混淆。日本雅马哈株式会社许可被告在其生产、销售的摩托车及其包装上,或者在其他经营领域使用"日本YAMAHA株式会社"字样,必然会导致相关公众对原被告的产品来源及其经营活动产生或可能产生误认或混淆,使其可能错误认为原被告之间存在特殊联系,从而侵夺原告的商标利益及由此带来的其他经营利益,扰乱市场秩序。3. 浙江华田公司突出使用"日本YAMAHA株式会社""YAMAHA"字样,易使相关公众产生误认和混淆。被告在其产品说明书、合格证、外包装箱的相关位置标注了产品制造商的企业名称的同时,又在其摩托车的多个重要部件及其外包装箱、说明书等的显著位置单独以较大字体醒目地标注"日本YAMAHA株式会社"字样;此标识中的英文"YAMAHA"文字最具显著性和识别性,极易吸引消费者的注意力,系对"日本YAMAHA株式会社"字样的突出使用,也会产生突出"YAMAHA"标识的实际效果,易使相关公众对其与原告享有较高知名度的"YAMAHA"和"雅马哈"商标及其经营产生误认、混淆和错误联想,从而使原告的商标权受到侵害。4. 浙江华田公司使用该字样具有侵害原告注册商标专用权的主观恶意。2001年1月1日,原日本雅马哈株式会社与被告浙江华田公司签订协议时,该会社的董事及董事长李书通,同时也是浙江华田公司的最大控股股东,随后不久即成为该公司董事长。作为长期专业经营摩托车的业内人士,李书通应当知道原告的"雅马哈""YAMAHA"商标为业内知名商标,却通过已担任董事长的日本雅马哈株式会社与浙江华田公司签订许可协议的方式,允许浙江华田公司和台州华田销售公司使用"日本雅马哈株式会社"和"日本YAMAHA株式会社"字样。具有相当明显的侵害原告商标专用权的不当意图。根据修改前的《商标法》第38条第1款第(4)项的规定:"给他人的注册商标专用权造成其他损害的"行为属于侵犯注册商标专用权的行为。1995年《商标法实施细则》第41条第1款第(2)项规定:"在同一种或者类似商品上,将与他人注册商标相同或者近似的文字、图形作为商品名称或者商品装潢使用,并足以造成误认的"属《商标法》第38条第1款第(4)项规定的侵权行为。被告的此种行为对原告"雅马哈""YAMAHA"商标专用权构成侵犯。

根据《民法通则》第118条的规定,浙江华田公司应承担停止侵权、赔偿损失的民事责任。同时,浙江华田公司的行为,在一定程度上损害了原告的商业信誉。其在《摩托车商情》上所作的《郑重声明》,显然会使消费者对谁是真正侵权者产生错误认识,对原告的商业信誉也将产生一定损害。根据《民法通则》第120条第2款的规定,应在《摩托车商情》上向原告赔礼道歉。

被告台州嘉吉公司购买了浙江华田公司生产的90%以上的摩托车,无证据也无法解释系出于自己消费使用,应当推定该公司是以经营为目的从事上述行为,存在经销事实。鉴于李书通同时是浙江华田公司、台州嘉吉公司、浙江嘉吉公司的法定代表人,并通过对浙江华田公司、浙江嘉吉公司的绝对控股,进而控股台州嘉吉公司,由浙江华田公司生产、台州嘉吉公司销售侵权产品。因此,通过这种关联关系和特殊的控股关系,台州嘉吉公司对浙江华田公司生产侵犯原告商标专用权的产品,自己经销的是侵权产品的事实应当知晓。台州华田销售公司在《摩托车商情》刊登的广告与浙江华田公司所标注的地址、联系电话、传真电话完全相同。两被告之间存在相当紧密的关联关系,作为一个整体对外从事相关经营活动。台州华田销售公司与浙江华田公司作为日本雅马哈株式会社的共同被许可人，对浙江华田公司在生产、销售的摩托车上使用"日本YAMAHA株式会社"字样的侵权标识也应当知晓。根据修改前的《商标法》第38条第1款第（2）项规定："销售明知是假冒注册商标的商品"，以及第（4）项规定："给他人注册商标专用权造成其他损害"的行为属于侵犯注册商标专用权的行为。《商标法实施细则》第41条第1款第（1）项规定："经销明知或者应知是侵犯他人注册商标专用权商品的"属于《商标法》第38条第1款第（4）项规定的侵权行为，故台州嘉吉公司、台州华田销售公司销售涉案摩托车的行为侵犯了原告商标专用权。

浙江华田公司生产侵权产品后销售给台州嘉吉公司、台州华田销售公司并通过其对外销售，浙江华田公司、台州嘉吉公司、台州华田销售公司对被控侵权产品的生产、销售和流转过程主观上知道或应当知晓，共同实施了生产、销售的侵权行为，根据《民法通则》第130条的规定："二人以上共同侵权造成他人损害的，应当承担连带责任。"台州嘉吉公司、台州华田销售公司应就其销售行为与浙江华田公司承担共同侵权责任。

南京联润公司将所购摩托车已全部退回台州华田销售公司，并无证据证明其有对外销售的事实，尚未构成对原告注册商标专用权的侵害，不承担侵权责任。

关于侵权数量及赔偿数额的确定，因浙江华田公司提供的财务资料不完整；浙江华田公司与台州嘉吉公司为关联公司，不排除其有转移利润的可能，故对审计报告中载明的浙江华田公司生产、销售摩托车2 113辆以及销售给台州嘉吉公司2 094辆、销售给台州华田销售公司19辆的数额予以认定，对审计报告中的亏损结论不予采信。根据通常理解和惯例，同一型号的产品具有相同的外观，标注相同的字样。鉴于被告浙江华田公司、台州华田销售公司虽然主张2 113辆并未全部标有"日本YAMAHA株式会社"字样，但其对此未提供相应证据，故推定在涉案的较短期间内，浙江华田公司生产并销售的8种型号的2 113辆摩托车的主要部件上都标有"日本YAMAHA株式会社"字样，其中相当一部分的后装饰板两侧贴有"FUTURE"字样。浙江华田公司对2 113辆承担赔偿责任，台州嘉吉公司对其中2 094辆承担连带赔偿责任。台州华田销售公司对其中19辆承担连带赔偿责任。

由于浙江华田公司提供给法院的财务资料不完整，台州华田销售公司拒绝提供反映其经营状况的相关财务资料，台州嘉吉公司两次拒绝提供法院保全的财务资料，并拒不参加庭审。根据《最高人民法院关于民事诉讼证据的若干规定》第75条"有证据证明一方当事人持有证据无正当理由拒不提供，如果对方当事人主张该证据的内容不利于证据持有人，可以推定该主张成立。"的规定，推定原告主张并计算的浙江华田公司、台州嘉吉公司应负赔偿数额成立。且原告主张赔偿额的计算方法有其合理性。根据修改后的《商标法》第56条以及《最高人民法院关于审理商标民事纠纷案件适用法律若干问题的解释》第13条、第14条的规定，原告选择以被告的侵权获利额为计算赔偿额的标准，具有法律依据；将生产商、销售商的侵权环节作为整体来计算其侵权获利额有其合理性；原告的具体计算方法中扣减了依据现有证据能够计算的经营成本；原告的计算方法尽量采用了双方所认可的审计报告中的成本、销售量等相关数据。虽然浙江省长兴县、德清县工商局的处罚决定中认定的由台州华田销售公司销售的被控侵权产品是由浙江嘉吉公司生产，但该两批产品的型号、外观、商标与本案侵权产品完全一致，属同类产品。原告参照台州华田销售公司销售的同类产品的市场平均价计算本案侵权产品的销售价格并无不当。

综上，一审法院认为，浙江华田公司生产、销售以及台州华田销售公司、台州嘉吉公司销售涉案摩托车，侵犯了原告注册商标专用权。三被告共同实施了侵权行为，主观上具有共同侵权故意，应承担连带责任。南京联润公司不构成商标侵权，不承担法律责任。依照《民法通则》第118条、第120条第2款、第130条，修改前的《商标法》第38条第1款第（1）项、第（2）项、第（4）项，修改前的《商标法实施细则》第41条第1款第（1）项、第（2）项，修改后的《商标法》第56条第1款，《最高人民法院关于审理商标案件有关管辖和法律适用范围的解释》第8条、第9条，《最高人民法院关于审理商标民事纠纷案件适用法律若干问题的解释》第13条、第14条，《最高人民法院关于民事诉讼证据的若干规定》第75条之规定，判决：一、浙江华田公司、台州嘉吉公司、台州华田销售公司自判决生效之日起立即停止在其生产、销售的摩托车及其零部件、产品说明书、合格证、包装箱等上面使用"日本 YAMAHA 株式会社""FUTURE"字样；二、浙江华田公司、台州嘉吉公司、台州华田销售公司在《摩托车商情》上刊登致歉声明，向原告赔礼道歉；三、浙江华田公司向原告赔偿损失人民币8 300 440.43元，台州嘉吉公司对其中8 227 977.03元负连带赔偿责任，台州华田销售公司对其中72 463.4元负连带赔偿责任；四、驳回原告对南京联润公司的诉讼请求。案件受理费、审计费、财产保全费共计133 779元，由浙江华田公司负担6.6万元，台州嘉吉公司负担6万元，台州华田销售公司负担7 779元。

上诉与答辩

浙江华田公司上诉称：1. 上诉人不存在侵犯被上诉人商标专用权的事实。理由是：（1）上诉人使用"日本 YAMAHA 株式会社"，是依据与日本雅马哈株式会社签订的《技术合作、企业管理、商号使用协议书》的约定。该协议合法有效。不存在违反法律法规禁止性规定的情形。（2）"YAMAHA"商标和"日本 YAMAHA 株式会社"，是不同字样的标记，按照惯例和通常理解，前者是商标，后者是企业名称，不存在使公众混淆、误认的可能。一审法院的认定没有依据。（3）《摩托车商情》广告及声明所载内容不是上诉人所为。2. 原审判决认定的赔偿数额没有依据。理由是：（1）对审计结论一部分采纳，而对于亏损结论不采纳，认定"上诉人可能转移利润"，没有事实和法律依据。（2）原审认定涉案侵权产品的数量为2 113辆没有事实依据。被上诉人没有证据证明该2 113辆均标有"日本 YAMAHA 株式会社"和"FUTURE"字样。原判以"根据通常理解和惯例，同一型号产品具有相同外观，标注相同字样"的理由不能成立。侵权产品应为台州工商行政处罚中认定的534辆。（3）原审以被上诉人主张的计算方法确定赔偿数额没有事实和法律依据。案外人的销售价格与本案无可比性，以此确定销售平均价格为8 650余元不符合本案事实；被上诉人主张的方法未扣除有关成本、所得税等费用；在无法计算侵权获利的情况下，被上诉人应当证明其受到的损失，上述两种均不能确定的情况下，应适用50万元以下的法定赔偿。请求撤销原审判决第一、二、三项，驳回被上诉人请求，诉讼费用由被上诉人承担。

雅马哈发动机株式会社辩称：1. 一审法院判决上诉人侵犯商标专用权认定事实清楚，适用法律正确。理由是：(1) 上诉人与日本雅马哈株式会社签订的《技术合作、企业管理、商号使用协议书》无效。(2) 一审法院认定上诉人突出使用"日本 YAMAHA 株式会社""YAMAHA"，易使相关公众产生误认和混淆正确。2. 上诉人提出的一审法院对损害赔偿数额的认定没有事实依据的请求不能成立。理由是：(1) 原审判决以案外人生产的侵权产品的价格来确定本案销售价格正确。案外人销售的侵权产品与本案产品具有相同型号、外观和商标，都是由台州华田公司销售。(2) 侵权商品的销售量为审计报告确认的 2 113 辆而不是 534 辆。上诉人不能证明其余产品不具有相同的型号、外观和商标。(3) 被上诉人主张赔偿额的计算方法有其合理性，已扣除现有成本。上诉人拒不提供财务资料，一审法院推定被上诉人主张成立正确。(4) 本案不应适用 50 万元以下法定赔偿。3. 上诉人就《摩托车商情》广告及声明所载内容不是上诉人所为负有举证责任。4. 台州华田销售公司应当承担连带赔偿责任的金额应是 8 300 440.43 元，而不是一审法院认定的 72 463.4 元。请求驳回上诉，在维持原判基础上判定台州华田销售公司承担侵权赔偿额为 8 300 440.43 元。

原审被告南京联润公司答辩称：答辩人在受到南京市工商行政管理局处罚时，即将所购进的 122 辆摩托车全部退还，没有实际销售，也未获得利润。没有侵权的故意，不应承担责任。一审法院关于答辩人的责任认定清楚，适用法律正确。请求维持原审判决第四项。

原审被告台州华田销售公司、台州嘉吉公司未答辩。

二审审理查明

二审法院经审理查明，原审查明的事实属实。

另查明，在浙江华田公司生产的部分摩托车前盖及后箱上，"株式会社"四个字分上下两行排列，其整体高度与"日本 YAMAHA"相同，且字体较小、笔划较细。

二审判理和结果

二审法院认为，浙江华田公司的行为是否构成侵犯雅马哈发动机株式会社商标专用权，以及在构成侵权时，应如何确定赔偿数额，是本案争议的焦点。

1. 关于本案侵权行为的认定

雅马哈发动机株式会社是"YAMAHA""FUTURE"注册商标的权利人，其注册商标专用权受法律保护。"YAMAHA"注册商标在摩托车相关市场内具有较高的显著性和知名度。浙江华田公司在被控侵权商品上标注的"日本 YAMAHA 株式会社"字样貌似商号或者企业名称，但并未在中国登记注册。浙江华田公司以伪造貌似商号或者企业名称的"日本 YAMAHA 株式会社"的方式，将雅马哈发动机株式会社在摩托车相关市场内具有较高知名度的"YAMAHA"注册商标包含在其中，在被控侵权的摩托车商品上标注，还以较大字体突出其中的"日本 YAMAHA"字样，其行为显然具有误导相关公众将被控侵权商品与"YAMAHA"注册商标联系起来的意图，客观上亦足以在摩托车相关市场内使人产生商品来源的混淆，可以认定其对"YAMAHA"注册商标专用权造成了损害。一审法院依据修订前的《商标法》第 38 条第 1 款第 (4) 项，以及 1995 年《商标法实施细则》第 41 条第 1 款第 (2) 项的规定，认定浙江华田公司的行为构成商标侵权并无不当。浙江华田公司关于其依据协议使用"日本 YAMAHA 株式会社",该字样是企业名称,不同于"YAMAHA"注册商标,不存在使公众混淆、误认的可能,不构成侵权的上诉理由不能成立。

根据修订前的《商标法》第 38 条第 1 款第(1)项规定:"未经注册商标所有人的许可,在同一种商品或者类似商品上使用与其注册商标相同或者近似的商标的"属于侵犯注册商标专用权的行为。浙江华田公司未经许可,在其生产销售的摩托车上标注"FUTURE"字样,侵犯了雅马哈发动机株式会社的注册商标专用权。

《摩托车商情》广告及声明的相关内容是一审法院认定浙江华田公司承担赔礼道歉责任方式以及其与台州华田销售公司存在关联关系的依据,并不影响对其构成侵犯商标专用权的认定。浙江华田公司关于《摩托车商情》广告及声明的相关内容并非其所为,不存在侵犯商标权事实的上诉理由,不予支持。

2. 关于赔偿数额的确定

《最高人民法院关于审理商标案件有关管辖和法律适用范围问题的解释》第 8 条规定:"对《商标法》修改决定施行前发生的侵犯商标专用权行为起诉的案件,人民法院于该决定施行时尚未作出生效判决的,参照修改后《商标法》第 56 条的规定处理。"一审法院参照修订后的《商标法》第 56 条及相关司法解释的规定确定赔偿并无不妥。

《最高人民法院关于审理商标民事纠纷案件适用法律若干问题的解释》第 13 条规定:"人民法院依据《商标法》第 56 第 1 款的规定确定侵权人的赔偿责任时,可以根据权利人选择的计算方法计算赔偿额。"该解释第 14 条规定:"《商标法》第 56 条第 1 款规定的侵权所获得的利益,可以根据侵权商品销售量与该商品单位利润乘积计算;该商品单位利润无法查明的,按照注册商标商品的单位利润计算。"鉴于雅马哈发动机株式会社选择以三被告的侵权获利额为计算赔偿额的标准,其计算方法将生产商、销售商的侵权环节作为整体,扣减了依据现有证据能够计算的经营成本,具有合理性,应予以采纳。

浙江省台州市工商局行政处罚决定所认定的侵权期间为 2000 年 12 月至 2001 年 2 月,比审计报告载明的 2000 年 12 月至 2001 年 3 月少 1 个月。在一、二审法院审理期间,浙江华田公司均未能提供 534 辆之外的产品未标有"日本 YAMAHA 株式会社"和"FUTURE"字样的相关证据。一审法院认定浙江华田公司生产并销售侵权产品的数量为 2113 辆并无不当。浙江华田公司关于侵权数量应认定为 534 辆的上诉理由,无事实和法律依据,不予支持。

根据一审法院查明的事实,虽然浙江省长兴县、德清县两个工商局的处罚决定涉及的产品是由长兴金鹰摩托车销售有限公司、德清县双发摩托车有限公司从台州华田销售公司购进,由浙江嘉吉公司生产,但属同类产品,且产品型号、外观、商标与本案侵权产品完全一致。原审原告参照台州华田销售公司销售的同类产品的市场平均价计算本案侵权产品的销售价格并无不当。鉴于上诉人侵权故意较为明显,且在一、二审法院审理期间,均未提供完整的财务资料,一审法院据此推定雅马哈发动机株式会社主张的赔偿数额成立并无不妥。因本案侵权产品的单位利润和侵权所得利益能够查清,浙江华田公司关于本案应当适用侵权产品数量乘以注册商标产品利润的计算方法或者适用 50 万元以下赔偿的上诉请求，无事实和法律依据，不予支持。

侵权人违法所得的计算，一般涉及销售利润、营业利润和净利润。《最高人民法院关于审理专利纠纷案件适用法律问题的若干规定》第20条第3款规定："侵权人因侵权所获得的利益一般按照侵权人的营业利润计算，对于完全以侵权为业的侵权人，可以按照销售利润计算。"该规定在计算相关问题时，可以作为参照。本案雅马哈发动机株式会社主张以侵权获利来确定赔偿额，计算的是营业利润，并非销售利润和净利润，已扣除相关的产品销售税金及附加、销售费用、管理费用和财务费用，无需扣除企业的所得税。因台州华田销售公司、台州嘉吉公司拒绝向一审法院提交营业利润和成本的相关证据，也未提出上诉请求，故浙江华田公司关于雅马哈发动机株式会社主张的计算方法未扣除经营成本、所得税等费用的上诉理由，不予支持。

在二审法院审理期间，雅马哈发动机株式会社答辩称：浙江华田公司销售给台州嘉吉公司的摩托车最终售予台州华田销售公司，由其对外销售，台州华田销售公司应对8 300 440.43元的赔偿数额承担连带责任，而非原审判决认定的72 463.4元。鉴于雅马哈发动机株式会社未就此提出上诉请求，也未向一、二审法院提供相关证据，故对此不予认定。

综上，二审法院认为，浙江华田公司生产、销售以及台州华田销售公司、台州嘉吉公司销售涉案摩托车，侵犯了雅马哈发动机株式会社注册商标专用权。上述三公司共同实施了侵权行为，主观上具有共同侵权故意，应承担连带侵权责任。南京联润公司不构成侵权，不承担法律责任。一审法院认定事实清楚，适用法律正确。依照《民法通则》第118条、第120条第2款、第130条，修改前的《商标法》第38条第1款第（1）项、第（2）项、第（4）项，修改前的《商标法实施细则》第41条第1款第（1）项、第（2）项，修改后的《商标法》第56条第1款，《最高人民法院关于审理商标案件有关管辖和法律适用范围的解释》第8条、第9条，《最高人民法院关于审理商标民事纠纷案件适用法律若干问题的解释》第13条、第14条，《民事诉讼法》第153条第1款第（1）项之规定，二审法院判决：驳回上诉，维持原判。一审案件受理费51 756元、审计费4万元、财产保全费42 023元，共计133 779元，由浙江华田公司负担6.6万元，台州嘉吉公司负担6万元，台州华田销售公司负担7 779元。二审案件受理费51 756元，由浙江华田公司负担。

法官评述

本案主要涉及以下几个问题：1. 浙江华田工业公司等是否有权使用李书通在日本注册的企业名称"日本YAMAHA株式会社"。2. 浙江华田工业公司等使用"日本YAMAHA株式会社"名称是否构成商标侵权。3. 本案赔偿额的确定是否合理。

1. 被告使用"日本YAMAHA株式会社"名称的非正当性

近几年来，沿海一些企业纷纷到境外香港、日本等地，将一些驰名商标、著名商标、商号等注册为自己的商标或者商号，然后许可给境内企业使用牟取利益。法律对这些行为是否允许，引起广泛讨论。这里涉及知识产权的地域性的理论问题。

知识产权具有地域性特征。地域性是指，知识产权依据一个国家或者地区的法律而产生，只在该国或者地区知识产权法律效力范围内受到有效保护。超出该国或者地区的范围，有关的权利即不再有效，不再受到本国或他国或者地区法律的保护。如中国自然人在中国注册或者被授予商标或专利，其商标专用权或者专利权在中国受到保护，在美国并不必然受到保护。即使其在美国发现他人未经许可使用其专利技术或商标，也无权获得救济和保护。一国的知识产权人要在被请求保护国获得保护，必须依该国法律所规定的条件和程序，向该国主管机关申请专利或者注册商标，或者依该国法律获得相应权利。与此不同的是，有形财产所有人在他国仍享有财产所有权，并获得所在国法律的保护。如中国自然人到美国旅游，对其随身携带的相机等钱物仍享有所有权，在该财产丢失或者被窃时，可以依当地法律寻求救济和保护。

因此，在境外依当地法律注册企业名称或者商标的企业，在注册地或者国家享有商标权或者企业名称、商号权等，但使用相关商标或者字号的商品一旦进入境内，或授权境内企业使用该商号、商标，即应受到一定的限制。首先，根据知识产权地域性规则，这些企业在境内不再享有商标专用权或者企业名称权。其次，这些企业使用相关标识要受中国法律的约束。不得与他人在境内依中国法律享有的在先权利相冲突而造成市场混淆，否则属于侵犯他人注册商标专用权等行为，应承担相应法律责任。本案中，李书通在日本注册"日本 YAMAHA 株式会社"名称，并许可境内几被告在发动机、摩托车等商品上使用后，境内被许可使用的被告并不因此而享有合法的使用权。因为，"日本 YAMAHA 株式会社"名称在境内并未登记，李书通在境内不享有合法的商号权或者企业名称权；而且被告的使用也与原告在我国早已注册的享有较高知名度的"YAMAHA""雅马哈"商标近似，造成消费者的误认和混淆。因此，被告的使用依法应受到禁止。

2. 被告使用"日本 YAMAHA 株式会社"名称侵犯了原告的商标专用权

根据《最高人民法院关于审理商标民事纠纷案件适用法律若干问题的解释》的规定，考察被告使用"日本 YAMAHA 株式会社"名称是否构成商标侵权，须符合以下条件：一是被告将该标识使用在与原告商标核定使用的商品相同或者类似的商品上；二是被告突出使用"YAMAHA""雅马哈"字样；三是被告的使用造成消费者的误认和混淆。这里所称的"相关公众的混淆、误认"，是指相关公众误认为被控侵权商标与注册商标所标示的商品来自同一市场主体，或者虽然认为两者所标示的商品来自不同的市场主体，但是误认为市场主体之间存在经营上、组织上或者法律上的关联。这种混淆包括被告的使用造成了实际混淆的后果或者存在混淆的可能性。

对于被告将该标识使用在与原告商标核定使用的商品相同或类似的商品上，双方当事人没有任何争议。对于后两个要件的认定，一、二审法院考虑到：

（1）被告的使用方式。被告在其生产销售的摩托车车身、发动机、减震器等多个重要部件上均标注"日本 YAMAHA 株式会社"字样；在其外包装箱、产品说明书、合格证等最下方以相对较小字体标注了"联合制造"商名称"日本雅马哈株式会社台州华田摩托车有限公司（现浙江华田公司）"字样，同时在其正中间却以较大醒目字体标注"日本 YAMAHA 株式会社"字样。在部分摩托车前盖及后箱上，"株式会社" 4 个字分上下两行排列,其整体高度与"日本 YAMAHA"相同,且字体较小、笔划较细。因此,从使用方式上看,"日本 YAMAHA"文字在字样大小以及粗细等方面均显著突出。同时,在"日本 YAMAHA 株式会社"和"日本雅马哈株式会社"的名称中,"日本"表明国别,"株式会社"为"公司"之意。这两名称非常简单、概要地表明了企业身份,类似于企业名称的简称。事实上,"日本""株式会社"对消费者并无吸引力。对于普通消费者的视觉感观而言,并结合原告商标的知名度,在此标识中的英文"YAMAHA"文字最具显著性和识别性,极易吸引消费者的注意力。故该使用方式系对"日本 YAMAHA 株式会社"字样的突出使用,会产生突出"YAMAHA"标识的实际效果,从而对原告"YAMAHA""雅马哈"商标产生损害。

(2)商标的显著性和知名度。显著性和知名度是判断混淆是否成立的重要因素。因为显著性、知名度高的商标,商标的声誉好、吸引消费者去购买,因而易于被他人在同类商品上复制、模仿使用,造成相关公众混淆和误认。因此,显著性强和知名度高的商标造成混淆的可能性大;反之,混淆的可能性就小。本案中,原告分别于1983、1986年即在中国注册并使用"雅马哈""YAMAHA"商标。通过长期在其生产、销售的摩托车上使用上述注册商标,并通过大量的广告投入、广泛的宣传、优质的售后服务等方式,其"雅马哈""YAMAHA"牌摩托车早在侵权行为发生之前即在国内摩托车生产、销售、消费领域具有良好的声誉和商业信誉。1999年,上述商标被列入全国重点商标保护名录。因此,该商标具有相当高的显著性和知名度,为相关公众所熟知。

考虑上述因素,对于被告已经在其产品说明书、合格证、外包装箱的相关位置标注了产品制造商的企业名称"浙江华田公司",表明了制造者身份的情况下,又在其摩托车的多个重要部件及其外包装箱、说明书等的显著位置单独以较大字体醒目地标注"日本 YAMAHA 株式会社"字样,易使相关公众对其与原告享有较高知名度的"YAMAHA"和"雅马哈"商标及其经营产生误认、混淆,破坏了原告商标的识别功能,从而损害原告商标专用权。

3. 关于损害赔偿额的确定

本案中,虽然经审计,浙江华田工业公司在被控侵权行为发生期间经营亏损,但不能据此认定浙江华田工业公司可以不承担赔偿责任。因为:

(1)浙江华田工业公司与台州嘉吉公司具有紧密的关联关系。根据工商资料反映,涉案期间,浙江嘉吉公司是台州嘉吉公司的最大控股股东。李书通为浙江华田公司、浙江嘉吉公司、台州嘉吉公司的法定代表人,也是浙江华田公司、浙江嘉吉公司的最大控股股东。李书通通过其对浙江华田公司、浙江嘉吉公司绝对的控股关系以及担任上述三公司法定代表人这一身份,绝对控制浙江华田公司、台州嘉吉公司,由浙江华田公司生产、台州嘉吉公司销售侵权产品。因此浙江华田公司与台州嘉吉公司之间存在特殊的关联关系和控股关系,为关联公司。在关联公司间,不能排除浙江华田公司有仅承担成本和各项费用,并向关联公司转移利润的可能。

(2)根据《最高人民法院关于民事诉讼证据的若干规定》第75条规定:"有证据证明一方当事人持有证据无正当理由拒不提供,如果对方当事人主张该证据的内容不利于证据持有人,可以推定该主张成立。"本案中,浙江华田公司拒绝向法院提供其据以审计的完整的财务凭证,已经提供给法院的财务资料中,涉及浙江华田公司与台州华田销售公司间的经销记录严重不完整。该公司拒不按照法院要求提供鉴定所需的完整的佐证财务资料。台州华田销售公司拒绝按照法院要求提供反映其经营状况的相关财务资料。台州嘉吉公司两次拒绝提供法院保全的财务资料,并拒不参加庭审。这些因素都可能导致被告经营利润无法计算和查清,并对本案审计结论产生重大影响。

  基于以上原因,依据不完整财务资料审计得出浙江华田工业公司经营亏损的结论,与其经营管理不善并无直接的因果关系。不能据此认定浙江华田工业公司可以不承担赔偿责任。而原告认为被告间为关联公司,生产商浙江华田公司有可能向其销售商台州嘉吉公司、台州华田销售公司转移利润,生产商和销售商承担连带责任,故将生产商、销售商的侵权环节作为整体来计算其侵权获利额,其提供的计算方法已经充分考虑了被告销售的侵权产品的价格、市场上同类产品的价格以及相关销售成本、费用等因素,具有一定合理性,遂推定原告赔偿请求成立。

(二审合议庭成员:孔祥俊 夏君丽 王艳芳
编写人:江苏省高级人民法院知识产权审判庭 汤茂仁)

26. 意大利傲时公司诉上海申德系统技术公司等侵犯著作权及不正当竞争纠纷案

阅读提示：如何界定《反不正当竞争法》中所称"经营者"的范围与竞争关系？根据本案具体情况，确定法定赔偿额应当考虑哪些因素？

◆ 裁判要旨

在市场上为商业目的从事商业性活动的一切主体都属于经营者，参与他人的市场商业性活动的一切主体也应当同等视为经营者。在发生不正当竞争纠纷时，所称的"市场"具有特定性，是当事人之间作为经营者存在竞争关系的地域性市场，确认当事人在该市场存在竞争关系，是认定提起诉讼的当事人是否具备经营者身份及权利主体资格的关键着眼点。

◆ 案　号

一审：辽宁省高级人民法院（1996）辽民初字第 25 号
二审：最高人民法院（1999）知终字第 6 号

◆ 案情与裁判

原告（二审被上诉人）：意大利傲时公司（简称"傲时公司"）
被告（二审上诉人）：上海申德系统技术公司（简称"系统公司"）
被告（二审上诉人）：上海申德木业机械有限公司（简称"木业公司"）

起诉与答辩

原告傲时公司起诉称：傲时公司是生产木材干燥设备的专业厂家，其在中国经销代理商是协昌木业机械有限公司，住所地香港。该公司在大陆设有分公司作为营销方式，根据需要设计、制作木材干燥设备广告画册，其所有权归傲时公司独家所有。1993 年 9 月开始发现系统公司在各展销会上散发的"申德木材干燥设备用户报告"中有 9 张图片和工程技术图是从傲时公司广告画册中盗用的，并可见到傲时商标标识。木业公司自 1995 年 5 月成立后，即盗用本公司的工程原理图在国内散发。二被告上述行为构成了侵犯其公司作品著作权和广告图片权以及采用不正当竞争手段争夺木材干燥设备销售市场三个侵权故意，给其公司造成了严重经济损失，请求二被告赔偿经济损失 830 万元人民币。

被告系统公司答辩称：1. 原告的诉讼主体资格不合格。其曾引用过意大利傲时公司的几张图片，但不是意大利傲时潘托公司。2. 即使是侵权行为成立，也早已过了诉讼时效，因为其发现使用傲时公司图片不妥时，即停止了使用。1995年5月之后，其已停止生产和销售业务，即使侵权也过了诉讼时效。3. 其向客户散发说明书中虽引用几张图片，但只是说明产品的外观性质，没有故意假冒原告的作品，也没有误导客户，其是生产自己的产品，谈不上不正当竞争。4. 原告指控二被告的行为是连续的、共同的是不能成立的。5. 原告要求赔偿数额没有事实依据。被告木业公司答辩称：1. 原告指控其盗用傲时公司"工程技术图"的事实不成立，工作原理图各自大同小异，其是自行设计的，不是抄袭傲时公司的。2. 其自成立以来没有作虚假宣传，误导客户，根本构不上不正当竞争。3. 原告请求赔偿830万人民币没有道理。

一审审理查明

辽宁省高级人民法院经审理查明：傲时公司成立于1984年10月29日，注册登记时间是1985年10月17日，公司名称为OSPANTOSRL（傲时），公司性质为单一股东的有限责任公司，地址在意大利川域素省，注册资金为9 900万意大利里拉，法定代表人潘托·铁托。该公司经营范围木材和农业产品使用的干燥设备的设计和生产；工业和建筑用的保温幕墙的生产；一般的通用机械建造。1985年12月22日，该公司由原傲时公司更名为傲时潘托公司。

该公司在意大利申请了傲时牌产品的商标注册，其向中国推销产品有两种方式：一种是本公司及其独家代理商香港协昌木业机械有限公司在中国参加各种形式的木工机械展览会向中国推销产品；另一种是该公司向代理公司的两个子公司即深圳开原木业制品有限公司销售傲时牌干燥设备的零部件。为了达到销售目的，该公司制作了各种不同版本的广告册。其中有图片、文字说明、示意图等进行介绍该公司的产品，该画册在意大利于1986年正式出版。

系统公司成立于1992年10月24日，为股份合作制企业，注册资金10万元，其经营业务包括生产木材干燥设备。该公司于1995年停止生产干燥设备。同年5月3日，木业公司成立，系有限责任公司，注册资金100万元，其经营业务中包括木材干燥设备。

1993年，傲时公司的代理商发现系统公司利用该公司画册中的干燥设备图片向客户散发宣传产品，即发表声明，提出抗议。继后又发现系统公司、木业公司陆续使用该公司的画册中的图片。经查，系统公司自1993年9月起至1995年11月止，先后在参加广州第三届国际木材加工机械技术系统展览会、北京第四届国际木工及家具机械设备展览会、上海第四届国际林业及木材加工机械技术交流展览会以及在与吉林省泉阳林业局计划处、香港英伟贸易公司洽谈生意时，向客户散发的"申德木材干燥设备用户报告"宣传画册中，有9张或者5张图片是从意大利傲时公司的中英文广告画册中抄袭的。木业公司自1995年8月至1997年6月，在与吉林省泉阳林业局计划处、香港英伟贸易公司洽谈生意时，将系统公司的"申德木材干燥设备用户报告"寄给客户进行洽谈业务，该资料中有5张图片是从意大利傲时公司广告画册中抄袭的。同时，木业公司在参加大连国际家具、灯饰及木工机械展览会、上海木工机械展览会、四川成都木工机械展览会上向客户散发的广告画册中有一幅"干燥设备原理图"，系从意大利傲时公司广告画册中采用桌面拼接技术抄袭的。系统公司、木业公司于1997年10月15日向一审法院提供的产品销售情况记载，系统公司自 1994 年至 1995 年共销售干燥设备六十余台，总销售额为 14 237 810 元；木业公司自 1995 年至 1997 年共销售一百余台，总销售额为 23 398 310 元。1998 年 9 月 1 日，两公司再次提供财务状况，系统公司销售额为 273.3 万元；木业公司销售额为 14 205 044.66 元。傲时公司以系统公司、木业公司侵犯其著作权、广告图片权以及采取不正当竞争手段争夺市场为由，向辽宁省高级人民法院提起诉讼。

一审判理和结果

辽宁省高级人民法院经审理认为：傲时公司为推销产品而设计制作的广告画册（含工作原理图），属于知识产权范畴，该画册与 1986 年在意大利出版，傲时公司享有该画册版权。根据《保护文学和艺术作品伯尔尼公约》和《中华人民共和国政府和意大利共和国政府关于鼓励和相互保护投资协定》及我国《著作权法》的有关规定，意大利傲时公司制作的"关于木材干燥设备"的广告画册受中国法律保护。系统公司、木业公司宣传资料中的工作原理图经鉴定系使用傲时公司画册中的"工作原理图"经桌面拼接而成，因此，系统公司关于广告画册非傲时公司作品并已停止使用的理由，因缺乏事实依据不予采信。系统公司、木业公司自 1993 年起为间断使用傲时公司的宣传画册，侵权行为处于持续状态，傲时公司的起诉未超过诉讼时效。系统公司、木业公司为推销其干燥设备产品，在明知或者应当知道的情况下，未经许可擅自使用傲时公司的画册及工作原理图，在全国各种展销会上和洽谈生意中宣传自己的产品，目的是利用傲时公司的产品设备及产品优势，达到排斥竞争产品在市场竞争中取得优势地位。其所进行的虚假宣传，误导了客户，构成了不正当竞争。系统公司、木业公司的上述侵权行为，构成了侵权责任竞合。根据有关法律规定，傲时公司选择二被告公司承担不正当竞争赔偿责任的请求，应予支持。对于本案原告经济损失的赔偿，因二被告不配合审计，故以二被告 1997 年 10 月 15 日向法院提供的销售获利额为根据。据此，依据《反不正当竞争法》第 2 条、第 9 条、第 20 条之规定，判决：一、被告上海申德系统技术公司自本判决生效之日起 10 日内赔偿原告经济损失人民币 2 847 562 元；二、被告上海申德木业机械有限公司自本判决生效之日起 10 日内赔偿原告经济损失人民币 4 679 662 元；三、上述上海申德系统技术公司、上海申德木业机械有限公司应付款项逾期执行，按《民事诉讼法》第 232 条规定执行；四、本案的财产保全费 2 万元、审计费 1 万元、鉴定费 500 元，合计 30 500 元，由二被告各承担一半；案件受理费 51 510 元，由上海申德系统技术公司承担 21 510 元，上海申德木业机械有限公司承担 3 万元。

上诉与答辩

上诉人系统公司上诉称：外国公司在中国从事生产经营活动，应当事先经过有关工商行政管理机关批准，傲时公司未经批准，不具备《反不正当竞争法》第 2 条规定的"经营者"的资格；傲时牌木材干燥设备并未合法、有效地出现在中国市场；原审判决适用《反不正当竞争法》第 9 条错误，系统公司所作出的宣传是真实可靠的宣传，且木材干燥设备是大型机械，年销售量一般不过几十台，生产商必须提供设备的安装、调试和售后服务，不同于生活中的消费品，仅靠泛泛的宣传不可能成交，也不可能发生引人误解的效果；系统公司未经许可使用他人照片，但未企图将自己的品牌"申德"与傲时牌相混淆,"申德木材干燥设备用户报告"中也明确对设备的品牌、制造厂家、各种部件的来源等作了明白无误的说明;原审判决适用《反不正当竞争法》第20条规定错误,根据该条规定,只有当被侵害的经营者的损失难以计算时,才以侵权人因侵权所得利润确定赔偿额,系统公司与法庭多次要求被上诉人说明其经营情况,但对方却回避;一审法院明知所获得的是系统公司的不真实毛利润,却仍然简单地将其作为定案利润使用实属错误。要求撤销原审判决,驳回傲时公司的起诉。木业公司上诉称:公司使用的"工程原理图"是有关供热系统、气流循环系统、干燥系统等排列的公知原理图,并无技术含量,其中所包含的"原理"散见于各类教科书,该图与公开的BASUKI的工程原理图也相似,故使用"工程原理图"的行为不构成不正当竞争行为;傲时公司的产品从未合法进入中国市场,不是法律承认的"经营者";木业公司在销售自己产品的时候,从未使用过"傲时"牌,与傲时公司未发生竞争关系;傲时公司选择了按照其实际损失赔偿的方法,却未提供证明,即使按照侵权利润赔偿,原审判决将木业公司其他产品的利润也计入赔偿,且该数额是一审法院在公司财务人员外出及无法核查有关列表的情况下强迫公司人员凭记忆出具的利润数字,不应作为赔偿依据。原审判决还存在程序和其他实体方面认定事实的差错。请求撤销原审判决,依法驳回被上诉人的诉讼请求、改判或者发回重审。

被上诉人傲时公司答辩称:本公司并非以自己名义在中国境内从事经营活动,无须经过批准,香港协昌木业机械有限公司作为本公司的代理商,还在中国大陆设立独资企业以销售"傲时"牌的系列干燥设备,故本公司的产品合法进入中国市场,《保护工业产权巴黎公约》第2条规定不要求成员国国民在请求保护其产权的国家中设有住所或者营业所,故本公司具备诉讼主体资格;系统公司、木业公司将本公司的产品照片用于该公司产品的宣传,不属于真实可靠的宣传,目的是利用本公司产品的优势地位,误导客户,使其误解为该公司的产品已经达到其所宣传的程度,以此排斥竞争对手,故构成不正当竞争行为;关于赔偿问题,原审判决依据两上诉人自己提供的产品销售情况及最低毛利率计算出赔偿数额,上诉人未提出证据进行反驳,应当维持。

二审审理查明

最高人民法院经审理查明,傲时公司于1985年10月17日在意大利TREVISO省注册,1987年1月19日经变更注册后启用ORGANISEDSYSTEMS.R.L名称,此后,公司的中文名称使用"傲时公司",1996年2月19日,公司更名为O.S.PANTO.S.R.L,中文名称不变。该公司以经营木材干燥设备为主要经营活动之一,通过香港协昌木业机械有限公司及其在大陆设立的子公司向中国进口产品。为了达到销售商品的目的,该公司制作了广告宣传画册,其中有图片、文字说明、示意图等。画册在意大利国于1986年正式出版,其中关于木材干燥设备的图片有95幅。1993年,傲时公司的代理商发现系统公司利用该公司画册中的干燥设备图片向客户散发宣传产品,即发表声明,提出抗议。此后系统公司、木业公司仍陆续使用了该公司的画册中的图片进行产品宣传。系统公司自1993年9月起至1995年11月止,在参加广州第三届国际木材加工机械技术系统展览会、北京第四届国际木工及家具机械设备展览会、上海第四届国际林业及木材加工机械技术交流展览会以及在与吉林省泉阳林业局计划处、香港英伟贸易公司洽谈生意时，向客户散发了"申德木材干燥设备用户报告"，其中总计有14张图片，其中分别有9张或者5张图片是意大利傲时公司中英文广告画册中的图片。该用户报告中称："公司的主要业务是向中国用户提供SUNTEK'申德'大型自动化木材干燥窑。SUNTEK干燥窑的成套设计、技术、工艺标准，整套的木材干燥控制系统和关键设备均由德国公司提供"。木业公司自1995年8月至1997年6月，在与吉林省泉阳林业局计划处、香港英伟贸易公司洽谈生意时，将系统公司的"申德木材干燥设备用户报告"寄给客户进行业务联系，该报告中有五张图片是意大利傲时公司广告画册中的图片。同时，木业公司在参加大连国际家具、灯饰及木工机械展览会、上海木工机械展览会、四川成都木工机械展览会上向客户散发的广告画册中有一幅"干燥设备原理图"，系从意大利傲时公司广告画册中采用桌面拼接技术抄袭的。

一审法院一审期间，决定对系统公司、木业公司的生产销售利润进行审计，同时又要求两公司提供其生产销售木材干燥设备的数量、利润等证据或者数字。系统公司、木业公司于1997年10月15日向一审法院提供了产品销售情况表，其中记载系统公司自1994年至1995年共销售干燥设备六十余台，总销售额为14 237 810元；木业公司自1995年至1997年共销售一百余台，总销售额为23 398 310元，以上商品销售的毛利率为20%~25%。1998年9月1日，两公司再次提供财务状况，系统公司销售额为2 733 000元；木业公司销售额为14 205 044.66元。1999年，系统公司为委托上海经隆会计师事务所进行财务审计，提供了该公司1993年、1994年和1995年的会计报表，其中载明：系统公司产品销售利润1993年为74 185.88元，1994年为23 530.69元，1995年为271 270.82元；营业利润为1993年亏损23 744.46元，1994年亏损125 661.11元，1995年亏损198 382.75元。同年10月15日，经隆会计师事务所据此作出该公司连年亏损的审计结论。1997年和1998年，木业公司为委托上海新申会计师事务所进行财务审计，提供了该公司1996年和1997年的会计报表，其中载明：1996年该公司商品销售利润534 669.22元，营业利润为亏损32 678.32元，1997年该公司商品销售利润1 980 502.97元，利润总额亏损27 631元。新申会计师事务所据此作出该公司连年亏损的审计结论。

二审判理和结果

最高人民法院经审理认为：意大利傲时公司于1986年设计制作的广告宣传画册，是文字作品与设备照片等摄影作品的编辑作品，其中有关设备的摄影作品，可以单独使用，也具有独创性。根据《保护文学和艺术作品伯尔尼公约》《中华人民共和国政府和意大利共和国政府关于鼓励和相互保护投资协定》和我国《著作权法》的规定，意大利傲时公司对其制作的广告画册编辑作品以及画册中的照片等摄影作品享有著作权，该权利受我国《著作权法》保护。系统公司与木业公司未经著作权人傲时公司的同意，擅自复制、使用该画册中的摄影作品对其商品作宣传，侵犯了傲时公司的著作权，应当承担侵权法律责任。原审判决对此认定正确，应予维持。傲时公司称其设计的"工程原理图"属于具有独创性的作品，要求保护，但该原理图属于对干燥设备及工艺流程作概略图形示意和名称标注，其表达形式为已经通用的表达形式，缺乏独创性，不属于《著作权法》保护的范围。原审判决认定傲时公司对该"工程原理图"享有著作权，事实与法律依据均不足，应予纠正。

傲时公司是"傲时"商标在我国境内的合法使用人，也是"傲时"牌木材干燥设备的供应商，其商品通过香港协昌公司及其在我国内地设立的机构向内地合法进行销售和宣传，使"傲时"牌木材干燥设备在内地占有了一定的市场份额，因此，从商品提供者来看待傲时公司，其属于我国《反不正当竞争法》所称的"经营者"，其享有的合法权益受我国《反不正当竞争法》的保护。《保护工业产权巴黎公约》不要求公约参加国的公司必须在其他公约参加国中有经营场所其权利才受保护，故傲时公司虽然是外国公司，但其在中国没有经营场所的事实，不影响对其经营者地位的确认，也不影响该公司依据我国《反不正当竞争法》主张权利。两上诉人称傲时公司产品未合法进入中国市场，没有事实依据；称傲时公司不具有《反不正当竞争法》规定的"经营者"的身份，不具备诉讼主体资格的理由缺乏事实和法律依据，其这一上诉理由与主张本院不予支持。

系统公司在推销"申德"牌木材干燥设备过程中散发的用户报告，使用了傲时公司木材干燥设备宣传材料中的设备照片，其实际销售的设备与傲时公司的设备又不相同，故这一用户报告起到了误导消费者、混淆商品的作用，系统公司明知傲时公司有异议，仍然实施上述行为，其行为构成《反不正当竞争法》第9条所称的利用广告或者其他方法，对商品作引人误解的虚假宣传的行为，损害了正当经营者傲时公司的合法权益，系统公司对此应当承担不正当竞争法律责任。木业公司在销售其商品过程中，明知傲时公司有异议，仍然使用了系统公司的用户报告，直接损害了傲时公司的合法权益，其行为构成不正当竞争行为；系统公司许可木业公司使用该用户报告，对木业公司的不正当竞争行为应当承担连带法律责任。原审判决对两上诉人构成不正当竞争行为认定正确，但未认定系统公司与木业公司构成共同侵权不当，应予纠正。木业公司散发的"干燥设备原理图"虽然源于傲时公司的宣传资料，但傲时公司未能证明该原理图为其所特有或者独创，又为通用的工程原理的表达形式，且傲时公司未能证明木业公司的设备不符合该原理图的设计，故傲时公司关于木业公司散发"干燥设备原理图"的行为构成不正当竞争行为的主张和请求缺乏事实和法律依据，予以驳回。

傲时公司基于两被上诉人侵权责任竞合的情况选择要求两被上诉人承担不正当竞争行为的赔偿责任，一审法院予以认可正确，最高人民法院予以维持。

关于系统公司与木业公司不正当竞争行为的赔偿责任，最高人民法院注意到：本案除了照片宣传上存在不正当竞争行为外，在商品的商标、名称、装潢等其他方面没有不正当竞争情形，而宣传材料造成的误认、混淆有别于在商品上使用商标、名称、装潢等造成误认、混淆的机会和程度，故赔偿上与侵犯商标权和使用知名商品特有名称、包装、装潢等不正当竞争行为应当有所差别。对于大型设备的销售来说，购买者需要实地考察设备，销售商需要进行设备安装、售后服务等，照片等宣传材料在销售商品中肯定会起到一定作用，但其作用是有限的，不能替代商品的质量、品牌、技术含量、售后服务等因素在售出商品中的重要作用，故从侵权行为与损害结果的因果关系上确认本案不正当竞争行为所产生的损害也应当是有限的。根据赔偿数额与损害结果应相当的原则，原审判决将推定的两上诉人的商品销售利润全部判决赔偿不妥，应予纠正。本案被上诉人难以证明其实际遭受的损失,两上诉人先后三次提供的销售额、毛利(即商品销售利润)等数字之间又互有矛盾。两上诉人最早于1997年10月向一审法院提供的数字高于以后提供的数字,一审法院在要求当事人提交该数字时,未明确要求其区分商品销售利润(即毛利)与营业利润,该数字又为上诉人管理人员在未核对账册下提供的数字,故一审法院以此数字确定赔偿额依据不足,应予纠正。鉴于上诉人后两次提供的数字同样没有证实其来源的可靠性,所依据的资料是否完整真实缺乏证明,且第二次提交的数字情况仅为销售额数字,第三次提交的营业利润数字为亏损,难以以此确定赔偿,故本院根据本案的实际情况确定合理的赔偿额。根据本案技术设备商品销售过程的特点,可以认为商品的质量、价格、品牌、技术含量、售后服务承诺、推销宣传等在售出该商品中均起到主要作用;两上诉人在推销宣传中所使用的用户报告是主要的宣传资料,散发用户报告是两上诉人的主要推销手段,故用户报告发挥的作用基本上等同于推销宣传的作用,且该报告中的图片直接表现了所提供的设备不存在的技术特征,其作用应当相应加重考虑;用户报告由文字、图片两部分组成,其中文字部分没有引人误解的成分,且对设备的来源作了明确的说明,在一定程度上可以抵消图片的误导作用,故侵权图片的作用在用户报告中至多占1/2比例。根据以上因素并参考两上诉人三次提供的商品销售额和毛利的数字情况,本院确定系统公司赔偿数额为296 621元。鉴于能够证明木业公司不正当竞争行为的证据表明其侵权情节轻微,其行为也仅仅是使用了系统公司的宣传资料,故其赔偿数额应当酌情减少,本院确定其赔偿数额为292 479元。由于系统公司的不正当竞争行为发生在1995年12月以前,木业公司的不正当竞争行为发生在1998年以前,侵权之债形成时间较长,故两上诉人应当分别承担上述赔偿金额相应的银行同期贷款利息。

原审判决除赔偿数额外,事实清楚;除认定木业公司使用"干燥设备原理图"构成不正当竞争行为和未认定两上诉人对木业公司的不正当竞争行为应当承担共同责任有错误应予纠正外,其他认定和适用法律正确,应予维持。上诉人的上诉理由部分成立。原审判决主文第三项、第四项不属于主文应当表述的内容,最高人民法院以撤销方式予以调整。综上,最高人民法院根据《民事诉讼法》第153条第1款第(3)项之规定,判决:一、变更辽宁省高级人民法院(1996)辽民初字第25号民事判决第一项为:上海申德系统技术公司于本院判决生效之日起15日内支付意大利傲时公司经济损失赔偿金人民币296 621元,并承担该款自1995年12月1日起至执行之日止的银行同期贷款利息;二、变更辽宁省高级人民法院(1996)辽民初字第25号民事判决第二项为:上海申德木业机械有限公司于本院判决生效之日起15日内支付意大利傲时公司经济损失赔偿金人民币292 479元,并承担该款自1997年7月1日起至执行之日止的银行同期贷款利息,上海申德系统技术公司对上述款项承担连带清偿责任;三、撤销原审判决第三项、第四项。本案财产保全费2万元,由上海申德系统技术公司、上海申德木业机械有限公司各承担1万元,审计费1万元,由上海申德系统技术公司、上海申德木业机械有限公司各承担5 000元,鉴定费500元,由意大利傲时公司承担,一审、二审案件受理费各51 510元,共计103 020元,由上海申德系统技术公司、上海申德木业机械有限公司各承担40%,即41 208元,意大利傲时公司承担20 604元。

法官评述

本案要点如下:

一、《反不正当竞争法》中所称"经营者"的范围与竞争关系问题

系统公司与木业公司在其上诉中称傲时公司产品未合法进入中国市场,傲时公司不具有《反不正当竞争法》规定的"经营者"的身份。这一上诉理由,直接涉及傲时公司的权利主体资格问题,需要首先予以解决。这一问题又有两方面的意义,一是傲时公司的产品是否合法进入中国市场问题,这个问题仅涉及事实的查证。经两审查明,傲时公司的产品虽然不是由其直接进口中国市场的,但该公司通过在香港的代理商向内地进口,"傲时"品牌的设备已经在市场上有一定的知名度,上诉人又未能举证证明傲时公司及其代理商非法进口设备,故上诉人对被上诉人产品进入市场的合法性所提出的意见没有事实依据,不能支持。二是退一步说,即使傲时公司的产品没有进入中国市场,如果该公司或者其代理商在内地为推销商品进行了宣传活动,表明了商品生产者、提供者的身份,其也具有《反不正当竞争法》所称的"经营者"的地位,其合法权益应当受到法律保护,这是本案涉及法律适用的一个主要问题。

《反不正当竞争法》是保护"经营者"的法律,依据该法规定向人民法院请求保护权利的,只能是经营者。《反不正当竞争法》通过保护经营者诚实的商业活动,维护市场竞争秩序,间接保护消费者。因此,适用《反不正当竞争法》,就必须对何为"经营者",其范围包括哪些作出明确的界定,由此确定竞争关系的存在与否。由于我国市场经济刚起步,经营者的概念与范围还一时难以从法律上全面给予界定,因此需要人民法院通过案件的审理不断积累总结经验,逐步予以明确。

通常理解,经营者至少包括市场上的商品生产、销售者,服务提供者,技术开发、转让、使用或者持有人等,推而广之,在市场上为商业目的从事商业性活动的一切主体都属于经营者,参与他人的市场商业性活动的一切主体也应当同等视为经营者。在发生不正当竞争纠纷时,所称的"市场"具有特定性,是当事人之间作为经营者存在竞争关系的地域性市场,确认当事人在该市场存在竞争关系,是认定提起诉讼的当事人是否具备经营者身份及权利主体资格的关键着眼点。

本案最高法院从傲时公司是"傲时"商标在中国大陆的合法使用人,也是"傲时"牌木材干燥设备的供应商,其商品通过香港协昌公司及其在大陆设立的机构向大陆合法进行销售和宣传,使"傲时"牌木材干燥设备在大陆占有了一定的市场份额的角度来认定傲时公司属于《反不正当竞争法》所称的"经营者",其合法权益受《反不正当竞争法》的保护。这一认定,顾及了经济全球化浪潮中商品跨国销售甚至无国界销售(如网上购物)的新情况,以市场上出现的合法商品的提供者作为经营者来对待,没有局限于仅认定进口商品的进口商或者国内销售商为经营者,扩大了对经营者审查的视野,确立了一项认定经营者的基本原则。这一做法,加之在判决书中所作的具体表述,阐释了中国对《保护工业产权巴黎公约》规定的理解和严格履行公约义务的态度,符合《反不正当竞争法》的立法本意,对规范多层次的市场与市场行为,维护市场秩序,具有重要

意义。

二、关于人民法院根据案情适用定额赔偿的原则与方法问题

本案当事人对事实问题并无较大分歧意见，因此，在认定当事人之间著作权侵权和不正当竞争行为问题上不存在疑点和困难，难以处理的是赔偿问题。

木业公司与系统公司的侵权与不正当竞争行为，仅涉及在宣传材料中使用了傲时公司的产品宣传照片，在商品的商标、名称、装潢等其他方面没有侵权或者不正当竞争的情形。从误导消费者的角度看，宣传材料造成的误认、混淆有别于在商品上使用商标、名称、装潢等造成误认、混淆的机会和程度，故案件的赔偿与商标侵权和使用知名商品特有名称、包装、装潢等不正当竞争行为应当有所差别，一般不宜将行为人所得到的利润全部归结于侵权行为的结果。故二审判决根据具体情况认定：对于大型设备的销售来说，购买者需要实地考察设备，销售商需要进行设备安装、售后服务等，照片等宣传材料在销售商品中肯定会起到一定作用，但其作用是有限的，从侵权行为与损害结果的因果关系上确认本案不正当竞争行为所产生的损害也应当是有限的，考虑到损害与赔偿相一致的原则，原审判决将商品销售利润全部判决赔偿是不妥当的。这是最高法院在确定赔偿数额时考虑的第一个因素，也可以成为确定侵权损害赔偿方面的一项具体原则。

由于本案被上诉人无法证明其实际遭受的损失和上诉人因侵权获利的数额，两上诉人先后三次提供的销售额、毛利（即商品销售利润）等数字之间又有矛盾，一审法院取得其第一次提供的数字时，未明确要求区分商品销售利润（即毛利）和营业利润，未剔除当事人实际支出的管理费用和财务费用等，判决采信这一数字有所不妥；鉴于上诉人后两次提供的数字同样没有证实其来源的可靠性，所依据的资料是否完整真实缺乏证明，故本案无法以侵权人因侵权获得的利润计算赔偿。因此，最高法院根据案件的实际情况适用了定额赔偿（也称酌定赔偿），即参考《全国部分法院知识产权审判工作座谈会纪要》中提出的5000元至30万元酌定赔偿的幅度进行赔偿。

"定额赔偿"的原则是合理补偿权利人的损失。在确定其损失时，一要考虑行为与损失的因果关系；二要考虑侵权的性质与情形。本案的赔偿考虑了以下因素：1. 两上诉人三次提交的销售额和毛利的具体数字。2. 技术设备商品销售过程的特点，即一般可以认为商品的质量、价格、品牌、技术含量、售后服务承诺、推销宣传等在售出商品中起到主要作用，据此可以推算推销宣传在出售商品中发挥1/6的作用。根据本案的实际情况，两上诉人在推销宣传中所使用的用户报告是主要的宣传资料，散发用户报告是两上诉人的主要推销手段，故可以认定用户报告发挥的作用等同于推销宣传的作用，且该报告中的图片直接表现了所提供的设备不存在的一些技术特征，其作用应当相应加重考虑。考虑到用户报告由文字、图片两部分组成，其中文字部分没有引人误解的成分，且对设备的来源作了明确的说明，在一定程度上可以抵消图片的误导作用，故侵权图片的作用在用户报告中至多占1/2比例。用户报告中共有14张图片，其中9张或者5张有引人误解的作用，考虑到案件的具体情况及其处理的法律效果与社会效果，对此继续划分赔偿比例已无必要。3. 木业公司与系统公司侵权的实际情形。判决根据两公司侵权的实际情况，分别判决了承担赔偿责任、连带赔偿责任等，原审判决对此未作具体划分，其责任认定有误。

此外，本案两审判决书在叙述事实上有所不同，二审判决对原审判决书中认定事实部分中叙述不够清晰明了的部分作了改写，对当事人二审有争议的分歧意见所相关的事实予以补充说明。

（二审合议庭成员：董天平　王永昌　张　辉
编写人：最高人民法院知识产权审判庭　王艳芳）

27. 中国粮油食品集团有限公司诉北京嘉裕东方葡萄酒有限公司等侵犯注册商标专用权纠纷案

阅读提示：在审理侵犯商标专用权案件中，认定商标相同和近似的原则是什么？是否需要考虑请求保护商标的显著性和知名度？

裁判要旨

本案裁判的意义在于最高人民法院通过该案阐明了在侵犯商标专用权案件中认定商标相同和近似的原则为：（一）以相关公众的一般注意力为标准，既要进行对商标的整体比对，又要进行对商标主要部分的比对，比对应当在比对对象隔离的状态下分别进行，判断商标侵权中的近似不限于商标整体的近似，而还包括主要部分的近似。（二）判断商标是否近似，应当考虑请求保护注册商标的显著性和知名度。

案　号

一审：北京市高级人民法院（2004）高民初字第1288号
二审：最高人民法院（2005）民三终字第5号

案情与裁判

原告（二审被上诉人）：中国粮油食品集团有限公司（简称"中粮公司"）
被告（二审上诉人）：北京嘉裕东方葡萄酒有限公司（简称"嘉裕公司"）
被告：南昌开心糖酒副食品有限公司（简称"开心公司"）
被告：秦皇岛洪胜酒业有限公司（简称"洪胜公司"）

起诉与答辩

原告中粮公司诉称：中粮公司是第70855、1447904号注册商标的合法所有人，上述商标分别于1974年7月20日、2000年9月21日核准注册，现为有效商标。嘉裕东方公司在其制造、销售的多种葡萄酒产品上突出使用了"嘉裕长城"字样。嘉裕东方公司使用"嘉裕长城"字样系由开心公司许可使用。二被告的法定代表人均为苏诚，且开心公司原为中粮经销商，二被告具有明显的侵权故意。洪胜公司在明知上述二被告的行为已经侵犯我公司商标专用权的情况下，仍然为嘉裕东方公司加工灌装被控侵权产品。嘉裕东方公司、开心公司和洪胜公司的行为共同侵犯了中粮公司的注册商标专用权，给中粮公司造成了巨大损失。请求判令：（1）三被告停止侵权行为；（2）嘉裕东方公司和开心公司在《人民日报》上发表致歉声明；（3）嘉裕东方公司和开心公司赔偿经济损失1亿元人民币；（4）三被告共同承担为制止侵权行为而支出的合理费用30万元人民币；

(5) 三被告共同承担本案诉讼费用；(6) 销毁侵权产品包装物。

被告嘉裕东方公司辩称：其使用"嘉裕长城"商标系经过开心公司授权，该商标现处在异议中，国家商标局明示其可以使用该商标。其使用"嘉裕长城"商标是合理合法的，不构成对中粮公司商标专用权的侵犯，请求驳回中粮公司的全部诉讼请求。

被告开心公司辩称：其早在1999年5月21日就申请了1502431号"嘉裕长城"商标，该商标现虽处于异议中，但国家商标局明示此商标可以合法使用。其确曾许可嘉裕东方公司使用该商标，嘉裕东方公司是整体使用了该商标，并未突出"长城"字样。经过多年使用，"嘉裕长城"商标已具有很强的显著性，相反中粮公司的"长城"商标却根本不具有显著性，两商标不构成近似，在使用中也不可能造成相关公众的混淆与误认。请求驳回中粮公司的诉讼请求。

被告洪胜公司辩称：其只负责生产加工葡萄酒，与嘉裕东方公司之间只存在委托加工关系。"嘉裕长城"葡萄酒并未侵犯中粮公司的商标专用权，即使构成侵权也与其无关，其对嘉裕东方公司的委托手续进行了严格审查，全部合法，其不存在主观上的故意和过失，且中粮公司也从未告知"嘉裕长城"葡萄酒是侵权产品，故其不应负赔偿责任。请求驳回中粮公司的诉讼请求。

一审审理查明

1974年7月20日，中国粮油食品进出口公司天津分公司核准注册了70855号"长城牌"商标，使用商品为第33类葡萄酒等。1998年4月8日，商标专用权人变更为原告中粮公司。2000年9月21日，中粮公司核准注册了1447904号"长城"商标，使用商品为第33类米酒等，其中并未包括葡萄酒项。开心公司成立于1996年7月18日，法定代表人苏诚，该公司与中粮公司下属的中国长城葡萄酒有限公司曾签有产品经销协议书，系其经销商，长期经销"长城牌"葡萄酒，后双方因货款问题发生纠纷。1999年5月21日，开心公司申请了1502431号"嘉裕长城"商标，该商标于2000年10月7日初审公告。2001年1月6日，中粮公司针对该商标提出异议，现该商标在异议程序中。2001年2月16日，苏诚等成立了嘉裕公司，2001年3月18日，开心公司与嘉裕公司签订协议，许可嘉裕公司使用"嘉裕长城"商标。2001年10月22日，嘉裕公司与昌黎县田氏葡萄酒有限公司（简称"田氏公司"）签订委托生产加工"嘉裕长城"葡萄酒合作协议，约定年产量不得低于500吨。2001年11月，嘉裕公司委托烟台欧华酒业有限公司（简称"欧华公司"）加工生产"嘉裕长城"葡萄酒192.03吨。2003年8月1日，嘉裕公司与洪胜公司签订委托生产加工"嘉裕长城"葡萄酒合作协议，洪胜公司为嘉裕公司实际加工生产了嘉裕长城葡萄酒609.6吨。

2004年11月，注册并使用在第33类葡萄酒商品上的第70855号"长城GREAT-WALL及图"于被国家工商行政管理总局商标局认定为驰名商标。

一审判理和结果

北京市高级人民法院经审理认为：中粮公司的第70855号、第1447904号注册商标均为有效商标，其商标专用权应受法律保护。第70855号注册商标核定使用的商品为葡萄酒等，"长城"文字为其最显著的识别部分；第1447904号注册商标核定使用的产品为米酒、果酒等。开心公司申请注册并许可嘉裕公司使用的第1502431号商标处于异议中，应视为未注册商标。嘉裕公司生产、销售，洪胜公司等负责加工、灌装的"嘉裕长城"和"嘉裕"系列葡萄酒均使用了未注册商标及"JIAYUCHANGCHENG"字样。第70855号和第1447904号注册商标的最显著识别部分均为"长城"文字，"嘉裕长城"与其在标识上构成近似，"JIAYUCHANGCHENG"属于对"长城"标识的翻译，而且葡萄酒与米酒、果酒等同属类似商品，嘉裕公司、洪胜公司的行为对于第70855号、第1447904号注册商标已构成侵权。本案中，嘉裕公司在2005年2月17日以3年未使用向商标局申请撤销第70855号注册商标，并且指出第1447904号注册商标核定使用商品不包括葡萄酒项。但是，中粮公司多年来在葡萄酒商品上连续实际使用"长城"文字标识并且已经达驰名程度这一事实，足以使其成为具有较高知名度的未注册商标，即使在对第70855号、第1447904号注册商标不予考虑的情况下，嘉裕公司和洪胜公司的行为仍然对"长城"未注册商标构成侵权。一审法院依据《商标法》第52条第（1）项、第56条第1款，《民法通则》第134条第1款第（1）项、第（7）项之规定，判决三被告停止侵权并判决嘉裕公司赔偿中粮公司经济损失1 500万余元。

上诉与答辩

嘉裕公司上诉称：1. 北京市高级人民法院违反法定程序，擅自超越当事人诉讼请求范围进行审理，关键证据未经双方庭审质证，并且错误认定案件事实。中粮公司关于商标侵权的指控针对的是嘉裕公司的"嘉裕长城"系列产品，不包括"嘉裕"系列葡萄酒，北京市高级人民法院判令嘉裕公司停止生产、销售"嘉裕"系列葡萄酒超越了当事人诉讼请求范围。北京市高级人民法院未经当事人请求并按法定程序认定涉诉商标为驰名商标，对于认定该商标为驰名商标的相关证据未经质证。北京市高级人民法院认定的2004年北京市工商行政管理局西城分局发现的青云谱仓库库存数量，该证据系中粮公司庭后提交，未经双方当事人质证。2. 北京市高级人民法院在执行（2004）高民初字第1288号民事裁定书时，违反法定程序，以证据保全的名义实施了财产保全行为，查封、扣押了存放于青云谱仓库价值400余万元的货物，给嘉裕公司的合法权益造成了严重损害。另外，在北京市高级人民法院查封、扣押嘉裕公司库存商品后，中粮公司未经允许私自拆封，并将法院查封的部分商品转移、隐匿，给嘉裕公司的财产权利造成了严重损害。3. 嘉裕公司使用的"嘉裕长城及图"商标与中粮公司第70855号"长城牌"注册商标、第1447904号"长城"注册商标不近似，不构成侵权。"嘉裕长城及图"商标使用合法，市场上不存在混淆，"嘉裕长城及图"商标不能称为"嘉裕长城"商标。由于中粮公司第70855号"长城牌"商标连续超过三年长期不使用，真正使用的是"GREATWALL"注册商标及"长城葡萄酒"文字，商标近似性的比较应在中粮公司的"长城"二字与嘉裕公司的"嘉裕长城及图"商标之间进行。但本案对二者的比较没有法律意义，因为中粮公司实际作为商标使用的"长城"二字和嘉裕公司的"嘉裕长城及图"商标一样，都是未注册商标，依法均不享有注册商标专用权。第1447904号"长城"注册商标与嘉裕公司的"嘉裕长城及图"商标不具有可比性。中粮公司的第1447904号"长城"商标注册日为2000年9月21日，嘉裕公司申请"嘉裕长城及图"商标的日期为1999年5月21日，且第1447904号"长城"商标核定使用商品范围不含葡萄酒，在葡萄酒产品上该商标不是注册商标。4. 北京市高级人民法院认定事实错误，认定嘉裕公司在"嘉裕长城"和"嘉裕"系列共二十余个产品上均使用了"嘉裕长城及图"商标及"JIAYUCHANGCHENG"字样与事实不符。北京市高级人民法院将嘉裕公司生产的"嘉裕长城"葡萄酒上所使用的"JIAYUCHANGCHENG"嘉裕长城汉语拼音认定为对"长城"标识的翻译,属于认定事实错误。北京市高级人民法院认定嘉裕公司侵权产品数量严重失实,认定田氏公司为嘉裕公司加工500吨葡萄酒属于认定事实错误,田氏公司实际生产数量并未达到合同约定的数额。北京市高级人民法院认定洪胜公司为嘉裕公司加工了"嘉裕长城"葡萄酒609.6吨及嘉裕公司每瓶获利11元没有事实依据,确定赔偿金额的关键证据未经双方当事人质证即作为认定事实的证据。5. 北京市高级人民法院在适用法律方面存在错误。中粮公司第1447904号"长城"注册商标核定使用的商品不包括葡萄酒,但北京市高级人民法院却违反《商标法》第51条的规定,以葡萄酒与米酒、果酒等同属类似商品为由,判决嘉裕公司侵犯其注册商标专用权。请求撤销原审判决第一、三、四、六项;驳回中粮公司诉讼请求,由中粮公司承担本案一、二审诉讼费用及保全费用。

中粮公司答辩称:1. 北京市高级人民法院在对本案的审理中,在程序和实体上均无违法之处,原审判决应予维持。2. 中粮公司享有无可争辩的"长城"葡萄酒系列商标专用权,且第70855号"长城牌"注册商标被认定为驰名商标,应当受到更为严格和强有力的法律保护。3. 嘉裕公司使用"嘉裕长城及图"商标的行为绝非偶然,而是出于主观恶意;且嘉裕公司和原审第二被告使用的"嘉裕长城及图"商标的商品与中粮公司的注册商标核定使用的商品属于同类商品。4. 将嘉裕公司使用的葡萄酒包装、葡萄酒名称以及商标的构成与中粮公司的商标相比,在相关消费者中间造成混淆是不争的事实,对中粮公司的商标专用权构成了侵害。5. 嘉裕公司使用的商标与中粮公司的商标构成近似的判断是有合法依据的。6. 中粮公司在原审中请求嘉裕公司赔偿有合法、合理依据,法院应当依法予以支持。请求判令嘉裕公司承担有关的侵权民事责任,赔偿损失并消除侵权的影响。

二审审理查明

北京市高级人民法院查明的事实除部分有误外,基本属实。另查明:1. 长城牌葡萄酒在2001年、2002年、2003年连续3年在全国各葡萄酒品牌中产销量排名中占首位。中粮公司的第70855号"长城牌"注册商标于2004年11月被国家商标局认定为驰名商标。长城牌全汁葡萄酒系列产品于2003年1月至2005年1月为3·15标志商品,长城牌干红葡萄酒于1995年8月被中国绿色食品发展中心准予使用绿色食品商标标志,标志号为LB-33-000702,使用期限为1995年8月至1998年8月。2. 根据嘉裕公司提供的"嘉裕长城""嘉裕"系列产品葡萄酒标贴及北京市高级人民法院移送的证据实物及双方当事人提供的实物照片,嘉裕公司在"嘉裕长城"系列产品上均使用了"嘉裕长城及图"商标,而在"嘉裕"系列产品上有的使用"嘉裕长城及图"商标,有的仅使用"嘉裕"注册商标。3. 根据双方当事人提供的证据,认定嘉裕公司委托田氏公司共生产"嘉裕长城"葡萄酒500吨(2001年10月22日至2002年10月22日),委托欧华公司生产了"嘉裕长城"葡萄酒192.03吨(从2001年11月开始),委托洪胜公司加工了使用"嘉裕长城及图"商标的葡萄酒的数量为291 450瓶。另本案双方当事人均认可每吨原酒可以灌装葡萄酒1 333瓶，据此认定田氏公司、欧华公司、洪胜公司共为嘉裕公司生产了使用"嘉裕长城及图"商标的葡萄酒共1 213 926瓶。4. 在原审审理中，北京市高级人民法院根据中粮公司的申请，查封了嘉裕公司存放于青云谱仓库内的被控侵权货物。2005年5月26日，中粮公司未经许可，搬运的货物数量为16 000箱，折合96 000瓶。2005年7月，最高法院到移库现场清点数量并经双方当事人确认，北京市高级人民法院查封的数量应为274 626瓶葡萄酒（含中粮公司擅自运往北京的96 000瓶）。5. 关于被控侵权产品的销售数量及其获利的事实。因双方当事人仅提交了有关被控侵权产品生产量和相应库存的相关证据，未提供被控侵权产品具体销售数量的相关证据，根据葡萄酒行业的一般销售特点，最高法院采用生产量减去库存的方法计算销售数量，以查明的使用"嘉裕长城及图"商标的葡萄酒1 213 926瓶减去其库存数量274 626瓶，按每瓶获利11.3元计算，查明嘉裕公司共获利10 614 090元。同时查明封存于南昌青云谱仓库的货物总价值为3 547 384.47元。

二审判理和结果

最高人民法院经审理认为：中粮公司第70855号"长城牌"注册商标中的"长城"文字因其驰名度而取得较强的显著性，使其在葡萄酒相关市场中对于其他含有"长城"字样的商标具有较强的排斥力，应当给予强度较大的法律保护。嘉裕公司的"嘉裕长城及图"商标使用了中粮公司第70855号"长城牌"注册商标最具显著性的文字构成要素，并易于使相关公众产生市场混淆。可以认定嘉裕公司使用的"嘉裕长城及图"商标与中粮公司第70855号"长城牌"注册商标构成近似。未经中粮公司许可，嘉裕公司在同类商品上使用与中粮公司第70855号"长城牌"注册商标近似的"嘉裕长城及图"商标，开心公司许可嘉裕公司使用该商标，洪胜公司为嘉裕公司加工使用"嘉裕长城及图"商标的葡萄酒，均构成对中粮公司第70855号"长城牌"注册商标专用权的侵犯，应当承担相应的民事责任。依照《商标法》第52条第（1）项、第（2）项，《最高人民法院关于审理商标民事纠纷案件适用法律若干问题的解释》第9条第2款、第10条、第14条以及《民事诉讼法》第153条第1款第（3）项之规定，判决如下：判决嘉裕公司等停止侵权并判决嘉裕公司赔偿经济损失1 000余万元。

法官评述

本案涉及的焦点问题在于：1. 诉争的两商标是否构成近似商标的问题。2. 如何计算本案赔偿数额的问题。

一、判定商标近似的原则

根据《最高人民法院关于审理商标民事纠纷案件适用法律若干问题的解释》第9条、第10条的规定，商标近似是指被控侵权的商标与原告的注册商标相比较，其文字的字形、读音、含义或者图形的构图及颜色，或者其各要素组合后的整体结构相近似，或者其立体形状、颜色组合近似，易使相关公众对商品的来源产生误认或者认为其来源与原告注册商标的商品有特定的联系。认定商标相同和近似的原则为：1. 以相关公众的一般注意力为标准，既要进行对商标的整体比对，又要进行对商标主要部分的比对，比对应当在比对对象隔离的状态下分别进行；判断商标侵权中的近似不限于商标整体的近似，而还包括主要部分的近似。2. 判断商标是否近似，应当考虑请求保护注册商标的显著性和知名度。最高人民法院在审理此案时适用了以上判定商标近似的原则。

（一）以相关公众的一般注意力为标准，对诉争商标进行整体比对和要部比对。在商标侵权纠纷案件中，认定被控侵权商标与主张权利的注册商标是否近似，应当视所涉商标或者其构成要素的显著程度、市场知名度等具体情况，在考虑和对比文字的字形、读音和含义，图形的构图和颜色，或者各构成要素的组合结构等基础上，对其整体或者主要部分是否具有市场混淆的可能性进行综合分析判断。其整体或者主要部分具有市场混淆可能性的，可以认定构成近似；否则，不认定构成近似。也就是说，判断商标侵权中的近似不限于商标整体的近似，而还包括主要部分的近似。在商标法意义上，商标的主要部分是指最具商品来源的识别性、最易于使相关公众将其与使用该商标的商品联系起来的商标构成要素。本案讼争的"嘉裕长城及图"商标和第70855号"长城牌"注册商标均系由文字和图形要素构成的组合商标，其整体外观具有一定的区别。但是，第70855号"长城牌"注册商标因其注册时间长、市场信誉好等，而具有较高的市场知名度，被国家工商行政管理部门认定为驰名商标，中粮公司使用第70855号"长城牌"注册商标的葡萄酒产品亦驰名于国内葡萄酒市场，根据该注册商标的具体特征及其呼叫习惯，其组合要素中的"长城"或者"长城牌"文字部分因有着较高的使用频率而具有较强的识别力，在葡萄酒市场上与中粮公司的葡萄酒产品形成了固定的联系，葡萄酒市场的相关公众只要看到"长城""长城牌"文字或者听到其读音，通常都会联系或者联想到中粮公司的葡萄酒产品及其品牌，故"长城"或者"长城牌"文字显然具有较强的识别中粮公司葡萄酒产品的显著性，构成其主要部分。"嘉裕长城及图"虽由文字和图形组合而成，且其文字部分另有"嘉裕"二字，但因中粮公司的第70855号"长城牌"注册商标中的"长城"或者"长城牌"文字部分具有的驰名度和显著性，足以使葡萄酒市场的相关公众将使用含有"长城"文字的"嘉裕长城及图"商标的葡萄酒产品与中粮公司的长城牌葡萄酒产品相混淆，至少容易认为两者在来源上具有特定的联系。因此，嘉裕公司的"嘉裕长城及图"商标使用了中粮公司第70855号"长城牌"注册商标最具显著性的文字构成要素，并易于使相关公众产生市场混淆。

（二）认定商标近似时，考虑请求被保护的商标的显著性和知名度。显著性越强、知名度越高的商标，被混淆误认的可能性越大，因而对其保护的强度亦越大。这是因为对于在特定市场范围内具有驰名度的注册商标，给予与其驰名度相适应的强度较大的法律保护，有利于激励市场竞争的优胜者、鼓励正当竞争和净化市场秩序，防止他人不正当地攀附其商业声誉，从而可以有效地促进市场经济有序和健康地发展。本案中，尽管在现代汉语中"长城"的原意是指我国伟大的古代军事工程万里长城，但中粮公司第70855号"长城牌"注册商标中的"长城"文字因其驰名度而取得较强的显著性，使其在葡萄酒相关市场中对于其他含有"长城"字样的商标具有较强的排斥力，因此最高人民法院认为应当给予其强度较大的法律保护，在判断诉争商标是否近似时也着重考虑了这一因素。

二、如何确定赔偿额的问题

在一审诉讼中，本案原告中粮公司向北京市高级人民法院提出了请求判令被告赔偿其1亿元人民币的诉讼请求，最高法院经过审理，判决被告赔偿原告1 000余万元，被有关媒体称为创下了我国商标侵权诉讼赔偿额的最高记录。

（一）关于本案是否应当适用法定赔偿。《商标法》第56条第1款规定，侵犯注册商标专用权的赔偿数额，为侵权人在侵权期间因侵权所获得的利益，或者被侵权人在被侵权期间因被侵权所受到的损失。侵权人因侵权所得利益或者被侵权人因被侵权所受损失难以确定的，由人民法院根据侵权行为的情节判决给予50万元以下的赔偿。本案中，因案情的复杂性及涉案的葡萄酒品种众多等原因，难以查明侵权受损或侵权获利的具体数额。但根据最高法院已经查明的事实，已有证据证明被告销售了侵权产品100余万瓶，其侵权获利可能远远超过50万，因此本案不适用法定赔偿额的计算方法，而应尽可能通过确定合理利润率来计算赔偿额。

（二）关于本案商品的单位利润如何确定的问题。本案双方当事人均向最高法院提供了利润的计算方法。上诉人嘉裕公司依据其随意抽取的五份发票的统计分析，认为其单位利润为获利4.7491元。因嘉裕公司无法说明该计算方法的客观合理性，最高法院对此不予认定。被上诉人中粮公司依据嘉裕公司价目表认为嘉裕公司单位利润16.75元。但对于该价目表是否为嘉裕公司所有，并无证据证明，最高法院亦不予采信。根据最高法院《关于审理商标民事纠纷案件适用法律若干问题的解释》第14条的规定，因侵权所获得的利益，可以根据侵权商品销售量与该商品单位利润乘积计算；该商品单位利润无法查明的，按照注册商标商品的单位利润计算。本案中，中粮公司向最高法院提出其普通葡萄酒产品的利润为每瓶11.3元。嘉裕公司无证据和充分理由否认中粮公司注册商标商品的单位利润，在综合考虑相关因素的基础上，最高法院认为中粮公司提供的单位利润基本合理，根据前述司法解释的规定以中粮公司提供的注册商标商品单位利润与被控侵权商品销售数量的乘积，认定嘉裕公司共获利10 614 090元。

本案赔偿额的确定，严格按照商标法及相关司法解释的规定，贯彻了全面赔偿原则，使权利人的损失得以全面弥补，合理的维权成本得到完全补偿。

（二审合议庭成员：孔祥俊　于晓白　王艳芳
编写人：最高人民法院知识产权审判庭　王艳芳）

28. 安徽双轮酒业有限责任公司诉安徽迎驾酒业股份有限公司侵犯商标专用权纠纷案

阅读提示：如何判定本案中的文字商标是否近似？

裁判要旨

本案中，原告商标注册证上"老糟房"文字的排列、大小、字体等，与被告在白酒商品上使用的未注册商标"老糟坊"文字有所不同，但"老糟房"与"老糟坊"三个文字之间，均有相同的"老"字，"糟"与"糟""房"与"坊"字形、发音近似，三个文字的组合顺序又基本相同，普通消费者施以一般注意力，可能混淆两者之间的差别，容易对两者的商品来源产生误认。因此，上述两商标构成近似。

案 号

一审：安徽省高级人民法院（2001）皖民三初字第02号
二审：最高人民法院（2001）民三终字第9号

案情与裁判

原告（二审被上诉人）：安徽双轮酒业有限责任公司（简称"双轮公司"）
被告（二审上诉人）：安徽迎驾酒业股份有限公司（简称"迎驾公司"）

起诉与答辩

原告诉称：原告拥有的商标专用权的"老糟房"商标，注册号为1478511，核定使用商品为第33类白酒，注册有效期自2000年11月21日至2010年11月20日。被告生产的"老糟房"白酒，其使用的"老糟房"酒名称的文字，与原告的注册商标"老糟房"近似。原告据此认为，依照《商标法实施细则》的有关规定，被告的行为构成商标侵权。请求判令被告：1. 立即停止对原告"老糟房"商标的侵权；2. 销毁侵权产品"老糟房"白酒；3. 销毁带有"老糟房"商标的酒箱、酒瓶、包装盒、瓶贴等包装物；4. 赔偿原告经济损失500万元；5. 承担本案的诉讼费用。

被告辩称：1. 原告是否拥有"老糟房"商标专用权尚不确定。"老糟房"商标系泸州太阳神酒厂（简称"太阳神酒厂"）于1999年7月27日申请，2000年11月21日经商标局核准注册的商标。2000年12月1日，太阳神酒厂与泸州市江阳区三桥酒业有限公司（简称"三桥公司"）签订的"老糟房"商标转让协议中明确约定，三桥公司5年内不得将该商标转让给他人使用。但三桥公司受让"老糟房"商标后，违反协议约定将"老糟房"商标转让给双轮公司。为此，太阳神酒厂于2001年5月27日向商标评审委员会提出撤销该注册商标转让的申请,并已被受理。2. 被告生产、使用的"老糟坊"酒名称文字与"老糟房"商标是否构成近似,亦有待确认。虽然商标局以被告申请注册的"老糟坊"商标与太阳神酒厂已注册的"老糟房"商标相近似,驳回其注册申请,但被告已向商标评审委员会提出驳回商标复审申请,并已被受理。3. 被告使用"老糟坊"酒名称,源于被告所在地的地名"糟坊生产队"(现名为糟坊居民组)。被告于1997年创意,1998年开始以此命名,生产"老糟坊"白酒并投放市场。为此,被告投入巨资对"老糟坊"白酒产品进行广泛宣传,使之成为被告迎驾贡酒系列产品中的名牌产品。被告已于2001年1月20日获得国家知识产权局授予的"老糟坊"酒瓶外观设计专利权。

一审审理查明

双轮公司系依法成立的企业法人。自2001年2月14日,双轮公司生产、销售"老糟房"白酒商品,同时,双轮公司在其生产经营过程中,在白酒商品上亦使用"老糟坊"文字。迎驾公司自1998年10月开始生产、销售"老糟坊"白酒商品,并为此投入巨资进行广告宣传。

泸州太阳神酒厂系"老糟房"商标的最初注册人,注册号为第1478511号,注册有效期自2000年11月21日起至2010年11月20日止。2000年12月1日,太阳神酒厂与泸州市江阳区三桥酒业有限公司签订《"老糟房"市场运作费补偿协议》。同日,双方签订《商标转让协议》。协议约定,将"老糟房"商标转让给三桥公司。2001年1月14日,经双方申请,国家工商行政管理局商标局(简称"商标局")将"老糟房"商标核准转让给三桥公司,并在商标局商标公告2001年第14期上公告。2001年1月16日,双轮公司与三桥公司签订《"老糟房"商标转让协议书》约定,因三桥公司无力开发"老糟房"系列酒,双方同意联合开发,并签订《联合开发"老糟房"系列酒合同书》。三桥公司与双轮公司共同办理了"老糟房"商标转让注册手续。同年2月14日,经商标局核准第1478511号"老糟房"商标转让给双轮公司,并在商标局商标公告2001年第18期上予以公告。

2000年11月24日,迎驾公司向商标局提出注册"老糟坊"商标的申请,因与太阳神酒厂注册的"老糟房"商标近似,被商标局以(2001)标审(二)驳字第0371号通知驳回。2001年4月24日,迎驾公司向国家工商行政管理局商标评审委员会(简称"商标评审委员会")提出驳回商标复审申请,已被受理。

2001年5月17日、5月30日,太阳神酒厂、迎驾公司分别向商标评审委员会提出撤销转让注册不当商标的申请,已被受理。

2000年7月31日、12月31日,迎驾公司对其使用"老糟坊"文字的白酒商品的酒瓶、包装盒,分别向国家知识产权局申请外观设计专利。2001年1月20日国家知识产权局对迎驾公司"老糟坊"白酒的酒瓶授予外观设计专利。

迎驾公司使用"老糟坊"文字与双轮公司"老糟房"注册商标构成近似。一审期间,原审法院到商标局调查有关情况时,商标局提供了2001年4月17日商标案(2001)15号《关于"老糟坊"与"老糟房"注册商标是否构成近似的批复》。主要内容为:使用在商标注册用商品和服务国际分类第33类白酒商品上的"老糟房"商标,是安徽双轮酒业有限责任公司的注册商标,注册号为第1478511号,其专用权受法律保护。安徽迎驾酒业股份有限公司在白酒商品上实际使用"老糟坊"文字,与第1478511号注册商标构成近似。此外,安徽双轮酒业有限责任公司在白酒上实际使用的"老糟房"商标,与第1478511号注册商标不一致,自行改变了注册商标文字,应依法予以纠正。原审法院根据双轮公司提出的证据保全申请,对迎驾公司库存的"老糟坊"白酒及包装物品等证据予以保全。证据保全过程中,从迎驾公司库存的2 100余件"老糟坊"白酒实物中,提取物证1件。

一审判理和结果

一审法院认为:本案争议的焦点是迎驾公司使用"老糟坊"文字是否构成侵犯双轮公司"老糟房"商标专用权。与这一争议焦点相关的分歧意见是:1. 双轮公司受让"老糟房"商标的行为是否合法有效。2. 迎驾公司在白酒商品上实际使用的"老糟坊"文字,与第1478511号"老糟房"注册商标是否构成近似。3. 迎驾公司使用"老糟坊"文字,主观上是否存在侵犯双轮公司"老糟房"商标的故意或者过失。4. 双轮公司是否存在恶意受让商标行为,构成不正当竞争。5. 迎驾公司的外观设计专利权能否对抗双轮公司的商标专用权。针对上述分歧意见,原审法院认为:三桥公司与双轮公司签订的转让"老糟房"商标协议,是在三桥公司已获得该注册商标所有权之后签订的协议,双方已按照《商标法》第25条的规定,申请核准注册商标转让并获商标局核准业已公告。因此,双方的注册商标转让行为,应为合法有效。双轮公司自经商标局核准转让注册商标公告之日起,对"老糟房"商标依法享有专用权。三桥公司对太阳神酒厂的违约行为不影响三桥公司与双轮公司间的"老糟房"商标转让协议的合法有效性。迎驾公司认为双轮公司与三桥公司间商标转让协议无效及双轮公司不享有"老糟房"商标专用权的抗辩理由不能成立。另外,迎驾公司认为,双轮公司系不正当竞争,而恶意受让注册的抗辩理由,因无证据证明,亦不能成立。

根据商标局(2001)标审(二)驳字第0371号核驳通知以及商标局商标案(2001)15号《关于"老糟坊"与"老糟房"注册商标是否构成近似的批复》,应认定迎驾公司"老糟坊"文字与双轮公司的"老糟房"注册商标构成近似。迎驾公司以其"老糟坊"文字与双轮公司"老糟房"注册商标有着显著区别,即写法、发音、字体均不同,二者根本不构成近似的抗辩理由不能成立。根据《商标法实施细则》第41条第1款第(2)项的规定,应认定迎驾公司的行为构成侵犯双轮公司的商标专用权。

使用商标与产品名称,应当遵循商标的使用规则。"老糟房"商标于2000年8月21日经商标局在第31期《商标公告》上初审公告,于同年11月21日在第43期《商标公告》上注册公告,于2001年2月14日在第18期《商标公告》上作了核准转让公告。据此可以认定,迎驾公司应当知道"老糟房"商标已经注册,并为双轮公司专用。特别是当迎驾公司向国家商标局申请注册"老糟坊"商标,因与双轮公司的"老糟房"注册商标近似,而被商标局核驳后,仍继续使用"老糟坊"商标,其行为显然具有过错。根据《商标法》第18条规定,我国商标使用遵循的是"注册在先原则"。迎驾公司坚持"使用在先原则"的主张,没有法律依据,不予支持。

外观设计专利权和商标专用权,是两种不同的权利,分别受《专利法》和《商标法》的保护。依照《国家工商行政管理局关于处理商标专用权与外观设计专利权冲突问题的意见》第 2 条规定，对于以外观设计专利权对抗他人商标专用权的，若该商标的初步审定公告日期先于该外观设计申请之前，可以依照《商标法》及时对商标侵权案件进行处理。因此，迎驾公司的外观设计专利权不能对抗双轮公司的商标专用权。

诉讼当事人对其所主张的事实与理由负有举证义务。双轮公司不能提交因迎驾公司侵权给其造成 500 万元经济损失的相关证据，同时亦不能提供迎驾公司生产、销售侵权产品获利金额的证据，故双轮公司主张赔偿 500 万元的诉讼请求，不能全部支持。参照《最高人民法院关于全国部分法院知识产权审判工作座谈会纪要》及《最高人民法院全国民事审判工作会议》的有关精神，对双轮公司请求的赔偿数额，宜采用定额赔偿的方法。据此，依据《民法通则》第 118 条，《商标法》第 18 条、第 25 条、第 30 条，《商标法实施细则》第 21 条第 1 款、第 41 条第 1 款第（2）项的规定，判决：一、迎驾公司立即停止对双轮公司"老槽房"商标专用权的侵害；二、迎驾公司自本判决生效之日起 30 日内，处理完毕侵权产品"老糟坊"白酒，以及带有"老糟坊"文字的酒箱、包装盒、酒瓶、瓶贴等包装物；三、迎驾公司自本判决生效之日起 30 日内，向双轮公司赔偿因商标侵权所造成的经济损失 10 万元整。案件受理费 35 010 元，由迎驾公司负担。

上诉与答辩

迎驾公司上诉称：1. 被上诉人就"老糟坊"和"老槽房"商标所实施的一系列行为，违背诚实信用原则，构成不正当竞争和商标权滥用。本案的实质，是被上诉人为达到不正当竞争的目的，与第三人恶意串通，试图利用从四川泸州所购得的"老槽房"商标权，抢夺上诉人的在安徽省知名的"老糟坊"白酒品牌，霸占被上诉人已经开辟的商品市场，以获取非法的巨额利益。但一审判决回避了上述实质问题，片面强调上诉人使用并获得外观设计专利权的商标文字与被上诉人恶意购买的商标"相似"，认定构成侵权行为，对滥用权利的被上诉人予以保护，违背了法律的基本原则。2. "老糟坊"与"老槽房"不构成近似。首先，上诉人使用的"老糟坊"白酒品牌，来源于其生产基地地名，且早于太阳神酒厂申请注册"老槽房"商标的时间，故不存在对"老槽房"进行模仿的可能。其次，判断两个商标是否近似，应当以二者是否有可能发生混淆为前提。虽然"老糟坊"与"老槽房"在文字和读音上的确存在某些近似，但上诉人的"老糟坊"已经生产、流通，而被上诉人却从未生产"老槽房"，因此这种近似并不足以造成商品购买者的误解。此外，上诉人已提起驳回"老糟坊"商标注册申请的复审程序，商标局关于"老糟坊"与"老槽房"构成近似的批复，不是最后结论，不能作为认定近似的依据。据此，上诉人请求撤销原判，驳回双轮公司的诉讼请求。

被上诉人双轮公司答辩称：1. 本案证据证明，双轮公司依法享有酒类商品"老槽房"商标的专用权，迎驾公司使用的"老糟坊"白酒名称与"老槽房"商标近似，一审据此认定迎驾公司生产"老糟坊"白酒的行为构成商标侵权是正确的。2. 迎驾公司认为其使用行为不构成商标侵权的理由不能成立。首先，"老糟坊"并非迎驾公司使用在先，而且迎驾公司使用在先的理由，不能抗辩其商标侵权行为的成立。其次，"老糟坊"文字与"老槽房"注册商标从发音、外观及含义三个方面近似，足以造成消费者误认，两者构成近似，有商标局的批复。3. 迎驾公司商标侵权主观上具有明显的过失和故意。使用商标或者产品名称应当遵照商标使用规则，在使用前应当向有关部门查询。可是迎驾公司使用"老糟坊"酒名称并没有进行查询，主观上具有过失；在向商标局申请注册"老糟坊"商标被核驳后，仍继续使用该商标的行为是明知构成侵权而为之。4. 双轮公司受让"老槽房"注册商标的行为符合诚实信用原则，无不正当竞争之嫌。"老槽房"商标注册的合法性，是双方都没有争议的，不论该商标专用权属于谁，在全国范围内都要受到保护。"老槽房"注册商标的转让与否不影响迎驾公司侵权的定性。综上，一审判决认定事实清楚，证据充分，法律适用正确，请求维持原判，驳回迎驾公司的上诉。

二审审理查明

除原审法院认定的"老糟坊"酒瓶和包装盒外观设计的设计人和专利权人均为迎驾公司的董事长倪永培事实有误外，其他查明的事实属实。

此外，二审法院另查明：第1478511号商标注册证上的商标是3个横排的"老槽房"宋体字，核定使用的商品为第33类白酒。根据当事人提供的实物和照片，迎驾公司所生产白酒的包装盒，上下两端以咖啡色为底色，中间大部分区域以浅黄色为底色。在盒体前后两面的中部，分别以黑色白边突出"老糟坊"三个醒目的竖排艺术体字，该3个字基本构成包装盒装潢的主要部分。两个"糟"字右边以及包装盒上端有红色的、类似于正方形印章的"迎驾贡酒"4个字。迎驾公司所生产白酒的酒瓶，瓶体为黄色，"老糟坊"3个字为红色，位于酒瓶正面中部，其字体、排列以及在整个瓶体所占比例与包装盒基本相同，"老糟坊"的左下方有竖排黑色的"迎驾贡酒"，明显小于"老糟坊"。

二审过程中，上诉人迎驾公司提供了19份证据，其中一份为一审期间未提交过的新证据；被上诉人双轮公司提供了13份证据，其中一份为一审期间未提交过的新证据。上诉人提供的新证据为双轮公司与三桥公司于2001年1月6日签订的《联合开发"老糟坊"系列酒合同书》复印件，旨在证明双轮公司与三桥公司于签订《联合开发"老槽房"系列酒合同书》之前还就联合开发"老糟坊"系列酒签订合同，双轮公司受让"老槽房"的目的是开发"老糟坊"，而且三桥公司对此知情，双方构成恶意串通。同时，迎驾公司还提供了泸州市公证处于2001年5月30日作出的（2001）泸证字第647号公证书，证实该复印件与原件相符，双方法定代表人的签字属实。在法庭质证中，迎驾公司称该份证据来源于三桥公司，双轮公司对其真实性提出异议。另查明，在与本案有关联的原告三桥公司与被告双轮公司、第三人太阳神酒厂商标转让合同纠纷一案中，三桥公司对太阳神酒厂提供的该份合同复印件的真实性亦提出异议。双轮公司提供的新证据是三桥公司于2001年5月31日出具的，关于其与双轮公司的联营和商标转让不存在恶意和不当的证明，以此反驳三桥公司于2001年5月27日出具的关于要求收回"老槽房"商标权的证明。

二审判理和结果

二审法院认为：根据《民法通则》《商标法》等法律的规定，民事主体依法取得的商标专用权受法律保护。根据查明的事实，双轮公司基于合同从三桥公司受让"老槽房"注册商标，依照《商标法》的有关规定办理了商标转让手续，并经商标局核准后予以公告,其已经合法取得了"老槽房"商标专用权。合议庭当庭注意听取了上诉人的上诉请求及理由,并指导上诉人当庭充分展示了其诉称被上诉人构成不正当竞争和滥用商标权等的诸项证据。为了慎重起见,合议庭全体成员亲赴商标局调查,进一步核实该商标转让的程序和实体等法律与事实问题。而后,合议庭经反复、认真评议确认所争议的商标转让及所办理的手续,是依照《商标法》及其实施细则的规定办理的,在实体和程序上均符合《商标法》关于商标转让的规定。迎驾公司以双轮公司受让商标专用权的目的是抢占市场,排斥其合法经营活动,构成不正当竞争和商标权滥用为由的抗辩,进而否认双轮公司的权利主体地位的主张,缺乏充分、扎实的证据支持。其中,迎驾公司支持其抗辩主张的主要证据《联合开发"老槽坊"系列酒合同书》系复印件,由于签约双方均否认其真实性,且该复印件虽经公证证明与原件相符,但合同签订行为、合同内容等法律事实均未得到证明,故对该证据不予采信。三桥公司分别于2001年5月27日、5月31日出具的两份证明材料,出具时间相近,但证明的内容完全相反,而且三桥公司与双轮公司在另一案中互为原、被告,与本案有利害关系,对其相互矛盾的证言,均不予采信。即使上述证据属实,亦不足以证明双轮公司受让"老槽房"商标具有恶意。迎驾公司所提供的其他证据也不能支持其抗辩主张。此外,经营者为竞争目的,注册商标或者受让商标专用权,采用依靠商标专用权作为进行合法经营活动和维护自身合法权益的手段,除存在该商标的注册侵犯他人合法在先权利或者具有不符合《商标法》规定的其他情形外,并不为法律所禁止。作为经营者之一的双轮公司,其依法享有商标专用权的权利主体法律地位,与太阳神酒厂、三桥公司在转让商标专用权前所享有的权利地位并无不同,其依据所取得的商标专用权,制止他人侵权的行为,不构成不正当竞争行为或者权利滥用行为。至于双轮公司使用"老槽坊"包装、装潢等行为是否构成不正当竞争,属于另一法律关系,诉讼请求的范围与本诉也不同,对此,由于迎驾公司在一审中未作为反诉提出,故不属于本案商标侵权纠纷案件的审理范围,当事人仍可以通过另诉解决。综上,迎驾公司认为双轮公司构成不正当竞争行为和滥用商标权的上诉理由,缺乏事实和法律依据,不予支持。

　　商标的基本功能之一是标识商品或者服务的来源。在同一种或者类似商品上使用近似的商标,容易引起消费者对商品来源产生误认,或者产生不同商品及其不同来源间存在某种特殊联系的错误认识,既不利于保护生产经营者的合法利益,也不利于保障广大消费者的合法权益。为此,我国《商标法》禁止他人未经注册商标权人许可在同一种商品或者类似商品上使用与注册商标相近似的商标。基于以上理由,对商标是否近似问题的判断,应当以普通消费者的一般注意力作为主观判断标准。对于使用在相同或者类似商品上的两个商标,如果普通消费者施以一般注意力,难以区分其差别,就可以推定这两个商标具有造成误认的可能性,构成近似。根据《商标法》的规定,商标使用人是否有意模仿注册商标,不是人民法院判断商标是否构成近似、是否侵犯商标专用权的唯一标准。迎驾公司关于其在先使用"老槽坊",不存在模仿"老槽房"可能的上诉理由,不予支持。"老槽房"是核定使用在第33类白酒商品上的文字商标。迎驾公司在其白酒商品上突出使用"老槽坊"文字,作为区别于其他相同或者类似商品的标志。从迎驾公司使用"老槽坊"文字的方式和效果等方面看,"老槽坊"实际起到了未注册商标的作用。迎驾公司在上诉状中亦称"老糟坊"为其白酒商品的品牌。虽然在第1478511号商标注册证上"老糟房"文字的排列、大小、字体等与迎驾公司在白酒商品上使用的"老糟坊"文字有所不同,但"老糟房"与"老糟坊"三个文字之间,均有相同的"老"字,"槽"与"糟""房"与"坊"字形、发音近似,三个文字的组合顺序又基本相同,普通消费者施以一般注意力,可能混淆两者之间的差别,容易对两者的商品来源产生误认,根据原《商标法》第38条第1款第(1)项和现行《商标法》第52条第1款第(1)项的规定,迎驾公司这种使用"老糟坊"商标的行为,构成侵犯"老糟房"商标专用权行为。"老糟房"商标专用权转让与否并不影响两者之间构成近似的事实,因而不论该商标专用权的权利主体是谁,迎驾公司使用"老糟坊"商标的行为均被法律所禁止。原审判决认定迎驾公司的行为构成侵犯商标专用权正确,但迎驾公司酒的名称为"迎驾贡酒",其"老糟坊"文字更似作为未注册商标等标识使用的,故原审判决将"老糟坊"作为酒名称看待,适用《商标法实施细则》第41条第1款第(2)项的规定作出判决,适用法律不准确,应予纠正。商标局在驳回迎驾公司注册"老糟坊"商标申请的核驳通知书以及《关于"老糟坊"与"老糟房"注册商标是否构成近似的批复》中,认为两者构成近似,迎驾公司在上诉状中也承认两者近似。虽然商标局的批复意见不能作为人民法院认定商标构成近似的依据,但商标局根据与人民法院相同的判断标准来确认商标是否构成近似的问题,这一点毫无疑义。因此,其结论能够作为人民法院判断商标是否构成近似的参考。迎驾公司关于商标局的批复是根据双轮公司报送的虚假材料作出的抗辩主张无证据支持,也不构成法律上否定人民法院独立判断商标构成近似的理由,其主张不予支持。上诉人以其提起有关复审程序为由,认为此批复不能作为参考依据的抗辩,也缺乏事实和法律依据。原审法院根据本案具体情况,酌定迎驾公司赔偿双轮公司人民币10万元经济损失,上诉人未对此赔偿数额提出充分的上诉事实和理由,双轮公司也未就此提出上诉,应予维持。

综上,原审判决认定事实基本清楚,适用法律虽欠准确,但结论正确。根据《民事诉讼法》第153条第1款第(1)项的规定,判决:驳回上诉,维持原判。一审案件受理费35 010元,由安徽迎驾酒业股份有限公司承担21 006元,由安徽双轮酒业有限责任公司承担14 004元;二审案件受理费35 010元,由安徽迎驾酒业股份有限公司承担。

法官评述

本案要点是关于商标近似的判断。迎驾公司在白酒商品上实际使用的"老糟坊"文字,与第1478511号"老糟房"注册商标是否构成近似。

我国《商标法》为保护注册商标的专用权,禁止他人未经注册商标权人的许可在同一商品或者类似商品上使用与注册商标相近似的商标。本案中,迎驾公司在其白酒上突出使用"老糟坊"文字,作为区别于其他相同或者类似商品的标志,其使用方式和效果起到了未注册商标的作用。通过对迎驾公司使用的"老糟坊"文字与第1478511号商标注册证上"老糟房"文字对此,两组文字的排列、大小、字体虽文字上有所不同,但其组合顺序基本相同,且相互对应的每个文字的字形、发音近似。普通消费者施以一般的注意力，可能混淆两者之间的差别，容易对两者的商品来源产生误认。迎驾公司在上诉状中称其不存在模仿"老槽房"的可能，其理由是使用的"老糟坊"来源于其生产基地地名，且在先使用。我国商标法规定的是"注册在先"原则，迎驾公司其在先使用的理由，不能得到法院的支持。此外，根据《商标法》的规定，商标使用人是否有意模仿注册商标，不是人民法院判断商标是否构成近似，是否侵犯注册商标专用权的唯一标准。如认为双轮公司申请注册的商标等抢注其产权，应通过相应程序予以主张。

此外，迎驾公司的另一个上诉理由是被上诉人双轮公司购买商标的目的是抢占市场，这种行为是一种不正当的竞争的行为。二审审理查明的事实确认，双方所争议的商标转让及所办理的手续，是依照《商标法》及其实施细则的规定办理的，在实体和程序上均符合《商标法》关于商标转让的规定。作为经营者之一的双轮公司，其依法享有商标专用权的权利主体法律地位，与太阳神酒厂、三桥公司在转让商标专用权前所享有的权利地位并无不同，其依据所取得的商标专用权，制止他人侵权的行为，不构成不正当竞争行为或者权利滥用行为。至于双轮公司使用"老糟坊"包装、装潢等行为是否构成不正当竞争，属于另一法律关系，不属于本案商标侵权纠纷案件的审理范围，当事人可以通过另诉解决。

（二审合议庭成员：蒋志培　董天平　张　辉
编写人：最高人民法院知识产权审判庭　夏君丽）

29. 福州万达铅笔文具有限公司、福州铅笔厂诉福建省轻工业品进出口集团公司等侵犯商标权及不正当竞争纠纷案

阅读提示：特定历史条件下，如何确定知名商品特有包装装潢的权利人？

裁判要旨

在知名商品上首先使用该装潢的使用者应当确认为权利人。知名商品特有装潢的合法使用人享有排除他人使用，维护其正当竞争利益的权利。本案中，福州铅笔厂与轻工公司基于当时国家的外贸体制，分别将使用上述装潢的 7301、7302 号铅笔向国内外市场销售，从而使 7301、7302 号铅笔逐步在国内国际相关市场产生知名度，为相关消费者所知悉。因此，7301、7302 号铅笔能够成为知名商品，是上述两家企业共同努力的结果，其特有装潢的合法权利人也为上述两家企业。

案 号

一审：福建省高级人民法院（1997）闽知初字第 1 号
二审：最高人民法院（1999）知终字第 8 号

案情与裁判

原告（二审被上诉人）：福州万达铅笔文具有限公司（简称"万达公司"）
原告（二审被上诉人）：福州铅笔厂
被告（二审上诉人）：福建省轻工业品进出口集团公司（简称"轻工公司"）
被告：福州仁宇文具有限公司（简称"仁宇公司"）

起诉与答辩

原告万达公司诉称：其系福州铅笔厂和（英国）万达集团合资成立的企业，其生产各种铅笔所用的商标为"葵花牌""燕子牌"，其产品以其优良的品质和特有的装潢等深受国内外广大消费者的喜爱。仁宇公司大量仿冒生产与原告包装、装潢、标识相近似的"葵花牌""燕子牌"铅笔，并以低价出售，严重扰乱市场，误导消费者，损害了原告的合法权益。请求法院判令被告立即停止仿冒生产"葵花牌""燕子牌"铅笔的不正当竞争行为；判令被告赔偿原告经济损失及商誉损失 500 万元，判令被告承担本案诉讼费及原告的律师费。

被告仁宇公司辩称：原告万达公司不能作为本案诉讼主体，"葵花牌""燕子牌"商标的被许可使用方是万达集团有限公司而非原告；原告仅凭海关出口货物报单来证明其公司是假冒生产"葵花牌"铅笔与事实不符，其公司生产"7301""7302"铅笔是受

轻工公司的委托，且该公司对上述铅笔图案在先使用。

一审审理查明

福建省高级人民法院经审理查明："葵花牌"系福州铅笔厂于1979年1月1日注册用于其生产的铅笔等产品上的商标。续展有效期限至2003年2月28日。1996年12月11日皇岗海关第50403709号"出口货物报关单"载明，仁宇公司作为生产、经营、发货单位，向巴拿马出口12支一组彩色铅笔（葵花牌）共6 600打。仁宇公司出口上述铅笔，获利人民币3 524.40元。1996年11月至1997年2月，轻工公司委托仁宇公司生产"7301"号铅笔3 600罗、"7302"号铅笔5 100罗。"7301"系外观装潢为熊猫图案的铅笔的货号，"7302"系外观装潢为花与棱形组合图案的铅笔的货号。轻工公司销售"7301"号铅笔获利人民币13 944.96元，销售"7302"号铅笔获利人民币19 755.36元。1975年、1976年全国铅笔工业科学技术情报站的"全国铅笔行业产品质量测定"记载："福州，燕子7301"，"福州，燕子7302"以及对上述两种铅笔各种性能的测定情况。福州铅笔厂保存的1976年至1994年销售发票记载了"7301"号、"7302"号售给省、市外贸公司的情况。福州铅笔厂提出"7301"号，"7302"号铅笔外观装潢系该厂原美工龚雄设计的，龚雄证言证实了这一事实。轻工公司的宣传广告刊登有"燕子7301""燕子7302"铅笔的彩色画页。"燕子牌"系福州铅笔厂注册用于其生产的铅笔等产品上的商标，曾于1980年被福建省工商行政管理局评为著名商标。

万达公司系福州铅笔厂与（英国）万达集团有限公司于1995年合资成立的企业。双方合资合同约定，合资公司生产和销售各种笔类等，使用"燕子牌""葵花牌"商标，合资期限为50年。万达公司成立后生产的产品包括了"燕子牌7301"号、"燕子牌7302"号铅笔。福州铅笔厂于本案一审期间向原审法院提交申请书，认为"葵花牌""燕子牌"商标及其特有装潢图案均属其所有，请求法院确权并准许其作为共同原告参加诉讼。福建省高级人民法院审理中，万达公司提出其为制止侵权支付调查费用人民币10 020元、律师费人民币35 000元，仁宇公司、轻工公司均未提出异议。福建省高级人民法院根据万达公司的申请，依法进行了财产和证据保全。

一审判理和结果

福建省高级人民法院经审理认为："葵花牌"系原告福州铅笔厂依法注册并许可原告万达公司使用于铅笔上的商标。被告仁宇公司未经原告许可，擅自在其生产的铅笔上使用"葵花牌"商标，侵犯了原告的合法权益。被告仁宇公司应立即停止侵权，并对其侵权行为给原告造成的实际经济损失、商业信誉损失以及为制止侵权而支出的合理费用进行赔偿。"7301"号铅笔上使用的熊猫外观图案和"7302"号铅笔上使用的花与棱形组合外观图案，系原告福州铅笔厂设计并与其"燕子牌"商标配套在先使用并许可原告万达公司使用的铅笔外观装潢，"燕子牌"商标系著名商标。被告轻工公司未经原告许可，擅自使用该知名商品特有的装潢，构成不正当竞争，应立即停止侵权，并对侵权行为给原告造成的实际经济损失、商业信誉损失以及为制止侵权而支出的合理费用进行赔偿。被告仁宇公司主张原告万达公司不能作为本案诉讼主体无理，不予支持；辩称海关货物报关单上所写的"葵花牌"系报关中的笔误证据不足，不予采信。被告轻工公司提出其拥有"7301""7302"号铅笔外观装潢在先使用权，缺乏证据，不予采纳。该院依照《商标法》第3条、第38条第（1）项、第26条第1款，《反不正当竞争法》第5条第（2）项、第20条第1款，《民法通则》第118条的规定，判决：一、被告仁宇公司应立即停止在其生产的铅笔上使用"葵花牌"注册商标；二、被告仁宇公司应赔偿原告福州铅笔厂、万达公司实际经济损失人民币3 524.40元、商誉损失人民币1 000元、调查等合理费用人民币5 020元，三项合计人民币8 544.40元；三、被告轻工公司应立即停止使用"7301"（熊猫外观图案）、"7302"（花与梭形组合的外观图案）铅笔的外观装潢；四、被告轻工公司应赔偿原告福州铅笔厂、万达公司实际经济损失人民币33 700.32元、商誉损失人民币1万元、调查等合理费用人民币4万元，三项合计人民币83 700.32元。案件受理费人民币35 010元，由被告轻工公司负担3万元，被告仁宇公司负担5 010元；诉讼保全费人民币25 520元，由两被告各负担一半。

上诉与答辩

轻工公司不服福建省高级人民法院上述判决，向最高人民法院提起上诉称：1. 原审判决认定"7301""7302"号铅笔外观装潢图案系原告福州铅笔厂设计并与"燕子牌"商标配套在先使用，与事实不符。"7301""7302"号铅笔外观图案是上诉人与福州铅笔厂共同设计的，双方共同努力创造了国内外市场较高的知名度。20世纪90年代初，经国家商标局协调，"燕子牌"商标完全归属于福州铅笔厂，但相应的铅笔装潢图案并未随之划归福州铅笔厂。因此，上诉人对"7301""7302"装潢享有在先使用权。2. 原审判决将万达公司的律师费35 000元计入要求上诉人赔偿的调查费用中，既不符合《反不正当竞争法》第20条的规定，也不符合《民法通则》确立的公平、诚实信用原则。3. 原审判令上诉人承担巨额的诉讼费及财产保全费有悖《人民法院诉讼收费办法》。万达公司的起诉盲目地夸大索赔额高达500万元，上诉人只能按法院判决的赔偿金额部分承担合理的诉讼费用，其余部分应由万达公司自己承担。综上，请求撤销原审判决第三、四项，依法予以改判。

被上诉人万达公司答辩称：1. 原审判决事实准确、适用法律正确，不存在"与事实不符"之处。2. 原审判令上诉人承担答辩人调查等费用（包括律师费）是合理合法的。3. 原审判令诉讼费及财产保全费由上诉人承担是符合法律规定的。4. 因福州铅笔厂已独占许可答辩人使用"7301""7302"燕子牌商标及外观设计，故两被告赔偿的经济损失、商誉损失和调查等合理费用应当只支付给答辩人。被上诉人福州铅笔厂未进行书面答辩，也未到庭参加诉讼。但最高人民法院委托福建省高级人民法院就本案的事实对其进行了询问。

二审审理查明

最高人民法院经审理查明，原审查明的事实基本属实。另查明：20世纪70年代初期，福州铅笔厂与轻工公司合作，由轻工公司了解国外铅笔市场发展的趋势，收集国外铅笔市场的信息，并提供铅笔外观图案的初步设想，福州铅笔厂在此基础上组织龚雄等设计人员设计了铅笔外观装潢图案，再会同轻工公司有关人员进行修改、选样，最终确定了在7301、7302号产品上使用熊猫图案和花与棱形组合图案。此后，轻工公司配上"燕子"牌或者"白鸽"牌商标，由福州铅笔厂生产产品，轻工公司推向国外市场，从而创造了7301、7302等铅笔产品在国外市场较高的知名度。原审原告福州铅笔厂对上述事实的真实性予以肯定。上诉人轻工公司与福州铅笔厂曾共同拥有"燕子"牌商标，20世纪90年代初经国家工商行政管理局商标局协调，该商标划归福州铅笔厂所有。福州铅笔厂与（英国）万达集团有限公司所签合资合同中未明确约定万达公司对"葵花"牌商标的使用为独占或者排他许可使用，该合同也未涉及7301、7302号铅笔产品上熊猫图案和花与棱形组合图案装潢的使用问题。

二审判理和结果

最高人民法院认为：《商标法》所保护的商标专用权，为商标注册人享有。商标独占许可合同的被许可人，因享有使用上的独占权利，可以根据商标权人的授权排除他人使用商标，故其有权单独或者与商标注册人共同对商标侵权行为提起诉讼。而普通许可使用合同的被许可人，只享有使用商标的权利，其使用权不具有独占性，不产生排除他人使用的效果，不能成为指控商标侵权行为的权利依据。虽然上诉人在本案中并未对万达公司的权利主体资格提出上诉，但根据福州铅笔厂与（英国）万达集团有限公司所签合资合同的约定，万达公司对"葵花"牌商标的使用为普通许可使用，故其不具有主张保护商标权的权利主体资格，仁宇公司侵犯商标权的行为与其并无法律上的利害关系，其要求保护商标权的诉讼主张应予驳回。原审判决对万达公司于"葵花"牌商标有何种权利的事实认定不清，所作判决错误，应予纠正。

根据《反不正当竞争法》的规定，知名商品的特有装潢受法律保护。福州铅笔厂生产的7301、7302号铅笔，从20世纪70年代即在国内外市场销售，1980年被福建省工商行政管理局评为著名商标，在相关消费者中享有一定知名度，因此，可以认定其为知名商品。该两种商品使用的熊猫图案和花与棱形组合图案装潢，具有区别于其他相同或者类似商品装潢的显著特征，属于知名商品特有的装潢，符合《反不正当竞争法》规定的保护条件。

知名商品特有装潢的合法使用人享有排除他人使用，维护其正当竞争利益的权利。在确定权利人时，该装潢的使用情况是关键事实。在知名商品上首先使用该装潢的使用者应当确认为权利人。熊猫图案和花与棱形组合图案特有装潢的产生和使用始于20世纪70年代，福州铅笔厂与轻工公司基于当时国家的外贸体制，分别将使用上述装潢的7301、7302号铅笔向国内外市场销售，从而使7301、7302号铅笔逐步在国内国际相关市场产生知名度，为相关消费者所知悉。因此，7301、7302号铅笔能够成为知名商品，是上述两家企业共同努力的结果，其特有装潢的合法权利人也为上述两家企业。万达公司基于福州铅笔厂的许可而使用该装潢，其既非首先使用该装潢的经营者，也不是使该商品知名的经营者，其使用权固然可以产生制止他人不正当竞争的效果，但不能成为主张权利人轻工公司停止使用该装潢的合法权利依据。其关于轻工公司停止使用熊猫图案和花与棱形组合图案特有装潢的诉讼请求应予驳回。原审判决未确认轻工公司为本案涉讼装潢的权利人的事实，所作判决错误，应予纠正。上诉人该上诉理由成立。

如前所述，轻工公司与福州铅笔厂为本案涉讼装潢的共同权利人。在双方没有明确约定的情况下，共同权利人有权自行使用或者许可他人使用该装潢。故福州铅笔厂主张轻工公司不正当竞争的诉讼请求应予驳回。原审判决认定争议装潢的权利属于福州铅笔厂以及轻工公司构成不正当竞争行为，事实依据不足，应予纠正。上诉人该上诉理由成立。

综上，原审判决在认定事实上除认定仁宇公司侵犯福州铅笔厂商标权部分正确外，其他认定均有部分错误，应予纠正。本院依据《商标法》第 38 条第 1 款第（1）项、《民事诉讼法》第 153 条第 1 款第（3）项之规定，判决：一、维持福建省高级人民法院法院（1997）闽知初字第 1 号民事判决主文第一项；二、变更福建省高级人民法院法院（1997）闽知初字第 1 号民事判决主文第二项为：仁宇公司赔偿福州铅笔厂经济损失人民币 3 524.40 元、商誉损失人民币 1 000 元、调查等合理费用损失人民币 5 020 元，三项合计人民币 8 544.40 元，该款应于本判决生效之日起 30 日内付清；三、撤销福建省高级人民法院法院（1997）闽知初字第 1 号民事判决主文第三、四项；四、驳回被上诉人福州万达铅笔文具有限公司的全部诉讼请求；五、驳回被上诉人福州铅笔厂的其他诉讼请求。本案一审案件受理费 35 010 元、诉讼保全费 25 520 元，共计人民币 60 530 元，由被上诉人福州万达铅笔文具有限公司、福州铅笔厂承担 70%，即 42 371 元，由原审被告福州仁宇文具有限公司承担 30%，即 18 159 元；二审案件受理费 3 021 元，由被上诉人福州万达铅笔文具有限公司、福州铅笔厂承担。

法官评述

本案主要有两个问题：一是普通商标许可合同中的被许可人是否能作为权利主体主张权利的问题；二是如何认定本案中诉争的知名商品特有包装装潢的权利主体。

一、普通商标许可合同中的被许可人是否能作为权利主体主张权利的问题

本案中，最高人民法院认为普通许可使用合同的被许可人，只享有使用商标的权利，其使用权不具有独占性，不产生排除他人使用的效果，不能成为指控商标侵权行为的权利依据。因此一般认为，普通许可使用合同的被许可人无权将其享有的使用权作为指控他人侵犯商标权的权利基础。应当注意的是，商标许可合同中的被许可人，由于其被许可使用商标的性质不同，就其否能作为权利主体主张权利也是有所差别的。最高人民法院 2002 年 10 月 16 日起施行的《最高人民法院关于审理商标民事纠纷案件适用法律若干问题的解释》第 4 条就专门就此问题进行了规定，即在发生注册商标专用权被侵害时，独占使用许可合同的被许可人可以向人民法院提起诉讼；排他使用许可合同的被许可人可以和商标注册人共同起诉，也可以在商标注册人不起诉的情况下，自行提起诉讼；普通使用许可合同的被许可人经商标注册人明确授权，可以提起诉讼。也就是说，本案中，根据现行的司法解释，如果万达公司经商标权人明确授权，也是可以作为权利主体起诉的。

二、如何认定本案中诉争的知名商品特有包装装潢的权利主体

本案中，福州铅笔厂生产的 7301、7302 号铅笔，从 20 世纪 70 年代即在国内外市场销售，1980 年被福建省工商行政管理局评为著名商标，在相关消费者中享有一定知名度，应当认定其为知名商品。该两种商品使用的熊猫图案和花与棱形组合图案装潢，具有区别于其他相同或者类似商品装潢的显著特征，属于知名商品特有的装潢，符合反不正当竞争法规定的保护条件。根据原审法院及最高人民法院查明的事实，福州铅笔厂

与轻工公司基于当时国家的外贸体制，分别将使用上述装潢的7301、7302号铅笔向国内外市场销售，从而使7301、7302号铅笔逐步在国内国际相关市场产生知名度，为相关消费者所知悉。因此，7301、7302号铅笔能够成为知名商品，是上述两家企业共同努力的结果，其特有装潢的合法权利人也为上述两家企业。在双方没有明确约定的情况下，共同权利人有权自行使用或者许可他人使用该装潢。本案中，仁宇公司经轻工公司许可而使用诉争产品的包装装潢，有其合法依据。万达公司是基于福州铅笔厂的许可而使用该装潢，其既非首先使用该装潢的经营者，也不是使该商品知名的经营者，其使用权固然可以产生制止他人不正当竞争的效果，但不能成为主张权利人轻工公司停止使用该装潢的合法权利依据，因此其关于轻工公司应停止使用熊猫图案和花与棱形组合图案特有装潢的诉讼请求应予驳回。

（二审合议庭成员：蒋志培　董天平　张　辉
编写人：最高人民法院知识产权审判庭　王艳芳）

30. 漳州市中一番食品有限公司诉石狮佳祥食品有限公司、福建省石狮市华祥食品有限公司、石狮德祥食品有限公司侵犯商标权纠纷案

> 阅读提示：二审审理期间，商标权人的注册商标被商标行政部门依法撤销，人民法院正在审理的商标侵权纠纷案件应如何处理？

裁判要旨

根据修订前的《商标法实施细则》第25条第5款的规定，依照《商标法》第27条第1款、第2款的规定撤销的注册商标，其商标专用权视为自始不存在。因本案诉争的商标权视为自始不存在，故原告的诉讼请求已无事实和法律依据，人民法院应依法驳回原告诉讼请求。

案　号

一审：福建省高级人民法院（1999）闽知初字第3号
二审：最高人民法院（2000）知终字第1号

案情与裁判

原告（二审被上诉人）：漳州市中一番食品有限公司（简称"中一番公司"）
被告（二审上诉人）：石狮佳祥食品有限公司（简称"佳祥公司"）
被告（二审上诉人）：福建省石狮市华祥食品有限公司（简称"华祥公司"）
被告（二审上诉人）：石狮德祥食品有限公司（简称"德祥公司"）

起诉与答辩

原告中一番公司诉称：其依法拥有注册商标"扭扭"的专用权。三被告在其共同生产的"扭扭系列食品大礼包"中，将原告的注册商标文字作相同使用并擅自加®，并将原告注册商标作为商品名称和商品装潢使用。三被告的行为违反了《商标法》的有关规定，三被告的产品远销全国各小食品重要批发市场，侵权范围广，情节严重。为维护原告合法权益，请求判令三被告停止侵权；销毁相关侵权包装袋；公开道歉；赔偿损失人民币200万元；对假冒注册商标行为给予民事制裁并承担本案诉讼费用。

被告佳祥公司辩称："扭扭"是答辩人委托他人专为食品包装设计的"卡通孪生兄妹"形象的名字，答辩人对此拥有著作权。答辩人于1995年初将其使用于"扭扭膨化食品"和"扭扭食品"包装袋上，投放市场后，深受广大消费者喜爱。几年来，答辩人

也为扭扭系列食品投入数百万元的广告费用。原告作为本省同行，明知答辩人使用在先的情况下，却将"扭扭"进行商标注册，违反《商标法》的有关规定。原告1998年8月21日才获准注册，至今无产品上市，故其索赔200万元没有依据。现答辩人已向国家工商行政管理总局商标评审委员会提交了《撤销注册不当商标申请书》，请求中止该案审理。被告华祥公司、德祥公司未进行答辩。

一审审理查明

福建省高级人民法院审理查明：中一番公司于1998年8月21日取得了国家工商行政管理局商标局核发的第1200997号"扭扭"商标注册证，核定使用商品为第30类的玉米花、谷物膨化食品等16种商品，注册有效期限自1998年8月21日至2008年8月20日。中一番公司在一审庭审中提供了其生产"扭扭"产品的样品，但未提供该产品的生产和销售数量证据。佳祥公司于1995年起开始使用"扭扭"作为其生产的膨化食品的商品名称。1996年4月21日，佳祥公司取得了"扭扭乐"文字注册商标，核定使用商品为第30类中的糖果、面包和糕点。此后，佳祥公司、华祥公司、德祥公司在其共同生产的膨化食品"扭扭系列食品大礼包""文博系列大礼包"的外包装袋和产品包装袋上使用了"扭扭"作为商品名称或者包装装潢，并均加注了注册商标®的标记。佳祥公司、华祥公司、德祥公司各类"扭扭"膨化食品行销全国各地。1999年2月7日，中一番公司以佳祥公司、华祥公司、德祥公司侵犯其注册商标专用权为由向福建省高级人民法院起诉，请求判令三被告停止侵权、销毁相关侵权包装袋、公开道歉、赔偿经济损失人民币200万元，并对其假冒注册商标行为给予民事制裁。一审期间，佳祥公司对中一番公司的"扭扭"注册商标向国家工商行政管理局商标评审委员会提出撤销注册不当商标申请。商标评审委员会于1999年5月8日受理该申请。

一审判理和结果

福建省高级人民法院经审理认为，原告中一番公司已依法取得"扭扭"文字商标的专用权，其合法权益应得到保护。被告佳祥公司、华祥公司、德祥公司未经注册商标人许可在同类商品上使用上与"扭扭"注册商标相同的商标，侵犯了原告中一番公司的商标专用权，应当承担相应的侵权责任。被告佳祥公司虽然先将"扭扭"作为商品名称使用，但未进行商标注册，现他人已将"扭扭"进行商标注册，法律优先保护商标权。被告佳祥公司关于其有"扭扭"商标的在先权的抗辩理由不能成立。商标评审委员会受理撤销注册不当商标的申请，并不是中止商标侵权案件审理的法定理由，被告佳祥公司要求中止审理的请求不予采纳。原告没有提供其请求赔偿数额的证据，故对其赔偿请求不予全额支持。根据《商标法》的有关规定，对假冒注册商标的行为由工商行政管理部门负责处理，原告要求制裁被告假冒注册商标行为的请求，应另行向有关部门提出。根据《商标法》第38条第（1）项和《民法通则》第118条的规定，判决如下：1. 被告佳祥公司、华祥公司、德祥公司应在本判决生效之日起立即停止侵犯原告中一番公司"扭扭"注册商标专用权的行为；2. 被告佳祥公司、华祥公司、德祥公司应在本判决生效后10日内销毁全部印有"扭扭"字样的包装袋；3. 被告佳祥公司、华祥公司、德祥公司应在本判决生效后10日内共同赔偿原告损失人民币5万元，被告负连带责任；4. 驳回原告其他诉讼请求。本案案件受理费人民币 20 010 元，由被告佳祥公司、华祥公司、德祥公司各负担 6 670 元。

上诉与答辩

佳祥公司、华祥公司、德祥公司不服上述判决，向最高人民法院提起上诉称：本案诉争的焦点是被上诉人抢注"扭扭"商标是否合法，要解决这个争议问题必须等待商标评审委员会的终局裁定，请求中止本案的诉讼；原审判决判令上诉人多承担 195 万元标的额的诉讼费不合理。

二审审理查明

最高人民法院经审理查明，原审法院查明的事实属实。另查明，一审宣判后，国家工商行政管理局商标评审委员会于 2000 年 1 月 4 日作出商评字（1999）第 3826 号《"扭扭"商标注册不当终局裁定书》，裁定撤销第 1200997 号"扭扭"商标注册。该裁定书认为："扭扭"已起到标识申请人所生产食品，包括膨化食品的商标的作用，具有一定的知名度。被申请人的行为已构成对他人具有一定知名度的商标模仿注册的行为，申请人所提注册不当理由成立。二审期间，中一番公司向国家工商行政管理局商标评审委员会提出重新评审申请，商标评审委员会未予受理。

二审判理和结果

最高人民法院认为，原审判决是在国家工商行政管理局商标评审委员会作出商标注册不当终局裁定之前作出的，根据该商标评审委员会商评字（1999）第 3862 号《"扭扭"商标注册不当终局裁定书》，被上诉人的"扭扭"注册商标于 2000 年 1 月 4 日被撤销注册，根据《商标法实施细则》第 25 条第 5 款的规定，被上诉人请求保护的商标权视为自始即不存在，故其诉讼请求已无事实和法律依据。依照《民事诉讼法》第 153 条第（3）项的规定，判决如下：1. 撤销福建省高级人民法院（1999）闽知初字第 3 号民事判决；2. 驳回被上诉人中一番公司的诉讼请求。本案一审案件受理费 20 010 元、二审案件受理费 20 010 元，共计 40 020 元，由被上诉人中一番公司承担。

法官评述

本案的法律问题并不复杂，涉及的问题是二审审理期间，商标权人的注册商标被商标行政部门依法撤销，人民法院正在审理的商标侵权纠纷案件应如何处理的问题。根据修订前的《商标法实施细则》第 25 条第 5 款的规定，依照《商标法》第 27 条第 1 款、第 2 款的规定撤销的注册商标，其商标专用权视为自始不存在。因本案诉争的商标权视为自始不存在，故原告的诉讼请求已无事实和法律依据，人民法院应依法驳回原告诉讼请求。本案中，最高人民法院也正是如此处理本案的。但是，如果商标行政主管部门在二审审理结束前，如果没有做出撤销该商标的终局裁定，本案应如何处理呢，这恐怕是本案更应该思索的问题。现行的《商标法》及相关的司法解释对商标民事案件的中止诉讼没有特别规定，但原则是一般情况下不中止诉讼。但是笔者认为在现行体制下，如有与本案情况类似的，也就是说涉案商标被撤销的可能性很大的，人民法院根据案件的具体情况，应当考虑中止诉讼。即使不中止诉讼，对此类案件，即使认定侵权，在判定赔偿额时，应当考虑该商标未使用的因素，参照《最高人民法院关于当前经济形势下知识产权审判服务大局若干问题的意见》第 7 条的规定，不支持其损害赔偿的请求。

（二审合议庭成员：董天平　张　辉　段立红
编写人：最高人民法院知识产权审判庭　王艳芳）

31. 艾格福（天津）有限公司诉四川省富顺县生物化工厂侵犯商标专用权纠纷案

阅读提示：行政许可等行政行为对商标权的行使有何影响？商标使用许可合同未依法备案是否影响合同效力？商标显著性丧失、侵权故意明显、侵权产品属于劣质产品对于侵权赔偿责任有何影响？如何以侵权获利计算赔偿额？

裁判要旨

商标权作为一种绝对权，除非符合法定条件并依照法定程序，该权利不因任何行政许可、命令等行政行为而丧失。

商标使用许可合同未依法备案并不影响合同本身的效力。

因商标注册人疏于管理而导致注册商标的显著性丧失的，在该注册商标在被依法撤销之前，仍应当作为有效注册商标受到保护，但可以考虑适当减轻被告的侵权赔偿责任。可以考虑当事人的主观过错确定相应的赔偿责任，侵权故意明显的，可以加重赔偿。权利人认为侵权产品属于劣质产品并据此要求加重侵权人赔偿责任的，应当提供主管部门的认定或者权威机构的检测证明等充分证据。

权利人选择以侵权获利计算赔偿额且能够证明侵权经营额但不能证明实际利润率时，可以依据行业常规利润或者其他酌定利润率的方法来计算，而不再考虑适用定额赔偿规则。

案 号

一审：四川省高级人民法院（1998）川经二初字第47号
二审：最高人民法院（1999）知终字第11号

案情与裁判

原告（二审上诉人）：艾格福（天津）有限公司（简称"艾格福（天津）公司"）
被告（二审被上诉人）：四川省富顺县生物化工厂（简称"富顺生化厂"）

起诉与答辩

原告艾格福（天津）公司诉称："敌杀死""DECIS"中英文文字及地球、棉桃丰收树图形商标是法国艾格福（天津）公司在中国商标局合法注册的世界知名商标。在中国，该商标的使用权依法归艾格福（天津）公司。被告富顺生化厂在未得到原告授权的情况下，擅自印制10%"高效敌杀死"标签，将其质量低劣的农药假冒原告的"敌杀死"产品在市场上出售，给原告的声誉及"敌杀死"产品信誉造成不可估量的损失。据此，1. 请求判令被告富顺生化厂立即停止非法使用"敌杀死"商标的侵权行为。2. 被告公开向原告赔礼道歉。3. 赔偿因侵权给原告造成的经济损失人民币750万元。4. 请求判令被告按国际现行农药（消毒品）销毁标准销毁全部假冒"敌杀死"农药，并由被告承担全部诉讼费。

被告富顺生化厂辩称：1. 原告艾格福（天津）公司不是"敌杀死"注册商标在中国境内的所有权人，与所诉的"敌杀死"注册商标纠纷无直接利害关系，不具备诉讼原告的主体资格。2. 中华人民共和国化工行业标准中溴氰菊酯的商品名称记载为"敌杀死"、农业部《新编农药手册》中，溴氰菊酯为中文通用名，其他名称为"敌杀死"等，因此，由于"敌杀死"商标注册人管理疏忽，"敌杀死"已实际成为农药的通用名称，淡化了"敌杀死"注册商标的显著性，我厂以产品名称方式使用"敌杀死"，不构成对"敌杀死"商标注册人的侵权。3. 富顺生化厂所生产、销售的"敌杀死"产品均取得有关行业主管机关颁发的准产证和农药分装登记证。4. 依照《商标法》及其实施细则的有关规定，转让或者许可均应依法申报备案，方才合法有效。因此，艾格福（天津）公司签订"商标使用许可合同"没有备案，应属无效。

一审审理查明

1989年2月20日、1990年11月10日，法国罗素·优克福（ROUSSEL—UCLAF）有限公司经中国商标局核准注册"DECIS""敌杀死"文字商标，注册号分别为339549、533131。1995年8月30日、1997年1月14日又经中国商标局核准注册"地球""棉桃丰收树"图形商标，注册号分别为232102、928666。以上4个注册商标核准使用商品为灭草和杀寄生虫制剂、杀虫药剂，有效期均为10年。1989年6月8日，天津农药股份有限公司、渤海化学工业（集团）有限公司天津大沽化工厂与法国罗素·优克福公司签订合资经营合同，成立天津罗素·优克福农药有限公司。同时，法国罗素·优克福公司与天津罗素·优克福农药有限公司签订了《商标许可合同》，约定：法国罗素·优克福公司授权天津罗素·优克福农药有限公司在非专属、免使用费、不可再授权下在中国境内使用其在中国登记与注册申请的商标，该许可合同有效期为10年。1995年1月，天津市对外经济贸易委员会批准法国罗素·优克福公司将其持有的合资公司注册资本的出资额转让给法国赫司特·先灵·艾格福有限公司（HOECH-STSCHERINGAGREVOS. A.），该合资公司的法定名称由原天津罗素·优克福农药有限公司变更为艾格福（天津）有限公司。1997年2月28日，"敌杀死""DECIS""地球""棉桃丰收树"4项商标经中国商标局核准转让给法国赫司特·先灵·艾格福有限公司。1997年间，艾格福（天津）公司发现市场上有富顺生化厂生产的冠以"10%高效敌杀死""敌杀死"和"DECIS"字样的农药产品销售。为此，艾格福（天津）公司分别于同年11月20日、12月15日函告富顺生化厂，要求其停止侵权行为。富顺生化厂分别于同年12月6日和次年1月20日向艾格福（天津）公司回函，表示立即停止生产和销售"高效敌杀死"产品，对已生产的农药产品重新改、印标签，原有标签在3月底前全部更换。之后，富顺生化厂仍继续生产、销售在标签上冠以"敌杀死""高效敌杀死"字样的农药产品。艾格福（天津）公司遂于1998年7月20日向一审法院提起诉讼，要求判令富顺生化厂停止对"敌杀死"等商标的侵权行为、公开赔礼道歉、赔偿经济损失750万元、销毁全部假冒"敌杀死"农药并承担全部诉讼费。

一审法院还查明：艾格福（天津）公司系经国家工商行政管理局核准登记的中外合资企业法人。其使用"敌杀死"商标的农药专指有效含量为重量/体积比为2.5%（每公升含25克有效成分）绿色透明溴氰菊酯乳油，系农药中的知名品牌。1992年4月1日和1997年4月30日，富顺生化厂分别取得四川省化学工业厅颁发的"2.5%敌杀死乳油（分装）"准产证和中华人民共和国农业部颁发的"2.5%敌杀死乳油（溴氰菊酯）"农药分装登记证。1996年6月10日，农业部农药检定所（96）农药检（政）字第36号《关于农药分装登记的补充通知》规定：在审批分装登记时应要求分装厂提供原包装厂同意分装的授权书。本案审理过程中，上述注册商标的注册人法国赫斯特·先灵·艾格福有限公司于1998年7月30日授权艾格福（天津）公司在合作经营期限内继续使用上述商标，并在上述商标在中国受到侵害时有权从事调查和诉诸法律等。

一审期间，一审法院委托华西审计事务所对富顺生化厂从1997年至1998年8月的冠以"敌杀死""高效敌杀死"和"增效敌杀死"字样的农药产品的销售收入进行了审计，其结论为："敌杀死""高效敌杀死"和"增效敌杀死"农药产品销售收入共计人民币3 384 814.94元。

一审判理和结果

一审法院认为：法国赫司特·先灵·艾格福有限公司合法取得的"敌杀死""DECIS"文字商标及"地球""棉桃丰收树"图形商标已经中国商标局核准注册，且尚在有效期，法国赫司特·先灵·艾格福有限公司对该4个注册商标享有专用权，应受中国商标法保护。艾格福（天津）公司虽为上述注册商标的一般许可使用人，但因该注册商标的注册人授权艾格福（天津）公司在该商标受到侵害时，享有对此从事调查和诉诸法律的权利，故艾格福（天津）公司因此取得本案诉讼主体资格。根据我国商标管理的有关规定，有效期内的注册商标如因注册人疏于管理而使注册商标的显著性消失，该商标将因缺乏显著性而被撤销。本案商标注册人虽有对某些专业出版物上将溴氰菊酯的商品名与"敌杀死"商标混淆的情况疏于管理，但在中国商标局未宣布对该注册商标撤销前，仍应受商标法保护。富顺生化厂虽然取得了"2.5%敌杀死乳油"分装准产证和分装登记证，但因其未取得"敌杀死""DECIS"注册商标注册人的许可，有关行业管理部门颁发的准产证和登记证仍不具有许可他人使用注册商标的效力。艾格福（天津）公司与商标注册人所签订的商标使用许可合同虽未依法报中国商标局备案，但并不影响合同效力。综上所述，富顺生化厂未经商标注册人的许可，在其生产、销售的类似产品上使用"敌杀死""DECIS"注册商标，使消费者误认、误购，其行为已构成对"敌杀死""DECIS"注册商标专用权的侵犯，应依法承担商标侵权之责任。艾格福（天津）公司诉称富顺生化厂侵犯"敌杀死""DECIS"商标权，并要求被告赔偿侵权损失的请求理由正当，应当予以支持。富顺生化厂辩称未侵犯商标专用权的理由不能成立。

该院依据《民法通则》第118条、第134条第1款第（1）项、第（7）项、第（9）项、第（10）项，《商标法》第38条第（1）项、第（4）项，《商标法实施细则》第41条第1款第（1）项、第（2）项，《民事诉讼法》第134条第1款之规定，于1999年1月7日判决：一、富顺生化厂立即停止非法使用"敌杀死""DECIS"注册商标的侵权行为；二、库存的全部假冒农药产品"敌杀死"农药上的商标标识及包装瓶以及库存的"敌杀死""DECIS"商标标识自本判决送达之日起15日内全部予以销毁；三、富顺生化厂赔偿艾格福（天津）公司经济损失人民币15万元，于本判决生效之日起30日内偿付；四、富顺生化厂自本判决生效之日在20日内分别在《中国农民报》《四川农民报》刊登赔礼道歉声明，声明内容由该院审定，费用由富顺生化厂负担。案件受理费47510元，审计费1万元，保全费1万元，共计67 510元，由富顺生化厂负担。

上诉与答辩

上诉人艾格福（天津）公司上诉称：上诉人对一审法院根据在诉讼保全中查封的被上诉人销售账户认定被上诉人侵权产品销售总额为3 384 814.94元不持异议，但一审判决被上诉人赔偿上诉人15万元明显太低并且没有事实及法律依据。一审中上诉人选择了以被上诉人侵权获利作为赔偿额的计算方法，按照农药生产的常规利润额度计算，被上诉人的获利应在其销售总额的30％以上；被上诉人销售劣质农药，有效含量比优质产品的有效含量低若干倍，其获利远远超过30％；被上诉人的侵权时间也应从1994年7月起计算至1998年8月。故，请求撤销原审判决第三项，判令被上诉人赔偿经济损失150万元。

被上诉人富顺生化厂答辩称：上诉人指控被上诉人销售劣质农药并获利在30％以上没有事实依据；"敌杀死"注册商标名称的广泛使用，实际已变成了农药的商品通用名称；上诉人请求赔偿的数额缺乏依据，也不符合实际，被上诉人实际是一个连年亏损的乡镇企业，望作就低且适当的赔偿。

二审审理查明

二审法院对一审查证的主要事实予以确认。另查明："敌杀死""DECIS"注册商标核定使用的商品为杀虫剂，富顺生化厂未经商标注册人许可，在同一种商品上既使用与"敌杀死""DECIS"注册商标相同的商标，又将"敌杀死""DECIS"文字作为其商品名称使用或者将"敌杀死"文字作为其商品名称的主要部分使用。一审认定富顺生化厂在类似商品上使用这些注册商标有误。富顺生化厂在使用"DECIS"作为其商标或者商品名称时，均同时使用了"敌杀死"文字作为其商标或者商品名称。一审法院委托华西审计事务所审计所针对的被控侵权产品中已包括富顺生化厂使用"DECIS"作为其商标或者商品名称的产品。

二审判理和结果

二审法院认为：一审法院认定被上诉人的行为侵犯"敌杀死""DECIS"注册商标专用权正确。在被上诉人的成本、税金难以查清的情况下，一审法院参考被上诉人的销售收入和影响被上诉人生产成本的各种因素来确定本案的赔偿，其方法是适当的，但被上诉人在接到上诉人的警告并回函确认立即停止侵权后仍继续进行侵权行为，有明显的侵权故意，一审法院未考虑其主观恶意程度而未加重其赔偿责任有所不妥。上诉人主张按照农药生产的常规利润来计算本案的赔偿额，但没有提供充分证据来证明该常规利润；上诉人认为侵权产品属于劣质农药，并要求以此加重被上诉人的赔偿责任也缺乏事实依据。上诉人以在一审法院查封的被上诉人的标签中有标有上诉人于1995年1月更名前的公司名称——"天津罗素·优克福公司"字样的标签，即认为被上诉人在此之前就有侵权行为并请求从 1994 年 7 月起计算本案的赔偿数额，但上诉人并未提供证据证明被上诉人在 1994 年 7 月至 1996 年间实际使用相同标签销售侵权产品，其该请求亦缺乏事实依据。综上，上诉人关于增加本案赔偿数额的上诉请求成立，但其关于赔偿数额的计算方法不妥；原判认定事实基本清楚，适用法律基本正确，但确定 15 万元的损害赔偿数额过低，不足以保护商标注册人的合法权益，应予变更。

二审法院依照《民事诉讼法》第 153 条第 1 款第（1）项、第（2）项之规定，于 2000 年 6 月 13 日终审判决：一、维持四川省高级人民法院（1998）川经二初字第 47 号民事判决主文第一、二、四项；二、变更四川省高级人民法院（1998）川经二初字第 47 号民事判决主文第三项为：生物化工厂赔偿艾格福（天津）公司经济损失人民币 338 481 元，于本判决生效之日起 30 日内偿付。一审案件受理费、审计费、保全费按照原审判决执行，二审案件受理费 17 510 元，由艾格福（天津）公司承担 14 000 元，生物化工厂承担 3 510 元。

法官评述

本案要点在于侵权定性和赔偿数额的确定，尤其是赔偿额的确定。

一、关于侵权定性

本案一审法院关于被告构成商标侵权的定性是正确的，有关的判理说词也很简明扼要，故二审法院未再就此多作论述，直接予以确认。在此值得一提的是商标淡化问题的认定和处理。本案确实存在中华人民共和国化工行业标准中溴氰菊酯的商品名称记载为"敌杀死"、农业部《新编农药手册》中溴氰菊酯为中文通用名，其他名称为"敌杀死"等情况，这些情形应当说已经构成对"敌杀死"商标的淡化，对该商标的显著性是有直接影响的。但由于商标的授权与维持以及撤销必须依照法定程序由有权机关进行界定，在本案处理时适用的商标法中，这些权力（包括终局裁决权）均在于国家商标局及其商标评审委员会。在 2001 年《商标法》修改之前，其他任何机关包括人民法院均无权对此作出认定，包括无权对商标淡化行为是否已经导致商标的显著性丧失进行认定。根据 2001 年修改后的《商标法》，即使将商标权的授予和维持的终局裁决权交给司法机关，受理侵权案件的法院也无权在侵权诉讼中对商标权人的商标权的效力作出认定，也必须以诉讼时的法律状态为准。也就是说只有在商标确权行政诉讼案件中，审理法院才可以根据淡化行为对商标显著性的影响而认定注册商标的有效性。因此，在一个注册商标在未被依法撤销之前，就应当受到《商标法》的保护。但在确有商标淡化情形，而被告又非故意侵权的情况下，在考虑侵权责任特别是赔偿责任时，是可以适当减轻被告的责任的。

另一个问题是行政登记等手续能否对抗商标权人的权利。一审法院认为，富顺生化厂虽然取得了"2.5%敌杀死乳油"分装准产证和分装登记证，但因其未取得"敌杀死""DECIS"注册商标注册人的许可，有关行业管理部门颁发的准产证和登记证仍不具有许可他人使用注册商标的效力。鉴于农药这种特殊商品，国家规定对农药的分装也要经过行政许可并进行农药登记。同时，根据有关法律、法规，分装生产也需要取得商标权人的授权或者许可。一般而言，行政机关在颁发许可证和登记之前的审查程序中应当要求申请人出具商标权人的授权或者许可证明，但在缺少这些证明文件或者因行政机关的工作失误等原因造成误发许可证或者登记的情形还是常见的，在此情况下，因程序本身不合法等原因，其所取得的许可证或者登记本身就应当作无效处理，或者至少是有瑕疵的，就不能对抗商标权人依法取得的权利。这与前述商标淡化问题不同，因为商标权对商标权人而言是一种绝对权，除非符合法定条件并依照法定程序，该权利不因任何行政决定、命令等行政行为而丧失。颁发生产许可证和登记等行政行为，主要是审查申请人的生产技术条件，以保证产品的质量和使用安全，其并不对产品是否侵犯他人知识产权等民事权利进行直接认定和处理。因此，一般来说，不能以行政登记等手续对抗他人的民事权利。至于能否对抗他人的在先使用问题，也要看他人的这种在先使用行为是否已经依法能够产生在先权。

二、关于赔偿额的计算

对于知识产权的侵权损害赔偿，在本案当时的司法实践中主要有以下几种计算方法：1.以权利人的损失计算。2.以侵权人的侵权获利计算。3.以正常许可费为参照计算。4.适用最高人民法院1998年吴县会议纪要提出的定额赔偿标准。❶当然，当事人也可以商定用其他计算方法计算损失赔偿额。以上几种计算方法在适用时有无先后顺序，或者说当事人对此有无选择权，是一个值得讨论的问题。最高人民法院在1985年11月6日关于商标侵权赔偿计算问题的批复中规定被侵权人对按其实际损失或者侵权人获利计算赔偿有选择权，而1992年12月29日关于专利侵权赔偿的司法解释中规定法院可以根据案情选择适用计算方法，并未说明权利人有无选择权。由于上述规定不一致，又存在定额赔偿的选择适用问题，故知识产权侵权损害赔偿方法的选择适用在当时实践中存在一定程度的混乱。有些人认为在适用顺序上应当优先考虑权利人受损和侵权人获利这两种计算方法，并应当赋予权利人以选择权，只有在损失和获利都不能查明，也无正常使用费可作为参照时，法院才可以基于当事人要求赔偿的诉讼请求，选择适用定额赔偿方法。但在司法实践中，从方便当事人诉讼和方便法院审理出发，法院一般允许权利人选择以哪一种方法计算赔偿，直接就权利人所主张的赔偿计算依据和方法结合证据进行审查，并不会要求必须首先审查侵权受损或者侵权获利。

本案原告未主张依其实际受损来计算赔偿额，也未提供任何因被告侵权导致其受损数额的证据。原告（上诉人）主张依据被告（被上诉人）的侵权获利来计算赔偿额，但未能提供充分的能够作为计算依据的证据。一审法院在确定本案赔偿时，也是按照推定的被告侵权获利来计算的。一审法院根据查封的被告的销售收入账本，经审计只得到了被告从1997年1月至1998年8月的销售收入为3384814.94元，成本和税金难以确定。据此审计结果，一审法院在上诉人选择以被上诉人侵权获利为赔偿依据但因被上诉人的成本账册未能查封取得的情况下，参照与本案被上诉人同属一地、同为农药企业的上诉人另案起诉的富顺县农药厂经审计确认的利润比例（销售利润大约是销售收入的14%）并考虑被上诉人影响生产成本的各种因素来计算本案的赔偿额（一审法庭合议时认为可

---

❶ 上述4种知识产权侵权损害赔偿计算方法目前已经为几部主要知识产权单行法和相关司法解释所确认。

以按照被告销售收入的10%左右计算)。这种方法并无不妥。在上诉人主张以侵权获利计算本案赔偿,而被上诉人的侵权销售额又能够确定只是实际获利难以确定的情况下,可以采取酌定利润率的方法来确定被上诉人的赔偿数额。即,以推定的利润率来确定被告的获利,而不应考虑再适用定额赔偿规则。定额赔偿一般应当是在原告受损和被告获利等均不能确定的情况下才可以适用。在没有其他更好的可供选择的计算方法的情况下,参照与被告属同地同类且生产同种侵权产品企业的利润率来计算被告的赔偿额的方法也相对较为科学、可行,且一审法院考虑各种因素将本案被告的利润率确定为10%并无明显不妥。如果没有其他更充分的理由,二审一般应当维持一审的这种计算方法,以不再变更为宜。但因一审法院在实际计算时,仅确定赔偿15万元,并认为加上案件受理费、审计费、保全费等67 519元,基本上就是被告销售收入的10%左右。一审法院实际上是将案件受理费、审计费、保全费等亦作为被告应当支付的赔偿额的组成部分,这种计算方法明显不当。按照一审合议时确定的计算比例(10%),赔偿额应为338 481元,与实际判赔15万元差18万余元。而且本案被上诉人在接到上诉人的警告并回函确认立即停止侵权后仍继续进行侵权行为,有明显的侵权故意,也应当考虑判令其承担较重的赔偿责任。这是本案一审判决存在的主要问题。

二审中,被上诉人根据法庭的要求,提交了其1997年1月至1998年8月间的全部销售和成本账册,并且被上诉人依此自行测算出其销售收入为4 648 649.15元,"销售利润"(实为营业利润)为88 753.56元。法庭曾征询上诉人是否同意以被上诉人提交的这些账册为依据对被上诉人的利润进行审计,但上诉人怀疑该账册有假,且未在法庭指定的期限内答复是否同意依此进行审计,至本案审结前也未予答复。对此,应视为上诉人拒绝就此进行审计,即上诉人放弃对该证据进行进一步质证的权利。同时,这些成本账册被上诉人在一审时拒绝提交,且其依据这些账册计算出的销售收入与一审审计结果不符(二审庭审中被上诉人解释为其自行计算时有重复计算,认为应以一审审计为准),营业利润仅8万余元,远低于一审判决的15万元其却未提出上诉,其举证的真实性难以确定。而且,上诉人上诉时明确表示对一审就此审计结果为3 384 814.94元并无异议,在二审庭审中也未对被上诉人自行计算多出的部分主张任何权利。在这种的情况下,二审不宜采信被上诉人所举其成本账册的证据并就此再行审计,被上诉人的侵权销售额仍依据一审审计结果较为妥当。

上诉人在二审中还提出应当按照农药生产的常规利润额度——销售总额的30%以上来计算本案被上诉人的赔偿额,被上诉人销售劣质农药获利远远超过30%,以及被上诉人的侵权时间应从1994年7月起计算至1998年8月等问题。当事人应当对自己的主张提供证据。但是,上诉人在本案中没有提供任何证据来证明该农药生产的常规利润,如果其确实能够举证这种常规利润,且被上诉人也并非专门以假冒侵权为业(即仅生产该侵权产品),在选择以侵权获利方式来计算赔偿额而又无其他利润率可供参照计算时,依据行业常规利润来计算也是一种可行的办法。上诉人在本案中也未提供充分的证据证明被上诉人的侵权产品属于劣质产品。这种属于劣质产品的证明一般应当是国家有关行政主管部门作出的认定或者至少是经法律或者有关主管部门授权的权威机构出具的检测证明等。如果当事人能够举证这一点,则在采取酌定的方法确定赔偿时,一般即可作为酌定的因素之一，因为一般而言劣质产品成本应当低于合格产品或者优质产品，而且以劣质产品假冒他人商标，客观上也会损害商标权人的商品声誉乃至商业信誉。当然，这种情况下，侵权人还有一个在承担民事侵权责任以外一般还应承担行政责任乃至刑事责任的问题。至于上诉人提到的侵权时间的起算问题，上诉人以在原审法院查封的被上诉人的标签中有标有上诉人于1995年1月更名前的公司名称——"天津罗素·优克福公司"字样的标签为由，推定被上诉人在1994年之前就有侵权行为。对此问题，应当认为，上诉人已经进行了一定的举证，但这种举证尚不充分，存在着被上诉人不知道上诉人已经更名的事实而实际是在更名之后使用上诉人原来的公司名称的可能性，上诉人又不能提出在1997年之前被上诉人实际使用这些标签的证据，而且不能当然地以1997年以后的月销售额及利润来简单地推算以前年份的侵权获利。

另外，在二审改判理由的表述上，由于一审法院在判理中并未对本案赔偿额的计算方法作出说明，这在一定程度上也给二审法院的判词说理造成了一些困难。这也是当时乃至当前司法实践中比较普遍的问题，往往比较注重对行为定性的说理，忽视对具体赔偿数额的计算以及诉讼费用划分的论述，导致当事人和外界无从准确地把握有关的数额是考虑哪些因素，依据什么标准和方法计算出来的。因一审判决的计算方法正确仅判决结果错误，因此，二审以一审未考虑被上诉人的主观过错为由予以改判。

(二审合议庭成员：董天平　郐中林　张　辉
编写人：最高人民法院知识产权审判庭　郐中林)

32. 兰州佛慈制药厂诉甘肃省医药保健品进出口公司、兰州岷山制药厂商标专用权权属、侵权与不正当竞争纠纷案

阅读提示：在过去我国商标注册采取内外销"两本账"商标做法的情况下，外贸企业将外销商标在国外取得注册商标，生产企业主张该国外注册商标权归其所有，应如何处理？

裁判要旨

所谓"两本账"商标就是指，对于同一商标使用在相同商品上而在国内外销售的，可以核准生产企业和外贸公司双方在我国注册，分别使用于内、外销商品。外贸公司将外销商标在国外取得注册商标权，根据各国商标注册和法律保护独立的原则，该注册商标应当按照当地国家的法律进行注册、转让，不属我国法律调整的范围。我国国家工商行政管理局和外经贸部等部门颁发的有关文件，是协调解决同一商标被不同当事人分别在境内、境外注册的历史遗留问题的行政性文件，不能作为变更境外商标注册人的法律依据。

案 号

一审：甘肃省高级人民法院（1997）甘经初字第 22 号
二审：最高人民法院（1998）知终字第 3 号

案情与裁判

原告（二审被上诉人）：兰州佛慈制药厂（简称"佛慈制药厂"）
被告（二审上诉人）：甘肃省医药保健品进出口公司（简称"医保公司"）
被告（二审上诉人）：兰州岷山制药厂（简称"岷山制药厂"）

起诉与答辩

原告佛慈制药厂于 1997 年 5 月 29 日向甘肃省高级人民法院提起诉讼称：1992 年 8 月，原告正式获得自营出口权后，被告医保公司在未征得原告同意的情况下，擅自将"岷山"商标在日本、马来西亚、新加坡等三国进行了续展，严重违反了国家工商行政管理局、外贸部 1990 年发布的《关于禁止擅自将他人商标在国外注册的通知》的规定，属明显的侵权行为。医保公司在与原告于 1995 年签订协议，议定岷山制药厂于 1996 年底完成更换"唐龙"牌中成药的包装，1997 年起不再销售仿制"岷山"包装的"唐龙"牌中成药。但被告仍将其仿制的近似于"岷山"牌产品包装装潢的产品，在 1997 春季广交会上展示，继续向国外市场销售。请求：判令被告医保公司无偿交还"岷山"商标

在上述三国的注册权；依法没收、销毁被告全部仿制、侵权产品及包装物；判令被告立即停止使用"岷山"厂名；判令被告公开向原告道歉、澄清事实，消除影响，并向原告赔偿经济损失300万元。

被告医保公司答辩称：原告将历史遗留的工贸双方在使用"岷山""两本账"商标中的争议归结为侵权纠纷不能成立；其在竭力维护"岷山"商标外销专用权的同时，为妥善协调处理与原告形成的商标争议也尽到了最大的努力；其对"岷山"商标的合法权益应当予以保护。请求驳回原告的诉讼请求。

被告岷山制药厂答辩称：原告诉其"厂名影射商标"，与事实不符，于法无据。其以"岷山"为厂名，主要是依赖于甘肃岷县境内岷山周围盛产岷归，而岷归又为甘肃省五大药材之首，故取"岷山"冠以厂名实属自然。"岷山"商标为出口专用商标，原告过去直至今日仍无外贸出口经营权。

法院审理查明

佛慈制药厂从1967年开始使用"岷山"商标。1979年10月，国家工商行政管理局商标局对佛慈制药厂申请注册的"岷山"牌商标予以核准注册，颁发了商标注册证，注册号为117877。同年3月，佛慈制药厂又对其专用商标申请了续展注册。在国家外贸体制改革前，佛慈制药厂由于没有进出口经营权，其生产的"岷山"牌中成药产品先后由中国土畜产品进出口公司上海市分公司、甘肃省土畜产公司经营出口。1981~1984年，甘肃省土畜产公司在日本申请办理了"岷山"牌商标的注册手续，又委托香港德信行在马来西亚、新加坡等国申请办理了"岷山"牌商标的注册手续。在办理上述商标注册手续过程中，佛慈制药厂均知情且予以协助。1985年4月，经国家外贸部批准，医保公司成立，随之"岷山"牌中成药的出口业务从甘肃省土畜产公司划出改由医保公司经营。1992年间，医保公司分别与甘肃省土畜产进出口公司、香港德信行协商，受让了在日本、马来西亚、新加坡注册的"岷山"牌商标专用权。1991年3月，佛慈制药厂为争取自营出口权，经与医保公司协商并签订了"关于兰州佛慈制药厂挂户经营出口'岷山'牌中成药业务的协议"。同年4月8日，甘肃省对外经济贸易委员会以（1991）甘经贸外字第194号文件批复，同意佛慈制药厂在未取得进出口业务经营权之前，挂靠在医保公司开展出口业务，实行独立核算，自负盈亏，挂户名称为甘肃省医药保健品进出口公司佛慈经营部。同年5月12日，佛慈制药厂与医保公司又签署了一份确认书，对医保公司将出口剩余的"岷山"牌中成药库存，于1991年5月11日正式移交佛慈制药厂清点接收予以确认。1992年2月25日，佛慈制药厂与美国美威贸易公司合作成立了中外合作经营企业兰州南北药业有限公司（简称"南北公司"）。1993年12月29日，南北公司经兰州市人民政府批准更名为兰州佛慈制药有限公司。1993年8月25日，甘肃省对外贸易经济合作厅以（93）甘经贸外字第093号文件批复终止佛慈制药厂在医保公司名下挂户经营进出口业务。该批复称"批准你厂与美国美威行合资成立兰州南北药业有限公司，现中成药产品由兰州南北药业有限公司直接经营出口，不再以甘肃省医药保健品进出口公司佛慈经营部名称对外经营出口"。国家工商行政管理局在1990年6月13日《关于解决工贸双方注册同一商标问题的意见》（简称《意见》）中指出："在《商标法》实施以前，曾经根据根据工业企业和外贸经营单位在国内外市场的需要，采取变通办法，核准工贸双方分别在内销和出口的相同商品或者类似商品上注册同一商标，出现了同一注册商标有两个或者两个以上所有权人的情况。随着经济体制的改革和对外贸易的发展，工贸双方注册同一商标所发生的矛盾日趋尖锐，由此引起的商标纠纷愈益增多，已经影响到工业生产和外贸出口，到了非解决不可的地步。"《意见》指出，"1966年11月以前注册的商标，根据当时的商标法规，谁注册在先，该商标归谁所有，注册在后一方，不再享有商标所有权；在1966年11月至1979年10月期间注册的商标，谁先使用归谁所有，使用在后的，不再享有该商标所有权。"并指出："在确定某个商标归一方所有后，另一方应将其在国内外注册的相同商标一交转让。"1990年5月18日国家工商行政管理局《关于对我国企业在国外注册商标进行登记管理的通知》指出"到国外申请注册的商标，必须是申请人自己的商标。"1990年11月19日，国家工商局、外贸部联合在《关于禁止擅自将他商标在国外注册的通知》中指出："对已经产生同一商标国内外注册人不一致的，应按有关规定，逐步办理注册商标转让，做到国内外注册人一致。"1993年10月对外经济贸易部《关于禁止"共用"他人注册商标的通知》指出："各类外贸和工贸企业，均不得以过去曾经'共用'过或者曾为供货单位等理由，不经注册人许可，滥用他人的注册商标。商标注册人要采取有力措施，切实保护自己的商标。"1995年7月国家外经贸部、国家工商行政管理局联合以（1995）外经贸管发第340号文件重申："禁止对外贸易经营者在对外贸易活动中，将他人已在我国注册的商标以本单位或者其他名义在外国申请注册和使用。"1993年原告获得对外出口经营权后，多次要求被告医保公司依据《商标法》和国家工商局、外经贸部的上述文件规定，及时将"岷山"商标的国外注册权移交或者转让给原告。被告以其始终拥有岷山牌商标外销专用权为由，未予办理该注册商标的转让或者移交，致使"岷山"牌商标的国外权属问题一直未能得到解决并酿成纠纷。

另查，岷山制药厂系1989年4月成立的一家综合性小型制药企业，隶属于医保公司。该厂于1991年投产后，因其生产的"唐龙"牌中成药产品的包装、装潢等方面近似于佛慈制药厂的"岷山"牌中成药产品的包装、装潢，故该产品在美国销售时，遭到佛慈制药厂在美国代理商的抗议。佛慈制药厂于1993年3月向兰州市工商行政管理局经济检查分局提出申诉，要求依照《商标法》和《反不正当竞争法》予以处理。1994年11月26日，兰州市工商行政管理局经济检查分局经过核查后作出了责令岷山制药厂停止使用近似于佛慈制药厂产品的包装及装潢；并没收其违法所得15559.64元的行政处罚决定。对此，岷山制药厂未提起行政诉讼，该处罚决定已执行完毕。1995年6月，经甘肃省外贸厅协调，佛慈制药厂和医保公司签订了一份关于"唐龙"牌中成药包装及在美国销售问题的协议书，双方议定岷山制药厂于1996年底完成更换"唐龙"牌中成药的包装装潢工作，从1997年1月1日起不再销售原包装的"唐龙"牌中成药。1996年12月25日，医保公司致函佛慈制药厂，要求将原包装的"唐龙"牌产品售完或全部转让予佛慈制药厂，未获同意。医保公司于1997年在春季广交会上，将原包装的"唐龙"牌中成药仍进行展销，但无证据证明其实际对外进行了销售。

一审判理和结果

甘肃省高级人民法院经审理认为，佛慈制药厂自使用"岷山"牌商标至1979年10

月经国家工商行政管理局商标局核准颁发注册证到现在,再无任何单位或者个人获准在国内注册"岷山"牌商标。因此,"岷山"牌商标的所有权归属佛慈制药厂。至于历史原因造成的佛慈制药厂与医保公司之间就"岷山"牌商标国内外注册人不一致的情况,依照《商标法》及有关政策规定,鉴于长期以来外贸部门及医保公司为开拓国际市场所付出的努力,医保公司将现持有的"岷山"牌商标国外注册权移交佛慈制药厂,使之尽快做到"岷山"牌商标国内外注册人的一致性,不再追究其侵权责任。岷山制药厂生产的"唐龙"牌中成药,因其包装、装潢(文字、图形、颜色)近似于"岷山"牌产品包装,而且厂名与"岷山"牌商标相同,误导了消费者,违反了《反不正当竞争法》及其有关规定,致佛慈制药厂的合法权益受到损害,对此岷山制药厂应负赔偿之责。鉴于兰州市工商行政管理局经济检查分局和七里河区工商分局已对其进行了行政处罚,并通知其限期更名,加之岷山制药厂又长期处于亏损局面,决定免除其赔偿责任。该院根据《商标法》第 3 条、第 38 条第 1 款第 (4) 项、第 39 条第 2 款,《反不正当竞争法》第 5 条第 1 款第 (2) 项、第 20 条、第 21 条第 2 款和《民法通则》第 118 条的规定,判决:一、"岷山"牌商标专用权归佛慈制药厂所有。医保公司应在判决生效后一个月内将"岷山"牌商标在国外(日本、马来西亚、新加坡等三国)的注册权移交佛慈制药厂;二、岷山制药厂生产的"唐龙"牌中成药,因其使用近似于"岷山"牌产品特有的名称、包装、装潢,误导了消费者,侵害了佛慈制药厂的合法权益,构成不正当竞争行为。岷山制药厂应在判决生效后,立即销毁全部仿冒包装物及印刷制品,停止销售原包装的"唐龙"牌中成药,直至改换全部包装、装潢;三、岷山制药厂应在判决生效后主动在各侵权发生地通过新闻媒体公开向佛慈制药厂道歉。本案一审诉讼费 28 761.50 元,由医保公司、岷山制药厂各负担 14 380.75 元。

上诉与答辩

医保公司不服一审判决提出上诉称:一审法院认定的事实有错误,佛慈制药厂至今没有合法批准的进出口经营权,广交会上的展销行为,是为贯彻有关会议精神而采取的避免损失的行为,不是不正当竞争行为;一审法院适用法律亦有错误,本案争议商标是在外国注册的商标,不适用《商标法》;一审法院判决"岷山"牌商标归佛慈制药厂所有,没有法律依据。

岷山制药厂提出上诉称:一审判决认定上诉人对兰州市工商行政管理局经济检查分局的行政处理决定予以认可错误,自 1994 年底以来,上诉人未再使用过该种包装装潢,医保公司在 1997 年底广交会上展销药品的行为与岷山制药厂无关,一审过程中佛慈制药厂未向法庭提供上诉人销售原"唐龙"牌包装装潢产品的任何证据;一审判决适用法律错误,上诉人早在 1991 年开始使用"唐龙"牌商标的包装,当时《反不正当竞争法》尚未颁布施行,佛慈制药厂对岷山制药厂的使用行为也未提出任何异议,不存在上诉人违反反不正当竞争法,故意仿冒被上诉人商品的问题;在《反不正当竞争法》颁布实施后,究竟是应当由双方共同使用还是由一方使用,法律并未作出规定,判决上诉人侵权没有依据;一审判决在民事问题上适用《反不正当竞争法》第 21 条第 2 款关于行政处罚的规定,属于适用法律错误;《反不正当竞争法》没有规定"赔礼道歉"的民事责任,一审判决上诉人承担"赔礼道歉"责任于法无据。

被上诉人佛慈制药厂针对医保公司的上诉请求答辩称：一审判决认定的事实均有证据支持；医保公司应当根据国家工商行政管理局、外经贸部的有关规定，向被上诉人办理转让在国外注册的"岷山"商标的手续，使同一商标的国内注册人与国外注册人相一致，一审法院根据中国法律和有关部门的规定对商标专用权问题作出的判决，有充分的法律依据；上诉人与被上诉人于1995年6月达成的协议因违反工商局处罚决定是无效协议，上诉人未经许可擅自在广交会上展销侵权商品，构成不正当竞争，请求二审法院追究其赔偿责任。

被上诉人佛慈制药厂针对岷山制药厂的上诉请求答辩称：兰州市工商行政管理局依法作出行政处罚决定后，岷山制药厂在法定期限内未提出复议请求，也未提起行政诉讼，且依该决定缴纳了罚款，因此，其对不正当竞争问题的行政处理结果予以认可，是客观事实；在广交会上，医保公司展销岷山制药厂的侵权产品，有充分的证据，一审法院认定岷山制药厂构成不正当竞争正确；一审法院依据《民法通则》《反不正当竞争法》的规定，判决岷山制药厂承担赔礼道歉的责任，有充分的法律依据，请求维持原判。此外，佛慈制药厂在答辩状中还要求法院对岷山制药厂不正当竞争行为造成被上诉人的经济损失，判决其承担赔偿责任。

二审审理查明

二审期间，佛慈制药厂提供了医保公司擅自使用"岷山"牌商标向马来西亚出口销售"天王补心丹"、向越南出口销售"愈带丸"的证据（包括实物包装、销售票、产品说明书、外国代理商信函等），经审查属实。

二审判理和结果

最高人民法院认为：本案争议的商标专用权，是医保公司通过受让取得的"岷山"牌商标在日本、马来西亚、新加坡三国的注册商标专用权。根据各国商标注册和法律保护独立的原则，这些应当按照当地国家的法律进行注册、转让，不属中国法律调整的范围。佛慈制药厂对权属问题的诉讼请求所依据的国家工商行政管理局和外经贸部的有关文件，是协调解决同一商标被不同当事人分别在境内、境外注册的历史遗留问题的行政性文件，对本案情况虽然适用，但不具有强制力，不能作为变更境外商标注册人的法律依据。因此，佛慈制药厂关于无偿交还商标专用权的诉讼请求，法院不予支持。佛慈制药厂是"岷山"牌商品包装、装潢的最早使用人，其"岷山"牌商品在美国、东南亚等国家广泛销售，在相关消费者中具有知名度；其包装、装潢独特，属于特有的包装、装潢。根据《反不正当竞争法》第5条第（2）项规定，该包装、装潢应当受到法律保护。医保公司在广交会上展销岷山制药厂生产的与"岷山"牌商品特有包装、装潢相近似的商品，构成不正当竞争，应当承担不正当竞争法律责任。由于该不正当竞争行为发生在1997年，因此，岷山制药厂关于不应当适用《反不正当竞争法》的上诉理由，法院不予支持。佛慈制药厂虽无出口经营权，但不影响该厂行使反不正当竞争的权利，医保公司的这一上诉理由不能成立。法院二审期间查明医保公司出口销售使用"岷山"牌商标商品，构成对佛慈制药厂商标专用权的侵犯，应当承担侵权法律责任。鉴于佛慈制药厂对不正当竞争行为所提出的赔偿要求，是建立在医保公司已经将全部侵权商品的包装使用于商品并全部出口这种推定基础上的，缺乏事实依据，且主张追究医保公司、岷山制药厂 1997 年前的侵权行为，不符合双方 1995 年 6 月签订的协议，故法院对其提出的赔偿请求数额，不予支持。法院根据两侵权人商标侵权、不正当竞争行为的侵权情节，影响的范围，合理确定赔偿数额。一审判决对医保公司、岷山制药厂构成的不正当竞争行为认定正确，但判决免除侵权人承担赔偿责任不妥；对医保公司在境外注册的三个商标的专用权人予以变更缺乏法律依据，应予撤销；原判决主文第三项失当，第二项表述不当，应予变更。医保公司的上诉理由部分成立。法院根据《商标法》第 38 条第（1）项，《反不正当竞争法》第 5 条第（2）项，《民事诉讼法》第 153 条第 1 款第（2）项、第（3）项之规定，判决如下：一、撤销甘肃省高级人民法院（1997）甘经初字第 22 号民事判决第一项；二、变更甘肃省高级人民法院（1997）甘经初字第 22 号民事判决第二项为：岷山制药厂在本判决生效后，立即销毁全部与"岷山"牌药品包装、装潢相近似的"唐龙"牌药品包装、装潢，停止销售包装、装潢与"岷山"牌药品包装、装潢相近似的药品；三、变更甘肃省高级人民法院（1997）甘经初字第 22 号民事判决第三项为：医保公司在甘肃省省级报纸上向佛慈制药厂公开赔礼道歉，其道歉内容须经法院审定；四、医保公司在本判决生效后立即停止出口擅自使用"岷山"牌商标的药品；五、医保公司赔偿佛慈制药厂经济损失 30 万元，岷山制药厂对其中 15 万元承担连带赔偿责任。本案一审案件受理费 28 761.50 元，由佛慈制药厂承担 14 380.75 元，医保公司、岷山制药厂共同承担 14 380.75 元；二审案件受理费 28 761.50 元，由佛慈制药厂承担 14 380.75 元，医保公司、岷山制药厂共同承担 14 380.75 元。

法官评述

在裁决本案纠纷之前，需要了解我国过去在商标注册中采取的内外销"两本账"的做法。所谓"两本账"商标就是指，对于同一商标使用在相同商品上而在国内外销售的，可以核准生产企业和外贸公司双方在我国注册，分别使用于内、外销商品。"这种俗称的'两本账'商标，是 60 年代原中央工商行政管理局根据当时我国工业企业没有出口经营权，只有外贸企业有出口经营权的外贸体制，并考虑到外贸企业国外申请注册商标时，一些国家要求其必须先在原属国注册该商标的实际情况，而在商标注册上采取的一项相应措施后形成的。"❶ 随着经济体制的改革和市场经济的确立，生产企业逐步取得了出口经营权，外贸经营的垄断局面被打断，生产企业开始向国外市场拓展，而外贸企业也开始发展国内市场。这与"两本账"商标产生和存在的依据，即工贸企业双方遵循使用该注册商标的商品内、外销权力分开的原则，产生了冲突。另一方面，工贸双方在相同商品上注册同一商标，与我国《商标法》规定的注册商标的授权原则也是有冲突的。经济现实和商标法律制度均要求解决这一历史遗留问题，为此，国家工商行政管理局和外经贸部等主管机构采取了一系列措施、发布了一系列文件，欲借助行政手段理顺"两本账"商标中生产企业和外贸公司在相关商标上的权利关系，以维护企业的正当权益，维持社会经济秩序，保障我国出口贸易的顺利进行。本案纠纷就是因外贸公司一

---

❶ 见国家工商行政管理局于 1990 年发布的《关于重申工贸双方注册同一商标使用原则的通知》。

方未按照上述文件的要求去做而引发的，主要涉及如下问题：

一、本案在国外注册的"岷山"商标的归属及商标权的地域性

本案原告佛慈制药厂认为被告医保公司在未经其同意的情况下，将"岷山"商标在日本、马来西来、新加坡等三国进行了续展，属明显的侵权行为，请求判令被告医保公司无偿交还"岷山"商标在上述三国的注册权。初看该诉讼请求，本案似乎是商标侵权纠纷，但实际上是商标权的归属问题。原告请求归其所有的商标专用权，是医保公司通过受让取得的在日本、马来西亚、新加坡三国注册的"岷山"商标专用权。由于争议的商标是在外国注册取得的，是受注册国法律保护的，争议商标的权属纠纷应当由注册国专属管辖，人民法院对此没有管辖权。这是由商标权的地域性和法律保护的独立原则决定的。商标权地域性和法律保护的独立原则是《保护工业产权巴黎公约》规定的一项专门原则。该原则规定，申请和注册商标的条件，在本联盟各国应根据其本国法律来决定；但是，对于本联盟国家的国民在本联盟任一国家提出的注册申请，不得以未在原属国提出申请、注册或者续展为理由而予以拒绝或使注册无效；在本联盟一个国家正式注册的商标，与在本联盟其他国家注册的商标，包括在原属国注册的商标，应认为是相互独立的。也就是说，商标权只能依照一定国家的法律产生，又只在其依法产生的地域内有效；商标权的取得、丧失、无效及撤销等事项，均依各该受保护的国家的法律规定，彼此独立，互不影响。具体到本案中，佛慈制药厂于1979年在我国申请注册了"岷山"牌商标，但佛慈制药厂在其他国家并不当然享有对"岷山"商标的专用权，其若想在其他国家享有"岷山"商标专用权，仍需要依该国法律向其主管机关申请注册。判断佛慈制药厂在其他国家是否享有"岷山"商标专用权，需要依据其他国家的法律，且对此作出司法裁决应由其他国家专属管辖。我国法院不能对是否在其他国家享有商标专用权作出裁决。

本案中佛慈制药厂主张商标权属的主要依据就是国家工商行政管理局和外经贸部的有关文件。包括国家工商行政管理局在1990年5月18日发出的《关于对我国企业在国外注册商标进行登记管理的通知》、1990年6月13日作出的《关于解决工贸双方注册同一商标问题的意见》、国家工商局、外经贸部1990年11月19日联合发出的《关于禁止擅自将他人商标在国外注册的通知》、对外经贸部1993年10月发出的《关于禁止"共用"他人注册商标的通知》以及外经贸部、国家工商局1995年7月联合发布的(1995)外经贸管发第340号文件等。这些文件规定，"对已经产生同一商标国内外注册人不一致的，应按有关规定，逐步办理注册商标转让，做到国内外注册人一致"，"各类外贸和工贸企业，均不得以过去曾经'共用'过或者曾为供货单位等理由，不经注册人许可，滥用他人的注册商标。商标注册人要采取有力措施，切实保护自己的商标"，"禁止对外贸易经营者在对外贸易活动中，将他人已在我国注册的商标以本单位或者其他名义在外国申请注册和使用。"

国家工商行政管理局、外经贸部等发布的上述文件，是协调解决同一商标被不同当事人分别在境内、境外注册的历史遗留问题的行政指令性文件，对本案的情况虽然适用，但由于这些文件不是行政法规，不具有强制力，不能根据这些文件强制当事人承担民事义务。办理商标专用权转让手续，属于民事法律行为，行政部门可以依据上述文件

对此进行协调，促使当事人达成转让协议，却不能硬性指令达成协议。人民法院也不能依据这些文件，判决当事人承担转让权利的民事责任。人民法院若判决当事人转让商标权或者商标的注册权，事实上也是无法执行的。

二、关于赔偿问题

鉴于佛慈制药厂未对一审判决提出上诉的原因是该判决将国外的注册商标权判归其所有。因此，二审如驳回佛慈制药厂的商标权属请求，就应当考虑追究医保公司不正当竞争行为的赔偿责任和二审期间发现的商标侵权行为的赔偿责任。对不正当竞争行为侵权赔偿问题，由于双方存在1995年6月的协议，约定医保公司可以出口原"唐龙"包装的药品至1996年底，虽然佛慈制药厂称该协议违反工商局处罚决定，是无效协议，但工商局的处罚是基于佛慈制药厂的请求，基于佛慈制药厂享有注册商标专用权这一民事权利；既然双方达成了协议，对双方就有约束力，因此，对1996年以前的侵权赔偿不应计算。对于医保公司1997年以后的侵权行为，由于佛慈制药厂没有提供医保公司出口数量的证据，只能按照定额赔偿的方法处理。商标侵权问题的赔偿与不正当竞争行为的赔偿一样，由于佛慈制药厂没有提供侵权数量的证据，也只能按照定额赔偿的方法处理。在确定赔偿数额时，应考虑双方纠纷的产生有外贸体制改革方面的原因，也有医保公司故意侵权的情形。

三、其他问题

二审判决还纠正了一审判决主文的两项不当之处：一是一审判决主文第二项将应当属于法院认定的部分写入判决主文，二审判决予以变更；二是一审判决主文第三项要求医保公司在侵权行为地道歉，容易发生对侵权行为地理解上的分歧，认为侵权行为地包括国外，二审也予以变更，判决在甘肃省省级报纸上道歉。

（二审合议庭成员：杨金琪　董天平　王永昌
编写人：最高人民法院知识产权审判庭　郎贵梅）

33. 四川省射洪沱牌曲酒厂等十一家单位诉四川省宜宾杞酒厂恶意商标索赔纠纷案

阅读提示：宜宾杞酒厂在注册"杞"字商标时，有意隐瞒了该厂将"杞"字商标主要使用在滋补酒上，"枸杞"是该滋补酒的主要原料的事实，能否适用《商标法实施细则》的有关规定认定其有"恶意"？

裁判要旨

《商标法实施细则》第 25 条中的恶意是指商标注册人以欺骗、隐瞒事实真相等不正当手段骗取商标注册，以从市场上排斥其他合法经营者的一种主观心理状态。宜宾杞酒厂在注册涉案"杞"字商标时，虽然有意隐瞒了相关事实，但该行为不是恶意针对特定的其他经营者采取的损失其利益的措施，不宜适用《商标法实施细则》的有关规定认定其有"恶意"。

案 号

一审：四川省高级人民法院（1995）川高法经一初字第 14 号
二审：最高人民法院（1997）知终字第 2 号

案情与裁判

原告（二审被上诉人）：四川省射洪沱牌曲酒厂（简称"沱牌酒厂"）
原告（二审被上诉人）：四川省成都市糖酒公司城中分公司（简称"城中分公司"）
原告（二审被上诉人）：四川成都杞酒厂
原告（二审被上诉人）：四川省崇州市川工酒厂
原告（二审被上诉人）：四川省邛崃市云芳酒厂
原告（二审被上诉人）：四川省广汉市蜀粮液酒厂
原告（二审被上诉人）：四川省邛崃市下坝酒厂
原告（二审被上诉人）：四川省什邡县汇金实业公司酒厂
原告（二审被上诉人）：四川省什邡县龙居酒厂
原告（二审被上诉人）：成都市锦江区三元小食品商店
原告（二审被上诉人）：四川省彭州市酒厂
被告（二审上诉人）：四川省宜宾杞酒厂（简称"宜宾杞酒厂"）

起诉与答辩

原告沱牌酒厂等十一家单位诉称：本案的当事人均为生产、销售相同产品"杞酒"

的酒类企业，生产厂家均以枸杞作为主要原料酿制酒产品。宜宾杞酒厂为达到独霸市场获取不正当理利益的目的，于1993年1月以欺骗手段，以表示"杞酒"产品主要原料的枸杞的"杞"字向国家商标局申请注册，继以"杞"牌商标的排他保护功能，排挤竞争对手。当国家商标局核准"杞"字商标注册后，被告宜宾杞酒厂立即向原告之一的沱牌酒厂和四川省广汉市蜀粮液酒厂提起侵权之诉，提出销毁产品，赔偿巨额损失的要求。与其同时，除向法院提起诉讼外，该厂还向其所在地的检察机关、工商部门举报，以由司法机关、行政执法机关或者以自己派人、致函等方式，向众多生产杞酒的企业提出停止生产、销毁包装、赔偿经济损失的要求。由于被告的上述行为，致使生产、销售杞酒的众多企业，有的被迫停产、转产，有的被迫销毁包装标识、赔付损失。原告四川省成都市糖酒公司城中分公司于1994年8月20日依法向国家商标局商标评审委员会提出了撤销"杞"字商标的申请。1995年8月21日，国家商标局商标评审委员会根据《商标法》关于表示商品主要原料和商品通用名称的文字、图形不得申请商标注册的规定，终局裁决撤销了注册不到的"杞"字商标。宜宾杞酒厂在注册"杞"字商标时，有意隐瞒了该厂将"杞"字商标主要使用在滋补酒上，"枸杞"是该滋补酒的主要原料的事实，是以欺骗的手段恶意注册商标，达到了排挤竞争对手，独霸杞酒市场，造成众多原告企业停产、销毁和改换包装标识、支付赔偿金的严重后果。请求人民法院根据《商标法》和《商标法实施细则》第25条的规定，判令被告宜宾杞酒厂赔礼道歉、赔偿因恶意注册给他人造成的经济损失600万元。

被告宜宾杞酒厂答辩称：1992年宜宾杞酒厂成功地发明了纯天然滋补酒，工厂将其命名为"中国杞酒"，并向国家商标局申请了"杞"字商标注册。1994年初，"中国杞酒"受到了消费者的喜爱，但是市场上随即也出现了"中国杞酒"的仿制品。原告方产品的名称、字样和瓶型都与答辩人的"中国杞酒"十分相似。正是原告方的伪造行为，使答辩人的商标权受到严重侵害，答辩人从而寻求法律保护并无过错。申请"杞"字商标主观创意是与本企业的名称和专创产品相统一，以产生相互强化的广告效应，加之"杞"字有多种含义，并且该厂生产的"中国杞酒"中枸杞的成分仅占2%，从含量比例看并不是主要原料，故选用"杞"字为商标并无不妥。因此答辩人商标申报工作是实事求是的，原告诉称被告虚构、隐瞒、骗取"杞"字商标注册缺乏证据，不应支持。此外，即使成立，依据法律注册商标被撤销前人民法院做出并已执行的商标侵权案件和工商行政管理部门作出的处理决定，不具有追溯力，原告方无权追偿。

一审审理查明

1985年5月，宜宾五粮液二分厂经政府批准成立。1987年，该厂更名为宜宾地区第二酒厂。1988年，宜宾地区第二酒厂划拨固定资产120万元、流动资金40万元，共计160万元，成立了宜宾杞酒厂。宜宾杞酒厂与宜宾地区第二酒厂虽然以不同名义注册，但其生产经营地址、法定代表人、经济性质、注册资金及其构成均一致，实际上是一个生产经营实体两个企业名称。1992年7月，宜宾地区第二酒厂以尚在申请注册的"豪雅"牌商标，销售名称为"中国杞酒"的杞酒产品。该酒瓶贴配料表中载明，主要成分为大米、高粱、玉米、小麦、糯米、枸杞、红枣、冰糖。宜宾杞酒厂于1992年7月24日向中国专利局提出"杞酒"发明专利申请，在申请专利过程中，该厂明确提出该杞酒中的枸杞为基本配料。1993年，豪雅商标获准注册。同年11月，宜宾杞酒厂为保护其"中国杞酒"产品将来不受其他品牌杞酒产品的冲击，决定申请注册"杞"字商标用于其酒类产品。在申请注册商标的报表中，宜宾杞酒厂在主要原料栏目中未填报"枸杞"，但填报了其他主要原料。1994年5月28日，该商标获准注册。1995年3月17日"杞酒"被授予专利权。在"杞"字商标核准注册前后，宜宾杞酒厂为生产销售"杞酒"所印制的"中国杞酒"产品说明书、营销广告、产品介绍中均声称"是在传统工艺的基础上，运用现代科技手段研制的新一代枸杞酒"。

另查明，在宜宾杞酒厂申请注册"杞"字商标前，本案原审各原告未生产或者销售"杞酒"，未使用"杞"字称呼其枸杞酒类产品，也未使用"杞酒"或者"杞"字用于其酒类商品宣传。与此同时，原审被告的杞酒产品在市场销售不断扩大，在四川省产生了一定的影响。"杞"字商标核准注册后，宜宾杞酒厂立即针对沱牌酒厂使用"杞酒"名称销售"沱牌杞酒"的行为，向宜宾地区中级人民法院提起侵权诉讼。经该院主持调解，沱牌酒厂向宜宾杞酒厂道歉，停止销售"沱牌杞酒"，赔偿宜宾杞酒厂损失11万元，承担诉讼费20 530元。此外，沱牌酒厂等十一家原审原告称因原审被告向工商行政管理部门举报并请求查处，或以自己派人、致函等方式，使其停止生产销售杞酒，销毁包装标识，致使其分别遭受了损失。

1994年8月20日，城中分公司，向国家工商行政管理局商标评审委员会提出了对"杞"字商标的《撤销注册不当商标申请书》，认为"杞"是中药名"枸杞"，"杞酒"主要原料就是枸杞，"杞酒"被酿酒业作为一种通用名称而广泛使用；杞是河南省县名。因此宜宾杞酒厂注册的"杞"字商标，违反了商标法关于申请注册的商标不得直接表示商品的主要原料和县级以上行政区划的地名不得注册商标的规定，请求撤销该商标的注册。宜宾杞酒厂答辩称，"杞"有三项含义：(1)植物名。(2)古国名。(3)姓。植物名中，"杞"与"枸"构成"枸杞"，与"柳"构成"杞柳"，因此，"杞"字不能只作"枸杞"讲，无法直接表示"枸杞"的词义；我厂取"杞"字为厂名特取部分，是因为厂所在地原曾遍生杞柳树；我厂产品中枸杞只占2%，是辅料，不是主要原料。申请人混淆了"杞"与"枸杞""杞酒"与"枸杞酒"的不同概念，其请求不成立，请求驳回申请人的申请。1995年8月21日，国家工商行政管理局商标评审委员会经评审作出终局裁定认为："杞"为植物名，一指"枸杞"，另一指"杞柳"，但该字用在滋补酒上，只能使消费者想到"枸杞"而不是"杞柳"；一般消费者也不会了解到被申请人用"杞"作商标，实则是因厂旁遍生杞柳之故。所以，用"杞"作商标，直接表示了本商品的主要原料（主要原料不指含成分的多寡，而指起主要作用的原料）。据此，该商标用作酒的商标缺乏商标应具备的显著性，且该商标尚不为中国广大地区普遍消费者所熟知，不能认定为驰名商标，因此，申请人所提注册不当的理由成立，四川省宜宾杞酒厂注册的第683437号"杞"商标予以撤销。

"杞"注册商标被撤销后，原审各原告以宜宾杞酒厂恶意注册商标构成侵权为由，向四川省高级人民法院提起诉讼，要求原审被告承担赔礼道歉，赔偿经济损失共600万元的责任。

一审判理和结果

四川省高级人民法院审理认为:"杞酒"与"枸杞酒"作为一种商品的名称,在公众消费领域中并无区别,宜宾杞酒厂生产的杞酒原以"豪雅"二字为注册商标,但为了达到防止"万一今后杞酒行销,别人就会以其他牌号的杞酒冲击"的目的,即以"杞"字申请注册商标,并在申请时隐瞒了"中国杞酒"是以"枸杞"为基本配料的事实,骗取了"杞"字商标的注册。在获准注册后,即向上列以枸杞作为主要原料的杞酒生产企业及营销单位索赔,滥用了注册商标所特有的专用权,损害了同类商品生产者和经营者的合法权益,以及正常的经济秩序,其主观恶意成立,应依法承担赔偿责任。四川省高级人民法院审查认为,11家原审原告的实际损失为5 645 470.78元。经该院审判委员会讨论,根据《民事诉讼法》第138条、《商标法》第27条第1款、《商标法实施细则》第25条第1款第(1)项、第5款之规定,判决:宜宾杞酒厂赔偿沱牌酒厂、城中分公司、四川成都杞酒厂、四川省崇州市川工酒厂、四川省广汉市蜀粮液酒厂、四川省什邡县汇金实业公司酒厂、四川省什邡县龙居酒厂、成都市锦江区三元小食品商店、四川省国营彭州市酒厂、邛崃市下坝酒厂、四川省邛崃市云芳酒厂,从1994年5月,宜宾杞酒厂开始侵权起,至1995年8月国家商标局撤销"杞"字注册商标止所造成的经济损失5 645 470.78元,在本判决生效后10日内付清。本案第一审案件受理费40 010元,其他诉讼费8 002元,合计48 012元,由宜宾杞酒厂承担。

上诉与答辩

宜宾杞酒厂不服该判决向最高人民法院上诉称:1. 原审判决认定事实不清。宜宾杞酒厂注册商标使用于商品"酒"上而不是"杞酒"上,主观上是为了保护自己的生产经营,是正当的注册商标的行为;在上诉人发明"杞酒"以前,没有他人使用过"杞酒"名称,在上诉人申请"杞"字商标注册以前,没有"杞酒"商品被他人推向市场;各被上诉人的"杞酒"商品都是在上诉人为销售商品作了巨额广告宣传,"杞酒"商品在成都和四川市场享有了高知名度后才进行市场销售的,因此,上诉人没有注册上的恶意,也没有禁止或者制止被上诉人正当销售商品的主观故意。2. 原审判决严重违反法定程序,判决书所表述的被上诉人的起诉内容不知来于何处,被上诉人的损失大部分未经质证。3. 原审判决适用法律错误,所适用的《商标实施细则》第25条第1款第(1)项与商标评审委员会的裁定书矛盾,同时,判决不适当地扩大了该条第5款规定的适用范围。

各被上诉人答辩称:上诉人在申请"杞酒"专利过程中,在专利申请文件里明确载明枸杞是"杞酒"的主要原料,而在申请商标注册过程中,上诉人却隐瞒了枸杞是杞酒的主要原料这一重要事实骗取商标注册,以达到其垄断枸杞酒商品市场的目的,其主观"恶意"明显;各被上诉人的损失属实,有证据证明。原审判决的认定和处理有充分的事实法律依据,请求维持原判,驳回上诉人的上诉请求。被上诉人沱牌酒厂还答辩称:本厂在1992年10月就使用了"沱牌杞酒"名称,上诉人称在其申请商标注册前无人使用"杞酒"名称是不成立的。

二审审理查明

二审审理查明,原审查明的事实基本属实。

二审判理和结果

最高人民法院认为：宜宾杞酒厂在申请注册"杞"字商标前，率先生产销售杞酒，使杞酒在市场上享有了一定的知名度，在市场上尚无他人生产销售的杞酒类产品的时候，为防止发生假冒或者混淆，决定将"杞"字申请注册为商标。国家工商行政管理局商标评审委员会（1995）商评字第964号《"杞"商标注册不当终局裁决书》撤销"杞"字商标的理由是因为"杞"字用在滋补酒上，只能使消费者想到"枸杞"，所以，用"杞"字作滋补酒的商标，直接表示了本商品的主要原料，不具备显著性；且该商标不能认定为驰名商标，故决定撤销该注册商标。该决定未表明"杞"字商标注册人有恶意。虽然宜宾杞酒厂在注册时，有意隐瞒了该厂将"杞"字商标主要使用在滋补酒上，"枸杞"是该滋补酒的主要原料的事实，但这一行为不是恶意针对特定的其他经营者采取的损失其利益的措施，不宜适用《商标法实施细则》的有关规定认定其有"恶意"。根据《商标法实施细则》第25条关于撤销注册商标的决定或者裁定，对在撤销前人民法院做出并已经执行的商标侵权案件的判决、裁定，工商行政管理机关做出并已经执行的商标侵权案件的处理决定，不具有追溯力的规定，宜宾地区中级人民法院的调解书已经生效并执行，有关工商行政管理机关对本案原审相关原告的处理也已经生效并执行，故国家工商行政管理局商标评审委员会撤销"杞"字商标的决定，对上述调解书和处理决定无追溯力。并且，由于宜宾杞酒厂申请注册商标时市场上尚无他人生产销售或者宣传"杞"牌酒，也就不可能造成他人的损失。其后，虽然沱牌酒厂等被上诉人有一定的损失，但是，这种损失的发生，与宜宾杞酒厂的申请注册行为没有直接的因果关系，而是由于在"杞"字商标核准注册后，没有人及时提出请求撤销该商标，11名被上诉人在此期间盲目生产杞酒产品而造成的。沱牌酒厂称其1992年10月就使用"沱牌杞酒"名称生产销售杞酒，该厂只提供了其产品在有关卫生检测部门和质量监督检测部门进行检验的证书副本，上面写明产品在市场销售或者宣传的证据。经审查，该证书副本上面的产品名称栏目有明显的改动后复印的痕迹，故本院不予采信。综上，原审判决认定宜宾杞酒厂恶意注册商标并判决其承担各被上诉人的损失赔偿责任缺乏充分的事实与法律依据，应予撤销；对宜宾杞酒厂的上诉请求应予支持。本院根据《民事诉讼法》第153条第1款第（2）项、第（3）项之规定，判决：一、撤销四川省高级人民法院（1995）川高法经一初字第14号民事判决；二、二审案件受理费各40 010元，其他诉讼费8 002元，共计88 022元，由沱牌酒厂等十一家单位各承担8 002元。

法官评述

本案的焦点问题是如何认定宜宾杞酒厂是否具有修订前的《商标法实施细则》第25条中的"恶意"。修订前的《商标法实施细则》第25条规定"依照《商标法》第27条第1款、第2款的规定撤销的注册商标，其商标专用权视为自始即不存在。撤销注册商标的决定或者裁定，对在撤销前人民法院做出并已执行的商标侵权案件的判决、裁定，工商行政管理机关做出并已执行的商标侵权案件的处理决定，以及已经履行的商标转让或者使用许可合同，不具有追溯力。但是，因商标注册人的恶意给他人造成损失的，应当予以赔偿。"上述规定有两层含义，第一是撤销注册商标决定对生效并已执行的判决、裁定、决定以及已经履行的合同等没有追溯力；第二是如果商标注册人恶意进行商标注册，造成他人损失，则应当承担侵权损害赔偿责任，不受第一层含义的限制。笔者认为，"恶意"与"造成损失"是承担赔偿责任的两个决定性因素，并且，只有当恶意行为与损失有因果关系时，商标注册人才应当承担赔偿责任。修订前的《商标法实施细则》第25条中的"恶意"是指商标注册人以欺骗、隐瞒事实真相等不正当手段骗取商标注册，以从市场上排斥其他合法经营者的一种主观心理状态。就本案而言，宜宾杞酒厂在申请注册"杞"字商标时，是在率先生产销售杞酒，使杞酒在市场上享有一定知名度后，在市场上尚无他人生产销售的杞酒类产品的时候，为防止发生假冒或者混淆而采取的措施。虽然宜宾杞酒厂在注册商标时，确实有意隐瞒了该厂将"杞"字商标主要使用在滋补酒上，"枸杞"是该滋补酒的主要原料的事实，但这一行为不是针对特定的其他经营者采取的损害其利益的措施，不宜认定其有恶意；就客观损害而言，由于申请"杞"字商标时，市场上尚无他人生产销售或者宣传"杞"牌酒，也就不可能造成他人的损害。其后，虽然沱牌酒厂等单位有一定的损失，但是，这种损失的发生，与宜宾杞酒厂的申请注册行为没有直接的因果关系，而是由于在"杞"字商标注册后，沱牌酒厂等单位没有及时提出商标争议，申请商标行政主管机关撤销该商标，却在此期间盲目生产杞酒产品而造成的。因此，虽然宜宾杞酒厂申请注册"杞"字商标，虽然隐瞒了相关事实，手段上亦有所错误，但尚不足以认定是针对沱牌酒厂或者其他经营者采取的恶意损害他人利益的行为。因此对在该商标被撤销之前，已经执行完毕的商标侵权案件，不具有追溯力，原审判决认定宜宾杞酒厂恶意注册商标并承担赔偿责任没有事实与法律依据，应予撤销。在此基础上，最高人民法院判决驳回了沱牌酒厂等11家原告的诉讼请求。

（二审合议庭成员：蒋志培　董天平　程永顺
编写人：最高人民法院知识产权审判庭　王艳芳）

34. 北大方正集团有限公司、北京红楼计算机科学技术研究所诉北京高术天力科技有限公司等侵犯计算机软件著作权纠纷案

阅读提示："陷阱取证"是否有违公平原则,能否予以支持?

裁判要旨

本案的焦点主要集中在对俗称的"陷阱取证"方式合法性的认定。在当时法律和司法解释对此种取证方式的合法性没有明文规定的情况下,最高人民法院再审判决根据本案的具体情况,按照利益衡量及价值取向的方法,对该取证方式正当性进行分析,进而肯定了北大方正公司取证方式的合法性。本案的示范意义在于,民事法律原则上不实行法定主义,对于法无明文规定的行为不能简单地适用"法无明文禁止即允许"的原则,而需要根据利益衡量和价值取向决定其是否合法。

案 号

一审:北京市第一中级人民法院(2001)一中知初字第268号
二审:北京市高级人民法院(2002)高民终字第194号
再审:最高人民法院(2006)民提字第1号

案情与裁判

原告(二审被上诉人、再审申请人):北大方正集团有限公司
原告(二审被上诉人、再审申请人):北京红楼计算机科学技术研究所
上述两原告以下合并简称"北大方正公司"。
被告(二审上诉人、再审被申请人):北京高术天力科技有限公司
被告(二审上诉人、再审申请人):北京高术科技公司
上述两被告以下合并简称"高术公司"。

起诉与答辩

2001年9月3日,北大方正公司以高术公司非法复制、安装、销售盗版软件,侵犯了其享有的计算机软件著作权为由诉至法院,请求判令高术公司:1.停止侵权、消除影响、公开赔礼道歉;2.赔偿经济损失30万元;3.承担诉讼费、保全费、取证费及审计费等。

一审审理查明

北大方正公司是方正世纪RIP软件(简称"方正RIP")、北大方正PostScript中文字库(简称"方正字库")、方正文合软件v1.1版(简称"方正文合软件")的著作权

人。实际销售时,方正 RIP 和方正字库是捆绑在一起的,合称方正 RIP 软件。上述软件安装在独立的计算机上,与激光照排机联结后,即可实现软件的功能。

北大方正公司系日本网屏(香港)有限公司(简称"网屏公司")激光照排机在中国的销售商,高术公司曾为北大方正公司代理销售激光照排机业务,销售的激光照排机使用的是方正 RIP 软件和方正文合软件。之后代理关系终止。高术公司于与网屏公司签订了销售激光照排机的协议,约定高术公司销售 KATANA-5055 激光照排机必须配网屏公司的正版 RIP 软件或者北大方正公司的正版 RIP 软件,若配方正 RIP 软件,高术公司必须通过网屏公司订购北大方正公司正版 RIP 软件。

2001 年 7 月 20 日,北大方正公司的员工以个人名义(化名),与高术公司签订订货合同,约定的供货内容为 KATANA FT-5055 激光照排机(不含 RIP),单价为 41.5 万元。合同签订后,北大方正公司分别向高术公司支付货款共 39.4250 万元,高术公司向北大方正公司的员工出具了收据。之后,高术公司在北大方正公司员工临时租用的房间内,安装了激光照排机,在北大方正公司自备的两台计算机内安装了盗版方正 RIP 软件和方正文合软件,并提供了刻录有上述软件的光盘。北大方正公司支付了房租 3 000 元。

应北大方正公司的申请,北京市国信公证处先后于 2001 年 7 月 16 日、7 月 20 日、7 月 23 日和 8 月 22 日,分别在北大方正公司员工临时租用的房间、北京后浪时空图文技术有限责任公司,(原为北京中唐彩印中心,简称"后浪公司"),对北大方正公司员工与高术公司联系购买 KATANA FT-5055 激光照排机设备,及高术公司在该激光照排机配套使用的北大方正公司自备计算机上安装方正 RIP 软件、方正文合软件的过程进行了现场公证,并对安装了盗版方正 RIP 软件、方正文合软件的北大方正公司自备的两台计算机及盗版软件进行了公证证据保全,制作公证笔录 5 份。北大方正公司支付了公证费 1 万元。

一审期间,法院对高术公司自 1999 年 1 月至 2001 年 9 月的财务账册、销售发票、收据及订货合同等进行了证据保全。同时对高术公司的银行存款进行了财产保全,分别冻结了高术公司两笔存款 97 454.23 元、460 292.70 元。北大方正公司支付了证据及财产保全费 15 520 元。北京天正华会计师事务所受法院委托,对高术公司自 1999 年 1 月至 2001 年 9 月间销售激光照排机及相应设备、盗版方正 RIP 软件和方正文合软件的营业额及其利润进行审计。审计报告载明,高术公司在上述期间共销售激光照排机 82 套,其所销售的激光照排机存在单机销售、联同 RIP 软件或冲片机或者扫描机一并销售等情况。此外,高术公司还单独销售未注明品牌的 RIP 软件 13 套。北大方正公司支付了审计费 6 万元。方正 RIP 软件及方正文合软件的正常市场售价分别为 10 万元和 3 万元。

一审判理和结果

一审法院认为:1. 北大方正公司为了获得高术公司等侵权的证据,投入较为可观的成本,采取的是"陷阱取证"的方式,该方式并未被法律所禁止,应予认可。公证书亦证明了高术公司等实施安装盗版方正软件的过程,同时对安装有盗版方正软件的计算机和盗版软件进行了证据保全,上述公证过程和公证保全的内容已经法庭确认,高术公司未提供足以推翻公证书内容的相反证据。2. 高术公司作为计算机设备及相关软件的销售商，应对其员工实施的职务行为，承担相应的法律责任。3. 鉴于高术公司销售盗版软件的实际数量和所获利润均难以查清，故赔偿数额由法院根据北大方正公司软件的开发成本、市场销售价格及侵权行为的主观过错程度等因素，综合予以确定。北大方正公司为调查取证所支付的购买激光照排机、房租、公证等费用，系为本案调查取证所必不可少的，该费用应由高术公司承担。以高术公司返还购机款，北大方正公司退还激光照排机为宜。北大方正公司在本案中支付的审计费、证据及财产保全费亦应由高术公司承担。

2001年12月20日，一审法院依照《著作权法》第46条第1款第（2）项之规定，判决：一、高术公司立即停止复制、销售方正RIP软件、方正文合软件的侵权行为；二、高术公司自判决生效之日起30日内，在《计算机世界》上，向北大方正公司赔礼道歉；三、高术公司赔偿北大方正公司经济损失60万元；四、高术公司赔偿北大方正公司为本案支付的调查取证费（购机款、房租、公证费）共40.725万元；五、北大方正公司应在高术公司返还购机款39.425万元后，将激光照排机退还高术公司；六、驳回北大方正公司其他诉讼请求。案件受理费、财产保全费、审计费，均由高术公司负担。

上诉与答辩

高术公司不服一审法院判决，提起上诉。理由是：一审法院已查明北大方正公司伪装身份、编造谎言、利诱高术公司员工，要求将照排机捆绑销售的正版软件换成方正盗版软件，但未予认定；高术公司除被利诱陷害安装了涉案的一套盗版方正软件外，没有其他复制销售盗版方正软件的行为；公证员未亮明身份，未当场记录，记录的事实不完整；认定为"陷阱取证"，予以支持是错误的；方正文合和照排机没有直接或者间接关系，方正RIP也不是照排机的必然之选，一审判决缺乏事实和法律依据，请求撤销一审判决。北大方正公司服从一审判决。

二审审理查明

二审法院认定了一审法院查明的大部分事实。同时另查明，从2001年7月、8月间北京市国信公证处作出的现场公证记录可看出，北大方正公司的员工化名与高术公司联系购买激光照排机，主动提出要买盗版方正RIP软件和方正文合软件，高术公司的员工称该项不能写入合同，但承诺卖给北大方正公司盗版软件。

二审判理和结果

2002年7月15日，二审法院判决认为，高术公司没有足够的相反证据推翻该公证书记载内容，故该公证书是合法有效的民事证据，对该公证书记载的内容予以认定。但从北大方正公司长达一个月的购买激光照排机的过程，该公证记录仅对5处场景作了记录，对整个的购买过程的记载缺乏连贯性和完整性。北大方正公司在未取得其他能够证明高术公司侵犯其软件著作权证据的情况下，派其员工在外租用民房，化名购买高术公司代理销售的激光照排机，并主动提出购买盗版方正软件的要求，其购买激光照排机是假，欲获取对方销售盗版方正软件的证据是真。此种取证方式并非获取侵权证据的唯一方式，有违公平原则，一旦被广泛利用，将对正常的市场秩序造成破坏，故对该取证方式不予认可。鉴于高术公司并未否认其在本案中售卖盗版方正软件的行为，公证书中对此事实的记载得到了印证，故可对高术公司在本案中销售一套盗版方正 RIP 软件、方正文合软件的事实予以确认。一审法院对赔偿数额酌定是错误的。对于北大方正公司为本案支出的调查取证费，包括购机款、房租，以及审计费用，应由其自行负担；公证费、证据及财产保全费由高术公司负担。一审判决认定事实不清，但适用法律正确。高术公司上诉请求部分合理，对其合理部分予以支持。判决：一、维持一审判决的第一、二、六项；二、撤销一审判决的第三、四、五项；三、高术公司赔偿北大方正公司经济损失 13 万元；四、高术公司赔偿北大方正公司为本案所支付的公证费 1 万元。

申请再审理由与答辩

2005 年 3 月 16 日，北大方正公司向最高人民法院申请再审，其主要理由是：相关证据已经证实高术公司侵权行为属多次、大范围的实施，二审法院判令其仅赔偿北大方正公司一套正版方正软件损失是错误的。从公证书所附若干份现场记录可以看出，高术公司销售的盗版方正软件绝非仅限于销售给北大方正公司员工的一套。改判由北大方正公司承担调查取证费用错误。北大方正公司进行调查取证并提起诉讼的目的，是为了维护自身权益，采取的取证方式不违反法律、法规的禁止性规定，不存在违背公平及扰乱市场秩序的问题，其没有大量购买激光照排机，提高赔偿额。二审法院认定事实和适用法律错误，不利于对知识产权的保护。高术公司请求维持二审判决。

再审审理查明

最高人民法院再审认为，一审法院认定的事实基本属实，二审法院认定高术公司只销售一套盗版方正 RIP 软件、方正文合软件的事实有误。另查明，北大方正公司提交的公证书所载 5 份现场记录证明下列事实：1.《现场记录（二）》记录，高术公司的员工陈述："我们这儿卖过不少台，兼容的，没问题，跟正版的一模一样。你看，这个实际就是个兼容 RIP。"2.《现场记录（三）》记录，高术公司员工陈述：同时期向"后浪公司"销售了一台激光照排机，用的软件是"兼容的"；向"宝蕾元"（北京宝蕾元科技发展有限公司，简称"宝蕾元公司"）进行过同样的销售。3.《现场记录（四）》记录，北大方正公司员工和公证员现场观看了高术公司员工为后浪公司安装、调试照排机的情况。根据高术公司员工陈述，该照排机安装的也是方正 RIP 软件，也是"兼容的"。其后，高术公司员工向北大方正员工提供了购买同样照排机的一份客户名单，其中记录了"宝蕾元制作中心"（即宝蕾元公司）、"彩虹印务""尚品""中堂（唐）彩印"（即后浪公司）、"路局印厂"等客户的名称、联系电话及联系人等。4.《现场记录（五）》记录，高术公司又卖了一台与本案一样的激光照排机给"海乐思（音）"。并且，根据该记录的记载，高术公司等在北京、上海、广州、廊坊、山西、沈阳等地进行激光照排机的销售，"除了西藏、青海之外，哪儿都卖"，对软件"买正版的少，只是启动盘替换了，其他的都一样"。对于公证证明的上列事实，高术公司等未提供证据予以推翻。此外，兼容软件即为盗版软件，当事人对此没有异议。

二审判决后，北大方正公司按照上述记录反映的购买和使用盗版软件的高术公司的客户线索向有关工商行政管理部门进行举报。在有关工商行政管理部门对后浪公司、宝蕾元公司等用户进行调查的过程中，由公证人员随同，对用户安装软件的情况进行了证据保全公证。后浪公司在接受调查中向工商行政管理部门提供了其从高术公司购买激光照排机的合同,并书面说明其安装的盗版软件析从高术公司处购买。在北大方正公司对宝蕾元公司另案提起的诉讼中,经法院判决确认宝蕾元公司安装的盗版软件系从高术公司购买。高术公司等未能就其销售盗版软件的来源提供相关证据。

另查明,北大方正公司从高术公司处购买的激光照排机已由北大方正公司所属的公司变卖,北大方正公司在最高人民法院再审审理期间,表示放弃赔偿上述购买激光照排机价款支出的诉讼请求。

再审判理和结果

最高人民法院再审认为,根据一审、二审判决及北大方正公司申请再审的理由,本案主要涉及北大方正公司取证方式的合法性、被控侵权行为的性质及赔偿数额的确定等争议焦点问题。

(一)关于本案涉及的取证方式是否合法问题

根据《民事诉讼法》第67条的规定,经过公证程序证明的法律事实,除有相反证据足以推翻外,法院应当作为认定事实的根据。高术公司安装盗版方正软件是本案公证证明的事实,高术公司无相反证据足以推翻,对于该事实的真实性应予认定。以何种方式获取的公证证明的事实,涉及取证方式本身是否违法,如果采取的取证方式本身违法,即使其为公证方式所证明,所获取的证据亦不能作为认定案件事实的依据。因为,如果非法证据因其为公证所证明而取得合法性,那就既不符合公证机关需审查公证事项合法性的公证规则,也不利于制止违法取证行为和保护他人合法权益。二审法院在否定北大方正公司取证方式合法性的同时,又以该方式获取的法律事实经过公证证明而作为认定案件事实的依据,是不妥当的。

在民事诉讼中,尽管法律对于违法行为作出了较多的明文规定,但由于社会关系的广泛性和利益关系的复杂性,除另有明文规定外,法律对于违法行为不采取穷尽式的列举规定,而存在较多的空间根据利益衡量、价值取向来解决,故对于法律没有明文禁止的行为,主要根据该行为实质上的正当性进行判断。就本案而言,北大方正公司通过公证取证方式,不仅取得了高术公司现场安装盗版方正软件的证据,而且获取了其向其他客户销售盗版软件,实施同类侵权行为的证据和证据线索,其目的并无不正当性,其行为并未损害社会公共利益和他人合法权益。加之计算机软件著作权侵权行为具有隐蔽性较强、取证难度大等特点,采取该取证方式,有利于解决此类案件取证难问题,起到威慑和遏制侵权行为的作用,也符合依法加强知识产权保护的法律精神。此外,北大方正公司采取的取证方式亦未侵犯高术公司的合法权益。北大方正公司申请再审的理由正当,应予支持。

据此,本案涉及的取证方式合法有效,对其获取的证据所证明的事实应作为定案根据。二审法院关于"此种取证方式并非获取侵权证据的唯一方式,且有违公平原则,一旦被广泛利用,将对正常的市场秩序造成破坏"的认定不当。

(二)关于本案侵权行为的定性问题

北大方正公司诉请的对象是高术公司非法复制、安装、销售盗版软件的侵权行为,因高术公司未就其销售的盗版软件的来源提供相关证据,故应推定其侵权行为包括复制,即高术公司侵犯了北大方正公司方正RIP软件和方正文合软件的复制权及发行权。

（三）关于复制、销售盗版软件数量和损害赔偿数额问题

根据公证证明的内容，高术公司的员工陈述除向北大方正公司销售了盗版软件外，还向后浪公司、宝蕾元公司等客户销售了"兼容的"同类盗版软件并提供了"客户名单"，对此，高术公司等未提供相反证据予以推翻。其中，向后浪公司、宝蕾元公司销售同类盗版软件的事实，也为北大方正公司在二审判决后的维权行动所印证。虽然一审、二审法院没有对审计报告中涉及的高术公司销售激光照排机82套、单独销售13套RIP软件的事实进行质证，但前述事实足以证明，其销售盗版软件的数量并非一套。一审法院以高术公司复制、销售盗版软件实际数量和所获利润均难以查清，根据北大方正公司软件的开发成本、市场销售价格及高术公司实施侵权行为的主观过错程度等因素，依据当时《著作权法》的规定，酌情判令高术公司赔偿北大方正公司损失60万元并无明显不当。二审法院只支持北大方正公司一套正版软件的赔偿数额13万元没有依据。

（四）关于相关费用应如何分担的问题

北大方正公司主张应由高术公司负担的费用包括诉讼费、保全费、取证费及审计费等，其中取证费包括公证费、购机款、房租。对于北大方正公司的该项请求，一审法院全部予以支持并无不当。鉴于涉案的激光照排机在二审判决后被北大方正公司所属公司变卖，北大方正公司表示放弃该项支出的赔偿请求应予准许。

综上，二审法院对本案高术公司侵权行为涉及的部分事实认定不清，适用法律不当，应予纠正。北大方正公司申请再审的主要理由成立，应予以支持。依照2001年修订前的《著作权法》第46条第1款第（2）项和《民事诉讼法》第177条第2款之规定，判决：1. 撤销二审判决；2. 维持一审判决第一、二、三、六项；3. 变更一审判决第四项为：高术公司共同赔偿北大方正公司为本案支付的调查取证费（房租3 000元、公证费1万元）共1.3万元；4. 撤销一审判决第五项。本案一审、二审案件受理费、财产及证据保全费、审计费由高术公司负担。

法官评述

本案曾被媒体称为"全国最大的反盗版案"，众说纷纭的不同观点，一波三折的判决结果，一度引起软件行业及法律界的广泛关注。焦点涉及对公证取证方式合法性、正当性的判断。最高人民法院再审判决对本案涉及的公证取证方式予以肯定，澄清了目前审判实践中存在的一些模糊认识，表明了最高人民法院对打击盗版，保护知识产权的司法倾向，具有导向作用和典型意义，该判决结果有利于解决此类案件取证难问题，起到威慑和遏制侵权行为的作用，符合我国关于加强知识产权保护，努力创造有利于提高自主创新能力的法制环境的要求。除了前述判理外，对本案还有以下需要说明的问题。

1. 关于取证方式的合法性与所获证据的关系

首先，所谓"陷阱取证"并非法律术语，它是刑事案件侦查中多采用的一种取证方式。按照刑事侦查学理论，一般将陷阱取证方式分为两种，即机会提供型和犯意诱发型。从各国的立法例看，一般都肯定了机会提供型陷阱取证方式的正当性，否定犯意诱发型陷阱取证的正当性。在民事诉讼中，一般对证据只是要求具备客观性、关联性、合

法性，但具体案件中如何判断并把握，很大程度上取决于法官的内心确认，没有一个可供参考的客观标准。本案实际上是认可了民事诉讼中对"机会提供型"的取证方式的认可。本案二审判决一方面认定涉案公证书是合法有效地民事证据，对该公证书所记载的内容予以认定，但同时又以"有违公平原则，一旦被广泛使用，将对正常的市场秩序造成破坏"为由，对本案的这种公证取证方式没有认可不当。正如最高人民法院再审判决所述，以何种方式获取的公证证明的事实，涉及取证方式本身是否具有合法性，如果采取的取证方式本身不具有合法性，那么所获取的证据即使是公证证据亦不能作为认定案件事实的依据，否则与公证规则相违背。

其次，侵犯计算机软件著作权，权利人取证困难是众所周知的事实，实践中当事人通过公证来获取证据的方式已普遍被法院所认可。在本案终审判决后，《最高人民法院关于审理著作权民事纠纷案件适用法律若干问题的解释》颁布实施，该司法解释第8条肯定了审判实践中的做法，即"当事人自行或者委托他人以定购、现场交易等方式购买侵权复制品而取得的实物、发票等，可以作为证据。公证人员在未向涉嫌侵权的一方当事人表明身份的情况下，如实对另一方当事人按照前款规定的方式取得的证据和取证过程出具的公证书，应当作为证据使用，但有相反证据的除外。"公证机关是国家法律认可的特殊的机关，公证机关的职能是证明事实。当然，公证证据的效力不是绝对的，法律只是推定其证据的证明力，并允许有相反的证据推翻公证证据，如没有足以推翻公证的证据，则公证的证据应该采纳。

再次，北大方正公司取证并寻求司法救济的目的是为了维护自身利益，并没有损害他人的合法权益。严厉打击盗版，保护权利人合法权益，是全社会的责任。对于权利人在维权过程中采取的各种必要的手段，只要不违反法律，应该得到法院的支持。

2. 关于侵权行为的定性

本案高术公司销售了盗版软件是客观事实，但盗版软件的来源应由高术公司说明，因高术公司未予提供相关证据，故最高人民法院再审判决据此推定高术公司的侵权行为包括复制，即高术公司侵犯了北大方正公司涉案软件的复制权及发行权。

3. 关于法律适用

本案纠纷发生在2001年《著作权法》修改前，因而适用的是旧的《著作权法》。对于本案的赔偿问题，一审法院鉴于高术公司销售盗版软件的实际数量和所获利润均难以查清，且当时的《著作权法》没有关于法定赔偿的规定，故按照当时的司法政策，根据北大方正公司软件的开发成本、市场销售价格及侵权行为的主观过错程度等因素确定赔偿数额是正确的。另外一审法院将北大方正公司为调查取证所支付的购买激光照排机、房租、公证等费用，作为本案调查取证所必不可少的费用，判令由高术公司承担；北大方正公司退还高术公司激光照排机；审计费、证据及财产保全费由高术公司承担亦无不当，故最高人民法院再审判决予以维持。

（再审合议庭成员：孔祥俊 于晓白 夏君丽

编写人：最高人民法院知识产权审判庭 于晓白）

35. 福州外星电脑科技有限公司诉福州大利嘉城环球电器商行、乌鲁木齐市利军电器商行、翁正文、叶秀娟、王晓燕侵犯游戏软件著作权纠纷案

阅读提示：未经许可复制、销售被控侵权游戏软件，应承担哪些法律责任？

🔘 裁判要旨

计算机游戏软件与一般计算机软件一样，具有易复制、易修改的特点，对于复杂的技术方面的问题，人民法院一般都会采取鉴定、勘验或者向技术方面的专家咨询等方式解决，但鉴定结论等能否作为定案的依据，则应由审理法院根据相关案件事实及证据综合考量。

🔘 案　号

一审：福建省高级人民法院（1999）闽知初字第4号
二审：最高人民法院（2000）知终字第4号

🔘 案情与裁判

原告：福州外星电脑科技有限公司（简称"外星电脑公司"）
被告：福州大利嘉城环球电器商行（简称"环球商行"）
被告：乌鲁木齐市利军电器商行（简称"利军商行"）
被告：翁正文（台湾居民）
被告：叶秀娟（香港居民）
被告：王晓燕

起诉与答辩

原告外星电脑公司诉称：《楚汉争霸》等十部中文游戏软件是其开发的科技产品。1999年1月至3月间，原告发现上述软件被盗版，并篡改了软件的名称，《楚汉争霸》改为《刘邦传记》等。盗版软件以低于原告的市场价格在全国销售，侵犯了原告著作权，造成原告价值400万元的库存软件无法销出，并有100多万的货款无法回收，直接经济损失500多万元。请求判令：1. 五被告停止生产销售盗版软件，并在全国性报纸上刊登赔礼道歉声明；2. 五被告赔偿原告商誉及经济损失260万元，并承担连带责任；3. 五被告承担原告因调查侵权行为所支出的合理费用和本案诉讼费用。

五被告均未在法定期限内提供答辩状。环球商行在庭审中辩称：1999年3月通过

利军商行进过货,开始为每种样品3片,后来各进了40片。利军商行辩称:其是通过王晓燕进的货,后将这10个品种发到福州。翁正成、叶秀娟、王晓燕的委托代理人在庭审中辩称:第一,没有证据证明原告提交法庭的是被告生产的软件;第二,原告没有提供被告与原告相同或者相近似软件的源程序;第三,其所销售的软件有合法的购进证明。请求驳回原告的诉讼请求。

一审审理查明

1. 外星电脑公司对《楚汉争霸》等十种中文游戏软件享有著作权。1996年6月至10月间,外星电脑公司到国家版权局计算机登记管理办公室进行计算机软件著作权登记,并取得《计算机软件著作权登记证书》。2. 翁正文、叶秀娟有侵权事实。自1999年1月起,翁正文、叶秀娟以振华公司的名义生产、销售上述软件的盗版卡带,并将这些软件改了名字,《楚汉争霸》更名为《刘邦传记》等。这些盗版卡带通过其雇用的王晓燕向全国各地销售。经查,振华公司是翁正文等人欲成立的公司,因未注册登记,该公司实际上并不存在。3. 利军商行、环球商行有侵权事实。1999年3月9日,王利军收到王晓燕发来的振华公司含有《刘邦传记》等十种涉嫌侵权软件的报价单的传真后,即与其订货。王晓燕以振华公司的名义分别于3月12日和3月27日将上述软件发货给王利军,并提供叶秀娟的银行账号给王利军作汇款之用。1999年3月19日,利军商行(甲方)和环球商行(乙方)订立一份《协议书》约定,甲方给乙方提供《刘邦传记》等5种游戏卡带各3片,每片50元。3月29日,双方又签订了一份《协议书》约定,甲方给乙方提供《刘邦传记》等十种游戏卡带各50片,每片50元。环球商行在收到利军商行发货的这十种游戏卡带后,即在福州地区进行销售。4. 对《刘邦传记》等十种游戏软件的鉴定结论。一审法院将从利军商行和环球商行查扣的涉嫌侵权的《刘邦传记》等十种游戏软件与外星电脑公司提供的《楚汉争霸》等十种相应的游戏软件,委托福建省版权局进行对比鉴定,结论为:涉嫌盗版软件除开机时将正版软件的制作单位去掉和将游戏名称更改外,游戏的程序设计、美术画面及音乐音效与正版卡带完全一样。

一审判理和结果

一审法院认为:外星电脑公司合法权益应受到保护。翁正文、叶秀娟未经著作权人同意,擅自删除、修改,复制外星电脑公司公开发行的《楚汉争霸》等十种游戏软件,将这些游戏软件更名后,制作成游戏卡带,以振华公司的名义由其雇员在全国各地进行销售,侵犯了外星电脑公司对该10种游戏软件的署名权、修改权、保护作品完整权、使用权、获得报酬权。依据《计算机软件保护条例》第30条第(4)项、第(5)项、第(6)项、第(7)项的规定应承担相应的侵权责任。翁正文、叶秀娟实施侵权中主观上有共同故意,应承担共同侵权责任。王晓燕系翁正成、叶秀娟的雇佣人员,不应作为侵权主体承担雇主的侵权责任,故对外星电脑公司要求王晓燕承担侵权责任的诉讼请求,不予支持。作为外星电脑公司代理商的利军商行明知以振华公司名义销售的是盗版侵权产品,仍从其进货并转售他人,侵犯了外星电脑公司对该10种软件的使用权,获得报酬权。依据《计算机软件保护条例》第30条第(7)项的规定应承担相应的侵权责任。环球商行未经外星电脑公司许可,擅自销售盗版侵权产品,侵犯了外星电脑公司对该10种软件的使用权,获得报酬权。依据《计算机软件保护条例》第30条第(7)项的规定应承担相应的侵权责任。外星电脑公司认为环球商行、利军商行、翁正文、叶秀娟侵犯其著作权,应承担相应法律责任的诉讼请求有理,应予支持。但翁正文和叶秀娟的侵权行为、环球商行的侵权行为、利军商行的侵权行为均为各自独立实施,没有主观上的关联性,不具备承担连带责任的要件,当事人应就其侵权的范围各自承担责任,外星电脑公司关于各被告之间负连带责任的请求,不予支持。外星电脑公司未就被告侵权所造成的损失数额进行举证,亦无法查清被告因盗版侵权的获利数额,故外星电脑公司诉请的赔偿数额,不予全部支持。根据被告的侵权事实、情节、后果以及原告因此支出的调查和诉讼费用等因素,酌情确定赔偿数额。根据《计算机软件保护条例》第30条第(4)项、第(5)项、第(6)项、第(7)项的规定,判决:一、环球商行、利军商行、翁正文、叶秀娟应立即停止侵犯外星电脑公司著作权的行为;销毁翁正文、叶秀娟生产、销售的《刘邦传记》等十种游戏卡带的侵权产品;二、环球商行、利军商行、翁正文、叶秀娟应在全国性报刊上刊登道歉声明,向外星电脑公司赔礼道歉;三、环球商行应在判决生效之日起10日内赔偿外星电脑公司经济损失人民币5万元;四、利军商行应在判决生效之日起10日内赔偿外星电脑公司经济损失人民币5万元;五、翁正文、叶秀娟应在判决生效之日起10日内共同赔偿外星电脑公司经济损失人民币40万元;六、驳回外星电脑公司其他诉讼请求。一审案件受理费人民币23 010元,环球商行和利军商行各负担2 000元、翁正文、叶秀娟共同负担19 010元;诉讼保全费5 520元,环球商行和利军商行各负担500元、翁正文、叶秀娟共同负担4 520元;鉴定费人民费2 000元,由翁正文、叶秀娟共同负担。

上诉与答辩

翁正文不服一审判决,向最高人民法院提起上诉称:1.福建省版权局的鉴定结论没有对本案所涉软件的二进制代码组成的指令序列进行对比描述,仅有美术画面、音乐音效及游戏玩法的进入操作程序的对比描述,不能作为涉嫌侵权软件侵害外星电脑公司软件的有效证据。2.涉嫌侵权软件的外包装印刷品、《报价单》《客户资料》《发货清单》、"退坏卡单""IC烧录记录"和文档资料,均不能作为认定上诉人侵权的有效证据。3.上诉人的销售金额仅为人民币19 397元,判令其赔偿外星电脑公司经济损失40万元没有依据。一审法院在否定外星电脑公司260万元赔偿请求中的大部分的同时,却免除其承担诉讼费用,违反了诉讼费用按过错责任大小分担的原则。请求撤销原判,驳回外星电脑公司的诉讼请求。

外星电脑公司答辩称:1.福建省版权局的鉴定结论足以证明上诉人生产销售的游戏卡带系盗版软件;2.认定上诉人侵权的证据确实充分;3.一审法院判赔40万元与外星电脑公司的诉讼请求相差甚远,但由于继续举证的困难和当前法律规定的难操作性,故未上诉。原判认定事实清楚,适用法律正确,应当予以维持。

二审审理过程中,上诉人提出补充意见称:本案应发回重审。理由是:1.外星电脑公司在一审中以确认计算机软件著作权提起诉讼,在二审中改为保护其软件在终端机上表现出来的图像,超过了一审范围,是诉讼请求的变更;2.应追加广州瑞生公司为本案当事人,因进行对比分析的材料之一即涉嫌侵权软件的取得和确认必须有广州瑞生公司的参与。

利军商行、环球商行、王晓燕未对一审判决提出上诉。在二审审理过程中，经法院依法通知未到庭参加诉讼，也未提交任何陈述意见。

二审审理查明

一审查明的事实基本属实。另查明，经法院向广州瑞生公司调查证实，本案中的IC烧录记录的填表人非广州瑞生公司职员，该烧录记录并非该公司所制作。又查明，上诉人在二审过程中提交了双方6种软件产品技术参数对比结果，经对该技术参数对比结果进行质证，外星电脑公司提出该对比方法错误，同时，由于图像文件亦是程序，故图像文件基本相同恰好说明计算机程序是相同的。上诉人称上述对比结果来源于广州瑞生公司，但经法院调查，广州瑞生公司对此予以否认。还查明，经对比外星电脑公司软件和被控侵权软件的说明书，除外星电脑公司的《创世纪英雄》与被控侵权的《快乐英雄》的说明书内容完全不同以外，其余9各软件说明书中的文字说明部分均相同，且外星电脑公司的文字印刷错误在被控侵权软件说明书中也相应出现，版式设计亦基本相同，但外星电脑公司说明书中涉及表格和图片的部分，被控侵权软件说明书中无相应内容。外星电脑公司说明书的封面上有"外星电脑科技有限公司出品"字样，被控侵权软件说明书均无制作者的署名。

二审审理中，在合议庭主持下，双方诉讼代理人参加，对部分外星电脑公司软件和相应被控侵权软件进行了现场演示和勘验。以外星电脑公司的《英烈群侠传》（简称"A"）和被控侵权的《三国争霸》（简称"B"）演示对比为例，当进入游戏程序后，A显示制作者名称为外星电脑科技有限公司，B无制作者名称；A显示游戏的中文名称为"英烈群侠传"、英文名称为"Heroes Legend"，B显示中文名称为"三国争霸"、英文名称为"Heroes Legend"；A显示"我是外星电脑科技有限公司游戏小组成员苗兵"，B显示"我是金星电脑科技有限公司游戏小组成员天高"，……；其后，游戏中的场景、人物、音响等完全相同。现场勘验中对《魔域英雄传》和《丝绸之路》，《楚汉争霸》和《刘邦传记》的演示对比结果也基本如此。经询问，双方当事人均表示无需进行其余游戏软件的演示对比。

二审判理和结果

二审法院认为：外星电脑公司开发的《楚汉争霸》等十种中文游戏软件，属于《著作权法》保护的作品，外星电脑公司经登记获得国家有关部门颁发的《计算机软件著作权登记证书》，其依法享有对该10种游戏软件的著作权。外星电脑公司在二审中提出其游戏软件既属于计算机软件，又应当作为影音视听作品，受《著作权法》保护。因其在一审中以讼争游戏软件著作权人而非视听作品著作权人的身份提起诉讼，而且本案纠纷的实质是计算机软件著作权纠纷，一审法院亦是将本案作为计算机软件著作权纠纷案件进行审理；此外，计算机软件与视听作品属于不同种类的作品，受《著作权法》保护的客体和内容均不相同，故外星电脑公司所提出的上述新的主张，不属于本案二审审理范围，应当视为在二审中增加的独立的请求。对此，双方当事人未达成调解协议，故不予审理。

一审法院从上诉人住处扣押的IC烧录记录上记录有10种被控侵权软件的名称和烧录数量等信息，与生产游戏软件有关的文档资料上亦有部分被控侵权软件的名称。上诉人在二审中认同一审法院对"IC烧录"概念所作的认定，即烧录就是复制计算机游戏软件。上诉人对为何其住处存在上述IC烧录记录及文档资料既无合理的解释，也无其他证据否定这些证据的证明力。而且IC烧录记录形成的时间与其向利军商行销售被控侵权软件的时间基本吻合。因此，在无其他反证的情况下，根据上述证据足以认定上诉人有直接生产（复制）被控侵权软件的行为。虽然本案被控侵权游戏卡带均非一审法院从上诉人处扣押，但由于上诉人在一审、二审过程中始终未能举证证明其所生产、销售的游戏卡带是什么，而且一审法院扣押的游戏卡带及在上诉人住处扣押的被控侵权软件的外包装盒、IC烧录记录、振华公司的《报价单》《客户资料》《发货清单》、"退坏卡单"、生产被控侵权软件的文档资料，以及在利军商行扣押的振华公司的《报价单》《发货清单》《送货清单》、汇款回单凭证、在环球商行扣押的《协议书》等证据，已经能够基本证明本案被控侵权游戏卡带生产销售的各个环节，在证明这些游戏卡带系上诉人生产、销售的问题上已经能够形成完整的证据链。在上诉人无相反证据的情况下，根据上述证据应当认定一审法院扣押的游戏卡带系上诉人生产、销售。上诉人关于被控侵权游戏软件非其生产、销售的主张，缺乏事实依据，不予支持，上诉人所提追加广州瑞生公司为本案当事人以及本案应当发回重审的意见，亦不予采纳。

从技术角度看，计算机游戏软件符合计算机软件的一切技术特性。从应用角度看，游戏软件确有其不同于一般计算机软件的特点。游戏软件的主要用途是供人们娱乐，其外观感受主要通过游戏中的场景、人物、音响、音效变化等来实现。这些随着游戏进程而不断变化的场景、人物、音响是游戏软件程序设计的主要目的，是通过计算机程序代码具体实现的，因此，游戏软件的计算机程序代码是否相同，可以通过其外观感受较明显、直观地体现出来。虽然从技术上讲相同功能的游戏软件包括外观感受可以通过不同的计算机程序实现，但是鉴于游戏软件的特点，两个各自独立开发的计算机游戏软件，其场景、人物、音响等恰巧完全相同的可能性几乎是不存在的，若是可以模仿，要实现外观感受的完全相同，从技术上讲亦是有难度的。鉴于上诉人在二审中明确表示不申请对双方程序代码进行对比鉴定，亦未提供被控侵权软件的源程序，故根据本案事实，通过被控侵权软件与外星电脑公司所开发游戏软件在场景、人物、音响等外观感受方面的异同，结合其他相关证据，可以认定游戏软件程序代码是否相同。根据一审法院委托福建省版权局所作的鉴定结论、法院对双方游戏软件的现场勘验结果以及对双方游戏软件说明书的对比结果，可以认定，双方游戏软件所体现的场景、人物、音响等外观与感受完全相同；从运行游戏软件后所显示的中英文游戏名称、制作者名称、有关人员姓氏等对比结果看，上诉人的游戏软件留有修改的痕迹；双方游戏软件的说明书等文档也基本相同。上诉人提供的软件技术参数对比结果，本身亦说明至少5个游戏软件的目标程序相同率达50%以上。同时，重新开发一个与他人游戏软件的场景、人物、音响等完全相同的游戏软件，并不符合上诉人作为游戏软件经营者的经营目的，而且上诉人不能对双方游戏软件外观感受、说明书、目标程序等方面的种种相同或者相似作出合理解释。综合本案事实和证据，足以认定被控侵权软件是对外星电脑公司游戏软件的复制，上诉人侵犯了外星电脑公司《三国争霸》等十种游戏软件的著作权。上诉人关于其不构成侵权的上诉理由，无证据支持，不能成立。

利军商行、环球商行作为专业销售游戏卡的商家，负有审查其所销售游戏卡合法性的义务，其未尽审查义务销售了侵权的游戏卡带，亦构成侵犯外星电脑公司的著作权。但本案证据不能证明该两商行之间，以及其与上诉人之间构成共同侵权，故一审法院认定利军商行、环球商行各自独立实施侵权，应就其侵权行为各自承担侵权责任正确，当事人亦未对此提出上诉。一审法院在外星电脑公司因侵权所受损失以及侵权人因侵权所获利益的具体数额均无法查清的情况下，根据涉及侵权软件的种类、数量，侵权人的侵权事实、情节、后果等具体案情，酌情确定本案侵权赔偿数额，并无不妥。鉴于上诉人所实施侵权的软件种类多，且侵权情节较为恶劣，故一审法院判决酌定上诉人承担的赔偿数额为40万元，亦无不当。诉讼费用由败诉方承担，具体数额由人民法院根据案件情况确定。外星电脑公司在一审中向诸被告索赔人民币260万元经济损失，上诉人不能证明其属于滥用诉权，故上诉人关于一审诉讼费用的分担违反按过错责任大小分担原则的上诉请求，亦不予支持。一审判决认定事实基本清楚，适用法律正确。根据《民事诉讼法》第153条第1款第（1）项的规定，判决如下：驳回上诉，维持原判。二审案件受理费23 010元，由上诉人翁正文负担。

法官评述

根据我国《计算机软件保护条例》的规定，计算机软件包括计算机程序及有关文档。而计算机程序包括源程序和目标程序；文档是指用来描述程序的内容、组成、设计、功能规格、开发情况、测试结果及使用方法的文字资料和图表等。本案涉及的被控侵权客体包括计算机软件程序及其文档。

一、计算机软件著作权纠纷的侵权判定

首先，计算机游戏软件与一般计算机软件一样，具有易复制、易修改的特点，因而人民法院在审理侵犯计算机软件著作权纠纷案件时，不可避免的会遇到一些复杂的技术问题。对于复杂的技术方面的问题，人民法院一般都会采取鉴定、勘验或者向技术方面的专家咨询等方式解决，但鉴定结论等能否作为定案的依据，则由人民法院根据相关案件事实及证据，综合考虑后就侵权与否作出判断。游戏软件体现的是娱乐功能，人们对某一游戏软件的外观感受主要是通过游戏中的场景、人物、音响、音效等不断变化来体会。游戏软件程序设计的主要目的，必然要围绕游戏中不断变化的场景、人物、音响、音效等，通过计算机程序代码具体实现。正如二审法院判决所言，虽然技术上相同功能的游戏软件，包括外观感受可以通过不同的计算机程序实现，但如果是两个各自独立开发的计算机软件，要想达到场景、人物、音响、音效等完全相同几乎是不可能的，若想刻意模仿，技术上亦是有难度的。鉴于本案上诉人不申请对双方程序代码进行对比鉴定，亦未提供被控侵权软件的源程序，故二审法院根据一审委托福建省版权局所作的鉴定结论、双方游戏软件的现场勘验结果以及对双方游戏软件说明书的对比结果，及其他事实和证据，综合认定被控侵权软件是对被上诉人《三国争霸》等十种游戏软件的复制的理由充分。

二、被控侵权行为人侵权责任认定

本案涉及多个被告，一审法院根据各被告之间的法律关系，判令各被告分别承担相应的法律责任后，除被告翁正文提起上诉外，其他被告均未提起上诉，也未提交答辩意见。就本案而言，上诉人并未主张被控侵权游戏软件是由其独立开发，其仅主张没有复制，在上诉人不能提供证据证明涉案侵权软件是由案外人独立开发或者他人复制，又不能对其住处存在涉案IC烧录记录、外包装盒、报价单、客户资料、发货清单、退坏卡单、生产被控侵权软件的文档资料等作出合理解释，故二审法院结合在其他被告处扣押的相关证据，经相互印证后，推定上诉人侵权行为包括复制、发行，符合证据规则的要求，上诉人应对侵权行为造成的后果承担相应的法律责任。在被上诉人因侵权所受损失以及侵权人获利无法查清的情况下，一审法院根据涉案侵权软件的种类、数量、侵权情节、后果等，酌情判令上诉人赔偿被上诉人损失40万元，并无不当。

三、被上诉人主张视听作品著作权应否支持

与其他作品一样，《著作权法》也仅仅保护计算机程序的表达形式，不保护相关的思想。对于计算机软件的界面，是作为计算机程序的一部分予以保护，还是单独予以保护，实践中有不同的观点。但按照国际惯例，对于使用计算机程序生成的界面，如果该界面具有独创性是可以单独作为作品予以保护的。如使用计算机程序生成的美术作品、音乐作品、影视作品，及多个作品类型组合而成的多媒体作品，包括本案游戏界面均可以在计算机程序之外受《著作权法》保护。在美国，版权人申请版权登记时，可以选择是作为软件登记还是视听作品登记。

本案被上诉人在二审中提出其游戏软件既属于计算机软件，同时也是视听作品，应受《著作权法》保护问题。因该主张非一审提出，故二审法院以计算机软件与视听作品属于不同种类的作品，被上诉人提出的新的主张，属于二审中增加的独立的请求，不属于本案二审审理范围，没有支持其主张符合诉讼规则。

（二审合议庭成员：罗东川　王永昌　张　辉

编写人：最高人民法院知识产权审判庭　于晓白）

36. 浙江省图书馆诉何湖苇等网络著作权侵权纠纷申请再审案

中华人民共和国最高人民法院民事裁定书

(2004)民三监字第35号

申请再审人浙江省图书馆因与被申请人何湖苇、何海群、唐颖网络著作权侵权纠纷一案，不服湖南省高级人民法院于二〇〇四年七月二十八日作出的（2004）湘高法立民终字第44号民事裁定，向本院申请再审。

经本院审查认为，根据《最高人民法院关于审理计算机网络著作权纠纷案件适用法律若干问题的解释》第1条关于"网络著作权侵权纠纷案件由侵权行为地或者被告住所地人民法院管辖。侵权行为地包括实施被诉侵权行为的网络服务器、计算机终端等设备所在地。对难以确定侵权行为地和被告住所地的，原告发现侵权内容的计算机终端等设备所在地可以视为侵权行为地"之规定，只有在侵权行为地和被告住所地难以确定的情况下，才将原告发现侵权内容的计算机终端等设备所在地视为侵权行为地。根据本案事实，本案应由侵权行为地或者被告住所地人民法院管辖，而不存在将原告发现侵权内容的计算机终端等设备所在地视为侵权行为地的前提条件，故原审法院裁定衡阳市中级人民法院具有本案管辖权适用法律错误，应予纠正。申请再审人的申请符合《民事诉讼法》第179条第1款第（3）项再审立案条件。依照《民事诉讼法》第177条第2款，第140条第1款第（8）项的规定，裁定如下：

一、本案指令湖南省高级人民法院再审；

二、再审期间，中止原裁定的执行。

审　判　长　孔祥俊
代理审判员　夏君丽
代理审判员　李　剑
二〇〇四年十一月二十二日
书　记　员　崔丽娜

37. 广东唱金影音有限公司诉中国文联音像出版社等侵犯著作权纠纷案

阅读提示：对于戏剧类作品的演出，谁是著作权法意义上的表演者？对音像制品享有的独家发行权与独家出版、发行音像制品的权利有何不同？

裁判要旨

戏剧类作品演出的筹备、组织、排练等均由剧院或者剧团等演出单位主持，演出所需投入亦由演出单位承担，演出体现的是演出单位的意志，故对于整台戏剧的演出，演出单位是著作权法意义上的表演者，有权许可他人从现场直播或者录音录像、复制发行录音录像制品等，在没有特别约定的情况下，演员个人不享有上述权利。

录音录像制作者对其制作的音像制品，享有包括发行在内的各种权利，但并无权禁止他人就同一题材另行制作发行音像制品；而如果取得了独家出版、发行相关题材的音像制品的权利，则意味着不仅可以自行出版发行该题材的音像制品，亦可以禁止他人出版、发行该相同题材的音像制品。

案 号

一审：河北省高级人民法院（2007）冀民三初字第1—1号
二审：最高人民法院（2008）民三终字第5号

案情与裁判

原告（二审被上诉人）：广东唱金影音有限公司（简称"唱金公司"）
被告（二审上诉人）：中国文联音像出版社（简称"文联音像出版社"）
被告（二审上诉人）：天津天宝文化发展有限公司（简称"天宝文化公司"）
被告（二审上诉人）：天津天宝光碟有限公司（简称"天宝光碟公司"）
被告：河北省河北梆子剧院（简称"河北省梆子剧院"）
被告：河北音像人音像制品批销有限公司（简称"音像人公司"）

起诉与答辩

2007年6月15日，唱金公司起诉称：其自2000年起分别从河北省梆子剧院、衡水市河北梆子剧团、石家庄市河北梆子剧团、保定市河北梆子剧团处获得授权，独家出版、发行《蝴蝶杯》（上、下部）《陈三两》《三打陶三春》《双错遗恨》《打金砖》《春草闯堂》《清风亭》和《血染双梅》等八个河北梆子演出剧目的音像制品。2004年末，唱金公司发现由文联音像出版社出版、天宝光碟公司复制、天宝文化公司发行及音像人公司销售的上述音像制品，侵犯了唱金公司的合法权益，请求判令上述侵权人停止侵权、销毁侵权产品并赔偿唱金公司损失45万元。

一审审理查明

唱金公司（乙方）与百灵音像出版社（甲方）签订协议，约定双方合作出版、发行音像制品，由乙方组织节目源，甲方出版，乙方对甲方出版的音像制品享有永久发行权。

唱金公司与河北省梆子剧院签订多份合同，取得了出版、发行该院演出的《双错遗恨》《打金砖》《三打陶三春》《蝴蝶杯》（上、下部）《陈三两》等剧目音像制品的专有使用权。

唱金公司与石家庄市河北梆子剧团签订协议，取得对该剧团演出的《清风亭》等演出剧目的专有音像出版、发行权。

保定市河北梆子剧团出具授权书，将出版、发行《血染双梅》等演出剧目音像制品的专有使用权授予唱金公司。

唱金公司与衡水市河北梆子剧团签订合同，取得出版、发行该剧团演出剧目《春草闯堂》音像制品的专有使用权。

百灵音像出版社出版、唱金公司发行了上述演出剧目的音像制品。

对上述剧目，百灵音像出版社、唱金公司取得了《蝴蝶杯》剧本文字整理人张特和王昌言的继承人的许可，取得了音乐整理人张占维的许可。取得《陈三两》剧本整理人王焕亭的继承人的许可。取得《双错遗恨》剧本整理人尚羡智及音乐整理人张占维的许可。取得《清风亭》的剧本整理人尚羡智的许可。

上述音像制品中，《双错遗恨》《清风亭》为唱金公司录制；《蝴蝶杯》（上、下部）《陈三两》为河北电视台录制；《血染双梅》是1997年拍摄的实景戏曲电影，制片者和表演单位均为保定市河北梆子剧团。百灵音像出版社、唱金公司获得了河北电视台、保定市河北梆子剧团授予的出版、发行《蝴蝶杯》《陈三两》《血染双梅》演出剧目音像制品的权利。

唱金公司未获得《打金砖》《三打陶三春》剧本文字及音乐整理人的授权。《春草闯堂》仅获得演出单位和剧本整理人的授权，未获得音像制品制作者授权。

文联音像出版社、天宝光碟公司及天宝文化公司出版、复制并发行的《双错遗恨》《清风亭》《蝴蝶杯》（上、下部）《陈三两》《血染双梅》5个演出剧目音像制品中，《蝴蝶杯》（上、下部）与唱金公司发行的音像制品同版，取得了张惠云等六名主要演员的授权；《陈三两》《双错遗恨》《清风亭》和《血染双梅》与唱金公司发行的音像制品版本不同，分别属于同一演出单位不同场次的演出。《陈三两》演出剧目由河北电视台录制，取得了主要演员张惠云、田春鸟的授权；《双错遗恨》由河北新艺影视制作中心录制，取得了主要演员张惠云的授权；《清风亭》由河北新艺影视制作中心录制，取得了主要演员雷宝春、李夕果的授权。河北新艺影视制作中心、天宝文化公司取得对《双错遗恨》《清风亭》剧本的专有使用权。《血染双梅》是对舞台表演版本的录制，文联音像出版社、天宝光碟公司及天宝文化公司称该演出由河北电视台组织，其取得了剧本音乐整理人刘蕴和及吴涛等四名主要演员的授权。

音像人公司作为销售商,提供了天宝文化公司向其出具的销售委托书和销售明细单,以证明其进货来源的合法性。

一审判理和结果

一审法院认为:唱金公司主张的是涉案戏剧音像制品的专有发行权。合法出版戏剧音像制品,出版者必须自己享有戏剧作品的著作权、表演者权和录像制作者权,或者获得上述权利主体的授权。百灵音像出版社与唱金公司出版、发行的《蝴蝶杯》(上、下部)《陈三两》《双错遗恨》《清风亭》及《血染双梅》演出剧目音像制品,均获得了相关剧本著作权人、演出单位及音像制作者的授权,唱金公司对上述5个演出剧目的音像制品享有专有出版、发行权。《打金砖》《三打陶三春》《春草闯堂》3个演出剧目,因唱金公司未获得完整授权,故无权主张他人侵犯其音像制品发行权。文联音像出版社、天宝光碟公司及天宝文化公司出版、复制、发行的《蝴蝶杯》(上、下部)《陈三两》《双错遗恨》和《清风亭》4个音像制品,因未获得演出单位的许可,属于授权不完整;其出版、复制及发行的《血染双梅》音像制品,未取得演出单位的授权,虽然该剧目属于对舞台场景的录制,与对电影实景录制比较有差异,但因演员阵容和表演内容相同,两者构成实质相同,文联音像出版社、天宝光碟公司及天宝文化公司侵犯了唱金公司对《蝴蝶杯》(上、下部)《陈三两》《双错遗恨》《清风亭》和《血染双梅》5个演出剧目音像制品的专有发行权,应依法承担停止侵害、赔偿损失的民事责任。音像人公司提供了进货来源合法的证据,因此不应承担赔偿责任,但应承担停止销售并销毁侵权产品的法律责任。河北省梆子剧院不存在侵害唱金公司音像制品专有发行权的行为,对唱金公司针对河北省梆子剧院提出的诉讼请求不予支持。依照《民法通则》第134条第1款第(2)项、第(7)项,《著作权法》第46条第(11)项、第48条、第52条,《最高人民法院关于审理著作权民事纠纷案件适用法律若干问题的解释》第19条、第25条的规定,判决:一、文联音像出版社、天宝光碟公司及天宝文化公司立即停止出版、复制及发行涉案《蝴蝶杯》(上、下部)、《陈三两》《双错遗恨》《清风亭》和《血染双梅》的音像制品,并销毁未出售的上述剧目音像制品;二、音像人公司立即停止销售上述音像制品,并销毁未出售的上述剧目音像制品;三、文联音像出版社、天宝光碟公司及天宝文化公司于判决生效之日起10日内连带赔偿唱金公司经济损失30万元;四、驳回唱金公司的其他诉讼请求。

上诉与答辩

文联音像出版社及天宝文化公司共同上诉称:1.一审判决在查明《陈三两》《双错遗恨》《清风亭》《血染双梅》4个节目录像制品版本不同的情况下,认定上诉人侵犯了唱金公司对以上3个节目享有的独家发行权是错误的。上诉人出版、发行的版本并非由唱金公司制作,唱金公司不能对该版本主张权利,上诉人当然不可能侵犯其任何权利。2.即使上诉人应承担责任,一审判决30万元的赔偿数额欠妥。综上,请求依法撤销一审判决,改判上诉人不承担侵权责任。

天宝光碟公司上诉称:第一,唱金公司对上诉人复制的《蝴蝶杯》等五个剧目录像制品不享有合法的权利,上诉人亦不可能侵权。第二,即使唱金公司享有以上录像制品的独家发行权,上诉人的复制行为也不可能侵犯其发行权,上诉人的复制行为是一种加工承揽行为,不构成侵害他人著作权的行为。第三,上诉人接受文联音像出版社的委托复制涉案光盘,与其签订的《录音录像制品复制委托书》第4条明确规定:"出版单位对委托复制的音像制品内容、版权关系负全部法律责任",该《复制委托书》是根据《音像制品管理条例》的要求而签订,并非只是当事人之间的合同。最后,上诉人的复制行为尽到了《音像制品管理条例》第23条规定的义务,验证了全部手续,主观上不存在过错,不应承担任何法律责任。综上,请求撤销一审判决,改判上诉人不承担侵权责任。

唱金公司针对文联音像出版社、天宝文化公司的上诉答辩如下:1.得到一个剧目合法的发行权,不仅需要取得录像制作者的许可,还应取得剧本著作权人和表演者的许可。就同一剧目,唱金公司已取得独家发行权,在仅仅录像制作者不同的情况下,上诉人仅有另一录像制作者的授权而没有该剧目著作权人和表演者的授权,就出版发行该剧目明显是违法行为,该行为直接损害了唱金公司的经济利益。2.一审法院判决的赔偿数额并无不当。综上所述,一审法院认定事实清楚,适用法律正确,请求驳回上诉,维持原判。

唱金公司针对天宝光碟公司的上诉答辩如下:1.发行权以获得经济利益或者实现其他权益为目的,只要上诉人的行为影响了权利人目的的实现,就构成侵权。2.《录音录像制品复制委托书》仅是出版单位和上诉人之间的约定,承担责任与否应当根据法律的规定。上诉人与光碟发行单位地址相同、法定代表人相同,由此可以得出上诉人与其他侵权人具有主观上的共同故意。所以上诉人应当与其他侵权人连带承担赔偿损失的责任。综上所述,请求驳回上诉,维持原判。

原审被告河北省梆子剧院陈述如下答辩意见:河北省梆子剧院作为相关剧目的全民所有制演出单位,组织、排练演出,体现的是剧院的整体意志,其民事责任由剧院承担,剧院享有表演者权,有权许可唱金公司复制、发行录有其表演的音像制品。综上,河北省梆子剧院未授权上诉人复制、发行涉案的河北梆子剧目,不存在侵权行为,原审法院关于剧院的责任认定清楚,适用法律正确,请求维持。

二审判理和结果

二审法院认为:本案的争议焦点即在于唱金公司对《蝴蝶杯》《陈三两》《双错遗恨》《清风亭》《血染双梅》等五部剧目享有何种权利及文联音像出版社、天宝文化公司及天宝光碟公司等是否侵犯其权利并应承担相应的侵权责任。

一、关于唱金公司享有的权利

戏剧类作品演出的筹备、组织、排练等均由剧院或剧团等演出单位主持,演出所需投入亦由演出单位承担,演出体现的是演出单位的意志,故对于整台戏剧的演出,演出单位是著作权法意义上的表演者,有权许可他人从现场直播或者录音录像、复制发行录音录像制品等,在没有特别约定的情况下,演员个人不享有上述权利。

唱金公司发行了《蝴蝶杯》《陈三两》《双错遗恨》《清风亭》及《血染双梅》的录像制品。对于上述音像制品,其获得了河北省梆子剧院等作为表演者的演出单位的许可,获得了录像制作者的授权或者其本身为录像制作者,在存在剧本、唱腔著作权人的情况下亦获得了著作权人的许可。其发行的上述录像制品符合我国《著作权法》第39

条、第40条的规定，对于该合法制作的录像制品，唱金公司享有我国《著作权法》第41条规定的各项权利，包括发行权。

唱金公司分别与河北省梆子剧院、石家庄市河北梆子剧团、保定市河北梆子剧团签订协议，取得独家出版发行涉案剧目录像制品的权利。唱金公司与保定市河北梆子剧团签订的合同中更明确规定：剧团不再为其他单位录制和授权该剧目。唱金公司据此享有独家出版、发行录有相关剧目表演的录像制品的权利。他人未经许可亦不得侵犯。

二、文联音像出版社、天宝文化公司是否侵犯唱金公司的权利

文联音像出版社出版、天宝文化公司发行的涉案剧目光盘中，《蝴蝶杯》与唱金公司发行的录像制品系来源于同一次录制过程，由于唱金公司对该录像制品享有独家发行权，文联音像出版社、天宝文化公司出版发行的录像制品虽然进行了不同的编辑和取舍，仍然侵犯了唱金公司的权利。

关于《陈三两》《双错遗恨》《清风亭》和《血染双梅》剧目，唱金公司发行的版本与文联音像出版社、天宝文化公司出版、发行的版本不同，并非来自于同一个录像过程。根据《著作权法》第41条的规定，录像制作者的权利仅限于禁止他人未经许可复制、发行其制作的录像制品，对于非其制作的，其无权禁止。原审判决仅以文联音像出版社、天宝文化公司未获得完整授权为由即认定其侵犯唱金公司的录像制品独家发行权，判决理由不当。但是，唱金公司除对其发行的录像制品享有独家发行权外，对相关剧目还享有独家出版、发行录像制品的权利。文联音像出版社、天宝文化公司未经许可，亦未经相关表演者许可，出版、发行相关剧目的录像制品，侵犯了唱金公司上述权利，同样应承担停止侵权、赔偿损失的民事责任。原审判决虽然理由不当，但其结论正确，应予维持。

三、天宝光碟公司是否应对唱金公司承担侵权责任

《音像制品管理条例》第23条规定："音像复制单位接受委托复制音像制品的，应当按照国家有关规定，验证音像制品复制委托书及著作权人的授权书。"据此，如果音像复制单位未能充分履行上述行政法规规定的验证义务，复制了侵犯他人合法权利的音像制品，应当与侵权音像制品的制作者、出版者等承担共同侵权责任。本案中，天宝光碟公司仅验证了涉案剧目主要演员的授权，显然未满足上述条例规定的注意义务，故一审法院判令其与文联音像出版社、天宝文化公司共同承担侵权责任并无不当。

四、原审判决赔偿数额是否合理

文联音像出版社、天宝文化公司、天宝光碟公司提出原审判决其赔偿唱金公司30万元的数额过高。但因唱金公司未能举证证明其实际损失，文联音像出版社等至今亦未举证证明其出版、发行涉案剧目光盘所获利润，在此基础上，考虑到本案涉及5个剧目、双方光盘发行时间、侵权行为的性质等因素，并考虑到唱金公司为此支出的合理费用，原审判决30万元的赔偿数额并无明显不当。

综上，一审判决认定事实正确，判决结果正确，应予维持。依照《民事诉讼法》第153条第1款第（1）项之规定，判决如下：

驳回上诉，维持原判。

法官评述

著作权问题的复杂之一即在于主体及客体的繁多,本案反映出了这一点。发行一台戏剧演出的音像制品,涉及众多的权利人:剧本著作权人,音乐著作权人,演员及演出单位,以及录音录像制作者。根据《著作权法》第39条、第40条的规定,合法制作录音录像制品,需取得相关著作权人及表演者的许可,并支付报酬。本案中涉及的几部河北梆子剧目,均属于传统剧目,部分内容已进入公有领域,如《陈三两》的音乐部分等,对此,当事人均不持异议。故对于剧本整理人及音乐整理人的著作权问题并不是本案的争议焦点。原被告双方有争议的部分在于表演者权的归属问题,唱金公司取得的是剧团的授权,文联音像出版社等取得的是主要演员的授权。虽然主要演员对于一场戏剧的演出来说是至关重要的,但整场演出毕竟是一种集体行为,演员的表演是一方面,其他还涉及诸如演出的组织、筹划,资金的投入等,而这些均体现的是演出单位的意志,加之传统上演员多为演出单位的员工,进行演出乃是履行其工作职责的行为。故,本案一二审判决均认为对于整台戏剧的演出,在没有特别约定的情况下,表演者权属于演出单位,演员个人,包括主要演员均无权许可他人对该剧目进行录音录像并制作发行相关音像制品。但值得指出的是,随着市场经济的发展,演员与演出单位之间隶属关系的松动,不排除主要演员可以通过合同约定的方式,取得或者与演出单位共同享有对整场戏剧演出的表演者权。

本案二审判决主要澄清了录音录像制作者权中的独家发行权与独家出版、发行录音录像制品的权利的区别。根据《著作权法》第41条的规定,录音录像制作者对其制作的音像制品,享有许可他人复制、发行、出租、通过信息网络向公众传播并获得报酬的权利。可见,录音录像制作者权的基础在于其制作的音像制品,而其权利范围也仅限于该制品。如本案中,唱金公司发行的《蝴蝶杯》,其享有专有发行权,文联音像出版社等未经其许可出版、发行了同一版本的《蝴蝶杯》,尽管有取舍,仍然侵犯了唱金公司对该音像制品享有的专有权利。但是,对于文联音像出版社等出版发行的《陈三两》《双错遗恨》《清风亭》和《血染双梅》剧目音像制品来说,由于其并非唱金公司享有权利的录制版本,故唱金公司无法以录音录像制作者权来主张其侵权。一审已经查明了唱金公司从各演出单位取得的权利是独家出版、发行所涉剧目的音像制品的权利,即他人未经许可不得再出版发行录有该剧目演出的音像制品,亦是以该权利为基础认定文联音像出版社等构成侵权,但其对唱金公司所主张的权利简单归纳为"音像制品的专有发行权",事实上混淆了这两种权利。对于像戏剧这样以演出为常态的作品,如果仅取得对某一录制版本的权利,其权利范围是十分有限的,故实践中可能大部分是如本案中的授权方式,即取得独家出版、发行相关音像制品的权利。但从理论上区分二者仍然是有意义的,其有利于我们思考本案中并未出现的问题,比如,唱金公司如果仅有合同授权,而并未实际出版发行相关音像制品,其能否主张他人侵权?再比如,他人亦取得了演出单位的授权,唱金公司还能否主张其侵权?笔者认为前者是可以的,而后者类似于重复授权的情况,需视个案具体情况而定,如果无法认定他人具有主观过错则无法通过侵权之诉获得救济，可以主张演出单位的违约责任。当然，上述问题并非本案所要解决的，笔者亦无意在此详细讨论，仅提出以供思考。

（二审合议庭成员：于晓白　殷少平　夏君丽
编写人：最高人民法院知识产权审判庭　董晓敏）

38. 洪如丁、韩伟诉广东大圣文化传播有限公司等侵犯著作权纠纷案

阅读提示：使用他人已经合法录制为录音制品的音乐作品制作录音制品，是否要经著作权人许可？

裁判要旨

2001年修改后的《著作权法》第39条第3款设定了限制音乐作品著作权人权利的法定许可制度，即录音制作者使用他人已经合法录制为录音制品的音乐作品制作录音制品，可以不经著作权人许可，但应当按照规定支付报酬。本案应适用该规定，不应适用《著作权法》第41条第2款的规定。

案　号

一审：江西省九江市中级人民法院（2006）九中民三初字第21号
二审：江西省高级人民法院（2007）赣民三终字第8号
再审：最高人民法院（2008）民提字第51号

案情与裁判

原告（二审被上诉人、再审被申请人）：洪如丁
原告（二审被上诉人、再审被申请人）：韩伟
被告（再审申请人）：广东大圣文化传播有限公司（简称"大圣公司"）
被告（二审上诉人）：重庆三峡光盘发展有限责任公司（简称"三峡公司"）
被告：广州音像出版社
被告：联盛商业连锁股份有限公司（简称"联盛公司"）

起诉与答辩

2005年3月2日，洪如丁、韩伟的委托代理人在联盛公司购买《喀什噶尔胡杨》专辑录音制品一盘，该录音制品盘芯及包装盒封面上的编码为ISRC CN－F28－04－466－00/A.J6，共存储了11首歌曲，其中第10首歌曲为《打起手鼓唱起歌》。该录音制品外包装上版权管理信息记载："声明：本专辑内所有录音版权及图像归广东大圣文化传播有限公司/罗林共同拥有，未经授权严禁使用"，"广东大圣文化传播有限公司全国独家发行"，"广州音像出版社出版"。为此，洪如丁、韩伟以大圣公司等未取得其许可，复制、发行含有《打起手鼓唱起歌》音像制品，侵犯其著作权为由，诉至法院，请求判令大圣公司、广州音像出版社连带赔偿其经济损失15万元。

大圣公司辩称：1. 其在发行 20 万张涉案光盘前已经委托广州音像出版社向中国音乐著作权协会（简称"音著协"）申请使用音乐作品《打起手鼓唱起歌》，并支付了 21 900 元著作权使用费。广州天河区人民法院作出的（2005）天法民四初字第 3 号生效判决，认定大圣公司发行的涉案光盘是合法制作、发行的音像制品。2. 20 万张涉案光盘还未发完就已收到全国各地的退货。3. 洪如丁、韩伟应按照其与音著协签订的合同的约定，要求音著协以音著协的名义起诉，无权以个人名义起诉。

联盛公司辩称：涉案光盘的进货来源合法，且已于 2005 年 3 月停止销售。广州音像出版社未作答辩。

一审审理查明

《打起手鼓唱起歌》系由施光南作曲、韩伟作词的音乐作品。施光南系洪如丁的丈夫。1990 年 5 月 2 日施光南去世后，其继承人洪如丁及词作者韩伟分别将该音乐作品的公开表演权、广播权和录制发行权分别授权音著协管理。

2004 年 7 月 5 日，罗林（艺名刀郎）与大圣公司签订合同约定，罗林将其制作并享有版权的《喀什噶尔胡杨》音乐专辑许可大圣公司制作录音制品出版发行。2004 年 12 月 3 日，大圣公司与广州音像出版社签订了音像制品合作出版合同，约定由广州音像出版社制作、出版发行《喀什噶尔胡杨》专辑录音制品。之后，广州音像出版社委托三峡公司复制 90 万张上述录音制品。2004 年 12 月 24 日，广州音像出版社向音著协申请使用音乐作品《冰山上的雪莲》《打起手鼓唱起歌》《亚克西》制作、发行 20 万张《喀什噶尔胡杨》专辑录音制品，并向音著协支付上述 3 首音乐作品的使用费 21 900 元，音著协为此出具了收费证明。

一审判理和结果

一审法院认为，根据最高人民法院民事审判庭 1993 年 9 月 14 日给音著协的"关于中国音乐著作权协会与音乐著作权人之间几个法律问题"的复函，音乐著作权人在其著作权受到侵害而音著协未提起诉讼或者权利人认为有必要的情况下，依法仍有权提起诉讼。洪如丁、韩伟虽将《打起手鼓唱起歌》的词曲著作权中的表演权、广播权和录制发行权委托给音著协管理，但在其权利受到侵害时仍有权起诉。已生效的另案法院判决书认定涉案录音制品的复制、发行数量为 90 万张，根据《著作权法》第 41 条第 2 款的规定，广州音像出版社、大圣公司出版、发行及三峡公司复制涉案录音制品，除应取得制作者即罗林的许可并支付报酬外，还应取得涉案音乐作品著作权人的许可，并支付报酬。音著协许可复制、发行的数量为 20 万张，大圣公司、广州音像出版社对超出的 70 万张，侵害了权利人享有的许可权和获得报酬权，三峡公司违反规定接受广州音像出版社的委托复制涉案录音制品，应共同承担侵权责任。联盛公司所销售的涉案录音制品进货渠道合法，不应承担停止销售的法律责任。判决大圣公司、广州音像出版社、三峡公司共同赔偿洪如丁、韩伟 15 万元，并互负连带赔偿责任。

上诉与答辩

三峡公司不服一审判决上诉称：1. 三峡公司系依法复制加工光盘，没有过错。2. 三峡公司实际复制了 20 万张涉案光盘。在接受首批订单后，大圣公司并未追加订单。3. 本案应与江西省高级人民法院的另案判决一致，另一案判决三峡公司不承担法律责任。请求撤销一审判决，驳回洪如丁、韩伟诉讼请求。

洪如丁、韩伟答辩称：1. 本案的法律事实是复制、发行含有涉案音乐作品的《喀什噶尔胡杨》CD制品没有经过该作品的著作权人同意，构成侵权。《喀什噶尔胡杨》CD制品的制作人是谁与本案无关。2. 根据修改后的《著作权法》的规定，复制发行录音录像制品，除应取得录音录像制作者的同意外，还应取得所使用的作品的著作权人的同意。3. 未经许可复制发行数量应为70万张。

联盛公司口头答辩称：服从一审法院的判决。大圣公司口头答辩称：其未收到一审法院判决书，一审法院程序违法。广州音像出版社未答辩。

二审判理和结果

二审法院查明，一审法院于2006年12月4日以邮政特快专递的方式送达判决书至大圣公司时，现场工作人员不收，要求退回。

二审法院认为，关于三峡公司的复制行为是否侵权，根据《著作权法》第41条第2款规定，大圣公司、广州音像出版社、三峡公司复制、发行涉案录音制品应取得该作品著作权人的许可并支付报酬。根据出版行业惯例，一份复制委托书项下的复制数量可分一次或者多次履行，大圣公司与三峡公司签订的《委托复制加工合同》虽属有效证据，但并不能当然排除他们在20万张以外没再复制生产。本案《录音录像制品复制委托书》系由具备出版资格的出版单位广州音像出版社出具，故涉案录音制品的复制、出版发行数量应以其记载为90万张。三峡公司虽有出版社的授权，但没有验证是否有所涉作品著作权人的授权，具有过错，应承担赔偿责任。对于三峡公司提出另案未判决其承担责任的问题，因为另案一审未判决其承担责任而原审原告又未提出上诉，所以二审未判决其承担责任。综上，三峡公司提出的上诉理由没有根据，一审法院认定事实清楚，适用法律正确，但在判决赔偿金时未明确支付期限不当，应予更正。判决：一、维持一审判决第二项；二、变更一审判决的第一项为：大圣公司、广州音像出版社、三峡公司共同赔偿洪如丁、韩伟共计15万元，并互负连带赔偿责任。本案一审案件受理费4 510元由大圣公司、广州音像出版社、三峡公司共同负担。二审案件受理费4 510元，由三峡公司负担。

申请再审理由与答辩

大圣公司不服二审判决向最高人民法院申请再审称：洪如丁、韩伟作为音著协的会员无权行使已信托的著作财产权，并提起侵权之诉。大圣公司首批制作、发行的20万张涉案录音制品已委托广州音像出版社向音著协支付了许可使用费，按照实践中的做法，双方的著作权许可使用合同已实际履行完毕。大圣公司超量发行70万张录音制品，应当按照《录音法定许可付酬标准暂行规定》支付报酬，不应适用法定赔偿等。

洪如丁、韩伟答辩称：复制、发行录音制品不属于《著作权法》规定的法定许可，复制、发行人必须取得著作权人许可。《录音法定许可付酬标准暂行规定》由于《著作权法》的修改已失去赖以存在的法律基础，不能继续适用。

再审审查判理和结果

最高人民法院再审认为，原审法院查明的事实基本清楚。根据大圣公司的主要再审申请的理由，及洪如丁、韩伟的答辩，本案主要涉及如下以下问题。

(一) 大圣公司、广州音像出版社、三峡公司及联盛公司分别制作、出版、复制及销售《喀什噶尔胡杨》专辑录音制品的行为,是否侵犯洪如丁、韩伟著作权的问题

根据我国《著作权法》有关规定,录音录像制品制作者对其制作的录音录像制品,依法享有许可他人复制、发行、出租、通过信息网络向公众传播并获得报酬的权利。录音录像制品的制作者使用他人作品制作录音录像制品,或者许可他人通过复制、发行、信息网络传播的方式使用该录音录像制品,均应依法取得著作权人及表演者许可,并支付报酬。但是,《著作权法》第39条第3款设定了限制音乐作品著作权人权利的法定许可制度,即"录音制作者使用他人已经合法录制为录音制品的音乐作品制作录音制品,可以不经著作权人许可,但应当按照规定支付报酬;著作权人声明不许使用的不得使用"。该规定虽然只是规定使用他人已合法录制为录音制品的音乐作品制作录音制品可以不经著作权人许可,但该规定的立法本意是为了便于和促进音乐作品的传播,对使用此类音乐作品制作的录音制品进行复制、发行,同样应适用《著作权法》第39条第3款法定许可的规定,而不应适用第41条第2款的规定。因此,经著作权人许可制作的音乐作品的录音制品一经公开,其他人再使用该音乐作品另行制作录音制品并复制、发行,不需要经过音乐作品的著作权人许可,但应依法向著作权人支付报酬。

涉案《喀什噶尔胡杨》专辑系录音制品,根据该录音制品外包装上版权管理信息,可以认定该制品的制作人为大圣公司与罗林,并由广州音像出版社出版,大圣公司在国内独家发行。广州音像出版社的出版行为属于著作权法意义上的复制行为。鉴于《喀什噶尔胡杨》专辑录音制品中使用的音乐作品《打起手鼓唱起歌》,已经在该专辑发行前被他人多次制作成录音制品广泛传播,且著作权人没有声明不许使用,故大圣公司、广州音像出版社、三峡公司联盛公司使用该音乐作品制作并复制、发行《喀什噶尔胡杨》专辑录音制品,符合《著作权法》第39条第3款法定许可的规定,不构成侵权。洪如丁、韩伟认为法定许可只限于录音制作者制作录音制品,复制、发行录音制品应当取得著作权人许可不符合《著作权法》的有关规定。

原审法院根据《著作权法》第41条第2款,认定大圣公司、广州音像出版社、三峡公司没有取得著作权人洪如丁、韩伟许可,复制、发行涉案音乐作品《打起手鼓唱起歌》构成侵权,属于适用法律不当。

(二) 关于付酬问题

《著作权法》第27条规定:"使用作品的付酬标准可以由当事人约定,也可以按照国务院著作权行政管理部门会同有关部门制定的付酬标准支付报酬。当事人约定不明确的,按照国务院著作权行政管理部门会同有关部门制定的付酬标准支付报酬"。鉴于1993年8月国家版权局发布的《录音法定许可付酬标准暂行规定》目前仍为各有关单位及著作权集体管理组织参照执行的依据,故审理此类案件,在当事人没有约定的情况下,可以按照该规定确定付酬标准。洪如丁、韩伟辩称该暂行规定不能继续适用的理由没有依据。

如前所述,大圣公司、广州音像出版社、三峡公司不构成侵犯涉案音乐作品著作权人洪如丁、韩伟的复制、发行权,但应依法向其支付报酬。本案因涉及多个音乐作品使用人,以谁的名义向著作权人支付报酬应遵从当事人之间的约定或者行业惯例。因法律

没有规定支付报酬必须在使用作品之前，因而作品使用人在不损害著作权人获得报酬权的前提下，"先使用后付款"不违反法律规定。

最高人民法院根据原审法院查明的事实，确认《喀什噶尔胡杨》专辑录音制品复制、发行的数量为90万张，故大圣公司、广州音像出版社、三峡公司应据此依法向洪如丁、韩伟支付报酬。具体计算方式可分两部分：第一部分，广州音像出版社已向音著协支付的20万张音乐作品使用费21 900元，涉及3首曲目，其中包括《打起手鼓唱起歌》音乐作品，故洪如丁、韩伟可依法向音著协主张权利；第二部分，未支付报酬的70万张音乐作品使用费，可以按照《录音法定许可付酬标准暂行规定》计算，即批发价6.5元×版税率3.5％×录音制品发行数量70万张÷11首曲目，由此计算出大圣公司、广州音像出版社、三峡公司应向洪如丁、韩伟支付的报酬为14 477元。

（三）关于洪如丁、韩伟是否具有诉讼主体资格问题

《著作权集体管理条例》第20条规定："权利人与著作权集体管理组织订立著作权集体管理合同后，不得在合同约定的期限内自己行使或者许可他人行使合同约定的由著作权集体管理组织行使的权利。"根据该规定，音乐作品的著作权人将著作权中的财产权利授权音著协管理之后，其诉讼主体资格是否受到限制，取决于其与音著协订立的著作权集体管理合同是否对诉权的行使作出明确的约定。因本案洪如丁、韩伟在其与音著协的合同中未对诉权问题作出约定，故其行使诉权不应受到限制。原审法院认定洪如丁、韩伟具有诉讼主体资格并无不当。

综上，最高人民法院再审判决认为，二审判决认定事实基本清楚，但适用法律不当，应予纠正。依照《著作权法》第39条第3款、《民事诉讼法》第153条第1款第（2）项之规定，判决：一、撤销原二审判决；二、大圣公司、广州音像出版社、三峡公司向洪如丁、韩伟支付音乐作品使用费14477元，可从大圣公司已按原生效判决履行的款项中扣除；三、驳回洪如丁、韩伟其他诉讼请求。

法官评述

录音录像制品亦称音像制品，我国《著作权法》将其作为邻接权保护的范畴。根据国务院《音像制品管理条例》规定，我国对音像制品的出版、制作、复制、进口、批发、零售、出租等实行许可证制度，并有严格的监管程序。因音像制品在复制、发行过程中涉及多个环节，导致法律关系较为复杂。在人民法院审理的各类著作权纠纷案件中，音像制品纠纷占相当大的比例。自2008年以来，当事人就此类案件向最高人民法院申请再审的数量逐年增多。从相关法院判决反映的法律适用不统一，对当事人举证责任要求不一致，判决赔偿数额悬殊等程序、实体方面的问题较为突出，因而影响了司法的统一，及法院裁判的权威性。因此，在具体案件的审理过程中，如何准确适用法律尤为重要。

1. 关于音乐作品的法定许可使用制度

首先，关于音乐作品的法定许可使用，原著作权法规定"使用他人已发表的作品制作录音制品……"，2001年修改后的《著作权法》与之区别在于，增加了"已经合法录

制为录音制品"的内容,即《著作权法》第 39 条第 3 款规定"录音制作者使用他人已经合法录制为录音制品的音乐作品制作录音制品,可以不经著作权人许可,但应当按照规定支付报酬;著作权人声明不许使用的不得使用。"所谓"他人已经合法录制",应当符合下列条件:1. 他人已经取得音乐作品词曲作者授权;2. 已经有录音制品存在(不仅仅是报刊上发表、现场表演)。

实践中,录音制作者使用可供演唱的音乐作品制作录音制品专辑时,会涉及众多的词、曲作者,如要求录音制品制作者取得词、曲作者的一致同意,往往难以操作。修改后的《著作权法》设立的法定许可制度,有效地解决了实践中存在的难题。根据上述规定,对于经著作权人许可制作的音乐作品的录音制品一经公开,其他人再使用该音乐作品另行制作录音制品并复制、发行,不需要经过音乐作品的著作权人许可,但应依法向著作权人支付报酬,当然著作权人声明不许使用的不得使用。应该说《著作权法》的这一规定与我国加入的《保护文学和艺术作品伯尔尼公约》规定的,允许成员国对著作权人的录音权实行非自愿许可制度是一致的,不违背著作权人的意愿,不损害音乐作品的著作权人合法权益,符合《著作权法》鼓励作品创作与传播的立法宗旨。

2. 关于《著作权法》第 39 条第 3 款与第 41 条第 2 款的关系

一般情况下,对于那些承载现场各类表演或者教师讲课的实况的录音录像制品,由于此类音像制品发行后,演员的剧场演出或者教师的授课场次会受到影响,使表演者或者教师的财产权益受到损害,所以,《著作权法》第 39 条第 1、2 款、第 40 条对录音录像制作者的义务作了相应规定,即录音录像制作者使用他人作品(包括演绎作品)或表演制作录音录像制品,应当取得著作权人许可,且应当同表演者订立合同,并支付报酬。另外,著作权法在规定音像制品制作者上述义务的同时,在第 41 条对其享有的权利及权利保护期也作了规定,即对其制作的制品,享有许可他人复制、发行、出租、通过信息网络向公众传播并获得报酬的权利。对于被许可人的义务,该条第 2 款规定"被许可人复制、发行、通过信息网络向公众传播录音录像制品,还应当取得著作权人、表演者许可,并支付报酬"。

关于《著作权法》第 39 条第 3 款与第 41 条第 2 款之间的关系,首先,从立法精神及法律上下文的字面解释看,《著作权法》第 41 条应属于对"录音录像制品"的一般性规定,其与第 39 条第 3 款的关系,可以视为"一般条款"与"特别条款"的关系。虽然《著作权法》第 39 条第 3 款只是规定使用他人已合法录制为录音制品的音乐作品制作录音制品可以不经著作权人许可,没有明确是否包括"复制、发行",但从立法本意看,实际包含了"复制、发行"的涵义。因为,作为制作者的唱片公司等企业,其制作唱片的目的就是为了复制、发行,并非仅为欣赏,且也只有通过复制、发行才能使包括著作权人、表演者、音像制品制作者依法享有的财产权利得以实现。综上,最高人民法院在再审判决中对《著作权法》第 39 条第 3 款所作的扩张解释符合法律精神,本案大圣公司等制作、出版、复制、发行行为符合《著作权法》第 39 条第 3 款之规定,不构成侵权。

3. 关于诉权问题

大圣公司在申请再审中提出了原审法院在判决中引用最高人民法院民事审判庭给音

著协的复函不当的问题。对此涉及两方面的问题：一是判决中能否直接引用"复函"；二是作为音著协的会员，洪如丁、韩伟能否以个人名义提起诉讼。

首先，"复函"不是司法解释，不能在判决中直接引用，故当事人提出异议理由正当。其次，关于洪如丁、韩伟的诉讼主体资格正当性问题，因洪如丁、韩伟提起诉讼的时间是2005年3月4日，故本案应适用2005年3月1日起施行的《著作权集体管理条例》的相关规定。该条例第20条规定："权利人与著作权集体管理组织订立著作权集体管理合同后，不得在合同约定的期限内自己行使或者许可他人行使合同约定的由著作权集体管理组织行使的权利。"鉴于本案词曲作者没有就诉权问题与音著协进行约定，故洪如丁、韩伟行使诉权不违反合同约定。

再次，应如何理解最高人民法院1993年给音著协的复函的本意问题。该复函中关于"音乐著作权人在其著作权受到侵害而音乐著作权协会未提起诉讼或者权利人认为有必要的情况下，依法仍有权提起诉讼"规定，实际有以下几层含义：(1) 著作权人的权利已经受到侵害。(2) 音著协包括主观或客观方面的原因未提起诉讼。(3) 著作权人认为有必要。

实际上，复函与《条例》规定的精神是一致的，都体现了遵从当事人之间的约定。另据音著协相关人员介绍，在著作权集体管理条例施行前，如发现侵权行为，音著协及著作权人都可以分别提起诉讼，但在条例之后，因著作权人与音著协之间已经形成信托关系，著作权人能否单独提起诉讼，要看当事人之间有无约定，如著作权人与音著协合同中没有限制性条款，那么著作权人可以单独行使诉权。另据介绍，因我们国家著作权集体管理不是强制性的，不像有的国家采取强制性集体管理，法院不受理个人提起的诉讼。另外，根据目前存在的现实问题，如果对所有的侵权行为都由音著协提起诉讼，因涉及人力、物力、财力等方面的原因，音著协对著作权人自己去打官司是支持的。

(再审合议庭成员：于晓白　殷少平　夏君丽
编写人：最高人民法院知识产权审判庭　于晓白)

39. 陈敦德、北海中鼎股份有限公司等诉香港沛润国际有限公司、南宁泰安物业发展有限公司著作权许可使用合同纠纷案

> 阅读提示：本案当事人签订的影片发行权合同是否有效？能否以双方当事人不具备《影片交易暂行规定》中规定的从事影片交易主体资格为由来认定前述合同无效？

裁判要旨

广影厂作为《铁血昆仑关》影片的著作权人，在不违反法律、行政法规规定的情况下，在《协议书》中所作的有关转让著作权中属于财产权的发行权及相关权益的约定有效。陈敦德基于代表实际投资单位的事实与广影厂签订《协议书》取得了《铁血昆仑关》影片一定期限的发行权，作为权利主体，其有权与沛润公司就该影片的发行与收益分配等事宜签订合同。原广播电影电视部电影事业管理局于1995年1月28日发布的《影片交易暂行规定》属于行政规章，不宜作为认定合同效力的依据。

案　号

一审：广西壮族自治区高级人民法院（1996）桂民初字第13号
二审：最高人民法院（1999）知终字第12号

案情与裁判

原告（二审被上诉人）：陈敦德
原告（二审被上诉人）：北海中鼎股份有限公司（简称"中鼎公司"）
原告（二审被上诉人）：桂林能源开发集团公司（简称"能源公司"）
原告（二审被上诉人）：广西农工产品购销服务中心（简称"服务中心"）
原告（二审被上诉人）：广西老年旅游公司（简称"旅游公司"）
原告（二审被上诉人）：桂林市海外旅游总公司（简称"海外公司"）
原告（二审被上诉人）：桂林长虹贸易公司（简称"长虹公司"）
原告（二审被上诉人）：宾阳县人民政府
被告（二审上诉人）：香港沛润国际有限公司（简称"沛润公司"）
被告：南宁泰安物业发展有限公司（简称"泰安公司"）

起诉与答辩

原告诉称：《铁血昆仑关》（简称《铁》片）是广西电影制片厂根据广电部（03）电字第530号文的有关规定，委托原告陈敦德作为独立制片人以股份集资的方式拍摄的。原告中鼎公司等七家法人为共同出资者，共出资人民币1300万元。影片完成后，于

1995年2月27日取得广电部颁发072号发行许可证。1995年6月22日，原告陈敦德和股东代表杨学全代表原告与沛润公司签订转让合同并依法公证，合同规定原告将其名下的影片权利转让给沛润公司，转让费1 300万元，合同签字生效后一年内由沛润公司付清，并以其投资在建的泰安大厦公寓楼第二、三、四层作为抵押担保，泰安公司同意沛润公司将泰安大厦之相应楼层作为抵押。合同成立后，原告依约履行义务，由被告将影片原股东改为被告，并按被告沛润公司的委托派员代办国外发行事务。1996年6月，一年将满，原告催问付款之事，沛润公司来函提出解除合同。6月18日原告致函马相邕不同意解除合同，为此发生纠纷。泰安公司在抵押期内，擅自将抵押物另行抵押给他人，违反了抵押担保人的义务。请求：1. 判令沛润公司向原告支付1 300万元转让费。2. 判令沛润公司支付逾期付款违约金（每日万分之五）。3. 判令泰安公司对沛润公司的上述债务承担连带清偿责任。4. 判令两被告承担诉讼费用。

沛润公司、泰安公司未作书面答辩。在庭审中沛润公司答辩称：影片无法在国外发行是政治原因所致，国内发行权未获批准影响了国外发行，迫于此提出取消合同。泰安公司辩称：原告并非影片著作权人，也无影片发行资格，其无权从事影片交易活动，无权签订影片转让合同；其也不具备签订涉外合同的资格，况且原告在签订合同时有欺诈行为，隐瞒了影片被取消在国内发行的情况，该转让合同无效。主合同无效，担保合同也无效。泰安公司应免除担保责任。

一审审理查明

广西壮族自治区高级人民法院经审理查明：1995年6月22日，陈敦德以影片《铁》片制片人、杨学全以股东代表的名义作为甲方，沛润公司作为乙方，双方签订了《合同书》，合同规定甲方将享有《铁》片的发行权、影片副产品及相关的全部权益转让给乙方，转让费1 300万元，于合同签字生效后一年内，乙方将发行收入1 300万元汇至杨学全指定的银行账户，在一年内未付清转让费前将属于乙方的泰安大厦公寓楼二、三、四层共3 792.52平方米按价值14 521 104元抵押。合同生效后，乙方享有国内外有限发行权，但国内发行权必须在广电部电影局有明确指示后才生效；发行期限2年，2年后至4年内如果还有发行利润按约定分成。国内外发行时间均以公映首映式那天起计算；双方不得随意修改、撤销、终止合同，一方违约，另一方有权要求赔偿经济损失，并承担由此引起的一切法律责任；双方还就提供影片素材、宣传品、更改影片字幕等作出了规定。合同签订后双方依约办理了合同公证。合同成立后，沛润公司委托陈敦德出国代办发行事务。1996年6月，原告催付款之事，被告的董事长马相邕于同月6日给陈敦德、杨学全复函称，合同签约至今，已近1年，严峻的事实说明，意欲履行合同纯属主观愿望，提议双方不受合同约束。同月16日，陈敦德等人回函称，双方应严格按期履行合同。后因被告沛润公司未付款，原告遂向广西壮族自治区高级人民法院提起诉讼。

1993年2月27日，广西电影制片厂（简称"广影厂"）与陈敦德签订《关于独立制作故事片〈铁血昆仑〉的协议书》（简称《协议书》），约定由陈敦德以《铁血昆仑》制片人资格组建筹备组，负责和开展有关资金与器材筹集、人员物色及剧本修改等工作，制片人陈敦德向广影厂交纳管理费人民币30万元，影片完成并经电影局终审通过后，广影厂将此片的两年发行权交给制片人，拷贝由制片人自行发行、盈亏自负。2年后至4年内如果还有发行利润，双方对半分成；4年后，广影厂收回该片发行权。影片的副产品由制片人投资，利润40%归厂方。1994年3月5日，陈敦德以摄制组名义与原告中鼎公司、能源公司、服务中心、旅游公司、海外公司、长虹公司、宾阳县人民政府和广西柳州交通学校签订《关于股份集资摄制影片〈铁血昆仑关〉合同书》，约定由8家法人单位共同投资摄制，总投资额1 000万元。合同签订后，除柳州交通学校未投资外，其余7家单位共投资1 030万元拍摄影片。《铁》片拍摄完成后，于1994年12月1日取得了影片上映许可证，许可在国内外发行；1995年2月27日，广播电影电视部电影局将该片的发行范围变更为国外发行。影片至今未举行公映首影式。

一审判理和结果

广西壮族自治区高级人民法院认为：陈敦德是《铁》片的独立制片人，由其组建筹备组，中鼎公司等七家单位共同出资1 030万元拍摄完成。陈敦德依据与广影厂的协议，享有影片4年的发行权；在此期间，陈敦德和股东代表杨学全为及早收回投资，与沛润公司签订转让合同，双方具备签订合同的主体资格，签订合同时，沛润公司已经预计受让该片发行权的风险，因此，双方在合同第2条第（4）项作出附条件支付利息的规定，原告无欺诈行为；合同内容也并未违反国家法律规定，合同是合法有效的，但合同第3条第（4）项关于国内发行权生效的规定，因至今尚未获准国内发行，国内发行没有生效。陈敦德享有国外发行期限至1999年2月27日，沛润公司继续履行合同已成为不必要，该转让合同应予解除。沛润公司取得国外发行权而未举行上映首影式、未实际发行，过错责任在于沛润公司；国内发行权未获批准，双方是明知的，对此造成的损失原告应承担主要责任，沛润公司应承担次要责任。泰安公司提供的不动产房屋抵押担保未办理抵押登记手续，该抵押无效。该院依照《民法通则》第85条、第94条和《著作权法》第10条、第15条，国务院《电影管理条例》第16条的规定，判决：一、解除陈敦德和中鼎公司等7家股东代表杨学全与沛润公司签订的转让合同；二、沛润公司赔偿原告经济损失650万元及利息（利息从1996年6月22日起按中国人民银行同期同类贷款利率计算），于判决生效后1个月内支付；三、沛润公司将收到原告影片宣传品等资料退还给原告。诉讼费85 723元，财产保全费70 520元，共计156 243元，由原告负担78 121.5元，由沛润公司负担78 121.5元。

上诉与答辩

沛润公司不服广西壮族自治区高级人民法院上述判决，向最高人民法院提起上诉称：原审判决在认定事实及适用法律上均有错误，应当依法改判。理由主要是：1.陈敦德与上诉人签订的《合同书》无效。原判认定陈敦德为"独立制片人"没有法律依据，自然人不能成为合法的"制片人"；陈敦德不是《铁》片的著作权人，亦不具有合法的代理权，不具备签订《合同书》的主体资格；其他合同当事人也均不具备合法的从事影片交易的主体资格；《合同书》约定被上诉人陈敦德一次性卖断影片"全部投资股权"是无效约定，因实际出资人并非陈敦德，实际出资人与著作权人广影厂又无任何法律关系，故本案原告不享有任何投资股权；原判认定被上诉人无欺诈行为与事实不符。2.原判认定上诉人取得国外发行权而未举行上映首影式，未实际发行，负有过错责任是错误的。陈敦德没有进出口贸易经营权，没有签订涉外合同的主体资格，其不能保证影片合法有效地公映及发行，因此影片未发行的责任在陈敦德。3.《铁》片尚无发行收入，即使按《合同书》第2条的规定，上诉人亦无付款责任。4.《合同书》签订于《电影管理条例》生效之前，故原审判决适用《电影管理条例》是错误的。5.我国影片向海外发行的收入占该影片在国内发行收入的比例不超过10%，原审判令上诉人赔偿650万元及利息无事实和法律依据。请求撤销原审判决，依法改判。

被上诉人陈敦德等答辩称：一审判决在事实认定和法律适用方面基本正确，但在认定被上诉人在国内发行权未获批准而造成损失上有过错及判决上诉人承担经济损失数额为650万元两方面存在着明显的错误之处，请求二审法院依法改判上诉人承担经济损失1 300万元及利息，驳回上诉人的上诉请求。理由是：1.陈敦德是《铁》片的"制片人"或者可称"独立制片人"。2.《铁》片的著作权人是广影厂，陈敦德作为《铁》片的独立制片人，事前经广影厂的正式授权委托，在代理权限范围内与上诉人签订的《合同书》，事后也又经广影厂认可，故陈敦德具有签订《合同书》的资格；《合同书》是双方当事人真实意思表示，陈敦德并无任何欺诈行为；广影厂有权自办海外发行；《合同书》经公证部门公证，且双方已开始实际履行，故《合同书》合法有效。3.依照《合同书》第2条第2款的规定，上诉人负有付款1300万元之义务。

二审审理查明

最高人民法院经审理查明：原审查明的事实基本属实，当事人对此亦无异议。另查明：《关于股份集资摄制影片〈铁血昆仑关〉合同书》第28条约定："《铁》片自办海内外发行4年内的发行权归摄制组即全体投资者所有。发行收益除按协议与广西厂分成外，实行按投资比例分成，各方利益共享，风险共担。""发行放映后的收入，首先按投资比例分配给各投资者。待达到原投资成本后，制片人参与分成。"《合同书》第5条第（3）项约定："甲方视乙方需要，有义务按照乙方要求派员携片（或录影带）赴其他国家和地区作发行谈判放映，所需费用由乙方支付。"陈敦德称已依约将影片拷贝及宣传资料交给上诉人，原审判决主文第四项亦判令上诉人将《铁》片的拷贝及宣传资料退还被上诉人，上诉人均未提出异议，本院对此予以确认。

二审判理和结果

最高人民法院认为，本案所涉主要问题是：《合同书》的效力以及违反合同责任的承担两个问题。

（一）关于《合同书》的效力问题

电影作品的"制片人"，在著作权法意义上是指著作权人，本案《铁血昆仑关》电影作品的制片人为广影厂。广影厂与陈敦德在《协议书》中约定陈敦德为"独立制片人"的概念，不是著作权法意义上的制片人概念，而是在国内电影制片投资方式向综合性多元化发展的改革过程中出现的俗称概念，意指影片投资与具体摄制组织者。这一俗称，不具有法律上的含义，故原审判决认定陈敦德为独立制片人，于适用法律并无意义。

广影厂作为《铁》片的著作权人，在不违反法律、行政法规规定的情况下，在《协议书》中所作的有关转让著作权中属于财产权的发行权及相关权益的约定有效。原广播电影电视部电影事业管理局于 1995 年 1 月 28 日发布的《影片交易暂行规定》对影片交易的主体资格虽有要求，但本案《合同书》约定的国内发行部分因所附条件尚未成就而未生效，国外发行部分为广影厂自办发行，也经过批准，且该规定属于行政规章，不宜作为认定合同效力的依据，故上诉人关于合同无效的这一理由不能成立。

陈敦德基于代表实际投资单位的事实与广影厂签订《协议书》取得了《铁》片一定期限的发行权，作为权利主体，其有权与上诉人签订合同，就《铁》片的发行与收益分配等事宜建立民事法律关系。上诉人依据《影片交易暂行规定》主张陈敦德不具备签约主体资格的理由如前所述也不能成立。

中鼎公司等七家出资单位，是《铁》片的实际投资人。根据陈敦德与该 7 家单位签订的《关于股份集资摄制影片〈铁血昆仑关〉合同书》的约定，各方共同享有《铁》片的 4 年发行权及相关权益。陈敦德及该 7 家出资单位作为一方通过与上诉人签订《合同书》将所享有的《铁》片的有关权利及权益一次卖断给上诉人，双方均具备签订《合同书》的主体资格。被上诉人在《合同书》中所作的将投资股权一次性卖断给上诉人的约定也属有效约定。至于陈敦德是否享有《铁》片的著作权或代理发行权，并不影响其签订《合同书》的主体资格。7 家出资单位基于投资及与陈敦德的约定而享有的《铁》片的相关财产权利，并不必须以与广影厂存在法律关系为前提。上诉人主张合同无效的这一理由也不能成立。

由于上诉人主张陈敦德具有欺诈行为未提供证据证明，而合同双方对国内发行权转让的约定又是附条件的，难以印证上诉人所述陈敦德具有欺诈行为的事实，因此，上诉人主张《合同书》为无效合同的理由均不成立。原审判决认定《合同书》为有效合同正确。

（二）关于违反合同责任的承担问题

根据《合同书》的约定，被上诉人只负有在乙方提出要求且支付费用的前提下，协助上诉人办理发行事务的义务。电影制品的出口属于国家专项许可制度管理的范围，与实物商品的进出口贸易管理制度并无直接联系。陈敦德有无进出口贸易经营权与影片能否在国外公映及发行也无内在的必然联系，故原审判决认定上诉人对取得国外发行权而未实际发行负有过错正确，上诉人认为责任在陈敦德的上诉理由不能成立。

《合同书》实际是一份发行权及相关权益的有偿转让合同，合同明确约定转让费用（即卖断费用）为 1 300 万元人民币。上诉人主张其付款义务须以有发行收入为前提，既不符合《合同书》的约定，也与一般有偿转让合同的权利义务内容不相一致，该上诉理由不予支持。

根据《合同书》对国内发行权所作的附条件约定，该合同应当分为国内和国外权利转让两个部分，国内权利转让因《铁》片未获准国内发行没有生效，国外权利转让自合同成立时起生效。陈敦德已将影片拷贝及宣传资料交给上诉人，说明国外权利转让合同已实际履行。根据《协议书》关于发行权转让期限的约定以及原广播电影电视部电影事业管理局于 1995 年 2 月 27 日核发的影片上映许可证，陈敦德享有国外发行权的期限至 1999 年 2 月 27 日，原审法院认为沛润公司继续履行合同已成为不必要，该转让合同应予解除是正确的。目前，由于《铁》片的发行权已经回归广影厂，合同标的已不存在，故《合同书》已经自然终止。上诉人认为我国影片向海外发行的收入占该影片在国内发行收入的比例不超过10%，但没有提供证据证明，且陈敦德等被上诉人在与上诉人约定的期间由于权利转移给上诉人，别无其他收益，其损失巨大，故原审判令上诉人赔偿650万元合理，上诉人不服原判赔偿额的上诉理由，没有充分的事实依据，最高人民法院不予支持。《电影管理条例》为国务院于1996年6月19日发布，《合同书》签订于1995年6月22日，原审判决引用《电影管理条例》的条款属于适用法律不当，应予纠正。

综上，上诉人的上诉理由除原审适用法律不当成立外，其余均不成立，其上诉请求应予驳回。被上诉人在答辩时请求改判上诉人承担经济损失1300万元及利息，因其未对原审判决提出上诉，故最高人民法院对此不予审理。原审判决认定事实基本清楚，虽然在适用法律上有不当之处，但并不影响案件的实体判决。依据《民事诉讼法》第153条第1款第（1）项的规定，判决：驳回上诉，维持原判决。二审案件受理费85 723元，由上诉人香港沛润国际有限公司承担。

法官评述

本案的主要问题是诉争的影片发行权转让合同是否有效的问题，这其中又具体包含了著作权人能否将其财产权中的发行权转让的问题、双方当事人因无《影片交易暂行规定》中规定的影片交易主体资格对合同效力的影响、著作权人能否将其财产权利转让等法律问题。

1. 关于著作权人能否将其发行权转让的问题。本案中广影厂作为《铁》片的著作权人，依法享有该片的著作权。根据《著作权法》第10条的规定，著作权人可以自己行使或者许可他人行使著作权，可以全部或者部分转让《著作权法》第10条第1款第（5）～第（17）项规定的权利，并依照约定或者法律规定获得报酬。因此广影厂有权将著作权中属于财产权的发行权及相关权益的转让给他人以实现其经济利益。其与陈敦德签订《协议书》其中关于将此片的两年发行权转让给陈敦德的约定并不违反相关法律法规、应当认为合法有效。因此，陈敦德作为投资方的代表通过与广影厂的合同取得了《铁》片一定期限的国内外发行权，可以将其相应的发行权转让以实现其经济利益。

2. 关于双方当事人因无《影片交易暂行规定》中规定的影片交易主体资格对合同效力的影响的问题。《影片交易暂行规定》是原广播电影电视部电影事业管理局于1995年1月28日发布的，其中第3条规定"凡参与影片交易的卖方必须持有政府管理部门颁发的发行许可证。"最高人民法院在本案中认为，根据《合同书》对国内发行权所作的附条件约定，该合同应当分为国内和国外权利转让两个部分，国内权利转让因《铁》片未获准国内发行没有生效，国外权利转让自合同成立时起生效。《影片交易暂行规定》属于行政规章，不宜作为认定合同效力的依据。笔者同意此种认定，主要理由为：本案合同签订于1995年6月22日，即新《合同法》生效实施之前，因此判定本案合同是否有效的法律依据应当是《民法通则》和原《经济合同法》和原《涉外经济合同法》。《民法通则》第58条第1款第（5）项规定，"违反法律或者社会公共利益的"民事行为无效,原《经济合同法》和原《涉外经济合同法》第7条、第9条分别规定了"违反法律、行政法规的合同"为无效合同,"违反中华人民共和国法律或者社会公共利益的合同无效"。应当说,无论这三部法律包括新合同法对判定合同无效的标准是统一的,即只有违反法律、行政法规强制性规定的合同才是无效合同。根据新《合同法》的立法精神,司法机关应当尊重合同当事人的意思表示,慎重认定合同效力,维护相应社会秩序的稳定性。本案中,《影片交易暂行规定》从法律层次上看属于行政规章,不宜作为认定合同效力的依据。此外,本案诉争合同体现了诉争双方当事人的真实意愿,且不违反相关法律及相关行政法规强制性规定,亦不存在有悖社会公共利益之处,因此,不宜以《影片交易暂行规定》的相关规定作为认定合同效力的依据,本案诉争合同应当认定为有效合同。

(二审合议庭成员:蒋志培 董天平 张 辉
编写人:最高人民法院知识产权审判庭 王艳芳)

40. 广州国际华侨投资公司诉江苏长江影业有限责任公司影片发行权许可合同纠纷案

阅读提示：投资公司不具有制片许可证、发行许可证，且与长江公司倒签合同，双方签订的《影片票房分账发行放映合同》是否有效？前述合同约定的按照查出的漏瞒报票款数额10倍承担赔偿责任是否合理？

裁判要旨

华侨投资公司将《下辈子还做母子》影片许可长江公司分账发行，无论主体还是客体均不影响电影市场的正常秩序，亦不妨碍国家对电影行业的行政管理，且《影片交易暂行规定》不属于法律所明确规定的认定合同效力的依据。本案双方将合同签订时间倒签，经过长江公司认可，且该合同内容与双方达成的口头协议及实际履行情况一致，没有损害长江公司利益，亦未损害国家、集体或者第三人利益，因此华侨投资公司与长江公司签订的《影片票房分账发行放映合同》应当依法认定为有效合同。涉案合同中关于长江公司承担10倍经济赔偿责任的约定，并未违反法律的禁止性规定，且该10倍赔偿责任仅是针对查证属实的漏瞒报数额，此约定对双方当事人不失公平，亦不违反《民法通则》等法律关于违约赔偿原则的规定。

案 号

一审：江苏省高级人民法院（1999）苏知初字第4号
二审：最高人民法院（2001）民三终字第3号

案情与裁判

原告（二审上诉人）：广州国际华侨投资公司（简称"华侨投资公司"）
被告（二审上诉人）：江苏长江影业有限责任公司（简称"长江公司"）

起诉与答辩

原告华侨投资公司于1999年7月6日诉称：1998年5月其与长江公司就投资公司拥有发行权的影片《下辈子还做母子》（简称《下》片）在江苏省内发行放映一事达成协议约定：由长江公司代理在江苏省内发行放映该片；票房收入在缴纳营业税和国家电影专项基金后，按本公约32%、长江公司68%的比例分成，《下》片发行放映结束后一周内，长江公司一次性付给投资公司应得的分成款；长江公司保证其及各地发行放映单位不发生漏、瞒报《下》片票房收入的问题，投资公司若查出漏、瞒报票房收入问题，长江公司按漏、瞒报金额的十倍赔偿投资公司损失。对此，长江公司在两方面违反协议：一是没有依约如实向投资公司核报《下》片票房收入；二是长江公司未按时付给投资公司由其计算应得的票房收入分成款。请求：1.判令长江公司按其与投资公司确定的关于瞒报电影票房收入的赔偿比例，给付投资公司经济赔偿计人民币1 500万元；2.判令长江公司立即偿付其计算应付而未付给投资公司的电影票房收入分成款237 937.20元，及按双方合同规定的滞纳金；3.判令长江公司就其违约和严重侵害投资公司权益的行为在全国范围发行的报纸上向投资公司公开赔礼道歉；判令长江公司承担本案的全部诉讼费用。2001年1月26日，在江苏省高级人民法院第一次开庭审理中，投资公司撤回要求长江公司支付滞纳金、承担全部诉讼费用的诉讼请求。

被告长江公司答辩称：其严格依据各地电影公司上报的报表进行汇总，无瞒报事实。投资公司称长江公司瞒报票房收入的证据——1 000余份学校调查表是间接传来证明，没有相关票据印证不能成为证据。根据过错原则，如电影放映公司存在漏瞒报，应由其具体行为人承担责任，各市县电影公司是独立法人，长江公司与这些公司是平等主体关系，只能各自承担责任。根据《影片交易暂行规定》，影片交易卖方必须持有制片或者发行许可证，投资公司没有发行许可证，因而没有转让影片放映权的资格，其签订合同行为属无效行为。请求法院驳回投资公司的诉讼请求。

一审审理查明

（一）关于合同签订情况及合同约定内容

投资公司1997年8月与南京电影制片厂签订协议书，约定双方合作拍摄影片《下》片，著作权归投资公司所有，南京电影制片厂负责《下》片剧本审定并上报主管部门和国家电影局备案。南京电影制片厂持有《摄制电影许可证》。1998年5月投资公司与长江公司经协商达成口头协议，约定投资公司许可长江公司在江苏省13个市发行放映《下》片。与本案相关的协议内容有：1.《下》片在江苏的放映时间为1998年5月至同年12月底。2.影片票房收入双方按比例分成。3.长江公司须在首映之日起的次日上午用传真向投资公司通报前日"映出成绩日报表"，财务报表应于每周结束的三日内报送投资公司，并于上映两周后将投资公司应得的分成收入金额以电汇方式汇入指定账户，发行日期结束后的一周内，将投资公司应得所有分成汇入指定账户。4.长江公司须检查各市、县电影公司和影院上报《下》片票房收入的真实性，如经投资公司查出发行放映《下》片的影院或者公司有漏、瞒报票房收入，由长江公司按漏、瞒报票款的10倍对投资公司承担经济赔偿责任。1999年4月投资公司与长江公司签订书面《影片票房分账发行放映合同》，对1998年5月口头协议予以确认，并进而对票房收入分成比例达成合意，约定投资公司分成32%、长江公司分成68%。另查明：国家广播电影电视部1995年《影片交易暂行规定》第3条规定："凡参与影片交易的卖方必须持有政府管理部门颁发的制片或发行许可证。"投资公司不具有政府部门颁发的制片许可证、发行许可证。

（二）关于长江公司履约情况

1998年5月至12月底，长江公司在江苏省发行放映《下》片。1999年1月，长江公司根据江苏省各市县（市）电影公司上报的《下》片《映出成绩日报表》《放映收入结算表》，汇总制作《分账影片江苏省映出成绩指标分析表》《江苏省映出成绩累计分析表》，统计全省《下》片票款总额为 1 337 081.40 元。长江公司当月将该两份汇总报表连同市县（市）报送的部分《放映收入结算表》《映出成绩日报表》报送投资公司。之后部分市县（市）电影公司补报票款，长江公司对补报票款统计为 40 012 元，但未将该补报票款告知投资公司。原审法院审理中对上述各类报表核对查明：长江公司报送投资公司的票款总额 1 337 081.40 元，与各市县（市）实际上报票款总额 1 389 190.40 元之间相差 52 109 元。52 109 元中有 9 429 元，长江公司虽未统计在票款总额内，但已将相关市县（市）报表报送投资公司。长江公司于 1998 年 11 月、1999 年 4 月两次共向投资公司支付分成款 15 万元。1999 年 6 月 28 日长江公司致函投资公司称：《下》片在江苏的票房收入合计为 1 337 081.40 元，投资公司应得 387 937.20 元，长江公司已付 15 万元，剩余 237 937.20 元于 1999 年 10 月底前付清。投资公司接此函后于 1999 年 7 月 6 日向原审法院提起诉讼。

（三）关于投资公司举证及法院查证情况

诉讼中投资公司向原审法院提交江苏省 1 095 份学校填写的调查表。经审查，投资公司提供的 1 095 份调查表中海安县 15 所学校从观影时间上排除了与本案的关联，其余 1 080 份调查表所涉学校分布在全省 60 个市县（市），其中 852 所学校观影情况及票款数额已经查明，228 所学校无法查明实际支出票款数额。法院查明 852 所学校票款总额为 1 134 699.85 元，而投资公司主张中相应学校的票款额为 2 751 178.10 元，法院查明额约占投资公司主张额 41%。原审法院将 852 所学校票款与市县（市）电影公司上报票款进行对比的结果为：法院查明江宁、丹徒、洪泽、淮安、涟水、东海等 6 县（市）有学生票款 29 088.20 元，而该 6 县（市）电影公司未上报任何票款；原审法院查明常熟、吴县、张家港、江阴、锡山、金坛、武进、丹阳、扬中、扬州、江都、建湖、金湖、连云港、宿迁（含宿豫）、泗洪、靖江、泰兴、兴化等 19 市县（市）的学生票款比该 19 市县（市）电影公司上报的学生和成人合计票款高出 231 892.65 元。

一审判理和结果

江苏省高级人民法院经审理认为：

（一）关于合同效力。投资公司与长江公司双方签订的合同系影片发行权许可合同，该合同合法有效。原审法院认为，投资公司合法拥有的《下》片著作权，受《著作权法》保护。《影片交易暂行规定》中关于影片发行交易卖方需持有制片或者发行许可证之规定的目的，是为了保证国家对影片制片、发行环节的干预、控制。本案中，投资公司虽无影片摄制与发行许可证，但其只是影片拍摄者与发行者之间的一个中间环节，其本身并未直接进行影片拍摄或者发行。《下》片的拍摄行为由持有摄制许可证的南京电影制片厂所为，制片环节已受到国家控制；《下》片被许可的发行方长江公司持有发行许可证，发行环节也可受到国家控制，投资公司的签约行为因而不违反《影片交易暂行规定》精神。因此，长江公司关于合同无效的抗辩理由不成立。

（二）关于是否存在漏瞒报事实及漏瞒报票款的认定。长江公司向投资公司报送的《下》片票款总额与各市县（市）实际上报的票款总额之间相差 52 109 元。其中的 9 429 元不属于漏报，其余 42 680 元，长江公司既未统计在票款总额内，也未报送市县（市）报表，应认定为长江公司漏瞒报票款。根据法院对 852 所学校查明的事实，

260 980.85元应认定为各市县（市）电影公司漏瞒报票款。并根据本案具体情况合理推定相关市县（市）另外漏瞒报票款5万元。依据上述长江公司漏瞒报42 680元、查明市县（市）漏瞒报260 980.85元、推定市县（市）漏瞒报5万元，三项共计漏瞒报票款353 660.85元，应当认定长江公司构成违约。

（三）关于漏瞒报票款的违约责任。长江公司对漏瞒报票款行为构成违约，应当承担违约责任。基于投资公司提供的漏瞒报数额，有弄虚作假行为且实际漏瞒报数额是由法院而非投资公司查出，且本案中按10倍赔偿处理亦不符合我国合同法中的赔偿实际损失原则，故对按10倍赔偿的请求不予支持。基于长江公司确应承担违约责任，依据公平原则，以漏瞒报票数额的五倍确定经济损失赔偿数额，即以法院认定的353 660.85元的5倍数额1 768 304.25元作为经济损失赔偿额。

（四）关于迟延付款的认定及违约责任。投资公司与长江公司双方对《下》片的分成具体比例至1999年4月达成合意，按照《影片票房分账发行放映合同》付款期限的约定，长江公司支付全部分成款的最迟期限应当是1999年5月7日。长江公司在期限届满后仍有237 937.20元未支付，其之后提出变更支付时间的主张也未获得投资公司许可，因此投资公司关于长江公司迟延付款构成违约的诉讼主张成立，长江公司应当向投资公司支付未付款237 937.20元。

（五）长江公司漏瞒报票款及迟延付款属违约行为并不构成侵权，投资公司要求长江公司公开赔礼道歉的诉讼请求缺乏法律依据，不予支持。

一审法院依照原《著作权法》第10条、第47条，《民法通则》第4条、第111条、《民事诉讼法》第128条之规定，判决：一、长江公司向投资公司支付经济损失赔偿款1 768 304.25元；二、长江公司向投资公司支付提成款2 771元；三、长江公司向投资公司支付未付款237 937.20元。上述支付款项，均于本判决生效之日起30日内付清；四、驳回投资公司其他诉讼请求。案件受理费86 199.69元由投资公司负担46 199.69元，长江公司负担40 000元。

上诉与答辩

上诉人投资公司上诉称：1. 一审判决对长江公司瞒报票房数额的认定错误；原审法院的调查结论不具准确性，不足以推翻投资公司提交的证据；原审法院对调查材料归总整理，确定票款数字的方式对投资公司严重不公。2. 原审法院对于长江公司瞒报责任及其行为之性质的认定不全面。根据《著作权法》，长江公司的瞒报行为已侵犯了投资公司的获得报酬权，构成侵权。3. 关于滞纳金和诉讼费的承担问题。一审判决书称投资公司在庭审中撤回要求长江公司支付滞纳金、承担全部诉讼费的诉讼请求，与事实不符。综上，请求二审：1. 撤销原判。2. 判令长江公司给付投资公司违约赔偿人民币1 500万元。3. 判令长江公司就违约和侵权行为向投资公司公开赔礼道歉。4. 判令长江公司向投资公司给付电影票房收入分成款237 937.20元及滞纳金。5. 本案全部诉讼费用由长江公司承担。

长江公司针对投资公司的上诉口头答辩称：1. 长江公司关于票房收入的统计数字是真实的，不存在漏瞒报行为。2. 同意投资公司关于原审法院调查数据不真实、不客观的上诉意见。3. 投资公司索赔1 500万元没有事实和法律依据。4. 投资公司提供的大部分调查表没有校长签名，也无公章，其内容不客观。5. 投资公司存在欺诈，且不具备主体资格，故本案争议合同无效，长江公司不构成违约和侵权。

长江公司上诉称：1. 一审程序违背了《民事诉讼法》第 64 条的规定。投资公司对其主张提供了 1 095 份证据，不存在不能收集证据的情况。原审法院自行收集制作证据，并依此作出判决，违背了法律规定。2. 投资公司不具备有偿转让《下》片发行放映权的主体资格，故其与长江公司所签订的《影片票房分账发行放映合同》为无效合同。3. 原审法院在审理中未查清事实，判决所依赖的证据明显不充分。4. 投资公司并未查实长江公司的瞒报情况，且投资公司也未认可原审法院查明的事实，一审判决违背双方当事人的合同约定，有越俎代庖之嫌。5. 原审法院对违约损失计算方法不公平。6. 投资公司诱骗长江公司签订合同，致使长江公司误解签订合同的目的，存在严重欺诈行为。7. 投资公司及法定代表人在多次信函中已变更漏瞒报责任的承担者，原审法院判令长江公司承担赔偿责任是错误的。综上，请求二审撤销原判，驳回投资公司的诉讼请求，判决投资公司承担一、二审诉讼费。

投资公司答辩称：1. 同意原审法院对合同效力的认定。投资公司作为《下》片的著作权人，具备签订合同的主体资格；倒签合同不影响合同的效力。2. 原审法院自行调查取证不违反《民事诉讼法》的规定。3. 同意长江公司关于原审法院调查数据不真实，不足以作为定案证据的上诉意见。4. 关于赔偿问题，双方已明确约定按照漏瞒报数额的十倍处罚，江苏省的有关文件亦有类似规定。

二审审理查明

最高人民法院经审理查明：原审判决认定的关于合同签订情况及合同约定内容、关于长江公司履约情况、关于投资公司举证及法院查证情况等事实基本属实。另查明：根据 235 所学校的原始凭证以及经原审法院查证属实的 13 份学校调查表，《下》片放映单位涉及江苏省南京、苏州、无锡、常州、镇江、扬州、徐州、盐城、淮阴、南通、连云港、宿迁和泰州等 13 个城市市区以及部分县（市）的 148 个影剧院，足以认定的《下》片票款总额为 606 443.60 元。又查明：《影片票房分账发行放映合同》第 2 条第（2）项约定："影片票房收入分成结算表分为财务报表（电影放映收入结算表、每周报表）和统计表（影片'映出成绩日报表'）"。长江公司汇总制作的《江苏省映出成绩累计分析表》，经与各市电影公司上报报表进行比较，该表与各市电影公司上报报表所反映的情况不完全一致，最高人民法院将查明的票款数额与江苏各市电影公司上报的《下》片《影片映出成绩日报表》《电影放映收入结算表》等报表进行对比的结果为：以上未报的票款数额以及所报票房收入比最高人民法院认定票款数额低的部分数额，4 项总计 18 551.20 元。各市电影公司实际上报的《下》片票房收入总计为 1 389 190.40 元，长江公司将其统计为 1 337 081.40 元，并同投资公司以该票房收入数额进行分账结算。差额 52 109 元中，长江公司已将 9 429 元的相关报表报送投资公司，虽构成违约，但不能认定为漏瞒报行为。长江公司应当依照合同向投资公司支付该 9 429 元票房收入的提成款 2 771 元。其余 42 680 元，长江公司未向投资公司报送报表，也未要求各市电影公司直接向投资公司报送报表，故应当认定为长江公司漏瞒报票款数额。上述两项漏瞒报票款数额共计 227 731.2 元。

一审期间，投资公司的特别授权委托代理人甘霖在2001年1月26日的庭审中，明确表示放弃投资公司所提出的滞纳金要求和对诉讼费的陈述，未附带要求长江公司于2000年底前还款的条件。二审期间，投资公司于2001年3月26日向最高人民法院递交了《关于请求最高院为瞒报票房案直接调查取证的申请》，请求二审法院直接查清长江公司和江苏各市、县（市）电影公司及影院实际瞒报的《下》片票房收入数。

二审判理和结果

最高人民法院经审理认为：投资公司与长江公司签订的《影片票房分账发行放映合同》系影片发行许可合同，双方当事人签订合同及在合同中的意思表示真实，合同内容不违反国家法律或者社会公共利益，应当依法认定为有效合同。

《影片票房分账发行放映合同》第4条第（6）项明确约定了签约双方在漏瞒报责任问题上的法律责任，主要包括责任主体和赔偿数额两个方面的内容。首先，关于责任主体问题。该合同明确约定长江公司负有检查各电影放映单位上报《下》片票房收入真实性的义务，并对各电影放映单位漏瞒报票房收入行为向投资公司承担赔偿责任。对于各电影放映单位漏瞒报票房收入的行为，长江公司亦应当依照合同约定向投资公司承担赔偿责任。其因此所受损失，可以另与实际漏瞒报票房收入者解决。其次，关于赔偿数额问题。双方合同明确约定长江公司按照由投资公司查出的漏瞒报票款数额的10倍承担赔偿责任。长江公司认为本案应当适用赔偿实际损失原则确定其赔偿责任。对此最高人民法院认为，本案合同关于10倍赔偿责任的约定有效，应当作为确定长江公司承担漏瞒报违约责任的依据。原审法院将长江公司的赔偿数额确定为漏瞒报票款额的5倍，未尊重当事人有效的合同约定，亦缺乏法律依据，应予纠正。

长江公司向投资公司报送的《下》片票房收入数额有无漏瞒报以及漏瞒报具体数额的认定是当事人争议的焦点和本案审理中的关键问题。本案关于证明《下》片票房收入漏瞒报事实的证据，不属于《民事诉讼法》第64条第2款所规定的应当由人民法院调查收集的证据，最高人民法院对投资公司请求最高人民法院调查取证的申请不予支持。根据法律规定和合同约定，投资公司应当对其所主张的《下》片票房收入漏瞒报事实承担举证责任。原审法院因审理案件需要，为审查核实投资公司所提供调查表的真实性，对相同范围的调查对象又进行复核调查，并未违反法律规定。但原审法院不仅采信了投资公司经审查核实的证据，而且将经审查后仍无原始凭证佐证且与投资公司、长江公司调查结果不能相互印证的复核调查表上所列数据也作为认定《下》片漏瞒报数额的依据，又将无法查明的漏瞒报数字推定为5万元，法律和事实依据不足。双方当事人均对原审法院调查表所载内容的客观性、推定5万元的合法性和合理性提出了上诉，最高人民法院对双方的这部分上诉理由予以采纳。

根据最高人民法院查明的事实，投资公司所提供的1 095份调查表中，其中248份调查表及其相关的原始凭证，应当作为本案认定漏瞒报事实的证据。本案应当将248份学校调查表及相关原始凭证所证明的《下》片票款数额与各市电影公司向长江公司上报的《下》片《影片映出成绩日报表》《电影放映收入结算表》等报表进行对比，从而认定各地电影放映单位漏瞒报《下》片票房收入的事实；将长江公司向投资公司报送的有关报表与各市电影公司向其上报的报表进行对比，进而认定长江公司的漏瞒报事实。

根据最高人民法院对比的结果，南京市河海会堂等 22 个影剧院、无锡市蓓蕾影院等 3 个影剧院、江宁县等四个县、张家港市等九个县（市）上报票房收入低于最高人民法院认定票款数额计 185 051.20 元，应当认定为各地电影放映单位漏瞒报《下》片票房收入数额。各市电影公司实际上报的《下》片票房收入总计为 1 389 190.40 元，长江公司将其统计为 1 337 081.40 元，差额 52 109 元中，长江公司已将 9 429 元的相关报表报送投资公司，虽构成违约，但不能认定为漏瞒报行为。长江公司应当依照合同向投资公司支付该 9 429 元票房收入的提成款 2 771 元。其余 42 680 元，长江公司未向投资公司报送报表，也未要求各市电影公司直接向投资公司报送报表，故应当认定为长江公司漏瞒报票款数额。上述两项漏瞒报票款数额共计 227 731.2 元。根据《影片票房分账长行放映合同》第 4 条第（6）项的约定，长江公司应当向投资公司承担赔偿 2 277 312 元经济损失的赔偿责任。此外，对于长江公司尚未支付的 237 937.20 元提成款，长江公司应当向投资公司支付。投资公司在原审期间放弃了要求长江公司支付滞纳金的诉讼请求，且未附加任何条件，故应当依此免除长江公司支付滞纳金的责任。投资公司关于原审判决对滞纳金和诉讼费问题叙述不实的上诉理由，无事实依据，不能成立。投资公司在违约和侵权责任竞合的情况下，选择了违约之诉，故其关于追究长江公司侵权责任的上诉主张，最高人民法院亦不予支持。

综上所述，最高人民法院认为原审判决认定的部分事实错误，适用法律基本正确。最高人民法院依照《著作权法》第 10 条、第 24 条、第 53 条，《民法通则》第 4 条、第 111 条，《民事诉讼法》第 153 条第 1 款第（3）项之规定，判决：一、撤销江苏省高级人民法院（1999）苏知初字第 4 号民事判决第一项；二、江苏长江影业有限责任公司向广州国际华侨投资公司赔偿经济损失人民币 2 277 312 元（于本判决生效后 10 日内支付）；三、维持江苏省高级人民法院（1999）苏知初字第 4 号民事判决第二、三、四项。本案一审案件受理费 86 199.69 元，由江苏长江影业有限责任公司承担；二审案件受理费 86 199.69 元，由江苏长江影业有限责任公司承担 43 100 元，由广州国际华侨投资公司承担 43 099.69 元。

法官评述

本案要点如下：

（一）本案的合同效力问题

长江公司与投资公司签订的《影片票房分账发行放映合同》是否有效是本案的第一个关键问题，因为如果合同无效，当事人在合同中约定的各项权利义务以及违约责任的承担都失去了存在的基础，因而再查明长江公司是否有漏瞒报及漏瞒报的具体数额就失去了意义，所以我们必须首先解决合同的效力问题。二审中，长江公司以其与投资公司签订的《影片票房分账发行放映合同》无效进行抗辩，所依据的理由有两点，一是投资公司违反了《电影管理条例》和《影片交易暂行规定》的有关规定，不具备影片交易主体资格；二是投资公司在《下》片已经放映结束的情况下，非出于履行合同的目的与其签订合同，且倒签签约时间，是欺诈行为。

首先，关于主体资格问题。本案当事人对于投资公司与南京电影制片厂就合作拍摄《下》片签订《协议书》，由投资公司进行全额投资，并享有该片著作权和全部发行收入等事实无争议。根据我国《著作权法》的规定，著作权人可以自己行使或者许可他人行使其著作权，并依照约定或者法律规定获得报酬。作为《下》片著作权人，投资公司与长江公司签订《影片票房分账发行放映合同》，就长江公司在江苏省范围内独家发行《下》片，以及双方按比例分成影片票房收入等问题达成协议，符合我国《著作权法》的上述规定，也不违反该法关于著作权许可使用合同的规定。从电影行业及电影作品发行的特点看，投资公司的分账发行许可亦是电影作品著作权人行使著作权，获得投资回报的主要方式，与法律保护民事主体依法行使民事权利的宗旨不相违背，不为我国法律、行政法规的强制性规定所禁止。《电影管理条例》和《影片交易暂行规定》有关电影制片、发行和放映、有偿转让等活动中对主体和客体所作的限制性规定，是在我国电影行业机制改革过程中，电影行业主管部门为了加强行业管理所制定的，其目的是进一步深化改革，发展和繁荣电影事业。投资公司虽无制片许可证和发行许可证，但其并不直接参与制片、发行活动，而《下》片的实际制片、发行者均持有相应的许可证，而且该片内容经主管部门审查通过具备准映证，投资公司将《下》片许可长江公司分账发行，无论主体还是客体均不影响电影市场的正常秩序，亦不妨碍国家对电影行业的行政管理，并且与电影行业机制改革的发展方向是一致的。此外，《影片交易暂行规定》是行政规章类的规范性文件，并不属于法律所明确规定的认定合同效力的依据，因此投资公司具有签订本案所涉合同的主体资格。

其次，关于欺诈问题。投资公司与长江公司于1999年4月签订的《影片票房分账发行放映合同》，是对双方1998年5月口头协议的确认，且在签订书面合同时，该口头协议已经实际履行。无论是口头协议的达成，还是补签书面合同的意愿，都是双方的真实意思表示，即使签订书面合同的要求是投资公司提出的，也不能据此认定其具有欺诈行为。虽然双方将合同签订时间倒签，也是经过长江公司认可，而且与口头协议达成和履行的实际情况相一致，并没有损害长江公司利益，亦未损害国家、集体或者第三人利益，因此，也不能因合同时间倒签而认为投资公司具有欺诈行为。至于投资公司是否出于履行合同的目的签订书面协议，与合同是否有效亦无关联，即使双方未补签书面合同，已经实际履行的双方1998年5月的口头协议仍然受法律保护。因此，长江公司关于《影片票房分账发行放映合同》属无效合同的抗辩主张，不能成立。

（二）长江公司向投资公司报送的《下》片票房收入数额有无漏瞒报以及漏瞒报具体数额的问题

解决了《影片票房分账发行放映合同》的效力问题之后，随之而来的是长江公司是否存在违约行为的问题，即长江公司向投资公司报送的《下》片票房收入时有无漏瞒报行为的问题。要查清这个问题，必须将《下》片的实际票房收入与长江公司上报的票房收入对比，为了进行对比，首先必须了解《下》片的实际票房收入。在这个问题上，因投资公司主张长江公司存在漏瞒报行为，所以其应该提供准确的票房收入。在本案的审理过程中，投资公司提供了1 095份调查表，根据最高人民法院查明的事实，只有248份调查表可以作为本案认定漏瞒报事实的证据，因此，本案应当将投资公司所提供的

1 095份调查表中248份学校调查表及相关原始凭证所证明的《下》片票款数额与各市电影公司向长江公司上报的《下》片《影片映出成绩日报表》《电影放映收入结算表》等报表进行对比,从而认定各地电影放映单位漏瞒报《下》片票房收入的事实;将长江公司向投资公司报送的有关报表与各市电影公司向其上报的报表进行对比,进而认定长江公司的漏瞒报事实。根据最高人民法院二审查明的事实,南京市河海会堂等22个影剧院未上报票房收入计70 492.50元,无锡市蓓蕾影院等三个影剧院上报票房收入低于最高人民法院认定票款数额10 933元,江宁县等四个县未上报票房收入计8 774.20元,张家港市等9个县(市)上报票房收入低于最高人民法院认定票款数额94 851.50元,上述四项共计185 051.20元,应当认定为各地电影放映单位漏瞒报《下》片票房收入数额。另外,各市电影公司实际上报的《下》片票房收入总计为1 389 190.40元,长江公司将其统计为1 337 081.40元,并同投资公司以该票房收入数额进行分账结算。差额52 109元中,长江公司已将9 429元的相关报表报送投资公司,其余42 680元,长江公司未向投资公司报送报表,也未要求各市电影公司直接向投资公司报送报表,故应当认定为长江公司漏瞒报票款数额。

综上,长江公司向投资公司报送的《下》片票房收入时,确有漏瞒报行为,其漏瞒报具体数额为227 731.2元。

(三)长江公司下属公司的漏瞒报行为应由长江公司还是其自行承担违约责任的问题

长江公司在一审及二审过程中多次提出其下属公司的漏瞒报行为应由其下属公司自行承担违约责任。但是双方当事人签订的《影片票房分账发行放映合同》第4条第(6)项明确约定了签约双方在漏瞒报责任问题上的法律责任,该合同明确约定长江公司负有检查各电影放映单位上报《下》片票房收入真实性的义务,并对各电影放映单位漏瞒报票房收入行为向投资公司承担赔偿责任。长江公司以投资公司在多次文函中已将10倍赔偿责任的对象变更为各市电影公司、影剧院为由,主张免责。根据《民法通则》等法律的规定,合同的变更,应当在协商一致的基础上,由当事人对变更的内容作出明确约定。投资公司虽然曾数次致函长江公司及各市电影公司、影剧院,要求长江公司督促各电影放映单位如实填报票房收入,并提出对漏瞒报者处以10倍罚款,但仅凭这些函件并不能证明投资公司与长江公司已就《影片票房分账发行放映合同》关于漏瞒报责任主体的变更达成了一致,故不能因此而认定漏瞒报责任主体发生了变更。长江公司的上述抗辩主张,事实和法律依据不足,所以最高人民法院对此亦不予支持。长江公司应当依照合同约定就各电影放映单位漏瞒报票房收入的行为向投资公司承担赔偿责任。至于其因此所受损失,可以另与实际漏瞒报票房收入者解决。

(四)合同中约定的10倍赔偿数额是否合理的问题

关于赔偿数额问题。双方合同明确约定长江公司按照由投资公司查出的漏瞒报票款数额的10倍承担赔偿责任。长江公司认为本案应当适用赔偿实际损失原则确定其赔偿责任。对此问题最高人民法院在审理过程中,也就此问题进行了慎重的考虑,并征求了相关专家的意见,根据反馈意见,大家普遍认为《影片票房分账发行放映合同》关于长江公司承担10倍经济赔偿责任的约定是当事人真实的意思表示,并未违反法律的禁止性规定,在不存在违反法律禁止性规定的前提下,应当尊重当事人的意思自治。同时,鉴于目前电影发行放映的实际情况,投资公司欲举证证明漏瞒报数额客观上存在困难,故该 10 倍赔偿责任仅是针对查证属实的漏瞒报数额,而实际漏瞒报数额可能超过当事人查实的数额。因此这种约定对双方当事人来讲并不失公平,实际上也不违反民法通则等法律关于违约赔偿原则的规定。因此,本案合同关于 10 倍赔偿责任的约定有效,应当作为确定长江公司承担漏瞒报违约责任的依据。

(二审合议庭成员:罗东川 王永昌 张 辉
编写人:最高人民法院知识产权审判庭 王艳芳)

41. 沈金钊诉上海远东出版社图书出版合同纠纷案

阅读提示：出版社丢失书稿是否构成侵犯作者著作权？

裁判要旨

书稿的丢失，虽然会对权利人在证明著作权的享有、行使著作权等方面产生一定的不利影响，但一般不构成《著作权法》规定的侵犯著作权的行为。

案　号

一审：上海市徐汇区人民法院（1996）徐民初字第 30 号
二审：上海市第一中级人民法院（1997）沪一中民终（知）字第 1469 号
再审：上海市第一中级人民法院（1998）沪一中知监字第 3 号
　　　上海市高级人民法院（1999）沪高知监字第 1 号
　　　最高人民法院（2000）知监字第 37 号

案情与裁判

原告（二审被上诉人、再审申请人）：沈金钊
被告（二审上诉人、再审被申请人）：上海远东出版社

起诉与答辩

原告沈金钊诉称：1994 年 3 月 18 日，原告与被告签订《多功能俄汉大词典》图书出版合同，约定由被告一年内出版原告编撰书稿，至翌年 4 月 6 日，被告通知该稿前 2 000 页已遗失。根据现存稿件计算，实际遗失数应为 2 904 页，现要求终止合同，并由被告承担以下责任：1. 给付全书稿酬 71 750 元；2. 给付原合同约定样书 20 本折价款 4 000 元；3. 给付不能出版违约金 21 525 元；4. 给付遗失稿件赔偿金惩罚性赔偿 145 200 元；5. 给付因遗失造成作品完整性损失 77 400 元；6. 给付精神损失费，包括版权、署名权、子女继承权、荣誉权等共 10 万元；7. 退还广告费 22 000 元；8. 在京、沪两地登报赔礼道歉；9. 一次性补偿 10 万元；10. 保留用新的稿酬计算标准计算损失。

被告上海远东出版社辩称：遗失原告部分稿件属实，但并非 2 904 页，不超过 2 100 页，同意每页以 500 字计算；因原告稿件尚未出版，故遗失部分只能赔偿其笔墨、纸张费用；鉴于现状，可以终止合同及承担不能出版违约赔偿金 12 384 元；还可承担遗失部分稿酬 2.1 万元；并可在法庭上向原告表示歉意。有关广告费，因系案外人支付，故可退还原出资人，其余原告要求，因无证据不能接受。

一审审理查明

被告远东出版社前身为上海翻译出版公司。1991年12月12日与原告签订《俄汉大词典》约稿合同。1994年3月18日,双方签订《多功能俄汉大词典》图书出版合同,同年10月24日修订图书出版合同第6条,双方约定由被告在1996年6月30日前出版上述作品,并享有7年期中国大陆地区简繁体中文本的专有使用权;逾期不能出版的,原告可以终止合同,被告应按20元/字报酬标准的30%支付原告赔偿金,并退还广告费,原稿(7175页)归原告;考虑到排印工本及图书市场的具体情况,原告自愿不收稿酬;原告在当年10月内落实广告费2.2万元。经原告同意,被告委托上海外国语大学童宪刚教授为审稿人。童教授陈述,其于1991年10月开始审校上述文稿,至1995年下半年,由被告通知暂停审稿,2000页书稿已遗失。其时已校审前4000页,根据回忆,2000页遗失稿中附页不超过100页。1995年4月6日,被告通知原告上述文稿前2000页遗失,内容自字母A~K部分。1990年6月15日国家版权局颁布的《书籍稿酬暂行规定》第3条基本稿酬标准第4款词书稿酬规定,词书条目,照本条第1款标准,按版面折合的字数计算,另外增加15%~25%的基本稿酬,不付印数稿酬。该条第1款规定,著作稿:每千字10~30元。确有重要学术价值的科学著作,包括自然科学、社会科学及文艺理论的专著,必须从优付酬者,可以适当提高标准,但每千字不超过40元。

一审判理和结果

上海市徐汇区人民法院认为:本案主诉为被告不能依约出版图书引起的合同纠纷,副诉为被告遗失稿件产生的侵权纠纷。就合同纠纷而言,被告违反的是整部作品的按时出版,因而赔偿的应该是根据双方合同约定的违约金。合同是双方真实意思表示,未有违法内容,其明确了原稿7175页,审稿人的证词是对多年前审稿工作的回忆,仍不能排除误认;书稿页数认定为7175页。作为副诉的侵权纠纷,遗失稿件所侵犯的客体,并非为被告辩称的笔墨、纸张所组成的财产所有权,而是知识产权领域的著作权,此已有双方签订图书出版合同证实,因而被告仅同意赔偿原告笔墨、纸张费用的抗辩意见,不予采纳。具体赔偿数额应参照社会科学专著从优付酬。双方就终止合同、文稿每页字数意见一致,并无不当,可予准许。原告要求被告退还广告费,应予支持。被告遗失稿件给原告带来了现实的精神伤害和潜在的利益损害,这种精神伤害不仅体现在作者数十年艰辛创作成果毁于一旦,更使作品应有的社会价值难以实现;而这种潜在利益的损害,不仅在我国《著作权法》有明确规定,而且在双方合同中也有相应约定,因而原告要求被告作一次性补偿,应予准许,具体数额由其判定。依照《著作权法》第31条、第47条、第45条第(8)项,《民法通则》第111条、第112条、第115条之规定,判决:1. 原告沈金钊与被告上海远东出版社签订的《多功能俄汉大词典》图书出版合同终止履行;2. 被告上海远东出版社应给付原告违约赔偿金21 525元;3. 被告上海远东出版社应退还原告沈金钊广告费16 600元;4. 被告上海远东出版社应给付原告沈金钊遗失稿件赔偿金72 600元;5. 原告沈金钊所著《多功能俄汉大词典》A~K条目,在2001年3月17日之前,版权归上海远东出版社所有;6. 被告上海远东出版社应一次性补偿原告沈金钊经济损失8万元。

上诉与答辩

上海远东出版社不服一审判决,上诉称:1. 原审判决第二项是基于对页数为7 175和每页500字的错误认定而作出的;2. 原审判决第三项混淆了法律主体与债权关系,造成被上诉人不当得利;3. 原审判决第四项适用法律不当,编译稿的价值有待于进一步审核;4. 原审判决第五项法律依据不足,不应把合同行为认定为侵权行为,且精神损失的赔偿法无明文规定。请求撤销原审判决第三、五项;改判原审判决第二、四项;上诉费由被上诉人承担。

沈金钊答辩称:上诉人的上诉理由不能成立。每页以500字计算被上诉人已作了让步,双方签订的合同明确了上诉人收到书稿的页数为7 175页。被上诉人的作品不是翻译稿而是编译稿,是一种创作。

二审审理查明

二审审理查明,原审法院认定的事实属实。

二审判理和结果

上海市第一中级人民法院认为,上诉人、被上诉人签订的《约稿合同》《图书出版合同》以及双方所作的"变更说明"符合平等互利、协商一致的原则,应确认合法、有效。合同签订后,被上诉人向上诉人交付了《多功能俄汉大词典》书稿原件,因上诉人丢失部分书稿而造成《多功能俄汉大词典》不能按期出版,上诉人应按合同约定承担违约责任。上诉人关于书稿页数与每页字数的上诉理由不能成立。关于上诉人提出遗失稿件赔偿金过高及一次性补偿被上诉人经济损失没有依据一节,因为书稿作为一部作品,作者享有该作品原件的所有权和作品著作权。现上诉人丢失部分书稿侵犯了被上诉人对这部分书稿原件所享有的所有权而非侵犯被上诉人对作品所享有的著作权。因此,上诉人应对遗失的书稿予以赔偿,赔偿数额的确定应结合作者付出的劳动、该作品的类型以及市场需求等因素综合考虑。综上,上海市第一中级人民法院认为,原审法院对本案事实认定清楚,但认定上诉人遗失稿件侵犯的客体是知识产权领域的著作权并适用《著作权法》第45条第(8)项有误,且计算遗失稿件的赔偿金偏高,应予改判。原审判决上诉人在2001年3月17日之前享有遗失书稿的版权显属不当,应予撤销。依照《民事诉讼法》第153条第1款第(1)项、第(2)项、第158条的规定,并经审判委员会讨论决定,判决:1. 维持上海市徐汇区人民法院(1996)徐民初字第30号民事判决第一项,即原告沈金钊与被告上海远东出版社签订的《多功能俄汉大词典》图书出版合同终止履行;第二项,即被告上海远东出版社应给付原告违约赔偿金21 525元;第三项,即被告上海远东出版社应退还原告沈金钊广告费16 600元;2. 撤销上海市徐汇区人民法院(1996)徐民初字第30号民事判决第四项,即被告上海远东出版社应给付原告沈金钊遗失稿件赔偿金72 600元,原告沈金钊所著《多功能俄汉大词典》A~K条目,在2001年3月17日之前,版权归上海远东出版社所有;第五项,即被告上海远东出版社应一次性补偿原告沈金钊经济损失8万元;3. 上诉人上海远东出版社应赔偿上诉人沈金钊遗失稿件损失人民币4.5万元;4. 上述判决第一、三项,上诉人应在本判决生效至日起10日内履行完毕。

申请再审理由与答辩

沈金钊不服该判决,认为《多功能俄汉大词典》稿件被遗失,其使用权和报酬权势必随之丧失,署名权、作品完整权、修改权、子女继承权等亦不存在,不仅仅是侵犯所有权;二审确定的赔偿数额偏低,要求撤销二审判决,维持一审判决;侵犯作品所有权赔偿应按整部作品,并结合其编撰《多功能俄汉大词典》付出的劳动和词典的潜在利益综合考虑;退还广告费一事,要求由上海远东出版社直接退还给第三方,向上海市第一中级人民法院申请再审。

再审审查结果

上海市第一中级人民法院经复查认为,侵犯著作权是指未经著作权人同意擅自发表、署名、歪曲、篡改该作品或者使用该作品未支付报酬的行为。从本案事实看,上海远东出版社并没有实施上述行为。考虑到原稿是著作权人智力成果的载体,故不能仅按笔墨纸张的价值予以赔偿,在确定赔偿数额时,本院已综合作者付出的劳动、该作品的类型以及市场需求等综合因素,该赔偿数额并无不当。本案应为合同违约和损害赔偿纠纷,而不是侵犯著作权纠纷。认为沈金钊对本案的申请再审不符合法律规定的再审条件,原判决应予维持。

沈金钊仍不服,向上海市高级人民法院申请再审。上海市高级人民法院对本案进行了复查,认为原审判决在认定事实和适用法律方面是正确的,通知驳回了沈金钊的再审申请。上海市高级人民法院认为,特定条件下(如作者未留底稿)的丢失书稿行为虽然影响作者的著作权的享有和行驶,但该行为仍然是侵犯作者对该部分书稿原件所有权的行为,这与未经著作权人同意擅自发表、署名、歪曲、篡改该作品或使用该作品未支付报酬等行为有着本质的区别,因此对沈金钊关于丢失书稿行为时侵犯著作权行为的主张,不予支持。

沈金钊仍不服,向最高人民法院申请再审。最高人民法院经复查后,认为书稿是作品的载体,不完全等同于作品本身。书稿本身被损害,也不完全等同于该作品的著作权受到侵害。书稿的丢失,对权利人在证明著作权的享有、行使著作权等方面固然产生一定的不利影响,但一般不构成《著作权法》规定的侵犯著作权的行为。上海远东出版社在履行出版合同过程中将书稿丢失,造成履约不能,应当承担违约责任;其将书稿丢失,亦侵犯了沈金钊对作为特殊物"书稿"的所有权,应当承担一定的民事责任。因此,原审判决认定出版社丢失书稿损害了沈金钊的合法权益,并根据合同约定以及其在创作作品中所付出的劳动、作品类型、市场需求等综合因素,依法所作的由上海远东出版社赔偿一定数额经济损失的判决是合理的。最高人民法院认为沈金钊申请再审的理由,不符合《民事诉讼法》第179条规定的再审条件,予以驳回。

法官评述

本案案件事实并不复杂,但涉及的法律问题——"书稿丢失,属于侵犯著作权纠纷,还是合同纠纷"却争议极大。有法院例如本案的一审法院及部分学者认为应当是侵犯著作权行为,但也有法院如本案二审法院及部分学者认为仅是合同问题,两种观点争论不休，难分伯仲。此外，从本案的处理过程及其经历了四级人民法院的所有诉讼程序的角度，也可以看出人民法院对这起案件反映出的法律问题的重视程度，在这种背景下，最高人民法院对本案的最终处理结果具有里程碑的意义。

司法实践中，西安中院、北京一中院、上海市高院曾处理过类似的案件，其判决都认为丢失书稿的行为不属著作权法意义上的侵权行为。本案中，上海市第一中级人民法院认为上海远东出版社丢失书稿的行为侵犯了沈金钊对该部分书稿原件所享有的所有权，并根据作者付出的劳动、该作品的类型以及市场需求等因素综合考虑确定因丢失书稿的赔偿额为4万余元，违约金2万余元。上海高院经复查后持相同观点。笔者同意上海高院对此案的处理意见。理由如下：

1. 原《著作权法》第45条列举的侵犯著作权的行为没有明确包括丢失书稿的行为，并且一般是指被控侵权人的作为行为。例如侵犯署名权的是指被控侵权人未经著作权人许可，在其作品署名。在本案的情况下，如果立法机关和司法机关没有明确的解释，很难将侵犯发表权扩大解释为如果作者希望作品被发表，但因出版社丢失其手稿，致使其不能发表的情形为侵犯发表权的行为。的确，本案中，因为出版社因疏忽大意丢失书稿，而作者又没有自留底稿，客观上造成了作者无法实现发表其作品的愿望。但是，这种情况下对著作权人行使权利造成障碍致使其不能行使不同于著作权法意义上的侵犯发表权的行为。著作权法意义上的侵犯发表权的行为一般是指未经作者同意，而擅自将其作品发表。这两者是不一样的。

2. 本案应当是合同纠纷。本案的双方当事人签订了《图书出版合同》，在合同中约定了"逾期不能出版的，原告可以中止合同，被告应当按20元/千字报酬标准的30%支付原告赔偿金，并退还广告费，原稿（7 175页）归原告。"可以看出，双方当事人已经预见到了该书可能因各种原因而不能出版，并明确约定了不能出版情况下的处理方法。本合同是双方当事人的真实意思表示且不违反有关法律的规定，应当认定是有效的合同，所以因不能履行合同而需承担的民事责任应当按合同约定。

3. 合同规定了如果不能出版，则出版社应当归还原稿。但是本案中由于手稿已经丢失，这一特定物的灭失使归还原物不可能，其灭失致使作者不能行使其著作权中的有关权利，不能得到一些有可能得到的预期利益。在这种情况下，出版社应当承担赔偿责任。应当指明的是，手稿作为一特定物，当其灭失时，确定赔偿应和一般的有形财产有所区别。考虑赔偿的数额时可以参照作者重新完成该书稿需花费的时间和精力，书稿的性质、同种类的稿酬标准和市场需求等原因来综合。笔者在办理此案的过程中曾请教郑成思教授和德国著作权法专家迪兹教授，他们的观点与原审法院的处理意见也基本一致。例如，郑成思教授认为，作者一般应自留底稿。但是，当本案的情况发生时，除了考虑出版社的违约责任外，还应当考虑到标的物的特殊性，适当地给作者以补偿。迪兹教授也认为，在这种情况下一般按合同纠纷处理较为妥当。但是，出版社丢失作者手稿，而作者又没有自留底稿，这种极端的情况下，出版社应当赔偿作者重新完成此项工作所需的花费的时间等损失。

综上，本案已经上海市徐汇区人民法院一审、上海市第一中级人民法院二审、再审复查和上海市高级人民法院复查，又经最高人民法院复查，已经经历了4级法院的5个程序，除上海市徐汇区人民法院法院外，其上级法院均认为本案应当是合同纠纷而非侵犯著作权纠纷，且原审法院在确定本案的赔偿额时已考虑了沈金钊所付出的劳动时间、作品的类型、市场需求等综合因并结合有关书籍稿酬的规定，从优考虑了其赔偿请求，在这种情况下，最高人民法院认为上海市法院的相关判决事实清楚，适用法律正确，确定赔偿也基本合理，本案不符合再审的条件，依法驳回了沈金钊的再审申请。

（最高人民法院再审合议庭成员：董天平　段立红　夏君丽
编写人：最高人民法院知识产权审判庭　王艳芳）

42. 王志荣诉湖南大学出版社出版合同纠纷案

阅读提示：国家版权局制定的《出版文字作品报酬规定》第 16 条应否在本案中适用？

裁判要旨

鉴于《出版文字作品报酬规定》第 16 条的法律依据——修订前的《著作权法实施条例》第 40 条已于 2002 年 9 月 15 日修订时被删除，虽然目前国家相关部门对该条尚未做出调整，但该条因不符合现行《著作权法》的精神并已经滞后而不应在本案中适用。

案　号

一审：湖南省长沙市中级人民法院（2008）长中民三初字第 20 号
二审：湖南省高级人民法院（2008）湘高法民三字第 31 号
申请再审：最高人民法院（2008）民申字第 823 号

案情与裁判

原告（二审上诉人、再审申请人）：王志荣
被告（二审被上诉人、再审被申请人）：湖南大学出版社

起诉与答辩

原告诉称：2007 年 4 月 24 日，原告与被告电话联系，请求出版《与初学写作者谈写作》和《实用文体写作指要》，被告要求先把书稿寄过来看看。2007 年 4 月 25 日，原告将上述两本书稿邮寄给被告，随寄书稿的包裹内夹寄了两书稿光盘各一张和书信一封，要求书稿如不采用，请尽快退回。2007 年 4 月底，原告打电话询问书稿是否收到，被告说已收到。两个月后，原告又电话询问被告书稿出版事情定下来没有，被告回答编辑正在看书稿，暂时没定下来。2007 年 12 月 1 日，原告收到了被告退回上述书稿的快递邮件，但没有书稿的光盘。自此，从原告邮寄书稿到被告退稿经历了 7 个多月。被告与原告达成事实合同关系，被告严重违反国家版权局的《出版文字作品保持规定》，侵犯了原告的知识产权，请求法院判令：1. 被告支付原告补偿金 12 600 元；2. 被告退回上述两书稿的光盘；3. 被告承担本案诉讼费。

被告辩称：1. 其于 2007 年 7 月初已告知原告对其书稿不会采用。原告 7 月初打电话给编辑秘书邹丽红时，邹在电话中已告知原告，编辑们认为原告书稿作品质量差，文章没有条理，不符合出版条件，不能采用。2. 被告退给原告书稿时，已将光盘给了原

告。3. 其没有违法行为。原告投给湖南大学出版社的书稿非湖南大学出版社约稿，与其没有形成出版合同关系，原告完全可以转投其他出版社，其没有给原告造成任何损害。请求法院驳回原告的诉讼请求。

一审审理查明

2007年4月，原告王志荣主动与被告湖南大学出版社编务秘书邹丽红联系，请求被告湖南大学出版社为其出版《与初学写作者谈写作》和《实用文体写作指要》两书。2007年4月25日，原告王志荣通过中国邮政向被告湖南大学出版社投寄书稿，PA00499217343国内普通包裹详情单载明，寄件人为娄底二中王志荣，收件人为湖南大学出版社总编室邹丽红，内件品名及数量为《与初学写作者谈写作》和《实用文体写作指要》两书稿。邹丽红收到原告王志荣的上述两书稿后交被告湖南大学出版社相关编辑审查。2007年7月，原告王志荣打电话询问书稿出版事宜时，邹丽红告知原告王志荣，其书稿不能被采用，原告王志荣对邹丽红已电话告知其书稿不能被采用的事实提出了异议。2007年11月28日，原告王志荣来到被告湖南大学出版社，与被告湖南大学出版社相关人员发生了争执。2007年11月29日，被告湖南大学出版社通过长沙申通快递公司退回了原告王志荣的《与初学写作者谈写作》和《实用文体写作指要》两书稿并随寄信函一份，信函内容为：王志荣先生，你的大著《与初学写作者谈写作》和《实用文体写作指要》经我社选题论证，认为市场上多有此类选题，不拟列选，现随函退回书稿两部及两张光盘，请查收；按我社常例，非本社约稿和非手写稿一般不退回作者。编号为268422618496申通快递详情单载明寄件人为湖南大学出版社总编室，收件人为娄底市第二中学王志荣，未载明包裹内件品名及数量，但注明经手人为李亮，外包装完好无损，发件日期填写为11月28日。原告承认收到了书稿，但否认收到光盘，并对发件日期及信函落款日期矛盾提出了异议。

一审判理和结果

长沙市中级人民法院认为，根据《著作权法》第29条的规定，出版者出版图书应当与著作权人订立出版合同。本案中，原告虽向被告自由投寄了书稿，被告收到书稿后又对原告的书稿进行了选题论证，但双方没有签订书面协议，原告认为双方形成了事实合同关系的诉讼主张有违《著作权法》的规定，不应予以支持。另外，知识产权纠纷作为一级案由，下设知识产权合同纠纷，知识产权权属、侵权纠纷和不正当竞争、垄断纠纷3个二级案由，并相应设置多个三级案由和四级案由。法院立案时根据原告的诉状，将本案初步确定为出版合同纠纷，符合尽可能将与知识产权有关的纠纷集中统一规定的精神。虽然经审理查明，双方并未成立出版合同，但双方争议系在出版事宜中产生，以此为案由并无不妥。原告的光盘虽为《与初学写作者谈写作》和《实用文体写作指要》两书稿的电子版，原告在庭审中也承认书稿有备份，光盘本身价值也并不高，但光盘系原告的财产，其财产权利应受法律保护。本案被告是否退还了原告的光盘，应从原被告提供的证据以及庭审调查核实的事实进行分析判断。本案中，（1）原告提供的国内普通包裹详情单载明原告邮寄《与初学写作者谈写作》和《实用文体写作指要》两书稿而没有光盘，但被告承认原告邮寄的书稿中夹寄了光盘，由此可以认定原告邮寄两书稿时夹寄了光盘。（2）原告提供的被告写给原告的信件，内容载明被告退还原告书稿时，告知原告随函退回两张光盘，要求原告查收。（3）经手人邹丽红证实退还原告书稿时夹寄了光盘并随附函件一份，在庭审中，原告对证人邹丽红的证词提出了异议，庭审后，针对证人邹丽红所作的证词又找申通快递公司经办人进行了核实，核实情况表明被告邮寄退回了光盘。（4）原告提供的申通快递详情单载明收件人王志荣，并注明外包装完好无损，表明包裹内件物品并未丢失和毁损。由此应当认定被告已退回原告光盘。

国家版权局1999年4月5日发布的《出版文字作品报酬规定》第16条规定："作者主动向图书出版社投稿，出版社应在6个月内决定是否采用；满6个月，既不与作者签订合同、不予采用又不通知作者的，出版社应按第6条规定的同类作品付酬标准平均值的30%向作者支付经济补偿，并将书稿退还作者。"本案中，（1）原告主动向被告投寄了《与初学写作者谈写作》和《实用文体写作指要》两书稿，被告收到原告的书稿并对其书稿内容进行了审查。（2）2007年7月，原告电话询问其书稿出版事宜时，被告电话中告知书稿不予采用，原告对被告电话通知不予采用的事实提出了异议。（3）2007年11月29日，被告将原告的书稿退回并附函一份，函件中书面明确告知原告其书稿不予采用。综上，被告已履行了告知不予采用并退还原告的书稿的义务，被告的行为并不违法。原告的请求不符合《出版文字作品报酬规定》第16条规定的条件。综上所述，一审法院认为，原告向被告邮寄书稿系自由投稿，本案原被告之间没有签订出版合同。原告没有提供因被告没有及时退回其书稿而造成原告的经济损失的证据，原告要求被告支付经济补偿金的请求没有法律依据，不应予以支持。据此，依照《合同法》第10条、第32条、第42条以及《著作权法》第29条、第32条之规定，判决：驳回原告王志荣的诉讼请求。本案受理费1115元，由原告王志荣负担。

上诉与答辩

王志荣不服一审判决，向湖南省高级人民法院提起上诉称：请求撤销（2008）长中民三初字第0020号民事判决，判令被上诉人湖南大学出版社支付补偿金12600元，退回《与初学写作者谈写作》和《实用文体写作指要》两本书稿的光盘各一张，并承担本案一审、二审案件受理费2230元。理由如下：1.一审法院歪曲和擅自篡改本案案由，造成判决与本案基本案情不相符合。2.一审判决拒绝追加湖南大学出版社工作人员邹丽红为被告，而将其作为证人出庭，严重违法。3.一审法院没有采信王志荣提交的补充证据，认定湖南大学出版社已把光盘退回的证据不可靠，错误驳回王志荣要求湖南大学出版社给予经济补偿的诉讼请求。

湖南大学出版社答辩称：1.王志荣在上诉状中增列邹丽红为被告，违反法定程序，二审法院不应支持。2.一审法院对本案案由定性正确。3.邹丽红作为本案证人出庭，符合法律规定。4.一审法院对李亮的调查合法有效。5.《合同法》第42条关于缔约过失责任的规定与《出版文字作品报酬规定》第16条的规定相矛盾，根据新法优于旧法的原则，应适用《合同法》第42条的规定，本案湖南大学出版社的行为没有给王志荣造成损失，故不应进行赔偿或者补偿。综上，一审判决认定事实清楚，适用法律准确，二审法院应驳回上诉，维持原判。

二审审理查明

湖南省高级人民法院经审查认为原一审法院查明的事实基本属实。另查明，被上诉人湖南大学出版社没有出版上诉人王志荣《与初学写作者谈写作》和《实用文体写作指要》两作品。

二审判理和结果

湖南省高级人民法院认为本案二审期间的争议焦点是：1. 本案纠纷的法律关系是什么。2. 被上诉人湖南大学出版社是否已退还上诉人王志荣光盘。3. 被上诉人湖南大学出版社是否应当支付上诉人王志荣经济补偿金。4. 本案一审是否存在程序违法。关于第一个焦点问题。湖南省高级人民法院认为，合同是平等主体的自然人、法人、其他组织之间设立、变更、终止民事权利义务关系的协议。当事人订立合同，采取要约、承诺方式。根据本案已经查明的事实，上诉人王志荣主动向被上诉人湖南大学出版社投寄《与初学写作者谈写作》和《实用文体写作指要》两本书稿，请求被上诉人湖南大学出版社为其出版《与初学写作者谈写作》和《实用文体写作指要》两书，是上诉人王志荣希望和被上诉人湖南大学出版社订立出版合同的意思表示，上诉人王志荣的行为符合《合同法》第14条的规定，是向被上诉人湖南大学出版社发出要约。被上诉人湖南大学出版社于2007年11月29日退回上诉人王志荣《与初学写作者谈写作》和《实用文体写作指要》两本书稿，并以信函明确告知上诉人王志荣不予出版，被上诉人湖南大学出版社通过书面方式表明对上诉人王志荣的要约不予承诺。因此，上诉人王志荣和被上诉人湖南大学出版社没有签订出版合同，本案纠纷发生于合同订立之中，根据上诉人王志荣的起诉，并依据最高人民法院《民事案件案由规定》，本案应认为出版合同纠纷，属于知识产权合同纠纷的民事案件类型。上诉人王志荣提出本案应认定为著作权侵权纠纷，湖南省高级人民法院认为，由于被上诉人并未出版上诉人的作品，无论书稿及其光盘是否退回，对上诉人基于创作两本书稿产生的著作权均没有造成损害，上诉人因书稿没有出版要求被上诉人给予经济补偿不属于著作权侵权纠纷，而是合同订立磋商过程中产生的纠纷，故上诉人的这一上诉理由不成立，不应予以采纳。

关于第二个焦点问题，基于：①被上诉人湖南大学出版社通过申通快递公司退还上诉人王志荣书稿，邮件中附带信函，告知上诉人随邮件退回两张光盘。②经湖南省高级人民法院调查核实，长沙申通快递岳麓办公室经办人李亮陈述，湖南大学出版社邹丽红交寄该快递业务时包括两本书和光盘，表明湖南大学出版社邮寄退回了王志荣光盘。③上诉人王志荣提供的申通快递详情单注明外包装完好无损，表明邮件内物品未丢失。因此，应当认定被上诉人湖南大学出版社已退回上诉人王志荣光盘。关于第三个焦点问题。本案上诉人基于书稿没有出版要求被上诉人给予经济补偿是合同订立过程中产生的纠纷，应适用《合同法》第42条的规定，即当事人在订立合同过程中，因违背诚实信用原则，给对方造成损失的，应当承担损害赔偿责任。上诉人主张适用国家版权局《出版文字作品报酬规定》第16条之规定，对此，湖南省高级人民法院认为，《出版文字作品报酬规定》是国家版权局制定的规章，《合同法》是全国人民代表大会制定的法律，根据《立法法》第79条"法律的效力高于行政法规、地方性法规、规章"的规定，《合同法》的效力高于《出版文字作品报酬规定》，当二者规定有冲突时，应当适用《合同法》。因此，上诉人这一主张不能成立。被上诉人没有违反诚信的行为，根据《合同法》第42条的规定，被上诉人湖南大学出版社不应承担赔偿或者补偿的民事责任。关于第四个焦点问题。一审法院根据上诉人的起诉，列湖南大学出版社为被告，是符合法律规定的。上诉人在一审庭审时要求追加湖南大学出版社工作人员邹丽红为被告，因邹丽红的行为系职务行为，其在本案中所为之行为代表湖南大学出版社，不应追加邹丽红为本案被告。邹丽红是本案涉案事实的经办人，了解案件事实真相，其出庭作证符合法律规定。因此，一审程序合法，上诉人关于一审程序不合法的上诉理由不成立，湖南省高级人民法院认为不应予以采纳。综上所述，湖南省高级人民法院认为原审判决认定事实基本清楚，程序合法，适用法律虽有不当之处，但没有影响案件处理结果。判决驳回上诉，维持原判。

申请再审理由与答辩

王志荣申请再审称：本案案由是知识产权纠纷，原审法院将案由定为出版合同纠纷是为了有利于出版社；没有追加出版社总编室秘书邹丽红为本案被告，违反法定程序；未采纳王志荣申请司法鉴定意见，使用了出版社的伪证；本案应当适用《出版文字作品报酬规定》，而非《合同法》。请求：1. 撤销原审判决。2. 判令出版社支付王志荣经济补偿金12 600元。3. 判令出版社退回王志荣《与初学写作者谈写作》和《实用文体写作指要》两本书稿的光盘。

湖南大学出版社书面答辩称：原审审判决认定事实清楚，适用法律准确，最高人民法院法院应驳回其再审申请，维持原判。

再审审查结果

最高人民法院经审查查明：原审法院查明的事实基本属实。最高人民法院经审理认为本案有四个争议焦点：1. 关于原审法院对本案案由的确定是否适当的问题。知识产权纠纷属于《民事案件案由规定》中的第一级案由，原审法院根据最高人民法院《民事案件案由规定》，将本案定性为该一级案由项下的著作权合同纠纷中的出版合同纠纷并无明显不当。2. 关于原审法院没有追加邹丽红为被告是否违反法定程序的问题。本案中，邹丽红是出版社经办此事的工作人员，其行为系职务行为。本案的适格被告是出版社，王志荣称原审法院不追加邹丽红为被告违反法定程序没有法律依据。3. 关于本案是否需要司法鉴定的问题。王志荣请求对"雷召"与李亮的笔迹进行鉴定。根据现有的证据及原审法院查明的事实，王志荣已经收到出版社退回书稿的事实双方均无异议，但对书中是否夹带了光盘双方存有异议。根据原审法院调查核实的情况，出版社经办人员和快递公司经办人均证明书中夹带了光盘，李亮是该快递公司的业务员，该办公室没有姓名为"雷召"的工作人员，因此本案没有进行鉴定的必要，原审法院对王志荣申请司法鉴定的请求不予支持并无不当。4. 关于本案法律适用的问题。《出版文字作品报酬规定》是国家版权局1999年根据1991年6月1日起施行的《著作权法》及其实施条例制定的。原《著作权法实施条例》第40条规定，"作者主动投给图书出版者的稿件，出版者应在6个月内决定是否采用。采用的，应签订合同；不采用的，应及时通知作者。既不通知作者，又不签订合同的，6个月后作者可以要求出版者退回原稿和给予经济补偿。"鉴于原实施条例上述相关内容在2002年9月15日修订时已被删除，故《出版文字作品报酬规定》相关规定已失去存在的法律依据。另外，考虑在1999年之前，作者手写稿件的情况比较普遍，要求出版社6个月内决定对投稿不予采用的，应退还书稿，对方便著作权人行使权利有其一定的合理性。但目前基本上都是电子形式稿件，本案中，王志荣向出版社投的书稿也是电子文本及其打印文档，即使出版社不退还书稿也不影响其向其他出版社投稿行使著作权。原审以《出版文字作品报酬规定》的相关内容不符合现行法律规定，不应在本案中适用是正确的。原审法院将本案视为出版合同纠纷，并依据《合同法》第42条的规定审查后，作出的出版社没有违背诚实信用原则，也没有在缔约过程中给王志荣造成损失的认定也无明显不当。

综上，最高人民法院认为再审申请人王志荣的再审申请不符合《民事诉讼法》第179条的规定，依据《民事诉讼法》第181条第1款之规定，裁定驳回再审申请人王志荣的再审申请。

法官评述

本案的关键问题是原审法院是否错误适用法律的问题。本案涉及国家版权局1999年4月5日颁布的《出版文字作品报酬规定》是否应当在本案适用的问题。最高人民法院经审查认为《出版文字作品报酬规定》不应在本案中适用，本案应当适用《合同法》。具体理由为：

1. 《出版文字作品报酬规定》第16条的规定是国家版权局根据修订前的《著作权法》制定的，而2001年10月27日《著作权法》作了修订，2002年8月2日《著作权法实施条例》也作了相应的修订，修订后的《著作权法实施条例》已经删除了原先第40条的规定，即"作者主动投给图书出版社的稿件，出版者应在6个月内决定是否采用。采用的，应签订合同；不采用的，应及时通知作者。既不采用、又不签订合同的，6个月后作者可以要求出版者退还原稿和给予经济补偿。6个月期限，从出版者收到稿件之日起计算。"该条规定已经删除，这样《出版文字作品报酬规定》第16条虽然现在还没有被废止，但事实上已经失去存在的法律依据。

2. 本案中，王志荣向湖南出版社投稿的行为属于向湖南出版社发出希望签订出版合同的要约，而出版社11月份的函复已经明确拒绝了该要约，因此本案属于合同订立过程发生的纠纷。《合同法》第42条为判定当事人在签订合同过程中发生纠纷是否应当承担损害赔偿责任的法律依据。《合同法》第42条规定"当事人在订立合同中有下列情形之一的，给对方造成损失的，应当承担损害赔偿责任：（1）假借订立合同，恶意进行磋商，（2）故意隐瞒与订立合同有关的重要事实或者提供虚假情况，（3）有其他违背诚实信用原则的行为。"本案中，参照《著作权法》第32条的规定，王志荣自稿件发出之日起15日内未收到出版社通知决定出版的，或者自稿件发出之日起30日内未收到出版通知的，可以将同一作品向其他出版社投稿，另外现行的法律法规也没有禁止一稿多投的禁止性规定，王志荣所投书稿为打印稿，且附有光盘，因此王志荣可以通过向其他出版社投稿等方式来实现其著作权，因此出版社的行为并未给王志荣造成损失，现有证据也不能证明出版社有违反诚实信用原则的行为，王志荣也没有证明其因出版社的行为收到任何损失，因此王志荣诉求经济补偿没有法律依据，不应支持。

3. 关于本案的法律适用。《出版文字作品报酬规定》属于行政规章性质，其第16

条的规定已经严重滞后,并且根据法律适用原则,《合同法》属于上位法,颁布日期在该规定之后,因此认为应当直接适用《合同法》,该规定在本案中不应予以适用。

(再审合议庭成员:于晓白 殷少平 王艳芳
编写人:最高人民法院知识产权审判庭 王艳芳)

请示案件

43. 最高人民法院关于云南省高级人民法院请示昆明制药集团股份有限公司与昆明龙津药业有限公司专利侵权纠纷一案的答复

(2005) 民三他字第 10 号

云南省高级人民法院：

你院云高法报(2005) 68 号《关于昆明制药集团股份有限公司与昆明龙津药业有限公司专利侵权纠纷上诉案》有关问题的请示收悉。经研究，答复如下：

一、根据《专利法实施细则》第 21 条第 1 款规定，权利要求书应当有独立权利要求，也可以有从属权利要求。因此，一件申请的权利要求当中，应当至少有一项独立权利要求。在符合《专利法》第 31 条第 1 款及《专利法实施细则》第 35 条有关发明或者实用新型专利申请的单一性规定的情况下，即属于一个总的发明构思的两项以上发明或者实用新型作为一件专利申请时，权利要求书中可以有两项或者两项以上独立权利要求。其中，写在最前面的独立权利要求为第一独立权利要求，其他独立权利要求为并列独立权利要求。《审查指南》第二部分 2.2.1 (2) 对属于一个总的发明构思的两项以上发明规定了六种权利要求的撰写方式，其中，"产品和专用于制造该产品的方法的独立权利要求"的组合即为撰写方式之一。因此，属于一个总的发明构思的两项以上发明或者实用新型专利，其权利要求书中可以有两项或者两项以上独立权利要求。

又根据《专利法实施细则》第 21 条第 2 款和第 3 款规定，独立权利要求应当从整体上反映发明或者实用新型的技术方案，记载解决技术问题的必要技术特征。从属权利要求应当用附加的技术特征，对引用的权利要求进一步限定。因此，只有从属权利要求对所引用的权利要求有限定作用，而独立权利要求之间不具有相互限定的作用，应当按照各自的内容确定专利权的保护范围。

就本案来说，昆明制药集团股份有限公司拥有的"灯盏花素粉针剂及制备方法"发明专利，实质上是"灯盏花素粉针剂"产品和制造该产品的方法两个发明，二者属于一个总的发明构思，可以作为一件专利申请，其权利要求 1 记载的是"灯盏花素粉针剂"产品的技术方案，权利要求 2 记载的是制造该产品的方法的技术方案，二者均为独立权利要求，属于前述《审查指南》规定的"产品和专用于制造该产品的方法的独立权利要求组合"的撰写方式。由于权利要求 1 和权利要求 2 都是独立权利要求，应当按照各自的权利要求的内容确定专利权的保护范围，权利要求 2 对权利要求 1 不具有限定作用。故此，同意你院审判委员会的第二种处理意见。

二、有关本案产品涉及的检测问题，如果国家没有制定相关的检测标准，可以参照《合同法》第 62 条第 1 款第（1）项的规定，按照本领域的惯常做法来进行检测。只要所采用的方法具有充分的科学依据，其检测结果一般可以作为定案的依据。至于本案中云南省分析测试中心所作的检测结果能否作为定案的依据，请你院根据上述原则，并结合案件的具体情况予以确定。

二〇〇五年九月二十日

44. 最高人民法院关于对河南省高级人民法院请示郑州市振中电熔锆业有限公司与郑州建嵩耐火材料有限公司专利侵权纠纷再审一案有关问题的答复

(2005) 民三他字第 16 号

河南省高级人民法院：

你院《关于再审申请人郑州市振中电熔锆业有限公司与被申请人郑州建嵩耐火材料有限公司专利侵权纠纷再审一案的请示报告》收悉。经研究，我们认为，你院在审理本案时应当注意以下问题：

一、确定发明或者实用新型专利权的保护范围，应当以国务院专利行政部门公告授权时的权利要求书文本为依据。经过专利维持程序且专利被部分无效的，应当以发生法律效力的文书确定维持的权利要求为依据。在依据发明专利说明书解释权利要求时，应当以国务院专利行政部门公告的《发明专利说明书》而非《发明专利申请公开说明书》记载的内容为依据。

二、确定发明或者实用新型专利权的保护范围，一般应当以独立权利要求明确记载的必要技术特征所确定的范围为准，也包括与该必要技术特征相等同的特征所确定的范围。从属权利要求可以用于澄清独立权利要求记载的技术特征的含糊不清之处，避免对记载在独立权利要求和从属权利要求中的相同科技术语作出不相一致的解释；除非原告一并将从属权利要求作为主张权利的依据，不得以从属权利要求记载的附加技术特征来限定专利权的保护范围。在专利具有两个或者两个以上独立权利要求时，应当要求原告明确其作为主张权利依据的具体的独立权利要求。

三、应当针对当事人的举证和人民法院调查收集的证据，经过庭审质证，依据证据的审核认定规则，综合审查判断，对于被控侵权物的技术方案作出全面、客观的认定。

四、应当在全面、准确理解相关技术方案的基础上，科学、合理地分解并确定专利技术方案的必要技术特征和与之相对应的被控侵权物的技术特征。确定专利技术方案的必要技术特征时，应当针对写入权利要求的全部技术内容进行。凡是写入专利独立权利要求的技术特征，都是必要技术特征；既不能忽略权利要求有明确记载的任何技术要求，也不能引入权利要求未作记载而仅反映在说明书及附图中的技术要求。对专利技术特征的解释，应当首先以权利要求书以及说明书的记载为依据，但当事人有相反证据足以推翻的除外。确定被控侵权物的技术特征时，要特别注意识别被控侵权物以分解、合并或者包含等方式存在的与专利必要技术特征相对应的特征。

五、在进行技术对比判定时，应当以权利要求记载的全部必要技术特征与被控侵权物的相应技术特征进行对比。在适用等同原则时，应当仅就被控侵权物的技术特征与权利要求记载的相应技术特征是否等同进行判定，不应当对被控侵权物的技术方案与专利技术方案在整体上是否等同进行判定并进而以此认定专利侵权。

六、对技术鉴定结论的采信与否,应当通过庭审质证,全面审查鉴定程序和鉴定结论所依据的事实与理由,结合案件其他证据,综合分析,作出评判。对有缺陷的鉴定结论,可以通过补充鉴定、重新质证或者补充质证等方法解决;符合法定情形的,可以重新鉴定。必要时,也可就有关专业技术问题进行专家咨询。

请你院根据以上审查判断原则和方法,综合考虑全案证据,在查清事实的基础上,依法自行对本案被申请人是否构成专利侵权作出认定。

另外,在审查处理申请再审案件时要注意,当事人申请再审应当针对原审裁判内容进行,申请人应当是案件的原审当事人或者其合法继承人。专利权的转让不同于财产权的继承,不能产生诉讼主体资格的继承关系。请你院对本案再审申请人主体资格一并予以审查,依法妥善作出处理。

此复

二〇〇六年三月七日

45. 最高人民法院关于江苏省高级人民法院对当事人能否选择从属权利要求确定专利权保护范围的请示的答复

(2007) 民三他字第 10 号

江苏省高级人民法院：

你院《关于连云港鹰游纺机有限责任公司与江阴周庄纺织设备厂专利侵权纠纷一案的请示》收悉。经研究，答复如下：

一、当事人放弃独立权利要求，自愿选择从属权利要求确定专利权保护范围的，人民法院应当允许。《专利法》第56条第1款规定，发明或者实用新型专利权的保护范围以其权利要求的内容为准。《专利法实施细则》第21条第1款规定，权利要求书应当有独立权利要求，也可以有从属权利要求。由于《专利法》第56条第1款所说的"权利要求"没有仅限定为《专利法实施细则》第21条第1款规定的"独立权利要求"，因此也应当包括实施细则规定的"从属权利要求"。"从属权利要求"是附加的技术特征，对其所引用的权利要求包括独立权利要求作进一步的限定，因此从属权利要求所限定的专利权的保护范围要小于独立权利要求或者其所引用的权利要求所限定的专利权的保护范围。因此，在当事人放弃独立权利要求，自愿选择从属权利要求作为其专利权保护范围的依据的情况下，由于这种选择既不违反法律，也没有损害社会公众利益，人民法院应当允许。

二、当事人选择从属权利要求确定专利权保护范围与该专利权是否经过无效程序似没有直接关系，但与案件是否中止诉讼有关系。正如前述，既然当事人选择从属权利要求确定专利权保护范围并不违反法律，也不损害社会公众利益，那么一项专利权无论经过宣告专利权无效程序还是没有经过宣告专利权无效程序，都应当允许当事人选择从属权利要求确定专利权保护范围。但是，当一方当事人所选择的从属权利要求不具备法律稳定性并且符合《民事诉讼法》及本院有关司法解释规定的中止诉讼的情形时，人民法院应当中止诉讼。例如，当专利权是实用新型专利时，由于未经过实质审查，也未经过宣告专利权无效程序对其有效性进行审查，甚至也未提供检索报告证明该实用新型专利权具备法律稳定性的初步证据，或者提供的检索报告初步证明该实用新型专利权的所有权利要求缺乏新颖性、创造性，那么无论是该实用新型专利权的独立权利要求还是从属权利要求均不具备法律稳定性。在此情况下，一方当事人仍然可以放弃独立权利要求而选择从属权利要求作为确定其专利权保护范围的依据。但是，由于所选择的从属权利要求也不具备法律稳定性，如果对方当事人在答辩期内提出宣告该专利权无效请求并申请中止诉讼的，人民法院应当中止诉讼，待专利无效结果作出后再恢复诉讼。如果对方当事人明确表示拒绝提出宣告该实用新型专利权无效请求并且不申请中止诉讼，而仅以不侵权或者公知技术进行抗辩的，当事人选择从属权利要求作为确定其专利权保护范围依据的，人民法院也可以不中止诉讼，在推定该实用新型专利权有效的基础上，直接进行侵权对比或者确认公知技术抗辩是否成立。

三、当当事人放弃独立权利要求，选择从属权利要求确定专利权保护范围时，应当以其所选择的从属权利要求记载的技术特征与该从属权利要求所引用的权利要求记载的技术特征共同限定该专利权的保护范围。这就是说，不能仅以该从属权利要求本身记载的技术特征作为确定专利权保护范围的依据，也不能将没有引用关系的其他权利要求记载的技术特征加在一起作为确定专利权保护范围的依据。因为每一个从属权利要求与其所引用的权利要求记载的都系各自不同的完整的技术方案，应当分别受到保护。例如，本案中，权利要求1为独立权利要求，权利要求2、3、4、5均为从属权利要求。其中，权利要求2与其所引用的权利要求1；权利要求3与其所引用的权利要求1；权利要求3与其所引用的权利要求2和权利要求2引用的权利要求1；权利要求4与其所引用的权利要求1；权利要求4与其所引用的权利要求2和权利要求2引用的权利要求1；权利要求5与其所引用的权利要求1，均为独立的技术方案，专利权人可以选择其中的一个或者全部予以保护，法院可以引导专利权人作出适当的选择。

四、在当事人没有放弃独立权利要求，自愿选择从属权利要求确定专利权保护范围的情况下，人民法院不得自行采用从属权利要求确定专利权的保护范围。因为独立权利要求的保护范围最大，在当事人没有主动放弃保护请求的情况下，人民法院应当尊重当事人的选择。当当事人没有明确放弃以独立权利要求确定专利权保护范围时，如果另一方当事人对该独立权利要求提出公知技术抗辩并且成立的，人民法院应当依照公知技术抗辩原则处理，认定被控侵权产品或者方法属于公知技术，不构成侵权。

此复

二〇〇七年十一月十三日

行政案件

46. 四川华蜀动物药业有限公司诉国家工商行政管理总局商标评审委员会、第三人重庆正通药业有限公司商标行政纠纷案

阅读提示：《商标法》第 15 条规定的代理仅限于商标代理人、代表人吗？

裁判要旨

《商标法》第 15 条规定的代理人不仅限于接受商标注册申请人或者商标注册人委托、在委托权限范围内代理商标注册等事宜的商标代理人、代表人，而且还包括总经销（独家经销）、总代理（独家代理）等特殊销售代理关系意义上的代理人、代表人。

案 号

一审：北京市第一中级人民法院（2005）一中行初字第 437 号
二审：北京市高级人民法院（2006）高行终字第 93 号
再审：最高人民法院（2007）行提字第 2 号

案情与裁判

原告（二审上诉人、再审被申请人）：四川华蜀动物药业有限公司（简称"华蜀公司"）

被告（二审被上诉人、再审申请人）：国家工商行政管理总局商标评审委员会（简称"商标评审委员会"）

第三人（二审上诉人、再审申请人）：重庆正通药业有限公司（简称"正通公司"）

起诉与答辩

原告华蜀公司不服商标评审委员会于 2005 年 3 月 4 日作出的商评字〔2005〕第 289 号《关于第 3304260 号"头包西灵 Toubaoxilin"商标争议裁定书》（简称"商评字〔2005〕第 289 号裁定"）起诉称：1. 被告认定原告与第三人之间为代理与被代理关系缺乏证据。从双方协议约定的权利义务上看，双方合作期间原告在产品上使用的是"华蜀"商标，产品包装上标识的内容也足以使消费者相信产品的来源是原告。销售费用、

宣传费用、运输费用等由原告自行负担，生产、销售过程中发生的税收费用和债权债务自行承担，由此可见原告销售行为的结果和经营风险均系自行承担而与第三人无关。原告与第三人之间不存在《民法通则》第63条所规定的代理与被代理的关系。被告仅根据双方协议中"甲方将'头孢西林'粉针产品授权乙方在全国专销"的表述即认定"授权"系基于委托代理关系，缺乏证据支持。2. 被告将"头孢西林"视为未注册商标没有事实和法律依据。双方合作前第三人并没有将"头孢西林"用于生产和向市场推出，在双方合作期间，约定并在产品上实际使用的是"华蜀"商标，"头孢西林"仅为商品名称而非商标。双方在解除合作关系后，第三人在其自行生产销售的产品上注明的商标是"安逸"，"头孢西林"仍作为兽药产品的名称使用。故被告认定"头孢西林"客观上起到了证明商品来源的作用，并将其视为第三人的未注册商标缺乏事实及法律依据。原告当庭又补充起诉意见称：1. 原告与第三人形成的是承揽合同关系而不是委托代理关系。2. 根据双方签订的《关于专销"头孢西林"产品的协议书》第13条的规定，原告申请注册争议商标的行为是双方协议的结果且第三人也未在异议期内提出异议，故原告并非是擅自注册争议商标。综上，由于原告并非第三人的代理人，"头孢西林"仅为商品名称而非商标，故被告以原告违反《商标法》第15条的规定为由将争议商标予以撤销而作出的商评字〔2005〕第289号裁定，在认定事实和适用法律上均存在错误，请求人民法院依法予以撤销。

被告商标评审委员会辩称：1. 《商标法》第15条的立法宗旨是维护诚实信用原则和商业道德，有效地保护商业合作关系中当事人的商标权利，故其调整的范围应当包括委托（或授权）生产、经销关系。本案中双方明确约定原告是第三人"头孢西林"产品的经销商，第三人授权原告在全国专销。合作结束后第三人继续生产销售该产品，取消原告的专销权。因此，双方形成的是销售代理关系，原告是第三人的销售代理人。产品包装上的标识情况仅是双方在合作协议中约定的合作形式，并不能说明双方为委托生产关系，也不能证明"头孢西林"名称为原告所有。原告所提交的制片记录和包装费收条等证据在商标评审程序中未涉及，其真实性无法确定。2. "头孢西林"是第三人为自己的产品拟定并经相关部门审批的专用商品名称，在双方签订合作协议前第三人已经拥有了该专用商品名称权。商品名称不同于通用名称，其性质决定了它客观上能够起到标识商品来源的作用，也具备了商标应有的显著性。"头孢西林"在实际使用中位于标签的显著位置，是消费者据以识别的主要标志，并与第三人紧密联系，应视为第三人的未注册商标。综上，原告作为第三人的产品经销商，未经第三人授权，将第三人起到商标标识作用的标志以自己的名义进行注册，已构成《商标法》第15条所规定的代理人未经授权注册被代理人商标的行为。因此，请求人民法院依法维持商评字〔2005〕第289号裁定。

第三人正通公司称："头孢西林粉针"系第三人研制生产的产品，"头孢西林"是双方合作前第三人即已拥有的专用商品名称；原告作为第三人的代理人，将与第三人未注册的商标极其近似的标志恶意抢注，其行为违反了《商标法》第15条的规定；商标评审委员会作出的商评字〔2005〕第289号裁定公正、合法，请求人民法院依法予以维持。

一审审理查明

2002年9月12日,华蜀公司向国家工商行政管理总局商标局(简称"商标局")提出争议商标"头包西灵Toubaoxilin"的注册申请,该商标于2004年2月7日被核准注册,商标专用权人为华蜀公司,商标注册号为3304260,核定使用商品为第5类的兽医用制剂、兽医用药、兽医用生物制剂等,专用期限为2004年2月7日至2014年2月6日。2004年3月31日,正通公司(当时的重庆正通动物药业有限公司)以争议商标的注册违反了《商标法》第10条、第11条第1款第(1)项、第15条及第31条为由,向商标评审委员会提起撤销争议商标的申请。2005年3月4日,商标评审委员会针对正通公司提出的商标争议,依据《商标法》第15条、第41条第2款和第43条的规定,作出商评字〔2005〕第289号裁定,将华蜀公司在第5类兽医用药等项目上注册的争议商标予以撤销。

2002年4月30日,正通公司向重庆市农业局提出"注射用复方青霉素钾(I型)"的兽药产品申请,申请表中显示的商品名称为"头孢西林粉针",制造商为正通公司,准产证号为渝兽药生证字第041号。在申请表所附的标签式样中,商品名称"头孢西林"使用了特殊字体和字号并处于标签中的显著位置。

2002年5月28日,重庆市农业局以重兽药审批字(2002)第533号审批证书批准正通公司生产销售通用名称为"注射用复方青霉素钾(I型)"、商品名称为"头孢西林粉针"的兽药产品,兽药产品批准文号为渝兽药字(2002)X041008,批准文号有效期至2005年5月28日。

2002年7月27日,正通公司作为甲方与作为乙方的华蜀公司签订了《关于专销"头孢西林"产品的协议书》(简称《专销协议书》),该协议书主要内容有:一、正通公司将"头孢西林"粉针产品授权华蜀公司在全国区域内专销,正通公司不得销售该产品,华蜀公司不得生产该产品,否则视为违约;二、包装由华蜀公司设计,正通公司印制,包装上使用华蜀公司的"华蜀"商标,以华蜀公司合作开发、正通公司生产的形式印制、由正通公司组织生产产品;三、华蜀公司负责专销片区宣传策划,产品定价,承担销售费、宣传费、运输费等全部费用;四、华蜀公司预付正通公司包装费3万元;五、正通公司向华蜀公司提供产品的规格及价格:3克/支×120支/件,价格108元/件,华蜀公司销售累积3 000~5 000件,价格106.80元;……七、出现产品质量问题由正通公司负责退货和承担损失,华蜀公司对外包装说明负责;八、华蜀公司要货须提前通知正通公司,一律先付款在正通公司提货;……十、协议期满或提前结束协议,正通公司继续生产销售该产品,取消华蜀公司的专销权,但不得继续使用"华蜀"商标;十一、正通公司在生产过程中和华蜀公司在专销过程中发生的税收及债权债务均由各自解决;……十三、若出现"头孢西林"被注册或者其他知识产权问题,由华蜀公司负责,由正通公司负责重新申请更换商品名称。该协议签订后除对第5条中约定的价格进行了变动并实际履行外,双方均按约履行了该协议。

在双方合作期间生产的产品包装上,"头孢西林"四字被以特殊字体使用在显著位置,且字号明显大于其他文字。在该产品包装上标明:四川省隆昌华蜀动物药业有限公司开发,重庆正通动物药业有限公司制造。产品包装上使用了注册商标"华蜀"。产品介绍的首句为"本品是华蜀公司 2002 倾力奉献,……"等。该兽药外包装上还有"华蜀精心奉献 兽医首选"、"您放心的选择 华蜀兽药"等宣传词。2004 年 1 月 7 日,正通公司作为甲方,华蜀公司作为乙方签订了关于终止"头孢西林"等三个品种 9 个规格产品合作的《终止协议》,约定正通公司自 2004 年 1 月 7 日起不得再生产印有"华蜀"标识的原图案的以上品种,华蜀公司也不得生产加工印有正通公司生产及其批文标示等的以上产品。在双方解除合作关系后,正通公司继续生产头孢西林粉针产品,在产品包装上"头孢西林"仍然被以特殊字体和字号使用在显著位置,产品上使用的注册商标为"安逸"。

一审判理和结果

北京市第一中级人民法院认为:争议商标是否系正通公司的未注册商标,华蜀公司与正通公司之间是否构成委托代理关系及是否未经授权擅自注册了正通公司的商标是本案的争议焦点。"头孢西林"作为商品名称是由正通公司单独于 2002 年 4 月 20 日向国家有关主管机关提出申请并在 2002 年 5 月 28 日获得审批,应认定"头孢西林"为正通公司单方在先取得的商品名称。正通公司在申请该商品名称的过程中,将"头孢西林"使用在标签式样中的显著位置,并使用了特殊的字体与字号。在该商品名称获得审批后、正通公司与华蜀公司合作的过程中及双方解除合作关系后,"头孢西林"的字样均被突出使用在实际产品的包装上,其字体、字形和字号与产品包装中的其他文字存在明显的差别,具有较强的识别性。作为由正通公司自行确定的商品名称,鉴于"头孢西林"始终被以突出的字形和字体使用在产品标签或者包装的显著位置,客观上起到了商标所具有的昭示商品来源的引导作用,且该商品名称又为正通公司所首先取得,故"头孢西林"应当被视为正通公司实际使用的未注册商标。争议商标"头包西灵 Toubaoxilin"中的显著部分为文字"头包西灵",其与正通公司的商品名称"头孢西林"的文字组成和读音近似,且均为无含义词。鉴于华蜀公司对争议商标与"头孢西林"的近似性亦无异议,故对于商标评审委员会作出的两组文字已构成近似的认定予以支持。根据华蜀公司与正通公司签订的《专销协议书》和此后双方为终止合作关系签订的《终止协议》,正通公司是"头孢西林"产品的生产商,组织生产产品,提供产品的规格及价格,如产品出现质量问题负责退货和承担损失。华蜀公司通过正通公司的授权在全国区域内专销"头孢西林"粉针产品,负责专销区内的宣传策划、产品定价、负担销售费、宣传费及运输费等。双方签订《终止协议》后,华蜀公司不得生产加工印有"重庆正通公司生产及其批文标示"的"头孢西林"等产品。正通公司与华蜀公司之间形成了销售代理的法律关系,在该法律关系中,作为生产商和被代理人的正通公司通过授权使作为销售商的华蜀公司取得了代理人的地位。

关于《商标法》第 15 条中"代理"的法律含义,包括《合同法》在内的我国现行法律对代理概念的理解已经不再拘泥于《民法通则》第 63 条的规定。而销售代理作为一种由代理人占有生产商的产品,以自己的名义或者生产商的名义将生产商所有的产品销售给第三人的法律活动,其出现是市场经济发展的必然结果,对《商标法》第 15 条中的代理作出包含销售代理的广义理解既符合商业活动的管理,也符合商标法维护诚实信用的市场秩序的立法本义。华蜀公司擅自将与正通公司未注册商标相近似的争议商标进行注册的行为违反了诚实信用的原则，亦应当为法律所禁止。北京市第一中级人民法院依照《行政诉讼法》第 54 条第（1）项之规定，判决维持商标评审委员会商评字［2005］第 289 号《关于第 3304260 号"头包西灵 Toubaoxilin"商标争议裁定书》。案件受理费 1 000 元，由华蜀公司负担。

上诉与答辩

华蜀公司不服，向北京市高级人民法院提起上诉称：1. 华蜀公司与正通公司不存在代理人与被代理人的关系。在《专销协议书》中，并没有华蜀公司代理正通公司销售"头孢西林"产品的意思表示，华蜀公司是以自己的名义销售商品，华蜀公司销售产品的风险与收益和正通公司无关，华蜀公司并非正通公司的销售代理人。2. 一审判决将"头孢西林"认定为正通公司的未注册商标违背事实和法律的规定。涉案产品包装上"头孢西林"为商品名称，该商品上作为商标的是"华蜀"或者"安逸"，并无使用未注册商标的事实。此外，即使"头孢西林"可以视为未注册商标，也应当将其视为华蜀公司的未注册商标。3. 一审判决适用法律错误。代理人与被代理人的认定，应当以《民法通则》第 63 条为依据，一审法院将华蜀公司认定为正通公司的代理人无法律依据。正通公司是按照华蜀公司的要求完成工作，依据《合同法》第 251 条规定，华蜀公司与正通公司之间应认定为承揽合同关系。请求二审法院依法撤销一审判决和商标评审委员会［2005］第 289 号裁定。

商标评审委员会、正通公司服从一审判决。

二审审理查明

二审经审理查明，北京市第一中级人民法院查明的事实基本属实。

二审判理与结果

北京市高级人民法院认为："头孢西林"商品名称是否经使用而具有商标标识的功能，正通公司与华蜀公司在合作期间是否形成代理人与被代理人的法律关系是本案的争议焦点。

商品名称与通用名称的功能不同，它是与某种具体产品联系在一起并以特定产品为指向对象。正通公司向国家有关主管机关提交的兽药产品申请表中将"头孢西林"作为商品名称，并在申报材料"产品标签式样"中用特殊字体与字号将"头孢西林"使用在了显著位置。因此，一审法院关于在实践中商品名称能够起到商标所具有的标识商品来源的作用，并认定"头孢西林"为正通公司单方在先取得的商品名称正确。鉴于"头孢西林"始终以突出的字形和字体使用在产品标签或包装的显著位置，客观上起到了商标所具有的昭示商品来源的引导作用，故"头孢西林"应当被视为实际使用的未注册商标。根据《专销协议书》的约定及实际履行的情况，在对外销售的兽药外包装上除明显地标注有商品名称"头孢西林"外，同时还标注有"华蜀"商标、"华蜀公司开发、正通公司制造"，以及"华蜀精心奉献兽医首选"、"华蜀公司倾力奉献"等宣传词。此外，结合销售市场全部由华蜀公司负责宣传策划，自行确定兽药销售价格及承担销售、宣传费用的情况，以及正通公司在取得该兽药生产许可证后至与华蜀公司合作之前并无自己以"头孢西林"商品名称销售兽药的证据，应认定"头孢西林"商品名称在客观上起到的商标所具有的昭示商品来源的功能系华蜀公司的突出宣传、销售等使用行为的结果。

由于该商品名称的实际使用者为华蜀公司，故"头孢西林"应当被视为华蜀公司的未注册商标。一审法院关于"头孢西林"商品名称为正通公司首先取得，正通公司与华蜀公司合作过程中及双方解除合作关系后"头孢西林"字样均被突出使用在包装上，故"头孢西林"应当被视为正通公司实际使用的未注册商标的认定与事实不符，予以纠正。

正通公司虽然在先取得"头孢西林"商品名称，但因其取得后至华蜀公司申请商标前并未在对外销售中使用，故其仅在申请兽药生产许可证时取得的名称不属于知名商品所特有的名称。虽然争议商标"头包西灵 Toubaoxilin"中的显著部分为文字"头包西灵"，与正通公司的商品名称"头孢西林"的文字组成和读音近似，且均为无含义词，两组文字近似。但华蜀公司通过自己使用"头孢西林"商品名称，使该商品名称商标化，其申请"头包西灵 Toubaoxilin"商标的行为不违反法律法规的规定。

《商标法》第15条规定："未经授权，代理人或者代表人以自己的名义将被代理人或者被代表人的商标进行注册，被代理人或者被代表人提出异议的不予注册并禁止使用。"该条款中的代理人即为商标代理人，即指接受商标注册申请人或者商标注册人的委托，在委托权限范围内，代理其委托人办理商标注册申请、请求查处侵权案件或者办理其他商标事宜的人。代表人即为商标代表人，即指代表本企业办理商标注册和从事其他商标事宜的人。本案华蜀公司与正通公司基于《专销协议书》而形成的是生产销售合作关系，一审认定二者形成代理人与被代理人的关系显系错误。华蜀公司通过自己使用"头孢西林"商品名称，并使该商品名称商标化，其申请"头包西灵 Toubaoxilin"商标的行为不属于《商标法》第15条规定的情形，因此，商标评审委员会及一审判决关于华蜀公司申请"头包西灵 Toubaoxilin"商标的行为违反《商标法》第15条规定的认定错误，应予以纠正。北京市高级人民法院依照《行政诉讼法》第61条第（3）项之规定，判决：一、撤销北京市第一中级人民法院（2005）一中行初字第437号行政判决；二、撤销商标评审委员会商评字〔2005〕第289号《关于第3304260号"头包西灵 Toubaoxilin"商标争议裁定书》。本案一审、二审案件受理费由商标评审委员会负担。

申请再审理由与答辩

正通公司和商标评审委员会均不服该判决，向最高人民法院申请再审。正通公司的申诉理由为：1. 二审判决对于《商标法》第15条所规定的"代理人"的理解显属错误。无论根据《商标法》第15条的法律渊源、立法本义，还是参照国内外执法惯例，该条所述的代理人，均不限于商标注册代理关系中的代理人，同时还包括基于商事业务往来而可以知悉被代理人商标的经销商。二审判决将其限定为"商标注册代理人"显属错误。2. 正通公司与华蜀公司之间是否构成《商标法》第15条所规定的代理关系。基于对《商标法》第15条所规定的"代理人"的正确理解，结合本案已有证据，显然应当认定正通公司与华蜀公司之间存在代理关系，二审判决对此问题的认定显属错误。在本案中，正通公司和华蜀公司签订了《专销协议》并已实际履行，根据该协议，正通公司将其生产的"头孢西林"粉针产品授权华蜀公司在全国区域内专销，而正通公司自己则仅负责生产而不负责销售。鉴此，明显应当认定正通公司与华蜀公司之间形成销售代理合作关系。根据上文所述的对《商标法》第15条所规定的代理人的正确理解，正通公司与华蜀公司之间显然构成《商标法》第15条所述的代理关系。3. "头孢西林"是否应视为正通公司实际使用的未注册商标。"头孢西林"作为正通公司单方在先取得的专用商品名,并经正通公司在其生产的兽药产品上进行突出使用,已构成正通公司实际使用的未注册商标。二审判决认定"头孢西林"为华蜀公司的未注册商标不符合事实,显属错误。

认为二审判决对《商标法》第15条规定内容的理解和对"头孢西林"这一未注册商标的归属问题的认定,存在明显错误,而且完全推翻了商标局和商标评定委员会目前所执行并已得到相关权威专家认可的商标审理标准,造成了法律理解和适用上的混乱。鉴于本案直接涉及对《保护工业产权巴黎公约》第6条之七和《商标法》第15条的法律理解和适用这一全局性问题,具有普遍指导意义,特恳请最高人民法院直接提审本案,并以司法判例的形式对《商标法》第15条之规定作出正确诠释。

商标评审委员会的申诉理由为:1. 二审判决对《商标法》第15条的理解明显错误,导致其适用法律错误。《商标法》第15条中"代理人或者代表人"显然不限于商标代理人和商标代表人,应当包括销售代理关系和代表关系中的代理人和代表人以及商标所有人商品的销售商。本案被申请人华蜀公司基于《专销协议书》(见附件十三,本书略)在全国区域内专销第三人正通公司的"头孢西林"产品,正通公司为生产者,隆昌华蜀公司为正通公司"头孢西林"产品的销售商,应当适用《商标法》第15条的规定。2. 二审判决认定事实错误,导致其关于"头孢西林"是被申请人华蜀公司未注册商标的认定错误,且此认定明显缺乏法律依据。二审判决无视"头孢西林"在本源上就是正通公司专有的商品名称和未注册商标,认定华蜀公司通过对正通公司商品名称的使用而就该名称取得未注册商标权益,显然于法无据。3. 二审判决不仅没有正确解决商标注册争议,而且形成商标与商品名称之间新的冲突。依据二审判决的认定,华蜀公司取得未注册商标"头孢西林",而正通公司仍然拥有在先取得的商标名称"头孢西林",这不仅没有正确解决华蜀公司和正通公司之间的商标注册争议纠纷,反而使商标与商品名称之间形成新的冲突。请求:1. 依法撤销北京市高级人民法院(2006)高行终字第93号行政判决;2. 依法改判,维持北京市第一中级人民法院(2005)一行终字第437号行政判决和申请人商评字[2005]第289号《关于第3304260号"头包西灵Toubaoxilin"商标争议裁定书》;3. 责令被申请人华蜀公司承担本案一审、二审的案件受理费。

华蜀公司的答辩称:1. 认为正通公司之间不存在代理人与被代理人关系;2. "头孢西林"不是正通公司的未注册商标,是华蜀公司的未注册商标;华蜀公司注册"头包西灵toubaoxilin"商标符合双方订立合同的目的,不违反诚实信用原则;3. 商标评审委在本案中对《商标法》第15条的理解和适用错误。华蜀公司认为原审判决正确,请求驳回申请再审人的申请。

再审审查结果

最高人民法院经审查认为,正通公司的再审申请符合《最高人民法院关于执行〈中华人民共和国行政诉讼法〉若干问题的解释》第72条第(1)项、第(2)项及第74条的立案条件。依照《行政诉讼法》第63条第2款、《最高人民法院关于执行〈中华人民共和国行政诉讼法〉若干问题的解释》第77条的规定,裁定由最高人民法院提审此案。

再审判理和结果

最高人民法院提审后认为,本案的争议焦点是:《商标法》第15条规定的"代理人"的范围问题;正通公司与华蜀公司是否存在代理关系问题;"头孢西林"商品名称的归属问题。

(一)关于《商标法》第15条规定的"代理人"的范围问题。最高人民法院认为《商标法》第15条的规定既是为了履行《保护工业产权巴黎公约》第6条之七规定的条约义务,又是为了禁止代理人或者代表人恶意注册他人商标的行为。据《保护工业产权巴黎公约》的权威性注释、有关成员国的通常做法和我国相关行政执法的一贯态度,《保护工业产权巴黎公约》第6条之七的"代理人"和"代表人"应当作广义的解释,包括总经销、总代理等特殊销售关系意义上的代理人或者代表人。参照《最高人民法院关于审理国际贸易行政案件若干问题的规定》第9条关于"人民法院审理国际贸易行政案件所适用的法律、行政法规的具体条文存在两种以上的合理解释,其中有一种解释与中华人民共和国缔结或者参加的国际条约的有关规定相一致的,应当选择与国际条约的有关规定相一致的解释,但中华人民共和国声明保留的条款除外"的规定,《保护工业产权巴黎公约》第6条之七规定的"代理人"的含义,可以作为解释我国《商标法》第15条规定的重要参考依据。因此,《商标法》第15条规定的代理人应当作广义的理解,不只限于接受商标注册申请人或者商标注册人委托、在委托权限范围内代理商标注册等事宜的商标代理人、代表人,而且还包括总经销(独家经销)、总代理(独家代理)等特殊销售代理关系意义上的代理人、代表人。二审判决关于《商标法》第15条规定的代理人仅为商标代理人的理解不当,应予纠正。

(二)关于正通公司与华蜀公司是否存在代理关系问题。正通公司与华蜀公司的市场交易关系是由双方订立的《专销协议书》确立的。确定双方当事人之间是否存在《商标法》第15条规定的代理关系,不仅要根据该协议的名称,更要根据其内容的法律属性。该协议是关于"头孢西林"粉针产品的生产销售、但以销售为主要内容的协议。该协议第一条关于"正通公司将'头孢西林'粉针产品授权华蜀公司在全国区域内专销,正通公司不得销售该产品,华蜀公司不得生产该产品,否则视为违约"的约定表明,双方之间形成的是一种相当于独家销售性质的专销关系,华蜀公司据此获得了独家销售资格,可以认定属于《商标法》第15条规定意义上的销售代理人。正通公司关于其与华蜀公司之间存在代理关系的请求应予支持。华蜀公司关于其与正通公司之间是销售合作关系而非代理关系的答辩不能成立。

(三)关于"头孢西林"商品名称的归属问题。本案当事人争议的焦点及一审、二审判决的重要分歧,是如何确定"头孢西林"商品名称在法律上的归属问题。确定该商品名称的归属,关键是确定谁先取得该名称,以及取得之后的使用行为是否改变了该名称的归属。在一方当事人原始取得特定商品名称之后,其权属的变动必须由特定的法律事实而引起,倘若此后并无改变其归属状态的法律事实,其归属状态即不发生变化。本案争议的"头孢西林"商品名称是正通公司通过行政审批而原始取得的特有药品名称。对于该原始取得的特有药品名称,除非此后有改变其权利归属的法律事实,否则其权属是不变的。在本案中,正通公司与华蜀公司签订的《专销协议书》只是约定了华蜀公司可共同使用"头孢西林"商品名称,华蜀公司宣传、使用该商品名称的行为只是履行协议约定的行为。华蜀公司的使用、宣传促销等行为虽然曾在客观上强化了"头孢西林"商品名称的标识作用,或者如二审判决所认定的"'头孢西林'商品名称在客观上起到的商标所具有的昭示商品来源的功能系华蜀公司的突出宣传、销售等使用行为的结果",但华蜀公司也因此获得了合同上的对价。这种按照约定的使用行为本质上可以视为正通公司的特殊使用行为,由此形成的事实状态并不当然改变该争议商品名称的权利归属,也即华蜀公司按照约定实际使用该商标的行为,不属于改变其权属的法律事实。相反,《专销协议书》恰恰以约定的方式明确了"头孢西林"商品名称的归属。而且,《专销协议书》关于"协议期满或提前结束协议,正通公司继续生产销售该产品,取消华蜀公司的专销权,但不得继续使用'华蜀'商标"的约定,以及双方终止"头孢西林"等三个品种9个规格产品合作的《终止协议》关于"正通公司自2004年1月7日起不得再生产印有'华蜀'标识的原图案的以上品种、华蜀公司也不得生产加工印有正通公司生产及其批文标示等的以上产品"的约定表明,双方终止合作关系后,包括"头孢西林"商品名称在内的批文标志仍归正通公司享有。因此,本案争议的"头孢西林"商品名称不因华蜀公司在双方合作关系存续期间的宣传、使用等行为而改变归属,在双方合作关系终止后仍归属于正通公司。据此,二审判决关于"'头孢西林'商品名称在客观上起到的商标所具有的昭示商品来源的功能系华蜀公司的突出宣传、销售等使用行为的结果;由于该商品名称的实际使用者为华蜀公司,故'头孢西林'应当被视为华蜀公司的未注册商标",以及"华蜀公司通过自己使用'头孢西林'商品名称,并使该商品名称商标化,其申请'头包西灵 Toubaoxilin'商标的行为不属于《商标法》第15条规定的情形"的认定不当,应予纠正。

◎ 法官评述

本案主要有三个焦点问题。

(一) 关于《商标法》第15条规定的"代理人"的范围问题

《商标法》第15条规定:"未经授权,代理人或者代表人以自己的名义将被代理人或者被代表人的商标进行注册,被代理人或者被代表人提出异议的,不予注册并禁止使用。"在本案中,各方当事人及一审、二审判决对"代理人"的含义具有不同的理解和认定。为消除分歧,正确适用法律,最高法院在本案中通过了解该条规定的立法过程、立法意图并参照相关国际条约的规定等途径来确定其立法本义。《商标法》第15条规定系2001年10月27日修改的《商标法》增加的内容。原国家工商行政管理局局长王众孚受国务院委托于2000年12月22日在第九届全国人民代表大会常务委员会第十九次会议上所做的《关于〈中华人民共和国商标法修正案(草案)〉的说明》指出,"巴黎公约第6条之七要求禁止商标所有人的代理人或者代表人未经商标所有人授权,以自己的名义注册该商标,并禁止使用。据此,并考虑到我国恶意注册他人商标现象日益增多的实际情况,草案增加规定:'未经授权,代理人或者代表人以自己的名义将被代理人或者被代表人的商标进行注册,被代理人或者被代表人提出异议的,不予注册并禁止使用'"。据此,《商标法》第 15 条的规定既是为了履行《保护工业产权巴黎公约》第 6 条之七规定的条约义务,又是为了禁止代理人或者代表人恶意注册他人商标的行为。

《保护工业产权巴黎公约》第 6 条之七第（1）项规定,"如果本联盟一个国家的商标所有人的代理人或者代表人,未经该所有人授权而以自己的名义向本联盟一个或一个以上的国家申请该商标的注册,该所有人有权反对所申请的注册或要求取消注册"。据该条约的权威性注释、有关成员国的通常做法和我国相关行政执法的一贯态度,《保护工业产权巴黎公约》第 6 条之七的"代理人"和"代表人"应当作广义的解释,包括总经销、总代理等特殊销售关系意义上的代理人或者代表人。参照《最高人民法院关于审理国际贸易行政案件若干问题的规定》第 9 条关于"人民法院审理国际贸易行政案件所适用的法律、行政法规的具体条文存在两种以上的合理解释,其中有一种解释与中华人民共和国缔结或者参加的国际条约的有关规定相一致的,应当选择与国际条约的有关规定相一致的解释,但中华人民共和国声明保留的条款除外"的规定,《保护工业产权巴黎公约》第 6 条之七规定的"代理人"的含义,可以作为解释《商标法》第 15 条规定的重要参考依据。最高法院认为,根据上述立法过程、立法意图、《保护工业产权巴黎公约》的规定以及参照上述司法解释精神,为制止因特殊经销关系而知悉或使用他人商标的销售代理人或代表人违背诚实信用原则、抢注他人注册商标的行为,《商标法》第 15 条规定的代理人应当作广义的理解,不只限于接受商标注册申请人或者商标注册人委托、在委托权限范围内代理商标注册等事宜的商标代理人、代表人,而且还包括总经销（独家经销）、总代理（独家代理）等特殊销售代理关系意义上的代理人、代表人。

（二）关于正通公司与华蜀公司是否存在代理关系问题

根据原审法院查明的事实,正通公司与华蜀公司的市场交易关系是由双方订立的《专销协议书》确立的。该协议第 1 条约定表明,双方之间形成的是一种相当于独家销售性质的专销关系,华蜀公司据此获得了独家销售资格,可以认定属于《商标法》第 15 条规定意义上的销售代理人。因此,最高法院认为正通公司与华蜀公司之间存在代理关系。

（三）关于"头孢西林"商品名称的归属问题

如何确定"头孢西林"商品名称在法律上的归属问题是本案的另一关键问题。确定该商品名称的归属,关键是确定谁先取得该名称,以及取得之后的使用行为是否改变了该名称的归属。在一方当事人原始取得特定商品名称之后,其权属的变动必须由特定的法律事实而引起,倘若此后并无改变其归属状态的法律事实,其归属状态即不发生变化。本案争议的"头孢西林"商品名称是正通公司通过行政审批而原始取得的特有药品名称。对于该原始取得的特有药品名称,除非此后有改变其权利归属的法律事实,否则其权属是不变的。在本案中,正通公司与华蜀公司签订的《专销协议书》只是约定了华蜀公司可共同使用"头孢西林"商品名称,华蜀公司宣传、使用该商品名称的行为只是履行协议约定的行为。华蜀公司的使用、宣传促销等行为虽然曾在客观上强化了"头孢西林"商品名称的标识作用,但华蜀公司也因此获得了合同上的对价。这种按照约定的使用行为本质上可以视为正通公司的特殊使用行为,由此形成的事实状态并不当然改变该争议商品名称的权利归属,也即华蜀公司按照约定实际使用该商标的行为,不属于改变其权属的法律事实。相反,《专销协议书》恰恰以约定的方式明确了"头孢西林"商品名称的归属。而且,《专销协议书》关于"协议期满或提前结束协议,正通公司继续生产销售该产品,取消华蜀公司的专销权,但不得继续使用'华蜀'商标"的约定,以及双方终止"头孢西林"等三个品种9个规格产品合作的《终止协议》关于"正通公司自2004年1月7日起不得再生产印有'华蜀'标识的原图案的以上品种、华蜀公司也不得生产加工印有正通公司生产及其批文标示等的以上产品"的约定表明,双方终止合作关系后,包括"头孢西林"商品名称在内的批文标志仍归正通公司享有。因此,本案争议的"头孢西林"商品名称不因华蜀公司在双方合作关系存续期间的宣传、使用等行为而改变归属,在双方合作关系终止后仍归属于正通公司。

(再审合议庭成员:孔祥俊 于晓白 夏君丽
编写人:最高人民法院知识产权审判庭 王艳芳)

47. 常州诚联电源制造有限公司诉国家工商行政管理总局商标评审委员会、第三人常州市创联电源有限公司商标撤销行政纠纷案

阅读提示：《商标法》第41条第1款的规定能否作为撤销注册商标的私权理由？如何理解《商标法》第31条中的"有一定影响"？

裁判要旨

《商标法》第41条第1款的规定不能作为撤销注册商标的私权理由；《商标法》第31条规定的商标"有一定影响"，要求不应过高，根据案件具体情况应有一定的弹性。

案　号

一审：北京市第一中级人民法院（2005）一中行初字第1088号
二审：北京市高级人民法院（2006）高行终字第283号
再审审查：最高人民法院（2006）行监字第118－1号

案情与裁判

原告（二审被上诉人、申请再审人）：常州诚联电源制造有限公司（简称"诚联公司"）

被告（二审被上诉人、再审被申请人）：国家工商行政管理总局商标评审委员会（简称"商评委"）

第三人（二审上诉人、再审被申请人）：常州市创联电源有限公司（简称"创联公司"）

常州诚联电源制造有限公司2001年9月18日成立，并于2001年9月29日在第9类电开关商品上申请注册"诚联及图形"商标（简称"争议商标"），2003年2月14日被核准注册，注册号为1981494。2004年3月3日，常州市创联电源有限公司向商评委提出撤销争议商标的申请，理由是：1. 创联公司成立于2000年3月，是长期从事电源开关的研究、开发与制造的专业性企业，产品通过了ISO国际质量体系认证，2001年6月被江苏市级质量监督调查办公室、江苏经济报社、江苏省抓质量创名牌宣传活动办公室授予"江苏省新世纪质量计量信得过单位"荣誉称号；2000年7月至2001年6月，产品销售即达322万元，员工人均年销售额13万元。2. 争议商标的图形部分是创联公司创意设计和使用在先，2000年4月创联公司即以其"创联"字号及该图形相同的组合商标印制了产品说明书和商标标识；还曾于2000年6月委派臧其准等人前往常州商标事务所就商标注册申请进行了查询和咨询；争议商标是对创联公司商标的剽窃和

模仿。3. 诚联公司的实际投资人、总经理臧其准原为创联公司市场部经理,臧其准的妻子吴梅芳原为创联公司的股东,均为创联公司的核心成员,熟知创联公司的商标,诚联公司注册争议商标属于恶意抢注行为。诚联公司的恶意抢注行为违反了《商标法》第31条、《反不正当竞争法》第2条、《著作权法》第2条、第46条的规定,请求依法撤销争议商标。

创联公司向商评委提交的主要证据包括:证据1《产品宣传材料》,用以证明其在先使用争议商标图形;证据2是前振印刷厂和柯式印刷公司出具的证明及发票等,前振印刷厂开具发票的日期为2000年4月25日,物品名称栏填有印刷品字样,销货清单标注时间为2000年4月24日,商品或者劳务名称栏填有商标、信笺等字样,用以证明该公司在2000年4月就开始使用图形部分与争议商标图形部分相同的"创联及图形"标志,创联公司还提供了爱立德公司和电子研究所、太极公司等公司出具的证明,证明在2000年3月至2001年9月期间购买过创联公司的电源产品,产品上一直都使用"创联及图形"标志。

诚联公司答辩称:臧其准是创联公司的创始人,公司成立后,唐景新和其妻子独揽大权,在公司经营状况很好的情况下,却在2001年5月口头告诉大家公司亏损,臧其准在这种非正常情况下忍痛离开创联公司,于2001年9月成立了诚联公司;2. 臧其准在创联公司成立之前已经在开关电源产品上使用了与争议商标图形近似的标识,是该图形的创意人和设计者,臧其准是诚联公司的实际投资人,因此其通过诚联公司注册自己在先使用的商标图形没有不正当性。

诚联公司为主张其对争议商标图形拥有著作权并且使用在先,提供了两份主要证据:1. 北京中亚公司于2004年7月出具的证明,内容为:安装在苏州市中级人民法院的电子显示屏上的有"联创及图"标识的电源开关,是中亚公司2000年3月前向臧其准采购的。2. 臧其准1999年10月给其妻子吴梅芳的一封信,用以佐证北京中亚公司出具的证明,证明臧其准在创联公司成立之前已经使用了"联创及图形"标识。

创联公司质证时认为:诚联公司提供的在先使用证据不能成立。创联公司在筹备期间已有小批量产品上市,北京中亚公司最初就是创联公司产品的使用者,诚联公司提供的证明其在先使用证据标牌上的"联创电源"正是创联公司筹备期间的公司名称;诚联公司成立时间晚于创联公司,所以北京中亚公司2000年3月之前采购的电源开关不是诚联公司生产的。为证明自己的主张,创联公司补充提交了租房证明、经公证证明的房产证复印件、证人证言,用以证明在其注册成立之前,1999年6月已经以创联公司股东王忠亮的名义租用常州市丽华三村南开小区的民房小批量生产电源开关,臧其准的妻子吴梅芳就是当时参加生产的人员之一,而且吴梅芳就住在该房内,臧其准给她的信就是寄交到该地址。诚联公司对这些证据没有提出反驳意见。

在商评委评审过程中,创联公司提交了补充理由和证据,称其代理人发现诚联公司在申请注册争议商标的同一天,还申请了与创联公司正在使用的商标完全相同的"创联及图形"商标的注册(申请号为1981499号),被商标局驳回后,诚联公司向商评委提起复审。这一事实证明诚联公司抢注行为有明显的恶意和不正当性,请求商评委依据《商标法》第41条的规定撤销争议商标。

商评委查明：创联公司成立于2000年3月17日，注册资本50万元；诚联公司成立于2001年9月18日，注册资本50万元，法定代表人许金秀，为臧其准的岳母。争议商标图形与创联公司产品宣传材料上使用的"创联及图形"标志中的图形视觉印象完全相同。诚联公司总经理臧其准从2000年3月至2001年11月在创联公司工作，任市场部经理，其妻子吴梅芳从2000年3月至2001年12月为创联公司的股东；2001年9月臧其准、吴梅芳仍在创联公司领取工资。

商评委认为：1. 对争议商标图形部分著作权归属问题，由于诚联公司和创联公司提交的证据均不足以证明各方提出的自己拥有著作权的主张，故均不能支持。2. 对争议商标图形部分在先使用问题，创联公司首次委托前振印刷厂印制商标及宣传材料的时间为2000年4月，虽然发票上未注明"创联及图形"字样，但是根据创联公司商标的使用情况以及购买其产品的客户证明，可以认定自创联公司成立后使用于其产品上的商标含有与争议商标图形相同的图形标志，而此时诚联公司尚未成立，因此可以认定创联公司在先使用了争议商标的图形标志。关于中亚公司2000年3月前向臧其准采购的带有争议商标图形的电源开关的证据，鉴于当时双方当事人均未正式成立，因此该证据不能代表任何一方的合法使用。3. 创联公司提供的证据不足以证明其"创联及图形"商标在消费者中已具有一定知名度，因此创联公司援引《商标法》第31条的规定申请撤销争议商标的请求不予支持。4. 根据双方当事人陈述理由的相互印证及在案证据，吴梅芳、臧其准曾为创联公司的核心成员，臧其准担任过创联公司的市场部经理，可以认定诚联公司对创联公司使用于其产品上的图形标志是知晓的，诚联公司在明知创联公司商标的情况下，不仅申请注册了含有创联公司已在先使用的图形标志的争议商标，还将创联公司正在使用的"创联及图形"商标申请注册。因此，争议商标的注册已构成《商标法》第41条第1款所指的"以其他不正当手段取得注册的"情形，创联公司依据《商标法》第41条第1款提出撤销争议商标的理由成立，争议商标应予以撤销。

2005年9月8日，商评委依据《商标法》第41条第1款和第43条的规定，做出商评字（2005）第2709号裁定书，裁定撤销争议商标。

诚联公司不服该裁定，向北京市第一中级人民法院提起行政诉讼称：商评委对争议商标著作权的归属认定有误和认定创联公司对争议商标在先使用没有事实和法律依据，请求法院撤销该裁定。

一审法院查明的事实与商评委查明的事实基本相同。一审法院认为：原告主张臧其准对争议商标的图形部分享有著作权，证据不足，没有事实依据。创联公司提交的产品宣传材料中虽然带有争议商标的图形标志，但是其上没有记载印刷和发行时间，在没有其他证据佐证的情况下，不能证明其在争议商标注册前使用了争议商标的图形标志。据此，一审法院判决撤销商评委的裁定。

创联公司不服一审判决，向北京市高级人民法院提起上诉，称其提交的证据已经形成完整的证据链，充分证明了其在先使用争议商标图样；诚联公司明知争议商标的图案是由创联公司设计并使用的情况，采用不正当手段申请注册争议商标，应予撤销。一审法院认定事实和适用法律错误，请求撤销原判，依法改判。

在二审时，创联公司提交了常州市天宁区人民法院民事诉讼卷宗，补充证明其在先使用争议商标图形。庭审中诚联公司认为创联公司在二审提交新证据无正当理由，故不予质证。二审法院认为，创联公司作为证据提交的产品宣传材料在商标评审时已提交，该公司以另案诉讼中该证据向法院提交的时间，证明其该材料的形成及使用的时间，属于对原证据的补充，应予以采纳。创联公司的产品宣传材料封面上有争议商标图形标志，在联系人处有"臧先生（即臧其准）"的电话，虽然该材料上没有记载印刷和发行时间，但是在江苏常州市天宁区人民法院2000年8月受理的竞业禁止纠纷案中，案外人常州市思达电源有限公司向法院提交了该材料作为起诉的证据，应该认定创联公司在此前已经使用了争议商标图形标志。商评委在裁定中认定创联公司在先使用争议商标标识的结论正确。臧其准曾担任创联公司的市场部经理，在前述的宣传册上也有臧其准的联系电话，由此可以认定诚联公司对创联公司使用于其产品上的图形标志是明知的；诚联公司不仅申请注册了含有创联公司已在先使用的图形标志的争议商标，还将创联公司正在使用的"创联及图形"商标申请注册。因此，争议商标的注册已构成《商标法》第41条第1款所指"以其他不正当手段取得注册的"情形，因此，商评委裁定撤销争议商标是正确的。二审法院判决撤销一审判决，维持商评委的裁定。

诚联公司不服二审判决，向最高人民法院申请再审，其申请再审的主要理由是：1.终审判决认定事实不清。创联公司在二审提交的新证据依法不应采信；臧其准是争议商标图形的创始人和在先使用人。2.终审判决适用《商标法》第41条第1款错误，该款中的以"其他不正当手段取得注册"的行为主要适用于侵犯商标管理秩序或者公共利益的行为，不能随意扩大适用范围；争议商标不属于以"其他不正当手段取得注册"的情形。

最高人民法院经审查认为，商评委综合各证据认定创联公司对争议商标图形使用在先并无不当。诚联公司主张争议商标图形的著作权属于臧其准，但没有提交充分的证据予以证明，该项申诉理由没有事实依据，不能成立。在《商标法》第41条第1款中，"以欺骗手段或者其他不正当手段取得注册"的情形并列，涉及的是撤销商标注册的绝对事由，这些行为损害的是公共秩序或者公共利益，或者是妨碍商标注册管理秩序的行为；该条第2款的规定属于涉及商标注册损害特定权利人民事权利的相对撤销事由。在涉及在先权利的注册商标争议中，不应当适用该条款的规定。商评委的裁定及一、二审法院的判决适用《商标法》第41条第1款的规定撤销争议商标，适用法律有不当之处。创联公司申请撤销本案争议商标的依据之一就是《商标法》第31条，并提供了在先使用和其商标有一定影响的证据。诚联公司在评审答辩书中承认创联公司的经营状况很好，对创联公司的产品销售额也没有提出异议。考虑到臧其准作为创联公司的投资人之一和高级管理人员，在明知创联公司使用争议商标的图形标志的情况下，创办经营同类业务的公司并在同类商品上抢注创联公司正在使用的商标及商标图形，不正当性是明显的。《商标法》第31条规定的"有一定影响"的商标，通常是指已经使用了一定时间，因一定的销售量、广告宣传等而在一定范围的相关公众中具有知名度，被视为区分商品或服务来源的未注册商业标志。根据本案的具体情况，应该认定创联公司在先使用的商标有一定影响，争议商标注册违反了《商标法》第31条的规定，应该依据《商标法》第41条第2款的规定予以撤销。商评委撤销争议商标的裁定及终审判决虽然在适用法律上有不当之处，但是裁判结果正确，无需再启动审判监督程序予以纠正。据此，最高人民法院书面通知诚联公司，驳回其再审申请。

法官评述

本案涉及对《商标法》第31条和《商标法》第41条第1款的理解和适用问题。

在《商标法》第41条第1款中，"违反本法第10条、第11条、第12条规定"与"以欺骗手段或者其他不正当手段取得注册"的情形并列，涉及的是撤销商标注册的绝对事由，这些行为损害的是公共秩序或者公共利益，或者是妨碍商标注册管理秩序的行为，所以该款规定商标局可以直接依职权撤销商标注册，其他单位或者个人可以请求商标评审委员会裁定撤销该注册商标，而且没有时间限制。该款中的"其他不正当手段"作为兜底性条款，其所兜之底只能限于欺骗手段以外的其他妨碍商标局行使职权、扰乱商标注册秩序的手段。该条第2款的规定属于涉及商标注册损害特定权利人私权利的相对撤销事由，按照尊重权利人的意志和督促权利人及时维权的立法理念，采取不告不理和5年时效限制的制度（但恶意抢注驰名商标的，其撤销不受时间限制）；而且有权提出撤销请求的主体仅限于商标所有人或者利害关系人。在商标法明确区分了公权与私权两种不同性质的权利的救济方式的情况下，对涉及在先权利的注册商标争议案件，不应将该条第1款中的"其他不正当手段"适用于涉及私权利的事项。

要解决违反诚实信用原则、抢注在先商标或者其他损害他人其他在先权利的问题，制止不正当竞争行为，正确理解和适用《商标法》第13条、第15条、第28条、第31条及第41条第2款、第3款的规定就能够解决，不需要扩张解释第41条第1款中的"其他不正当手段"。对于不驰名的未注册商标的保护，《商标法》第31条设定了3个限制条件，即在先使用、有一定影响、以不正当手段抢注。其中"有一定影响"本身是有弹性的。对商标有一定影响的要求标准不宜过高，基本要求是使用了一定时间并具有一定的销售量，或者有一些广告宣传，其影响程度足以使人相信争议商标申请人或者注册人可能接触使用该商标的商品或者服务，知悉该未注册商标的使用情况。因此，根据争议当事人之间是否存在某种联系或者直接接触，抢注人是否对商标权利人负有一定的法律义务，争议双方是否在同一地区等具体情况的不同，对该在先使用商标知名度或者影响的要求也应该有区别，例如当事人在不同的地区，对商标知名度的要求就可以高一点，在同一地区，要求就可以低一点；没有直接接触，对商标知名度的要求就可以高一点，有直接接触，要求就低一点；由于个案中不正当性程度的差异，对在先权利人的商标知名度的要求也应该有所考虑，如果有证据证明抢注人明知或者恶意明显，对商标的知名度要求就可以适当低一些。

（再审审查合议庭成员：于晓白　夏君丽　殷少平
编写人：最高人民法院知识产权审判庭　殷少平）

48. 许文庆诉国家知识产权局专利复审委员会、第三人邢鹏万宣告专利权无效决定纠纷案

阅读提示：如何理解《审查指南》规定的听证原则？如何理解"权利要求书应当以说明书为依据"？

🔸 裁判要旨

《审查指南》（1993年文本）第四部分第一章第8节8.4规定，在宣告专利无效程序中，要"给予程序中的当事人进行解释和申述理由的适当机会"，即听证原则。所谓给予程序中的当事人进行解释和申述理由的适当机会，是指要给予以当事人就宣告无效的具体的事实、理由和证据进行解释和申述理由的适当机会，特别是作为作出审查决定所依据的事实、理由和证据，必须要给予当事人进行解释和申述理由的机会。

判断权利要求书是否以说明书为依据，主要应当考察权利要求书中的每一项权利要求所要求保护的技术方案，是否为所属技术领域的技术人员能够从说明书中公开的内容直接获得或者概括得出的技术方案，以及权利要求的范围是否超出说明书记载的内容。

🔸 案　号

一审：北京市第一中级人民法院（1999）一中知初字第127号。
二审：北京市高级人民法院（2000）高知终字第72号。
再审：最高人民法院（2005）民三提字第2号。

🔸 案情与裁判

原告（二审上诉人、申请再审人）：许文庆
被告（二审被上诉人、被申请人）：国家知识产权局专利复审委员会（简称"专利复审委员会"）
第三人：邢鹏万

一、二审审理查明

1988年6月8日，许文庆向中国专利局提出了名称为"一种钢管束内外壁防腐方法"的发明专利申请，1991年3月6日被授予专利权，专利号为88103519.X。该发明专利的权利要求为：

1. 一种对冷却器、换热器设备钢管束的内外壁进行防腐的方法，即为使冷却器、换热器钢管束的内外壁表面先形成磷化层，然后再进行涂料涂装，其特征在于完成这一过程是采用（a）把冷却器、换热器金属钢管束、泵、阀组、溶液槽通过胶管和铁管按

工艺流程联接形成闭路循环体系；(b) 整个工艺流程中用于处理冷却器、换热器金属钢管束内、外壁表面的各种处理液（碱液、酸液、磷化液）处于连续而不简（间）断地循环流动状态。

除权利要求1外，还有3个从属权利要求。

该说明书公开了一个实施例，记载了以下技术方案：将冷却器管内壁按常规技术进行除锈、喷砂处理后，将辅助设备泵、阀、管路、溶液槽按着工艺流程示意图相联接。该实施例公开的对冷却器管内壁的防腐工艺步骤包括：(1) 酸洗；(2) 中和；(3) 磷化；(4) 清水冲洗管内壁，再用压缩空气吹；(5) 烘干；(6) 涂装。该实施例中还公开了管外壁防腐处理与内壁处理的区别在于4个方面：(1) 将泵的出口与壳程入口相连，壳程出口分别与所需溶液槽相连；(2) 通过碱洗化学除油，碱洗45分钟，碱洗温度70℃~90℃；(3) 碱洗后热水洗，然后冷水洗；(4) 烘干，由冷却器管程出口进蒸气进行。

1997年3月28日，邢鹏万向专利复审委员会提出该发明专利权无效的请求，理由是该发明专利不符合《专利法》第22条第2款、第3款的规定。1998年4月13日，邢鹏万在意见陈述书中又提出该发明专利不符合《专利法》第26条第4款的规定。

1998年6月17日，专利复审委员会收到了大庆市红岗区金星防腐公司（简称"金星公司"）提交的宣告本案发明专利权无效的请求书。金星公司认为，本案发明专利不符合《专利法》第26条第4款、第22条第3款、第4款以及第26条第3款的规定。

专利复审委员会决定将这两个无效宣告请求案合案审理，于1999年3月10日进行口头审理。审理过程中，各方当事人针对本案发明专利是否符合专利法的有关规定，其中包括该发明专利是否符合《专利法》第26条第4款规定陈述了意见。

无效宣告请求人认为该专利不符合《专利法》第26条第4款规定的主要理由是，权利要求1中的特征（a）不总是形成闭路循环体系；权利要求1中的特征（b），在说明书中找不到能够清楚和准确地支持这一技术特征的内容。然而，当进行水洗时，所述三种处理液（碱液、酸液、磷化液）均不流动，都停留在各自的槽子中。

专利权人许文庆认为，权利要求1中的特征（a）、（b）是以说明书为依据的，可以确切无疑地知道或者识别出来的。该专利权利要求1~4符合《专利法》第26条第4款的规定。

此外，各方当事人还就该专利是否符合《专利法》第22条第2、3款，陈述了各自的意见。

1999年6月4日，专利复审委员会作出第1372号无效宣告请求审查决定书，认为，该发明专利说明书实施例还描述了冷却器管外壁的防腐处理方法，并指出其与冷却器管内壁的防腐处理方法的4点区别，说明书记载了管内壁的处理和管外壁的处理两种方法，这两种方法包括步骤有其不同之处。该发明专利权利要求1将冷却器、换热器钢管束内、外壁的防腐方法概括成一种方法，该方法包括"使钢管束内外壁表面先形成磷化层，然后再进行涂料涂装"这样的特征，该方法还包括权利要求1中的（a）和（b）这样的特征。根据专利说明书，在管内壁处理方法中没有采用处理管外壁时所用的碱洗步骤，即在处理管内壁时没有使用碱处理液，本领域普通技术人员在阅读说明书后，又难以预先确定和评价在处理管内壁时使用碱处理液的效果。此外，还删去了喷砂、中和、烘干工艺步骤。对外壁而言，删去了处理碱液的温度和时间、热水洗和烘干步骤，对外壁也是一个不完整的概括不适当的技术方案。从属权利要求 2~4 也得不到说明书的支持。根据以上理由，专利复审委员会宣告许文庆的 88103519.X 号发明专利权无效。

许文庆不服专利复审委员会第 1372 号决定，向北京市第一中级人民法院起诉。

一审判理和结果

一审法院以与二审法院基本相同的理由，判决：驳回原告诉讼请求，维持第 1372 号决定。案件受理费 800 元由原告负担。

二审判理和结果

北京市高级人民法院认为，专利复审委员会在审理过程中按照规定向无效宣告请求人和被请求人转送了证据材料和意见陈述，在口头审理通知中注明口头审理的范围包括本案发明专利权是否符合《专利法》第 26 条第 4 款，许文庆在对专利复审委员会口头审理的书面答辩意见中也对此进行了陈述。许文庆所称的其不知道、不了解的内容正是本案发明专利权是否符合《专利法》第 26 条第 4 款的内容，因此，专利复审委员会的第 1372 号决定并未使用许文庆不知道、不了解的内容。

许文庆的发明专利权利要求 1 所公开的是一种对冷却器、换热器设备钢管束内外壁进行防腐处理的技术方案，而在说明书实施例中公开的是对冷却器钢管束内、外壁进行防腐的两种不同的技术方案。权利要求 1 没有以说明书为依据，未得到说明书的支持。权利要求 2、3 是引用权利要求 1 的从属权利要求，权利要求 4 是引用权利要求 2 或者 3 的从属权利要求，同样存在着相同的问题。由于专利的权利要求没有以说明书为依据，该发明专利权应被宣告无效。

综上，一审判决认定事实清楚，适用法律正确，依据《行政诉讼法》第 54 条第 1 款第（1）项的规定，判决：驳回上诉，维持原判。一、二审案件受理费由许文庆负担。

申请再审与答辩

许文庆不服二审判决，向最高人民法院申请再审，请求依法撤销专利复审委员会第 1372 号决定及一、二审法院判决，维持专利权有效，由专利复审委员会承担本案全部诉讼费用。其申请再审的主要理由是：1. 专利复审委员会第 1372 号决定违反了《审查指南》规定的听证原则和当事人请求原则。2. 第 1372 号决定认定涉案专利不符合《专利法》第 26 第 4 款规定，存在事实错误。

专利复审委员会答辩理由是：1. 答辩人在涉案专利的无效审查程序中，完全遵循了请求原则和听证原则。2. 权利要求 1~4 得不到说明书的支持。

原审第三人邢鹏万答辩理由与专利复审委员会的答辩理由基本相同。

再审审理查明

再审法院补充查明了有关请求人请求理由与第 1372 号决定所依据的理由不同以及本案专利所涉及的工艺步骤属于现有技术方面的事实。

再审判理和结果

最高人民法院认为：本案争议的主要问题是：第 1372 号决定是否违反了《审查指

南》规定的听证原则和当事人请求原则,以及本案专利权利要求书是否以说明书为依据。

(一)关于第1372号决定是否违反听证原则和当事人请求原则问题

从原审法院查明的事实及本院补充查明的事实看,请求人自向专利复审委员会提出宣告涉案专利权无效的请求开始,到1999年3月10日进行口头审理结束时止,二请求人所主张的涉案专利不符合《专利法》第26条第4款规定的主要理由可以概括为:权利要求1区别特征(a)所述的"闭路循环体系",在说明书中没有描述,可以是闭路的,也可以是不闭路的;区别特征(b)所述的各种处理液处于"连续而不间断地循环流动状态",在说明书中没有描述,处理液的流动并不是连续而不间断的。请求人并没有提出如第1372号决定第4页第21~26行"请求人认为"部分所述的理由,即涉案专利权利要求1将管束内壁和外壁的防腐处理方法概括为一种技术方案,而根据说明书记载的对于管束内壁的防腐处理方法和对于管束外壁的防腐处理方法是两种不同的技术方案,因此,权利要求1得不到说明书的支持。而这项理由是根据原审第三人邢鹏万1999年3月19日向专利复审委员会提交的《代理词(口头审理后的陈述意见)》归纳而成的。

《专利法》第26条第4款所规定的"权利要求书应当以说明书为依据",是授予专利权的法定条件之一,也是宣告专利权无效的理由之一。授予的专利权不符合该款规定,任何人都可以向专利复审委员会提出宣告专利权无效的请求,由专利复审委员会依法宣告专利权无效。但是,《专利法》第26条第4款只是一抽象规定,专利权不符合《专利法》第26条第4款规定,也只是宣告专利权无效的一项概括理由,是针对所有专利权而言的。当具体到某一个案件,不符合《专利法》第26条第4款规定的事实、理由和证据则是具体的和具有针对性的。所谓给予程序中的当事人进行解释和申述理由的适当机会,就是要给予程序中的当事人就这些具体的事实、理由和证据进行解释和申述理由的适当机会,特别是作为作出决定所依据的事实、理由和证据,必须要给予当事人进行解释和申述理由的机会。如果没有具体的事实、理由和证据,当事人进行解释和申述理由就缺乏针对性,因而也就无从进行解释和申述理由。就本案来说,第1372决定作出宣告涉案专利权无效,其所依据的具体事实和理由是,涉案专利权利要求1将管束内壁和外壁的防腐处理概括为一种技术方案,而根据说明书记载的对于管束内壁的防腐处理和对于管束外壁的防腐处理是两种不同的技术方案,因此,权利要求1得不到说明书的支持。专利复审委员会在无效程序中,应当给予原审上诉人许文庆就这一具体事实和理由进行解释和申述理由的适当机会,才可以认为遵循了《审查指南》规定的听证原则,而仅仅以请求人笼统地提出了涉案专利不符合《专利法》第26条第4款规定的无效宣告理由,专利复审委员会在口头审理通知中告知当事人口头审理的范围包含有涉案专利不符合《专利法》第26条第4款规定的内容,就认为给予了当事人进行解释和申述理由的适当机会,遵循了《审查指南》规定的听证原则,则难以令人信服。

关于违反请求原则。从查明的事实看,第1372号决定第4页第21~26行所述的无效宣告理由虽然与案外人汪月明所提出的无效宣告理由,在内容上有相同之处,但是,原审第三人邢鹏万在口头审理后的代理词中确实提出了上述无效宣告理由,并非请求人没有提出这一理由,不能因为他人提出了这样的无效宣告理由,邢鹏万就不能提出与之相同的无效宣告理由,只是专利复审委员会未将邢鹏万提出的这一新的无效宣告理由转送给许文庆,未给予许文庆解释和申述理由的适当机会。专利复审委员会将该项无效宣告理由与邢鹏万口头审理结束前提出的无效宣告请求合案处理,并不违反《审查指南》有关请求原则的规定,因此,许文庆有关第1372号决定违反《审查指南》规定的当事人请求原则的申请再审理由难以成立。

(二)关于权利要求书是否以说明书为依据的问题

《专利法》第26条第4款规定:"权利要求书应当以说明书为依据,说明要求专利保护的范围。"判断权利要求书是否以说明书为依据,主要应当考察权利要求书中的每一项权利要求所要求保护的技术方案,是否为所属技术领域的技术人员能够从说明书中公开的内容直接获得或者概括得出的技术方案,以及权利要求的范围是否超出说明书记载的内容。

就本案专利来说,其权利要求书共记载了4项权利要求,其中权利要求1所要求保护的技术方案为3项技术特征的集合,即:(1)使冷却器、换热器钢管束的内外壁表面先形成磷化层,然后再进行涂料涂装,即与现有技术共有的特征;(2)把冷却器、换热器金属钢管束、泵、阀组、溶液槽通过胶管和铁管按工艺流程联接形成闭路循环体系,即特征(a);(3)整个工艺流程中用于处理冷却器、换热器金属钢管束内、外壁表面的各种处理液(碱液、酸液、磷化液)处于连续而不间断地循环流动状态,即特征(b)。根据说明书记载,技术特征(1)在说明书第四段中有直接描述。技术特征(a)和(b)在说明书中没有直接描述,但是,根据说明书中公开的内容,所属技术领域的技术人员是能够从中概括得出的。由此可见,本案发明专利权利要求1技术特征(1)已在说明书中直接描述,技术特征(a)和(b),所属领域技术人员能够从说明书公开的内容中概括得出,这3项技术特征集合在一起,恰好公开了权利要求1所要求保护的技术方案,并且没有超出说明书记载的内容。因此,权利要求1得到了说明书的支持。

不仅权利要求1得到了说明书的支持,权利要求2、3、4所记载的技术方案,在说明书中也能够概括得出,因此,权利要求2、3、4也得到了说明书的支持。

第1372号决定认为本案专利权利要求没有以说明书为依据的主要理由是,说明书实施例记载的管内壁处理方法与管外壁处理方法不是同一技术方案,权利要求1将其概括成一个技术方案不恰当,因而得不到说明书的支持。但是,这项理由难以成立。

第1372号决定之所以认为说明书实施例记载的管内壁处理方法与管外壁处理方法是两种不同的技术方案,权利要求1将其概括为管内外壁处理方法不恰当,其主要原因在于对本案专利技术贡献的错误认定和对权利要求1特征(b)的错误解释。

首先,第1372号决定认为本案专利"与现有技术相比其技术贡献在于工艺步骤而不是工艺条件",证据不足。从本院查明的事实看,有关形成磷化层即漆前表面处理的工艺步骤,均为现有技术。因此,本案发明专利对现有技术的贡献不是形成磷化层的具体工艺步骤,其真正的技术贡献在于提出了"形成磷化层"的动态处理方法,即权利要求1中特征(a)和(b)。正是由于第1372号决定将本案发明专利对现有技术的贡献错误地认定为工艺步骤,而不是权利要求1特征(a)设备条件和特征(b)工艺条件,所以才直接导致该决定认为：(1) 说明书实施例所描述的管内壁与管外壁在漆前表面处理的具体工艺步骤上的不同，就是两种不同的技术方案，不能概括在一个权利要求中；(2) 在处理管内壁时使用碱处理液、在处理管外壁时不使用碱处理液以及管外壁不用碱洗后的热水洗步骤，其效果"难以预先确定和评价"，中和用碱是对"各碱"的概括；(3) 权利要求1没有把说明书实施例记载的管内壁采用"喷砂、中和、烘干工艺步骤"、管外壁"处理碱液的温度和时间、热水洗和烘干步骤"等具体工艺步骤写进去，"是一个不完整的概括不适当的技术方案"。

其次，第1372号决定对权利要求1区别特征（b）的解释与其真实内容不符，违反了《专利法》规定的权利要求的解释原则。该决定认为，权利要求1记载的技术方案，与说明书实施例相比，"在处理管内壁表面时，没有使用碱处理液"，"此外，还删去了喷砂、中和、烘干工艺步骤"，"对外壁而言，删去了处理碱液的温度和时间、热水洗和烘干步骤，对外壁也是一个不完整的概括不适当的技术方案"。实际上是将权利要求1特征（b）解释为工艺步骤，括号内所说的碱液、酸液、磷化液的文字排列顺序即为碱洗—酸洗—磷化工艺顺序，管内壁处理方法与管外壁处理方法都要采用相同的工艺步骤，使用相同的处理液即碱液、酸液、磷化液。

然而，第1372号决定的上述解释，与权利要求1区别特征（b）的真实内容不符，这种脱离开说明书解释权利要求的做法，与专利法规定的权利要求的解释原则相悖。解释权利要求应当结合说明书及附图来进行。从本案发明专利权利要求的字面含义看，权利要求1区别特征（b）并没有直接记载3种处理液的文字顺序就是工艺顺序，钢管束内壁和外壁都必须同时采用相同的工艺步骤，使用相同的处理液，而仅仅表明3种处理液即碱液、酸液、磷化液要处于"连续而不间断地循环流动状态"。从说明书实施例看，管内壁采用酸洗、磷化，即使用酸液、磷化液，管外壁采用碱洗、酸洗、磷化，即使用碱液、酸液、磷化液，显然，说明书也没有描述3种处理液的文字顺序即为工艺步骤，管内壁与管外壁必须同时都要采用相同的工艺步骤，使用相同的处理液。

因此，从权利要求1区别特征（b）的字面含义并结合说明书所描述的内容看，对权利要求1区别特征（b）的正确解释应当是：处理管内外壁处理液共有3种，即碱液、酸液、磷化液，这3种处理液要处于"连续而不间断地循环流动状态"，只要它们是处于连续而不间断地循环流动状态，无论管内壁与管外壁是否同时使用3种处理液，都属于区别特征（b）所覆盖的范围。既如此，由于说明书实施例已经表明，无论管内壁使用的酸液和磷化液，还是管外壁使用的碱液、酸液、磷化液，其共同特征都是处于连续而不间断地循环流动状态，那么，权利要求1特征（b）的概括当然得到了说明书的支持。

应当指出，本案专利权利要求书和说明书的撰写确实存在一定的缺陷。主要是每项权利要求所要求保护的技术方案在说明书中没有直接记载；权利要求1特征（b）的文字表述不够清楚，如"各种处理液"、"连续不间断地循环流动状态"等表述，就容易产生歧义，当事人就本案专利权利要求书是否以说明书为依据所发生的争议，也主要是由于上述原因造成的。但正如前面所分析的那样，这些缺陷，通过所属技术领域的技术人员仔细阅读说明书和借助于现有技术知识，是可以克服的，不至于严重到如第1372号决定所认为的那样，权利要求书得不到说明书的支持，将专利宣告无效。本院不愿意见到更多的以此种理由宣告专利权无效的趋向，有关各方应当尽心协力提高专利申请授权水平。

依照《行政诉讼法》第54条第（2）项第1、2、3目、第63条第2款，《最高人民法院关于执行〈中华人民共和国行政诉讼法〉若干问题的解释》第76条第1款、第78条的规定，判决如下：一、撤销北京市高级人民法院（2000）高知终字第72号行政判决。二、撤销专利复审委员会第1372号无效宣告请求审查决定。本案一、二审案件受理费共1 600元，由专利复审委员会负担。

● 法官评述

本案是最高人民法院自《专利法》实施以来提审的第一起宣告专利权无效纠纷案件，体现了最高人民法院对专利无效司法复查工作的关注和审判监督力度的进一步加强。本案争议的主要问题集中在对《专利法》第26条第4款所规定的"权利要求书应当以说明书为依据"以及《审查指南》规定的听证原则的理解和适用问题。应当说，在本案中，专利复审委员会和一、二审法院对上述两个规定的理解和适用是不妥当的。

一、关于听证原则

这是《审查指南》规定的一项程序性原则。根据《审查指南》（1993年文本）第四部分第一章第8节8.4规定，在宣告专利无效程序中，要"给予程序中的当事人进行解释和申述理由的适当机会"，即听证原则。对这一原则的正确理解应当是，要给予当事人就宣告无效的具体的事实和理由进行解释和申述理由的适当机会，特别是作为作出审查决定所依据的事实和理由，必须要给予当事人进行解释和申述理由的机会，而不是概括、抽象的理由。在这一点上，国家知识产权局专利复审委员会和一、二审法院均认为，只要告知了当事人宣告无效所依据的法条，譬如《专利法》第26条第4款规定的"权利要求书应当以说明书为依据"，就认为给予了当事人申述理由的适当机会，从而符合《审查指南》规定的听证原则，其实是不正确的。

针对上述错误认识，最高法院在判决中对此进行了明确而又详细地阐述。判决指出，《专利法》第26条第4款只是一抽象规定，专利权不符合《专利法》第26条第4款规定，也只是宣告专利权无效的一项概括理由，是针对所有专利权而言的。具体到某一个案件，不符合《专利法》第26条第4款规定的事实、理由和证据则是具体的和具有针对性的。所谓给予当事人在行政程序中进行解释和申述理由的适当机会，就是在行政程序中要给当事人就这些具体的事实、理由和证据进行解释和申述理由的适当机会，特别是作为作出不利于一方当事人的决定所依据的事实、理由和证据，必须充分听取当事人陈述和申辩。如果没有具体的事实、理由和证据，当事人进行解释和申述理由就缺乏针对性，因而也就无从进行解释和申述理由。就本案来说，第1372决定宣告涉案专利权无效，其所依据的具体事实和理由是，涉案专利权利要求1将管束内壁与外壁的防腐处理方法概括为一个技术方案，而根据说明书记载的对于管束内壁与外壁的防腐处理方法是两种不同的处理方法，因此，权利要求得不到说明书的支持。专利复审委员会在无效程序中，应当给予申请再审人许文庆就这一具体事实和理由进行解释和申述理由的适当机会，才可以认为遵循了《审查指南》规定的听证原则，而仅仅以请求人笼统地提出了涉案专利不符合《专利法》第26条第4款规定的无效宣告理由，专利复审委员会在口头审理通知中告知当事人口头审理的范围包含有涉案专利不符合《专利法》第26条第4款规定的内容，就认为给予了当事人进行解释和申述理由的适当机会，遵循了《审查指南》规定的听证原则，则难以令人信服。

二、关于《专利法》第26条第4款规定的理解和适用问题

《专利法》第26条第4款规定的"权利要求书应当以说明书为依据"，其含义是什么，1993年版《审查指南》和现行《审查指南》的规定在表述上是不一致的。相比之下，现行《审查指南》的表述更符合《专利法》第26条第4款规定的本义，并且对于专利权人较为公平。而专利复审委员会在过去的审查实践中，实际上也是按照现行《审查指南》的规定进行操作的。所以，判决采纳了现行《审查指南》对《专利法》第26条第4款规定的解释，即：判断权利要求书是否以说明书为依据，主要应当考察权利要求书中的每一项权利要求所要求保护的技术方案，是否为所属技术领域的技术人员能够从说明书中公开的内容直接获得或者概括得出的技术方案，以及权利要求的范围是否超出说明书记载的内容。

最高法院判决在明确了《专利法》第26条第4款规定的含义的基础上，结合本案具体情况，对本案是否符合《专利法》第26条第4款规定进行了详细的分析。认为：本案发明专利权利要求1技术特征（1）已在说明书中直接描述，技术特征（a）和（b），所属领域技术人员能够从说明书公开的内容中概括得出，这3项技术特征集合在一起，恰好公开了权利要求1所要求保护的技术方案，并且没有超出说明书记载的内容。因此，权利要求1得到了说明书的支持。最高法院判决同时还对第1372号决定以及一、二审判决错误适用《专利法》第26条第4款规定的原因进行了分析。主要有两个：

一是对本发明专利相对于现有技术的技术贡献认定错误。第1372号决定认为本案专利"与现有技术相比其技术贡献在于工艺步骤而不是工艺条件"。其实，这一认定是错误的，本发明专利真正的技术贡献在于提出了"形成磷化层"的动态处理方法，即权利要求1中特征（a）和（b）。由于决定将本案发明专利对现有技术的贡献错误地认定为工艺步骤，而不是权利要求1特征（a）设备条件和特征（b）工艺条件，所以才直接导致该决定认为：说明书实施例所描述的管内壁与管外壁在漆前表面处理的具体工艺步骤上的不同，就是两种不同的技术方案，不能概括在一个权利要求中。

二是第1372号决定对权利要求1区别特征（b）的解释与其真实内容不符，违反了《专利法》规定的权利要求的解释原则。从决定所阐述的理由看，实际上是将权利要求1特征（b）解释为工艺步骤了，括号内所说的碱液、酸液、磷化液的文字排列顺序即为碱洗－酸洗－磷化工艺顺序。因此认为权利要求1将工艺步骤上不同的管内壁处理方法与管外壁处理方法，概括为管内、外壁处理方法不恰当。而这是违背权利要求解释的原则的。所以，判决指出，根据《专利法》第56条第1款规定，解释权利要求应当结合说明书及附图来进行。因此，从权利要求1区别特征（b）的字面含义并结合说明书

所描述的内容看，对权利要求1区别特征（b）的正确解释应当是：处理管内外壁处理液共有3种，即碱液、酸液、磷化液，这3种处理液要处于"连续而不间断地循环流动状态"，只要它们是处于连续而不间断地循环流动状态，无论管内壁与管外壁是否同时使用3种处理液，都属于区别特征（b）所覆盖的范围。既如此，由于说明书实施例已经表明，无论管内壁使用的酸液和磷化液，还是管外壁使用的碱液、酸液、磷化液，其共同特征都是处于连续而不间断地循环流动状态，那么，权利要求1特征（b）的概括当然得到了说明书的支持。

当然，最高法院判决也客观地指出了本案专利权利要求书和说明书的撰写确实存在一定的技术缺陷。不过，这些缺陷，通过所属技术领域的技术人员仔细阅读说明书和借助于现有技术知识，是可以克服的，不至于严重到如第1372号决定所认为的那样，权利要求书得不到说明书的支持，将该专利权宣告无效。这也表明了最高法院针对实践中过多地适用《专利法》第26条第4款规定宣告专利权无效的态度，即对一些权利要求书和说明书撰写有缺陷的专利，只要通过所属技术领域的技术人员仔细阅读说明书和借助于现有技术知识可以克服，就不要轻易适用本条宣告专利权无效，而要把专利权无效审查的重点放在新颖性、创造性上，切实提高专利的质量。所以，最高法院判决进一步指出："本院不愿意见到更多的以此种理由宣告专利权无效的趋向，有关各方应当尽心协力提高专利申请授权水平。"由此可见最高法院的心迹。

（再审合议庭成员：王永昌　邻中林　李　剑
编写人：最高人民法院知识产权审判庭　王永昌）

49. 如皋市爱吉科纺织机械有限公司诉国家知识产权局专利复审委员会、第三人王玉山实用新型专利无效行政纠纷案

阅读提示：企业标准备案本身是否构成专利法意义上的公开？法院能否对专利复审委员会的错误决定直接予以变更？

裁判要旨

企业标准作为一种技术要求，构成企业的科技成果，并不排除可以包含企业的技术秘密；法律虽然要求作为交货依据的企业标准必须备案，但这并不意味着备案的企业标准当然会被备案管理机关予以全部公开，实际上社会公众也不能自由获得企业标准的具体内容，因此企业标准备案不能当然构成专利法意义上的公开。

在现行的行政诉讼法律框架下，法院不能对专利复审委员会的错误决定直接予以变更。

案 号

一审：北京市第一中级人民法院人民法院（2003）一中行初字第 522 号
二审：北京市高级人民法院（2004）高行终字第 95 号
再审：最高人民法院（2007）行提字第 3 号

案情与裁判

原告（二审上诉人）：如皋市爱吉科纺织机械有限公司（简称"爱吉科公司"）
被告（二审被上诉人）：国家知识产权局专利复审委员会（简称"专利复审委员会"）
第三人：王玉山

起诉与答辩

原告爱吉科公司诉称：对专利复审委员会宣告第 98248629.4 号实用新型专利权的权利要求 1～9 无效，没有异议，对专利复审委员会维持权利要求 10 有效的决定，系专利复审委员会认定事实不清，适用法律错误。1. 原告在无效宣告的行政审查期间提交的证据 5 为如皋市纺织机械制造厂的企业标准，被告认为该标准是企业内部标准，不能为公众所得知，是错误的，其混淆了强制性企业标准和企业内部标准的概念，事实上，该标准是强制性企业标准，已处于公众可得知的状态。2. 专利复审委员会对本领域的技术概念理解错误，其错误地将吸棉管理解为一个与吸棉箱相对的概念，认为只有将气流吸入吸棉箱的管道才是吸棉管，而将过滤后的空气排出吸棉箱的管道就不是吸棉管，

并错误地得出"证据8～20没有任何一项现有技术的方案公开了截留装置的两端都与吸棉管相连这样的结构特征"这一结论。事实上，证据9的说明书和附图1清楚地表明了吸棉箱5a上下两端都与吸棉管2和6相连的结构、证据5第8页清楚地显示了吸棉箱的上下圆柱形端口均与吸风管相连的结构特征，同时，证据9的附图1、1a也清楚地显示了吸棉箱5a上下两端都与吸棉管2和6相连的结构。证据7的附图7的实施例中取棉机构和权利要求10也完全相同。故权利要求10的技术方案与现有技术相比，不具备创造性。综上，专利复审委员会在权利要求10基础上维持98248629.4号实用新型专利权有效的决定是错误的，请求法院判决：撤销第4988号决定，宣告98248629.4号实用新型专利权全部无效。

被告专利复审委员会辩称：1. 原告没有提交证据证明证据5是公开出版物，并已处于任何公众可得知的状态，备案和公开不是同一概念，不能混为一谈。证据5的标准是在证据4销售行为之后颁布的，不能证明证据4销售的设备与证据5记载的设备机构相同。2. 证据9的截留装置及其管道均设置在机箱内，不能实现本专利的目的，没有给出权利要求10技术方案的启示，原告对证据9的理解超出了本领域技术人员的基本概念。综上，专利复审委员会就98248629.4号实用新型专利权作出的第4988号决定认定事实清楚、适用法律法规正确、审理程序合法，是正确的，请求人民法院在查明事实的基础上，依法驳回原告的诉讼请求，维持第4988号决定。

第三人王玉山述称：1. 证据5的真实性存在重大疑点，整篇文献的页码不连贯，字体不一致，附表与附图不一致等，不能作为证据使用。证据5的公开性存在疑问，备案仅指发布企业标准的号码，不是标准本身。证据5亦未公开本专利权利要求10的全部技术特征，关于吸棉箱的技术特征，证据5中无文字描述，又未在附图中表示。2. 证据7中的"箱体28"并非本专利权利要求10中的"废棉截留装置"，其"门48"也不是本专利权利要求10中的"箱门"。其他证据亦没有公开本专利权利要求10的技术方案，不能破坏本专利权利要求10的创造性。综上所述，请求法院维持本专利权利要求10有效。

一审审理查明

本案涉及原中国专利局授予的名称为"清洁器吸棉管废棉截留装置"的第98248629.4号实用新型专利（简称"本专利"），专利权人为王玉山，其申请日为1998年11月9日，授权公告日为1999年10月13日，本专利的权利要求书为：

"1. 一种清洁器吸棉管废棉截留装置，其特征在于由箱体（1）、滤网（2）、滤网架（3）和箱门（4）组成，箱体（1）内设置滤网（2），滤网（2）装于滤网架（3）上，且通过滤网架（3）与箱体（1）内壁相连，将箱体内腔分为两部分（13）、（14），箱体（1）侧壁上装有可开关的箱门（4），箱体（1）上、下端设有圆柱形端口（11）、（12）。

2. 如权利要求1所述的清洁器吸棉管废棉截留装置，其特征在于滤网（2）水平置于箱体（1）内，将箱体内腔分为上、下两部分（13）、（14）。

3. 如权利要求1所述清洁器吸棉管废棉截留装置，其特征在于滤网（2）斜置于箱体（1）内，将箱体内腔分为斜上、下两部分（13）、（14）。

4. 如权利要求1所述清洁器吸棉管废棉截留装置，其特征在于滤网（2）制成圆筒状，置于箱体（1）内中央，将箱体内腔分为内、外两部分（13）、（14）。

5. 如权利要求1所述清洁器吸棉管废棉截留装置，其特征在于箱体（1）制成正方体、长方体、圆柱体、半圆柱体或其他几何形状。

6. 如权利要求1所述清洁器吸棉管废棉截留装置，其特征在于箱体（1）采用钢板等金属材料、或塑料、玻璃钢等非金属材料制成。

7. 如权利要求1所述清洁器吸棉管废棉截留装置，其特征在于滤网（2）采用不锈钢、铜等金属材料或尼龙等非金属材料制成。

8. 如权利要求1所述清洁器吸棉管废棉截留装置，其特征在于箱门（4）采用有机玻璃或者其他可透视材料制成。

9. 如权利要求1所述的清洁器吸棉管废棉截留装置，其特征在于滤网（2）采用30~80目。

10. 如权利要求1所述清洁器吸棉管废棉截留装置，其特征在于该装置通过其上、下圆柱形端口（11）、（12）与清洁器吸棉管（5）相连。"

本专利的说明书载明：目前，废棉过滤收集装置与机械取棉机构同置于2.3米高空与主机风箱用软管相连，构成一完整的废棉过滤集棉系统。其结构庞大，机械动作复杂，故障率高，使用维护不安全、不方便，收集效果不好，不利于管理，因借用主机风箱取棉，造成风量损失，影响主机使用效果。本实用新型的目的在于提供一种装于清洁器吸棉管上的废棉截留装置，它与主机脱离，取消了庞大而复杂的机械取棉机构，使之与清洁器自成工作体系，达到并提高了过滤集棉的效果，而对主机风量无任何影响，由于简化了机械结构，因此减少了机械故障，降低制造成本，实现操作安全、方便可靠，易管理。

爱吉科公司认为本专利权的授予不符合《专利法》第22条的规定，于2001年4月4日向专利复审委员会提出无效宣告请求，认为本专利的技术方案在其申请日前已由公开出版的SSM公司的产品说明书所公开，其专利产品亦于申请日前在国内公开销售使用，权利要求1~10不具备新颖性和创造性，同时提交了相关证据但未提交其原件，其在口头审理过程中也未使用该证据进行答辩，因此，专利复审委员会未对该证据进行评述。

爱吉科公司又于2001年5月8日提交了意见陈述书，并补充提交了包括证据5：如皋纺织机械制造厂企业标准，复印件，共10页；证据7：美国专利说明书US 4042998，公开日期：1977年8月23日；证据9：美国专利说明书US 2431726，公开日期：1947年12月2日等在内的20份证据。

在意见陈述书中，爱吉科公司认为本专利的技术方案在申请日前已被使用公开，不具备新颖性和创造性。

证据5是江苏昌升集团如皋市纺织机械制造厂于1998年7月1日发布，7月10日实施的《AJQ型系列吹吸清洁机》的企业标准——Q/320682KC01-1998，爱吉科公司在口头审理时提交了原件，其中记载了有关AJQ-II型吹吸清洁机的技术参数和附图。其附图2与本专利权利要求10相同。该企业标准已在如皋市技术监督局进行了备案，在爱吉科公司提交的该复印件上有如皋标准备案注册章，注明867号-1998-J及2001

年 7 月字样。

证据 7 是美国专利说明书 US 4042998，公开日期为 1977 年 8 月 23 日，其公开了一种纺织机械清洁装置，用来清除纺织机周围的废棉。证据 7 的附图 7 记载了在没有中央真空抽吸系统的情况下采用手动清除废棉时的废棉截留装置的结构，该废棉截留装置由箱体 28、滤网 47、滤网架（未标注）和箱门 48 组成，箱体 28 内设置滤网 47，滤网 47 装于滤网架上，并通过滤网架与箱体内壁相连，将箱体 28 的内腔分为两部分；箱体 28 的侧壁上装有可开关的箱门 48，箱体 28 左端设有与弯管 45 相连的端口，弯管 45 与软管 46 相连，从图上可以看出，软管 46 是吸棉管，箱体 28 右端直接与吹风设备（内有马达 22）相连，为了让风通过并实现吸棉功能，箱体 28 右端必然设有端口。

证据 9 是美国专利说明书 US 2431726，公开日期为 1947 年 12 月 2 日，其公开了一种纺织机风力收集废棉和空气调节装置，其说明书第 3 栏第 21～52 行载明：参考图 1 和 2，多个纺织机架 1 分别配有相应的吸风管 2，每个吸风管又有多个带有一系列开口 4 的支管 3。吸风管 2 沿每个机架 1 的整个长度延伸，并最好设置在线轴架 C 的下方。开口 4 位于机架上线纱断头易发生的地方，即进线的外端或送线辊 R 与绕线筒 B 之间。一分离的开口 4 提供在每一线 S 的路径下方。这样，当线断裂时，断头及分裂部分通过相应的开口被吸入所述吸风管 2。由于在断头发生的部位易产生较多的废屑，多个开口也可以有效的清除这些废屑。断头和废屑物进入流动的空气，通过吸风管 2 进入过滤箱 5a，在过滤箱内被滤网 5 收集，过滤后的空气进入普通吸风管 6，……说明书第 4 栏第 10～21 行还载明可以吸风管 6 上，在位于过滤箱 5a 和风扇 7 之间的位置加入一通用过滤箱。从该说明书附图 1 还可以看出，上述结构均设置在一整体机构内部。

专利复审委员会依据《专利法》第 22 条第 3 款的规定，于 2003 年 3 月 26 日作出第 4988 号决定，宣告 98248629.4 号实用新型专利权的权利要求 1～9 无效，维持权利要求 10 有效。决定的主要理由是：证据 5 是企业内部标准（简称"1998 标准"），不是公开出版物，即没有处于公众中任何人想得知就能得知的状态。此外，在证据 5 的前言中明确记载了该标准是对 Q/320622KC04－1995（简称"1995 标准"）的修订，修订内容包括对技术参数的修订。该 1998 标准的发布日早于本专利的申请日，但是晚于购销合同的签订日。在本案中，请求人未提交 1995 标准作为证据，而是提交了 1998 标准作为说明销售客体技术内容证据。本领域技术人员知道，技术参数的改变往往是由于产品结构的改变而带来的，尽管销售合同记载的 AJQ－Ⅱ型细纱机吹吸清洁机与修改后的 1998 年标准中 AJQ－Ⅱ型吹吸清洁机型号相同，但是作为吹吸清洁机这样的产品，作出局部结构改变，并不一定引起其型号的改变，另外，依据 1998 年标准所记载的内容也并不能确认其中所涉及的产品的结构较之 1995 标准中的同型号产品未作出过改变。因此，合议组认为，现有证据不能说明购销合同中所记载的 AJQ－Ⅱ型细纱机吹吸清洁机与其后修订的 1998 标准中的 AJQ－Ⅱ型吹吸清洁机结构相同，也就是说，依据证据 5 不能确认证据 4 中的 AJQ－Ⅱ型细纱机吹吸清洁机的结构。结合请求人的书面及在口头审理中的意见陈述，在本案的证据 7～20 中，可以认定证据 7 是最相关的对比文件。证据 7（US4042998）公开了一种纺织机械清洁装置，用来清除纺织机周围的废棉。证据 7 的附图 7 记载了在没有中央真空抽吸系统的情况下采用手动清除废棉时的废棉截留装置的结构,该废棉截留装置由箱体28、滤网47、滤网架(未标注)和箱门48组成,箱体28内设置滤网47,滤网47装于滤网架上,并通过滤网架与箱体内壁相连,将箱体28的内腔分为两部分;箱体28的侧壁上装有可开关的箱门48,箱体28左端设有与弯管45相连的端口,弯管45与软管46相连,从图上可以看出,软管46是吸棉管,箱体28右端直接与吹风设备(内有马达22)相连,为了让风通过并实现吸棉功能,箱体28右端必然设有端口。因此,本专利权利要求1~9不具备创造性,不符合《专利法》第22条第3款的规定。权利要求10是权利要求1的从属权利要求,进一步限定了截留装置通过其上、下圆柱形端口与清洁器吸棉管相连。证据7中的截留装置只有一端与吸棉管相连,另一端与吹风设备相连,证据8~20也没有任何一项现有技术的方案公开了截留装置的两端都与吸棉管相连这样的结构特征。合议组认为,权利要求10的技术方案将截留装置与主机脱离,从而取消了庞大而复杂的机械取棉机构,在不影响主机风量的前提下,降低了截留装置的制造成本,使得操作更加安全、方便,这一技术特征的引入对本领域技术人员而言是不容易想到的,且其技术效果是意想不到的,因此,本专利权利要求10具有实质性特点和进步,符合《专利法》第22条第3款的规定。

爱吉科公司不服专利复审委员会上述决定,在法定期限内向北京市第一中级人民法院提起诉讼。

一审判理和结果

北京市第一中级人民法院认为:从爱吉科公司提交的证据5江苏昌升集团如皋市纺织机械制造厂于1998年7月1日发布,7月10日实施的《AJQ型系列吹吸清洁机》的企业标准——Q/320682KC01-1998看,该企业标准确已在如皋市技术监督局进行了备案,在爱吉科公司提交的该复印件上有如皋标准备案注册章。但是,证据5不能证明该企业标准在如皋市技术监督局进行备案的时间以及该时间系在本专利申请日之前,故不足以证明证据5所载明的内容已在本专利申请日前已为公众所得知或者处于公众可得知的状态,故专利复审委员会对证据5不予采信是正确的。

从本专利的说明书及权利要求10可以得出,本专利对现有技术的贡献在于对原废棉过滤收集装置与机械取棉机构同置于2.3米高空与主机风箱用软管相连,构成一完整的结构庞大的废棉过滤集棉系统进行了改进,将废棉截留装置与主机脱离,安装于吸棉管上,取消了庞大而复杂的机械取棉机构,简化了机械结构,达到并提高了过滤集棉的效果,而对主机风量无任何影响,减少了机械故障,降低制造成本,实现操作安全、方便可靠,易管理。

证据7和证据9都是纺织清洁器就废棉收集装置,属于与本专利相同和相近的技术领域,可以评价本专利。

证据7公开的截留装置只有一端与吸棉管相连,另一端与吹风设备相连,没有给出任何将截留装置安装在吸棉管上的启示。证据9公开的废棉截留装置是安装于某个机构之中的,其吸风管2是安装在纺纱机架上,其发明目的是为更好清除机架上纱线的断头及废屑,与本发明的目的不同,故本领域的普通技术人员在证据7和证据9的启示下,不经过创造性劳动,是不能得到本专利权利要求10的技术方案的,故本专利权利要求

10符合《专利法》第22条第3款的规定,具备创造性。专利复审委员会对此认定是正确的。

综上所述,被告专利复审委员会作出的第4988号决定证据充分,适用法律正确,程序合法,应予维持。原告爱吉科公司的起诉理由均不能成立,其诉讼请求本院不予支持。依照《行政诉讼法》第54条第(1)项之规定,于2003年11月28日判决如下:维持被告国家知识产权局专利复审委员会作出的第4988号无效宣告请求审查决定。案件受理费1 000元,由原告如皋市爱吉科纺织机械有限公司负担(已交纳)。

上诉与答辩

爱吉科公司不服一审判决,提出上诉,请求撤销一审判决和第4988号无效宣告决定,判决第98248629.4号实用新型专利的专利权全部无效。理由是:1.一审判决认为如皋纺织机械制造厂企业标准这一证据不能证明该标准的备案时间是错误的,事实上,该标准已在本专利申请日前备案并能够为公众所知。2.本专利对已有技术的贡献在于提供一种具有新结构的废棉截留装置,不是也不可能是改变已有装置的使用方法。一审判决关于本专利对现有技术的贡献评价错误,从而对权利要求10的创造性作出了错误的判断。3.一审判决认为"美国专利US 2431726的说明书这一证据公开的废棉截留装置是安装于某个机构之中的",所谓"某个机构",实际上就是吸棉管,而一审判决故意回避这一结构特征,曲解该美国专利的发明目的,以该美国专利与本案实用新型的发明目的不同为由,认为权利要求10具备创造性是错误的。

专利复审委员会、王玉山服从一审判决。

二审审理查明

北京市高级人民法院二审查明的事实与一审法院查明的事实相同。

二审判理和结果

北京市高级人民法院认为:根据《专利法》的规定,授予专利权的实用新型专利应当具备新颖性。本案中各方当事人对爱吉科公司提交的证据5即《AJQ型系列吹吸清洁机》企业标准中所记载的有关AJQ-Ⅱ型吹吸清洁机的附图2所公开的技术方案与本专利权利要求10相同这一事实不持异议,各方争议的焦点在于该企业标准在如皋市技术监督局备案的事实是否意味着其中所记载的技术方案已公开以及如何确认公开时间。根据《标准化法》及其实施条例的有关规定,企业生产的产品,没有国家标准、行业标准和地方标准的,应当制定相应的企业标准,作为组织生产、销售和监督检查的依据;企业生产执行国家标准、行业标准、地方标准或企业标准,应当在其产品或者说明书、包装物上标注所执行标准的代号、编号、名称。企业的产品标准须在规定的时间内,按规定的要求报当地政府标准化行政主管部门和有关行政主管部门备案。因此,作为交货依据的企业标准在规定的时间、在规定的部门备案本身就意味着公众可以根据该标准备案的时间、通过相关的部门获知该企业标准的备案信息。本案所涉及的企业标准系江苏昌升集团如皋市纺织机械制造厂在如皋市技术监督局备案的企业标准。根据《江苏省标准监督管理办法》的有关规定,企业产品标准应当在发布后30日内,按照规定报当地标准化行政主管部门和有关行政主管部门备案。而前述企业标准的发布时间是1998年7月1日,故可以推定其备案时间至迟为1998年7月31日,在本专利申请日之前,故证据 5 可以作为评判本专利新颖性的对比文件。由于该证据已经公开了本专利权利要求 10 的全部技术特征,因此,本专利不具备新颖性。一审判决关于证据 5 不能证明其所示企业标准在如皋市技术监督局的备案时间的认定是错误的,应予纠正。专利复审委员会第 4988 号无效宣告请求审查决定关于证据 5 是企业内部标准,不是公开出版物的认定是错误的,也应予以纠正。爱吉科公司关于证据 5 所示企业标准已在本专利申请日前备案并能够为公众所知的上诉理由成立,予以支持。鉴于本专利不具备新颖性,对爱吉科公司关于本专利不具备创造性的上诉理由不再予以评判。综上,一审判决和专利复审委员会作出的第 4988 号无效决定,认定事实有误,予以纠正。

该院依照《行政诉讼法》第 61 条第(3)项、《最高人民法院关于执行〈中华人民共和国行政诉讼法〉若干问题的解释》第 70 条之规定,于 2004 年 9 月 29 日判决如下:一、撤销北京市第一中级人民法院(2003)一中行初字第 522 号行政判决;二、撤销专利复审委员会作出的第 4988 号无效宣告请求审查决定;三、第 98248629.4 号"清洁器吸棉管废棉截留装置"实用新型专利权无效。一、二审案件受理费各 1 000 元,由专利复审委员会负担。

申请再审理由与答辩

专利复审委员会不服二审判决,向最高人民法院提出再审申请称:二审判决认定事实和适用法律均有错误,将对今后一系列涉及企业标准的专利案件造成影响,请求依法撤销本案二审判决,维持一审判决。主要理由是:1. 二审判决认定企业标准是公开的既无法律依据,也无事实依据。(1)企业标准备案是为了接受技术质量部门的监督和检查,一些地方性法规、规章不允许备案部门泄露、扩散企业标准的内容或者文本。还有一些地方性法规、规章虽然没有直接的文字规定,但是从其内容可以毫无疑义地推知备案部门负有保密义务。还有极个别的地方性法规、规章既没有明文规定备案部门对企业标准负有保密义务,而且从其条文的内容也无法推知上述内容,但这也并不表明企业标准备案便构成专利法意义上的公开。(2)企业标准在企业内部适用,其中的部分内容,特别是其中的技术解决方案很可能属于企业的技术秘密。备案部门应当意识到企业标准可能包含技术秘密,应当受到法律保护。许多法律、行政法规和规章中都有关保护企业技术秘密的规范。(3)企业标准能为公众查阅并无明确法律依据。企业标准备案后成为标准档案,公众不能随意查阅。《档案法实施办法》第 26 条规定:"利用、公布档案,不得违反国家有关知识产权保护的法律规定。"根据《标准档案管理办法》的有关规定,对于备案的企业标准,公众并不是想查阅就能查阅。(4)法律已经在买方的知情权、质量监督权和卖方的保守技术秘密权之间小心翼翼地建立了平衡。如果发生产品质量纠纷,无论采取何种方式解决,都需要委托法定的或者约定的质量检验机构进行检验并以检验机构的检验数据为准。检验机构作为中介机构,即使能够获得企业标准全文,根据法律的规定,仍然负有保密义务。即使备案的企业标准没有公开,但公众仍然可以对企业产品质量是否符合企业标准进行监督,但监督产品质量或者处理产品质量争议并不是以公开或者向买方提供企业标准为前提。(5)本案二审判决意见与在先生效判决的意见截然相反。在藁城市袜不湿垫业有限公司诉专利复审委员会专利无效行政纠纷案中,北京市第一中级人民法院认为,企业标准的发布及备案并不能视为专利法意义上的公开;

北京市高级人民法院二审判决维持原判。（6）企业标准中含有技术秘密，应当受到知识产权保护。1990年8月24日颁布并实施的《企业标准化管理办法》第23条规定："企业标准属于科技成果"。2. 二审判决对证据5的评价违反了《行政诉讼法》第5条的规定。无效请求程序中，无效请求人是用证据5结合证据4证明使用公开，并未提出过证据5破坏权利要求10新颖性的理由。第4988号决定既未对证据5本身的真实性予以评价，也未对证据5中公开［记载］的技术内容与本专利权利要求10的技术方案按照专利法、专利法实施细则以及审查指南的相关规定进行评价，证据5中公开［记载］的技术内容并不是具体行政行为的依据。二审法院根据证据5直接宣告权利要求10无效，已经超出了司法审查的范围。退一步而言，即使买受方能够得知标准的相关内容，但对于销售产品质量依据的技术指标与作为生产依据备案的企业标准内容上会有很大的不同，并不表明买受方能够从证据5中得知备案标准中与本专利权利要求10的技术方案相关的内容。而且，二审判决根据《江苏省标准监督管理办法》对公开日期进一步的推定也缺乏事实根据。3. 二审判决直接判决本专利无效没有法律依据。对于专利无效纠纷案件的判决方式不能超越《行政诉讼法》及其司法解释的规定。维持专利权有效或者宣告专利权无效是法律赋予专利复审委员会的专有职权。二审法院的这种判决方式也导致专利复审委员会执行判决时在登记和公告环节上的实际操作困难。

爱吉科公司答辩称：二审判决认定事实清楚，适用法律正确，应予维持。主要理由是：1. 备案的企业标准属于公开出版物。（1）证据5不是企业内部标准，二审判决中对此认定正确。根据《标准化法》规定，企业在没有国家标准和行业标准的情况下应该制定企业标准，并应报有关部门备案；在已有国家标准和行业标准的情况下，国家鼓励企业制定更加严格的企业标准。本案企业标准是在既没有国家标准也没有行业标准的前提下制定的，这种经过备案并强制企业制定的企业标准依法应该发布公告，并在产品的包装或说明书上标注。（2）证据5不符合商业秘密的构成要件。企业标准的制定是企业的一种义务，作为企业组织生产销售的依据，具有强制性，与商业秘密是不同的范畴。已经备案的企业标准不具有秘密性。证据5上没有任何一种保密标记，表明备案人和备案机关都没有采取任何保密措施。（3）制定的企业标准要让购买者知道，作为其验收货物的依据。因此，企业标准不是仅在企业内部使用，而且要让企业产品的购买者知悉。作为购买者，销售者把标准告知之后，并不存在保密义务。（4）二审判决对证据5的公开日期的认定正确。如皋市质量技术监督局也证明该标准是在1998年7月4日进行了备案。2. 证据5具有真实性且其附图2公开了权利要求10的技术特征。（1）专利复审委员会在一、二审中从未对证据5的真实性提出异议。第三人虽然对证据5的真实性有疑问，但并未提供任何相关证据。（2）证据5附图清楚地表示出吸棉箱"上下圆柱形端口与清洁器吸棉管"相连的结构，公开了权利要求10的技术特征。3. 二审法院直接判定本专利无效并无不妥。对专利无效案件的司法复审，依法实行全面审查原则，法院应当有权对专利权是否有效作出认定。这有利于解决纠纷，维护当事人利益，维护司法判决的权威性，也符合司法救济的效益原则。4. 本专利权利要求10不具备创造性。二审法院根据证据5认定权利要求10无效是正确的。即使抛开证据5，本专利权利要求10也是现有装置的使用方式，无效程序证据9已公开了这种使用方式，是显而易见的，不具备创造性。

原审第三人王玉山在最高人民法院再审中经依法传唤未到庭参加诉讼，但其曾在最高人民法院对本案再审申请复查时举行的听证中陈述意见称：1. 企业标准备案不等于公开。内部发布和外部发布是两个不同的概念，是两种不同的法律状态。内部发布是为了让员工知道企业的产品信息，而对外发布不是义务。江苏省的规定虽然没有明确规定备案部门有保密义务，但也没有说备案信息可以供任何人查阅。二审判决推定公开没有事实依据。2. 对证据5的真实性有异议。二审判决"本案中各方当事人对爱吉科公司提交的证据5即《AJQ型系列吹吸清洁机》企业标准中所记载的有关AJQ-II型吹吸清洁机的附图2所公开的技术方案与本专利权利要求10相同这一事实不持异议"，与事实不符。而且证据5没有公开权利要求10的技术特征。

再审审理查明

最高人民法院经审理查明：原审法院查明的事实基本属实。另查明：根据第4988号无效宣告请求审查决定的记载，无效请求人爱吉科公司在无效宣告审查程序中对证据5的使用方式如下：1. 请求人于2001年5月8日提交的意见陈述中指出：（1）"早在本专利申请日之前，如皋纺织机械厂就开始在国内大量生产、公开销售AJQ-II型吹吸清洁机（见证据4），AJQ-II型吹吸清洁机的吸棉箱结构（见证据5、6）为：……由上述分析可见，AJQ-II型吹吸清洁机的吸棉箱已公开了权利要求1的全部技术特征，权利要求1丧失了新颖性，更没有创造性。"（2）"权利要求10的附加技术特征'该装置通过其上、下圆柱形端口与清洁器吸棉管相连'是该装置使用时的必然状态，且与AJQ-II型的连接方式完全相同，因此权利要求10当然无新颖性可言，更没有创造性"。（3）"请求人还认为，本专利技术方案已由在申请日前公开发表的出版物所公开，不具备新颖性和创造性；……"。请求人在此无效理由中并未使用证据5。2. 在口头审理结束后，请求人于2003年1月17日提交的意见陈述中指出："证据5为如皋纺织机械厂1998年7月1日发布的Q/320682KC01-1998号企业标准，是企业［为］技术手册的一种，属于公开出版物并经国家质量技术监督管理机关备案。该标准第8页公开了型号为AJQ-II型吹吸清洁机的结构。……因此，权利要求1的技术特征d也已经由证据5所公开，在证据7第二实施例和证据5相结合的基础上，权利要求1的技术方案对本领域技术人员来说是显而易见的，权利要求1不具备创造性。请求人提供的证据8也公开了权利要求1的全部技术特征，特别是证据8与证据7、证据9、证据5结合的基础上，权利要求1也不具备创造性。"在本院庭审中，爱吉科公司对于该决定的上述记载并无异议。

第4988号无效宣告请求审查决定还记载，被请求人王玉山对证据5的真实性提出了4点怀疑，认为不能作为证据使用。该决定在决定理由中，对证据5的真实性未作出明确评价，指出证据5是企业内部标准，不是公开出版物。但也指出，"依据证据5不能确认证据4中的AJQ-II型吹吸清洁机的结构。"

爱吉科公司在二审法院审理期间，向法庭提交了南通市如皋质量技术监督局（即前述之如皋市质量技术监督局）2004年3月16日出具的证明，证明该企业标准于1998年7月4日在该局备案。应本院有关说明证据5形成过程的要求，爱吉科公司代理人于

2007年3月30日向本院来函说明:"江苏昌升集团如皋纺织机械制造厂是位于江苏省如皋市的一家工厂,2000年因企业改制,该厂变更为如皋市爱吉科纺织机械有限公司,即本案被申请人。该工厂按照标准化法和《江苏省标准监督管理办法》的规定,于1998年7月1日制定并发布了这份强制性企业标准,并按照上述法律的规定,于1998年7月4日将该标准一式两份提交给了如皋市技术监督局备案登记。如皋市技术监督局于当日为其办理了备案登记手续,并在该厂提交的企业标准上加盖了标准备案专用章,一份留存在技术监督局备查,一份交给该工厂。本案证据5就是技术监督局备案并盖章后交给该厂的企业标准。"

再审判理和结果

最高人民法院认为,本案涉及的主要问题是:企业标准备案是否当然构成专利法意义上的公开;二审判决是否超出了无效审查决定的审查范围;法院直接判决宣告专利权的效力是否具有法律依据。

(一)关于企业标准备案是否当然构成专利法意义上的公开

我国现行的法律、行政法规和部门规章以及江苏省的地方政府规章虽然规定了企业标准特别是企业产品标准的发布、备案和公告制度,但均未对备案的企业标准对外公开的具体内容作出明确规定或者限制。这并不意味着备案的企业标准当然会被备案管理机关予以全部公开,从而构成专利法意义上的公开。企业标准作为一种技术要求,构成企业的科技成果,虽并非必然但绝不排除可以包含企业的技术秘密。国家机关对在执法活动中获得的他人的技术秘密也依法负有保密义务。对于备案的企业标准,备案管理机关以及其他有机会接触该企业标准的执法机关(如解决产品质量争议的执法机关)和检验、鉴定机构等中介组织,应当注意到其中可能包含企业的技术秘密,应当依法予以保护,除非具有明确的法律依据,不得擅自予以公开。

进一步考察对有关企业标准备案管理的实践操作情况,企业标准的发布实质上是指企业标准在制定完成后在企业内部发布实施,不同于国家标准、行业标准、地方标准的向社会发布,企业标准是否向社会公开发布属于企业自主行为;对于备案的企业标准,备案管理机关一般只公告标准的代号、编号、名称和备案企业名称,并不公告标准的具体内容;公众能够向管理标准档案的机构借阅的标准只能是国家标准、行业标准、地方标准、国际标准等,不包括企业标准;除了法院等特定执法机关,企业标准备案管理部门一般也不对外提供对备案企业标准具体内容的查询服务。

结合现有法律规定和实践操作情况,企业标准的备案并不意味着标准的具体内容要向社会公开发布,企业标准的备案也不意味着公众中任何人即可以自由查阅和获得,企业标准并不因备案行为本身而构成专利法意义上的公开。本案中无效请求人并无证据证明争议企业标准的全部内容已经实际由备案管理机关对外公告。其在二审期间提交的南通市如皋质量技术监督局2004年3月16日出具的证明本身不能作为新的证据在本案中使用,但即使认可该证据的使用,也只能证明该企业标准的具体备案时间,而不能证明该企业标准的具体内容已经实际对外公告。而且,其所提交的证据5实际上是其自己提交备案并经备案管理机关加盖标准备案专用章后退还于其的企业标准,并非是能够代表社会公众的第三人从公开渠道自由取得,因此,不能用于证明该企业标准已经处于社会公众中任何人想要得知就能够得知的状态。

本案中证据5所涉企业标准的具体内容并未构成专利法意义上的公开，不能作为评价本专利新颖性和创造性的依据。二审法院关于"作为交货依据的企业标准在规定的时间、在规定的部门备案本身就意味着公众可以根据该标准备案的时间、通过相关的部门获知该企业标准的备案信息"的认定，既无明确的法律依据，也与主管部门的实践操作不符，属于认定事实错误。二审法院在此基础上所作关于本专利丧失新颖性的判断亦属错误。爱吉科公司有关本专利丧失新颖性的理由不能成立，专利复审委员会的此点申请再审理由成立。

鉴于证据5不能用于评价本专利的新颖性，对于证据5附图2所记载的技术方案是否与本专利权利要求10相同，已无需再行审查。

至于专利复审委员会所提二审法院直接根据《江苏省标准监督管理办法》推定备案企业标准的公开日期缺乏事实依据的问题，假设无效请求人已经单独就证据5提出丧失新颖性的请求，而证据5本身的真实性可以认定且能够认定企业标准备案即构成专利法意义上的公开，则二审法院在无效请求人并无其他证据能够证明准确公开日期的情况下，作出这样的推定并无不可。专利复审委员会的此点申请再审理由不能成立，一审法院关于证据5的备案时间不能确定的认定亦属有误。

（二）二审判决是否超出了无效审查决定的审查范围

如上所述，企业标准备案不构成专利法意义上的公开，因此证据5不能用于评价本专利的新颖性，专利复审委员会和一、二审法院均无需对此进行审查，本院对此亦本应不予审查。但鉴于专利复审委员会在证据5的使用问题上同时以二审法院对被诉具体行政行为的审查超越了合法性审查范围为由申请再审，本院对此一并作出评价。

根据本院查明的事实，在无效请求人有关新颖性的无效理由中，对证据5是和其他证据结合使用以证明使用公开的，并非用于证明出版物公开；将证据5作为出版物公开的主张是在有关创造性的无效理由中提出的，而且也是与其他证据结合起来使用。专利复审委员会对于证据5也是在将其与其他证据结合是否构成使用公开的问题上进行了评价。从无效请求人在专利复审委员会无效宣告审查程序中的意见陈述和证据使用目的看，应当认为无效请求人在无效宣告审查程序中并未明确单独依据证据5提出本专利权利要求10不具备新颖性的无效理由。在无效请求人未明确主张、专利复审委员会也未就此予以审查认定的情况下，二审判决以各方当事人对证据5记载的有关技术方案与本专利权利要求10相同这一事实不持异议为由，直接依据证据5对本专利新颖性予以审查认定，超出了无效审查决定的审查范围，违反了行政诉讼中的合法性审查原则。专利复审委员会的有关申请再审理由成立。

（三）法院直接判决宣告专利权的效力是否具有法律依据

根据我国《行政诉讼法》的规定，即使专利复审委员会的决定错误，法院也不能直接予以变更，只能判决撤销或者一并要求重作决定。在判决主文中直接对涉案专利权的效力作出宣告判决，超出了《行政诉讼法》及其司法解释有关裁判方式的规定，缺乏充分的法律依据。专利复审委员会有关本案二审法院直接判决本专利无效缺乏法律依据的申请再审理由，应予支持。

本案无效请求人在专利复审委员会无效宣告审查程序、行政诉讼程序和本院再审程序中均主张本专利不具备创造性，专利复审委员会和一审法院均对该无效理由进行了审查并认为本专利具备创造性；二审法院则因认定本专利不具备新颖性而未就其创造性问题作出评判。二审法院的这种处理方式本无明显不妥，但在本院已经认定二审法院有关本专利新颖性认定有误的情况下，二审判决即属于《最高人民法院关于执行〈中华人民共和国行政诉讼法〉若干问题的解释》第80条第（5）项有关审理再审案件中发现生效裁判"对与本案有关的诉讼请求未予裁判的"的情形，依法应当由作出生效裁判的法院重新审理。

综上所述，本案当事人所争议的企业标准备案本身并不构成专利法意义上的公开，本案二审判决对此认定事实错误；在无效请求人未明确单独以涉案企业标准备案为由主张本专利丧失新颖性、专利复审委员会也未就此予以审查并作出决定的情况下，二审判决对此直接予以审查认定，超出了行政诉讼司法审查范围，属于违反法定程序。同时，二审判决在认定本专利丧失新颖性的基础上未审查专利的创造性，在本院认定本专利具备新颖性的情况下，应当由二审法院继续对创造性问题作出审查判断。

最高人民法院依据《行政诉讼法》第63条第2款和《最高人民法院关于执行〈中华人民共和国行政诉讼法〉若干问题的解释》第76条第1款、第78条和第80条第（5）项之规定，于2008年5月20日裁定如下：一、撤销北京市高级人民法院（2004）高行终字第95号行政判决；二、本案发回北京市高级人民法院重审。

● 法官评述

本案反映的主要问题是两个：一是企业标准备案是否当然构成专利法意义上的公开，二是法院直接判决宣告专利权的效力是否具有法律依据。[1]

一、企业标准备案是否当然构成专利法意义上的公开

有关技术内容是否"为公众所知"是专利新颖性判断中是否构成现有技术的基本标准。专利法意义上的"为公众所知"，是指存在公众中的任何人想要得知就能够得知的状态。《审查指南》第二部分第三章第2.1节规定："专利法意义上的现有技术应当是在申请日以前公众能够得知的技术内容。换句话说，现有技术应当在申请日以前处于能够为公众获得的状态，并包含有能够使公众从中得知实质性的技术知识的内容。""应当注意，处于保密状态的技术内容由于公众不能得知，因此不属于现有技术。所谓保密状态，不仅包括受保密协议约束的情形，还包括社会观念或者商业习惯上被认为应当承担保密义务的情形，即默契保密的情形。"

本案争议的焦点问题之一就是备案的企业标准是否当然构成专利法上的"为公众所

---

[1] 以下阐述中，还将论及很多其他相关案件。为便于区别，以下论及这一主题案件时，仍用"本案"表述。

知"。对此问题，实践中争议较大，正如本案申请人所述及，司法实践中也有不同的认定。❶ 在2005年1月13~14日由最高人民法院民三庭、行政庭与专利复审委员会联合召开的"专利复审与行政诉讼研讨会"上，也进行了研讨，虽有不同观点，但多数人倾向于不宜直接认定企业标准因备案而公开。正是基于以上背景，最高法院决定通过本案明确有关问题，统一有关认识。

（一）标准的概念与内涵

所谓"标准"，是对重复性事物和概念所作的统一规定。它以科学、技术和实践经验的综合成果为基础，经有关方面协商一致，由主管机构批准，以特定形式发布，作为共同遵守的准则和依据。

根据《标准化法》第2条，标准就是一些需要统一的技术要求，就工业品而言，既涉及对工业产品本身的技术要求，即工业产品的品种、规格、质量、等级或者安全、卫生要求；也涉及对工业产品生产、流通、使用过程中的技术要求，即工业产品的设计、生产、检验、包装、储存、运输、使用的方法或者生产、储存、运输过程中的安全、卫生要求。

纳入标准内容的技术要求，不可避免地会涉及相关的技术信息，包括可能涵盖专利和技术秘密等技术内容。不能简单地认为有关技术信息被纳入标准，就已经当然公开并且进入公有领域。一般而言，国家标准、行业标准和地方标准一旦发布，其发布的内容就应当认为已经向社会公开。但要注意两点，一是这些标准的发布并不意味着标准所涵盖的技术内容均已公开，作为发布的文件或者标准的附件存在且仅限于特定范围的人知悉的标准内容，不构成专利法意义上的公开，如一些特定的药品标准；二是这些标准的发布也并不意味着当然进入公有领域，因为将专利纳入标准包括纳入国家标准、行业标准和地方标准已经越来越普遍，纳入标准的专利并不当然就可以认为已经进入公有领域。

（二）我国有关企业标准的法律管制状况

《标准化法》第6条第2款规定："企业生产的产品没有国家标准和行业标准的，应当制定企业标准，作为组织生产的依据。企业的产品标准须报当地政府标准化行政主管部门和有关行政主管部门备案。已有国家标准或者行业标准的，国家鼓励企业制定严于国家标准或者行业标准的企业标准，在企业内部适用。"

根据《标准化法实施条例》的有关规定，对于国家标准、行业标准和地方标准，由主管部门编制计划，组织草拟，统一审批、编号、发布。这些标准作为民用标准，一般会是全文发布，发布之后，社会公众即可从公开渠道获得。据此可以认为，国家标准、

---

❶ 参见：藁城市袜不湿垫业有限公司诉专利复审委员会专利无效行政纠纷案。对本案，北京市第一中级人民法院（2003）一中行初字第316号行政判决认为："附件2企业标准虽然标明了发布及实施日期，也在法定期限内办理了备案手续，但这种'发布'及'备案'并不能视为专利法意义上的公开。专利法意义上认定该企业标准已公开的原则，是要认定公众中的任何人想要得知该企业标准就能够得知的状态是否存在。原告未能提供证据证明该企业标准已向社会公众公布，并且该企业标准在本案专利申请日之前已处于任何公众想要得知即可得知的状态，因此，附件2不能视为在本案专利申请日前已公开，其记载的内容亦不能构成本案专利的现有技术"。北京市高级人民法院的（2004）高行终字第61号二审行政判决对一审判决予以维持。

行业标准和地方标准作为民用标准一旦发布，有关内容即构成专利法意义上的公开。当然，如前所述，一些特殊的标准如国家药品标准的发布，则属于这种推定公开的例外。

根据《标准化法》及其实施条例的规定，对于企业标准，由企业组织制定，并按省、自治区、直辖市人民政府的规定备案，企业的产品标准必须报当地政府标准化行政主管部门和有关行政主管部门备案。按照原国家技术监督局1990年7月23日发布的第12号令关于标准化法条文的解释，企业标准要求"备案"的含义是指，负责制定标准的单位在规定的时间内按规定的要求向规定的部门备案；内部适用的企业标准可以不公开，也不要求备案；如果企业标准作为交货依据，则必须备案，同时该标准也是监督检查的依据。按照原国家技术监督局1990年8月24日第13号令发布的《企业标准化管理办法》的有关规定，企业产品标准应在发布后30日内办理备案，一般按企业的隶属关系报当地政府标准化行政主管部门和有关行政主管部门备案。本案当事人所争议的企业标准系在江苏省南通市如皋质量技术监督局备案，依法还应当适用江苏省人民政府于1997年3月9日发布并施行的《江苏省标准监督管理办法》。该办法第15条规定："企业产品标准应当在发布后30日内，按照规定报当地标准化行政主管部门和有关行政主管部门备案，并在'企业产品执行标准证书'上登记。经备案登记的企业产品标准为有效标准。标准化行政主管部门对备案的企业产品标准统一发布公告。"

对于备案的企业标准，从现有有关法律和行政法规中均找不到备案后任何人可以自由查阅、获得的规定，但也没有明确禁止性的规定。国家技术监督局对于《标准化法》规定的"备案"的含义所做的有关解释，并未提及备案就要公开的问题。《标准化法实施条例》第24条也只是规定："企业生产执行国家标准、行业标准、地方标准或企业标准，应当在产品或其说明书、包装物上标注所执行标准的代号、编号、名称。"这只是要求告知购买者产品所执行的具体标准，并不会当然导致标准内容的公开。据了解，国务院标准化行政主管部门至今对此尚无明确的指导性意见。

目前我国关于企业标准问题的有关规定多见于地方性法规和规章，一些地方明确规定不允许将备案的企业标准擅自公开（如授权日提及的《上海市企业产品标准备案管理办法》第9条和《山西省企业标准管理办法》第11条的规定），一些地方对此没有明确规定，有的地方虽然规定了要公告备案的企业标准，但既没有说明是公告标准的代号、编号、名称，还是公告标准的全部内容，也没有明确公众是否可以自由查阅。

前述法律、行政法规和部门规章以及一些地方政府规章虽然规定了企业标准特别是企业产品标准的发布、备案和公告制度，但均未对备案的企业标准对外公开的具体内容作出明确规定或者限制。因此，最高法院认为，这并不意味着备案的企业标准当然会被备案管理机关予以全部公开，从而构成专利法意义上的公开。

（三）我国有关企业标准备案管理的实践操作情况

鉴于目前我国对于企业标准管理的法律规范并不健全的现状，为了科学合理地认定企业标准备案的性质和稳妥处理本案，最高法院在审理本案时进一步考察了对有关企业标准备案管理的实践操作情况，并就关于企业标准的发布和备案管理问题向国家标准化委员会进行了咨询了解。

从实践操作和交易习惯看，企业标准的备案并不当然意味着公众中的任何人想要得知就能够得知。

首先,从企业标准备案管理部门的管理现状和实践操作看,企业标准备案管理部门并不向社会公开发布企业标准的具体内容,除了特定对象,如执法机关,企业标准备案管理部门一般也不对外提供备案的企业标准具体内容的查询服务。经向国家标准化委员会了解,企业标准的发布实质上是指企业标准在制定完成后在企业内部发布实施,不同于国家标准、行业标准、地方标准的向社会发布,企业标准是否向社会公开发布属于企业自主行为;对于备案的企业标准,备案管理机关一般只公告标准的代号、编号、名称和备案企业名称,并不公告标准的具体内容。也就是说,企业标准本身不会向社会公开。

其次,根据《标准化法》的有关规定和交易习惯,企业标准主要是作为交货依据。企业标准备案的目的之一在于作为交货所依据的标准。结合国家技术监督局发布的该法条文的解释,所谓"作为组织生产的依据"是指,企业生产的产品,必须执行相应的标准,即有国家标准、行业标准或者地方标准的,必须执行;没有国家标准、行业标准或者地方标准的,应当制定企业标准作为组织生产的依据。所谓作为组织生产依据的标准,除合同另有规定的外,应是交货所依据的标准,也是监督检查所依据的标准。对于企业自行制定的严于国家标准或者行业标准的企业内控标准,在企业内部适用,这种企业标准可以不公开,也不要求备案,但如果该标准作为交货依据,则必须备案,同时该备案标准也是政府标准化行政主管部门和有关行政主管部门对企业生产的产品进行监督检查的依据。在买卖合同中,如果买卖的标的物涉及特定的企业标准,在卖方依照约定或者交易习惯向买方交付企业标准时,在当事人应当知悉其中包含对方的技术秘密时,依据《合同法》第60条第2款,买方也负有合同的附随保密义务,也不能因此当然认为有关技术内容已"为公众所知"。

实际上,对于企业标准是否因产品销售等交易行为而导致被公开,属于专利法上的使用公开问题。根据《标准化法》及其实施条例的规定,制定企业标准的目的在于,在企业生产的产品没有国家标准、行业标准和地方标准时作为组织生产的依据。也就是说,除合同另有规定的外,企业产品标准应当是交货所依据的标准,当然也是监督检查所依据的标准。《标准化法实施条例》第24条规定:"企业生产执行国家标准、行业标准、地方标准或企业标准,应当在产品或其说明书、包装物上标注所执行标准的代号、编号、名称。"这一规定属于行政管理措施,目的在于便于执法机关监督检查和便于解决产品质量纠纷,社会公众据此只能获知有关产品所执行的标准代号、编号、名称,并不能据此当然获知标准的具体内容。法律既不要求将企业产品标准具体内容向社会公开,也未强制要求向交易相对人公开,交易相对人能否获知企业产品标准的具体内容取决于当事人的约定和实际的履约行为。即使交易相对人获知了企业产品标准,包括在解决有关争议的执法程序中获知,其对标准中包含的有关技术秘密也依法负有相应的保密义务。因此,有关企业标准是否因产品买卖等交易行为导致为交易相对人所知进而导致构成专利法上的使用公开,当事人首先必须提供证据证明已经实际为他人所知,其次至少还要证明知悉该企业标准内容的人并不负有任何法定或者约定的保密义务。显然,本案中无效请求人并未完成此种举证责任。

企业标准的备案还有另外两个目的。一是从管理经济的角度了解本地区企业的产品结构、状况，向政府提供有关信息。二是作为主管部门监督检查所依据的标准。比如，作为质检部门认定是否属于假冒伪劣产品的依据。同时，当买卖合同当事人就产品质量问题发生争议时，由人民法院或者产品质量技术监督部门和其他有权机关对照企业标准来予以判定有关争议内容。从这两个方面来说，也并无公开企业标准全部内容的必要。

再次，企业标准备案后成为标准档案，但并非是公众可以自由查阅或复制的档案。关于企业标准档案管理制度，原国家技术监督局1991年10月28日发布的第25号令《标准档案管理办法》第16条规定："管理标准档案的机构，应当建立健全标准档案借阅制度。标准档案一般不外借。特殊情况需要外借时，应当经主管领导批准，并限期归还。"❶ 同时，经向国家标准化委员会咨询了解，公众能够向管理标准档案的机构借阅的标准只能是国家标准、行业标准、地方标准、国际标准等，不包括企业标准；除了法院等特定执法机关，企业标准备案管理部门一般也不对外提供对备案企业标准具体内容的查询服务。

正是基于以上分析和考虑，最高法院得出结论认为，从现有法律规定和实践情况看，不能直接认定企业标准因备案行为本身而构成专利法意义上的公开，企业标准不属于专利法上的公开出版物，除非确有证据证明该备案的标准已因其他原因"为公众所知"，不能作为评价专利新颖性和创造性的依据。

值得注意的是，最高法院在本案判理中明确指出："不能简单地认为有关技术信息被纳入标准，就已经公开并且进入公有领域。""企业标准作为一种技术要求，构成企业的科技成果，虽并非必然但绝不排除可以包含企业的技术秘密。国家机关对在执法活动中获得的他人的技术秘密也依法负有保密义务。对于备案的企业标准，备案管理机关以及其他有机会接触该企业标准的执法机关（如解决产品质量争议的执法机关）和检验、鉴定机构等中介组织，应当注意到其中可能包含企业的技术秘密，应当依法予以保护，除非具有明确的法律依据，不得擅自予以公开。"应当说，这些认识进一步澄清了企业标准的权利性质，即符合条件的企业标准可以受到知识产权法律的保护，特别是可以作为技术秘密受到保护。这对于企业积极制定并备案和实施企业标准，不断提高产品质量，改进生产工艺，具有重要意义。

二、法院能否在专利无效行政诉讼案件中直接判决宣告涉案专利有效或者无效

现行《专利法》第46条第2款规定："对专利复审委员会宣告专利权无效或者维持专利权的决定不服的，可以自收到通知之日起3个月内向人民法院起诉。人民法院应当通知无效宣告请求程序的对方当事人作为第三人参加诉讼。"据此规定，人民法院对这类案件作为行政案件受理并依据行政诉讼程序进行审理。

当在专利无效行政诉讼中撤销专利复审委员会的决定后专利权明显应当被维持有效、部分有效或者宣告无效的，人民法院能否在判决主文中直接对涉案专利权的效力做出判断，这是自近年来一个颇有争议的问题。

---

❶ 该《办法》第2条第1款规定："标准档案系指在制定、修订标准过程中，直接形成的具有保存价值的各种文件、材料（包括图表、文字材料、计算材料、音像制品和标样等）。"

北京市高级人民法院和北京市第一中级人民法院过去的一般做法是仅判决撤销专利复审委员会的决定或者附加判决专利复审委员会重新作出行政决定。但近年来，该两院尝试对这类案件所涉专利的有效性问题直接作出宣告，如（2003）高行终字第60号案和（2003）高行终字第61号案。2004年9月9日，北京市高级人民法院民三庭下发了供其与北京市第一中级人民法院民五庭内部执行的《关于规范专利无效行政案件裁判文书主文的意见（试行）》。该意见部分条款涉及对专利权效力的直接判断。

实践中和学理上，对于法院能否在专利无效行政诉讼案件中直接判决宣告涉案专利有效或者无效，存有很大争议。持赞成意见者主要是出于程序节约的考虑，主要理由是：第一，有利于节约行政、司法资源。当专利复审委员会作出的专利权无效决定显然错误，专利权明显应当被宣告无效、维持有效或部分无效时，如果人民法院不直接对专利权的效力作出判断，则生效判决作出后专利权的效力仍不确定，当事人可以重新请求专利复审委员会作出决定，并且对该决定当事人仍可请求司法审查。这一程序甚至可以被无限反复使用，从而造成行政、司法资源的浪费。第二，有利于协调判决主文同判决理由的关系，维持生效判决的权威性。当专利权明显应当被宣告无效、维持有效或者部分无效时，如果生效判决书拒绝对此作出判决，则判决书的主文同判决理由显得不协调。第三，有利于相关民事诉讼案件的审理。专利无效行政诉讼一般都与民事诉讼有交叉，当人民法院撤销专利复审委员会的行政决定且专利权明显应当被宣告无效、维持有效或者部分无效的，如果人民法院不对专利权的效力作出直接判断，则专利权的效力在相关民事诉讼中仍然处于不确定状态，如果专利复审委员会重新作出行政决定，则该决定因具有可诉性，从而使相关民事诉讼被无限期中止。如果专利复审委员会不重新作出决定，则专利权的效力将将一直处于不确定状态，也会导致相关民事诉讼被无限期中止。第四，符合国际惯例。据了解，日、韩等国法院均有权对专利权的效力做出判断，并产生了良好的社会效果。❶另外，还有一些人认为，要考虑以下一些因素：一是专利权是私权，对私权之有无和归属的判断，属于司法权行使的当然职能。二是专利无效程序的特点为法院对专利权效力的直接认定提供了可能。三是法院直接判决专利权的效力没有损害当事人和专利复审委员会的权益，相反切中了多数人争议的焦点。四是法院直接判决专利权的效力符合司法救济的效益原则，而且实践中专利权人并不反对这种判决方式。❷

专利复审委员会对此问题持明确反对态度，认为这样做于法无据。主要理由是：第一，法院直接判决专利权的效力的判决方式没有法律依据。《行政诉讼法》第54条规定的判决方式有维持判决、撤销判决、履行判决和变更判决四种，《行政诉讼法》司法解释增加了确认判决和驳回诉讼请求两种判决方式。法院直接判决专利权的效力，是对已现有规定的突破。第二，法院直接判决专利权的效力会导致司法权与行政权之间的界限模糊不清。依据现行《专利法》规定，宣告专利权无效是专利复审委员会的职责。司法

---

❶ 参见：北京市高级人民法院民三庭关于《关于规范专利无效行政案件裁判文书主文的意见（试行）》的说明。

❷ 参见：2005年1月13～14日最高人民法院民三庭、行政庭与专利复审委员会联合召开的"专利复审与行政诉讼研讨会"综述。

机关可以通过诉讼监督行政机关,但不能代行行政机关职权而为具体行政行为。第三,在处理专业问题上行政机关具有不可取代的优势条件,司法机关通常应当尊重专业行政机关得出的结论,司法机关对行政机关虽然有监督制约的职能,但本质上这种制约关系应当是支持关系。第四,法院直接判决专利权的效力后如何执行判决面临操作上的困难。如果由专利复审委员会再作出一次决定重新宣告一次,等于同一专利被两次宣告无效。如果直接将生效判决交国务院专利行政部门登记和公告而不是以专利复审委员会的名义,实质上是专利复审委员会并未执行判决,有损法律的权威。第五,法院直接判决专利权的效力将使多数人尤其是专利权人失去两级救济的程序机会,也会导致无效请求人在无效宣告程序中撤回其请求的撤诉权丧失。❶

对于上述争议,笔者认为,从这类案件的诉讼性质(当事人之间的私权争议)、诉讼规律和诉讼原理(复审委员会居中裁决)以及未来的发展方向看,法院不是不可以直接判决专利权的效力。但是,法院直接判决专利权的效力属于行政诉讼中行使司法变更权的一种形式,根据现有法律规定(《行政诉讼法》第54条第(4)项),人民法院对行政处罚显失公正的,可以判决变更,相应的司法解释也未对此作出任何扩大解释。因此,直接宣告专利权效力这种判决方式,应当通过修改《专利法》等法律或者制定司法解释来解决,不宜由地方法院直接来突破现行《行政诉讼法》和相关司法解释的规定。

笔者同时认为,对于上述专利复审委员会的反对理由,除关于现行行政诉讼法律依据不足一点以外,其他理由并不充分。第一,《专利法》只是规定无效宣告请求应当向专利复审委员会提出,并未规定只有专利复审委员会才能作出宣告专利权无效的最终决定,而是恰恰相反,规定了由司法作出终局裁决。第二,对行政机关执法的监督和尊重不能因涉及专业技术问题而放弃法定职责。第三,法院直接判决专利权的效力的执行,应当直接将生效判决交国务院专利行政部门登记和公告,无需以专利复审委员会的名义重作后再公布,对在此情况下认为专利复审委员会未执行判决,是对法律规定的机械理解。第四,法院直接判决专利权的效力并不导致当事人程序权利和机会的丧失,相反确实可以提高救济效率,避免程序浪费和拖沓。

另外,需要注意的是,虽然法院在现行行政诉讼法律框架下不宜直接宣告专利权的有效性,但这并不意味着法院也不可以直接就涉案专利的"三性"等授予专利权的实质性条件等问题作出审查判断。最高人民法院在本案的判理中明确指出:"在现行的行政诉讼法律框架下,人民法院审理专利无效纠纷案件,应当依法按照合法性审查原则,对所争议专利权是否符合专利法规定的专利授权实质性条件等问题作出判断。但对于宣告专利权有效性问题,仍应遵循现行法律规定的裁判方式进行。"这一判理主要是针对实践中有人怀疑甚至反对法院在专利无效案件中对涉案专利的"三性"等问题进行审查判断所作出的。在最高人民法院(2003)民三监字第3号专利复审委员会申请再审其与舒学章、第三人梁文旭专利行政纠纷中(不服北京市高级人民法院(2002)高民终字第202号行政判决),专利复审委员会申请再审理由之一就是法院无权直接宣告权利要求

---

❶ 参见:2005年1月13~14日最高人民法院民三庭、行政庭与专利复审委员会联合召开的"专利复审与行政诉讼研讨会"综述。

不具备创造性，在创造性的判断没有违反程序或者显失公平的情况下，司法审查应当对行政决定有基本的尊重。对此，笔者认为，对专利"三性"问题判断包括对创造性的审查虽然包含有一定的自由裁量因素，但这种自由裁量是对专利申请是否达到了法定的专利性的标准的审查和判断，并非行政诉讼法意义上的对具体行政行为合理性的审查。虽然在这类案件中，诉讼标的是行政决定，但对行政决定的合法性审查不可回避地要涉及对决定所依据的法律（包括实体法规范和程序法规范）和事实的审查，如果司法复审仅进行程序性审查而不审查专利性条件，司法复审就会流于形式，几无存在意义。因此，人民法院可以并应当对专利"三性"等问题予以审查并直接作出认定。

三、结论

本案最高法院明确了企业标准备案是否构成专利法意义上的公开和法院能否对专利确权行政案件行使司法变更权这两个重要问题。

涉及标准的专利问题是近年来理论和实务界研究和探讨的一个热点和难点。最高法院努力通过一些个案明确有关的法律适用问题。本案就是最高法院2008年作出的两起有关标准与专利关系问题的案例之一。[1] 最高法院在本案中明确指出，企业标准作为一种技术要求，构成企业的科技成果，并不排除可以包含企业的技术秘密；法律虽然要求作为交货依据的企业标准必须备案，但这并不意味着备案的企业标准当然会被备案管理机关予以全部公开，实际上社会公众也不能自由获得企业标准的具体内容，因此不能构成专利法意义上的公开。这不仅对于在《专利法》上如何看待企业标准划清了界限，统一了认识，而且对于健全和完善我国企业标准的管理制度，具有重要的促进作用。

本案也是最高司法机关首次对在专利无效审判程序中法院能否行使司法变更权问题作出明确表态。尽管赋予法院以司法变更权有其合理性与必要性，但最高法院认为，在法律和司法解释未作相应修正或者规定之前，地方法院仍应按照现行法律规定进行裁判。

此外，最高法院对本案的审查可谓十分精细，严格界定了对行政行为的司法审查范围，纠正了二审法院在此问题上存在程序错误。最高法院指出，在无效请求人未明确单独以特定对比文件（即以涉案企业标准备案为由）主张本专利丧失新颖性、专利复审委员会也未就此予以审查并作出决定的情况下，法院对此直接予以审查认定，超出了行政诉讼司法审查范围。同时，最高法院严格遵循《行政诉讼法》的程序规定和专利无效案件的审查规律，在认定本专利具备新颖性但二审判决是在认定本专利丧失新颖性的基础上未审查专利的创造性的情况下，将本案发回重审，由二审法院继续对创造性问题作出审查判断。

尽管本案最高法院是以裁定形式结案，本可以做简单处理，但为了澄清有关法律适用问题，裁定书全文将近1.4万字，其中大量篇幅用于说理和论证，充分体现了最

---

[1] 另一起案件参见：2008年7月8日最高人民法院（2008）民三他字第4号《关于朝阳兴诺公司按照建设部颁发的行业标准〈复合载体夯扩桩设计规程〉设计、施工而实施标准中专利的行为是否构成侵犯专利权问题的函》，涉及实施标准中专利的行为是否构成侵犯专利权问题。

高司法机关精细办案的工作态度，也是充分发挥司法保护知识产权主导作用一个具体例证。

（再审合议庭成员：蒋志培　王永昌　郃中林
编写人：最高人民法院知识产权审判庭　郃中林）

50. 济宁无压锅炉厂诉国家知识产权局专利复审委员会、第三人舒学章发明专利权无效纠纷案

阅读提示：如何界定"同样的发明创造"？如何理解"同样的发明创造只能授予一项专利权"即禁止重复授权原则？

裁判要旨

《专利法》所称同样的发明创造，应当是指保护范围相同的专利申请或者专利；对于发明和实用新型而言，应当将两件发明或者实用新型专利申请或者专利的权利要求书的内容进行比较，而不是将权利要求书与专利申请或者专利文件的全部内容进行比较；对于一个专利申请或者专利要求保护的范围完全落入并小于另一专利申请要求保护的范围的情形，不能认为是属于同样的发明创造。

在《专利法》第三次修正案生效之前，"同样的发明创造只能被授予一项专利"，可以理解为是指同样的发明创造不能有两项或者两项以上的处于有效状态的专利权同时存在；同一申请人就同样的发明创造既申请实用新型专利又申请发明专利的，只要两项专利权不同时存在，就不违反禁止重复授权原则。但在《专利法》第三次修正案生效之后，同一申请人只有在同日就同样的发明创造既申请实用新型专利又申请发明专利的，才不被认定为违反禁止重复授权原则。

案　号

一审：北京市第一中级人民法院（2001）一中知初字第 195 号
二审：北京市高级人民法院（2002）高民终字第 33 号
再审：最高人民法院（2007）行提字第 4 号

案情与裁判

原告（二审上诉人、再审被申请人）：济宁无压锅炉厂
被告（二审被上诉人、再审申请人）：国家知识产权局专利复审委员会（简称"专利复审委员会"）
第三人（再审申请人）：舒学章

一审审理查明

舒学章于 1992 年 2 月 22 日申请了"一种高效节能双层炉排反烧锅炉"发明专利，该发明专利的颁证日为 1999 年 8 月 14 日，授权公告日为 1999 年 10 月 13 日，专利号为 92106401.2。授权公告的权利要求书为："一种立式或卧式双层炉排平面波浪型反烧

炉排锅炉，其特征是上层水管反烧炉排是平面波浪型布置。"

针对该发明专利，济宁无压锅炉厂于 2000 年 12 月 22 日向专利复审委员会提出无效宣告请求，其理由是本发明专利不符合修改前的《专利法实施细则》第 12 条第 1 款的规定，所提交的对比文件为 1992 年 2 月 26 日公告的公告号为 CN2097376U 的实用新型专利申请说明书，专利申请号为 91211222.0，设计人、申请人均为舒学章。该实用新型专利的申请日为 1991 年 2 月 7 日，颁证日为 1992 年 6 月 17 日，授权公告日为 1992 年 9 月 30 日，其公告的权利要求书内容为："1. 一种主要由反烧炉排［2］、正烧炉排［1］和炉体［3］构成的高效节能双层炉排反烧锅炉，本实用新型的特征在于正烧炉排［1］和反烧炉排［2］的各个炉条是间隔的一上、一下分两层构成波浪形排列。"该实用新型专利的权利期限届满前，专利权人请求了续展，该专利权至 1999 年 2 月 8 日由于有效期届满而终止。

专利复审委员会受理了上述请求后即通知无效被请求人舒学章在指定期限内答复。舒学章认为本发明专利的申请日在实用新型专利公开日之前，本发明专利的颁证日及授权公告日均是在实用新型专利 8 年有效期限届满、权利终止之后，不存在两个相同专利同时有效的问题。后济宁无压锅炉厂进一步补充陈述了意见，认为其提供附件所涉的实用新型专利和本发明专利是相同主题的发明创造。

专利复审委员会于 2001 年 3 月 26 日作出第 3209 号无效宣告请求审查决定，维持 92106401.2 号发明专利权有效。该决定认为，本案所涉的第 92106401.2 号发明专利在授权时，91211222.0 号实用新型专利权已经终止，故不存在所述实用新型专利权和本发明专利权共同存在的情况。因此，本发明专利权的授予不违反修改前的《专利法实施细则》第 12 条第 1 款的规定，济宁无压锅炉厂请求宣告本发明专利权无效的理由不成立。

济宁无压锅炉厂不服专利复审委员会第 3209 号无效宣告请求审查决定，在法定期限内向北京市第一中级人民法院提起诉讼。

一审判理和结果

北京市第一中级人民法院经审理认为：原告济宁无压锅炉厂请求宣告本案所涉发明专利无效的理由是本发明专利不符合修改前的《专利法实施细则》第 12 条第 1 款的规定，所提交的附件是公告号为 CN2097376U 的实用新型专利申请说明书。从独立权利要求书所载明的内容来看，第三人舒学章在后申请的发明专利的必要技术特征只涉及上层炉排的技术特征，而其在先申请并被授权的实用新型专利的必要技术特征涉及上、下两层炉排的技术特征。发明专利技术特征包含在实用新型专利技术特征中，故舒学章的发明专利与实用新型专利属于相同的发明主题，是同样的发明创造。

我国《专利法》及其实施细则均没有禁止申请人同时或者先后就同样的发明创造分别提出发明申请和实用新型申请。由于发明申请和实用新型申请的法定审查程序不同，相对而言，实用新型授权快，审查周期短，申请人可以更快更早地获得专利保护，因此有些申请人采用了同时或者先后递交两种专利申请的方式。修改前的《专利法实施细则》第 12 条第 1 款的规定正是为了避免对同样的发明创造予以重复授权的情况出现而制定的。该条规定："就同样的发明创造只能被授予一项专利"，应理解为同样的发明创造不能同时有两项或者两项以上处于有效状态的授权专利存在，否则即构成法律所禁止的重复授权。本案所涉92106401.2号发明专利与91211222.0号实用新型专利在保护期上有间断，没有同时存在，故不属于重复授权的情况。

针对实际中发生的有关情况，原中国专利局《审查指南公报》第6号对修改前《专利法实施细则》第12条第1款的适用进行了具体规定。由于本案所涉发明专利在授权时，已授权的实用新型专利权的期限经续展后已经届满，不存在权利人选择的问题，因此发明专利权的授予并不违反上述规定及修改前《专利法实施细则》第12条第1款的规定。

综上，专利复审委员会作出的第3209号无效宣告请求审查决定事实清楚，适用法律正确，程序合法，应予维持。北京市第一中级人民法院依照《行政诉讼法》第54条第（1）项之规定，于2001年9月17日以（2001）一中知初字第195号行政判决书判决：维持专利复审委员会第3209号无效宣告请求审查决定。案件受理费1 000元，由济宁无压锅炉厂负担。

上诉与答辩

济宁无压锅炉厂不服一审判决，在法定期限内向北京市高级人民法院提起上诉。其上诉理由为：一审判决对修改前的《专利法实施细则》第12条第1款的理解是错误的；一审判决引用原中国专利局《审查指南公报》第6号规定，认为"由于本案所涉发明专利在授权时，已授权的实用新型专利权的期限经续展后已经届满，不存在权利人的选择问题"是错误的。本案的问题是，国家知识产权局专利局在对92106401.2号发明专利审查过程中，应发现该申请不符合原《专利法实施细则》第12条第1款规定，进而通知权利人进行选择，由于其错误没有检索到91211222.0号实用新型专利文献，造成权利人没有选择，导致92106401.2号发明专利授权，形成重复授权，这显然对社会公众来说是不公平的。故请求依法撤销一审判决及专利复审委员会第3209号无效宣告请求审查决定。

专利复审委员会、舒学章服从一审判决。

二审判理和结果

北京市高级人民法院经审理认为：1992年《专利法实施细则》第12条第1款规定，同样的发明创造只能被授予一项专利。同样的发明创造是指技术领域、所要解决的技术问题和技术方案实质上相同的发明创造，授予一项专利是指授予一项发明专利或者实用新型专利。本案中，舒学章在先申请并被授权的实用新型专利与其在后申请的发明专利符合上述相同主题的发明或者实用新型的定义，故一审判决认定舒学章的发明专利与实用新型专利属于相同主题的发明创造是正确的。

重复授权是指同样的发明创造被授予两次专利权，基于同样的发明创造的两项专利权同时存在并不是构成重复授权的必要条件。一审判决中确认的"只要基于同样的发明创造的两项有效专利权不同时存在，即不构成重复授权"于法无据，且有悖于立法本意。我国专利制度的建立，不仅是为了保护专利权人的合法权益，同时也要保护社会公众的利益。一项专利一旦权利终止，从终止日起就进入了公有领域，任何人都可以对该公有技术加以利用。本案中，舒学章在先申请并被授权的91211222.0号实用新型专利已于 1999 年 2 月 8 日因权利期限届满而终止，该专利技术遂已进入公有领域。舒学章在后申请的 92106401.2 号发明专利因与 91211222.0 号实用新型专利系相同主题的发明创造，故在该发明专利于 1999 年 10 月 13 日被授权公告时，相当于把已进入公有领域的技术又赋予了专利权人以专利权，应属重复授权，违反了《专利法实施细则》中关于同样的发明创造只能被授予一项专利的规定。对济宁无压锅炉厂关于 92106401.2 号发明专利的授权违反 1992 年《专利法实施细则》第 12 条第 1 款的规定，请求撤销专利复审委员会第 3209 号无效宣告请求审查决定的上诉请求，应予支持。

综上，专利复审委员会所作出的第 3209 号无效宣告请求审查决定及一审法院作出的行政判决，认定事实清楚，但适用法律错误，应予撤销。依照《行政诉讼法》第 61 条第 1 款第（2）项之规定，北京市高级人民法院于 2002 年 4 月 22 日以（2002）高民终字第 33 号行政判决书判决：一、撤销北京市第一中级人民法院（2001）一中知初字第 195 号行政判决书；二、撤销专利复审委员会作出的第 3209 号无效宣告请求审查决定。一审案件受理费和二审案件受理费各 1 000 元，由专利复审委员会负担。

二审法院复查情况

舒学章不服二审判决，于 2002 年 5 月 13 日向北京市高级人民法院申请再审。主要理由是：舒学章的实用新型专利与发明专利不是同样的发明创造，两个专利在技术方案、所要解决的技术问题方面存在实质不同，原一、二审认定是同一专利，在认定事实上存在错误，应予撤销。

专利复审委员会亦不服二审判决，于 2002 年 8 月 2 日向最高人民法院申请再审。主要理由是：1. 舒学章的实用新型专利与发明专利因权利要求书不同，所要保护的不是同样的发明创造。2. 本案发明专利在授权时，已授权的实用新型专利权的期限经续展后已经届满，不存在权利人选择的问题，因此发明专利权的授予并不违反《专利法实施细则》的有关规定。对该再审申请，最高人民法院于 2002 年 12 月 6 日以（2002）行监字第 76 号函转北京市高级人民法院复查处理。

北京市高级人民法院经复查认为：从舒学章的发明专利与实用新型专利权利要求书所载明的内容来看，舒学章在后申请的发明专利的必要技术特征只涉及上层炉排的技术特征，而舒学章在先申请并被授予的实用新型专利的必要技术特征涉及上、下两层炉排的技术特征。舒学章发明专利技术特征包含在实用新型专利技术特征中，故一、二审判决有关舒学章的发明专利与实用新型专利属于相同的发明主题，是同样的发明创造的认定正确。一审判决后，舒学章和专利复审委员会对一审相关事实的认定并未提出上诉，在二审庭审时法庭询问舒学章其发明专利与实用新型专利是否为同一发明创造，舒学章明确表示：实际上是同一专利。现舒学章和专利复审委员会未能提供两个专利在技术方案、所要解决技术问题方面存在实质不同的充分证据，故有关舒学章的实用新型专利与发明专利不是同一发明创造的再审申请理由不成立。本案舒学章的实用新型专利于 1999 年 2 月 8 日因权利期限届满而终止时，该专利技术遂已进入公有领域。舒学章在后申请的发明专利因与该实用新型专利系相同主题的发明创造，故在该发明专利于 1999 年 10 月 13 日被授权公告时，相当于把已进入公有领域的技术又赋予了专利权人以专利权。因此，原判认定本案发明专利属于重复授权正确，专利复审委员会关于其审查决定未违反《专利法实施细则》相关规定的再审申请理由无充分证据支持。综上，原判在认定事实及适用法律方面并无不当，有关再审申请不符合法律规定的再审条件。该院于2003年12月17日和2003年12月18日分别针对舒学章和国家知识产权局专利复审委员会作出（2003）高行监字第8号驳回再审申请通知书，驳回各自的再审申请。

申请再审理由与答辩

舒学章与专利复审委员会均不服二审判决和北京市高级人民法院（2003）高行监字第8号驳回再审申请通知书，分别于2004年6月1日和2006年3月29日向本院申请再审，认为二审判决认定事实和适用法律均有错误，请求撤销本案二审判决，维持一审判决和专利复审委员会第3209号无效宣告请求审查决定。

舒学章申请再审主要理由是：1.本案所涉实用新型专利与发明专利不是同样的发明创造。（1）两个专利虽属同一技术领域，但两个专利的权利要求、说明书、发明目的和解决问题的技术方案截然不同，采用的技术手段完全不一样。该实用新型专利的技术特征为反烧炉排和正烧炉排均为波浪形排列，强调"和"而非"或者"的关系。而发明专利的技术特征只写明了反烧炉排为平面波浪型排列，其不包含在实用新型专利的技术特征中。也就是说，只有在实用新型专利的技术特征是正烧炉排或者反烧炉排为波浪形，并且未进行"平面"限定的情况下，才包含了发明专利的技术特征。发明专利的核心部分是波浪形炉排。就反烧锅炉来讲，波浪形炉排在反烧锅炉中可以提出三个截然不同的技术方案，一是上层炉排是波浪形，二是下层炉排是波浪形，三是上下层炉排都是波浪形。（2）根据《审查指南》的规定，对同样的发明创造应以"实质上相同，预期效果相同"作为判断依据，二审判决仅以"实质上相同"就认定两个专利是同样的发明创造，忽略了"预期效果相同"的判断标准。实用新型专利的技术方案不具备创造性，是一个错误的、报废的技术方案，至今无一例使用；发明专利的技术方案只用了一个必要技术特征"反烧炉排为平面波浪型布置"即达到了提高燃烧强度的预期效果。通过对两个专利的权利要求书、说明书、附图等对比分析，可以明显地判断出二者的预期效果是完全不同的，不是同样的发明创造。（3）当事人在庭上的陈述和书记员的记录难免会有失误，不能断章取义抓住一句庭审笔录作为判案的依据，更不能套用侵权诉讼中的"禁止反悔原则"。二审庭审记录中舒学章自述"实际上是同一专利……"，原意是"二专利的关键实质部分是相同的"，发明专利只是消除了漏风的错误，改进了效果。（4）济宁无压锅炉厂的无效请求理由是两个专利属于"相同的主题"，而现行《专利法实施细则》第13条第1款规定"同样的发明创造只能被授予一项专利"，显然"相同的主题"与"同样的发明创造"并非同一概念。因此，专利复审委员会不应当受理该无效请求。2.本案发明专利授权不属于重复授权。（1）二审判决认定实用新型专利到期即进入公有领域于法无据。本案即使把舒学章的两个专利归为同样的发明创造，实用新型专利在发明专利申请日前并没有公开，在发明专利申请日时不是公有技术，在实用新型专利到期时，该技术方案在发明专利授权前仍处于临时保护期，不能说已经进入公有领域。（2）是否重复授权应以《专利法》所规定的新颖性为判断标准。我国法律不限制同一发明人就同样的发明创造提出实用新型和发明两份申请，也没有限制在不同时段上对两份申请分别授权，但为了避免出现重复授权，依据《审查指南》的有关规定，当选择发明专利时,应放弃已经授权的实用新型专利,也就是在不同时段上先后进行了两次授权,使权利不重叠,不同时存在,这是我国的一贯做法。本案发明专利授权时,实用新型专利已经到期,不存在需要选择放弃的问题,更不存在两个专利同时存在的问题。(3) 原中国专利局《审查指南》和《审查指南公报》对修改前的《专利法实施细则》第 12 条第 1 款的规定都作了正式合法的解释,二审法院不能以学术争论观点作为判案依据。

专利复审委员会申请再审的主要理由是:1. 二审判决关于同样的发明创造的认定有严重的基本原则和概念错误。认定是否是同样的发明创造,应当是对权利要求书所要求保护的发明创造进行比较,而不是对两份申请的说明书所记载的发明创造进行比较。不能在进行权利要求的对比中带有在判断新颖性时上位概念和下位概念的思维。涉案发明专利权利要求仅限定了上层水管反烧炉排是平面波浪形布置,而对下层炉排未作限定,而在先实用新型专利对正烧炉排和反烧炉排都做出了一上一下波浪形的限定。此外,发明专利的权利要求还有"立式或卧式"的限定,而实用新型对此没有限定。二者采用的技术手段不同,其技术效果也不相同,涉案两个专利的权利要求请求保护的是不同的技术方案。一、二审法院对此的认定均有错误,专利复审委员会虽然不同意一审判决的这种认定,但由于判决结果维持了 3209 号决定,且该决定并未涉及该问题,因此专利复审委员会没有提出上诉。2. 二审判决对于"公有领域""公有技术"等基本概念的理解错误。所谓"公有领域""公有技术",实际上都应当是专利法意义上的现有技术的概念,而这一概念的基点是以申请日为界限。本案二审判决把在先的实用新型专利终止时的公有技术认定为发明申请的现有技术,而没有考虑发明申请日的最基本因素,故此才会得出发明授权是把已进入公有领域的技术又赋予专利权的错误结论。这种结论与我国以及世界各国判断专利申请的现有技术的原则相悖。3. 二审判决关于禁止重复授权原则的理解存在严重错误。我国《专利法》及其实施细则均没有禁止同一申请人同时或者先后就同样的发明创造分别提出发明申请和实用新型申请。原中国专利局 1995 年 9 月 28 日发布的《审查指南公报》第 6 号的规定坚持了禁止重复授权的原则,符合我国实际需要,符合立法本意。本案由于发明专利授权时,已授权的实用新型专利权的期限经续展后届满,不存在选择的问题,因此发明专利权的授予不违反原《专利法实施细则》第 12 条第 1 款的规定。解决重复授权的方式并不是当然地将授权在后的专利宣告无效,也就是说先后两次的授权行为并不是构成重复授权的充分必要条件;解决重复授权的方式是放弃其中的一项专利权,也就是说构成重复授权的标准是有效专利的共同存在。4. 该终审判决如不撤销势必将带来的严重后果。中国专利局立足国情,自《审查指南公报》第 6 号以来一直在按照这种精神处理同一申请人同时或者先后就同样的发明创造进行重复申请的情况。这种处理方式既解决了专利权人的合法权益尽早得到保护的问题,又保证了社会公众的利益不受侵害。按照该公报处理的案件数以千计,如果按本案二审判决的逻辑,那些按照《审查指南公报》第 6 号放弃了在先的实用新型专利权和取得在后申请的发明专利权的专利权人,将全都面临着发明专利权要被自己已放弃的在先的实用新型无效掉的危险。由于《审查指南公报》第 6 号在 2000 年伴随《专利法》修改而对《审查指南》的修订时已被采纳,它已成为发明专利实质审查部门必须遵守的规定,还会有更多的类似本案情况的发明申请不断地被授权。

济宁无压锅炉厂答辩称：二审判决认定事实清楚，适用法律正确，再审申请不符合法定条件，应予驳回。主要理由是：1. 涉案发明专利与实用新型专利是同样的发明创造。同样的发明创造是指它们的技术领域和目的实质上相同，所采用的技术解决手段实质上相同，并且能够产生实质上相同的客观效果。（1）两专利的所属技术领域，均涉及一种双层炉排反烧锅炉。（2）两专利的发明目的，均是克服现有技术中反烧炉排通风透气性差、燃烧强度低的缺点，提供一种通风性好、燃烧效率高、不冒黑烟的节能双层炉排反烧锅炉。（3）两专利的发明效果，均是增大了通风间隙，提高了燃烧强度。（4）两专利所采用的技术解决手段，通过对两专利的权利要求进行比较并结合说明书和附图，可以看出：发明专利权利要求书前序部分虽未明确写出必要技术特征，但对于反烧锅炉，不论卧式、立式，其反烧炉排、正烧炉排和炉体均是现有技术所共有的必要技术特征；两专利权利要求书特征部分虽然叙述方式不完全相同，但描述的结构实质上相同，两专利的区别技术特征相同。对此，再审申请人舒学章在申请再审听证时也明确表示"上层炉排即反烧炉排采用水管炉条，下层炉排即反烧炉排为铸铁炉条，发明专利反烧炉排与实用新型专利反烧炉排的结构是完全一致的"。对于双层炉排反烧锅炉来说，其主燃机制是反烧炉排上反烧机制，即反烧炉排的技术特征是其实质性特征，由此理解，两专利的必要技术特征是相同的。而且发明专利的必要技术特征是取自实用新型专利，但又具有比实用新型专利宽得多的保护范围，这显然是不适当的。此外，本案一审判决认定两专利是同样的发明创造，再审申请人舒学章对该事实认定并未上诉，而且在二审庭审调查时还明确表示"我认为实际上是同一专利"，其陈述构成自认。2. 本案发明专利的授予属于重复授权。（1）禁止重复授权原则是指在任何时候，对于一项发明创造只能授予一项专利权。"只能被授予一项专利"意味着专利局对同样的发明创造授权的具体行政行为只能作出一次。本案专利局对于一项发明创造先后两次授予专利权，属于重复授权。（2）把已进入公有领域的技术又赋予了专利权人以专利权，对公众显然不公。本案实用新型专利于1999年2月8日因权利期限届满而终止后，该专利技术即进入公有领域。（3）如果将禁止重复授权理解为"同样发明创造不能同时有两项或者两项以上处于有效状态的授权专利存在"，将导致如下法律问题：首先，不合理地延长专利独占权时间，超越和规避《专利法》规定的保护期限，违反了《专利法》第1条所规定的立法宗旨。其次，削弱了我国《专利法》规定的本国优先权制度。本国优先权制度的主要功能之一就是为申请人选择是申请发明专利还是申请实用新型专利而设立的。申请人出于利益的考虑，总想兼顾两者的优点，但他只能选择其一，申请人并不能兼收发明和实用新型两者的优点。按照现行《审查指南》关于同一申请人既申请实用新型专利又申请发明专利的处理规定，申请人依据该规定会得到比本国优先权更多的好处，就不会利用本国优先权制度进行发明或者实用新型申请选择转换，使得本国优先权制度名存实亡。（4）本案发明专利重复授权的原因系专利局审查错误造成的。在对本案发明专利进行实质审查时，专利局由于工作失误没有检索到已经授权的涉案实用新型专利文献，没有通知当事人进行选择，导致重复授权，对社会公众是不公平的。3. 舒学章再审申请的提出已经超过《行政诉讼法》司法解释规定的2年期限。舒学章签收二审判决书的时间是2002年4月28日，其再审申请书打印时间为2004年6月1日，显然超过上述时间规定,其再审申请应予驳回。

对于舒学章在本案再审中提出济宁无压锅炉厂是以"相同主题的发明创造"提出无效宣告请求,专利复审委员会不应当受理本案无效宣告请求的问题,济宁无压锅炉厂答辩称:请求人陈述过程中的用词存在问题不能认为没有依据法律;专利复审委员会在本院庭审中亦说明,请求人是根据原《专利法实施细则》第12条第1款的规定提出无效请求的,不能因为请求人的个别用词不准确而不予受理。

再审审理查明

最高人民法院经审理查明:原审审理查明的事实属实。另查明:本案92106401.2号发明专利说明书记载:"本发明提供了一种高强燃烧的双层炉排反烧锅炉。目前已被广泛推广的双层炉排反烧锅炉,存在以下三缺陷:1. 燃烧强度低,出力低,造成纲才〔钢材〕浪费。2. 上层水管炉排通风透气性差,燃烧强度低,迫使在下层炉排上补添生煤,造成冒黑烟。3. 上层炉排水管易发生结垢、堵管、烧损事故。造成这些缺陷的主要原因,是由于上层平面水管炉排的间隙,要以不自由漏落生煤的间隙为最大间隙。这个平面极限通风间隙,使得该炉具有以上的固有缺陷。""本发明是根据堆煤力学原理,上层水管炉排设计为平面波浪型,以较大的斜面间隙代替平面间隙,使自由漏落生煤量与平面间隙相当,但却加大了通风间隙,从而提高了上层炉排反烧的燃烧强度。"说明书还结合以立式双层炉排反烧锅炉为例的附图,对于采用上层平面波浪型水管炉排结构的燃烧机理予以说明。说明书并未对下层炉排的具体结构作出任何限定或者说明,但在说明书的唯一附图中显示的双层炉排的结构是上层为平面波浪型水管炉排,下层则为平面一字排开的炉条。

本案济宁无压锅炉厂提出无效宣告请求的理由是本案发明专利不符合原《专利法实施细则》第12条第1款的规定,但其在2001年1月19日和3月8日两次意见陈述中均认为,本案所涉发明专利与实用新型专利属于相同主题的发明创造。舒学章向北京市高级人民法院申请再审的时间是2002年5月13日。北京市高级人民法院于2003年1月14日正式立案审查。济宁无压锅炉厂所提舒学章申请再审时间超出法定的2年期限,与事实不符。

还查明:20世纪90年代中期,原中国专利局的发明专利申请待审案积压严重,相当数量发明专利申请需要等待七八年甚至更长的时间才能得到授权。由于对发明专利申请实行早期公开延迟审查制,实质审查周期相对较长,只申请发明专利不利于发明创造尽快得到保护。而实用新型专利的法律稳定性虽然较差,但是对其申请实行初步审查制,审查周期短、授权快。因此,不少申请人采取了同时或者先后递交发明和实用新型两种类型的专利申请的方式,以期先获得实用新型专利的快速授权和保护;同时,那些发明创造技术创新水平较高的,也不影响其获得发明专利的保护。由于《专利法》及其实施细则并没有明文禁止同一申请人就同样的发明创造提出两份申请,基于当时的申请积压状况,为鼓励和及时保护发明创造,原中国专利局于1995年9月28日发布了《审查指南公报》第6号,对1992年《专利法实施细则》第12条第1款的具体适用作出了规定,首次明确了对同一申请人就同样的发明创造既申请实用新型专利又申请发明专利的处理原则。即在对专利申请或者无效宣告请求的审查过程中,发现同一申请人就同样的发明创造既申请实用新型专利又申请发明专利,且两件申请均符合授予专利权的其他条件时,应通知申请人在二者之间任择其一;如果申请人书面声明放弃其在先获得的实用新型专利权的,则可以对发明专利申请予以授权或者维持该发明专利权有效。有关的基本处理原则也被 2001 年和 2006 年发布的《审查指南》所采纳。

再审判理和结果

最高人民法院经审理认为,本案讼争主要涉及以下两个问题:一是本案中 92106401.2 号发明专利与 91211222.0 号实用新型专利是否属于同样的发明创造;二是如果涉案两个专利属于同样的发明创造,本案发明专利的授权是否违反了禁止重复授权原则,即在同一申请人就同样的发明创造既申请实用新型专利又申请发明专利时,如何理解和适用《专利法》上的禁止重复授权原则。

(一)关于涉案两个专利是否属于同样的发明创造

涉案发明专利与实用新型专利是否属于 1992 年《专利法实施细则》第 12 条第 1 款规定的同样的发明创造,是本案应否适用禁止重复授权原则的事实基础。

1. 同样的发明创造应当是指保护范围相同的专利申请或者专利❶

1992 年《专利法实施细则》第 12 条第 1 款和现行《专利法实施细则》第 13 条第 1 款均规定了禁止重复授权原则,即"同样的发明创造只能被授予一项专利。"禁止重复授权的目的在于防止对于同样的发明创造有两项或者两项以上的专利权同时存在而导致专利权之间的冲突或者不必要的重叠,只要两项专利申请或者专利要求保护的内容不同,即可以达到防止重复授权的目的。因此,1992 年《专利法实施细则》第 12 条第 1 款和现行《专利法实施细则》第 13 条第 1 款所称的同样的发明创造,应当是指保护范围相同的专利申请或者专利;在判断方法上,应当仅就各自请求保护的内容进行比较即可。对于发明和实用新型而言,应当将两件发明或者实用新型专利申请或专利的权利要求书的内容进行比较,而不是将权利要求书与专利申请或专利文件的全部内容进行比较。被比对的两项权利要求所要求保护的范围相同的,应当认为是同样的发明创造;要求保护的范围不同的,不论二者的说明书内容是否相同,均不属于同样的发明创造。对于一个专利申请或者专利要求保护的范围完全落入并小于另一专利申请要求保护的范围的情形,即权利要求保护范围部分重叠的,也不能认为属于同样的发明创造而依据禁止重复授权原则拒绝授予其中一项申请以专利权,而是应当根据对新颖性、创造性等其他专利授权条件的审查来决定是否授予专利权。《审查指南公报》第 6 号以及之后的《审查指南》对于同样的发明创造的概念界定和判断方法逐渐清晰,现行《审查指南》的相关规定更加明确。

2. 涉案两个专利保护范围不同,不属于两样的发明创造

就本案而言,涉案两个专利分别只有一项权利要求。按照前述的判断方法,应当通过对这两项权利要求所确定的保护范围的比较来判断两个专利是否属于同样的发明创造。对于发明或者实用新型专利权的保护范围的确定,按照我国《专利法》的规定,应

---

❶ 再审判理和结果原文摘录了再审判决书中的"本院认为"部分,因其篇幅较长、内容较多,为便于阅读和理解,编写人增加了此一层次的小标题,以下相同层次的小标题均为编写人增加,特此说明。

当以其权利要求的内容为准,说明书及附图可以用于解释权利要求。在使用说明书及附图解释权利要求时,不应当将仅反映在说明书及附图中而未记载在权利要求书中的技术特征读入到权利要求之中,用于限制专利权的保护范围;也不能直接以仅在说明书附图中所反映出的具体结构来限定权利要求中相应技术特征的含义。

本案发明专利权利要求为:"一种立式或卧式双层炉排平面波浪型反烧炉排锅炉,其特征是上层水管反烧炉排是平面波浪型布置。"涉案实用新型专利权利要求为:"1.一种主要由反烧炉排[2]、正烧炉排[1]和炉体[3]构成的高效节能双层炉排反烧锅炉,本实用新型的特征在于正烧炉排[1]和反烧炉排[2]的各个炉条是间隔的一上、一下分两层构成波浪形排列。"发明专利不论在其权利要求书还是在说明书中,均并未对下层炉排的具体结构作出特别的限定或者说明,只是在说明书中唯一一个附图中显示的下层炉排是平面一字排开的炉条。

根据涉案两个专利的权利要求,结合各自的说明书及附图,可以看出,两个专利所要求保护的技术方案均涉及一种由反烧炉排(上层炉排)、正烧炉排(下层炉排)和炉体构成的双层炉排反烧锅炉,二者只是在对上下层炉排结构的限定上有所不同。发明专利要求保护的是上层炉排为平面波浪形排列的双层炉排反烧锅炉;实用新型专利要求保护的是上下层炉排均为波浪形排列的双层炉排反烧锅炉。按照前述权利要求的解释方法,在该发明专利权利要求并未对下层炉排的具体结构作出特别限定的情况下,不能仅依据说明书附图中有关下层炉排的表示来限定其具体结构,该发明专利的下层炉排不排除也可以是平面波浪形排列的炉排。由此可见,本案中发明专利在保护范围上不仅包含了实用新型专利,而且大于实用新型专利的保护范围。相对而言,可以将实用新型专利看作是发明专利的一种具体实施方式,实用新型专利在保护范围上完全落入了发明专利的保护范围之内,并且小于发明专利的保护范围。按照前述关于同样的发明创造的判断原则和方法,涉案两个专利的保护范围并不相同,二者不属于同样的发明创造。

3. 同样的发明创造与相同主题的发明创造是两个不同的概念

需要指出的是,同样的发明创造与相同主题的发明创造是两个不同的概念,本案中无效请求人和一、二审法院均混淆使用了这两个概念。我国《专利法》在禁止重复授权问题上使用"同样的发明创造"的概念,在优先权问题上使用了"相同主题"的发明创造的概念。应当说,就发明和实用新型而言,这两个概念在本质上都是指比对对象之间在技术领域、所解决的技术问题、技术方案和预期效果上相同。《审查指南》对有关概念的界定在不同时期的文字表述上略有不同,实质上均体现了这一基本含义。但是基于不同的立法目的和操作需要,两个概念分别具有不同的法律意义,各自的对比判断方式因比对对象不同而有所不同,不能混同或者替换使用。优先权制度的目的在于为同一申请人的国际或国内专利申请提供便利,将在优先权期限内提出的相同主题的在后申请看作在首次申请的申请日提出。在判断方式上,"相同主题"的发明或者实用新型是以在后申请的权利要求所要求保护的技术方案与首次申请中的全部内容(包括权利要求书和说明书)进行对比。这与新颖性的判断方式基本相同,但与同样的发明创造仅就权利要求书进行比对的方式明显不同。

4. 本案无效请求人和一、二审法院混淆了同样的发明创造与相同主题的发明创造

的概念，在实质上均认为涉案两个专利属于同样的发明创造，无效请求人的主张不能成立，一、二审法院认定有误

本案中，济宁无压锅炉厂的无效理由是本案发明专利不符合1992年《专利法实施细则》第12条第1款的规定，但其在专利复审委员会审查程序中陈述意见时却认为本案所涉两个专利属于相同主题的发明创造，这属于概念不清。一审法院对此认为，"从独立权利要求书所载明的内容来看，第三人舒学章在后申请的发明专利的必要技术特征只涉及上层炉排的技术特征，而其在先申请并被授权的实用新型专利的必要技术特征涉及上、下两层炉排的技术特征。发明专利技术特征包含在实用新型专利技术特征中，故舒学章的发明专利与实用新型专利属于相同的发明主题，是同样的发明创造。"一审法院关于"发明专利技术特征包含在实用新型专利技术特征中"的表述，本身语义不清，甚至错误，不能因为有共同的技术特征就认定技术特征之间有包含关系，而应当是对要求保护的技术方案之间有无包含关系作出认定。同时，以两个专利属于相同的发明主题进而认定二者属于同样的发明创造，属于概念混淆。而且，"相同的发明主题"本身不是一个规范用语，应当是指"相同主题"的发明创造。二审法院对此认为，"同样的发明创造是指技术领域、所要解决的技术问题和技术方案实质上相同的发明创造……"同时又认为，"舒学章在先申请并被授权的实用新型专利与其在后申请的发明专利符合上述相同主题的发明或者实用新型的定义，故原审判决认定舒学章的发明专利与实用新型专利属于相同主题的发明创造是正确的"；"舒学章在后申请的92106401.2号发明专利因与91211222.0号实用新型专利系相同主题的发明创造……"该院复查驳回再审申请的有关理由与一审法院相同。可见，二审法院也未对同样的发明创造与相同主题的发明创造的概念作出严格区分，亦属概念混淆。

本案无效请求人和一、二审法院虽然均混淆了同样的发明创造与相同主题的发明创造的概念，但实质上均认为涉案两个专利属于同样的发明创造。专利复审委员会第3209号无效宣告请求审查决定虽然没有明确认定涉案两个专利属于同样的发明创造，但其结论却是两个专利并非共同存在，不违反禁止重复授权的法律规定。其逻辑起点实际上也是认可两个专利属于同样的发明创造。否则，就无需判定是否违反禁止重复授权规定的问题。根据以上分析，通过对涉案两个专利的权利要求的比对，涉案两个专利并不属于同样的发明创造，无效请求人济宁无压锅炉厂的有关主张不能成立，一、二审法院的有关认定有误；专利复审委员会和舒学章在本案再审中提出的涉案两个专利不属于同样的发明创造的意见应予支持，有关申请再审理由基本成立。

5. 济宁无压锅炉厂有关舒学章对涉案两个专利属于同样的发明创造构成自认的答辩意见不能成立

此外，当事人对判决未提出上诉不表明其对该判决认定的事实以及有关判理的当然认可。本案不能以当事人对一审判决有关涉案两个专利属于同样的发明创造的认定未提出上诉而推定当事人对该认定的承认。同时，对专利权保护范围的确定涉及对经法定程序形成的专利权利要求书和说明书的解释和运用，不仅包括事实认定，也涉及法律适用问题。有关的事实认定和法律适用必须依据具有法律效力的专利文件，而不能仅以专利权人事后的个别言辞或者误解作为认定事实的依据。当然，这并不影响专利权人在行使

权利时主动放弃其部分或者全部权利内容。本案中舒学章在二审庭审中有关涉案两个专利"实际上是同一专利"的表述与其上诉主张明显矛盾，不能构成有效自认，其表述也不能改变专利权保护范围的客观状态。因此，济宁无压锅炉厂有关舒学章对涉案两个专利属于同样的发明创造构成自认的答辩意见不能成立，二审法院复查驳回再审申请的有关理由亦欠妥当。

（二）关于禁止重复授权原则的理解

本案涉案两个专利本不属于同样的发明创造，即不存在适用禁止重复授权原则的前提事实。但同一申请人就同样的发明创造既申请实用新型专利又申请发明专利的做法是否符合《专利法》上的禁止重复授权原则，始终是本案当事人争议的焦点之一，一、二审判决对此也各执一辞，引起了社会上的普遍关注。

1. 一、二审判决对禁止重复授权原则的理解

本案一审判决认为，禁止重复授权应理解为，"同样的发明创造不能同时有两项或两项以上处于有效状态的授权专利存在"。二审判决认为，"重复授权是指同样的发明创造被授予两次专利权，基于同样的发明创造的两项专利权同时存在并不是构成重复授权的必要条件。"二审判决实际上是认为同样的发明创造只能被授予一次专利权。

2. 本院对禁止重复授权原则的理解

1992年《专利法实施细则》第12条第1款和现行2001年《专利法实施细则》第13条第1款规定的"同样的发明创造只能被授予一项专利"，可以理解为是指同样的发明创造不能有两项或者两项以上的处于有效状态的专利权同时存在；在现行的制度安排下，同一申请人就同样的发明创造既申请实用新型专利又申请发明专利的，只要两项专利权不同时存在，就不违反禁止重复授权原则。首先，《审查指南》允许同一申请人同时或者先后就同样的发明创造既申请实用新型专利又申请发明专利，这种做法的形成有其历史原因，虽不尽完善，但客观上有利于申请人选择对其发明创造最为有利的保护方式。其次，《专利法》关于先申请原则和新颖性判断中的抵触申请制度的规定，可以解决不同申请人就同样的发明创造分别提出专利申请的冲突问题。但对同一申请人就同样的发明创造分别提出实用新型和发明专利申请的情形未作规定，立法上为同一申请人保留了一个比较宽松和方便的专利申请选择途径。应当说，《审查指南》对于禁止重复授权原则的解释和国务院专利行政部门过去十多年来的有关做法，未违背《专利法》的基本立法精神，未造成专利权人和社会公众利益的重大失衡。相反，这有利于鼓励发明人尽早公开有关发明创造，有利于及时保护有关发明创造，有利于他人避免重复研究和在此基础上及时进行改进创新。再次，这种做法在我国已经实际执行了十多年，如果简单地否定其合法性和合理性，涉及众多的相关专利的效力，显然不利于对已有的专利或者专利申请的保护。

此外，如果把重复授权理解为是指同样的发明创造被授予两次专利权，也会造成专利审查与授权的实践操作困难。如在一项发明专利申请提出后公布前的时间段内，他人若就同样的发明创造提出实用新型专利申请并获得授权，此时，如果简单地认为同样的发明创造只能被授予一次专利权，则该发明专利申请就不能被授权，这显然违背了专利授予的先申请原则；如果必须将实用新型专利无效后再授予发明专利权，也会造成实际

操作上的困难。

允许同一申请人就同样的发明创造既申请实用新型专利又申请发明专利的做法也存在一些有待完善的问题。如按照《审查指南公报》第 6 号的规定，沿用在后申请本身的申请日计算专利保护期，将可能导致对同一技术的专利保护期限变相延长。又如现行《审查指南》要求前一专利权自申请日起予以放弃，该专利权视为自始不存在，这在实际上产生了相当于前一专利权被无效的后果，将导致曾依据被放弃的专利权而行使权利行为的法律效力的确认等复杂问题，可能会造成当事人的诉累和权利保护上的实际困难。这些问题，应当通过修改有关规定和进一步明确有关规则加以解决。

3. 专利终止并不意味着有关技术就进行了公有领域

在多数情况下专利权的终止会导致该技术进入公有领域，但作为一种排他权的专利权，其终止仅表明权利人不能再就该技术向他人行使该专利权，并不表示在该技术上已经不存在任何其他权利，不能得出一项专利权一旦终止有关技术就进入了公有领域的结论。如从属专利在期限届满前的终止并不意味着从属专利技术就当然进入公有领域，如果基本专利仍然有效存在，他人仍然不能自由实施该从属专利技术。在允许同一申请人对同样的发明创造既申请实用新型专利又申请发明专利的情况下，申请人应审查要求放弃一项在先的实用新型专利权时，该发明专利申请处于临时保护期，也不能认为有关技术已经进入公有领域。因此，二审判决关于"一项专利一旦权利终止，从终止日起就进入了公有领域，任何人都可以对该公有技术加以利用"的结论，过于武断。即使本案两个专利属于同样的发明创造，则情况亦与前述分析的情形类似，只是在本案发明专利授权时，实用新型专利已经过期，按照当时的《审查指南公报》第 6 号的操作规定，不存在由申请人选择放弃实用新型专利的可能和必要，但该发明专利申请在实用新型专利过期前已经处于临时保护期，不能认为有关技术已经进入公有领域。

造成本案实用新型专利过期后发明专利申请才授权的主要原因在于对专利申请的审查周期过长。从这一点上看，也不宜让申请人承担由于专利局的审查原因而造成的不利后果。同时，这也不会对社会公众造成不公。任何理性的市场经营者不仅应当认识到某一项专利权的终止并不当然意味着其可以自由使用所涉及的专利技术，而且应当能够注意到本领域所有已经公开的专利文件，而不能仅关注某一份文件即下结论并据此鲁莽行事。

4. 允许同一申请人就同样的发明创造既申请实用新型专利又申请发明专利是否会削弱本国优先权制度

专利申请人确实可以利用本国优先权制度在优先权期限内实现发明和实用新型专利申请的转换，这与允许同一申请人就同样的发明创造既申请实用新型专利又申请发明专利的做法在功能上存在一定的重合，但二者所针对的问题和功能并不完全相同，如前所述在判断方式上的比对对象不同，其他一些具体条件的操作也不同，相互不能够完全替代。优先权制度主要解决在后申请使用在先申请的申请日问题，即将判断在后申请的新颖性和创造性的时间标准提前。当申请人要求本国优先权时，作为本国优先权基础的中国首次申请，自中国在后申请提出之日起即被视为撤回。此外，优先权制度有优先权期间的限制以及在申请时即应提出要求优先权的书面声明的手续要求。

允许同一申请人就同样的发明创造既申请实用新型专利又申请发明专利，主要是考虑为发明创造提供及时的专利保护。两份申请可以具有各自不同的判断新颖性和创造性的申请日；不存在前一申请被自动视为撤回的问题，而是由申请人或者专利权人选择放弃其一；在后申请的提出时间以在先申请未公开为限；尚未规定申请人的声明义务。根据上述分析，济宁无压锅炉厂提出将重复授权理解为"同样发明创造不能同时有两项或者两项以上处于有效状态的授权专利存在"将会削弱我国《专利法》规定的本国优先权制度的主张，理由并不充分。申请人可以自由选择其认为最为有利的制度或者做法，不能因为有本国优先权制度的存在，而否定允许同一申请人就同样的发明创造既申请实用新型专利又申请发明专利这一做法存在的意义。

综上所述，本案92106401.2号发明专利与作为对比文件的91211222.0号实用新型专利并不属于同样的发明创造；《专利法》上的禁止重复授权，是指同样的发明创造不能有两项或者两项以上的处于有效状态的专利权同时存在，而不是指同样的发明创造只能被授予一次专利权。本案原审认定事实和适用法律均有错误，原判依法应予撤销。故此，依据《行政诉讼法》第54条第（1）项、第61条第（3）项、第63条第2款和《最高人民法院关于执行〈中华人民共和国行政诉讼法〉若干问题的解释》第76条第1款、第78条之规定，判决如下：一、撤销北京市高级人民法院（2002）高民终字第33号行政判决；二、维持北京市第一中级人民法院（2001）一中知初字第195号行政判决和专利复审委员会第3209号无效宣告请求审查决定。本案一审案件受理费和二审案件受理费各1 000元，均由济宁无压锅炉厂负担。

法官评述

我国1992年《专利法实施细则》第12条第1款和现行的2001年《专利法实施细则》第13条第1款均规定了禁止重复授权原则，即"同样的发明创造只能被授予一项专利"。这一原则虽然在立法上确认较早，但真正引起国人的热烈讨论乃至国际的关注，却是开始于立法规定10年之后北京市高级人民法院于2002年4月22日对本案的二审判决之后，直至2008年7月14日最高人民法院依据现行专利法律规范对本案作出再审判决基本澄清了对有关问题的司法认知。正是由于该案的存在和专家、学者对此的热烈讨论以及有关执法机关认识的不断深化，最终促成了《专利法》第三次修正中对此作出了更加清楚的规定，进一步明确了有关制度的基本框架。❶ 笔者作为本案再审承办法官，在本案再审判决的基础上，补充一些自己本案中涉及的法律问题的看法。

一、对"同样的发明创造"的界定

对"同样的发明创造"的界定是适用禁止重复授权原则的事实前提。

1."同样的发明创造"、"同样的发明或者实用新型"与"相同主题"的发明创造的

---

❶ 2008年12月27日全国人大常委会审议通过，于2009年10月1日起施行的《专利法》（第三次修正）第9条第1款规定："同样的发明创造只能授予一项专利权。但是，同一申请人同日对同样的发明创造既申请实用新型专利又申请发明专利，先获得的实用新型专利权尚未终止，且申请人声明放弃该实用新型专利权的，可以授予发明专利权。"

概念比较

我国《专利法》在有关禁止重复授权的规定中使用了"同样的发明创造"的概念。❶ 在此之外，在优先权问题上使用了"相同主题"的发明创造的概念，在新颖性问题上使用了"同样的发明或者实用新型"的概念。本案再审判理部分已经指出前两者概念的不同及由此决定的比对方式和对象的不同。实际上，在新颖性问题上使用的"同样的发明或者实用新型"这一概念也同样如此。新颖性要求的目的在于防止将公众已经知道的技术内容再授予专利权，因此应当将权利要求的内容与已有技术的全部内容，如在先申请的专利或者专利申请（包括所谓的抵触申请）的权利要求书和说明书及附图的全部内容进行对比。由于新颖性的判断标准更为严格，因此，《审查指南公报》第 6 号以及之后的《审查指南》都规定，在先申请构成抵触申请或已公开构成现有技术的，应当直接按照新颖性、创造性标准对在后申请或者专利进行审查，而不是依据禁止重复授权的规定进行审查。❷ 这种操作方法并无不妥。

有研究报告认为"同样的发明创造"与"相同主题"的发明创造系同一概念。❸ 这只是从判断条件而言是如此，但二者比对对象明显不同，所以不宜简单地认为二者属于同一概念。不过，在一部法中同时出现"同样的发明创造"、"同样的发明或者实用新型"和"相同主题"的发明创造这样三个概念，确实容易让人产生混淆和迷惑，在立法技术上还有待斟酌改进。

2. 本案发明专利的保护范围包含且大于实用新型专利的保护范围，不是同样的发明创造，不适用禁止重复授权原则

本案一、二审法院混淆使用同样的发明创造与相同主题的发明创造这两个不同的概念，均明确认定涉案两专利属于同样的发明创造。在本案二审判决之后，社会上有关本案的讨论很多，但关注点基本在于对我国禁止重复授权原则本身的理解与适用问题，对于涉案两个专利是否属于《专利法》所称的同样的发明创造，讨论并不很多。但是，作为一起需要作出司法裁判的实际案例，法院必须首先审查并认定有关法律适用问题的事实基础，而不能在个案中为了解决公众关心的后续问题而同样假设某种前提事实的存在。因此，最高法院在对本案的再审判决中，并未回避对这一问题的审查，而是在深入比较了《专利法》上有关概念和立法目的的基础上，按照前述关于同样的发明创造的判断原则和方法，认定涉案两个专利的保护范围并不相同，发明专利的保护范围不仅包含且大于实用新型专利的保护范围，二者不属于同样的发明创造。可以说，最高法院对此作出的认定是清晰的、准确的。

对于一个专利的保护范围完全落入并小于另一专利的保护范围的情形，不认为是同

---

❶ 除了 1992 年《专利法实施细则》第 12 条第 1 款和现行《专利法实施细则》第 13 条第 1 款均规定"同样的发明创造只能被授予一项专利"以外，1984 年、1992 年和现行 2001 年《专利法》第 9 条均规定："两个以上的申请人分别就同样的发明创造申请专利的，专利授予最先申请的人。"相应的《专利法实施细则》还进一步明确了不同申请人就同样的发明创造于同日申请专利的协商处理规则。

❷ 参见：《审查指南》（2001 年和 2006 年）第二部分第三章第 6 节"对同样的发明创造的处理"。

❸ 发明、实用新型的交叉保护问题// ［C］. 国家知识产权局条法司.《专利法》及《专利法实施细则》第三次修改专题研究报告（上卷）［M］. 北京：知识产权出版社，2006：8—10.

样的发明创造，需要作出进一步的阐释。这种情形实际上相当于所谓的基本专利与从属专利的关系。一般情况下，基本专利的申请日要早于从属专利，但也不排除会出现从属专利的申请日早于基本专利的情形，事实上法律也并不强制要求同一申请人必须先申请基本专利后申请从属专利。对于基本专利（或申请）与从属专利（或申请），可以根据申请人是否相同和申请日的先后关系，作出如下的具体分析和处理。对于不同的申请人而言，如果基本专利的申请日在前，则不会影响在后的从属专利申请的新颖性，两个专利可以同时有效存在；如果从属专利的申请日在前，则从属专利申请会破坏在后的基本专利申请的新颖性，而导致基本专利申请不能被授权。对于同一申请人而言，如果基本专利的申请日在前，则也不会影响在后的从属专利申请的新颖性，两个专利可以同时有效存在；如果从属专利的申请日在前，依据《专利法》第22条第2款有关用于评价新颖性的抵触申请仅限于他人申请的规定，只要在前的从属专利申请在在后的基本专利的申请日以前尚未被公布，就不能用于评价在后的基本专利申请的新颖性，此时两个专利可以同时有效存在；如果在前的从属专利申请在在后的基本专利的申请日以前已被公布，则该从属专利申请会破坏在后的基本专利申请的新颖性，而导致基本专利申请不能被授权。按照上述分析可见，对于两个专利或者专利申请要求保护的范围虽有重叠但不完全一致的情形，不仅不需要而且也不能适用禁止重复授权原则予以规制，因此也不能将这种情形解释为属于同样的发明创造。

二、同一申请人就同样的发明创造既申请实用新型专利又申请发明专利时如何理解和适用禁止重复授权原则

禁止重复授权是许多国家专利制度实际所确认的一项基本原则。因为专利权具有排他性，允许在同样的发明创造之上存在多项专利权，对于不同的权利人而言，就会发生专利权之间的冲突，而对于同一权利人而言，就会发生专利权之间的并无必要的重叠。对于禁止重复授权原则的目的，一般认为是为了防止针对同样的发明创造的权利之间发生冲突。❶ 但也有观点认为其根本目的是为了克服专利保护期被延长。❷

1. 我国对禁止重复授权原则的法律规定

我国1984年《专利法》就通过一些具体制度安排在实际上确认了禁止重复授权原则。如当时《专利法》第9条规定的先申请制度和第22条第2款有关新颖性规定中的所谓的抵触申请制度。这些制度一致延续至今。但是，由于先申请制度针对的是不同申请人的重复申请，而新颖性审查中的抵触申请制度也明确限于仅针对不同申请人而将同一人的重复申请排除在外，这些制度都不能解决同一人就同样的发明创造在其前一申请未公开的情况下重复申请专利的问题。为解决此问题，1992年《专利法实施细则》第12条第1款规定："同样的发明创造只能被授予一项专利。"2001年《专利法实施细则》第13条第1款保留了这一规定。❸ 从法条措辞上看，该条款不仅针对不同申请人也针对同一申请人，不仅包括发明专利和实用新型专利也包括外观设计专利，这也表明我国

---

❶ 汤宗舜. 关于禁止重复授予专利权问题的探讨［J］. 知识产权，2003（6）：4.
❷ 魏征. 从舒学章案谈禁止重复授权原则的适用［J］. 中国专利与商标，2009（1）：42—47.
❸ 汤宗舜. 关于禁止重复授予专利权问题的探讨［J］. 知识产权，2003（6）：7.

明确禁止对同样的发明创造同时授予不同类型的专利权。实际上，这一规定表述的是禁止重复授权原则的最基本的含义，过去虽然一直规定在《专利法实施细则》之中，但相对于先申请制度和抵触申请制度而言，这应当是一个更加上位的制度要求。正因为如此，刚刚完成的《专利法》第三次修改中将禁止重复授权原则从《专利法实施细则》的规定提升至《专利法》总则中加以规定，并放在先申请制度之前。这表明禁止重复授权是一项专利法基本原则，"同样的发明创造只能授予一项专利权"，这一原则不仅适用于同一申请人，也适用于不同申请人，之后的但书规定是作为这一原则的例外而存在的。也正是因为禁止重复授权是一个既适用于同一申请人也适用于不同申请人的基本原则，对有关禁止重复授权原则的目的和概念的解释也必须是能够既适用于同一申请人也适用于不同申请人的情形的。❶

2. 允许同一申请人就同样的发明创造既申请实用新型专利又申请发明专利的制度由来

对此，最高人民法院在再审判决书中以法院查明的事实的形式予以介绍，这实际上是关于《审查指南公报》第6号出台的背景，其内容来源于国家知识产权局在最高人民法院处理本案中的官方陈述。此不赘述。

3. 对禁止重复授权原则的具体理解

在本案中，对于《审查指南公报》第6号建立的允许同一申请人就同样的发明创造既申请实用新型专利又申请发明专利的做法是否符合禁止重复授权原则，不仅当事人之间争议很大，而且一、二审法院的认识也不一致。在最高法院再审中，专利复审委员会赞同一审法院的观点，认为先后两次的授权行为并不是构成重复授权的充分必要条件，构成重复授权的标准是有效专利的共同存在。事实上，在本案二审判决之后由国家知识产权局发布的现行《审查指南》就明确规定"禁止重复授权是指同样的发明创造不能有多项处于有效状态的专利权同时存在"。❷ 近年来，社会上对此问题的讨论很热烈，观点针锋相对，但正如本案中一、二审法院的判理，主要有两种观点。❸

一种观点认为，应当将禁止重复授权理解为不得两次授权。理由主要在于：一是"同样的发明创造只能被授予一项专利"的立法用语是指，法律禁止的是同样的发明创造被授予两个以上专利权，而不是禁止申请两项以上专利权。二是对社会公众而言，只要看到一项专利权已经终止或者过期就意味着可以自由使用，将已经被公众认为是进入公有领域的技术方案再授予专利权，对公众的注意义务过重，也显失公平。❹ 三是允许对同样的发明创造既授予实用新型专利权又授予发明专利权，使同一申请人就一项发明创造先后享有两项专利权，按照现行沿用在后申请本身的申请日计算专利保护期的做

---

❶ 魏征在其"从舒学章案谈禁止重复授权原则的适用"（《中国专利与商标》2009年第1期，第42—47页）一文中，对最高人民法院对舒案的判决书的有关观点提出的质疑，实际上是把禁止重复授权原则仅局限于适用于同一申请人的情形来探讨。而最高法院的有关判理并非仅针对同一申请人的情形，该文并未准确理解最高人民法院的裁判立论的前提和有关判理的基本精神。

❷ 《审查指南》（2001年和2006年）第二部分第三章第6节"对同样的发明创造的处理"。

❸ 学者对此问题的讨论，见国家知识产权局条法司.《专利法》及《专利法实施细则》第三次修改专题研究报告（上卷）[M]. 北京：知识产权出版社，2006：3—68.

❹ 程永顺. 重复授予的专利权应当被宣告无效 [N]. 人民法院报，2002-11-08.

法，客观上会导致一项发明创造实际享有的保护期可能会超过 20 年，违反了专利制度的基本规则。四是将削弱了我国《专利法》规定的本国优先权制度。

另一种观点认为，可以将禁止重复授权理解为不得同时存在。正如最高法院对本案的再审判决所指出："'同样的发明创造只能被授予一项专利'，可以理解为是指同样的发明创造不能有两项或者两项以上的处于有效状态的专利权同时存在；在现行的制度安排下，同一申请人就同样的发明创造既申请实用新型专利又申请发明专利的，只要两项专利权不同时存在，就不违反禁止重复授权原则。"❶ 最高法院最终采纳了这种观点，其理由已经在再审判理部分予以充分说明，此不赘述。

需要补充的是，最高法院的上述解释也是符合禁止重复授权的立法目的的。如前所述，对于同一权利人而言，禁止重复授权的目的在于防止专利权之间的并无必要的重叠。只要两项专利权并不同时存在，即可以达到防止权利重叠的目的。实际上，对于同一权利人而言，即使出现专利权的重叠，也并非完全不可，可以像德国那样，允许同一人同时持有专利（相当于我国的发明专利）和实用新型，但不允许同时行使这两种权利。❷ 当然，这需要我国借鉴国外的理念，在立法和法理上都作出创新，将权利的有效性和可执行性两个概念区别开来。即可执行的专利必须是有效的专利，但有效的专利并不一定就是可执行的专利。在美国和欧洲，都有这种清楚的区分。

对于允许同一申请人就同样的发明创造既申请实用新型专利又申请发明专利可能导致对同一技术的专利保护期限变相延长，表面上看似有问题存在，但辩证地看待，并非根本性问题。❸ 利用专利审查中的具体制度实际延长专利保护期并非允许同一申请人就同样的发明创造既申请实用新型专利又申请发明专利的这种情形所特有，利用本国优先权制度也可以实际上延长专利保护期限一年。特别是，实际上任何专利都不可能真正受到法定期限的足额保护，因为在专利申请公开前的期间都不可能真正受到专利保护，而该期间因案而异，长短不一。在允许同一申请人就同样的发明创造既申请实用新型专利又申请发明专利的情况下，由于发明专利申请必须在实用新型专利授权公开前提出，实际上对于同一技术方案的专利保护无论如何不可能超过 20 年。由此可见，发明专利申请仍使用自己的申请日在事实上也不会给予专利权人以超过 20 年的保护，对社会公众影响不大。况且，除了一些特定类型的专利如药品专利（药品只能申请发明专利，不存在同时申请实用新型专利的可能）的市场寿命可能要长于专利保护期以外，一般的专利

---

❶ 值得注意的是，最高法院在此所用的措辞是"可以理解为"而不是"是指"，对于同一申请人的问题也强调是"在现行的制度安排下"。这是根据现行法律规定并结合国家知识产权局的实际操作所作出的一种"可以"判断，而不是"应当"判断，这既考虑到对已经执行十几年的允许同一申请人就同样的发明创造既申请实用新型专利又申请发明专利的既成事实的合理认可为，也为将来进一步发展和完善该原则的解释留有余地。

❷ 国家知识产权局条法司.《专利法》及《专利法实施细则》第三次修改专题研究报告（上卷）[M]. 北京：知识产权出版社，2006：14—15，37—38.

❸ 比如，在舒案中，实用新型专利的申请日为 1991 年 2 月 7 日、授权日为 1992 年 6 月 17 日，至 1999 年 2 月 8 日由于有效期届满而终止；发明专利申请日为 1992 年 2 月 22 日、授权公告日为 1999 年 10 月 13 日。假设两个专利属于同样的发明创造，如果发明专利按照自身的申请日计算保护期，对该技术方案的实际保护期就会达到 21 年之多。尽管在实践中不太可能出现这种极端情况，但理论上假设在先的实用新型专利申请在第 9 年才授权，而同一权利人在实用新型授权前又提出了发明专利申请，就可能导致对同一技术方案的实际保护期达到 29 年之多。

平均寿命据统计只有 10 年，远远达不到法定 20 年保护期。❶

2008 年底通过的《专利法》第三次修正案将同一申请人就同样的发明创造既申请实用新型专利又申请发明专利的时间点限为同日申请。对此，在笔者看来，这主要是为了解决了人们对专利权保护期变相延长的担心和便于审查操作，实际上并不利于申请人在提出实用新型专利申请后授权前的期间另行选择申请发明专利。无论如何，新法已经作出了这种明确限制，在新法生效实施之后，必须按照新法的规定处理有关问题。但是，按照法不溯既往的原则，对于新法之前存在的同一申请人就同样的发明创造并非同日提出的实用新型专利申请和发明专利申请，仍应当按照当时的法律办理。因此，最高法院在本案裁判中对现行法律所作出的解释，仍然可以用于处理新法实施前发生的类似问题。这也是保持我国专利制度的稳定性和可预见性的客观要求。事实上，在最高法院裁决本案过程中，也有法官曾经主张将在后授予的发明专利的保护期从在先授权的实用新型专利申请日计算，以确保不会变相延长保护期。但由于这直接涉及对现行法律有关专利保护期从申请日起计算的字面含义的重新解释问题，加之有关部门意见不统一，最高法院最终未就此问题作出明确判断，而是由立法机关去作出明确规定。

无效请求人济宁无压锅炉厂在再审中还提出专利终止后专利技术及进入公有领域、允许同一申请人就同样的发明创造既申请实用新型专利又申请发明专利会削弱本国优先权制度等辩称理由，最高人民法院均给予了回应。此不赘述。

最高人民法院在明确"在现行的制度安排下，同一申请人就同样的发明创造既申请实用新型专利又申请发明专利的，只要两项专利权不同时存在，就不违反禁止重复授权原则。"的同时，也指出允许同一申请人就同样的发明创造既申请实用新型专利又申请发明专利的做法并非值得全面肯定，也存在一些实际操作问题。现行制度下的这些问题，可以通过修改和完善有关具体规定加以解决。但无论如何，不能因此而否定现行做法的历史价值和现实意义。特别是，作为司法裁判，必须要根据案件事实发生和存在时间内的有效法律及其精神作出判断，不能因为后来新的法律规定与已有裁判规则不尽一致，就质疑已有裁判的合法性和合理性。

总之，允许同一申请人就同样的发明创造既申请实用新型专利又申请发明专利，并不违反我国《专利法》上的禁止重复授权原则。《审查指南公报》第 6 号所确立的实际操作制度，至少在当时也是符合我国国情的，有利于保护权利人而又不会明显妨碍社会公众利益。最高法院在本案判决中对相关问题的解释，符合当时的立法精神，也有利于有关制度的平稳过渡，对于解决新的专利法修正案施行前发生的类似纠纷，无疑仍具有指导意义。

（再审合议庭成员：蒋志培　王永昌　郃中林
编写人：最高人民法院知识产权审判庭　郃中林）

---

❶ 汤宗舜. 关于禁止重复授予专利权问题的探讨 [J]. 知识产权，2003（6）：8.

地方法院审理的案件

民事案件·行政案件·刑事案件

民事案件

1. 陶义诉北京市地铁地基工程公司专利权权属纠纷案

阅读提示：如何判断职务发明和非职务发明？

裁判要旨

在确认发明专利权的归属时，应以该发明创造的完成时间为界限，看其是否符合职务发明的要件。只有当对单位物质条件的利用是为了完成发明创造而不是为了实施某个发明创造时，该发明创造才可能属于职务发明创造。

案　号

一审：北京市中级人民法院（1991）中经初字第724号
二审：北京市高级人民法院（1992）高经终字第15号

案情与裁判

原告（二审上诉人）：陶义
被告（二审被上诉人）：北京市地铁地基工程公司（简称"地基公司"）

起诉与答辩

原告陶义起诉称：陶义于1986年1月25日向中国专利局申请了"钻孔压浆成桩法"非职务发明专利，并于1988年2月11日获发明专利权。1988年12月10日，被告地基公司向北京市专利管理局提出请求，请求将陶义获得的专利权确认为职务发明。北京市专利管理局于1989年8月1日作出决定，将"钻孔压浆成桩法"确认为职务发明，专利权归属于地基公司。陶义认为北京市专利管理局的处理决定与事实不符，适用法律不当，明显不公。本案专利技术完成于1984年4月16日，并于1984年6月订购了钻机，准备实施该技术；本案专利技术的完成，既不是执行本单位的任务，更不是履行本岗位职责；陶义完成"钻孔压浆成桩法"技术方案的构思中，没有利用本单位的物质条件。陶义请求法院确认"钻孔压浆成桩法"为其非职务发明创造。

地基公司答辩：陶义的起诉理由与事实不符，请求法院确认"钻孔压浆成桩法"为职务发明，专利权为被告持有。地基公司的理由是：本案专利技术是陶义为执行上级和本单位交付的科研和生产任务，在履行本质工作中完成的，利用了本单位的资金、设备和技术资料。

一审审理查明

1983年1月，陶义由基建工程兵六支队副总工程师岗位调到预制构件厂任厂长。1983年7月1日，基建工程兵集体转业，陶义所在单位名称改为北京市城市建设总公司构件厂，陶义继任厂长。构件厂营业执照核定的经营范围是：建筑构件。1984年6月，城建公司构件厂经上级部门批准，成立了地基公司，陶义兼任经理。1985年9月20日，构件厂向工商局申请扩大经营范围。1986年7月，工商管理局批准在构件厂原有经营范围的基础上增加"地基处理工程"项目。1986年10月3日，构件厂分立为构件厂和地基公司两个企业，陶义任务地基公司经理。

1984年4月16日，陶义根据自己多年从事地基施工的经验积累，将"在流砂、地下水、坍孔等地质条件下成孔成桩工艺的方案"（即"钻孔压浆成桩法"）构思完成并汇集记录笔记本上。在此前后，陶义多次将自己的这一发明构思向构件厂的几位领导进行讲解和演示。1986年1月25日，陶义向中国专利局申请了名称为"钻孔压浆成桩法"的非职务发明专利，并于1988年2月11日获得发明专利权。1984年6月15日，经陶义批准，构件厂从郑州勘察机械厂订购一台LZ400型长螺旋钻机。1984年下半年，北京科技活动中心大楼地基施工遇到地质条件复杂、几个施工单位接连试桩失败的困难情况，委托单位主动找到陶义，陶义将自己已经构思完成的技术方案向委托单位进行了讲解。委托单位经研究，同意使用这一方案。1985年1月5日，构件厂为实施这一方案，将已购买的LZ400型长螺旋钻机自提进厂。1985年3月16～17日，陶义的技术方案在北京科技活动中心帷幕桩工程中首次应用，构件厂的施工队根据国家地基施工规范的要求，打了两根试桩，经检验完全成功。在此之后，陶义的这一技术方案开始在保密的情形下（如用帆布遮挡）应用到诸多工程中。后城建总公司将小桩技术的试验及应用编入总公司科研、技术革新计划下达给设计院和构件厂，构件厂作为施工单位只起协助作用。

1988年12月10日，被告地基公司向北京市专利管理局提出请求，请求将"钻孔压浆成桩法"确认为职务发明。1989年8月1日，北京市专利管理局作出处理决定，确认"钻孔压浆成桩法"为职务发明，专利权归地基公司持有。陶义对此不服，向法院提起诉讼。北京市专利管理局在调处期间，曾邀请有关专家对小桩技术和陶义的专利技术进行了论证，法院在审理期间也曾邀请有关专家对两个技术方案进行了分析比较，结论均为：陶义的专利技术与小桩技术有本质的区别。

一审判理和结果

原告陶义提供的"钻孔压浆成桩法"技术方案完成的时间是1984年4月16日。被告地基公司对此不能提出任何充足的证据加以否定，因而这一发明时间是可信的。城建总公司虽然未向陶义所在的构件厂直接下达过关于专利技术的课题，但陶义本人因长期从事地基施工方面的工作，这对陶义构思并完成专利技术起了决定性的作用。此项技术的试验过程中使用了构件厂专门为此购买的设备。综合上述实际情况，原北京市中级人民法院经审判委员会讨论决定，依照《专利法》第 6 条和《专利法实施细则》第 10 条之规定，判决"钻孔压浆成桩法"发明专利权归原告陶义和被告地基公司共有。

上诉与答辩

陶义不服一审判决，以一审判决认定事实基本准确，但判决结果与认定事实相互矛盾，适用法律错误为由，上诉至北京市高级人民法院，要求将 86100705 号发明专利确认为非职务发明，专利权归其个人所有。

地基公司服从原审判决，但在答辩中仍强调该发明专利权应为职务发明，其理由是：陶义长期从事地基职工技术的研究与应用工作，构件厂从 1983 年起承接了大量的地基施工任务，城建总公司也对构件厂正式下达了地基工程的科研任务。陶义作为构件厂厂长，一直主持地基工程的研究、应用与推广工作。因此，陶义的构思是在履行本职工作中形成的，是在单位提供的工作、环境和设备、资金、人员的条件下完成的。

二审审理查明

1983 年 1 月，陶义从基建工程兵六支队副总工程师岗位调至构件厂任厂长。1983 年 7 月 1 日，中国人民解放军基建工程兵集体转业，陶义所在单位改为构件厂，陶义仍任厂长。1984 年 2 月 13 日，北京市海淀区工商行政管理局核准构件厂的生产经营范围为建筑构件。在此前后，构件厂由于经营不景气，在主要生产建筑构件的同时，从国外引进的"小桩技术"，从事了一些地基施工方面的经营活动。1984 年 4 月 2 日，城建总公司将"小桩技术的试验及应用"编入总公司科研、技术革新计划，下达给下属设计院和构件厂，并拨给科研补助费 5 000 元。1984 年 4 月 16 日，陶义根据自己在基建工程兵多年从事地基工程施工的经验积累，完成了"在流沙、地下水、坍孔等地质条件下成孔成桩工艺的方案"（即后来申请专利的"钻孔压浆成桩法"），并将该技术方案完整汇集记录在自己几十年来专门记载技术资料的笔记本上。此后，陶义曾多次向构件厂的其他几位领导讲解和演示该技术方案。1984 年 6 月，经上级批准在构件厂内部成立了北京长城地基公司，陶义兼经理。1984 年 9 月，北京科技活动中心大楼地基工程施工遇到困难，委托单位请陶义帮助解决。陶义在用小桩技术打了五根桩均告失败的情况下，将自己已经构思完成的技术方案，即"钻孔压浆成桩法"向委托单位进行了讲解，委托单位同意使用此方案。1985 年 1 月 5 日，构件厂将从河南省郑州勘察机械厂购买的 LZ400 型长螺旋钻孔机自提进厂后，运至北京科技活动中心大楼施工工地。根据国家《工业与民用建筑灌注桩基础涉及与施工规程》中关于"施工前必须试成孔，数量不得少于两个"的规定，1985 年 3 月 16 日和 17 日，构件厂的施工队按陶义的技术方案打了两根桩，经检验完全合格，陶义的技术方案首次应用成功。之后，该技术方案在保密的情况下多次被应用。1986 年 1 月 25 日，经构件厂的几位主要领导多次催促，陶义将发明名称为"钻孔压浆成桩法"的技术方案，向中国专利局申请了非职务发明专利。1986 年 7 月，构件厂扩大了经营范围，增长了"地基处理工程"项目。1986 年 10 月 3 日，北京长城地基公司与构件厂脱离，改编为与构件厂同级的地基公司，陶义任地基公司经理。1988 年 2 月 11 日，陶义获得非职务发明专利权，专利号为 86100705。1988 年 6 月，陶义辞职离开地基公司。

二审判理和结果

陶义提供的"在流砂、地下水、坍孔等地质条件下成孔成桩工艺的方案"与其后来申请专利的"钻孔压浆成桩法"技术方案相同。该技术方案的完成时间为1984年4月16日,在确认该发明专利权的归属时,应以该技术方案完成时间为界限,看其是否符合职务发明的要件。

第一,陶义作为构件厂厂长,其职责应当是领导和管理建筑构件的生产经营活动。地基施工不属于构件厂的经营范围,地基施工方面的研究和发明也不应认为是构件厂厂长的本职工作。

第二,"钻孔压浆成桩法"这一技术方案是陶义在多年从事地基工程方面的工作经验积累的基础上研究出来的,不属于单位交付的任务。1984年4月2日,城建总公司下达给设计院和构件厂的具体科研任务是"小桩技术的试验与应用",它是将国际上已有的小桩技术在国内推广应用,而不是在小桩技术的基础上研究新的成桩方法方面的课题。陶义发明的"钻孔压浆成桩法"与已有的"小桩技术"相比,两者虽然都属于地基施工方面的技术方面,但经过专家论证,证实两个技术方案之间有本质区别。况且,中国专利局经过实质性审查,已经授予"钻孔压浆成桩法"发明专利权的事实,也说明该技术方案与已有技术不同而具有专利性。

第三,只有当物质条件的利用,是为了完成某个发明创造,而不是为了实施某个发明创造时,该发明创造才属于职务发明创造。本案发明的完成的时间是1984年4月16日,首次实施时间是1985年3月16日和17日,当时打的两根试桩属于必要的施工准备,是对"钻孔压浆成桩法"技术方案的实施,显然不同于技术方案完成前对技术构思的试验。上述试桩经费也已打入工程总费用,施工所用LZ400型长螺旋钻机,也是陶义在其技术方案完成之后,为了实施该技术,为企业创利而批准购买的,与技术方案的完成无关。

综上所述,"钻孔压浆成桩法"发明专利,既不是陶义执行本单位的任务完成的发明创造,也不是利用本单位的物质条件所完成的发明创造,故不属于专利法规定的职务发明创造。原北京市中级人民法院判决将"钻孔压浆成桩法"发明专利权归陶义和地基公司共有不妥,缺乏事实和法律依据。依照《专利法》第6条第1款、《专利法实施细则》第10条、《民事诉讼法》第152条第1款第(2)项之规定,判决:一、撤销北京市中级人民法院(1991)中经初字第724号民事判决书;二、"钻孔压浆成桩法"发明专利权归陶义所有。

法官评述

发明人对其发明创造有权申请专利权,但该发明创造如果属于单位的,则单位可以申请专利权,发明人通常仅享有署名权和获得一定奖励报酬的权利。在判断一项发明创造是否属于职务发明创造时,关键是看该发明创造的完成是否属于执行本单位的任务或者主要是利用本单位的物质技术条件所完成的。根据我国《专利法》的规定,凡是执行本单位的任务或者主要是利用本单位的物质技术条件所完成的发明创造均为职务发明创造，职务发明创造申请专利的权利属于该单位，申请被批准后，该单位为专利权人。

所谓执行本单位的任务所完成的职务发明创造，主要包括三种情形，即（一）在本职工作中作出的发明创造；（二）履行本单位交付的本职工作之外的任务所作出的发明创造；（三）退职、退休或者调动工作后1年内作出的，与其在原单位承担的本职工作或者原单位分配的任务有关的发明创造。本案被告地基公司称原告专利技术的完成系其交付的工作任务，但由于城建总公司下达给设计院和构件厂的具体科研任务是"小桩技术的试验与应用"，它是将国际上已有的小桩技术在国内推广应用。而本案发明"钻孔压浆成桩法"这一技术方案是陶义在多年从事地基工程方面的工作经验积累的基础上研究出来的，陶义的发明与"小桩技术的试验与应用"具有本质区别，二者不属于相同或相似的技术方案，故陶义完成的本案发明不属于完成本单位交付的工作任务。

所谓主要是利用本单位的物质技术条件，是指对单位物质技术条件的利用对完成发明创造具有关键性的作用。这里的"本单位的物质技术条件"，一般是指本单位的资金、设备、零部件、原材料或者不对外公开的技术资料等。如果发明创造的完成并未以利用单位的物质技术条件为主，或者无论是否利用或主要利用了单位物质技术条件，只要这种利用仅仅是在发明创造完成后为实施该发明创造而进行的利用，而不是为完成该发明创造所进行的利用，均不能以此为由判定该发明创造属于职务发明创造。当然，对于利用单位物质技术条件完成的发明创造，无论这种利用是否构成"主要是利用本单位的物质技术条件"，如果发明人与单位对专利权或专利权申请权的归属有约定的，则应优先适用该约定确定专利权或专利申请权的归属。

本案原告专利技术完成时间为1984年4月16日，原告对单位物质条件的利用是在原告专利技术完成之后。因此，可以断定原告对单位物质条件的利用是为了实施该发明创造，而不是完成该发明创造，而且这种利用是为了完成单位的施工任务，为单位创造了一定的经济利益。因此，本案现有证据不能证明原告专利发明创造的完成过程主要利用了本单位的物质条件，原告专利应属于非职务发明创造。原审法院判定原告专利权为原告和被告共有，缺乏事实和法律依据，二审法院依法改判是正确的。

（二审合议庭成员：张鲁民　程永顺　金凤菊
编写人：北京市高级人民法院知识产权审判庭　刘晓军）

2. 北京市王码电脑总公司诉中国东南技术贸易总公司侵犯专利权纠纷案

阅读提示：如何确定发明专利权的保护范围？

裁判要旨

发明专利权的保护范围应以其权利要求中记载的必要技术特征为准，其必要技术特征包括独立权利要求中前序部分的公知技术和特征部分的区别技术特征，这些特征共同组成一个完整的技术方案。当被控侵权技术与专利发明的差别是实质性的，其发明目的不同，甚至被控侵权技术比发明专利取得了更好的技术效果，则不能认定二者构成等同替换。

案 号

一审：北京市中级人民法院（1993）中经初字第 180 号
二审：北京市高级人民法院（1994）高知终字第 30 号

案情与裁判

原告（二审被上诉人）：北京市王码电脑总公司（简称"王码公司"）
被告（二审上诉人）：中国东南技术贸易总公司（简称"东南公司"）

起诉与答辩

原告王码公司起诉称：原告是"优化五笔字型编码法及其键盘"（简称"优化五笔字型"）专利的专利权人和该专利权的惟一行使人。被告东南公司未经许可，在其生产的东南五笔汉卡系列产品中非法移植、改装、使用了该专利，给原告造成了经济损失和不良社会影响。王码公司请求法院判令被告东南公司：1. 立即停止一切对"优化五笔字型"专利的侵权行为；2. 消除对"优化五笔字型"专利技术形象所造成的不良影响；3. 向原告王码公司公开赔礼道歉；4. 赔偿原告经济损失 40 万元人民币。

被告东南公司答辩称：原告王码公司的"优化五笔字型"专利不能覆盖所有五笔字型技术。五笔字型技术发展沿革 10 年来的基本工作之一就是不断优选字根，优化编码规则。自 1983 年至 1986 年 4 年间，五笔字型技术发展了 4 个版本。第一版本是 235 个字根，第三版本是 220 个字根，第四版本是 199 个字根。原告获得中国专利权的五笔字型技术是第三版本，共 220 个字根，该专利是以 220 个字根及其键盘位分布作为惟一独立技术特征的。东南公司开发的东南五笔汉卡系列产品采用的是张道政的简繁字根汉字输入技术和 1986 年版的五笔字型第四版本，而不是五笔字型第三版技术。原告王码公司的指控是毫无根据的，请求法院驳回其诉讼请求。

一审审理查明

1992 年 2 月 26 日，中华人民共和国专利局授予"优化五笔字型"技术以发明专利，专利号为 85100837.2，王码公司是专利权人之一，后经与其他专利权人协议，由王码公司为该专利权的惟一代表，独立对外全权实施专利并处理有关事务。本专利是五笔字型技术发展过程中的第三版技术，其独立权利要求为："一种优化五笔字型编码法，其特征是依据汉字字根的组字频度和实用频度对汉字字根、字型和笔划进行优选，将选出的字根按笔划特征及它们之间的相容关系进行归并组合形成的编码体系。"

被告东南公司于 1992 年初研制出东南汉卡第一版，1992 年 7 月研制出东南汉卡第二版，并进行了制造、宣传和销售。东南汉卡中含有五笔字型技术发展过程中的第四版技术。经过对比分析，本专利权（即五笔字型第三版技术）与第四版技术有以下异同点：

1. 第三版技术和第四版技术都是将字根依第一个笔画（横、竖、撇、捺、折）分成 5 区 5 位，就是说字根分组规律是相同的。

2. 第三版技术选用的字根为 220 个，而第四版技术选用了其中的 199 个字根。第四版技术比第三版技术减少字根 21 个。

3. 在国家标准汉字字符 GB2310—80 的范围内，第三版技术和第四版技术汉字拆分完全相同的汉字个数为 5626 个，占全部汉字的 83.11%；两版技术中有一个字根不同的汉字个数为 687 个，占全部汉字的 10.15%；两版技术中有两个字根不同的汉字个数为 257 个，占全部汉字的 3.8%；两版技术中有三个字根不同的汉字个数为 153 个，占全部汉字的 2.2%；两版技术中有四个字根不同的汉字个数为 46 个，占全部汉字的 0.68%。

4. 键盘的使用上的异同。在原告"优化五笔字型"专利的专利要求书中第二部分记载为：按照权利要求 1 中的计算机汉字编码输入键盘，其特征是将 25 组字根对应放置在上述键盘的键位上，该键盘即成为一个优化五笔字型字根键盘，该键盘可以是一个标准的英文键盘的一部分，当该键盘是沿用一个标准英文键盘时，5 个区的字根对应的字母键是：

　　五区：TREWQ 四区：YUIOP
　　一区：GFDSA 二区：HJKLM
　　三区：NBVCX

第四版技术则将上述分布调整为：

　　五区：NBVCX 四区：YUIOP
　　一区：GFDSA 二区：HJKLM
　　三区：TREWQ

这样调整并没有改变第三版编码体系。原告专利技术确实能够在脱离标准英文键盘的情况下，输入汉字。

5. 末笔笔画和字型交叉识别码。在第三版技术中，用以形成识别码的汉字字型被归纳为4种类型，即左右型、上下型、外内型和单体型。在第四版技术中汉字字型被归纳为三种类型，即左右型、上下型和杂合型。

在原告专利的权利要求书的前序部分中表述为"对少于4个字根的汉字，应在其字根代码之后补上一个末笔和字型交叉识别码"，在其说明书中进一步解释为："这个识别码是由该汉字的末笔笔形代号和该汉字的字型代号结合而成。"说明书中明确表述了汉字字型为四种类型，即左右型、上下型、外内型和单体型。

一审判理和结果

一审法院认为：东南汉卡第四版的进步是在本专利的基础上进行改进所取得的，从整体上看，无法得出第四版技术已经突破第三版的编码体系及其字根子键盘分布的方法的结论。第四版的主要技术特征仍然落入"优化五笔字型"专利技术的保护范围之内。因此，以第四版所取得的进步为由而不顾"优化五笔字型"专利的存在，任意使用第四版技术，不符合我国《专利法》对专利权人的保护原则，对专利权人来说也是不公平的。第三版技术与第四版技术实质上是一种依存关系，或称从属关系。使用第四版技术，确实有一部分技术因素是第三版技术所不具有的，但是第四版技术又包含了第三版专利技术的必要技术特征。因此，实施第四版技术时应当与"优化五笔字型"专利权人协商，对其中含有第三版技术部分应支付合理的使用费，否则专利权人的利益就无法保障。原告在第四版技术的使用人愿意支付合理费用的情况下亦不应当拒绝该人使用第四版技术，否则势必形成专利前人对所有五笔字型技术的不正当垄断，不利于汉字输入技术是发展。东南公司在使用五笔字型第四版技术时，未与"优化五笔字型"专利权持有人王码公司协商，未支付合理的使用费用，损害了王码公司的利益，应予补偿。王码公司要求支付使用费是合理的，但支付40万元使用费的数额过高，不能全部予以支持。根据以上理由，依照《专利法》第1条、第12条之规定，判决：1. 自本判决生效之日起10日内被告东南公司支付给原告王码公司24万元；2. 被告东南公司今后继续使用五笔字型第四版技术，应当与原告王码公司协商，支付合理的费用；3. 驳回原告王码公司其他诉讼请求。

上诉与答辩

东南公司不服一审判决并提出上诉，请求撤销一审判决并驳回被上诉人的诉讼请求。东南公司主要上诉理由是：

1. 一审判决没有对"优化五笔字型"专利权的保护范围作出准确、清楚、完整的认定。专利权的保护范围应当以专利权利要求的全部必要技术特征为准。"优化五笔字型"专利权利要求的中全部必要技术特征相加，构成了五笔字型第三版技术方案，同时，限定了其专利权的保护范围，不允许在专利侵权诉讼中对其保护范围作任意扩大的解释。

2. 一审判决对五笔字型第四版技术创造性的认定有重大错误。（1）关于编码规则，一审判决认定，五笔字型第四版技术对区位进行的调整"没有改变第三版编码体系，调整了两个区的字根分布位置，这种改变虽然对提高输入速度有作用，但不足以认为具有实质性进步"与事实不符。（2）关于字根数和字根拆分比例，一审判决认定，"第三版技术选用的字根为220个，而第四版技术选用了其中的199个字根，"这里"其中"一词的出现，显然不符合事实。五笔字型第四版的字根选取根本没有局限于第三版的字根总数和字根，而是增加和补充了五笔字型第三版中没有的字根，删去了第三版中的一些字根，从而使五笔字型第四版的字根更为实用。(3) 一审判决书对五笔字型第三版技术中键盘和区位变化的认定是不准确的。在英文键盘上五笔字型第四版技术和五笔字型第三版技术的键盘与编码对应关系的极大差异达到83.81%，但一审判决却以原告专利的权利要求书没有限定字根一定要在英文键盘上，从而对上诉人提供的对比结论不予采纳。(4) 关于字型变化，五笔字型技术的发展历史表明，在第四版技术以前，"五笔四型"是五笔字型技术的一个基本理论。五笔字型第四版技术改为了"三型"，这是一项重大突破，从而为彻底取消"字型"打下了基础。随后申请并获得专利权的五笔字型第八版技术就取消了字型概念，验证了第四版的这一创造性。

3. 一审判决的依据和结果不能自圆其说。(1) 关于"支付使用费"。一审判令上诉人向被上诉人支付巨额使用费的根据是五笔字型第四版技术与五笔字型第三版技术互为依存关系，事实上，第四版根本不必依存第三版就能独立存在。一审判决以上诉人"实施的第四版技术中包含了第三版技术中的必要特征"为由，判令上诉人应同第三版技术的专利权人协商并支付合理费用，但判决书却并没有指出"包含"是指"覆盖了全部必要技术特征"还是"部分必要技术特征"。专利法规定支付使用费的前提是非权利人实施了他人的专利，即只有当第四版技术覆盖了第三版技术的全部必要技术特征时，实施第四版技术才能构成实施第三版技术。而一审判决已经认定第四版技术至少在字根、字型和键位排列上并没有实现第三版技术。(2) 一审判决没有认定被告的行为是否侵犯了原告的专利权，却判决被告向原告支付巨额使用费，显属错误。

王码公司服从一审判决，并辩称：专利权的保护范围是由独立权利要求和从属权利要求结合在一起共同限定的。审理本案应当适用"等同原则"。五笔字型第四版与本案专利在"字根选择""字型选定""键盘排列"三个方面都构成"等同物"，五笔字型第四版已落入本专利的保护范围，请求二审法院驳回上诉人的上诉请求，维持原审判决。

二审审理查明

1985年4月1日，王永民以发明人、申请人的身份向中国专利局申请了"优化五笔字型编码法及其键盘"发明专利，中国专利局于1986年7月30日将该发明专利申请公开，其申请公开说明书中公开的权利要求共24项。其独立权利要求为："一种优化五笔字型编码法，其特征是依据汉字字根的组字频度和实用频度对汉字字根、字型和比划进行优选，将选出的字根按比划特征及它们之间的相容关系进行归并组合形成的编码体系。"

在专利审查过程中，1988年5月28日中国专利局向申请人王永民发出审查意见通知书，指出"优化五笔字型"权利要求中相当大部分属于现有技术。为此，王永民根据中国专利局的要求，对权利要求进行了修改，将权利要求由24项改为17项。其独立权利要求改为："一种优化五笔字型编码法及其汉字输入键盘，其特征是将优选的字根依据其首笔相同或形态相近等特征分成横、竖、撇、捺（点）、折5大类，将不可少于25个键位的键盘分成横起笔、竖起笔、撇起笔、捺（点）起笔、折起笔5大类，分别将5大类字根归入对应的5个区中，形成的拼形组字，拼形组词的汉字编码法及其输入键盘。"

中国专利局于1988年8月24日对该修改后的权利要求作出审查决定,并于1989年2月15日发出审定公告。根据1985年4月1日施行的《专利法》的规定,授权前有3个月异议期。在异议期内,方延曦、李毅民分别以该专利申请不具备新颖性、创造性,张道政以该专利申请应为职务发明为由提出异议。中国专利局通知张道政因权属问题应向专利管理机关请求调处;通知王永民对方延曦、李毅民的异议作出答复。王永民在1989年9月25日答复方延曦异议的意见陈述书中指出:"字根的选取要能应付所有的字,而字根的组合则要保证统一编码时出现的重码尽量地少。因此,字根的选取和组合就成为整个形码设计中最繁重、最艰巨、最重要的工作,可以说,整个形码设计的过程,就是一个字根的选取和科学组合的过程。每压缩一个键位都要把上万张卡片翻检排序十多遍,才有可能减少或搬动一个字根。任何具备形码设计常识的人都非常明白:这220个字根的选取及其最终的排列组合,才是发明人多年的心血所在,才是本发明的精华和核心。反过来,如果有人试图随便减少或增加这个字根表中的字根,不要说一大半,即使是三五个字根,或者打乱现有的组合,那就不但可能出现大量的重码,而且会破坏现有的规律性和操作员指法的协调性,从而使本发明失去系科学性及实用价值。因此,这220个字根及其排列,是缺一不可的有机整体,增加、减少或者打乱这些字根,都会使本发明成为任何人都无法实施的技术。"

1989年9月25日、1990年2月21日和1991年2月5日,王永民3次修改权利要求书文本,将从属权利要求的大部分技术特征写进独立权利要求,使专利权利要求从17项减少到7项。中国专利局在授权前的异议审查决定中指出:"1991年2月5日申请人提交的权利要求书的修改文本,是经过异议后最后一次递交的修改文本,以优化的220个字根作为主要特征,以五笔画输入法作为从属权利要求,以此作为主要技术特征,作为该修改文本的主要技术内容。关于创造性,上述修改文本的权利1的技术特征是优化的220个键位字根及其键位分布,该技术特征是审定文本的权利10的内容,它与对比文件1的内容相比,构成了完整技术方案的主要部分。对比文件1是输入方法的概述,也披露了部分的字根,但并不是完整的技术方案,也未包括完整的输入字根,它仅使该申请的局部内容公开,构成优化的主要技术特征同现有技术相比仍然具有突出的实质性的特点,因此该发明具有创造性。"

1991年7月30日,本专利权获得授权,授权文本的权利要求共7项,其独立权利要求为:"一种采用优化五笔字型计算机汉字输入编码法设计的标识有优选子跟符合的汉字输入键盘,将经过选定乐观键位字根,依其相互之间的相容关系,即为使汉字经编码后引起的重码最少,并按其第一个笔画的横、竖、撇、捺(点)、折特征,在上述键盘的键位上将字根有规律地搭配成5个区,每区5个位,共计25个小组,每组字根赋予一个区位代码(数字或字母),并对应一个键位,其中五种单笔画都放在对应区的第一个键位上,形成该最多四码输入(包括一、二、三级常用字简码)的按拼形组字、拼形组词计算机汉字输入编码方法设计的汉字输入键盘。其输入顺序未输入该汉字的第一字根、第二字根、第三字根及最末一个字根,对少于四个字根的汉字,应在其字根代码之后补上一个"末笔和字形交叉识别码;用作键名的汉字,其输入代码为该键连打四次；每个键位上，那些键名字根以外本身即为汉字的同位字根，它们的输入顺序为键位代码、首笔笔画码、第二笔笔画代码及末笔笔画代码；对于单体型汉字，一律按书写顺序拆成键盘上已知的最大字根键入，同时包括高频汉字在内的一、二、三级简码，词汇输入一律只需击键四次，即二字词输入每字前两个字根码，三字词输入前两字的第一个字根码和第三字的前两个字根码；四字词各取一、二、三、四字的第一个字根码，五字词以上，各取一、二、三及最后一字的第一个字根码。其特征在于，采用经优化（优选）的220个字根构成对简、繁汉字和词语依形编码的编码体系，将其字根分布在5个区共25个的键位上，以此构成的对汉字进行快速输入的优化五笔字型计算机汉字输入键盘。"

河南省专利管理局于1991年1月15日就专利申请权问题做出处理决定，认定"优化五笔字型"属于职务发明。1992年2月26日，中国专利局将"优化五笔字型"发明专利权授予河南省计算中心、北京市王码电脑总公司、河南省南阳地区科委、河南省中文信息研究会四单位。

五笔字型第四版技术是在五笔字型第三版即"优化五笔字型"技术申请专利后，由一些技术人员根据减少字根，易学易记，增强规律性，提高键入速度的目的改进形成，于1986年3月完成，当时社会上广泛使用的是五笔字型第四版技术。1992年，东南公司在制造销售的东南汉卡中使用了五笔字型第四版技术。东南汉卡中使用的五笔字型第四版技术与"优化五笔字型"专利技术的必要技术特征经过对比，二者确有许多相同之处，如将汉字按照传统的书写顺序拆分成若干个组字部件即字根，用若干个字根拼合成一定的汉字；用汉字的横、竖、撇、捺、折5种基本笔画书写汉字，把一个字根按照传统的笔顺分解成横、竖、撇、捺、折5种基本笔画即"五笔"的组合，并将"五笔"按顺序分别以数码1、2、3、4、5进行编号；按照汉字5种基本笔画的编号把汉字字根分成5区25组，将这5区25组同计算机输入键盘上26个英文字母键位中的25个键位对应，建立汉字字根组同各个键位编码的对应规则；在输入汉字时，按照传统书写顺序输入该汉字的第一字根、第二字根等的键位编码，通过字根拼合输入汉字，采用最多为四个键位编码输入一个汉字；将汉字按照字根间的位置关系分成左右、上下、外内和独立四种基本字形等。但是，这些基本相同的技术特征均属于公知公用的技术，在"优化五笔字型"专利中也仅记载在独立权利要求的前序部分中，说明当时申请人也承认其为公知公用技术。

经过将五笔字型第四版技术与"优化五笔字型"专利技术的必要技术特征相比，两者的不同点在于：

一、五笔字型第四版技术与"优化五笔字型"专利技术相比，所用的资本减少了21个，它是由199个字根组成的编码体系。

二、五笔字型第四版技术在5个区位字根所对应的键盘键位发生了变化，"优化五笔字型"专利技术中5区下面5位对应的字根，在五笔字型第四版中移位到了第三区的位置，在标准的英文键盘上作比较，五笔字型第四版技术与"优化五笔字型"专利技术的编码有很大不同。

三、五笔字型第四版技术减少了字型，即由"优化五笔字型"专利技术中使用的左右型、上下型、外内型和单体型 4 种变成左右型、上下型和杂合型 3 种。

五笔字型第四版与第三版具有不同的技术目的。第三版技术以减少重码为第一目标，用户易学易记为第二目标；第四版技术以用户易学易记为第一目标，而把减少重码作为第二目标。第四版为了达到其技术目的，采用了减少编码字根的数量、增强字根分组的规律性、配合减少字型、精简编码规则等技术手段，形成了由 199 个字根构成对汉字依形编码的新的编码体系。这一改进产生了明显的技术效果，使得五笔字型第四版技术的最高输入速度比五笔字型第三版的最高输入速度提高近一倍。

二审判理和结果

北京市高级人民法院认为，五笔字型汉字编码输入技术是众多计算机汉字输入技术中的一种，它的基本原理和基础技术思想，如运用笔划输入，将汉字拆成字根及用字根组字，5 区 5 位的划分并将字根分布与其对应，末笔交叉识别等内容，这些是我国历史文化遗产，构成本案专利的现有技术。本案专利技术的开发者虽然作出了自己的贡献，但是从其独立权利要求中的前序部分可见，就整个五笔字型汉字输入技术而言，并非本案专利所覆盖的发明成果。本案专利权的保护范围应以其独立权利要求中记载的必要技术特征为准，其必要技术特征包括独立权利要求中前序部分的公知技术和特征部分的区别技术特征，这些特征共同组成一个完整的技术方案。本案专利并非五笔字型汉字输入技术的基础专利，也不是一项开创性发明。因此，在侵权诉讼中，不允许对审定公告确定的专利权利要求界定的保护范围作任意扩大解释，否则将不利于计算机汉字输入技术的发展。

本案中，被控侵权的五笔字型第四版技术与原告专利技术的区别是具有实质性的，二者的发明目的亦不相同，且被控技术并取得了优于本案专利的技术效果，故五笔字型第四版技术与本案专利技术之间的区别技术特征不属于等同手段替换。一审判决脱离专利侵权的基本原则，未以专利的权利要求为依据界定专利的保护范围，未明确本案专利权保护范围，仅将其独立权利要求中的区别特征作为"主要技术特征"与侵权物进行对比，对前序部分涉及的公知技术部分未作比较，比较对象错误，扩大了专利保护范围；认定"五笔字型第三版技术选用的字根为 220 个，而第四版技术选用了其中的 199 个字根"与事实不符；将五笔字型第四版技术与本案专利的关系认定为"是一种依存关系或称从属关系"，无事实和法律依据，本案专利并非基本专利，第四版技术完全可以独立使用，两者不存在从属关系。一审法院在未明确东南公司是否侵权的情况下，作出由东南公司向王码公司支付 24 万元技术使用费的判决，属适用法律错误。

综上所述，上诉人虽然在东南汉卡中使用了五笔字型第四版技术，但本案专利技术与五笔字型第四版技术是两个计算机汉字输入方案，二者不存在覆盖和依存关系，因此不构成对本案专利权的侵犯。原审判决在认定事实、适用法律上均有错误，应予纠正。依照《专利法》第 59 条，《民事诉讼法》第 153 条第 1 款第（2）项、第（3）项之规定，判决：撤销北京市中级人民法院（1993）中经初字第 180 号民事判决并驳回北京市王码电脑总公司的诉讼请求。

法官评述

本案的审理重点是五笔字型第四版技术是否落入第三版技术即原告专利权的保护范

围。在侵犯发明专利权诉讼中，首先应确定原告专利权的保护范围，然后判定被控侵权物是否落入原告专利权的保护范围。在确定发明专利权的保护范围时，由于发明专利权的独立权利要求的保护范围最大，专利权人通常也以独立权利要求为依据起诉被告的侵权行为，故确定发明专利权的保护范围，通常也就是确定其独立权利要求的保护范围。当然，如果专利权人不以其保护范围最大的独立权利要求为依据，而是自愿以其保护范围较小的从属权利要求为依据起诉被告的侵权行为，人民法院应当尊重专利权人的选择。在确定发明专利权的保护范围时，以专利权人所主张的从属权利要求为依据。在依据专利权人选择的从属权利要求确定专利权的保护范围时，应当结合该从属权利要求及其所引用的全部权利要求的内容共同确定其保护范围。这里尤其应注意的是，当专利权人主张权利的从属权利要求同时引用了独立权利要求和其他非独立权利要求时，不能仅以该从属权利要求及其所引用的独立权利要求为依据确定保护范围，而应以该从属权利要求及其所引用的独立权利要求和非独立要求为依据，共同确定专利权人请求保护的专利技术方案的保护范围。

在以独立权利要求确定专利权的保护范围时，应当注意的是，记载在独立权利要求中的全部技术特征都是确定保护范围的依据。对于绝大部分发明专利来说，其独立权利要求通常都包括两个部分，即前序部分和特征部分。独立权利要求的前序部分一般包括对发明名称、现有技术等内容的描述，其中所记载的现有技术特征也是发明专利权的技术特征，只是其同时构成发明技术与现有技术的技术特征，故称之为共有技术特征。记载在独立权利要求特征部分的特征，是发明专利技术不同于现有技术的特征，也是专利权人在现有技术的基础上所进行的创新，故称之为特有技术特征。在早期的专利司法实践中，一个常见的错误是忽略发明专利独立权利要求记载的共有技术特征，仅将其记载的特有技术特征作为确定专利权保护范围的技术特征，这显然是不恰当的。本案一审法院就犯了这样的错误，即仅以原告专利权独立权利要求记载的必要技术特征来确定其保护范围。

在判定被控技术是否侵犯原告专利权时，当原告专利的全部技术特征在被控技术中均有相同或者等同的体现时，则应当判定被控技术落入原告专利权的保护范围；当被控技术的某些技术特征与原告专利权某些技术特征既不相同也不等同时，则应判定不侵权。在判定是否构成等同替换时，关键是看被控技术中的某些技术特征与原告专利权中相应的技术特征是否属于以基本相同的手段、实现基本相同的功能和达到基本相同的效果，而且是本领域技术人员无需创造性劳动即可能联想到的。

本案原告专利独立权利要求的前序部分均为现有技术，特征部分即采用经优化（优选）的 223 字根构成对简、繁汉字和词语依据形编码的编码体系，将其字根分布在下述 5 个区 25 个键位上，并具体描述了字根在各键位上的分布。东南汉卡中使用的五笔字型第四版技术与本案专利属于同一类汉字编码体系，二者都是在民族文化遗产和现有技术基础上产生的汉字输入技术方案，五笔字型第四版技术与本案专利在技术上有联系，即其现有技术相同，但二者的区别也是明显的。从二者的技术特征看，本案专利是由 2 203 字根组成的编码体系，而五笔字型第四版技术是由 1993 字根组成的编码体系，这种字根的减少并非在 220 个字根中删减的结果，而是依据易学易记的目标需要，重新优选字根的结果，注入了开发者创造性的劳动。单纯的计算机汉字输入技术不能获得专利保护，它们必须与计算机键盘相结合才有可能获得专利保护。本案专利技术中的220个字根与键位5区5位上的一一对应关系是固定的，而五笔字型第四版技术中的199个字根组成编码体系，这些字根在5区5位25个键位上的分布关系重新作了调整，并将3区和5区的位置作调换，从而达到了方便输入提高输入速度的目的。五笔字型第四版技术将本案专利中的4种字型减少为3种，方便了记忆。五笔字型第四版技术与本案专利技术的上述区别是具有实质性的，二者发明目的亦不相同，且五笔字型第四版技术取得了优于本案专利的技术效果。因此，五笔字型第四版技术与本案专利技术之间的区别技术特征不属于等同手段替换，原告的侵权主张不能成立。一审法院在未明确判决被告构成侵权的情况下，判令被告支付使用费显然不当，二审法院依法予以纠正是正确的。

（二审合议庭成员：程永顺　陈锦川　孙苏理
编写人：北京市高级人民法院知识产权审判庭　刘晓军）

3. 黑龙江省珍宝岛制药有限公司诉昆明制药集团股份有限公司确认不侵犯专利权纠纷案

阅读提示：人民法院能否通过对两个企业生产、销售的产品与企业所发明的专利权利要求进行比较，从而判断出该企业是否构成专利侵权？企业之间发函并在报刊上发表声明称其侵权，其行为能否对企业的生产经营活动、商誉构成影响和损害？

裁判要旨

在确认不侵犯专利权纠纷中，判断是否存在不侵犯专利权行为的主要方法是比较原告生产、销售的产品与被告的发明专利权权利要求之间是否相同或者等同。《专利法》规定，发明专利的保护范围以其权利要求的内容为准，说明书及附图可以用于解释权利要求，任何单位或者个人未经专利权人许可，为生产经营目的制造、销售、使用的产品，落入专利保护范围，系侵权行为。如果原告生产、销售的注射用血塞通（冻干）与被告发明的"三七皂甙粉针剂"、"皂甙类粉针剂注溶剂"发明专利权利要求有较大差别，即在药品的主要成分、含量以及必要技术特征不同，具有不同的使用范围、产生不同的功能和效果，则不属于相同或者等同产品，应当认定原告的注射用血塞通（冻干）没有落入被告的"三七皂甙粉针剂"、"皂甙类粉针剂注溶剂"发明专利的保护范围，不构成侵权。同时，根据最高人民法院（2001）民他字第4号批复意见，本案中原告向人民法院提起诉讼的目的，只是针对被告发函和在报刊上发表"严正声明"指控其侵权行为而请求法院确认自己不侵权，并不主张被告的行为侵权并追究其侵权责任，即应依法裁判、确认原告不侵犯被告的发明专利权。

案　号

一审：黑龙江省哈尔滨市中级人民法院（2003）哈民五初字第71号
二审：黑龙江省高级人民法院（2004）黑知终字第8号

案情与裁判

原告（二审被上诉人）：黑龙江省珍宝岛制药有限公司（简称"珍宝岛制药公司"）
被告（二审上诉人）：昆明制药集团股份有限公司（简称"昆明制药公司"）

起诉与答辩

原告诉称：原告于2002年12月1日经国家药品监督管理局批准生产注射用血塞通，批准文件号2002ZD-0986号，药品批准文号为国药准字Z20026437。被告的发明专利"三七皂甙粉针剂"、"皂甙类粉针剂注溶剂"的权利要求保护的特征与原告的不同，因此原告没有侵犯被告的专利权。被告向原告发函要求原告停止侵权，并在《中国医药报》上发表声明，影响了原告的销售，被告的行为侵犯了原告的权利。原告于2003年8月26日向哈尔滨市中级人民法院提起诉讼，请求法院依法确认珍宝岛制药公司生产的注射用血塞通不侵犯昆明制药公司的三七皂甙粉针剂及皂甙类粉针剂注溶剂专利权。

被告辩称：原告的起诉实际上是确认专利，并非是实际的专利侵权纠纷，原告称昆明制药公司所发的严正声明影响其产品的销售，但昆明制药公司发表严正声明是出于保护昆明制药公司的知识产权的目的进行的，昆明制药公司保留就此提出反诉的权利。原告起诉状中所述事实不能成立，请求驳回原告的诉讼请求。

一审审理查明

原告经国家批准，按国家药品监督管理局标准（试行）WS－10986（Zd－0986）－2002，生产销售了注射用血塞通（冻干），产品说明书标示："［主要成分］三七总皂苷。［功能主治］活血祛瘀，通脉活络。用于中风偏瘫、瘀血阻络及脑血管疾病后遗症、视网膜中央静脉阻塞属瘀血阻滞症者。"被告2003年8月4日致函原告指责原告生产销售注射用血塞通侵犯其"三七皂甙粉针剂""皂甙类粉针剂注溶剂"专利权，要求原告立即停止生产销售侵权产品的一切活动。2003年8月11日在《中国医药报》刊登被告的"严正声明"，称昆明制药集团有限公司是中国授权专利"三七皂甙粉针剂""皂甙类粉针剂注溶剂"的所有人，未许可任何其他公司或者个人实施上述专利。要求尊重知识产权，立即停止生产、销售上述侵权产品注射用血塞通粉针剂的一切生产经营活动，保留对侵权者依法追究其相应法律责任的权利。

一审判理和结果

哈尔滨市中级人民法院审理认为：根据《专利法》规定，发明专利的保护范围以其权利要求的内容为准，说明书及附图可以用于解释权利要求。任何单位或者个人未经专利权人许可，为生产经营目的制造、销售、使用的产品，落入专利保护范围，系侵权行为。被告的产品发明专利"一种三七皂甙粉针剂"，权利要求书中所列必要技术特征为一项，"三七皂甙含量50%～99.5%"。可以理解为专利保护范围，即药品的主要成分三七皂甙含量在标定的幅度以内。原告按照国家药品监督管理局标准（试行），生产销售的注射用血塞通（冻干），主要成分为：人参皂苷Rg1为标示量的25%～45%，人参皂苷Rb1为标示量的30%～40%，三七皂苷R1为标示量5%～15%，与被告专利有较大差别。药品的主要成分及含量不同，会具有不同的适用范围，产生不同的功能和效果，不属于相同或者等同的产品，可以认定原告的注射用血塞通（冻干）没有落入被告"三七皂甙粉针剂"发明专利的保护范围，不构成侵权。被告的产品发明专利"皂甙类粉针剂注溶剂"，权利要求书中所列必要技术特征为一项，5%的丙二醇、25%的正丙醇和70%的水组成。注射用溶媒除注射用水、注射用油以外，通常所用的即是乙醇、甘油、丙二醇、聚乙二醇、油酸乙酯等，可任意组合。被告专利为丙二醇、正丙醇及水，这三种成分及所占特定比例，构成了其专利保护范围。原告的专用溶剂为30%的乙醇和70%的水组成，被告对此没有提出异议，这个成分和比例均与被告专利不同，没有落入专利保护范围，不构成侵权。被告给原告发函，指责原告侵犯其专利权，并在专业报刊上发表"严正声明",目的在于阻止原告生产销售注射用血塞通(冻干),客观上也的确对原告的生产经营活动及商誉造成一定影响和损害。原告启动司法救济程序,澄清涉案事实,请求确认其生产销售注射用血塞通(冻干)的合法性,证据充分,于法有据。被告在证据交换时没有提供证据,庭审时没有就其抗辩主张提供相应的证据,其抗辩理由不能成立。综上,原告诉讼请求有理,本院予以支持。根据《专利法》第 56 条第 1 款之规定,判决如下:原告珍宝岛制药公司生产销售的注射用血塞通(冻干),不侵犯被告昆明制药公司"三七皂甙粉针剂"、"皂甙类粉针剂注溶剂"发明专利权。案件受理费 1 000 元,由被告昆明制药公司负担(原告已预付)。

上诉与答辩

昆明制药公司上诉称:1. 关于本案的管辖。上诉人在开庭之前的答辩中对管辖权提出过异议。认为此案不属于哈尔滨市中级人民法院管辖,要求移送有管辖权的法院进行审理。一审法院在没有对此案做出裁定的情况下就开庭审理,做出判决,违反审理程序,请求二审法院撤销一审判决并对管辖异议先做出裁定。2. 关于被上诉人的诉讼理由和证据。对被上诉人提供的各项证据的真实性提出质疑。当事人向法院提供的证据应该是原件,提供原件有困难的可以提供经法院核对无异的复印件。被上诉人提供的证据 1~4 为复印件,庭审前和庭审中也未进行核对,不能作为证据采用。证据 5 是被上诉人生产的注射用血塞通的包装盒和药品实物,其没有证实包装盒和实物是合法途径得到的产品,也没有说明包装盒和实物与本案的关系,不能作为证据。证据 9、11 不能作为本案的证据。应当以批准授权的发明专利说明书为准,虽然上诉人提交了说明书,但不能代替其提交证据。证据 12~13 不能作为证据被采用。证据 6~8、10 无法做出没有侵犯专利权的判断。3. 上诉人对被上诉人的诉讼请求存在质疑。最高院下发的(2001)民他字第 4 号批复应当属于提交证据的范畴,其没有提交该份批复,也没有提供其内容,起诉理由不足。被上诉人起诉称:上诉人在《中国医药报》上刊登严正声明,指责其公司侵犯上诉人的专利权,使其产品在医药行业、特别是黑龙江省医药行业的销售受到极大的影响,但并未提供受侵害的证据。4. 被上诉人要求确认不侵权,诉讼理由不足。上诉人生产的商品名为"络泰"的注射用血塞通粉针剂,就是以 ZL96101652.3 号和 ZL96107464.7 号有效专利为基础生产的专利产品,其主要成分为三七总皂苷,从国家药品监督管理局颁布的药品标准看来,注射用血塞通(冻干)的成分完全落入上诉人专利权的保护范围内,上诉人据此向被上诉人发出交涉函。鉴于一审判决存在管辖错误、事实不清、证据不足、法律适用不当,请求依法裁定撤销原判并改判。(1) 不能认定被上诉人珍宝岛制药公司生产并销售的注射用血塞通不侵犯上诉人的专利号为 ZL96101652.3 的"三七皂甙粉针剂"、专利号为 ZL96107464.7 的"皂甙类粉针剂注溶剂"的专利权。被上诉人提出的不侵权的主张,证据不足,应予驳回。(2) 被上诉人承担一、二审中产生的诉讼费和其他费用。

珍宝岛制药公司辩称:1. 上诉人指责我公司侵权无任何证据。2. 上诉人二审中递交的书刊复印件超过举证期限,法庭不应组织质证,不应作为证据使用。3. 珍宝岛制药公司的产品注射用血塞通(冻干)没有侵犯上诉人 ZL96101652.3 号专利权并落入保护范围。4. 上诉人主张其皂甙类粉针剂注溶剂专利(ZL96107464.7)不是公知技术是错误的。5. 珍宝岛制药公司在一审中举证不存在问题，且主要证据已为上诉人所认同。6. 上诉人提出本案不应由哈尔滨市中级法院管辖的理由不能成立。中药产品领域的专利侵权判断，只需将被控侵权一方新药申报资料、并经国家药监局批准的特定处方与专利权利的独立要求所保护的范围进行比较判断，就会得出结论。上诉人ZL96101652.3号专利保护的是产品，其技术特征在于其产品的组成及其配比，其权利要求保护范围是三七皂甙含量为50%～99.5%，其余为药用辅料的一种粉针剂产品。为此，只要其他产品中三七皂甙含量在其专利权要求保护的50%～99.5%之外，即不构成对其专利的侵权。珍宝岛制药公司根据国家药监局药品标准批准生产的注射用血塞通（冻干）产品有效成分为：人参皂苷Rg1为标示量的25%～45%，人参皂苷Rb1为标示量的5%～15%，上述总量不少于65%的一种冻干粉针剂产品。将二者进行比较，珍宝岛制药公司注射用血塞通（冻干）产品与上诉人ZL96101652.3号专利所保护的产品在其剂型、组成与含量方面均不相同，所以珍宝岛制药公司的注射用血塞通（冻干）产品没有落入上诉人专利权的保护范围，不构成侵权。珍宝岛制药公司的产品使用的注溶剂是30%的乙醇和70%的水组成，其是自由公知技术，该领域的普通技术人员不用经过创造性劳动就能够联想到的一种方案。所以珍宝岛制药公司使用的注溶剂不构成对上诉人ZL96107464.7专利权的侵犯。关于珍宝岛制药公司不能提供原件的问题，珍宝岛制药公司不可能获得上诉人专利文件原件，专利权利要求书是从国家知识产权网站下载的，证据来源无任何不妥。珍宝岛制药公司举出的《药剂学》第123页是在图书馆原书中复印的，并加盖公章。国家药监局2002ZD—0986批文当事人双方各有原件，质证中昆明制药公司未对批件内容提出异议。综上，上诉人指责珍宝岛制药公司侵犯其专利权并未举出任何证据；珍宝岛制药公司举出的证据及提出的理由，足以证明不侵犯上诉人的专利权，请求二审法院依法维持一审判决。

二审审理查明

黑龙江省高级人民法院经审理查明：2001年6月20日、7月25日国家知识产权局先后授予昆明制药公司发明专利ZL96101652.3号、ZL96107464.7号"三七皂甙粉针剂"、"皂甙类粉针剂注溶剂"专利权。ZL96101652.3号"三七皂甙粉针剂"权利要求1记载："一种三七皂甙粉针剂，其特征在于由三七皂甙和注射液用水溶性药用辅料组成，所述三七皂甙的含量为（重量百分比）50%～99.5%余量为药用辅料，所述药用辅料为氨基酸、葡萄糖、乳糖、甘露醇、聚乙烯吡咯烷酮、低分子右旋糖酐、氯化钠、葡萄糖酸钙或磷酸钙。"ZL96107464.7号"皂甙类粉针剂注溶剂"权利要求1记载："一种皂甙粉针剂注溶剂，其特征在于由重量百分比为5%的丙二醇、25%的正丙醇和70%的水组成。"珍宝岛制药公司于2002年12月1日经国家药品监督管理局批准生产注射用血塞通，批准文件号2002ZD-0986号，药品批准文号为国药准字Z20026437。按国家药品监督管理局标准（试行）ws-10986（zd-0986）-2002，生产销售了注射用血塞通（冻干），产品说明书标示："【主要成分】三七总皂苷。【功能主治】活血祛瘀，通脉活络。用于中风偏瘫、瘀血阻络及脑血管疾病后遗症、视网膜中央静脉阻塞属瘀血阻滞证者。"昆明制药公司2003年8月4日致函珍宝岛制药公司指出：我公司是专利ZL96101652.3及ZL96107464.7号所有人。所生产的专利产品络泰注射用血塞通在上述专利的保护范围内，贵公司已经生产、销售注射用血塞通粉针剂行为，已违反《专利法》的规定，侵犯我公司的专利权和其他知识产权。希望贵公司给予书面答复，承诺立即停止生产、销售上述侵权产品的一切活动；否则，我公司为维护自己的权益，保留采取进一步措施的权力。同年8月11日昆明制药公司在《中国医药报》刊登的"严正声明"中记载：昆明制药公司是中国授权专利"三七皂甙粉针剂"及"皂甙类粉针剂注溶剂"的所有人。本公司所生产并销售的产品络泰注射用血塞通在上述专利的保护范围内，并依法受到保护。昆明制药公司并未许可任何其他公司或者个人实施上述专利。最近，昆明制药公司发现，市场上出现非本公司生产且在上述中国授权专利保护范围内的注射用血塞通粉针剂产品及销售。昆明制药公司郑重要求尊重知识产权，立即停止生产、销售上述侵权产品注射用血塞通粉针剂的一切生产经营活动，保留对侵权者依法追究其相应法律责任的权利。珍宝岛制药公司于同年8月26日向哈尔滨市中级人民法院提起诉讼称："三七皂甙粉针剂""皂甙类粉针剂注溶剂"其权利要求保护的特征与珍宝岛制药公司的产品特征不同。因此，珍宝岛制药公司没有侵犯昆明制药公司的专利权，其公司向珍宝岛制药公司发函要求其停止侵权，并在医药报上发表声明的行为，影响了珍宝岛制药公司的销售，侵犯了珍宝岛制药公司的权利，请求法院依法确认珍宝岛制药公司生产的注射用血塞通不侵犯昆明制药公司的"三七皂甙粉针剂"及"皂甙类粉针剂注溶剂"专利权。同年10月10日，哈尔滨市中级人民法院下发了（2003）哈民五初字第71－1号民事裁定书，驳回昆明制药公司对本案管辖权提出的异议。裁定送达后该公司未提出上诉。

二审判理和结果

黑龙江省高级人民法院认为：昆明制药公司是ZL96101652.3号"三七皂甙粉针剂"、ZL96107464.7号"皂甙类粉针剂注溶剂"发明专利的权利人，依法应受到法律的保护。任何单位或个人未经专利权人许可，为生产经营目的制造、销售、使用的产品，落入专利保护范围，系侵权行为。关于珍宝岛制药公司生产、销售的注射用血塞通（冻干）产品，是否侵犯昆明制药公司"三七皂甙粉针剂""皂甙类粉针剂注溶剂"专利权的问题。根据《专利法》规定，发明专利的保护范围以其权利要求的内容为准，说明书及附图可以用于解释权利要求。昆明制药公司的发明专利"三七皂甙粉针剂"，权利要求书中所列必要技术特征为"三七皂甙含量50%～99.5%"。可以理解为专利保护范围，即药品的主要成分三七皂甙含量在标定的幅度以内。珍宝岛制药公司按照国家药品监督管理局标准（试行），生产销售的注射用血塞通（冻干），主要成分为：人参皂苷 Rg1 为标示量的25%～45%，人参皂苷 Rb1 为标示量的30%～40%，三七皂苷 R1 为标示量5%～15%，与昆明制药公司的专利特征有较大差别。由于药品的主要成分及含量不同，产生的功能和效果、适用范围也会不同，亦不构成相同或者等同，应认定珍宝岛制药公司的注射用血塞通（冻干）产品没有落入昆明制药公司"三七皂甙粉针剂"发明专利的保护范围，不构成侵权。昆明制药公司的发明专利"皂甙类粉针剂注溶剂"，权利要求书中所列必要技术特征为5%的丙二醇、25%的正丙醇和70%的水组成。注射用溶媒除注射用水、注射用油以外，通常所用的即是乙醇、甘油、丙二醇、聚乙二醇、油酸乙酯等，可任意组合。昆明制药公司的专利特征为丙二醇、正丙醇及水，这三种成分及所占特定比例,构成了其专利保护范围。珍宝岛制药公司的专用溶剂为30%的乙醇和70%的水组成,昆明制药公司对此没有提出异议,这个成分和比例与其公司专利保护的范围不同,没有落入专利保护范围,不构成侵权。关于昆明制药公司给珍宝岛制药公司发函和在报刊上发表声明的行为是否影响和损害了该公司的生产经营、商誉的问题。昆明制药公司给珍宝岛制药公司发函,指责该公司侵犯其专利权,并在专业报刊上发表"严正声明",目的在于阻止该公司生产销售注射用血塞通(冻干),客观上其行为对该公司的生产经营活动及商誉已经造成一定影响和损害,对此本院予以确认。珍宝岛制药公司为此启动司法救济程序,澄清案件事实,请求确认其生产销售注射用血塞通(冻干)产品的合法性、亦未侵犯昆明制药公司的专利权的证据充分,于法有据,应予支持。关于昆明制药公司提出管辖权异议的问题,该公司对哈尔滨市中级人民法院下发的(2003)哈民五初字第71—1号民事裁定书即"驳回昆明制药公司对本案管辖权提出的异议"没有提出上诉,其主张不予支持。由于昆明制药公司在一审中没有提供相关证据,二审中也未能提交新的证据,上诉理由因缺乏事实和法律依据不能成立。综上,原审判决认定事实清楚,适用法律正确,应予维持。根据《民事诉讼法》第153条第1款第(1)项之规定,判决:驳回上诉,维持原判。一、二审案件受理费2 000元,由上诉人昆明制药公司负担。

法官评述

本案是一起请求确认不侵犯专利权纠纷案件,是典型的原告诉讼请求人民法院确认自己不侵权,并不主张被告侵权行为并追究其侵权责任的诉讼案件。

本案双方当事人诉讼争议的焦点问题:珍宝岛制药公司生产、销售的注射用血塞通(冻干)产品是否落入昆明制药公司专利权的保护范围,是否侵犯了昆明制药公司发明的"三七皂甙粉针剂"、"皂甙类粉针剂注溶剂"的专利权;昆明制药公司给珍宝岛制药公司发函和在报刊上发表声明的行为对珍宝岛制药公司的生产经营活动、商誉是否构成影响和损害;哈尔滨市中级人民法院对此案是否有管辖权等问题。

一、关于珍宝岛制药公司生产、销售的注射用血塞通(冻干)产品,是否侵犯昆明制药公司"三七皂甙粉针剂"、"皂甙类粉针剂注溶剂"专利权的问题

我国《专利法》规定,发明专利的保护范围以其权利要求的内容为准,说明书及附图可以用于解释权利要求。昆明制药公司的发明专利"三七皂甙粉针剂",权利要求书中所列必要技术特征为"三七皂甙含量50%～99.5%"。珍宝岛制药公司按照国家药品监督管理局标准(试行),生产销售的注射用血塞通(冻干),主要成分为:人参皂苷Rg1为标示量的25%～45%,人参皂苷Rb1为标示量的30%～40%,三七皂苷R1为标示量5%～15%,与昆明制药公司的专利特征有较大差别。由于药品的主要成分及含量不同,产生的功能和效果、适用范围也会不同,亦不构成相同或者等同,应认定珍宝岛制药公司的注射用血塞通(冻干)产品没有落入昆明制药公司"三七皂甙粉针剂"发明专利的保护范围,不构成侵权。

昆明制药公司的发明专利"皂甙类粉针剂注溶剂",权利要求书中所列必要技术特

征为5％的丙二醇、25％的正丙醇和70％的水组成。注射用溶媒除注射用水、注射用油以外，通常所用的即是乙醇、甘油、丙二醇、聚乙二醇、油酸乙酯等，可任意组合。昆明制药公司发明专利的技术特征为丙二醇、正丙醇及水，这三种成分及所占特定比例珍宝岛制药公司的专用溶剂为30％的乙醇和70％的水组成，昆明制药公司对此没有提出异议，这个成分和比例与其公司专利保护的范围不同，没有落入专利保护范围，不构成侵权。

二、关于昆明制药公司给珍宝岛制药公司发函和在报刊上发表声明的行为是否影响和损害了该公司的生产经营、商誉的问题

昆明制药公司给珍宝岛制药公司发函，指责该公司侵犯其专利权，并在专业报刊上发表"严正声明"，目的在于阻止该公司生产销售注射用血塞通（冻干），客观上其行为确实对该公司的生产经营活动及商誉已经造成一定影响和损害。因此，昆明制药公司的发函行为和在传播媒体—专业报刊上发表"严正声明"的行为违背了事实，已给珍宝岛制药公司的正常生产、销售构成影响，亦给其信誉造成损害。

三、关于哈尔滨市中级人民法院对此案是否有管辖权的问题

由于被告向原告发函称原告的产品涉嫌侵权，并在专业报刊上发表"严正声明"要求立即停止注射用血塞通（冻干）的一切生产、经营活动，保留对侵权者依法追究其相应法律责任的权利，使原告的该产品在医药行业特别是在黑龙江省医药行业的销售受到极大的影响。因此，使得原告的利益受到了损害，原告与本案有直接的利害关系，而且原告的起诉有明确的被告、具体的诉讼请求和事实理由，属于人民法院受理民事诉讼的范围和受诉人民法院管辖。所以，哈尔滨市中级人民法院对昆明制药公司提出的管辖异议作出（2003）哈民五初字第71－1号民事裁定书即"驳回昆明制药公司对本案管辖权提出的异议"是正确的，哈尔滨市中级人民法院对本案依法具有管辖权。

（二审合议庭成员：于晓松　孙天文　杨兴明
编写人：黑龙江省高级人民法院审监二庭　于晓松　郑文福）

4. 山东九阳小家电有限公司诉上海帅佳电子科技有限公司等侵犯发明专利权纠纷案

阅读提示：人民法院决定中止专利案件审理时是否要作实质审查？如何判断公知技术抗辩是否成立？人民法院确定损害赔偿的主要考量因素有哪些？

裁判要旨

《最高人民法院关于审理专利纠纷案件适用法律问题的若干规定》第11条规定："人民法院受理的侵犯发明专利权纠纷案件或者经专利复审委员会审查维持专利权的侵犯实用新型、外观设计专利权纠纷案件，被告在答辩期间内请求宣告该项专利权无效的，人民法院可以不中止诉讼。"第21条规定："被侵权人的损失或者侵权人获得的利益难以确定，有专利许可使用费可以参照的，人民法院可以根据专利权的类别、侵权人侵权的性质和情节、专利许可使用费的数额、该专利许可的性质、范围、时间等因素，参照该专利许可使用费的1至3倍合理确定赔偿数额。"据此，被告在答辩期间虽然提出中止诉讼的请求，但未提出充分有效的依据和理由，人民法院不予支持。而专利权人提出的损害赔偿请求，有充分的证据加以佐证，人民法院应予支持。

案 号

一审：山东省济南市中级人民法院（2006）济民三初字第121号
二审：山东省高级人民法院（2007）鲁民三终字第38号

案情与裁判

原告（二审被上诉人）：山东九阳小家电有限公司（简称"九阳公司"）
原告（二审被上诉人）：王旭宁
被告（二审上诉人）：上海帅佳电子科技有限公司（简称"帅佳公司"）
被告（二审上诉人）：慈溪市西贝乐电器有限公司（简称"西贝乐公司"）
被告：济南正铭商贸有限公司（简称"正铭公司"）

起诉与答辩

原告九阳公司和王旭宁于2006年7月3日向一审法院提起诉讼称：王旭宁拥有ZL99 1 12253.4"智能型家用全自动豆浆机"发明专利权。2001年12月8日，王旭宁将该专利排他许可九阳公司实施。三被告帅佳公司、西贝乐公司、济南正铭商贸有限公司未经许可，大量生产、销售、许诺销售侵犯上述专利权的西贝乐牌豆浆机，给原告造成巨大损失。请求：判令三被告立即停止一切侵犯专利权的行为，包括责令被告正铭公司停止销售侵权产品,责令被告帅佳公司、西贝乐公司停止生产、销售、许诺销售侵权产品;2.判令被告帅佳公司和西贝乐公司销毁生产侵权成品或半成品的模具、未售出的侵权产成品和半成品;3.判令被告帅佳公司和西贝乐公司共同赔偿两原告经济损失300万元。

被告帅佳公司和西贝乐公司共同答辩称:两被告的产品从未销售给正铭公司,原告在正铭公司公证保全的证据来源不明。两被告产品的技术特征虽然与原告专利技术相同,但是原告的技术均与公知技术告等同。两被告已向国家知识产权局专利复审委员会提出无效宣告申请,请求中止诉讼。两原告的诉讼请求缺乏证据支持,请求驳回两原告的诉讼请求。

被告正铭公司答辩称:正铭公司是合法经营,其所售出的产品有合法来源,且不知道所销售的两被告的产品是否侵犯他人的专利权。

一审审理查明

一审法院审理查明:1999年6月1日,王旭宁就其"智能型家用全自动豆浆机"向国家知识产权局申请发明专利,于2001年12月5日获得授权;专利号ZL99112253.4,授权公告号CN1075720C,专利权人王旭宁。权利要求书载明其独立权利要求为:"一种智能型家用全自动豆浆机,包括有机头、下盖和杯体,机头扣装在下盖上端,下盖下端扣置在杯体口上,在机头上设置有电源插座,在下盖上部固定装有电机、变压器和控制线路板,电热器和防溢探头固定在下盖下部,刀片直接固定安装在外伸于下盖下方的电机长轴轴端,过滤网罩外套刀片和电机长轴旋转固定于下盖下部的过滤网罩安装体上,其特征在于,在下盖下端还固定安装有一个温度传感器,温度传感器是在下盖下端固定安装有一个温度测定棒,在温度测定棒前端装有一个温度传感头,该温度传感头与下盖上部的控制线路板连接。"

2001年12月8日,王旭宁与九阳公司签订一份专利实施许可合同,王旭宁将上述专利在全国范围内独家许可九阳公司实施,许可期限同于专利有效期,许可费为300万元。双方已将该合同在国家知识产权局进行了备案。

2006年4月15日,正铭公司从江苏时代超市有限公司泰州时代九州超级购物中心购买取得西贝乐牌豆浆机7件,其中XBL100GD型每件262元、XBL100GM型每件269元、XBL500TD型每件358元、XBL500TM型每件409元。2006年4月20日,九阳公司职员来到正铭公司位于济南市天桥区铜元局前街的九阳专卖店,购买取得西贝乐牌豆浆机4件,其型号和价格为XBL100GD型每件312元、XBL100GM型每件319元、XBL500TD型每件408元、XBL500TM型每件459元。济南市公证处对上述购买过程进行了公证,并对取得的发票和实物进行拍照和封存。2006年7月6日,一审法院向被告西贝乐公司送达应诉通知并进行证据保全,取得上述型号豆浆机4件,上述产品及包装均标注:上海帅佳电子科技有限公司,生产基地慈溪市西贝乐电器有限公司。庭审中,帅佳公司和西贝乐公司自认其上述4个型号的豆浆机的产品结构和技术特征相同,并与两原告的专利权利要求1即独立权利要求限定的技术方案相同。

2006年6月21日,帅佳公司和西贝乐公司的网站www.xibeile.com对其XBL100GD、XBL100GM、XBL500GD、XBL500TM型豆浆机进行展示,该网站"帅佳产品"栏目介绍,两被告的产品包括厨房小精灵系列、鲜果汁/豆浆碾磨系列、全自动豆浆机系列、维尔斯电磁炉系列、赫斯提亚多功能食品加工机系列。同日,中国家电企业网 www.cnjiadian.com 有关帅佳公司和西贝乐公司的栏目介绍中载明,帅佳公司是集科研、生产、销售为一体的股份制企业,拥有现代化的流水线生产基地 2 000 多平方米,基地生产员工 300 多人,在全国建立了完善的销售网络,年产销额达 7 000 多万。

2006 年 7 月 24 日,重庆家乐福商业有限公司成都分店售出西贝乐牌 XBL500TD 型多功能豆浆机 1 件,单价 339 元;2006 年 9 月 18 日,江苏时代超市有限公司金华时代超级购物中心售出西贝乐牌 XBL500TM 型多功能豆浆机 1 件,单价 409 元;2006 年 10 月 9 日,武汉汉福超市有限公司售出西贝乐牌 XBL100GD 型、XBL100GM 型、XBL500TD 型和 XBL500TM 型多功能豆浆机各 1 件,单价分别为 248 元、280 元、339 元和 388 元;2006 年 11 月 10 日,上海嘉定乐购生活购物有限公司绍兴分公司售出西贝乐牌 XBL100GD 型多功能豆浆机 2 件,单价 328 元,该产品的生产日期为 2006 年 10 月 22 日。

一审诉讼中,九阳公司与王旭宁申请对帅佳公司和西贝乐公司生产、销售被控侵权产品的账册进行保全,一审法院在向两被告送达裁定并予以执行时,两被告拒绝提供。

一审判理与结果

一审法院认为:1. 关于本案是否中止诉讼的问题,依照最高人民法院法释〔2001〕21 号《关于审理专利纠纷案件适用法律问题的若干规定》第 11 条的规定,人民法院受理的侵犯发明专利权纠纷案件,被告在答辩期间内请求宣告该项专利权无效的,人民法院可以不中止诉讼。通过初步审查帅佳公司申请宣告涉案专利权无效的对比文件,不足以影响专利权的效力,故对帅佳公司、西贝乐公司中止诉讼的请求不予支持。2. 关于帅佳公司、西贝乐公司的公知技术抗辩是否成立的问题。王旭宁的涉案发明专利经过实质审查并得以授权,表明在申请日以前没有同样的发明或者实用新型在国内外出版物上公开发表过、在国内公开使用过或者以其他方式为公众所知,且该专利技术同申请日以前的已有技术相比具有突出的实质性特点和显著的进步。两被告所提交的 6 份中国专利文献均是由国家知识产权局在王旭宁涉案发明专利申请日以前公开,相对于王旭宁的涉案专利而言,文献所记载的技术显然属于已有技术,二者不同,涉案专利具有突出的实质性特点和显著的进步。故帅佳公司、西贝乐公司有关被控侵权产品的技术来源于已有技术的主张不成立。3. 关于本案的赔偿数额问题。依照最高人民法院法释〔2001〕33 号《关于民事诉讼证据的若干规定》第 75 条的规定,有证据证明一方当事人持有证据无正当理由拒不提供,如果对方当事人主张该证据的内容不利于证据持有人,可以推定该主张成立。诉讼中,一审法院依法裁定对帅佳公司和西贝乐公司生产、销售被控侵权产品的账册进行证据保全,但两被告拒绝提供,故推定九阳公司和王旭宁要求帅佳公司和西贝乐公司赔偿经济损失 300 万元的主张成立,予以支持。综上,依照《专利法》第 11 条第 1 款、第 56 条第 1 款、《最高人民法院关于民事诉讼证据的若干规定》(法释〔2001〕33 号)第 75 条、《民法通则》第 118 条的规定,判决:一、正铭公司、帅佳公司、西贝乐公司立即停止对 ZL99112253.4 "智能型家用全自动豆浆机"发明专利的侵权行为；二、帅佳公司、西贝乐公司于本判决生效后10日内共同赔偿九阳公司、王旭宁经济损失300万元；三、驳回九阳公司、王旭宁的其他诉讼请求。案件受理费25 010元，财产保全费15 520元，合计40 530元，由帅佳公司、西贝乐公司负担。

上诉与答辩

帅佳公司和西贝乐公司不服一审判决，共同提起上诉，请求撤销原审判决第一、二项内容，驳回九阳公司和王旭宁的诉讼请求。主要理由：1. 一审关于涉案专利是否具备创造性、案件是否应当中止审理的问题认定有误。上诉人提交的对比文件足以证明涉案专利的创造性受到严重影响，一审判决认定"因不足以影响专利权的效力、对被告中止诉讼的请求不予支持"，既与事实不符，也不合法律规定。2. 一审判决未将上诉人提交的相关技术文献与涉案专利进行客观对比分析，关于公知技术抗辩是否成立的问题，一审判决的认定存在逻辑错误。3. 关于赔偿数额问题，一审判决缺乏充分的证据支持。

九阳公司与王旭宁庭审时共同答辩称：原审判决认定事实清楚，适用法律正确，请求依法驳回上诉人上诉，维持原判。1. 本案专利是发明专利，在申请阶段已经过了实质性审查，权利基础非常稳定。同时，2004年在济南市中级人民法院及山东省高级人民法院审理被上诉人针对宁波海菱公司侵犯专利权的诉讼案件中，本案专利相应经过了无效和行政诉讼程序，维持了专利的有效性，因此本案专利的稳定性是显而易见的，因此，一审法院不予中止审理并无不当。2. 关于专利的创造性问题。上诉人提供的三篇对比文献进行任意的全部组合，均不能完全覆盖本案专利权利要求1所限定的全部技术特征。同时，公知技术抗辩应当将被控侵权物与单独一份公知技术进行对比，或对公知技术与所属领域技术人员常识的简单组合进行对比，上诉人用三篇技术文献的结合来进行对比，已经完全超出了公知技术抗辩的范畴。3. 关于损害赔偿问题。一审法院在确定损害赔偿额时，考虑了以侵权人获利和参照专利许可使用费的倍数两种计算方式，无论哪一种方式，均可以支持被上诉人诉讼请求。

二审审理查明

二审查明的事实与一审认定一致。

二审补充查明：上诉人在一审中为证明被上诉人涉案专利不具备创造性及公知技术抗辩成立，向法庭提供对比文件6份，其中对比文件1为"全自动豆浆机"实用新型专利说明书，专利权人李士春，专利号94235615.2，授权公告日1995年10月18日。对比文件2是"自动家用豆浆机"实用新型专利说明书，专利权人是闻周斌，专利号97224316.X，授权公告日1999年1月13日。对比文件3是自动煮豆浆机实用新型专利说明书，专利权人郑瑞台，专利号97250817.1，授权公告日1999年4月21日。

二审判理和结果

二审法院认为，一审法院依据《最高人民法院关于审理专利纠纷案件适用法律问题的若干规定》第11条的规定，对本案不予中止审理并无不当。但是，针对上诉人的主张，结合其提交的有关对比文件，在二审期间可以作进一步审查。首先，上诉人主张其提供的对比文件1即"全自动豆浆机实用新型专利说明书"中公开了涉案专利权利要求1中前序部分的技术特征。对此，经审查认为，涉案专利权利要求1前序部分中特征6"在机头上设置电源插座13"在对比文件1中并没有体现，特征9"电热器和防溢探头固定在下盖下部"在对比文件1中并没有公开。其次，上诉人主张涉案专利特征部分，即"下盖下端安装有一个由前端装有温度传感头的温度测定棒组成的温度传感器，温度传感头与控制线路板连接"，在对比文件2和对比文件3中分别全部出现。对此，经审查认为，对比文件2中记载的是"在杯4的侧壁上有温敏电阻10"，与涉案专利技术相比，该温敏电阻存在三个方面的差异，一是安装位置不同，二是结构有区别，三是在测定豆浆温度的效果上存在明显差异，因此，温敏电阻与涉案专利技术不能认为是简单的技术替代。通过审查对比文件3，二审法院认为，对比文件3公开的是一种煮豆浆机技术，不具有涉案专利所具有的加热、粉碎打浆的功能，同时对比文件3中所记载的将温度传感器与液面传感器结合的方案与涉案专利技术也不相同，效果也不尽一致。因此，将上诉人提交的3份对比文件进行组合，并不能完全覆盖涉案专利权利要求1所记载的全部技术特征。同时，上诉人这种将不同对比文件中所记载的技术进行分别拆解后再进行组合来否定涉案专利的创造性的方式也是不能成立的，涉案专利所记载的技术不能认为是已知技术的简单组合。所以，上诉人以涉案专利不具备创造性为由向申请中止审理的主张不能支持。

同样，上诉人关于其产品所使用的技术来源于其提交的几份对比文件的主张与其关于涉案专利不具备创造性的理由是一致的。二审法院认为，所谓公知技术抗辩，是指被控侵权人所使用的技术和已知技术相同或者更接近于已知技术。从本案来看，上诉人产品所使用的技术与涉案专利技术完全相同，并非更接近于其所提交的对比文件中所载明的技术。同时，上诉人依据多份对比文件中所载明的技术的拆分组合来主张公知技术抗辩也是不能成立的。

关于一审法院确定的损害赔偿数额是否适当的问题。二审法院认为，涉案专利技术系被上诉人王旭宁多年研发的技术成果，凝结了被上诉人大量心血以及大量人力和财力，对于被上诉人九阳公司来说，涉案专利技术是企业的核心与关键技术，是被上诉人九阳公司赖于生存和发展的基础，也是被上诉人获得企业利润的主要来源。而对两上诉人来说，其使用涉案专利技术所获得的非法利益是明显和巨大的，这一点单单从其自身网站上所载明的一年的营业额宣传就可以得出结论。同时，上诉人虽然对两被上诉人之间的专利许可合同持有异议，但没有证据表明被上诉人王旭宁与九阳公司之间的专利许可合同以及专利许可费的数额是不客观的。另外，在一审法院要求上诉人提供有关财务账册的情况下，上诉人拒不提供，从而亦不能证明上诉人关于其未获利的主张。考虑上述综合因素，一审法院依据最高人民法院有关司法解释推定被上诉人关于300万元的损失主张成立并无不当，所确定的300万元损失数额并非过高。依照《民事诉讼法》第153条第1款第（1）项之规定，判决如下：驳回上诉，维持原判。二审案件受理费25 010元，由上诉人帅佳公司、西贝乐公司共同负担。

法官评述

本案的审理主要涉及以下两个方面的问题。

一是人民法院对当事人中止审理的申请是否应作实质审查。专利侵权案件中，人民法院普遍面临的一个问题就是当事人中止审理的申请如何处理。《最高人民法院关于审理专利纠纷案件适用法律问题的若干规定》中对于侵犯实用新型专利权和外观设计专利权案件采取了与侵犯发明专利权案件了并不一样的标准，对后者规定人民法院可以不中止诉讼，其理由在于发明专利的授权经过了国家专利部门的实质审查，其专利权的稳定性要高于实用新型专利和外观设计专利。因此，对于侵犯发明专利权纠纷的中止审理申请，司法实践中各地法院一般采取不支持态度。但是，如果否定的理由仅仅是援引最高人民法院上述司法解释的程序性规定，对当事人申请的具体理由一概不予理睬，其结果不但是不予支持的理由过于苍白，也无法做到让当事人完全信服。同时，虽然司法审查和行政判断路途殊异，但对当事人而言均是代表国家公权力的救济途径，如果经常出现截然不同的结果不但会影响当事人的合法权益，也将会使公众对司法和行政的权威产生不必要的质疑。因此，在人民法院审理侵犯专利权民事纠纷案件中，虽然对专利权的有效性进行判断并不属于审理范围，但在审查当事人提出的中止审理申请时，如果当事人已向国家知识产权局就涉案专利提出了无效宣告申请，是否中止审理将会对申请人的权益造成巨大影响的，人民法院可以依据当事人所提交的有关已经公开的技术文件，与涉案专利技术进行对比，并由此判断涉案专利被国家知识产权局专利复审委员宣告无效的可能性，从而最终作出是否准许当事人中止审理申请的决定。当然，这种判断只是一种可能性判断，只是作为人民法院决定是否中止审理的一种考量因素，对专利权的有效性并不产生根本影响。因此，人民法院在审理侵犯专利权纠纷案件中，对当事人中止审理的申请，不能简单地援引最高人民法院司法解释中的程序性规定予以一概同意或者一概拒绝，而是应当对当事人提交的有关证据作实质性地考量，从而作出是否中止审理的决定。本案二审正是按照这样一种思路，在对上诉人所提交的有关证据进行认真审查之后，方维持了一审关于不予中止审理的决定，同时，也一并解决了上诉人提出的公知技术抗辩问题。

二是人民法院在确定损害赔偿数额时应当考虑哪些因素。对于如何确定侵权人的赔偿责任，《最高人民法院关于审理专利纠纷案件适用法律问题的若干规定》中规定了4种标准：（1）权利人实际损失；（2）侵权人获得的实际利益；（3）参照专利许可费1～3倍；（4）5 000元至50万元间合理确定损害赔偿数额。从一、二审判决来看，虽然均支持了原告九阳公司和王旭宁关于赔偿300万元经济损失的诉讼请求，但是一、二审判决所采用的标准却并不一致。二者差异在于，从一审判决来看，一审是以被告帅佳公司和西贝乐公司拒绝提供账册为由，按照《最高人民法院关于民事诉讼证据的若干规定》第75条的规定，推定原告九阳公司和王旭宁赔偿经济损失的主张成立。因此，一审所采用的实质是侵权人获利这一标准，只不过在确定侵权人获利时，依据最高人民法院关于民事诉讼证据司法解释的有关规定，采取了推定的方式。问题在于，原告在一审诉讼中对于被告的获利数额并不存在十分明确的主张。从二审判决来看，采取的实质是许可费标准。同时在采用这一标准时，综合考虑了涉案专利权的情况、涉案专利对于原告九阳公司的地位与作用、被告关于自身获利的宣传、被告产品的销售区域以及被告在一审中拒绝提供财务账册等因素，从而维持了一审关于300万元赔偿数额的判决。

本案是山东省知识产权审判工作开展以来所作出的最有影响的判决之一，所确定的赔偿数额也是迄今为止山东省法院知识产权保护领域里最高的。本案的处理结果在社会上产生了十分积极和深远的影响，不仅有效打击和震慑了家用豆浆机领域里的侵犯知识产权行为，而且有效维护了市场竞争秩序，促进了民营企业自主创新和民营经济的快速发展。

（二审合议庭成员：欧阳明程　岳淑华　刘晓梅

编写人：山东省高级人民法院　欧阳明程）

5.（法兰西共和国）香奈儿股份有限公司诉北京秀水街服装市场有限公司等侵犯注册商标专用权纠纷案

阅读提示：商标侵权诉讼中，如何确定市场经营管理者的法律责任？

裁判要旨

市场经营管理者通过与商户签订租赁合同，向商户提供经营销售场所，收取租金、经营保证金，故市场经营管理者有权对市场进行统一经营管理，决定市场经营时间、经营品种、范围等，市场经营管理者应当监督商户的经营活动，并负有维护市场秩序、制止违法行为，并向有关行政管理部门报告等义务。作为市场经营管理者，应该知道故意为侵犯他人注册商标专用权行为提供仓储、运输、邮寄、隐匿等便利条件的行为属于侵犯他人注册商标专用权的行为，在权利人通知其市场内有侵犯他人注册商标专用权的情形时，应进行及时有效的制止，否则应承担相应的法律责任。

案 号

一审：北京市第二中级人民法院（2005）二中民初字第 13598 号
二审：北京市高级人民法院（2006）高民终字第 334 号

案情与裁判

原告（二审被上诉人）：（法兰西共和国）香奈儿股份有限公司（简称"香奈儿公司"）

被告（二审上诉人）：北京秀水街服装市场有限公司（简称"秀水街公司"）

被告：黄善旺

起诉与答辩

2005 年 9 月 22 日，原告香奈儿公司诉称：原告公司在中华人民共和国依法注册了"CHANEL"商标和第 145863 号图形商标，并获得了注册商标专用权。现发现在被告秀水街公司管理的秀水街商厦内有销售侵犯原告注册商标专用权商品的行为。原告在公证购买了涉案侵权产品后，即致函秀水街公司，要求其及时制止上述侵权行为。但秀水街公司未予制止，致使侵权行为继续发生。被告黄善旺的销售行为构成对原告注册商标专用权的侵犯，而秀水街公司对此不但不予制止，反而为其提供经营场所，纵容侵权行为的继续，根据《商标法实施条例》的规定，其行为属于为他人的侵权行为提供便利条件，其与黄善旺构成共同侵权。故原告诉至法院，要求判令黄善旺和秀水街公司停止侵权行为，共同赔偿原告经济损失及因诉讼支出的合理费用共计50万元。

被告黄善旺答辩称：原告虽然证明其本人销售了带有原告注册商标的商品，但是这并不能证明该商品就是侵权的，因此不同意原告提出的诉讼请求。

被告秀水街公司答辩称：作为市场的服务管理机构，已经为保护原告的注册商标作出了积极努力。其与黄善旺个人签订有租赁合同，黄善旺具备独立经营资格，其无权对黄善旺进行行政管理。黄善旺个人的涉案侵权行为应当由其个人负责，秀水街公司没有为其侵权行为提供便利条件，也不具有共同侵权的故意，因此不同意原告提出的诉讼请求。

一审审理查明

香奈儿公司在18类商品上依法向中华人民共和国工商行政管理总局商标局申请注册了"CHANEL"商标和第145863号图形商标，经审查核准后获得了注册商标专用权，权利有效期均自2001年4月15日至2011年4月14日。其中，"CHANEL"商标被核定使用的商品包括手袋、钱包等；第145863号图形商标被核定使用的商品包括皮、革、人造革制品等。

秀水街公司于2004年4月27日成立，经营范围包括承办北京市秀水街服装市场、上市商品等，后其对秀水街商厦进行招商并进行经营管理。2005年2月23日，黄善旺与秀水街公司签订了摊位租赁合同，获得经营的摊位号为F2-26，2年租金为22.08万元，获准经营的商品为箱包。同年4月18日，黄善旺向中华人民共和国北京市朝阳区工商行政管理局领取了个体工商户营业执照，并开始经营活动。

2005年4月25日至5月8日，原告以公证形式从黄善旺经营摊位上购买了带有"CHANEL"商标和第145863号图形商标标识的钱包1个。同年5月16日，原告致函秀水街公司，告知其市场内存在销售侵犯原告注册商标专用权商品的行为，并列出了销售者的摊位号，其中包括黄善旺经营的摊位。原告在律师函中要求秀水街公司立即采取有力措施，制止上述侵权行为。同年6月3日，原告第二次从黄善旺经营的摊位上以公证形式购买到带有"CHANEL"商标和第145863号图形商标标识的手包1个。同年9月15日，原告诉至一审法院。同年9月28日，秀水街公司解除了与黄善旺的租赁合同，并在市场内予以公告。随后，又报请相关工商行政管理部门吊销了黄善旺的个体工商户营业执照。同年9月29日，秀水街公司与所有租赁摊位再次签订了杜绝销售假冒商品的保证书。同年10月31日，原告再次从秀水街商厦内其他摊位上购买到了带有"CHANEL"标识的钱包。在上述购买行为中，秀水街商厦为购买者出具了加盖北京市朝阳区国家税务局印章的国税发票，在发票"商品名称"一栏中未填写商品的品牌。

另查：2004年7月20日，中华人民共和国北京市工商行政管理局发布了通告，严令禁止各商场销售侵犯他人注册商标专用权的商品，其中包括"CHANEL"商标。秀水街公司将该通告张贴在市场门口及各商户的摊位上。同年3月19日，秀水街公司发布了《开具发票须知》，要求对中华人民共和国北京市工商行政管理局公布的上述名牌商品不得开具发票，并在市场内张贴该《须知》。同年3月23日，秀水街公司联合其他几家市场发出了《贯彻北京市工商行政管理局发布的通告的倡议书》；此外，该公司还编制了《市场管理部制度汇编》，杜绝侵权商品在市场内销售，并实际处罚了部分违规的商户。

一审判理和结果

一审法院认为,本案中,黄善旺销售的带有"CHANEL"商标和图形商标标识的手包、钱包与香奈儿公司注册商标核定使用的第 18 类商品属于同一类商品。该手包未经合法授权,也没有合法来源,系侵犯香奈儿公司注册商标专用权的商品。黄善旺作为北京秀水街服装市场内的销售者,其应当明知所销售的涉案手包是侵权商品,因此,黄善旺的涉案行为构成对香奈儿公司注册商标专用权的侵犯,应依法承担停止侵权、赔偿损失的民事责任。

秀水街公司作为北京秀水街服装市场的经营管理者,负有对该市场存在的侵犯他人注册商标专用权的行为进行及时有效制止的义务。香奈儿公司在第一次购买到涉案侵权产品后,即函告了秀水街公司,函中已经明确指出了黄善旺的租赁摊位号,但秀水街公司未对黄善旺采取任何防治措施制止其侵权行为的继续。在此后的一段时间内,黄善旺继续实施涉案侵权行为。虽然秀水街公司在香奈儿公司起诉后解除了与黄善旺的租赁合同,但是该市场内仍存在他人侵犯香奈儿公司注册商标专用权的行为。秀水街公司虽然为防止侵犯他人注册商标专用权的行为采取了一定的措施,但是其对黄善旺的侵权行为所采取的防治措施是不及时的,使得黄善旺能够在一段时间内继续实施侵权行为,故可以认定秀水街公司为黄善旺的涉案侵权行为提供了便利条件,根据中华人民共和国有关法律规定,秀水街公司应就黄善旺造成的侵权后果承担连带的法律责任。

鉴于香奈儿公司未就其遭受的实际损失以及侵权行为人的获利进行举证,法院结合《商标法》的有关规定,综合考虑香奈儿公司注册商标的注册时间、公众认知程度、侵权行为人的经营期限及其主观恶性程度等因素酌情确定。对香奈儿公司所主张的因本案诉讼支出费用的合理部分,予以支持。

2005 年 12 月 19 日,一审法院依照《商标法》第 51 条,第 51 条第(2)项、第(5)项,第 56 条第 1 款、第 2 款;《商标法实施条例》第 50 条第(2)项;《民法通则》第 130 条,第 134 条第(1)项、第(7)项之规定;判决如下:

一、黄善旺和秀水街公司于本判决生效后,立即停止侵犯"CHANEL"注册商标和第 145863 号图形注册商标专用权的侵权行为;

二、黄善旺和秀水街公司于本判决生效后 10 日内,共同赔偿香奈儿股份有限公司经济损失 1 万元,并赔偿香奈儿股份有限公司因本案诉讼支出的合理费用 1 万元;

三、驳回香奈儿股份有限公司的其他诉讼请求。

上诉与答辩

秀水街公司不服一审判决,向北京市高级人民法院提起上诉,请求撤销一审判决第一、二项中与秀水街公司有关的判决内容。其主要上诉理由为:1. 一审判决对作为定案重要证据的被上诉人的律师函认定事实不清。秀水街公司员工中没有律师函中所列的收件人,秀水街公司从未收到该律师函。并且,该律师函中没有附相关的委托书,不能确定该律师有无合法授权,该律师函中仅列出了摊位号,没有相关证据佐证,无法确信该函内容的真实性。2. 上诉人作为北京秀水街服装市场的场地出租者,除依据租赁合同向承租人提供场地外,主要的工作是物业服务(水、电、保安等)、解决商户与顾客之间的纠纷与投诉、对外宣传等，在我国法律没有赋予上诉人对侵犯他人注册商标专用权行为进行查处的权力的情况下，上诉人只能依据租赁合同来履行保护义务。一审判决任意扩大了上诉人的监管义务，违反了法律规定。3. 上诉人与原审被告黄善旺没有共同侵权故意，从未为黄善旺的涉案侵权行为提供任何便利条件。4. 因市场内存在的隐性销售假名牌的情况，而上诉人无权进行搜查、搜身，根本无法杜绝假货存在。5. 被上诉人提出（2006）长证内经字第527号公证书，证明我市场内公然销售假名牌商品，对该公证书的真实性和严肃性，上诉人提出异议。6. 一审判决会造成市场秩序的混乱和生存危机。综上，一审判决认定上诉人为侵犯注册商标专用权的行为提供了便利条件没有事实基础和证据，认定上诉人对侵权行为不分是否公然销售而负有及时有效制止义务，于法无据。

香奈儿公司、黄善旺服从一审判决。

二审审理查明

除一审法院认定的事实外，北京市高级人民法院还认定：2005年2月23日，黄善旺（乙方）与秀水街公司（甲方）签订了摊位租赁合同，获得经营的摊位号为F2-26，两年租金为22.08万元，于合同签订之日支付9.08万元，获准经营的商品类别为箱包。合同还约定了经营保证金10万元，用于乙方应支付的：……乙方因违法经营导致甲方或者市场管理机构对第三人或者政府管理机构或者其他组织支付的赔款或者罚款或其他费用支出……。租赁合同中另约定：禁止经营伪劣商品及政府明令禁止的商品或者服务，如果出现经营禁止经营的商品，则秀水街公司有权单方解除合同。在秀水街公司的权利义务中约定，秀水街公司对市场进行统一经营管理，有权决定市场经营时间、经营品种、范围等，并根据市场的需要进行调整，有权监督乙方的经营活动。秀水街公司有义务维护市场秩序，有权制止乙方的违法行为，并向有关行政管理部门报告等。

2005年4月25日至5月8日，香奈儿公司以公证形式从黄善旺经营摊位上购买了带有"CHANEL"和第145863号图形商标标识的钱包1个。上述购买过程记载在（2005）京国证民字第9974号公证书中，在该公证书中未记载该商品是否明面摆放。

2005年5月16日，香奈儿公司向秀水街公司发出律师函，告知其市场内存在销售侵犯香奈儿公司注册商标专用权商品的行为，并列出了销售者的摊位号，其中包括黄善旺经营的摊位。香奈儿公司在律师函中要求秀水街公司立即采取有力措施，制止上述侵权行为。该律师函中还载明，如有任何问题，请与北京市汉坤律师事务所王亚东律师、高华苓律师联系，并列明了两律师的详细通讯信息。该律师函通过同城速递方式于2005年5月17日送达至秀水街公司的住所地"北京市朝阳区秀水东街8号"，在东区邮政同城速递邮件详情单上载明：收件人单位：北京市秀水街服装市场有限公司，收件人姓名：张永平（董事长），内件说明：关于销售假冒外国知名品牌的律师函，收件人：李桂茹（前台）。

2005年6月3日，香奈儿公司第二次通过公证的方式从黄善旺经营的摊位上购买到带有"CHANEL"和第145863号图形商标标识的手包1个。上述购买过程记载在（2005）长证内经字第7118号公证书中，在该公证书中未记载该商品是否明面摆放。

2005年10月31日，香奈儿公司再次通过公证的方式从北京秀水街服装市场内其他摊位上购买到了带有"CHANEL"标识的钱包。上述购买过程记载在（2005）长证内经字第 83638 号公证书中，在该公证书中未记载该商品是否明面摆放。

在本案一审庭审中，秀水街公司的委托代理人之一当庭陈述："对律师函真实性无异议，接到后进行了检查，没发现侵权行为……"，另一委托代理人当庭陈述："律师函中地址和收件人都是一个个人，与北京秀水街服装市场无关，我方未收到律师函，但对真实性无异议……"上述笔录页中均有双方当事人委托代理人的签字。

二审判理和结果

北京市高级人民法院根据上述事实和证据认为，本案二审审理的焦点为秀水街公司是否收到了香奈儿公司于 2005 年 5 月 16 日发出的律师函；秀水街公司是否负有对市场内存在的侵犯注册商标专用权的行为进行及时有效制止的义务；秀水街公司是否与原审被告黄善旺有共同的侵权故意，是否为原审被告黄善旺的涉案侵权行为提供了便利条件。

一、关于秀水街公司是否收到了香奈儿公司于 2005 年 5 月 16 日发出的律师函问题

根据本案查明的事实，香奈儿公司以同城速递邮件的形式向秀水街公司邮寄了律师函，该邮件详情单上明确记载了秀水街公司的住所地"北京市朝阳区秀水东街 8 号"，收件人单位为北京市秀水街服装市场有限公司，收件人姓名：张永平（董事长），内件说明载明：关于销售假冒外国知名品牌的律师函。该邮件由秀水街公司的前台工作人员李桂茹签收。由于在上述邮件上已明确载明了收件地址、收件人单位、信函内容并有前台工作人员签收，且该邮件未被退回，应认定秀水街公司收到了该律师函。在一审庭审中，秀水街公司的两位委托代理人作出的陈述自相矛盾，法院不予采信。因此，一审判决认定秀水街公司收到了香奈儿公司邮寄的律师函正确。

二、关于秀水街公司是否负有对市场内存在的侵犯注册商标专用权的行为进行及时有效制止的义务问题

首先，秀水街公司与原审被告黄善旺签订了租赁合同，向黄善旺提供了经营销售场所，收取了租金、经营保证金，从租赁合同中约定的秀水街公司的权利义务看，一方面，秀水街公司有权对市场进行统一经营管理，有权决定市场经营时间、经营品种、范围等，可以根据市场的需要进行调整，有权监督乙方的经营活动；另一方面，秀水街公司负有维护市场秩序，制止违法行为，并向有关行政管理部门报告等的合同义务。其次，《商标法实施条例》规定，故意为侵犯他人注册商标专用权行为提供仓储、运输、邮寄、隐匿等便利条件的行为属于侵犯他人注册商标专用权的行为。秀水街公司向原审被告黄善旺提供了经营场所，其作为北京秀水街服装市场的经营管理者，应该知道故意为侵犯他人注册商标专用权行为提供仓储、运输、邮寄、隐匿等便利条件的行为属于侵犯他人注册商标专用权的行为，故其收到香奈儿公司的律师函后，即应当知道其市场内有侵犯香奈儿公司注册商标专用权的情形，从而应对市场内存在的侵犯注册商标专用权的行为进行及时有效的制止，否则应承担相应的法律责任。故一审判决认定秀水街公司负有对其市场内存在的侵犯注册商标专用权的行为进行及时有效制止的义务，并无不当。

三、关于秀水街公司是否与原审被告黄善旺有共同的侵权故意，是否为原审被告黄

善旺的涉案侵权行为提供了便利条件问题

香奈儿公司邮寄给秀水街公司的律师函中已经列明了销售侵犯注册商标专用权商品的具体摊位，要求秀水街公司积极采取措施，如有问题可与律师联系，并提供了详细联系方式。但秀水街公司在收到了律师函后，并未及时与律师取得联系，亦未采取任何有效措施制止涉案销售侵犯注册商标专用权的商品的行为，致使原审被告黄善旺仍能在此后一段时间内继续实施销售侵犯香奈儿公司注册商标专用权的商品的行为，秀水街公司主观上存在故意，客观上为原审被告黄善旺的侵权行为提供了便利，故一审判决对此认定正确。

因证明涉案侵权行为的（2005）京国证民字第9974号公证书、（2005）长证内经字第7118号公证书中并未记载侵权商品是否公开摆放，而秀水街公司亦未举证证明上述两次购买的侵权商品均是隐蔽销售的，侵权商品并未公开摆放，故秀水街公司关于应区分公开售假、隐蔽售假的情形来确定其承担相应民事责任的上诉主张，没有事实依据，不予支持。因（2006）长证内经字第527号公证书不能作为本案证据采信，故秀水街公司关于该公证书的上诉主张，不予支持。另外，秀水街公司关于一审判决会造成市场秩序的混乱和生存危机的上诉主张，缺乏事实依据，不予支持。

2006年4月18日，北京市高级人民法院依照《民事诉讼法》第153条第1款第（1）项的规定，作出如下判决：驳回上诉，维持原判。

法官评述

本案是一起典型的市场经营管理者对市场内发生的侵犯注册商标专用权的行为承担连带责任的案例。此案的审理，对在商标侵权诉讼中，如何确定市场经营管理者的法律责任有重要意义。

《商标法实施条例》规定："故意为侵犯他人注册商标专用权行为提供仓储、运输、邮寄、隐匿等便利条件的行为属于侵犯他人注册商标专用权的行为。"本案中，秀水街公司作为北京秀水街服装市场的经营管理者与被告黄善旺签订了租赁合同，向黄善旺提供了经营销售场所，收取了租金、经营保证金。从租赁合同中约定的秀水街公司的权利义务看，一方面，秀水街公司有权对市场进行统一经营管理，有权决定市场经营时间、经营品种、范围等，可以根据市场的需要进行调整，有权监督乙方的经营活动；另一方面，秀水街公司负有维护市场秩序，制止违法行为，并向有关行政管理部门报告等的合同义务。其次，秀水街公司作为北京秀水街服装市场的经营管理者，应该知道故意为侵犯他人注册商标专用权行为提供仓储、运输、邮寄、隐匿等便利条件的行为属于侵犯他人注册商标专用权的行为。故其在收到香奈儿公司的律师函后，即应当知道其市场内有侵犯普拉达公司注册商标专用权的情形，从而应对市场内存在的侵犯注册商标专用权的行为进行及时有效的制止，否则应承担相应的法律责任。香奈儿公司邮寄给秀水街公司的律师函中已经列明了销售侵犯注册商标专用权商品的具体摊位，要求秀水街公司积极采取措施，如有问题可与律师联系，并提供了律师的详细联系方式。但秀水街公司在收到了律师函后，并未及时与律师取得联系，亦未采取任何有效措施制止涉案销售侵犯注册商标专用权的商品的行为,致使被告黄善旺仍能在此后一段时间内继续实施销售侵犯香奈儿公司注册商标专用权的商品的行为,秀水街公司主观上存在侵权故意,客观上为原审被告黄善旺的侵权行为提供了便利。因此,根据侵权过错责任归责原则,秀水街公司对发生的侵权结果应承担连带责任。

(二审合议庭成员:张 冰 李燕蓉 钟 鸣
编写人:北京市高级人民法院知识产权审判庭 李燕蓉)

6. 宁夏香山酒业（集团）有限公司诉宁夏亨泰枸杞保健饮品有限公司仿冒知名商品特有名称、包装、装潢纠纷案

> 阅读提示：本案中被告获得专利的外观设计与在先使用的知名商品特有的名称、包装、装潢相似，对该外观设计的使用是否构成不正当竞争行为？

裁判要旨

本案中被告使用的商品名称、包装、装潢作为外观设计虽然获得专利，但该外观设计与在先使用的知名商品特有的名称、包装、装潢相似，造成和他人的知名商品相混淆，使购买者将该经营者的商品误认为是知名商品，其行为构成不正当竞争行为。

案 号

一审：宁夏回族自治区银川市中级人民法院（2005）民三初字第9号
二审：宁夏回族自治区高级人民法院（2006）民三终字第4号

案情与裁判

原告（二审被上诉人）：宁夏香山酒业（集团）有限公司（简称"香山公司"）
被告（二审上诉人）：宁夏亨泰枸杞保健饮品有限公司（简称"亨泰公司"）

一审审理查明

2003年7月11日，香山公司以中卫琪隆圆超市经销的"李泉牌"宁夏红枸杞酒仿冒其知名商品特有的名称、包装、装潢为由，将琪隆圆超市、亨泰公司诉至中卫县人民法院。诉讼请求：1.被告停止使用"宁夏红枸杞酒"的名称及近似的包装、装潢；2.销毁被告库存和正在市场销售的仿冒产品及其包装、装潢物品；3.赔偿原告经济损失及合理费用8万元并承担诉讼费。后因亨泰公司在答辩期内提出管辖权异议，吴忠市中级人民法院裁定将本案移送银川市中级法院管辖。

宁夏红·枸杞酒系香山公司所属的宁夏香山中宁枸杞制品有限公司研发、生产的新型果酒产品。2001年9月18日上市后，香山公司先后投资3300余万元在媒体进行广告宣传，产品畅销国内28个省、区、市并出口韩、日等国。2002年后，该酒销量逐年上升并先后获得宁夏"畅销食品""放心食品""名牌产品"等多项殊荣，在区内外具有一定的知名度。2001年4月、2002年6月，香山公司宁夏红·枸杞酒的瓶子、包装盒及瓶贴被授予外观设计专利权。2002年12月30日，宁夏红·枸杞酒被工商行政管理机关认定为知名商品，名称、包装、装潢为其特有。后香山公司发现亨泰公司生产的"李泉牌"宁夏红枸杞酒仿冒其产品的名称、包装和装潢，遂向原中卫县法院提起民事

诉讼。2003年5月20日,中卫县法院作出(2003)卫民初字第158号民事判决,认定"李泉牌"宁夏红枸杞酒的酒瓶构成对香山公司宁夏红·枸杞酒酒瓶的仿冒,判令予以销毁。之后,亨泰公司将溜肩椭圆瓶改为平肩椭圆瓶后,继续生产、销售宁夏红枸杞酒。

亨泰公司是依法登记注册并领取企业法人营业执照的酒类生产销售企业。该公司生产的主要产品为枸杞酒,名称虽然在瓶贴和包装盒上的字体排列与香山公司枸杞酒的字体排列有异,但与香山公司的相同,均为"宁夏红枸杞酒"。2004年2月和6月,亨泰公司使用的三款酒瓶、两款瓶贴、两种包装盒分别被国家知识产权局授予外观设计专利。2003年3月、2004年7月,亨泰公司、宁夏银川纳赛龙酒业有限公司向国家知识产权局专利复审委员会申请宣告香山公司宁夏红·枸杞酒的瓶子的外观设计专利无效的请求。2003年9月2日、2005年2月4日,国家知识产权局专利复审委员会作出驳回无效宣告请求的决定,维持了香山公司宁夏红·枸杞酒瓶子的外观设计专利权有效。

一审判理和结果

一审法院审理认为,香山公司生产的宁夏红枸杞酒为"知名商品",其名称、包装、装潢特有。亨泰公司的枸杞酒与香山公司的同类产品名称一样。通体枸杞红色是两种产品的共同点,可认定亨泰公司的包装盒、瓶贴与香山公司的同类产品近似。关于酒瓶,原中卫县法院(2003)卫民初字第158号民事判决已做处理,香山公司没有提交更充分的证据证明亨泰公司目前使用的改型酒瓶确属仿冒,故对酒瓶应遵循前判,不认为是仿冒。香山公司、亨泰公司目前使用的酒瓶、瓶贴和包装盒均已取得外观设计专利,但亨泰公司是在后取得的权利,香山公司对宁夏红枸杞酒的名称、包装、装潢使用在先,依据有关法律规定的保护在先使用的原则,香山公司宁夏红枸杞酒在先使用的名称、包装、装潢应当受到优先保护。依照《反不正当竞争法》第5条第(2)项、第20条,《专利法》第23条规定,判决:1. 亨泰公司立即停止使用"宁夏红枸杞酒"或带有"宁夏红""红枸杞"字样的枸杞酒名称,并销毁带有上述字样的瓶贴、包装盒;2. 亨泰公司立即停止使用底色为通体红色的与香山公司使用的瓶贴和包装盒相近似的瓶贴和包装盒;3. 亨泰公司赔偿香山公司经济损失5万元,判决生效后10日内付清;4. 驳回香山公司的其他诉讼请求。案件受理费2 960元由亨泰公司负担。

上诉与答辩

宣判后,亨泰公司不服提起上诉,请求二审法院撤销原判;本案属专利纠纷案件,依法指定有管辖权的人民法院重新审理,诉讼费用由香山公司承担。理由如下:1. 原审未经再审程序,重审已发生法律效力的人民法院判决所确定的内容,未经专利权无效宣告程序,直接审理专利权之间的确权纠纷程序违法;2. 以《反不正当竞争法》剥夺专利权人合法实施自己专利的权利,对当事人的一种行为,适用不同的法律进行调整,适用法律不当;3. 对本案相关事实的认定有失客观公正,判令上诉人赔偿被上诉人经济损失5万元没有事实和法律依据。

香山公司服从一审判决。

二审判理和结果

二审法院确认一审法院查明的事实后认为:香山公司生产的"宁夏红·枸杞酒"在

一定范围的市场上具有一定的知名度，为相关公众所知悉，应认定为知名商品。消费者逐渐将宁夏红·枸杞酒与其生产经营者联系到一起，成为特定生产经营者的产品标识，有别于其他同类产品，形成了显著的区别性特征，应认定其名称、包装、装潢特有。

将亨泰公司生产的宁夏红枸杞酒与香山公司生产的宁夏红·枸杞酒进行比对。二者名称相同，二者名称中起主要识别作用的均是"宁夏红"三字，在隔离状态下比对，二者极易引起消费者混淆。两者的名称字数、组成要素完全相同，不同之处在于名称断句和字体排列上，在一般消费者施以普通注意力的情况下，这种差异是容易被忽略的，容易引起误认。在装潢方面，香山公司的"宁夏红·枸杞酒"外盒和瓶贴的全红底色最为醒目，覆盖了整个包装盒和酒瓶，商品识别作用明显。亨泰公司的"宁夏红枸杞酒"的外盒和瓶贴也采用了全红底色，色度相近，整体覆盖包装盒和瓶体的包装方式。香山公司产品的瓶贴和包装盒上的"宁夏红"3个字字体较大，颜色为黑色，手书体，横向排列。亨泰公司的产品也是凸显"宁夏"二字，颜色为黑色，加白边，手书体，横向排列。香山公司产品的外包装盒"宁夏红"周围配以白色线条图案。亨泰公司产品的外包装盒和瓶贴上的"宁夏"周围也配以淡黄线条的相同图案。香山公司产品的瓶盖是金黄色带竖齿旋转型，瓶盖顶部中间印有香山牌商标标识。亨泰公司产品的瓶盖顶部中间除商标标识外，其他造型、颜色、线条搭配相似。香山公司产品的外盒和瓶贴下方有较为浅淡的黑色山水背景。亨泰公司产品的外盒和瓶贴下方也有黑色山水背景衬托。在装潢设计构思上，后者对前者在主观上存在靠近故意，在字体、山水背景、线条图案、瓶盖等方面的差别不能起到让一般消费者在隔离状态下正确选购商品的作用，应认定为近似。在包装方面，二者外包装盒的尺寸、规格、材质、颜色、构图均相近似；酒瓶瓶体均为椭圆形瓶型，足以引起一般消费者混淆、误认。

综上所述，亨泰公司生产、销售的"宁夏红枸杞酒"的名称与香山公司的"宁夏红·枸杞酒"完全相同，包装、装潢在整体印象、要部特征、色彩搭配方面与香山公司生产、销售的"宁夏红·枸杞酒"相近似，使一般购买者施以普通注意力难以区分，足以产生误认或者混淆，其行为已构成仿冒香山公司生产、销售的"宁夏红·枸杞酒"的名称、包装、装潢的不正当竞争，依法应承担相应的民事责任。尽管双方使用的酒瓶、瓶贴、包装盒均已取得外观设计专利，但香山公司是在先取得的权利，亨泰公司是在后取得的权利，香山公司对宁夏红·枸杞酒的名称、包装、装潢使用在先是无争议的事实。依据《专利法》第23条规定的保护在先使用的原则和《最高人民法院关于审理专利纠纷案件适用法律问题的若干规定》第16条的规定，香山公司宁夏红枸杞酒在先使用的名称、包装、装潢应当受到优先保护。原判认定事实清楚，证据充分，适用法律准确，实体处理并无不当，上诉人的上诉理由不能成立。依照《民事诉讼法》第153条第1款第（1）项之规定，判决：驳回上诉，维持原判。

● 法官评述

本案主要涉及如下焦点问题。

一、香山公司生产、销售的"宁夏红·枸杞酒"是否为知名商品，该产品的名称、

包装、装潢是否为其特有

知名商品是指在市场上具有一定知名度，为相关公众所知悉的商品。特有的商品名称、包装、装潢，是指商品名称、包装、装潢非为相关商品所通用，并具有显著的区别性特征。知名商品特有的名称是指知名商品独有的与通用名称有显著区别的商品名称（已作为商标注册的除外）；包装是为识别商品以及方便携带、储运而使用在商品上的辅助物或容器；装潢是指为识别与美化商品而在商品或者其包装上附加的文字、图案、色彩及其排列组合。认定特有名称、包装、装潢，应从是否具有显著的区别性、特有的权利归属两个方面分析，归谁特有应依照使用在先的原则予以认定。

香山公司生产的"宁夏红·枸杞酒"自面市以来，通过多种媒介进行了大量的广告促销和宣传报道，仅 2002 年的广告宣传费就为 3 300 多万元，产品销往国内 28 个省、区、市并出口韩、日等国，具有一定的销售规模，其质量也得到政府质监部门的肯定，较受消费者欢迎、信赖，在一定范围的市场上具有一定的知名度，为相关公众所知悉，并经中卫县工商行政部门认定，应确定其为知名商品。宁夏红·枸杞酒是地名、颜色、通用名称的组合，由香山公司首先在市场上使用，且自使用以来在广告促销、宣传报道、产品展示等方面均凸显宁夏红·枸杞酒名称，同时依靠其产品良好的质量受到消费者的认可，消费者逐渐将宁夏红·枸杞酒与其生产经营者联系到一起，成为特定生产经营者的产品标识，已明显有别于其他同类枸杞果酒产品，形成了显著的区别性特征，可认定其名称、包装、装潢为香山公司特有。

二、亨泰公司生产、销售的"宁夏红枸杞酒"的名称、包装、装潢与香山公司"宁夏红·枸杞酒"是否相近似，是否足以引起一般消费者的混淆、误认，即仿冒侵权是否成立

仿冒知名商品特有的名称、包装、装潢行为的构成要件有三方面：第一，仿冒的对象是知名商品特有的名称、包装、装潢；第二，仿冒行为表现为对知名商品特有的名称、包装、装潢擅自做相同使用或者做近似使用，而且只要对知名商品特有的名称、包装、装潢三者其中之一做相同或者近似使用就具备这一要件；第三，从仿冒行为的后果看，造成和他人的知名商品相混淆，使购买者误认为是该知名商品或者足以使购买者误认为是该知名商品。

（一）名称仿冒是否成立

二者名称相同。二者名称中的"宁夏红"三字均是起主要识别作用的部分，字数、读音、含义相同，在隔离状态下比对，二者极易引起消费者混淆。从整体观察看，两者的名称字数、组成要素完全相同，不同之处在于名称断句和字体排列上，在一般消费者施以普通注意力的情况下，这种差异是容易被忽略的，容易引起误认；从隔离观察来看，一般消费者可能只知道其中知名度较高的商品存在，在头脑中没有准确参考对比信息的情况下，二者的误认可能性是存在的。综上，涉诉两种商品的名称相同，一般购买者施以普通注意力会产生误认，亨泰公司的行为已构成对知名商品名称的仿冒。

（二）装潢仿冒是否成立

涉诉两种商品装潢的比对主要体现在两个部分，一部分是商品外包装盒上的装潢，另一部分是内瓶的瓶贴装潢。香山公司的"宁夏红·枸杞酒"外盒和瓶贴的全红底色

最为醒目，覆盖了整个包装盒和酒瓶，商品识别作用明显；亨泰公司的"宁夏红枸杞酒"的外盒和瓶贴也采用了全红底色、色度相近、整体覆盖包装盒和瓶体的包装方式。香山公司产品的瓶贴和包装盒上的"宁夏红"三个字字体较大，颜色为黑色，手书体，横向排列。亨泰公司的产品也是凸显"宁夏"二字，颜色为黑色，加白边，手书体，横向排列。香山公司产品的外包装盒"宁夏红"周围配以白色线条图案；亨泰公司产品的外包装盒和瓶贴上的"宁夏"周围也配以淡黄线条的相同图案。香山公司产品的瓶盖是金黄色带竖齿旋转型，瓶盖顶部中间印有香山牌商标标识；亨泰公司产品的瓶盖顶部中间除商标标识外，其他造型、颜色、线条搭配相似。

香山公司产品的外盒和瓶贴下方有较为浅淡的黑色山水背景；亨泰公司产品的外盒和瓶贴下方也有黑色山水背景衬托。从以上情况分析，在装潢设计构思上，后者对前者在主观上存在靠近和"搭便车"的故意，在字体、山水背景、线条图案、瓶盖等方面的差别不能起到让一般消费者在隔离状态下正确选购商品的作用，应认定为近似。综上，涉诉两种商品的装潢相近似，足以引起消费者误认，应认定亨泰公司"宁夏红枸杞酒"的装潢构成对香山公司"宁夏红·枸杞酒"装潢的仿冒。

（三）包装仿冒是否成立

将二者的外包装盒进行比对，包装盒的尺寸、规格、材质、颜色、构图均相近似。二者酒瓶瓶体均为椭圆形瓶型（对溜肩椭圆底酒瓶（2003）卫民初字第158号判决已作处理），足以引起一般消费者混淆、误认，应认定亨泰公司的"宁夏红枸杞酒"的包装构成仿冒。

三、关于权利保护问题

本案中香山公司以仿冒知名商品特有的名称、包装、装潢为由起诉，该类纠纷属于《反不正当竞争法》调整的范围。根据《反不正当竞争法》，人民法院处理该类纠纷，首先应确认请求保护的产品是否为知名商品；其次，应遵循保护使用在先的原则处理。香山公司的"宁夏红·枸杞酒"为知名商品，已为法院生效民事判决及中卫工商行政管理机关认定。尽管亨泰公司目前使用的酒瓶、瓶贴和包装盒均取得了外观设计专利，但该权利是在后取得的权利，香山公司对宁夏红枸杞酒的名称、包装、装潢使用在先是无争议的事实。另外，亨泰公司、纳赛龙公司向国家知识产权局专利复审委员会申请宣告香山公司宁夏红·枸杞酒瓶子的外观设计专利无效的请求被驳回（维持外观设计专利权有效）。依据《专利法》第23条规定的保护在先使用的原则和《最高人民法院关于审理专利纠纷案件适用法律问题的若干规定》第15条、第16条的规定，香山公司"宁夏红·枸杞酒"在先使用的名称、包装、装潢应当受到优先保护。

（一审合议庭成员：尹万昌　吴志明　李元春
二审合议庭成员：侯玉琦　白　岩　刘银厚
编写人：宁夏回族自治区高级人民法院知识产权审判庭　刘银厚）

7. 江西康美医药保健品有限公司诉江西天佑医药科技有限公司、江西药都顺发生物保健有限公司仿冒知名商品的特有名称纠纷案

阅读提示：如何认定知名商品特有的名称？如何认定"傍名牌、搭便车"的不正当竞争行为。

裁判要旨

知名商品特有名称、包装、装潢权利的产生，以经营者在先合法使用该特有名称、包装、装潢且该商品在特定市场上知名为确认条件。知名商品是指在特定市场上具有一定的知名度，为相关的公众所知悉的商品。通用名称是泛指所有同类商品的名称，不能将同类商品中的此商品与彼商品区分开来。特有名称则是个体商品独有的称谓，这种称谓能够将同类商品中的此商品与彼商品区分开来。知名商品的特有名称并非依法定程序取得，而是通过使用产生了显著性，使相关公众将该名称与特定的经营者的知名商品自然联系起来，从而达到区分同类商品的"特有"性。

依照《反不正当竞争法》的规定，在知名商品上使用的特有名称、包装、装潢受法律保护。行为人出于"搭便车"以获取不正当利益的目的而擅自使用他人知名商品的特有名称，给他人商品信誉及市场造成损害的行为，构成我国《反不正当竞争法》所禁止的擅自使用知名商品的特有名称的不正当竞争行为，依法应承担相应的民事责任。

案 号

一审：江西省宜春市中级人民法院（2005）宜中民三初字第 15 号
二审：江西省高级人民法院（2005）赣民三终字第 33 号

案情与裁判

原告（二审被上诉人）：江西康美医药保健品有限公司（简称"康美公司"）
被告（二审上诉人）：江西天佑医药科技有限公司（简称"天佑公司"）
被告：江西药都顺发生物保健有限公司（简称"顺发公司"）

起诉与答辩

2005 年 8 月 28 日原告康美公司诉称：康美公司的主打产品"伊康美宝"牌"妇炎洁"洗液，自 1999 年初投放市场以来，市场占有率和知名度不断提高，长年、持续在中央电视台及各家地方卫视台投放大量广告，使得"伊康美宝"牌"妇炎洁"洗液已家喻户晓，加上原告康美公司在该产品的内、外包装盒上突出使用了"妇炎洁"三个字，"妇炎洁"成为知名商品的特有名称，产品年销量已稳居全国同类产品的前列，并多次

获得各项殊荣。2005年4月以来康美公司陆续接到陕西、山西、河北等地市场的信息反馈，由被告天佑公司生产的"佑美"牌"妇炎洁"洗液，对原告康美公司的"伊康美宝"牌"妇炎洁"洗液冲击很大，天佑公司在其生产的"佑美"牌妇科卫生洗液的包装盒及宣传单上均使用了"妇炎洁"表达商品名称，且故意突出使用了"妇炎洁"三个字，造成普通消费者误认，属明显有意"傍名牌、搭便车"的侵权行为。被告顺发公司公然出售由被告天佑医药公司生产的上述侵权产品，亦构成侵权。故诉请法院：1. 被告天佑公司立即停止对原告康美公司生产的"伊康美宝"牌"妇炎洁"洗液的知名商品特有名称的侵权行为，销毁其现有的"佑美"牌"妇炎洁"洗液的全部外包装和内包装罐，召回、清理已流入市场的全部侵权产品，消除负面影响；2. 被告天佑公司赔偿因侵权行为而造成原告康美公司的损失30万元人民币；3. 被告顺发公司立即停止销售侵犯原告康美公司知名商品特有名称的"佑美"牌"妇炎洁"洗液，销毁其库存的全部侵权产品；4. 两被告赔偿原告康美公司为制止被告侵权行为所支付的合理开支及律师费2万元；5. 本案全部诉讼费用由两被告承担。

被告天佑公司辩称：天佑公司生产的"佑美"牌"妇炎洁"并未侵犯康美公司生产的"伊康美宝"牌"妇炎洁"的产品名称。因为"妇炎洁"属通用名称，并不属于康美公司的特有名称，故天佑公司生产的该产品不构成对康美公司"妇炎洁"的侵权，请求法院驳回原告康美公司的诉讼请求。

被告顺发保健公司辩称：顺发公司销售本案所涉产品，进货渠道正常，且不知道其为侵权产品，依法不应承担民事责任。请求法院驳回原告对顺发公司的诉讼请求。

一审审理查明

康美公司系仁和（集团）发展有限公司（简称"仁和公司"）与香港湘峰企业的合资公司，主要从事中药保健食品、医疗保健品及外用消毒品的开发、生产和销售。"伊康美宝"牌"妇炎洁"系列外用洗液是康美公司的拳头产品，于1999年1月投放市场。康美公司在该产品的内、外包装盒上突出使用了"妇炎洁"3个字，"妇炎洁"产品2001年8月被中国质量检验协会评为国家权威机构检测合格产品，1999年至今先后获得"优秀新产品奖"、"绿色消费质量跟踪合格产品"、"江西省名牌产品"等荣誉称号。康美公司为提升"伊康美宝"牌"妇炎洁"洗液的知名度和市场占有率，投入了巨额广告费，在中央电视台及各省市卫视和其他媒体进行了长时间、大范围、不间断的广告宣传，其中包括著名歌手付笛生、任静夫妇做的家喻户晓的电视广告，"妇炎洁"产品的销售网络遍布全国，销售量居同类产品前列。

天佑公司是以研究开发"山腊梅"为主导品种及经营化学试剂、食品、卫生用品的合资企业。2005年7月28日注册了"佑美"商标，2005年4月开始生产"妇炎洁"洗液，天佑公司在其产品的包装盒及宣传单上均使用了"妇炎洁"表达商品名称，且故意突出使用了"妇炎洁"三个字，造成普通消费者误认。

天佑公司为推销"佑美"牌妇炎洁对外进行了广告宣传及招商活动，其产品销往四川、山东、陕西、江西等省份。

康美公司为本案一审支付了律师费1万元人民币。

一审判理和结果

一审法院认为:"妇炎洁"作为知名商品的特有名称系康美公司于1999年1月在卫生用品上最先使用,并连续使用至今。原告长年、连续在中央电视台及全国各大媒体进行广告宣传,使相关公众一看到、听到"妇炎洁"即能区分产品的来源为仁和药业,在使用过程中已经产生了显著性,"妇炎洁"系原告知名商品的特有名称是一个不争的事实。被告天佑公司生产的"佑美"牌"妇炎洁"与康美公司生产的"伊康美宝"牌"妇炎洁"比对,名称相同,足以造成相关公众误认误购,故其行为已构成对原告的"伊康美宝"牌"妇炎洁"产品特有名称侵权,依法应停止侵权并赔偿损失。一审法院于2005年10月25日作出判决:被告天佑公司立即停止侵权行为,销毁现有侵权产品,召回、清理已流入市场的全部侵权产品,赔偿康美公司经济损失30万元人民币及律师代理费1万元人民币,被告顺发公司立即销毁其库存的全部"佑美"牌"妇炎洁"洗液商品。

上诉与答辩

天佑公司不服原审判决,向二审法院提起上诉,请求撤销原判,驳回被上诉人康美公司的全部诉讼请求,并由被上诉人承担本案所有诉讼费用。理由如下:1. 上诉人提供了四川省乐山市大千药业有限公司于1993年便开始使用"妇炎洁"三字,生产销售"妇炎洁"泡腾片的证据。证明了被上诉人对"妇炎洁"三字不是在先使用,更谈不上首创。2. 上诉人提供了国内部分企业生产销售以"妇炎洁"为通用名的相关产品的证据。证明了"妇炎洁"三字作为通用名在行业内是广泛使用,已成为行业内的通识和惯例。3. 上诉人提供了"妇炎洁"三字作为通用名的有效文件和法律根据。4. 上诉人提供的证据证明了上诉人生产销售"佑美"牌妇炎洁洗液不属于仿冒知名商品的特有名称的行为,而是合法的生产销售行为。

康美公司答辩称:1. 康美公司在卫生用品市场上最先使用"妇炎洁"名称生产销售卫生洗液是无可辩驳的事实,大千药业生产的"妇炎洁泡腾片"不属同一相关市场的替代产品,不具有可比性和互换性,原审判决的相关认定正确合法。2. "妇炎洁"名称具有显著性和区别性,是康美公司知名商品的特有名称而非卫生洗液的通用名称,天佑公司以部分侵权企业仿冒康美公司特有名称生产销售同类商品循环论证"妇炎洁"为通用名称并以大千药业0155690号药品注册证及其药品批文证明通用名称没有事实根据与法律依据,原审判决的相关认定正确合法。3. 鉴于"妇炎洁"并非同类产品的通用名称,鉴于讼争的卫生用品命名并不适用《健康相关产品命名规定》,鉴于康美公司以"妇炎洁"为自己知名商品的特有名称并不违法,也鉴于"妇炎洁"已成为康美公司知名商品的特有名称,天佑公司以一般性的命名标准反推"妇炎洁"系通用名并反证自己命名合法性的上诉理由不能成立,原审判决的相关认定同样正确合法。4. 天佑公司在相同商品上使用康美公司知名商品特有名称的行为足以造成混同和误认,其"不可能发生误认误购"的上诉理由不能成立,原审判决的认定同样正确合法。综上,"妇炎洁"洗液是康美公司知名商品特有的名称,天佑公司在其生产的"佑美"牌妇科卫生洗液的包装盒及宣传单上使用"妇炎洁"作为其商品名称且故意突出使用"妇炎洁"三字,足以造成消费者误认误购,显属恶意"傍名牌、搭便车"的不正当竞争行为。一审判决认定事实清楚,适用法律正确,实体处理公正合法,恳请二审法院依法驳回上诉,维持原判。

二审审理查明

二审法院经审理查明:顺发公司于2005年8月18日从山东济南东盛医药有限公司购进"佑美"牌妇炎洁洗液,单价3.8元,共计1 520元。姓名为陈新如的个人于2005年8月24日从顺发公司购进"佑美"牌妇炎洁洗液160瓶,单价4.2元,共计672元。

2005年9月1日购货人为王婷的个人在西安市医药经销公司购买了佑美妇炎洁1瓶单价为4.8元。成都科讯药业有限公司出具的1份2005年9月1日销售清单载明,客户:西昌市晨光综合门诊;商品名称:妇炎洁洗液(佑美);生产厂家:江西天佑科技有限公司;5瓶,单价3.7元;批号0505011,共计18.5元。

二审查明的其他事实与一审认定的事实相同。

二审判理与结果

二审法院认为:上诉人天佑公司认为"妇炎洁"为通用名称、不构成知名商品的特有名称、其行为不构成侵权的上诉理由依法不能成立,不予采信。一审判决认定事实基本清楚,适用法律正确。二审法院于2006年1月20日作出判决:天佑公司立即停止在其生产销售的卫生用品[抗(抑)菌洗剂]上使用"妇炎洁"作为商品名称,并不得进行广告宣传;销毁现有库存"佑美"牌"妇炎洁"洗液的全部外包装盒、内包装罐和全部侵权产品;天佑公司赔偿康美公司经济损失5万元人民币;顺发公司立即销毁其库存的全部"佑美"牌"妇炎洁"洗液商品;驳回康美公司的其他诉讼请求。

法官评述

本案涉及的焦点问题在于:

一、关于知名商品的认定

《反不当竞争法》上所称的"知名商品",是指在特定市场上具有一定的知名度,为相关的公众所知悉的商品。知名商品不是经法定程序评定出来的荣誉称号,而是行政机关或者审判机关在处理个案中认定的法律事实。通常应当考虑在具体的案件中,相关公众对系争商品的知悉程度,该商品在市场上销售的时间长短、销售金额和市场占有率,以广告及其他方式宣传系争商品的资金投入、持续时间、程度和地理范围,系争商品在权威性评奖评优中获奖记录等因素,在此基础上综合判断。从本案来看,康美公司的"伊康美宝"牌"妇炎洁"洗液,面市6年多,通过著名歌手在中央电视台的广告、全国各地电视台的广告及多种媒介的长时间巨资宣传,并通过全国省、市、县三级网络的销售,使得该产品销售规模及市场占有率在全国同类产品中名列前茅,其产品还获得权威部门的各种奖项,受到政府质监部门的肯定及全国广大消费者的信赖和欢迎,具有良好的声誉。故综合以上因素应认定康美公司的"伊康美宝"牌"妇炎洁"洗液为相关公众所知悉的商品,即知名商品。

二、"妇炎洁"名称能否认定为知名商品的特有名称

商品的名称是对商品的一种称谓,有通用名称与特有名称的区分。通用名称是泛指

所有同类商品的名称，不能将同类商品中的此商品与彼商品区分开来。特有名称则是个体商品独有的称谓，这种称谓能够将同类商品中的此商品与彼商品区分开来。特有名称并非依法定程序取得，而是通过使用产生了显著性，使相关公众将该名称与特定的经营者的知名商品自然联系起来，从而达到区分同类商品的"特有"性。在认定知名商品的特有名称时，通常应考虑以下因素：1. 该名称一般应当具有独创性或者在该类商品中最先使用，或者虽然不属最先使用但通过经营者的商业运作和行销策略，使该名称从不知名到知名、从不显著到显著，具有新的特定的含义。2. 具有显著性与通用名称可区分。该名称未直接表示商品的成分、功能、用途，在相关行业或产品目录或者百科全书中并无该产品名称，该名称在某类商品中不具有垄断性。3. 相关公众是否将该名称和商品的来源产生联想。如果通过经营者的使用使相关公众一看到该名称就知道是某一特定厂家的特定品牌，就可以认定该名称具有"特有"属性。4. 经营者自使用该名称以来是否一直在排他性使用，通过合法有效的管理未使该名称淡化，由特有名称转化为通用名称。

就本案而言，根据卫生部的《消毒管理办法》和《消毒产品分类目录》可以明确，本案诉争的产品是属于卫生用品类的皮肤、黏膜卫生用品中的抗（抑）菌洗剂。四川大千药业有限公司的"妇炎洁泡腾片"是药品，与卫生用品是有区别的。根据最高人民法院《关于审理商标民事纠纷案件适用法律若干问题的解释》中关于类似商品及认定类似商品的规定，参照国家工商总局《类似商品和服务区分表》的规定，并结合康美公司提交的"金圣""万达"分别在卫生消毒剂和人用药品、片剂上注册为商标，综合分析应认定四川大千药业有限公司的"妇炎洁泡腾片"与康美公司的妇炎洁洗液是不同类商品。因此，应当认定康美公司在卫生用品上最先使用"妇炎洁"名称这一事实。

康美公司在卫生用品上使用的名称"妇炎洁"，是商品名，不属于该类商品的通用名称。"妇炎洁"按照一般的字面理解，并没有特别含义，但从相关的卫生用品行业丛书和天佑公司举证的国家药品标准目录上看，并没有这三个字的组合。江西省卫生厅颁发的卫生许可证上的项目为"卫生用品：皮肤黏膜卫生用品"。本案妇炎洁未直接表示产品的成分、性能、用途，而且抗（抑）菌洗剂是由多种主要成分组成的，其名称不具有单一性，事实上目前市场上的抗（抑）菌洗剂已有多种名称。"妇炎洁"这一名称也不具有垄断性，其并未排斥其他企业在其商品上使用其他名称。

关于"妇炎洁"名称是否通过使用产生了显著性的问题。康美公司在将"妇炎洁"洗液推向市场时，这一名称虽然还缺乏显著的区别性特征，但系康美公司在卫生用品上首先使用，而且康美公司在多年连续使用中，进行了全国范围的行销及巨资投入广告，并依靠该称谓所标识的优良产品质量赢得了全国广大消费者的认知和信赖，从而具有区别于同类商品出处的显著的区别性特征，这一显著的区别性特征甚至超过了"伊康美宝"注册商标，足以表征商品的来源。这种基于使用而创造出来的区别性特征，已使"妇炎洁"这一名称在广大消费者心中与康美公司、仁和药业的知名商品产生了特定的联系，成为识别康美公司、仁和药业产品的重要标志。因此，应当认定通过康美公司成功的商业运作和行销策略"妇炎洁"已获得了"特别含义"，构成了竞争法意义上的知名商品特有的名称。

此外，康美公司提交的全国各地工商行政机关的处罚决定书亦说明"妇炎洁"作为其知名商品特有的名称一直排他性使用，并未由特有名称淡化为通用名称。

天佑公司认为"妇炎洁"是商品的通用名称，除了大千药业使用在先的理由外，主要理由为：1. 云南昆明恒美医药有限公司及深圳市楚亮生物工程开发有限公司生产了"妇炎洁"洗液及网上下载的其他厂家生产妇炎洁洗液的信息。法院认为，上诉人天佑公司并未提交这些产品或者厂家在1999年之前就已使用"妇炎洁"的证据，云南恒美公司为此已受到工商行政部门的处罚，该处罚已生效。故不排除在"伊康美宝"牌"妇炎洁"洗液成为知名商品之后，全国有极少数厂商企图搭便车获取不正当利益。因此，这些证据不足以证明"妇炎洁"成为该类商品的通用名称，极少数企业违法使用"妇炎洁"作为产品名称不能成为否认"妇炎洁"为知名商品的特有名称的抗辩理由。2. 天佑公司认为如果"妇炎洁"是特有名称，则康美公司的"伊康美宝"牌"妇炎洁"洗液不符合卫生部的命名规定。法院认为，根据卫生部的《健康相关产品命名规定》，适用该规定有两个条件：一是属于消毒产品，二是由卫生部审批。而本案双方的产品是由江西省卫生厅批准的，故本案讼争的"妇炎洁"洗液不适用该命名规定。即使适用该规定，从《健康相关产品命名规定》和《消毒产品标签说明书管理规范》本身来看，也不是绝对化的，"商标名＋通用名＋属性名"的命名方式也允许有例外："有多种消毒或抗（抑）菌用途的消毒产品在命名时可只标注品牌名和属性名"。故现有证据不能认定康美公司产品的命名不合法，不能以此规范否认康美公司产品名称的合法性并由此进一步否定"妇炎洁"属于知名商品的特有名称。

三、天佑公司在其生产、销售的商品上使用"妇炎洁"的名称，其行为是否构成不正当竞争行为

《反不正当竞争法》第5条第（2）项规定的仿冒行为中的"误认"，系指对产品或服务的来源有误信而言。本案天佑公司与康美公司的商品属于同类商品，天佑公司在其商品、包装及广告宣传上突出使用"妇炎洁"三字，而"佑美"商标的标示及天佑公司厂名相对而言在商品上处于不显著的位置，按照一般消费者的注意能力，足以造成商品来源的混淆。天佑公司作为同业竞争者，擅自在其生产的同类商品上使用该特有名称，主观上具有"搭便车"的意图，以获取不正当的利益，客观上足以引起市场的混淆，其结果是挤占康美公司的市场份额，对康美公司的商品信誉及市场造成一定程度的损害，天佑公司的上述行为构成我国《反不正当竞争法》所禁止的擅自使用知名商品的特有名称的不正当竞争行为，依法应承担相应的民事责任。虽然天佑公司侵权时间较短，但其产品销售范围广，遍及四川、山东、陕西、江西等省份，并广为宣传及全国范围的招商，影响较大，一审判决天佑公司停止侵权并赔偿损失30万元并无不当。二审期间，康美公司与天佑公司对赔偿数额自愿达成协议为人民币5万元，并以判决形式确认。对此，法院应予以认可。

（二审合议庭成员：刘建玲　徐快华　肖玉华

编写人：江西省高级人民法院知识产权审判庭　肖玉华）

8. 南京雅致珠宝有限公司诉广州园艺珠宝企业有限公司网络通用网址纠纷及侵犯商标权纠纷案

阅读提示：通用网址是否应受法律保护？在法律没有明文规定的情况下，如何认定通用网址的注册和使用是否侵犯注册商标专用权？

裁判要旨

通用网址是注册企业在互联网上的重要标志，具有商业标识的功能和意义，可以给通用网址注册人带来实际利益，应当依法予以保护。

通用网址作为中文寻址方式的一种，其与域名有最为类似的性质，在没有相关法律法规对通用网址有关问题作出规定的情况下，可以参照域名的相关规则对此类纠纷进行处理。本案中，依照《商标法》第3条、第52条第（5）项，参照《最高人民法院关于审理涉及计算机网络域名民事纠纷案件适用法律若干问题的解释的规定》第4条、第5条第1款第（2）项规定，南京雅致珠宝有限公司注册、使用通用网址"石头记"的行为侵犯了广州园艺珠宝企业有限公司的"石头记"注册商标专用权。

案　号

一审：广东省广州市中级人民法院（2002）穗中法民四初字第189号
二审：广东省高级人民法院（2004）粤高法民三终字第323号

案情与裁判

原告（反诉被告、二审上诉人）：南京雅致珠宝有限公司（简称"雅致公司"）

被告（反诉原告、二审被上诉人）：广州园艺珠宝企业有限公司（简称"园艺公司"）

第三人（二审第三人）：杨巨顺

一审审理查明

雅致公司成立于1997年4月28日，其经营范围是：服装的生产、销售，针纺织品，百货，建筑材料，装饰材料，工艺美术品（不含国家专控商品），电器机械及器材，五金交电（不含助力车），电子通讯（不含卫星设备），电子计算机及配件，医疗器械，金属材料（不含稀有金属）的销售。雅致公司网站域名为www.njyazhi.com和www.yazhi.net。雅致公司在自己网站上建立有网上商城，根据网站的宣传，该公司经营的珠宝产品分首饰、摆饰、典藏、饰品等四大类，有项链、耳环、手链、胸花、头饰、吊坠、袖扣等上万个品种，但纠纷发生时尚未实际开展网上交易。

杨巨顺经营的南京石头记礼品包装制品厂（简称"南京石头记厂"）营业执照的发放于2001年1月4日，经营范围及方式是：礼品、包装盒零售。2001年1月8日雅致公司和杨巨顺签订合作协议，约定雅致公司积极采取广告宣传（包括利用互联网进行宣传），以扩大南京石头记厂产品在市场中的占有率。雅致公司保护南京石头记厂的无形资产，特别是商号、商标、域名等。

园艺公司成立于1993年5月7日，经营范围：生产、销售、加工各种天然宝石、人造宝石以及石类装饰产品（涉证产品及原材料除外）。园艺公司是注册商标"石头记"的注册人。该商标注册证号为第1057071号，核定使用商品是第14类"珠宝、首饰、宝石、贵重金属制纪念品"，注册有效期限为1997年7月21日至2007年7月20日。该"石头记"产品曾多次在中央电视台影视频道、《中国宝石》《花溪》《女友》《瑞丽》《希望》等媒体上投放广告。园艺公司于1999年10月12日注册了www.famoustone.com国际域名，2001年12月10日该域名转入深圳华企网信息产业发展有限公司管理。2000年1月30日，园艺公司曾与石头记"南京专卖店"签订联销加盟店合约书，签约时南京专卖店的法定代理人是杨筱红（亦为雅致公司的法定代表人）。同年12月18日，园艺公司以杨筱红违反合约规定义务为由终止合约。

根据中国互联网络信息中心公布的《通用网址注册办法》和《通用网址争议解决办法》，通用网址系统自2001年8月4日开通注册。2001年12月26日雅致公司通过深圳华企网实业发展有限公司申请了通用网址"石头记"。申请之日至2002年1月8日该通用网址曾指向雅致公司的网站www.njyazhi.com。杨巨顺于2002年2月1日申请注册了"石头记饰品"网站，域名为www.chinafamoustone.com。同年2月9日后，"石头记"通用网址指向南京石头记厂网站，该网站的主页左下方建立了链接"雅致"，网络用户通过点击"雅致"，可以访问雅致公司网站。

2001年12月27日园艺公司通过深圳华企网实业发展有限公司申请通用网址"石头记"时，发现该通用网址已被雅致公司注册。2002年4月5日，中国国际经济贸易仲裁委员会域名争议解决中心曾根据园艺公司投诉，就该公司与雅致公司所争议的"石头记"通用网址纠纷作出（2002）贸仲通裁字第0004号裁决书。裁决结果为：投诉人园艺公司对被投诉人雅致公司注册的石头记通用网址的投诉理由成立，并裁定将上述通用网址繁体及简体中文"石头记"转移给投诉人。根据《通用网址争议解决办法》的规定，该裁决并非终局裁决。

2002年4月10日，雅致公司以园艺公司为被告提起诉讼，请求确认该公司对通用网址"石头记"享有合法权益，判令园艺公司支付律师费3 000元并承担本案诉讼费用。园艺公司随即提起反诉，请求认定雅致公司注册通用网址"石头记"的行为属恶意抢注，侵犯了该公司的注册商标专用权，应当判令雅致公司将通用网址"石头记"转让给园艺公司并承担本案诉讼费用。

一审判理和结果

广州市中级人民法院审理认为：1. 通用网址作为一种中文寻址方式与域名有最为类似的性质，在没有相关法律法规的情况下，可以参照域名的相关规则对有关纠纷进行处理。2. 雅致公司在通用网址"石头记"对应网站首页上建立链接，使得网络用户可以到达该公司网站。由于雅致公司网站与园艺公司网站推介的商品及服务属于相同、相类似，从而减弱了注册商标"石头记"的显著性，属于商标侵权行为。3. 雅致公司明知他人有在先权利，而将他人注册商标注册为通用网址作为商业目的使用，具有恶意。因此，雅致公司对"石头记"不享有任何在先的合法权利或者权益，至于南京石头记厂以其字号注册该通用网址"石头记"与雅致公司以自己的名义主张通用网址"石头记"的权益属于两个不同的问题。园艺公司系注册商标"石头记"的注册人。雅致公司注册的通用网址"石头记"构成对园艺公司的注册商标"石头记"混淆，足以造成相关公众的误认；且雅致公司为商业目的使用与园艺公司的注册商标"石头记"相同的通用网址"石头记"，故意造成与园艺公司提供的产品、服务的混淆，误导网络用户访问其网站。雅致公司注册通用网址"石头记"的注册行为属恶意抢注行为；雅致公司注册、使用通用网址"石头记"的行为侵犯了园艺公司的"石头记"注册商标专用权。依照《商标法》第3条、第52条第（5）项，参照《最高人民法院关于审理涉及计算机网络域名民事纠纷案件适用法律若干问题的解释的规定》第4条、第5条第1款第（2）项、第8条的规定，判决：一、驳回雅致公司的诉讼请求；二、确认雅致公司注册通用网址"石头记"的注册行为属恶意抢注行为；三、确认雅致公司侵犯了园艺公司的"石头记"注册商标专用权；四、雅致公司将通用网址"石头记"转移给园艺公司，由园艺公司注册、使用该通用网址。

上诉与答辩

雅致公司不服一审判决提起上诉称：1. 通用网址的性质不等同于域名，一审法院参照域名的相关规则来判决上诉人具有恶意，系认定事实不清，适用法律错误。2. 上诉人注册通用网址"石头记"虽与被上诉人注册商标相同，但两者涉及商品类别不同，且并未开展电子商务交易，故不存在使公众产生误认的后果，不会减弱注册商标"石头记"的显著性。上诉人据此请求撤销一审判决，发回重审或者依法改判上诉人享有"石头记"通用网址的所有权，并由被上诉人负担全部诉讼费用。

被上诉人园艺公司答辩服从一审判决。

二审判理和结果

广东省高级人民法院确认一审判决查明的事实。

广东省高级人民法院审理认为：根据本诉和反诉请求，以及二审争议情况，本案的争议焦点有两个：1. 通用网址是否受保护，如何保护；2. 如何处理通用网址与注册商标专用权的关系？

一、关于通用网址是否受保护，如何保护的问题

通用网址是一种新兴的网络快捷寻址技术，它具有识别性特征，使网络访问者可以区分信息服务的提供者。正因为如此，企业会把其商标或者商号注册为通用网址的实质部分，以便访问者通过通用网址了解企业网站所提供的商品和服务的信息。如果以知名度较高的商标或者商号作为通用网址，网站就可以借助相关商标或商号的知名度和信誉进行商业宣传，获得较高的访问率，获取更高的商业价值。这表明，通用网址日渐成为企业在互联网络上的重要标志，具有商业标识的功能和意义，可以给网址注册人带来实

际利益。法律对于这种利益，对于通用网址，应当依法保护，以促进网络秩序的和谐。从实际情况看，虚拟的网络已经成为市场竞争的重要手段和组成部分，市场竞争主体为了追逐通用网址所带来的最大利益，在注册和使用通用网址的过程中有可能与他人注册商标专用权等合法权益发生冲突。为了规范市场竞争行为，人民法院对于通用网址纠纷应当作为民事诉讼案件予以审理。

目前，我国没有规范通用网址的专门法律法规。法院认为本案处理通用网址纠纷和认定侵权及承担法律责任时可以参照适用《最高人民法院关于审理涉及计算机网络域名民事纠纷案件适用法律若干问题的解释》，理由如下：首先，域名与通用网址均属于网络地址，是不同的网络访问方式，尽管目前在网络上有多个类似通用网址的网络快捷寻址系统，但在每个特定系统内，快捷网址与IP地址、域名之间均存在一一对应关系。因此，通用网址与域名尽管在技术上有所差异，但其法律性质并无明显区别。其次，根据《中国互联网络信息中心域名注册实施细则》和《通用网址注册办法》的规定，域名和通用网址的注册管理机构均是中国互联网络信息中心，而且相关争议的解决也由该中心负责。从上述注册实施细则和办法的内容看，域名和通用网址申请注册及争议解决的机构是相同的，且程序、规则上亦基本相同。可见在行业管理上，域名与通用网址采取了类似的标准。再次，根据申请人在注册通用网址时明确接受的《通用网址注册办法》和《通用网址争议解决办法》，注册人因注册或者使用通用网址而侵害他人权益的，应当承担法律责任。而《通用网址争议解决办法》中表述的侵权构成要件与《最高人民法院关于审理涉及计算机网络域名民事纠纷案件适用法律若干问题的解释》的侵权构成要件基本相同。据此，一审法院在目前没有专门法律规范的情况下，参照有关域名的司法解释对本案纠纷进行处理并无不当。

二、关于如何处理通用网址与注册商标专用权的关系问题

《商标法》规定未经商标注册人的许可，在同一种商品或者类似商品上使用与其注册商标相同或者近似的商标的，属于侵犯注册商标专用权。确认注册通用网址的行为是否侵犯注册商标专用权应以是否在同一种商品或者类似商品上使用，并足以造成相关公众的误认为判断标准。在通用网址与注册商标相同或者近似的前提下，如果通用网址具有商业标识的功能，所指向的商品与注册商标所核定使用的商品是同一种商品或者类似商品，足以导致相关公众的误认时，一般应当确认通用网址侵犯注册商标专用权；如果通用网址具有商业标识的功能，但所指向的商品与注册商标所核定使用的商品并不是同一种商品或者类似商品，注册商标也不是驰名商标，不会导致相关公众的误认时，一般不确认通用网址侵犯注册商标专用权；当通用网址的注册人并非经营者，注册通用网址的目的也并非提供商品时，一般不确认侵犯注册商标专用权。

根据《通用网址争议解决办法》，并参照《最高人民法院关于审理涉及计算机网络域名民事纠纷案件适用法律若干问题的解释》的规定，认定雅致公司注册通用网址侵犯注册商标专用权应具备以下4个构成要件：（一）园艺公司请求保护的注册商标专用权合法有效；（二）雅致公司的通用网址或者其主要部分与园艺公司的注册商标相同或者近似，足以造成相关公众的误认；（三）雅致公司对通用网址或者其主要部分不享有权益，也无注册、使用该通用网址的正当理由；（四）雅致公司对通用网址的注册或者使

用具有恶意。根据已查证事实，法院认定：

（一）园艺公司持有的"石頭記"商标注册证有效期限自 1997 年 7 月 21 日至 2007 年 7 月 20 日。经审查，该注册商标专用权合法有效，受法律保护。

（二）对比雅致公司的通用网址"石头记"与被上诉人的注册商标"石頭記"，二者的字音、字意完全相同，字形也比较接近，从目前汉字的使用实践看，简、繁体之间可以互相等同交换，公众一般不会因为繁简字体的不同而认为二者有实质性的差异。

园艺公司注册商标"石頭記"经核准使用的商品是第 14 类"珠宝、首饰、宝石、贵重金属制纪念品"，因此园艺公司可以在核定使用的商品上使用注册商标"石頭記"，并有权禁止他人在核定使用的商品上或者相类似的商品上使用注册商标"石頭記"。雅致公司注册的"石头记"通用网址起初指向该公司自己的网站，随后虽变更指向南京石头记厂的网站，但是通过友情链接"雅致"仍可引导消费者访问该公司的网站。根据雅致公司网站的宣传，该公司经营的珠宝产品分首饰、摆饰、典藏、饰品等四大类，有项链、耳环、手链、胸花、头饰、吊坠、袖扣等上万个品种，有可能导致消费者认为通用网址"石头记"与注册商标"石頭記"有某种联系，足以引起相关公众对商品来源的混淆和误认。

（三）园艺公司自 1997 年 7 月注册并使用"石頭記"商标，通过广告宣传，在中国珠宝首饰业享有一定的知名度；雅致公司于 2001 年 12 月注册通用网址"石头记"，该公司未提供证据表明此前曾在自己公司的产品或者服务上使用过"石头记"商标，也未表明该公司的名称、地址、简称、标志、业务或其他方面与"石头记"有关，因此该公司并不直接享有对"石头记"的在先权利或注册通用网址的正当理由。

雅致公司抗辩：该公司系南京石头记厂进行广告宣传（包括网络宣传）的代理人，故南京石头记厂的企业名称权是其申请通用网址的合法依据。法院认为，当企业名称权与注册商标权发生冲突时，如果双方均系合法行使，对方有容忍义务，但是本案中雅致公司的抗辩并不能成立，理由如下：首先，南京石头记厂使用企业简称不符合规定。据《企业名称登记管理规定》，企业名称应当由字号（或者商号）、行业或者经营特点、组织形式依次组成。企业名称应当冠以企业所在地的行政区划名称。从事商业、公共饮食、服务等行业的企业名称可以适当简化，但应当报登记主管机关备案。可见，法律对于企业名称及简称的登记、使用有严格要求。南京石头记厂未就企业简称报登记主管机关备案，无权擅自使用企业简称。其次，根据商标与企业名称发生冲突的处理原则，应当保护"石頭記"注册商标权。据《国家工商行政管理局关于解决商标与企业名称中若干问题的意见》规定：处理商标与企业名称的混淆，应当适用维护公平竞争和保护在先合法权利人利益的原则。本案中园艺公司注册商标"石頭記"在先，南京石头记厂登记企业名称在后，当商标与企业名称发生冲突时，按照维护公平竞争和保护在先合法权利人利益的原则，应当保护注册商标权。再次，雅致公司以他人的合法权利作为自己的抗辩理由不能成立。雅致公司仅是南京石头记厂的广告宣传代理人，自己并不享有南京石头记厂的企业名称权，该公司将"石头记"通用网址注册在自己名下并要求法院予以确认，没有合法依据。

（四）雅致公司的法定代表人杨筱红曾是园艺公司在南京地区的专卖店负责人，早已明知"石頭記"为注册商标，故该公司注册"石头记"通用网址的行为不能以主观上"不知"而排除具有恶意。雅致公司为商业目的注册和使用与园艺公司的注册商标相同或者近似的通用网址，故意造成与园艺公司的产品混淆，误导网络用户访问其网站或者其他在线站点，这符合《最高人民法院关于审理涉及计算机网络域名民事纠纷案件适用法律若干问题的解释》第5条第1款第（2）项中规定的具有恶意的情形。

据此，雅致公司注册通用网址的行为具备认定侵权的4个构成要件，已构成商标侵权，应当承担相应的法律责任。

综上，一审判决认定事实清楚，适用法律正确，南京雅致珠宝有限公司上诉请求不能成立。广东省高级人民法院依照《民事诉讼法》第153条第1款第（1）项之规定终审判决：驳回上诉，维持原判。

法官评述

本案是全国首例网络通用网址纠纷案件，是网络寻址技术发展带来的新课题，因为没有先例可循，审理难度较大。本案审结后，最高人民法院在2007年组织的第二届全国法院知识产权裁判文书评选活动中，评选本案二审民事判决书为一等奖，体现了最高人民法院对本案审判的肯定。

一、"通用网址"的相关知识

通用网址（Internet Keyword）是一种新兴的网络名称访问技术，通过建立与域名（网络资源地址，简称URL）的对应关系，从而实现对网站或者网页进行便捷访问的一种服务。网民只要在浏览器的地址栏里输入一个自然语词，就可实现与该词对应的URL地址的访问。

网络寻址技术经历了以下演变：最初，互联网的访问标识是IP地址，它是由一组包含4段数字的数字串组成，其中每组数字都在0~256之间；由于组成IP地址的每一组数字不容易记忆，科研人员随后在此基础上推出更加便于记忆的字符型访问标识，建立了国际域名系统（DNS）。国际域名系统被广泛运用于互联网的各种应用中，例如电子邮件和文件传输，推动了互联网的普及。为了便利互联网中文用户，我国建立了"中文域名"系统，与国际域名系统保持一致；近年来，互联网快捷寻址技术逐渐兴起，它是通过建立与域名（URL）一一对应的快捷网址系统，实现对网站进行快捷访问的一种网络访问技术。通常的做法是，网络用户要进入某一快捷寻址系统前，需要先通过网络服务供应商（ISP）免费下载该系统的客户端插件，然后可以通过IE浏览器使用该系统进行查询。它与网络搜索技术的显著区别是，在系统内键入快捷网址的搜索结果只有一个特定网站，而不是键入关键词后搜索的若干相关网站。

各研发单位采取各不相同甚至大相径庭的技术方案开发了彼此独立的网络快捷寻址系统。除本案涉及的"通用网址"系统外，北京因特国风网络软件科技开发有限公司在"3721"网站上提供"网络实名"快捷寻址服务，已经有超过25万家企业登记注册。

根据2001年8月4日实施的《通用网址注册办法》，通用网址可以由中文、字母、数字或者符号组成，最多不超过31个字符。申请注册人要保证遵守有关禁止性内容，在注册申请表中填写"申请注册的通用网址""通用网址指向的网络资源地址（即域名）"等内容，并且向注册服务机构缴纳费用。出现争议时遵守中国互联网信息中心制定的《通用网址争议解决办法》。该办法授权中国国际经济贸易仲裁委员会根据投诉人申请组成专家组裁决通用网址争端，但该裁决并非必经阶段，也并非终局结果，当事人可以在裁决后一定期限内再到法院寻求司法救济。

二、法无明文规定时法官如何正确审判

社会经济、科学技术的迅猛发展必然不断丰富民事权利的类型。在某种权利未得到立法确认之前，如何保护这种客观存在的利益，促进社会、经济、科技、法律的良性互动，是民事法官无法回避的课题。民事审判与刑事审判最主要的区别就是：现代刑法遵循罪刑法定原则，法无明文规定不为罪，反对轻率的类推制度；而现代民商法则遵循私法自治原则，倡导当事人意思自治，法官可以根据法律原则扩大民商法律的适用范围。《法国民法典》中第4条规定："法官借口法律无规定、不明确或者不完备而拒绝审判者，以拒绝审判罪追诉之。"这一规定是以民事审判的特殊性为前提的，其立法精神也得到大多数国家的认同。

如何在法律无明文规定时正确审判案件呢？这要求法官要善于从法律技术层面上，去探究纷繁复杂的纠纷中所蕴涵的法律性质及体现的法律关系，同时从现有的法律规范中选择最接近的民事权利和法律关系，以此为依据来解决纠纷，而不能单纯等待权利被立法确认后再被动地去加以保护。我国台湾地区"民法典"开宗明义地规定："民事法律所未规定者，依习惯；无习惯者，依法理"。根据我国的实际情况，法官在处理法律疑难案件时，进行辩证推理的依据或者理由主要包括以下因素：法律原则、国家政策、立法精神与目的、法理、公平和正义观念、合理性等。

法律实务工作者的身份使法官不能像法律理论研究者那样畅所欲言。比如在本案中，通用网址和域名一样具有唯一性、排他性、全球性、标识性，可以给注册人带来利益，民事"权利"的特性非常明显。但是，基于法官应有的责任感和严谨性，在起草二审判决书论及通用网址的法律性质时，法官还是刻意回避了"权利"的字眼，而代之以"利益"的表述，从而使判决内容和结果更经得起推敲。但是这种谨慎并不妨碍法官在判决书中，对于为什么要参照域名的司法解释进行审理，为什么认定注册行为构成侵权等法律问题，进行审慎而周密的论证。也正是由于法官的积极努力，使本案的处理达到了定纷止争、息讼宁人的良好效果，也为探索在无法律明文规定的情况下，如何妥善处理类似纠纷，提供了一宗鲜活的实例。

（二审合议庭成员：欧修平　高静　岳利浩
编写人：广东省高级人民法院知识产权审判庭　岳利浩）

9. 伊士曼柯达公司与苏州科达液压电梯有限公司侵犯商标专用权纠纷案

> 阅读提示：侵犯商标权纠纷案件中如何认定商标驰名是否属于原告的诉讼请求内容？驰名商标适用跨类保护如何界定其外延？驰名商标跨类保护中的侵权赔偿责任如何判定？

裁判要旨

人民法院在审判侵犯商标权纠纷的案件中，对涉案商标是否属于驰名商标作出认定，属对案件基本事实的认定，不受当事人诉讼请求的限制。

根据《最高人民法院关于审理商标民事纠纷案件适用法律若干问题的解释》第1条第（2）项规定，复制、摹仿、翻译他人注册的驰名商标或者其主要部分在不相同或者不相类似商品上使用，误导公众，致使该驰名商标注册人的利益可能受到损害的，属于《商标法》第52条第（5）项规定的给他人注册商标专用权造成其他损害的行为，依法应当承担相应的民事责任。

对驰名商标跨类别使用构成侵犯商标权的法律责任承担判定，应着重于对驰名商标保护诉讼的法律目的、原被告间实际可能产生的利益损害程度及维护适度市场竞争等因素，合理裁量。

案 号

一审：江苏省苏州市中级人民法院（2005）苏中民三初字第0213号

案情与裁判

原告：伊士曼柯达公司（简称"伊士曼公司"）
被告：苏州科达液压电梯有限公司（简称"科达电梯公司"）

起诉与答辩

伊士曼公司于2005年11月22日提起诉讼称：伊士曼公司始创于1880年，是一个生产传统和数码影像产品、医疗影像产品、商业摄影产品、光学元器件和显示器的知名跨国公司。早在1888年，伊士曼公司就已将"KODAK"作为商标使用在照相机上，至今已有117年的悠久历史。作为世界知名企业，伊士曼公司在150多个国家和地区注册了将近1 700件"KODAK"商标或者以"KODAK"文字为主体的商标，具有极高的知名度和良好的市场声誉。在中国，伊士曼公司的"KODAK"商标早在1982年就已在第1类"有机化学品和无机化学品"上核准注册，注册号为154121，在此基础上，伊士曼公司又在第 1 类、第 9 类商品上注册了多个"KODAK"商标。作为世界最大的影像产品及相关服务的生产和供应商，伊士曼公司的"KODAK"商标在中外早已成为驰名商标，中国国家工商行政管理局先后于 1999 年和 2000 年两次将"KODAK 柯达"商标列入了《全国重点商标保护名录》，中国的多家法院、工商执法机关及海关也认定和查处过众多侵犯伊士曼公司"KODAK"商标的侵权行为。

2005 年 6 月，伊士曼公司在城外城家居文化广场、中国第一商城发现其所使用的自动扶梯上带有"KODAK"标识。经调查发现该电梯由科达电梯公司生产并销售。除电梯产品外，科达电梯公司及其北京分公司、广州分公司还在其企业网站、工厂大门、公司门牌、员工名片、产品介绍、企业宣传资料上使用了"KODAK"标识。同时，科达电梯公司及其北京分公司还将"KODAK"商标注册成其网站域名 kodaklift.com.cn、kodak-bj.com，并加以使用。科达电梯公司未经授权，在其产品、宣传资料以及公司网站上使用与伊士曼公司"KODAK"注册商标完全相同的商标，并将"KODAK"注册成为其域名，侵犯了伊士曼公司注册商标专用权，损害了伊士曼公司"KODAK"商标的形象。请求法院判令：1. 科达电梯公司立即停止对"KODAK"商标的全部侵权行为；2. 科达电梯公司就其侵权行为向伊士曼公司赔偿经济损失 50 万元（包括伊士曼公司支出的合理费用）；3. 科达电梯公司就其侵权行为在全国性报刊上刊登启事公开消除影响。

科达电梯公司答辩称：科达电梯公司与伊士曼公司经营不同类且不相类似的产品，要认定伊士曼公司构成侵权的首要前提是认定"KODAK"商标为驰名商标，其次才能适用跨类保护，伊士曼公司注册"KODAK"商标是否为驰名商标应由法院依照法律进行认定。即使伊士曼公司注册"KODAK"商标被认定为驰名商标，科达电梯公司的行为也不构成侵权，理由：1. 科达电梯公司使用"KODAK"字样只是表达企业字号"科达"的英文翻译方法，没有将"KODAK"作为产品商标使用，而其电梯产品与伊士曼公司注册"KODAK"商标核准使用商品既非同类商品也不是相似商品，不会造成公众混淆与误认，科达电梯公司使用"KODAK"字样对伊士曼公司的利益不构成实质性损害。2. 科达电梯公司注册网站域名 kodaklift.com.cn、kodak-bj.com 进行宣传的均是有关电梯的产品，而非通过这些域名进行与伊士曼公司相同或者类似产品的交易，不存在造成相关公众误认的效果或者后果。3. 伊士曼公司无证据表明科达电梯公司使用"KODAK"字样造成其商品销量减少或其他经济损失，伊士曼公司要求科达电梯公司赔偿经济损失 50 万元无依据。4. 科达电梯公司使用"KODAK"标识在电梯产品上数量极少，取得盈利也很少。请求法院依法驳回伊士曼公司的诉讼请求。

一审审理查明

法院经审理查明：伊士曼公司于 1888 年创设"KODAK"品牌并使用在照相机产品。在百年发展过程中，伊士曼公司在世界各国家和地区广泛注册了"KODAK"商标并持续宣传及使用"KODAK"商标，为宣传该商标支付大量费用。1982 年 2 月，伊士曼公司在中国在第 1 类"有机化学品和无机化学品"产品上获核准注册"KODAK"英文商标，后又在第 1 类、第 9 类商品上注册了多个"KODAK""Kodak"及"K"型图案商标及与之对应"柯达"中文商标。伊士曼公司在中国对"KODAK"商标持续广告宣传数十年，其品牌加盟店市场占有第一，其"KODAK"商标广为公众所熟识。

科达电梯公司经营电梯、自动扶梯生产、销售，以"科达"文字注册商标生产销售其电梯产品。自2005年始，科达电梯公司在其电梯产品、公司门牌、产品介绍、企业宣传等资料上，以独立标识或与其"科达"商标上下并列的方式突出标注"KODAK"。科达电梯公司还申请注册kodaklift.com.cn，kodak－bj.com域名，用于网络宣传经营。伊士曼公司发现后，即提出侵犯"KODAK"商标权诉讼。

伊士曼公司为本案诉讼已实际支付费用合计人民币27 308元。

一审判理和结果

法院经审理认为：

一、"KODAK"商标系伊士曼公司创设的臆造性文字商业标识，在全球范围内及中国境内进行了广泛注册并大范围持续广告宣传，拥有广泛的用户群，属在市场上享有较高声誉并为相关公众所熟知的商标，应认定为驰名商标并获得法律所确定的跨商品或服务领域的高水平保护。科达电梯公司提出因伊士曼公司诉讼中未独立提出认定"KODAK"商标为驰名商标的诉讼请求且"KODAK"商标未经商标行政管理部门认定为驰名商标而不能以驰名商标予以法律保护抗辩，存在法律误解，不能成立。

二、科达电梯公司辩称在商品及企业宣传中突出使用"KODAK"文字标识为标识其企业字号"科达"的英文翻译，但"KODAK"与"科达"中文字号间不具有符合语言学的中英文翻译对应关系。从其标识作用来看，"KODAK"系伊士曼公司臆造创设的商业标识，具有独特显著性，直接指向于伊士曼公司。根据《最高人民法院关于审理商标民事纠纷案件适用法律若干问题的解释》第1条规定并结合与之相应的《保护工业产权巴黎公约》第6条之二规定、TRIPS则在其第2部分"有关知识产权的效力、范围及利用的标准"第2节"商标"第16条"所授予的权利"之二的规范，科达电梯公司使用"KODAK"标识显然是模仿及标傍于伊士曼公司"KODAK"驰名商标的良好声誉形象。该使用行为必然产生降低伊士曼公司"KODAK"驰名商标显著性及或然性损害其商誉价值，对伊士曼公司"KODAK"驰名商标专有性及长期商业标识形象利益造成实质性损害。因此，应判定为构成侵权。

三、科达电梯公司应承担停止侵权、消除影响、赔偿损失的侵权责任。其中经济赔偿部分因科达电梯公司并未从事与伊士曼公司相同商品生产、销售，不应以各自产品的直接经营获利或损失为主计赔依据，而因以对科达电梯公司使用"KODAK"商标过程中的可能获益及伊士曼公司为制止涉案侵权支付的合理费用确定。

据此，苏州市中级人民法院依照《商标法》第14条、第52条、第56条，参照《最高人民法院关于民事诉讼证据的若干规定》第11条，《最高人民法院关于审理商标民事纠纷案件适用法律若干问题的解释》第1条第（2）项、第22条之规定，判决：

一、科达电梯公司立即停止使用"KODAK"商业标识；二、科达电梯公司赔偿伊士曼公司经济损失人民币5万元；三、科达电梯公司就本案所涉商标侵权事实及商标禁用事项于本判决生效之日起15日内在两家全国性的报刊上各刊登启事一次，以消除影响。

本案判决后，当事人均服判，未提起上诉。判决发生法律效力。

法官评述

本案涉及驰名商标的司法认定及跨类保护问题。自《商标法》于 2001 年修改以来，驰名商标的司法认定已不再是新鲜事，但引起的争议和存在的问题也不少。本案表明，人民法院对驰名商标的认定和保护日渐成熟和规范，并主要表现在以下四个方面。

一、人民法院在审理侵犯商标权纠纷案件中对涉案商标是否驰名的基本事实依法予以认定

本案审理中，就原告伊士曼公司所主张"KODAK"商标为驰名商标并请求获得跨越商标注册核定使用商品类别的商标权司法保护诉讼请求，被告科达电梯公司抗辩认为，伊士曼公司诉讼中未独立提出认定"KODAK"商标为驰名商标的诉讼请求，且"KODAK"商标未经商标行政管理部门认定为驰名商标，故不能以驰名商标予以法律保护。此问题，首要的涉及司法诉讼中关于驰名商标认定的司法审判机制和原则。

我国驰名商标的法律保护机制进程，可分析为二大阶段。第一阶段源于 1984 年 11 月中国决定加入《巴黎公约》，并由此开始履行该公约的国际义务，在驰名商标保护工作上开展探索性实践。1987 年 8 月，国家工商行政管理局商标局就在商标异议案件中认定美国必胜客国际有限公司的"PIZZA HUT"注册商标为驰名商标，对澳大利亚鸿图公司在相同商品上抢注的相同商标不予注册。其后，国家工商行政管理局还分别在商标纠纷案件行政执法中认定了英国尤尼利弗公司"Lux 力士"商标、美国菲力普莫里斯"Marlboro 万宝路"等驰名商标。第二阶段源自 2001 年中国加入 WTO。根据 TRIPS 对《保护工业产权巴黎公约》的重要补充，其第 16 条第 2、3 款将对驰名商标的保护延伸到服务商标，将对已经注册的驰名商标的保护扩大到不相同或者不类似的商品上。基于完善商标法律制度，适应中国"入世"需要，2001 年 10 月全国人大常委会修改《商标法》及《商标法实施条例》。修改后的《商标法》分别在第 13 条、第 14 条及第 41 条，强化了对商标专用权的保护，并明文确定驰名商标享有法律法规的保护。2001 年 7 月 17 日，最高法颁布了《关于审理涉及计算机网络域名民事纠纷案件适用法律若干问题的解释》，解释第 6 条规定"法院审理域名纠纷案件，根据当事人的请求以及案件的具体情况，可以对涉及的注册商标是否驰名依法做出认定"，从而确认了法院审查或者认定驰名商标的职能。2001 年 11 月，北京市高级人民法院在司法程序中认定美国杜邦公司的"DUPONT"商标为驰名商标，并维持北京市第一中级人民法院于 2000 年 11 月作出的撤销他人将该商标作为域名注册的一审判决。此后，各地法院在侵犯商标权及不正当竞争案件中先后对英特艾基公司之"IKEA"注册商标、宝洁公司之"SAFEGUARD"注册商标等数十个跨国企业著名商业标识认定为驰名商标并予以全面的司法保护。

2002 年 10 月 12 日，最高人民法院颁布《关于审理商标民事纠纷案件适用法律若干问题的解释》，对司法诉讼中对认定驰名商标的标准、效力以及对驰名商标侵权行为法律责任的追究等进行进一步明确规定，确立了人民法院对驰名商标"个案认定，被动保护"的司法审判机制和原则，即只有在当事人提出请求，且根据具体案情需要认定驰

名商标时，才做出认定。而人民法院在个案裁判文书中所认定的驰名商标，仅对该裁判文书所涉及的个案具有效力，不必然对其他案件产生影响。解读以上驰名商标的认定机制和原则，可以分析认为，人民法院在审判侵犯商标权纠纷的案件中，当事人关于认定驰名商标的请求，其实质是要求法院查明事实，法院认定涉案商标是否驰名，是作为审理案件需要查明的事实来看待的。因此，司法诉讼中对涉案商标是否属于驰名商标的判断，属对案件基本事实的认定，并不受当事人诉讼请求的限制，不构成单独的诉讼请求。如本案中被告科达电梯公司以伊士曼公司诉讼中未独立提出认定"KODAK"商标为驰名商标的诉讼请求，故不能以驰名商标予以法律保护的抗辩，显然是对驰名商标司法保护机制的错误理解。

需要另外提到的是，人民法院认定驰名商标时是根据案件事实对于请求认定驰名的商标是否符合法定要求进行全面的审查。对达到驰名度的商标认定为驰名商标，只是依法给予特别保护的前提事实，而绝对地排除脱离认定案件事实的立法本意而追求荣誉称号、广告效用等商业价值的驰名认定。这一精神在最高人民法院2009年4月21日印发的《关于当前经济形势下知识产权审判服务大局若干问题的意见》给予了明确的规范"凡商标是否驰名不是认定被诉侵权行为要件的情形，均不应认定商标是否驰名。凡能够在认定类似商品的范围内给予保护的注册商标，均无需认定驰名商标。"

本案中，法院经审理，"对于'KODAK'这样在中国境内已为社会公众广为知晓的商标，在原告提供其商标驰名的基本证据且被告对驰名事实不持异议的情况下，对该商标驰名的事实应予以认定"。认定"KODAK"这一外国品牌为驰名商标，全面体现了中国法院在驰名商标的认定和保护方面完全按照《保护工业产权巴黎公约》和TRIPS的要求，实行国民待遇，对外国商标所有人的驰名商标给予平等的司法保护。

二、对驰名商标实行跨类保护

本案审理中，在认定"KODAK"商标为驰名商标并适用跨类保护中，对"KODAK"商标的独特显著性予以了重视和强调。驰名商标引发公众特别地关注，一个很重要的原因就是较之普通商标而言，法律给予了驰名商标以更强更宽的保护。普通的注册商标的保护范围限于类似的商品和近似的商标，法律上是以排除"混淆的可能性"的标准来确定其保护范围的。相对于此，驰名商标的保护范围在商品方面则超出了类似商品的限制，即通常所说的"跨类保护"，就这一角度而言，驰名商标保护范围的标准已经不仅限于"混淆的可能性"。但与普通商标中的"类似商品"的判断一样，驰名商标"跨类保护"究竟能跨多远，是商标法领域的"模糊区"，存在一定的弹性。商标的基本功能是区别商品的不同来源，对于驰名商标而言，由于相关公众对其十分熟悉和信赖，使用该商标的商品相比其他同种商品还被附加了声誉上的优势。在擅自使用他人驰名商标的情况下，在使用商品与驰名商标所驰名的商品介于类似商品和非类似商品之间的情况下，仍会造成相关公众的混淆，当然需要禁止。而当商品明显属于非类似商品时，虽然相关公众产生混淆的可能性已经微乎其微了，但此时由于相关公众对驰名商标十分熟悉，在不类似的商品中看到该商标时仍然会将其与权利人的商标联系起来，进而也会认为同一商标下的商品具有同样的质量。因此，对于驰名商标而言，法律是以"禁止联想""禁止沾光""保护驰名商标声誉与利益"的标准来确定其保护范围的。

需要加以注意的是,"跨类保护"的含义是"跨类似商品保护",而不是"跨商品类别保护"。基于驰名商标跨类保护的法理基础,驰名商标的跨类保护是有范围的,并且具体的保护范围不存在统一的界限,最终取决于商标的知名度和商标的显著性的大小、强弱,而不能是变成无原则的全类保护。即所谓的"名气不同、待遇也不同"。举例来说,"长城"作为葡萄酒注册商标其保护范围首先是酒类商品;其次,类似商品可以及于"饮料"上保护;再次,由于是驰名商标,其跨类保护可能会延伸到"食品"上。但是,在诸如"润滑油""飞行器""宾馆酒店服务"等很难形成联系的商品和服务上就实在难以保护了。如果在某种商品或服务中,已经不存在"联想"的可能性,那"跨类保护"就不仅无助于保护公共利益,反而是对公平竞争秩序的损害。已经被认定为驰名商标的三个"长城",就很好论证了这一点。

更需要注意的是,《商标法》第13条第2款和《最高人民法院关于审理商标民事纠纷案件适用法律若干问题的解释》第1条第(2)项关于驰名商标的保护是以足以"误导公众"为条件的,在用词上与普通注册商标的保护没有形成区别。对此应当深入分析,虽然有关规定对普通商标和驰名商标都使用了"误导"一词,但其含义应有所不同,或者说两者的"误导"程度是不一样的。普通商标的"误导"可以理解为"误认",是"混淆"意义上的误导。驰名商标上的"误导"可以包括"误认",但更多情况下是指使相关公众形成错误的联系,即上面提到的"联想的可能性",因为这种错误联系一方面借助了驰名商标的知名度,另一方面有可能损害驰名商标的显著性和声誉,需要加以禁止。

本案中,"KODAK"商标是一个十分典型的臆造商标,"KODAK"一词除了商标以外没有任何其他含义。再加上其极高的公知度,相关公众会自然地知道其商标指向的商品和所有者伊士曼柯达公司。正是基于以上的事实基础,法院拒绝采纳被告科达电梯公司关于使用英文"KODAK"标志是其名称"科达"的英文翻译的辩诉,以及电梯产品与"KODAK"商标核准使用商品既非同类也不相似不会造成公众混淆与误认也不构成实质性损害的主张,判定其行为构成侵犯商标权。这一裁判准则体现了驰名商标跨类保护的一个重要原则,即合理把握了《商标法》第13条规定"误导公众,致使该驰名商标注册人的利益可能受到损害"的标准。法院从"KODAK"作为臆造商标这一特殊性出发,认为"科达电梯公司使用'KODAK'标识,显然是模仿及标傍于伊士曼公司'KODAK'驰名商标的良好声誉形象,以取得不正当商业利益",进而认定"该驰名商标注册人的利益可能受到损害"。在侵权认定过程中,适用了使相关公众对商品或者其经营者产生相当程度的联系,而减弱驰名商标的显著性的情形。

通过本案的裁判,向公众提示出,以个人姓名、企业名称或者中文商标的"英文翻译"为借口,复制或者刻意摹仿外文著名标志的做法为法律所不容,创立自己的品牌才是真正的为商之道。

三、驰名商标的跨类保护侵权赔偿具有特殊性

根据我国现行的有关规定,《商标法》第52条中没有明文将他人擅自跨类使用驰名商标的行为定性为商标侵权。《商标法实施条例》第50条在解释《商标法》第52条第(5)项的"给他人的注册商标专用权造成其他损害的"时也没有提到驰名商标的侵权定

性。在 2002 年《最高人民法院关于审理商标民事纠纷案件适用法律若干问题的解释》第 1 条第（2）项规定：复制、摹仿、翻译他人注册的驰名商标或者其主要部分在不相同或者不相类似商品上作为商标使用的，即属于《商标法》第 52 条第（5）项所规定的"给他人的注册商标专用权造成损害的"行为。据此，在"跨类保护"驰名注册商标专用权案件中可直接适用《商标法》第 56 条的规定判定赔偿责任，即：侵犯商标专用权的赔偿数额，为侵权人在侵权期间因侵权所获得的利益，或者被侵权人在被侵权期间因被侵权所受到的损失，包括被侵权人为制止侵权行为所支付的合理开支。依照该条规定，驰名商标跨类保护与普通注册商标的保护在认定赔偿责任上的标准上是一致的。本案原告伊士曼公司在赔偿方面主张"由于本案原告的损失和被告的获利均无法查清，请求按照《商标法》第 56 条第 2 款的 50 万元法定标准进行赔偿"。即是基于以上的法律规定。

但驰名商标跨类保护在赔偿责任的具体判定中，有两个环节的问题需要关注。其一是，《最高人民法院关于审理商标民事纠纷案件适用法律若干问题的解释》在赔偿责任方面，对注册的驰名商标和未注册的驰名商标采取了截然不同的态度。该解释第 2 条规定："依据商标法第 13 条第 1 款的规定，复制、摹仿、翻译他人未在中国注册的驰名商标或者其主要部分，在相同或者类似商品上作为商标使用，容易导致混淆的，应当承担停止侵害的民事法律责任。"从该规定可以看出，侵犯注册的驰名商标的应当承担赔偿责任，而侵犯未注册的驰名商标，则并不承担经济担赔偿责任。其二是，对于侵犯注册的驰名商标，无论是依据法律规定还是法理，其结论都应当是需承担赔偿责任。但在具体认定赔偿数额时，如在原告的损失、被告的获利两者无法查清的情况下决定法定赔偿金额时，需要具体问题具体分析，其裁判应与个案中驰名商标的知名度、显著性以及"跨类保护"的范围存在密切的联系。在具体案件中，如果有明确证据证明驰名商标权利人因侵权造成的损失或者侵权人因侵权取得的利益，应当据此进行全面赔偿。当以上情节无法查清而需要适用法定赔偿时，则需要根据不同的个案情况确定考虑因素。在本案中，虽然伊士曼柯达公司的 KODAK 商标具有极高的知名度和显著性，但由于"胶卷"和"电梯"两者的距离实在太远，被告使用该驰名商标的现实好处无非是"吸引眼球""博得好感"。在其使用商品尚未给驰名商标声誉造成现实损害的情况下，禁止使用就能够达到保护"KODAK"驰名商标权益的效果。当然，不同案件中驰名商标跨类保护的范围往往是不一样的，如果"跨类"的范围与该驰名商标"本类"指定商品的距离比较接近，即两种商品虽然不是类似商品但仍然具有一定的相关性，从商标使用的效果上看介于公众"混淆"和"联想"之间，则即使无法查清"损失"和"获利"，在适用法定赔偿时也需要考虑上述两个情节。

"KODAK 电梯案"在确定侵权赔偿数额时，没有机械地理解相关商标侵犯注册商标权法律规定，以原被告各自产品的直接经营获利或者损失为主计赔依据，而是在涉案驰名商标跨类保护具体事实和情节的基础上，充分考虑了驰名商标"跨类"保护的特殊性，认为"考虑到科达电梯公司并未从事与伊士曼公司相同商品的生产、销售，故不宜以各自产品的直接经营获利或损失为计赔依据"，最终以被告使用"KODAK"商标过程中的可能获益及原告为制止涉案侵权支付的合理费用为主题因素，确定了 5 万元的赔偿数额。应当说，不论从数额上还是确定数额的方法上，本案的做法都是非常恰当的。在本案判决之后，双方当事人均服判。

四、关于认定驰名商标的具体表述方式

认定驰名商标的表述方式对规范驰名商标的认定和保护具有现实意义。在侵犯注册商标专用权纠纷案件中，涉及驰名商标认定的，法院在判决中认定驰名商标的表述方式往往不尽统一，通常有以下几种情况：一是不指明注册号和保护范围；二是指明注册号但不指明保护范围；三是指明注册号和保护类别，四是指明注册号和具体的商品。以本案商标为例，其表述方法可能分别为：

1. 伊士曼公司的"KODAK"商标是驰名商标；
2. 伊士曼公司的第154121号"KODAK"商标是驰名商标；
3. 伊士曼公司的第154121号"KODAK"商标在第9类商品中是驰名商标；
4. 伊士曼公司的第154121号"KODAK"商标在胶卷、照相机等影像产品中是驰名商标。

本案例中，法院在认定"KODAK"商标时采取了与上述4种方式都不同的方式，判决认为："由于'KODAK'传统和数码影像产品与广大民众生活的紧密贴近，KODAK已实际成为家喻户晓之商业品牌。鉴于以上事实，本院认为，伊士曼柯达公司的KODAK注册商标属于在市场上享有较高声誉并为相关公众所熟知的商标，在司法保护中，应认定为驰名商标并获得法律所确认的跨商品或者服务领域的高水平保护。"从以上表述中可以看出，苏州中级人民法院在裁判中既没有明确"KODAK"商标的注册号，也没有明确该商标指定保护的商品类别，而是强调在传统和数码影像产品中"KODAK"具有较高的知名度，应认定为驰名商标。

法院采用上述的表述方法，是基于深入的研究和思考。司法实践中，驰名商标权利人往往就相同和近似的商标在同一种商品和相关商品上注册了几个、十几个甚至几十个商标，而驰名商标的知名度通常是就其中一种或几种特定商品而言的。以前述第1、2种表述来看，完全没有涉及商品的范围。而第3种表述虽然指明了驰名的商品"类别"，但仍然存在问题。注册商标的保护范围是具体的商品，而不是某一个商品的类别。同一个商品类别中存在众多的商品品种，而且很多商品之间也不是类似商品。驰名商标不可能在某一类别的所有商品中都具有较高的知名度。因此，上述1~3种表述方式都没有将驰名所在的商品特定化，显然不够规范。第4种表述方式在商标标识和驰名的商品范围两个方面都进行了限定，是比较准确的表述方式，但这种方式实际运用中会存在限定过狭的问题。

在认定驰名商标时，是否指明类别和注册号，并非一概而论。指明商标注册号是将驰名商标特定化的一种方式，但不是惟一的方式。比如认定未注册驰名商标时就根本无注册号可以指明。事实上，正是因为原告的"KODAK"商标在其所驰名的商品上存在很多的注册，如果采取——列举注册号的方式将会十分烦琐，而且还会给人造成一种人民法院在一个判决中认定了多个驰名商标的"误解"。另一方面，如果权利人请求保护的某一商标在其驰名的商品上只有一个注册，只要判决中明确了"商标"和"商品"，其对应关系也就十分清楚了。如本案所作认定表明，伊士曼公司在"影像产品"上所拥有的"KODAK"商标权指向的是唯一的显著性标志。就在本案判决作出后不到两月,国家商标局在给广东省工商局的一份请示报告的批复中认定:伊士曼柯达公司在第1类感光胶卷、第9类照相机商品,第40类图片冲印服务上的"KODAK"注册商标为驰名商标。该批复同样未再明确指出被认定为驰名商标的"KODAK"商标注册号。

(一审合议庭成员:凌永兴　管祖彦　庄敬重
编写人:江苏省苏州市中级人民法院知识产权审判庭　管祖彦)

10. 博内特里塞文奥勒有限公司诉上海梅蒸服饰有限公司等商标侵权和不正当竞争纠纷案

阅读提示：使用企业名称或者注册商标中的一部分与他人注册商标相近似，是否构成侵权？

裁判要旨

企业在经营活动中应依法规范使用企业名称。在商业经营活动中，使用注册商标持有人企业名称的全称或者简称，而该企业名称或简称中却含有他人注册商标，构成不正当竞争。

商标权人应正确使用注册商标。在商业经营活动中未完整使用被许可使用的商标，而实际使用的商标与他人在相同商品上注册的商标相近似，构成商标侵权。

案 号

一审：上海市第二中级人民法院（2002）沪二中民五（知）初字第202号
二审：上海市高级人民法院（2004）沪高民三（知）终字第24号

案情与裁判

原告（被上诉人）：博内特里塞文奥勒有限公司
被告（上诉人）：上海梅蒸服饰有限公司（简称"上海梅蒸公司"）
被告：梦特娇·梅蒸（香港）服饰有限公司（简称"香港梦特娇公司"）
被告：常熟市豪特霸服饰有限公司（简称"常熟豪特霸公司"）
被告：甘传猛
被告：甘传飞
被告：徐国良

起诉与答辩

原告博内特里塞文奥勒有限公司诉称：原告是世界著名的时装设计、制造和销售公司，并依法在中国申请注册了"梦特娇""花图形"以及"MONTAGUT与花图形"（两个不同组合）4个商标，原告对上述商标依法享有商标专用权。被告甘传猛、甘传飞两兄弟在香港特别行政区（简称"香港"）设立香港梦特娇公司后，又由甘传猛在上海设立上海梅蒸公司，香港梦特娇公司遂授权上海梅蒸公司独家使用其"梅蒸"商标，作为其"梅蒸"品牌在中国的总代理。之后，被告上海梅蒸公司、香港梦特娇公司不仅自己在上海和全国各地设立分店销售侵权服装，而且还授权、委托他人加工、销售侵权服装。被告常熟豪特霸公司及其法定代表人徐国良得到被告上海梅蒸公司和香港梦特娇公司的授权后，大量生产侵权服装，一方面提供给上海梅蒸，另一方面自行销售。上述被告在生产销售服装过程中，对原告实施了一系列的商标侵权和不正当竞争行为，故上述被告构成共同侵权，应对原告经济损失承担连带赔偿责任。根据各地工商行政管理局在打假行动中查获的被告生产、销售侵权服装的数量，六被告销售侵权服装的价款已达人民币 3 060 293 元。据此，原告请求法院判令六被告：1. 立即停止商标侵权行为，包括生产、销售侵权产品或者授权他人生产、销售侵权产品；2. 立即停止假冒原告注册商标、使用与原告相近的包装、装潢和产品促销推广资料、擅自使用他人企业名称等不正当竞争行为；3. 依法赔偿原告经济损失人民币 100 万元（包括律师费人民币 10 万元），各被告对原告经济损失承担连带赔偿责任。

上海梅蒸公司辩称：香港梦特娇公司授权其使用"梅蒸"商标，其在授权范围内使用该商标，并标示香港梦特娇公司的企业名称，这是向社会公众公示注册商标持有人，对原告不构成侵权。上海梅蒸公司的某些售货员在销售过程中可能将商品标牌上的授权企业名称写成"梦特娇"，这种做法是不慎重的，但工商行政管理部门已对此做出了处理，被告也做了改正。六被告之间不存在共同侵权的故意，所以，不同意原告提出的连带赔偿请求。香港梦特娇公司辩称：香港梦特娇公司是依照香港法律设立的公司，企业名称是合法取得。"梅蒸"商标是香港梦特娇公司依法受让取得，与原告的注册商标既不相同，也不相近似，未侵犯原告的商标专用权。香港梦特娇公司将其合法拥有的企业名称和"梅蒸"商标授权上海梅蒸公司使用，是正当行使权利。至于被授权人在经营过程中所实施的行为，与香港梦特娇公司无关，香港梦特娇公司不应对该行为承担连带赔偿责任。甘传猛、甘传飞、徐国良辩称，根据我国法律规定，法定代表人从事的经营活动应由企业法人作为诉讼主体对外享有权利和承担民事责任，因此，3 名个人被告不应对法人的行为承担民事责任。常熟豪特霸公司同意上海梅蒸公司、香港梦特娇公司的辩称意见。

一审审理查明

经审理查明：原告博内特里塞文奥勒有限公司于 1925 年 2 月 11 日在法国登记设立，主要从事服装设计、制造和销售。自 1986 年 6 月起，原告先后向国家商标局登记注册了 4 个商标，4 个商标核定使用的商品均为商品国际分类第 25 类衣服、鞋、帽等，目前均在有效期内。商标注册证号为 795657 的商标是一个"花图形"，由花瓣、叶和茎组成。商标注册证号为 577537 的商标为繁体字"梦特娇"。商标注册证号为 253489 和 1126662 的两个商标均是"MONTAGUT 与花图形"，前者"花图形"位于"MONTAGUT"的字母"G"之上，后者"花图形"位于"MONTAGUT"之中，替代了字母"O"。香港梦特娇公司是一家于 2001 年 9 月 14 日在香港注册设立的有限公司，其英文名称为"MONTEQUE·MAYJANE（HONG KONG）FASHION LIMITED"。公司董事为甘传飞和甘传猛。"梅蒸"商标原系浙江省义乌市大陈镇珊珊服装厂于 1999 年 3 月 8 日申请注册取得，商标注册证号为 1220606，核定使用范围为第 25 类服装。2002 年 2 月 28 日，经国家商标局核准，香港梦特娇公司从浙江省义乌市大陈镇珊珊服装厂受让取得"梅蒸"商标。该商标由"梅蒸"中文文字、拼音字母"Meizheng"和花瓣图形组成，花瓣图形和"梅蒸"中文文字分别位于连体的"梅蒸"拼音字母的"Mei"和"zheng"之上。与原告的"花图形"商标相比，"梅蒸"商标中的花瓣图形与"花图形"中的花瓣相同，仅缺少了花瓣下面的叶和茎。上海梅蒸公司于2001年11月15日在上海投资设立，法定代表人为甘传猛。同年12月1日，香港梦特娇公司授权上海梅蒸公司在中国大陆地区独占使用"梅蒸"商标，并享有在中国大陆以合资、合作、加盟特许的方式将"梅蒸"商标有偿再许可给他人使用的权利，有效期为2001年12月1日至2006年11月30日。常熟豪特霸公司成立于2002年1月28日，法定代表人为徐国良。2001年12月，上海梅蒸公司授权常熟豪特霸公司生产、销售"梅蒸"服装，常熟豪特霸公司将其生产的"梅蒸"服装一部分提供给上海梅蒸，一部分自行销售。

上海梅蒸公司、常熟豪特霸公司销售的服装，包括夹克、T恤等，在服装、包装袋、吊牌上使用商标和企业名称的具体情况如下：夹克、T恤的衣领标上标有"梅蒸"商标，商标下方标有"梦特娇·梅蒸"标志；上装的左胸标有"梅蒸"拼音字母与花瓣图形标志，与"梅蒸"商标相比，缺少了"梅蒸"文字，并放大了花瓣图形；在夹克、风衣的衬内上标有"梦特娇·梅蒸"标志；包装袋和吊牌的底色均为白色，中间标有"梅蒸"商标，"梅蒸"中文文字和拼音字母为黑体，花瓣图形为红色，商标下方为绿色横条，上面标有"HONG KONG"，包装袋和吊牌的最下方为香港梅蒸的中、英文企业名称。原告包装袋的底色也为白色，中间是"MONTAGUT与花图形"商标，"花图形"在"MONTAGUT"的上方，"花图形"的花瓣为红色，叶、茎为绿色，商标下方为一绿色横条，上面标有"PARIS"。

上海梅蒸公司在上海市四川北路2029号设有一家专卖店。该专卖店的店门上标有香港梦特娇公司的中文企业名称，企业名称中的"梦特娇"是繁体字，并且在企业名称中间标注由"梅蒸"拼音字母和花瓣图形标志。店内的销售柜台后上方有一木牌匾，上面也标有上述商标和香港梦特娇公司的中文企业名称。货架上，间隔标有繁体的"梦特娇"和"梅蒸"拼音字母与花瓣图形标志。商品的价格标签上标明"货（牌）号"为"梦特娇"。上海梅蒸公司还制作了"特约经销授权证"木牌和由外国人作为形象代言人的小型广告牌，上面均标有香港梦特娇公司的中文企业名称。此外，2002年7月初，上海梅蒸公司还在安徽省合肥市开设一专卖店，在店门外悬挂香港梦特娇公司的中文企业名称。2002年9月和10月，因原告的举报，上海和常熟等地的工商行政管理部门对上海梅蒸公司、常熟豪特霸公司的商标侵权行为进行了查处。

原告和梦特娇远东有限公司就香港梦特娇公司实施的侵犯其注册商标的行为向香港特别行政区高等法院提起民事诉讼。2003年4月22日，香港特别行政区高等法院在香港梦特娇公司被依法传唤而缺席的情况下，作出如下判决：1. 香港梦特娇公司不得生产、销售标有香港梦特娇公司中、英文企业名称或者原告商标的仿冒品，不得以任何方法假冒原告衣物及衣物制品，包括长靴、拖鞋、袜制品，不得促使或者授权他人作出前述行为；2. 香港梦特娇公司立即向公司注册处注销其中英文企业名称；3. 香港梦特娇公司不得将任何貌似原告商标的名字注册为企业名称；4. 香港梦特娇公司不得侵害原告的任何商标；5. 香港梦特娇公司必须立即向原告交出或者宣誓已毁灭其所有的违反前述禁令的衣物、包装、文件等。

一审判理和结果

一审法院认为：与原告的注册商标"梦特娇"相比，上海梅蒸公司、常熟豪特霸公司生产、销售的上装的衣领标、衬内标有"梦特娇·梅蒸"标志，上装的左胸标有"梅蒸"拼音字母与花瓣图形标志，且将"梅蒸"拼音字母的颜色选择为服装衣料的颜色，将花瓣的颜色突出，相形之下，"梦特娇·梅蒸"仅多了一个后缀"梅蒸"，"梦特娇"在前，"梅蒸"在后，以一般消费者或者经营者的认知，"梦特娇·梅蒸"与"梦特娇"两个标志在相同商品上使用，容易使消费者或者经营者误认为两个不同经营者之间存在某种关联。又由于上述被告在上装上使用的"梅蒸"拼音字母与花瓣图形标志，结合其色彩，一般消费者或者经营者只会对花瓣图形产生较强的感觉而忽视"梅蒸"拼音字母的存在。与原告的注册商标"花图形"相比，被告的花瓣图形仅仅是缺少了叶和茎。因此，消费者或者经营者很容易将被告的"梅蒸"拼音字母与花瓣图形标志与原告的"花图形"商标相混淆。且因原告的注册商标均指定使用在商品国际分类第25类服装，被告的上述标志也使用在服装上，所以，被告是在与原告注册商标指定使用的相同商品上使用近似商标，故根据《商标法》和《最高人民法院关于审理商标民事纠纷案件适用法律若干问题的解释》规定，上海梅蒸公司、常熟豪特霸公司生产、销售的服装上标有"梦特娇·梅蒸"或者"梅蒸"拼音字母与花瓣图形标志的行为侵犯了原告享有的"梦特娇"和"花图形"注册商标专用权。

上海梅蒸公司在货架、价格标签等上面直接使用"梦特娇"作为商品名称，足以使消费者误以为上海梅蒸公司提供的就是"梦特娇"品牌商品，该商品来源于原告。故根据《商标法实施细则》和《商标法实施条例》的有关"在同一种或者类似商品上，将与他人注册商标相同或近似的标志作为商品名称误导公众的，属于侵犯注册商标专用权的行为"的规定，上海梅蒸公司的上述行为侵犯了原告"梦特娇"注册商标专用权。同理，由于上海梅蒸公司在专卖店的店门及店内使用的"梅蒸"拼音字母与花瓣图形标志与原告"花图形"商标近似，故构成对原告"花图形"注册商标的侵权。

本案中，香港梦特娇公司授权上海梅蒸公司独占使用的是其享有的注册商标"梅蒸"，而上海梅蒸公司除了在商品上使用"梅蒸"商标外，还在专卖店的店门、广告牌、服装、包装袋等上面直接使用香港梦特娇公司的中英文企业名称，该企业名称包含了原告商标"梦特娇"，同时，其还在专卖店的货架、价格标签等上面使用"梦特娇"标志。这些行为足以使相关消费者对上海梅蒸公司、香港梦特娇公司与原告的关系产生误认。故上海梅蒸公司的上述行为违反了诚实信用原则，扰乱了正常的市场竞争秩序，误导消费者，构成对原告的不正当竞争。同理，常熟豪特霸公司在服装、包装袋上使用香港梦特娇公司的中英文企业名称，也对原告构成不正当竞争。

原告的"梦特娇"品牌服装在中国市场具有一定知名度，为相关公众所知悉，是知名商品。经将原告的包装袋装潢与上海梅蒸公司、常熟豪特霸公司所使用的包装袋装潢进行比较，尽管装潢中的商标和文字不相同，但从整体上观察，两个包装装潢的设计风格一致，消费者在购物时施以一般注意力容易对两个包装装潢产生混淆，将上述被告的产品误认为原告的产品。因此，根据《反不正当竞争法》规定，上述被告的包装装潢包括服装上的吊牌均侵犯了原告知名商品特有包装装潢的权利,构成不正当竞争。

香港梦特娇公司利用在香港注册企业名称的便利,在香港注册了含有原告"梦特娇"商标的企业名称,然后通过商标授权等合法形式,由上海梅蒸公司在中国内地实施一系列商标侵权和不正当竞争行为。因此,上海梅蒸公司和香港梦特娇公司是有计划、有目的实施针对原告的商标侵权和不正当竞争行为的。常熟豪特霸公司作为服装经营者,明知上海梅蒸公司委托其加工的是侵权服装,大量生产、销售、提供侵犯原告注册商标专用权的服装,并使用侵犯原告知名商品特有包装装潢的包装袋和吊牌等。故上述三名被告的行为构成共同侵权,应共同承担侵权民事责任,并对赔偿承担连带责任。由于原告未向法院提供其或者被告销售单件服装的利润,故原告的损失法院难以认定。同时其未向法院提供被告生产、销售侵权服装的确切数量和获利,故法院根据被告侵权行为的性质、时间长短,上海、常熟工商行政管理处罚决定书认定的侵权数量,以及原告为制止侵权行为支出的合理开支等具体情况,并根据《商标法》《反不正当竞争法》的相关规定,酌情确定赔偿数额。

故依据《商标法》第 52 条第(1)项、第(2)项、第(5)项,第 56 条第 1、2 款;《商标法实施条例》第 50 条第(1)项;《最高人民法院关于审理商标民事纠纷案件适用法律若干问题的解释》第 9 条第 2 款;《反不正当竞争法》第 2 条,第 5 条第(1)、(2)项,第 20 条;《民法通则》第 36 条;《最高人民法院关于贯彻执行〈中华人民共和国民法通则〉若干问题的意见》第 58 条之规定;判决:一、上海梅蒸公司、香港梦特娇公司、常熟豪特霸公司停止侵害博内特里塞文奥勒有限公司的"梦特娇"与"花图形"注册商标专用权;二、上海梅蒸公司、香港梦特娇公司、常熟豪特霸公司停止对博内特里塞文奥勒有限公司的不正当竞争行为;三、上海梅蒸公司、香港梦特娇公司、常熟豪特霸公司共同赔偿博内特里塞文奥勒有限公司经济损失人民币 50 万元,并相互承担连带责任;四、对博内特里塞文奥勒有限公司的其他诉讼请求不予支持。

上诉与答辩

一审判决后,上海梅蒸公司不服,提起上诉。其主要上诉理由为:1. 原审法院认定事实有误,既认定"上诉人侵犯被上诉人的注册商标,国际分类第 25 类服装"又认定"原审被告香港梦特娇公司享有的梅蒸商标未侵犯被上诉人 MONTAGUT 与花图形两个商标专用权",前后有矛盾;原审被告香港梦特娇公司所拥有的"梅蒸"是经商标局核准的,在 25 类服装商品上使用的注册商标,该节事实未予明确。2. 本案是商标侵权纠纷,上诉人的一种行为不应当同时由《商标法》和《反不正当竞争法》两个不同的法律规范来调整。根据有关法律规定,被上诉人应先向商标评审委员会提出申请,并由该评审委员会裁定香港梦特娇公司的注册商标构成侵权或者恶意注册的结论后,才可适用最高法院关于审理商标案件的司法解释来审理本案,故原审法院适用法律不当。3. 原审判决的 50 万元的赔偿数额明显过高,上诉人也不应与其他原审被告对此承担连带责任。请求二审法院撤销原审判决主文第一、二、三项的判决内容,予以改判。

被上诉人博内特里塞文奥勒有限公司答辩称:1. 原审法院认定事实基本无误,上诉人侵犯了被上诉人的注册商标专用权。2. 原审法院适用法律基本正确,由于原审法院针对的是不同的上诉人的行为,分别认定其构成商标侵权和不正当竞争行为,而并非将一种行为同时由两个不同的法律规范进行调整，且依有关法律程序规定，法院可以直接审理并依法认定上诉人的行为构成商标侵权。3. 上诉人与各原审被告的针对被上诉人的商标侵权和不正当竞争行为，主观上有故意，客观上实施了共同侵权行为，故应承担连带侵权责任。此外另3名个人原审被告虽是公司法定代表人，但三被告利用公司独立法人人格进行侵权的意图明显，要求二审法院依法追究其侵权责任。综上，由于上诉人提出的上诉理由均不能成立，请求二审法院驳回上诉，维持原判。原审被告香港梦特娇公司、常熟豪特霸公司庭审中发表的答辩意见与上诉人上海梅蒸公司的上诉意见基本相同。

二审判理和结果

上海市高级人民法院查明，原审法院认定的事实属实。

该院认为：

一、根据原审法院判决书的表述，其首先认定了上诉人上海梅蒸公司、原审被告常熟豪特霸公司在生产、销售的服装上标有"梦特娇·梅蒸"或者"梅蒸"拼音字母与花瓣图形标志的行为侵犯了被上诉人"梦特娇"和"花图形"注册商标专用权，在上述认定中，被侵权商标是被上诉人的"梦特娇"和"花图形"注册商标，而构成侵权的是上诉人以及原审被告常熟豪特霸公司在生产、销售的服装上使用"梦特娇·梅蒸"或者"梅蒸"拼音字母与花瓣图形标志的行为。继而原审法院又根据被上诉人的诉请，经过审查，作出香港梦特娇公司享有的"梅蒸"商标未侵犯被上诉人两个"MONTAGUT与花图形"商标专用权的认定，在该节认定中，未被侵权的商标是被上诉人的两个"MONTAGUT与花图形"商标，而未构成侵权的是香港梦特娇公司的"梅蒸"商标。故原审法院在两段认定中所针对的对象完全不同，前后并不存在事实认定的矛盾，上诉人的此节上诉理由明显缺乏相关事实依据，难以支持。

二、原审法院认定了上诉人在服装上实际使用的"梦特娇·梅蒸"或"梅蒸"拼音字母与花瓣图形标志的行为侵犯了被上诉人的注册商标专用权，尤其需要指出的是，上诉人并未完整地使用自己依法从香港梦特娇公司授权取得使用的"梅蒸"注册商标，即上诉人使用的上述标志与"梅蒸"注册商标不一致，因此不存在商标局核准在第25类服装商品上使用的问题，而"梅蒸"商标被商标局核准在第25类服装上使用的事实，与本案的相关争议焦点即上诉人与各原审被告的涉案行为是否构成侵权无关，况且原审法院在事实查明部分对该节事实也进行了认定，故上诉人的关于"梅蒸商标被商标局核准在第25类服装上使用的事实应当明确却未予认定"的上诉理由亦缺乏相应的事实依据，本院不予采纳。

三、上诉人认为其涉案行为不应同时由《反不正当竞争法》和《商标法》两个法律规范进行调整，属于混淆了原审法院分别认定的商标侵权和不正当竞争行为。原审法院在判决书第10页第三节认定：根据《商标法》的相关规定，上诉人上海梅蒸、原审被告豪特霸将"梦特娇·梅蒸"或者"梅蒸"拼音字母与花瓣图形标志使用于其生产、销售的服装上，构成对被上诉人"梦特娇"和"花图形"注册商标专用权的侵犯。第13页的第四节认定：根据《反不正当竞争法》的相关规定，由于上诉人与被上诉人系同行业竞争者，具有竞争关系。上诉人以及原审被告在专卖店店门、广告牌、服装以及包装袋上等直接使用香港梅蒸的中英文企业名称，足以使普通消费者造成误认，构成对被上诉人的不正当竞争。据此，二者针对的行为不同，行为的性质不同，并由此造成所调整的法律规范的当然不同。故上诉人的该节上诉理由系对原审判决书的理解错误所致，与法相悖，本院不予支持。

四、上诉人认为被上诉人应先向商标评审委员会提出申请，并由该评审委员会裁定香港梅蒸的注册商标是否构成侵权或者恶意注册的结论后，才可适用最高法院关于审理商标案件的司法解释来审理本案。二审法院认为，首先上诉人在生产、销售的服装上实际使用的是"梦特娇·梅蒸"或者"梅蒸"拼音字母与花瓣图形标志而不仅是"梅蒸"商标，如前所述，该行为构成对被上诉人的注册商标的侵权，而并不属于对"梅蒸"注册商标的争议。其次，原审判决所依据的《最高人民法院关于审理商标民事纠纷案件适用法律若干问题的解释》中第9条第2款只是对《商标法》第52条第（1）项规定的解释，不存在与《商标法》有冲突之处。故上诉人的该节上诉理由与法相悖，同样不能成立。

五、上诉人认为，原审判决的50万元的赔偿数额明显过高，上诉人与原审被告之间"不存在共同的故意，故也不应该承担连带的责任"。关于本案的赔偿数额问题，根据有关司法解释的规定，在审理商标侵权案件以及不正当竞争案件中，当被侵权的权利人或者被侵害的经营者的损失难以计算，侵权行为人或者给其他经营者造成损害的经营者的利润无法查明时，人民法院可以根据权利人或者被侵害的经营者遭受侵害的实际情形酌情确定赔偿额。故原审法院根据上诉人以及原审被告侵权行为的性质、时间长短、影响以及被上诉人为制止侵权行为支出的合理开支等具体情况，酌情确定50万元的赔偿数额并无不当。此外，根据一审查证的事实，上诉人以及原审被告香港梅蒸、常熟豪特霸是有计划、有目的实施针对被上诉人的商标侵权和不正当竞争行为，主观上有共同过错，构成共同侵权，应当对被上诉人的损失承担连带赔偿责任。现上诉人称"其与原审被告相互之间不存在共同故意，不应承担连带责任"，却未提供相应的事实依据，故对此上诉理由同样不予支持。

综上所述，原审法院认定事实清楚，适用法律正确，审判程序合法，应予维持。依照《民事诉讼法》第153条第1款第（1）项、第158条之规定，判决如下：驳回上诉，维持原判。

法官评述

本案是一起享有较高知名度的"梦特娇"商标受到侵害而引发的商标侵权和不正当竞争案件。本案的事实及法律关系均比较复杂，且被告的侵权行为在当时的服装行业具有一定代表性，因此，本案的审理受到社会各界尤其是服装行业的关注。本案确立了在商品上或者经营过程中突出使用含有与他人注册商标相近似名称的行为构成商标侵权，以及在商品上和经营过程中虽然使用的是境外注册的但含有他人注册商标的企业名称的行为同样构成不正当竞争的司法标准。本案被最高人民法院评为2004年十大知识产权案件。

一、使用企业名称或者注册商标中的一部分与他人注册商标相近似是否构成侵权

本案中,上海梅蒸公司认为"梦特娇·梅蒸"是香港梦特娇公司的企业名称组成部分,香港梦特娇公司又是"梅蒸"注册商标的专用权人,香港梦特娇公司授权上海梅蒸公司独家经营"梅蒸"服装,因此其有权在服装上将"梦特娇·梅蒸"作为香港梦特娇公司的企业名称的简称使用。此外,因"梅蒸"拼音字母与花瓣图案也是"梅蒸"注册商标的组成成分,因此,其也有权单独使用。根据我国《企业名称登记管理规定》企业在经营活动中应当依法规范使用企业名称,使用的企业名称应当与其注册登记的相同,只有从事商业、公共饮食、服务等行业的企业名称牌匾才可以适当简化,但也不得与其他企业的注册商标相混淆。被告香港梦特娇公司尽管是在香港注册的企业,但在中国内地从事经营活动也应当遵守中国的法律、法规。作为被授权人,上海梅蒸公司在产品上或者产品包装上使用企业名称时应当遵守我国法律规定,一方面,应当在产品或者产品包装上明白无误地标明生产企业是上海梅蒸公司,而不是香港梦特娇公司;另一方面,在使用香港梦特娇公司企业名称时应当使用全称,而不是所谓的简称,并说明香港梦特娇公司是商标权人。而上海梅蒸公司在经营中却直接使用香港梦特娇公司的企业名称(全称或者部分),也未说明香港梦特娇公司的性质,足以使人误以为上海梅蒸公司的产品与原告有某种关联。被告的行为违反了诚实信用原则,扰乱了正常的市场竞争秩序,损害了原告和相关消费者的合法权益,构成不正当竞争。对于注册商标的使用,我国《商标法》也规定,商标权人应当正确使用注册商标,使用中不得擅自更改注册商标,而上海梅蒸公司等被告实际使用的标志与"梅蒸"注册商标并不相同,却与博内特里塞文奥勒有限公司的注册商标相近似,因此上海梅蒸公司等被告的行为也侵犯了原告博内特里塞文奥勒有限公司的注册商标专用权。

二、被告滥用注册商标行为的处理

2008年2月18日公布并于2008年3月1日起施行的《最高人民法院关于审理注册商标、企业名称与在先权利冲突的民事纠纷案件若干问题的规定》(简称《规定》)第1条第2款前段规定:"原告以他人使用在核定商品上的注册商品与其在先的注册商标相同或近似为由提起诉讼的,人民法院应当根据名《民事诉讼法》第111条第(3)项的规定,告知原告向有关行政主管机关申请解决。"据此,人民法院对于注册商标之间的权利冲突民事纠纷不予受理。

该《规定》第1条第2款但书部分规定:"原告以他人超出核定商品的范围或者以改变显著特征、拆分、组合等方式使用的注册商标,与其注册商标相同或者近似为由提起诉讼的,人民法院应当受理。"这是指对应超出注册商标专用权范围使用的注册商标之间的冲突,人民法院可以作为民事案件予以受理。根据《商标法》第51条规定:"注册商标的专用权,以核准注册的商标和核定使用的商品为限。"商标专用权范围既是商标注册人行使权利的根据,也是对其进行保护的界限。超出注册商标专用权的范围,本质上是滥用注册商标专用权。"权利的滥用就是权利的边界"。滥用注册商标专用权的行为,不再是正当行使专用权的行为,不能阻却侵权行为的构成。特别是,实践中一些当事人正是通过恶意的滥用行为,侵犯他人在先注册商标。本案中,被告受让取得了注册在第25类上的商标,该商标由"梅蒸"中文文字、拼音字母"Meizheng"和花瓣图形

组成,花瓣图形和"梅蒸"中文文字分别位于连体的"梅蒸"拼音字母的"Mei"和"zheng"之上。被告在实际生产、销售的上装的衣领标、衬内标有"梦特娇·梅蒸"标志,上装的左胸标有"梅蒸"拼音字母与花瓣图形标志,且将"梅蒸"拼音字母的颜色选择为服装衣料的颜色,将花瓣的颜色突出。被告的这种实际使用方式已改变了其注册商标的显著特征,与原告注册在同类服装上的"梦特娇"文字注册商标和"花图形"商标相比,"梅蒸"商标中的花瓣图像与"花图形"中的花瓣相同,仅缺少了花瓣下面的叶和茎。这些将注册商标超出核定使用的范围用于其他类别的商品或服务,或者在同一商品上组合使用两个注册商标,或者将注册商标的图形等变形使用,改变其显著特征的使用方式,已不属于《商标法》保护的商标专用权的范围,造成与他人的注册商标相同或者近似,具有明显的攀附他人商标声誉的主观意图,应认定为侵犯注册商标专用权的行为。

(二审合议庭成员:王海明 马剑峰 李 澜
编写人:上海市高级人民法院知识产权审判庭 李 澜)

11. 杭州张小泉集团有限公司诉上海张小泉刀剪总店、上海张小泉刀剪制造有限公司侵犯商标权及不正当竞争纠纷案

阅读提示：如何处理因历史原因引发的企业老字号与注册商标、驰名商标的权利冲突？

裁判要旨

对因历史原因引发的企业老字号与注册商标、驰名商标相冲突的民事纠纷案件，人民法院应当依法受理。在处理此类案件时，不能机械适用现行法律、法规及司法解释的规定，而应当根据尊重历史的原则、诚实信用的原则、保护在先权利的原则，确认在先登记的企业老字号与在后核准的注册商标可以并存，同时划清各方当事人的权利范围。对因历史原因引起的在商品上不规范使用企业老字号的行为，即使企业老字号与他人注册商标文字、驰名商标文字相同，也不宜机械地认定为构成商标侵权或者不正当竞争，但应当通过案件的处理，要求各方当事人今后应在各自的权利范围内规范使用自己的企业字号和注册商标。

案 号

一审：上海市第二中级人民法院（1999）沪二中知初字第13号
二审：上海市高级人民法院（2004）沪高民三（知）终字第27号

案情与裁判

原告（二审上诉人）：杭州张小泉集团有限公司
被告（二审被上诉人）：上海张小泉刀剪总店（简称"刀剪总店"）
被告（二审被上诉人）：上海张小泉刀剪制造有限公司（简称"刀剪公司"）

起诉与答辩

原告诉称：原告于1964年8月1日获准注册"张小泉"商标，核定使用于剪刀等产品。1997年4月9日，该商标被国家工商行政管理局商标局认定为驰名商标。被告刀剪总店成立于1956年，其在销售的刀剪产品中使用其企业字号"张小泉"三字，造成与原告使用"张小泉"商标的商品相混淆。被告刀剪公司成立于1998年5月，系被告刀剪总店与他人共同投资开办的企业，主要经营刀剪制造和批发。在原告获准注册"张小泉"商标后，特别是该商标被认定为驰名商标后，两被告仍然使用"张小泉"字号，扩大了"张小泉"字号的使用面，并在销售的商品及包装上突出"张小泉"字样，使消费者误认为两被告与原告存在某种关系，两被告的行为侵犯了原告的商标权并构成

不正当竞争。故原告于 1999 年 3 月 10 日提起诉讼，请求：1. 确认被告刀剪总店在企业名称中使用"张小泉"文字构成对原告"张小泉"注册商标及驰名商标的侵权；2. 确认被告刀剪公司在企业名称中使用"张小泉"文字构成对原告"张小泉"注册商标及驰名商标的侵权；3. 确认被告刀剪总店在产品标识中使用并突出"张小泉"文字的行为构成对原告的商标侵权和不正当竞争；4. 两被告停止商标侵权及不正当竞争行为；5. 被告刀剪总店赔偿原告经济损失人民币 2 289 476 元；6. 被告刀剪公司赔偿原告经济损失人民币 10 万元。

两被告辩称：首先，两被告的企业名称是经工商局核准登记合法取得的，原告无权直接要求被告停止使用经登记取得的企业名称。其次，原告如认为两被告的企业名称可能影响其驰名商标的权利，可申请工商部门处理，不应直接向法院起诉。最后，两被告从未侵犯原告的商标权。被告刀剪总店在产品及包装上使用的是自己的注册商标和企业名称，不构成对原告的商标侵权。因此，原告的诉讼请求没有事实和法律依据。

一审审理查明

一审法院经审理查明：杭州张小泉剪刀厂于 1964 年 8 月 1 日，经中央注册取得张小泉文字与剪刀图形组合的张小泉牌（简称"张小泉牌"）注册商标，核定使用商品为日用剪刀，注册号为 46474。1981 年 5 月 1 日，杭州张小泉剪刀厂经国家工商行政管理总局注册，取得"张小泉牌"注册商标，核定使用商品为第 20 类剪刀，注册号为 129501。1991 年 2 月 28 日，杭州张小泉剪刀厂经核准注册"张小泉"文字商标，核定使用商品为第 8 类（包括剪刀和日用刀具等），注册号为 544568。1997 年 5 月 7 日，上述两商标均转为国际分类，核定使用商品为第 8 类（包括刀剪等）。1997 年 4 月 9 日，杭州张小泉剪刀厂的"张小泉牌"注册商标被国家工商行政管理局商标局认定为驰名商标。

被告刀剪总店成立于 1956 年 1 月 6 日，开业之初名称是上海张小泉刀剪商店，1982 年、1988 年、1993 年先后变更为张小泉刀剪商店、张小泉刀剪总店、上海张小泉刀剪总店。被告刀剪总店在开业之初及 1993 年以后，在产品及外包装上突出使用"上海张小泉"字样，而在 1982 年至 1993 年变更企业名称之前，在产品及外包装上突出使用"张小泉"字样。1987 年 1 月 30 日，被告刀剪总店经核准注册"泉字牌"商标。1993 年 10 月，国内贸易部授予被告"刀剪总店"为中华老字号。被告刀剪公司成立于 1998 年 5 月 21 日，由被告刀剪总店（占股本 90%）与他人共同投资开办。《法制日报》刊登了一名北京读者的来信，来信反映其对"刀剪总店"的剪刀产品与杭州张小泉剪刀厂的剪刀产品产生误认。

杭州市档案馆资料及浙江文史资料选辑记载："张小泉"具有三百多年的历史，起初由张思泉带着儿子张小泉开设"张大隆"剪刀店。1628 年，张小泉率子张近高来到杭州，在杭州大井巷继续营业，招牌仍用"张大隆"，后因冒名者多，于 1663 年改名为"张小泉"刀剪店。张小泉去世后，儿子张近高继承父业，并在"张小泉"后面加上"近记"，以便识别。1910 年，张祖盈承业。1949 年，张祖盈因亏损宣告停产，并将张小泉近记全部店基生财与牌号盘给许子耕。杭州解放后，张小泉近记剪刀复生。1953 年，人民政府将当时所有的剪刀作坊并成五个张小泉制剪合作社。

上海市档案馆资料记载：1950年，上海数十家上海张小泉剪刀商店签订同牌同记联名具结书，内容主要是："张小泉牌号沿用已久，难以更改，共同使用，加记号以为识别，永无争议"。

"张小泉牌"注册商标被认定为驰名商标后，杭州张小泉剪刀厂曾向上海市黄浦区工商行政管理局申请撤销被告"刀剪总店"的企业名称，但未获准许。1998年10月14日，杭州张小泉剪刀厂再次向黄浦区工商行政管理局提出上述请求，黄浦区工商行政管理局回复："该企业于1956年就称'张小泉刀剪店'，在驰名商标认定之前就已经登记注册，历史悠久，根据这一事实，还需各方面进一步协调"。

1997年，被告"刀剪总店"年销售额为24 307 445元，税后利润为842 338元。庭审中，原告明确表示：其要求两被告赔偿经济损失的时间自其取得驰名商标权后开始计算。杭州张小泉剪刀厂于2000年12月27日因企业改制，更名为杭州张小泉集团有限公司。

一审判理和结果

一审法院认为：原告与被告均对"张小泉"品牌声誉的形成作出过一定的贡献。因此，应当在考虑特定的历史背景的前提下，根据公平、诚实信用以及保护在先取得的合法权利的原则来处理本案。由于原告注册商标的取得、驰名商标的形成晚于被告"刀剪总店"企业名称的使用，因此，根据保护在先权利的原则，被告"刀剪总店"的企业名称不构成对原告注册商标及驰名商标的侵犯。

被告"刀剪总店"在产品及包装上突出使用"张小泉"或者"上海张小泉"的行为伴随着其企业名称的使用一同发生，并非在原告的商标驰名后，为争夺市场才故意在产品及包装上突出使用"张小泉"。特别是被告"刀剪总店"被评为中华老字号的事实，证明了"刀剪总店"使用"张小泉"字号已被广大消费者认同，且使用已长达数十年之久，在相关消费群体中形成了一定的知名度。因此，考虑到原告的注册商标与"刀剪总店"的企业名称产生时的特定历史背景，从公平和诚信原则出发，不认定被告"刀剪总店"突出使用"张小泉"或者"上海张小泉"的行为构成对原告的注册商标的侵犯和不正当竞争。但是，为避免造成相关消费群体对原、被告产品产生混淆，被告"刀剪总店"今后应在商品、服务上规范使用其经核准登记的企业名称。

被告"刀剪公司"的成立，是被告"刀剪总店"的延伸和发展。根据被告"刀剪总店"的历史沿革及保护在先权利的原则，应当认定被告"刀剪公司"的企业名称不构成对原告的注册商标和驰名商标的侵犯。但是，为避免相关消费者对原、被告产品发生混淆，被告"刀剪总店""刀剪公司"今后在企业发展过程中，应当充分尊重原告的注册商标和驰名商标，不得在企业转让、投资等行为中再扩展使用其"张小泉"字号，被告"刀剪总店"对"刀剪公司"不持有股份时，"刀剪公司"不得在企业名称中再使用"张小泉"文字。

由于两被告的行为不构成对原告注册商标和驰名商标的侵犯，不构成对原告的不正当竞争，因此，原告要求两被告承担侵权赔偿责任的请求于法无据，不应支持。据此，原审法院依照《民法通则》第4条、第99条第2款、第118条、第120条，《民事诉讼法》第64条，《商标法》第3条的规定，判决：对原告杭州张小泉集团有限公司的诉讼请求不予支持。案件受理费人民币 24 132 元，由原告杭州张小泉集团有限公司负担。

上诉与答辩

杭州张小泉集团有限公司不服一审判决，提起上诉，请求撤销原判并改判支持其在一审中提出的全部诉讼请求，或发回重审。其主要上诉理由是：上诉人是张小泉创始人的合法继承主体，被上诉人"刀剪总店"和张小泉创始人无关。上诉人的商标权、字号权的取得均早于被上诉人的字号权的取得。被上诉人"刀剪总店"一直突出使用"张小泉"的事实不能成为突出使用"张小泉""上海张小泉"等行为具有合法性的理由。在上诉人的商标非常著名的前提下，被上诉人"刀剪总店"突出使用字号，明显具有搭便车的恶意，事实上也造成了消费者的误认，构成不正当竞争。原判决关于"刀剪公司"在企业名称中使用"张小泉"字样不构成侵权的认定，有违法律的精神和诚实信用的原则。

两被上诉人共同辩称：原判决认定事实清楚，适用法律正确，其主要答辩意见是被上诉人"刀剪总店"合理使用"上海张小泉"，没有违反法律的规定。上诉人和两被上诉人都不是张小泉的嫡传。历史上，上海和杭州曾有数百家以张小泉为字号的企业，张小泉已成行业的代名词。在"刀剪总店"使用张小泉字号合法的前提下，作为"刀剪总店"投资的"刀剪公司"在名称中沿用投资者的字号，符合《公司法》及相关法规的规定。

二审审理查明、判理和结果

二审法院经审理查明：原判决认定事实清楚。二审法院认为，"张小泉"品牌的剪刀已有三百多年的历史。长期以来，包括杭州、上海两地的许多刀剪企业在内的众多企业，都对"张小泉"品牌良好声誉的形成、发展作出过贡献。本案中，无论上诉人还是两被上诉人，均与"张小泉"的创始人没有嫡传关系。本案形式上是"张小泉牌""张小泉"商标与"张小泉"字号的权利冲突案件，实质上是在计划经济体制下取得的民族传统品牌及老字号在市场经济条件下应当如何规范使用和公平竞争的案件。由于本案涉及众多历史因素，因此，应当在充分考虑和尊重相关历史因素的前提下，根据公平、诚实信用、保护在先权利的法律原则，公平合理地解决本案争议，以促进"张小泉"这一民族传统品牌和老字号的健康发展。

由于"刀剪总店"的"张小泉"字号的取得远远早于上诉人"张小泉牌"注册商标及驰名商标的取得，也远远早于上诉人"张小泉"注册商标的取得。因此，根据保护在先权利的原则，上诉人不能以在后取得的注册商标及驰名商标禁止在先取得的字号的继续使用，故被上诉人"刀剪总店"在企业名称中使用"张小泉"文字不构成对上诉人"张小泉"及"张小泉牌"注册商标及驰名商标的侵犯。

被上诉人"刀剪总店"成立后，长期在产品和包装上突出使用"张小泉"或者"上海张小泉"，而且这一行为在上诉人注册"张小泉牌"和"张小泉"商标前就已存在，"刀剪总店"并非在上诉人的商标驰名后，为争夺市场才故意在产品和包装上突出使用"张小泉"或者"上海张小泉"。可见，"刀剪总店"突出使用"张小泉"或者"上海张小泉"系善意突出使用自己的字号以及简化使用自己的企业名称，不具有搭上诉人注册商标及驰名商标便车的主观恶意。因此，在充分尊重历史因素的前提下，根据公平、诚实信用的原则,不能认定"刀剪总店"在产品标识中使用并突出"张小泉"文字的行为构成对上诉人的商标侵权和不正当竞争。然而,随着我国法律制度的不断完善和市场经济的逐步发展,企业名称的简化使用应当进一步规范。因此,为避免相关公众对上诉人与"刀剪总店"的产品产生误认,保证上诉人的注册商标与被上诉人"刀剪总店"的企业名称都能在市场上正当合法地使用,今后"刀剪总店"应在商品、服务上规范使用其经核准登记的企业名称。

由于"刀剪总店"的字号的取得远远早于上诉人"张小泉牌"和"张小泉"商标的取得,并且"刀剪总店"的字号具有较高的知名度,"刀剪公司"由"刀剪总店"投资90%的股份与他人合资成立,因此,"刀剪公司"使用"张小泉"字号实际上是"刀剪总店"对其老字号在合理范围内的扩展使用。本案中,"张小泉"文字无论作为字号还是商标,其知名度和声誉的产生都有长期的历史原因,"刀剪公司"没有在产品和服务等经营行为中,采用不正当手段搭上诉人注册商标及驰名商标的便车,因此,在充分尊重本案涉及的历史因素的前提下,根据公平、诚实信用的原则,不能认定"刀剪公司"在企业名称中使用"张小泉"文字构成对上诉人"张小泉"及"张小泉牌"注册商标及驰名商标的侵犯。但是,为规范市场秩序,被上诉人"刀剪总店""刀剪公司"今后在企业发展过程中,应当充分尊重上诉人的注册商标和驰名商标,不得在企业转让、投资等行为中再扩展使用其"张小泉"字号,"刀剪总店"对"刀剪公司"不持有股份时,"刀剪公司"不得在企业名称中再使用"张小泉"文字。

由于两被上诉人的行为不构成对上诉人注册商标和驰名商标的侵权,不构成对上诉人的不正当竞争,因此,二审法院依照《民事诉讼法》第 153 条第 1 款第(1)项的规定,判决:驳回上诉,维持原判。二审案件受理费人民币 24 132 元,由上诉人杭州张小泉集团有限公司负担。

法官评述

本案主要涉及以下两个法律问题:

一、对因企业字号与注册商标发生冲突而引起的商标侵权及不正当竞争纠纷,法院是否可以直接受理

对此问题主要有以下两种观点。

第一种观点认为,法院不宜直接受理本案,主要理由是:第一,根据最高人民法院"法[1998]65号"《最高人民法院关于全国部分法院知识产权审判工作座谈会纪要》的规定,凡涉及权利冲突的,一般应当由当事人按照有关知识产权的撤销或者无效程序,请求有关授权部门先解决权利冲突问题后,再处理知识产权的侵权纠纷或者其他民事纠纷案件。经过撤销或者无效程序未能解决权利冲突的,或者自当事人请求之日起3个月内有关授权部门未作出处理结果且又无正当理由的,人民法院应当按照《民法通则》规定的诚实信用原则和保护公民、法人的合法的民事权益原则,依法保护在先授予的权利人或者在先使用人享有继续使用的合法的民事权益。第二,国家工商行政管理局"工商标字[1999]第81号"《关于解决商标与企业名称中若干问题的意见》第9条规

定，商标与企业名称混淆的案件，发生在同一省级行政区域内的，由省级工商行政管理局处理；跨省级行政区域的，由国家工商行政管理局处理。因此，本案应当由当事人首先申请国家工商行政管理总局处理。基于以上理由，法院应当中止本案的审理，或者直接驳回原告的起诉，同时告知原告向国家工商行政管理总局申请处理。如果自当事人请求之日起3个月内国家工商行政管理总局未作出处理结果且又无正当理由的，或者经国家工商行政管理总局处理未能解决权利冲突的，法院才能恢复本案的审理，或者受理本案。

第二种观点认为，法院应当受理本案，主要理由是：第一，本案系因商标和企业字号冲突引发的纠纷，原、被告均是法律地位平等的民事主体，争议的内容是商标权和企业名称权这两种民事权利之间的冲突，因此本案是发生在平等主体之间的民事权利争议，属于人民法院主管的范围。原告的起诉也符合《民事诉讼法》第108条规定的起诉条件，故法院应当受理本案。第二，对于因商标和企业字号冲突而引发的纠纷，根据我国现行法律制度的规定，有两条并行不悖的解决途径，即行政主管机关的行政处理与人民法院的司法审判。这两条途径的处理依据和处理方式有所不同。行政主管机关根据其行政管理职权，依据法律、行政法规、行政规章等对商标与企业名称的冲突进行行政处理，处理结果可以是维持或者撤销已注册的商标或者已登记的企业名称。法院根据其司法审判权，依据法律、行政法规、司法解释等对商标和企业名称的冲突进行处理，处理结果可以是认定注册商标或者企业名称是否构成侵权或者不正当竞争以及是否承担赔偿责任等。

本案一、二审法院采纳了第二种观点，依法受理了本案，即认定对于企业字号与注册商标之间的权利冲突纠纷，法院可以直接受理。但对于注册商标之间的权利冲突纠纷，则有例外规定。2008年3月1日起施行的《最高人民法院关于审理注册商标、企业名称与在先权利冲突的民事纠纷案件若干问题的规定》第1条第2款规定，原告以他人使用在核定商品上的注册商标与其在先的注册商标相同或者近似为由提起诉讼的，人民法院应当根据《民事诉讼法》第111条第（3）项的规定，告知原告向有关行政主管机关申请解决。但原告以他人超出核定商品的范围或者以改变显著特征、拆分、组合等方式使用的注册商标，与其注册商标相同或者近似为由提起诉讼的，人民法院应当受理。最高人民法院规定对注册商标之间的权利冲突民事纠纷不予受理，是考虑到现行《商标法》设置了较为完善的法律救济程序，且为维护现行的商标全国集中授权制度。

二、因历史原因引起的在先企业名称（主要是字号）与在后注册商标之间的冲突如何处理

对企业名称与注册商标之间的冲突，根据《最高人民法院关于全国部分法院知识产权审判工作座谈会纪要》的规定，应当按照诚实信用原则、保护在先权利原则、保护合法权益的原则进行处理。实践中，人民法院也是依据这几项原则处理企业名称与注册商标之间的权利冲突的。但对于因历史原因引起的这类权利冲突纠纷案件，是否仍然适用这几项原则呢？对此有以下两种观点。

第一种观点认为，处理因历史原因引起的企业名称与注册商标冲突民事纠纷案件应

当贯彻以下原则：第一，商标保护强于企业名称保护的原则。注册商标是经国家工商行政管理总局商标局依法核准注册的商标，他人不得在相同商品或者类似商品上注册与已注册商标标识相同或者近似的商标，因此，注册商标在全国范围内具有排他效力，特别是驰名商标，其效力范围可以超越其核定使用的相同商品或者类似商品，从而在非类似商品上获得保护。而企业名称中最具区别性特征的是其字号，而字号一般只在其登记机关所辖地域范围内具有排他效力，法律并不完全禁止不同企业具有相同字号。因此，当企业名称与注册商标，特别是与驰名商标发生冲突时，一般应当优先保护注册商标与驰名商标。第二，重点考量历史渊源关系的原则。因历史原因引发的企业名称与商标权的冲突，通常企业名称所有人、商标注册人均与企业字号或者商标文字具有一定的历史渊源关系，只是这种渊源关系具有强弱之分，为避免相关公众对企业名称所有人、商标注册人及其提供的商品或者服务产生混淆，完全有必要根据当事人的历史渊源关系的强弱，保护历史渊源关系更强的一方。本案中，原告与张小泉的历史渊源关系更强，因此应当保护其商标权。同时，为弥补两被告因停止使用字号而受到的损失，可以要求原告给予被告一定的经济补偿。

第二种观点认为，处理因历史原因引起的企业名称与注册商标冲突民事纠纷案件应当贯彻以下原则：第一，尊重历史的原则。"张小泉"品牌的剪刀已有三百多年的历史。三百年来，特别是近百年来，包括杭州、上海两地的许多刀剪企业在内的众多企业，都对"张小泉"品牌良好声誉的形成、发展作出过贡献。由于这类案件涉及众多历史因素，因此，对此类案件的处理应当坚持尊重历史的原则，维持现状，规范将来。对当事人之间的现有经营行为一般不认定为侵权和不正当竞争，以促进民族传统品牌和老字号的健康发展。第二，保护在先权利的原则。保护在先取得的合法权利是处理权利冲突纠纷的一条基本原则。对处理因历史原因引发的权利冲突纠纷案件也不例外。本案原告不能以在后注册的商标、在后形成的驰名商标，要求被告停止在先登记并使用的企业字号。被告在先的企业名称权应受保护。当然，从尊重历史的原则出发，也不宜认定原告的注册商标、驰名商标构成对被告老字号的不正当竞争。第三，诚实信用的原则。本案原、被告对张小泉品牌的发展均作出了贡献。被告对其字号的突出使用是长期形成的，不是原告获得商标注册后才开始的，也不是原告商标驰名后才开始的，被告并无搭便车的主观过错，这一状况的产生完全是因历史原因造成的。根据诚实信用原则，对被告突出使用其字号的行为不宜认定为侵权和不正当竞争。第四，避免产生新的冲突的原则。第二被告由第一被告投资设立，如果不考虑历史因素，第二被告登记、使用的字号当然构成对原告的不正当竞争。但由于对上述尊重历史的原则、保护在先权利的原则、诚实信用的原则的考量，也不宜认定第二被告的字号构成不正当竞争。然而，为避免产生新的冲突，也为维护双方当事人享有的字号与商标的良好声誉，避免相关公众产生更多的误解，有必要采取相应措施，对被告使用字号的行为进行规范和限制。

本案一、二审法院采纳了第二种观点，认为两被告的企业名称不构成对原告的商标侵权及不正当竞争，"刀剪总店"在其产品上突出使用字号的行为不构成对原告的商标侵权，但今后"刀剪总店"应在商品和服务上规范使用其经核准登记的企业名称。"刀剪总店""刀剪公司"今后在企业发展过程中，应当充分尊重原告的注册商标和驰名商标，不得在企业转让、投资等行为中再扩展使用其"张小泉"字号，"刀剪总店"对"刀剪公司"不持有股份时，"刀剪公司"不得在企业名称中再使用"张小泉"文字。

（一审合议庭成员：谢　晨　陆卫民　陈　默
二审合议庭成员：朱　丹　王　静　鞠晓红
编写人：上海市第一中级人民法院知识产权审判庭　朱　丹）

12. 中国中信集团公司诉天津中信置业有限公司商标侵权及不正当竞争纠纷案

阅读提示：企业名称权与商标专用权同属行政授权，因授权部门不同，商标权与企业名称权时常发生权利冲突，擅自在企业名称中使用他人驰名商标，是否构成商标侵权及不正当竞争？是否应禁止他人擅自在企业名称中使用他人驰名商标？

◆ 裁判要旨

擅自将他人驰名商标作为企业名称登记，使公众对市场主体及其商品或者服务的来源产生混淆（包括混淆的可能性），可能欺骗公众或者对公众造成误解的，应当限期变更企业名称，禁止其在企业名称中使用他人驰名商标，依法给予驰名商标充分的保护。

◆ 案　号

一审：天津市第一中级人民法院（2005）一中民三初字第140号
二审：天津市高级人民法院（2006）津高民三终字第21号

◆ 案情与裁判

原告（二审上诉人）：中国中信集团公司（简称"中信集团"）
被告（二审被上诉人）：天津中信置业有限公司（简称"天津中信"）

起诉与答辩

中信集团诉称："中信"是中信集团的简称，也是中信集团的注册商标。该商标在国内外享有广泛的知名度，并已被国家工商行政管理总局商标局认定为驰名商标，中信集团对"中信"商标享有排他的专有使用权。天津中信不是中信集团的关联企业，与中信集团无任何隶属关系，也从未以任何形式授权其使用中信集团的注册商标，天津中信未经许可擅自在其企业名称、开发的物业中使用"中信"字样，天津中信擅自以上述方式使用其注册商标，其行为使社会公众产生误认，侵犯中信集团"中信"商标专用权。2005年12月21日，中信集团公司起诉，请求天津市第一中级人民法院判令：1. 认定天津中信的上述行为侵权，责令其停止使用中信集团"中信"注册商标，并在《天津日报》《今晚报》《法制日报》上刊登致歉声明，向中信集团赔礼道歉，消除影响；2. 天津中信赔偿中信集团经济损失人民币50万元；3. 天津中信承担案件诉讼费及中信集团其他合理支出。

天津中信辩称：天津中信是2004年依法设立，并经天津市工商局审核后颁发营业执照，其使用"中信"字样不是恶意。中信集团所注册的商标为第36类，该类别中并不包括房地产的销售。天津中信并没有使用中信集团的注册商标,虽在销售房产过程中确实使用了"中信广场招商处""中信广场售房处"等。但按照相关规定,在宣传广告中对注册名称可以减缩使用,故不应构成侵权。同时中信集团并没有在武清开立任何企业,也没有相关业务,武清公众并不知晓其商标,不会造成误认,故不构成侵权,请求驳回中信集团的诉讼请求。

一审审理查明

一审法院经审理查明:中信集团公司原名称为中国国际信托投资公司,1996年6月14日取得第847836号"中信"注册商标专用权,核定服务项目为第36类,包括票据交换、公寓管理、不动产管理、公寓出租等。1999年12月29日,国家工商行政管理局商标局认定中国国际信托投资公司注册并使用在金融服务上的"中信"商标为驰名商标。2003年6月9日,上述商标注册人变更为中国中信集团公司。

天津中信置业有限公司于2004年4月29日注册成立,经营范围包括房地产开发、房地产经纪、物业管理等。

2005年12月20日,中信集团委托中华人民共和国长安公证处,对于在天津市武清开发区振华南路中信广场招商销售中心的广告情况进行公证,证明被告在其房地产销售中心室内广告、室外广告以及宣传资料中均使用了"中信"字样。

一审判理和结果

一审法院认为:中信集团对其在第36类中取得的"中信"商标依法享有商标专用权。因天津中信对该注册商标构成驰名商标不持异议,故在本案中应对"中信"商标作为驰名商标予以保护。天津中信虽经合法注册取得了企业名称权,但对其企业名称进行简化使用时,侵害了中信集团的在先权利,即中信集团已依法取得的注册商标专用权,其行为易引人误认为与中信集团存在某种联系,构成了对中信集团商标专用权的侵害及不正当竞争行为,对此,天津中信应依法承担停止侵权、赔礼道歉、赔偿损失等民事责任。鉴于中信集团的实际损失与天津中信的非法获利均难以计算,法院依法根据中信集团注册商标的知名程度及天津中信实施侵权行为的主观恶意程度、侵权持续的时间及后果等情节,综合确定天津中信应承担的损失赔偿责任。判决:1. 自本判决生效之日起,天津中信立即停止使用中信集团享有的驰名商标"中信"标识的行为,完整使用其企业名称;2. 自本判决生效之日起10日内,天津中信在国家级报刊上刊登声明,向中信集团赔礼道歉,逾期不执行,法院将公告判决书主文,公告费用由天津中信承担;3. 自本判决生效之日起10日内,天津中信赔偿中信集团经济损失8万元;4. 驳回中信集团的其他诉讼请求。

上诉与答辩

中信集团上诉请求:1. 撤销原审判决主文第一项的判决内容。2. 判令天津中信停止使用上诉人"中信"注册商标及停止在其企业名称中使用上诉人"中信"注册商标。主要理由:"中信"商标为驰名商标,"中信"无论作为企业名称还是商标,其核准时间均在天津中信企业名称核准登记之前,天津中信在企业名称中使用"中信"商标行为,足以造成误认,既侵犯了上诉人的商标专用权,也是对上诉人的不正当竞争行为。

天津中信答辩意见:服从原审判决。天津中信的企业名称是经天津市工商局审核后依法设立，其合法权利应受法律保护。

二审审理查明

二审查明事实与一审事实相同。

另查明，中信集团的主要经营业务在金融业、房地产开发、信息产业、基础设施、实业投资和其他服务业领域，同时其全资或者控股公司名称大多冠以"中信"字样，以表明与中信集团的联系。在长期的经营活动中，"中信"商标及冠有"中信"字样的企业名称，在相关公众和商业领域中，已经具有与"中信"商标或者中信集团有特定联系的含义。

二审判理和结果

二审法院认为：上诉人中信集团注册使用的"中信"商标，曾被国家行政主管机关认定为驰名商标，被上诉人天津中信对上诉人中信集团提供的"中信"商标为驰名商标以及"中信"商标的相关保护记录等证据未提出异议。经本院审查，应认定"中信"商标为驰名商标，并适用我国《商标法》及司法解释和行政主管机关的有关规定，予以保护。根据本案事实及上诉人中信集团"中信"商标的使用范围和知名度，被上诉人天津中信无论是将与上诉人中信集团注册商标相同的文字作为企业的字号突出使用，还是在不相同或者不类似的商品上擅自使用驰名商标"中信"字样，均容易误导公众，使相关公众误认天津中信与中信集团有某种联系，或者对商品和服务的来源发生混淆，致使中信集团的利益可能受到损害。因此被上诉人天津中信在自己的企业名称中使用与他人驰名商标相同文字的行为构成商标侵权，依法应予制止。原审判决认定事实清楚，但适用法律有欠妥当，应当依法对驰名商标"中信"给予足够的保护。故中信集团上诉理由成立，法院予以支持。综上，依照《民事诉讼法》第153条第1款第（1）项、第（2）项，《商标法》第13条第2款、第52条第（5）项，《最高人民法院关于审理商标民事纠纷案件适用法律若干问题的解释》第1条第（1）项、第（2）项等规定，判决：一、维持天津市第一中级人民法院（2005）一中民三初字第140号民事判决第二、三、四项；撤销天津市第一中级人民法院（2005）一中民三初字第140号民事判决第一项；二、自本判决生效之日起，被上诉人天津中信立即停止对上诉人中信集团的"中信"注册商标的侵权行为，变更已经使用"中信"文字的商业设施和项目的名称；三、责令被上诉人天津中信自本判决生效之日起10日内，向主管机关申请变更企业名称，不得在企业名称中使用"中信"字样。

法官评述

本案涉及的焦点问题在于：被上诉人天津中信是否应在企业名称中停止使用"中信"字号。

一、关于"中信"商标享有的权利

首先，"中信"商标经国家工商行政管理局商标局合法注册，该商标在有效期内，依法应受我国法律保护。1999年12月29日，国家工商行政管理局商标局认定中信集团前身中国国际信托投资公司注册并使用在金融服务上的"中信"商标为驰名商标。

2002年10月16日起施行的《最高人民法院关于审理商标民事纠纷案件适用法律若干问题的解释》（简称《解释》）同时规定，人民法院在审理商标纠纷案件中，可以根据当事人的申请和案件的具体情况对涉及的注册商标是否驰名依法作出认定。认定驰名商标时应当考虑的因素：公众对该商标的知晓程度；该商标使用的持续时间；该商标的任何宣传工作的持续时间、程度和地理范围；该商标作为驰名商标受保护的记录；该商标的其他因素。该《解释》还规定，当事人对曾经被行政主管机关或者人民法院认定的驰名商标请求保护的，对方当事人对涉及的商标为驰名商标不持异议，人民法院不再审查。本案上诉人中信集团在金融类注册的"中信"商标早在1999年即被国家工商行政管理局认定为驰名商标，"中信"无论作为企业字号还是商标一直享有广泛的知名度，天津中信对此并无异议。因此，本案将"中信"商标作为驰名商标加以保护。

二、天津中信是否应在企业名称中停止使用"中信"字号

原审法院虽认定天津中信构成了对中信集团商标专用权的侵害及不正当竞争行为，并判决天津中信承担停止侵权、赔偿损失等民事责任，并判令天津中信立即停止使用中信集团驰名商标"中信"标识的行为，完整使用其企业名称。但中信集团认为，允许天津中信继续在企业名称中继续使用"中信"字样，必将使他人误认为天津中信是中信集团的关联企业或者有隶属关系，不能给予驰名商标"中信"足够的保护。

天津中信以其企业名称系经天津市工商局审核后依法设立为由，认为其主观上不存在恶意，来对抗上诉人中信集团在先使用的"中信"商标专用权。事实上，中信集团"中信"字号及商标在天津中信成立之前，在国内外尤其是京津地区即已具有广泛的认知度，天津中信明知上述情况，在申请企业名称登记时，理应尽量避免不必要的混淆与权利冲突。可是，天津中信仍选择"中信"作为其企业字号注册登记，并从事与"中信"注册商标核定使用服务类别相同的经营活动，不正当地利用了"中信"驰名商标已有的市场声誉和市场成果。因此，天津中信以其企业名称系经工商管理局注册登记为由，否认其使用"中信"字样的主观恶意，其理由不成立。天津中信虽辩称中信集团没有在武清开发区设立任何企业，不会造成两者混淆，但天津中信及其开发的项目均坐落于京津公路沿线的武清开发区，为京津要冲，北京系中信集团及其下属多家冠以"中信"字样的企业住所地，京津地区正是上诉人中信集团影响力最大的地区，天津中信擅自使用"中信"字样必然导致来往与此的公众误认为两企业存在某种关联，进而产生对服务来源的混淆。天津市高级人民法院在综合考虑了中信集团拥有的"中信"商标的驰名程度、天津中信侵权的主观恶意程度、经营范围、使用区域及造成的影响等因素，认为原审判决天津中信完整使用其企业名称不妥，该使用方式仍将使相关公众误以为天津中信为中信集团的关联企业，产生对服务来源的混淆，不利于对驰名商标的保护。故将原审判决第一项中的天津中信"完整使用其企业名称"变更为"不得在企业名称中使用'中信'字样。"

三、关于判决变更企业名称的时间点的确定

本案在判决时，考虑到企业名称的变更，需要当事人到工商行政管理部门办理变更手续，由工商行政管理部门加以核准确认，具体时间不由天津中信掌控，因此，不宜在判决中直接限定天津中信多少日内变更企业名称，但不做任何限定又不利于判决的实际

履行，综合分析后，认为申请日是可以掌控并加以限定的，故裁判文书中判令：天津中信自本判决生效之日起10日内，向主管机关申请变更企业名称。强调了"申请"变更的时间，而不是企业名称变更完毕的时间。

(二审合议庭成员：黄耀建　李砚芬　李　华

编写人：天津市高级人民法院　李　华)

13. 黑龙江省饶河县四排赫哲族乡人民政府诉郭颂等侵犯著作权纠纷案

阅读提示：四排赫哲族乡政府是否有权提起对赫哲族民间文学艺术作品保护的诉讼？对民间文学艺术作品保护到何种程度？《乌苏里船歌》是否构成对涉案赫哲族民间文学艺术作品的改编？

裁判要旨

民间文学艺术作品是某一区域群体中的成员共同创作并拥有的精神财富，它不属于某一成员，但又与每一个成员的权益相关。该群体中任何成员都有维护本民族民间文学艺术作品不受侵害的权利。本案原告四排赫哲族乡政府是赫哲族部分群体的公共利益的代表。故其有权以自己的名义就涉案民间文学艺术作品提起诉讼。

在我国法律对于民间文学艺术作品如何保护、保护到何种程度并无明确、具体规定，理论界对于民间文学艺术作品著作权包括经济权利和精神权利的权利范围有多大有争议的情况下，本案慎重把握对民间文学艺术作品的保护程度，仅判决确认被告在使用改编作品《乌苏里船歌》时应注明出处、要求被告通过媒体向公众作出声明。

本案判决对于如何划分由民间文学艺术作品改编而成的作品与根据民间文学艺术作品的元素创作而成的作品之间的界限，就此类作品如何认定改编的问题，从基本理论和方法论方面给出了一个范例。

案 号

一审：北京市第二中级人民法院（2001）二中知初字第223号
二审：北京市高级人民法院（2003）高民终字第246号

案情与裁判

原告（二审被上诉人）：黑龙江省饶河县四排赫哲族乡人民政府（简称"四排赫哲族乡政府"）
被告（二审上诉人）：郭颂
被告（二审上诉人）：中央电视台
被告：北京北辰购物中心（简称"北辰购物中心"）

一审审理查明

一审法院经审理查明：《想情郎》是一首世代流传在乌苏里江流域赫哲族中的民间曲调，于20世纪50年代末第一次被记录下来。同一时期还有与上述曲调基本相同的赫哲族歌曲《狩猎的哥哥回来了》。1962年，郭颂、汪云才、胡小石到乌苏里江流域的赫哲族聚居区进行采风，在包括《想情郎》等在内的赫哲族民间曲调基础上，创作完成了《乌苏里船歌》音乐作品。

1999年11月12日，中央电视台与南宁市人民政府共同主办了"'99南宁国际民歌艺术节"开幕式晚会。在郭颂演唱《乌苏里船歌》之前，中央电视台一位节目主持人称《乌苏里船歌》是根据赫哲族音乐元素创作的歌曲之后，中央电视台另一位节目主持人说："《乌苏里船歌》明明是一首创作歌曲，但我们一直以为它是赫哲族人的传统民歌。"北辰购物中心销售了刊载有《乌苏里船歌》音乐作品的有关出版物，署名方式均为"作曲：汪云才、郭颂"。

2001年10月23日，四排赫哲族乡政府向北京市第二中级人民法院提起诉讼，认为《乌苏里船歌》属于赫哲族民间文学艺术作品，应受《著作权法》保护，郭颂、中央电视台、北辰购物中心的行为侵犯了其著作权。请求判令：1. 被告在中央电视台播放《乌苏里船歌》数次，说明其为赫哲族民歌，并作出道歉；2. 被告赔偿原告经济损失40万元，精神损失10万元；3. 被告承担本案诉讼费以及因诉讼支出的费用8 305.43元。在一审庭审过程中，四排赫哲族乡政府主张《乌苏里船歌》的曲调是根据赫哲族民歌改编而成的。

一审期间，中国音乐著作权协会对涉案音乐作品进行了鉴定，主要结论为：《乌苏里船歌》的主部即中部主题曲调与《想情郎》《狩猎的哥哥回来了》的曲调基本相同，《乌苏里船歌》的引子及尾声为创作。

一审判理和结果

一审法院认为：以《想情郎》和《狩猎的哥哥回来了》为代表的赫哲族民间音乐曲调，作为民间文学艺术作品应受法律保护。

鉴于民间文学艺术作品的权利主体状态的特殊性，为维护本区域内的赫哲族公众的权益，在体现我国《宪法》和特别法律关于民族区域自治法律制度的原则，且不违反法律禁止性规定的前提下，原告作为民族乡政府，可以自己的名义提起诉讼。

与《想情郎》曲调相比，《乌苏里船歌》体现了极高的艺术创作水平，其作品整体的思想表达已发生了质的变化。郭颂作为该作品的合作作者之一，享有《乌苏里船歌》音乐作品的著作权。

根据鉴定结论，《乌苏里船歌》主部即中部主题曲调与《想情郎》《狩猎的哥哥回来了》的曲调基本相同。因此，《乌苏里船歌》系改编完成的作品。

郭颂在"'99南宁国际民歌艺术节"开幕式晚会的演出中对主持人以为《乌苏里船歌》系郭颂原创作品的失当的"更正性说明"未做解释，同时对相关出版物中所标注的不当署名方式予以认可，且在本案审理中坚持认为《乌苏里船歌》曲调是其原创作品，其上述行为表明郭颂是有过错的。

在中央电视台主办的"'99南宁国际民歌艺术节"开幕式晚会上，主持人发表的陈述与事实不符，应采取适当的方式消除影响。

北辰购物中心销售了载有未注明改编出处的《乌苏里船歌》音乐作品的出版物，应停止销售行为。但其主观上没有过错，不应承担赔偿责任。

鉴于民间文学艺术作品具有其特殊性，且原告未举证证明被告的行为造成其经济损失，故对原告关于要求三被告公开赔礼道歉、赔偿经济损失和精神损失的主张不予支持。

2002年12月27日，北京市第二中级人民法院依照《民法通则》第4条、第134条第1款第（9）项和2001年10月27日修正前的《著作权法》第6条、第12条之规定，判决：1. 郭颂、中央电视台以任何方式再使用音乐作品《乌苏里船歌》时，应当注明"根据赫哲族民间曲调改编"；2. 郭颂、中央电视台在《法制日报》上发表音乐作品《乌苏里船歌》系根据赫哲族民间曲调改编的声明；3. 北辰购物中心立即停止销售任何刊载未注明改编出处的音乐作品《乌苏里船歌》的出版物；4. 郭颂、中央电视台各给付四排赫哲族乡政府因本案诉讼而支出的合理费用1500元；5. 驳回四排赫哲族乡政府的其他诉讼请求。

上诉与答辩

郭颂上诉认为：四排赫哲族乡政府不具备原告的主体资格；中国音乐著作权协会所作的鉴定存在问题；一审判决适用法律错误。请求驳回被上诉人的诉讼请求。

中央电视台上诉认为：四排赫哲族乡政府不具备原告的主体资格；上诉人已经尽到了合理的审查义务，不构成侵权行为。请求就本案重新作出裁判。

二审判理和结果

二审法院认为：世代在赫哲族中流传、以《想情郎》和《狩猎的哥哥回来了》为代表的赫哲族民间音乐曲调形式，属于民间文学艺术作品，应当受到法律保护。涉案的赫哲族民间音乐曲调形式作为赫哲族民间文学艺术作品，是赫哲族成员共同创作并拥有的精神文化财富。四排赫哲族乡政府作为一个民族乡政府可以作为赫哲族部分群体公共利益的代表。在符合《宪法》规定的基本原则、不违反法律禁止性规定的前提下，四排赫哲族乡政府为维护本区域内的赫哲族公众的权益，可以自己的名义对侵犯赫哲族民间文学艺术作品合法权益的行为提起诉讼。

《著作权法》上的改编，是指在原有作品的基础上，通过改变作品的表现形式或者用途，创作出具有独创性的新作品。改编作为一种再创作，应主要是利用了已有作品中的独创部分。对音乐作品的改编而言，改编作品应是使用了原音乐作品的基本内容或重要内容，应对原作的旋律作了创造性修改，却又没有使原有旋律消失。根据鉴定报告关于《乌苏里船歌》的中部乐曲的主题曲调与《想情郎》和《狩猎的哥哥回来了》的曲调基本相同的鉴定结论，以及《乌苏里船歌》的乐曲中部与《想情郎》和《狩猎的哥哥回来了》相比又有不同之处和创新之处的事实，《乌苏里船歌》的乐曲中部应系根据《想情郎》和《狩猎的哥哥回来了》的基本曲调改编而成。《乌苏里船歌》乐曲的中部是展示歌词的部分，且在整首乐曲中反复3次，虽然《乌苏里船歌》的首部和尾部均为新创作的内容，且达到了极高的艺术水平，但就《乌苏里船歌》乐曲整体而言，如果舍去中间部分，整首乐曲也将失去根本，因此可以认定《乌苏里船歌》的中部乐曲系整首乐曲的主要部分。在《乌苏里船歌》的乐曲中部系改编而成、中部又构成整首乐曲的主部的情况下，《乌苏里船歌》的整首乐曲应为改编作品。

中央电视台主持人的陈述的本意仍为《乌苏里船歌》系郭颂原创，其陈述与事实不符。中央电视台应当采取适当的方式消除影响。

综上，原审判决认定事实清楚，适用法律正确。依据《民事诉讼法》第153条第1款第（1）项之规定，判决：驳回上诉，维持原判。

法官评述

本案的焦点在于：一是四排赫哲族乡政府是否有权提起对赫哲族民间文学艺术作品保护的诉讼？二是对民间文学艺术作品保护到何种程度？三是《乌苏里船歌》是否构成对涉案赫哲族民间文学艺术作品的改编？

一、关于四排赫哲族乡政府的主体资格问题

根据《民事诉讼法》的规定，原告与本案有直接利害关系是原告提起诉讼应具备的条件。所谓有直接利害关系，是指原告是为了保护自己的民事权益。因此，原告是所主张权利的享有者是合格的诉讼当事人的前提。但是，由民间文学艺术作品的特点所决定，民间文学艺术作品的作者不是特定的个人或者几个人，而是由某个民族或者某个地区的社会群体经过世代相传，逐渐创作出来的，并且这种创作持续地进行着，因此，权利主体具有不确定性。从此意义上讲，四排赫哲族乡政府不是赫哲族民间曲调的所有者。但从现实情况来看，目前我国还没有公益诉讼制度，国务院有关民间文学艺术作品的著作权保护办法又尚未出台，没有有关由哪个部门、团体或者个人来行使民间文学艺术作品著作权的具体法律依据；而《著作权法》又明确规定对民间文学艺术作品要给予法律保护。因此，在目前的状态下，要执行《著作权法》、保护民间文学艺术作品，就不能拘泥于现行民事诉讼法关于当事人主体资格的规定。一、二审法院在确认四排赫哲族乡政府的主体资格问题上进一步考虑了与涉案民间文学艺术作品有关的一些现实情况和特殊情况。民间文学艺术作品与某一区域的群体有无法分割的历史和心理联系。赫哲族世代相传的民间曲调是赫哲族成员共同创作并拥有的精神财富。它虽然不属于赫哲族某一成员，但又与每一个赫哲族成员的权益相关。该民族的任何群体、任何成员都有维护本民族民间文学艺术作品不受侵害的权利。原告作为民族乡政府，是依据我国《宪法》和法律在少数民族聚居区内设立的乡级地方国家政权，它既是赫哲族部分群体的政治代表，也是赫哲族部分群体公共利益的代表。故在赫哲族民间文学艺术作品著作权可能受到侵害时，鉴于民间文学艺术作品权利主体状态的特殊性及我国法律规定的现状，为有利于保护民间文学艺术作品，维护赫哲族公众的利益，应当允许四排赫哲族乡政府提起诉讼。

二、关于民间文学艺术作品的保护程度问题

本案中，一、二审法院基于民间文学艺术作品具有其特殊性，且原告未举证证明被告的行为造成其经济损失，未支持原告关于要求三被告公开赔礼道歉、赔偿经济损失和精神损失的主张，仅判决要求郭颂、中央电视台以任何方式再使用《乌苏里船歌》时应当注明"根据赫哲族民间曲调改编"，郭颂、中央电视台在有关报刊上发表有关《乌苏里船歌》系根据赫哲族民间曲调改编的声明。一、二审法院如此判决主要是慎重考虑了对本案涉及的民间文学艺术作品的保护程度问题。

该案在确定民间文学艺术作品的保护程度方面，主要考虑了以下因素：第一，虽然《著作权法》已经明确对民间文学艺术作品给予保护，基于对民间文学艺术作品保护的特殊性的考虑，同时规定了民间文学艺术作品的著作权保护办法由国务院另行规定，但是国务院尚未就民间文学艺术作品的保护办法作出具体规定。因此，对这类作品如何保护、保护到何种程度并无明确、具体的法律依据。第二，民间文学艺术作品著作权包括经济权利和精神权利的权利范围有多大，理论上有争议。关于经济权利，不少人认为，应保护到授予权利主体以复制权、翻译权，以及与此相应的传播权和付酬权；至于是否授予经济权利意义上的改编权，包括改编是否需要经过许可、是否需要支付报酬，则争议比较大。关于精神权利，一般认为，应当包括表明出处的权利以及禁止他人滥用、歪曲的权利。对于民间文学艺术作品的改编者在使用其作品时应注明根据什么作品改编的，并无争议。第三，在这起案件之前，人们对什么是民间文学艺术作品、我国法律是否保护民间文学艺术作品认识并不足。因此，在这起案件中，确定对争议的赫哲族民间曲调《想情郎》《狩猎的哥哥回来了》给予保护具有重要意义，而给予何种程度的保护要慎重考虑有关法律理论和实践问题。正是基于上述考虑，法院通过判决确认争议的赫哲族民间音乐曲调形式属于民间文学艺术作品，应当受到法律保护；在确认《乌苏里船歌》为改编作品的情况下，仅判令郭颂、中央电视台在使用该作品时应注明出处，并仅要求郭颂、中央电视台通过媒体向公众作出声明。

三、关于如何确定由民间文学艺术作品改编而成的作品与根据民间文学艺术作品的元素创作而成的作品之间的界限

艺术家的创作往往离不开对民间文学艺术作品的借鉴和利用；而对民间文学艺术作品进行的再创作活动又往往极大地促进了民间文学艺术作品的发扬光大和传承发展。从审判实践看，许多涉及民间文学艺术作品的案件往往涉及如何确定民间文学艺术作品本身与由民间文学艺术作品改编而成的作品以及根据民间文学艺术作品的元素创作而成的作品之间的界限的问题，这一问题直接涉及如何处理好保护民间文学艺术作品与促进民间文学艺术作品的传承与发展的关系。本案二审法院针对双方争议的《乌苏里船歌》是根据涉案民间音乐曲调改编而成的作品还是根据涉案民间音乐曲调的音乐元素创作而成的作品这一问题，对《著作权法》上的改编的内涵以及对于音乐作品的改编应当如何理解进行了深入的阐释。在认定是否改编作品的具体步骤上，既考虑了改编作品与已有作品相比是否有不同之处、不同之处是否具备独创性，又考虑了改编作品利用已有作品的方式、程度和内容，即是否主要是利用了已有作品，所利用的是否是已有作品的独创部分或基本内容和重要内容。判断改编作品是否主要利用了已有作品，在具体方法上可以采用去除所利用的已有作品后的改编作品是否能独立存在的假设判断法进行判断。本案在如何认定是否构成对民间文学艺术作品的改编方面给出了一个范例。

(二审合议庭成员：陈锦川　张冬梅　周　翔

编写人：北京市高级人民法院知识产权审判庭　张冬梅)

14. 王蒙诉世纪互联通讯技术有限公司侵犯著作权纠纷案

阅读提示：网络环境下使用作品是否应受《著作权法》调整？

裁判要旨

《著作权法》（2001年10月27日修正前）第10条第（5）项所明确的作品使用方式中，并没有穷尽使用作品的其他方式存在的可能。随着科学技术的发展，新的作品载体出现，作品的使用范围得到了扩张。因此，应当认定作品在国际互联网上传播是使用作品的一种方式。作品的著作权人有权决定其作品是否在国际互联网上进行传播使用。除依法律规定外，非著作权人对著作权人的作品在国际互联网上传播时，应当尊重著作权人享有的对其作品的专有使用权，取得作品著作权人的许可，否则无权对他人作品进行任何方式的传播使用。

案 号

一审：北京市海淀区人民法院（1999）海知初第53号
二审：北京市第一中级人民法院（1999）一中知终第183号

案情与裁判

原告（被上诉人）：王蒙
被告（上诉人）：世纪互联通讯技术有限公司（简称"世纪互联公司"）

起诉与答辩

原告王蒙诉称：原告是作品《坚硬的稀粥》的作者。根据法律规定，享有对该作品的著作权。被告未经原告许可，在其网站（网址为：http://www.bol.com.cn）上传播使用了原告的作品，其行为侵犯了原告对《坚硬的稀粥》享有的使用权和获得报酬权。请求法院判决被告停止侵权，公开致歉，赔偿经济损失3 000元、精神损失5 000元，并承担诉讼费、调查费。

被告世纪互联公司辩称：世纪互联公司是国内最早从事国际互联网上内容提供的服务商。因我国法律对在国际互联网上传播他人作品是否需要取得作品著作权人的同意、怎样向著作权人支付作品使用费用等问题都没有任何规定。在世纪互联公司网站所刊载的原告作品，是"灵波小组"从已在国际互联网上传播的信息中下载的，而不是世纪互联公司首先将原告作品刊载到国际互联网上的，因此世纪互联公司不知道在网上刊载原告的作品还需征得原告的同意。原告提起诉讼后，世纪互联公司已从网站上及时删除了原告的作品。世纪互联公司认为，世纪互联公司刊载原告作品的行为仅属于"使用他人作品未支付报酬"的问题，况且访问世纪互联公司的"小说一族"栏目的用户很少，没有任何经济收益。世纪互联公司在刊载原告作品时，没有侵害原告的著作人身权，因此原告在诉讼中主张精神损失 5 000 元是不能成立的。至于原告主张的经济损失，其没有提供相应的法律依据。综上所述，世纪互联公司刊载原告的作品无侵权故意，出现上述问题是由于法律和实践原因所致。希望法院查明事实，依法作出公正裁决。

一审审理查明

一审法院经审理查明：《坚硬的稀粥》是原告王蒙创作的文学作品。1989 年发表在《中国作家》第 2 期。1998 年 4 月，被告成立"灵波小组"，并在其网站上建立了"小说一族"栏目，栏目所涉及的文学作品内容是"灵波小组"成员从其他网站上下载后存储在其计算机系统内并通过 WWW 服务器在国际互联网上传播。联网主机用户只要通过拨号上网方式进入被告的网址：http://www.bol.com.cn 主页后，点击页面中"小说一族"栏目，进入"书香远飘"页面，在该页面中点击"当代中国"页面后，点击原告的作品《坚硬的稀粥》，即可浏览或者下载该作品的内容。在被告网站上所刊载的原告的作品《坚硬的稀粥》有王蒙的署名，作品内容完整。作品《坚硬的稀粥》字数24 427 个。

一审判理和结果

一审法院认为：王蒙是文学作品《坚硬的稀粥》的著作权人。根据《著作权法》的规定，著作权人对其创作的文学、艺术和科学作品在法律规定的期限内，依法享有专有权。这种专有权体现在作品的著作权人对其作品享有支配的权利，其有权使用自己的作品和许可他人以任何方式和形式使用自己的作品。除法律规定外，任何单位和个人未经作品的著作权人许可，公开使用他人的作品，就构成对他人著作权的侵害。科学技术的发展，必然引起作品载体形式、使用方式和传播手段的变化，但这种变化并不影响作者对其作品享有的专有权利。

随着国际互联网和社会信息化的发展，数字化信息在网上的传播使信息资源得到了充分的利用和共享，对人类的进步和发展起到非常重要的作用。作品的数字化是依靠计算机把一定形式的文字、数值、图像、声音等表现的信息输入计算机系统并转换成二进制数字编码的技术。这种转换行为本身并不具有著作权法意义上的独创性。一部作品经过数字化转换，以数字化方式使用，只是作品载体形式和使用手段的变化，并没有产生新的作品。作品的著作权人对其创作的作品仍享有著作权。因此，在国际互联网环境中，原告作为其作品的著作权人，享有《著作权法》规定的对其作品的使用权和获得报酬权。

《著作权法》第 10 条第（5）项所明确的作品使用方式中，并没有穷尽使用作品的其他方式存在的可能。随着科学技术的发展，新的作品载体的出现，作品的使用范围得到了扩张。因此，应当认定作品在国际互联网上传播是使用作品的一种方式。作品的著作权人有权决定其作品是否在国际互联网上进行传播使用。除依法律规定外，非著作权人对著作权人的作品在国际互联网上传播时，应当尊重著作权人享有的对其作品的专有使用权，取得作品著作权人的许可，否则无权对他人作品进行任何方式的传播使用。作品在国际互联网上进行传播，与《著作权法》意义上对作品的出版、发行、公开表演、播放等传播方式虽然有不同之处，但本质上都是为实现作品向社会公众的传播使用，使观众或者听众了解到作品的内容。作品传播方式的不同，并不影响著作权人对其作品传播的控制权利。因此，被告作为网络内容提供服务商，其在国际互联网上对原告的作品进行传播，是一种未经著作权人许可的侵权行为。

繁荣文学艺术和促进科学技术的发展，与保护创作者对其创作作品享有的合法权利是密不可分的。对知识产权进行司法保护，目的是为了知识的创新和传播。因此，既要考虑对知识产权权利人合法权益的保护，又要考虑社会对文学、艺术和科学知识传播的广泛需求，以利于准确平衡各方的权益冲突。就本案而言，虽然在国际互联网的其他网站上亦有涉及本案原告的作品传播，但这与被告的行为是否构成侵权无关，同时，被告作为国际互联网内容提供服务商，其丰富网站内容的目的是吸引用户访问其网站内容的经营行为，在经营活动中是否营利，只是衡量其经营业绩的标准之一，并不影响被告侵权行为的成立。因此，被告未经原告许可，将原告的作品在其计算机系统上进行存储并上载到国际互联网上的行为，侵害了原告对其作品享有的使用权和获得报酬权，被告应停止侵权行为，并在其国际互联网的网站上向原告公开致歉，以消除影响；原告提出精神赔偿要求，因被告在国际互联网上传播原告作品时，并没有侵害原告在其作品中依法享有的著作人身权，没有降低、贬损原告在社会公众心目中的人格地位，因此，对原告要求赔偿精神损失的请求，不予支持；关于原告的经济损失赔偿请求，诉讼中，原告未能举证证明其遭受损失的具体事实，被告亦未能提供有关用户浏览或下载原告作品次数的证据。因此，对本案原告的损失赔偿，本院将综合被告侵权的主观过错、侵权的持续时间、侵权的程度等进行考虑。综上所述，依据《著作权法》第10条、第45条第（6）项、第（8）项之规定，判决如下：一、本判决生效之日起被告世纪互联公司停止使用原告王蒙创作的文学作品《坚硬的稀粥》；二、本判决生效之日起10日内被告世纪互联公司在其网站的主页上刊登声明，向原告王蒙公开致歉，致歉内容须经本院审核。逾期不履行该义务，本院将根据判决书内容自行拟定一份公告刊登在一家全国发行的报刊的电子版主页上，有关费用由被告负担；三、本判决生效之日起10日内被告世纪互联公司赔偿原告王蒙经济损失人民币1680元及诉讼支出的合理费用166元；四、驳回原告王蒙要求被告世纪互联公司赔偿其精神损失5000元的诉讼请求。

上诉与答辩

世纪互联公司不服一审判决，提起上诉。其上诉理由为：1. 一审法院在对案件事实的认定中，有两点未予指明。一是原告一审提交的证据2可显示，世纪互联公司的"小说一族"栏目主页上载明了如下内容："本站点内容皆从网上所得，如有不妥之处，望来信告之"；二是被告一审证据2～6显示，几乎所有其他小说网站，均无权利人授权声明或者侵权警告一类的告示。以上两点事实对于认定世纪互联公司无过错、不应承担侵权责任有很重要的意义，一审判决漏列是不妥当的。2. 关于作品的网络传播权问题。信息网络传播权等法律问题，应当通过《著作权法》的修正或者司法解释来加以明确和规范，使各方面有规可循。在法无明文时，一审法院就将文字作品著作权人的专有权利延伸、扩展到网上传输，特别是在法无明文禁止时，就认定对已有网络资源的利用——转载已公开发表过的文字作品之数字化作品，亦应征得著作权人许可，否则就是侵权。

这样判定是对法律的扩大化解释，过分地支持了著作权人的权利扩张，过重地加大了网络传播者的责任。3. 关于世纪互联公司的网上转载行为。上诉人认为，《著作权法》第10条第（5）项所列举的作品使用方式，是指传统的作品使用方式，不包括第四媒体国际互联网络。《著作权法》第45条所列举的著作权侵权行为，没有一种能等同于网络信息传播。国际互联网的开放性和交互性，使世纪互联公司对网友 E - mail 过来的数据信息难以控制，且世纪互联公司已尽了告示义务。网上海量信息（包括大量的不知名的人的作品）如果要一一取得许可，在实践中也不现实。网上使用作品报酬如按文字稿酬标准支付亦将使网络运行不堪重负。如一审判决那样，不将上载与下载相区分，不将下载与网友 E - mail 相区分，不将直接责任与间接责任相区分，仅用"等方式"来套用新情况，使网络内容提供服务商承担了不应承担的法律责任，会影响到中国新生的网络事业的发展，影响到公众（包括作家）对网络资源的利用，影响到著作权人的实际利益。故上诉人请求二审法院：撤销一审判决第一、二、三项，改判世纪互联公司不承担侵权责任，一、二审诉讼费由被上诉人承担。

二审审理查明

二审法院经审理查明：《坚硬的稀粥》为王蒙所创作的文学作品，该作品 13018 字（一审误写为 24427 字），1989 年发表在《中国作家》第 2 期。

1998 年 4 月，世纪互联公司成立"灵波小组"，并在其网站上建立了"小说一族"栏目，该栏目刊登了王蒙创作的作品《坚硬的稀粥》。该作品是由"灵波小组"成员从其他网站下载后储存在计算机系统内，并通过 WWW 服务器在国际互联网上传播。联网主机用户通过拨号上网方式进入世纪互联公司的网址 http://www.bol.com.cn 主页后，点击页面中"小说一族"栏目，进入"书香远飘"页面。在该页面下有如下文字："本站点内容皆从网上所得，如有不妥之处，望来信告之"。在"书香远飘"页面中点击"当代中国"页面后，再点击王蒙的作品《坚硬的稀粥》，即可浏览或下载该作品。该作品上有王蒙的署名。作品内容完整。

王蒙以世纪互联公司的行为侵犯其著作权为由，于 1999 年 5 月 31 日向一审法院起诉，要求世纪互联公司立即停止侵权行为，向其公开赔礼道歉，赔偿经济损失 3 000 元、精神损失 5 000 元，并承担案件诉讼费及调查费。

在一审期间，世纪互联公司向法庭举证证明亦有其他网站在传播王蒙的作品。

二审判理和结果

二审法院认为：王蒙是文学作品《坚硬的稀粥》的著作权人，依法对该作品享有使用权及获得报酬权。所谓使用权及获得报酬权，依据《著作权法》第 10 条第（5）项之规定，是指"以复制、表演、播放、展览、发行、摄制电影电视、录像或者改编、翻译、注释、编辑等方式使用作品的权利，以及许可他人以上述方式使用作品，并由此获得报酬的权利"。从此规定可看出，我国著作权法对于作品的使用方式采取的是概括式及列举式并用的立法模式。随着科学技术的发展，对作品的使用方式将不断增多。鉴于国际互联网是近几年新兴的一种传播媒介，因此，作品在网络上的使用是制定《著作权法》时所不可能预见的。虽然《著作权法》未明确规定网络上作品的使用问题，但并不意味着对在网络上使用他人作品的行为不进行规范。依法调整网络上的著作权关系，对互联网的健康发展是必要的，也是有益的。现行《著作权法》的核心在于保护作者对其作品享有的专有使用权。若著作权人对作品在网络上的使用行为无权控制，那么其享有的著作权在网络环境下将形同虚设。在网络上使用他人作品，也是作品的使用方式之一，使用者应征得著作权人的许可。因此，上诉人提出的《著作权法》第10条第（5）项所列举的作品使用方式，是指传统的作品使用方式，不包括国际互联网的主张，无法律依据，不能成立。

世纪互联公司作为网络内容提供服务商（ICP），对其在网站上向社会公众提供的内容是否侵犯他人著作权应负有注意义务。本案涉及的王蒙的作品《坚硬的稀粥》，是在"小说一族"栏目中使用的。该栏目的内容是经上诉人委托的"灵波小组"选择、整理而确定的，上诉人完全能够决定是否将该作品上载到互联网上。因此，上诉人所称的其主观上无过错的主张，不能成立。

"灵波小组"成员从其他网站上下载的被上诉人的作品《坚硬的稀粥》，虽是以数字化形式存在，但其并不构成一部新的作品，该作品的著作权仍应归被上诉人享有。上诉人在网络上使用该作品时，应依法取得被上诉人的许可。

就本案涉及的被上诉人的作品而言，不存在上诉人在上诉中所称的"海量"信息的问题。上诉人在使用该作品前，征得被上诉人的许可，是完全可以做到的，但上诉人并未依法取得被上诉人的许可。上诉人虽然在其网站上刊登了"本站点内容皆从网上所得，如有不妥，望来信告之"的告示，但这并不能成为其不构成侵权或者免责的合法理由。因为从法律上讲，上诉人在使用被上诉人的作品时，应征得被上诉人的许可。同样，其他小说网站刊登被上诉人的作品，是否获得被上诉人的授权，是否载有侵权警告，与上诉人的行为是否构成侵权无关，亦不应作为其行为不构成侵权的合法抗辩理由。上诉人的其他上诉理由，"如转载已公开发表过的文字作品之数字化作品亦应经著作权人许可，否则就是侵权，这样判定是对法律的扩大化解释"，以及网络服务商的承受能力有限等，于法无据，法院不予支持。

上诉人在其网站上使用被上诉人的作品《坚硬的稀粥》时，未征得著作权人许可，而且该行为又不属于《著作权法》所规定的合理使用行为或法定许可行为，故该行为构成侵权，应承担相应的法律责任，包括停止侵害、公开赔礼道歉、赔偿损失。

关于本案赔偿数额问题，因目前对在网络上使用作品尚无明确的付酬标准，在双方当事人对上诉人的侵权获利及被上诉人因此而受到的损失均未提供确切证据的情况下，原审法院依据上诉人侵权的主观过错、侵权的持续时间、侵权的程度等因素所确定的赔偿数额，并无不当之处。

关于本案法律适用问题，一审法院适用《著作权法》第45条第（6）项，即"使用他人作品，未按规定支付报酬的"是侵权行为，作为处理本案的法律依据之一。二审法院认为，该项规定只适用于法定许可的情形，而在网络上使用他人作品，不属于法定许可范畴。因此，原审法院判决适用此条款有误，二审法院应予纠正。

综上所述，一审法院认定上诉人的行为构成侵权、判决上诉人承担停止侵权、公开赔礼道歉及赔偿损失的法律责任是正确的，其确定的公开赔礼道歉方式及赔偿数额亦无不当之处，该判决结果二审法院予以维持。上诉人的上诉理由不能成立，二审法院不予支持。依照《民事诉讼法》第153条第1款第（1）项，《著作权法》第10条第（5）项，第45条第（5）项、第（8）项之规定，判决如下：驳回上诉，维持原判。

法官评述

随着互联网的发展，网上使用作品的著作权问题日益突出，引发了一些案件。理论界对此也有一些不同的认识。此类案件的处理中，一般主要涉及以下几个问题：一是在网上使用作品，是否属于《著作权法》第10条第（5）项所规定的使用方式；二是在何种情况下，在网上使用他人作品构成侵权；三是对网上使用作品依《著作权法》进行调整会不会对互联网的发展造成不利影响。

下面分别就这些问题阐述自己的一些观点。

一、在网上使用作品，是否属于《著作权法》第10条第（5）项所规定的使用方式

根据民事法律关系的一般原理，权利人对其所主张的权利，必须为其依法所拥有，然而著作权人是否对网络上使用其作品拥有法律上的权利，是一个焦点问题，问题的关键在于对《著作权法》第10条第（5）项的理解，即该条款所规定的使用方式是否包括网络上使用作品。根据该条款的规定，著作权包括人身权和财产权。以复制、表演、播放、展览、发行、摄制电影、电视、录像或者改编、注释、编辑等方式使用作品的权利，以及许可他人以上述方式使用作品，并由此获得报酬的权利。

在理论界，对在网上使用作品属于上述何种方式存在着争论，比如有的观点认为应属于该条款所规定的复制；也有的认为属于播放。笔者认为，在网上使用作品，从技术到载体与该条款所明确列举的使用方式均有较大的差别，将其强行归之于哪一类均会在理论上带来一定的麻烦。网上使用作品应属于该条款所明确列举的使用方式之外有独立存在意义的使用方式。在这种情况下，需要判断的问题一是该条款除所明确列举的使用方式之外，是否为其他使用方式的存在留有余地，二是在网上使用作品与该条款所规定的使用方式在性质上是否相同。

就第一方面问题而言，从《著作权法》第10条第（5）项的行文上分析，该条款使用了"等方式"的用语，根据一般理解，可以认定该条款对使用方式的规定是概括式与列举式的结合，并非穷尽式的。即该条款既明确列举了最常见和立法时可预见的使用方式，又未排斥其他使用方式。随着科学技术的发展，作品的使用方式从技术到载体及传播方法均可能产生质的变化，不可能要求立法者在立法时对未来出现的所有使用方式均有准确预见，正因如此，《著作权法》的立法者在立法时使用了"等方式"的用语，以应付技术的发展而给作品使用方式带来的变化。所以，不能因某种作品使用方式未被涵盖在该条款所明确列举的使用方式之内，就认为其不属该条款调整。

有的观点指出，"等"在汉语中有两种意义，第一种是表明还有未列明的其他内容，第二种是对前所列举内容的"煞尾"，如"北京、上海、广州、武汉等四城市"，不再有其他内容，而本条款中"等"的含义应属第二种。笔者认为，首先，对法律中词语的解释，应根据普通公众在一般意义上对该词语的认识来进行。在一般意义上，除非在"等"字后对前所列内容有明确的数量词的限定，公众对"等"字的认识应为第一种意

义。其次，法律中使用的语言应是最简洁、最明确的，如果该条款在立法意义上是单纯列举式的（即上述第二种意义），完全排除其他使用方式存在的可能，那么最简洁、最明确的语言方式应是直接表述为"……改编、注释、编辑使用作品的权利……"，无需用"等方式"来"煞尾"。第三，一部法律使用的语言方式应是统一的，如该条款的"等"是用来"煞尾"，与《著作权法》全法的语言方式是相冲突的。著作权法许多其他条款有排除其他内容的单纯列举式的规定，都没有用"等"来"煞尾"，说明《著作权法》并没有采用这种语言方式。如第15条中有"电影、电视、录像作品的导演……"的用语，虽表明该条款所涵盖的作品仅为所列举的电影、电视、录像作品，但并未用"等作品"来煞尾。相反，《著作权法》许多条款均用"等"字表明未穷尽所有相关内容。如第16条第2款第（2）项"……由法人或者非法人单位承担责任的工程设计、产品设计图纸及其说明、计算机软件、地图等职务作品"，而结合第3条的规定，可以看出第16条第2款第（2）项所调整的还应包括示意图等图形作品。所以，该条款的"等"字应为表明还有未列明的其他内容。

也有的观点认为，在颁布《著作权法》时，互联网尚未应用，因此立法者在立法时在主观上没有将在网上使用作品纳入《著作权法》的调整范围，故这种使用方式不适用《著作权法》。笔者认为这种看法也是不正确的，立法者主观意识虽然没有具体到在网上使用作品，但从相关条款可以看出，其意图在于对所有可能影响著作权人权益实现的作品使用方式进行规范，因此新的使用方式的出现，不能成为该方式不属该法调整的理由。正如即使《产品质量法》颁布后才出现的新产品，也应受该法调整一样。

第二方面的问题涉及对第10条第（5）项的全面理解。需特别指出的是，该条款不仅列举了部分使用作品的方式，更重要的是将使用权和获得报酬权规定为著作权中的财产权。有些观点仅在列举的方式上对该条款进行逻辑上的分析，这是不全面的。在网上使用作品是否属于该条款调整范围，应着重考虑这种使用方式是否会给著作权人的财产权造成影响。著作权保护的出发点主要还是在于作者对作品的使用享有独占性的权利，使其经济利益得到实现。在网上使用作品属于作品的一种传播方式，其营利性使用会给使用人带来经济上的直接或者间接的利益，并对著作权人以相同或者其他方式使用作品带来影响，在这一点上与其他使用方式没有本质的区别。因此，和其他使用方式一样，著作权人有权有必要对这种使用方式进行控制，使用人应该获得著作权人的许可，并向其支付报酬。网络传输有极强的广泛性，如果著作权人对在网上使用作品不能控制，会给其因著作权而产生的经济利益带来严重的不利影响，甚至使其权利形同虚设。

二、在何种情况下，在网上使用他人作品构成侵权

根据《著作权法》，除非法律另有规定，未取得著作权人许可及支付报酬的情况下，使用著作权人的作品，均构成侵权。如前所述，在网上使用他人作品也应遵循这一原则。目前，网上刊载的内容一般分两种情况，一种是发布的内容经由或者可由网页内容服务商控制，另一种是由网友直接张贴到网页上，发布前不能经服务商控制。理论界普遍认为只有在第一种情况下服务商才承担责任。笔者认为，服务商对于自己的网站所刊载的内容，在任何情况下均应承担责任，但根据民事侵权的过错责任，其承担的责任应有所不同。对于第一种情况，服务商应对网页内容承担完全责任。而对于第二种情况，

由于这种网络传播方式的性质,服务商对即时发布的内容是无法控制的,对侵权内容的发布主观上没有过错,可不承担侵权责任。但经权利人提醒或者服务商施以一般注意力已足以判断有侵权内容后,服务商仍未取消该内容,在这种情况下服务商主观上就存在过错,也应认定构成侵权。

本案赔偿数额的确定也是一个争论较大的问题。一审判决应基本上是以书籍稿酬为标准、根据有关规定适当提高的原则确定的。笔者认为,目前,对网络上使用作品的付酬标准没有明文规定,双方当事人也没有提出自己的计算方法,在这种情况下,按照文字稿酬的标准确定本案赔偿数额是适宜的。当前实践中的一般做法是:赔偿数额可根据侵权行为给著作权人造成的实际损失来计算,也可以著作权人在正常情况下可能获得的利益来计算。在网上使用他人作品虽无法定标准,但可认定这种使用行为给著作权人以出版书籍的方式使用作品造成了妨害,影响到著作权人因出版书籍可能获得的经济利益的实现,形成损失。因此,可以书籍稿酬为确定赔偿额标准。

三、对网上使用作品依《著作权法》进行调整会不会对互联网的发展造成不利影响

相当一部分人认为,如对网上使用他人作品加以限制,会使网络内容服务商难承重负,给互联网的发展带来毁灭性影响。笔者认为,对这个问题的判断,首先要纠正一个误区,即如果互联网的发展或者公共利益与著作权保护或者个人利益相冲突,应该牺牲个人权益。这种观点经常被认为是无需论证的公理,但是违背法治原则的。著作权的产生凝结着作者的智力劳动成果,应与其他财产权一样,是一项不容侵犯的权利。从权利义务相一致的原则出发,无论根据《著作权法》本身还是根据公序良俗,使用别人的劳动成果都不能是无偿的。对本案所涉及问题的判断不能脱离这个原则来进行。任何以公共利益为借口而急功近利剥夺个人权益的做法,非但会损害个人权益,对公共利益的发展最终也是有害的,以往计划经济中对有形财产的许多做法已充分证明了这一点。

具体到互联网的发展来说,如果作者的权益得不到保护,网络内容服务商的权益也同样不可能得到保护。如果网上擅自使用他人作品不构成侵权,权利人就无法对此进行控制。在这种情况下,假如一位负责任的服务商与著作权人签订作品网上使用许可合同并支付了报酬,但他无权限制其他未经许可也未支付报酬的服务商使用该作品,这样只能使尊重他人著作权的服务商在竞争中处于不利地位,其结果必然使网络使用他人作品处于恶性循环的无序状态,导致服务商不思创造,安于剽取他人成果。不仅如此,如果文字作品的著作权在网上得不到保护,那么网上的所有内容均没有可以依《著作权法》进行保护的根据,服务商对自己开发的具有创造性的作品,同样无权限制别人使用,这必然会打击服务商开发的主动性和积极性,使网络内容成为无源之水,竭泽之鱼,对互联网的发展造成真正的毁灭性影响。目前,互联网中中文内容贫乏,服务商热衷于相互链接,对内容的开发缺乏兴趣,不能不说是对网上著作权缺乏保护带来的后果。对网上使用作品依《著作权法》进行调整,也许暂时会加重服务商的负担,但会促进其依法使用作品的积极性,促进其内容开发的积极性,对互联网的长久发展有利。这点可以我国电视节目的发展为例。在我国电视发展初期,电视节目最吸引人的地方是可同期放映公演的电影,后因其冲击电影院的客源,有关部门开始禁止电视同期放映公演电影,这在当时也给电视业造成不小冲击,但却促使电视界开发自己的节目内容,不再仰电影鼻息

度日,终于确定了自己的独立地位。

笔者认为,互联网传播在技术上是一个新的领域,对与其相关的法律问题的研究自然不能墨守成规,但不能脱离基本的传统法律原则。以上粗浅看法,供大家商榷。

(二审合议庭成员:马来客　张广良　苏　杭
编写人:北京市延庆县人民法院　马来客)

15. 姜思慎诉乔雪竹侵犯著作权纠纷案

阅读提示：编辑受作者邀请改编作品，是否对改编作品享有著作权？

裁判要旨

《著作权法》第13条规定，两人以上合作创作的作品，著作权由合作作者共同享有。编辑受作者邀请改编作品，如果对改编作品的形成付出了创造性劳动，而不是仅仅局限于对作品进行编辑的，应视为作品的合作作者之一，对作品享有著作权。

案 号

一审：江苏省高级人民法院（84）民初字第292号

案情与裁判

原告：姜思慎

被告：乔雪竹

电影《十六号病房》剧本是以被告乔雪竹的小说《遗忘在病床上的日记》改编的。改编过程中，原告姜思慎应乔雪竹之邀参加改编，并按双方口头约定完成了剧本第二稿。长春电影制片厂（简称"长影"）根据该剧本拍摄的电影《十六号病房》在文化部组织的评奖中获得优秀故事片二等奖，该影片深受观众欢迎，在全国影响很大。后，姜思慎与乔雪竹因电影编剧署名问题发生争执，姜思慎遂于1984年4月26日向江苏省南京市鼓楼区人民法院提起诉讼，因该案在当时社会影响极大，经鼓楼区法院、南京市中级人民法院逐级报请，江苏省高级人民法院作为一审法院提审了该案。

一审审理查明

一审法院经审理查明：1980年末，乔雪竹在戏剧学院学习时，根据自己下放、生病住医院的经历，写了小说《遗忘在病床上的日记》（简称《日记》）。1981年4月，乔雪竹经同学侯露引见，认识了上海电影制片厂（简称"上影"）文学部编辑姜思慎，姜认为《日记》适合改编成电影剧本。乔雪竹遂邀请姜思慎合作，并提出自己写第一稿，姜思慎写第二稿，最后的作品仍由乔雪竹自己定稿。改编方案由乔雪竹、侯露、姜思慎三人几次共同研究。5月份，乔雪竹写出了改编为剧本的第一稿，定名为《开春，草还会绿》并寄给了姜思慎。6月，侯露听到反映担心出现一稿两投的情况，就写信告诉姜思慎有这类反映。姜思慎即写信给乔雪竹表示不再合作。乔雪竹声明无此事，7月1日再次写信表示"我依仗您闯电影的大门"，7月13日复信姜思慎"我不催您，相信您会点石成金"。12月4日又复信表示"剧本问题，您做了大量工作，关于出路等等，全凭您去自作主张，我没有任何异议"等等。至1983年1月，姜思慎写出了手稿。但在1982年12月，安徽省话剧团编剧李怀根据乔雪竹的小说《遗忘在病床上的日记》改编了一个电视剧，长影的导演张园向该厂推荐，厂领导认为可以考虑采用。乔雪竹得知此情况后，于1983年1月26日写信给姜思慎，要姜思慎与长影联系，"看看能不能将我们的稿子推上去。"姜思慎接信后将此情况向编辑组长陈玮若作了汇报，经陈同意，打电话给长影总编辑室说上影准备讨论采用。为此，长影直接向乔雪竹发了三份电报，打了三次长途电话，邀请乔去该厂改稿，并告知已派于彦夫为导演等等。因上影并未决定采用，姜思慎对乔雪竹不能作肯定的答复。乔雪竹于3月5日到达长春，当天给姜思慎写了信，随后姜给乔寄去了自己修改的第二稿打印本《63号女病房》，署名乔雪竹、姜思慎。3月14日，乔雪竹写信给姜思慎"刚刚收到你的稿子。我的想法与你有分歧，我将再拉第三稿，并附此打印稿一同交与长影""我的力所能及是维护我们的合作"，并要姜"莫急、莫疑、莫躁"。3月21日，乔雪竹又发电报给姜思慎"此剧本不存在和上影的关系问题，你是我的合作者，请尊重我"。3月31日，长影总编室发电报给姜思慎："病房我厂决定拍摄，特告"。4月4日，乔交给长影的剧本第三稿署名也是乔雪竹、姜思慎。4月28日，长影的稿酬审批表上作者也是乔雪竹、姜思慎二人，并写明了双方的工作单位。这个表上，责任编辑梁恩泽、总编室负责人南吕、厂长纪叶都签了字。经办的编辑赵琪也签了字。同年7月17日，乔雪竹因为听到某些流言，写信给赵琪，信中说姜思慎"大放厥词"，"我坚决取消这个不存在的合作者，发稿及开拍的片头都不容许这个人的名字出现"等等。7月25日，乔雪竹领取稿费时由一人签名领了全部1500元稿费，并交税140元（按规定一次收入超过800元，超过部分按20%交税，两人的稿费1500元是不需要交税的）。因长影主办的《电影文学》8月号刊用这个剧本，7月份已经付印，难以更改，长影派赵琪于8月1日到北京动员乔雪竹维持两人署名，乔表示同意。10月22日，姜思慎出差路过南京，与乔雪竹见面后，为稿费等事争执了几句，乔一气之下向长影发了"姜思慎今日闯入我借住的私宅纠缠讹诈，我绝不承认他是合作者"的电报。因此，长影以尊重原作者的意见为理由，在双片送审时片头的编剧只署了乔雪竹一人的名字（在此以前不少报刊报道电影消息时都是两人的名字），姜思慎听到消息后与长影联系，12月3日，长影总编室负责人南吕给姜发了电报"字幕已不好改变，你是否与乔直接交换意见，争取协商解决"。12月上旬双片送审，审片时乔也在场，向电影局长石方禹申述了一人署名的理由。1984年3月6日，长影总编室电告姜发给"编辑费200元"，姜思慎和上影文学部都表示姜不是长影编辑，对编辑费拒收。

一审判理和结果

法院审理认为：1. 改编剧本是乔雪竹主动邀请姜思慎合作的，两人确有口头协议，而且商量了分工。2. 已有合作的实际行动，姜思慎按口头协议完成了剧本第二稿（署名乔姜二人），为此付出了创造性的劳动，乔雪竹最后的定稿本署名乔姜二人是在收到姜的第二稿打印本后完成的，不论姜思慎的创作在影片中采用多少，都应认为该影片为共同创作。3. 合作已产生了社会后果：剧本的发表署名是两人，报刊对电影的预告宣传署名是两人。同时稿费审批时也是两个人的名字。因此，应该确认电影剧本《十六号病房》的改编存在着以乔雪竹为主的乔、姜合作关系，著作权归两人所有。乔雪竹最后去掉姜思慎的名字，领取全部稿费，这一做法是错误的。

从合作的全过程来看，姜思慎也存在着错误：一是按上影厂规定编辑与业余作者合作应向领导汇报，而姜未汇报；二是乔的一稿给了姜思慎以后，姜拖的时间太长（一年零八个月），引起乔的误解；三是姜一方面在上影组稿，另一方面又叫乔拖住长影，也有脚踩两只船的错误。

鉴于乔雪竹是一个比较有才华的年轻女作家，姜思慎也是中年知识分子，因此法院从有利双方当事人出发，坚持实事求是，尽量调解解决，既分清是非，又不伤两者声誉，缓和矛盾，平息舆论。如调解不成，将依法判决。

在有关部门的配合下，经反复做工作，乔雪竹和姜思慎于1985年4月17日最终达成调解协议：一、确认电影剧本《十六号病房》的改编存在着以乔雪竹为主的乔雪竹、姜思慎合作关系，著作权应归两人所有；二、稿费和奖金现有人民币2 160元，除去30%的原著费648元，余款1 512元，按乔60%、姜40%的比例，乔雪竹得907元，姜思慎得605元；三、今后影片再拷贝，剧本再发表，应以两人共同署名。乔雪竹提出要出一本个人电影剧本集子，将这个剧本收进去，姜思慎表示同意不署名，但必须在3年以后出；四、今后任何一方不得以任何方式就这一纠纷发表违反本协议条款和精神的言论；五、诉讼费20元，由乔雪竹、姜思慎各负担10元。

法官评述

本案是新中国成立以来的全国首例著作权纠纷案，当时造成了极大的社会影响。以《文汇报》《光明日报》《中国青年报》《民主与法制》《电影文学》为主的一大批国家级媒体对此发表五十多篇文章，表达了许多针锋相对的不同观点。该案也引起了境外媒体的关注，香港《明报》于1984年7月10日对此进行了专门报道，并评论"本案成为中共建政以来，通过法律途径解决'笔墨官司'的先例，这反映了中共确实想走法治之路"。本案的处理也引起了一些中央领导及文化部、电影局领导的高度关注。

由于此案影响大，既没有具体的实体法可依，又属于首例，缺乏这类案件的审判经验。因此，就此案能否受理也存在不同的意见。虽然审理著作权纠纷程序法有《民事诉讼法（试行）》第20条地域管辖"民事诉讼由被告所在地人民法院管辖"的规定。但原告起诉必须具备哪些实质性要件并未规定。实体法只有《宪法》第47条"公民有进行科学研究、文学艺术创作和其他文化活动的自由"的原则规定，但缺乏具体而明确的保护措施。当时又没有知识产权方面的法律法规可依。但根据法学基础理论，特别是从几十年来的民事审判实践中，认识到受理民事案件与受理刑事案件有一个原则区别：民事案件的受理是指公民、法人和其他组织认为自己的民事权益受到侵害或者与他人发生民事权益争议，又没有法律法规规定人民法院不能受理或不能直接受理的，人民法院都应当受理，现在看来，还要符合《民事诉讼法》第108条规定的实质要件。而姜思慎的起诉，符合前述要件。所以最后决定受理此案。

此案在审理过程中做了大量的调查取证工作，也花费了极大的精力进行调解，可能用现在的审判观念看是费时又费力,做了许多不必要的工作。但在当时的历史条件下,这样处理是必要的,在一些具体问题的处理上是稳妥的。

一、长影是否要追加为被告或者列为第三人

长影发稿费和署名开始都是乔雪竹、姜思慎二人,后来根据乔一人的要求就把姜的名字从银幕上去掉,实际上是乔和长影共同侵权的。从理论上讲长影同样处于被告地位。但若把长影列为被告,长影、电影局的阻力会比较大,不利于做乔的工作。列为第三人,法理上说不过去。我们当时考虑,待调解不成时,再追加长影为被告。现在看来当时这样处理是有利于矛盾解决、有利于社会稳定的。

二、案件审理期间,该片是否需要暂停放映和发行

我们觉得不宜适用《民事诉讼法(试行)》关于诉讼保全的规定通知有关单位暂停放映和发奖。其一本案是确认之诉,给付之诉是附带的、有限的;其次本案如判决,完全可以履行;第三保全的范围主要是当事人的财产或者争议的标的物,而不是放不放电影、发不发奖金这种行为;第四如果停放电影,造成经济损失太大,当事人是无法承受的,社会效果也不会好。

三、编辑与业余作者的关系问题

不少文章说,编辑与业余作者之争,就是编辑要挂名,否则就不让通过,这是不正之风。的确,文艺界、电影界、出版界可能存在这类不正之风,但具体问题要具体分析。乔当时是业余作者,姜主要任务是上影编辑,但他当时与乔商谈合作改编其小说为电影剧本时,也是利用业余时间搞创作,也是业余作者,并非以编辑身份出现。作者向电影厂投稿,"稿件在半年之内将处理结果告作者,超过半年未提出意见的,作者可以另作处理。"(《电影局关于故事片厂电影文学工作的若干规定》)不少文章曾引用这一规定否认姜二稿的合法性,其实,乔一稿写好后,并非向上影厂投稿,而是请姜写二稿,因此,"半年"的规定不适用于乔姜合作改编的"期限"。

四、为什么要花许多精力力争调解解决

一是从该案情况复杂、社会影响大考虑,二是为了保护这些中青年作者,尽量不使其受到伤害,三是几十年来的民事审判的指导思想从"调解为主"到"着重调解",以妥善解决纠纷,减轻当事人讼累。所以从合议庭到审委会,都一致主张力争调解解决。因为从双方的实际情况看,有调解的基础。调解协议是双方当事人在合议庭主持下经过5天时间,反复推敲、互谅互让的结果。

本案最终的妥善解决,对于维护当时的社会稳定、促进法制进步、保护创作者合法权益具有重要的意义。本案也是我国知识产权审判的标志性案件之一,在1984年当时《民法通则》尚未颁布,没有实体法可以依照的情形下,江苏省高级人民法院依照法律精神,就合作作品案件的审理所确定的裁判尺度以及积累的宝贵经验,对之后类似案件的审理以及《著作权法》立法工作具有重要的推动作用。

(一审合议庭成员:刘天弼　黄　辉　杨林泉　崔登岭　王贞全
编写人:江苏省高级人民法院民三庭根据案件承办人撰写文章整理)

16. 湖北教育出版社诉北京高教音像出版社、惠州东田音像有限公司音像制品复制权、发行权纠纷案

阅读提示：在审理著作权侵权纠纷类案件中，当被告有证据证明涉案作品的原始权利人非原告所获权利的授权人时，应如何处理？

裁判要旨

在审理著作权侵权纠纷类案件中，一般只要审查到权利人拥有权利的初步证据真实，即可认定权利人完成了举证责任，其权利合法有效。本案的裁判意义在于，当本案中被告有证据证明涉案作品的原始权利人非原告所获权利的授权人，主张原告不具有诉讼主体地位时，不能简单地以原告的合同经过国家的相关部门登记来认定原告的权利，而应让原告举证证明有一个合法的、来自于真正权利人的权利来源。

案 号

一审：湖北省武汉市中级人民法院（2004）武知初字第113号
二审：湖北省高级人民法院（2005）鄂民三终字第8号

案情与裁判

原告（二审被上诉人）：湖北教育出版社（简称"湖教出版社"）
被告（二审上诉人）：北京高教音像出版社（简称"北教出版社"）
被告（二审上诉人）：惠州东田音像有限公司（简称"东田公司"）

起诉与答辩

原告湖教出版社于2004年5月10日起诉至湖北省武汉市中级人民法院称：2002年12月14日，湖教出版社经北京国际版权交易中心（简称"版权交易中心"）授权，独家拥有《走遍美国》（Family Album U.S.A.）系列产品中的《走遍美国》教学版（Classroom Video Course）图书、VCD、CD-ROM光盘产品在中国大陆地区制作、出版、发行和以产品宣传为目的的电视播出权利。湖教出版社行使上述专有权利时，北教出版社、东田公司未经授权大量复制、发行《走遍美国》VCD光盘，给湖教出版社造成经济损失。2003年6月2日，湖北省版权局对武汉音像市场上销售的标称由北教出版社出版、东田公司发行的涉嫌侵权产品《走遍美国》VCD光盘进行了扣押、查封。为此，请求法院保护其合法权益，判令被告停止侵权、赔偿经济损失213 349.48元人民币，并在《新闻出版报》和《中华读书商报》上登报道歉。

被告北教出版社、东田公司辩称：英语教学音像材料《走遍美国》（Family Album

U. S. A.》)的著作权人为美国麦克米伦公司,北教出版社基于美国麦克米伦公司的授权,以及与进口使用方北京阶梯信息工程有限公司签订的合同,于1993年开始对《走遍美国》享有出版权;对于原告称其所享有的专有出版权,因原告不能证明专有出版权来自于著作权人的授权许可而不能成立;本案所涉争议,原告曾经起诉过后又撤诉,在无新事实、新证据的情况下,又提起本案诉讼,影响了被告的正常经营活动,请求法院驳回原告的诉讼请求。

一审审理查明

一审法院经审理查明:1993年初,北教出版社作为甲方与北京阶梯信息工程有限公司作为乙方就联合编录《Family Album U. S. A.》录像教学片的有关事宜,签订版权贸易合同一份。主要内容为:甲、乙方经美国麦克米伦出版公司授权同意,联合编录《Family Album U. S. A.》录像教学片,并定名中国版为《走遍美国》,甲方为中国版的版权总代理;除电视台播出以外的VHS录像带的发行事宜,不属此合同范围,拟另行约定。1993年4月15日,国家教委电化教育司以教电司进(1993)1号批文同意北教出版社进口出版《走遍美国》教育录像片。同年5月13日,国家版权局对上述版权贸易合同进行了审查登记,登记号为00964。同日,国家新闻出版署音像管理司给北教出版社颁发了(93)新出科教进字第001号海外科教音像制品进口出版许可证,许可证有效期至1994年5月13日。音像制品进口后,北教出版社对原录像带的内容配置了中文讲解与辅导。2002年11月14日培生教育集团与版权交易中心签订授权合同一份。主要内容为培生教育集团向版权交易中心提供《走遍美国》多媒体英语教材包括课堂教学用书、光盘等产品在中国境内改编、出版、宣传和销售的独家许可和权利,期限3年。当日,培生教育集团据此向版权交易中心出具授权书一份,授权范围、期限与授权合同基本相同。2002年11月18日,版权交易中心向北京市新闻出版局申报,办理了出版《走遍美国》系列产品的合同登记手续。2002年12月14日,版权交易中心与湖教出版社签订出版合同一份,主要内容:版权交易中心经培生教育集团授权,独家拥有《走遍美国》《Family Album U. S. A.》系列产品在中国大陆地区的改编、出版、发行、广告、播出、宣传等合法权利;版权交易中心授权湖教出版社在本合同有效期内以合同规定的载体形式出版《走遍美国》《Family Album U. S. A.》系列产品之一《新编走遍美国》(Classroom Video Course)。当日,版权交易中心向湖教出版社出具一份授权书。2003年4月2日,版权交易中心对其授权向湖教出版社出具一份说明,载明:2002年12月14日签发的授权书为独家授权,即授予湖教出版社在中国大陆地区独家享有授权书所列之权利。经调查,北教出版社对其出版、东田公司对其发行《走遍美国》VCD光盘的事实不持异议。

一审判理和结果

一审法院认为:根据《著作权法》及《著作权法实施条例》的有关规定,音像制作者对其制作的音像制品,享有许可他人复制、发行、出租、通过信息网络向公众传播并获得报酬的权利;未经音像制作者许可,他人不得复制、发行、出租、通过信息网络向公众传播音像制作者制作的音像制品。《走遍美国》的原制作者虽然为美国麦克米伦公司,但并不影响培生教育集团以该制品版权持有人的身份与版权交易中心签订版权贸易合同，且因涉及进口出版外国图书及其音像制品，该合同经过北京市新闻出版局审查登记，故版权交易中心引进该制品在中国出版、发行的权利来源合法，进口登记手续完备。从湖教出版社提供的《走遍美国》音像制品进口合同登记表及版权交易中心出具给湖教出版社的授权证明来看，湖教出版社依约对该制品的系列产品独家享有在中国大陆复制、发行的权利，有权排斥他人未经许可复制、发行该音像制品，同时也有权行使对侵权人的请求权。因此，对于湖教出版社在本案中所主张的权利，予以支持。北教出版社、东田公司有关《走遍美国》的版权人为麦克米伦公司，本案没有证据证明培生教育集团为该制品的版权持有人，版权交易中心权利来源缺乏合法性的辩解意见，不予采纳。由北教出版社出版、东田公司发行的《走遍美国》VCD 光盘，虽然在原《走遍美国》的基础上配置了中文讲解与辅导，但音像及英文部分与原告复制、发行的权利制品《走遍美国》一致。北教出版社未取得将《走遍美国》以 VCD 形式复制、发行的权利，故其对被控侵权制品取得了合法出版、发行权的辩解意见，不予支持。北教出版社、东田公司未经许可，复制、发行《走遍美国》VCD 光盘，侵犯了湖教出版社对《走遍美国》VCD 光盘所享有的独家复制权、发行权。对此，北教出版社、东田公司均应承担相应的侵权民事责任，包括停止侵权、赔礼道歉、赔偿损失等。关于损失赔偿数额，由于湖教出版社的实际损失以及北教出版社、东田公司的违法所得不能确定，综合酌定侵权损失额为 9 万元人民币；为制止侵权而支出的合理费用 35 996 元，共计 125 996 元人民币。对于该赔偿，北教出版社、东田公司互负连带赔偿责任。据此，一审法院依照《著作权法》第 41 条第 1 款、第 47 条第 1 款第（4）项、第 48 条，以及《民事诉讼法》第 128 条的规定，判决：一、北教出版社、东田公司立即停止复制、发行《走遍美国》VCD 光盘的侵权行为；二、北教出版社、东田公司于判决生效之日起 10 日内，在《新闻出版报》刊登声明，公开向湖教出版社赔礼道歉（致歉内容须经原审法院审核，如不履行该项义务，法院将在有关报刊上刊登判决书内容，费用由北教出版社、东田公司负担）；三、北教出版社、东田公司于判决生效之日起 10 日内赔偿湖教出版社经济损失 125 996 元人民币；四、驳回湖教出版社的其他诉讼请求。案件受理费 5 710 元，由北教出版社、东田公司各负担 2 855 元。

上诉与答辩

北教出版社不服，向湖北省高级人民法院提起上诉称：1. 一审判决对案件基本事实认定错误，培生教育集团并无证据证明其已取得本案所涉制品的版权，其与版权交易中心的授权文件，以及本案中湖教出版社从版权交易中心所得到的复制、发行的授权是没有法律依据的。2. 一审判决适用法律错误，北京市新闻出版局的审查登记不能作为认定湖教出版社合法取得涉案制品版权的法律依据。3. 一审判决让其承担的民事责任缺乏法律依据，本案系财产权益之诉，而非人身权利之诉，让其承担公开赔礼道歉的民事责任无法律依据。请求判令：撤销一审判决，驳回被上诉人湖教出版社的全部诉讼请求，并由湖教出版社承担本案一、二审的全部诉讼费用。

东田公司亦不服，提起上诉称：1. 湖教出版社未能证明其出版发行的《走遍美国》VCD 拥有合法的授权，不能成为本案适格的诉讼主体。2. 北教出版社对案件争议的出版物拥有合法的权利，并依法授权东田公司发行，不存在被上诉人所称的侵权行为。请求判令：撤销一审判决，驳回被上诉人湖教出版社的全部诉讼请求，并由湖教出版社承担本案一、二审的全部诉讼费用。

被上诉人湖教出版社当庭答辩称：培生教育集团合法拥有本案所涉作品的版权，通过培生教育集团和版权交易中心之间的授权合同，以及版权交易中心与湖教出版社之间的授权合同，湖教出版社在支付了对价之后，已合法享有了对本案所涉作品在中国大陆内的独家复制、发行权。北教出版社、东田公司复制、发行《走遍美国》VCD 的行为已侵害了湖教出版社的独家复制、发行权，根据《著作权法》的相关规定，湖教出版社有权在其相关权利被侵犯的情况下，提起诉讼。一审判决事实清楚，判决正确，请求驳回上诉，维持原判。

二审审理查明

二审法院经审理查明，一审查明的事实属实，另补充查明：

湖教出版社于上诉法定期限内提交了一份境外取得的证据，该证据为美国国家版权局出具的对版权档案（V3515—D446）的证明（共 103 页）文件，该文件已经美国国务卿赖斯授权的助理认证官 Patrick·O 签字认证和我国驻美国大使馆认证。在该文件内有一份培生教育集团律师的关于本案所涉作品版权转移至培生教育集团的声明，以及美国新泽西州公证处证明的培生教育集团律师的声明，内容为证明培生教育集团享有麦克米伦公司的所有产权及相应的版权（包括本案所涉作品），且自 1993 年 11 月 10 日生效。在该档案文件中还有一份美国内华达州务卿出具的培生教育集团（Pearson Education. Inc）系于 2001 年 1 月 1 日由原"Prentice-Hall. Inc"公司更名而来的证明；以及一份美国新泽西州公证处公证的，时间为 1993 年 11 月 10 日 Prentice-Hall. Inc 公司购麦克米伦公司股权的协议等，在该协议第 13 页载明：麦克米伦公司在签订该协议后"将本公司及其直接或间接全资拥有的子公司，尽快向纽约州破产法庭提交自愿破产的申请，并将依照破产法第 11 章开始进行破产前的预先包装工作，准备申请破产前的编制改组联合方案，及相关申请手续和文件"等内容；第 91 页载明：在待收购的麦克米伦公司及其子（分）公司的净资产中的其他项内记载有"Family Album"一项。另在该协议中 2.13 章节内容表明：麦克米伦公司承诺了其名下的相关知识产权均未侵害他人的合法权益，且在双方签署该协议之时前推 3 年，其与任何一方就关于知识产权的诉讼纠纷均已结案；且至签署之时，其未受到有任何侵权的指控。据此可以认定麦克米伦公司的所有产权及相应的版权（包括本案所涉作品），已于 1993 年 11 月 10 日转移至培生教育集团前身名下，后于 2001 年 1 月 1 日转移至培生教育集团名下。

二审判理和结果

二审法院认为：1993 年 11 月 10 日培生教育集团前身，即 Prentice-Hall. Inc 公司与麦克米伦公司签订了收购麦克米伦公司股权的协议，该协议中含有本案所涉的作品。在 Prentice-Hall. Inc 公司于 2001 年 1 月 1 日更名为培生教育集团后，培生教育集团依法享有本案所涉作品的著作权。虽然北教出版社、东田公司对湖教出版社所提交的相关证据的内容不予认可，但其并无反证来证明其关于本案所涉作品的权利人为麦克米伦公司的主张，应承担相应的举证不能的后果。2002 年 11 月 14 日培生教育集团与版权交易中心签订授权合同一份。2002年12月14日，版权交易中心与湖教出版社签订出版合同一份，并向湖教出版社出具一份授权书。据此，湖教出版社已依据合同和授权书合法取得了《走遍美国》VCD等在中国大陆独家专有的出版、复制、发行并获得报酬的权利，并有权在其上述权利受到侵犯时提起诉讼，故上诉人北教出版社及东田公司关于培生教育集团并无证据证明其已取得本案所涉制品的版权，其与版权交易中心的授权文件以及湖教出版社从版权交易中心所得到的复制、发行的授权没有法律依据，湖教出版社不是本案合格的诉讼主体等主张无事实和法律依据，二审法院不予支持。从北教出版社提供的进口出版合同及许可证载明的内容来看，北教出版社曾经取得过对《走遍美国》录像教学片进行改编，并以录像带的形式录制，通过电视台播出的权利，但北教出版社以VCD形式出版《走遍美国》则超出了授权范围，该合同不能作为其以VCD形式出版《走遍美国》音像制品的权利依据。鉴于湖教出版社的实际损失以及北教出版社、东田公司的违法所得不能确定，一审法院综合酌定湖教出版社因侵权而遭受的损失为9万元人民币；及其为制止侵权行为所支付的合理开支35 996元并无不当。一审判决在北教出版社提交了本案所涉作品的原申请人为麦克米伦公司情况下，未查清培生教育集团的权利来源，就直接认定培生教育集团为本案所涉作品的权利人，系认定事实有误，应依法予以纠正；除此之外，其他事实基本清楚，程序公正合法，适用法律正确，实体处理正确，应予维持。依照《民事诉讼法》第153条第1款第（1）项判决：驳回上诉，维持原判。

法官评述

本案涉及的焦点问题在于：1. 湖教出版社是否享有在中国大陆独家复制、发行《走遍美国》作品VCD的权利，是否具备本案的诉讼主体地位。2. 北教出版社和东田公司的行为是否对湖教出版社依法享有的相关权利构成侵害。

一、关于湖教出版社是否享有在中国大陆独家复制、发行《走遍美国》作品VCD的权利，是否具备本案的诉讼主体地位

湖教出版社是否享有在中国大陆独家复制、发行《走遍美国》作品VCD的权利，应看其权利的来源是否合法有据。麦克米伦公司是《走遍美国》的原制作者，其于1990年11月至1991年6月间先后出版了《走遍美国》系列包括本案中所涉的（Family Album U. S. A.：Classroom Video Course），并进行了版权登记。据此，麦克米伦公司对上述作品享有版权。1993年11月10日培生教育集团前身，即Prentice - Hall. Inc公司与麦克米伦公司签订了收购麦克米伦公司股权的协议，从二审中查明的事实来看，1993年11月10日Prentice - Hall. Inc公司所收购的、原属麦克米伦公司的相关权利中含有本案所涉的作品。麦克米伦公司在签署上述协议时，已开始进行破产前的包装工作，准备自愿提交破产申请，并将其公司及子公司的净资产，包括"Family Album"在内的其他权利等待收购等。由此可见，Prentice - Hall. Inc公司在与麦克米伦公司签订上述协议后，至本案诉争时止的长达十余年的时间内，麦克米伦公司于1993年签订上述协议所作有关处置包括本案诉争的"Family Album"在内的全部资产的承诺与意

向应该会有变化或有结果。而湖教出版社于 2005 年 3 月调取提交的、经美国国家版权局备案的资料清楚表明，在 Prentice - Hall. Inc 公司于 2001 年 1 月 1 日更名为培生教育集团后，培生教育集团已享有了麦克米伦公司的所有资产权利，包括本案诉争的"Family Album"的版权的权利，即培生教育集团依法享有本案所涉作品的版权。而在北教出版社于二审中提交的经公证的新证据中，只显示出《走遍美国》在美国版权局中原申请人为麦克米伦公司的记录，而没有现在该作品权利人到底是谁的记录，该记录应属于一个在网上查询不完整的记录，故不能据此来认定该作品的权利人仍旧为麦克米伦公司。因此，虽然北教出版社、东田公司对湖教出版社所提交的相关证据的内容不予认可，但其并无反证来证明其主张，应承担相应的举证不能的后果。2002 年 11 月 14 日培生教育集团与版权交易中心签订授权合同一份。该合同的主要内容：培生教育集团向版权交易中心提供《走遍美国》多媒体英语教材包括课堂教学用书、光盘等产品在中国境内改编、出版、宣传和销售的独家许可和权利，期限 3 年并出具了授权书。2002 年 12 月 14 日，版权交易中心与湖教出版社签订出版合同一份，合同约定版权交易中心授权湖教出版社在该合同有效期内以合同规定的载体形式独家出版《走遍美国》（Family Album U. S. A.）系列产品之一《新编走遍美国》（Classroom Video Course）。当日，版权交易中心向湖教出版社出具一份授权书。据此，湖教出版社已合法取得了在中国大陆独家专有的出版、复制、发行《走遍美国》VCD 等的权利。在上述二份授权合同中，各方均未对独家、专有许可使用权的具体内容进行约定，根据《著作权法实施条例》第 24 条的规定，在专有使用权的内容合同没有约定或者约定不明的情况下，被许可人湖教出版社在支付了合同的对价后，有权在合同约定的时间、地域和方式内排除包括著作权人在内的任何人以同样的方式使用作品，湖教出版社应享有对《走遍美国》VCD 光盘等权利独家在中国大陆复制、发行并获得报酬的权利，并有权在其上述权利受到侵犯时提起诉讼，也有权对侵害其被许可的相关版权及获得报酬权的侵权人北教出版社、东田公司行使请求权。

　　二、关于北教出版社和东田公司的行为是否对湖教出版社依法享有的相关权利构成侵害

　　北教出版社和东田公司的行为是否对湖教出版社依法享有的相关权利构成侵害。则应看他们的复制和发行行为是否有其他合法权利来源。从北教出版社提供的进口出版合同及许可证载明的内容来看，北教出版社曾经取得过对《走遍美国》录像教学片进行改编，并以录像带的形式录制，通过电视台播出的权利，但其从未取得将《走遍美国》以 VCD 形式复制、发行的权利，且依登记号为 00964 的合同，北教出版社的录制工作应于 1993 年 5 月左右在北京电视台播出之前完成，有关录像带发行事宜合同中还未作约定，故北教出版社以 VCD 形式出版《走遍美国》超出了授权范围，该合同不能作为其以 VCD 形式出版《走遍美国》音像制品的权利依据，且北教出版社和东田公司又无法向法院提供其他的合法权利来源。因此，北教出版社未经许可擅自出版，及东田公司复制、发行《走遍美国》VCD 光盘的行为，已共同侵犯了湖教出版社在中国大陆内对《走遍美国》VCD 光盘所享有的独家复制权、发行权。对

此，北教出版社、东田公司均应承担停止侵权、赔礼道歉、赔偿损失等相应的侵权民事责任。

（二审合议庭成员：裴　缜　王俊毅　宋　哲
编写者：湖北省高级人民法院　王俊毅）

17. 高小华、雷著华诉重庆陈可之文化艺术传播有限公司著作权纠纷案

> 阅读提示：作品的构思和创意是否受《著作权法》保护？表现相同历史事件的不同作品，如果作品中反映了相同的自然地貌特征和其他要素，是否构成剽窃侵权？

裁判要旨

根据《著作权法实施条例》第 2 条的规定，《著作权法》所称作品，是指文学、艺术和科学领域内具有独创性并能以某种有形形式复制的智力成果。作品的构思和创意虽然具有独创性，但它们存在于人们的思维活动当中，无法通过有形的形式进行复制，因此构思和创意不是《著作权法》意义上的作品，不能得到《著作权法》的保护。

表现同一地区发生的同一历史事件的作品，其作品中反映的自然地貌特征属于公共资源，不能被某一创作者独占；表现同一历史事件时，由于历史的客观性，导致在创作中不可避免地出现某些相同的要素，也不能被某一创作者独占。对这类作品，判断是否构成抄袭的关键，是对作品具体的表达形式是否相同或者相似进行比较。

案 号

一审：重庆市第一中级人民法院（2004）渝一中民初字第 459 号
二审：重庆市高级人民法院（2006）渝高法民终字第 129 号

案情与裁判

原告（二审上诉人）：高小华
原告（二审为原审原告）：雷著华
被告（二审被上诉人）：重庆陈可之文化艺术传播有限公司（简称"陈可之公司"）

起诉与答辩

高小华、雷著华于 2004 年 7 月 20 日起诉称：陈可之公司完成的"重庆大轰炸"第二轮竞标作品侵犯其二原告共同创作的"重庆大轰炸"第一轮竞标作品的著作权。请求：1. 确认陈可之公司第二轮竞标作品剽窃其第一轮竞标作品；2. 判令陈可之公司立即停止侵害，并赔礼道歉。

陈可之公司答辩称：两幅作品的表达无论是在构图还是局部画面，均完全不同。两江环抱渝中半岛非原告独创，属共有公知领域，构图不可能享有著作权而受法律保护。请求：驳回二原告的起诉。

一审审理查明

一审法院经审理查明：高小华系重庆大学教授、油画家；雷著华系重庆市劳动人民文化宫退休美术工作者；陈可之公司的法定代表人陈可之系造型艺术家、油画家。2003年，重庆·中国三峡博物馆作为建设单位，重庆市城市建设发展有限公司作为招标单位，决定将"重庆大轰炸"半景画展览工程对外招标。为此，建设单位和招标单位制定了"陈列布展工程招标文件"，主要规定招标工作分为两个阶段进行，第一阶段为商务标和技术标的评选，在第一阶段评选出的前三名方可进入第二阶段，即方案深化、施工图设计和经济标的评选，第一阶段前三名在深化设计过程中如果改变招标文件约定的设计组织框架及项目负责人，必须征得建设方同意，否则被视为违约，可能取消相应资格等。2003年8月22日，重庆市美术公司与高小华签订《关于重庆·中国三峡博物馆"重庆大轰炸"陈列设计制作的合作协议》，约定：由重庆市美术公司为竞标单位，高小华为该公司特邀合作伙伴，亲自执笔完成半景画竞标画稿；如竞标成功，双方保持合作伙伴关系，由高小华组织画家完成半景画绘制，相应的著作权归高小华等内容。协议签订后，高小华与雷著华联手共同进行"重庆大轰炸"油画作品的创作。2003年12月26日，有重庆市美术公司、广州集美公司、沈阳鲁迅美术学院工程公司、北京新影公司、湖北鼎元建筑装饰工程有限公司（被告陈可之公司与该公司合作）参加第一轮竞标。竞标结果为重庆市美术公司、广州集美公司、沈阳鲁迅美术学院工程公司获得前三名。在此次竞标中，被告用于竞标的"重庆大轰炸"油画作品（简称"被告第一轮作品"）未能入选前三名。被告随即与在第一轮竞标中进入前三名的沈阳鲁迅美术学院工程公司合作参加2004年2月20日的第二轮竞标，此次竞标原告的"重庆大轰炸"油画作品在修改、完善其第一轮作品基础上仍以第一名在第二轮竞标中夺魁。2004年2月24日及此后，《重庆晨报》《重庆经济报》《重庆青年报》《重庆文艺》《文艺报》《美国华人报》等媒体以新闻报道等形式登载了被告第二轮作品并对该幅作品的创意及经过作了报道。二原告遂以被告将抄袭原告第一轮作品的被告第二轮作品用在上述媒体发表，其行为严重侵犯了二原告著作权为由，诉讼至法院。被告抗辩称，其第二轮作品的素描稿于2003年12月26日之前就已完成。这是由于被告公司作品的创作者之一陈可之及早发现了招标规则的弊端，尤其是招标书关于第一轮投标后要求入围单位交换光盘、互相借鉴的深化设计规定，即可能造成对知识产权的侵害，为了避免自己作品被别人抄袭而不得已准备了两套方案的原因形成的结果，重点着力打造的倾力之作第二轮评标时才拿出，而用于第一次投标的画稿仅为应对之作（现仍为未完成状）。被告认为只要能进入前三名，取得进入第二轮投标的资格即可。第一轮投标失败后，与第一轮评标仅10天时间，被告公司于2004年1月5日立即与沈阳鲁迅美术学院工程公司联系，沈阳鲁迅美术学院工程公司在认同被告公司第二轮画稿的艺术价值和竞争实力后才决定与被告合作。

另查明，2003年12月26日、28日，原、被告等参加竞标的5家单位的作品均相互公开并有接触；被告在2003年12月26日第一轮竞标时的油画作品与其在2004年2月20日第二轮投标时的油画作品为不同作品。

再查明：1. 原告的第一轮竞标油画作品"重庆大轰炸"以要反映真实的历史，就要结合景观布置的声光电环境，而与半景画融为一体的创意点。并采用了立足重庆市渝中半岛的通远门，以纵向及从背后看重庆的角度，采用两江环抱、大江东去、呈金字塔型的构图等创意。该油画画面集中表现日本轰炸机对重庆市五年半的轰炸，突出从南纪门到储奇门、望龙门直至朝天门沿长江一线有39个炸点的历史事件，以及国际红十字会的救护、灭火、电力工人恢复电力和大隧道惨案、反抗等内容。2. 被告第一轮竞标油画作品"重庆大轰炸"采用了从重庆市南岸区眺望渝中半岛的角度，突出表现长江临近渝中半岛的江水，有船和沙滩，画面是以20世纪30年代的山城旧貌为主，站在船上，对望重庆两江及渝中半岛。两江在油画的右下方汇合，沿着画面远处为江北城，观众的视点中心位置是以储奇门为中心点辐射全景，老式的街道错落有致。江岸有高高的石头堡坎，密密的隐隐桅帆，日本轰炸机对朝天门的轰炸和渝中半岛的浓烟滚滚、火光冲天以及下半城几道城门涌出的逃难的市民及江边渡船和船上的人等内容。3. 被告第二轮竞标油画作品"重庆大轰炸"从整体构图上看，以鸟瞰的角度，八字型的两江环抱和长长的地平线，展现辽阔地形；以通远门城墙作为主骨架支撑整个画面，拉近远、中、近的关系，突出城市纵深感，形成完善、准确、透视精美的山城结构图；准确的街道分布，立足于金汤街高处，以俯视的角度看渝中半岛，准确反映江水向东（左边）的流向及朝天门等准确城市地理轮廓。从画面组成上看，表现了五年半大轰炸突出的重要历史画面，如：五三大轰炸（画面中上部）、五四大轰炸（画面中部）、大隧道惨案（画面右部）、24万人大逃亡（画面左部）、反抗救护（画面中部）和重建家园（画面中部）。画面中部的精神篇，废墟立柱造型如锋利之剑，象征炸不垮的民族精神。画面左、中、右的情节篇，丰富而生动、形态各异的情节——逃难的下江人、老人、商人、军人、和尚、救护车、兵车等形成个体独立画面又整体统一，反映当时逼真的生活状态。还有画面中部昭示和平的和平鸽。其他尚有燃烧、轰炸、废墟、居民、救护车、救火等等篇章。

原告第一轮作品与被告第二轮作品的异同。主要相同处：构图骨架基本相同，即均采用立足重庆市渝中半岛的通远门，以两江环抱、大江东去、呈金字塔型的创意来构图等，此外，红十字会的救护、尸堆、打下的日军飞机的落向等。主要不同处：画面房屋结构、朝天门的朝向、浓烟的走向（风向）、画面色彩、逃难的人群等。

还查明，被告第二轮油画作品于2004年2月23日在重庆市版权局进行了著作权登记，作者和著作权人均是陈可之公司，作品完成日期为2004年1月。

一审判理和结果

一审法院认为：被告的作品在取景角度和部分绘画素材以及图形结构方面与原告的作品存在相似之处，被告虽然有借鉴原告作品创意之行为，但在自己的作品中又因其独创性表述而成为不同的作品。被告的该种借鉴行为为双方认可的招标方案所认同，也符合《著作权法》之规定，不符合复制性侵权行为的构成要件，故原告指控被告剽窃的理由不能成立，证据亦不充分，被告发表、登载其作品是行使其合法权利的行为。依照《民事诉讼法》第64条第1款、第128条的规定，并经一审法院审判委员会讨论，判决：驳回高小华、雷著华的诉讼请求。

上诉与答辩

高小华上诉称：陈可之公司的第二轮竞标作品引用和借鉴了上诉人第一轮作品的主

要部分，其行为构成了著作权侵权。请求：1. 撤销一审判决；2. 支持上诉人的一审诉讼请求。

陈可之公司答辩称：两江环抱渝中半岛属于地理地貌，属共有公知领域，高小华不能对此享有著作权，而且两幅作品无论在构图，还是局部画面均有明显区别，是分别独立的作品，而非剽窃。请求：驳回上诉，维持原判。

二审审理查明

二审查明的事实与一审查明的事实相同。

二审判理和结果

二审法院认为：

一、关于陈可之公司是否有借鉴高小华作品创意的行为

根据已查明的事实，陈可之公司接触过高小华的第一轮作品；根据招标方案，竞标作品在深化阶段即第二轮创作阶段可以相互借鉴；通过比较，陈可之公司第一轮作品与第二轮作品为不同作品，而陈可之公司第二轮作品与高小华第一轮作品在取景角度上存在相同或者相似的地方。另外，陈可之公司虽声称其第二轮作品素描稿在12月26日前已经形成，但未提供足够的证据予以证明。基于以上事实的分析，不能排除陈可之公司有借鉴高小华作品创意的行为。

二、关于陈可之公司第二轮作品是否构成对高小华第一轮作品剽窃侵权

虽然可以认定陈可之公司接触过高小华的作品，但是"接触"只是构成剽窃侵权的一个要件，而"作品创意"不属于作品的表达形式，不受《著作权法》保护，并不能因有借鉴作品创意的行为就认定构成剽窃侵权。本案已经确认高小华和雷著华对其第一轮油画作品"重庆大轰炸"依法享有著作权，认定是否构成剽窃侵权的核心在于陈可之公司第二轮作品是否复制了高小华第一轮作品中具有独创性的表达形式，即需要明确取景角度是否属于《著作权法》保护的具有独创性的表达形式，两幅作品在具体表现的手法上是否相同或者相似，两幅作品在对细节的处理上是否相同或者相似这三个问题。

第一，取景角度是否属于《著作权法》保护的具有独创性的表达形式

高小华在选择作品的取景角度时付出了劳动和判断是应当得到肯定的，但《著作权法》保护的是作品中具有原创性的表达形式，而对于客观历史事实或者自然地理地貌则不予保护。通过一些反映重庆渝中区面貌的资料照片可以看出，从七星岗、通远门观察渝中区，能够清楚地看到两江环抱渝中半岛的景象，其周边的地理外观与两幅油画中的形状均大致吻合。"立足通远门，两江环抱渝中半岛"实际上反映的是重庆的自然地貌，是渝中半岛客观存在的地理特征，自然地貌属于公有领域，不受《著作权法》的保护，高小华可从这个角度进行绘画创作，陈可之公司也有权利从这个角度进行绘画创作，高小华不能把公有领域的地形地貌划入其作品的专有保护领域。因此，此案中，取景角度不宜认定为《著作权法》保护的具有独创性的表达形式。

第二，两幅作品在具体表现的手法上是否相同或者相似

"重庆大轰炸"半景画油画作品是命题作画，投标者均须对重庆被日本飞机轰炸的历史进行表现，而要表现轰炸场面，飞机、死亡、逃亡、伤员救护、清理废墟残垣、救火、抵抗等场景是画面必不可少的要素，高小华作品与陈可之公司作品均对上述场面进

行表现是完全正常的，但是两幅作品在场景和内容的具体表现手法上却有较大差别。如，陈可之公司作品左下部分描绘的是 24 万人从七星岗、通远门、金汤街一带大逃亡，七星岗街道、通远门城墙、金汤街巷道为画面主体，街道开阔，由西向东北延伸，人群以各种形态在三条道路上逃难。画面最前段为两处民居特写，一为通远门豆花，一为坎上火锅；高小华作品七星岗呈狭长沟状，通远门只有两堵城墙，金汤街上主要表现为废墟和抢救，人物较少。陈可之公司作品中部近景描绘的依次是红十字救护，废墟与清理，场景比较开阔，人物形态较丰富，光线充足；高小华作品中部近景为废墟和清理，人物较少，色彩较暗。陈可之公司作品右下部分近景将十八梯隧道惨案移至此处，有十八梯，尸堆和救护，场地开阔；高小华作品右下部分近景狭窄，左边有一群人在一个窑洞前集会，右边有几门高射炮，一些军人在射击。陈可之公司作品的中远景展示了五三大轰炸、五四大轰炸等突出的历史事件，对渝中半岛主要的街道和人文地点进行了描绘；高小华作品的中远景突出从南纪门到储奇门、望龙门直至朝天门沿长江一线的 39 个炸点。因此，两幅作品在具体表现的手法上不相同也不相似。

第三，两幅作品在对细节的处理上是否相同或者相似

两幅作品虽然都是以纵向和从背后看渝中区，但是高小华作品倾向于平视，陈可之公司作品以俯瞰为主。虽然都为两江环抱，但是在对地平线、两岸景致及两江的角度和流向的处理上不同。陈可之公司作品两江呈八字形环抱，江水向西流，朝天门的位置与实际地理位置一致，在渝中半岛的西北角，左边江面更开阔，可以看见江面和岸上情景；高小华作品两江较狭窄，尤其左边江面不明显，右面江面呈之字型，江水向东流，朝天门的位置与实际地理位置不一致，在渝中半岛的东北角。渝中半岛部分虽然都体现了山城的丘陵形状，但陈可之公司作品平坦开阔，高小华作品则陡峭一些，略呈"金字塔型"。对火、烟、云及整个画面色彩的处理有较大的不同，使作品的整体视觉效果差异很大。陈可之公司作品中有较大面积的火光，强调爆炸和燃烧，天空中有大块的云，烟雾呈絮状，基本呈黑色，向东漂浮，画面以蓝色为基调，光线较强；高小华作品基本没有火光，天空中没有云，烟雾呈大朵的棉花状，基本呈白色，向西漂浮，画面以黑白为基调，光线较暗。因此，两幅作品在对细节的处理上是不相同也不相似的。

综上，虽然认定陈可之公司接触过高小华的作品，不排除其有借鉴高小华作品创意的行为，但是由于本案中取景角度不宜作为《著作权法》保护的具有独创性的表达形式，两幅作品在具体的表现手法上和对细节的处理上不相同也不相似，陈可之公司第二轮作品没有复制高小华第一轮作品中具有独创性的表达形式，陈可之公司第二轮作品不构成对高小华第一轮作品的剽窃侵权，高小华的上诉理由不能成立。因陈可之公司不构成侵权，对高小华关于赔礼道歉、消除影响的请求不予支持。依照《民事诉讼法》第 153 条第 1 款第（1）项的规定，判决：驳回上诉，维持原判。

● 法官评述

本案双方争议的焦点问题是陈可之公司第二轮竞标作品是否构成对高小华第一轮竞标作品的剽窃，而在作侵权判断之前，还必须解决陈可之公司作品借鉴高小华作品如何

定性，自然地理地貌是否受著作权保护，以及对表现同一历史事件的作品中出现的一些相同要素如何对待的问题。因此，本案对命题作画或者表现特定历史事件的作品的著作权保护具有一定的借鉴意义。

一、关于陈可之公司作品借鉴高小华作品的问题

根据照片资料可以反映出渝中半岛呈两江八字型环抱的地形，以及半岛上七星岗、通远门、金汤街等具体地点的地形。因此通过照片资料，可以得出这样的结论，只要选取了这样的取景角度，就可以得到这样的地理外观，渝中半岛的地理外观和取景角度是客观存在的，而且该客观存在可以通过一定的资料文献反映出来。那么，陈可之公司是否可以用照片资料来证明其创作是依据了其他来源而独立创作，而并非取自高小华的作品。笔者认为，至少在现有的事实面前，还不足证实陈可之公司的辩解。主要的理由有以下两方面：一是取景角度在现实中客观存在这一事实并不能否定高小华在选取该取景角度时付出了创造性的智力劳动，因为高小华首先将该角度表现了出来，高小华作品所选取的角度是最佳的，而且高小华画面中的地理外观并非是客观地理地貌的简单复制，而是将时间和空间巧妙地结合，以一幅画来表现五年半的轰炸历史。二是陈可之公司即使确实掌握了该角度的其他公共资源，但在第一轮投标作品中并未加以利用，却在第二轮中加以运用，让人不得不怀疑陈可之公司能不能在如此短的时间内，将以前的方案完全推倒重来，而仅凭老地图和照片就完成新的取景设计。从这点看来，不能排除陈可之公司因接触高小华作品而受启发，从而借鉴高小华作品的取景角度、艺术表现手法和部分内容要素用在自己的第二轮竞标作品上的可能性。

二、关于两幅作品的具体表达形式

"重庆大轰炸"是命题作画，要求比较客观、全面地再现重庆历经五年半的轰炸，以及其间主要的历史事件，因此，在两幅作品中都出现轰炸场面、飞机、死亡、逃亡、伤员救护、清理废墟残垣、救火、抵抗等场景，是重庆大轰炸这一历史事件中不可缺少的内容，是作品不可或者缺的要素，高小华与陈可之公司在其作品中均对上述场面进行了表现是完全正常的。而是否构成剽窃的关键是看这些具体表达形式是否有相同或者相似的地方。通过比较，两幅作品无论是在对朝天门的位置处理，渝中半岛的形状，以及对整个画面色彩的处理和对火、烟、云等具体要素的表现手法上都有很明显的区别。由于两幅作品在具体表现的手法和对细节的处理上均有很大的差别，因此使两幅作品的整体视觉效果差异很大。

三、关于两幅作品中的相似部分是否受《著作权法》保护

陈可之公司作品既然存在对高小华作品中相似部分接触和利用的可能性，那么判断侵权的关键就是看高小华作品中的相似部分是否属于《著作权法》保护的范围。笔者认为，高小华在选择作品中的取景角度时付出了劳动和判断，但是法律保护作品的具体表达形式，而不保护客观的历史事实或者自然地理地貌。"立足通远门，两江环抱渝中半岛"反映的是重庆的自然地貌，是客观存在的地理表象。该场景在自然环境、资料图片中均有体现，是属于公有领域的东西。在确认后者是否侵权时，不能把本属于或者已进入公有领域的地形地貌划入先行创作完成的著作权人的专有领域中，而是要确认后者是否直接复制了前者，或者后者是否使用了前者对该地形地貌的独特设计。经比较鉴别，

两幅作品虽然选择了相似的角度取景，但在具体绘制该角度所反映出的地形地貌时各有特点，其表述是不一样的。如果给予"立足通远门，两江环抱渝中半岛"以著作权保护，对陈可之公司乃至以后的其他创作者来说都是不公平的。

在艺术创作中，用一幅作品将不同时空的主题同时表现出来的创作手法屡见不鲜，并非高小华首创，这种创作手法在历史题材的文学艺术创作中尤其常见。而内容要素，也就是绘画的素材，更是人人皆可用之。创作手法也好，创意和构思也好，都是属于思想和观念的范畴。《著作权法》不保护思想，只保护思想、创意、构思的具体表达形式。《著作权法》不禁止在他人作品基础上激发灵感。陈可之公司即使确有受高小华作品启发的事实，取其角度，采其素材，用其手法，但以不同的细节，不同的内容、风格、线条、颜色、布局、姿态、表情、造型等表达出来，有改进、有发展，能为我所用，这叫表达形式不同，不应视为剽窃。并且根据美术创作的基本规律，借鉴与模仿都不能通过简单劳动再现，需要复杂劳动才能实现。即便是概念上单纯的剽窃，也会因艺术家本身对作品的理解和创作意境的不同而使作品呈现出完全不同的表达形式。所以绘画作品的剽窃判断是非常难的，而且也应当是非常慎重的。在判断时，应站在具备一般观赏力的观众的角度，既考察画面整体视觉效果，也考察画面局部内容，基本上形成了画面的直接复制才能构成剽窃。由此可知，陈可之公司第二轮竞标作品没有剽窃高小华第一轮竞标作品中具有独创性的表达形式，陈可之公司作品不构成对高小华作品的剽窃侵权。

四、对作品独创性的思考

作品的独创性就是指在作品中应当有自己的智力创作因素存在，从而与其他作品相区别。按照刘春田教授的话讲，"一件作品的完成是该作者自己的选择、取舍、安排、设计、综合的结果，既不是依已有的形式复制而来，也不是依既定的程式（又称手法）推演出来"。独创性只涉及思想的表达，而不涉及思想本身，只要在作品中有作者的智力劳动成果，有区别于他人作品的独特表达形式，而且不具有抄袭他人作品的特征，那么，即使该作品本身创作的质量较差，或者有借鉴他人作品的思路、创意的行为，同样应受到《著作权法》的保护。甚至作品的名称相同，但只要内容是不相同的，这样的作品仍然具有独创性。随着信息网络的发展，独创性标准也应当与时俱进，不断发展，以适应层出不穷的著作权问题的挑战。

（一审合议庭成员：张仁辉　谢英姿　黎　慧
二审合议庭成员：蒙洪勇　张　勤　黑小兵
编写人：重庆市高级人民法院　黑小兵）

18. 刘国础诉叶毓山侵犯著作权纠纷案

阅读提示：合作创作雕塑作品是否须共同创作人进行口头或者书面约定？参与雕塑作品的放大制作或者在放大制作过程中对雕塑作品提出艺术造型方面的建议，能否构成事实上的合作创作关系？

裁判要旨

合作创作雕塑作品需要共同创作人对创作的作品，在作品的主题思想、整体结构、基本形态、表现手法等方面达成合意；同时，共同创作人还应当对合作创作的合作形式、合作分工、权利享有等合作内容达成合意。因此，共同创作人应对合作创作作品的主要内容进行口头或者书面约定，共同创作人之间才能建立合作创作的合作关系。

大型雕塑作品需进行小样（初稿）创作，然后根据该创作稿进行放大制作成大型雕塑作品，参与雕塑作品放大制作是根据作者的创作稿（初稿或二稿）进行放大制作，其并不对作者的原创作品进行实质性改变，故该放大制作行为不是合作创作行为，不能使参与雕塑作品放大制作人与原作者之间形成合作创做法律关系。在放大制作过程中参与雕塑作品放大制作人对雕塑作品提出艺术造型方面的建议，该建议无论通过口头或者实际刻画制作提出，但最终是否采纳认可，取决于原作者，故参与雕塑作品放大制作人的建议被作者采纳认可，不能构成参与雕塑作品放大制作人与原作者之间事实上的合作创作关系。

案 号

一审：原四川省重庆市中级人民法院（1987）民字第1049号
二审：四川省高级人民法院（1990）川法民上字第7号

案情与裁判

原告（上诉人）：刘国础
被告（被上诉人）：叶毓山

起诉与答辩

1987年5月，刘国础起诉认为：《歌乐山烈士群雕》系其与叶毓山共同创作，参加全国首届城市雕塑设计方案展览会所获纪念铜牌应共同享有；该次展览会上沙盘模型设计中刘国础为共同设计人。因此，刘国础要求确认《歌乐山烈士群雕》是其与叶毓山共同创作；沙盘模型标签上应标明刘国础为共同设计人。请求：判令叶毓山停止侵害，消除影响，赔偿经济损失。

叶毓山辩称：《歌乐山烈士群雕》是其个人创作，其并未与刘国础合作创作该作品；纪念铜牌是首届全国城市雕塑设计方案展览会为其创作的《歌乐山烈士群雕》和《鹰塔》所颁发，不涉及刘国础；全国首届城市雕塑设计方案展览会初展展出沙盘时，标签如何署名其并不知道，且明确表示其对沙盘的设计署名权无争。

一审审理查明

一审法院经审理查明：1981年9～11月，叶毓山受《歌乐山烈士群雕》建造倡议单位共青团重庆市委、重庆市教育局、重庆市文化局等的聘请，个人义务设计创作出9个人物的烈士群雕初稿。同年11月25日，在重庆市各界代表参加的"群雕奠基典礼大会"上，叶毓山展示了其创作的三十余厘米高的烈士群雕初稿，并对其创作构思、主题思想和创作过程作了说明，获得与会者鼓掌通过。同年12月开始按初稿进行放大制作，并成立烈士群雕工程办公室。刘国础作为办公室工作人员，参加了按叶毓山初稿做泥塑的框架，堆出泥塑初形等具体工作。1982年3～4月间，叶毓山的学生余志强、郭选昌、何力平参加了对泥塑初形进行大体艺术造型的工作。在此期间，叶毓山经常到现场进行指导，主要部位的雕刻一般由叶毓山亲自动手。1983年4月完成高2.12米的烈士群雕放大稿（既定稿）。之后，由叶毓山主持将定稿分割成四百余块，九个人头像各独立成一块，每个头像按1:4放大为泥塑，并翻成石膏，再由石刻工人用红花岗石按1:1进行制作，整个雕塑工程于1986年11月27日完成。在整个工程进行期间，刘国础对雕塑周围环境的布置、塑像的空心结构、花岗石的粘结和人物放大造型提过一些建议并做了一些具体工作。1984年5月，全国首届城市雕塑设计方案展览会展出了《歌乐山烈士群雕》定稿的缩小稿。为衬托环境，歌乐山烈士陵园的环境即沙盘模型作为附件进行了展出。展览结束后，展览组委会对参展雕塑作品发了纪念铜牌。叶毓山参展的《歌乐山烈士群雕》《鹰塔》获得纪念铜牌。因沙盘不属雕塑作品，故组委会对所有参展的沙盘模型均未发纪念铜牌。

一审判理和结果

一审法院认为：双方当事人讼争的《歌乐山烈士群雕》是建造倡议单位聘请叶毓山个人创作并由叶毓山亲自参加和指导下完成的。叶毓山应享有《歌乐山烈士群雕》的著作权。刘国础与叶毓山没有合作创作的口头或者书面约定，仅在参加烈士群雕制作过程中提过一些建议，按叶毓山创作稿做过一些具体工作，不能因此认定其为"烈士群雕"的共同创作人。关于纪念铜牌的问题，鉴于首届全国城市雕塑设计方案展览会的展览范围限于城市雕塑设计方案的作品，沙盘模型只起环境效果和附件的作用。评委会评选作品只评雕塑作品，不评沙盘模型。《歌乐山烈士群雕》作为雕塑作品所获得的纪念铜牌，自应归叶毓山个人享有。至于刘国础诉称叶毓山侵害其沙盘的署名权问题，与叶毓山无关，不属于本案审理范围。根据《民法通则》第94条的规定，判决：一、驳回刘国础的诉讼请求；二、《重庆歌乐山烈士群雕》的著作权和纪念铜牌归叶毓山享有。一审案件受理费20元由刘国础承担。

上诉与答辩

宣判后，刘国础不服一审判决，向四川省高级人民法院提起上诉称：1. 刘国础是烈士陵园的雕塑专业创作人员，其与叶毓山一样是受发起倡议建造烈士群雕单位之一的重庆歌乐山烈士陵园委派，参加了烈士群雕的雕塑工作，其未获聘书是无可非议的；实际上叶毓山也无聘书，仅有共青团重庆市委关于"联系聘请叶毓山同志担任设计少先队员集资修建烈士群雕图纸任务及有关事宜"的《介绍信》，故作品的署名权不能仅以"聘书"为唯一根据来判定。2. 刘国础和叶毓山均是烈士群雕工程办公室的工作人员，从1981年10月份其与叶毓山已有了烈士群雕创作设计上的合作分工关系（叶毓山分工做30厘米的烈士群雕小稿，刘国础分工设计70cm×90cm歌乐山烈士墓小模型，两件合起成为一套完整的设计方案），刘国础和叶毓山合作在烈士群雕第二稿的基础上，主要由刘国础指挥制作了2.12米高的定稿骨架，该2.12米高的定稿绝对不是按初稿进行放大，骨架对造型艺术起着重要的作用，它好比真人的骨骼一样，影响着一个人的形态，烈士群雕上的九个人物刘国础都动手做过，并反复推敲、深入刻画，刘国础和叶毓山在烈士群雕塑造形象（修改）上是交叉进行，定稿和初稿相比，发生了很大变化，故其与叶毓山在共同创作烈士群雕上存在事实上的约定关系。3.《烈士墓沙盘》就是《歌乐山烈士纪念碑》的总体设计，《歌乐山烈士群雕》就是烈士纪念碑的主雕，它们是《歌乐山烈士纪念碑》设计的总体与局部的关系。叶毓山发表"烈士群雕"就是称之为《歌乐山烈士纪念碑》，叶毓山在1984年5月全国城雕展览时，亦将"群雕"和"沙盘"作为其自己的一、二号作品报展，而后又将二号作品并入一号作品成为"附件"，但一、二号作品，早已形成不可分割的一套完整的设计作品（即"歌乐山烈士纪念碑"），故原判以"至于刘国础诉称叶毓山侵害其沙盘的署名权问题与叶无关，不属本案审理范围"为由，驳回刘国础沙盘设计署名权的请求不当。请求支持其起诉请求。叶毓山针对刘国础的上诉意见，其辩称理由与一审答辩意见一致。

二审审理查明

二审法院经审理查明：1981年夏天，共青团重庆市委、重庆市教育局、重庆市文化局决定在全市少先队员中发起为修建《歌乐山烈士群雕》的集资活动，并一致同意聘请叶毓山为《歌乐山烈士群雕》的创作设计人。同年8月下旬，重庆市教育局、重庆市文化局的负责同志，分别口头向叶毓山表示聘请，叶均表示接受。同年9月10日召开的有关单位联席会上，叶毓山表示无偿设计。根据会议决定，歌乐山烈士陵园管理处指派刘国础负责同有关单位的联系工作，同年11月19日，共青团重庆市委派员到四川美术学院补办了聘请叶毓山创作设计烈士群雕有关手续。同月25日，在重庆市各届代表参加的"群雕奠基典礼仪式"上，叶毓山展示其创作的三十余厘米高的《歌乐山烈士群雕》初稿。并就创作构思主题思想、创作过程作了说明，获得与会者鼓掌通过。奠基会上还展示了刘国础根据有关领导指示为说明《歌乐山烈士群雕》所处环境位置而制作的歌乐山烈士墓模型。同年12月成立了烈士群雕工程办公室，刘国础为办公室工作人员。1982年3~4月，叶毓山在《歌乐山烈士群雕》初稿基础上又制作了一座高48厘米的烈士群雕二稿，与刘国础一道根据初稿、二稿基本形态的要求，指导木工制作了放大稿（又称定稿）骨架。刘国础除参加了堆初形外，还在叶毓山的指导下参与烈士群雕泥塑放大制作和其他一些工作。四川美术学院雕塑系的余志强、郭选昌、何力平也曾到现场对泥塑初形进行初步的艺术造形。放大制作过程中，叶毓山经常到现场进行指导和刻画修改，并对有关方面对烈士群雕艺术造型提出的合理建议予以采纳。刘国础在放大制作中通过口头或者实际刻画提出过一些建议。叶毓山认为符合自己创作意图和表现手法的，给予采纳认可。1983年初，高2.12米的烈士群雕放大稿完成后，经分割成四百余块，九个人头像各自独立为一块，分别由叶毓山等人按1:4比例放大制作成泥塑，翻成石膏，交由工人用红花岗石进行1:1比例石刻制作。1986年11月27日，历时5年的《歌乐山烈士群雕》正式落成。

1984年5月，全国首届城市雕塑设计方案展览会在北京举行，重庆市选送了《歌乐山烈士群雕》《烈士墓沙盘》等作品参展。展览结束后，展览会组委会对参展雕塑作品颁发纪念铜牌。叶毓山送展的《歌乐山烈士群雕》《鹰塔》获得了纪念铜牌。参展的沙盘不属雕塑作品，不颁发纪念铜牌。

二审判理和结果

二审法院认为：《歌乐山烈士群雕》是烈士群雕倡议单位委托叶毓山设计创作，并由叶毓山独立创作了烈士群雕初稿。该作品著作权应为叶毓山享有。刘国础提出其制作的歌乐山烈士墓模型与烈士群雕初稿结合起来成为一套完整的设计方案，因而存在烈士群雕创作设计上的合作分工关系的理由缺乏事实根据，不予认定。烈士群雕放大稿是在叶毓山亲自参加和指导下完成的，刘国础参与了放大制作的一些工作，通过口头或者实际刻画制作提出过建议，但最终是否采纳认可，取决于作者叶毓山。烈士群雕放大稿与初稿相比较，在主题思想、整体结构、基本形态、表现手法等方面是一致的，没有实质性的改变。出现的一些变化也是在叶毓山的指导、参加和认可下完成的，是在初稿基础上的修改完善。且不存在建造倡议单位委托刘国础参加群雕创作的事实，刘国础与叶毓山之间也没有合作创作的口头或者书面约定。因此，刘国础以实际参与制作的放大稿较初稿有变化和其与叶毓山存在事实上的约定关系，从而应享有著作权的主张不能成立，不能认定其为烈士群雕的共同创作人。全国首届城市雕塑设计方案展览会评委会评选作品只评雕塑作品，不评选沙盘模型，《歌乐山烈士群雕》作为雕塑作品所获得的纪念铜牌应归作者叶毓山享有。刘国础诉叶毓山侵害其沙盘模型署名权，叶毓山明确表示对沙盘模型的设计署名权并无争议，且沙盘模型署名权之诉的诉讼主体还涉及其他创作人，原审法院认定不属本案审理范围正确。原审法院判决认定事实清楚，证据充分，审判程序合法，适用法律政策正确。根据《民事诉讼法（试行）》第151条第1款第（1）项之规定，经二审法院审判委员会讨论决定，判决如下：驳回上诉；维持原判。二审案件受理费100元由刘国础承担。

法官述评

一、关于合作创作雕塑作品是否须共同创作人进行口头或者书面约定的问题

（一）刘国础认为其是烈士陵园的雕塑专业创作人员，其与叶毓山一样是受发起倡议建造烈士群雕单位之一的重庆歌乐山烈士陵园委派，参加了烈士群雕的雕塑工作，其应是烈士群雕的共同创作人。由于共同创作作品是经合作者的共同劳动，使之形成一部完整的作品。合作作品的创作应具有以下要素，首先合作者必须有共同的创作并共享著作权的愿望；其次合作者必须都参加了共同的创作劳动。本案中，刘国础并未否

认叶毓山在重庆市各届代表参加的"群雕奠基典礼仪式"上，展示其创作的三十余厘米高的《歌乐山烈士群雕》初稿是叶毓山单独创作的事实，且刘国础并未提供其与叶毓山对创作的作品，在主题思想、整体结构、基本形态、表现手法等方面达成合意，以及其与叶毓山对合作创作的合作形式、合作分工、权利享有等合作内容达成合意的相关证据，刘国础若与叶毓山并无《歌乐山烈士群雕》创作的作品构思上的合意，便无法进行共同创作，故受发起倡议建造烈士群雕单位委派参加烈士群雕的雕塑工作不能表明其必然是烈士群雕的共同创作人。法律上的合作须是双方意思表示一致，并有共同创作的行为，否则合作是不成立的。因此，共同创作人应对创作作品的主要内容进行口头或者书面约定，合作创作人之间才能建立合作创作的合作关系。

（二）刘国础认为其制作的歌乐山烈士墓模型与烈士群雕初稿结合起来成为一套完整的设计方案，因而存在烈士群雕创作设计上的合作分工关系。由于《歌乐山烈士群雕》是一个独立的作品，且从刘国础起诉主张看，其要求"确认《歌乐山烈士群雕》是其与叶毓山共同创作，参加全国首届城市雕塑设计方案展览会所获纪念铜牌应共同享有；该次展览会上沙盘模型设计中刘国础为共同设计人，沙盘模型标签上应标明刘国础为共同设计人"，表明刘国础是将《歌乐山烈士群雕》、歌乐山烈士墓模型分别作为独立的作品主张权利。因此，即使刘国础参与了歌乐山烈士墓模型设计，不能表明其应是《歌乐山烈士群雕》的共同创作人。

二、关于参与雕塑作品的放大制作或者在放大制作过程中对雕塑作品提出艺术造型方面的建议，能否构成事实上的合作创作关系的问题

（一）由于雕塑作品与其他文学、艺术作品不同，其他文学、艺术作品是以书写的文字，绘制的图案、色彩或者发出的声音旋律，或者人体的姿态、动作为其表现形式，而雕塑作品是通过雕琢、塑造，将某种固体物质（包括泥、石、木、金属）固定下来的立体形象作为表现形式，故大型雕塑作品需进行小样（初稿）创作，然后根据该创作稿进行放大制作成大型雕塑作品。刘国础虽与叶毓山一道根据叶毓山创作的烈士群雕初稿、二稿基本形态的要求，指导木工制作了放大稿（又称定稿）骨架，并参加了堆初形（即堆黏泥），以及在叶毓山的指导下参与烈士群雕泥塑放大制作和其他一些工作。但是，参与雕塑作品放大制作是根据作者的创作稿（初稿或二稿）进行放大制作，其并不对作者作品构思和作品既定外形进行实质性改变，故该放大制作行为不是合作创作行为，不能使参与雕塑作品放大制作人与原作者之间形成事实上的合作创做法律关系。

（二）根据本案查明的事实，刘国础在放大制作过程中，其对雕塑周围环境的布置、塑像的空心结构、花岗石的黏结和人物放大造型提过一些建议并做了一些具体工作。首先，刘国础在放大制作过程中提出对雕塑周围环境的布置、塑像的空心结构、花岗石的粘结的建议，均不发生对《歌乐山烈士群雕》原创作稿作品构思和作品既定外形的改变；其次，刘国础提出的各种建议，既然是"建议"，就无决定权，该建议无论通过口头或者实际刻画制作提出，但最终是否采纳认可，取决于原作者，而共同创作人对共同创作的作品应有决定权。因此，刘国础在《歌乐山烈士群雕》的雕塑作品放大制作过程中，其建议被叶毓山采纳认可，不能构成其与叶毓山之间建立事实上的合作创作关系。

三、关于法律适用问题

在本案终审判决时（1990年12月1日），《著作权法》尚未施行（1991年6月1日起施行），但《民法通则》第94条关于"公民、法人享有著作权（版权），依法有署名、发表、出版、获得报酬等权利"的规定，已对公民、法人享有的著作权（署名、发表、出版、获得报酬等权利）作出了相应规定，公民、法人享有的著作权已受法律的保护，故本案的处理是依据《民法通则》第94条的规定进行的判决。

（二审合议庭成员：张建魁　韩晋成　吕　谣

编写人：四川省高级人民法院　韩晋成）

19. 晏泳诉永城市文物旅游管理局、永城市芒砀山旅游开发有限公司侵犯著作权纠纷案

阅读提示：复制的古碑上出现人像幻影，该人像幻影是否为《著作权法》所保护的"作品"，复制该碑的雕刻石匠是否对人像幻影享有著作权？

裁判要旨

复制的古碑上出现的人像幻影不具备《著作权法》所保护的作品的两个基本特征，即创造性和可复制性，复制该碑的雕刻石匠对该复制碑并不享有著作权。

案　号

一审：河南省商丘市中级人民法院（2005）商民一初字第 24 号
二审：河南省高级人民法院（2006）豫法民三终字第 7 号

案情与裁判

原告（二审上诉人）：晏泳
被告（二审被上诉人）：永城市文物旅游管理局（简称"文物管理局"）
被告（二审被上诉人）：永城市芒砀山旅游开发有限公司（简称"芒砀山旅游公司"）

起诉与答辩

晏泳于 2005 年 7 月 4 日向一审法院起诉称：父亲晏鸿钧生前是一名技术精湛的石雕匠，一生所作石雕众多。1982 年春，时任芒山公社党委书记闫廷瑞和雨亭村党支部书记屈化龙委托其重刻"汉高断蛇之处"碑。随后，晏鸿钧采用人工打锻、磨面的方法重刻了该碑。1984 年，经过往车辆灯光照射，在石碑上显影人像幻影似拔剑斩蛇，形象生动。1992 年，当时县文化局见有利可图，将"汉高断蛇之处"碑及亭子围起卖票收费，后该碑由芒砀山旅游公司经营管理。该碑出现人像幻影系晏鸿钧精湛的石雕技术，采用人工锻刻、打磨所致，故该石碑著作权应由晏鸿钧享有。晏鸿钧去世后，应由晏泳继承。文物管理局、芒砀山旅游公司私自砌墙收费，严重侵犯了晏泳的合法权益。请求依法判令晏鸿钧享有"汉高断蛇之处"碑的著作权，晏泳享有继承权；判令文物管理局、芒砀山旅游公司停止侵权，未经许可不得展览收费，并消除影响、赔礼道歉。

文物管理局向一审法院答辩称：文物管理局是 1992 年成立，2000 年正式启动开始工作。晏泳所诉收费与文物管理局无关；2004 年 7 月，永城市根据政企分离的原则，成立了芒砀山旅游公司，并将"汉高断蛇之处"碑景点的经营管理权划归该公司。该公

司是该碑的经营管理和收益单位，故文物管理局不应作为被告。

芒砀山旅游公司向一审法院答辩称："汉高断蛇之处"碑系晏鸿钧仿照明代石碑重新刻制，石碑出现人像幻影非晏鸿钧有意识之行为，该石刻不具备作品的独创性，因而不是《著作权法》所保护的作品；假设该石碑是作品，因该石碑是晏鸿钧应其要求刻制，石碑的式样、碑文、材质均是按其要求所为，依照《著作权法》第11条第3款之规定，该石碑著作权归芒砀山旅游公司享有；因芒砀山旅游公司已支付费用，石碑的所有权、展览权已转移。晏鸿钧在世时许可芒砀山旅游公司使用，故芒砀山旅游公司展览收费的行为不构成侵权。请求法院依法驳回晏泳的诉讼请求。

一审审理查明

一审法院审理查明：永城市芒砀山景区名胜古迹众多。相传汉高祖刘邦在芒砀山斩蛇起义，明隆庆五年（1571年）曾在此处立"汉高断蛇之处"碑以示纪念。因原碑时代久远，风雨剥蚀，碑文模糊，碑体断裂，不便观赏。1982年，为恢复历史名胜古迹，原商丘地区行政公署、永城县人民政府拨专款重修"汉高断蛇之处"碑。在原芒山公社的统一安排和部署下，"汉高断蛇之处"碑正文缺字，据当地教师闫树梅之回忆，填字补句，连缀而成。郑效治书丹碑文，晏鸿钧比照原碑的外形，按郑效治所书碑文，利用人工打锻、磨面的方法，刻制龟座及碑体，重刻"汉高断蛇之处"碑后，晏鸿钧获得报酬800元。由于该碑立在十字路口，1984年，经过往车辆灯光照射，在石碑上显影人像幻影似拔剑斩蛇，形象生动。1992年，文物管理部门将"汉高断蛇之处"碑围起展览收费。后由文物管理局经营管理，2004年7月，文物管理局将经营管理权移交给芒砀山旅游公司。

一审判理和结果

一审法院认为：《著作权法实施条例》第2条规定："著作权法所称的作品是指文学、艺术和科学领域内具有独创性并能以某种有形形式复制的智力成果。"受《著作权法》保护的作品必须具备独创性和可复制性。独创性也称原创性或者初创性，是指一部作品是经作者独立创作产生的，是作者独立构思的产物，而不是对已有作品的抄袭。判断作品是否有独创性，应看作者是否付出了创造性的劳动，作品的独创性是法律保护作品表达方式的客观依据。本案中晏鸿钧重刻"汉高断蛇之处"碑不具有独创性。一是从"汉高断蛇之处"碑的整体外形和结构分析，根据芒砀山旅游公司提交的新旧"汉高断蛇之处"碑的照片可以看出，两块石碑的外形和结构基本一致，均是龟形基座，上立一椭圆形石碑。证明晏鸿钧是按照有关部门的要求，比照原碑重刻。二是从石碑上记载的内容分析，石碑正面记载的内容是据当地教师闫树梅之回忆补正的原"汉高断蛇之处"碑正文记载汉高祖刘邦芒砀山斩蛇起义的事略，石碑背面则是重刻"汉高断蛇之处"碑过程的叙文，碑文内容非晏鸿钧撰写，且石碑背面明确写明碑文系郑效治书丹，晏鸿钧根据郑所书雕刻。三是从石碑的雕刻技法分析，晏鸿钧雕刻石碑采取的是人工打锻和磨面的方法，该方法为当地石匠刻制石碑所通用，雕刻技法不具有独创性。四是从石碑发现人像幻影分析，晏鸿钧重刻的石碑上，夜间经灯光照射虽然呈现人像幻影，但此现象的出现显然不是晏鸿钧本人有意识之行为，不是其独立构思、独立创作的产物，是偶然发现的自然现象。五是晏鸿钧具有精湛的石刻技艺，雕刻了逼真的龟座，石碑正文两侧的雕花装饰，不可否认"汉高断蛇之处"碑凝聚了晏鸿钧的智力劳动，但综合分析，晏鸿钧按照有关部门的要求，比照原石碑重新刻制了"汉高断蛇之处"碑，石碑的整体外形、结构、碑文内容等信息在晏鸿钧雕刻前已经存在，无需任何想象的延伸，石碑因不能体现作品的独创性，不属《著作权法》所保护的作品，故晏鸿钧不享有"汉高断蛇之处"碑的著作权。晏泳诉请理由不能成立。依照《民事诉讼法》第64条、《著作权法实施条例》第2条之规定，一审法院判决：驳回晏泳的诉讼请求。案件受理费1 450元由晏泳负担。

上诉与答辩

晏泳不服一审法院判决，向河南省高级人民法院提起上诉称：晏鸿钧雕刻"汉高断蛇之处"碑显影人像幻影是具有独创性的艺术作品，属于《著作权法》保护作品。其一是"汉高断蛇之处"碑显影人像幻影，不是自然现象，是晏鸿钧独立构思创作的人为现象。明代"汉高断蛇之处"碑没有显影人像幻影，晏鸿钧所雕刻"汉高断蛇之处"碑显影人像幻影是不争事实，虽然不知道晏鸿钧采用何种构思、采用何种雕刻技法和工艺，使"汉高断蛇之处"碑显影人像幻影，但不影响其创作作品的独创性，应受法律保护。其二是晏鸿钧雕刻石碑所采用的技法不影响其作品的独创性，雕刻技法与作品的独创性无任何关系。晏鸿钧采用人工打锻、磨面的技法将其独特思维赋予创作中，使其"汉高断蛇之处"碑作品显影人像幻影，以这种方式给观赏的人很大的想象空间，不仅使人们加深了对历史的追记，也给人们以美的享受，这种作品完整的内涵具有独创性。其三是晏鸿钧所雕刻"汉高断蛇之处"碑的外形和碑文的内容对其石碑显影人像幻影的作品完整性、独创性均不构成任何影响。石碑外形、结构、碑文的存在，不影响其他形式的独创思维的展现，晏鸿钧将"汉高断蛇之处"碑的思维通过石碑表面显影人像幻影，是一种全新的创作理念，赋予"汉高断蛇之处"碑更新的作品内涵，是晏鸿钧运用智慧独立创作的结果。请求二审人民法院依法撤销一审判决，支持其诉讼请求。

文物管理局答辩称：文物管理局是1999年成立，2000年正式启动工作。晏泳所诉1992年县文化局对"汉高断蛇之处"碑建围墙管理收费与文物管理局无任何关系；2004年7月，根据政企分开的原则，成立芒砀山旅游公司，并将在1999年至2004年7月曾管理的"汉高断蛇之处"碑等景点划归该公司经营管理。故文物管理局作为被告主体不适格。

芒砀山旅游公司口头答辩称：本案争议的"汉高断蛇之处"碑不属于《著作权法》保护的作品；如果是作品，晏鸿钧不享有"汉高断蛇之处"碑著作权，晏泳对"汉高断蛇之处"碑不享有继承权。请求二审法院驳回晏泳的上诉，维持原判。

二审审理查明

二审法院经审理查明的事实除与一审查明的事实相同，根据一审证据另查明：由于芒砀山文物破坏严重，芒山公社于1981年10月向地、县委写了《关于修建保护芒山文物的专题报告》，并提出具体的修建意见。地、县委两次拨款5万元，作为修建芒砀山文物专款资金，安排公社党委委员周西山与雨亭大队党支部书记屈化龙负责此项工作。1982年9月10日，永城县文化馆向永城县芒山公社汇款3 000元，汇款用途署名修斩蛇碑用。该碑刻好后，晏鸿钧得到2 000元报酬。复制"汉高断蛇之处"碑碑记载明：

汉高斩蛇芒砀，《史记·高祖本纪》早有记载，汉文帝曾建庙宇一座，以祀其神。立碑二通，以记其事。因年深世远，庙、碑俱毁。至大明隆庆五年，乡人复立石碑一通，概述其事。然经风雨剥蚀，倒卧草丛，残破不全。为保护该名胜古迹，于1977年由永城县文物主管部门将原碑修补重立。四方游客到此览胜，均为碑文缺字断句、文不成读而叹惋再三。故经河南省人民政府、商丘地区行政公署、永城县人民政府拨款复制此碑，并建碑亭保护。碑文缺字据当地教师闫树梅之回忆，填字补句，连缀而成，所补文字，均填框内，为说明始末，以记之。商丘地区行政公署、永城县人民政府复制，永城县芒山公社承办。郑效治书丹，晏鸿钧铁笔。公元1982年8月10日重立。

二审判理和结果

二审法院认为：

一、关于1982年复制的"汉高断蛇之处"碑是否为作品的问题

根据《著作权法》第3条："本法所称的作品，包括以下形式的文学、艺术和自然科学、社会科学、工程技术等作品。"《著作权法实施条例》第2条："著作权法所称作品，是指文学、艺术和科学领域内具有独创性并能以某种有形形式复制的智力成果。"《著作权法实施条例》第4条"著作权法和本条例中下列作品的含义：（八）美术作品，是指绘画、书法、雕塑等以线条、色彩或者其他方式构成的审美意义的平面或者立体的造型艺术作品"的规定。本案争议的"汉高断蛇之处"碑是以大明隆庆五年所立碑为蓝本，由于原碑年代久远，风雨剥蚀，文不成读，经河南省人民政府、商丘地区行政公署、永城县人民政府批准和拨款，在芒山公社的精心组织下，重新复制"汉高断蛇之处"碑，呈现了观瞻效果，具有观赏性和审美意义，符合《著作权法》所称作品的基本特征，应受《著作权法》保护。

二、关于晏鸿钧对复制的"汉高断蛇之处"碑是否享有著作权的问题

本案判断晏鸿钧对复制的"汉高断蛇之处"碑是否享有著作权，主要看晏鸿钧刻制该碑时是否有独创性的构思。从庭审双方出示的证据看，1982年复制的"汉高断蛇之处"碑，是由河南省人民政府、商丘地区行政公署、永城县人民政府拨款，芒山公社组织承办。按照永城县文化馆及芒山公社的具体要求和制作标准，以原大明隆庆五年石碑及碑座为蓝本，碑文由闫树梅连缀、郑效治书丹，晏鸿钧比照原碑外形按郑效治书丹刻制了"汉高断蛇之处"碑碑体及碑座。该石碑碑记明确记载由商丘地区行政公署、永城县人民政府复制。因此，该碑的刻制虽使用了人工打锻、磨面等方式，但整体刻制的内容并非晏鸿钧独立构思和创造，而是其按要求比照原石碑重新加工制作，故晏鸿钧在刻制该碑过程中并不具有独创性。晏鸿钧在刻制"汉高断蛇之处"碑过程中所体现的是一种劳务法律关系，且已得到了相应的劳务报酬。故晏鸿钧对复制的"汉高断蛇之处"碑不享有著作权。

三、关于"汉高断蛇之处"碑出现的人像幻影是否具有独创性的问题

从晏泳提供的证据看不能证明"汉高断蛇之处"碑出现的人像幻影就是晏鸿钧事先构思创作，并通过人工打锻、磨面的技法而形成或者表现出来的，不具有独创性的特点；也无证据证明该石碑完成后，晏鸿钧以一定方式表示上述现象与其有意识地创作有关；且该石碑显像的人像幻影不具有以某种有形形式复制的特点。故晏泳以其人像幻影作为晏鸿钧

创作作品的理由亦不能成立。

综上，因晏鸿钧对复制的"汉高断蛇之处"碑不享有著作权，该碑的人像幻影不能作为单独著作权法意义上的创作作品认定，晏泳主张对复制的"汉高断蛇之处"碑享有继承权缺乏事实根据和法律依据。故晏泳的上诉理由不能成立。一审法院判决认定事实部分理由欠妥，适用实体法律及实体处理正确。依照《民事诉讼法》第130条、第153条第1款第（1）项、第158条之规定，二审法院判决如下：驳回上诉，维持原判。二审案件受理费1 450元由晏泳负担。

法官评述

该案件的争议焦点集中在晏鸿钧对复制的"汉高断蛇之处"碑是否享有著作权。在这个焦点问题之下，从双方当事人的辩论和法院的认定思路来看，又涉及几个方面问题：第一，复制的"汉高断蛇之处"碑是否为作品？第二，晏鸿钧是否对该复制碑享有著作权？第三，该碑出现人像幻影是否具备《著作权法》所保护的作品的基本特征？

1. 复制的"汉高断蛇之处"碑是否为作品

关于复制的"汉高断蛇之处"碑是否为作品问题，存在不同的认识。一种意见认为，本案争执的"汉高断蛇之处"碑是以明代所立碑为蓝本，由于原碑年代久远，风雨剥蚀，文不成读，经河南省人民政府、商丘地区行政公署、永城县人民政府批准和拨款，在芒山公社的精心组织下，重新复制"汉高断蛇之处"碑，原碑碑文缺字断句，根据当地教师的回忆，填字补句，连缀而成，另外找人书写后，由晏鸿钧按该书法，刻制成碑，呈现了观瞻效果，具有观赏性和审美意义，符合《著作权法》所称作品的基本特征，应受《著作权法》保护。

另一种观点认为，该石碑因不能体现作品的独创性，不属于我国《著作权法》所保护的作品，故晏鸿钧当然也就不享有该碑的著作权。其主要理由为，一是从复制该碑的整体外形和结构来看，复制碑和原碑基本一致，均是龟形底座，上立一椭圆形石碑。证明晏鸿钧是按照有关部门的要求，比照原碑重刻。二是从石碑上记载的内容分析，石碑正面记载的内容是据当地教师闫树梅回忆补正的原"汉高断蛇之处"碑正文记载汉高祖刘邦芒砀山斩蛇起义的事略，石碑背面则是重刻"汉高断蛇之处"碑过程的叙文，碑文内容非晏鸿钧撰写，且石碑背面明确写明碑文系郑效治书丹，晏鸿钧铁笔。三是从石碑的雕刻技法分析，晏鸿钧雕刻石碑采取的是人工打锻和磨面的方法，该方法为当地石匠刻制石碑所通用，雕刻技法不具有独创性，且也不是《著作权法》的保护对象。四是从石碑发现人像幻影分析，晏鸿钧重刻的石碑上，夜间经灯光照射虽然呈现人像幻影，但此现象的出现显然不是晏鸿钧本人有意识之行为，不是其独立构思、独立创作的产物，是偶然发现的自然现象。故石碑不能体现作品的独创性，不是我国《著作权法》保护的作品。

二审合议庭倾向于认为，复制的石碑对于晏泳所主张的人像幻影来说，是载体，也可以是作品。我国《著作权法》中保护的作品的种类中有美术作品，石雕是美术作品的一种。本案复制石碑虽仿原碑，但原碑已文不可读，当地政府找人连缀，书写后由晏鸿钩刻制。该碑应该具有独创性，因该碑碑文的残缺不全，要再现其貌，则必须有书写者作出自己的智力判断与选择，只有技巧而无判断是不可能完成这项工作的。所以说，该复制碑应该是作品。但晏鸿钧并不享有该石碑的著作权，二审判决也对此问题作了具体的阐述。

2. 晏鸿钧是否对该复制碑享有著作权

本案判断晏鸿钧对复制的"汉高断蛇之处"碑是否享有著作权，主要看晏鸿钧复制"汉高断蛇之处"碑是否具有自己的意志表示，是否具有独创性的构思等多方因素。首先，从本案查明的事实可以认定1982年重立"汉高断蛇之处"碑，是由河南省人民政府、商丘地区行政公署、永城县人民政府拨款，晏鸿钧收取相应的酬劳。其次，该碑由芒山公社组织承办，按照永城县文化馆及芒山公社的具体要求和制作标准，以原大明隆庆五年石碑及碑座为蓝本，碑文由闫树梅连缀、郑效治书丹，晏鸿钧比照原碑外形按郑效治书丹刻制了"汉高断蛇之处"碑碑体及碑座。该碑的复制是政府意志表示，并非晏鸿钧个人意志表示。第三，该碑的刻制虽使用了人工打锻、磨面等方式，但整体刻制的内容并非晏鸿钧独立构思和创造，而是其按要求比照原石碑重新加工制作，故晏鸿钧在刻制该碑过程中并不具有独创性。晏鸿钧在刻制"汉高断蛇之处"碑过程中所体现的是一种劳务法律关系，且已得到了相应的劳务报酬。故晏鸿钧对复制的"汉高断蛇之处"碑不享有著作权。

3. 关于人像幻影与本案争议的著作权问题

复制的古碑上出现人像幻影，到底是自然现象，还是人为作品，中央电视台《走进科学》栏目曾以"古碑魔影"进行报道，但也没有给出一个比较明确的科学结论。本案当事人为此形成著作权侵权纠纷，人民法院审理此案，不是要解决该石碑人像幻影的原因，而是要根据现有的证据等作出侵权成立与否的认定。"汉高断蛇之处"碑的原碑立于明朝，历时多年，但从未有该碑出现人像幻影的说法，直至复制碑重立后，才出现了人像幻影这种现象。本案原告晏泳认为其父晏鸿钧雕刻了该石碑，是该人像幻影的著作权人。首先要明确晏鸿钧所复制碑上的人像幻影是否为《著作权法》所保护的"作品"。这涉及《著作权法》上的一个基本问题，即著作权的客体是什么，或者说《著作权法》保护的对象是什么。《著作权法》第2条第1款规定："中国公民、法人或者其他组织的作品，不论是否发表，依照本法享有著作权。"《著作权法实施条例》第2条规定："著作权法所称作品，是指文学、艺术和科学领域内具有创造性并能以某种有形形式复制的智力成果。"从法律法规的明确规定来看，《著作权法》保护的作品必须具备两个基本特征，即创造性和可复制性。

作品的创造性，按照《著作权法》的原理或长期以来形成的传统，又称作品的独创性或原创性，是指作者在创作作品的过程中投入了某种智力性的劳动，创作出来的作品具有最低限度的创造性。这就意味着，作品是有作者独立创作的，而非抄袭的；作品体现了作者的精神劳动和智力判断，而非简单地摹写或者材料的汇集。复制石碑出现人像幻影的原因，晏泳起诉称是其父亲采用精湛的石雕技术所致，但晏泳并不能提供能证明两者之间因果关系的证据，中央电视台的《走进科学》也没有给该现象出现原因一个明确的结论，且晏鸿钧作为一名石匠，采用石雕技术制作该碑，是一种劳动，仅该人像幻影的出现，不能证明是其投入了智力性的劳动，不能证明该碑体现了其精神劳动和智力判断。也就是说，在该人像幻影出现的原因未找到的情况下，晏泳提供的证据无法证明该人像幻影就像碑体上的雕花装饰一样，是晏鸿钧事先构思创作，并通过人工打锻、磨面的技法使其表现出来。该人像幻影不具备作品的创造性这一条件。

关于作品的可复制性，该石碑上的人像幻影是如何形成的，许许多多的人作了多种猜测，也进行了研究，至今仍然是个谜，在石碑或其他载体上复制出这样一个人像幻影也更是不可能。缺乏了可复制性，与《著作权法》的立法原则是相违背的。世界上第一部版权法（与著作权法同义）是英国的安娜法，该法在序言中明确指出，颁布该法的主要目的，是为了防止印刷者不经作者同意就擅自印刷、翻印或者出版作者的作品，以鼓励有学问、有知识的人编辑或者写作有益的作品。该法制定时，对作品的复制行为主要是出版印刷。随着复制与传播技术的发展，著作权人最需要保护的即复制之权，即防止他人未经许可而复制他们的精神成果并传播出去营利。我国《著作权法》的立法原则集中反映在第1条的规定中："为保护文学、艺术和科学作品作者的著作权，以及与著作权有关的权益，鼓励有益于社会主义精神文明、物质文明建设的作品的创作和传播，促进社会主义文化和科学事业的发展与繁荣，根据宪法制定本法"。《著作权法》的立法原则的确定，首先是立足于作品是能被复制的，国家用法律的手段保护作品不被他人随意复制谋利。而对于根本不能被复制的人像幻影来说，也就根本不在《著作权法》的保护范围。总之，本案晏泳所主张的人像幻影为晏鸿钧创作作品的问题，因人像幻影不具备《著作权法》所保护的作品的必备条件，不能成立。

（二审合议庭成员：傅印杰　王永伟　谷彩霞
编写人：河南省高级人民法院知识产权审判庭　傅印杰　谷彩霞）

20. 赵继康诉曲靖卷烟厂侵犯著作权、不正当竞争纠纷案

阅读提示：作品名称是否受法律保护？

裁判要旨

我国法律对于作品名称是否可以单独受《著作权法》保护未作明确规定，本案基于知识产权法定性，以缺乏法律依据为由认定被告将原告作品的名称作为注册商标使用的行为不构成著作权侵权和不正当竞争，并判决驳回原告的诉讼请求。

案 号

一审：云南省昆明市中级人民法院（2002）昆民六重字第 2 号
二审：云南省高级人民法院（2003）云高民三终字第 16 号

案情与裁判

原告（二审上诉人）：赵继康
被告（二审上诉人）：曲靖卷烟厂

起诉与答辩

赵继康于 2001 年 4 月 2 日起诉称：其于 1959 年以"季康"为笔名，与王公浦（笔名公浦）共同创作了电影文学剧本《五朵金花》。曲靖卷烟厂擅自将"五朵金花"四字作为香烟商标使用，利用《五朵金花》的知名度进行牟利，严重歪曲了原告和王公浦创作《五朵金花》的原意，侵犯原告的著作权，并构成不正当竞争。请求法院判令：1. 确认被告将"五朵金花"作为其香烟商标的行为侵犯原告著作权；2. 确认被告的行为属不正当竞争行为；3. 判令被告停止侵权，向原告赔礼道歉并消除影响；4. 判令被告承担本案诉讼费用。

曲靖卷烟厂答辩称：1. 原告创作《五朵金花》电影文学剧本的行为属于职务行为，该剧本应为著作权属于国家的特殊法人作品，原告不享有著作权；2. "五朵金花"是自古在云南白族民间广为流传的用语，不具有独创性，不受《著作权法》保护；3. 曲靖卷烟厂将"五朵金花"四字作为商标使用履行了法定的商标注册手续，该行为合法、有效，未侵原告的任何在先权利；4. 我国法律规定的不正当竞争行为是指发生在经营者之间且产生于同一领域的行为，"五朵金花"香烟和《五朵金花》剧本不属同一领域，故本案不应适用《反不正当竞争法》调整；5. 本案已超过诉讼时效。请求法院依法驳回原告的诉讼请求。

一审审理查明

一审法院经审理查明：1958年，为完成国庆10周年献礼，中共中央宣传部指定云南省委宣传部组织拍摄反映少数民族生活的电影。赵继康与王公浦（后在一审中撤诉）接受指派创作了电影文学剧本《五朵金花》，作品署名为季康、公浦并公开发表。该剧本被拍摄成同名电影于1959年公映。赵继康于1981年移居美国，之后曾两次回中国作短暂停留。曲靖卷烟厂于1983年将"五朵金花"注册为香烟商标使用至今。本案审理过程中，一审法院就"文学作品名称是否受著作权法保护"问题向国家版权局发函咨询，国家版权局版权管理司于2001年12月25日作出"权司（2001）65号"《关于文学作品名称不宜受著作权法保护的答复》，认为作品名称是否受《著作权法》保护取决于该名称是否具有独创性，如具有独创性则应保护；同时认为对作品名称适用《反不正当竞争法》调整更为恰当。

一审判理和结果

一审法院认为：1. 由于电影文学剧本《五朵金花》自完成后至今的署名人一直为"季康""公浦"，曲靖卷烟厂也未提供相反证据，故赵继康作为电影文学剧本《五朵金花》的作者之一，依法享有该剧本的著作权。2. 电影文学剧本《五朵金花》的名称"五朵金花"不能独立表达意见、知识、思想、感情等内容，并不构成《五朵金花》电影剧本的实质或者核心部分，不具备一部完整的文学作品应当具备的要素，不具有独创性，如对"五朵金花"单独给予《著作权法》保护，禁止他人使用"五朵金花"一词，既有悖于社会公平理念，也不利于促进社会文化事业的发展与繁荣。被告的行为既不损害原告的著作权，也不妨碍原告行使其著作权，不违反我国《著作权法》的规定，不构成著作权侵权。3. 根据《反不正当竞争法》的规定，确定不正当竞争行为要以纠纷双方均为从事商品经营或者营利性服务的经营者为前提，而原告并非经营者，且本案双方并不属同类商业经营领域，被告生产的香烟所用的注册商标与原告的电影文学剧本名称虽然相同，但两个相同的名称下的内容却各不相干，本案不属《反不正当竞争法》调整的范畴，原告主张被告的行为构成不正当竞争不能成立。4. 被告申请"五朵金花"商标注册的时间为1983年，而原告1981年即已移居美国，曲靖卷烟厂推定原告从1983年开始就知道或者应当知道自己的权利受到侵害不符合常理。根据《最高人民法院关于审理著作权民事纠纷案件适用法律若干问题的解释》的规定，如果侵权行为在起诉时仍在持续，在该著作权保护期内，人民法院应当判决被告停止侵权行为，而本案被告生产、销售"五朵金花"牌香烟的行为至今仍在持续，被告关于"本案超过诉讼时效，原告丧失胜诉权"的观点不能成立。原告要求确认被告生产"五朵金花"牌香烟的行为侵犯其著作权，并构成不正当竞争，应承担相应民事责任的诉讼请求无法律依据，据此判决驳回原告赵继康的诉讼请求。

二审判理和结果

一审判决宣判后，双方当事人均依法提出上诉，坚持各自一审提出的诉讼理由和请求。

二审法院认为，赵继康是电影文学剧本《五朵金花》的著作权人，曲靖卷烟厂主张该剧本属国家享有著作权的法人作品或者职务作品证据不足，不能成立。赵继康作为著作权人可在法定著作权保护期限内向法院请求保护其合法权益，但其主张对其作品名称适用《著作权法》保护缺乏法律依据。单独的作品名称"五朵金花"四字因字数有限，不能囊括作品的独创部分，不具备法律意义上"作品"的要素，不具有作品属性，不应受《著作权法》保护，否则有碍社会公共利益，与《著作权法》的立法原则和精神不符。本案《五朵金花》电影剧本的著作权和"五朵金花"商标的商标权是分属不同领域、性质不同的两种权利，在著作权领域，不同作者基于各自的创作可以产生名称相同但形式、内容不同的作品；在不同领域则产生性质不同的权利，不能适用《著作权法》调整分属不同权利领域的法律问题。又因赵继康不是市场经营主体，与曲靖卷烟厂之间不存在市场竞争关系，本案也不应适用《反不正当竞争法》调整。原判认定事实清楚，适用法律正确，应予维持。根据《民法通则》第146条第1款，《著作权法》第11条、第16条，《著作权法实施条例》第2条，《最高人民法院关于审理著作权民事纠纷案件适用法律若干问题的解释》第28条，《反不正当竞争法》第1条、第2条第2款、第3款，《民事诉讼法》第153条第1款第（1）项，《最高人民法院关于适用〈中华人民共和国民事诉讼法〉若干问题的意见》第184条之规定，判决：驳回上诉，维持原判。

法官评述

《五朵金花》是我国20世纪50年代末拍摄的优秀电影，在我国可谓家喻户晓。该片曾多次获得国际国内大奖，具有巨大的社会影响力。本案引起了知识界、文艺界及新闻媒体的广泛关注，曾被中央电视台及多家地方电视台、报纸、杂志报导，在全国范围内产生了很大影响。同时由于本案涉及著作权法方面的理论和司法实践空白，在法学界也具有深刻影响。本文主要从以下两个方面进行评述：

一、《五朵金花》电影文学剧本的性质及著作权归属的确定

在本案审理过程中，双方当事人围绕《五朵金花》剧本的性质产生了激烈争论，赵继康认为该剧本是其与王公浦共同创作的自然人作品；曲靖卷烟厂主张该剧本是法人作品和职务作品，赵继康不是著作权人。从曲靖卷烟厂的主张看，其混淆了法人作品和职务作品，忽略了法人作品和职务作品不同的法律特征和法律后果。这种混淆在实践中经常发生，理论上也经历了一个反复争论的过程。为了全面评析本案例，有必要先对相关概念进行分析。

作品若以作者为划分标准，可以分为法人作品和自然人作品，所谓"自然人作品"，即由自然人创作的作品。这里所说的"创作"和"执笔"是两个不同的概念，创作需以特定自然人的创作能力为基础和前提，而执笔者通过记录形成作品的劳动不是智力创造劳动，他所提供的是辅助性、事务性、技艺性的劳动，不会产生作品。自然人作品又分为职务作品和非职务作品。所谓"职务作品"，指的是公民为完成法人或者其他组织工作任务所创作的作品。职务作品需满足三大法律特征：作者与所在单位具有劳动关系；创作的作品应当属于作者的职责范围；体现作者个人意志。实践中，"职务作品"往往容易与"法人作品"混淆。"法人作品"是法人或者其他组织作品的简称，也有人称之

为"单位作品"。构成法人作品的要件有：第一，必须由单位主持；第二，作品必须代表单位意志；第三，因作品产生的责任必须由单位承担；第四，法人作品必须由法人署名，不能由别人署名。

正确区分职务作品和法人作品，在理论和实践上均有重要意义。就本案而言，由于《五朵金花》电影文学剧本从问世以来署名人一直是自然人季康（本案原告赵继康）和公浦，而非法人或者其他组织，在曲靖卷烟厂没有举出相反证据证明该作品系由何法人或者其他组织主持、代表该法人或者其他组织意志创作、并由该法人或者其他组织承担责任的作品的情况下，该作品自然不能认定为法人作品，而属自然人作品，到此才需解决该作品究竟属自然人作品中的职务作品还是非职务作品的问题，而确定这一问题仍需建立在当事人举证基础上。《五朵金花》剧本产生于特定历史年代，曲靖卷烟厂无法证明赵继康当时属何单位和其职责范围，不能认定该作品属职务作品。据此，曲靖卷烟厂关于该作品著作权人并非原告赵继康的主张不能成立，赵继康作为该作品的著作权人之一，在其他著作权人（王公浦）明确放弃权利的情况下，有权作为原告提起诉讼。

二、作品名称是否受法律保护

本案的特殊性体现在两个方面：其一，本案涉及著作权和商标权两个不同领域，如作品名称享有著作权，则本案需解决的是权利冲突问题；其二，如果作品名称没有著作权，不受《著作权法》保护，是否还受其他法律（《反不正当竞争法》《商标法》等）保护。

世界各国对作品名称保护的法律规定以及实践存在差异。法国是世界上极少数对作品名称给予著作权法保护的国家之一。法国1957年著作权法第5条规定，智力作品的标题只要具有独创性，同作品一样受本法保护。德国则采用商标法对作品名称加以保护。德国商标法第15条规定，作品标题作为商业标志受到德国商标法保护，不以注册为必要，享有与商标权人一样的商标专有权；第三人擅自使用相同或者相似的名称可能产生混淆的，作品标题所有权人享有要求停止侵害及损害赔偿的权利。而在英美法系国家，如美国，从判例中反映出美国不对作品标题给予著作权保护。在电影《星球大战》的版权人诉里根政府的"星球大战"计划侵犯其作品标题的著作权一案中，美国法院认为《星球大战》电影和"星球大战"计划虽然名称相同，但相同的名称下包含的内容却各不相干，故未支持原告的诉讼请求。

我国《著作权法》对作品名称是否受该法保护没有明文规定，理论界对此也众说纷纭。一种观点认为，对作品名称是否给予《著作权法》保护应视该标题是否具有独创性而定，如果是由作者通过创造性的脑力劳动独立完成的名称，应该受到《著作权法》保护。国家版权局版权管理司给本案一审法院的回函即持此种观点，认为有独创性的文学作品名称即受《著作权法》保护。而本案终审判决则认为作品名称和作品是一个统一的整体，名称只是作品的一部分，不能脱离作品整体而单独成为《著作权法》的客体，不应单独受到《著作权法》保护。

根据《著作权法》规定，《著作权法》保护的客体是作品。所谓"作品"，根据《著作权法实施条例》第2条的定义，是指"文学、艺术和科学领域内具有独创性并能以某种有形形式复制的智力成果",故著作权法意义上的作品不应当仅是文字的简单相加,还要具有独创性,要能独立表达意见、知识、思想、感情等内容,使广大受众从中了解一定的讯息。如果作品名称可以独立于作品享有著作权,可能造成作品名称和作品各有著作权,那么基于同一部作品,相同的作者可以享有两个或者两个以上的著作权,这既不符合法律逻辑,也不符合法律规定。就本案而言,《五朵金花》剧本是一部完整的文学作品,"五朵金花"四字仅是该剧本的名称,是该剧本的组成部分,读者只有通过阅读整部作品才能了解作者所表达的思想、情感、个性、创作风格以及表现形式,离开了作品的具体内容,单独的作品名称不能囊括作品的独创部分,不具备法律意义上的作品的要素,不具有作品属性,不应受《著作权法》保护。另一方面,知识产权是一种特殊的权利,其最重要的特征是知识产权法定性,除了法律的明确规定,任何人不能"发明"权利。在法律没有对作品名称可以单独给予著作权保护作出规定的情况下,必须看到作品名称的独创性很大程度上依赖于作品本身,如果一个简单的词组或短句也可以受到《著作权法》保护,会造成过度保护,阻碍创作。在著作权领域,不同作者基于各自的创作可以产生名称相同但形式、内容不同的作品;在不同领域则产生性质不同的权利,《五朵金花》剧本和"五朵金花"商标虽然名称相同,但相同名称下的内容以及权利却各不相干,不能适用《著作权法》调整。总之,将作品名称单独作为作品保护缺乏法律依据,在实践中用《著作权法》保护具有独创性的作品名称也存在很大困难,不具有可操作性,建议通过立法明确对作品名称保护的相关法律问题。

那么对作品名称是否应适用《商标法》或《反不正当竞争法》保护呢?根据我国《商标法》的规定,商标需经注册方享有专用权。本案中,原告未就其文学剧本名称"五朵金花"申请商标注册,相反被告于1983年就申请注册了"五朵金花"香烟商标,且持续使用至今。根据前述分析,原告对于"五朵金花"四字(短语)并不享有著作权,故原告在被告的商标注册中并不享有在先权利,本案亦不能适用《商标法》保护。国家版权局版权管理司的函认为作品名称应受《反不正当竞争法》调整,但《反不正当竞争法》调整的是平等的市场经营主体间在市场竞争中发生的法律关系,目的是保障社会主义市场经济健康发展,鼓励和保护公平竞争,制止不正当竞争行为,保护经营者和消费者的合法权益,而赵继康并非市场经营主体,与曲靖卷烟厂也不存在竞争关系,曲靖卷烟厂使用"五朵金花"商标客观上也不可能使相关公众产生混淆,本案以《反不正当竞争法》调整也有不妥。

综上所述,本案原告的中心诉求——要求制止侵权因缺乏法律依据,不能成立,故一、二审法院均未支持其诉讼请求。但本案还有一个值得思考的问题。在案件审理过程中,曲靖卷烟厂承认自己注册并使用"五朵金花"商标的目的是借助同名电影的知名度扩大商标知名度,促进产品销量。笔者认为,虽然这种借助文学作品知名度的行为动机与直接针对文学作品本身的著作权侵权行为有着本质区别,但法律规定有公平原则、等价有偿原则、权利义务对等原则,如果本案原告起诉时提出了财产性请求,在调解无果的情况下,人民法院可以根据法律原则着令曲靖卷烟厂对原告作出适当的经济补偿。本案二审判决生效后,原告向最高人民法院提出申诉,后云南高院根据上述法律原则主持双方进行调解,最终双方达成和解协议,曲靖卷烟厂向原告赵继康作出了一定的经济补偿,原告息诉,本案得以圆满解决。

(二审合议庭成员:杨 惠 包靖秋 孔 斌
编写人:云南省高级人民法院 包靖秋)

21. 原告王跃文诉被告王跃文等著作权侵权及不正当竞争纠纷案

阅读提示：将自己的姓名改为名人的姓名后并以该姓名发表作品是否构成不正当竞争？

裁判要旨

2007年2月1日起施行的《最高人民法院关于审理不正当竞争民事案件应用法律若干问题的解释》第一次明确了在商品经营中使用的自然人姓名、为相关公众所知悉的笔名、艺名等可受到《反不正当竞争法》的保护。本案发生在该司法解释发布之前。本案中，原告王跃文系知名作家，被告王跃文原名王立山，后改名为王跃文，并以王跃文为作者发表作品。法院认为，作家作为文化市场的商品经营者，属于《反不正当竞争法》调整范围，被告王跃文在没有发表过作品的情况下，使用更改后的姓名发表作品，并进行"已发表作品近百万字，并触及敏感问题，在全国引起较大争议"的虚假宣传，使消费者在两个王跃文之间产生混淆，其行为构成不正当竞争。

案　号

一审：湖南省长沙市中级人民法院（2004）长中民三初字第221号

案情与裁判

原告：王跃文
被告：叶国军
被告：王跃文（原名王立山）
被告：北京中元瑞太国际文化传播有限公司（简称"中元公司"）
被告：华龄出版社

起诉与答辩

原告王跃文于2004年6月22日向法院提起诉讼。原告诉称：2004年6月，原告在被告叶国军处购买了被告华龄出版社出版的长篇小说《国风》。该书作者署名为"王跃文"。原告发现该作品不是自己创作。经原告调查，被告王跃文（原名王立山）是被告中元公司的签约作家。原告认为，三被告盗用原告的姓名出版长篇小说《国风》，严重侵犯了原告的合法权益，且对原告构成不正当竞争纠纷，为维护法律的尊严和原告的合法权益，请求法院判令：1. 被告停止侵权，公开赔礼道歉；2. 四被告连带赔偿原告经济损失人民币50万元，支付原告合理诉讼开支人民币3万元；3. 被告承担本案的全部诉讼费用。

被告叶国军辩称：其经销的《国风》一书是从正规渠道进货，并办理了合法手续；其已尽必要的审查义务，不应承担责任。

被告王跃文辩称："公民有权决定和更改自己的姓名；我现在使用的名字"王跃文"是通过河北省遵化市公安局户籍管理部门批准后用的，完全符合法定程序；我以自己的姓名出版《国风》一书，是使用自己的姓名权，与原告无任何关联，不会侵犯原告的著作权；原告起诉的是王立山，本人的法定姓名为王跃文，故原告起诉的王立山与本人无关，我不应承担法律责任。"

被告中元公司辩称：原告王跃文的起诉没有事实依据，王跃文不是《反不正当竞争法》界定的经营者范围，因此本案不存在不正当竞争；中元公司尊重原告王跃文先生，没有侵害原告的权益。本案侵权行为地不在长沙，主要被告也不在长沙，因此长沙市中级人民法院没有对本案没有管辖权。

被告华龄出版社辩称：《国风》一书的著作权归中元公司所有，该书署名是作者的真实姓名，这一署名与作者身份证的姓名一致。华龄出版社依照相关规定，与该书的著作权人签订了《图书出版合同》并履行了出版者的审查义务。《国风》一书（书号：ISBN7-80178-149X/1.10）系正规出版物；该社认为公民有权使用自己的姓名，有权以自己的姓名发表作品，这一权利受法律保护；该社作为国家级出版单位，没有侵犯著作权；原告的诉讼请求没有事实与法律依据，请求驳回原告的诉讼请求。

一审审理查明

原告王跃文系国家一级作家，以官场小说见长，在全国范围内享有较高知名度，其1999年创作的代表作《国画》更是被"中华读书网"称为十大经典反腐小说。

2004年6月，原告王跃文在被告叶国军经营的叶洋书社处购买了长篇小说《国风》，封面标注作者为"王跃文"。在封三下方（浓墨书写的国风二字的下部）以小字体标明作者简介"王跃文，男，38岁，河北遵化人氏，职业作家，发表作品近百万字，小说因触及敏感问题在全国引起较大争议"。该书定价25元，由华龄出版社出版，由中元公司负责发行事宜。该书发行商给书商配发了《国风》大幅广告宣传彩页，彩页用黑色字体写明"王跃文最新长篇小说""《国画》之后看《国风》""华龄出版社隆重推出""风行全国的第一畅销小说"。

另查明，被告王跃文原名王立山，2004年改名为王跃文。在《国风》一书出版前，未发表任何文字作品。根据河北省唐山市公安局户政处向湖南省公安厅户政处出具的调查报告，河北省遵化市公安局曾依照法律规定对被告王跃文出租、出借、转让居民身份证的问题给予罚款200元的决定。

一审判理和结果

一审法院认为，本案各方当事人争议的焦点集中在以下两方面：

一、本案各被告的行为是否构成对原告的不正当竞争

原告王跃文认为，其作为职业作家，以创作小说作为主要生活来源，属于市场主体；各被告的行为已构成对原告的不正当竞争；各被告则认为，被告王跃文以本名创作小说，且标明了系"河北遵化人氏"，原告王跃文不是《反不正当竞争法》界定的经营

者范畴，各被告的行为不构成不正当竞争。

关于焦点一，法院认为各被告是否构成对原告的不正当竞争，涉及两方面：

第一，作家是否属于《反不正当竞争法》调整的主体。

《反不正当竞争法》规定："经营者是指从事商品经营或者营利性服务（以下所称商品包括服务）的法人、其他经济组织和个人。"对于该法条的理解，应结合该法的立法目的进行。该法第1条开宗明义："为保障社会主义市场经济健康发展，鼓励和保护公平竞争，制止不正当竞争行为，保护经营者和消费者的合法权益，制定本法。"因此，现行法律并未将经营者的范畴限定在传统意义上的商品经营者或者营利性服务提供者上，《反不正当竞争法》的立法目的在于维护竞争秩序，即存在竞争的商业化市场都是该法调整范畴。现阶段，我国除了传统的商品流通市场外，还形成了文化市场、技术市场等新兴市场。在这些市场关系中，竞争仍是市场自我调整的基本方式，这些市场主体的行为符合市场经营的一般条件，应当适用《反不正当竞争法》调整其竞争关系。对作家这一创作群体而言，未进入流通领域的作品尚不是商品。商品是用于交换的劳动产品，作家通过出售作品的出版发行权等途径而换取交换价值，这种交换就是对其作品的经营，此时的作品即商品，作家的经济利益产生于在这种交换之中。作为文化市场的商品经营者，作家符合《反不正当竞争法》对竞争主体的要求。

本案中，原告王跃文是职业作家，以创作并发表作品为其获取经济收益的主要方式；被告王跃文亦自称是作家；被告华龄出版社是专业出版机构，以经营图书等文化产品为主业；被告叶国军是经营图书销售的个体工商户；被告中元公司是图书《国风》的发行人。上述主体在文化市场中，能以自己的行为影响文化市场的竞争结果，属于《反不正当竞争法》调整的主体，各被告关于原告不是经营者，不属于《反不正当竞争法》调整的辩论意见，不予采信。

第二，各被告的行为是否构成对原告的不正当竞争。

消费者面临作品的选择时，作品的题材和作者是其要考虑的主要因素。作为文化市场的经营者，作家通过署名的方式使自己的名字传播，并使之成为消费者选择作品的标识之一，这种标识作用可以指引其作出消费选择。作家署名的这种标识功能，使其具备被他人借鉴、仿冒、攀附或淡化的可能性，故其有权要求禁止他人实施上述不正当竞争的行为。

本案中，原告王跃文创作了以《国画》为代表作的系列官场题材小说并在作品上以本名署名。该署名直接指向原告本人，明示作品的提供者身份；该署名在新作品上，能使人产生与原告创作的《国画》等优秀作品相关的联想；同样，原告由于其先前的创作行为而享有声誉，其署名作品也因此较为容易被消费者接受，有益于提高新作品的市场认同度。原告王跃文姓名的商业标识作用，应予认可。

因此，法院对各被告的行为定性如下：

对于被告叶国军，其从正规渠道进货，并在获取相关委托手续后才销售《国风》一书，作为一般图书经营者已尽合理注意义务，对不正当竞争的后果不具主观过错，不需要承担赔偿责任，但仍应停止销售《国风》图书的行为。

对于被告王跃文，在没有发表过作品的情况下，其在自书简介中，作出自己"已发表作品近百万字,并触及敏感问题,在全国引起较大争议"的虚假宣传,与其改名行为相联系,使人产生其作品与原告王跃文相关之联想,借鉴原告已具有的市场号召力,使消费者在两个王跃文之间产生混淆。

对于被告中元公司,该公司明知被告王跃文与原告不存在任何关系,而在其制作的广告宣传资料中突出使用王跃文名字,并使用"《国画》之后看《国风》""风行全国的第一畅销小说"等词句,使人将"王跃文""《国风》""畅销小说"等关键词与原告及畅销小说《国画》联系起来,由此混淆作品的来源。

对于被告华龄出版社,该社作为专业出版机构,应当对稿件进行审查,即对出版行为的授权、稿件来源、作者身份以及出版物等内容履行全面合理的审慎义务。本案中,该社在明知被告王跃文与原告同名的情况下,未对被告王跃文书写的自我介绍材料的内容予以审查,导致具有虚假信息并能引人误解的内容发表,使本应成为消费者甄别不同作者的"作者简介"信息未起到应有作用;该社虽将发行《国风》一书的有关事项委托中元公司办理,但该社未对发行工作进行必要的监督,使标有该社名称的宣传资料流入市场,该社对客观上造成的混淆具有主观过错,应承担相应的责任。

因此,被告王跃文、中元公司、华龄出版社的行为违反诚实信用原则,构成对原告的不正当竞争,其不构成不正当竞争的意见,不予采信。

二、各被告的行为是否侵犯了原告的著作权

原告王跃文认为,被告王跃文文化程度较低,且从事煤炭生意,不具备创作长篇小说的能力,因此《国风》不是被告王跃文本人创作,而是被告王跃文恶意将其本名"王立山"更改为王跃文,并与其他被告共同实施的假冒原告署名的行为,构成对著作权署名权的侵害。被告王跃文、中元公司、华龄出版社认为被告王跃文为中元公司的签约作家,有在自己的《国风》作品上署名的合法权利,其行为均不构成侵犯原告著作权的行为。被告叶国军认为自己经营《国风》的行为,符合法律规定,不构成侵权。

法院认为,被告王跃文虽然在原告王跃文成名后改名为王跃文,但其改名行为并不违反法律规定,被告王跃文依法享有自己的姓名权,但公民在行使自己权利时,不得侵害他人的合法权利,故其使用姓名的方式不得与他人在特定领域已具有的标识作用相冲突。虽然被告王跃文、中元公司及华龄出版社共同构成对原告署名在文化市场已具有的标识利益的侵犯,但该侵权并不能必然构成著作权法意义上的假冒。公民从事的职业与文化背景并不影响其独立创作作品,原告又不能举证证明各被告假冒的事实,故法院采信各被告关于其行为不构成著作权侵权的辩论意见。

法院认为,原告王跃文因创作而产生的相关权益受法律保护。被告王跃文、中元公司借鉴原告在文化市场具有的声誉,对其作品进行引人误解的宣传,使消费者对作品的来源产生混淆,违背诚实信用原则,实施不正当竞争,其行为应予制止,并应对此承担相应的民事责任;被告华龄出版社未尽合理审慎义务,对被告王跃文、中元公司所造成的不正当竞争结果,负有主观过错,亦应对两被告的行为承担连带责任。被告叶国军已尽合理注意义务,不承担赔偿责任,但应停止销售、宣传《国风》图书的行为。原告要求各被告连带赔偿 50 万元的诉讼请求,因未提交充分证据,其赔偿数额由法院根据本案具体情况综合考虑包括原告为制止侵权行为而支出的合理费用等因素予以确定。原告未尽举证责任，其要求被告叶国军、王跃文、中元公司、华龄出版社承担著作权侵权责任的诉讼请求不予支持。因各被告不构成对原告著作权的侵犯，而赔礼道歉是人身权利受到侵害时的民事责任形式，故对原告要求各被告赔礼道歉的诉讼请求不予支持。据此，依据《民法通则》第4条、第5条、第134条第（1）项、第（7）项，《反不正当竞争法》第2条、第20条之规定，判决如下：

一、被告叶国军、王跃文、北京中元瑞太国际文化传播有限公司、华龄出版社立即停止对原告王跃文的不正当竞争行为；

二、被告王跃文、北京中元瑞太国际文化传播有限公司连带赔偿原告王跃文经济损失10万元；

三、被告华龄出版社对被告王跃文、北京中元瑞太国际文化传播有限公司的上述赔偿义务负连带偿还责任；

四、驳回原告的其他诉讼请求。

本案一审审判后，双方当事人均没有上诉，一审判决已经发生法律效力。

法官评述

本案涉及的关键问题是知名人物姓名商业化权利的问题。案件的难点在于，当时我国立法中并未涉及对该权利的专门保护。但随着市场经济的发展，利用知名人物推销自己的产品成为一种大势所趋，其中较为常见的推销方式是请名人作广告。近年来，直接将名人的姓名注册成商标的行为有愈演愈烈之势。开始还是挖掘前人的潜力，如"诸葛亮""鲁迅"，一直到将现在仍健在的名人姓名直接使用为商业标识，假陈忠实、假池莉乃至假王跃文，甚至知识产权学界的某些知名学者之姓名也不能幸免。

面对本案事实，在当时的法律条件下，法院有三种选择：第一种是因循守旧，由于法律没有直接禁止，而判决驳回原告的诉讼请求；第二种是通过姓名权的人身权保护，禁止他人改名；第三种选择是直面法律漏洞，既保护原告的权益，同时又高于案件事实，试图通过判决解说的方式丰富原则性条款的内容，为类似案件的保护提供素材。

在对本案进行裁断时，法院考虑了以下几个因素：

民法规定了姓名权，公民有决定和使用自己姓名的权利。在我国古代，讲究避讳，名字的忌讳是封建残余的体现。在现代法律制度之下，公民更改自己的姓名是宪法赋予的权利，与他人重名并不违法。单纯从姓名权的人身属性出发，禁止他人重名，实有"避讳"之嫌。但我们认为，改名行为的合法并不代表该人可以随意行使其姓名权而不受任何限制。

从本案的事实来看，各被告的行为客观上已造成混淆的结果，即已使他人误认为《国风》是原告王跃文的作品。在这种情况下，如果不予以制止，将会使文化市场混乱，最终损害的不仅是某个作家，而破坏整个市场秩序。从这个角度考虑，这是一种应当制止的行为。问题是，如何制止？

我们都知道，傍名牌是违法行为，但傍名人是不是违法呢？我们都说，名人效应，这种名人效应，与名牌效应何其相似？傍名牌是一种典型的不正当竞争行为，而本案各被告的行为虽然无法在《反不正当竞争法》所列明的具体行为中找到参照，但相关的侵权机理与傍名牌而其相似。归结起来，这是一种扰乱市场竞争秩序的行为。正是《反不正当竞争法》第2条所禁止的行为，适用该法调整这种行为，符合立法原意。我们只需要进一步明确这种需要受到保护的权利的性质，阐述理由即可。我们从国外的一些案例和有关专家的研究成果找到了依据——知名人物姓名的商业化权利。❶

保护知名人物姓名的商业化权利的政策基础包括：一是维护知名人物的经济利益，为那些已取得的成就使其身份本身充满金钱价值的人能够从其名声中获取利益；二是通过为花费时间和金钱的创造者提供经济刺激，促进知识性和创造性的作品生产；三是通过防止法律传统认为不正当的行为，即不当得利欺骗性商业行为，保护个人和社会利益。在现行法律体系中，适用《反不正当竞争法》对名人姓名商业化权利保护是一项确有必要，也切实可行的保护方案。

于是，法院作出了第三种选择，即通过本案判理对立法的原则性条款进行反思和丰富，弥补法律漏洞。

首先，从对法律原则的阐述中确定存在竞争的商业化市场都属于《反不正当竞争法》的调整范围，因此作家也不例外。

其次，将侵害名人姓名商业化权利的行为定性为对该权利之竞争利益和标识利益的妨碍。对于各被告行为的定性是一大难点。如前所述，被告有权改名并正当使用自己的姓名权。何谓不正当使用姓名权？此时，我们要关注的是：名人姓名的商业化权利是一种什么性质的权利？当名人的知名度达到一定程度，能在一定范围内形成号召力时，这种号召力与特定产品相结合，往往能影响相关人群的消费选择。因此，这种权利是一种竞争性权利；从竞争意义上入手，名人姓名被用于商业用途时，可视为一种商业标识，具有标识利益。从信息经济学的角度来探求，商业标识作为商业信息的压缩文件，实际起到简化购物过程的作用，并随着消费者越来越熟悉和信任该信息而形成对该标识的忠诚，即"路径依赖"，形成锁定。

其三，由于《反不正当竞争法》立法较早，与其他知识产权法相比，缺乏定额赔偿制度。在本案的审理过程中，原告无法对被告获利举证，但从相关媒体可以清晰地体现，《国风》一书在各大销售排行榜上均名列前茅。基于这一事实，我们在判决时大胆地适用了定额赔偿，判决各被告连带赔偿10万元。事实上，这种突破是基于对知识产权案件的特殊性的理解作出的，使《反不正当竞争法》与其他知识产权保护机制统一起来。

本案一审判决后，出乎我们意料，被告主动打电话给法院，说被判决书说服了，要求履行赔偿义务，服判息诉，具有较好的社会效果。作为主审法官，笔者当时确实感触良多。有个非常凑巧的事，案子分到笔者手上的时候，笔者正在全国有名的定王台书市送达其他案件的起诉状副本等手续。笔者看到书市中到处都悬挂了醒目的广告"王跃文最新力作，国画之后看国风"，笔者和书记员当时就有买一本的冲动，正好接到内勤的电话说有个王跃文的案子来了，笔者顿时一喜，可以找王跃文要一本签名的《国风》。

---

❶ 孔祥俊．反不正当竞争法新论［M］．北京：人民法院出版社出版，2001：503-506．

回到办公室看到桌上的案卷材料上赫然放在一本《国风》，我当时想，这王跃文不愧是反腐官场作家，这也太会来事了吧？送本书总不会犯错误的，结果一看案卷才知道，原来告的就是这本《国风》。

从当时的角度来看，该案的特点具体表现为：一是通过对原则性条款的适用，将知名人物姓名商业化权利纳入《反不正当竞争法》的调整范围；二是参照商标侵权的赔偿机制适用了定额赔偿。人家在评论这个案件的时候，总说这个案件如何有突破，但我认为上述两个特点与其说是法律适用的突破，不如说是一种尝试。所幸的是这种尝试得到了最高人民法院的认可，该案被人民法院公报选登，该判决书也在全国知识产权文书评比中获奖。最高人民法院在2006年12月30日作出的《关于审理不正当竞争民事案件应用法律若干问题的解释》中，也确认了姓名的商业利益和定额赔偿制度，这种肯定是我们这些基层法官的最高荣誉。但我们也同时应当认识到，《反不正当竞争法》第2条并不是典型的原则性条款，在适用该条款的时候应当十分慎重。只有那种不调整已无法保护权利人，破坏利益平衡或者公共利益的情况下，才考虑将《反不正当竞争法》第2条作为原则性条款适用，不能为制造法律"突破"而刻意、随意地引用该条款。以本案为例，尽管法官本身在接触到这本《国风》的时候，就产生了具体的混淆，但我们仍然在网上进行了大量的搜索，发现关于这方面的争议一直存在，例如"鲁迅""孔乙己""蓝猫"商标被抢注，到桂林书市出现的假池莉、假陈忠实以及北京出现的以著名知识产权泰斗为字号的知识产权服务机构等。就《国风》而言，有位老学者在病床上看了这本书后，找人带话给王跃文，说跃文的书质量下降了，不要滥写。我们认为，这种有悖诚实信用的行为已到了非制止不可的程度了，已符合原则条款的适用要求。

（一审合议庭成员：丁建平　余　晖　杨凤云

编写人：湖南省长沙市中级人民法院知识产权审判庭　余　晖）

22. 宋维河诉广州市越秀区东北菜风味饺子馆不正当竞争纠纷案

阅读提示：具有独特风格的整体营业形象是否应当受到《反不正当竞争法》保护？

裁判要旨

如果经营者的营业场所的装饰、营业用具的式样、营业人员的服饰、广告用语、吉祥物品等构成的整体营业形象具有独特风格，那么该整体营业形象应当受到《反不正当竞争法》的保护。刻意模仿使用与其相同或者近似的整体营业形象违背了诚实信用原则，容易造成消费者混淆，属于不正当竞争行为。

案 号

一审：广东省广州市中级人民法院（2000）穗中法知初字第52号
二审：广东省高级人民法院（2001）粤高法知终字第63号

案情与裁判

原告（二审被上诉人）：宋维河
被告（二审上诉人）：广州市越秀区东北菜风味饺子馆（简称"东北菜风味饺子馆"）

起诉与答辩

2000年6月2日，宋维河向一审法院提起诉讼称：其自开办海口东北人餐厅以来，以"东北人"风味饺子坊为品牌，通过优质服务赢得了广大客户的喜爱，并在广州开设了4家"东北人"风味饺子坊分店，享有很高的知名度。而东北菜风味饺子馆为谋取不法利益，采用了不正当竞争的方法。其在1999年3月26日开业的"好消息"中落款为"东北人风味饺子馆"，而且"东北人"3个字的字体同原告的完全相同（同时该行为也侵犯了原告的商标专用权）。在原告的多次强烈要求下，被告将东北人3个字更换为东北菜，但其牌匾与"东北人"的牌匾仅一字之差，足以使消费者误认为是"东北人"的又一分店。比较双方的菜谱，可以很明显地看出被告的模仿情况。被告对原告"东北人"这一服务品牌特有的包装、装潢也作了相同和近似的使用，包括男女服务员的服装；男服务员身后的广告语；被告橱窗里的蘑菇剪纸、装酒的容器及其摆设和排列组合，以及被告面巾纸的包装。虽然经过原告的多次警告，被告仍然让其服务员对外宣称是"东北人"的分店。被告的行为违反了《反不正当竞争法》第5条、第9条、第14

条的规定,请求法院判令:1.东北菜风味饺子馆停止其不正当竞争的行为;2.东北菜风味饺子馆向原告赔礼道歉(在《广州日报》《羊城晚报》主要篇幅刊登道歉声明),消除影响;3.赔偿原告人民币100万元;4.承担本案的诉讼费用。

东北菜风味饺子馆答辩称:原告不是"东北人"商标专用权诉讼适格的诉讼主体,无权提出"东北人"商标专用权的有关诉讼。原告的海口东北人餐厅的装饰、装修,不具有独创性,是东北风味餐厅的通用装饰,不是知识产权法保护的内容。餐厅的商品是饮食,不是装饰和装修,原告列举的餐厅的内部装饰和装修,不是商品包装和装潢;所列举的餐厅的服务员服装、蘑菇剪纸、东北炕等装饰均是东北的地方特色,东北地方文化与地方民俗不能认为东北人餐厅在海口或者广州首先使用就具有独占权。原告和被告经营的都是东北地区饮食文化,都是将东北地区的固有特色搬到了广州市,都是在吃我们的先辈文化,都是在模仿和怀旧,都没有创新。

一审审理查明

一审法院审理查明:宋维河系海口东北人餐厅业主,该餐厅经营性质为个体工商户。1995年9月,原告餐厅的设计师纪文静对海口市东北人餐厅进行设计,由此形成了一套VI识别系统。该系统内容包括:以东北粗犷、亲切、热情的民间特色为主基调的红色为企业主要色彩,以黑色为主要文字书写色彩,以书法字"东北人"为该餐厅名称的书写方式,以凤凰、牡丹图案为主的红、绿、蓝底花土布作为服务人员服饰及桌布和其他装饰用的面料。以红双喜、玉米、蘑菇、白菜、萝卜、鱼为固定图案的窗花。同时依据餐厅经营的粗粮、野菜、水饺等特色产品,确立了餐厅固定的广告语"粗粮、野菜、水饺——棒!"、"要想营养好,请来东北人吃粗粮、野菜、水饺"等。男服务员的服饰改为统一书写方式的"粗粮、野菜、水饺——棒!"广告T恤衫。纸巾的包装设计为红、白两种颜色的搭配,在白处有红色字体的"东北人风味连锁餐厅"的字样。原告餐厅的布置装饰包括:装烧酒的大酒坛、酒坛旁边的一个木架上有两排装了酒的玻璃瓶、东北土炕、墙上挂的饰物贴有倒"福"字的簸箕、盖帘和玉米串等农作物,餐厅窗花蘑菇造型表现为草地上的蘑菇,蘑菇上的花纹以在蘑菇伞上剪小洞来表示,蘑菇大小高低参差不齐。原告向法院提供的菜谱采用了VI识别系统中指定的装饰图案,其特点是:以红色为封面主基调,有凤凰、牡丹图案,配以名称、吉祥物、东北人各分店地址、酒坛、簸箕和食粗粮、野菜、水饺,饮东北小烧玉米酒的广告语及企业的健康形象代表的人物肖像。原告餐厅自1997年开始许可广州市东北人企业有限公司使用其所有的"东北人"这一品牌的名称、包装和装潢及商标。原告负责提供经营管理模式,包括企业文化、企业口号、服装等,还提供自己特有的营业场地装潢、装饰风格等设计方案,并保持连锁经营的一致性。广州市东北人企业有限公司已在广州开设了多家"东北人"分店,这些分店在名称、服务员服装、菜谱、店内布置的特点、广告宣传、广告语的使用等方面与原告的海口东北人餐厅相同。原告及广州市东北人企业有限公司通过多种宣传方式对"东北人"这一品牌进行了宣传。1997年4月7日,国家工商行政管理局商标局核准海口市东北人餐厅注册"东北人"商标,该商标核定服务项目为第42类的餐馆、快餐馆,注册证号为977414。1999年5月24日,海口市东北人餐厅的名称变更为海口东北人餐厅。1999年9月28日,上述商标经国家工商行政管理局商标局核准转让给海口东北人餐厅。东北菜风味饺子馆原核准登记的企业名称是广州市越秀区日日潮州牛肉店,1999年3月16日,广州市越秀区日日潮州牛肉店申请变更企业名称为东北人风味饺子馆。1999年3月26日,该店在其开业的"好消息"中写到"东北人风味饺子馆定于本月30日隆重开业,欢迎各界朋友光临指导",落款为东北人风味饺子馆,牌匾上"东北人"三个字的书法风格同原告使用的相同,并且采用了显著化的手法。原告及广州天河东北人风味饺子坊对此提出了抗议后,该店于1999年3月29日变更为东北菜风味饺子馆。其牌匾也改变了书法风格。东北菜饺子馆的菜谱使用了以红色为封面主基调,有凤凰、牡丹等背景图案、贴了红纸的酒缸、端簸箕女孩和"食粗粮、野菜、水饺,饮东北小烧玉米酒"的广告语,介绍了总店和分店的分布情况。这些内容的布局与原告提供的菜谱布局方面相同,上述菜谱现已更换。被告使用的纸巾包装设计为红、白两种颜色的搭配,在白处有红色字体的"东北菜风味饺子馆"的字样,被告现已停用上述包装的纸巾。被告的男服务员着装上印有"粗粮、野菜、水饺棒!"的广告语,女服务员的服装用的是以红色为基调有凤凰、牡丹图案的花布。被告餐厅的玻璃窗上使用了蘑菇、玉米、萝卜等造型的窗花,其中蘑菇造型表现为草地上的蘑菇,蘑菇上的花纹以在蘑菇伞上的小洞来表示,蘑菇大小高低参差不齐。该餐厅还使用了下列装饰:大酒坛、酒坛旁边的木架上有两排装了酒的玻璃瓶、东北土炕、挂在墙上的玉米等一些农作物和贴有倒"福"字的簸箕。有消费者将被告误认为是东北人餐厅连锁店的分店。

一审判理和结果

一审法院审理认为:原、被告都是餐饮业的经营者,经营的也都是东北风味,市场竞争关系客观存在,双方虽不在同一城市,但在我国城市之间交通发达的情况下,地域虽不同,不影响竞争关系的构成。同时原告还通过许可使用的方式,将其所有的"东北人"商标及其所经营的餐厅设计和形成的企业文化风格等许可给广州市东北人企业有限公司使用,从而使原告在经营中所形成的特有风格延伸影响到广州。这从一个侧面也证明了原告与被告的竞争关系。将地方风俗融入经营中形成企业自己的特色是一种经营策略,任何经营者都可以用之。地方风俗的内容十分丰富,相同的风俗特色可以被不同的经营者采纳,表现一个地方特色的手法有很多,相同的风俗特色被不同的经营者采纳后可以有多种表现形式,或者相同的表现形式融入不同的氛围会产生不同的效果,本案原告择风俗之一二固定下来并进行了整体设计,原告特有搭配所形成的风格是其特色。原告对其特色的设计和宣传都有相当的投入,意在使消费者产生印象,反映经营者的企业形象,从而起到为经营者带来竞争优势的作用。但是被告在对地方风俗特色进行选择时,在内容和表现形式上有诸多的地方与原告的相同或者雷同,被告借用他人在消费者中形象的故意是明显的,是一种不诚实的市场行为。被告的模仿行为容易使消费者造成误认,违背了自愿、平等、公平、诚实信用的市场竞争原则,其行为构成对原告所经营的海口东北人餐厅不正当竞争侵权。被告辩称原告的服务员服装、蘑菇剪纸、东北炕等装饰均是东北的地方特色,原告和被告经营的都是东北地区饮食文化,都是模仿和怀旧,都没有创新,因而不构成对原告所经营的海口东北人餐厅的不正当竞争的理由不能成立。

关于商标的问题,被告认为原告不是《商标法》所保护的商标权人,无权提出商标专用权的有关诉讼，原告所经营的海口东北人餐厅的性质是个体工商户，按照法律规定，起字号的个体工商户，在民事诉讼中应以营业执照登记的户主（业主）为诉讼当事人，在诉讼文字中注明系某字号的业主。本案原告是以个体工商户的名义进行诉讼，其主体资格并无不当。海口市东北人餐厅注册的"东北人"商标经国家工商行政管理局核准且在有效期内，合法有效，原告经营的海口东北人餐厅由海口市东北人餐厅变更名称而来，原海口市东北人餐厅的权利义务关系由变更后的海口东北人餐厅承继，因此海口东北人餐厅是上述商标的商标权人，其商标专用权应受法律保护。由于原告的商标注册时间早于东北人风味饺子馆企业名称登记成立的时间，东北人风味饺子馆在其开业的"好消息"中以及牌匾上未经原告许可不适当地使用了原告的"东北人"商标，尤其是牌匾上的"东北人"三个字的书法风格同原告的注册商标的字体相同，且采用了显著化的手法，容易使普通消费者对服务来源产生误认，造成混淆，是一种不正当竞争的行为。东北人风味饺子馆更名为现在的被告，被告应对原广州市越秀区东北人风味饺子馆的上述不正当竞争行为承担责任。原告主张被告让其服务员对外宣称是"东北人"的分店，由于原告只提交了证人蒋晶的证言而没有其他证据相印证，该证据不足以认定这一事实，原告的这一主张法院不予支持。综上所述，被告的行为构成对原告不正当竞争侵权，被告应承担停止不正当竞争行为、赔偿损失、赔礼道歉等民事责任。关于赔偿数额，双方均没有向法院提交足以采信的证据，法院根据被告实施不正当竞争行为对原告的影响，被告实施不正当竞争行为的手段和情节及被告的主观过错等因素酌情予以确定。依照《反不正当竞争法》第2条、第20条，《民法通则》第134条第1款第（1）项、第（7）项、第（10）项的规定，判决如下：一、东北菜风味饺子馆构成对宋维河所经营的海口东北人餐厅的不正当竞争，应立即停止不正当竞争行为；二、东北菜风味饺子馆在判决发生法律效力之日起10日内一次性赔偿宋维河经济损失人民币10万元；三、东北菜风味饺子馆在判决发生法律效力之日起10日内在《羊城晚报》上刊登启示，公开向宋维河赔礼道歉（内容须经法院审定）；四、驳回宋维河的其他诉讼请求。一审案件受理费人民币15 010元，由宋维河负担12 510元，东北菜风味饺子馆负担2 500元。

上诉与答辩

东北菜风味饺子馆不服原审判决提起上诉认为：1. 原审判决第一项无具体内容，无法执行。判决要上诉人停止哪些方面的不正当竞争，要禁止的是什么，要支持的又是什么，要保护的是什么并不明确。2. 原审判决第一项没有法律依据。原审适用《反不正当竞争法》第2条、第20条。第2条是在总则里。该法从第5条到第15条，是对不正当竞争行为的界定，可是这些条款无一被原审判决引用，无一被作为本案的判决依据，也就是说，上诉人没有触犯不正当竞争行为规定中的任何一条。既然没有犯法，何以受到制裁？3. 一审判决无事实依据。"东北菜"和"东北人"是合法竞争，不是不正当竞争。"东北菜"和"东北人"经营的都是东北风味的菜。东北的菜式比较简单、大众、原始。白菜、蘑菇、萝卜、土炕等，都是东北固有的，常见的。由于市场经济的发展，东北风味在广州市也有了一定的市场，南北的交流，市场的发展，使商家有机会得以把东北二字直接用于商号，使消费者一目了然。"东北菜"的出现与"东北人"竞争趋于表面化，使消费者多了一个选择，本是一个好事。"东北人"欲独占广州市东北风味市场，是不应受到支持的。一审判决中确认，被上诉人餐厅的识别系统内容包括东北粗犷、亲切、热情的民间特色为主调的红彩——服务员服装、白菜、大酒坛、东北土炕等。这些装修、装饰已把东北固有的民俗几乎涵盖。"东北人"凭什么可以将这些地方特色据为己有。"东北人"所谓的识别系统，不是法律规定的排它的，不是国家知识产权保护的对象。"东北菜"和"东北人"在不同的固定的经营场地经营，只能以服务质量为竞争手段，消费者进餐厅是要吃得满意，服务得满意。正常的消费者是知道进的哪一家餐厅的。被上诉人在一审提供的证人，大多是"东北人"的员工，与"东北人"有利害关系，关于误认"东北菜"是"东北人"的证言是无效的。这种误认也不是对商品的误认。4. 原审判决第二项要求上诉人赔偿被上诉人10万元人民币，既无法律依据，又无事实依据。只有损害才有赔偿。没有损害就没有赔偿。被上诉人既没有提供受损证据，也没有出示上诉人利润证据，可见一审的"酌情"判决是枉法判决。5. 上诉人在开业时并没有使用"东北人"餐厅的商标，仅在开业前一天使用过，且是经工商登记的，没有开业，根本不构成竞争。6. 宋维河不是商标的注册权人，无权提起"东北人"注册商标的诉讼。原审判决以宋维河是个体工商户为由，认为主体合法。但是原审判决在引用有关法律规定做解释说"在民事诉讼中以营业执照登记户主为诉讼当事人其主体并无不当"。这里并没有规定，商标注册权人的个体工商户可以做诉讼主体。"营业执照"和"商标注册证"是两类不同的文件。一般民事主体是指一般民事权利而言，一般民事主体可继承、可分、可合，可约定转让。而注册商标权利人的权利与转让必须经国家工商局核准。被上诉人在未经核准之前，不能行使商标权人的权利。一审法院将营业执照的个体工商户可做诉讼主体的解释，类推到不是注册商标权利人的个体工商户，是不符合《商标法》的登记核准规定的。7. 关于本案的程序问题，被上诉人在开庭后又提交给法庭一些证据，这些证据未经当庭双方质证，却被一审作为判案依据是违法的。综上所述，上诉人认为被上诉人不是本案适格主体，"东北人"不具有东北风味餐厅独占权，"东北人"的"识别系统"既非专利、又非商标，且不属商业秘密，不受知识产权法的保护，东北民俗是地方文化遗产，不属被上诉人专有，上诉人的经营属合法竞争，应受法律保护。请求依法撤销一审一、二、三项判决，驳回一审原告的诉讼请求。

宋维河答辩认为：1. 东北菜风味饺子馆的行为已经构成了对答辩人的不正当竞争。答辩人以"东北人"为品牌，自1993年开始先后开设或者以特许经营的方式在海口、三亚、广州、深圳等地开设了8家东北人风味连锁饺子坊，1995年开始统一设计使用"东北人"这一知名品牌特有的服务商品的包装、装潢。由于"东北人"的优质服务赢得了广大消费者的喜爱，在海南和广东饮食市场享有很高的知名度，已经成为知名的服务品牌。上诉人自1999年3月开业以来至今，以各种方式擅自使用和近似使用了答辩人拥有的"东北人"这一知名服务的名称、包装、装潢，造成了和答辩人拥有的"东北人"这一知名服务品牌相混淆，并且已经发生使消费者将上诉人误认为是"东北人"的分店的事实。2. 答辩人要求上诉人赔偿人民币100万元的事实和法律依据是根据《反不正当竞争法》第20条的规定。由于上诉人的不正当竞争行为给答辩人造成的损失难以计算，而且其不法行为从1999年3月直到现在仍在继续，侵权时间长达800天左右。

因此，要求法院责令上诉人提供其获利情况的证据。否则，根据最高人民法院的有关司法解释，其应当承担举证不能的法律后果。而一审法院并未依法要求上诉人提供证明，从而导致有关事实认定不清。另外，由于上诉人在两年多的时间里进行的不正当竞争行为已经给答辩人"东北人"的商业信誉造成了极坏的影响，上诉人还应承担赔偿答辩人商业信誉损失的法律责任。答辩人为制止上诉人的不正当竞争行为花费了大量人力物力进行调查取证，相关费用一审法院也没有依法支持，实属适用不当。根据上述事实理由，答辩人要求上诉人赔偿人民币100万元是适当的，一审法院只判决上诉人赔偿10万元人民币明显过低，望二审法院依法予以改判。综上所述，上诉人的行为已经构成了法律禁止的不正当竞争，事实清楚，证据充分，因此，请求法院依法支持答辩人的诉讼请求，并驳回上诉人的上诉要求。

二审审理查明

宋维河是原海口市东北人餐厅的业主，系个体工商户。经国家工商行政管理局商标局核准，海口市东北人餐厅注册了"东北人"文字商标，商标注册证号第977414号。核定服务项目为第42类餐馆、快餐馆，注册有效期限自1997年4月7日至2007年4月6日。1999年5月24日，海口市东北人餐厅经批准变更字号名称为海口东北人餐厅。同年9月28日，经国家工商行政管理局商标局核准，第977414号商标转让注册，受让人为海口东北人餐厅。该餐厅企划广告设计师纪文静自1995年9月起开始构思餐厅视觉识别系统，11月开始设计，12月完稿。设计通过以东北的民间特色为主基调的红色为企业主要色彩，以黑色为主要文字书写色彩，以徐海清书写的东北人书法为企业名称的书写方式，以凤凰、牡丹图案的花土布为服务人员服饰及桌布等装饰用面料，以红双喜、玉米、蘑菇、白菜、萝卜、鱼为固定图案的窗花，同时依据餐厅经营的粗粮、野菜、水饺等特色产品，确立了餐厅固定的广告语："粗粮、野菜、水饺——棒！"、"要想营养好，请来东北人吃粗粮、野菜、水饺！"等，同时根据大红色的主基调确立了东北人餐厅内用品的色彩及造型。1996年1月以后，对女服务员花土布服饰只保留了红绿两种底色，男服务员服饰上的企业名称和广告语也改为红色。为适应广州市场的需要，从1996年10月起，又设计了新的菜谱，新菜谱以红底的花土布为封面的主基调，配以名称、吉祥物、东北人各分店地址和粗粮、野菜、水饺的广告语，并将企业的健康形象代表——郑艳彬的人物肖像加入封面中。自1997年开始，海口东北人餐厅许可广州市东北人企业有限公司在广东地区独占使用"东北人"注册商标权以及"东北人风味饺子坊"的名称、包装、装潢从事连锁经营。

1999年3月16日，原广州市越秀区日日潮州牛肉店申请变更企业名称为广州市越秀区东北人风味饺子馆。同年3月26日，该馆在经营地点张贴了开业消息。该馆的牌匾上使用的企业名称是东北人风味饺子馆（长堤分店），其中东北人字号作显著化使用，字体也与海口东北人餐厅使用东北人字号的字体相同。经海口东北人餐厅在广州的连锁店广州市天河东北人风味饺子坊提出交涉，广州市越秀区东北人风味饺子馆于3月29日申请变更企业名称为东北菜风味饺子馆，并将该馆的牌匾上使用的企业名称及字号的字体作了调整。在3月30日该馆开业后所使用菜谱的封面上，除服务员人物肖像及其身后的部分背景外，菜谱的其他部分均相同（后来没有再使用此种菜谱）。男服务员服装上也印有"粗粮、野菜、水饺——棒!"的广告语。该馆店内的布置、陈设、装饰风格也与海口东北人餐厅及其在广州的连锁店的布置、陈设、装饰风格雷同。

二审判理和结果

二审法院审理认为:我国的《反不正当竞争法》所称的不正当竞争,是指经营者违反《反不正当竞争法》规定,损害其他经营者的合法权益,扰乱社会经济秩序的行为。《反不正当竞争法》以保障社会主义市场经济健康发展,鼓励和保护公平竞争,制止不正当竞争行为,保护经营者和消费者的合法权益为目的。它确立了经营者在市场交易中,应当遵循自愿、平等、公平、诚实信用的原则。宋维河在经营海口东北人餐厅过程中,由该餐厅企划广告设计师纪文静设计了餐厅的视觉识别系统,系统涉及字号的字体、装饰及服饰图案、广告语、吉祥物等多个方面,是智力劳动的成果。该系统虽是以东北地区的民间风俗文化特色为设计的素材,但不是对民间特色或者民俗照搬照用,体现了设计者的智力创作,形成了独特的风格。东北菜风味饺子馆作为同业经营者,从其开业前后的经营行为看,使用与海口东北人餐厅使用东北人字号相同的字体并作显著化,所使用菜谱的封面也与海口东北人餐厅使用的菜谱相近似,男服务员服装上同样印有"粗粮、野菜、水饺——棒!"的广告语,以及馆内使用与海口东北人餐厅雷同的装饰等,这些表象足以使人相信东北菜风味饺子馆在主观上有搭成功经营者便车的意图,不是在正当、公平的竞争,有违经营者应当遵循的公平诚实信用原则。因此,是一种不正当的竞争行为,其不正当竞争行为应当予以制止。《反不正当竞争法》第2条第1款同样也是第2条第2款中"本法规定"的内容,而且是法院认定不正当竞争行为的原则依据。并非东北菜风味饺子馆上诉所称的《反不正当竞争法》第二章第5~15条才是第2条第2款中"本法规定"的内容。商标注册人和本案原告的主体形式上不一致,是由于有关法律、司法解释对于商标注册人和民事诉讼主体的限定所致,依现行司法解释,个体工商户参与诉讼由其业主进行。因此,本案原告的主体是适格的。原审法院在原告的损失额和被告的获利额不能确认的情况下,依据有关司法解释的规定适用定额赔偿并无不当。原审法院采信的证据均进行了质证,东北菜风味饺子馆上诉所称"被上诉人在开庭后又提交给法庭一些证据,这些证据未经当庭双方质证,却被一审作为判案依据,是违法的"与事实不符。原审判决认定事实基本清楚,适用法律正确,应予维持。东北菜风味饺子馆的上诉缺乏事实依据和法律依据,应予驳回。依照《民事诉讼法》第153条第1款第(1)项的规定,判决如下:驳回上诉,维持原判。本案二审案件受理费人民币15 010元由东北菜风味饺子馆负担。

法官评述

本案所涉及的具有独特风格的整体营业形象的法律保护问题在当下已经不成其为问题。自2007年2月1日起施行的《最高人民法院关于审理不正当竞争民事案件应用法律若干问题的解释》第3条规定,由经营者营业场所的装饰、营业用具的式样、营业人员的服饰等构成的具有独特风格的整体营业形象,可以认定为《反不正当竞争法》第5条第(2)项规定的"装潢"。但在处理案件的当时,餐厅的装饰、服饰、广告语等,能否受到法律的保护以及如何受到保护等都存在着不少争议。因此，以下的评析乃是基于当时的认知水平和制度空间。

一、关于整体营业形象的法律保护问题

海口东北人餐厅利用东北地区的民间风俗、文化特色等设计素材，系统地组合成具有显著特征的整体营业形象，作为本企业服务的显著标识，使之成为消费者识别服务来源的主要标志。从这个层面分析，本案所涉民事法律关系的客体是东北地方民间特色组合形成的特定表现形式——整体营业形象，而不是东北地方民间特色本身。虽然海口东北人餐厅及其连锁店销售的是商品——东北菜，但其整体营业形象的主要作用不是作为商品标识，而是作为服务标识，其功能在于让消费者区分来源。问题在于，这种服务标识是否构成《反不正当竞争法》第5条第（2）项意义上的"装潢"？这在当时存在一定的争议。因为《反不正当竞争法》第5条第（2）项仅对知名商品的问题作出明确规定，而未明确规定知名服务的问题。那么，关于知名商品的相关规定能否自然延至知名服务呢，这是当时颇费思量的一个问题。合议庭当时确实有过这样的考虑，但鉴于当时的认知水平和制度空间，合议庭最终还是选择适用《反不正当竞争法》第2条的概括性条款。

二、关于本案的法律适用

既然《反不正当竞争法》第二章规定的11种不正当竞争行为均不能援引，那么依据该法第2条的概括性条款进行判决就成了主要的选择。综合本案案情来看，海口东北人餐厅在海口获得了成功经营后，以许可方式在广州开设了多家"东北人"连锁店，统一使用其识别系统——整体营业形象。在客观效果上，海口东北人餐厅对其整体营业形象的使用客观上已经起到了区分服务来源的作用。而作为自成立之日即与海口东北人餐厅及其连锁店形成了竞争关系的东北菜风味饺子馆，刻意全面模仿使用东北人餐厅的整体营业形象，其目的是相当明显的，即为了搭海口东北人餐厅成功经营的便车以吸引消费者到其餐店用餐，其结果是使消费者造成混淆或者混淆之虞。通过分析东北菜风味饺子馆的客观行为，不难看出，东北菜风味饺子馆的上述行为显然违反了《反不正当竞争法》的立法宗旨——诚实信用原则。为了避免本案双方当事人经营服务的混淆、保护消费者的利益和海口东北人餐厅的经营权益，本案一、二审法院均判决东北菜风味饺子馆停止其不正当竞争行为。我们认为，这样处理完全符合我国《反不正当竞争法》的立法宗旨。适用该法第2条规定进行判决在当时是最佳的选择。

（二审合议庭成员：邱文宽　于小山　佘琼圣
编写人：广东省高级人民法院　于小山）

23. 新疆华世丹药业公司诉广东长兴保健品公司、乌鲁木齐满江红药业零售连锁有限责任公司擅自使用知名商品特有名称、包装、装潢纠纷案

阅读提示：如何认定知名商品、知名商品特有名称以及造成相关公众"混淆"？

裁判要旨

知名商品是指为相关公众所知悉的商品。"相关公众"是与该商品有可能发生销售、购买等交易关系之人，还包括同行业其他的生产经营者。知名商品反映的是某一相关的地域市场上的知名度，并不需要以在全国范围知名作为认定知名商品的条件。

在具体判断是否为特有名称时，应考量该名称的由来和使用的历史过程。如果该名称具有原创性，且所标识的产品一种新产品，使用人在使用该名称的过程中，努力保证该名称为其专门使用，并产生了能够区别商品来源的识别性，则应当认为该名称为特有。

使相关公众误认的要求包括"引起混淆"和"混淆的可能"两种情形。在具体认定中，应以普通消费者施以一般注意力来判断，并考虑相关商品或者服务的独特性、差异化及价格等注意力影响因素，以及提供相关商品的企业的知名度。

案 号

一审：新疆维吾尔族自治区乌鲁木齐市中级人民法院（2004）乌中民三初字第13号

二审：新疆维吾尔族自治区高级人民法院（2004）新民三终字第18号

案情与裁判

原告（二审被上诉人）：新疆华世丹药业有限公司（简称"华世丹公司"）
被告（二审上诉人）：广东长兴科技保健品有限公司（简称"长兴公司"）
被告：乌鲁木齐满江红药业零售连锁有限责任公司（简称"满江红公司"）

起诉与答辩

原告华世丹公司诉称："阿胶钙口服液"是其公司于1993年在全国率先独创研发并获准生产销售的一种钙血同补的营养保健品，经十余年的经营得到市场的认可，已成为知名商品。"阿胶钙"是其公司独创产品特有名称。长兴公司未经同意擅自使用其公司知名商品的特有名称"阿胶钙口服液"以及未经同意擅自采用与其公司知名商品近似的

外包装装潢的行为和满江红公司的销售行为是对其公司合法权益的侵害。请求法院：1. 确认其公司产品阿胶钙口服液使用的"阿胶钙"名称为其公司的知名商品特有名称；2. 责令被告长兴公司立即停止生产、销售"阿胶钙口服液"；3. 责令被告长兴公司立即收回并销毁市场上及库存的"阿胶钙口服液"，以及销毁印制"阿胶钙口服液"包装装潢盒的印刷模版及模具；4. 判令被告赔偿原告因侵权造成的经济损失50万元；5. 判令被告承担本案的律师调查费及诉讼代理费。

长兴公司答辩称：其公司生产的"硬骨头"牌阿胶钙营养液是经卫生行政部门审查批准的合法产品。该产品的外包装盒与原告产品的外包装存在明显区别，不会引起消费者的混淆。阿胶钙口服液名称是药品的通用名，不是特有名称。原告华世丹公司所持有的阿胶钙口服液的批文均已被撤销，现原告的产品为保健食品，并非保健药品，长兴公司的批准文号在先，因此其公司生产、销售"硬骨头"牌阿胶钙营养液不构成不正当竞争，请求法院驳回原告的诉讼请求。

满江红公司答辩称：其公司是零售商，严格按照药品销售的有关行政法规进货，在此之前并不知道该产品侵犯了原告的权益，因此不应承担责任。

一审审理查明

一审法院审理查明：华世丹公司于20世纪90年代初开始研发阿胶钙口服液，1993年12月进入临床验证，1995年5月经新疆卫生厅批准开始生产。1997年1月17日向国家知识产权局提出专利申请，2001年5月9日获得"阿胶钙口服液及其生产方法"的发明专利授权。2002年8月7日获得该产品包装盒外观设计专利。华世丹公司所使用的规格为30支×10ml纸制包装盒，盒身底色为红色，盒主视图的左上方写有白色字体的"阿胶钙"，字下方为汉语拼音EJAOGAI，再下方为"钙血同补"字样。盒主视图的左下方为华世商标、图案及黑色字体的厂家名称。盒主视图的右半部分为白色环形内为金黄明暗过渡色，其内左上方有一白色三角，在白色环形的右下方半重迭一金黄明暗过渡色的圆形。1995年5月经新疆卫生厅批准，华世丹公司生产的"阿胶钙口服液"的批准文号为：新卫药健字（94）68—001号。2000年国家药品监督管理局下发了"关于开展中药保健药品整顿工作的通知"，华世丹公司重新申报了"新特食字"文号，并于2003年3月获得批准。华世丹公司为研制开发"阿胶钙口服液"投入了大量的人力物力。自1995年产品研制成功以来，投入巨资在国内外各地的报纸、杂志、电台、电视台为其专利产品"阿胶钙口服液"进行大量的广告宣传，主要发布媒体有新疆经济广播电台、新疆电视台、乌鲁木齐晚报、广东电视台、湖南电视台等。并在全国各地建立销售网点。经过多年的经营，其"阿胶钙口服液"产品逐步为广大消费者接受，也为其带来了可观的经济效益。该产品在乌鲁木齐市、新疆维吾尔自治区及香港地区多次获奖，被评为向消费者推荐的商品。2000年后，"阿胶钙口服液"成为市场上的热销产品，某些商家为牟取不法利益，仿冒"阿胶钙口液"，其产品使用华世丹公司独创的"阿胶钙"名称，包装装潢也与华世丹公司产品包装装潢近似，误导广大消费者。华世丹公司向当地卫生、工商管理机关反映，广东、湖南、江西等地的卫生、工商管理机关对当地的仿冒行为及仿冒产品进行查处。2003年5月长兴公司未经华世丹公司许可，开始生产"阿胶钙口服液"，并销售到了新疆。其所使用的包装盒的尺寸略小于原告所使用的包装盒，但其盒身也采用了红色底色，其设计结构与原告所使用的包装盒近似，盒主视图的左上方为阿胶钙字样，字体为白色，字下方为汉语拼音 EJIAOGAI，盒主视图的左下方为厂家标志及黑色字体的厂家名称，盒主视图的右半部分为两个 1/4 红黄相间的环形，环形内有似旭日初升的图形。满江红公司从批发商乌鲁木齐市天地华商贸有限公司购进长兴公司生产的"阿胶钙口服液"，在其自己经营的药店销售。

一审判理和结果

一审法院认为：华世丹公司自 1995 年开发出"阿胶钙口服液"以来，投入巨额资金进行了广告宣传，经华世丹公司近十年的经营、宣传，为广大消费者所知悉、接受，并多次在政府、消协、商会组织的评比中获奖，在保健品市场上已享有较高的知名度，也正因其有相当的知名度，其产品才会在疆内外屡遭不正当竞争。虽然原告的产品经历了从"新卫药健字"到"新特食字"的变迁过程，但此变迁是由于国家政策的调整，其产品仍是"阿胶钙口服液"这一产品未变。华世丹公司产品"阿胶钙口服液"符合知名商品的条件，应认定为知名商品。所谓特有名称是相对具体商品而言的，没有具体商品，也就无所谓商品的特有名称。以主要成分命名只是产生商品通用名称的方法之一，但不能简单地以商品名称是由通用的表明原料的词汇或者其组合构成的而认定该名称不属于特有名称。只要该商品名称能够使广大消费者马上联想到该知名商品，能够与其他同类商品相区别，就应当认定为该知名商品的特有名称。"阿胶钙口服液"是华世丹公司的发明专利产品，虽然阿胶是一种传统中成药，钙是西药的一种普通元素，但将两种物质组合在一起，是华世丹公司的首创，即发明了一种钙血同补的保健品，并以两种物质名称的组合，命名为"阿胶钙"。在此之前，既没有此种保健品，更没有"阿胶钙"这一保健品通用名称，华世丹公司最先研制开发出该新产品，以"阿胶"和"钙"的组合词"阿胶钙"作为自己产品的名称，并率先使用该名称。华世丹公司在研发成功后即提出了产品及方法专利申请，其授权前后从未许可过他人生产该专利产品，因此，不可能产生人人都能随意生产"阿胶钙口服液"的产品市场，在"阿胶钙口服液"作为一种新产品且仅有华世丹公司一家生产的情况下，"阿胶钙口服液"不可能成为该商品的通用名称。经过华世丹公司研制开发及近 10 年的打造经营，"阿胶钙"这一商品名称已为广大消费者认知和接受，足以使消费者能够与其他保健品相区别，符合知名商品特有名称的条件。"阿胶钙"作为华世丹公司知名商品的特有名称，具有一定的商业品牌价值，应受法律保护。华世丹公司将其产品的特有名称、环形图案及红色的底色固定下来并进行了本体设计，其特有的搭配所形成的风格是其特色。被告长兴公司所使用的外包装盒的整体结构、布局、底色、风格及内容和表现形式与华世丹公司的产品包装上有诸多雷同。虽然外包装盒的尺寸略小于华世丹公司所使用的包装盒，但其设计内容并无显著的标志性创新，长兴公司恶意使用了华世丹公司知名商品的特有名称和相近似的产品包装装潢，侵犯了华世丹公司的知名商品名称权和商品外包装装潢特征上的排他性权益，构成不正当竞争，应承担停止侵权、赔偿损失的民事责任。满江红公司虽然进货手续合法，不具有主观上的过错，但其客观上存在销售不正当竞争产品的事实，也构成对他人合法权益的侵害，应承担停止侵权的民事责任。关于赔偿数额问题。华世丹公司的损失虽然巨大，但该损失是由多家厂商的侵权行为共同造成的。长兴公司生产该产品的时间为2003年5月，其侵权的时间不长，对华世丹公司的侵害较小。华世丹公司要求其赔偿50万元过高，在无相关证据证明原告损失或被告赢利具体额度的情况下，根据长兴公司的经营规模、侵权时间等因素，按20万元确认本案的侵权赔偿数额。华世丹公司诉求中的不合理部分不予支持。华世丹公司要求被告承担律师代理费和差旅费的诉讼请求于法无据，亦不予支持。判决：一、"阿胶钙"属于华世丹公司知名商品"阿胶钙口服液"特有名称；二、长兴公司立即停止生产、销售"阿胶钙口服液"，并销毁印制"阿胶钙口服液"包装装潢盒的印刷底版；三、长兴公司赔偿华世丹公司经济损失20万元；四、满江红公司立即停止销售他人生产的侵权产品"阿胶钙口服液"。五、驳回华世丹公司要求给付律师代理费及差旅费的诉讼请求。案件受理费10 010元，诉讼保全费3 020元，合计13 030元，由长兴公司负担5 212元，原告华世丹公司负担7 818元。

上诉与答辩

长兴公司不服一审判决提起上诉称：1. 一审判决认定事实错误。华世丹公司于20世纪90年代开始研发的阿胶钙口服液属于药品范畴，而本案争议的长兴公司生产的"阿胶钙营养液"及华世丹公司生产的"阿胶钙口服液"均属于营养食品范畴。华世丹公司对营养食品和药品用了同一名称，但完全是两种产品，20世纪90年代相关部门下发的相关批复是批给卡子湾制剂中心及华世丹制药厂并非批给华世丹公司的。作为药品的批文早于2002年12月31日前全部撤销。华世丹公司2001年5月9日取得的阿胶钙口服液及其生产方法的发明专利是一种药品生产方法专利，该专利药品和本案争议的"营养食品阿胶钙口服液"不是同一产品。长兴公司于2002年12月经国家主管部门批准生产的营养食品名称为"硬骨头牌阿胶钙营养液"，而并非是华士丹公司的已被撤销文号的专利药品"阿胶钙口服液"。长兴公司的包装盒比华世丹的包装盒大，且双方的外包装盒的文字大小、文字形状、文字内容、内包装规格、内装数量、产品说明、图案排列、色彩形状等均有显著的区别，不存在近似问题。"阿胶钙"是原料成分名称，应属于通用名称。一审判令上诉人赔偿华世丹公司20万元无事实根据和法律依据。2. 被上诉人的营养食品"阿胶钙口服液"只是一般的不具有保健功能的营养食品，华世丹公司在其包装盒及电视台宣传自己的这种营养食品具有"钙血同补"的保健功能，目前正受到国家食品药品监督中心的关注和自治区卫生监督部门的查处，属违法的商品。3. 一审违反法定程序，未能全面客观地审核上诉人提交的证据，有碍公正审判。

被上诉人华世丹公司答辩称：一审判决认定事实准确，适用法律适当，程序合法。应当依法驳回上诉维持原判。

原审被告满江红公司辩称：其作为产品的零售商通过合法渠道进货，在本案开庭前已停止销售，不存在对当事人造成任何损失的可能。

二审审理查明

二审对一审查明事实予以确认，另查明：新疆维吾尔自治区卫生厅于1993年12月30日批准将卡子湾制剂中心研制的阿胶钙口服液用于临床验证，于1995年5月15日以新卫药健字（94）68-001号批准华世丹制药厂生产"阿胶钙口服液"。卡子湾制剂中心和卡子湾水泥厂职工医院均隶属于卡子湾水泥厂，1994年卡子湾水泥厂在制剂中心和厂医院的基础上兴建新疆华世丹制药厂。1996年华世丹制药厂与新疆优德制药有限公司共同组建新疆华世丹药业有限公司。国家药品监督管理局于2000年3月7日下发《关于开展中药保健药品整顿工作的通知》,要求2002年12月31日前撤销全部"健字"批准文号。华世丹公司据此重新申报,并于2003年3月获批了特殊营养食品批准证书新卫特食准字(2003)09号。华世丹公司2003年3月后以新卫特食准字(2003)09号为批准文号生产的'阿胶钙口服液'与华世丹制药厂于1995年开始以新卫药健字(94)68—001号为批准文号生产的"阿胶钙口服液"在组分、生产工艺等方面没有改变。长兴公司因不服新疆维吾尔自治区卫生厅批准华世丹公司生产特殊营养食品"阿胶钙口服液"的行政审批行为于2004年8月11日向国家卫生部提起行政复议,国家卫生部2004年11月3日做出卫政法复决(2004)12号行政复议决定书,维持了新疆卫生厅的行政审批行为。新疆卫生厅2004年5月10日向卫生部卫生监督中心报告华世丹公司阿胶钙口服液产品标签说明书宣传"钙血同补"等功能超出了特殊营养食品批准证书范围,责令其限期改正。华世丹公司已将产品"阿胶钙口服液"外包装上的'钙血同补'字样去掉。华世丹公司的包装盒的长度略短于长兴公司所使用的包装盒。"钙得乐"是华世丹公司产品在临床实验时和申请报批时的曾用名,当产品正式投放市场后一直使用"阿胶钙"的名称。

二审判理和结果

二审法院认为:1. 知名商品特有的名称、包装、装潢受法律保护,经营者不得擅自使用他人知名商品特有的名称、包装、装潢,或者与知名商品特有的名称、包装、装潢相近似的名称、包装、装潢,造成和他人的知名商品相混淆,使购买者误认为是该知名商品。参照国家工商行政管理局发布的《关于禁止仿冒知名商品特有名称、包装装潢的不正当竞争行为的若干规定》,知名商品是指在特定市场上具有一定知名度,并为相关公众所知悉的商品;商品的名称、包装装潢被他人擅自作相同或者近似使用,足以造成购买者误认的,该商品即可认定为知名商品;本案中华世丹制药厂1995年将"阿胶钙口服液"产品投入生产,1996年组建华世丹公司后延续了该产品的生产,在2001年5月9日取得了"阿胶钙口服液"及其生产方法的发明专利,经过华世丹公司多年的商业努力,并投入大量的广告宣传,该产品在市场广泛销售,多次在政府、消协、商会组织的评比中获奖,以上足以证明"阿胶钙口服液"在市场上已经为广大消费者所知悉,在相关公众中已具有较高的知名度。因其已经具有相当的知名度,该产品在疆内外被多家厂商擅自使用其商品名称、包装装潢,并且擅自使用的厂商受到卫生、工商等行政主管单位的查处。另已生效的乌鲁木齐市中级人民法院(2004)乌中民三初字第15号民事判决书认定华世丹公司生产的"阿胶钙口服液"为知名商品。综合以上情况,华世丹公司生产的"阿胶钙口服液"符合知名商品的条件,一审认定为知名商品并无不当,长兴公司的该项上诉理由不能成立。上诉人认为新疆维吾尔自治区卫生厅于1993年12月30日批准用于临床验证的阿胶钙口服液是卡子湾制剂中心研制的,于1995年5月15日批准生产"阿胶钙口服液"是批准华世丹制药厂生产,均与华世丹公司无关;华世丹制药厂以新卫药健字(94)68—001号为批准文号生产的"阿胶钙口服液"是保健药品,而华世丹公司以新卫特食准字(2003)09号为批准文号生产的"阿胶钙口服液"是食品,两者属于不同的产品,华世丹公司投入的广告宣传以及在政府、消协、商会组织的评比中获奖的均是保健药品"阿胶钙口服液"并非食品"阿胶钙口服液"。经查证：卡子湾制剂中心和华世丹制药厂均是华世丹公司前身，华世丹公司继受了华世丹制药厂所取得的批准文号，而华世丹制药厂以新卫药健字（94）68－001号为批准文号生产的"阿胶钙口服液"与华世丹公司2003年3月以后以新卫特食准字（2003）09号为批准文号生产的"阿胶钙口服液"的组分、生产工艺没有改变，系同一产品，只是批准文号发生了改变。其批准文号的改变是由于国家卫生部在全国范围开展中药保健药品整顿工作，撤销全部"健"字批准文号所致，属于国家政策调整，而非是针对华世丹公司的阿胶钙口服液这一产品。故上诉人的上述主张缺乏事实依据，本院不予支持。上诉人认为华世丹公司在其产品包装盒及电视台宣传具有"钙血同补"的功能违反了相关规定，属于违法商品。对此华世丹公司已经按照新疆卫生厅的要求进行了改正，将阿胶钙口服液外包装上的"钙血同补"字样去掉，且并未因此被撤销批准证书或者被责令停产，由此不能说明华世丹公司阿胶钙口服液产品是违法商品，故对上诉人的该主张不予采信。上诉人提供的华世丹公司的特殊营养食品批准书复印件，用以证明批准证书的期限是1年，目前期限已满。经核对该复印件与证书原件不符，原件载明的期限是2年，故对该证据不予采信。上诉人提供的卫生部关于进一步规范健康相关产品监督管理有关问题的通知、卫生部关于保健食品初审工作有关规定的通知，用以证明国家卫生部在全国范围开展中药保健药品整顿工作，撤销全部"健"字批准文号后华世丹公司以阿胶钙口服液为名称向新疆维吾尔自治区卫生厅重新申报"新特食字"文号的行为违反了上述规定。由于华世丹公司以阿胶钙口服液为产品名称申报"新特食字"文号，获得了新疆维吾尔自治区卫生厅的批准，长兴公司因此向国家卫生部提起行政复议，国家卫生部维持了新疆卫生厅的行政审批行为，由此说明华世丹公司的阿胶钙口服液产品是合法的。上诉人的上述上诉理由亦不能成立。

2. "阿胶钙"是华世丹公司产品的特有名称。所谓特有名称是相对于通用名称而言的，通用名称泛指所有同类商品的名称，在某一领域内已被普遍使用，这种名称只能表示商品类别。特有名称是个体商品独有的名称，他人商品在正常情况下不可能与之相同。特有的商品名称、包装装潢应当依照使用在先的原则予以认定。阿胶是我国传统中药，钙是一种矿物元素，这两种成分都是通用名称，而把这两种通用名称结合在一起，成为一种新产品的名称，是华世丹公司的创意，在此之前没有证据显示有这种组合名称。这种组合不是一种简单的文字组合搭配，而是华世丹公司依据阿胶和钙这两种成分相配，对人体补钙、补血相结合这一科学研究中发现的，具有科学性和独创性。华世丹公司据此将阿胶钙口服液于1997年申请了产品及其生产方法专利，2002年取得专利证书。该专利的取得说明在申请日之前"阿胶钙口服液"是一种新产品。华世丹公司经过多年的经营，使"阿胶钙"这一商品名称为广大消费者认知和接受，足以使消费者能够将其与他人生产的其他同类保健品相区别，该名称已经成为企业无形资产和商誉的重要组成部分，具有知识产权的内涵，符合知名商品特有名称的条件，应受法律保护。"阿胶钙"应当认定为华世丹公司知名商品的特有名称。上诉人提供龙力国际香港公司关于国食健字G20040106红虹阿胶钙铁口服液的合作产品资料、山东东阿天顺公司关于阿胶高钙口服液宣传资料以及关于以原料、功效作为通用名的例证等二份用以说明"阿胶钙"并非华世丹公司知名商品的特有名称。上诉人的上述证据仅说明其他公司生产了阿胶钙铁口服液和阿胶高钙口服液，与本案所涉阿胶钙口服液没有关联性，故对该证据不予采信。上诉人提供"食品标签通用标准""卫生部关于印发健康相关产品命名规定的通知""命名的技术要求""保健食品标识与产品说明书的标示内容及技术要求"用以证明华世丹公司阿胶钙口服液产品的名称不符合相关要求，不是特有名称。由于上述"食品标签通用标准"中并没有关于通用名称和特有名称相关规定，"卫生部关于印发健康相关产品命名规定的通知""命名的技术要求""保健食品标识与产品说明书的标示内容及技术要求"等要求中所规范的内容亦没有涵盖特殊营养食品，故与本案争议的问题缺乏关联性。而且国家卫生部作为上述规定和技术要求的制定和执行单位对长兴公司因不服新疆维吾尔自治区卫生厅批准华世丹公司生产特殊营养食品"阿胶钙口服液"的行政审批行为提起的行政复议做出了维持新疆卫生厅的行政审批行为的行政复议决定，长兴公司提起行政复议是对"阿胶钙"为通用名称的问题一并提出，国家卫生部并未因为华世丹公司的产品名称问题而改变新疆卫生厅的行政审批行为。上诉人长兴公司提供的从互联网上下载的国家食品药品监督管理局数据库中数据查询页面，用以证明阿胶钙是通用名称。但该数据库页面说明一栏明确写明"本数据信息仅供新药研究单位参考，不得做任何证明使用"，因而此数据库查询页面内容不具有证明作用。故长兴公司关于"阿胶钙口服液"只是普通营养食品而非华世丹公司特有名称的上诉理由不能成立。

3. 长兴公司与华世丹公司所使用的外包装装潢构成近似。华世丹公司阿胶钙口服液产品外包装正面左上方"阿胶钙"几个白色较大字体和红色底色以及右侧的环形图案，较突出地显示于包装盒上，尤为醒目和显著，极易吸引相关公众的注意，故该部分文字、颜色及图案设计构成了该包装装潢的主体部分，其特有的搭配所形成的风格是其特色。而上诉人的包装盒亦是红色底色在正面左上方有"阿胶钙"几个白色较大字体，在右侧为环形图案。两个包装在图案形状、排列、色彩等主体部分的整体设计上大同小异。运用整体观察、隔离观察以及对主要部分相比较的方法来看，两者包装、装潢近似，容易引起一般消费者施以普通注意力时的误认和混淆。对产品包装、装潢是否近似的比较与认定，应当采用整体观察或者隔离观察的方法对主要部分进行比较，而不宜进行过于细致的比较。上诉人对两种包装从局部文字大小、形状、内包装规格、内装数量、产品说明、厂名、厂址、商标等方面进行了过于细致的比较并由此得出两者不相近似的上诉理由不能成立。原审法院通过双方外包装盒的比较认定两者包装、装潢构成近似是正确的，但判决书中表述"其总体上的外观效果已足以引起普通消费者在一般注意程度下的误认"不符合判决书上下文的逻辑关系，应属表述有误，本院予以纠正。

长兴公司在自己产品上擅自使用华世丹公司知名商品的特有名称和相近似的产品包装装潢，足以造成和华世丹公司的知名商品相混淆，使购买者误认为是该知名商品。侵犯了华世丹公司的知名商品名称权和商品外包装装潢特征上的排他性权益，构成不正当竞争，应承担停止侵权、赔偿损失的民事责任。被告满江红公司客观上存在销售不正当竞争产品的事实，构成对他人合法权益的侵害，应承担停止侵权的民事责任。在双方均不能证明华世丹公司损失和长兴公司赢利的具体数额的情况下，一审法院综合长兴公司的经营规模、侵权时间以及华世丹公司的损失是由多家厂商的侵权行为共同造成等因素，酌情认定20万元的赔偿额度并无不妥。长兴公司认为其2003年的净利润只有33万余元，而产品有几十种，阿胶钙营养液只是其中一种，其销售利润不可能很高，判决赔偿20万元过高，因其没有提供充分证据证明其产品阿胶钙营养液的具体获利情况，仅从其有几十种产品来平均估算阿胶钙营养液的获利数额缺乏根据，亦未能提供推翻一审法院确定的赔偿数额的有力证据，该项上诉理由不予支持。上诉人提供的从互联网上下载的'领取审评意见通知书'只能证明华世丹公司正在申报保健食品批号，与本案争议的侵权法律关系没有关联性，故不予采信。上诉人提供的乌鲁木齐市中级人民法院（2004）乌中民三初字第14号民事裁定书和自治区高级人民法院新立信函（2004）第573号函件，用以证明一审法院已裁定华世丹公司对其诉讼已撤诉。经查证乌鲁木齐市中级人民法院（2004）乌中民三初字第14号民事裁定书中的内容属于文字表述错误，乌鲁木齐市中级人民法院已经作出补正裁定，故对该证据不予采信。上诉人以一审法院没有全面客观审核上诉人提交的证据为由认为一审审判程序违法。经查证一审法院庭审中对上诉人提交的证据均进行了质证与认证，已对证据进行了全面审查，在审理程序上并无违反法律规定的情形，上诉人认为一审程序违法的理由不能成立。

综上，一审人民法院的判决认定事实基本清楚，适用法律正确，程序合法，本院予以维持。上诉人长兴公司的上诉理由均不能成立，应予驳回。依照《民事诉讼法》第153条第1款第（1）项之规定，判决如下：驳回上诉，维持原判。二审案件诉讼费由上诉人承担。

法官评述

《反不正当竞争法》是以维护市场竞争秩序为宗旨的，知名商品保护的实质即在于对知名商品的来源标识的保护，知名商品特有名称、包装、装潢是知名商品的来源标识的外在表现形式，《反不正当竞争法》通过对知名商品形式内容的保护，达到对知名商品内在商誉及价值的保护。本案的审理主要涉及如下三个法律问题：

一、知名商品的认定

《反不正当竞争法》规定知名商品的特有名称受法律保护，但是对何为知名商品特有名称，在2007年2月1日起施行的《最高人民法院关于审理不正当竞争民事案件应用法律若干问题的解释》出台之前，法律、司法解释没有做出具体的规定。这也成为人民法院审理这类案件的难点所在。在审判实践中，国家工商行政管理局1995年7月6日颁发的《关于禁止仿冒知名商品特有的名称、包装、装潢的不正当竞争行为的若干规定》（简称《若干规定》）成为参考依据。《若干规定》第3条第1款规定："本规定所称知名商品，是指在市场上具有一定知名度，为相关公众所知悉的商品。"这一规定在特征上对知名商品作了一种积极的描述，可谓认定知名商品的积极标准。同时，《若干规定》第4条又指出："商品的名称、包装、装潢被他人擅自作相同或者近似使用，足以造成购买者误认的，该商品即可认定为知名商品。"这是在商品名称等已被仿冒的情况下对商品是否知名予以的认定，是一条消极标准。消极标准内在推理逻辑为：擅自使用与他人商品相同或者近似的名称、包装、装潢，原因就在于他人的商品具有一定的市场知名度，否则，为什么不用自己的商品名称、包装、装潢，因此可以将存在擅自使用行为作为认定他人的商品为知名商品的考量因素之一。实际上，这种逻辑推理并不周延，出于市场混淆以外的动机和目的或者出于巧合而使用他人商品标识的情形并不能完全排除。积极评判标准，是以知名商品法律属性为依据的一种判评方法，符合《反不正当竞争法》立法本意的评判标准，为大多数国家立法所采用。在实际操作中如何认定"在市场上具有一定知名度，为相关公众所知悉"，需要结合立法精神、原则和实际情况综合考虑以下两点：1. 知名商品是指为相关公众所知悉的商品。"相关公众"是与该商品或者服务有可能发生销售、购买等交易关系之人，还包括同行业其他的生产经营者。这些生产经营者在同行业中存在竞争关系，往往比消费者拥有更多熟悉相关产品的名称等的机会。2. 知名商品反映的是某一相关的地域市场上的知名度。我国地域广阔，各地经济发展也很不平衡，人们消费水平、消费习惯等存在差异，企业的经营规模和市场覆盖程度存在差别，因此并不需要以在全国范围知名作为认定知名商品的条件。客观上，可以从有关商品的实际流通范围考察；主观上，可以从相对人主观上认为该商品能达到或者涉及的范围进行考察。在认定商品市场知名度时，商品推出市场的时间、促销程度、营业业绩、市场份额、所得的有关奖励，可作为参考因素。本案中，法院考量了华世丹公司阿胶钙口服液的市场行销范围、历年销售业绩、广告宣传范围及力度、市场占有率、评优获奖情况，结合该产品在多地区被同业竞争者仿冒并被工商部门查处的事实，判定华世丹公司阿胶钙口服液为知名商品。这种认定实际上也是符合后来出台的《最高人民法院关于审理不正当竞争民事案件应用法律若干问题的解释》第1条第1款的规定，即："在中国境内具有一定的市场知名度，为相关公众所知悉的商品，应当认定为《反不正当竞争法》第2条第（2）项规定的'知名商品'。人民法院认定知名商品，应当考虑该商品的销售时间、销售区域、销售额和销售对象，进行任何宣传的持续时间、程度和地域范围，作为知名商品受保护的情况等因素，进行综合判断。原告应当对其商品的市场知名度负举证责任。"

二、知名商品特有名称的认定

特有名称是相对于商品的通用名称而言的。直接表示商品的质量、主要原料、功能、用途、数量等的文字、图形都是通用的，以这些文字和图形形成的名称，在一般情况下，无法起到区分商品生产者或者经营者的作用，因此，无法也无必要保护。而那些能间接区分不同商品生产者或者经营者的特有名称，具有区别商品来源的显著特征，与商品生产者或经营者的商誉有着莫大关联，并进而影响其经济效益。为保护对该商品名称独占的使用权，法律必须对此加以保护。所谓知名商品的特有名称，"是指不为相关商品所通用，具有显著区别性特征，并通过在商品上的使用，使消费者能够将该商品与其他经营者的同类商品相区别的商品名称"。同时，"判断通用名称时，不仅国家或者行业标准以及专业工具书、辞典中已经列入的商品名称，应当认定为通用名称，而且对于已为同行业经营者约定俗成、普遍使用的表示某类商品的名词，也应认定为该商品的通用名称"。❶ 具体来说就是，在具体判断是否为特有名称时，应考量该名称的由来和使用的历史过程。如果该名称具有原创性，且所标识的产品一种新产品，使用人在使用该名称的过程中，努力保证该名称为其专门使用，并产生了能够区别商品来源的识别性，则应当认为该名称为特有。

本案中华世丹公司口服液产品的名称为"阿胶钙"，其中阿胶是我国传统中药，钙是一种矿物元素，这两种成分都是通用名称，而把这两种通用名称结合在一起，成为一种新产品的名称，是华世丹公司的首创，在此之前没有证据显示存在这种组合名称。华世丹公司对该产品延续生产经营十几年，使"阿胶钙"这一商品名称为广大消费者认知，华世丹公司为维护其产品名称的专有权，对于市场中出现的仿冒行为通过诉讼和向行政机关申请查处，得到有效遏制，使得该名称没有进入公有领域，足以使消费者能够将其与其他保健品相区别，该名称已经成为企业无形资产和商誉的重要组成部分，具有区别商品来源的显著特征，具有知识产权的内涵，符合知名商品特有名称的条件，应受法律保护。

三、"使消费者误认"（混淆）的认定

《反不正当竞争法》对知名商品特有名称、包装、装潢的保护是因为该种行为会产生市场混淆的后果，但"使相关公众误认"的判断标准是什么，《反不正当竞争法》未作出具体规定。对此，可以从两个方面进行分析。一方面，"使相关公众误认"应该包括两种情形，一是已引起误认；二是尚未引发误认但有引起误认的危险，即"引起混淆"和"混淆的可能"。《反不正当竞争法》第5条第（2）项对可能引起混淆的情形未予明示，但国家工商行政管理总局《关于禁止仿冒知名商品特有的名称、包装、装潢的不正当竞争行为的若干规定》第2条规定："前款所称使购买者误认为是该知名商品，包括足以使购买者误认为是该知名商品。"可见，该规定考虑到了可能引起混淆的情形。另一方面，对"使相关公众误认"（混淆）的认定判断要注意以下三点：1. 依照一般购买者的注意能力进行判断。"误认（混淆）"是一种主观意识状态，以什么样的认识（注意）能力进行判断，是"使相关公众误认"（混淆）认定的基本因素。一般来说，不同群体对不同商品的判别能力是不同的，这受到教育程度、专业及文化背景等复杂因素影响。即应以普通消费者施以一般注意力来判断。2. 相关商品或者服务的独特性、差异化及价格等注意力影响因素。相关商品或者服务的独特性、差异化越强，进行引起误认（混淆）的判断就越容易，对独创成分及特征成分的抄袭，往往就是误认（混淆）发生的成因。而价格因素有时也成为对引起误认（混淆）判断的重要因素。例如，某名牌商品的市场价格极高，而仿冒品本身的市场价远低于名牌商品，消费者在注意到此种价格的差距时，即知不是真品，此时，价格的悬殊即成为不引起误认（混淆）的因素。3. 相关商品提供企业的知名度。随着市场经济经营多元化，商品与其生产、提供者相分离的情形越来越多，但在大多数情况下，提供商品企业的知名度对商品的影响是客观存在，且显而易见的。在本案中，主要从原、被告相近似产品外包装盒及包装盒显著文字、图案及色彩特征，从涉案知名商品本身市场特征及该知名商品特有包装、装潢色彩

---

❶ 蒋志培. 中国知识产权保护2007 [M]. 北京：中国传媒大学出版社，2007：239.

独特特征，加以一般的注意力进行判断，从而作出了足以导致消费者误认被告产品为原告产品，造成与原告产品的市场混淆的判定。

（二审合议庭成员：高华东　郭利柱　刘　峰
编写人：新疆维吾尔自治区高级人民法院　郭利柱）

24. 上海化工研究院诉陈伟元、程尚雄、强剑康、昆山埃索托普化工有限公司、江苏汇鸿国际集团土产进出口苏州有限公司侵犯商业秘密纠纷案

> 阅读提示：在审理侵犯商业秘密民事纠纷时如何对待涉及同一事实的刑事案件中的认定？

裁判要旨

在审理侵犯商业秘密民事纠纷时，对于涉及同一事实的刑事案件中的相关认定，特别是对于刑事诉讼程序中的鉴定结论，当事人有异议的，在民事案件审理中应按照民事诉讼程序和证据规则的要求进行审核认定。

案 号

一审：上海市第二中级人民法院（2003）沪二中民五（知）初字第 207 号
二审：上海市高级人民法院（2005）沪高民三（知）终字第 40 号

案情与裁判

原告（二审被上诉人）：上海化工研究院（简称"上海化工院"）
被告（二审上诉人）：昆山埃索托普化工有限公司（简称"埃索托普公司"）
被告（二审上诉人）：江苏汇鸿国际集团土产进出口苏州有限公司（简称"汇鸿苏州公司"）
被告：陈伟元
被告：程尚雄
被告：强剑康

起诉与答辩

原告化工院于 2003 年 10 月 16 日向上海市第二中级人民法院提起诉讼称：^{15}N 技术是自己的商业秘密。上海市公安局普陀分局（简称"普陀公安局"）委托上海科学技术委员会所作的鉴定结论也证实了原告 ^{15}N 技术的非公知性。被告陈伟元、强剑康在明知 ^{15}N 技术系原告商业秘密的情况下，将该技术泄露给被告埃索托普公司。被告程尚雄明知陈伟元、强剑康熟知化工院的 ^{15}N 技术秘密而组织其到埃索托普公司工作。埃索托普公司明知陈伟元、强剑康泄露的是化工院的商业秘密而使用之。汇鸿苏州公司明知埃索托普公司生产侵权产品，仍帮助其销售。5 名被告的行为共同构成对原告商业秘密的

侵犯。请求判令：1. 被告陈伟元、程尚雄、强剑康、埃索托普公司、汇鸿苏州公司停止侵害原告^{15}N技术的商业秘密，不得使用或者对外泄露；2. 销毁埃索托普公司用以侵害原告商业秘密的专用设备；3. 陈伟元、程尚雄、强剑康、埃索托普公司赔偿原告经济损失人民币2 159 903.94元；4. 汇鸿苏州公司赔偿原告经济损失人民币159 473.12元；5. 上述第三、四项诉讼请求共计经济损失人民币2 319 377.06元，由5名被告承担连带赔偿责任；6.5名被告承担原告律师代理费人民币13.5万元；7.5名被告在《新民晚报》《扬子晚报》上公开向原告赔礼道歉、消除影响。

被告陈伟元、程尚雄、强剑康、埃索托普公司、汇鸿苏州公司辩称：被告没有侵犯原告的商业秘密；埃索托普公司使用的^{15}N技术为公知技术；上海科委的鉴定结论是不合理、不科学的，且其没有鉴定资质，故请求法院驳回原告的诉请。

一审审理查明

原告化工院自1961年开始立项研发使用$NO-HNO_3$化学交换法生产^{15}N标记化合物，至1989年建成了^{15}N标记化合物年产量为2.2千克的1号车间，1999年起向国外出口99%高丰度的^{15}N标记化合物。2001年该技术被上海市高新技术成果转化项目认定办公室认定为上海市高新技术成果转化项目、上海高新技术成果转化项目百佳等。在被告埃索托普公司生产^{15}N标记化合物之前，化工院系我国唯一生产^{15}N标记化合物的单位。

原告化工院为保护其自行研发的科研成果，于1997年1月制定了《科技档案借阅、保密制度与立卷及归档范围》；1998年10月颁布了《关于经济工作中的企业秘密及其管理办法的规定》；2001年3月颁布了《化工院职工奖惩实施办法》，规定了对工作中技术泄密职工的处罚办法等。原告化工院还将上述规定在全院职工中予以公布，并坚持对新职工进行保密制度的集中培训；将^{15}N技术的所有资料存档并列为"秘密"等级。

被告陈伟元于1992进入原告化工院^{15}N生产车间工作，1999年12月起开始担任^{15}N车间组长、工程师，全面负责^{15}N的生产和管理工作，能够查阅^{15}N技术资料、工艺图纸等，熟悉掌握^{15}N技术的生产工艺和装置等。

被告强剑康于1995年8月进入原告化工院^{15}N生产车间工作，1998年调入^{15}N标记化合物合成组，主要从事^{15}N标记化合物合成工作，担任高级工程师，熟悉掌握^{15}N标记化合物的合成技术等。

被告程尚雄在原告化工院下属的有机所工作，担任工程师。

2001年上半年，被告汇鸿苏州公司的李网弟、李玉明和案外人王建飞等人共同商量出资成立一家生产^{15}N标记化合物的公司，并通过被告程尚雄介绍认识了被告陈伟元、被告强剑康。此后，被告陈伟元以他人名义与李玉明、王建飞、李雯剑、汪继勇等共同出资，于2001年7月成立了被告埃索托普公司，李玉明担任法定代表人。2001年12月18日，李玉明担任被告汇鸿苏州公司的股东及董事。

被告埃索托普公司在筹备成立阶段、购买^{15}N生产设备的过程中，当时尚未辞职、还在化工院工作的陈伟元、程尚雄即以埃索托普公司的名义到加工单位为埃索托普公司定制、验收了部分生产设备。埃索托普公司成立后，程尚雄又先后怂恿陈伟元、强剑康到埃索托普公司工作。

2001年11月被告陈伟元向原告化工院办理了辞职手续。2002年2月,被告程尚雄从原告化工院下属的有机所辞职。2002年2、3月间,被告强剑康向原告化工院提出辞职,在未办妥辞职手续后自行离职。

被告陈伟元、程尚雄、强剑康进入埃索托普公司后,陈伟元利用其在原告化工院工作时掌握的^{15}N技术,为埃索托普公司筹建了与原告化工院相同的^{15}N生产装置,并负责^{15}N车间的生产管理;强剑康从事^{15}N标记化合物的合成工作;程尚雄担任总经理,负责公司的日常管理。

2002年7月至2003年8月期间,被告埃索托普公司销售硫酸铵、硝酸钾、尿素等各类^{15}N标记化合物的数量为10 335克。被告埃索托普公司的销售数量乘以原告化工院同期同类品种规格的销售平均单价之积为1 499 700.13元。原告化工院销售毛利率为67.72%。上述期间被告埃索托普公司生产的^{15}N标记化合物均通过被告汇鸿苏州公司代理出口。

2003年9月至2004年4月期间,被告汇鸿苏州公司代理被告埃索托普公司出口各类^{15}N标记化合物的销售总额为201105美元。

另查明:原告化工院曾于2003年3月14日向普陀公安局举报陈伟元、程尚雄、强剑康、埃索托普公司涉嫌侵犯商业秘密罪。上海市普陀区人民法院和上海市第二中级人民法院分别于2004年5月25日和2004年8月25日先后作出了上述4名被告的行为均构成侵犯商业秘密罪的刑事一审判决和终审裁定。陈伟元被判处有期徒刑一年,并处罚金人民币3万元;程尚雄和强剑康分别被判处有期徒刑九个月,并处罚金人民币2万元;埃索托普公司被判处罚金人民币30万元。

再查明:上海科委接受普陀公安局的鉴定委托,出具了一份鉴定意见和三份补充意见。该鉴定结论的主要内容为:1. 化工院使用NO−HNO$_3$化学交换法生产稳定性同位素^{15}N的技术和生产装置存在不为公众所知悉的技术信息;2. 埃索托普公司使用NO−HNO$_3$化学交换法生产稳定性同位素^{15}N的技术和生产装置与化工院使用NO−HNO$_3$化学交换法生产稳定性同位素^{15}N的技术和生产装置基本相同;3. 依据埃索托普公司提供的有关公知技术的资料,不可能设计形成该公司目前使用NO−HNO$_3$化学交换法生产稳定性同位素^{15}N的技术和生产装置。

一审判理和结果

一审法院认为:原告化工院^{15}N技术符合商业秘密的构成要件,属于其商业秘密,应当受到法律的保护。被告陈伟元、强剑康系化工院的主要技术人员,知悉^{15}N技术属于原告化工院的商业秘密,并负有保守该商业秘密的义务。但被告陈伟元、强剑康违反保密要求,披露并允许被告埃索托普公司使用该技术秘密,构成侵权;被告程尚雄明知陈伟元、强剑康知悉化工院的该技术秘密,介绍陈伟元、强剑康到埃索托普公司工作,帮助埃索托普公司实施侵权行为,构成侵权;被告埃索托普公司明知陈伟元、强剑康知悉该技术秘密,以不正当手段获取并使用之,构成侵权;被告汇鸿苏州公司明知埃索托普公司生产侵权产品,仍销售该侵权产品,与其余4名被告共同构成侵权。因此,被告陈伟元、程尚雄、强剑康、埃索托普公司、汇鸿苏州公司具有共同的侵权故意,应当共同承担停止侵害、消除影响、赔偿损失的民事责任。

据此，一审法院依照《反不正当竞争法》第10条第1款第（1）项、第（2）项、第（3）项，第3款，第20条第1款，《民法通则》第118条，第130条，第134条第1款第（1）项、第（7）项、第（9）项等规定判决：一、被告陈伟元、程尚雄、强剑康、埃索托普公司、汇鸿苏州公司于本判决生效之日至原告化工院该商业秘密权利终止之日止，停止对原告化工院该商业秘密的侵害；二、被告陈伟元、程尚雄、强剑康、埃索托普公司、汇鸿苏州公司于本判决生效之日起30日内，在《新民晚报》上刊登启事消除影响；三、被告陈伟元、程尚雄、强剑康、埃索托普公司、汇鸿苏州公司于本判决生效之日起10日内，连带赔偿原告化工院包括合理费用在内的经济损失人民币230万元，其中被告汇鸿苏州公司应赔偿8万元；四、对原告化工院的其他诉讼请求不予支持。

上诉与答辩

一审判决后，埃索托普公司和汇鸿苏州公司不服，提起上诉称：1. 原审程序不合法：上海科委不具备鉴定资质，委托其进行鉴定与有关规定不符，其鉴定结论应为无效；原审中上海科委鉴定专家未出庭回答问题。2. 原审认定事实错误：被上诉人化工院^{15}N的生产技术和设备来源于国外公知技术，同时被上诉人单位的专家对其研发成果撰写了系列论文和专著公开发表，该技术不具备构成商业秘密的要件；本案^{15}N生产技术和设备是否属于商业秘密，存在截然相反的两种专家意见，上海科委的鉴定报告有明显的不客观、不公正、不科学性，上诉人根据国内外公知技术可以在短时期内成功研发^{15}N技术。

被上诉人化工院答辩称：上诉人的上诉请求和理由均不能成立，请求驳回上诉，维持原判。

原审被告陈伟元、程尚雄、强剑康认为：自己在主、客观方面均未侵犯被上诉人的商业秘密；自己使用的都是公知技术，不存在构成对被上诉人的合成部分的商业秘密的侵权。

二审审理查明

二审中，各方当事人均未提交新的证据。

二审经审理查明，确认一审判决认定的事实基本属实。

二审判理和结果

二审法院认为：普陀公安局在对涉案有关被告进行刑事侦查过程中，鉴于该案所涉专业的具体情况，就有关技术问题委托上海科委组织专家进行鉴定，并不违反法律的有关规定。鉴定专家在审阅了相关的技术资料和文件、听取了各方当事人的陈述以及进行现场勘查的基础上作出了鉴定结论，其鉴定行为并无不当。且一审庭审中，上海科委委托的有关鉴定专家也到庭接受了各方当事人的质询。一审法院经过对有关证据的审核认定，并采纳其鉴定意见，符合法律的有关规定。另外，化工院的有关技术人员虽然对其研发的涉案技术成果公开发表了有关论文，但这些公开发表的文章并未披露化工院的涉案技术秘密。且化工院对涉案技术秘密的有关资料文件均明确标有"秘密"等字样，其内部也有一系列保密的规章制度。上诉人方于上海科委的鉴定之后自行委托的科技部知识产权事务中心出具的技术咨询报告书，未能否定上海科委专家的鉴定报告的结论，且对于该技术咨询报告书所依据的《小试报告》《工业化设计》两份关键技术文件的真实性，上诉人未能予以充分证明。综上，二审法院认为一审判决认定事实清楚，适用法律正确。据此，依照《民事诉讼法》第153条第1款第（1）项、第158条之规定，判决：驳回上诉，维持原判。

法官评述

本案涉及的焦点问题主要在于：原告对涉案技术是否拥有权利；被告是否构成侵权；如构成侵权，在当事人因严重侵犯他人知识产权而承担了刑事责任后，是否还应承担民事赔偿责任，如何承担民事赔偿责任。

一、关于权利主体问题

《反不正当竞争法》第10条第3款规定："商业秘密，是指不为公众所知悉、能为权利人带来经济利益、具有实用性并经权利人采取保密措施的技术信息和经营信息。"该条规定是我们衡量商业秘密权利人的法定标准。当事人如要主张商业秘密权利，必须按照该条法律规定的条件进行举证。根据本案的有关证据看，原告化工院的商业秘密属于技术信息类的商业秘密。其自1961年起独立研制开发使用涉案^{15}N的技术和生产装置，历经数十余年，投入巨资，经过几代技术人员的共同努力，形成了国内领先的^{15}N技术，是目前我国唯一掌握^{15}N标记化合物生产技术的单位。其生产的^{15}N标记化合物为高科技产品。该产品的98%以上用于出口创汇，被广泛应用于生命科学、基因研究、生物科学等尖端技术领域。自1999年起，原告出口了99%高丰度的^{15}N标记化合物，取得了可观的经济利益。该技术使其具有极大的竞争优势。原告的该技术在反应器（回流塔）、交换塔、生产工艺的集成组合及控制、生产工艺流程及布置、标记化合物的合成等技术方面具有不为公众所知悉的技术信息。原告将涉案技术信息的所有资料存档并列为"秘密"等级，还针对性地制定了科技档案的借阅和保密制度等，并在全院职工中予以公布。

因此，涉案技术信息符合法律规定的商业秘密的构成要件，可以认定原告化工院是该涉案技术信息商业秘密的权利主体。

二、关于侵权行为的界定，即上诉人等是否构成侵权

（一）关于举证问题

知识产权民事诉讼中，诉讼证据往往具有隐蔽性、易逝性、技术性的特点。因此，当事人取证难是一个普遍存在的问题。而商业秘密侵权诉讼中，当事人取证的难度往往更高。权利人因举证不能或者不充分，而使其权利不能得到保护或者不能得到足够保护，是不乏其例的。本案的经典之处在于被上诉人化工院即是通过"先刑后民"的途径较大程度上解决了知识产权民事诉讼中举证难的问题。近年来，许多企业基于知识产权民事诉讼中举证难的现实，为保护其商业秘密，对于跳槽并带走其商业秘密的员工选择"先刑后民"的途径进行诉讼，即先以员工涉嫌侵犯商业秘密罪为由向公安机关报案，依靠公安机关的侦查手段进行取证，使案件进入刑事公诉程序。待刑事案件审理情况明朗后，再向法院提起商业秘密侵权民事诉讼，要求泄密员工和使用商业秘密的公司承担经济赔偿责任。

对于商业秘密侵权纠纷中出现的"先刑后民"趋势，研讨中有不同的看法。主要有"重民轻刑"和"先民后刑"两种观点。"重民轻刑"观点主要认为，应当以民商事经济制裁的方式为主，以刑事司法保护为辅。对于违约行为应当"重"民事违约责任予以追究，而刑事处罚则可"轻"。因为，保守商业秘密是基于合同约定产生的合同义务，是约定责任，而不是法定责任。目前，世界上大多数国家对于侵害商业秘密罪的起诉方式仍实行"告诉乃论"的自愿原则，究其原因也主要是认为侵犯商业秘密的犯罪一般不直接侵害国家、社会利益。因此，法律将是否对行为人实施刑罚权，一般交由受害人自己决定，而国家不过多进行干预。"先民后刑"观点主要认为，追究侵害商业秘密的行为首先应该通过民事程序予以解决。指控方与被控侵权方双方是平等的民事诉讼主体，双方的诉讼地位应该是对等的。而首先通过公权发动的一场刑事诉讼，由国家机关出面诉讼，一般当事人根本无力抗衡。这样就在一定程度上否定了双方当事人诉讼地位的对等性。因此，应当强调"先民后刑"，严禁动用刑事司法手段达到打击竞争对手的目的。

其实，无论是"先刑后民"或者"先民后刑"均并非固定不变的程式。每个案件的具体情况是各不相同的，应该根据个案的具体情况采用不同的方式。当事人只有根据案件的不同性质和具体情况选择对自己最为有利的方式，才能更好地保护自己的合法权益。对于当事人来讲，只有依法采取能最有效、最经济、最充分地保护自己合法权益的诉讼方式，才是最好的方式。

对于本案所涉商业秘密存在的认定，曾经历过"先刑后民"程序的看法，也产生过两种不同的意见。第一种意见认为，刑事案件虽然认定了商业秘密罪，但是由于商业秘密的认定主要借助于商业秘密的民事原理，目前民事案件对商业秘密的审查标准较为成熟和严格，故应当根据商业秘密的民事原理重新予以认定。第二种意见认为，民事案件在无相反证据的情况下可以直接采纳刑事案件关于商业秘密权利构成的事实。

笔者认为上述第二种意见似乎更有道理。因为：根据《最高人民法院关于适用〈中华人民共和国民事诉讼法〉若干的意见》第75条和《最高人民法院关于民事诉讼证据的若干规定》第9条的规定，已为人民法院发生法律效力的裁判所确认的事实，当事人无需举证；但当事人有相反证据足以推翻的除外。生效了的刑事判决也是人民法院发生法律效力的裁判。其所确认了的有关商业秘密的事实，从证据的角度来说，已经具备了当事人无需举证的法律性质。因此，对于在刑事判决中所认定了的商业秘密有关事实，在民事案件中只要着重审查当事人是否能提供足以推翻刑事判决中关于该事实的相反证据。如不能推翻，则在民事案件的审理中可以直接采纳刑事判决所认定的该事实。何况，刑事案件确定的事实必须是证据确实、充分的，其证明标准比民事案件的证明标准更加严格。

当然，从本案的审理中也可以看出刑事案件中的有关鉴定程序还存在一个需进一步完善的问题。如：在刑事诉讼阶段，鉴定机构由公安机关单方面委托是否公平，鉴定专家名单没有经过回避程序是否公正，鉴定专家未出庭接受被告人的质询是否合理，鉴定材料未经被告人质证是否正确等。如果上述程序中的不足之处能够得到进一步的完善，则被告的诉讼权利必将也会受到更充分的保护。上述不足之处存在的原因，在于我国刑事诉讼的有关法律对于鉴定方面具体程序的规定尚不十分完备，而刑事诉讼证据规则的进一步完备尚在酝酿之中。本案在审理中正是考虑到上述情况，严格遵守了民事诉讼的程序，又要求鉴定专家出庭接受了各方当事人的质询。在此基础上又对该鉴定结论进行了审核认定，并作出了是否采信的决定。这不但从程序上尽量弥补了刑事案件鉴定程序的不足，而且确保了本案民事诉讼程序的正当性和各方当事人诉讼权利的行使。

（二）关于侵权行为认定的原则

从本案的审理中可以看出，法院对侵权行为的判断，采用的是"接触＋实质性相似＋合法来源排除"的方法，即被告等有关人员是接触过原告的涉案技术信息商业秘密的，被告等披露、使用的技术信息与原告的技术信息实质性相似，被告等对其披露、使用的技术信息的合法来源不能充分举证。因此，本案的处理是审慎和正确的。

三、关于赔偿数额问题

（一）侵权行为人在承担了刑事责任后，是否还应承担民事赔偿责任

我国法律对知识产权的保护是强有力的。《最高人民法院关于执行〈中华人民共和国刑事诉讼法〉若干问题的解释》第89条规定："附带民事诉讼应当在刑事案件立案以后第一审判决宣告以前提起。有权提起附带民事诉讼的人在第一审判决宣告以前没有提起的，不得再提起附带民事诉讼。但可以在刑事判决生效后另行提起民事诉讼"。实施知识产权侵权行为的人不但依法要承担相应的刑事责任，同时还要承担相应的民事责任，两者是不能互免的。本案有关被告虽然因其侵权行为已被追究了刑事责任，但仍然应该承担相应的民事责任。故在本案中，法院判令五被告承担了连带赔偿原告经济损失230万元的高额赔偿等民事责任。

（二）赔偿数额的确定

根据《反不正当竞争法》第20条的规定："经营者违反本法规定，给被侵害的经营者造成损害的，应当承担损害赔偿责任，被损害的经营者的损失难以计算的，赔偿额为侵权人在侵权期间因侵权所获得的利润。"本案基于原告的申请，根据其提供的被告埃索托普公司财务账册的审计报告和从海关调取的报关单、装箱单和发票，计算出埃索托普公司侵权产品销售总额。再把该销售总额与被上诉人同类产品的销售毛利率乘积，确定了原告同期的经济损失。另外，根据被告汇鸿苏州公司代理出口该产品的报关单、装箱单和发票等证据，认定了原告因侵权总共产生的经济损失。再有，法院还酌情支持了原告的合理费用。因此，在本案中原告的权利是得到了充分的保护。

（二审合议庭成员：朱　丹　张晓都　于金龙

编写人：上海市高级人民法院知识产权审判庭　于金龙）

25. 海南亨新药业有限公司诉江苏鹏鹞药业有限公司、桂林市秀峰振辉药店不正当竞争纠纷案

阅读提示：获得中药保护品种证书是否意味着获得类似于专利权的知识产权？《中药品种保护条例》是否创设了新类型知识产权？

裁判要旨

《中药品种保护条例》制定的主要目的是为了控制中药生产低水平重复，建立中药生产的市场准入制度，并非创设知识产权制度。因此，获得中药保护品种证书只是获得生产被保护中药品种的资格，属于一种市场准入，并非独占权，不属于知识产权。

根据《中药品种保护条例》的规定，当事人为生产、销售中药品种药物发生纠纷，不属于民事纠纷，应当请求国家有关行政部门处理。海南亨新药业有限公司依照《中药品种保护条例》主张其享有类似于专利权的新型知识产权的理由不能成立。本案中，原告以被告侵害其中药保护品种专属权为由起诉，法院应裁定驳回其起诉。

案　号

一审：广西壮族自治区桂林市中级人民法院（2003）桂市民初字第70号
二审：广西壮族自治区高级人民法院（2004）桂民三终字第11号

案情与裁判

原告（二审被上诉人）：海南亨新药业有限公司（简称"亨新公司"）
被告（二审上诉人）：江苏鹏鹞药业有限公司（简称"鹏鹞公司"）
被告（二审被上诉人）：桂林市秀峰振辉药店（简称"振辉药店"）

起诉与答辩

原告亨新公司起诉称：亨新公司1995年开始生产"抗癌平丸"，2002年4月获中药保护品种证书，即获得中药保护专属权，这是一种类似于专利权的新型知识产权。根据中药保护有关规定，中药保护品种在保护期内只限于由取得中药保护品种证书企业生产，其他非持有保护证书的企业一律不得仿制和生产，且应在公告之日起一律暂停生产，同时在规定的时间内申报同品种保护。而鹏鹞公司在未获得同品种中药保护品种证书之前，继续生产和销售"抗癌平丸"，侵害了亨新公司对"抗癌平丸"的中药保护专属权，冲击了亨新公司的生产和销售，是一种不正当竞争行为，给亨新公司造成了巨大的经济损失和不良的社会影响。振辉药店未严格审查鹏鹞公司的药品生产是否合法而销

售该药品，亦构成对亨新公司的侵权。为此，亨新公司于2003年5月向桂林市中级人民法院提起诉讼，请求判令鹏鹞公司停止侵权，并在中国医药报刊上公开赔礼道歉，赔偿经济损失480万元。

被告鹏鹞公司答辩称：1."抗癌平丸"是鹏鹞公司于1974年首先研制，1979年生产，并已获得国家批准生产，依法享有在先权，不是仿制，不存在侵权。鹏鹞公司已按规定正在申报同品种保护，且在6个月后停止了生产，未违反有关规定，更不属于不正当竞争。2.本案不涉及与知识产权有关的权利，不属于知识产权案件，也不属于合同纠纷或者民事侵权案件。知识产权的法律特征之一是具有排它性的独占权利，而中药品种保护则不具有此特征，允许同品种生产权利存在，只是须办理相应行政审批手续。鹏鹞公司在2002年9月12日之后，是否具有生产和销售"抗癌平丸"资格，是否应当停止生产，属国家行政机关是否撤销原已批准的行政许可问题，是市场准入问题，不是平等主体之间的民事法律关系。亨新公司主张其享有所谓的中药保护专属权，是一种类似于专利权的新型知识产权，没有法律依据。鹏鹞公司认为亨新公司诉讼系滥用诉权的一种不正当竞争行为，请求法院依法驳回亨新公司对鹏鹞公司的诉讼请求。

被告振辉药店答辩称：振辉药店只是一家个体经营的药店，根据患者对药品的需求进货，无义务亦无能力审查所购药品生产是否侵权产品。振辉药店不知道"抗癌平丸"是否中药保护品种，是否合法生产，不应对此承担任何责任。请求法院依法驳回亨新公司对振辉药店的诉讼请求。

一审审理查明

广西壮族自治区桂林市中级人民法院经审理查明：鹏鹞公司（原江苏省宜兴县制药厂）于1974年开始研制"抗癌平丸"药品，1978年研制成功并通过新药鉴定，1979年2月15日经江苏省革命委员会卫生局批准，开始生产"抗癌平丸"，2002年获国药准字Z32020933号药品生产许可证。1995年，亨新公司经海南省药监局批准，也开始生产"抗癌平丸"，2002年获国药准字Z46020009号药品生产许可证。1998年12月，"抗癌平丸"列入中华人民共和国卫生部药品标准中药成方制剂第20册，该药主要用于热毒瘀血壅滞肠胃而致的胃癌、食道癌、贲门癌、直肠癌等消化道肿瘤的治疗。2000年8月4日，亨新公司向国家中药品种保护评审委员会申请"抗癌平丸"的中药品种保护，于2002年4月9日获《中药保护品种证书》（证号［2002］国药中保字第120号），保护期7年，自2002年9月12日起至2009年9月12日，并于2002年9月12日发布在国监注（2002）317号公告上。亨新公司取得抗癌平丸的《中药保护品种证书》后，发现鹏鹞公司在2002年9月12日后仍继续生产和销售抗癌平丸，根据《中药品种保护条例》第17条："被批准保护的中药品种，在保护期限内限于由获得《中药保护品种证书》的企业生产"及国家卫生部"卫药发（1995）第23号"《关于加强中药品种保护工作中同品种管理的通知》第1条："根据《中药品种保护条例》第17条的规定，由我部批准的中药保护品种，在保护期内，只限由获得该品种《中药保护品种证书》的企业生产，其他非持有证书的企业一律不得仿制和生产。"根据该通知第3条："对涉及同一品种，又未获得《中药保护品种证书》的企业，自我部《公告》发布之日起一律暂停生产，并且在6个月内按照要求向我部申报，由国家中药品种保护评审委员会组织有关单位进行同品种质量考核。根据考核结果,对符合药品审批规定和达到国家药品标准的,经征求国家中药生产和经营主管部门意见后,由我部补发《中药保护品种证书》;对不符合药品审批规定或者未达到国家药品标准的,由我部撤销该品种的药品生产批准文号。"亨新公司认为鹏鹞公司2002年9月12日以后生产和销售"抗癌平丸"是违法的,属不正当竞争行为,已构成对亨新公司的侵权,遂于2003年4月25日诉至一审法院,要求判令鹏鹞公司立即停止侵权,公开赔礼道歉,并赔偿给亨新公司经济损失480万元。亨新公司在诉讼中提供证据表明鹏鹞公司从2002年9月12日到2003年3月25日间仍在继续生产"抗癌平丸",其中2003年3月14日、3月19日、3月25日各生产一批。振辉药店于2003年4月向鹏鹞公司邮购"抗癌平丸"10盒,之后进行销售。鹏鹞公司于2002年7月18日向国家中药品种保护评审委员会申请抗癌平丸的中药品种保护,于二审诉讼中的2004年4月15日获《中药保护品种证书》(证书号[2002]国药中保字第120—2号),保护期自2004年4月15日起至2009年9月12日。

一审判理和结果

一审法院认为:亨新公司作为合法的药品生产企业,向国家中药保护品种管理部门国家药监局申请并获得了对其生产的"抗癌平丸"的保护,取得了国家药监局颁发的《中药保护品种证书》,即获得国家中药品种保护专属权,这是一种仅属于获得该保护权的企业的权利,具有绝对排他性。鹏鹞公司无视国家禁止性法律法规的规定,生产和销售亨新公司的中药品种,使该期限内应当独占市场的亨新公司的产品受到冲击,侵害了亨新公司的中药品种保护专属权,构成侵权。并且,因鹏鹞公司未取得全部合法生产"抗癌平丸"的资格,其生产的"抗癌平丸"即是假冒亨新公司生产的同品种产品,亦是我国《反不正当竞争法》制止的行为。亨新公司生产的"抗癌平丸"应当属于知名商品,而鹏鹞公司是生产同品种产品的企业,但在其未获得国家同品种保护权之前,其产品在市场上的生产和销售,使用与亨新公司已获保护的产品相同的名称,足以使不必然知晓中药品种保护法律意义的消费者造成混淆,造成误认鹏鹞公司的产品即是亨新公司已获中药品种保护的产品,这是对亨新公司中药品种保护权的侵害。鹏鹞公司对其侵权行为给亨新公司造成的损失,应当赔偿,并且应当立即停止销售其生产的"抗癌平丸",在行业中消除影响。侵权损失,应当包括因侵权行为所造成的亏损,也包括了权利人在不受侵权行为侵害时,可获得的利润。根据海南省三亚市天涯会计师事务所的审计结果,结合鹏鹞公司所获利润情况,其主观过错和侵权情节,酌情确定本案赔偿数额。至于振辉药店的销售行为,是在其不知情时所为,且鹏鹞公司亦未向振辉药店履行告知义务。因此,振辉药店不承担侵权赔偿责任。依照《民法通则》第106条、第117条、第118第,《反不正当竞争法》第2条、第5条第1款第(2)项、第20条,《药品管理法》第36条,《中药品种保护条例》第2条、第17条,参照国家卫生部"卫药发(1995)第23号"《关于加强中药品种保护工作中同品种管理的通知》第3条之规定;判决:1. 鹏鹞公司在其获得"抗癌平丸"同品种中药保护证书之前,停止生产和销售"抗癌平丸"。2. 鹏鹞公司赔偿亨新公司经济损失2 052 631.55元(计算方法:2002年至2003年7月亏损额的平均数,从2002年9月12日计算至2003年12月30日,共15个月零18天);利润损失81.9万元(比照2000年减负后每年可得利润63万元计算,共计 15 个月零 18 天）；差旅费 124 007.86 元，以上合计 2 995 639.41 元。3. 驳回亨新公司对振辉药店的诉讼请求。一审案件受理费 34 010 元，其他诉讼费 8 503 元，共计 42 513 元，由亨新公司负担 15 981 元，鹏鹚公司负担 26 532 元。

上诉与答辩

鹏鹚公司不服一审判决上诉称：1. 一审判决书确认的所谓"中药品种保护专属权"并非法律概念，判决书所列案由"中药保护专属权侵权及不正当竞争纠纷案"也不符合最高人民法院公布的《民事案件案由规定》。2. 一审判决认定事实有误，认定鹏鹚公司生产和销售"抗癌平丸"直至一审判决时无任何事实依据；至今为止，无任何行政管理机关对的生产行为作出违法性认定，但一审判决却引用中保办发（2003）第 029 号文，认为"国家中保办也认为鹏鹚公司的生产行为违法"，实属对该文的曲解；海南省三亚市天涯会计师事务所《关于对海南亨新药业有限公司生产的"抗癌平丸"产品亏损情况的说明》是亨新公司单方委托做出的一个情况说明，并非审计报告，未经鹏鹚公司同意，一审判决仅依据该情况说明确定亨新公司的经济损失和利润损失无任何事实依据。3. 亨新公司获得中药保护后，不仅未受到任何损害，反而因鹏鹚公司的暂时退出而获利。综上，一审判决认定事实不清，适用法律错误，判决极不公正，并且因本案不属法院受案范围而存在滥用审判权问题。请二审法院查明事实，依法驳回亨新公司的起诉。

亨新公司答辩称：一审判决认定事实清楚，适用法律正确，请求二审法院依法驳回上诉，维持原判。

振辉药店答辩称：一审判决驳回亨新公司对振辉药店的诉讼请求是正确的，请求二审法院依法维持原判。

二审判理和结果

二审法院认为：《中药品种保护条例》制定主要目的是为了控制中药生产低水平重复，实际是中药生产的市场准入制度，并非创设知识产权制度。根据《中药品种保护条例》的规定，目前国家对中药品种实行行政保护、刑事保护，故本案当事人为生产、销售中药品种药物发生纠纷，不属于民事纠纷，应当请求国家有关行政部门处理。亨新公司依照《中药品种保护条例》主张其享有民事权利的理由不能成立。亨新公司主张鹏鹚公司在未取得中药保护品种证书生产"抗癌平丸"，构成不正当竞争行为，要求停止侵权，赔偿损失，也无法律依据。一审判决认定事实不清，适用法律错误，应予纠正。根据《民事诉讼法》第 108 条第 1 款第（4）项、第 111 条第 1 款第（3）项、第 140 条第 1 款第（3）项、第 158 条的规定，裁定：一、撤销桂林市中级人民法院（2003）桂市民初字第 70 号民事判决。二、驳回亨新公司对鹏鹚公司、振辉药店的起诉。一审案件受理费 50 元、二审案件受理费 50 元，共 100 元由亨新公司负担。

法官评述

本案是我国首例"中药品种保护专属权"纠纷案，涉及《中药品种保护条例》是否创设了新类型知识产权的问题，备受我国医药行业、法律界、新闻媒体关注。

一、中药品种保护制度产生的背景

中药是中华民族优秀文化的一块瑰宝，是我国劳动人民几千年积累下来的宝贵财富，但由于长期以来我国对中药品种保护不力，致使许多珍贵的中药秘方流失到国外。《中药品种保护条例》实施以前，我国药品管理实行中央和地方分级管理，国家药监部门和省级药监部门都可以批准生产药品，国家药监部门批准生产的药品标准与地方药监部门的批准有较大差异，地方药监部门之间审查批准的标准又参差不齐，造成同品种中药质量差异很大，药品质量缺乏有效监控，人民群众用药安全难以保障。

由于当时药品不受专利保护，在中药生产领域，无偿仿制、移植他人名优产品的现象很严重，挫伤了企业研制开发新品种、进行技术创新的积极性。如广东潘高寿药厂生产的"蛇胆川贝液"出名后，国内近百家企业蜂拥而上，竞相仿制。牛黄解毒片全国有一百五十余家企业生产，牛黄安宫丸有一百余家企业生产，复方丹参片有一百四十余家企业生产，人参蜂王浆有八十余家企业生产，谁是最初研制者、财产权归谁均不得而知。盲目地移植造成产品过剩，原料缺乏，引起粗制滥造和质量下降，不但损害了研制厂家的利益，也给国家造成了很大损失，更为严重的是，一些备受人们喜爱的传统名贵中成药也被仿制得面目全非，影响了我国中药在国际市场上的信誉。❶ 为此，卫生部曾于 1990 年下文制止地方标准的中药品种仿制移植，虽然产生了一定作用，但对国家标准中药品种的仿制移植问题没办法解决，整个中药行业处于较混乱的状况，亟待管理整顿。中药生产低水平重复成为中药知识产权保护的"瓶颈"。

基于上述原因，为整顿行业、规范市场，提高中药品种质量，加强中药监督管理，使整个中药行业朝健康稳定的方向发展，卫生部在广泛征求众多制药企业意见的基础上，提出了将国家中药品种纳入法制管理的轨道，并由国家法制局牵头，主持修改审定了保护中药品种的法规条文，最后由李鹏总理签署发布了《中药品种保护条例》，于 1993 年 1 月 1 日起施行，我国中药品种保护制度正式确立。国家药典委员会执行委员周超凡研究员指出："中药品种保护工作是旨在保护中药生产企业生产权益的行政措施，保护的是企业的生产权。"❷ 因此，中药品种保护制度设立的初衷并不是创设新类型知识产权，而是一种生产中药品种的市场准入。

二、《中药品种保护条例》涉及何种知识产权的保护

《中药品种保护条例》中的中药品种分一级保护品种和二级保护品种，其中二级保护品种是已经列入国家药典的品种，处方组成、工艺制法都已公开，而一级保护品种的处方组成、工艺制法则是由国家给予保密的，并不公开。

一级保护品种的处方组成、工艺制法显然属于商业秘密范畴。首先，中药一级保护品种的处方组成、工艺制法多为祖传秘方，不能从国内外公开出版物中获得，国家药品标准也不予公布，公众很难获悉，符合商业秘密不为公众所知悉这一首要条件。其次，这些处方组成、工艺制法能为企业带来经济利益或者竞争优势，具有实用性。在市场竞争中，拥有中药一级保护品种的处方组成、工艺制法的企业明显占据强势的有利地位，

---

❶ 毕可展，董润生. 知识产权与中药品种保护［J］. 中国中医药信息杂志，1994（3）：7.
❷ 国家中药保护品种制度将废除终身制［EB/OL］.［访问日期不详］. http://www.law-star.com.

其生产的中药占有较大的市场份额,还将凭借技术优势具有持久的发展潜力,如同仁堂、云南白药、东阿阿胶、哈药集团等品牌企业。再次,中药生产工艺复杂、技术性强,配方也复杂多样,从产品很难应用反向工程倒推出其配方和生产工艺。对中药这种既是技术商品又是传统商品的特殊商品而言,商业秘密是保护中药不可缺少的手段,它对中药专利保护也是一种补充。由于中药一级保护品种的处方组成、工艺制法稀有而珍贵,几乎全部属于国家秘密,一旦泄密对国家、民族损失巨大,因此,国家制定了专门的法律对此进行规定,如《保守国家秘密法》及《中药品种保护条例》,对中药一级保护品种的处方组成、工艺制法进行保密不仅是企业自身的需要,也是企业必须履行的法律义务,企业普遍采取了有效的保密措施。

《中药品种保护条例》仅涉及企业商业秘密保护,除此之外,并不涉及其他知识产权保护。

三、获得中药保护品种证书是否意味着获得类似于专利权的知识产权

获得中药保护品种证书是否意味着获得一种独占权,这种权利是否属于知识产权,存在两种观点。

一种观点认为:"《中药品种保护条例》第17条规定:'被批准保护的中药品种,在保护期内由获得中药保护品种证书的企业生产',这就赋予了中药保护品种证书的单位一种独占权,即在保护期内有权禁止其他单位在未经许可的情况下移植生产。中药品种保护方式既有专利保护的法定独占权,又有秘密保护方式的技术不公开性,所以比较适合中药品种保护"。❶

另一种观点认为:"中药品种保护可以由多个厂家申报,并且几个厂家可以同时获得保护,这种保护是非独占性的。"❷ "中药品种保护属于对特定生产企业所生产中药品种的一种行政保护措施,不具有法律上专有权和财产权特征,即对于中药品种保护来说,同一保护品种受益人不只是一家,它可以同时是两家以上的生产企业,决定保护几家生产企业同时生产同一产品的权利人不是中药保护品种证书的持有者,也就是说,中药保护品种证书持有者的权利是非独占性的,并且,对擅自仿制中药保护品种的处罚权归卫生行政部门所有,中药保护品种证书持有者不具有要求赔偿其经济损失的权利。"❸ "被批准保护的中药品种,在保护期内由获得中药保护品种证书的企业生产;擅自仿制中药保护品种的,由县级以上卫生行政部门以生产假药依法论处。但是,如果批准保护的中药品种在批准前是由多家企业生产的,则其他未受保护的企业可以在规定的期限内申请补发同品种的保护证书。由此可见,中药品种保护不是独占性的。"❹ 对于同一种中药品种,企业所享有的中药品种保护权不具有排他性,它主要针对中药作为一个品种上市的调节与管理,但是却不能解决该品种所含技术的财产归属。❺

---

❶ 毕可展,董润生. 知识产权与中药品种保护 [J]. 中国中医药信息杂志,1994 (3):8.
❷ 张韬. 现行中药知识产权保护中存在的问题及其解决途径 [J]. 中国制药信息,2001 (7).
❸ 中药专利保护与中药品种保护 [EB/OL]. [2004-11-17]. 凯明高科医药技术资讯网.
❹ 张清奎. 我国药品知识产权保护法规急需调整// [C]. 国家知识产权局条法司. 专利法研究 2002 [M]. 北京:知识产权出版社,2002:152.
❺ 黄水清. 传统中药秘方保护的现状与对策研究 [J]. 中医药管理杂志,2004 (6):13.

笔者赞同后一种观点，获得中药保护品种证书只是获得生产被保护中药品种的资格，属于一种市场准入，并非独占权，不属于知识产权。

知识产权从本质上说是一种独占权，权利人可以直接支配权利客体，也可以禁止他人未经自己许可行使权利，具有排他性。例如专利权、著作权、商标权以及《反不正当竞争法》保护的各项知识产权，权利人同时享有"行"和"禁"的权利。所谓独占权，应具备四个要素：一是权利人可以自己行使权利；二是权利人可以禁止他人未经自己允许行使权利，一旦权利受到侵犯，可以向法院提起民事诉讼，获得民事救济；三是权利人可以许可他人行使权利；四是权利人可以转让自己的权利。获得中药保护品种证书的企业虽然可以行使生产权，但其他要素并不具备。

第一，获得中药保护品种证书的企业无权禁止其他企业生产同品种中药。根据《中药品种保护条例》第17条规定："被批准保护的中药品种，在保护期内由获得中药保护品种证书的企业生产。"那么，如果其他企业违反该条规定，在未获得中药保护品种证书之前也生产同品种中药，获得中药保护品种证书的企业是否有权禁止该企业的生产？其他企业是否构成民事侵权？回答是否定的，根据《中药品种保护条例》第23条规定："违反本条例第17条规定，擅自仿制中药保护品种的，由县级以上卫生行政部门以生产假药依法论处。"第24条规定："当事人对卫生行政部门的处罚决定不服的，可以依照有关法律、行政法规的规定，申请行政复议或者提起行政诉讼。"因此，当中药保护品种证书的持有者发现他人违规生产时，只能请求请求卫生行政主管部门调处，当卫生行政主管部门处理不当或行政不作为时，只能提起行政复议或行政诉讼。如果提起平等主体之间的民事诉讼，禁止他人生产，因所主张的"禁止权"没有法律依据，结果是被驳回起诉，其他企业不构成民事侵权。当然，如果其他企业有侵犯商业秘密的情形，中药保护品种证书的持有企业是可以根据《反不正当竞争法》提起民事诉讼并获得民事救济的。

第二，获得中药保护品种证书的企业的生产权来源于行政许可，属于普通民事权利。根据《行政许可法》第2条的规定，行政许可是指行政机关根据公民、法人或者其他组织的申请，经依法审查，准予其从事特定活动的行为。根据《中药品种保护条例》第9条的规定："中药生产企业对其生产的中药品种，可以向所在地省、自治区、直辖市中药生产经营主管部门提出申请，经中药生产经营主管部门签署意见后转送同级卫生行政部门，由省、自治区、直辖市卫生行政部门初审签署意见后，报国务院卫生行政部门。国务院卫生行政部门委托国家中药品种保护评审委员会负责对申请保护的中药品种进行审评。根据国家中药品种保护评审委员会的评审结论，由国务院卫生行政部门征求国家中药生产经营主管部门的意见后决定是否给予保护。批准保护的中药品种，由国务院卫生行政部门发给中药保护品种证书。"以上规定表明，企业获得中药保护品种证书完全符合行政许可的法律特征，许可企业享有生产某种中药品种的权利并不意味着企业就此享有独占权，只要符合规定，国家可以许可多家企业共同生产同一种中药品种。中药保护品种证书的持有者希望享有一种垄断市场的独占权是没有法律依据的。国家中药品种保护审评委员会李锦开委员也持同样观点："《中药保护品种证书》持有者的权利是非独占性的,并且,对擅自仿制中药保护品种的处罚权归卫生行政部门所有。"❶ 知识产权是一种独占权,拥有知识产权就意味着对市场享有垄断的权利,受国家中药品种保护生产药品的权利并不专属于某一家企业所有,根据《中药品种保护条例》的规定,允许生产同品种药品的企业通过一定的审批程序,也获得这一生产的权利,共同受到保护。国家设置中药品种保护制度不是赋予药品企业独占权,而是保障中药品种的质量,防止劣质药品的生产和销售,保障人民群众的用药安全。

第三,受中药品种保护的药品生产权是不能转让的。转让也是知识产权的重要属性,知识产权权利人往往自己不使用权利所蕴含的技术和信息,需要通过转让、许可他人实施来获得经济利益。作为一种生产要素,知识产权要实现自身的价值,必须得与厂房、机器、劳动力、原材料等许多其他的生产要素相结合,因此,知识产权所有人往往通过转让、许可他人使用等的方式,允许更多人使用自己的知识产权,以获得更大收益。❷ 其他企业如果想生产中药保护品种,只能按规定向国家申请,获得批准才能生产,生产中药品种保护的药品的权利不能来源于转让。专利权由于具有财产权的特性,与普通财产所有权人一样,专利权人有权决定他所拥有的专利权的命运,诸如转让、赠与、放弃等,这就是财产所有权人在法律概念上的处分权。因此专利权可以进入商品流通领域进行自由买卖,专利权人有权决定是否通过部分或全部转让,获得经济利益;而中药保护品种证书持有者的权利是不能自由进入商品流通领域进行买卖和转让的,只有对临床用药紧缺的中药保护品种,根据国家中药生产经营主管部门提出的仿制建议,经国务院卫生行政部门批准,中药保护品种证书持有者才可以收取合理的使用费,并且其使用费数额双方协商不能达成协议时,由卫生行政部门裁决。也就是说,中药保护品种证书持有者对这种使用费的收取是有条件的、非自主性的。

从1993年1月1日起,我国专利法对药品本身提供保护,使包括中药在内的药品有几乎获得技术垄断权的机会,这是对药品知识产权的强保护,药品行政保护之"弱",正是因为其各种权利不具排他性的缘故,故在各国仅作为专利保护等知识产权国际通行保护政策之补充。

四、《中药品种保护条例》是否创设了新类型知识产权

中药品种保护是否创设了新类型知识产权?透过亨新公司诉鹏鹞公司侵犯"中药品种保护专属权"一案,折射出理论界和实务界存在的不同看法,有观点认为:"《中药品种保护条例》创设了新类型知识产权,即'中药品种保护专属权',这种权利法律尚无明文规定,是一种类似于专利权的民事权利。"❸ 也有观点认为,《中药品种保护条例》只是对中药一级品种的技术秘密采取行政保密的方式加以保护。❹

要回答中药品种保护是否创设了新类型知识产权这个问题,必须从知识产权的来源加以分析,知识产权法定主义是知识产权来源应该遵循的原则。

郑成思教授认为:知识产权固然是人类智力成果中的专有权,但并非一切人类智力

---

❶ 专利申请保护挑战中药业 [N]. 信息时报,2003—12—24.
❷ 王晓晔. 知识产权滥用行为的反垄断法规则 [J]. 法学,2004 (3):102.
❸ 见桂林市中级人民法院(2003)桂市民初字第70号民事判决书。
❹ 杜瑞芳. 传统医药的知识产权保护 [M]. 北京:人民法院出版社,2004:127.

成果均是专有的。在人类历史的长河中,曾有过漫长的智力成果不受法律保护的年代。"知识产权"是个历史概念,知识产权保护制度只是在科学技术与商品经济发展到一定阶段才产生的法律制度。❶

郑胜利教授认为:知识产权法定主义是指知识产权的种类、权利以及诸如获得权利的要件及保护期限等关键内容必须由法律统一确定,除立法者在法律中特别授权以外,任何人不得在法律之外创设知识产权。先有法律,后有知识产权,这是知识产权制度发展一个很重要的趋势。我们不主张在行政调处程序或者司法审判程序中创设这种权利,是因为知识产权牵涉的不仅是双方当事人的利益,还包括公众和消费者利益在内的其他群体的利益。❷

李明德教授认为:知识产权完全是一种人为的社会设计,是一种由国家和法律依据一定的目的而授予的权利,可以或者不可以就某些智力劳动成果享有有限的排他权利,完全是由国家、法律或者社会依据特定的需要而确定的,作为智力成果创造者个人无权就此做出决定。❸

笔者认为,知识产权是近代知识产权法律制度产生之后出现的一种无形财产权,是一种法律赋予的,由法律所保护的民事权利,其权利客体是人的创造性智力成果,它是一种独占的、排他的绝对权利。知识产权必须来源于法律规定,否则,任何创造性智力成果都不能转变成为专有权利被发明者独占并得到应有的经济和精神的回报。债权属于当事人可以自由创设的权利,只要不违反国家强制性法律规定,均可依当事人的自治创设。知识产权不同于债权,知识产权属于准物权,依物权法定主义,不能由当事人随意创设。只有法律明确给予知识产权保护的智力成果才是知识产权,当事人主张的"中药品种保护专属权"连智力成果都算不上,又如何称得上知识产权。另外,从中药品种保护制度产生的背景可知,当时国家只是为了控制中药生产低水平重复这一问题创设的行政保护措施,目的是提高中药品种质量,加强中药监督管理,使整个中药行业朝健康稳定的方向发展,实际是中药生产的市场准入制度,并非创设新类型知识产权制度。

亨新公司主张的"中药品种保护专属权"没有法律规定为依据,也不符合知识产权的性质特征,认定其为新型的知识产权没有依据。中药是中国的国粹,一定要加强对中药知识产权的保护,但要按照知识产权的规律保护。

(二审合议庭成员:林 立 周 冕 韦晓云
编写人:广西壮族自治区高级人民法院知识产权审判庭 韦晓云)

---

❶ 郑成思. 知识产权法 [M]. 2版. 北京:法律出版社,2003:13.
❷ 郑胜利. 知识产权法定主义 [N]. 中国知识产权报,2004—07—08(3).
❸ 李明德. 美国知识产权法 [M]. 北京:法律出版社,2003:9.

26. 宁波华能国际经济贸易有限公司诉福建天龙电机有限公司商品条形码不正当竞争纠纷案

阅读提示：冒用他人商品条形码的行为是否构成不正当竞争？

裁判要旨

商品条形码包含了企业名称的数字化表现形式，冒用他人商品条形码，在特定领域，同样会使人产生商品来源的混淆，因而构成不正当竞争。

案　号

一审：福建省宁德市中级人民法院（2003）宁知初字第8号
二审：福建省高级人民法院（2004）闽民终字第283号

案情与裁判

原告（二审被上诉人）：宁波华能国际经济贸易有限公司（简称"宁波华能公司"）
被告（二审上诉人）：福建天龙电机有限公司（简称"天龙公司"）

起诉与答辩

原告诉称：原告通过向中国物品编码中心申请，依法注册获得《中国商品条码系统成员证书》。2002年1月24日，福建省质量技术监督局执法人员在被告处查获被告生产的条形码为原告所有的水泵3 255台。被告的行为已经侵犯了原告的条码专用权。请求，1.判令被告因侵给原告造成的经济损失人民币254 874元；2.判令被告赔偿律师费5 000元。

被告辩称：1.商品条形码不能反映商品质量信息内容，便于仅是厂商之间结算的便利而形成的，不属于知识产权的范围。2.被告方对条形码的冒用，不构成侵权。福建省质量技术监督局只在被告的产品外包上查到装条形码，生产水泵也未构成实质上的侵权。3.原告提出利润的计算缺乏事实依据。从原告提供的增值税发票看，水泵的成本价为75元；如何得出68元的利润。原告的诉讼主张缺乏事实依据，请求驳回原告的诉讼请求。

一审审理查明

宁波华能公司拥有《中国商品条码系统成员证书》，编号为物编注字第55043号，确定原告厂商识别代码为69234963。2002年1月24日，福建省质量监督局执法人员在天龙公司发现该公司正在生产条形码编号为6923496303098的水泵（型号为MKP60—

1)，经现成清点共 3 255 台。2002 年 6 月 18 日，福建省质量技术监督局作出（闽）技监罚字［2002］005 号《行政处罚决定书》，确认上述水泵属于冒用他人条形码的产品，决定给予天龙公司罚款 107 451 元以及责令改正、去除冒用他人的条形码的行政处罚。

一审判理和结果

被告未经原告同意，擅自使用原告登记注册的条形码，而该条形码包括原告的工厂名称也包括原告产品的名称。被告的行为损害了原告的合法权益，属《反不正当竞争法》第 2 条规定的，损害其他经营者的合法权益，扰乱社会经济秩序的不正当竞争行为，已构成侵权。原告对所述的条形码被侵权所造成的损失不能提供事实依据，故其请求被告赔偿 254 874 元损失，不予支持。但依被告冒用原告条形码的具体情节，原告的损失赔偿额可以由法院酌情认定。依照《反不正当竞争法》第 2 条、第 5 条第（4）项、第 20 条的规定，判决：被告应于本判决生效之日起 15 日内赔偿原告条形码被冒用的损失 12 万元，赔偿原告本案诉讼的律师费用 5 000 元。

上诉与答辩

天龙公司不服提起上诉，请求二审法院：1. 撤销原审判决，驳回被上诉人诉讼请求；2. 由被上诉人承担本案诉讼费用。其理由是：1. 原审认定上诉人冒用被上诉人条形码，对他人民事权利造成侵害，证据不足。（1）上诉人不存在冒用被上诉人条形码的事实。《中国商品条形码系统成员证书》，只说明中国物品编码中心确认被上诉人"厂商识别代码"，无法证明被上诉人是否已使用条形码。福建省技术监督局行政处罚书只证明被上诉人冒用他人编号为 6923496303098 的条形码，并未特指冒用被上诉人条形码。即使被上诉人代码的数字与上诉人条形码编号"6923496303098"这 13 个阿拉伯数字完全相同，也只能认定冒用阿拉伯数字。（2）被上诉人的民事权利未受任何侵害，原审法院判决上诉人赔偿被上诉人 20 万元及律师费，于法无据。上诉人生产水泵尚在生产阶段，未进入流通领域，对被上诉人未造成任何损失。其次，按省技监局处罚书认定的事实 3 255 台，上诉人即使全部售出也仅可获利 5 000 余元。最后，律师费承担，于法无据。2. 原审认定上诉人冒用被上诉人条形码的行为属于不正当竞争行为，适用法律错误。（1）条形码专用权没有民事权利内容，《商品条码管理办法》在法律责任方面不存民事责任条款。（2）《反不正当竞争法》第 2 条所称的不正当竞争，仅限于该法第二章所列举的 11 种行为，除非法律规定，司法行政机关不得随意认定其他的不正当竞争行为。（3）商品条形码中虽然也包含产品的一些信息，但其主要作用是方便管理，对于相关公众和消费者来讲并不具有显著性。消费者不会因为条形码相同而把上诉人与被上诉人商品混淆。

宁波华能公司辩称：1. 原审认定上诉人冒用答辩人条形码，侵犯了答辩人的条形码专用权事实清楚，证据充分。（1）答辩人依法注册获得《中国商品条码系统成员证书》，厂商识别代码为 69234963，厂商名称为宁波华能国际经济贸易有限公司，答辩人对该厂商识别代码和相应商品条码享有专用权，任何单位或者个人不得伪造、冒用。（2）上诉人在其生产的产品上冒用答辩人的条形码行为已经受到福建省质量技术监督局的查处，侵权事实客观存在。69234963 在商品条码中所反映的信息就是宁波华能公司。2. 原审法院认定上诉人冒用答辩人的条形码行为属不正当竞争行为是正确的。《反不正当竞争法》第5条第（3）项明确规定，擅自使用他人企业名的行为属不正当竞争行为。随着电子信息技术的运用，商品条形码作为商品的"身份证"，直接反映出商品生产者产家的名称。未经授权生产他人拥有专用权的条形码产品，显然属不正当竞争。综上，原审法院对上诉人的侵权行为及性质的认定是正确的，请求二审法院依法驳回上诉维持原判。

二审判理和结果

根据国家技术监督局《商品条码管理办法》的规定，商品条形码（又称商品条码）是由一组规则排列的条和空（即条码）及其对应字符组成的表示一定信息的商品标识。任何单位或者个人使用的商品条形码必须经注册取得，经注册的商品条形码中必然有厂商代码，其中包含的信息有企业名称及地址等内容，由此可见，经注册的商品条形码是特定企业名称及商品的特殊表现形式，对特定商品条形码的使用，经计算机解读后，必然涉及对特定企业名称的使用。为此，国家技术监督局《商品条码管理办法》规定，系统成员对其注册厂商识别代码和相应商品条码享有专用权。既然商品条形码是含有上述信息并为特定主体享有专用权的商品标识，对其的使用也必然产生相应的民事权利。宁波华能公司的商品条形码经合法取得，其专用权受法律保护。天龙公司在其生产的水泵上冒用宁波华能公司的商品条形码的行为不仅违反了相应行政管理的规定，同时也挤占商品条形码专用权人的商品市场，使特定的消费群体在特定的场合对商品的来源产生混淆，违反了市场交易中的诚实信用原则，破坏了公平竞争的市场秩序，同时，对该厂商识别代码的使用，在特定环境下等同于对宁波华能公司企业名称的使用，根据《反不正当竞争法》第2条和第5条第（3）项的规定，天龙公司已构成对宁波华能公司的不正当竞争，损害了宁波华能公司的合法权益。依照《民法通则》第106第2款和《反不正当竞争法》第20条的规定，天龙公司应对此承担侵权民事责任。

天龙公司在上诉中提出，仅依据福建省技术监督局行政处罚决定所认定的事实不能确定其使用了宁波华能公司的条形码。本院对此认为：根据《商品条码管理办法》对条形码的定义可以看出，条形码由两部分组成，一是条码（即按一定规则排列的条或空，用于计算机读取），二是字符（即号码，用于人工输入），其二者是对应关系，而且在一般情况下同时使用。福建省技术监督局在执法中发现天龙公司在其生产的水泵上使用编号为6923496303098的商品条形码。其中开头的"69234963"8个数字为宁波华能公司经注册的独家使用的厂商识别代码，在相应的计算机上输入上述数字或者其相应的条码经计算机解读，反映的信息为宁波华能公司名称和地址。"69234963"及其对应的条形码是宁波华能公司产品在特定领域的"身份证"，是其企业名称的数字化表现形式。因天龙公司没有提供证据否定福建省技术监督局行政处罚决定书所认定的相关事实，故天龙公司上述上诉意见不予采纳。

商品条形码对普通消费者一般不会产生影响。但是，对特定的企业（如商品批发、运输、仓储、超级商场等企业）在运用计算机管理的环境下，商品条形码对区分商品来源具有重大意义。如前所述，冒用他人商品条形码是一种不正当竞争行为，所以，天龙公司有关使用条形码不会构成不正当竞争的上诉意见不予采纳。

《反不正当竞争法》的立法目的是保护公平竞争市场经济秩序，制止不正当竞争行为,以保护经营者和消费者合法权益。任何违反诚实信用,破坏公平竞争市场秩序的行为,均属于本法调整的范围。天龙公司有关本案适用《反不正当竞争法》相关规定属适用法律错误的上诉意见,不予采纳。

本案冒用宁波华能公司条形码的产品是在天龙公司的生产现场查获的,没有进入商品流通领域,未给宁波华能公司造成严重的经济损失,故原审确定赔偿数额过高,应予调整。根据本案侵权行为的性质和情节,以及宁波华能公司为制止侵权和诉讼所支出的合理费用,酌情确定天龙公司赔偿宁波华能公司人民币2万元。

综上,原审法院认定事实基本清楚,认定冒用他人条形码属不正当竞争行为是正确的,但所确定的赔偿数额过高,应予调整。上诉人天龙公司有关赔偿数额的上诉意见部分有理,予以采纳。依照《民事诉讼法》第153条第1款第(2)项和《反不正当竞争法》第20条第1款的规定,判决:一、撤销宁德市中级人民法院(2003)宁知初字第8号民事判决;二、天龙公司应于本判决生效之日起15日内赔偿宁波华能公司损失人民币2万元。

法官评述

本案涉及的焦点问题在于:涉案商品条形码对宁波华能公司是否产生某种民事权利,以及天龙公司冒用该条形码的行为是否构成不正当竞争。法律法规对此没有明确的规定,在司法实践中存在不同看法。

一、有关涉案商品条形码对宁波华能公司是否产生某种民事权利问题

商品条形码(又称商品条码)是由一组规则排列的条、空及其对应代码组成,是表示商品特定信息的标识。这种"条"、"空"和相对应的代码代表相同的信息,前者供扫描器读识,后者供人直接读识或者通过键盘向计算机输入数据使用。商品条形码具有唯一性,即商品项目与其标识的条形码一一对应,一个商品项目只有一个条形码,一个条形码只标识同一商品项目。为此,《商品条码管理办法》规定,系统成员对其注册厂商识别代码和相应商品条码享有专用权。任何单位和个人不得在商品包装上使用其他条码冒充商品条码;不得伪造商品条码。

任何单位或者个人使用的商品条形码必须经注册取得,首先向有关部门提出申请取得厂商识别代码。厂商识别代码是指国际通用的商品标识系统中表示厂商的惟一代码,是商品条码的重要组成部分,其中包含的信息有企业名称及地址等内容。随后根据一定的技术规范制作商品条码符号,其由三部分组成,即厂商识别代码、商品项目代码和校验码。由此可见,商品条形码是特定企业名称及商品的特殊表现形式,对特定商品条形码的使用,经计算机解读后,必然涉及对特定企业名称的使用。

在本案中,福建省技术监督局在执法中发现天龙公司在其生产的水泵上使用编号为6923496303098的商品条形码。其中开头的"69234963"8个数字为宁波华能公司经注册的独家使用的厂商识别代码,在相应的计算机上输入上述数字或者其相应的条码经计算机解读,反映的信息为宁波华能公司名称和地址。"69234963"及其对应的条形码是宁波华能公司产品在特定领域的"身份证",是其企业名称的数字化表现形式。企业名

称是企业作为民事主体的重要标志,既然商品条形码是含有企业名称等信息并为特定主体享有专用权的商品标识,对其的使用也必然产生相应的民事权利。

二、天龙公司冒用宁波华能公司商品条形码的行为是否构成不正当竞争

《反不正当竞争法》的立法目的是保护公平竞争市场经济秩序,制止不正当竞争行为,以保护经营者和消费者合法权益。我们认为,任何违反诚实信用,破坏公平竞争市场秩序的行为,均属于该法调整的范围。

在通常的情况下,商品条形码对普通消费者而言一般不会产生影响,但是,对特定的经营者(如商品进出口、批发、运输、仓储、超级商场等企业)在运用计算机管理的环境下,商品条形码对区分商品来源具有重大意义。在当今信息社会中,计算机的使用已经渗透到商品的生产和流通领域的各个环节,商品条形码的使用越来越普遍,有些商品(如音像制品、印刷出版物、卷烟等)已被要求强制使用条形码,有些场合(如超级商场)只有具有条形码的商品才能流通。总之,商品条形码的使用的范围越来越广,在该领域中,如果冒用他人条形码,必然会使相关人员对商品来源产生混淆,这种违背诚实信用,破坏公平竞争的市场秩序的行为,就是我国《反不正当竞争法》要制止的不正当竞争行为。

综上,在本案审理中,我们认为:第一,天龙公司在其产品上冒用宁波华能公司的商品条形码的行为不仅违反了相应行政管理的规定,同时也挤占商品条形码专用权人的商品市场,使特定的消费群体在特定的场合对商品的来源产生混淆,违反了市场交易中的诚实信用原则,破坏了公平竞争的市场秩序;第二,由于涉案条形码包含了宁波华能公司识别代码,所以天龙公司冒用宁波华能公司的商品条形码,在特定环境下等同于对宁波华能公司企业名称的冒用。故根据《反不正当竞争法》第2条和第5条第(3)项的规定,天龙公司已构成对宁波华能公司的不正当竞争,应对此承担侵权民事责任。

(二审合议庭成员:杨健民 陈一龙 俞晓霞
编写人:福建省高级人民法院知识产权审判庭 陈一龙)

27. 内蒙古小肥羊餐饮连锁有限公司诉河北汇特小肥羊餐饮连锁有限公司、周文清不正当竞争及注册商标侵权纠纷案

阅读提示：不具有原创性的名称能否成为知名商品或者服务的特有名称？

裁判要旨

虽然商品或者服务名称本身不具有原创性，但如果通过经营者的经营赋予了该名称特定的含义，具有显著区别性特征，使得消费者能够将该名称与特定的经营者联系起来，应当认定构成知名商品或者服务的特有名称。

案 号

一审：河北省石家庄市中级人民法院（2004）石法民五初字第00082号
二审：河北省高级人民法院（2004）冀民三终字第42号

案情与裁判

原告（二审上诉人）：内蒙古小肥羊餐饮连锁有限公司（简称"内蒙古小肥羊公司"）

被告（二审被上诉人）：河北汇特小肥羊餐饮连锁有限公司（简称"汇特公司"）

被告（二审被上诉人）：周文清

起诉与答辩

原告内蒙古小肥羊公司诉称：原告所经营的"小肥羊"不蘸小料涮羊肉餐饮服务，是在对传统火锅涮羊肉进行了重大改革、创新的基础上形成的精美食法，原告目前已在全国设有4个分公司、616家连锁店，在2001年至2003年中，原告多次获得中国商业联合会、中国烹饪协会等部门颁发的荣誉证书并受到各媒体的关注和报道。"小肥羊"在一定数量的消费者群体中已形成特定的市场含义，已构成原告知名餐饮服务的特有名称。被告周文清于2000年8月18日与原告签订了《小肥羊连锁店加盟合约》，3年合作期满后，在未取得原告特许授权的情况下，不仅未按合约撤除所有带有"小肥羊"特有名称的一切标志，反而又以汇特公司的名义继续使用"小肥羊"这一知名服务的特有名称。这种行为侵犯了原告知名服务的特有名称权。此外，原告曾向国家工商行政管理局总局商标局申请把"小肥羊"作为注册商标，在当时被认为是"通用名称"，故未被获准。但是"小肥洋"作为注册商标已获准注册，分别核定使用在第42类服务商标和第29类肉等商品上，其专用权依法应受国家法律保护，"小肥羊"商标与"小肥洋"注

册商标近似，被告的行为亦已构成商标侵权。综上，请求判令被告汇特公司在其企业名称中和其店面牌匾、服务用品及广告宣传上立即停止使用原告的"小肥羊"这一知名服务的特有名称，终止不正当竞争的侵权行为和商标侵权行为；判令二被告公开赔礼道歉、赔偿经济损失100万元并承担有关费用。

被告汇特公司汇辩称：1."小肥羊"已成为餐饮服务行业经营者约定俗成并且普遍使用的名词，应认定为通用名称；市场上有南京小肥羊及武汉市绿色、西安锡盟小肥羊等众多企业都在企业字号中使用了"小肥羊"，不同的是在"小肥羊"前冠有各自字号和行政区划，"小肥羊"已成为被普遍使用的通用名称。2.国家工商总局商标局认为"小肥羊"作为商标用在所报服务项目上，仅仅直接表示了服务的内容和特点。3.汇特公司依法使用"汇特小肥羊"作为企业字号，不会造成误认或混淆，不构成不正当竞争。4."小肥羊"与"小肥洋"不相同且不近似，不构成商标侵权；"小肥羊"是指羊的品种，指小的（羔羊）肥尾羊，原告为了借用公用领域的通用名称，使人们容易将"小肥洋"误认为就是"小肥羊"，进而使用了与"小肥羊"近乎一样的"小肥洋"，其误导公众的恶意是明显的，且"小肥洋"作为注册商标，从未被实际使用过，不存在误导消费者的问题。

被告周文清辩称：周文清于2000年8月18日与包头市昆区惠达丰通讯器材经销部小肥羊酒店签订的合约，而不是原告所诉称的是与原告签订的合约，并且原告当时既不知名也不存在作出巨大广告效应的事实和证据，显然原告是在借用其今日的"光环"使大家产生一个错觉；惠达丰经销部已经注销，周文清不存在后合同义务；清真小肥羊饭店与原告经营的火锅在内容和口味上均有显著区别；周文清个人并未经营，不是侵权行为人；原告诉求100万元的经济损失无事实和法律依据。

一审审理查明

"小肥羊"系内蒙古自治区锡林郭勒盟当地对一两岁小羊的习惯叫法。

内蒙古金宇集团股份有限公司2001年9月14日曾向国家工商行政管理总局商标局申请"小肥羊"在第42类作为注册商标，该局于2002年7月9日驳回了该申请，理由："小肥羊"作为商标用在所报服务项目上，仅仅直接表示了服务的内容和特点。

内蒙古小肥羊公司2001年也曾向国家工商行政管理总局商标局申请"小肥羊"作为注册商标，该局认为"小肥羊"是通用名称，故未批准。

从1999年7月开始，"小肥羊"就被西安市一家名为"小肥羊烤肉馆"的单位使用在餐饮服务行业，并一直延续使用。2001年成立的武汉市绿色小肥羊餐饮连锁经营管理有限公司和锡盟百日小肥羊餐饮有限公司两家经营餐饮行业的公司也都使用了"小肥羊"这一名称，另外，全国还有绿原小肥羊餐饮有限公司、廊坊市草原小肥羊、南京小肥羊、亨中力小肥羊、陕西小肥羊餐饮连锁有限公司等多家餐饮公司在使用"小肥羊"这一名称。

内蒙古小肥羊公司主张曾与周文清签订过加盟合约，但其提供的证据是2000年8月18日包头市昆区惠达丰通讯器材经销部小肥羊酒店与周文清签订的加盟合约，该小肥羊酒店于2001年已注销。

内蒙古小肥羊公司2001年8月16日与清真小肥羊饭店签订了《小肥羊特许技术加

盟补充协议书》，周文清作为"清真小肥羊饭店"的代表签了字，该协议主要内容是允许清真小肥羊饭店开设两家分店。

"小肥洋"系内蒙古小肥羊公司在第29类和第42类的注册商标，注册日分别为2002年10月7日和2003年1月7日。

内蒙古小肥羊公司主张"小肥羊"系其知名服务的特有名称，所提供的证据有：2001年度、2002年度等获得的一些荣誉证书、北京市第一中级人民法院和北京市高级人民院的判决书、乌鲁木齐市天山区人民法院和乌鲁木齐市中级人民法院的判决书等证据。汇特公司和周文清除对乌鲁木齐市天山区人民法院和乌鲁木齐市中级人民法院的判决书因无原件不予认可外，对其他证据的真实性并无异议，但认为不能证明内蒙古小肥羊公司所主张的内容。

一审判理和结果

一审法院认为：经营者对其知名商品或者服务的特有名称，享有独占使用权，而对商品或者服务的通用名称，则不能独占使用。所谓知名商品或者服务的特有名称，是指不为相关商品或者服务所通用，具有显著区别性特征，并通过在商品或者服务上的使用，使消费者能够将该商品或者服务与其他经营者的同类商品或服务相区别的名称。就本案而言，"小肥羊"系对一两岁小羊的习惯叫法，其用在涮羊肉的餐饮服务行业只是体现了该服务的内容和特点，不具有显著区别性特征，在他人以"小肥羊"作为注册商标向国家工商行政管理总局商标局提出申请时，该局也以上述理由予以了驳回；该局在内蒙古小肥羊公司以"小肥羊"申请注册商标时，以"小肥羊"为通用名称也予以了驳回；根据本案查证，全国有众多餐饮企业在使用"小肥羊"这一名称，"小肥羊"在涮羊肉餐饮行业已被普遍使用，仅根据"小肥羊"并不能区分服务的来源，实际上，众多"小肥羊"餐饮企业也都在"小肥羊"名称前加上了具有自己特色的服务名称，如绿原小肥羊、亨中力小肥羊等，本案汇特公司在使用"小肥羊"名称时，也加上了"汇特"一词，消费者可以根据这些别具特色的名称去选择接受服务，并不会导致误认的后果。综上，"小肥羊"并非内蒙古小肥羊公司知名服务的特有名称，而是涮羊肉餐饮服务行业的通用名称，内蒙古小肥羊公司无权限制汇特公司使用，其以签有协议为由限制汇特公司使用，既无事实根据也无法律依据。"小肥羊"系涮羊肉餐饮服务行业的通用名称，汇特公司有权正常使用该名称，内蒙古小肥羊公司认为构成侵犯其注册商标权是不能成立的。内蒙古小肥羊公司对其主张还提供了一些荣誉证书，一审法院认为这些证书只是体现了该企业的一些经营业绩，只能证明该企业是否属于知名企业，其所提供的服务是否属于知名服务，并不能证明"小肥羊"是其知名服务的特有名称。故根据《反不正当竞争法》第5条第（2）项的规定，判决如下：驳回内蒙古小肥羊公司的诉讼请求并由其负担案件受理费22515元。

上诉与答辩

内蒙古小肥羊公司不服一审判决，上诉称：1."小肥羊"已构成上诉人知名服务的特有名称，一审认定"小肥羊"是涮羊肉服务行业的通用名称属认定事实错误。"小肥羊"作为企业简称和服务名称是上诉人首先使用的，由于上诉人的苦心经营，才使得"小肥羊"在餐饮服务中形成了特定的市场含义，具有显著性，已使"小肥羊"与上诉人的服务紧密地联系起来,与一两岁的小羊没有必然联系。汇特公司在"小肥羊"这一特有名称前加上"汇特"两字,属搭乘知名服务的特有名称以实现其不正当竞争的目的,导致了消费者的混淆误认。一审认定不会导致误认后果的事实认定和理由是完全错误的。2. 汇特公司擅自使用与上诉人的注册商标"小肥洋"相近似的名称"小肥羊",侵犯了上诉人的注册商标专用权。3. 周文清作为汇特公司的控股股东及法定代表人,在与上诉人的加盟合同届满未续签的情况下,擅自继续使用"小肥羊"作为其公司的企业名称,并在店面牌匾上使用等行为,其主观上有"搭车"的恶意,其行为亦构成不正当竞争。故请求撤销原判,依法改判。

汇特公司答辩称:1. "小肥羊"作为企业名称和服务名称并非上诉人使用在先。从1999年7月开始,"小肥羊"就被西安市一家名为"小肥羊烤肉馆"的单位使用在餐饮服务行业,并一直延续使用。2. "小肥羊"属餐饮行业的通用名称。"小肥羊"之所以具有一定的知名度,是餐饮行业众多企业共同经营的结果,非上诉人专有。上诉人称"小肥羊"具有特有性和显著性属主观臆断。3. "小肥羊"与"小肥洋"不相同也不近似,不会造成消费者误认,不构成侵权。

周文清答辩称:自己个人作为本案被诉主体不适格。汇特公司是有限责任公司,依法独立享有民事权利,承担民事责任。

二审审理查明

内蒙古小肥羊公司企业名称历经3次变更,先是2000年11月1日将1999年9月13日成立的包头市小肥羊酒店变更为包头市小肥羊连锁总店,其企业性质仍为股份合作制,注册资本、经营范围、法定代表人均无变化。2001年7月,包头市小肥羊连锁总店又变更为现在的内蒙古小肥羊公司,企业性质由原来的股份合作制变更为有限责任公司,注册资本由原来的8万元追加为3 000万元,经营范围由原来单一的正餐扩大为餐饮、肉制品、乳制品、调味品的加工销售等,法定代表人仍未变更。内蒙古小肥羊公司与包头市小肥羊酒店、包头市小肥羊连锁总店之间具有承继关系。

2000年8月18日周文清与包头市小肥羊总店签订了《小肥羊连锁店加盟合约》。合约约定甲方(包头市小肥羊总店)提供"包头市小肥羊酒店"的名称和"不沾小料涮羊肉"的专有配方及技术(并保证名称的使用和技术的质量)作为与乙方(周文清)合作的投资,合作期限3年,在协议终止或者届满时,乙方应自行撤除所有小肥羊连锁店的一切相关的装饰用品、店面装修、宣传品等带有小肥羊标志、经营特色的招牌和设施。在该合约中甲方盖的是"包头市昆区惠达丰通讯器材经销部小肥羊酒店"的公章,签字人是陈洪凯,系该酒店的负责人。乙方是周文清个人签字。包头市昆区惠达丰通讯器材经销部小肥羊酒店(简称"惠达丰小肥羊酒店")成立于1999年7月,于2001年8月注销。在惠达丰小肥羊酒店注销前,内蒙古小肥羊公司对外所签加盟协议,有的使用"包头市昆区汇达丰通讯器材经销部小肥羊酒店"的公章,有的使用"包头市小肥羊酒店"的公章。

2001年8月16日周文清代表清真小肥羊饭店与内蒙古小肥羊公司、石家庄君思工贸有限公司三方签订《小肥羊特许技术加盟补充协议》(简称《补充协议》),约定甲方(内蒙古小肥羊公司)允许丙方(清真小肥羊饭店)已在石家庄清真寺街、裕华东路开设两家分店维持现状，丙方不得再增加分店和其他标有总公司小肥羊品牌专利标识、字体的相关产品的营销活动。上述补充协议只有张刚、赵文良、周文清的个人签字，没有任何公章。

2003年12月9日周文清在《加盟合约》约定的期限届满后，与他人在清真小肥羊饭店的基础上注册成立了河北汇特小肥羊餐饮连锁有限公司，周文清占该公司60%的股份，是该公司的法定代表人。汇特公司成立以来发展了许多自己的连锁店，在汇特小肥羊连锁店的店面牌匾及广告宣传上一直使用"小肥羊"名称。

另查明，在本案审理过程中，国家商标局于2004年11月12日作出商标驰字[2004]第92号批复，认定内蒙古小肥羊公司使用在第43类餐厅、饭店服务上的"小肥羊LITTLE SHEEP及图"商标为驰名商标。该商标又于2004年12月20号被核准为注册商标，注册证号为3043421。汇特公司等对此有异议，已提起行政诉讼。

二审判理和结果

二审法院认为：关于"小肥羊"在餐饮服务行业是否为知名服务的特有名称的问题，根据《反不正当竞争法》第5条第（2）项之规定，经营者不得以擅自使用知名商品特有的名称、包装、装潢，或者使用与知名商品近似的名称、包装、装潢，造成和他人知名商品相混淆，使购买者误认为是该知名商品的手段从事市场交易，损害竞争对手。该法所称的商品，包括服务。认定知名服务特有名称，首先应判断该服务是否构成知名服务，在此基础上判断是否构成特有名称。本案中的"小肥羊"为餐饮服务行业的知名服务，内蒙古小肥羊公司及汇特公司均无异议，但双方对"小肥羊"是否为该知名服务的特有名称各执一词，形成尖锐对立，也成为本案的主要争议焦点。

知名商品或者服务的特有名称，是指不为相关商品或者服务所通用，具有显著区别性特征，并通过在商品或者服务上的使用，使消费者能够将该商品或者服务与其他经营者的同类商品或者服务相区别的名称。关于如何认定是否构成"特有名称"，本院亦认为其应符合以下条件：1. 该名称不直接表示服务的功能、用途和质量，并且与此类服务的通用名称有显著区别；2. 该名称应当具有原创性或创先使用性，或者是通过经营者的服务使通用名称具有新的特定含义而形成；3. 该名称应当具有显著的区别性，消费者可以自然地将该名称和特定经营者以及知名服务联系起来。本案中内蒙古小肥羊公司最先将"小肥羊"作为服务名称用于餐饮行业，其服务特点是"不沾小料的涮羊肉"，与此类服务的通用名称——"涮火锅"有着显著区别，该服务通过内蒙古小肥羊公司较长时间、较大范围使用，使相关消费者提起"小肥羊"自然就会想到是"不沾小料的涮羊肉"，也使内蒙古小肥羊公司提供的"小肥羊"餐饮服务在相关消费者中有较大知名度，成为餐饮行业的知名服务。虽然在内蒙古自治区锡林郭勒盟当地确实存在将一两岁小羊称为"小肥羊"的习惯叫法，但是对消费者而言，"小肥羊"则代表内蒙古小肥羊公司提供的"不沾小料的涮羊肉"的服务，而不是一两岁的小羊。通过内蒙古小肥羊公司多年的经营和使用，"小肥羊"在一定数量的消费者群体中已经形成了一种特定的含义，具有显著区别性特征。本案中，清真小肥羊饭店以内蒙古小肥羊公司连锁店的名义经营3年，其相关消费者提起"小肥羊"就会想到"不沾小料的涮羊肉"这一服务特点，并把"小肥羊"与内蒙古小肥羊公司所提供的餐饮服务相联系。西安小肥羊烤肉馆虽然《卫生许可证》显示的日期为1999年7月，但该馆《营业执照》的登记日期却为2002年3月，晚于包头市小肥羊酒店的成立，而内蒙古小肥羊公司是由包头市小肥羊连锁总店、包头市小肥羊酒店变更而来。故对汇特公司主张西安小肥羊烤肉馆早于内蒙古小肥羊公司使用"小肥羊"名称的主张本院不予采信。综上，内蒙古小肥羊公司首先将"小肥羊"用于餐饮服务行业，且通过自己的经营使"小肥羊"具有特定的含义，相关消费者能够把"小肥羊"与内蒙古小肥羊公司相联系。故"小肥羊"已构成内蒙古小肥羊公司知名服务的特有名称。汇特公司使用该名称时，内蒙古小肥羊公司已在一定范围内享有了较高的知名度，汇特公司在明知的情况下，未经内蒙古小肥羊公司许可，擅自在公司名称和店面牌匾等方面使用"小肥羊"的服务名称，存在"搭车"行为，侵害了内蒙古小肥羊公司知名服务的特有名称权，已构成不正当竞争，应当承担相应的民事责任。一审认为"小肥羊"不构成内蒙古小肥羊公司知名服务的特有名称，而是涮羊肉餐饮服务行业的通用名称不当，应予纠正。

关于汇特公司使用"小肥羊"是否侵犯内蒙古小肥羊公司的"小肥洋"注册商标专用权的问题，因内蒙古小肥羊公司在注册了"小肥洋"商标后从未实际使用过，不存在消费者混淆的问题，故汇特公司不构成对"小肥洋"注册商标的侵权。

关于周文清在本案中应否承担责任的问题，该案为不正当竞争和商标侵权，汇特公司是有限责任公司，可以独立承担民事责任，周文清作为汇特公司的法定代表人不应承担不正当竞争的侵权民事责任。

关于赔偿数额的问题，鉴于内蒙古小肥羊公司没有提供充分的证据证明其100万元赔偿数额的准确计算依据，也没有充分证据证明汇特公司因不正当竞争行为所获得利益的情况下，法院根据本案的具体情况酌情确定赔偿数额。

综上所述，二审法院依照《反不正当竞争法》第5条第（2）项、《民事诉讼法》第153条第1款第（3）项之规定，判决如下：

一、撤销石家庄市中级人民法院（2004）石法民五初字第82号民事判决。

二、汇特公司立即停止在企业名称和店面牌匾、服务用品及广告宣传上使用"小肥羊"名称。

三、汇特公司于本判决生效后10日内向内蒙古小肥羊公司支付赔偿费5万元。

四、驳回内蒙古小肥羊公司的其他诉讼请求。

一、二审案件受理费各22515元，分别由内蒙古小肥羊公司负担1.5万元，由汇特公司负担7515元。

法官评述

知名商品的特有名称首次作为专门法律术语出现在《反不正当竞争法》中，该法第5条第2款规定："经营者不得采用下列不正当手段从事市场交易，损害竞争对手：……（二）擅自使用知名商品特有的名称、包装、装潢……"；国家工商行政管理局《关于禁止仿冒知名商品特有的名称、包装、装潢的不正当竞争行为的若干规定》第3条进一步规定："知名商品"指在市场上具有一定知名度，为相关公众所知悉的商品。

"特有"指非为相关商品所通用,并具有显著的区别性特征。"知名商品特有的名称"指知名商品独有的与通用名称有显著区别的商品名称;《最高人民法院关于审理不正当竞争民事案件应用法律若干问题的解释》(简称最高法院《解释》)第1条规定:"知名商品"指在中国境内具有一定的市场知名度,为相关公众所知悉的商品。最高法院《解释》第2条规定:"特有的名称、包装、装潢"指具有区别商品来源的显著特征的商品的名称、包装、装潢。根据以上法律和司法解释的规定,知名商品的特有名称是指具有一定知名度商品的具有区别性和显著性的名称。对知名商品特有名称的认定,一般应当从以下几方面考虑:1.必须证明涉案商品是知名商品。对知名商品的认定应当所遵循个案认定、综合判定的原则。人民法院认定知名商品,应当考虑该商品的销售时间、销售区域、销售额和销售对象,进行任何宣传的持续时间、程度和地域范围,作为知名商品受保护的情况等因素,进行综合判断。原告应当对其商品的市场知名度负举证责任。2.该名称是权利人最先使用,或者经过权利人的商业营销赋予了新的特定的含义。3.该名称具有显著性,未直接表示商品的质量、主要原料、功能、用途、重量、数量以及其他特点,或者含有地名,在相关行业或产品目录中无该产品名称。4.相关公众能够将该名称与特定的经营者联系起来。

对该案中"小肥羊"是否属于原告特有名称的认定存在两种不同的看法。一种认为从2000年原告开始使用"小肥羊"到2001年其他企业也使用此名称的几年时间里,已有众多企业在使用此名称,相关众多消费者根据"小肥羊"一般仅能联想到系"不蘸小料涮小肥羊肉"的饮食方式,而并不能与原告紧紧联系在一起。消费者仅从"小肥羊"这一名称也并不能将原告提供的服务与其他经营者的同类服务相区别。因此,从实际情况看,"小肥羊"系餐饮行业的通用名称,并非其特有名称。众多"小肥羊"餐饮企业都在"小肥羊"名称前加上了具有自己特色的服务名称,如绿原小肥羊、亨中力小肥羊等,消费者可以根据这些别具特色的名称,区别此"小肥羊"与彼"小肥羊",并选择接受服务;另一种观点认为,本案中"小肥羊"这一名称本身虽然缺乏显著的区别性特征,但系内蒙古小肥羊公司在餐饮行业上首先使用,而且在多年连续使用中,进行了全国范围的行销及广告投入,并赋予该标识特定的新的含义——不蘸小料的火锅,赢得了广大消费者的认可,具有显著的区别性,足以表明服务的来源,已使"小肥羊"这一名称在广大消费者心中与内蒙古小肥羊公司的服务联系在一起,"小肥羊"构成知名商品特有名称。

笔者同意后一种观点。在市场经济条件下,由于复杂的社会因素或者人们商标意识的差异存在,有些生产者或者服务者缺乏对自己商业标识的保护意识,没有及时把自己有影响的商品名称注册为商标,或者因商标的注册程序具有一定的周期,在申请注册到商标局核准过程中,其一直在持续使用该名称,并且对该名称也投入了大量的成本宣传,对于这些名称应当受到保护,这样才有利于促进企业发展,维护市场的稳定。

(二审合议庭成员:赵建亮　张守军　张晓梅
编写人:河北省高级人民法院知识产权审判庭　张晓梅)

28. 山东鲁锦实业有限公司诉鄄城县鲁锦工艺品有限责任公司、济宁礼之邦家纺有限公司侵犯注册商标专用权及不正当竞争纠纷案

阅读提示：对于具有地域性特点的商品，如何认定其通用名称？在商品或者服务上使用了他人注册商标中含有的本商品的通用名称，是否构成对他人注册商标专用权的侵犯？

裁判要旨

商品通用名称应当具有广泛性、规范性。对于具有地域性特点的商品通用名称，判断其是否具有广泛性，应以特定产区及相关公众的接受程度为标准，而不应以是否在全国范围内广泛使用为标准。对于约定俗成、已为相关公众认可的名称，即使其不尽符合科学原理，亦不影响将其认定为通用名称。具体判断是否构成商品的通用名称，应当注意把握以下几点：1.该名称是否在某一地区或者领域内普遍使用并为相关公众所接受；2.该名称所指代的商品生产工艺是否经某一地区或者领域长期共同劳动实践而形成；3.该名称所指代的商品生产原料是否在某一地区或者领域普遍生产。

《商标法实施条例》第49条规定："注册商标中含有的本商品的通用名称、图形、型号、或者直接表示商品的质量、主要原料、功能、用途、重量、数量及其他特点，或者含有地名，注册商标专用权人无权禁止他人正当使用。"据此，注册商标专用权的行使应有所限制。商标的作用主要在于商品的识别性，即购买者、消费者能够通过不同的商标而区别相应的商品或者服务，防止购买者、消费者对商品及服务的来源产生混淆。因此，虽然在商品或者服务上使用了他人注册商标中含有的本商品的通用名称等，属于正当使用，不构成对他人注册商标专用权的侵犯。

案 号

一审：山东省济宁市中级人民法院（2009）济民五初字第6号
二审：山东省高级人民法院（2009）鲁民三终字第34号

案情与裁判

原告（二审被上诉人）：山东鲁锦实业有限公司（简称"山东鲁锦公司"）
被告（二审上诉人）：鄄城县鲁锦工艺品有限责任公司（简称"鄄城鲁锦公司"）
被告（二审上诉人）：济宁礼之邦家纺有限公司（简称"礼之邦家纺公司"）

起诉与答辩

原告山东鲁锦公司诉称：原告原是嘉祥县瑞锦民间工艺品厂，1985年起原告将生产的棉布、工艺品、服装和床上用品等产品统称为"鲁锦"。1999年原告申请注册了"鲁锦"文字商标；2001年申请注册了"图形＋LUJIN（鲁锦拼音）"组合商标。2006年，原告被中国商业联合会吸收为"中华老字号"会员单位。同年，原告的"鲁锦"商标被山东省工商局认定为"山东省著名商标"。原告发现在济宁市区域内，有大量被告生产、销售的鲁锦产品。这些产品都在显著位置标明了"鲁锦"字样，并由礼之邦鲁锦专卖店等众多专卖店进行销售。被告的产品侵犯了原告的"鲁锦"注册商标专用权。另外，被告鄄城鲁锦公司企业名称中含有原告的"鲁锦"注册商标字样，误导消费者。原告于2008年诉至济宁市中级人民法院，具体诉讼请求为：1. 判令被告立即停止生产、销售带有"鲁锦"字样的侵权产品，并销毁已生产的侵权产品和包装；2. 责令被告变更企业名称，去掉其名称中的"鲁锦"字样。3. 判令被告赔偿经济损失50万元。4. 本案诉讼费、调查费、律师费等原告为制止被告侵权行为所支出的一切费用均由被告承担。

被告鄄城鲁锦公司答辩称：1. 原告是在2001年2月9日注册成立，在2001年原告成立之前及1999年鲁锦商标注册完成之前，"鲁锦"这两个文字已经变成了通用名称。2. "鲁锦"已经成为一种工艺技术、文化的代表，这一通用名称应该各行各业都有使用的权力。3. 原告要求赔偿50万元的经济损失没有证据支持。4. 请求人民法院依法驳回原告的所有诉讼请求。

被告礼之邦家纺公司未作答辩。

一审审理查明

山东省济宁市中级人民法院一审查明：原告鲁锦公司的前身嘉祥县瑞锦民间工艺品厂经向国家工商总局商标局申请于1999年12月21日取得注册号为第1345914号的"鲁锦"文字商标，有效期为1999年12月21日至2009年12月20日，核定使用商品为第25类服装、鞋、帽类，具体为"服装、套装、汗衫、制服、夹克（服装）、背心（马甲）、童装、睡衣（含睡衣裤）、运动衫、吸汗内衣等"。2001年11月14日取得注册号为第1665032号的"Lj＋LUJIN"的组合商标，有效期为2001年11月14日至2011年11月13日，核定使用商品为第24类的"纺织物、棉织品、内衣用织物、纱布、纺织品、毛巾布、无纺布、浴巾、床单、纺织品家具罩等"。嘉祥县瑞锦民间工艺品厂分别于2001年2月9日、2007年6月11日经工商部门核准依法更名为嘉祥县鲁锦实业有限公司、山东鲁锦实业有限公司。

1993年4月22日，原告与日本国益久染织研究所合资成立嘉祥京鲁益久织造有限公司。原告在获得"鲁锦"注册商标专用权后授权该公司使用并在多家报社、杂志社、电视台等媒体栏目中多次宣传报道其产品及注册商标。2006年3月，原告被"中华老字号"工作委员会接纳为会员单位。原告经过多年的艰苦努力及长期大量的广告宣传和市场推广，其"鲁锦"牌系列产品，特别是"鲁锦"牌服装，在国内享有一定的知名度。2006年11月16日，"鲁锦"注册商标被山东省工商行政管理局审定为山东省著名商标。

2007年3月，原告山东鲁锦公司从礼之邦鲁锦专卖店购买由被告鄄城鲁锦公司生产的同原告注册商标所核定使用的商品相同或者类似的商品，该商品上的标签（吊牌）、包装盒、包装袋及门面上均带有原告注册商标"鲁锦"字样。一审法院根据原告的申请，依法对二被告进行了证据保全，发现被告处存有大量原告所诉称的同原告注册的"鲁锦"商标所核准使用的商品同类或者类似的商品，该商品上的标签（吊牌）、包装盒、包装袋及商品标价签、门面上均带有原告注册商标"鲁锦"字样。根据原告提供的证据和一审法院证据保全所拍摄的照片、录像，被控侵权商品上的标签（吊牌）、包装盒、包装袋上，已将"鲁锦"文字放大、且醒目突出的作为商品的名称或者商品装潢使用，尤其是包装袋上未标识生产商、地址即使用。

另查明：被告鄄城鲁锦公司是2003年3月3日经工商局核准登记成立的有限责任公司，其在生产销售的产品上所使用的商标是"精一坊文字＋图形"组合商标，该商标已向国家工商总局商标局申请注册，但尚未核准。2007年9月，被告鄄城鲁锦公司向国家工商总局商标评审委员会申请撤销原告已注册的第1345914号"鲁锦"商标，商评委已经受理但至今未作出裁定。向原告出售商品的销售商的门面为"礼之邦鲁锦专卖"，"鲁锦"已被突出放大使用，但其出具的发票上所加盖的印章为济宁礼之邦家纺有限公司。

一审判理和结果

山东省济宁市中级人民法院认为，本案原告的"鲁锦"文字商标和"Ｌｊ＋LUJIN"的组合商标，已经国家商标局核准注册并核定使用于第25类、第24类商品上，在该类商品上原告依法享有注册商标的专用权，受法律保护。被告鄄城鲁锦公司提供商评委的《注册商标争议申请受理通知书》，用于证明"鲁锦"注册商标发生争议并已受理，但未提供商评委作出的结论性裁定，受理通知书只说明商标争议、程序上已经受理，不能否认原告对"鲁锦"注册商标依法享有的专用权。被告鄄城鲁锦公司虽然于庭审中也提供了大量多家媒体、出版社出版的丛书、期刊、报纸、报道、宣传资料、专题片、获奖证书等书面、视听资料证据，但不足以说明"鲁锦"是历史文化遗产、社会公共资源；上述证据也不能证明"鲁锦"属于国家商标局制定的《类似商品和服务区分表》中的第25、24类商品的通用名称或者第25、24类商品中的某一具体商品的通用名称。被告鄄城鲁锦公司主张鲁锦是"历史文化遗产、社会公共资源、通用名称"，原告无权禁止被告在第25、24类商品上使用"鲁锦"的理由无法律依据和事实根据，一审法院不予支持。

本案从原告提供的被控侵权证据和本院证据保全时所拍摄的照片、录像来看，被告鄄城鲁锦公司在与原告同一种或者类似商品上，将与原告注册商标相同或者近似的"鲁锦"作为被控侵权商品的名称或者商品装潢，在被控侵权商品的标签（吊牌）、包装盒、包装袋及门面上使用；特别是在被控侵权商品的标签（吊牌）、包装盒、包装袋上，将"鲁锦"特意放大显示、醒目突出使用，更容易使消费者在视觉上的注意力集中在"鲁锦"上，暗示自己同"鲁锦"之间存在特殊的关系，由于原告的企业字号和注册商标均是"鲁锦"且使用在先，2006年原告的鲁锦商标又被认定为山东省著名商标，原告的"鲁锦"商品在相关公众中具有较高的知名度，依法应当属于知名商品。因此，被告突出使用鲁锦的行为，客观上极易使了解"鲁锦"的相关公众对被控侵权商品的来源和原告的商品产生误认、对商品误购。被告鄄城鲁锦公司在与原告相同或者近似的"鲁锦"商品上突出使用"鲁锦"标识并在济宁市范围内销售，客观上导致了相关公众对"鲁锦"商品市场主体和来源的混淆，可以认定被告鄄城鲁锦公司存在主观过错，对原告的"鲁锦"注册商标专用权造成了损害，构成对原告注册商标专用权的侵犯，属于《商标法实施条例》第50条第1款第（1）项规定的侵犯注册商标专用权的行为。被告礼之邦家纺公司对其售出的商品出具发票，应当认定其客观上销售了被告鄄城鲁锦公司所生产的侵权商品，依照《商标法》第52条第1款第（2）项"销售侵犯注册商标专用权的商品的"的规定，其行为属于侵犯原告的注册商标专用权，侵权行为应当停止。原告请求被告立即停止销售被控侵权商品的诉讼请求，一审法院予以支持。

原告生产的"鲁锦"系列服装及纺织品、床上用品属知名商品。本案"鲁锦"注册商标于1999年12月经国家商标局核准注册并使用至今，该注册商标现在有效期内且系山东省著名商标，2001年2月原告经核准使用"鲁锦"作为企业字号后，原告商品的品牌和生产者名称中均含有"鲁锦"，因此原告商品上的"鲁锦"应当认定为原告知名商品特有标识；而被告鄄城鲁锦公司的企业名称得到核准的时间为2003年3月，企业名称中的字号为"鲁锦"。从商标注册同企业名称核准的时间来看，原告注册商标在先，被告核准企业名称在后。被告企业名称中的字号"鲁锦"与原告的知名商品"鲁锦"系列服装和注册商标"鲁锦"完全相同。特别是在侵权商品的包装袋上，将"鲁锦"文字放大、突出使用；包装袋上未标识生产商、地址即使用的情况下，表明被告鄄城鲁锦公司傍名牌及误导公众的主观故意明显，违反了诚实信用原则，构成不正当竞争。原告请求被告鄄城鲁锦公司停止使用"鲁锦"作为企业名称；被告礼之邦家纺公司停止在其店面的门面上使用"鲁锦"的诉讼请求，一审法院予以采纳。

原告请求被告赔偿损失50万元，但对其因被控侵权行为遭受的损失、被告因被控侵权行为获得的利益，没有提交相关证据。一审法院结合本案二被告各自侵权行为的性质、主观恶意程度、侵权时间长短及影响、生产侵权商品的数量等各方面的因素综合判定，依法酌定被告鄄城鲁锦公司赔偿原告经济损失人民币25万元；被告礼之邦家纺公司赔偿原告经济损失人民币1万元。

依照《民法通则》第118条、第134条第（1）项、第（7）项，《商标法》第52条第（2）项、第（5）项、第56条第1、2款，《商标法实施条例》第50条第1款第（1）项及《最高人民法院关于审理商标民事纠纷案件适用法律若干问题的解释》第1条第1款第（1）项、第17条，《反不正当竞争法》第2条，《最高人民法院关于审理注册商标、企业名称与在先权利冲突的民事纠纷案件若干问题的规定》第4条，《民事诉讼法》第130条之规定，济宁中院判决如下：1. 被告鄄城鲁锦公司于本判决生效之日立即停止在其生产、销售的第25类服装类系列商品上使用"鲁锦"作为其商品的名称或者商品装潢，并于本判决生效之日起30日内，销除其现存被控侵权产品中含有的"鲁锦"字样；被告礼之邦家纺公司立即停止销售被告鄄城鲁锦公司生产的被控侵权商品；2. 被告鄄城鲁锦公司于本判决生效之日起15日内赔偿原告山东鲁锦公司经济损失25万元；被告礼之邦家纺公司赔偿原告山东鲁锦公司经济损失1万元；3. 被告鄄城鲁锦公司于本判决生效之日起 30 日内变更企业名称，变更后的企业名称中不得包含"鲁锦"文字；被告礼之邦家纺公司于本判决生效之日立即将其位于济宁运河路商业街 3 号店面门面上的"鲁锦"消除。

上诉与答辩

上诉人鄄城鲁锦公司不服一审判决，向山东省高级人民法院提起上诉，请求撤销一审法院判决，依法驳回山东鲁锦公司诉讼请求。主要理由是："鲁锦"在 1999 年被山东鲁锦公司将其注册为商标之前，就已变成通用名称，是社会公共财富，历史文化遗产。《商标法实施条例》第 49 条规定："注册商标中含有的本商品的通用名称、图形、型号或者直接表示商品的质量、主要原料、功能、用途、重量、数量及其他特点，或者含有地名，注册商标专用权人无权禁止他人正当使用。"上诉人的使用行为仅是表明上诉人的商品是用鲁锦面料制成的，仅是为了说明商品的面料是鲁锦的而不是其他种类的，上诉人的使用行为属于"正当使用"，不构成商标侵权，也不构成不正当竞争。

上诉人济宁礼之邦家纺公司不服一审判决，向山东省高级人民法院提起上诉。请求撤销一审法院判决，依法驳回山东鲁锦公司诉讼请求。主要理由是："鲁锦"是鲁西南一带特有的民间纯棉手工纺织品的通用名称，不知道"鲁锦"是注册商标，接到诉状后已停止了相关行为，所以不应该承担赔偿责任。

被上诉人山东鲁锦公司答辩称：1."鲁锦"商标是被上诉人于 1985 年独自创造使用的，不是通用名称，当地人称他们所织造的织物为"土布"、"粗布"，不用"鲁锦"一词。2."鲁锦"是被上诉人依法注册的商标，不是通用名称，上诉人一会认为"鲁锦"是鲁西南织锦的通称，一会认为"鲁锦"是鲁西南织锦技艺的通称，一会认为"鲁锦"是鲁锦服饰的通用名称，这说明上诉人所谓"鲁锦"是通用名称指代不明确，所以不能认定为通用名称。3.商品的通用名称除了要具备较强的针对性外，还必须具备名称的规范性和公众知晓的广泛性，将棉布定义为"锦"违反科学，而且很多地方并不将"土布"称为鲁锦，不具有广泛性。4."鲁锦"商标自 1999 年申请注册至今，被上诉人进行了广泛的使用和宣传，与被上诉人形成了唯一对应的关系，上诉人的行为构成了对被上诉人商标权的侵犯，也构成了不正当竞争行为。5.既使能够认定"鲁锦"是通用名称，上诉人的使用行为突出了"鲁锦"两字，也不属于正当使用，仍然构成侵权。请求二审法院驳回上诉，维持原判。

二审审理查明

二审法院在一审法院查明事实的基础上，又查明如下事实：

鲁西南民间织锦，是山东民间纯棉手工纺织品，因其纹彩绚丽，灿烂似锦而得名，在鲁西南地区已有上千年的历史，是历史悠久的齐鲁文化的一部分。从 20 世纪 80 年代中期开始，鲁西南织锦开始被开发利用，引进现代生活。1986 年 1 月 8 日在济南举行了"鲁西南织锦与现代生活展览汇报会"。1986 年 8 月 20 日，由省经委、省妇联、省艺术学院、省二轻厅等有关单位参加筹备工作，在北京民族文化宫又举办了"鲁锦与现代生活展"，在首都北京引起强烈反响。1986 年前后，《人民日报》《经济参考》《农民日报》《中国美术报》等报刊发表关于"鲁锦"的专题新闻，山东电视台 1986 年拍摄了《美在民间·鲁锦》的专题片，中央电视台也拍摄了《鲁锦与现代生活》《鲁锦开发的探索》等专题片。自此,"鲁锦"作为山东民间手工棉纺织品通称,在各大媒体、图书上广泛使用。此后鲁锦的研究、开发和生产逐渐普及,并不断发展壮大。1987年11月15日,为促进鲁锦文化与现代生活的进一步结合,发展农村妇女的生产,加拿大国际发展署(CIDA)与中华全国妇女联合会双边合作项目——鄄城杨屯妇女鲁锦纺织联社培训班在鄄城县扬屯村举行。

山东省及济宁、菏泽的地方史志资料中,在谈及历史、地方特产或者传统工艺时,对"鲁锦"也多有记载。1998年3月齐鲁书社出版的《菏泽地区志》,介绍"鲁锦,是民间棉花染织品,花色品种逾千,销往国内外。"在介绍棉纺织品时,写到"菏泽地区棉纺织业历史悠久……最有代表性的产品当属家织土花布,人称"鲁锦"。中华书局出版《济宁市志》中写道:"境内早期手工业土纺土织颇为兴盛,产品多为土布和色织布等。明清时期,嘉祥、金乡一代农村妇女手工织制的土花布(今称鲁锦)尤为著名。"1990年6月由山东省地方史志编纂委员会编著的《山东风物大全》中写道:"土布织锦是流行在鲁西南地区广大农村的一种以棉纱为主要原料的传统纺织产品,也是山东近几年来经济开发的主要民间美术品种之一,它的新名叫'鲁锦'。"

在有关的工具书及出版物中,也对"鲁锦"多有介绍。1998年6月山东友谊出版社出版的《齐鲁民间艺术通览》中介绍:"山东手工织花棉布又称'鲁锦',因其纹彩绚丽,灿烂似锦而得名"。2004年山东友谊出版社出版的《齐鲁特色文化丛书—服饰》一书中记载:山东民间织锦,以棉花为主要原料,手工织线,手工染色,手工织造,俗称"土布"或"手织布"。此布色彩斑斓,似锦似绣,因而把这项手织工艺称为"鲁锦";《齐鲁特色文化丛书—工艺》一书中记载:"山东手工织花棉布又称'鲁锦',因其纹彩绚丽,灿烂似锦而得名。当地叫'提花斗纹布',在鲁西南极为兴盛。"

1995年12月25日山东省文物局作出《关于建设"中国鲁锦博物馆"的批复》,同意菏泽地区文化局在鄄城县成立"中国鲁锦博物馆"。

2006年12月23日山东省人民政府公布第一批省级非物质文化遗产,其中省文化厅、鄄城县、嘉祥县作为申报单位申报的"鲁锦民间手工技艺"被评定为非物质文化遗产。

2008年6月7日,国务院国发(2008)19号中,由山东省鄄城县、嘉祥县申报的"鲁锦织造技艺"被列入第二批国家级非物质文化遗产名录。

二审判理和结果

山东省高级人民法院认为,"鲁锦"在1999年被上诉人山东鲁锦公司将其注册为商标之前已是山东民间手工棉纺织品的通用名称,"鲁锦"织造技艺为非物质文化遗产。鄄城鲁锦公司、济宁礼之邦公司的使用销售行为不构成商标侵权,也不构成不正当竞争。理由如下:

1. 山东鲁锦公司的"鲁锦"文字商标和"Lj+LUJIN"的组合商标,已经国家商标局核准注册并核定使用于第25类、第24类商品上,此注册商标专用权应依法受法律保护。但任何权利均有限制,商标权也有其权利限制。为此《商标法实施条例》第49条规定:"注册商标中含有的本商品的通用名称、图形、型号、或者直接表示商品的质量、主要原料、功能、用途、重量、数量及其他特点,或者含有地名,注册商标专用权人无权禁止他人正当使用。"

2. 通过已查明的事实，可以认定，鲁西南民间织锦，是山东民间纯棉手工纺织品，纹彩绚丽，灿烂似锦，在鲁西南地区已有上千年的历史。"鲁锦"指代这种具有山东特色的手工纺织品，不仅被国家级主流媒体、各类专业报纸、山东省的新闻媒体所公认，而且在山东省及济宁、菏泽、嘉祥、鄄城的省市县三级史志资料中也均将"鲁锦"作为传统鲁西南民间织锦的"新名"。在有关美术、艺术的工具书中，也认为"鲁锦"就是一种产自山东的民间纯棉手工纺织品。由此可见，"鲁锦"这一名称不是由某一自然人或者企业法人单独占有使用，而是适用于山东地区特别是山东鲁西南地区的民间纯棉手工纺织品；其次，大量证据表明，"鲁锦"织造工艺历史悠久。在提到"鲁锦"两字时，人们想到的是一种具有鲜明地方特色、传统悠久的山东民间手工棉纺织品的织造工艺，用这种工艺织造出的纺织品，具有手工织造，纯棉质地，色彩绚丽，图案古雅，绿色环保，舒适耐用等特点。经山东省嘉祥县、鄄城县共同申报，"鲁锦织造技艺"于2006年被公布为第一批山东省非物质文化遗产，2008年"鲁锦织造技艺"被公布为国家级非物质文化遗产。因此，该名称下的纯棉手工纺织品的生产工艺并非由某一自然人或者企业法人发明而成，而是由山东地区特别是山东鲁西南地区的人们长期劳动实践而成；第三，该名称下的纯棉手工纺织品的生产原料亦非某一自然人或者企业法人特定种植，而是山东地区不特定的广泛种植的棉花；第四，该名称下的纯棉手工纺织品的消费者并非特定群体，而是普通社会公众。自20世纪80年代中期后，传统鲁西南民间织锦开始走入现代生活，以在北京民族文化宫举办"鲁锦与现代生活方式展"为始点，经过媒体的大量宣传，"鲁锦"一词进入公众视野，已成为以棉花为主要原料，手工织线，手工染色，手工织造的山东地区独有的民间手工纺织品的通称，且已被山东地区纺织行业领域内通用并被相关社会公众约定成俗的名称。综上，可以认定"鲁锦"是山东传统民间手工纺织品的通用名称。这种名称，是一种无形的公共资产，应为该地区生产、经营者共同享有。山东鲁锦公司认为"鲁锦"这一名称不具有广泛性，主张在全国其他地方也出产老粗布，但不叫"鲁锦"。本院认为，对于具有地域性特点的商品，其广泛性的判断应以其特定产区及相关公众为标准，而不应以全国为标准。虽然在我国其他省份的手工棉纺织品不叫"鲁锦"，但不影响"鲁锦"指代山东地区独有的民间手工棉纺织品这一事实，其指代是具体的、明确的。山东鲁锦公司认为"鲁锦"这一名称不具有科学性，主张棉织品应称为"棉"、而不应称为"锦"。本院认为，名称的确定与是否科学没有必然关系，对于相关公众已接受的、指代明确的、约定俗成的名称，是不必考虑其是否科学的。只要相关公众了解了这一名称，明确了这一名称所指代的具体对象，那么名称的区别作用、符号作用、指代作用即体现出来。山东鲁锦公司还认为，"鲁锦"这一名称，不具有普遍性，山东市场内有些经营者、有些老百姓称为"粗布""老土布"。本院认为山东棉纺织业历史悠久，对于民间织锦，人们一直称呼为"粗布""老土布"，但正如本院所查明的事实那样，"鲁锦"这一称谓是20世纪80年代中期，为解决山东省棉花积压、解放妇女劳动力，开发鲁西南民间织锦，使其与现代生活结合这一背景下新起的"名字"，经过多年的宣传与使用，相关公众所知悉的"鲁锦"就是指代山东传统民间手工棉纺织品，亦即人们所说的"粗布""老土布"。综上，山东鲁锦公司的反驳主张均不能成立,"鲁锦"在 1999 年被上诉人山东鲁锦公司将其注册为商标之前,已是山东民间手工棉纺织品的通用名称。

3. 山东鲁锦公司于 1999 年获"鲁锦"文字商标,核定使用商品为第 25 类服装、鞋、帽类等。2001 年获组合商标,核定使用商品为第 24 类纺织物、棉织品等。鉴于商标可注册性的判断并非民事侵权案件可解决的问题,所以法院尊重其仍是有效商标的客观事实。因山东鲁锦公司商标所使用的文字与消费者所知晓的山东民间手工棉纺织品的通用名称"鲁锦"一致,故其商标所应具备的显著性区别特征趋于弱化,相应的其作为商标被保护的特性亦弱化。《商标法实施条例》第 49 条规定:"注册商标中含有的本商品的通用名称、图形、型号、或者直接表示商品的质量、主要原料、功能、用途、重量、数量及其他特点,或者含有地名,注册商标专用权人无权禁止他人正当使用。""鲁锦"虽不是鲁锦服装的通用名称,但其却是山东民间手工棉纺织品的通用名称,"鲁锦"商标使用在用鲁锦面料制成的服装上,其商标所应具有的显著性区别特征降低。在山东鲁西南地区,有不少以鲁锦为面料生产床上用品、工艺品、服饰的厂家,这些厂家为了突出"手工、绿色、环保、舒适"的特点,有权在其产品上叙述性标明其面料是鲁锦的。本案鄄城鲁锦公司在其生产的涉嫌侵权产品的包装盒、包装袋上使用"鲁锦"两字,仅是为了表明其产品是鲁锦面料的,其生产技艺是符合鲁锦的生产特点的,不具有侵犯山东鲁锦公司"鲁锦"商标专用权的主观恶意。也并非作为商业标识的使用,不会造成相关消费者对商品来源的误认和混淆,属于对"鲁锦"商标的合理使用,不构成对"鲁锦"商标专用权的侵犯。礼之邦家纺公司作为鲁锦制品的专卖店,其也有权使用"鲁锦"两字,同样不构成对山东鲁锦公司"鲁锦"商标专用权的侵犯。但由于"鲁锦"毕竟是一个有效的注册商标,其商标权应得到全社会的尊重。为了规范市场竞争秩序,保护公平竞争,遵循诚实信用、公平合理的市场竞争准则,鄄城鲁锦公司在今后的市场经营中有权在标明其产品是鲁锦面料的同时,应合理避让他人对"鲁锦"商标的专用权利。故鄄城鲁锦公司在其产品的包装中应突出使用自己的商标"精一坊",以标明其鲁锦产品来源,方便消费者识别不同鲁锦产品的生产厂家。基于同样的理由,鄄城鲁锦公司企业名称"鄄城县鲁锦工艺品有限责任公司"的使用也是正当的,此使用行为不会构成不正当竞争行为,山东鲁锦公司无权要求鄄城鲁锦公司去掉其企业名称中的"鲁锦"两字。

综上,原审法院认定事实部分有误,判决结果欠当。上诉人上诉理由充分,依法应予支持。根据《商标法实施条例》第 49 条、《民事诉讼法》第 153 条第 2 款之规定,判决如下:一、撤销山东省济宁市中级人民法院(2007)济民五初字第 6 号民事判决;二、驳回山东鲁锦公司的诉讼请求。一审案件受理费及其他诉讼费用合计 14 830 元,由山东鲁锦公司承担;二审案件受理费 5 050 元,由山东鲁锦公司承担。

● 法官评述

本案的争议焦点问题是:1. 鄄城鲁锦公司在其生产的被控侵权商品上、礼之邦家纺公司在销售的被控侵权商品上使用"鲁锦"字样标识,是否侵犯山东鲁锦公司的注册商标专用权；2. 鄄城鲁锦公司应否变更其企业名称，去掉其企业名称中的"鲁锦"两字。解决上述两焦点问题的关键在于"鲁锦"是否是一种山东民间手工棉纺织品的通用名称。

二审中认定"鲁锦"是山东民间手工棉纺织品的通用名称，主要是基于二审中新认定的一些事实。商品的通用名称是指该商品的特定行业内经营者消费者约定俗成、普遍使用的名称，通常应具有广泛性与规范性的特点。一般情况下，认定商品的通用名称应从四个方面来进行判断：其一该商品名称是否由某一地区或者某领域内的经营者消费者所普遍使用并广泛接受；其二该商品生产工艺是否由某一地区或者某领域内人们长期劳动实践而成；其三该商品的生产原料是否由某地区不特定广泛种植；其四该商品的消费者是特定群体还是普通社会公众。本案中认定"鲁锦"是山东民间手工棉纺织品的通用名称，对于这种具有地域性特点的商品的通用名称，其广泛性的判断应以其特定产区及相关公众为标准，而不应以全国范围为标准；其规范性的判断与是否科学没有必然联系，对于相关公众已接受的、指代明确的、约定俗成的名称，尽管可能不尽科学，但如果指代是具体的、明确的，仍符合规范性的条件。

商标的作用主要体现为识别性，使消费者能够依不同的商标而对应到相应的商品及服务的提供者，对商标权的保护的目的就是防止对商品及服务的来源产生混淆。《商标法》赋予商标权人积极使用商标的权利，还赋予其排除他人妨害其商标权的权利，但是这种排他权利并非漫无边际，其排除妨害的范围应该仅限于禁止他人将商标用于标识商品来源的作用上，而不能禁止其他方面的使用。这就是商标的合理使用制度，这一制度设立的目的有利于防止滥用商标权，通过划定适当的界限使权利人采取更适当的方式保护自己的商标。

本案中"鲁锦"已被认定为山东民间手工棉纺织品的通用名称，国务院还曾认定"鲁锦技造技艺"是国家级非物质文化遗产。这说明原告的注册商标"鲁锦"本身其显著性是较低的。《商标法》虽然允许缺乏显著性特征的标志在获得"第二含义"的情况下作为商标注册，但此类注册商标的专用权应受到限制，其商标注册人不得剥夺他人在"第一含义"上善意地使用相关标志来对商品进行描述。在山东鲁西南地区，有不少以鲁锦为面料生产床上用品、工艺品、服饰的厂家，这些厂家为了突出"手工、绿色、环保、舒适"的特点，有权在其产品上叙述性标明其面料是鲁锦的。本案鄄城鲁锦公司在其生产的涉嫌侵权产品的包装盒、包装袋上使用"鲁锦"两字，仅是为了表明其产品是鲁锦面料的，其生产技艺是符合鲁锦的生产特点的，不具有侵犯山东鲁锦公司"鲁锦"商标专用权的主观恶意。也并非作为商业标识的使用，属于对"鲁锦"商标的合理使用，不构成对"鲁锦"商标专用权的侵犯。礼之邦家纺公司作为鲁锦制品的专卖店，其也有权使用"鲁锦"两字，同样不构成对山东鲁锦公司"鲁锦"商标专用权的侵犯。基于同样的理由，二审法院认定也不构成不正当竞争行为。

（二审合议庭成员：吴锦标　于　玉　刘晓梅
编写人：山东省高级人民法院知识产权审判庭　于　玉）

29. 报喜鸟集团有限公司、浙江报喜鸟服饰股份有限公司诉香港报喜鸟股份有限公司、乐清市大东方制衣有限公司商标侵权及不正当竞争纠纷案

阅读提示：将与他人具有一定知名度的注册商标在境外登记为企业名称后授权境内企业使用，境内企业在其生产或者销售的与注册商标核准范围相同或者类似的商品上突出使用或者使用企业字号，是否构成商标侵权及不正当竞争？

裁判要旨

将与他人注册商标相同或者相近似的文字作为企业的字号在境外注册登记后，授权境内企业在相同或者类似商品上突出使用该企业字号，容易使相关公众产生误认的行为，属于对给他人注册商标专用权造成损害的行为，应依法认定为商标侵权行为。

故意将他人具有一定知名度的在先商标或者企业名称登记为字号相同的企业名称并授权他人使用，或者明知上述情形而使用该企业名称，足以使相关公众对商品的来源产生混淆，违背了《民法通则》和《反不正当竞争法》规定的诚实信用和公平交易原则以及公认的商业道德，属于不正当竞争行为。

案 号

一审：浙江省温州市中级人民法院（2001）温经初字第481号
二审：浙江省高级人民法院（2002）浙经二终字第112号

案情与裁判

一审（二审被上诉人）：报喜鸟集团有限公司（简称"报喜鸟集团"）
原告（二审被上诉人）：浙江报喜鸟服饰股份有限公司（简称"报喜鸟公司"）
被告（二审上诉人）：乐清市大东方制衣有限公司（简称"大东方公司"）
被告：香港报喜鸟股份有限公司（简称"香港报喜鸟"）

一、二审审理查明

报喜鸟集团拥有的"报喜鸟"文字、图形、汉语拼音商标分别于1997年1月7日、7月28日、1月7日经国家商标局核准注册，核准使用范围均为服装、鞋、领带等第25类别商品。1998年8月18日，"报喜鸟"文字、图形、汉语拼音三商标获浙江省著名商标称号。2001年7月15日，报喜鸟集团排他许可其子公司报喜鸟公司使用上述"报喜鸟"三商标。另，报喜鸟集团还于2000年9月7日获得"报喜鸟"文字、图形、汉

语拼音组合商标注册,该商标于2002年3月12日被国家工商行政管理总局认定为驰名商标。

2000年8月9日,浙江省乐清市人黄锦楼、黄小琴在香港注册了香港报喜鸟,注册资本港币1万元。大东方公司系生产、销售服装的企业,注册资本人民币118万元。同年9月25日起,大东方公司以香港报喜鸟授权其公司负责人朱巧敏、朱琴汉全权代表香港报喜鸟在乐清市开展有关业务事项,委托制作、加工、销售系列"德派"西服为名,生产、销售香港报喜鸟"德派"西服。该西服的外套、水洗唛、商标吊粒、商标挂牌上均标印"香港报喜鸟股份有限公司"或者"香港报喜鸟"字样。大东方公司同时授权他人在报喜鸟集团、报喜鸟公司设"报喜鸟"西服专卖店的昆明、鄂尔多斯、安阳、张家口市以香港报喜鸟名义销售"德派"西服。

2001年11月19日,报喜鸟集团、报喜鸟公司向温州市中级人民法院提起诉讼,认为大东方公司、香港报喜鸟的行为构成商标侵权和不正当竞争,并造成其巨大经济损失。请求判令:1. 香港报喜鸟停止在其企业名称中使用"报喜鸟"字号;2. 香港报喜鸟立即停止授权大东方公司使用其企业名称和"报喜鸟"商业标识;3. 大东方公司立即停止以香港报喜鸟名义销售西服;4. 大东方公司、香港报喜鸟在国家级报纸上向其赔礼道歉;5. 大东方公司、香港报喜鸟共同赔偿报喜鸟集团商誉、经济损失人民币500万元,报喜鸟公司商誉、经济损失人民币200万元及其为调查和诉讼所支出的合理费用人民币10万元。庭审期间,报喜鸟集团、报喜鸟公司请求对本案适用定额赔偿的方法确定损失。

一审判理和结果

温州市中级人民法院审理后认为,报喜鸟集团对"报喜鸟"文字、图形、汉语拼音注册商标,在核定的商品范围内依法享有商标专用权。"报喜鸟"商标被评为著名商标,"报喜鸟"文字、图形、汉语拼音组合商标被评为驰名商标,故"报喜鸟"商标,"报喜鸟"文字、图形、汉语拼音组合商标在市场上享有较高声誉,并为相关公众所熟知,具有较高的知名程度。报喜鸟集团自"报喜鸟"文字、图形、汉语拼音组合商标被评为驰名商标之日起,在其核定使用的商品以外的非类似商品上也享有专用权,报喜鸟集团的"报喜鸟"商标专用权在我国产生排他的法律后果。报喜鸟集团与报喜鸟公司订立注册商标使用许可合同,排他许可报喜鸟公司使用"报喜鸟"文字、图形、汉语拼音注册商标,报喜鸟公司对"报喜鸟"文字、图形、汉语拼音注册商标享有排他使用权。因申请注册香港报喜鸟的黄锦楼、黄小琴系乐清市人,香港报喜鸟应当知道授权大东方公司使用"香港报喜鸟股份有限公司"企业名称会误导消费者,仍授权大东方公司在"德派"西服上使用"香港报喜鸟股份有限公司"企业名称,大东方公司为搭"报喜鸟"注册商标声誉的便利,在"德派"西服上标印"香港报喜鸟股份有限公司"或者"香港报喜鸟"字样,在报喜鸟集团、报喜鸟公司设报喜鸟西服专卖店的昆明、鄂尔多斯、安阳、张家口市授权他人以香港报喜鸟名义销售"德派"西服,足以引起公众误认为香港报喜鸟"德派"西服与"报喜鸟"西服两者之间存在某种关联关系或者为同一市场主体,使他人对其商品的来源产生混淆,且造成"报喜鸟"驰名商标的淡化。香港报喜鸟与大东方公司在市场交易中共同实施上述行为,未遵循自愿、平等、公平、诚实信用的原则和公认的商业道德，具有共同的过错，给报喜鸟集团、报喜鸟公司造成了物质与商誉的损害结果，构成不正当竞争，大东方公司、香港报喜鸟应当连带赔偿报喜鸟集团、报喜鸟公司的物质损失以及为调查两侵权人侵害其合法权益的不正当行为所支付的合理费用。法人的人格权利遭受侵害，法律规定不支持法人的精神损害赔偿请求，只是不以精神损害赔偿的方式保护，在法人人格权受到侵害时，仍可根据《民法通则》的规定，要求赔偿损失。因此，大东方公司关于报喜鸟集团、报喜鸟公司主张赔偿商誉损失于法无据的辩称，不予采纳。为维护自己的权益，通过登报声明消除侵权影响，属于合理的救济手段，所支出的广告费用，也属合理支出。由于报喜鸟集团、报喜鸟公司未能举证证明大东方公司、香港报喜鸟侵权所获得的利润及其在侵权期间因被侵权所受到的损失，故决定结合"报喜鸟"注册商标的知名程度，报喜鸟集团、报喜鸟公司、大东方公司、香港报喜鸟的注册资本额、侵权时间的长短等因素，采取定额赔偿方法确定损害赔偿额。但是，黄锦楼、黄小琴向香港特别行政区注册香港报喜鸟的行为，属在香港所为，该注册行为是否合法有效，应由香港法院管辖确认，报喜鸟集团、报喜鸟公司请求判令香港报喜鸟停止在企业名称中使用"报喜鸟"字号于法无据，应予驳回。综上，温州市中级人民法院依照《反不正当竞争法》第2条第1、2款，《商标法》第3条、第25条、第26条第1款，《民法通则》第4条、第118条、第120条、第130条、第134条第1款第（1）项、第（7）项、第（9）项，《民事诉讼法》第130条的规定，于2002年7月23日判决：一、香港报喜鸟于判决生效之日起立即停止授权大东方公司使用其企业名称；二、大东方公司立即停止生产、销售标有"报喜鸟"文字的服装及授权他人开设香港报喜鸟"德派"西服店，并销毁其库存的香港报喜鸟"德派"西服；三、大东方公司、香港报喜鸟于判决生效之日起10日内共同赔偿报喜鸟集团经济与商誉损失人民币30万元、报喜鸟公司经济与商誉损失人民币20万元，并互负连带责任；四、大东方公司、香港报喜鸟于判决生效之日起10日内共同赔偿报喜鸟集团、报喜鸟公司本案合理调查费用人民币45 370元、港币4 000元，登报声明广告费人民币34 400元，并互负连带责任；五、大东方公司、香港报喜鸟于判决生效之日起10日内在国家级报纸上刊登声明向报喜鸟集团、报喜鸟公司赔礼道歉；六、驳回报喜鸟集团、报喜鸟公司要求香港报喜鸟停止在企业名称中使用"报喜鸟"字号的诉讼请求。

上诉与答辩

大东方公司不服该一审判决，提出上诉称：1. 一审判决以主观推断代替客观事实和证据，在没有证据支持的情况下，认定上诉人授权他人在各地销售香港报喜鸟"德派"西服，将上诉人从单纯的加工方认定为本案所涉不正当竞争关系中搭便车的生产者和销售者，显属认定事实不清。2. 一审判决适用法律不当。（1）一审法院对不正当竞争纠纷案件直接适用定额赔偿有误；（2）在定额赔偿的基础上又判令上诉人赔偿调查费用是错上加错。综上，一审判决认定事实不清，适用法律不当。请求撤销一审判决，依法改判或发回重审。

报喜鸟集团、报喜鸟公司答辩称：1. 一审判决高度盖然地认定昆明、鄂尔多斯、安阳、张家口市等地销售的香港报喜鸟"德派"西服系大东方公司生产和销售的认定事实清楚；2. 一审适用法律正确。（1）因侵权人获利难以查清，一审判决适用定额赔偿并无不当;(2)广告费等也属侵权救济的合理开支,一审判决予以保护正确。综上,请求驳回上诉,维持一审判决。

二审判理和结果

浙江省高级人民法院审理后认为:"报喜鸟"作为报喜鸟集团、报喜鸟公司的字号及注册商标,于1998年被评为浙江省著名商标,2002年3月12日,其组合商标被评为驰名商标。这些事实表明,报喜鸟集团、报喜鸟公司通过采取有独创风格的营销、广告宣传以及提高、保障产品本身的品质等手段,使其生产的"报喜鸟"西服已为消费者逐渐认知,并在相关公众中获得了较高的知名度。该品牌所具有的较高市场声誉和较大的市场潜力,能够为生产商带来较大的利润。因此,本案中报喜鸟集团、报喜鸟公司的权利不仅受《民法通则》《反不正当竞争法》保护,而且还受《商标法》保护。

民事活动应当遵循自愿、公平、等价有偿、诚实信用的原则。

反映在市场交易和竞争中,经营者应当遵循公平和诚实信用的原则,遵守公认的商业道德。本案中,黄锦楼、黄小琴与报喜鸟集团、报喜鸟公司同属温州市行政区域,明知"报喜鸟"品牌的知名度,为规避法律,以"报喜鸟"为字号到香港注册公司。大东方公司作为也生产西服的企业,明知"报喜鸟"品牌的知名度,为追求高额利润,接受香港报喜鸟的委托,生产并销售或授权他人销售香港报喜鸟"德派"西服。同时,大东方公司、香港报喜鸟亦明知上述行为客观上会造成消费者对其中"报喜鸟"3个字的关注,易使相关消费者误以为"香港报喜鸟股份有限公司"为报喜鸟集团、报喜鸟公司的关联企业,该产品系报喜鸟集团、报喜鸟公司制造或者授权制造,而积极追求该结果的发生,其搭名牌便车,"傍名牌"的故意是明显的。并且,上述行为在事实上已经使消费者产生了混淆,造成了消费者的误购误认,并导致了"报喜鸟"商标功能的淡化。大东方公司、香港报喜鸟利用了权利人的竞争优势,抢占了权利人的市场份额,显然违背了《民法通则》第4条规定的诚实信用原则,违反了市场交易中公认的商业道德,构成了不正当竞争。

香港报喜鸟和大东方公司的行为,同时也侵犯了报喜鸟集团的注册商标专用权。于1993年2月22日修正的《商标法》第28条第(4)项规定,给他人的注册商标专用权造成其他损害的,属侵犯注册商标专用权的行为。在2001年10月27日修正的《商标法》第52条第(5)项也作了相同的规定。2002年10月12日颁布的《最高人民法院关于审理商标民事纠纷案件适用法律若干问题的解释》(法释[2002]32号)第1条第(1)项,明确规定了将与他人注册商标相同或者相近似的文字作为企业的字号在相同或者类似商品上突出使用,容易使相关公众产生误认的,属于给他人注册商标造成其他损害的行为。由于两次修正的《商标法》就此问题规定相同,故该解释虽颁布时间在后,但仍可适用于对1993年修正案中对"给他人的注册商标专用权造成其他损害的"规定的理解。况且在本案中,大东方公司、香港报喜鸟侵权起始时间为2000年八九月,直至2002年6月,昆明、鄂尔多斯、安阳、张家口市等地仍在销售香港报喜鸟"德派"西服,侵权行为既受1993年,又受2001年修正的我国《商标法》调整。因此,香港报喜鸟将与报喜鸟集团、报喜鸟公司注册商标相同的文字作为企业的字号,并授权大东方公司在相同商品上使用,大东方公司在其生产的侵权产品的醒目位置上标印"报喜鸟"

字样,造成了消费者的误购误认,侵犯了报喜鸟集团、报喜鸟公司的注册商标专用权,大东方公司、香港报喜鸟理应承担停止侵权、赔礼道歉和赔偿损失的民事责任。本案中,由于权利人损失和侵权人获利均难以确定,故可根据权利人的申请,采取定额赔偿方法确定权利人损失额。一审法院在充分考虑了"报喜鸟"商标的知名度、侵权人的过错程度、侵权期间的长短及范围等因素的基础上,酌定的权利人损失数额恰当。至于因调查、制止侵权行为而支出的费用,一审法院已将不合理部分剔除,其合理部分应予保护。由于大东方公司、香港报喜鸟在本案中共同侵权并造成报喜鸟集团、报喜鸟公司商誉和经济上的损害,故在赔偿损失和合理费用上,应互负连带责任。

综上,大东方公司提出的所有上诉理由均不能成立,本院不予采纳。一审法院认定事实清楚,实体处理恰当,审判程序合法,但在适用法律上尚有不当之处,其引用的《商标法》第3条、第25条、第26条的规定与本案的实体处理之间并无关联,其对《民法通则》相关规定的引用有所遗漏,应予纠正。浙江省高级人民法院依照《民事诉讼法》第153条第1款第(1)项、第(2)项,《民法通则》第4条、第118条、第120条、第130条、第134条第1款第(1)项、第(7)项、第(9)项、第(10)项,《反不正当竞争法》第2条第1款、第2款、第20条、《商标法》(1993年修正)第28条第(4)项、《商标法》(2001年修正)第52条第(5)项,《最高人民法院关于审理商标民事纠纷案件适用法律若干问题的解释》第1条第(1)项的规定,于2002年12月12日作出终审判决:驳回上诉,维持一审判决。

法官评述

本案属于商标权和企业名称权冲突的典型案件,主要涉及以下问题:

一、香港报喜鸟及大东方公司使用"报喜鸟"标识的行为,是否构成对报喜鸟集团、报喜鸟公司的商标侵权及不正当竞争

本案首要的争议焦点就是香港报喜鸟将报喜鸟集团的"报喜鸟"商标作为企业字号使用,并授权大东方公司使用行为的性质,是否构成对报喜鸟集团的商标侵权以及不正当竞争。

一般而言,由于企业名称注册是由地方工商行政机关登记取得,而商标权则由国家工商总局统一注册获得,两者在进行权利注册(或登记)时并无交叉检索制度,且两者权利取得后的范围和行使方式都有比较大的区别。但由于企业名称权的核心在于字号,因此在字号与商标相同时,若企业名称权人在产品或者服务中仅仅标明字号而不是规范使用企业名称,则非常容易造成企业名称权和商标权的权利冲突,造成消费者误认混淆(包括误认混淆的可能性)。实践中出现的那些明显具有主观故意的傍"名牌"和"搭便车"等行为,便是充分利用了企业名称登记制度和商标注册制度之间缺乏有效衔接的法律漏洞,属于违反公平、诚实信用原则和公认的商业道德的行为。这种行为不仅侵犯了商标权人的注册商标专用权,而且还同时可能会构成不正当竞争,损害消费者合法权益,破坏公平有序的市场竞争环境。

对于商标权和企业名称权冲突纠纷案件中,被控侵权人使用企业名称或者字号是否

构成对注册商标专用权的侵犯问题，最高人民法院已在2002年10月12日公布的《关于审理商标民事纠纷案件适用法律若干问题的解释》第1条第（1）项中作出明确规定，即"将与他人注册商标相同或者相近似的文字作为企业的字号在相同或者类似商品上突出使用，容易使相关公众产生误认的"行为，属于对给他人注册商标专用权造成损害的行为，应依法认定为商标侵权行为。而对于在这类冲突纠纷案件中，被告的行为在何种情形下才构成不正当竞争，根据《反不正当竞争法》《民法通则》的相关规定和普遍的司法实践，在认定时要遵循诚实信用原则、保护在先权利原则和禁止混淆原则。具体而言，可以依据下列具体标准判断是否构成不正当竞争行为：一是两者所处行业及地域。同属一个行业，又同在一个地域，其商标与企业名称发生误认混淆的可能性较大。二是消费群体以及消费者购买时的注意程度。三是商标与字号相同或者近似的程度。四是在先商标的知名程度。五是是否有利用或者损害他人商誉的行为以及是否已经造成了实际混淆。若商标专用权人与企业名称所有人同处一地，双方在同一时间使用商标和字号，或者虽先后使用，但在一定期间内并未利用虚假广告进行宣传损害他人商誉，并没有构成实际混淆或混淆的可能，则不能认定构成不正当竞争。具体到本案而言：

首先，报喜鸟集团对"报喜鸟"文字、图形、汉语拼音注册商标，在核定的商品范围内依法享有商标专用权。报喜鸟集团与报喜鸟公司订立注册商标使用许可合同，排他许可报喜鸟公司使用"报喜鸟"文字、图形、汉语拼音注册商标，报喜鸟公司对"报喜鸟"文字、图形、汉语拼音注册商标享有排他使用权。上述权利依法受到法律保护。香港报喜鸟将与报喜鸟集团、报喜鸟公司注册商标相同的文字作为企业的字号，并授权大东方公司在相同商品上使用，大东方公司在其生产的侵权产品的醒目位置上标印"报喜鸟"字样，在性质上属于将与他人注册商标相同或者相近似的文字作为企业的字号在相同或者类似商品上突出使用的行为，且因为"报喜鸟"商标的知名度，上述突出使用的行为将导致消费者的误购误认，根据最高人民法院的司法解释，应依法认定为侵犯"报喜鸟"注册商标的侵权行为。因此，一、二审法院判令大东方公司、香港报喜鸟承担停止侵权、赔礼道歉和赔偿损失的民事责任正确。

其次，"报喜鸟"作为报喜鸟集团、报喜鸟公司的字号及注册商标，于1998年被评为浙江省著名商标，其组合商标于2002年被评为驰名商标。同时，报喜鸟集团、报喜鸟公司通过采取有独创风格的营销、广告宣传以及提高、保障产品本身的品质等手段，使其生产的"报喜鸟"西服已为消费者逐渐认知，并在相关公众中获得了较高的知名，因此"报喜鸟"商标不仅应受到我国《商标法》的保护，而且由于该品牌所具有的较高市场声誉和较大的市场潜力，能够为生产商带来较大的利润，报喜鸟集团、报喜鸟公司对于"报喜鸟"商标所具有的权益同时还受到《民法通则》和《反不正当竞争法》的保护。同时，由于香港报喜鸟是依据香港法律而非我国法律注册登记成立的企业，其在我国境内以自己名义从事生产和经营活动，不但没有取得我国有关主管部门的审批，而且其股东与报喜鸟集团、报喜鸟公司同属温州市行政区域，明知"报喜鸟"品牌的知名度，以"报喜鸟"为字号到香港注册公司，属于规避法律的行为。而大东方公司作为生产西服的企业，与报喜鸟集团和报喜鸟公司属于同一行业，明知"报喜鸟"品牌的知名度，为追求高额利润，接受香港报喜鸟的委托，生产并销售或者授权他人销售香港报喜鸟"德派"西服。大东方公司、香港报喜鸟亦明知上述行为客观上会造成消费者对其中"报喜鸟"三个字的关注，易使相关消费者误以为"香港报喜鸟股份有限公司"为报喜鸟集团、报喜鸟公司的关联企业，该产品系报喜鸟集团、报喜鸟公司制造或者授权制造，仍积极追求该结果的发生，其"搭便车"和"傍名牌"的主观故意是十分明显的，违背了我国《民法通则》和《反不正当竞争法》规定的诚实信用和公平交易以及公认的商业道德，应认定为不正当竞争行为。

二、企业名称权能否许可他人使用

香港报喜鸟是在依据香港地区法律合法登记注册的企业，其授权大东方公司在生产的产品中使用香港报喜鸟的企业名称。抛开香港报喜鸟不是依据我国内地法律注册登记成立的企业这一因素，对于其他依照我国内地法律登记成立的企业，其虽对于企业名称享有所有权，但其能否许可他人使用呢？虽然该问题在判决中并没有涉及，但也应当引起我们的思考。

企业名称是由文字组成的一串有声有义的字符，是企业人格特定化的标志，其作用在于识别和区分企业，使消费者能够正确判断商品或者服务的真实来源，从而作出正确的消费选择。在市场交易活动中，企业名称上负载着经营者管理水平的高低、资信状况的好坏、市场竞争能力强弱等诸多生产经营信息，是企业的无形财富。根据《民法通则》的规定，企业名称权属于人身权性质。依据民法基本理论，人身权专属于权利主体本身，其不能像财产权一样可以进行转让和许可使用。因此，对于实践中出现的企业名称权许可使用这一不规范现象，国家工商行政管理总局于2002年2月7日作出了《关于对企业名称许可使用有关问题的答复》（工商企字［2002］第33号），明确规定："企业不得许可他人使用自己的企业名称，更不得许可他人使用第三方的企业名称或未经核准登记的企业名称。企业许可他人使用自己的企业名称从事经营活动的行为，属于出租自己的企业名称。"而根据国务院发布的《企业名称登记管理规定》第26条第（3）项规定，工商行政管理机关有权对擅自转让或者出租企业名称的违法行为作出没收违法所得并处以1 000元以上、1万元以下罚款的行政处罚。

因此，在本案中，香港报喜鸟授权大东方公司在生产的产品中使用香港报喜鸟的企业名称的行为，本身就不具有合法性。而这种将境内具有一定知名度的商标或知名企业字号到境外或者其他地区注册为企业字号，然后以境外企业的名义，通过授权、委托等形式，委托境内企业生产同类产品，在产品或者包装、装潢上突出使用与著名商标、知名企业字号相同或者相似的企业名称、商标，误导消费者，侵害合法企业的字号和商标在先权，更是"傍名牌"、"搭便车"的典型表现。

三、判决后的思考

品牌，是近年来人们经常津津乐道的话题，其代表了企业和国家的形象、竞争力和自主创新的能力。品牌，尤其是自主品牌，创之不易。如果对那些千辛万苦创出的品牌，不能给予充分而有效的保护，势必会大大挫伤企业的积极性，破坏公平有序的市场竞争环境和秩序，影响国民经济的健康发展。因此，对品牌的保护程度如何，在很大程度上体现了国家营造自主创新环境和维护公平市场竞争秩序的力度。正如本案反映的那样，如果人民法院不依法制止香港报喜鸟、大东方公司的行为，法国报喜鸟、美国报喜鸟、德国报喜鸟等众多的以"报喜鸟"命名的企业将会不断出现和泛滥成灾，真正的来之不易的"报喜鸟"品牌所具有的知名度和美誉度将荡然无存。对于"傍名牌"和"搭便车"的商标侵权和不正当竞争行为，包括人民法院在内的有关司法和执法机关，要积极履行法律赋予的职权，加大对违法行为的查处和惩罚力度，为品牌发展壮大保驾护航，使我国自主品牌不断做强做大，走向世界。

（二审合议庭成员：周根才　程志刚　傅智超
编写人：浙江省高级人民法院知识产权审判庭　高毅龙）

30. 炬力集成电路设计有限公司与美国矽玛特有限公司（SIGMATEL INC.）、东莞市歌美电子科技有限公司、黄忠达申请诉前停止侵犯专利权案

阅读提示：诉前停止侵犯专利权的启动条件是什么？人民法院审查应否采取诉前禁令的条件有哪些？对外国企业制造的产品进口到中国境内涉嫌侵犯专利权的，人民法院能否作出诉前禁令？

裁判要旨

TRIPS 第 44 条规定：司法当局应有权令一方当事人停止侵权，特别是应有权在进关后立即组织那些涉及知识产权侵权行为的进口商品进入其管辖内的商业渠道。《专利法》根据 TRIPS 的标准也建立了禁令制度，该法第 61 条规定："专利权人或者利害关系人有证据证明他人正在实施或者即将实施侵犯其专利权的行为，如不及时制止将会使其合法权益受到难以弥补的损害的，可以在起诉前向人民法院申请采取责令停止有关行为和财产保全的措施。"对外国企业制造的产品进口到中国境内，只要符合诉前禁令的条件，人民法院应当依法作出裁定。

案 号

陕西省西安市中级人民法院（2007）西立禁字第 001 号

案情与裁判

申请人：炬力集成电路设计有限公司（简称"炬力公司"）

被申请人：矽玛特有限公司（SIGMATEL INC.）（简称"美国矽玛特公司"）

被申请人：东莞市歌美电子科技有限公司（简称"歌美公司"）

被申请人：黄忠达

申请人炬力公司因被申请人美国矽玛特公司、歌美公司、黄忠达侵犯其专利权向陕西省西安市中级人民法院提出申请称：其是美国 Nasdaq（纳斯达克）上市公司，国际著名的 IC（芯片）设计企业，拥有专利号为 01145044.4 的"可变取样频率的过取样数字类比转换器"发明专利权，该专利的申请日为 2001 年 12 月 31 日，授权日为 2005 年 5 月 11 日。申请人发现美国矽玛特公司向中国境内销售侵犯申请人 01145044.4 发明专利权的 STMP35xx 系列多媒体播放器主控芯片；歌美公司在进口、使用前述侵犯申请人专利权的多媒体播放器主控芯片，并销售包含这些芯片的 MP3 播放器；黄忠达在销

售包含这些芯片的 MP3 播放器等产品。申请人经对上述芯片产品进行技术分析得知，该产品包含了申请人 01145044.4 专利的全部技术特征，落入了申请人的专利保护范围。申请人认为，被申请人未经申请人许可，实施申请人专利，侵犯了申请人专利权。鉴于 IC 设计行业需要投入巨大的研发资源，知识产权的保护对于申请人具有生死攸关的意义。被申请人进口、销售、使用侵权产品数量巨大，涉及的利益重大，如不及时制止侵权行为，将导致申请人专利产品价格下滑、信誉受损，使其合法的权益受到难以弥补的损害。根据《专利法》第 61 条之规定，申请人于 2007 年 3 月向陕西省西安市中级人民法院提出诉前停止侵犯专利权行为之申请，请求法院责令：1. 美国矽玛特公司停止侵犯申请人 01145044.4 号发明专利权的行为，包括停止向中国境内销售侵犯申请人 01145044.4 号发明专利权的多媒体播放器主控芯片产品；2. 歌美公司停止侵犯申请人 01145044.4 号发明专利权的行为，包括停止进口、使用、销售美国矽玛特公司侵犯申请人 01145044.4 号发明专利权的多媒体播放器主控芯片产品；3. 黄忠达停止侵犯申请人 01145044.4 号发明专利权的行为，包括停止销售美国矽玛特公司侵犯申请人 01145044.4 号发明专利权的多媒体播放器主控芯片产品。

陕西省西安市中级人民法院经审查认为，《专利法》第 61 条规定：专利权人或者利害关系人有证据证明他人正在实施或者即将实施侵犯其专利权的行为，如不及时制止将会使其合法权益受到难以弥补的损害的，可以在起诉前向人民法院申请采取责令停止有关行为和财产保全的措施。《最高人民法院关于对诉前停止侵犯专利权行为适用法律问题的若干规定》第 4 条规定：申请人提出申请时，应提交下列证据：专利权人应当提交证明其专利权真实有效的文件，包括专利证书、权利要求书、说明书、专利年费交纳凭证。提交证明被申请人正在实施或者即将实施侵犯其专利权的行为的证据，包括被控侵权产品以及专利技术与被控侵权产品技术特征对比材料等。该规定第 6 条规定：申请人提出申请时应当提供担保，申请人不提供担保的，驳回申请。本案中，炬力公司已提交了证明其专利权真实有效的专利登记簿副本、权利要求书、说明书、专利年费交纳凭证及被申请人实施侵犯其专利权行为的初步证据，包括被控侵权产品以及专利技术与被控侵权产品技术特征对比材料；同时炬力公司向法院提供了申请责令被申请人停止侵犯 01145044.4 发明专利权行为的担保。故申请人的申请符合《最高人民法院关于对诉前停止侵犯专利权行为适用法律问题的若干规定》第 9 条"人民法院接受专利权人或者利害关系人提出责令停止侵犯专利权行为的申请后，经审查符合本规定第 4 条的，应当在 48 小时内作出书面裁定；裁定责令被申请人停止侵犯专利权行为的，应当立即开始执行"之规定，法院依法予以支持。根据《民事诉讼法》第 140 条第 1 款第（11）项"其他需要裁定解决的事项"之规定，陕西省西安市中级人民法院裁定如下：一、被申请人美国矽玛特公司在收到本裁定后立即停止侵犯申请人炬力公司 01145044.4 号发明专利权的行为，即停止向中华人民共和国境内销售侵犯专利号为 01145044.4 的"可变取样频率的过取样数字类比转换器"发明专利权的产品；二、被申请人歌美公司在收到本裁定后立即停止侵犯申请人炬力公司 01145044.4 号发明专利权的行为，即停止进口、使用、销售侵犯专利号为 01145044.4 的"可变取样频率的过取样数字类比转换器"发明专利权的产品；三、被申请人黄忠达在收到本裁定后立即停止侵犯申请人炬力公司

01145044.4 号发明专利权的行为，即停止侵犯销售专利号为 01145044.4 的"可变取样频率的过取样数字类比转换器"发明专利权的产品。

炬力公司在陕西省西安市中级人民法院采取上述停止侵犯专利权行为的措施后，15 日内向陕西省西安市中级人民法院提起了民事诉讼。陕西省西安市中级人民法院在审理本案期间，炬力公司于 2007 年 6 月 27 日以双方和解为由，向陕西省西安市中级人民法院提出撤诉申请，据此陕西省西安市中级人民法院参照《最高人民法院关于对诉前停止侵犯专利权行为适用法律问题的若干规定》第 12 条"专利权人或者利害关系人在人民法院采取停止有关行为的措施后 15 日内不起诉的，人民法院解除裁定采取的措施"之规定，裁定：解除陕西省西安市中级人民法院（2007）西立禁字第 001 号民事裁定采取的美国矽玛特公司、歌美公司、黄忠达停止侵犯炬力公司 01145044.4 号发明专利权行为的措施。

法官评述

本案是陕西省西安市中级人民法院对外国企业作出的首起诉前禁令案，也许是我国法院首起对外国企业涉嫌侵犯专利权作出的诉前禁令。在当前我国企业在国外屡屡遭受诉前禁令的情况下，我国企业如何利用诉前禁令这一措施，保护自己的合法利益，本案具有非常重要的现实意义。本案禁令做出后，炬力公司与美国矽玛特公司长达 3 年之久的专利纠纷以握手言和告终。本案带给我们很多启示，其中涉及的主要问题是：

一、诉前禁令的概念与适用范围

诉前停止侵犯专利权行为的措施，在英美法系和大陆法系中被称为临时禁令（Preliminary Injunction）或者中间禁令（Interlocutory Injunction or Interim Injunction），TRIPS 第 9 条称为临时措施（Provisional Measures）；而我国《专利法》中称之为"停止侵犯专利权有关行为"。虽然名称不同，但是实质内容是基本一致的，即在对专利侵权诉讼实体审判最终裁决之前，由法院依据权利人的申请，作出要求被控侵权人停止侵犯专利权行为的裁决。[1] 在诉讼过程中，为及时制止正在实施或者即将实施的侵害权利人权利的行为，法院有权根据当事人申请发布一种禁止或者限制行为人从事某种行为的强制命令，就是临时禁令。临时禁令具有强制性和暂时性，以禁止或者限制行为人某种行为为内容，其效力一般延续至诉讼终结，并被生效裁判所确定的永久或者一定期间的禁令或者撤销禁令的裁定所代替，在有证据证明临时禁令实施的条件不具备时也可以在诉讼中裁定撤销禁令。知识产权诉前禁令是指知识产权权利人在起诉前请求法院作出的要求被控侵权人不为一定行为的命令，以及时制止正在实施或者即将实施的侵害权利人知识产权或有侵害可能的行为。TRIPS 第 44 条规定：司法当局应有权令一方当事人停止侵权，特别是应有权在进关后立即组织那些涉及知识产权侵权行为的进口商品进入其管辖内的商业渠道。TRIPS 第 45 条在"临时措施"中对此也进行了专门规定。禁令属于知识产权权利人在其权利受到损害时的一项救济措施，它的建立对保护知识产权权利

---

[1] 段立红．诉前临时措施的审查标准——中外专利侵权诉讼临时措施制度比较［J］．人民司法，2001（9）．

人及制止侵权行为的发生具有重要的意义。

本案中,申请人提供了美国矽玛特公司生产的产品已进口至中国境内,且申请人认为涉诉产品侵犯了其专利权,因此申请人提出禁止美国矽玛特有限公司向中国境内进口侵权产品的申请,是与 TRIPS 第 44 条、第 45 条规定一致的。但需要说明的是由于专利具有地域性,申请人依据在中国取得的专利不能对在国外生产、销售的产品提出侵权诉讼,根据《专利法》第 11 条的规定只能限制外国企业向中国境内进口在中国拥有专利权的产品。

二、诉前禁令的启动条件

启动诉前禁令时至少应该符合以下三个条件:

(一)申请诉前禁令的主体及形式。《专利法》第 61 条规定:专利权人或者利害关系人可以在起诉前向人民法院申请采取责令停止有关行为和财产保全的措施。由此规定说明,申请诉前禁令的主体有专利权人和利害关系人。这里的利害关系人包括专利实施许可合同的被许可人、专利财产权利的合法继承人。此外,禁令的提出应当采用书面形式。

(二)申请人申请诉前禁令需提交的证据。根据《最高人民法院关于对诉前停止侵犯专利权行为适用法律问题的若干规定》第 4 条、第 6 条的规定,申请人申请诉前禁令应提交证明其专利权真实有效的文件,包括专利证书、权利要求书、说明书、专利年费交纳凭证;提交被申请人正在实施或者即将实施侵犯其专利权的行为的证据,包括被控侵权产品以及专利技术与被控侵权产品技术特征对比材料等。

(三)申请人提出申请时应当提供担保,申请人不提供担保的,法院将驳回申请人的申请。

三、诉前禁令的审查

在美国、德国等专利制度发达的国家,临时禁令是保护专利权不受侵犯、为知识产权权利人提供救济的重要法律手段,同时,各国法院在实际运用时都报以审慎的态度,规定较为严格的条件和审查标准。❶ 美国联邦巡回上诉法院在一起案件中认为,作为申请的提出方,专利权人是否有资格获得临时禁令需要考虑四个因素:依据实体内容获得胜诉的可能性;如果不发出临时禁令将会造成不可弥补的损失;权衡临时禁令的发出与否对双方损害的程度,是否对专利权人损害更大;该临时禁令对公共利益的影响。❷

我国在对诉前禁令进行审查时采取了类似美国的做法。根据我国《专利法》和相关司法解释,目前在司法实践中对诉前禁令的审查路径一般包括四个要件:

(一)被申请人正在实施或者即将实施的行为是否构成侵犯专利权;即是否存在侵权的可能性。对此判定既要避免类似证据保全的形式审查,也要避免绝对的实质审查。从诉前禁令制度的设立目的出发,在认定侵权可能性的标准上,应采取适当从严。通常应依据申请人提供的单方证据进行审查,首先对申请人的主体资格进行审查,其次对专

---

❶ 段立红. 诉前临时措施的审查标准——中外专利侵权诉讼临时措施制度比较 [J]. 人民司法,2001 (9).
❷ Alex Chartove. 1999 美国联邦巡回上诉法院专利案件年鉴 [M]. 顾柏棣,译. 北京:知识产权出版社,2001:209.

利的有效性进行审查,再次对被控行为侵权的可能性进行审查,对专利权的技术特征与被控侵权产品的技术特征进行对比分析,确认侵权行为发生的可能性。当然,这种审查方式不能过于苛刻,因为对禁令证据的审查毕竟有别于案件审理的全案审查,可能不具有必然性,因此法律规定了申请诉前禁令必须提供担保。

(二) 不采取禁令是否会给申请人的合法权益造成难以弥补的损害。对于难以弥补的损害,应理解为既有财产损失,也应含有竞争优势、产品的市场占有率及可能造成的商誉等方面。

(三) 申请人提供担保的情况。法律规定了申请诉前禁令应提供担保,并规定了担保的形式为保证、抵押等,同时还规定了确定担保范围时应考虑停止有关行为所涉及产品的销售收入,以及合理的仓储、保管等费用,被申请人停止有关行为可能造成的损失及其他因素,但对担保数额没有进一步界定。因此审判实践中应由法官根据案情酌情确定,一般应以赔偿因禁令的执行给被申请人造成的损失为限,为平衡各方的利益,被申请人提出采取禁令给其造成的损失更大时,法律规定了追加担保的补救措施。

(四) 所采取的措施是否损害社会公共利益。如何界定公共利益,是审判实践中的难点问题。对此在法律没有明确界定的情形下,法官在审查案件中,应根据各案情况,具体问题,具体分析。

本案中,炬力公司系第 01145044.4 号发明专利权权利人,炬力公司已提交了证明其专利权真实有效及被申请人实施侵犯其专利权行为的初步证据,包括被控侵权产品以及专利技术与被控侵权产品技术特征对比材料。同时,炬力公司也提供了申请责令被申请人停止侵犯第 01145044.4 发明专利权行为的担保,故炬力公司的申请符合《最高人民法院关于对诉前停止侵犯专利权行为适用法律问题的若干规定》的规定,法院裁定采取诉前禁令是正确的。

需要指出的是法院在采取临时禁令措施时应该慎重审查申请人及所提供的相关文件是否符合法律规定,确保当事人的合法权利不受侵犯。"从诉前禁令本身的属性看,是一种向权利人倾斜的制度,涉及双方当事人的重大经济利益,只有从严掌握才能防止过度失衡。所以在侵权可能性的审查上,虽然不能要求申请人提供的证据能够清楚地、全面地证明被申请人的行为构成侵权,但从证明标准角度上说,申请人提供的证据要达到足以证明侵权行为发生或即将发生的程度。如果审查后认为申请人提供的证据不够充分,或者被申请人的行为是否构成侵权合议庭意见分歧较大,或者认为必须经过实体审理后才能确定的,则不支持当事人的申请。❶" 在此笔者建议我国诉前禁令审查应该增加一些程序上的制度设计,使诉前禁令制度更加科学、合理。

四、诉前禁令的解除

本案中,申请人在法院采取停止有关行为的措施后,在 15 日内向法院提起民事诉讼。但当事人提起民事诉讼后,又以双方和解为由,提出撤诉申请。鉴于法律对此没有明确规定,法院参照《最高人民法院关于对诉前停止侵犯专利权行为适用法律问题的若

---

❶ 山东省高级人民法院民三庭. 知识产权诉前临时措施在我省的执行情况及改进建议 [J]. 山东审判,2006 (2):35.

干规定》第 12 条"专利权人或者利害关系人在人民法院采取停止有关行为的措施后 15 日内不起诉的，人民法院解除裁定采取的措施"及根据《民事诉讼法》第 140 条第 1 款第（11）项"其他需要裁定解决的事项"的规定，裁定：解除陕西省西安市中级人民法院（2007）西立禁字第 001 号民事裁定采取的对美国矽玛特公司、歌美公司、黄忠达停止侵犯炬力公司 01145044.4 号发明专利权行为的措施。

（合议庭成员：姚建军　曹卫军　张　熠
编写人：重庆市高级人民法院　孙海龙
陕西省西安市中级人民法院　姚建军）

31. 山东省登海种业股份有限公司诉山东省莱州市农业科学研究所有限责任公司侵犯植物新品种权纠纷案

阅读提示：被告以其实施的行为是科研活动作为抗辩的理由是否成立？如何判定是否构成侵权？在没有相关法律规定的情况下，如何计算侵犯植物新品种权纠纷案件的赔偿数额？

裁判要旨

未经植物新品种权人许可，不是因为科学研究而大规模种植与受到保护的植物新品种完全相同或者非遗传性变异的作物，且不能证实该作物属于新的植物品种，违反了《植物新品种保护条例》第6条的规定，应承担侵权责任。

理论上，被控侵权的品种的性状特征必须与授予品种权的性状特征相同，才能构成侵权。被控侵权的植物新品种性状特征多于或者少于该品种权的植物新品种的性状特征，都不构成侵权。但是，实际育种的过程容易受外来因素的干扰，即使被控侵权的品种确实使用了授权品种的繁殖材料，但由于生长过程中外来花粉等非遗传变异因素的介入，导致被控侵权品种的特征特性与授权品种的特征特性出现不同，仍然可以判定侵权行为成立。

案 号

一审：内蒙古自治区呼和浩特市中级人民法院（2001）呼经初字第42号

案情与裁判

原告：山东省登海种业股份有限公司（简称"山东登海公司"）
被告：山东省莱州市农业科学研究所有限责任公司（简称"莱州农科所"）
起诉与答辩
2001年9月28日，原告山东登海公司因与被告莱州农科所发生侵犯植物新品种权纠纷，向呼和浩特市中级人民法院提起诉讼。

原告山东登海公司诉称：2000年5月1日，原告自行培育的"登海9号"玉米杂交种被国家农业部授予植物新品种权，品种权号为CNA19990061.2。2001年9月，原告得知内蒙古赤峰市宁城县山头乡山头村村委会主任马军为被告莱州农科所代繁"掖单53号"玉米杂交种400亩，经原告方人员现场辨认鉴定，被告种植的400亩玉米杂交种为原告受法律保护的"登海9号"玉米杂交种。被告未经原告授权许可，擅自生产原告的授权新品种，侵害了原告的合法权益。请求法院依法判令被告：1. 立即停止侵权，在法院的监督下将生产的侵权品种销毁，并在媒体上公开赔礼道歉；2. 赔偿因侵权造成原告的经济损失431 200元；3. 赔偿原告因制止侵权所产生的费用55 400元（其中差旅费38 200元，律师代理费17 200元）；4. 被告负担本案的诉讼费、保全费及鉴定费。

被告莱州农科所辩称：1. 其种植行为不构成对原告植物新品种权的侵犯。被告是由原莱州市农业局下属的事业单位性质的农科所改制而来，它是全国紧凑型玉米的发源地，是国家玉米育制种基地，是科研单位。其在内蒙古赤峰市宁城县山头乡山头村繁育"掖单53号"玉米种（由于单位改制现名为"汇元53号"玉米种）的行为是正常的科研行为。"汇元53号"玉米单交种的组合为97-313×H8723，其中97-313是本单位职工姜国义同志通过二环系选育出的一个自交系，而H8723是被告单位多年来科学研究的结晶，并且已向农业部植物新品种保护办公室申请了品种权保护，且已受理。确切地说H8723的基因库在被告处，而原告授权的"登海9号"玉米种的组合为65232×DH8723-2。根据《植物新品种保护条例》第6条的规定，其中的DH8723-2已构成了对被告单位的侵权。2. 被告认为鉴定结论是不科学的，由此认定被告构成侵权没有证明力。因46%的籽粒与"登海9号"不同仅是分析认定，到底分析的内容是否成立，必须经过田间种植后方可认定。因田间种植鉴定是近年来经国家许可，广泛使用的一种方法，具有其他方法不可替代的直观性，望法庭予以采纳。3. 被告单位正常的科研生产活动，理应受到法律的保护。由于97-313在二环系的选育过程中，作为育种者选用了社会上广泛应用的自交系65232作为中间材料，故其亲缘关系相近，在后代的选育过程中，可能会出现各种各样的情况，即出现97313与65232相似也不是不可能，这只能是由于科研行为中育种家的水平所限。根据《植物新品种保护条例》第10条的规定，利用授权品种进行育种及其他科研活动不构成侵权。综上，原告的诉讼请求没有事实依据和法律依据，不应支持。

一审审理查明

呼和浩特市中级人民法院一审查明：

2000年5月1日，由山东省莱州市农业科学院（简称"农科院"）自行培育的"登海9号"玉米杂交种被国家农业部授予植物新品种权，品种权号为CNA19990061.2。2001年1月15日农科院将"登海9号"玉米杂交种品种权转让给了原告，该变更申请已在2001年第2期《植物新品种权保护公报》中予以公告，并于2001年4月6日缴纳了品种权维持年费。因此原告享有"登海9号"玉米杂交种的植物新品种权。被告于2001年5月25日经内蒙古自治区种子管理站批准，申请在内蒙古赤峰市宁城县繁殖玉米，品种号为"掖单53号"玉米组合，制种田落实在山头乡山头村。并与山头村村委会主任马军签订了农作物种子预约生产合同。其中"掖单53号"玉米杂交种的生产面积为400亩，并办理了主要农作物种子生产许可证，证号为0387。被告在山头村生产（繁殖）的品种名为"掖单53号"玉米杂交种，经呼和浩特市中级人民法院依法委托北京市农林科学院玉米研究中心利用DNA指纹技术、酯酶同工酶等电聚焦电泳和蛋白质电泳三种方法对诉前从制种田中保全的玉米杂交种进行技术鉴定，该品种为"登海9

号"玉米杂交种。虽然鉴定结论中认定被告生产的种子中有46%的籽粒与"登海9号"不一样，但主要原因为制种过程中母本抽雄不彻底，造成自交结实和接受外来花粉而引起，即种子纯度不够，并非基因变异引起。原告提供了该单位的有关成本计算清算，其直接损失为被告生产的400亩种子乘以每亩350公斤，扣除生产成本和经营成本，利润为431 200元。

一审判理和结果

呼和浩特市中级人民法院一审认为：

植物新品种是经过人工培育的或者对发现的野生植物加以开发，具有新颖性、特异性、一致性和稳定性并有适当命名的植物品种。完成育种的单位或者个人对其授权品种，享有排他的独占权，任何单位或者个人未经品种权所有人许可，不得以商业目的将该授权品种的繁殖材料重复使用于生产另一品种的繁殖材料。本案中原告于2001年1月15日通过转让的方式取得了"登海9号"玉米杂交种的品种权人资格，享有排他的独占权，应受法律保护。被告未经品种权人原告的许可，以生产（繁殖）"掖单53号"（汇元53号）玉米杂交种的名义，擅自生产（繁殖）"登海9号"玉米杂交种。所生产的玉米品种经鉴定为"登海9号"，对此被告应承担侵权的法律责任。被告辩称其繁殖的玉米杂交种为"汇元53号"（掖单53号）的理由不能成立。其要求对被鉴定物进行田间种植鉴定，没有法律依据，本院不予支持。被告辩称其繁殖的"汇元53号"玉米杂交组合使用的亲本种子的父本H8723为自行培育，并申请了品种权保护，原告生产的"登海9号"所使用的亲本中的父本DH8723-2，侵犯了被告品种权的理由不能成立。因被告既未提供H8723品种权授权证书，又未提供"汇元53号"属被审定的品种。就本案而言，不管被告采取何种生产方法，只要其生产的品种经鉴定为"登海9号"即构成侵权。《植物新品种保护条例》第10条规定，在下列情况下使用授权品种的，可以不经品种权人许可，不向其支付使用费，但是不得侵犯品种权人依照本条例享有的其他权利：（一）利用授权品种进行育种及其他科研活动；（二）农民自繁自用授权品种的繁殖材料。被告据此认为其育种行为属单位正常的科研活动，不构成侵权。经呼和浩特市中级人民法院查证，被告在内蒙古赤峰市宁城县山头乡山头村繁殖的玉米杂交种不但在内蒙古种子管理站领取了主要农作物种子生产许可证，而且与山头村村委会主任马军签订了农作物种子预约生产合同。其种植行为为制种（生产种子），而非科研活动。被告认为其制种行为属正常的科研活动的辩称理由也不能成立。原告提出的实际利润损失符合法律规定和本案事实，应予确认支持。原告要求被告赔偿差旅费及律师代理费的依据不足，对此诉请，不予支持。

综上，经呼和浩特市中级人民法院审判委员会对此依照《植物新品种保护条例》第2条、第6条及《民法通则》第118条、第134条第1款第（1）项、第（7）项、第（9）项之规定，判决如下：

一、被告莱州农科所立即停止侵犯原告山东登海公司所享有的"登海9号"玉米植物新品种权的行为；

二、被告莱州农科所于本判决生效之日内在《农民日报》上刊登启事消除影响（内容须经本院审核）；

三、被告莱州农科所于判决生效起 10 日内赔偿原告山东登海公司经济损失人民币 431 200 元。

四、限令被告莱州农科所于判决生效后 30 日内销毁所生产的侵权品种。

五、驳回原告山东登海公司的其他诉讼请求。

本案案件受理费 10 010 元，由被告负担 8 978 元，原告负担 1 032 元；诉讼保全费 400 元，鉴定费 1 000 元，由被告负担。

此案宣判后，原、被告双方均一审服判息诉。

法官评述

本案中，被告山东省莱州市农业科学研究所有限责任公司实施的行为是侵权制种还是科研活动，"掖单 53 号"是否等同于"登海 9 号"是认定被告行为是否构成侵权的关键所在，而且如何计算植物新品种的侵权赔偿数额也是本案适用法律上的难点问题。

1985 年 4 月 1 日，《专利法》开始实施，但按照该法规定，对动植物品种不授予专利权，而仅对其非生物学培育方法授予专利权。根据国际上的通行做法，植物品种本身不纳入《专利法》的保护范围，应以专门法的形式给予保护为宜。于是，国家依据《国际植物新品种保护公约》（UPOV 国际公约）的规定，没有采用通过修改《专利法》授予植物品种专利的形式来进行保护，而是采用了专门立法的形式。1997 年 3 月 20 日，国务院以第 213 号令发布了《植物新品种保护条例》（简称《条例》），该条例第 2 条、第 6 条规定："植物新品种，是指经过人工培育的或者对发现的野生植物加以开发，具有新颖性、特异性、一致性和稳定性并有适当命名的植物品种"。"完成育种的单位或个人对其授权品种，享有排他的独占权。任何单位或者个人未经品种权所有人许可，不得为商业目的生产或者销售该授权品种的繁殖材料，不得为商业目的将该授权品种的繁殖材料重复使用于生产另一品种的繁殖材料。"原告山东登海公司通过转让方式取得了"登海 9 号"玉米杂交种的植物新品种权，享有排他的独占权，受法律保护。

《条例》第 10 条对"利用授权品种进行育种及其他科研活动"的行为规定了"可以不经品种权人许可，不向其支付使用费。"被告莱州农科所根据以上规定强调自己是搞科研活动不构成侵权。本案中，被告不但在内蒙古种子管理站领取了"主要农作物种子生产许可证"，而且与农民马军签订了种子生产预约合同，进行了大规模地繁殖。显然，被告的行为是具有商业目的的生产活动，而非科研行为。

理论上，被控侵权的品种的性状特征必须与授予品种权的性状特征相同，才能构成侵权。被控侵权的植物新品种性状特征多于或者少于该品种权的植物新品种的性状特征，都不构成侵权。由于专利法意义上的保护范围在品种权制度中不适用，所以，也不存在将专利侵权认定中的等同原则、禁止反悔原则适用到品种权侵权认定的必要。但是，实际育种的过程容易受外来因素的干扰，不像专利产品可以在人为控制的恒定的生产条件下生产。即使被控侵权的品种确实使用了授权品种的繁殖材料，但由于生长过程中外来花粉等非遗传变异因素的介入，导致被控侵权品种的特征特性与授权品种的特征特性出现不同，仍然可以判定侵权行为成立。这里的"遗传变异因素"，是指通过人工杂交、自然杂交、突变、诱变、转基因等方式，使植物的遗传基因发生改变，从而造成植物特征或者特性的变异，这种变异是可以遗传的。"非遗传变异因素"，是指因土壤、气候、肥料、管理水平或者其他环境因素的影响，导致植物的特征或者特性发生差异，这种差异是不能遗传的。根据生物遗传原理，即使没有外来因素的干扰下，品种上下代之间的遗传性状也可能发生一些变化，育种学上使用"最小差异度"的概念来界定可以被接受的遗传变异，而且"最小差异度"因品种不同而异。如果遗传变异超出了"最小差异度"，则认为不是同一品种。

在本案中，呼和浩特市中级人民法院委托北京市农林科学院玉米研究中心对被告生产的涉案"掖单53号"样品进行鉴定，并采纳了该中心采用DNA指纹技术、酯酶同工酶等电聚焦电泳和蛋白质电泳三种方法做出的鉴定结论，进而判定被告行为构成侵权。

另外，在《条例》及其实施细则和相关司法解释没有对此类案件的侵权赔偿数额明确规定的情况下，比照《专利法》有关侵权赔偿的标准对本案侵权赔偿数额进行了判决。此案例入选最高人民法院公报，成为对全国法院有指导意义的案例。

(一审合议庭成员：胡雪莹 段月梅 白 清
编写人：呼和浩特市中级人民法院 胡雪莹)

行政案件

32. 香港美艺术（珠记）金属制品厂诉中国专利局专利复审委员会及广州市番禺县拉闸厂发明专利权无效案

阅读提示：发明目的、技术方案及实施效果对判断发明专利的创造性有什么作用？

◎ 裁判要旨

发明专利的创造性是指发明同申请日以前的已有技术相比，具有突出的实质性特点和显著的进步。判断一项发明是否具备创造性，应当综合考虑该发明的发明目的、为实现该目的所采取的技术手段，即具体的技术解决方案，以及应用这一技术方案所达到的技术效果等因素。

◎ 案 号

一审：北京市中级人民法院（1991）中经初字第 324 号
二审：北京市高级人民法院（1992）高经终字第 9 号

◎ 案情与裁判

原告（二审被上诉人）：香港美艺术（珠记）金属制品厂（简称"香港美艺厂"）
被告（二审上诉人）：中国专利局专利复审委员会（简称"专利复审委员会"）
第三人：广州市番禺县拉闸厂、广州市宏兴卷闸厂和广州市南方拉闸厂

起诉与答辩

原告香港美艺厂因对专利复审委员会的无效宣告请求审查决定不服，在法定期限内向原北京市中级人民法院起诉。香港美艺厂主要起诉理由是：本发明同申请日以前已有的技术相比，具有突出的实质性特点和显著的进步。由于对比文献 2 与该发明的发明目的不同，技术领域有差别，且不能为本发明所要解决的技术问题提供有用的技术教导，因此，专利复审委员会用对比文献 2 与对比文献 1 组合，否定本发明的创造性是不适

当的。判断一项发明是否有创造性，不仅要考虑它的技术解决方案，而且应当考虑它的目的和效果。本发明的目的是从"惰钳式门"的整体钢度入手，解决开关门时阻力大及噪音和磨损问题。为达到上述发明目的，本发明采用的技术解决方案是在所述"惰钳式门"的每个连续格栅斜杆端部与门的各立柱直杆的销轴都装有 H 型截面的衬套。由于采用了上述具有实质性特点的技术方案，本发明达到了提高门的整体钢度、门的运动更加平稳且减少了噪音等技术效果。由此可见，本发明与对比文献 1 和对比文献 2 相比，不仅发明目的不同、技术方案不同，而且所得到的技术效果也不同。如果将发明目的、技术方案及效果作为一个整体来考虑，本发明显然具有突出的实质性特点。即使将对比文献 1 和对比文献 2 组合起来与本发明比较，本发明依然具备突出的实质性特点，因而具备创造性。请求法院撤销专利复审委员会的无效决定，维持本发明专利权有效。

专利复审委员会答辩：对比文献 2 披露了一种供庭院用的拉闸门，其中部和活动端部具有制成作用的车轮架，其作用与本发明附图中所示某些立柱直杆底部安装的滚珠装置是相似的，只不过上述车轮架并不是限定在一根底轨上运用而已。该拉闸门的斜杆与销轴相连，并可以自由地上下滑动。很明显，这种滑动机构与本发明中的相应机构在构成和运动方式上都是一致的，同样能够起到使部件结合紧凑、运动平滑、噪音减少的客观作用，因而和本发明中相应机构的效果也是一致的，故对比文献 2 为解决本发明所要解决的技术问题提供了有用技术教导。在此情况下，H 型衬套的使用数量不能成为具有实质性的技术特征。对比文献 2 的意义在于它提供了在拉闸门的销轴与槽型立柱直杆的滑动结合处安装 H 型衬套的教导，一旦获知了这样的技术，将它应用于具有相同结构的其他部位是不需要普通技术人员付出创造性的脑力劳动的。因此，强调所用 H 型部件的数目无助于确立该发明的创造性。由于普通技术人员不需付出任何具有创造性的劳动便可以使用对比文献 2 的有关技术教导来实现本发明的目的，故在评价创造性时将两篇对比文献结合起来就是恰当的。对比文献 2 的总的发明目的与本发明的发明目的不同，因而对比文献 2 采用了一些本发明所不包含的其他机构，然而就其采用滑动套这一部件的客观目的与效果而言，则是和本发明所采用的 H 型衬套相一致的。不能仅仅因为一篇对比文献所陈述的发明目的有所不同，就得出该文献不宜用于评价一项发明的创造性的结论，尤其是该对比文献与本发明属于同一技术领域，并为实现本发明目的提供了有用的技术教导时，就更是如此。因此，请求法院判决维持原无效决定。

一审审理查明

1985 年 4 月 1 日，香港美艺厂向中国专利局申请了一种名称为"惰钳式门"的发明专利，中国专利局经审查，并于 1988 年 6 月 23 日获得授权，专利号为 85101517。本发明的权利要求书内容为：

"1. 一种惰钳式门，门的格栅斜杆与门的立柱直杆相连，该斜杆转动固定在第一中间立柱直杆的一个固定位置上，且与第二立柱直杆转动并滑动连接，至少第二立柱直杆是槽形截面的，且在侧壁上有凹口突边，连接所说斜杆与所述第二立柱直杆的装置，包括一销轴，销轴穿过斜杆，其特征在于在销的端部装有沿轴的横向为 H 型截面的衬套，立柱直杆的突边安装在 H 型截面衬套的凹槽中。

2. 如权利要求 1 所述的门，其特征在于所说第二立柱直杆大致为矩形截面。

3. 如权利要求 1 或 2 所述的门，其特征在于所说衬套为圆筒形。

4. 如权利要求 1 所述的门，其特征在于所说斜杆由第一销轴与所说第一立柱直杆连接，销轴穿过所说斜杆合理主直杆，销轴在穿入立柱直杆处有一衬套。

5. 如权利要求 1 所述的门，其特征在于一个斜杆与两个在横向上间隔的两个立柱直杆滑动连接且转动连接的第三个立柱直杆上的一个固定高度上。

6. 如权利要求 1 所述的门，其特征在于所说的门上有重叠的斜杆，这些斜杆由装在连接立柱直杆的销轴上的垫片装置相互分隔开。

7. 如权利要求 1 所述的门，其特征在于每个立柱由一对相互分开且平行的立柱的杆组成，格栅或每个格栅包括位于两个相对的立柱间的三层斜杆件。

8. 如权利要求 1 所述的门，其特征在于所说斜杆件在门的平面内为曲线形。

9. 如权利要求 8 所述的门，其特征在于所说的斜杆件为缓慢 S 形或双弯曲形结构。

10. 如权利要求 1 所述的门，其特征在于所说的斜杆件为管状结构。

11. 如权利要求 1 所述的门，其特征在于所说的斜杆件为矩形截面结构。

12. 如权利要求 1 所述的门，其特征在于从门的前面看，斜杆与立柱直杆的宽度相同。

13. 如权利要求 1 所述的门，其特征在于所说的门有多个格栅。

14. 如权利要求 13 所述的们，其特征在于一个格栅的中间立柱为另一个格栅的立柱。"

1989 年 5 月 8 日、1990 年 3 月 15 日和 1990 年 3 月 27 日，广州市番禺县拉闸厂、广州市宏兴卷闸厂和广州市南方拉闸厂先后向被告专利复审委员会提出无效宣告请求，请求宣告原告香港美艺厂的"惰钳式门"发明专利权无效，其主要理由是该发明专利缺乏新颖性和创造性，并提供了两份对比文献。其中对比文献 1 为英国 GB1361763 号专利，其"发明目的是减少折叠式闸门的不同元件的数量"，其权利要求要求书的主要内容为：

"1. 一种折叠式闸门，有若干竖直放置的立柱，用横杆连接，该若干立柱中之每一个，有三个截面形状相同的槽形件，各立柱有第一槽形截面件，上面有百叶铰接；第二槽形截面件，其腹板与第一槽形件的腹部固定，使第一级第二槽形件的敞口侧相互背离；和第三槽形截面件，有装置该第三槽形件与第一级第二槽形件作有间距而平行的固定，第二及地三槽形件的敞口侧相对，该固定装置包括有该横杆件的枢轴，在第二级第三槽形件之间通过其两敞口侧伸展。

3. 如权利要求 1 或 2 所述的折叠式闸门，其中一个或多个所述的槽形件具有腹板，其两侧上伸出弧形翼缘及在每一槽形件中形成一个凹弧面。

4. 如前述任一权利要求所述的折叠真们，其中一个或多个所述槽形件具有腹板，腹板两侧有平翼缘伸出，翼缘的自由端向内弯及互相相对。

5. 如权利要求 4 所述的折叠式闸门，其中所述内弯部分的自由端再向内弯折，从而自由端朝向腹板的内表面。

6. 如前述任一权利要求所述的折叠式闸门，其中所述横杆件的至少一些枢轴为螺栓或短轴，穿过槽形件腹板上的适当尺寸的孔。

7. 如前述任一权利要求所述的折叠式闸门，其中所述横杆的至少一些枢轴为螺栓，两端各有一头部，每一该螺栓的一个头部容纳在所述第二槽形件内，每一该螺栓的另一头部容放在所述第三槽形件内。

8. 如权利要求 7 所述的折叠式闸门，其中所述每一螺栓的头部上形式滚子，支承在第二及第三槽形件的翼缘的内表面上滚动。

9. 如前述任一权利要求所述的折叠式闸门，其中一个 U 型件具有一个臂的自由端上形成的翼缘，该翼缘容纳在闸门前端上的第一槽形件中滑动，U 型件的另一个臂，固定在闸门前端上的横杆枢轴上旋转。"

对比文献 2 为日本昭 59—14156 号特许出愿公告，其发明特点是"拉门在安装时中间车辆也接触地面，且可调节距离。由于设置在拉门中部的锁闩起了固定作用，故即使车轮上压有重荷，也可轻便平滑地拉动拉门。由于本发明可防止车轮在重荷下造成损伤，因此可延长拉门的使用寿命，这也是本发明的重要特征。"

对比文献 2 权利要求书的主要内容为："一种伸缩拉门的中间车轮装置，其特征在于中间车轮的车轮架的两侧向内对称地立着 C 状杆，它固定于伸缩拉门对称支柱的外侧；支撑对称斜杆的上策滑动轴河下侧固定轴可插入设置在对称支柱上的长方形孔和圆孔中并向对称支柱的外面伸出，在 C 状杆的开口凸缘上装有自动滑动的滑动套，在 C 状杆上，滑动轴两端的滑动套的下方设有可以上下自由滑动的锁定装置。"

1991 年 1 月 11 日，专利复审委员会作出书面无效审查决定，宣告本案专利权无效，该无效审查审查决定书的主要内容为：

1. 关于新颖性

对比文献 1、2 以及请求人提交的其他对比文献均未披露本发明独立权利要求 1 中的全部技术特征，因此本发明权利要求所述的惰钳式门具备《专利法》第 22 条所规定的新颖性。对比文献 1 披露了权利要求 1 中除 H 型衬套之外的所有技术特征，故对比文献 1 是用于判断本发明的创造性的最为接近的已有技术。

2. 关于创造性

关于销轴与槽形立柱直杆的滑动配合方式，对比文献 1 提供了两种方案：其中一种是在销轴的两端各安装一个滚轮，使之能够沿槽形立柱直杆的侧壁内表面滑动；另一种则是让销轴直接在槽形立柱直杆的突缘上滑动，同时指出在这种情况下最好将上述突缘的自由端向内再作 90 度的弯曲，以形成便于支承销轴的平坦表面。本案专利的发明的目的是提供一种惰钳式门，其连接斜杆与立柱直杆的装置不仅结构简单，同时提高了门的钢度，使开、关门的运动轻便且噪音小。专利权人为实现上述目的而采用的具体解决方案便是在销轴两端加上 H 型衬套。由此可知，对本发明的创造性的判断仅仅为采用上述解决方案对于该领域中的普通技术人员来说是否是显而易见的。

对比文献 2 所披露的也是一种可伸缩的拉闸门。参照其说明书和附图的内容，可知该拉闸门的斜杆的一段铰连在固定销轴上，另一端铰连在滑动销轴上，而销轴的两端则装有其截面为 H 型的滑动套。当拉动该门，使器械感的倾斜度产生变化时，斜杆就会带动滑动销轴，通过其两端的滑动套，使之在 C 状截面的杆的凸缘上自由上下滑动。很显然，上述滑动套与本发明所采用的 H 型截面衬套无论在其结构上，与其他部件的配合关系上,还是在其作用原理上,以及所产生的效果上都是相同的。鉴于对比文献2与本发明属于相同的技术领域,同时又为本发明所要解决的技术问题提供了可供使用的技术解决方案,合议组认为与对比文献1和2相同,权利要求1的内容已不具备《专利法》第22条第3款所规定的突出的实质性特点。对比文献2的总的发明目的与本发明的发明目的不同,因而采用了一些本发明所不包含的其他机构,然而就其采用滑动套这一不见得客观目的与效果而言,则是和本发明所采用的H型衬套相一致。不能仅仅因为一篇对比文献所陈述的发明目的有所不同,就得出该文献不宜用于评价一项发明的创造性的结论,尤其是当该对比文献与发明属于同一技术领域,并为实现该发明的发明目的提供了有用的技术教导时,就更是如此。H型衬套的使用数量不能成为具有实质性的技术特征。对比文献2的意义在于它提供了在拉闸门的销轴与槽形立柱直杆的滑动结合处安装H型衬套的教导,一旦获知了这样的技术,将它应用于具有相同结果的其他部位是不需要普通技术人员付出创造性的脑力劳动的。事实上,当需要采用销轴在直槽中滑动这一结构时及为了便于滑动并使整个机构更加紧凑而在销轴上套以H型衬套是机械领域以及日常生活中熟知的技术,请求人在无效宣告请求过程中所举证的窗帘导轨机构便是一例。因此,权利要求1已不具备创造性。权利要求2~8、10~13均为从属于独立权利要求1的从属权利要求,它们分别在权利要求1的基础上进一步补充了有关惰钳式门各部件的技术特征。按照这种关系,在权利要求1已不具备创造性的情况下,上述技术特征均不能使相应的从属权利要求具备无专利法所要求的突出的实质性特点和显著的进步。权利要求9和14分别从属于权利要求8和13,它们所写入的附加技术特征同样不能使之满足创造性的要求。专利复审委员会据此宣告第85101517号发明专利权无效。

一审判理和结果

一审法院认为,发明专利的创造性是指同申请人以前的已有技术相比,该发明具有突出的实质性特点和显著的进步。在此基础上,判断一项发明是否具备创造性,应当将该发明的发明目的以及为实现该目的所采取的技术手段,即具体的技术解决方案结合起来考虑。不仅如此,还应当考虑应用这一技术方案后所得到的技术效果。本发明与对比文献在发明目的、为实现其目的所提出的技术解决方案以及最终的技术效果是存在着明显的实质性差别,对于该领域的普通技术人员来说,将两份对比文献结合起来并非"显而易见"。原告香港美艺厂的第85101517号"惰钳式门"发明专利具有特出的实质性特点,符合《专利法》关于创造性的规定。被告专利复审委员会的第112号无效宣告请求审查决定所依据的理由缺乏充分的证据。一审法院判决:撤销专利复审委员会第112号无效宣告请求审查决定。

上诉与答辩

专利复审委员会不服一审判决,向北京市高级人民法院提起上诉,主要理由是:1.判决书对创造性的判断适用法律不当。一方面在认定两份被引用的对比文献的技术内容时,仅将对比文献中的权利要求作为已有技术,没有全面地认定和分析其整个说明书和附图所记载的技术内容;另一方面,在分析认定该发明专利的技术特点时,脱离了其权利要求所要求保护的范围。如判决书认定"衬套的材质为塑料或尼龙"、"衬套与斜杆之间装有衬垫"等,然而这些特征均未反映在该发明专利的权利要求书中,判决书中多处强调对比文献2的发明目的与该发明不同,这一认定构成了其判决理由的重要组成部分。如果采用判决书中所表述的判断原则,不仅严重违反我国《专利法》的规定,而且与世界上通用的做法相悖。2. 判决书认定事实有误。如将无效决定理由中所属"对比文献1披露了权利要求1中除H型衬套之外的全部技术特征"写成"对比文献1几乎覆盖了香港美艺厂发明的独立权利要求的前序部分",而无效决定从未使用"几乎覆盖"的含糊措辞;如认定对比文献2中使用H型截面滑动套的"目的是与锁定装置相配合,解决中间车轮的接地承载问题";又如判决书在未作具体分析的情况下,罗列了该发明与对比文献2在解决方案上"格栅斜杆与立柱直杆的排列方式"等几点不同之处,均与事实不符。故请求二审法院对原审法院判决书中判断创造性上的适用法律不当和认定事实有误之处及其结论予以改判。

香港美艺厂答辩:同意一审判决结论,认为原审判决对创造性的判断适用法律是适当的,判断原则是正确的,也符合中外专利审查的实践。本案发明的技术解决方案与已有技术相比有突出的实质性特点;该发明中独立权利要求中的区别技术特征(即H型衬套)与对比文献2中的H型截面滑动套的目的、方式、作用均不相同,请求二审法院维持原审判决。

二审审理查明

1985年4月1日,香港美艺厂向中国专利局申请了一项名称为"惰钳式门"的发明专利,中国专利局经过实质审查,认为符合中国《专利法》规定的新颖性、创造性和实用性条件,于1988年6月23日授予其专利权,专利号为85101517。该发明专利经中国专利局审定后的权利要求有14项。其中独立权利要求中被披露的主要技术构成为:一惰钳式门,门的格栅斜杆与门的立柱直杆相连,该斜杆转动固定在第一中间立柱直杆的一个固定位置上,且与第二立柱直杆转动并滑动连接,至少第二立柱直杆是槽形截面的,且在侧壁上有凹口突边,连接所说的斜杆与所述第二立柱直杆的装置,包括一销轴,销轴穿过斜杆,其特征在于在销轴的端部装有沿轴的横向为H型截面的衬套,立柱直杆的突边安装在H型截面的衬套的凹槽中。该发明的目的是使惰钳式门上连接斜杆与立柱直杆的装置不仅结构简单,同时提高了门的刚度,使开关门的运动轻便,且噪音小。

1989年5月和1990年3月间,广东省广州市的番禺县拉闸厂、宏兴卷闸厂和南方拉闸厂以"惰钳式门"发明专利缺乏新颖性和创造性为由,分别向专利复审委员会提出无效宣告请求。专利复审委员会经过审查,以该发明不具备创造性为由,于1990年12月31日作出第112号无效宣告请求审查决定,宣告第85101517号发明专利权无效。专利复审委员会进行审查所依据的作为对比文献的已有技术是:GB1361763号英国专利即对比文献1和昭59—14156号日本特许出愿公告即对比文献2。

对比文献1的主要技术构成为:一种折叠式闸门,有若干竖直放置的立柱,用横杆连接,该若干立柱中之每一个,有三个截面形状相同的槽形件,各立柱有第一槽形截面件,上面有百叶铰接;第二槽形截面件,其腹板与第一槽形件的腹板固定,使第一及第二槽形件的敞口侧相互背离;和第三槽形截面件,有装置将该第三槽形件与第一及第二槽形件作有间距而平行的固定,第二及第三槽形件的敞口侧相对,该固定装置包括有该横杆件的枢轴,在第二及第三槽形之间通过其两敞口侧伸展。对比文献1的发明目的是减少折叠式闸门的不同元件的数量,即使立柱直杆有通用性,同时避免在组装该种门时采用笨重的手工铆接工序。

对比文献2的主要技术构成为:一种伸缩拉门的中间车轮装置,其特征在于中间车轮的车轮架的两侧项内对称地立着C状杆,它固定于伸缩拉门对称立柱的外侧,支撑对称斜杆的上侧滑动轴和下侧固定轴可插入设置在对称支柱上的长方形孔和圆孔中并向对称支柱的外面伸出,在C状杆的开口凸缘上装有自由滑动的滑动套,在C状杆上,滑动轴两端的滑动套的下方设有上下自由滑动的锁定装置。对比文献2的发明目的是解决庭院伸缩拉门的中间支撑问题,减轻门的重荷,使拉门的开关运动轻便平滑,延长拉门上轮子的使用寿命。

专利复审委员会经过审查,认为对比文献1和对比文献2以及请求人提交的其他对比文献均未披露该发明独立权利要求中的全部技术特征,因此,"惰钳式门"发明专利具备新颖性。但是,缺乏创造性。理由是:对比文献1是用于判断该发明创造性最为接近的已有技术。因为它披露了独立权利要求中出H型衬套之外的全部技术特征。对比文献2所披露的也是一种可伸缩的拉闸门。该拉闸门的斜杆上的一端绞连在固定销轴上,另一端绞连在滑动销轴上,而销轴的两端则装有其截面为H型的滑动套。当拉动该门,使其斜杆的倾斜度产生变化时,斜杆就会带动滑动销轴,通过其两端的滑动套,使之在C状截面的杆的凸缘上自由上下滑动。该发明与对比文献的发明的目的、为实现其目所提出的技术解决方案以及最终的技术效果上存在着明显的实质性差别,该发明对于将两份对比文献结合起来的该领域普通技术人员来说,并非显而易见。据此认定,香港美艺厂的"惰钳式门"发明专利具有突出的实质性特点,符合中国《专利法》关于创造性的规定。专利复审委员会第112号无效宣告请求审查决定所依据的理由缺乏充分依据。根据《专利法》第22条第3款和《行政诉讼法》第54条第(2)项的规定,判决撤销专利复审委员会第112号无效宣告请求审查决定。

二审判理和结果

北京市高级人民法院认为,发明专利的创造性是指同申请日以前已有的技术相比,该发明具有突出的实质性特点和显著的进步。本发明与已有技术相比,具有突出的实质性特点和显著的进步。专利复审委员会根据对比文献1和对比文献2,认定"惰钳式门"发明专利已不具备创造性,作出宣告"惰钳式门"发明专利权无效的决定,缺乏充分的证据。原审法院判决撤销专利复审委员会第112号无效宣告请求审查决定是正确的。原审法院的判决书在描述的事实和作出创造性的判断时,有些语言文字用法欠妥,应予纠正,但这些并不影响原审判决结论的正确。就全案而言,原审判决事实清楚,适用法律并无不当。依照《行政诉讼法》第61条第(1)项之规定,判决:驳回上诉,维持原判。

法官评述

本案是我国《专利法》实施后人民法院判决的第一件专利行政纠纷案件，主要涉及如何评判发明专利的创造性问题。发明专利的创造性是指同申请人以前的已有技术相比，该发明具有突出的实质性特点和显著的进步。发明所具有的突出的实质性特点是指对所属技术领域的技术人员来说，该发明相对于现有技术是非显而易见的，如果该发明是所属技术领域的技术人员在现有技术的基础上仅仅通过合乎逻辑的分析、推理或者有限的试验是可以得到的，则该发明就是显而易见的。发明所具有的显著的进步是指该发明与现有技术相比较能够产生有益的技术效果。在评价发明是否具备创造性时，不仅要考虑发明的技术方案本身，还要考虑发明所属技术领域、所解决的技术问题和所产生的技术效果，将发明作为一个整体对待。

将对比文件1作为本发明最为接近的现有技术是恰当的，因为对比文件1公开了本发明除了"在销轴端部加上H型衬套"之外的其他全部技术特征，因此，对本发明的创造性的判断仅仅为采用上述包括"在销轴端部加上H型衬套"技术特征的解决方案对于本领域中的普通技术人员来说是否是显而易见的。专利复审委员会认为，在对比文献1的基础上，参考对比文献2所提供的技术解决方案，本领域的普通技术人员可以直接从中获得本发明的有用的技术教导，至于发明的目的及其效果如何并不是评价本发明创造性的主要内容，因此，本专利不具备创造性。

专利复审委员会的上述结论及理由是不能成立的。首先，对比文献1披露了使斜杆在立柱直杆之间伸缩滑动的两种技术方案，一种是在C行直杆的内壁中安装与斜杆内连接滚动轮，使其通过在C形直杆内壁中的上下滚动，实现带动斜杆伸缩曲张的目的；另一种是将立柱直杆的开口突边向内分别弯曲90度形成两个互相平行的平面，然后通过与斜杆相连的销轴在两个平面之间的上下滑动，同样实现带动斜杆伸缩曲张的目的。上述两种解决方案都未采用使销轴与立柱直杆突边直接接触并在突边上上下滑动的技术特征。本发明将立柱直杆的突边直接与H型截面衬套的凹槽向咬合，使该衬套直接在突边上滑动，并通过销轴的连接作用带动斜杆的伸缩曲张。由此可见，对比文献1与本发明有着明显的区别。其次，对比文献2披露了一种截面为H型滑动套，其凹部可贴合在C状杆的开口突缘（突边）上，并可上下自由滑动。对比文献2中的滑动套是伸缩拉门中间车轮装置诸多技术特征当中的一种，其目的是与锁定装置相配合解决庭院栅栏门中间车轮的接地承载问题。对比文献2解决这一问题的技术方案是在车轮架的中下部安装了使用滑动套的对称立柱，通过滑动套的上下滑动，加上锁定装置的作用，有效地调整轮子的高度，使其始终保持与地面的接触，从而实现了其发明目的。本发明目的是通过提高门的整体刚度，减少噪音入手，在各立柱直杆间大量地采用了带衬套的销轴。由于强调衬套是圆筒形，质材为资料或者尼龙，且在衬套与斜杆之间装衬垫，既避免了金属之间的摩擦，也使衬套与突边，斜杆与斜杆之间受到了挤压，从而增加了门的刚度，减少了噪音，并能使之轻便自如。这种技术特征在对比文献2中是没有的，对比文献2只是使用了一组滑动套以达到使轮子能够支撑地面，并没有在其他部位使用衬套。本发明将各种技术手段相配合，使衬套在惰钳式门中发挥了更多的贡献。

还应当指出的是，对一种发明专利的创造性进行审查时，不应仅仅因为它所描述的必要技术特征与已有技术的某些相似之处就否定其创造性。特别是当已经选定了一份相关的技术作为出发点，并试图再从其他对比文献中找出与该发明专利解决统一技术问题所采取的技术方案是否相同时，更不应简单地否定其创造性，而应当将该发明的发明目的技术解决方案及技术效果作为一个整体来考虑。虽然本发明提供的方案中采用了与对比文献2相似的技术手段，但是由于二者的发明目的不同，技术解决方案中，格栅斜杆与立柱直杆的排列方式、衬套的使用位置、使用数量、衬套与突边咬合的紧密程度以及衬套与斜杆的连接方式、带动斜杆运动的方式、运动的状态等方面不同，使之达到了意想不到的技术效果。因此，尽管对比文献1和2与原告香港美艺厂的发明属于相同的技术领域，但是本领域的普通技术人员并不能从对比文献1出发，结合对比文献2，直接获得关于原告香港美艺厂发明的有用技术的教导。

总之，本发明与对比文献在发明目的、为实现其目的所提出的技术解决方案以及最终的技术效果是存在着明显的实质性差别，对于本领域的普通技术人员来说，将两份对比文献结合起来并非"显而易见"，专利复审委员会认定本发明不具备创造性缺乏充分的证据。

(二审合议庭成员：张鲁民　程永顺　金凤菊
编写人：北京市高级人民法院知识产权审判庭　刘晓军)

33. 比亚迪股份有限公司诉国家知识产权局专利复审委员会及第三人惠州超霸电池有限公司实用新型专利权无效纠纷案

阅读提示：如何确定实用新型专利与现有技术是否属于相同或者相近技术领域？

● 裁判要旨

本专利与现有技术的应用领域虽然不同，但二者的发明目的、技术功能、技术原理及所起作用相同，应判定为相同或者相近的技术领域。对于本领域普通技术人员来说，本专利与现有技术的区别不需要其花费创造性劳动，故本专利不具备创造性。

● 案 号

一审：北京市第一中级人民法院（2004）一中行初字第 850 号
二审：北京市高级人民法院（2005）高行终字第 00232 号

● 案情与裁判

原告（二审上诉人）：比亚迪股份有限公司（简称"比亚迪公司"）
被告（二审被上诉人）：国家知识产权局专利复审委员会（简称"专利复审委员会"）
第三人（二审被上诉人）：惠州超霸电池有限公司（简称"超霸电池公司"）

起诉与答辩

比亚迪公司不服专利复审委员会于 2004 年 6 月 9 日作出的第 6147 号无效宣告请求审查决定（简称"第 6147 号决定"）并提起诉讼，请求撤销第 6147 号决定，维持本专利权有效。比亚迪公司的具体起诉理由：

一、第 6147 号决定的审查程序不合法，适用法律不当

第三人针对本专利提出无效宣告请求的时间是 2001 年 8 月 29 日，修改后的《审查指南》（简称新《审查指南》）于 2001 年 10 月 18 日发布，修改后的《专利法》及《专利法实施细则》于 2001 年 7 月 1 日起施行，被告作出第 6147 号决定应该适用 2001 年 7 月 1 日起施行的《专利法》及《专利法实施细则》，并适用《民事诉讼法》的规定。《民事诉讼法》第 68 条规定提交外文书证，必须附有中文译文。第三人于 2004 年 1 月 7 日和 2004 年 1 月 12 日提交的附件 3、4、5、9、11、16 和 8 的中文译文根据法律规定已超过提交期限，被告不应当作为证据考虑。第三人应当且完全可能在新《审查指南》于 2001 年 10 月 18 日发布后的一个月内提交其证据的中文译文，而不应当直至两年多以

后的 2004 年 1 月 7 日和 12 日才提交。这种两年多以后才增加理由和补充证据的情况，明显属于《专利法实施细则》第 66 条规定的"专利复审委员会可以不予考虑"的情况。被告在对本专利无效宣告请求的审查过程中，将不应当考虑的证据作为证据来考虑，属于审查程序不合法。被告认为本无效宣告请求案适用修改前的《审查指南》（简称旧《审查指南》），而不考虑当时施行的《专利法》《专利法实施细则》、新《审查指南》和《民事诉讼法》的规定，属于适用法律不当。被告在采用附件 8 时依据的是旧《审查指南》，而在评述权利要求创造性时依据的却是新《审查指南》，这是不正确的。

二、第 6147 号决定认定事实不清

附件 8 与本专利不是相同技术领域，附件 8 与本专利的 IPC 分类在国际分类表中的大类都不同，附件 8 的保险丝用于印刷电路板等需要节约空间场合的微型保险丝，本专利是属于用于可充电电池组的电路保护元件。附件 8 的目的是为了提供一种用于印刷电路板等需要节约空间场合的微型保险丝，而本专利的目的是提供一种结构简单、成本低廉的用于可充电电池组的电路保护元件，二者所要解决的技术问题不同。本专利权利要求 1 产品的结构完全不同于附件 8 产品的结构，二者的技术方案完全不同。本专利与附件 8 相比，预期效果不同，附件 8 的技术方案预期的效果是可以提供一种使壳体不易破裂并且降低因电弧导电延迟电路断开时间的危险的性能更好的微型保险丝，而本专利权利要求 1 技术方案的预期效果是可以提供一种结构简单、成本低廉的用于可充电电池组的电路保护元件。本专利取得了商业上的成功，在评价本专利创造性时，应予以考虑。因此，本专利权利要求 1 与附件 8 相比，其技术领域、所要解决的技术问题和技术方案以及预期效果都不相同，本专利权利要求 1 具备新颖性和创造性，其从属权利要求 2～4 也具备新颖性和创造性。本专利权利要求 3 不具备附件 8 中外壳 170 的结构。权利要求 4 中采用的石棉材料简化了结构，附件 8 中的绝缘涂层与本专利的绝缘套筒概念不同。

被告在第 6147 号决定中认为附件 8 中应用于印刷电路板的电路保护元件已经包含了权利要求 1 中可充电电池用电路保护元件内部的全部结构特征而得出本专利权利要求 1 不具备创造性的结论，属于认定事实不清。由于本专利权利要求 1 使用的是"由……组成"的封闭式权利要求的形式，并且附件 8 中的端子 20 和 30 也不能等同于本专利权利要求 1 中的金属片，因此不存在其保护范围覆盖附件 8 的技术方案或者公知技术的问题。权利要求 1 具备新颖性和创造性，而权利要求 2 和权利要求 4 均以权利要求 1 为基础，不存在因权利要求 2、4 中有材料特征而不具备创造性的问题。

专利复审委员会辩称：

新《审查指南》第四部分规定，当事人提交外文证据的，应当在提交外文证据的同时提交所使用部分的中文。附件 8 的美国专利文献为第三人于 2001 年 9 月 27 日提交补充的意见陈述和附件 1 至附件 44 时所提交。在此次提交的文件中包括"附件说明"，在该"附件说明"中对于附件 8 的说明中已经明确记载了第三人引用该附件 8 评价权利要求 1～4 的创造性。在该"附件说明"中请求人已经标记了所引用的附件 8 的具体段落，并且也给出了这些段落的中文译文。但是，第三人又于 2004 年 1 月 7 日提交了附件 8 的部分译文，并且在 2004 年 1 月 13 日举行的口头审理中引用了新提交的译文内容作为评价新颖性、创造性的依据。第三人针对本专利所提出的无效宣告请求的日期为2001年8月29日,该日期早于新《审查指南》的发布施行日,因此对本专利无效宣告请求的审查不适用新《审查指南》中关于"同时"提交中文译文的规定,而应当适用1993年4月1日起施行的旧《审查指南》。由于旧《审查指南》中没有对提交外文证据中文译文的时间作出具体规定,因此第三人提交附件8中文译文的日期虽然晚于提交该附件8原文的日期,该附件8的中文译文仍然应当作为审查依据使用。第三人提出无效宣告请求的日期为2001年8月29日,而第三人补充提交附件8原文全文的日期为2001年9月27日,按照旧《审查指南》规定"经合议组同意,请求人可以在规定的期限内变更无效理由",而请求人提交附件8原文的日期在其提交无效宣告请求一个月之内,属于规定的期限,被告同意使用附件8不违反旧《审查指南》的规定。引用旧《审查指南》只涉及附件8译文应否接受,第6147号决定中的其他问题则适用新《审查指南》。

关于附件8与本专利是否属于近似技术领域,不能以国际专利分类表为依据。附件8与本专利虽然在保险丝应用场合方面不同,但公开的技术方案相同,可视为近似技术领域。附件8与本专利都以保护电路为目的,并且都采用低熔点金属丝作为主要功能结构,因此在第6147号决定中认定两者为相近似技术领域,相近似技术领域的现有技术可以用于评价创造性。

原告强调附件8技术方案中有绝缘体80和金属片上部分为叉子形状,与本专利不同。附件8之所以具有绝缘体80,是因为该超小型保险丝将作为分立元件用于印刷电路板,该元件需要具有足够的结构强度,而附件8中金属片为叉子形状,也是因为该技术方案中的金属片不仅作为电路中的导电元件,还作为将绝缘体80固定在印刷电路板上的固持元件。而对于本专利的情况,由于本专利电路保护元件用于电池组内部,而非作为独立的分立器件使用,自然不需要结构强度的绝缘体和将绝缘体定位固定的叉子型结构。而本领域技术人员在附件8技术方案基础上,将该超小型保险丝用于电池组内部时,自然会舍弃不需要的复杂结构,从而获得与本专利相同结构的技术方案。

原告认为本专利与附件8相比结构简化和改进,但本专利在去掉了绝缘体和金属片插型结构后,不再具有结构强度和固定功能,因此只能作为电池组内部的结构组成使用,而不能作为单独的分立元件使用在电路中,自然不具备创造性。本专利权利要求1的主题是电路保护元件,并未涉及电池组的其他结构,附件8的保险丝之所以有复杂的结构是因其为独立的元件,本专利并不属于要素省略的发明。

综上所述,第6147号决定认定事实清楚,适用法律正确,程序合法,原告的诉讼请求不能成立。被告提请人民法院依法驳回原告的诉讼请求,维持第6147号决定。

第三人述称:同意被告的答辩意见,第6147号决定已经记载了附件8的电路保护元件是应用于印刷电路板中的,被告作出第6147号决定的事实理由及程序是合法的和正确的,应当予以维持,故请求人民法院依法驳回原告的诉讼请求。

一审审理查明

本案涉及的是国家知识产权局专利局于2001年1月31日授权公告的、名称为"一种用于可充电池组的电路保护元件"的实用新型专利,其申请日为2000年1月31日,专利号为00227259.8,其国际分类号为H02H 7/18,专利权人为比亚迪公司。本专利授权公告时的权利要求书内容如下：

"1. 一种用于可充电池组的电路保护元件，其特征在于所述的电路保护元件由一个金属丝和两块金属薄片组成，所述的金属薄片分别焊接在所述的金属丝两端。

2. 根据权利要求1所述电路保护元件，其特征在于所述金属丝选自铜丝、铜合金丝中的一种，所述金属薄片选自镍金属片、铜金属片、镍合金片、铜合金片中的一种，所述金属薄片熔断时承受的电流大于所述金属丝熔断时承受的电流。

3. 根据权利要求1或2所述电路保护元件，其特征在于所述的电路保护元件装放在一个绝缘套管内。

4. 根据权利要求3所述电路保护元件，其特征在于所述的套管由石棉纤维、石棉混纺纤维中的一种材料制备。"

针对本专利，超霸电池公司于2001年8月29日向专利复审委员会提出了无效宣告请求，其理由为本专利不具备新颖性、创造性。超霸电池公司于2001年9月27日向专利复审委员会提交了意见陈述书和附件1至附件44，其中附件8为美国专利US4612529的说明书，其公开日为1986年9月16日，其国际分类号为：H01H 85/14，随同附件8超霸电池公司提交了关于该附件8的部分中文译文。超霸电池公司在意见陈述中提出的无效宣告理由为本专利不符合《专利法》第22条所规定的新颖性、创造性要求和本专利不符合《专利法》第5条的规定。超霸电池公司于2004年1月7日向专利复审委员会提交了附件3、4、5、9、11和16的完整中文文本，并于2004年1月12日提交了附件8的部分中文译文。由该译文可知，附件8公开了如下内容：一种保险丝，是用于在应用中保护电路的微型电保险丝。保险丝10包括一个第一端子20、一个第二端子30、一个绝缘装置80、一个可熔断导体130和一个封装170。端子20和30通过冲压导体原料的平坦片制造。端子20和30可以由铜合金制成，也可采用磷—铜和铍—铜以及其他导电材料的合金。可熔断导体可以是导线。端子20、30与可熔断导体是通过焊接连接的。由附件8附图1、2可以看出，端子20、30的宽度大于厚度。端子20、30，导体130被容置于一塑料盒状外套或者壳体170中。

2004年6月9日，被告作出第6147号决定，宣告本专利权无效。专利复审委员会在第6147号决定中认为：附件8中应用于印刷电路板的电路保护元件已经包含了本专利权利要求1中可充电电池用电路保护元件内部的全部结构技术特征，且附件8中已经记载了将超小型保险丝专门用于有限空间的应用领域，使得本领域技术人员在充电电池组中使用该超小型保险丝内部结构来构成电路保护元件并不需要克服额外的技术障碍，也就是说，本领域技术人员不经创造性劳动就可以将附件8的保险丝结构应用在可充电电池组中以形成与权利要求1具有相同结构和实现相同效果的技术方案。因此权利要求1与附件8相比，不具备创造性。权利要求2在权利要求1的基础上进一步限定了电路保护元件的金属丝和金属片的材料，并限定了金属片的熔断电流大于金属丝的熔断电流。本领域技术人员都知道作为保险丝器件上导电端子材料的熔断电流自然要大于可熔断导体的熔断电流，否则可熔断导体不能起到保险丝的作用，本领域技术人员通过对附件8技术方案的理解可以直接推断出附件8中的可熔断导体130的熔断电流必然小于端子部件的熔断电流，这样权利要求2中关于金属片和金属丝熔断电流大小的技术特征也由附件8所公开。此外权利要求2与权利要求1相比仅仅进一步限定了金属丝和金属片的材料，并没有使二者形状、结构或二者结合发生改变。根据《审查指南》的规定"材料不同并未带来产品在形状、构造或者其结合上发生变化的……该材料特征在实用新型的创造性审查中仍然不予考虑"，权利要求2中的熔断电流的技术特征也被附件8所公开，因此在权利要求1不具备创造性的基础上，权利要求2也不具备创造性。权利要求3在权利要求1或2的基础上进一步限定本专利的电路保护元件具有一个绝缘套管，附件8中的保险丝具有矩形绝缘外套，将矩形绝缘外套变为套管状对本领域技术人员来讲是容易做到的，且权利要求3中套管的形状并未带来任何优于附件8的保险丝的技术效果，因此在权利要求1、2不具备创造性的基础上，权利要求3不具备创造性。权利要求4在权利要求3的基础上进一步限定了绝缘套管的材料特征，由于材料特征在实用新型创造性评价中不予考虑，因此在权利要求3不具备创造性的基础上，权利要求4也不具备创造性。综上，由于本专利权利要求1~4不符合《专利法》第22条第3款的规定，宣告本专利权无效。

一审判理和结果

一审法院认为：

一、关于被告作出第6147号决定的审查程序是否合法、适用法律是否得当

第三人针对本专利提出无效宣告请求的时间为2001年8月29日，对于该无效宣告请求的审查应适用当时有效的法律、法规而进行，即被告应依据2001年7月1日起施行的专利法和《专利法实施细则》进行审查。《专利法实施细则》第66条规定，在专利复审委员会受理无效宣告请求后，请求人可以在提出无效宣告请求之日起1个月内增加理由或者补充证据。逾期增加理由或者补充证据的，专利复审委员会可以不予考虑。第三人于2001年9月27日提交的附件8在其提出无效宣告请求之日起1个月的期限内，被告予以接受并未违反《专利法实施细则》的规定。第三人提交附件8时，新《审查指南》尚未公布实施，不应适用新《审查指南》的规定。《民事诉讼法》《专利法》《专利法实施细则》及旧《审查指南》均没有规定无效宣告请求人需在提交外文证据的同时提交该外文证据的中文译文，因此被告采用第三人于2004年1月12日提交的附件8的中文译文并未违反上述法律、法规的规定。由于第6147号决定的作出日为2004年6月9日，此前新《审查指南》已于2001年10月18日公布实施，旧《审查指南》同时废止，因此，从旧《审查指南》废止之日起，对本无效宣告请求的审查应依据新《审查指南》的相关规定进行，被告依据新《审查指南》中的规定来审查本专利权利要求是否具有创造性是正确的。

二、被告作出第6147号决定认定事实是否清楚

1. 附件8与本专利是否属于类似技术领域

判断实用新型专利创造性时，一般着重于考虑该实用新型所属的技术领域，同时考虑其类似、相近或者相关的技术领域。本专利涉及电路保护元件，附件8涉及微型保险丝，其也属于电路保护元件。虽然电路保护元件在附件8中与在本专利中的应用场合不同，本专利是应用于充电电池组中而附件8是应用于印刷电路板中，但由于二者均具有保护电路的功能，同属电路保护元件，因此被告在第6147号决定中认定本专利与附件

8属于相类似技术领域并无不当。

2. 关于权利要求1是否具备创造性

附件8所公开的技术内容与权利要求1的区别仅在于附件8没有公开保险丝是用在可充电池组中的。权利要求1的主题名称为一种用于可充电池组的电路保护元件，与附件8相比，其名称不同并未给该电路保护元件带来结构上的改变，对本领域技术人员来讲，将属于类似技术领域的印刷电路的保险丝用于可充电池组中并不需要创造性的劳动。因此，被告在第6147号决定中认定权利要求1不具备创造性是正确的。此外，原告未提出确实、充分的证据证明本专利取得了商业上的成功，且这种成功是由本专利的技术方案所直接导致的，故原告以取得商业上的成功使得本专利具备创造性的主张不能成立。在权利要求1不具备创造性的条件下，其从属权利要求2、3、4也不具备创造性。因此，本专利不符合《专利法》第22条第3款的规定。被告作出的第6147号决定证据充分，适用法律正确，程序合法，应予维持。依照《行政诉讼法》第54条第（1）项之规定，本院判决：维持专利复审委员会作出的第6147号决定。

上诉与答辩

比亚迪公司不服一审判决并提起上诉，请求撤销一审判决和专利复审委员会第6147号无效决定，维持涉案专利权有效。比亚迪公司上诉称：1. 附件8与本案实用新型专利在技术上根本不属于相近领域，不应当作为对比文件来否定本案专利的创造性。专利复审委员会和一审法院仅凭二者均采用了某一相同功能元件即认为属于相近技术领域是错误的。2. 附件8与本案实用新型相比，所要解决的技术问题不同，技术方案和技术效果也明显不同，具备了实质性特点和进步，应当被授予实用新型专利权。3. 本案实用新型专利取得的商业上的成功，也说明本实用新型专利具备创造性。

专利复审委员会和超霸公司服从原审判决。

二审审理查明

2000年1月31日比亚迪公司向国家知识产权局专利局申请了00227259.8号"一种用于可充电池组的电路保护元件"实用新型专利，该专利申请于2001年1月31日被授予实用新型专利权，经授权的权利要求为：

"1. 一种用于可充电池组的电路保护元件，其特征在于所述的电路保护元件由一个金属丝和两块金属薄片组成，所述的金属薄片分别焊接在所述的金属丝两端。

2. 根据权利要求1所述电路保护元件，其特征在于所述金属丝选自铜丝、铜合金丝中的一种，所述金属薄片选自镍金属片、铜金属片、镍合金片、铜合金片中的一种，所述金属薄片熔断时承受的电流大于所述金属丝熔断时承受的电流。

3. 根据权利要求1或2所述电路保护元件，其特征在于所述的电路保护元件装放在一个绝缘套管内。

4. 根据权利要求3所述电路保护元件，其特征在于所述的套管由石棉纤维、石棉混纺纤维中的一种材料制备。"

2001年8月29日，超霸公司以该专利不具备新颖性和创造性，且不符合《专利法》第26条及《专利法实施细则》第2、20、21、22条之规定为由，请求专利复审委员会宣告该专利权无效。超霸公司共提交了44份证据，其中的附件8为1986年9月16

日公开的美国专利 US4612529，名称为"超小型保险丝"。附件 8 中的保险丝包括一个第一端子、一个第二端子、一个绝缘装置、一个可熔断导体和一个封装。第一端子、第二端子通过冲压导体原料的一个扁平片制造。第一端子和第二端子可以由铜合金制成，例如磷—铜和铍—铜以及其他导电材料的合金，即第一端子、第二端子也属于金属片。可熔断导体可以是一条线、一层厚膜、一层薄膜或者本行业常见的其他形状导体，即可熔断导体可以是线状。附件 8 还描述了将可熔断导体与第一端子、第二端子焊接的过程。专利复审委员会经审查认为，附件 8 用于有限空间应用领域的电路保护，与本实用新型用于可充电电池组的电路保护元件为相近的技术领域。权利要求 1 中的可充电电池组的电路保护元件由一个金属丝和两块金属薄片组成，所述的金属薄片分别焊接在所述的金属丝两端。本领域技术人员根据常识可以推断，附件 8 中的可熔断导体，应当是一种低熔点的金属材料，其熔点理应低于作为端子材料的铜合金。由此可见，附件 8 中的保险丝也由两个片状的金属材料端子与两端子之间焊接的细长低熔点金属的可熔断导体组成，这样附件 8 中应用于印刷电路板的电路保护元件已经包含了权利要求 1 中电路保护元件内部的全部技术特征。尽管附件 8 未明确记载微型保险丝可用于充电电池组，但附件 8 已记载微型保险丝专门用于有限空间的应用领域，使得本领域技术人员将微型保险丝应用于可充电电池组中不需克服技术障碍，故权利要求 1 不具备创造性。权利要求 2 在权利要求 1 的基础上，进一步限定本实用新型电路保护元件的金属丝为铜丝或者铜合金丝，金属片为镍片、铜片、镍合金片、铜合金片之一，金属片的熔断电流大于金属丝的熔断电流。本领域技术人员可直接推断出附件 8 中的可熔断导体的熔断电流必然小于端子部件的熔断电流，这样权利要求 2 中关于金属片和金属丝熔断电流大小的技术特征也为附件 8 公开，权利要求 2 仅在权利要求 1 的基础上进一步限定了金属丝和金属片的材料，故权利要求 2 也不备有创造性。权利要求 3 在权利要求 1 或 2 的基础上，进一步限定电路保护元件有一绝缘套管，但附件 8 中的保险丝也具有绝缘外套。尽管权利要求 3 中的保护元件外壳为套管状而附件 8 中为矩形，这种差异并非实质性差异，也并未给本实用新型保护元件带来优于附件 8 的技术效果，故权利要求 3 也不具备创造性。权利要求 4 在权利要求 3 的基础上进一步限定了绝缘套管的材料特征，由于材料特征在实用新型创造性评价中不予考虑，故权利要求 4 不具备创造性。超霸公司提出的本专利不符合《专利法》第 22 条第 2 款、第 26 条，《专利法实施细则》第 2 条、第 20 条、第 21 条、第 22 条之规定的无效理由，不再评述。2004 年 6 月 9 日，专利复审委员会作出第 6147 号无效决定，宣告 00227259.8 号实用新型专利权无效。

二审判理和结果

二审法院认为，本专利应用于可充电电池组的电路保护，附件 8 应用于印刷电路板的电路保护，应用领域虽然不同，但二者的发明目的、技术功能是相同的，都属于电路保护元件。本专利在本质上是一个熔断器，附件 8 也是一个用于印刷电路上的熔断器，二者的技术原理和所起作用都是防止过大电流通过被保护的电路，同属于相同或者相近的技术领域。本专利权利要求 1 是由一个金属丝和两个金属薄片组成的简单技术方案，附件 8 则较为复杂，还包括了其他组成部分，这是因为附件 8 作为分立元件应用于印刷电路，而本专利不需要作为分立元件使用。附件 8 中作为熔断器核心部分也包括了熔断导体和与其焊接的两个端子，而且端子也由片状金属材料制成，故附件8中的电路保护元件已经包含了权利要求1技术方案中的全部结构技术特征，区别仅在于附件8没有公开电路保护元件可用于可充电电池组中。对于本领域普通技术人员来说，将附件8中的电路保护元件用于可充电电池组中不需要花费创造性劳动，故本专利权利要求1不具备创造性。同理，依据本案有关的具体事实和证据，各从属于权利要求2、3、4也不具备创造性。比亚迪公司虽称本专利取得了商业上的成功，但并未提供有效证据支持其主张。一审判决和专利复审委员会第6147号无效决定认定事实清楚、适用法律正确、审理程序合法，比亚迪公司的上诉理由不能成立，其上诉请求不予支持。据此，依照《行政诉讼法》第61条第（1）项之规定，判决：驳回上诉，维持原判。

法官评述

本案涉及对实用新型专利与现有技术是否属于相同或者相近技术领域以及涉案专利相对于现有技术是否具备创造性的判断。

发明和实用新型的技术领域，应当是要求保护的发明或者实用新型技术方案所属或者直接应用的具体技术领域，而不是其上位或者相邻的技术领域，也不是发明或者实用新型本身。该具体的技术领域往往与发明或者实用新型在国际专利分类表中可能分入的最低位置有关。在审查发明或者实用新型的新颖性、创造性时，都应当考虑技术领域的问题。在审查两项技术是否属于相同技术领域时，二者所要解决的技术问题、其具体技术方案、实际用途及效果都是考察要素。

本案专利权人认为，附件8所记载的现有技术与涉案专利在国际专利分类表中的大类不同，附件8的保险丝是用于印刷电路板等需要节约空间场合的微型保险丝，本专利是属于用于可充电电池组的电路保护元件，二者不属于相同或相近的技术领域。专利权人的上述主张是不能成立的，虽然本专利应用于可充电电池组的电路保护，附件8应用于印刷电路板的电路保护，二者的应用领域确实有所不同，但应当看到：二者的发明目的相同，都是保护电路元件的装置；二者的技术功能相同，都能够实现对电路元件的保护；二者的技术原理相同，都是通过在电流达到一定数值时导致特定导体熔断以实现对电路元件的保护。因此，本专利在本质上是一个熔断器，附件8也是一个用于印刷电路上的熔断器，二者属于相同或者相近的技术领域。

在评判实用新型专利的创造性时，首先应当确定与专利技术最接近的现有技术。所谓与专利技术最接近的现有技术，是指现有技术中与要求保护的实用新型最密切相关的一个技术方案，如所要解决的技术问题、技术效果或者用途最接近或者公开了专利技术方案的技术特征最多的现有技术，或者虽然与要求保护的实用新型技术领域不同，但能够实现实用新型的功能，并且公开实用新型的技术特征最多的现有技术。在确定现有技术时，应当优先考虑技术领域相同或者相近的现有技术。其次，在确定了与专利技术最为接近的现有技术后，应当确定二者具有哪些区别技术特征。再次，要从最接近的现有技术和实用新型实际解决的技术问题出发，判断要求保护的实用新型对本领域的技术人员来说是否是显而易见的。在判断过程中，要确定的是现有技术整体上是否存在某种技术启示，即现有技术中是否给出将上述区别技术特征应用到该最接近的现有技术以解决其存在的技术问题的启示，这种启示会使本领域的技术人员在面对所述技术问题时，有动机改进该最接近的现有技术并获得要求保护的实用新型。如果现有技术存在这种启示，则实用新型不具备创造性。

本案中，附件8公开了一种保险丝，该保险丝包括一个第一端子、一个第二端子、一个可熔断导体，第一、第二端子通过焊接分别连接在可熔断导体的两端。端子由通过冲压导体原料的平坦片制造，端子可以由铜合金制成，也可采用磷-铜和铍-铜以及其他导电材料的合金，可熔断导体可以是导线。由附图1、2可以看出，第一、第二端子的宽度远大于厚度，因此该第一、第二端子可被看作是金属薄片。权利要求1中没有对金属薄片的形状、结构作具体限定，该金属薄片属于上位概念，而附件8中具有导电、夹持绝缘体等功能的端子具有特定形状、结构，属于下位概念，可见，附件8已经公开了权利要求1中的金属薄片。涉案专利的权利要求1不具有绝缘体、外壳，从而也不具有附件8中绝缘体、外壳的功能，但绝缘体、外壳的省略并未给权利要求1带来意料不到的技术效果。附件8所公开的技术内容与涉案专利的权利要求1的区别仅在于，附件8没有公开保险丝是用在可充电池组中的。与附件8相比，权利要求1的主题名称为一种用于可充电池组的电路保护元件，其名称不同并未给该电路保护元件带来结构上的改变。对本领域技术人员来讲，将属于类似技术领域的印刷电路的保险丝用于可充电池组中并不需要创造性的劳动。因此，本专利的权利要求1不具备创造性。

权利要求2中的金属薄片熔断时承受的电流大于金属丝熔断时承受的电流是本领域技术人员公知的，权利要求2还对金属丝、金属薄片材料的选择作出了限定，根据新《审查指南》的规定，当材料不同并未带来产品在形状、构造或者结合上发生变化的，该材料特征在实用新型创造性审查中不予考虑。因此在权利要求1不具备创造性的条件下，其从属权利要求2也不具备创造性。权利要求3进一步限定了权利要求1或2中的电路保护元件装放在一个绝缘套管里，附件8中容纳端子和导体的塑料盒状外套或壳体即对应于权利要求3中的绝缘套管，权利要求3中的绝缘套管与附件8中的外壳形状虽有所差别，但并未给该权利要求带来意料不到的技术效果，因此在其所引用的权利要求1、2不具备创造性的条件下，权利要求3也不具备创造性。权利要求4在权利要求3的基础上进一步限定了绝缘套管的材料特征，而材料特征在实用新型创造性评价中不予考虑。

综上，本专利不具备创造性。

（二审合议庭成员：刘继祥　魏湘玲　岑宏宇
编写人：北京市高级人民法院知识产权审判庭　刘晓军）

34. 昆明欧冠窗业有限公司诉昆明市知识产权局专利行政处理决定案

阅读提示：专利行政案件中，因处理决定的事实依据不足和行政程序违法而被撤销，可否直接认定侵权行为成立？撤销处理决定的同时，可否判决重作？

裁判要旨

专利管理部门作出专利侵权处理决定，因认定的事实依据不足、行政程序违法而被撤销，人民法院行政判决中不宜直接认定专利侵权成立，也不宜在撤销处理决定的同时，判决专利管理部门重作。

案 号

一审：云南省昆明市中级人民法院（2006）昆行初字第 7 号
二审：云南省高级人民法院（2007）云高行终字第 5 号

案情与裁判

原告（二审上诉人）：昆明欧冠窗业有限公司（简称"欧冠公司"）
被告（二审被上诉人）：昆明市知识产权局
第三人：杨英武

起诉与答辩

被告昆明市知识产权局于 2006 年 7 月 31 日作出（2006）昆知处字 02 号《专利侵权纠纷处理决定书》，认定杨英武 1999 年 1 月 15 日申请的"一种带防盗条的窗扇"实用新型专利，于 1999 年 11 月 20 日获得国家知识产权局授权（专利号 ZL99230778.3）。"一种带防盗条的窗扇"实用新型专利独立权利要求包括 5 个必要技术特征：（1）窗扇框架；（2）玻璃；（3）窗扇框架玻璃槽；（4）玻璃槽外增设安装防盗条；（5）在槽孔中装有与窗扇框架为同一材料的其内心为钢材的防盗条。欧冠公司生产的"防盗窗扇"产品具备窗扇框架、玻璃、窗扇框架玻璃槽、玻璃槽外增设安装防盗条的槽孔、槽孔中装有与窗扇框架为同一材料的其内心为钢材的防盗条的技术特征。欧冠公司提供的实用新型专利证书（专利号：ZL02276470.4）授权公告日为 2003 年 9 月 10 日，比 1999 年 11 月 20 日授权给杨英武的"一种带防盗条的窗扇"专利（专利号 ZL99230778.3）时间晚，故欧冠公司提供的相关专利材料不作为专利的比对证据。欧冠公司生产的"防盗窗扇"产品，其技术特征覆盖了专利号为 ZL99230778.3 的"一种带防盗条的窗扇"实用新型专利权利要求的五个必要技术特征，落入了该专利的保护范围。欧冠公司未经专利权人许可，为生产经营目的生产其实用新型专利产品，不在《专利法》规定的免责范围内，已构成侵权。依照《专利法》第11条、第57条第1款，《云南省专利保护条例》第25条第1款，《专利行政执法办法》第33条的规定，作出以下处理决定：1. 欧冠公司生产的"防盗窗扇"产品已侵犯杨英武的专利权；2. 责令欧冠公司立即停止制造销售侵权产品；3. 责令欧冠公司销毁尚未出售的侵权产品。

欧冠公司因不服昆明市知识产权局作出的上述专利侵权纠纷处理决定，于2006年8月14日向昆明中院提起行政诉讼。原告欧冠公司诉称：欧冠公司的产品客观上根本不存在生产和销售他人专利产品行为的事实。其产品已获得专利权，应当受到法律保护。被告昆明市知识产权局认定事实错误，其提供的相关专利材料不作为本案的比对证据的观点没有法律依据。请求撤销被告昆明知识产权局的专利侵权处理决定。

被告昆明市知识产权局辩称：其所作本案《专利侵权纠纷处理决定书》的行政行为主体、内容、程序均合法，根本不存在损害原告合法权益的问题。将原告制造的产品与杨英武的专利进行比对具有法律依据。请求驳回原告的诉讼请求。

第三人杨英武陈述意见称：被告的上述行政行为主体、内容、程序合法，依照《专利法》的立法精神及专利审查的规定，原告生产的产品的技术特征完全落入其专利保护范围，侵犯了其专利权。

一审审理查明

2006年4月13日，杨英武因2003年以来欧冠钢铝复合防盗窗厂生产、销售与其专利特征相同的产品向昆明市知识产权局提出处理请求。该局受理后请求后向欧冠钢铝复合防盗窗厂发出了专利侵权纠纷处理请求书、答辩通知书等材料。2006年5月16日，欧冠公司提交了答辩书，同日昆明市知识产权局将答辩书送达杨英武。2006年6月21日，昆明市知识产权局委托云南省知识产权局办理专利保护技术鉴定，同年7月5日昆明市知识产权局组成合议组对本案进行口头审理，7月31日作出（2006）昆知处字02号专利侵权纠纷处理决定。2006年7月31日，昆明市知识产权局向欧冠公司和第三人杨英武送达了处理决定。欧冠公司不服，向法院提起了行政诉讼。

一审判理和结果

一审法院判决认为，原告生产的"防盗窗扇"产品的技术特征同第三人"一种带防盗条的窗扇"专利权利要求中记载的必要技术特征相比，表面上有若干个技术特征不相同，但实质上是用实质相同的方式或者相同的技术手段，替换了属于专利技术方案中的一个或者若干个必要技术特征，使代替物与被代替物的技术特征产生了实质上相同的技术效果。欧冠公司未经专利权人许可，为生产经营目的生产专利权人的实用新型专利产品，不在《专利法》规定的免责范围内，已构成侵权。根据《专利法》第57条第1款之规定，本案被告昆明市知识产权局作为县级以上人民政府管理专利工作的部门，其具有对本行政区域内依当事人的请求处理专利侵权纠纷的行政职责和职权，具备本案适格行政主体资格。其依法提供的证据能够证明欧冠公司生产的"防盗窗扇"产品，该产品技术特征覆盖了专利号为ZL99230778.3的"一种带防盗条的窗扇"实用新型专利权利要求的5个必要技术特征，落入了该专利的保护范围。被告昆明市知识产权局经调查取证、委托专家组进行鉴定,组成合议组口头审理,听取原告、第三人陈述后作出(2006)昆知处字02号《专利侵权纠纷处理决定书》的行政行为具有事实根据,也符合上述法律、法规、部门规章和云南省地方性法规的相关规定。原告欧冠公司提出的被告所作行政行为程序违法、事实认定不清、适用法律错误的观点理由不充分,故其诉讼请求不予支持,依法应予驳回。据此,一审法院依照《专利法》第11条第1款、第57条第1款,《专利法实施细则》第78条,《云南省专利保护条例》第3条、第25条第1款第(1)项、第(3)项,《最高人民法院关于执行〈中华人民共和国行政诉讼法〉若干问题的解释》第62条、第56条第(4)项,参照《专利行政执法办法》第10条、第33条第(3)项之规定,判决驳回原告欧冠公司的诉讼请求。

上诉与答辩

欧冠公司上诉称:一审判决没有认定被上诉人执法程序中的诸多违法事实。第三人杨英武提交的请求书并无请求人杨英武本人签名,根据《专利行政执法办法》第7条之规定,请求书应由请求人签名或者盖章,否则无效;欧冠公司从未收到以欧冠公司为被请求人的处理请求书;被上诉人在处理过程中,未通知当事人就对合议组成员随意更换;被上诉人在未告知也未征求双方意见的情况下,自行委托云南省知识产权局作出的《鉴定意见书》有悖公正。这次鉴定的专家组成员选出方式不符合《云南省知识产权局组织专利保护技术鉴定工作规则(试行)》规定,其中专家组组长与请求人的代理人在同一鉴定中心工作,这就严重影响了鉴定意见的客观性、公正性。另外,《鉴定意见书》所附专家组成员职称证书中,有的过期,有的证书表明并不具有相应的专利权技术鉴定资质。该《鉴定意见书》作出的"落入了该专利的保护范围"的结论是一个法律适用问题,已经超出了技术鉴定范围。被上诉人在作出处理决定前,没有履行任何告知义务,更没有听取当事人对处理决定的意见,处理程序严重违法。被上诉人在上述程序违法行为导致了整个处理决定缺失事实和法律依据,应被依法撤销。一审判决认定上诉人欧冠公司的产品侵犯了他人专利权的判定方法错误。一审判决既适用了"完全覆盖原则",又适用了"等同原则"来判定侵权行为成立,得出了自相矛盾的结论。被上诉人将请求人专利产品与被请求人生产的样品进行了比对,属于是否具有等同特征的判定方法错误。事实上,我方依据自己的专利生产的产品,其窗扇框和第三人杨英武专利有本质的不同。第三人杨英武专利的其中一项必要技术特征是有两个槽,一个玻璃槽和一个防盗槽,我方的窗扇是在一个加宽的玻璃槽内安装防盗网。我方窗扇的防盗网是由立钢筋和横钢筋交叉焊接,固定在周边的扁钢上,第三人杨英武专利的特征是防盗条横亘交叉镶嵌。我方的防盗网是横、立钢筋外面安装装饰槽和槽盖,第三人杨英武的专利特征是防盗条由钢材外套铝合金管构成,防盗条横直交叉处外安装十字外装饰罩。综上所述,一审判决认定事实不清、适用法律错误,依法应予撤销。请求二审法院撤销一审判决,撤销被上诉人作出的处理决定。

被上诉人昆明市知识产权局答辩称:其在接到请求人的请求书和授权委托书后,经过认真审查予以受理了请求人的申请。之后,经过认真审查,依据《专利法》及其实施细则等法律法规,依职权作出了专利纠纷处理决定书。其所作出的处理决定主体合法、程序合法、内容合法。不是把两种产品进行比对,而是在一审第三人权利保护的技术特证范围内，根据鉴定结论作出的处理决定。

第三人杨英武陈述意见称：欧冠公司的防盗窗扇侵犯了其专利权。其曾与欧冠公司进行了沟通，他们也曾承认过侵权。欧冠公司认为没有授权委托与事实不符。上诉人欧冠公司认为没有侵权，但专家组作出的鉴定意见认定欧冠公司的产品完全覆盖了其专利技术，昆明市知识产权局作出的处理决定正确。望二审法院驳回上诉，维持原判。

二审审理查明

二审查明以下事实：2006年5月26日，昆明市知识产权局在杨英武未提出合法有效请求书的情况下，向杨英武发出《专利侵权纠纷处理请求受理通知书》。之后，也未将请求书合法有效送达给欧冠公司。2006年6月21日，昆明市知识产权局自行委托云南省知识产权局办理专利保护技术鉴定。云南省知识产权局组织有关专家组就欧冠公司生产的"防盗窗扇"产品技术特征与杨英武的"一种带防盗条的窗扇"实用新型专利必要技术特征进行鉴定，并于2006年6月27日由专家组出具了鉴定意见书。昆明市知识产权局未在口头审理前三天通知各方当事人参加审理的情况下，于2006年7月5日，由朱晓兵、何正川、惠娟组成合议组对该专利纠纷进行口头审理。昆明市知识产权局于同年7月31日作出（2006）昆知处字02号专利侵权纠纷处理决定。该处理决定认定，被请求人欧冠公司生产的"防盗窗扇"产品，其技术特征覆盖了专利号为ZL99230778.3的"一种带防盗条的窗扇"实用新型专利权利要求的5个必要技术特征，落入了该专利的保护范围。该处理决定作出欧冠公司产品侵权的认定，同时责令欧冠公司停止制造销售侵权产品、销毁尚未出售的侵权产品。该处理决定由何正川、朱晓兵、施丽蓉署名并加盖昆明市知识产权局公章。欧冠公司对昆明市知识产权局的处理决定不服，向人民法院提起行政诉讼。

另查明：云南省知识产权局组织专家组对被控侵权产品和专利产品进行鉴定，并出具了鉴定意见书。该鉴定意见书的专家鉴定组组长范某某，系该鉴定组的法律专家，但其提交的专家职称证书系已过期的助理研究员的专业技术证书，不能说明其符合《云南省知识产权局组织专利保护技术鉴定工作规则（试行）》第12条第（1）项规定的法律专家的鉴定人员条件。

二审判理和结果

二审法院审理认为，虽被上诉人昆明市知识产权局具有专利行政管理的行政执法主体资格，并有权作出本案专利侵权纠纷行政处理决定，但该局依其法定职责作出本案处理决定存在认定侵权事实的证据不足，且违反了法定程序。

关于侵权事实认定的证据问题。被上诉人昆明市知识产权局作出本案处理决定认定侵权事实的主要证据是鉴定意见书，因该鉴定意见书的鉴定人员资格不具有合法性，且鉴定结论超出了专业技术鉴定范围，作出了法律上的认定，依法不应采纳。被上诉人昆明市知识产权局在行政处理程序中未听取各方当事人对该鉴定意见书的陈述、申辩，违背了最高人民法院《关于行政诉讼证据若干问题的规定》第60条第（2）项之规定，不能作为认定被诉具体行政行为合法的证据，故被上诉人昆明市知识产权局认定上诉人欧冠公司侵权的主要证据不足。

关于行政执法的程序问题。从本案查明事实表明，被上诉人在请求书既无请求人本人签名或盖章,也无有效授权委托代理的情况下就向第三人杨英武发出受理通知书,也就是未收到有效请求书就予以立案受理,违反了国家知识产权局颁布实施的《专利行政执法办法》(简称《办法》)第6条、第7条规定处理专利侵权纠纷应当提交请求人签名或盖章的请求书的法定程序。根据《办法》第9条的规定,管理专利工作的部门应当在立案之日起7日内将请求书及其附件送达被请求人。但本案中,被上诉人未将合法有效的请求书送达给欧冠公司,违反法定程序。此外,被上诉人未在口头审理前三日让各方当事人得知进行口头审理的时间和地点,违反了《办法》第10条规定的法定程序。

综上所述,被上诉人昆明市知识产权局违反法定程序作出处理决定,且该处理决定认定上诉人欧冠公司侵权的主要证据不足,依法应予以撤销。一审判决认定事实不清,证据不足,适用法律错误,依法也应予以撤销。据此,依照《行政诉讼法》第61条第(3)项、第54条第(1)项第1目、第3目之规定,判决撤销昆明中院(2006)昆行初字第7号行政判决;判决撤销昆明市知识产权局2006年7月31日作出的(2006)昆知处字02号专利侵权纠纷处理决定。一、二审案件受理费各人民币100元,由昆明市知识产权局承担。

法官评述

本案是由专利管理部门先行处理而起诉到法院的专利行政案件,与当事人直接起诉到法院的专利侵权民事案件有所不同。这也就意味着审理本案不仅要有审理民事案件的视角,而且更应从审理行政案件的视角来综合分析处理本案。因此,本案二审终审判决并没有直接认定当事人之间的民事侵权行为是否成立,而是主要以行政程序违法为由撤销了行政处理决定。其中的原因在于生效行政裁判可能对当事人寻求新的救济,以及专利管理部门或者人民法院对专利侵权纠纷的处理产生拘束力。

对本专利行政案件的处理主要考虑了本案存在的以下3个方面的问题。

一、处理决定认定的证据和事实

昆明市知识产权局认定欧冠公司生产的产品构成侵权主要有两个方面的依据:一是云南省知识产权局组织专家所做专利技术鉴定意见书;二是将被控侵权产品技术特征与专利权独立权利要求书中所载的技术特征进行比对。

(一)关于专利技术鉴定书的效力问题

专利管理部门对专利技术鉴定应遵循什么样的程序和要求,并没有统一的规则。但作为专利管理部门进行裁决的依据,其取证程序应当符合证据收集或正当程序的要求。本案专利技术鉴定存在以下问题。

1. 昆明市知识产权局自行委托鉴定,没有告知过任何一方当事人,没有保障当事人对鉴定机构、鉴定范围、内容等知情权,并不符合正当程序的要求。

2. 根据《云南省知识产权条例》第5条的规定,云南省知识产权局作为组织专利保护技术鉴定的机构,在鉴定过程中没有向当事人告知鉴定人员名单,致使当事人失去了申请回避的正当程序权利。

3. 鉴定结论作出之后只是在口头审理时出示给各方当事人看过,但没有对该鉴定结论进行质证，即没有听取双方当事人对该鉴定结论的陈述、申辩。根据《最高人民法院关于行政证据若干问题的规定》第60条（2）项之规定，在行政程序中非法剥夺当事人享有的陈述、申辩权所采用的证据，不能作为认定被诉具体行政行为合法的依据。

4. 鉴定人员资格的问题。专家鉴定组组长范某某，系该鉴定组的法律专家，但其提交的专家职称证书系已过期的助理研究员的专业技术证书，并不符合《云南省知识产权局组织专利保护技术鉴定工作规则（试行）》第12条（1）项规定的法律专家的鉴定人员条件。根据《最高人民法院关于行政证据若干问题的规定》第62条（1）项之规定，被告作出具体行政行为时采纳了不具备鉴定资格的鉴定人作出的鉴定结论，人民法院不予采纳。

综合以上几个方面，该专利技术鉴定意见书作为认定侵权的证据，并不符合证据的形式要求，故不应予以采信。

（二）关于被控侵权产品与专利权技术特征的比对问题

根据《专利法》第56条之规定，发明或者实用新型专利权的保护范围以其权利要求的内容为准，说明书及附图可以用于解释权利要求。第三人杨英武的实用新型专利"一种带防盗条的窗扇"的权利要求书所载明的权利要求有4项。但是，按照《专利法实施细则》第21条规定，权利要求有独立权利要求和从属权利要求，一项实用新型应当只有一项独立权利要求。独立权利要求应当从整体上反映发明或者实用新型的技术方案，记载解决技术问题的必要技术特征。因此，杨英武的专利的权利要求中的第一项是其独立权利要求，反映了其专利的主要技术特征。该第一项权利要求是："一种带防盗条的窗扇，由窗扇框架和玻璃组成，其特征是，窗扇框架玻璃槽外增设安装防盗条的槽孔，在槽孔中装有与窗扇框架为同一材料其内心为钢材的防盗条。"《专利法实施细则》第22条之规定，独立权利要求包括前序部分和特征部分，前序部分写明要求保护主题名称现有技术共有的必要技术特征。从该项规定分析杨英武独立权利要求中的现有必要技术特征为①窗扇框架和②玻璃。特征部分写明实用新型区别于最接近的现有技术的技术特征，这些特征和前序部分写明的特征合在一起，限定要求保护的范围。从该项规定分析其技术特征在于：③玻璃槽；④在玻璃槽外增设安装防盗条的槽孔；⑤在槽孔中装有与窗扇框架为同一材料其内心为钢材的防盗条。从杨英武的专利权利要求书中反映出其要求保护的专利技术特征就是上面五个。

欧冠公司生产的"防盗窗扇"，从其产品反映的主要技术特征有：窗扇框架（在其产品中表述为上挺、下挺、边挺、勾挺）、玻璃、窗扇框架的各挺上有安装扁钢的凹槽、在同一凹槽内安装玻璃并由玻璃胶固定、在周边的扁钢、立钢筋和横钢筋上安装装饰槽和装饰盖。

欧冠公司的"防盗窗扇"和"一种带防盗条的窗扇"均已获得国家知识产权局授予的专利，但前者申请日和授权公告时间都晚于后者的时间。根据最高人民法院《关于专利侵权诉讼中当事人均拥有专利权应如何处理问题的批复》的规定，只要原告先于被告提出专利申请，而应当依据原告专利权的保护范围，审查被控侵权产品主要技术特征是否完全覆盖原告的专利保护范围。本案的关键问题是，"防盗窗扇"中"在同一凹槽内安装扁钢和玻璃"与"一种带防盗条的窗扇"中有玻璃槽安装玻璃和之外有安装防盗条的槽孔，两者是否达到了等同的技术效果，即适用等同原则来判断侵权成立与否。

本案审理的是行政机关作出的处理决定的合法性问题，从本案查明的事实已经表明该处理决定认定被控侵权产品的技术特征存在错误，可以处理决定认定侵权事实的依据不充分为由撤销处理决定。至于是否构成侵权，当事人仍有权通过请求行政机关处理或者向人民法院起诉获得救济来予以认定。如在本行政案件中直接作出认定，因生效裁判的拘束力，反而限制了下一步专利管理部门作出行政处理决定或人民法院审理专利侵权民事争议时作出的判断。故在本案二审中对于是否侵权就未作出认定。

二、作出处理决定的行政程序是否合法

从本案查明事实表明，昆明市知识产权局在处理该专利侵权纠纷时存在以下一些程序问题。

1. 立案受理时存在的问题。在专利侵权纠纷处理请求书上并第三人无杨英武本人签名或者盖章，只有全权代理人签名。尽管事后其追认了全权代理人代理情况的真实性。但是，参照国家知识产权局颁布实施的《专利行政执法办法》第7条的规定，请求书应当由请求人签名或者盖章。这也就要求专利管理部门在立案受理时，在形式上要审查请求书有无请求人签名或者盖章。

2. 无合法有效证据证明送达了申请人的请求书给被请求人。参照《专利行政执法办法》第9条的规定，管理专利工作的部门应当在立案之日起7日内将请求书及其附件送达被请求人。但本案中，昆明市知识产权局不能提交有效证据证明将请求人的请求书送达给欧冠公司，只能认定未送达，违反法定程序。

3. 口头审理的通知问题。参照《专利行政执法办法》第10条的规定，管理专利工作的部门决定进行口头审理的，应当至少在口头审理3日前让当事人得知进行口头审理的时间和地点。本案昆明市知识产权局未在口头审理前3日通知各方当事人要进行口头审理的时间和地点，违反法定程序。

4. 案件承办人人员变更未通知的问题。参照《专利行政执法办法》第8条之规定，管理专利工作的部门在立案受理专利侵权纠纷后，指定3名或者3名以上单数承办人员处理该专利侵权纠纷，以及第13条第2款之规定"处理决定书应当由案件承办人员署名，并加盖管理专利工作的部门的公章"。昆明市知识产权局的行政处理决定署名承办人与口头审理笔录中的承办人员并不相符。在未通知当事人的情况下变更了承办人员，剥夺了当事人对案件承办人员申请回避等权利，违反法定程序。

综上所述，昆明市知识产权局作出处理决定的程序因不符合法律的规定，其行政程序违法。

三、关于本案的判决方式

根据《行政诉讼法》第54条第（2）项之规定，人民法院撤销被诉具体行政行为的同时，并可以判决被告重新作出具体行政行为。本案虽撤销了昆明市知识产权局的专利侵权处理决定，但存在是否应判决昆明市知识产权局重新作出处理决定的问题。

对此，有两种不同的意见。一种意见认为，应判决昆明市知识产权局重作。其理由是，先前的处理决定被撤销以后，当事人之间的民事争议并未解决。如果不判决行政机关重作，该民事争议就处于"悬而未决"的状况，不利于民事法律关系的稳定。而且，对专利侵权争议作出处理也是专利管理部门的职责。另一种意见认为，是否判决重作应当分析其必要性和可行性，本案不应判决昆明市知识产权局重作。其理由如下：

1.《行政诉讼法》第54条第（2）项规定的是"可以"，而不是"必须"，是否判决行政机关重作，人民法院应根据法律规定和案件具体情况而定。依据《专利法》第57条之规定，专利管理部门处理专利侵权纠纷是依当事人的请求基于法律授权处理属于平等主体之间的民事纠纷，从行为性质上讲属于依申请而为的行为，而不是其必须履行的职责行为。在先前处理决定被撤销的情况下，如当事人不再请求专利管理部门进行处理，而人民法院直接判决由其处理并没有法律依据。

2. 依据《专利法》第57条之规定，专利权认为他人侵权的，可以通过请求专利管理部门处理，也可以直接向人民法院提起专利侵权诉讼，请求专利管理部门进行侵权处理只是其中的一项救济途径。另外，对于本案欧冠公司被授予的专利权，第三人杨英武还可以按照《专利法》及其实施细则的规定，直接请求专利复审委员会宣告该专利权无效。因此，如果本案撤销昆明市知识产权局的处理决定的同时判决其重新作出处理决定，将会限制和阻碍第三人杨英武寻求其他救济途径。

笔者赞同上述第二种意见。在本案终审判决生效后，第三人杨英武直接向人民法院提起了专利侵权民事诉讼。

（二审合议庭成员：张庆泽　王　昕　赵光喜
编写人：云南省高级人民法院　赵光喜）

35. 兰州凯瑞中药科技开发有限公司诉甘肃省知识产权局专利行政处理决定案

阅读提示：专利权人在被授予发明专利证书前与他人合作开发药物，合作中止后，该合作者利用在合作期间掌握的技术资料改进和开发药物，在专利权人取得专利权后继续销售，是否对专利权人构成侵权？

裁判要旨

专利权人在被授予发明专利证书前与他人合作开发药物，合作中止后，该合作者利用在合作期间掌握的技术资料改进和开发药物，在专利权人取得专利权后继续销售，除非该合作者能够证明其享有在先使用权，否则其行为对专利权人构成侵权。

案 号

一审：甘肃省兰州市中级人民法院（2006）兰法行初字第 15 号
二审：甘肃省高级人民法院（2006）甘行终字第 133 号

案情与裁判

原告（二审被上诉人）：兰州凯瑞中药科技开发有限公司（简称"凯瑞公司"）
被告（二审上诉人）：甘肃省知识产权局（简称"知识产权局"）
第三人：甘肃东佳源医药科研所（简称"东佳源医科所"）

起诉与答辩

知识产权局依专利权人凯瑞公司的申请，于 2005 年 3 月 8 日作出《专利侵权纠纷处理决定书》，其主要内容为：凯瑞公司于 1999 年 10 月 9 日向国家知识产权局申请"硝酸铵在治药、食品和保健中的应用"的发明专利，该局于 2003 年 9 月 3 日向凯瑞公司授予了专利号为 ZL99121715.2 的《发明专利证书》。而"天力克"注射液则是在凯瑞公司未申请 ZL99121715.2 专利前和东佳源医科所拥有的 1997 年底以前 C·C·S 注射液技术资料的基础上改进和开发的药物。知识产权局根据《专利法》第 63 条 2 款规定，做出如下决定：1. 被请求人东佳源医科所有权在其开发的药用产品中使用硝酸铵或者含有铵离子、硝酸根离子的物质，其开发的"天力克"注射液对请求人凯瑞公司的专利，不构成侵权；2. 对凯瑞公司要求被请求人甘肃东佳源医药科研所、解放军 473 医院在新闻媒体上公开道歉、赔偿经济损失 418 万元的请求不予支持。凯瑞公司不服，在法定期限内向兰州市中级人民法院提起行政诉讼。

原告凯瑞公司诉称：东佳源医科所法定代表人何忠琳与解放军473医院以纯中药"天力克注射液"为名，制造、宣扬、销售凯瑞公司王玉璞研制开发的又一抗癌新药、化学药品一类"乾露注射液"，该行为已构成专利侵权。凯瑞公司就此向知识产权局提出申请要求对何忠琳和解放军473医院的侵权行为进行查处。知识产权局受理后在拖延了一年零两个月后才作出该处理决定，该处理决定认定东佳源医科所的行为不构成侵权，是事实不清。知识产权局的具体行政行为侵犯了凯瑞公司的合法权益，请求法院依法撤销知识产权局作出的东佳源医科所的行为不构成侵权的《专利侵权纠纷处理决定书》。

被告知识产权局答辩：1996年2月开始，凯瑞公司与东佳源医科所就CCL癌化注射液（后改称C·C·S注射液）的研究开发进行合作，凯瑞公司提供情报和资料，东佳源医科所提供研究开发所需资金。为此，1996年6月4日双方注册成立了兰州渤龙科研所，凯瑞公司的王玉璞任法定代表人。双方约定：东佳源医科所法定代表人何忠琳是投资人，C·C·S注射液的专利申请权归王玉璞，生产的产品双方共同销售。1997年3月24日，兰州市卫生局组织召开了"中药制剂C·C·S注射液审评会"，同年4月28日，兰州市卫生局以兰卫药发（1997）066号文件批准C·C·S注射液的生产使用，其批准字号为（97）Z001—34号，限其只准在本门诊部使用。1997年底，双方在履行协议期间发生矛盾，遂停止合作。凯瑞公司和东佳源医科所在合作进行C·C·S注射液技术开发期间，曾购买使用"硝酸铵""氨水""草酸铵"及"碳酸铵"化学试剂，进行研发。在CCL癌化注射液（后改称C·C·S注射液）的制备中，极有可能带有硝酸铵或者铵离子、硝酸根离子。凯瑞公司提出C·C·S注射液在研制的第一阶段是纯中药，主要是蚂蚁、沙棘的提取物、合成物，不含任何化学药品，由于凯瑞公司未能提供当时制备的工艺流程和组方，因而查无实据；结合《中药制剂C·C·S注射液审评纪要》第一条"该制剂组方合理，主要成分为传统中药"，而非凯瑞公司提出的"纯中药"。据此，知识产权局认定双方在合作期间，C·C·S注射液中使用了含有硝酸铵或者铵离子、硝酸根离子的物质。另据兰州中院作出的兰法经初字［2000］第007号民事判决书认定"……鉴于合作开发的C·C·S注射液已取得了准字号，并限定在一定范围内使用和销售。目前，C·C·S注射液注射液仍处于技术成果阶段，尚未获得专利，由于C·C·S注射液还没有达到双方协议约定的预期开发目的，但双方无意再继续合作，对已经取得的阶段性成果的使用处分权没有约定，未协商一致，目前双方均已掌握了C·C·S注射液的技术秘密，所以双方当事人均对C·C·S注射液现阶段的成果有使用权……"据此，东佳源医科所有权使用1997年底以前C·C·S注射液的所有技术秘密，包括以C·C·S注射液技术资料为基础开发的抗癌药中使用硝酸铵或者铵离子、硝酸根离子作为药用成分的权利。"天力克"注射液是在凯瑞公司未申请ZL99121715.2专利前和东佳源医科所拥有的1997年底以前C·C·S注射液技术资料的基础上改进和开发的药物。此外，知识产权局在2004年4月8日组织的口头审理时，东佳源医科所法定代表人何忠琳提出与凯瑞公司合作期间，C·C·S注射液中就含硝酸铵，凯瑞公司法定代表人王玉璞当时对此并未提出否定意见。知识产权局认为东佳源医科所在其"天力克注射液"中享有使用硝酸铵或者铵离子、硝酸根离子的物质作为药物成分的权利。综上,知识产权局作出该处理决定事实清楚,适用法律法规正确,程序合法。请求法院依法维持该决定。

第三人东佳源医科所述称:自1997年底王玉濮的第一份起诉书开始,东佳源医科所对原硝酸氨技术就有更进一步在技术和配方上改进的想法,所以东佳源医科所聘请了一些专家教授,就该处方进行了彻底的改进,研制出了一种与王玉濮的民间处方截然不同的中药配方制剂,就这样东佳源医科所根据判决各搞各的。2000年7月12日东佳源医科所向国家申报了独家中药"抗癌药剂及其制造方法"的发明专利,要求提前公告,把硝酸氨在药品中的使用从根本上就放弃。在东佳源医科所改进和制造药品提取有效成分时,使用了中国药典中常规可用的试剂。由此可见,答辩人根本没有直接使用过硝酸氨。根据判决即便使用了也同样有100%的使用权,并不构成侵权。

一审审理查明

甘肃省兰州市中级人民法院经审理查明:1996年2月开始,凯瑞公司与东佳源医科所就CCL癌化注射液(后改称C·C·S注射液)的研究开发进行合作,凯瑞公司提供情报和资料,东佳源医科所提供研究开发所需资金。双方约定:东佳源医科所法定代表人何忠琳是投资人,C·C·S注射液的专利申请权归王玉璞,生产的产品双方共同销售。1997年3月24日,兰州市卫生局组织召开了"中药制剂C·C·S注射液审评会",同年4月28日,兰州市卫生局以兰卫药发(1997)066号文件批准C·C·S注射液的生产使用,其批准字号为(97)Z001—34号,限其只准在本门诊部使用。1997年底,凯瑞公司与东佳源医科所因履行协议发生矛盾,遂停止合作。为此,凯瑞公司和东佳源医科所发生纠纷,凯瑞公司法人代表王玉璞向兰州市中级人民法院提起民事纠纷。2000年6月21日兰州市中级人民法院作出(2000)兰法经初字第007号民事判决,对C·C·S注射液的使用权是这样表述的"鉴于合作开发的C·C·S注射液已取得了准字号并限定在一定范围内使用和销售。目前,C·C·S注射液仍处于技术成果阶段,尚未获得专利,由于C·C·S注射液还没有达到双方协议约定的预期开发目的,但双方无意再继续合作,对已取得的阶段性成果的使用权没有约定,又协商不一致,目前双方均已掌握了C·C·S注射液的技术秘密,所以双方当事人均对C·C·S注射液现阶段的成果有使用权"。在此之前的1999年10月9日王玉璞已经就其在"硝酸铵在制药、食品和保健品中的应用"的发明,向中华人民共和国国家知识产权局申请发明专利。2003年9月3日国家知识产权局对其发明授予了专利证号:ZL 99 1 21715.2 并颁发证书号为第122133的《发明专利证书》。

2003年5月24日,东佳源医科所与中国人民解放军473医院签订"联合申报抗癌药品的合同书"(为"天力克"注射液)。随后,市场上出现有关"天力克"注射液的广告宣传单,"天力克"注射液也进入临床。2003年11月16日凯瑞公司对市场上出现"天力克"注射液委托甘肃省药品检验所进行检验。2003年12月23日甘肃省药品检验所出具了编号为20030085的《咨询药品检验报告书》,[含量测定]:含硝酸铵(NH_4NO_3)为标示量的49.4%。凯瑞公司以"天力克"注射液含有硝酸铵(NH_4NO_3)成分为由,认为东佳源医科所侵犯其专利权,请求知识产权局对东佳源医科所的专利侵权进行处理。知识产权局对此纠纷处理后认为:"天力克"注射液是在凯瑞公司未申请ZL99121715.2专利前和东佳源医科所拥有的1997年底以前C·C·S注射液技术资料的基础上改进和开发的药物。知识产权局在2004年4月8日口头审理时,东佳源医科所法定代表人何忠琳提出与凯瑞公司合作期间,C·C·S注射液中就含硝酸铵,凯瑞公司法定代表人王玉璞当时对此并未提出否定意见。东佳源医科所在其"天力克注射液"中享有使用硝酸铵或铵离子、硝酸根离子的物质作为药物成分的权利。遂作出《专利侵权纠纷处理决定书》,凯瑞公司对此处理决定不服,向法院提起行政诉讼,要求撤销该专利侵权纠纷处理决定书。

一审判理和结果

一审法院经审理认为:本案的争议焦点是,王玉璞就其取得"硝酸铵在制药、食品和保健品中的应用"的发明专利后,东佳源医科所生产或者销售含有硝酸铵(NH_4NO_3)成分的"天力克"注射液是否对凯瑞公司构成专利侵权。《专利法》第11条第1款规定:"发明和实用新型专利权被授予后,除本法另有规定的除外,任何单位或者个人未经专利权人许可,都不得实施其专利,即不得为生产经营目的制造、使用、许诺销售、进口其专利产品,或者使用其专利方法以及使用、许诺销售、进口制造该专利方法直接获得的产品。"尽管知识产权局提供的材料反映出凯瑞公司与东佳源医科所在合作开发C·C·S注射液期间,双方均已掌握了C·C·S注射液的技术秘密,所以双方当事人均对C·C·S注射液现阶段的成果有使用权。但是在1999年10月9日王玉璞已经就其在"硝酸铵在制药、食品和保健品中的应用"的发明,向中华人民共和国国家知识产权局申请发明专利,且2003年9月3日国家知识产权局对其发明授予了专利证号:ZL99121715.2并颁发证书号为第122133的《发明专利证书》之后,知识产权局仍认定东佳源医科所的行为不构成专利侵权的法律依据不足。同时,《专利法》第63条第1款第(2)项规定:"在专利申请日前已经制造相同产品、使用相同方法或者已经作好制造、使用的必要准备,并且仅在原有范围继续制造、使用的"不视为侵犯专利权。但是,知识产权局在行政诉讼中,向法庭提交的证据材料不能证明东佳源医科所使用或者销售"天力克"注射液是王玉璞于1999年10月9日就其在"硝酸铵在制药、食品和保健品中的应用"的发明,向国家知识产权局申请发明专利之前已经制造了相同产品、使用相同方法或者已经作好制造、使用的必要准备,并且仅在原有范围继续制造、使用的产品。因此,知识产权局有关东佳源医科所生产或者销售含有硝酸铵(NH_4NO_3)成分"天力克"注射液没有构成对凯瑞公司"硝酸铵在制药、食品和保健品中的应用"的发明专利侵权的《专利侵权纠纷处理决定书》属认定事实不清,适用法律错误,应当予以撤销。据此,根据《行政诉讼法》第54条第(2)项1、2目的规定,兰州市中级人民法院于2006年9月4日作出判决:撤销知识产权局作出的《专利侵权纠纷处理决定书》。

二审情况

宣判后,甘肃省知识产权局不服,向甘肃省高级人民法院提起上诉,后又申请撤诉。甘肃省高级人民法院于2006年10月18日裁定准许撤回上诉。

法官评述

本案专利权人凯瑞公司对专利权纠纷解决的方式选择的是请求管理专利工作的部门

即甘肃省知识产权局处理。知识产权局审查后作出《专利侵权纠纷处理决定书》，原告在处理程序方面没有提出大的异议，但在认定事实即是否构成侵权方面提出知识产权局认定证据不足。根据《行政诉讼法》有关规定，被告对其作出的具体行政行为负有举证责任。本案经法院审查，知识产权局提供的证据即原审第三人东佳源医药科研所在知识产权局审查时提供的证据，不足以证明其不构成侵权。故法院以知识产权局认定不构成侵权证据不足为由，判决撤销其作出《专利侵权纠纷处理决定书》。该决定书被撤销后，不当然产生第三人对专利权人即构成侵权的后果，应该由知识产权局重新作出决定，或者由专利权人或者利害关系人选择向人民法院提起民事起诉加以确认。

在法律适用方面，《专利法》第11条第1款规定："发明和实用新型专利权被授予后，除本法另有规定的除外，任何单位或者个人未经专利权人许可，都不得实施其专利……"《专利法》第63条第1款第（2）项规定："在专利申请日前已经制造相同产品、使用相同方法或者已经作好制造、使用的必要准备，并且仅在原有范围继续制造、使用的"不视为侵犯专利权。本案被请求人东佳源医科所在与原告凯瑞公司合作期间虽经法院民事判决确认双方当事人均对 C·C·S 注射液现阶段的成果享有使用权。但第三人没有提供充分的证据证明其在原告申请专利前已经制造，且在原有范围内制造、使用。故本案不符合上述规定的情形。第三人在与原告解除合作后，在原有技术资料基础上继续开发药品并销售，在原告取得专利权后，未获得专利权人的许可继续生产、销售，仍构成侵权。

（二审合议庭成员：刘孝贤　包万德　马剑勇
编写人：甘肃省兰州市中级人民法院　柴宗奉）

36. 张梅桂诉江苏省知识产权局专利纠纷处理决定案

阅读提示：对于经工商行政管理机关核准、登记字号的个体工商户，知识产权局在审理其专利侵权纠纷案件时，应否以其字号作为案件当事人？诉讼中，法院应否将个体工商户的经营者和其字号均列为原告？知识产权局在审理专利侵权纠纷案件中，何种情形下可以采取口审或者书面审理的方式？对当事人提出的相关事实何种情形下必须依职权调查、收集证据？知识产权局对专利侵权人作出"销毁库存侵权产品"的决定是否属于行政处罚？

● 裁判要旨

经工商行政管理机关核准登记字号的个体工商户，对外以其字号开展经营活动，知识产权局可以以其字号作为专利侵权纠纷案件的当事人。

由于个体工商户经营活动中法律责任由经营者承担，故行政诉讼中法院可以将经营者作为当事人，也可以将其字号作为当事人，但不应将两者同时列为原告。

根据《专利行政执法办法》第10条、第27条规定，知识产权局在处理专利侵权纠纷过程中，可以根据案情需要决定是否口审以及是否依职权调查、收集证据。

知识产权局对专利侵权人作出"销毁库存侵权产品"的决定，其目的在于制止专利侵权人的侵权行为，不属于行政处罚。

● 案 号

一审：江苏省南京市中级人民法院（2005）宁行初字第 39 号
二审：江苏省高级人民法院（2006）苏行终字第 0029 号

● 案情与裁判

原告（二审上诉人）：张梅桂
原告（二审上诉人）：泰州市园艺塑料厂，经营者张梅桂
被告（二审被上诉人）：江苏省知识产权局
第三人（二审被上诉人）：王俊

起诉与答辩

江苏省知识产权局于 2005 年 8 月 12 日作出苏知（2005）纠字 05 号《专利纠纷处理决定》，认定泰州市园艺塑料厂生产多种款式花盆，其中底部网状系列 A 花盆与请求人王俊的外观设计专利（ZL03316992.6）相近似。经比对，被控侵权产品与涉案专利

产品属同类产品,两者属相近似设计。决定:1.被请求人立即停止对ZL03316992.6号外观设计专利的侵权行为;销毁库存产品及用于生产该产品的模具;未经专利权人许可,不得再为生产经营目的制造、销售其专利产品;2.本案受理和调处费计人民币1 000元,由被请求人泰州市园艺塑料厂承担。原告张梅桂、泰州市园艺塑料厂不服该决定,于2005年10月25日向江苏省南京市中级人民法院提起行政诉讼。

原告诉称:1.原告泰州市园艺塑料厂系个体工商户,不具有民事权力能力和行为能力,被告省知产局处理决定将其作为行政相对人,主体不适格。2.第三人的涉案外观设计专利在申请日之前已在出版物上公开发表和公开使用过,丧失了新颖性。原告已于2005年7月3日向国家知识产权局专利复审委员会提起专利权无效宣告申请并交纳了请求费用,被告有责任向专利复审委员会查证这一事实,并中止本案审理。3.原告向江苏省知识产权局提交了上海成美园艺有限公司等经营者出具的5份证人证言,证明原告在第三人取得涉案产品专利权前即已生产该产品,但江苏省知识产权局不予调查,行政程序违法。4.原告从未收到被告进行口审的通知,被告在原告缺席的情况下进行口审,后又改为书面审理,行政程序违法。5.被告作出"停止侵权行为,销毁产品和模具"的决定,违反了《行政处罚法》的规定,剥夺了原告的听证权。请求法院撤销被告作出的苏知(2005)纠字05号专利纠纷处理决定并担案件诉讼费用。

被告江苏省知识产权局答辩称:1.泰州市园艺塑料厂作为个体户,属于独资企业范畴,可以作为行政相对人。2.其在作出专利纠纷处理决定前,原告未就其向专利复审委员会提出无效宣告请求的主张提供证据证明,故中止审理没有事实依据。3.原告在行政程序中提交的5份证人证言均为复印件,且缺少必要的内容,不具有真实性。4.其在保证案件事实清楚的前提下,采取书面审理的方式,程序合法。5.专利处理决定不是行政处罚,不适用《行政处罚法》规定的程序。

第三人王俊辩称:江苏省知识产权局作出的处理决定正确,应予维持。

一、二审审理查明

一、二审法院审理查明:第三人王俊拥有专利号为ZL03316992.6的花盆(一)外观设计专利,因其认为原告泰州市园艺塑料厂侵犯其外观设计专利权,向被告江苏省知识产权局申请专利侵权纠纷处理。被告于2005年3月21日立案受理后,于2005年3月22日向原告泰州市园艺塑料厂送达了相关法律文书。泰州市园艺塑料厂即向被告提交了答辩书及相关证据材料。2005年6月16日,被告江苏省知识产权局进行口审,原告泰州市园艺塑料厂因未收到的口审通知未到庭。2005年7月22日,泰州市园艺塑料厂又向被告提交了上海成美园艺有限公司等经营者出具的5份证人证言。被告经审理,认定被控侵权产品与第三人王俊的外观设计属近似设计,遂于2005年8月12日作出苏知(2005)纠字05号专利纠纷处理决定,并依法送达原告泰州市园艺塑料厂及第三人王俊。原告对该决定不服,于2005年10月提起行政诉讼。另查明,原告泰州市园艺塑料厂是经工商登记的个体经营户,经营者张梅桂。在行政程序和诉讼期间,原告未能提供专利复审委员会受理其宣告涉案专利无效申请的通知书及其他证明材料。

一审判理和结果

一审判决认为:江苏省知识产权局根据《专利行政执法办法》第10条规定作出专

利纠纷处理决定，该决定认定侵权主体适当。因原告未能提供专利复审委员会受理起专利无效申请的通知书，不具备《专利法实施细则》规定的中止处理条件，被告未予中止审理并无不当。鉴于本案书面审理足以查清案件事实，且被告未将所作的口审笔录作为原告缺席口审的处理依据，故是否通知原告参加口审，不影响行政行为的合法性。因专利侵权纠纷处理行为不是行政处罚行为，不适用《行政处罚法》的告知、听证程序，被告行政程序合法。被告依据《专利法》和《专利行政执法办法》作出立即停止专利侵权行为，销毁库存侵权产品及用于生产该产品模具的决定，适用法律正确。依照《行政诉讼法》第54条第（1）项，《专利法》第11条第2款、第56条第2款之规定，判决：维持江苏省知识产权局于2005年8月12日作出的苏知（2005）纠字05号《专利纠纷处理决定》。

二审判理和结果

二审判决认为：泰州市园艺塑料厂以经工商登记的字号对外经营，故被告处理决定认定泰州市园艺塑料厂系侵权主体适当。江苏省知识产权局并非专利无效的审查机关，原告主张第三人的外观设计专利丧失新颖性，其申请专利有违诚信的主张不属于被告审查范围。其未能提供专利复审委员会受理其专利无效申请的通知书，江苏省知识产权局不予中止案件审理并无不当。原告提交的5份证人证言，均为个体工商户出具，有的没有日期，有的没有签名，有的缺少产品构造和图示，且均为复印件，不具有证明效力，故被告不予调查、采信并未违反《专利行政执法办法》的规定。江苏省知识产权局主张已将口审通知邮寄给泰州市园艺塑料厂，但未能出具寄交凭证或其他证据证明该事实，该主张不能成立。虽然江苏省知识产权局在泰州市园艺塑料厂未出席的情况下完成了口审，但其并未按照《专利行政执法办法》的规定对该厂做出缺席处理，而是转为书面审理。基于本案案情简单，故江苏省知识产权局的行为虽有瑕疵，但并不违反《专利行政执法办法》第10条的规定。专利纠纷处理行为是按照《专利法》及其实施细则所规定的程序进行的，从行政行为的分类上有别于行政处罚，故对原告认为被告违反《行政处罚法》相关规定的主张，不予支持。综上，被告江苏省知识产权局作出的专利处理决定认定事实清楚，适用法律正确，程序合法。依照《行政诉讼法》第54条第（1）项《专利法》第11条第2款、第56条第2款规定，判决：维持江苏省知识产权局苏知（2005）纠字05号《专利纠纷处理决定》。

法官评述

专利管理机关根据《专利法》第3条的授权，对当事人之间的专利纠纷进行调查、审理，作出处理决定，由此产生专利行政案件。审理这类案件既要遵循行政执法方面的法律规定，还应注意与知识产权专业知识的良好契合，才能作出符合法律规定的裁判。

一、处理决定将泰州市园艺塑料厂列为行政相对人是否正确及本案原告问题

《民法通则》第26条规定："公民在法律允许的范围内，依法经核准登记，从事工商业经营的，为个体工商户"。根据该规定，个体工商户是从事工商业经营的自然人或者家庭。个体工商户在经营中可以使用名称，也可以不使用名称。使用名称的，由工商

行政管理机关登记核准。泰州市园艺塑料厂是经工商登记核准以名称对外经营的个体工商户，因此，被告江苏省知识产权局的专利处理决定以该名称作为当事人，不违反法律规定。诉讼中对于以登记名称对外经营的个体工商户，法院是将该个体工商户登记的名称列为当事人还是将经营者姓名列为当事人，司法实践中的认识是有过程的。由于个体工商户不同于一般的企业，其债权、债务是由从事个体经营的个人或家庭承担的，因此，1992年7月14日通过的《最高人民法院关于适用〈中华人民共和国民事诉讼法〉若干问题的意见》第46条规定："在诉讼中，个体工商户以营业执照上登记的业主为当事人。有字号的，应在法律文书中注明登记的字号"。即以个体经营者姓名为诉讼当事人。按此规定，本案诉讼原告应为张梅桂。但从法理上看，个体工商户依法登记了名称，对外即以其名称代表的经营者从事经营活动，享有民事权利，承担民事责任，诉讼中也就应以其名称代表的经营者承担法律责任。2006年10月1日施行的《最高人民法院关于审理劳动争议案件适用法律若干为题的解释（二）》第9条规定："劳动者与起有字号的个体工商户产生劳动争议诉讼，人民法院应当以营业执照上登记的字号为当事人，但应同时注明该字号业主的自然情况。"该解释则将个体工商户登记的名称作为诉讼当事人。根据上述司法解释，一审判决书将张梅桂和泰州市园艺塑料厂均列为原告，有所不当。

二、关于原告提出的专利权无效申请问题

专利管理机关对专利侵权纠纷处理的目的，是为了保护专利权人的合法权益，如果专利权人享有的专利权被依法宣告无效，那么，专利管理机关对该侵权纠纷的处理就失去了基础，理应中止审理。本案江苏省知识产权局在审理泰州市园艺塑料厂专利侵权案时，张梅桂虽提出已向专利复审委员会提交涉案专利宣告无效的请求，但其未能提交申请的证据，也未能提供专利复审委员会宣告无效的通知，因此，该主张没有事实依据。国家专利局《专利行政执法办法》第27条规定："在处理专利侵权纠纷、查处假冒他人专利或者冒充专利行为过程中，管理专利工作的部门可以根据需要收集有关证据。"由于宣告专利无效系依申请受理的行为，宣告无效的通知也是针对申请人的，不存在申请人不便或者无法提交上述证据的情形，故江苏省知识产权局根据上述规定，没有依职权核实泰州市园艺塑料厂是否申请宣告无效以及专利复审委员会是否受理其申请的事实，亦没有中止本案审理，不违反行政程序规定。

三、关于口头审理和书面审理的问题

《专利行政执法办法》第10条规定："管理专利工作的部门处理专利侵权纠纷，可以根据案情需要决定是否进行口头审理。管理专利工作的部门决定进行口头审理的，应当至少在口头审理3日前让当事人得知进行口头审理的时间和地点。当事人无正当理由拒不参加的，或者未经允许中途退出的，对请求人按照撤回请求处理，对被请求人按缺席处理。"因此，口审是行政程序中的选择程序，选择标准在于案情难易，其目的在于当面听取当事人的陈述和辩解，核实证据，保证被告查明案件事实，正确作出处理决定。如果案件需要口审，被告采取书面审理的方式，则属于自由裁量权的运用不当，有损当事人合法权益，应被认定违法。而如果案情简单，只需书面审理，被告采取口审方式，因该审理方式属于行政效率上的瑕疵，并未对当事人造成权益损害，在司法实践中,此情形不宜认定为违法。本案从案情上看,并不复杂,被侵权专利为花盆的外观设计,没有复杂的技术含量,被告完全可以通过侵权产品与专利设计图示的比对以及现场调查笔录等材料,书面审理作出认定。而被告江苏省知识产权局虽然进行了口审,却不能证明其已按照上述规定通知了原告口审的时间和地点,造成原告缺席,行政行为存在过失。但被告只将口审笔录作为一般记录使用,且未对原告按缺席处理,故口审程序的实施不影响对被告做出的处理决定合法性的认定。

四、关于被告作出"停止侵权行为,销毁产品和模具"的决定,是否属于违反《行政处罚法》有关听证等规定的问题

被申请人的行为被确认侵权后,理应停止侵权行为,这是侵权人所应承担的民事义务。《专利行政执法办法》第33条第(1)项规定:"管理专利工作的部门认定专利侵权行为成立,作出处理决定的,应当责令侵权人立即停止侵权行为。侵权人制造专利产品的,责令其立即停止制造行为,销毁制造侵权产品的专用设备、模具,并且不得销售、使用尚未售出的侵权产品或者以任何其他形式将其投放市场;侵权产品难以保存的,责令侵权人销毁该产品。"这一规定旨在对侵权人侵权行为的制止,并未在被申请人所应承担的民事责任之上对其科以处罚性行政义务,故该决定内容不属于《行政处罚法》的适用范畴。原告泰州市园艺塑料厂依照《行政处罚法》规定主张听证权,没有法律依据。

(二审合议庭成员:齐　鸣　钱志明　郑琳琳
编写人:江苏省高级人民法院　齐　鸣)

37. 东莞市华瀚儿童用品有限公司诉广东省知识产权局专利行政处理纠纷案

阅读提示：在进行外观设计专利侵权判定时，首先应考虑的问题是什么？如何判断被控侵权产品与专利产品是否属于同类产品？

裁判要旨

在进行外观设计专利侵权判定时，一般应当首先确定被控侵权产品与专利产品是否系同类产品，只有属于同类产品，才能进行侵权判定，否则不能认定侵权成立。

判定是否属于同类产品，应当参考外观设计专利授权时对外观设计专利产品所作的分类，同时结合产品的功能、用途以及消费者的消费习惯、消费渠道等因素来综合考虑。

案 号

一审：广东省广州市中级人民法院（2007）穗中法行初字第29号
二审：广东省高级人民法院（2008）粤高法行终字第35号

案情与裁判

原告（二审上诉人）：东莞市华瀚儿童用品有限公司
被告（二审被上诉人）：广东省知识产权局
第三人：中山市隆成日用制品有限公司（简称"隆成公司"）

一、二审审理查明

一、二审法院审理查明：1999年4月19日，英属维京群岛商育丰有限公司向国家知识产权局申请了名称为"三轮车"的外观设计专利，并于2000年2月26日被授予专利权，专利号为ZL99304614.2，分类号为12—11—T0344（即自行车和摩托车类），该专利年费已缴纳至2008年4月19日。2000年3月15日，国家知识产权局外观设计专利公报公告了该外观设计专利权无简要说明的八幅图片，分别为主视图、后视图、左视图、右视图、俯视图、仰视图、立体图和使用状态参考图。2001年3月30日，该专利权转移给中山隆顺日用制品有限公司；2004年10月6日，该专利权人变更为原审第三人隆成公司。

2006年12月8日，原审第三人隆成公司向被上诉人广东省知识产权局递交《专利侵权纠纷处理请求书》，请求被上诉人立案查处上诉人华瀚公司生产、销售被控侵权产品的行为，并责令上诉人立即停止侵权，销毁库存侵权成品、半成品、零配件。2006年12月28日，被上诉人对原审第三人的请求予以立案处理，并于同日到上诉人华瀚公司处进行现场勘验检查，查获上诉人生产和销售"9114"型童车5594台，"9178"型童车2160台，"9178TW"型童车2047台，被上诉人制作的《勘验检查登记清单》经上诉人的法定代表人万润华签名确认。2007年1月16日，被上诉人对包括涉案专利在内的三个外观设计专利侵权纠纷案件进行合并审理，审理人员为钟兴子、区合笑、龙润江、谢华、傅蕾，上诉人未对上述审理人员申请回避。2007年10月12日，被上诉人作出粤知法处字（2006）第38号《专利纠纷案件处理决定书》，认为：上诉人制造、销售的"9114""9178"和"9178TW"型童车的车架均与ZL99304614.2号外观设计相近似，分别落入了该外观设计专利的保护范围。上诉人未经原审第三人的许可，在ZL99304614.2号外观设计专利权有效期内，制造、销售与该外观设计专利相近似的产品，构成了侵犯专利权，应当承担相应的法律责任。依据《专利法》第11条第2款、第56条第2款、第57条第1款和《广东省专利保护条例》第31条的规定，决定：本案上诉人停止制造、销售与ZL99304614.2号外观设计专利相近似的"9114""9178"和"9178TW"型童车的车架产品。

上诉人东莞市华瀚儿童用品有限公司不服被告广东省知识产权局于2007年10月12日作出的粤知法处字（2006）第38号专利纠纷案件处理决定书，向原审法院提起诉讼，请求法院判令：1.撤销粤知法处字（2006）第38号《专利纠纷案件处理决定书》；2.被告承担案件诉讼费用。

此外，2007年1月19日，上诉人就涉案专利向国家知识产权局专利复审委员会提出无效宣告请求，并以此为由于2007年1月30日向被上诉人请求中止审理粤知法处字（2006）第38号专利纠纷案件。2007年9月30日，被上诉人作出《不予中止处理通知书》，并送达给上诉人和原审第三人。2007年9月24日，专利复审委员会作出第10575号《无效宣告请求审查决定》，维持ZL99304614.2号外观设计专利权有效。在二审法院审理过程中，上诉人于2008年4月15日向二审法院提交了《中止审理申请书》，称其于2007年11月12日再次就涉案专利向国家知识产权局专利复审委员会提出无效宣告请求，并已被受理，请求中止审理本案。

一审判理和结果

一审法院认为：ZL99304614.2号"三轮车"外观设计经国家知识产权局授予其专利权，合法有效。通过比对被告在原告处取得的上述童车车架与ZL99304614.2号外观设计专利公告的照片，可以看出：被控侵权产品与涉案专利的仰视图、后视图、主视图、左视图、右视图、立体图、俯视图均构成相近似，足以造成消费者的误认，被告认定原告制造和销售的上述童车的车架落入了ZL99304614.2号外观设计专利的保护范围并作出被诉处理决定，事实清楚，证据充分，程序合法。据此，依法判决维持被告广东省知识产权局作出的粤知法处字（2006）第38号专利纠纷案件处理决定。

上诉与答辩

华瀚公司不服原审判决，上诉请求撤销原审判决，撤销被诉处理决定，诉讼费用由被上诉人承担。主要理由是：1.涉案执法人员中有两人不是被上诉人的执法人员，在没有办理相关手续的情况下承办本案是违法的。2. 被控侵权的童车车架与涉案外观设计专利产品不属于同类产品，两者不具有可比性。3. 被控侵权的9178TW型（双人童车）车架与涉案专利不相同和不相近似。

被上诉人广东省知识产权局答辩称：涉案执法人员中有部分是东莞市知识产权局的人员，但这属于被上诉人的内部分工问题，被诉处理决定对外是以广东省知识产权局的名义作出的。被诉处理决定认定事实清楚、适用法律法规正确、程序合法，原审判决予以维持正确，请求二审法院驳回上诉，维持原判。

原审第三人隆成公司同意被上诉人广东省知识产权局的答辩意见，请求二审法院驳回上诉，维持原判。

二审判理和结果

二审法院认为，《专利法》第11条第2款规定："外观设计专利权被授予后，任何单位或者个人未经专利权人许可，都不得实施其专利，即不得为生产经营目的制造、销售、进口其外观设计专利产品。"《专利法》第56条第2款规定："外观设计专利权的保护范围以表示在图片或者照片中的该外观设计专利产品为准。"《专利法》第57条第1款规定："未经专利权人许可，实施其专利，即侵犯其专利权，引起纠纷的，由当事人协商解决；不愿协商或者协商不成的，专利权人或者利害关系人可以向人民法院起诉，也可以请求管理专利工作的部门处理。管理专利工作的部门处理时，认定侵权行为成立的，可以责令侵权人立即停止侵权行为……"《广东省专利保护条例》第31条规定："停止侵权是指停止与侵权行为有关的制造、使用、销售、进出口活动，销毁侵权产品或者使用侵权方法直接获得的产品，销毁制造侵权产品或者使用侵权方法的专用模具、工具、专用设备、专用零部件等。"原审第三人隆成公司拥有的ZL99304614.2号外观设计专利权真实有效，依法应当受到法律保护。经将被控侵权的"9114""9178""9178TW"型童车的车架分别与专利授权时表示在图片中的ZL99304614.2号外观设计专利产品相比较，两者属于同类产品，其构成要素中的主要设计部分相近似，容易导致一般消费者产生混淆。因此，被上诉人认为上诉人制造、销售的"9114""9178""9178TW"型童车的车架均与ZL99304614.2号外观设计专利相近似，分别落入了该外观设计专利的保护范围，构成了侵犯专利权，并作出被诉处理决定，证据充分，符合上述法律、法规的规定，原审判决予以维持正确，本院依法应予维持。虽然被诉处理决定书欠缺被上诉人广东省知识产权局案件承办人员的署名以及被上诉人未办理相关手续即指派东莞市知识产权局的工作人员代表其进行执法，程序存在瑕疵，但该瑕疵并不足以否定被诉处理决定的合法性。上诉人以此主张撤销被诉处理决定的上诉理由不能成立，本院不予支持。

上诉人上诉认为被控侵权的童车车架与涉案外观设计专利产品不属于同类产品，两者不具有可比性。虽然ZL99304614.2号外观设计专利的名称是三轮车，划入的专利类别是12—11—T0344（即自行车和摩托车类），但专利的名称和外观设计专利授权时对外观设计专利产品所作的分类仅能作为确定专利保护范围的参考依据，而不是唯一依据。从表示在专利图片中的涉案外观设计专利产品尤其是通过使用状态图来看，该产品是一种童车使用的车架。上诉人制造、销售的被控侵权童车车架与涉案外观设计专利产品在产品用途、功能上具有同一性，在普通消费者实际使用中，两种应属同类产品。上诉人的该上诉理由缺乏依据，不能成立，本院不予支持。

上诉人上诉认为被控侵权的9178TW型童车车架与涉案专利产品不相同和不相近似。将被控侵权的9178TW型童车车架与表示在专利图片中的ZL99304614.2号外观设计专利产品相比较，两者虽然在车架的宽度方面有所差别，但主要设计部分相近似，两者的设计风格也是相似的，给人的整体视觉效果相差不大，属于相近似的外观设计。因此，被上诉人认定被控侵权的9178TW型童车车架落入涉案外观设计专利的保护范围正确，上诉人认为两者不相近似的理由不能成立，本院不予支持。

上诉人向本院提出中止审理本案的申请，但其未能提供证据证明该申请符合《最高人民法院关于执行〈中华人民共和国行政诉讼法〉若干问题的解释》第51条第1款所规定的应当中止审理的情形，本院依法不予准许。

综上所述，原审判决正确，本院依法应予以维持。上诉人的上诉理由均不能成立，依法应予以驳回。依照《行政诉讼法》第61条第（1）项的规定，判决：驳回上诉，维持原判。

● 法官评述

本案争议的焦点之一是被控侵权的童车车架与涉案外观设计专利产品是否属于同类产品。围绕这个焦点问题，本案进行了充分说理。在进行外观设计专利侵权判定时，一般应当首先确定被控侵权产品与专利产品是否系同类产品，只有属于同类产品，才能进行侵权判定，否则不能认定侵权成立。判定是否属于同类产品，应参考外观设计专利授权时对外观设计专利产品所作的分类，同时结合产品的功能、用途以及消费者的消费习惯、消费渠道等因素来综合考虑。以外观设计专利授权时对外观设计专利产品所作的分类作为专利侵权审判中的认定标准方便、简单、客观，但是其与实际生活中被消费者习惯认可的产品分类仍存在着一些不同，如果简单的仅以外观设计专利授权时对外观设计专利产品所作的分类作为外观设计专利侵权判断中同类产品的认定依据，无疑会大大限制外观设计专利权的保护范围，不利于制止仿造和混淆行为。同时，完全撇开外观设计专利授权时对外观设计专利产品所作的分类来认定产品是否属于同类，则会出现主观随意性太强的问题。因此，在认定被控侵权产品与外观设计专利产品是否为同类产品时，应当进行综合考量。既以外观设计专利授权时对外观设计专利产品所作的分类作为参照，又不能仅仅据此作出认定，要结合产品的性能、用途以及消费习惯、消费渠道等综合考虑。

本案争议的焦点之二是被上诉人在执法程序上的瑕疵是否足以否定被诉处理决定的合法性。被诉处理决定书欠缺被上诉人广东省知识产权局案件承办人员的署名以及被上诉人未办理相关手续即指派东莞市知识产权局的工作人员代表其进行执法，程序存在瑕疵，上诉人以此主张被诉处理决定违法，请求撤销。我们认为，由于被诉处理决定的结果是正确的，如果仅仅以上述问题就撤销了被诉处理决定，则不利于对侵权行为的制止和对专利权人的保护。因此,二审判决虽然指出了行政机关的上述程序瑕疵,但基于被诉处理决定结果正确,而决定予以维持。

(二审合议庭成员:罗 燕 彭 静 刘德敏
编写人:广东省高级人民法院 彭 静)

38. 上海思迪企业管理咨询有限公司诉上海市知识产权局发放专利专项资助费案

阅读提示：培育专利试点企业将他人外观设计以自己名义申请专利能否获得专利专项资助？

裁判要旨

专利专项资助是一种行政奖励，其目的系通过对特定企业申请专利给予专项补助，鼓励企业自主研发，促进科技进步。而对于企业将他人的发明创造以自己名义申请专利的，能否申请专利专项资助，相关法律规范未作明确规定，存在法律漏洞。对此可通过目的性限缩的方法，认定以他人研发的产品申请专利的行为，有违专利专项资助设立的目的，不应获得资助。

案　号

一审：上海市静安区人民法院（2005）静行初字第82号
二审：上海市第二中级人民法院（2006）沪二中行终字第192号

案情与裁判

原告（二审上诉人）：上海思迪企业管理咨询有限公司（简称"思迪公司"）
被告（二审被上诉人）：上海市知识产权局（简称"上海知产局"）

起诉与答辩

原告思迪公司诉称：根据2003年11月修订的《上海市专利费资助办法》（简称《专利费资助办法》）有关规定，上海知产局应对"上海市培育专利试点企业"的专利申请活动予以资助。原告作为培育专利试点企业，向国家知识产权局提出了1218件产品的专利申请，应得到每件人民币（以下币种均为人民币）500元的专利专项资助。《专利费资助办法》第13条规定："申请资助的单位和个人应提交真实的材料和凭证"，结合该办法第12条的规定，第13条中所称的"真实的材料和凭证"应是指在申请专利专项资助时应提交的申请表、专利申请清单、申请费收据等内容。原告在申请资助时所提交的上述材料都是真实的，故不存在弄虚作假的情况。上海知产局对其资助申请予以拒绝，侵害其合法利益，请求判令上海知产局支付其专项资助费609 000元，赔偿律师费1万元。

被告上海知产局辩称：2005年6月16日，上诉人与案外人上海施迈尔精密陶瓷有限公司（简称"施迈尔公司"）曾签订过一份协议，根据该协议，施迈尔公司同意将其导丝器产品由思迪公司作为专利申请人申请专利，施迈尔公司作为专利权人。思迪公司利用其培育专利试点企业的资格，将不具有该资格企业的产品，通过签协议的方式，由自己申请专利以获取专利专项资助费，属于弄虚作假，违反了《专利费资助办法》第13条之规定。《专利费资助办法》明确规定，设立专利专项资助费的目的是为了鼓励发明创造，促进科技进步和发展，思迪公司的上述行为背离了专利专项资助费设立的目的。上海知产局不予发放专利专项资助费正确，请求驳回思迪公司的诉讼请求。

法院审理查明

法院经审理查明：2004年9月16日，思迪公司经上海知产局审批，取得"上海市培育专利试点企业"资格。根据《专利费资助办法》有关规定，培育专利试点企业申请外观设计专利的，上海知产局除资助其专利申请费、专利授权费外，每件可另获专利专项资助费500元。2005年7月，思迪公司向上海知产局提出其在2005年5月至6月申请的1218件外观设计专利的专项资助费用申请。由于申请的数量众多，上海知产局于2005年7月12日至思迪公司处调查有关情况，思迪公司将其带至案外人施迈尔公司处。调查中，施迈尔公司称思迪公司申请的外观设计专利中的导丝器产品系该公司产品。思迪公司遂向上海知产局出示了2005年6月16日其与施迈尔公司签订的一份协议，在该协议中双方约定：施迈尔公司委托思迪公司为其申请专利，施迈尔公司为专利权人，思迪公司为专利申请人，申请费用由思迪公司承担。据此，上海知产局认为，思迪公司申请专利专项资助费存在弄虚作假的行为，于2005年8月24日对思迪公司作出答复，撤销其培育专利试点企业资格，对其专利专项资助申请不予办理。

一审判理和结果

一审法院认为：本案中争执的导丝器产品专利权不属思迪公司。思迪公司利用其培育专利试点企业的资格，通过订立协议的方式，使自己成为专利申请人来获取专利专项资助费，不符合申请专利专项资助费的条件，也与设立该资助的目的相悖，判决驳回思迪公司的诉讼请求。

二审判理和结果

思迪公司不服，提起上诉。二审法院经审理认为：专利专项资助费是对于培育专利试点企业等特定类型的企业以及特定项目，在资助专利申请人专利申请费、专利授权费的基础上，再额外给予的一笔资助费用。从上海知产局《关于申报上海市培育专利试点企业的通知》关于培育专利试点企业应具备条件的规定，结合《专利费资助办法》第1条关于资助目的的规定，培育专利试点企业申请的专利属于其自主研发，是向其发放专利专项资助费的必要条件。本案中，根据2005年6月16日思迪公司与施迈尔公司签订的协议，可以证明施迈尔公司委托思迪公司为其申请专利，施迈尔公司为专利权人，思迪公司为专利申请人。思迪公司将不属其自主研发的外观设计以自己的名义申请专利，属于背离专利专项资助目的的弄虚作假行为。参照《专利费资助办法》第13条第1款之规定，上海知产局不予支付思迪公司专利专项资助费609 000元，符合专利专项资助制度的设立目的。遂判决：驳回上诉，维持原判。

🔵 法官评述

本案的争议点在于，培育专利试点企业将他人外观设计以自己名义申请专利能否获得专项资助。这涉及《专利费资助办法》对此是否有所规定，以及如果未作规定是否存在法律漏洞，对该漏洞能否填补、如何填补的问题。

一、发放专利专项资助费要件的规定存在漏洞

本案中，关于专利专项资助发放的相关依据为《专利费资助办法》。从《专利费资助办法》规定看，专利专项资助费是对于特定企业（如本案的培育专利试点企业）、特定项目，在资助其专利申请费、专利授权费的基础上，额外再给予的一笔费用。被资助人在申请专利过程中虽然也会支出一些必要费用，但是其支出费用系为了取得相关的民事权利（专利权），并非是专项资助的对价，因此专项资助对于被资助人而言，属于纯受益的行政奖励行为。《专利费资助办法》所以对被资助人如此优遇，乃是基于被资助人对科技进步和经济发展已经做出或可能做出的独特贡献。《专利费资助办法》第1条指出其立法目的系"鼓励单位和个人将发明创造申请专利，取得知识产权保护，增强市场竞争力，促进上海科技进步和经济发展"；而市知产局《关于申报上海市培育专利试点企业的通知》规定，培育专利试点企业应具备的条件之一为"每年有一定的科研经费用于投入新产品、新技术的开发，并设有技术中心或科研部门"。这也表明其注重的正是该类企业在促进科技进步和经济发展方面所具有的潜力。

既然专利专项资助的目的是为了促进科技进步和经济发展，那么《专利费资助办法》中对于专项资助要件的规定是否足以贯彻专项资助制度的设立目的和价值追求呢？根据《专利费资助办法》规定，发放专利专项资助费须具备四项要件：1. 须承担国家、本市重大项目或者重大工程或者属于专利工作示范、试点、培育试点资格的特殊主体（第6条）；2. 须有申请专利行为（第6条）；3. 须被资助人提出资助申请（第12条）；4. 被资助人须提交真实的材料和凭证（第13条）。从该规定看，其仅要求申请人有申请专利的行为，并未要求所申请的专利属于申请人自主研发，因此单纯从文义角度，即使申请专利非属申请人自主研发，亦应向其发放该项资助。但是这无疑背离了专项资助制度的设立目的：如果申请专利人将并非其自主研发的发明、实用新型、外观设计申请专利，并进而申请专项资助，则其不仅对科技进步和经济发展未做出任何贡献，而且难免有投机取巧，"套取"资助之嫌，其不应为法律所鼓励至为显然。

但是，《专利费资助办法》对专项资助费申请条件的规定未明确要求自主研发，因而这里应存在法律漏洞。❶那么接下来的问题便应该是：对于该法律漏洞，能否在个案中进行补充？

二、对于行政奖励条件之规定的法律漏洞可以进行补充

法律漏洞的补充追求的是个案的妥当性，其不可避免地会在一定程度上牺牲法的安

---

❶ 所谓法律漏洞，根据学者论述，是指"法律体系上之违反计划的不圆满状态。"参见黄茂荣. 法学方法与现代民法 [M]. 北京：中国政法大学出版社，2001：293. 卡尔·拉伦茨. 法学方法论 [M]. 陈爱娥，译. 北京：商务印书馆，2004：251.

定性(确定性)。在行政法领域,受"依法行政"原则的影响,法律漏洞的补充受有一定限制。

(一)"依法行政"原则的内含——法律优越与法律保留

根据学者论述,依法行政原则包括两个方面的内容:一为法律优越原则,一为法律保留原则。法律优越原则是指行政行为应当受现行法律的约束,不得违反现行法律,该原则只是消极地禁止行政机关违反现行规定,因此又被称为消极的依法行政。法律优越原则无条件地适用于一切行政领域。法律保留原则则是指行政机关只有在取得法律授权的情况下才能从事行为,它从正面要求行政行为应当有法律依据,因此该原则又被称为积极的依法行政。但是法律保留原则并不适用于所有的行政领域,而且在不同的国家和地区,除了对于剥夺或者限制人身自由的行为均几无例外地适用法律保留原则外,对于其他的行政行为,因各国的法律传统、法律观念不同,法律保留原则的适用范围也各不相同。❶

《立法法》第8条规定,对公民政治权利的剥夺、限制人身自由的强制措施和处罚、对非国有财产的征收以及财政、税收、海关、金融和外贸的基本制度只能通过制定法律来授权。而根据该法第9条的规定,第8条规定的事项尚未制定法律的,全国人大及其常委会有权授权国务院对其中的部分事项先制定行政法规,但是有关犯罪与刑罚、对公民政治权力的剥夺和限制人身自由的强制措施和处罚、司法制度等事项除外。因此,在我国,行政法领域中只有限制人身自由的强制措施和处罚属于严格的法律保留的范围。非国有财产的征收以及财政、税收等事项可以依授权制定行政法规,而其他事项则不属于法律(行政法规)保留的范围。

(二)法律保留原则与法律漏洞补充

根据法律保留原则,行政机关只有在法律有明确规定的情况下才能作出行政行为,如果法律没有明确规定,行政机关不能根据自己对立法目的的理解,自行创设法律规范包括进行具有"造法"性质的法律补充。而行政诉讼是对于行政行为的审查,如果行政机关在作出行政行为时不能进行法律补充,法院在行政诉讼中也就没有进行法律补充的可能。但对于不属法律保留的事项,进行法律漏洞的补充则并不会与"依法行政"原则相冲突,因此并无予以一般性禁止的必要。

如上所述,根据我国法律的有关规定,对于限制人身自由的强制措施和处罚、非国有财产的征收以及财政、税收等的基本制度实行法律(行政法规)保留原则,因此在这些领域的行政诉讼中,应该不得进行法律补充。但是在其他类型的行政诉讼中,除非明确禁止法律漏洞的补充,均应存在法律补充的空间。❷

(三)行政诉讼中进行必要的法律补充不会侵犯行政相对人合法权益

允许行政机关进而法院进行法律补充可能会有这样的担忧,担心如此一来可能会导致行政权对行政相对人权益的恣意侵害。笔者认为,这一担心是完全可以避免的,这是

---

❶ 吴庚. 行政法之理论与实用 [M]. 台北:三民书局,2000:85. 哈特穆特·毛雷尔. 行政法学总论 [M]. 高家伟,译. 北京:法律出版社,2000:104.

❷ 如《行政处罚法》第3条第2款规定:"没有法律依据或者不遵守法定程序的,行政处罚无效。"是为行政处罚法定原则,该原则即原则上排除了行政处罚领域法律漏洞补充的可能。

因为：首先，对于最为重要的自由权，在我国仍然属于法律保留的范围，因而人民的自由权可以得到较好的保障；其次，对于财产权虽然允许行政机关进行法律补充，但是这种补充仍然要接受司法机关的审查和监督，仍要遵循相应的法律补充的规则，因此也不致对相对人的权益造成较大影响。而且，从我国的现状考虑，由于我国法治尚在初创阶段，立法技术在很多情况下还不够完善，法律漏洞还在所难免，因此允许行政机关进而允许司法机关进行法律补充，对于实现法律的价值目标有着重要的现实意义。

具体到本案而言，本案所涉专利专项资助行为系行政奖励，不属于法律保留的范围，因此对于该行政奖励条件的规定如果存在法律漏洞，应该可以进行必要的补充。

三、本案中法律漏洞补充可采用目的性限缩方法

民事诉讼中，法律漏洞补充的方法包括类推适用、目的性限缩、目的性扩张和创制性的补充。❶ 本文认为，上述法律漏洞补充的方法，类推适用、目的性限缩和目的性扩张在行政诉讼中可以适用，创制性的补充则似无适用之余地。这是因为，行政法奉行"依法行政"的原则，类推适用、目的性扩张以及目的性限缩3种法律补充的方法，无论如何，均有实体法的相关规定作为依托，而创制性补充则没有任何实体法的依据，仅凭主观性较强的法理念，未免走得太远，容易导致行政执法的随意，不足采纳。

对于本案所涉规范中存在的法律漏洞，即可以运用目的性限缩的方法进行补充。所谓目的性限缩，是指"法律文义所涵盖之案型，有时衡诸该规定之立法意旨，显然过广，以致将不同之案型，同置于一个法律规定下，造成对'不同之案型，为相同之处理'的情形，为消除该缺失，以贯彻系争规定之立法意旨，显有对原为其文义所涵盖之案型，予以类型化，然后将与该立法意旨不符的部分排除于其适用范围之外，以符'不同之案型，应为不同之处理'的平等要求。"❷ 具体而言，《专利费资助办法》中的专利申请行为自文义而言，包括了将自主研发的成果申请专利的行为和将他人研发的成果以自己名义申请专利的行为，衡诸专项资助制度的设立目的，其范围显然过广。根据前述《专利费资助办法》第1条和《关于申报上海市培育专利试点企业的通知》的规定，专利专项资助的目的在于鼓励自主研发取得知识产权保护，增强被资助企业的市场竞争力，以促进科技进步和经济发展。为贯彻该制度设立之立法意旨，应将对他人研发成果以自己名义申请专利的行为予以排除，因为此种行为丝毫无助于被资助企业自身研发能力的提升。所以，应将"申请专利行为"限缩解释为"将自主研发的成果申请专利的行为"，故本案上海市专利局对咨询公司借用他人成果申请专利的行为不予专项资助是正确的。

（二审合议庭成员：殷　勇　周　华　娄正涛
编写人：上海市高级人民法院　娄正涛）

---

❶ 关于法律漏洞补充方法的一般性介绍，可参考黄茂荣．法学方法与现代民法［M］．北京：中国政法大学出版社，2001：392－405．杨仁寿．法学方法论［M］．北京：中国政法大学出版社，1999：142－161．卡尔·拉伦茨．法学方法论［M］．陈爱娥，译．北京：商务印书馆，2004：258－275.

❷ 黄茂荣．法学方法与现代民法［M］．北京：中国政法大学出版社，2001：397.

39. 益安贸易公司诉国家工商行政管理总局商标评审委员会、第三人龙岩卷烟厂商标异议裁决案

阅读提示：广告用语能否视为所宣传商品的商标给予法律保护

裁判要旨

本案涉及对商标保护原则以及商标"使用"的认识和理解。本案中，国家工商行政管理总局商标评审委员会确认广告宣传用语能够帮助消费者认识广告宣传的商品，起到了指示商品来源的作用，可以被作为未注册的在先使用的商标保护。一审法院则认为本案涉及的广告宣传的香烟使用的是未注册商标，故，依据《烟草专卖法》（简称《烟草法》）关于"生产、销售卷烟应当使用注册商标"的规定及《广告法》的相关规定，确认对于在香烟上使用未注册商标的，其广告不属于法律保护的范围，但就该广告用语是否可以视为该香烟的在先使用的商标则未予明确。二审法院在审理中明确了如果广告宣传用语未使用在商品上，未作为商标使用的，不能作为未注册的在先使用商标给予法律保护。

案 号

一审：北京市第一中级人民法院（2004）一中行初字第 425 号
二审：北京市高级人民法院（2005）高行终字第 201 号

案情与裁判

原告（二审被上诉人）：益安贸易公司（简称"益安公司"），注册地为香港特别行政区
被告（二审上诉人）：国家工商行政管理总局商标评审委员会（简称"商评委"）
第三人（二审上诉人）：龙岩卷烟厂

起诉与答辩

益安公司起诉称：1. 商评委认定龙岩卷烟厂对"七匹狼 SEPTWOLVES 及狼图形"商标拥有在先权利，并可对抗本案被异议商标属认定事实错误且明显违法。该公司提交的证据足以证实该公司对"七匹狼 SEPTWOLVES 及狼图形"组合标识享有在先权利。龙岩卷烟厂的注册商标与其实际使用的商标有显著区别，而禁止在香烟上使用非注册商标是法律明确规定的。2. 该公司早于龙岩卷烟厂将"与狼共舞"作为广告词使用，且"与狼共舞"非独创性词组，龙岩卷烟厂无权独占。商评委以该词组为龙岩卷烟

厂的广告词为由，认为该词组已经起到指示商品来源的功能，并认定该公司申请注册被异议商标是抢注行为无法律依据。3. 龙岩卷烟厂闲置注册商标长期使用与益安公司关联企业福建七匹狼实业股份有限公司（简称"七匹狼公司"）驰名商标近似的商标，并在商标上标注了注册商标的符号，是明显的侵权。商评委认为龙岩卷烟厂的这种使用方法不会误导公众是错误的。综上认为，被诉裁定认定事实错误，适用法律不当。请求法院判决予以撤销。

商评委答辩认为：1. 益安公司与七匹狼公司为各自独立的法人实体，益安公司不享有在第25类服装商品上的"七匹狼 SEPTWOLVES 及狼图形"商标的专用权，故益安公司没有以七匹狼公司的名义主张权利的资格。益安公司提交的使用证据也不能证明该公司在服装商品上使用"与狼共舞"为广告词的时间早于龙岩卷烟厂。2. 益安公司所称的驰名商标并不为其所有，龙岩卷烟厂开始使用"七匹狼 SEPTWOLVES 及图形"商标的时间也远远早于前述驰名商标的形成时间。3. 根据《商标法》的规定，凡国家规定必须使用注册商标的商品，必须申请注册商标，未经获准注册的，不得在市场销售。但是除在销售商品上使用外，为品牌做广告宣传等也是属于商标使用的基本形式。结合本案，上述规定虽意味着龙岩卷烟厂不得将使用未注册商标的香烟在市场上销售，但不意味着其不能以广告宣传等形式使用商标。因此，该厂在被异议商标申请日前数年中对其香烟品牌所作的大量广告和宣传，不为法律所禁止，属合法使用。正是通过龙岩卷烟厂大量的品牌形象宣传，"与狼共舞"广告语在市场和相关消费者中已产生一定影响。《商标法》第31条所指的"使用"，即是这种事实上的使用。此外，"与狼共舞"虽非独创性词组但并不妨碍将该词组作为商标主张权利。龙岩卷烟厂是否闲置注册商标以及标注注册商标的符号有无不当与本案无关，也不影响本案的评审结论。益安公司申请注册被异议商标的行为有明显的恶意，如果该商标得以注册，不仅将给在先使用者的注册造成障碍，也会造成消费者的混淆和误认。综上，该委认为被诉裁定认定事实清楚，适用法律正确，请求予以维持。

龙岩卷烟厂认为："七匹狼 SEPTWOLVES 及图形"是该厂在香烟商品上在先使用并享有很高知名度的商标，"与狼共舞"是该厂在先在香烟商品上使用的广告词，客观上已经具有商标功能，被异议商标如被核准注册将不可避免地导致消费者的混淆和误认。益安公司注册被异议商标具有明显的恶意，请求法院判决维持被诉裁定。

一审审理查明

本案被异议商标系益安公司于1999年2月13日在第34类香烟、雪茄烟商品上提出的"与狼共舞文字及图形"商标，该商标由方框内一条奔狼及"与狼共舞"文字组成。商标局经审查予以初审公告。龙岩卷烟厂于法定期限内就该商标向商标局提出异议。商标局受理该异议申请后，经审查于2002年12月4日作出［2002］商标异字第01920号商标异议裁定书，认定某卷烟厂自1995年起连续使用"七匹狼及图形"商标，自1997年首先将"与狼共舞、尽显英雄本色"使用在香烟商品上，已具有一定知名度；某贸易公司提交的七匹狼集团1994年在先使用"与狼共舞，尽显英雄本色"的广告词，使用于服装商品；益安公司明知上述广告用语为龙岩卷烟厂在先使用而申请"与狼共舞"商标属抢注行为，龙岩卷烟厂异议理由成立，裁定被异议商标不予核准注册。

益安公司不服上述裁决，于 2002 年 12 月 4 日向商评委申请复审。商评委经审查认为，龙岩卷烟厂自 1995 年 9 月开始在香烟商品上使用"七匹狼 SEPTWOLVES 及狼图形"商标至今；自 1997 年起开始将"与狼共舞，尽显英雄本色"作为"七匹狼"品牌形象的主要宣传语，尤其在 1999~2000 年，经其大量的使用和宣传，"七匹狼 SEPTWOLVES 及狼图形"商标及其"与狼共舞，尽显英雄本色"的宣传用语在香烟商品上已具有一定的知名度，消费者在香烟类商品上看到"与狼共舞，尽显英雄本色"的宣传语，自然会与龙岩卷烟厂及其生产的香烟产品联系在一起，因此，"与狼共舞，尽显英雄本色"已经起到指示商品来源的功能。被异议商标申请注册的时间在龙岩卷烟厂"与狼共舞，尽显英雄本色"广告在电视台开播之后，其狼图形与其转让给龙岩卷烟厂的第 1041109 号注册商标狼的主体图形近似，与龙岩卷烟厂在香烟商品上使用的狼图形基本相同，其中的文字是龙岩卷烟厂在香烟商品上首先使用并具有一定影响的广告词。因此，在明知龙岩卷烟厂实际使用商标和广告词的情况下，某贸易公司将上述文字和图形的组合指定使用于香烟商品的申请商品上，不易与龙岩卷烟厂实际使用的"七匹狼 SEPTWOLVES 及狼图形"商标区分，极易使消费者对商品的来源产生混淆和误认，损害消费者的权益，进而给龙岩卷烟厂的利益造成损害。益安公司申请注册被异议商标的行为，违反了《商标法》第 31 条的规定。该委依据《商标法》第 31 条、第 33 条的规定，于 2004 年 3 月 20 日作出被诉裁定，裁定复审理由不能成立，被异议商标不予核准注册。

一审法院另查明，益安公司分别 1995 年 6 月 30 日和 1996 年 3 月 15 日在第 34 类商品上申请了两个"七匹狼 SEPTWOLVES 及图"商标，1997 年 6 月上述商标被核准注册，1998 年 2 月转让给龙岩卷烟厂。龙岩卷烟厂受让上述两商标后未使用于七匹狼香烟的外包装，"七匹狼"香烟仍使用该厂自 1995 年开始使用的香烟外包装，该外包装上的图案由一方形立体图形内的奔狼图形与七匹狼文字及 SEPTWOLVES 组成（简称"七匹狼 SEPTWOLVES 及狼图形"）。

一审判理和结果

一审法院经审理认为，《商标法》第 31 条给予了在先使用商标并有一定影响的人某种权利，该权利可以对抗他人在某种情形下的注册申请。该项权利是基于使用而产生的。如果使用行为本身为法律所禁止，该行为不能受到法律的保护，无从基于该使用行为产生受法律保护的行为人的权利。因此，该条所指的已经使用并有一定影响的商标，应为不违反法律禁止性规定而使用的商标。违反法律禁止性规定的使用行为难以依法产生引用《商标法》第 31 条对抗他人注册申请的行为。

根据《烟草法》第 20 条第 1 款、《商标法》第 6 条的规定，生产、销售使用未注册商标的卷烟的行为为法律明文禁止。因此，商评委在被诉裁定中认定"七匹狼 SEPTWOLVES 及狼图形"商标由龙岩卷烟厂在香烟商品上在先使用且已具有一定知名度，并依据《商标法》第 31 条撤销被异议商标的一项理由，没有法律依据。

商评委提交的相关证据不足以证明其关于龙岩卷烟厂在香烟商品上在先使用"与狼共舞"广告词并有一定影响的主张。其中的广告合同，均为在广播、电视上发布的广告，即使其广告内容确如商评委所主张的在被异议商标的申请日之前发布，但如果广告为香烟商品的广告,该广告行为也为《广告法》所禁止;如果广告未指明使用的商品,在龙岩卷烟厂未主张驰名商标并提交充分证据的情况下,不能对抗他人其后在香烟等商品上的注册。因此,商评委认定"与狼共舞"是龙岩卷烟厂在香烟商品上首先使用并有一定影响的广告词,并作为引用《商标法》第31条撤销被异议商标的一项理由,没有事实及法律依据。对商评委在本案中关于某卷烟厂对其香烟品牌形象所作广告宣传并不为法律所禁止、是合法使用的主张,不予支持。综上,被诉裁定证据不足,适用法律错误。依据《行政诉讼法》第54条第2项第1、2目的规定,判决撤销了被诉裁定。

二审审理查明

一审期间,国家烟草专卖局就"国家烟草专卖局关于卷烟使用注册商标有关问题"致函给一审法院,其内容为:卷烟上只要有注册商标,就可生产、销售,卷烟包装上的未注册元素,不应认定为违反有关卷烟必须使用注册商标的法律规定。并附商标局《关于卷烟商标注册和使用有关问题的复函》,内容为:根据《商标法》第6条的规定,在必须使用注册商标的商品上,只要使用了注册商标,该商品就可以在市场上进行销售。因此,此类商品在已经使用注册商标的情况下同时使用未注册商标,并不违反该条规定。

龙岩卷烟厂提交的"与狼共舞"电视广告宣传片中未出现"七匹狼"香烟商品的画面。

经二审法院开庭核实,益安公司在本案异议商标提出申请的过程中,未提交主管部门批准生产卷烟的文件。但商评委称根据内部规定,对涉外(包括涉港、澳、台)企业不要求提交上述卷烟生产许可证,但未提交该内部规定的书面文件。

二审判理和结果

二审法院经审理认为,《商标法》第31条规定,申请商标不应损害他人现有的在先权利,也不应以不正当手段抢先注册他人在先使用并有一定影响的商标。所谓"他人已经使用的商标"是指他人在生产经营活动中已经使用过的商标,其中"使用"应为实际使用,所谓"实际使用"包含两层含义一是"商标"确实使用在了商品上,且具有区别商品来源的功能的标志;二是某标识被使用人确实作为"商标"来使用。本案被异议商标由狼图形、与狼共舞及方形底框3个部分组成,其中"与狼共舞"是龙岩卷烟厂自1997年起在电视广告和非广告宣传中使用的宣传用语,但因"七匹狼"香烟的包装没有"与狼共舞"字样,且广告中也未出现"七匹狼"香烟商品,消费者不能直接将"与狼共舞"与"七匹狼"香烟商品产生联系,因此"与狼共舞"文字不是以"七匹狼"香烟的商标出现在广告片中,仅为广告用语,故商评委关于本案被异议商标中的"与狼共舞"系龙岩卷烟厂在先使用商标的确认不符合《商标法》第31条的规定。

被异议商标中的狼图形虽与龙岩卷烟厂自1995年开始使用的"七匹狼"香烟外包装中的狼图形相似,但根据《商标法》第28条的规定,申请注册的商标,同他人在同一种商品或者类似商品上已经注册的或者初步审定的商标相同或近似的,由商标局驳回申请,不予公告。龙岩卷烟厂"七匹狼"香烟外包装上的狼图形未经注册或者初步审定,不属于《商标法》第28条的保护范围,故商评委认定被异议商标中的狼图形与"七匹狼"香烟外包装上的狼图形近似的确认不符合《商标法》第28条的规定。同时,商评委在被诉裁定中对益安公司在复审程序中提交的证据未予认证，属事实不清。

综上，商评委作出的被诉裁定认定事实不清，裁定理由不符合《商标法》的有关规定；一审法院判决撤销正确。商评委关于其无权对商标争议当事人是否违反其他行政法规给予确认的上诉主张，没有法律依据，不予支持；商评委应当依据《商标法》及《烟草法》的有关规定重新审查本案异议商标是否符合法定申请条件。依据《行政诉讼法》第61条第（1）项的规定，判决驳回了上诉，维持一审判决。

法官评述

此案反映的表面问题为广告用语能否视为商标，但问题的实质是对商标的使用和商标保护原则的理解；同时，在审理中还涉及本案广告用语是否违反《烟草法》和《广告法》的规定以及在香烟类商品上申请商标是否可以内外有别的问题。

（一）关于商标的保护原则与商标的使用

1. 关于商标的保护原则。我国现行《商标法》对商标的保护原则为对已经注册了的商标给予法律保护的同时对未注册商标提供有限度的保护。所谓有限度的保护，其限定条件一为已经在先使用，二为有一定影响。其中在先使用应为实际使用。

2. 关于商标的使用。根据我国《商标法实施条例》第3条的规定，所谓商标的使用，包括两种使用，一是直接使用，即将商标直接用在商品以及商品的包装或者容器上；二是间接使用，即将商标用于商品的交易文书、广告宣传、展览以及其他商业活动中。需要注意的是在间接使用中，由于消费者首先是在购买具体商品时才会对商品的商标给予注意，因此，商标不是商品而独立存在的抽象标志，它必须和具体的商品结合，才能起到其区别商品来源的作用。因此，在间接使用的文书、宣传中，其内容应当指向具体商品，且以"商标"标识出现。如果某标识在间接使用时未以"商标"的形式出现，不能作为"使用的商标"给予法律保护。

3. 广告语能否作为商标给予保护。由于本案涉及的广告用语既未直接使用在其宣传的香烟商品的外包装上，也没有在间接使用中以商标标识使用，因此，不是商标法意义上对"商标"的使用，不能给予其"在先使用的未注册商标"的法律保护。

（二）关于对《烟草法》和《广告法》中相关规定的认识

首先我们认为，龙岩卷烟厂使用"与狼共舞"作为宣传"七匹狼"香烟及其企业品牌形象的用语，不违反《广告法》的规定，虽然龙岩卷烟厂在"七匹狼"香烟上使用的商标未经注册，但因该厂持有指定使用在香烟商品上的"七匹狼SEPTWOLVES及狼图形"的商标，因此不能认定"七匹狼"香烟商标未经注册，而是未使用已注册商标；但注册商标未经使用毕竟与未经注册不同，不属于违反《烟草法》的行为，因此，一审法院关于香烟商品上未经注册的商标不能生产销售，不能对抗他人在后注册商标的行为观点没有法律依据。另外，龙岩卷烟厂以"与狼共舞"广告用语进行的宣传，大致分为两类，一为电视广告，一为其业内期刊的报道、赞助活动条幅等，前者为广告法意义上的广告，其内容并未与香烟直接联系，后者虽是在企业刊物和宣传该企业和"七匹狼"香烟的文章中使用，但其不属法律意义上的广告，因此这两种方式都不宜直接的被定性为烟草广告,也不能简单的确认违反《广告法》的禁止条款。

(三)《烟草法实施条例》第 24 条规定"申请注册香烟商标应持主管部门批准生产的文件,依法申请。"本案被诉裁定中,商评委虽认定了益安公司从未生产、经营烟草业务,但最终却认定该公司未以任何形式使用过"与狼共舞"标志,其抢注行为已给龙岩卷烟厂的申请注册造成了障碍,并有可能在使用中因误导相关消费者而给烟厂的权益造成损害,该公司有明显恶意为由作出被诉裁定,而未就该公司是在未取得烟草生产许可的情况下申请被异议商标的事实作出确认,属认定事实不清。据了解,上述规定实施后,商标局以内部规定对涉外(包括涉港、澳、台)企业在香烟商品上申请商标放宽条件,即不要求涉外企业提交生产许可证,因此才产生了益安公司在没有香烟生产许可证的情况下申请香烟商标的案件。但在诉讼中,商标局就上述非国民待遇的规定并未无任何书面载体,也未提交任何可以证明该规定合法的上位法律依据。故,二审法院要求商评委依据《烟草法》的相关规定对本案被异议商标重新作出审查。

综上认为,商评委以"与狼共舞""七匹狼 SEPTWOLVES 及狼图形"是龙岩卷烟厂在先使用的商标为由不予核准被异议商标,认定事实有误。一审法院判决撤销是正确的,但一审判决的理由即关于合法使用的认定也有不妥,二审法院在调整了理由并对事实给予重新确认后维持了一审判决。

(二审合议庭成员:郭 宜 赵宇辉 任全胜
编写人:北京市高级人民法院 郭 宜)

40. 浙江省食品公司诉中华人民共和国国家工商行政管理总局商标局商标管理行政批复案

阅读提示：商标专用权的保护对象是什么？如何理解《商标法实施条例》第49条规定的地名的正当使用？

裁判要旨

我国《商标法》保护的对象是注册的商标，注册的商标应以《商标注册证》和《商标档案》中记载的商标图样为准。

他人对地名的使用只要不造成与注册商标相同或者相近似的后果，不管是出于何种目的，均应视为正当使用，而非一定只有在厂名或者地址中使用才属于正当的善意使用。本案中原告诉称他人只能在生产厂家和生产地址中使用"金华"地名，没有法律依据，是对法律规定的正当使用的误解。

案　号

一审：北京市第一中级人民法院（2004）一中行初字第653号
二审：北京市高级人民法院（2005）年高行终字第00162号

案情与裁判

原告：浙江省食品有限公司
被告：国家工商行政管理总局商标局（简称"商标局"）

起诉与答辩

2004年3月9日，商标局对浙江省工商行政管理局作出商标案字［2004］第64号《关于"金华火腿"字样正当使用问题的批复》。批复内容为：使用在商标注册用商品和服务国际分类第29类火腿商品上的"金华火腿"商标，是浙江省食品有限公司的注册商标，注册号为第130131号，其专用权受法律保护。根据来函及所附材料，我局认为，"金华特产火腿""××（商标）金华火腿"和"金华××（商标）火腿"属于《商标法实施条例》第49条所述的正当使用方式。同时，在实际使用中，上述正当使用方式应当文字排列方向一致，字体、大小、颜色也应相同，不得突出"金华火腿"字样。

原告浙江省食品有限公司诉称："金华火腿"是原告合法持有的注册商标，其中是含有"金华"这个地名。原告认为《商标法实施条例》第49条所指的正当使用，应该是指他人将"金华"作为地名使用。事实上，原告从未禁止他人在火腿商品及包装上的生产厂家、生产地址中的"金华"文字的合法使用。但被告批复中的"金华特产火腿""××（商标）金华火腿"和"金华××（商标）火腿"并不是作为地名来正当使用，而是将原告的注册商标中插入其他商标或者其他文字作为商标和标识来使用。这种未经注册商标专用权人同意的使用方式，实际上是在同一种商品上使用与原告注册商标近似的商标，明显属于《商标法》第52条第（1）项所述的侵犯注册商标专用权的非法行为，同时这些使用方式把与原告注册商标相似的标志作为商品名称，误导公众，明显属于《商标法实施条例》第50条第（1）项所述的侵犯注册商标专用权的非法行为。请求法院撤销被告的批复。

被告商标局辩称：1. 其作出的批复不属于具体行政行为。其所作批复用于上级行政机关对下级行政机关的请示所作的答复意见，未直接对原告的权利予以处分，其也未根据此批复进一步作出限制或者剥夺原告商标权的任何具体行政行为。因此，该批复未对原告权利直接产生实际影响。故该批复不属于人民法院行政诉讼的受案范围。2. "金华火腿"是原告的注册商标，但同时属于地理标志。根据《商标法实施条例》第6条所规定的原则，其商品符合地理标志商品条件的，有权使用该地理标志，商标权利人无权阻止。3. "金华火腿"商标中含有"金华"这一县级以上行政区划的名称，该商标权利人无权阻止他人正当使用"金华"这一地名。4. 所谓"正当使用"，是指商品生产者为了表明商品的种类、品质、原料、功能、产地等各种特点，而以善意且合理使用的方法附记于商品上的说明。这种非商标意义上的使用，是对注册商标权的合理限制，也是一种合法限制，不存在损害注册人合法权益的问题。他人善意且合理地使用"金华火腿"标记体现在：首先，其产品的确来自于该地区，亦具有该标志所指的商品的特殊品质；其次，实际使用中，应具有必要的区别商品来源的标志，该标志应与浙江省食品有限公司已经注册的"金华火腿"商品商标有明显区别，不会使消费者产生误认。在本案中，原告的"金华火腿"的图样由四个汉字、两行排列组成，而批复所认定的"金华特产火腿""××（商标）金华火腿"和"金华××（商标）火腿"三种使用方式与"金华火腿"注册商标有明显区别，而且分别使用了自己的商标。同时还对"金华火腿"的正当使用方式提出了明确的要求，即文字排列方向应当一致，字体、大小、颜色也应相同，不得突出"金华火腿"字样。综上，该批复一方面承认已经善意取得注册的含有地理标志的商品商标继续有效，一方面充分考虑了合法善意使用的情况，兼顾了地理标志使用人的利益，符合现行商标法律法规的规定，也尊重了历史，符合情理，请求人民法院驳回原告的诉讼请求。

一审审理查明

一审法院经审理查明，"金华火腿"商标是原告的注册商标。金华火腿已获得原产地域产品保护，"金华火腿"亦属于地理标志。2003年9月24日，浙江省工商行政管理局针对原告与金华市金华火腿生产企业之间的商标侵权纠纷向被告请示，请求被告对"金华火腿"字样正当使用的问题予以批复，并随函附上其认为正当的7种金华火腿商品的包装使用形式以及金华市工商行政管理局"关于金华火腿字样在外包装上使用是否构成侵权的请示"。据此，被告作出商标案字〔2004〕第64号《关于"金华火腿"字样正当使用问题的批复》。浙江省工商行政管理局将该批复向其下级工商行政管理局转发，并告知原告。原告不服该批复，向北京市第一中级人民法院提出行政诉讼。

一审判理和结果

一审法院认为，根据《行政诉讼法》第2条的规定，公民、法人或者其他组织认为行政机关和行政机关工作人员的具体行政行为侵犯其合法权益，有权依照本法向人民法院提起诉讼。《最高人民法院关于执行〈中华人民共和国行政诉讼法〉若干问题的解释》第1条规定，公民、法人或者其他组织对具有国家行政职权的机关和组织及其工作人员的行政行为不服，依法提起诉讼的，属于人民法院行政诉讼的受案范围。被告行使其商标管理职权作出本案被诉行政行为，虽然形式上是对下级行政机关请示的批复，但其内容是针对"金华火腿"这一具体事项，且对"金华火腿"字样正当使用问题作出了明确的认定，致使原告的注册商标专用权受到一定的限制。同时，该批复亦通过一定的途径公开，对原告和其他相关人具有一定的约束力。因此，本诉讼属于人民法院受案范围。

《商标法》第10条第2款规定，县级以上行政区划的地名或者公众知晓的外国地名，不得作为商标。但是，地名具有其他含义或者作为集体商标、证明商标组成部分的除外；已经注册的使用地名的商标继续有效。《商标法》第16条规定，商标中有商品的地理标志，而该商品并非来源于该标志所标示的地区，误导公众的，不予注册并禁止使用；但是，已经善意取得注册的继续有效。"金华"是县级以上行政区划的地名，"金华火腿"属于地理标志。原告持有的"金华火腿"商标，在现行《商标法》修正之前已经取得注册，因此继续有效，享有注册商标专用权。被告在批复中对此已予以确认。

根据《商标法实施条例》第49条规定，注册商标中含有的本商品的通用名称、图形、型号，或者直接表示商品的质量、主要原料、功能、用途、重量、数量及其他特点，或者含有地名，注册商标专用权人无权禁止他人正当使用。原告的注册商标为"金华火腿"，其中"火腿"是商品的通用名称，"金华"是地名，因此他人对"金华""火腿"有权依法正当使用。

同时，"金华"并非一般地名，由于"金华火腿"为该地特产之缘故，该地名已具有地理标志的含义。地理标志作为一种知识产权，应受到法律保护。《商标法》第16条和《商标法实施条例》第6条已确立了对地理标志本身予以保护的原则和通过注册为集体商标或者证明商标予以保护的制度。本案中，"金华火腿"地理标志虽未注册为证明商标或者集体商标，但作为一种属于特定区域的、公共的知识产权仍然受法律保护。"金华火腿"作为地理标志，具有标示产品来源于原产地域，并以此标示产品的特定质量、信誉或者其他特征的功能。符合该地理标志使用条件者对"金华火腿"字样的使用，是基于该地理标志的上述功能，其使用具有自身的正当目的，不能推定有与原告产品混淆的恶意。被告的批复对"金华火腿"字样正当使用的方式也提出了要求，以在实际使用中使之与原告的注册商标有所区别，这与《商标法》保护注册商标专用权的原则并无冲突。因此，被告认定"金华特产火腿""××（商标）金华火腿"和"金华××（商标）火腿"属于《商标法实施条例》第49条所述的正当使用方式，并无违法之处。原告所称他人只能在生产厂家和生产地址中使用"金华"地名，没有法律依据；原告认为被告的批复违反《商标法》第52条和《商标法实施条例》第50条，因《商标法实施条例》第49条有特别规定，其主张不符合法律规定。综上，原告的诉讼请求缺乏事实根据和法律依据,本院不予支持。依照最高人民法院《关于执行〈中华人民共和国行政诉讼法〉若干问题的解释》第56条第(4)项的规定,判决如下:驳回原告浙江省食品有限公司的诉讼请求。

上诉与答辩

浙江省食品有限公司不服一审判决,上诉称:一审判决认定事实不清,适用法律错误。一审法院将原告的注册商标认定为"金华火腿",与事实不符,原告的注册商标是"金华",而不是"金华火腿";上诉人商标是"金华",只是一种地名商标,而不是地理标志,因而一审法院用《商标法》第16条关于地理标志的规定来作为判决理由是错误的,地理标志作为一种法律意义上的知识产权,目前只体现于商标立法中的证明商标或者集体商标,只有取得了证明商标或者集体商标注册才享有法律保护,无论是"金华"或者是"金华火腿"都未获得证明商标或者集体商标的注册,因而一审法院关于"金华火腿"是受法律保护的知识产权一说根本没有任何法律依据;上诉人提交的证据4~21反映了上诉人50年来对本案商标倾注的精力、财力及心血,证明上诉人的商标并不是地理标志,被上诉人允许使用上诉人的商标,侵犯了上诉人的在先权利,与本案有明显的关联性,一审判决不予采纳是错误的;另外被上诉人行政程序明显不当,作为行政主体的被上诉人在限制上诉人已有的合法权益时,应当听取行政相对人的意见,给予行政相对人听证的机会,并将行政决定送达行政相对人,但被上诉人以批复的形式秘密施政,剥夺了上诉人应享有的行政参与权,违背了政务公开的原则,不符合行政主体应当具有的正当法律程序。请求二审法院依法改判,撤销被上诉人的64号批复。

被上诉人商标局答辩称:商标名称与商标是两个概念,上诉人的商标就是注册证上所贴的图样,即"金华火腿","金华"是商标名称;地理标志是一种独立于商标的知识产权,对于地理标志的保护,《商标法》第16条及其他条款已经有明确的规定,一审法院的认定符合《商标法》规定;被上诉人在批复中,明确指出了上诉人的注册商标专用权受法律保护,同时也指明了他人正当使用时的具体要求,既全面考虑了《商标法》和《商标法实施条例》中有关保护注册商标专用权和对注册商标正当使用的有关规定,合理界定了正当使用的原则和界限,又维护了地理标志使用人和社会公众的利益,是合理、合法的,请求二审法院维持一审判决,驳回上诉人的诉讼请求。

二审审理查明

1979年10月,中华人民共和国工商行政管理总局颁发的第130131号《商标注册证》载明以下主要内容,商标:金华牌;之下是一个竖立的长方形图案,"发展经济保障供给"位于图案的上部,方形排列的"金华火腿"位于图案中部,"浦江县食品公司"位于图案下部,竖立的长方形图案右下侧注有:"'发展经济、保障供给'企业名称及装潢不在专用范围之内"文字;《商标注册证》载明的企业名称为浦江县食品公司;变更注册事项载明,1983年由商标局核准将商标注册人名义变更为浙江省食品有限公司。在商标局提供的第130131号注册《商标档案》中载明,商标名称:金华;注册人:浙江省食品有限公司;图样:金华火腿(方形排列)。2002年,国家质量监督检验检疫总局公告批准对金华火腿实施原产地域产品保护,核准了15个县、市(区)现辖行政区域;2003年国家质量监督检验检疫总局公告对浙江省常山县火腿公司等55家企业提出使用金华火腿原产地域产品专用标志予以审核注册登记。2003年9月24日，浙江省工商行政管理局针对上诉人与金华市金华火腿生产企业之间的商标侵权纠纷向被上诉人请示，请求被上诉人对"金华火腿"字样的正当使用的问题予以批复，并随函附上其认为正当使用的7种金华火腿商品的包装使用形式，以及金华市工商行政管理局"关于金华火腿字样在外包装上使用是否构成侵权的请示"。据此，被上诉人作出商标案字〔2004〕第64号《关于"金华火腿"字样正当使用问题的批复》。

二审判理和结果

二审法院认为：本案被上诉人是具有全国商标注册和管理等行政管理职能的主管机关，尽管其所作出的商标案字〔2004〕第64号《关于"金华火腿"字样正当使用问题的批复》是对下级工商行政管理机关请求事项的答复，但其内容却是针对"金华火腿"字样正当使用这一具体事项，且"金华火腿"是上诉人的注册商标，批复对"金华火腿"字样正当使用问题作出的明确认定，与上诉人的注册商标专用权具有法律上的利害关系，上诉人以侵犯其合法权益为由提起诉讼，属于人民法院受案范围。

上诉人主张被上诉人的批复行为不符合行政主体应当具有的正当法律程序，没有法律依据，本院不予支持。

我国《商标法》保护的对象是注册的商标，注册的商标应以《商标注册证》和《商标档案》中记载的商标图样为准。根据本案查明认定的事实，从双方当事人提供的第130131号《商标注册证》和第130131号注册《商标档案》中的内容记载看，尽管记载有商标为"金华牌"、商标名称为"金华"的内容，但注册商标的图样均为"金华火腿"（方形排列），因此，本案上诉人受法律保护的注册商标为"金华火腿"，而非"金华"。上诉人认为一审法院判决对此认定事实错误没有事实和法律根据。

本案中上诉人的注册商标"金华火腿"中的"金华"是地名，"火腿"是商品的通用名称，因此他人对"金华""火腿"有权正当使用，被上诉人的批复并无违法之处。上诉人所称他人只能在生产厂家和生产地址中使用"金华"地名，没有法律依据。综上，上诉人的诉讼请求缺乏事实和法律依据。本院依照《行政诉讼法》第61条第（1）项的规定，判决如下：驳回浙江省食品有限公司的上诉请求，维持北京市第一中级人民法院（2004）一中行初字第653号行政判决。本案二审案件受理费人民币1 000元，由浙江省食品有限公司负担。

法官评述

本案主要涉及如下问题：

一、商标专用权的保护对象

要保护当事人的商标专用权，首先应当正确界定商标专用权的保护对象，这也是法院司法审判中必须首先要查清的案件事实。商标专用权的保护对象的认定，直接关系到法律的适用，以及正当使用性质认定，而且还涉及商标专用权的保护范围问题，意义重大。因此，有必要对此加以正确的认定。

商标专用权的保护对象是当事人注册的商标，商标的认定应当以商标注册证上记载的商标为准。从本案二审法院查明第 130131 号《商标注册证》和《商标档案》载明的内容看，出现了"商标：金华牌""商标名称：金华""图样：金华火腿（方形排列）"等，那么，如何认定原告注册的此案商标呢？原告在主张中有时也主张是"金华火腿"，但其最后主张其注册商标为"金华"。从原告提供的有关历史上其产品参加评比的获奖证书等看，有关机关也将原告的注册商标称之为"金华"火腿、"金华火腿"或者"金华牌"火腿等，显然实践中出现了混乱。

笔者认为，根据《商标法》第 8 条的规定，"任何能够将自然人、法人或者其他组织的商品与他人的商品区别开的可视性标志，包括文字、图形、字母、数字、三维标志和颜色组合，以及上述要素的组合，均可以作为商标申请注册。"❶《商标法》第 3 条同时规定："经商标局核准注册的商标为注册商标，包括商品商标、服务商标和集体商标、证明商标；商标注册人享有商标专用权，受法律保护。"从上述规定上看，我国《商标法》保护的对象是注册的商标，注册的商标应以《商标注册证》和《商标档案》中记载的商标图样为准。尽管注册证或者注册档案中出现了"商标：金华牌""商标名称：金华"等，但从历史沿革中可以看出，在过去的商标注册证中出现过商标名称的概念，既然是商标名称或者概念，那么，其必定是个名词或者抽象的概念。而商标的作用在于区别不同的商品来源，按照《商标法》的规定，其可以是"文字、图形、字母、数字、三维标志和颜色组合，以及上述要素的组合"，其特点是要具有可视性，因此，其必然表现为一个图样或者用一种载体表达出来，供人们"可视"，而商标名称这个名词或者抽象概念只是称呼的方便，从根本上不是为了区别商品不同来源的商标作用而存在。因此，笔者认为，尽管商标注册证上存在"商标：金华牌"的记载，或者有商标名称的称呼，但注册商标应是注册的图样，法律保护的也是商标图样。本案中注册商标的图样均为"金华火腿"（方形排列），因此，上诉人受法律保护的注册商标为"金华火腿"，而非"金华"。

值得说明的是，实践中，我们在称呼某一商标标明的品牌时，直呼是什么什么，如可口可乐，实际上，众多的商标还同时配合有图案。在判断商标是否相同或者相近似时，图样的比较具有十分重要的意义。也就是说，商标专用权保护的对象是注册的商标图样，对此，我们必须清醒地加以认识。

二、批复的可诉性问题

本案原告所诉的对象是被告作出的一个批复。对此，被告辩称，其作出的批复不属于具体行政行为，该批复不属于人民法院行政诉讼的受案范围。显然，被告的辩称涉及行政诉讼的一个基本理论问题，或者说行政诉讼法的一个基本问题，即法院行政审判的司法审查范围问题。笔者结合本案之争，谈一些认识。

行政审判的司法审查范围是指人民法院受理行政诉讼案件的范围，这一范围同时决定着法院对行政主体的监督范围，也决定着行政主体侵害的公民、法人和其他组织的诉权的范围。

应该承认，行政诉讼的受案范围取决于一个国家的政治制度的设计，在一些国家，

---

❶ 《商标法》第 4 条同时规定，本法有关商品商标的规定，适用于服务商标。

对行政诉讼的受案范围限制很少，几乎对所有涉及公民权利和义务的行政决定都可以提起诉讼。应该说，行政诉讼受案范围的宽窄决不是立法者的一种偶然选择，它是一个国家的政治、经济、文化及法治状况的综合反映。

在此，笔者不想就我国的行政诉讼的受案范围的设立进行论述，仅就此案中反映出的问题，结合我国目前法律规定的受案范围，对本案法院受理审查的合法性进行考察。

目前，关于我国《行政诉讼法》规定的司法审查范围主要表现在以下三个方面：一是行政诉讼法规定的行政诉讼收案范围，即《行政诉讼法》第2条规定："公民、法人或者其他组织认为行政机关和行政机关工作人员的具体行政行为侵犯其合法权益，有权依照本法向人民法院提起诉讼。"这是对行政诉讼受案范围的总体规定，即限定在"行政机关和行政机关工作人员"的"具体行政行为"上，这是法院受理行政诉讼案件进行司法审查的总体精神。二是对受理范围的正面规定，即《行政诉讼法》第11条规定的7种具体行政行为，当事人不服，可以提起行政诉讼；对于法律没有明确的限定，限定在认为"侵犯其他人身权、财产权的"范围之内；还有法律、法规规定可以提起诉讼的其他行政案件。三是对不可诉行为进行排除。即《行政诉讼法》第12条规定："人民法院不受理公民、法人或者其他组织对下列事项提起的诉讼：（一）国防、外交等国家行为；（二）行政法规、规章或者行政机关制定、发布的具有普遍约束力的决定、命令；（三）行政机关对行政机关工作人员的奖惩、任免等决定；（四）法律规定由行政机关最终裁决的具体行政行为。"

从上述规定可以得出，目前我国行政诉讼的范围不取决于单行法律、法规是否有特别的规定，也不取决于是何种规范所作出的规定，只要不属于《行政诉讼法》第12条规定的排除范围，人民法院均可以受理；对于除人身权、财产权以外的其他方面的行政案件，如劳动权、休息权、受教育权、集会游行示威权等，根据《行政诉讼法》的规定，取决于法律、法规是否有特别的规定；当然，在界定受案范围时，还要对行政主体及行政职权等进行界定，即具有可诉性：第一，可诉性行为是拥有行政管理职权的组织所实施的行为；第二，是可诉性行政行为是与行使行政管理职权有关的行为；第三，是对行政管理相对人的权利和义务发生实际影响的行为；如果是不成熟的行政行为、行政调解行为、行政指导行为、重复处理行为等则不能提起诉讼；第四，是可诉性行为不属于法律明确排除予以司法审查的行为；第五，是具有司法审查必要性，即这些行为法律并没有为其提供必要的有效的救济途径。

结合本案，被告作出的行为虽然是一种批复，但从上述法律规定的情形看，该批复拥有行政职权的行政机关为行使行政管理职能而作出的；该批复尽管是针对下级行政机关的请示进行的答复行为，但其内容是针对"金华火腿"这一具体事项，且对"金华火腿"字样正当使用问题作出了明确的认定，致使原告的注册商标专用权受到一定的限制，对原告的权利义务具有直接影响，同时，该批复亦通过一定的途径公开，对原告和其他相关人员具有一定的约束力；该批复行为并没有法律规定属于可免于司法审查的情形，又属于涉及原告财产权利的具体行政行为。因此，本诉讼属于人民法院收案范围。

三、通用名称与地名注册为商标的不得禁止他人正当使用

"金华火腿"是原告合法持有的注册商标，其中含有"金华"这个地名。从前述起

诉与答辩的内容来看，原被告双方显然存在着对地理名称和通用名称的正当使用问题的理解分歧。

从案情中可以看出，原告的商标是"金华火腿"，其中"金华"是地名，"火腿"是商品的通用名称。那么，"金华火腿"的专用权是什么，他人如何使用其中的地名和通用名称才属于正当使用呢？要准确地理解这个问题，我们应当首先正确理解法律规定的原意。

首先，认识一下关于地名正当使用问题，《商标法》第10条规定，县级以上行政区划的地名或者公众知晓的外国地名，不得作为商标。但是，地名具有其他含义或者作为集体商标、证明商标组成部分的除外；已经注册的使用地名的商标继续有效。本案中，上诉人的注册商标是"金华火腿"，其中"金华"是县级以上行政区划的地名，但原告持有的"金华火腿"商标，是在现行《商标法》修正之前已经取得注册，因此继续有效，依法享有注册商标专用权。但应当认识到，原告的注册商标是"金华火腿"，而不是"金华"，"金华火腿"注册商标专用权对其中含有的地名并不具有专用权，其专用权只能与注册商标整体专用，而不能单独专有享有，原告无权阻止他人使用；同时从法律的规定看，原本地名就不得使用于商标，已经注册的也只是可以维持继续有效，而不能扩大其权利范围。关于正当使用的理解，目前，并没有一个统一的认识，笔者认为，他人对地名的使用只要不造成与注册商标相同或者相近似的后果，不管是出于何种目的，均应视为正当使用，而非一定只有在厂名或者地址中使用才属于正当的善意使用，原告诉称他人只能在生产厂家和生产地址中使用"金华"地名，没有法律依据，是对法律规定的正当使用的误解。

其次，再认识一下通用名称的正当使用问题。原告注册的商标"金华火腿"中还含有"火腿"的名称。而对此，《商标法》第11条、第12条规定：仅有本商品的通用名称、图形、型号的；仅仅直接表示商品的质量、主要原料、功能、用途、重量、数量及其他特点的；缺乏显著特征的标志不得作为注册商标使用。当然，考虑到商标的功能，如果上述所列标志经过使用取得显著特征，并便于识别的，可以作为商标注册。还有《商标法》第13条规定"以三维标志申请注册商标的，仅由商品自身的性质产生的形状、为获得技术效果而需有的商品形状或者使商品具有实质性价值的形状"的，也不得注册。同时还规定，注册商标中含有的本商品的通用名称、图形、型号，或者直接表示商品的质量、主要原料、功能、用途、重量、数量及其他特点，注册商标专用权人无权禁止他人正当使用。

从上述规定看，仅有本商品的通用名称不得作为商标使用；注册商标中含有的本商品的通用名称的，注册商标专用权人无权禁止他人正当使用。原告的注册商标为"金华火腿"，其中"火腿"是商品的通用名称，属于后者的情形。道理同上地名的正当使用一样，也应当理解为这种使用以不造成与注册商标相同或者相近似为限。

可以理解，地名及通用名称是一种公共资源，出于维护市场竞争的公平与公正，《商标法》有关地名及通用名称的规定，其目的是为防止可能出现的这些公共资源为一家所垄断现象的出现；同时，地名及通用名称，也不符合商标的功能，因为这些标志均缺乏商标的显著性，难以起到区别商品的不同来源的作用。法律的这些规定表现出了一种利益的平衡和干预，尽管这种干预相对较弱。

原告注册商标为"金华火腿"，其中"火腿"是商品的通用名称，"金华"是地名，因此他人对"金华""火腿"有权依法正当使用。

再从涉案批复的内容来看，批复对认定的"金华火腿"字样的三种正当使用方式的原则和界限进行了合理界定，并提出了具体要求，此要求使之与原告的注册商标相区别，不会使消费者产生误认。这与《商标法》保护注册商标专用权的原则并无冲突，被告认定"金华特产火腿""××（商标）金华火腿"和"金华××（商标）火腿"属于《商标法实施条例》第49条所述的正当使用方式，并无违法之处。

四、地理标志的注册与法律保护

在诉讼中，也有一种认识，即"金华火腿"是原告注册的商标，但其属于地理标志，具有标示产品来源于原产地域，并以此标示产品的特定质量、信誉或者其他特征的功能；"金华火腿"地理标志虽未注册为证明商标或者集体商标，但作为一种属于特定区域的公共的知识产权仍然受法律保护；符合该地理标志使用条件者对"金华火腿"字样的使用，是基于该地理标志的上述功能，其使用具有自身的正当目的，不能推定有与原告产品混淆的恶意。被告的批复与《商标法》保护注册商标专用权的原则并无冲突。

那么，被告的批复是地理标志性的正当使用吗？地理标志应该如何认定，如何保护。针对上述的认识，笔者谈点对地理标志理解。[1]

1. 地理标志应通过证明商标或者集体商标申请注册加以保护

《商标法》规定的地理标志，是指标示某商品来源于某地区，该商品的特定质量、信誉或者其他特征，主要由该地区的自然因素或者人文因素所决定的标志。正是由于地理标志的特殊性，与特定的地区的自然因素或者人文因素紧密相关联，标示某商品来源于某地区，标示着该商品的特定质量、信誉或者其他特征，所以法律规定商标中有商品的地理标志，而该商品并非来源于该标志所标示的地区，误导公众的，不予注册并禁止使用；但是，已经善意取得注册的继续有效。

根据《商标法实施条例》第6条的规定，地理标志，可以依照《商标法》和本条例的规定，作为证明商标或者集体商标申请注册。

2. 地理标志是一种公共知识产权，其使用具有相对的开放性

《商标法》规定，以地理标志作为证明商标注册的，其商品符合使用该地理标志条件的自然人、法人或者其他组织可以要求使用该证明商标，控制该证明商标的组织应当允许。以地理标志作为集体商标注册的，其商品符合使用该地理标志条件的自然人、法人或者其他组织，可以要求参加以该地理标志作为集体商标注册的团体、协会或者其他组织，该团体、协会或者其他组织应当依据其章程接纳为会员；不要求参加以该地理标志作为集体商标注册的团体、协会或者其他组织的，也可以正当使用该地理标志，该团体、协会或者其他组织无权禁止。

---

[1] 国家质量监督检验检疫总局于2005年6月7日发布了《地理标志产品保护规定》，国家工商行政管理总局于2007年1月24日发布了《地理标志产品专用标志管理办法》（工商标字〔2007〕15号）。笔者此处关于地理标志的理解撰写于上述两份文件之前，特此说明。

3. "金华火腿"是商标,是否还是地理标志

首先应当肯定的是,"金华火腿"是原告合法注册的商标,根据法律的规定,其依法享有商标专用权。那么,"金华火腿"是否还属于地理标志呢?根据《商标法》的有关规定,地理标志不但与特定的地区的自然因素或者人文因素紧密相关联,还标示某商品来源于某地区和该商品的特定质量、信誉,是一种特殊的商标,因此,法律确立了对地理标志本身予以保护的原则和通过注册为集体商标或者证明商标注册制度。也就是说,一个地理标志应当通过商标注册制度加以确立。在确立过程中,商标注册机构要根据相关要素,对一个标志是否构成地理标志进行评价。本案中,"金华火腿"作为地理标志目前并没有进行证明商标或者集体商标的注册。因此,其是否为地理标志,目前,至少我们不能从法律上给其一个定论,至多可以讲,其具有地理标志性质或含义。至少,笔者认为,在目前条件下,我们还不能以其是地理标志为由,肯定相关企业可以正当使用。

4. 司法机关能否在案件审判中直接认定地理标志问题

由于地理标志的确定涉及一个地区的自然因素或者人文因素,以及由此决定的商品的特定质量、信誉或者其他特征,因此,这需要进行统一论证或者认定。根据现行《商标法》的有关规定,目前,地理标志是通过向国家商标管理机构申请注册证明商标,或者集体商标的方式进行确认的。那么,司法实践中法院能否直接认定地理标志呢?在笔者看来,答案应当是肯定的,这是司法最终决定权的性质决定的。因为,地理标志的行政授权与否都可能要接受司法的审查,最终由司法裁判作为结论。犹如已经为理论界和实务界所认可的驰名商标的认定一样,法院具有相应的认定权。但值得指出的是,法院在认定时,必然对该地理标志涉及的一个地区的自然因素或者人文因素,以及由此决定的商品的特定质量、信誉或者其他特征作出是否符合地理标志的条件的评价,或者认定,尽管目前这种评价尚没有法律层面的标准,又及于因此,司法实践中,由法院直接认定地理标志尚有一定的困难。正是及于上述认识,笔者不太赞成在没有相应"评价,或者认定"的情况下,或者甚至没有相关表述的情况下,直接将"金华火腿"直接称呼为地理标志,或者以"金华火腿"是地理标志为基础,得出相关企业对"金华""火腿"的使用是地理标志性的使用。

当然,一个地理标志一旦被司法机关认定为地理标志,那么,在今后的类似纠纷中,或者行政机关的申请注册中,应当直接加以确认,或者直接作为申请注册的依据。

5. 注意区别通用名称、地名与地理标志的正当使用的区别

地理标志的正当使用是针对地理标志而言的,而非针对注册商标中含有地理名称或者通用名称等情况。因此,本案中,从原告注册的商标中含有地名和通用名称的角度,其无权禁止他人正当予以使用,而被告的批复中确定的使用方式,也并非是针对地理标志的使用,因此,认定以生产"金华火腿"的企业使用"金华""火腿"字样,为地理标志性的使用没有根据。因为,我们找不到证据或者理由来认定使用者的使用是否符合该地理标志使用条件,也没有理由认定使用者是基于该地理标志的上述功能,其使用具有自身的正当目的。同时,从被告的批复正当使用方式的形式来看,"金华特产火腿""××(商标)金华火腿"和"金华××(商标)火腿"也非纯性质的"金华火腿"地

理标志性的使用,至多可以理解为"不要求参加以该地理标志作为集体商标注册的团体、协会或者其他组织的,也可以正当使用该地理标志,该团体、协会或者其他组织无权禁止"的情况。但这却没有"不要求参加以该地理标志作为集体商标注册的团体、协会或者其他组织的"前提。

值得一提的是,2002年,国家质量监督检验检疫总局公告批准对金华火腿实施原产地域产品保护,核准了15个县、市(区)现辖行政区域;2003年国家质量监督检验检疫总局公告对浙江省常山县火腿公司等55家企业提出使用金华火腿原产地域产品专用标志予以审核注册登记。

笔者认为,这是我国对地理标志进行知识产权保护过程中出现的质量监督检验方面的行政保护,至于其与《商标法》的地理标志商标保护的关系问题,笔者在此不做探讨和论述,但至少在论及地理标志商标保护时,国家质量监督检验检疫总局的上述保护措施,可以作为评定"金华火腿"的地理标志注册商标成就时的有力证据。

(二审合议庭成员:辛尚民 景 滔 任全胜
编写人:北京市高级人民法院 辛尚民)

刑事案件

41. 李亚德、陈俊假冒注册商标罪案

阅读提示： 假冒注册商标罪在客观方面的行为特征是什么？假冒注册商标，情节严重的行为，是否都可能构成假冒注册商标罪？若单位犯假冒注册商标罪，应如何承担刑事责任？如该单位已经停业，没有适格的诉讼代表人，是否应将其列为被告单位参加诉讼？

裁判要旨

假冒注册商标罪在客观方面表现为未经注册商标所有人许可，在同一种商品上使用与其注册商标相同的商标，情节严重的行为。假冒注册商标行为一般包括以下四种行为：①在同一种商品上使用与他人注册商标相同的商标；②在同一种商品上使用与他人注册商标相近似的商标；③在类似商品上使用与他人注册商标相同的商标；④在类似商品上使用与他人注册商标相近似的商标。但是《刑法》第213条仅仅将上述第一种行为规定为犯罪，对其他三类假冒注册商标的行为不以假冒注册商标罪论处，而只以商标违法行为处理。

假冒注册商标罪的主体是一般主体，包括自然人和单位。单位犯假冒注册商标罪的，对单位判处罚金，并对犯罪行为直接负责的主管人员和直接负责的其他人员追究刑事责任。如该单位已经停业，没有适格的诉讼代表人，不应当将其列为被告单位参加诉讼。

案　号

一审：江苏省南通市中级人民法院（2005）通中刑二初字第0014号

案情与裁判

公诉机关：江苏省南通市人民检察院。

被告人：李亚德（英文名 ELBADAOUI RIAD MUSTAPHA），原系南通芭蕾米拉

日用化学品有限公司董事。

被告人：陈俊，原系南通芭蕾米拉日用化学品有限公司技术员。

指控与辩护

公诉机关指控：南通芭蕾米拉日用化学品有限公司（简称"芭蕾米拉公司"）于2004年8月注册成立。被告人李亚德在负责管理该公司期间，与芭蕾米拉公司法定代表人哈里发（另案处理）及被告人陈俊组织生产、销售假冒"DOVE""JERGENS"等8件注册商标的化妆品，价值155 734美元，折合人民币1 287 001.35元。其中被告人陈俊参与生产假冒注册商标的产品，价值118 272美元，折合人民币977 411.64元。公诉机关认为，芭蕾米拉公司未经注册商标所有人许可，在同一商品上使用与其注册商标相同的商标，情节特别严重。被告人李亚德作为芭蕾米拉公司直接负责的主管人员、被告人陈俊作为该公司的直接责任人员，其行为均已触犯《刑法》第213条、第220条的规定，应当以假冒注册商标罪追究其刑事责任。提请本院依法判处。

庭审中，被告人李亚德、陈俊对公诉机关指控的犯罪事实均未提出异议。

被告人李亚德的辩护人周勇、万军提出以下辩护意见：

1. 被告人李亚德以单位的名义组织生产假冒注册商标的产品并销售，应当将芭蕾米拉公司列为被告单位参加本案的诉讼。

2. 被告人李亚德只是芭蕾米拉公司的股东及董事，而非公司的法定代表人，其只应对自己所参与的犯罪行为承担刑事责任，而不应对单位的全部犯罪行为承担责任。

3. 对于国外的注册商标所有权人或者其授权的中国代理公司所出具的未授权芭蕾米拉公司使用该公司注册商标的证明，未经中华人民共和国驻该国大使馆或者领事馆认证或者公证的，因其缺乏证据的有效要件，故不能作为指控被告人李亚德犯假冒注册商标罪的直接证据使用。

4. 本案所涉的假冒注册商标的商品均系国际知名品牌，其生产成本、销售价格至少应当由国家一级或者国际组织认可的价格认证机构认证，故南通市价格认证中心所作的价格鉴定结论，不能作为认定被告人李亚德涉嫌假冒注册商标罪犯罪数额的主要证据。

5. 公诉机关对芭蕾米拉公司生产、销售的假冒注册商标的商品的销路及最终去向无证据证实，造成证据链的脱节，不利于公正地区分罪责。

6. 被告人李亚德由于缺乏对中国法律的了解，不知道自己实施的是犯罪行为，犯罪的主观恶性较小，且其系偶犯、初犯，认罪态度好，应当对其从轻或者减轻处罚并适用缓刑。

被告人陈俊的辩护人徐健、蔡继白提出以下辩护意见：被告人陈俊未参与公司的决策，其犯罪行为是在被告人李亚德的授意下实施，在犯罪中所起的作用较小，且本案社会危害较小，被告人陈俊又系初犯，请求法院对其从轻或者减轻处罚。

一审审理查明

一审法院经审理查明：芭蕾米拉公司于2004年8月17日注册成立，其核准经营的范围是生产、销售日用化妆品，但该公司自成立至案发时，未取得生产许可证。被告人李亚德为该公司董事及实际经营人，负责公司的全部事务；被告人陈俊于2004年11月至该公司工作,为该公司负责产品配制的技术人员。

被告人李亚德在负责管理芭蕾米拉公司期间,在未获注册商标所有权人许可的情况下,与该公司法定代表人哈立发(另案处理)合谋生产、销售假冒注册商标的商品,由被告人陈俊负责产品的配方。自2004年12月至2005年3月,该公司生产假冒"DOVE""JERGENS""SENSODYNE(新爽多)""NIVEA""FA""REXONA""NAIR""BOSS HUGO BOSS"等八种注册商标的化妆品,共计价值155 734美元,折合人民币1 287 001.35元。其中:生产、销售"DOVE"产品17 162打,价值43 124美元;生产、销售"JERGENS"产品4 864打,价值19 456美元;生产、销售"SENSODYNE(新爽多)"产品13 868打,价值27 736美元;生产、销售"NIVEA"产品4 828打,价值12 548美元;生产、销售"FA"产品220打,价值550美元;生产、销售"REXONA"产品1 308打,价值2 616美元;生产、销售"NAIR"产品7 504打,价值15 008美元;生产、销售"BOSS HUGO BOSS"产品50mL装4 920打,价值18 204美元,100mL装2 424打,价值10 908美元,合计29 112美元。此外,生产"SENSODYNE(新爽多)"产品2 280打,价值4 560美元;生产"NAIR"产品512打,价值1 024美元。

被告人陈俊参与了假冒"DOVE""NIVEA""JERGENS""NAIR""BOSS HUGO BOSS"等5种注册商标商品的生产、销售行为,价值为118 272美元,折合人民币977 411.64元。其中,除其参与生产、销售的"DOVE"产品数额为16 162打,销售所得为41 124美元以外,其余4种商品的销售数额及价值与上述相同。

案发后,公安机关依法将芭蕾米拉公司的化妆品生产线4条及相关设备予以查封。

一审判理和结果

一审法院认为:被告人李亚德身为芭蕾米拉公司董事及实际经营人,未经注册商标所有人许可,在同一种商品上使用与其注册商标相同的商标,情节特别严重,其行为已构成假冒注册商标罪。被告人陈俊明知芭蕾米拉公司生产、销售假冒他人注册商标的商品,仍为公司的假冒行为提供技术指导,参与对部分假冒商品的配制,其行为亦构成假冒注册商标罪,应当承担相应的刑事责任。公诉机关指控被告人李亚德、陈俊犯假冒注册商标罪的事实清楚,证据确实、充分,指控的罪名成立,一审法院予以采纳。

对被告人李亚德的辩护人提出的辩护意见,评判如下:

1. 公诉机关虽将本案指控为单位犯罪,但鉴于芭蕾米拉公司现已停业,亦未能找到适格的诉讼代表人,无法承担单位犯罪的刑事责任,故未将该公司列为被告单位参加诉讼。被告人李亚德、陈俊作为本案的被告人,只承担其二人分别作为芭蕾米拉公司直接负责的主管人员以及直接责任人员所应承担的责任。公诉机关未将芭蕾米拉公司列为被告单位,于法有据。辩护人认为应当将芭蕾米拉公司列为被告单位参加诉讼的辩护意见不能成立,一审法院不予采纳。

2. 芭蕾米拉公司的法定代表人哈立发并不参与公司的生产经营,被告人李亚德虽非公司的法定代表人,但是其负责管理公司的一切事务,公司的所有经营行为亦由其决定,被告人李亚德实系该公司实际负责的主管人员,并参与决定、实施了公诉机关所指控的芭蕾米拉公司所实施的假冒他人注册商标的所有行为,故其应当承担直接负责的主管人员的责任。被告人李亚德的辩护人认为其不应对芭蕾米拉公司的所有犯罪行为承担刑事责任的辩护意见不能成立，一审法院不予采纳。

3. 根据我国《刑事诉讼法》相关司法解释的精神，对于国外注册商标所有权人所出具的证明以及其授权国内代理公司代理知识产权事务的授权委托书，未经所在国公证机关证明，并经我国驻该国使、领馆认证的，将不作为认定案件事实的证据加以采纳。被告人李亚德的辩护人的该辩护意见成立，一审法院予以采纳。但在本案中，认定芭蕾米拉公司以及被告人李亚德、陈俊所实施的犯罪行为未获注册商标所有权人授权的证据，除了注册商标所有权人或者其委托的代理公司所出具的有效证明外，被告人李亚德、陈俊的供述、证人付玲玲等的证言以及芭蕾米拉公司的工商登记资料等证据亦能充分证明上述事实。故对部分未经认证的证据的排除，不影响本案事实的认定。

4. 根据我国《刑事诉讼法》及国家计划委员会、最高人民法院、最高人民检察院、公安部1997年4月22日颁布实施的《扣押、追缴、没收物品估价管理办法》的相关规定，县级以上人民政府价格主管部门所设立的价格评估机构办理同级人民法院、人民检察院、公安机关委托的扣押、追缴、没收物品的估价，该规定并未对国际知名商品的价格鉴定机构作出特别的规定，因此，南通市价格认证中心接受南通市公安局的委托，依法所作的价格鉴定结论具有证据能力，被告人李亚德的辩护人以南通市价格认证中心不具有鉴定国际知名商品价格的资质为由，否认该认证中心所作的价格鉴定结论具有证据能力的辩护意见不能成立，一审法院不予采纳。但是，由于南通市价格认证中心的鉴定结论未涉及本案8种商品的价格认证，故一审法院未将其作为证明案件事实的证据。

5. 芭蕾米拉公司所生产的假冒他人注册商标的产品通过上海全达货运代理有限公司代理出口销售至中东市场的事实，有被告人李亚德供述、证人付玲玲和熊达等的证言以及书证提单、出口货物委托书等证据证实，证据确实充分，而非如被告人李亚德的辩护人所说的证据链脱节。而且在有充分证据证实芭蕾米拉公司生产、销售假冒他人注册商标的商品的事实的情况下，假冒商品的最终销售方向查明与否，不影响对被告人指控罪名的成立以及对本案的公正处理。因此，被告人李亚德的辩护人的该辩护意见不能成立，一审法院不予采纳。

6. 被告人李亚德在中国开办公司，应当了解并遵守中国法律规定。其在我国苏州市开办企业期间，曾因为假冒他人注册商标而被行政处罚，在南通投资开办企业的过程中，再次实施假冒他人注册商标的行为，而且犯罪数额高达一百多万人民币，说明其犯罪的主观故意明确，且犯罪数额巨大，情节特别严重。被告人李亚德归案后，在我国司法机关的追诉、审判过程中，如实供认罪行，依法可以酌情对其从轻处罚。但是由于其犯罪情节特别严重，不符合我国法律关于缓刑适用的规定，不能适用缓刑。被告人李亚德的辩护人认为其认罪态度较好，请求对其从轻处罚的辩护意见成立，一审法院予以采纳；但辩护人以李亚德对中国法律不了解导致犯罪等为由，请求对其适用缓刑的辩护意见不能成立，一审法院不予采纳。

对被告人陈俊的辩护人的辩护意见，评判如下：

被告人陈俊明知芭蕾米拉公司生产、销售假冒他人注册商标的商品，仍为其提供技术上的帮助，进行假冒注册商标商品的配制，该行为在芭蕾米拉公司实施犯罪过程起关键作用。此外，陈俊所参与犯罪的数额达人民币97万余元，犯罪情节特别严重。因此，被告人陈俊的辩护人认为其在犯罪中所起的作用较小且本案危害较小的辩护意见不能成立，一审法院不予采纳。但是其辩护人以被告人陈俊归案后认罪态度好，请求法院对其从轻处罚的辩护意见成立，一审法院予以采纳。

为打击假冒注册商标的行为，保护注册商标所有权人的商标专用权，维护国内、国际市场的正常秩序，一审法院根据《刑法》第213条、第220条、第30条、第31条、第35条、第64条之规定，判决如下：一、被告人李亚德犯假冒注册商标罪，判处有期徒刑4年，并处罚金人民币50万元，附加驱逐出境。被告人陈俊犯假冒注册商标罪，判处有期徒刑3年，并处罚金人民币30万元。二、公安机关查封在案的芭蕾米拉公司的生产设备予以没收，上缴国库。

法官评述

商标是由文字、图形、字母、数字、三维标志和颜色构成的，使用于一定商品或者服务，用以区别该商标使用者与同类商品生产者或者提供者的显著标记。商标不仅代表着商品、服务本身的价值和质量，同时也是商标权人重要的无形资产。当前，受经济利益的驱使，我国许多地方制售假冒伪劣产品的违法犯罪行为越来越多，甚至在部分地区有愈演愈烈之势，出现了大量的"制假村""制假县"，严重侵犯了相关权利人的合法权益，扰乱了正常的市场经济秩序，也在国际上给中国商品造成了极其恶劣的负面影响。为维护正常的市场秩序，保护商标权利人的合法权益，应当依法严惩假冒注册商标违法犯罪行为，特别是加大对假冒商标犯罪行为的打击力度。

一、假冒注册商标罪在客观方面的行为特征

1997年《刑法》第3章第7节规定了3种侵犯注册商标的犯罪行为：假冒注册商标罪、销售假冒的注册商标的商品罪、非法制造销售非法制造的注册商标标识罪。其中，假冒注册商标罪在客观方面表现为未经注册商标所有人许可，在同一种商品上使用与其注册商标相同的商标，情节严重的行为。本罪的客观方面具体包括以下几点：

1. 未经注册商标所有人许可

根据《商标法》的规定，商标所有人可以允许他人在其商品上使用其注册商标。未经许可，不得在相同或者相似的商品上使用与他人注册商标相同或者类似的商标。这是注册商标专用权的内容之一。未经注册商标所有人许可一般包括以下具体情形：行为人从未获得过注册商标所有人使用其注册商标的许可，即商标所有权人未在任何时间以任何方式许可行为人使用其注册商标；行为人虽然曾经获得过注册商标所有人的使用许可，但在许可使用合同规定的使用期限届满后，仍然继续使用注册商标所有人的商标；行为人虽然曾经获得注册商标所有人的使用许可，但由于被许可人不能保证使用该商标的商品的质量等原因导致许可合同提前解除，行为人在合同解除后仍然继续使用该注册商标；行为人虽然获得了注册商标所有人的使用许可，但超越许可使用注册商标的商品范围使用；行为人虽然获得了注册商标所有人的使用许可，但超越许可使用注册商标的地域范围使用等。

2. 在同一种商品上使用与他人注册商标相同的商标

在《商标法》上，未经注册商标所有人的许可，在同一种商品或者类似商品上使用与其注册商标相同或者近似商标的行为均属于假冒商标行为。但行为人未经过注册商标所有人的许可而使用与其注册商标相同的商标，是本罪的最本质的特征。假冒注册商标行为包括以下四种行为：①在同一种商品上使用与他人注册商标相同的商标；②在同一种商品上使用与他人注册商标相近似的商标；③在类似商品上使用与他人注册商标相同的商标；④在类似商品上使用与他人注册商标相近似的商标。但是《刑法》第213条仅仅将上述第一种行为规定为犯罪，对其他三类假冒注册商标的行为不以假冒注册商标罪论处，而只以商标违法行为处理。实践中，大量存在的行为人擅自在同种商品上使用与他人注册商标相似的商标，或者在类似商品上使用与他人注册商标相似乃至相同的商标的行为，应为一般违法行为，并不构成假冒注册商标罪。因此，区分"同一种商品"与"类似商品""相同商标"与"相近似商标"对于准确认定本罪的客观方面具有十分重要的意义。

（1）关于"同一种商品"的认定。"同一种商品"不同于"类似商品"，也不是指完全一样的相同商品，它在本质上是指性质和用途相同的商品。根据《商标法》的规定，应按照商品的原料、形状、性能、用途等因素以及习惯来判断，同一种商品一般指名称相同的商品，或者名称虽不相同但所指的商品是相同的商品。有些商品的原料、外观不相同，但从消费者情况考虑，在本质上有同一性，应视为同一种商品。根据《商品和服务国际分类表》，该表对所有的商品按照类、组、种三个级次进行了分类，在确定属于同一类别的商品的情况下，再结合考虑商品的名称、用途是否一致来判断商品是否属于"同一种商品"。但这不能作为判断同一种商品的标准，而只作为参考。

（2）关于"相同的商标"的认定。"相同的商标"是指与被假冒的注册商标构成要素及组合完全相同的商标，或者与被假冒的注册商标在视觉上基本无差别、足以对公众产生误导的商标，包括商标的音、形、意完全相同或者基本相同。这里的"基本相同"不同于"相近似"，而是指仅存在细微差别的极为相似，只要这种"细微差别"不足以影响对公众的误导，就可以认定为"相同的商标"。至于"相同商标"与"相近似商标"应从文字、图形等构成要素及其组合的方式等角度进行具体认定。

（3）关于"使用"，根据《商标法实施条例》第3条的规定，商标的"使用"，包括将商标用于商品、商品包装或者容器以及商品交易文书上，或者将商标用于广告宣传、展览以及其他商业活动中，其范围非常广泛，不局限于用于商品上。使用商标的商品不仅包括进入市场的商品，也包括为销售而储存、运输、展览的商品。

3. 必须是"情节严重"的行为

根据《刑法》的规定，本罪属于情节犯，只有假冒他人注册商标的行为达到"情节严重"的程度，才能构成本罪。根据2004年12月8日《关于办理侵犯知识产权刑事案件具体应用法律若干问题的解释》（简称《解释》）第1条的规定，假冒他人注册商标，具有下列情形之一的，属于"情节严重"：（1）非法经营数额在5万元以上或者违法所得数额在3万元以上的；（2）假冒两种以上注册商标，非法经营数额在3万元以上或者违法所得数额在2万元以上的；（3）其他情节严重的情形。具有下列情形之一的，属于《刑法》第213条规定的"情节特别严重"，应当以假冒注册商标罪判处3年以上7年以下有期徒刑，并处罚金：（一）非法经营数额在 25 万元以上或者违法所得数额在 15 万元以上的；（二）假冒两种以上注册商标，非法经营数额在 15 万元以上或者违法所得数额在 10 万元以上的；（三）其他情节特别严重的情形。早在 2001 年 4 月 18 日，最高人民检察院、公安部颁布的《关于经济犯罪案件追诉标准的规定》（简称《规定》）第 61 条对本罪的立案标准作出了明确的规定，即涉嫌下列情形之一的，应当以假冒注册商标罪进行追诉：(1) 个人假冒他人注册商标，非法经营数额在 10 万元以上的；(2) 单位假冒他人注册商标，非法经营数额在 50 万元以上的；(3) 假冒他人驰名商标或者人用药品商标的；(4) 虽未达到上述数额标准，但因假冒他人注册商标，受过行政处罚两次以上，又假冒他人注册商标的；(5) 造成恶劣影响的。关于"非法经营数额"，是指行为人在实施侵犯知识产权的行为过程中，制造、储存、运输、销售侵权产品的价值。已销售的侵权产品的价值，按照实际销售的价格计算。制造、储存、运输和未销售的侵权产品的价值，按照标价或者已经查清的侵权产品的实际销售平均价格计算。侵权产品没有标价或者无法查清其实际销售价格的，按照被侵权产品的市场中间价格计算。关于"违法所得"，是指将假冒注册商标的商品实际销售出去后所得的收入。多次实施侵犯知识产权的行为，未经行政处理或者刑事处罚的，非法经营数额、违法所得数额或者销售金额累计计算。

上述《解释》和《规定》相比而言，不论是个人假冒注册商标还是单位假冒注册商标，《解释》所规定的立案标准都低于《规定》，即按照《解释》中的立案标准，构成假冒注册商标罪的门槛更低。由于《解释》发布在后，又是专门针对侵犯知识产权刑事案件颁布的司法解释，因此，《规定》与《解释》存在不一致的地方，应当以《解释》为准，而《解释》中未涉及的，仍可以参照《规定》中的标准。

二、单位犯假冒注册商标罪的刑事处罚

假冒注册商标罪的主体是一般主体，包括自然人和单位。根据《刑法》第 30 条，公司、企业、事业单位、机关团体实施的危害社会的行为、法律规定为单位犯罪的，应当负刑事责任。《刑法》第 220 条"单位犯本节第 213~219 条规定之罪的，对单位判处罚金，并对主管人员和直接负责的其他人员依照本节各该条规定处罚"。故单位犯假冒注册商标罪的，对单位判处罚金，并对犯罪行为直接负责的主管人员和直接负责的其他人员追究刑事责任。关于单位犯罪的立案标准，如果单位要构成本罪，必须达到上述个人犯罪立案标准的 3 倍才能予以定罪量刑。

本案例即属于单位犯罪的情形，只是鉴于芭蕾米拉公司已经停业，没有适格的诉讼代表人，已无法承担单位犯罪的刑事责任，故未将其列为被告单位参加诉讼。被告人李亚德身为芭蕾米拉公司董事及实际经营人，未经注册商标所有人许可，在同一种商品上使用与其注册商标相同的商标，被告人陈俊明知芭蕾米拉公司生产、销售假冒他人注册商标的商品，仍为公司的假冒行为提供技术指导，参与对假冒商品的配制，他们作为芭蕾米拉公司直接负责的主管人员和直接责任人员，都被追究相应的刑事责任。

（一审合议庭成员：周东瑞　曹翠萍　刘　瑜

编写人：江苏省南通市中级人民法院　刘　瑜）

42. 北京美通嘉禾科技有限公司及张升德、吴瑞英销售假冒注册商标的商品案

阅读提示：销售假冒注册商标的商品罪与类罪（如销售伪劣产品罪、假冒注册商标罪）如何区分？粘贴商标行为，即将购进的盗版软件及假冒的注册商标进行包装后销售是构成假冒注册商标罪还是销售假冒注册商标的商品罪？

裁判要旨

根据《刑法》第213条的规定，未经注册商标所有人许可，在同一种商品上使用与其注册商标相同的商标，情节严重的，处3年以下有期徒刑或者拘役，并处或者单处罚金；情节特别严重的，处3年以上7年以下有期徒刑，并处罚金。构成该罪，主观方面要求"明知"是假冒他人注册商标的商品而予以销售，客观方面要求达到"情节严重"的程度。对于"明知"，《最高人民法院、最高人民检察院关于办理侵犯知识产权刑事案件具体应用法律若干问题的解释》（2004年12月8日）第9条规定，指下列情形之一：（1）知道自己销售的商品上的注册商标被涂改、调换或者覆盖的；（2）因销售假冒注册商标的商品受到过行政处罚或者承担过民事责任，又销售同一种假冒注册商标的商品的；（3）伪造、涂改商标注册人授权文件或者知道文件被伪造、涂改的；（4）其他知道或者应当知道是假冒注册商标的商品的情形。同时，两高解释规定，对于"情节严重"，主要是从数额方面予以界定，即"数额较大"是指销售金额在5万元以上的情形，"数额巨大"是指销售金额在25万元以上的情形。

案 号

一审：北京市海淀区人民法院（2007）刑字第2760号

案情与裁判

公诉机关：北京市海淀区人民检察院
被告单位：北京美通嘉禾科技有限公司
被告人：张升德，系北京美通嘉禾科技有限公司总经理
被告人：吴瑞英，系北京美通嘉禾科技有限公司销售部职员
指控与辩护
公诉机关指控：2002年11月，被告人张升德以其妻杨海燕的名义在北京市海淀区经营计算机软件的销售业务。自2005年1月起，北京美通嘉禾科技有限公司开始销售

假冒注册商标的微软软件。被告人张升德作为该公司经理，全面负责公司业务，被告人吴瑞英作为该公司销售部员工，具体负责销售业务。经查，2005年1月至2006年6月间，北京美通嘉禾科技有限公司销售各种假冒微软注册商标的计算机软件的销售金额为人民币228 580元。2006年12月14日，被告人张升德、吴瑞英被公安人员抓获。同时，起获假冒微软注册商标的商品80套，共计价值人民币334 168元。

针对上述指控，公诉机关出具了被告人张升德、吴瑞英在预审期间的供述，证人王玉福、梁佳的证言，微软公司企业法人执照，北京美通嘉禾科技有限公司企业法人执照，微软公司商标注册证，起赃经过，清点记录，扣押物品清单，被告人张升德的亲笔证明，销售记录，微软公司出具的鉴定证明，电子数据司法鉴定结论及公安机关出具的到案经过等证据予以证实，提请法院对被告单位北京美通嘉禾科技有限公司及被告人张升德、吴瑞英依法处罚。

被告的答辩及辩护人的辩护意见：被告单位北京美通嘉禾科技有限公司的诉讼代理人钟然、被告人张升德、吴瑞英在开庭审理过程中亦无异议。被告人张升德的辩护人认为，张升德是初犯，到案后能如实交代犯罪事实，且存在犯罪未遂的情节，建议法庭对张升德从轻处罚。被告人吴瑞英的辩护人认为，吴瑞英只是一般销售人员，销售软件的收入与其他销售人员并无分别，在犯罪过程中只起辅助作用，应认定为从犯；当场起获的80套尚未销售的软件属于犯罪未遂，建议法庭对吴瑞英从轻或者减轻处罚。

一审审理查明

一审法院经公开审理查明：被告人张升德以其妻杨海燕的名义，于2002年11月在本市海淀区罗庄西里碧兴园B座1202室注册成立北京美通嘉禾科技有限公司，后雇佣吴瑞英等人经营计算机软件的销售业务。自2005年1月起，该公司开始销售假冒注册商标的微软软件。被告人张升德作为该公司经理，全面负责公司业务，被告人吴瑞英作为该公司销售部员工，具体负责销售业务。经查，2005年1月至2006年6月间，北京美通嘉禾科技有限公司销售各种假冒微软注册商标的计算机软件的销售金额为人民币228 580元。2006年12月14日，被告人张升德、吴瑞英被公安人员抓获。同时，起获假冒微软注册商标的商品80套，共计价值人民币334 168元。

一审判理和结果

一审法院根据上述事实和证据认为：被告单位北京美通嘉禾科技有限公司及该单位主要负责人被告人张升德、直接责任人被告人吴瑞英销售明知是假冒微软公司注册商标的商品，且销售金额数额较大，其行为均已构成销售假冒注册商标的商品罪，应予惩处。北京市海淀区人民检察院据此指控被告单位北京美通嘉禾科技有限公司及被告人张升德、吴瑞英犯销售假冒注册商标的商品罪的事实清楚，证据确实充分，指控罪名成立。

关于被告人吴瑞英的辩护人认为吴瑞英属于从犯的辩护意见，经查，被告人张升德、吴瑞英在预审期间均供认北京美通嘉禾科技有限公司销售假冒注册商标的商品主要由其二人负责，张升德不在公司时，由吴瑞英管理公司的销售工作。可见，吴瑞英系该单位犯罪的直接责任人员之一，在共同犯罪中亦起到主要作用，不属于从犯，其辩护人的上述辩护意见，法院不予采纳。

鉴于公安人员当场起获的 80 套假冒微软公司注册商标的软件，系北京美通嘉禾科技有限公司因意志以外的原因而尚未卖出的侵权软件，属于犯罪未遂；同时考虑被告单位北京美通嘉禾科技有限公司及被告人张升德、吴瑞英在庭审中的认罪、悔罪态度较好，法院在量刑时对被告单位及二被告人依法比照既遂犯从轻处罚。对二辩护人的相关辩护意见酌予采纳。

北京市海淀区人民法院对被告单位北京美通嘉禾科技有限公司依照《刑法》第 214 条、第 220 条、第 23 条、第 30 条、第 31 条、第 53 条，对被告人张升德、吴瑞英依照《刑法》第 214 条、第 220 条、第 25 条第 1 款、第 23 条、第 53 条之规定判决如下：1. 被告单位北京美通嘉禾科技有限公司犯销售假冒注册商标的商品罪，判处罚金人民币 10 万元。2. 被告人张升德犯销售假冒注册商标的商品罪，判处有期徒刑 1 年，罚金人民币 1 万元。3. 被告人吴瑞英犯销售假冒注册商标的商品罪，判处有期徒刑 1 年，罚金人民币 1 万元。

法官评述

步入 21 世纪，知识经济发展迅速。随着社会经济、文化的迅猛发展，在社会生活中，尤其是在知识产权领域，新型纷争不断涌现，这对法官的判案水平提出更高的要求。不法分子往往采取侵犯其他经营者的合法权益的手段攫取更高的经济收益，不但给合法经营者造成经济损失，还会对经济秩序的正常运行带来危害。一般的民事侵权纠纷，当事人可以自行和解或者由法院的民事部门裁判即可，一旦这种侵权行为达到法定的严重程度，就可能触犯刑法，属于犯罪行为。

本案中，被告人明知是假冒注册微软商标的商品仍予以销售，并且数额较大，触犯了《刑法》第 214 条规定的销售假冒注册商标的商品罪。本案在审理过程中主要存在以下几个焦点问题：

一、销售假冒注册商标的商品罪与类罪的区别

1. 销售假冒注册商标的商品罪与假冒注册商标罪的界定

这两种犯罪存在一定的交叉情况：即行为人假冒他人注册商标后又予以销售。本案中，被告单位北京美通嘉禾科技有限公司及被告人张升德、吴瑞英所销售的各种假冒微软注册商标的计算机软件系他人生产，并不是被告所生产，所以认定为销售假冒注册商标的商品罪无异议；但如果行为人假冒注册商标后又予以销售，根据《最高人民法院、最高人民检察院关于办理侵犯知识产权刑事案件具体应用法律若干问题的解释》（2004 年 12 月 8 日）第 13 条的规定，实施假冒注册商标罪又销售该假冒注册商标的商品的，应当以假冒注册商标罪定罪处罚；实施假冒注册商标罪又销售明知是他人的假冒注册商标的商品构成犯罪的，应当实行数罪并罚。

另外，此两罪还有一个混淆点，即行为人粘贴商标的行为如何定性的问题：如果被告人将自己生产的冒牌微软软件予以销售，如上述分析，认定为假冒注册商标罪无异议；被告人购买假冒的微软软件后销售，认定为销售假冒注册商标的商品罪亦无异议；但如果被告人购买他人生产的软件后，仅仅是将微软商标粘贴出售，这种情况是认定为

假冒注册商标罪还是销售假冒注册商标的商品罪？

如这则案例：被告人毛聪自 2002 年至 2005 年 11 月间，伙同朱学芳、金亚龙先后购进假冒的微软（中国）有限公司注册商标及盗版软件进行包装。其中，被告人毛聪负责包装及销售，被告人金亚龙负责销售，被告人朱学芳负责财务管理。三被告人非法经营的数额达人民币 1 888 966 元。同年 11 月 29 日，三被告人被抓获，同时起获尚未销售的软件 2 108 张及假冒的微软公司注册商标的包装、标签等物品，价值人民币 3 267 839.49 元，经北京市版权局鉴定均系未经微软（中国）有限公司授权的复制品。上述案例中，对于被告人毛聪等人将购进的盗版软件及假冒的微软注册商标进行包装后销售的行为是构成假冒注册商标罪、销售假冒注册商标的商品罪，还是构成销售侵权复制品罪存在 3 种不同的意见：第一种意见认为，被告人毛聪等人购进假冒的微软（中国）有限公司注册商标及盗版软件进行包装后销售，其行为符合《刑法》关于假冒注册商标罪的构成要件，应按照假冒注册商标罪定罪量刑；第二种意见认为，被告人毛聪等人并非生产盗版软件的行为人，其只是将购进的盗版产品进行包装后销售，该行为应属于销售假冒注册商标的商品罪；第三种意见认为，被告人毛聪等人将购进的假冒微软（中国）有限公司的盗版软件进行包装后销售，侵犯了微软（中国）有限公司的著作权，应按照销售侵权复制品罪进行定罪处罚。

笔者赞成第一种观点。被告人毛聪等人的行为属于非法使用他人注册商标的行为。《最高人民法院、最高人民检察院关于办理侵犯知识产权刑事案件具体应用法律若干问题的解释》第 8 条第 2 款明确规定：《刑法》第 213 条规定的假冒注册商标罪中的"使用"，是指将注册商标或者假冒的注册商标用于商品、商品包装或者容器以及产品说明书、商品交易文书，或者将注册商标或者假冒的注册商标用于广告宣传、展览以及其他商业活动等行为。本案中，被告人毛聪等人将假冒的微软（中国）有限公司注册商标包装到盗版软件上，其行为属于非法使用他人注册商标的行为。然后根据前述假冒注册商标罪与销售假冒注册商标的商品罪竞合问题的判断标准，此种情况应以假冒注册商标罪论处。同时，值得注意的是，审判实践还存在这样的情况：犯罪行为人从他人处购入相关商品时，非法制作的注册商标标识与上述商品便已是配套的，而不是犯罪行为人自行制作或另行购入的，那么在这种情况下，为了完成假冒注册商标商品的销售行为，犯罪行为人必然会将注册商标标识粘贴于相关商品，从其主观故意而言，其仅是从商品的流通环节中予以牟利，因而对于这种特殊情况，虽可认定犯罪行为人具有在同一种商品上非法使用他人注册商标的行为，但其非法使用注册商标的行为不宜认定为生产行为，而应综合考虑其主观意图，以销售注册商标的商品罪定罪处罚为宜。

2. 本罪与销售伪劣产品罪的界定及其牵连问题

这两种犯罪也存在相互交叉的情况：行为人为了顺利销售伪劣产品，往往假冒名牌产品的注册商标进行销售；而销售假冒注册商标的商品，也往往是将自己生产的质量差的产品冒充他人质量好的产品，有以次充好之嫌。但是二者的区别也是很明显的，最大的区别就是犯罪对象的性质不同：销售伪劣产品罪的犯罪对象是伪劣产品，即以假充真、质量低劣不合格的产品，而销售假冒注册商标的商品罪的犯罪对象是假冒他人已注册商标的商品，从产品的性质看，可能其质量是合格的。本案中，被告单位北京美通嘉禾科技有限公司及被告人张升德、吴瑞英所销售的是各种假冒微软注册商标的计算机软件，侵犯了微软公司的著作权，其犯罪对象是各种假冒微软注册商标的计算机软件，其质量是合格的，所以应认定为销售假冒注册商标的商品罪；如果本案的被告人既销售各种假冒微软注册商标的计算机软件，并且所销售的计算机软件属质量低劣不合格产品，属于牵连犯，应从一重罪从重处罚，即按生产、销售伪劣产品罪并从重处罚。这说明，在经济类犯罪案件中，由于不同犯罪客观方面的交叉性、重合性与延续性，法官在定罪过程中往往难以直接予以认定，这要求法官准确适法，全面听取控辩双方举证、质证意见，对案件事实作出正确的认定。

二、销售假冒注册商标的商品罪之定罪、量刑

罪与非罪的认定，需要从主客观两方面要件综合把握。对于本罪的主观方面，法律要求行为人须销售"明知"是假冒注册商标的商品。对于"明知"，《最高人民法院、最高人民检察院关于办理侵犯知识产权刑事案件具体应用法律若干问题的解释》（2004年12月8日）第9条规定，指下列情形之一：（1）知道自己销售的商品上的注册商标被涂改、调换或者覆盖的；（2）因销售假冒注册商标的商品受到过行政处罚或者承担过民事责任、又销售同一种假冒注册商标的商品的；（3）伪造、涂改商标注册人授权文件或者知道文件被伪造、涂改的；（4）其他知道或者应当知道是假冒注册商标的商品的情形。本案中，被告人及被告单位明知自己销售的是假冒微软注册商标的计算机软件而仍然予以销售，符合上述两高解释的第一种情形，所以在符合本罪主观方面的要求；在客观方面，法律规定"销售金额数额较大"，方可构成本罪。根据上述两高司法解释第2条第1款之规定，"数额较大"是指销售金额在5万元以上的情形，"数额巨大"是指销售金额在25万元以上的情形。本案中，自2005年1月至2006年6月间，北京美通嘉禾科技有限公司销售各种假冒微软注册商标的计算机软件的销售金额为人民币228 580元，其犯罪金额早已超过5万但尚未达到25万，属于数额较大范畴，从客观方面看也符合本罪的构成要求，应处3年以下有期徒刑或者拘役，并处或者单处罚金。最终，法院作出了对被告单位北京美通嘉禾科技有限公司犯销售假冒注册商标的商品罪，判处罚金人民币10万元；被告人张升德、吴瑞英犯销售假冒注册商标的商品罪，判处有期徒刑1年，罚金人民币1万元的判决。

三、主犯、从犯之认定

本案审理中，被告人吴瑞英的辩护人认为，吴瑞英只是一般销售人员，销售软件的收入与其他销售人员并无分别，在犯罪过程中只起辅助作用，应认定为从犯。在公司内部，被告人张升德是公司总经理，负责公司的全部业务，而被告人吴瑞英仅仅是公司的销售部员工，从职责与分工上都不能与被告人张升德相提并论，所以在共同犯罪中，似乎应认定被告人张升德为主犯，被告人吴瑞英为从犯，被告人吴瑞英的辩护人所发表的辩护意见似有一定道理。但是经过法庭调查，我们发现，被告人张升德、吴瑞英在预审期间均供认北京美通嘉禾科技有限公司销售假冒注册商标的商品主要由其二人负责，张升德不在公司时，由吴瑞英管理公司的销售工作。《刑法》第26条第1款规定："组织、领导犯罪集团进行犯罪活动的或者在共同犯罪中起主要作用的，是主犯。"同时，《刑法》第27条规定："在共同犯罪中起次要或者辅助作用的，是从犯。"可见，吴瑞英系

该单位犯罪的直接责任人员之一,在共同犯罪中亦起到主要作用,不属于从犯,其辩护人的辩护意见未予采纳。

(一审合议庭成员:朱 军 李 键 张克奇
编写人:北京市海淀区人民法院 朱 军 侯孝文)

43. 骆幸福非法制造注册商标标识案

> 阅读提示：为他人制造假冒注册商标的商品，约定按件计酬，是否属于共同犯罪？以制造假冒注册商标的商品为目的，非法印制他人注册商标标识时被查获，是构成假冒注册商标罪还是非法制造注册商标标识罪？

裁判要旨

为他人提供场地，参与制造假冒注册商标的商品并收取报酬，为共同犯罪。

以制造假冒他人注册商标的商品为目的，非法加工印制他人注册商标标识，实际加工制造的假冒注册商标的商品成品价值未达到假冒注册商标罪的追诉标准，而其制造的注册商标标识达到了非法制造注册商标标识罪的追诉标准且情节特别严重，根据牵连犯的从一重罪处断的刑事责任承担理论，应以非法制造注册商标标识罪追究其刑事责任。

案 号

一审：浙江省义乌市人民法院（2007）义刑初字第693号
二审：浙江省金华市中级人民法院（2007）金中刑二终字第97号

案情与裁判

公诉机关：义乌市人民检察院
被告人（二审上诉人）：骆幸福

一审法院经审理查明：2006年3月，被告人骆幸福为了牟取非法利益，伙同温州人"胡老板"（另案处理）合伙生产假冒"邦迪"牌创可贴，由"胡老板"提供加工生产创可贴的机器设备和原材料，被告人骆幸福租用义乌市苏溪镇马丁村金东芳和苏溪镇义北驾校对面的房屋作厂房，非法印制"邦迪"商标和生产假冒"邦迪"牌创可贴。2006年8月28日被义乌市工商局查获，义乌市公安局扣押到"邦迪""BAND－AID"注册商标标识的创可贴小外包装纸264万只，假冒"邦迪"牌创可贴成品48000只。

一审法院经审理认为：被告人骆幸福违反国家商标法规，伪造他人注册商标标识，情节特别严重，其行为已构成非法制造注册商标标识罪。公诉机关指控成立，应予支持。依照《刑法》第215条、第52条、第53条之规定，判决：被告人骆幸福犯非法制造注册商标标识罪，判处有期徒刑4年，并处罚金人民币5万元。

被告人骆幸福上诉称：原判认定事实有误，被告人骆幸福并非与"胡老板"合伙，而是受"胡老板"欺骗加工创可贴，被查扣的商标不是被告人印制，要求对其从轻处罚。辩护人辩称：被告人骆幸福系受"胡老板"雇佣生产创可贴，所查扣商标标识有部分系技术人员生产，要求对其从轻处罚。

二审法院经审理查明：原判认定事实清楚，证据确实充分，足以定案。关于被告人骆幸福提出的上诉理由及其辩护人提出的辩护意见，经查：1. 原判认定的"合伙"，指的是合伙犯罪，即"合为一伙共同犯罪"，并非骆幸福及其辩护人上诉所称的民法意义上的"合伙行为"。2. 对本案扣押在案的商标，骆幸福在二审庭审前的所有供述中，均一致供称绝大部分系其印制。即使其中有部分为技术人员印制，因技术人员印制的目的是为了教骆幸福掌握印制技术，最终目的是为骆幸福与"胡老板"共同实施非法制造注册商标标识的犯罪行为，故依法也应由骆幸福承担责任。综上，被告人骆幸福及其辩护人提出的从轻处罚理由，均不能成立。

二审法院认为：被告人骆幸福违反国家商标法规，故意伪造他人注册商标标识，情节特别严重，其行为已构成非法制造注册商标标识罪。原判认定事实清楚，适用法律正确，量刑适当，审判程序合法。被告人骆幸福要求改判的理由不足，不予采纳。依照《刑事诉讼法》第189条第（1）项之规定，裁定：驳回上诉，维持原判。

法官评述

本案主要争议焦点在于被告人骆幸福在犯罪活动中的作用，以及对被告人骆幸福的犯罪行为如何定性。

一、被告人骆幸福在犯罪活动中的作用认定

依照《刑法》第25条规定："共同犯罪是指二人以上共同故意犯罪。"共同犯罪的主体是两个以上达到法定责任年龄，具有刑事责任能力的行为主体。共同犯罪的行为主体可以是自然人也可以是法人或者非法人单位。共同犯罪的客体应是同一客体。对于共同犯罪的客观方面，通说认为，表现在各共同犯罪人在参加共同犯罪时，尽管所处的地位、具体分工、参与程度甚至参与时间等可能有所不同，但他们的行为都是指向相同的目标，为了达到同一个目的。而且彼此相关、紧密配合，是一个不可分割的整体，各自的行为是整个犯罪活动的必要组成部分。而对于共同犯罪的主观方面，各共同犯罪人必须预见到自己的行为和他们的共同行为与共同犯罪结果之间的因果关系。

据此，对照本案，被告人骆幸福在与"胡老板"协商一致后，"胡老板"提供制造假冒注册商标的创可贴的机器设备和原材料，负责对外销售假冒注册商标的创可贴，骆幸福以自己名义出资租赁民房作为制造假冒注册商标的创可贴的场地，负责加工和包装，按件从"胡老板"处提取报酬。骆幸福与"胡老板"在整个犯罪活动中，属于分工不同，犯罪目的均是制造假冒注册商标商品，两个人的行为彼此相关，紧密配合，是不可分割的一个整体。至此，被告人骆幸福在犯罪活动中的作用属共犯已确凿无疑，其与"胡老板"在整个犯罪行为中的作用相当，应与"胡老板"不分主次作用共同承担刑事责任。

二、被告人骆幸福的犯罪行为性质认定

在前面一节已经提到，被告人骆幸福与"胡老板"的犯罪目的是制造假冒注册商标的商品——"邦迪"牌创可贴，但是本案实际上查获的创可贴成品价值并未达到假冒注册商标罪的相关追诉标准，而骆幸福非法印制的"邦迪"商标标识数量却达到了非法制造注册商标标识罪的追诉标准且情节特别严重。由此，产生了一个对骆幸福的行为如何定性的问题。

根据刑法理论，牵连犯是指以实施某一犯罪为目的，其方法和结果行为又触犯其他罪名的犯罪形态。判断牵连关系存在的主要依据是：主观上其数行为须具有犯罪目的的同一性；在客观上存在目的行为与方法或手段行为的牵连或者原因行为与结果行为的牵连。牵连犯的特征主要有三点：一是有两个以上的犯罪行为；二是触犯了两个以上不同的罪名；三是所触犯的两个以上犯罪之间有牵连关系，即一罪或数罪是他罪的手段或结果行为。在刑事责任的认定上，应按重罪吸收轻罪的原则，对犯罪行为人作出处罚。按照刑法理论，对牵连犯的处罚应不实行数罪并罚，而是从一重处断或者从一重罪从重处断，也即在处理时按牵连犯数罪中的最重的一罪定罪，并在其法定刑之内酌情从重量刑。牵连犯的本质在于其实质上数罪，处断上一罪。

对照本案，骆幸福非法制造注册商标标识，是为了将其用于假冒注册商标的商品上，骆幸福的非法制造注册商标标识的犯罪行为是假冒注册商标的犯罪行为的手段，本案符合牵连犯的犯罪形态特征。

如果骆幸福非法制造的注册商标标识已经全部使用在假冒注册商标的商品上，那么其行为具备假冒注册商标罪的全部构成要件且属于情节特别严重，按照牵连犯的刑法理论，对骆幸福应以假冒注册商标罪追究其刑事责任。但本案实际情况是骆幸福已经加工成成品的创可贴价值并未达到假冒注册商标罪的追诉标准，而其制造的注册商标标识达到了非法制造注册商标标识罪的追诉标准且情节特别严重。在此情况下，对行为人如何追究其刑事责任产生了不同看法，一种意见认为，行为人的犯罪意图是制造假冒注册商标的商品，不是印制注册商标，在行为人实际加工制造的假冒注册商标的商品成品价值未达到追诉标准时，应认定犯罪行为人印制注册商标标识的行为属于假冒注册商标罪中其他情节严重的情况，对行为人追究假冒注册商标罪的刑事责任，该种意见的法律依据是《最高人民法院、最高人民检察院关于办理侵犯知识产权刑事案件具体应用法律若干问题的解释》第1条第1款第（3）项的规定。另一种意见认为，虽然行为人的犯罪目的是制造假冒注册商标的商品，但在实施犯罪的过程中，未达到假冒注册商标的犯罪目的，其行为却触犯了非法制造注册商标标识罪，且情节特别严重，故应以其实际构成的非法制造注册商标标识罪追究其刑事责任。对此，我们有必要对假冒注册商标罪与非法制造注册商标标识罪在本案中体现的刑事责任轻重作一比较。若考虑本案中行为人已经加工完成的创可贴的价值，再以非法印制的注册商标标识数量作为行为人有其他情节严重的情形为由，对行为人以犯假冒注册商标罪予以惩处，应处以3年以下有期徒刑或者拘役，并处或者单处罚金。若以非法制造注册商标标识罪追究其刑事责任，根据印制的注册商标标识数量，行为人的犯罪情节已达到特别严重的标准，应处以3～7年有期徒刑，并处罚金。显然，本案中以后一种罪名追究的刑事责任要重于前一种罪名，根据牵连犯的从一重处断的刑事责任承担理论,不应以假冒注册商标罪追究骆幸福的刑事责任,而应以非法制造注册商标标识罪追究其刑事责任。

(二审合议庭成员:吴传档　徐肖闻　郭海红

编写人:浙江省义乌市人民法院　龚益卿)

44. 徐楚风、姜海宇侵犯著作权案

阅读提示：未经著作权人许可在开放式软件许可协议中添加未经许可的软件名称，并许可他人使用，是否构成我国《刑法》规定的侵犯著作权罪？本案应被定为诈骗罪还是侵犯著作权罪？

裁判要旨

未经著作权人许可在开放式软件许可协议中添加未经许可的软件名称，并许可他人使用，构成我国《刑法》规定的侵犯著作权罪。

重法优于轻法的原则不是也不应是法条竞合的适用原则。对某种犯罪行为的定罪标准不应取决于某一法条的法定刑的轻重，而取决于该法条是否足以全面评价行为人的犯罪行为。本案中，能够最全面、最恰当评价本案被告人的犯罪行为所侵犯的犯罪客体而适用的特别法应是侵犯著作权罪，本案应定为侵犯著作权罪。

案　号

一审：上海市浦东新区人民法院（2008）浦刑初字第990号

案情与裁判

公诉机关：上海市浦东新区人民检察院

被告人：徐楚风、姜海宇

一审法院经审理查明：2006年7月，被告人徐楚风、姜海宇得知英特儿营养乳品有限公司（简称"英特儿公司"）需购买"Windows XP"等7种微软公司的软件。经预谋后，购买了微软公司价值人民币78 591元的"Windows XP"软件，并据此取得了微软公司的开放式许可协议。两被告人在未经著作权人微软公司的许可下，擅自在该份开放式许可协议上添加了微软"Office 2003 Win32 ChnSim POL PNL" "SQL Svr Standard Edtn 2005 Win32 ChnSim POL PNL 15 Clt"等6种软件，在协议上添加了软件安装序列号。后通过案外人转手销售给英特儿公司，共非法获利人民币294 409元。其中徐楚风分得150 000元，姜海宇分得144 409元。2007年12月，姜海宇被公安机关抓获。两天后，徐楚风至公安机关投案自首。随后，两人向公安机关退缴了全部违法所得。2008年5月，上海市浦东新区人民检察院以侵犯著作权罪对两人提起公诉。

一审法院经审理后认为，被告人徐楚风、姜海宇以营利为目的，未经著作权人许可，复制发行其计算机软件，违法所得数额巨大，其行为均已构成侵犯著作权罪。被告

人徐楚风具有自首情节，依法减轻处罚。被告人徐楚风、姜海宇均自愿认罪，交代态度较好，案发后均积极退出违法所得，酌情从轻处罚。案件审理过程中，两被告人主动与微软公司及英特儿公司就其行为后果的妥善处理达成"三方协议"，对其行为的社会危害性起到一定的弥补作用，量刑时酌情予以考虑。综上，依照《刑法》第217条第（1）项、第25条、第67条第1款、第72条、第73条、第53条、第64条及《最高人民法院、最高人民检察院关于办理侵犯知识产权刑事案件具体应用法律若干问题的解释》第5条第2款、第14条第1款，《最高人民法院、最高人民检察院关于办理侵犯知识产权刑事案件具体应用法律若干问题的解释（二）》第4条之规定，判决被告人徐楚风犯侵犯著作权罪，判处有期徒刑2年6个月，缓刑2年6个月，罚金人民币15万元；被告人姜海宇犯侵犯著作权罪，判处有期徒刑三年，缓刑三年，罚金人民币144 500元；违法所得人民币294 409元退赔微软公司。

一审宣判后，两被告人均未上诉，公诉机关亦未提起抗诉，判决已经发生法律效力。

法官评述

一、计算机软件许可协议的性质

计算机软件作为受著作权保护的作品类型之一，具有不同于传统著作权保护对象的特殊性。它是用计算机能够理解和处理的语言来解决技术上的问题，从而"让计算机来做某些事，具有一种直接的实用功能"。[1] 从内容上讲，涉及的是信息技术，而不是文化创作成果。因此，对计算机软件的法律适用及保护措施具有不同于其他传统作品的特殊性。

计算机软件是一种以在计算机上应用为目的的特殊的著作权客体。从功能上讲，其被利用只能通过在计算机上安装运行才能实现。也就是说，凸显计算机软件财产价值的可复制性特征，主要体现在其安装运行中。安装的介质目前大多是光盘，这是计算机软件的外化物，是计算机软件这一智力成果的物质载体。通常情况下，用户要使用某一软件，需要向软件著作权人购买正版软件光盘。一般来说，购买一套正版软件，只意味着获得了一套软件的使用许可，即仅有权将该软件安装在一台电脑上运行。如要在其他电脑上使用该软件，应当另行购买或者另行取得软件著作权人的许可。

当面对需要在多台电脑上安装某一软件的用户时，有些软件著作权人会通过发放开放式许可协议的方式进行授权。计算机软件的开放式许可，是指计算机软件著作权人向用户发放的，允许其安装并使用超过其提供的安装载体数的许可文件。这种许可常常针对企业和机构用户，由著作权人向用户提供一套或者几套安装介质及序列号，许可其在超过该套数的协议所规定数量的计算机上进行批量安装。用户取得了许可协议，便意味着有权安装这些软件，其效力等同于购买了这些数量的正版软件，取得了该些数量的复制权。

---

[1] 郑成思. 知识产权论［M］. 北京：法律出版社，2001：209.

因此，本案中，被告人向微软公司购买了价值人民币 78 591 元的 67 套 "Windows XP" 软件，微软公司并没有向其提供 67 套正版软件，而只是向其发放了开放式许可协议，并附送了一套介质。英特儿公司从被告人处取得该协议后，即有权在 67 台电脑上安装该软件并使用。

二、被告人是否实施了未经著作权人许可的复制发行行为

我国《刑法》规定的侵权著作权罪，是行为人以盈利为目的，违反国家著作权管理法规，侵犯他人著作权、邻接权，违法所得数额较大或者有其他严重情节的行为。《刑法》第 217 条列举了 4 种具体犯罪行为方式，其中涉及计算机软件的是其第（1）项的规定：未经著作权人许可，复制发行其文字作品、音乐、电影、电视、录像作品、计算机软件及其他作品的。可见，本案要构成侵犯著作权罪，客观方面需满足下列条件：

（一）未经著作权人许可

根据相关法律规定，著作权人的权利包括两个方面：一是自己复制发行其作品的权利；二是许可或者禁止他人复制发行其作品的权利。司法实践中的未经著作权人许可，包括完全未经许可和超出许可两种情况。《最高人民法院、最高人民检察院关于办理侵犯知识产权刑事案件具体应用法律若干问题的解释》（简称《解释》）第 11 条规定，《刑法》第 217 条规定的"未经著作权人许可"，是指没有得到著作权人授权或者伪造、涂改著作权人授权许可文件或者超出授权许可范围的情形。

对于计算机软件来说，其发行和销售实际上就是软件著作权人允许他人对软件进行安装并使用的许可行为。本案被告人通过购买微软公司"Windows XP"软件，取得了微软公司的开放式许可协议。该协议只授权用户安装 67 套微软"Windows XP"软件。超过 67 套的"Windows XP"安装，以及对微软其他软件的安装都是一种"未经许可"的侵犯计算机软件著作权的行为。被告人为了牟取非法利益，擅自在真实许可协议的空白处添加了未经授权的 6 种软件，并添加了批量许可产品密码信息，这些都是一种超过原先许可内容和范围的侵权行为，其行为特征符合《解释》规定的伪造、涂改著作权人授权许可文件的情形，可以认定为《刑法》第 217 条规定的"未经著作权人许可"。

（二）有复制或者发行他人作品的事实

2007 年 4 月 5 日起施行的《最高人民法院、最高人民检察院关于办理侵犯知识产权刑事案件具体应用法律若干问题的解释（二）》规定，《刑法》第 217 条侵犯著作权罪中的"复制发行"，包括复制、发行或者既复制又发行的行为。

知识产权之所以能够成为一种财产权，是因为其"被利用后，能够体现在一定产品、作品或其他物品的复制活动上"，也就是说它具有可复制性。❶ 对于"复制"的理解，我国著作权法规定，它是以印刷、复印、拓印、录音、录像、翻录、翻拍等方式将作品制作一份或者多份，笔者认为，这里的"等方式"可以结合《保护文学和艺术作品伯尔尼公约》的规定来把握。《保护文学和艺术作品伯尔尼公约》关于复制方式的表述为"依任何方法或者形式"，实际上包括了所有已经存在的以及将来会出现的已知和未知的方法。因此，人们可以把复制理解为所有把作品固定在有形物体上的行为，而这些

---

❶ 郑成思. 知识产权论 [M]. 北京：法律出版社，2001：92.

固定行为使人类能够通过某种形式直接或者间接地接触到作品。

对于计算机软件的复制，虽然《计算机软件保护条例》规定，是指将软件制作一份或者多份，但笔者认为，该法律条文的文义过于狭窄，不足以表示立法真意，对此应作扩张解释。软件的复制，也应当包括任何把软件固定在有形物体上的行为，这种有形物体可以是光盘，也可以是计算机硬盘或者内存。复制方式既包括"复制＋粘贴"这种"将软件制作成一份或者多份的行为"，也应当包括软件安装及运行这种"没有将软件制作成一份或多份的行为"。因为无论是安装还是运行，计算机系统都会自动在硬盘和内存中形成若干完整或者局部的复制件，整个过程充满着永久性和暂时性的复制行为。

对于本案，有观点认为，被告人并未向英特儿公司提供安装载体，也未提供安装服务，相关软件的复制行为由英特儿公司完成，本案被告人并未实施未经授权软件的复制行为。对此，我们认为，上述计算机软件的复制行为虽然形式上是由英特儿公司完成的，但实质上，其实施安装的软件产品编号及所需序列号均系被告人提供，且其通过篡改开放式许可协议，使得英特儿公司相信其安装软件是经过著作权人微软公司许可的，只是因为英特儿公司以前购买过该些软件，有安装介质，具备自行安装的条件，被告人因此无需再提供软件复制件，所以，应当认定被告实施了复制行为。

根据我国《著作权法》的规定，发行是指以出售或者赠与的方式向公众提供作品的原件或者复制件。通常的观点认为，该行为应当以转移作品有形物质载体所有权的方式提供作品的原件或者复制件。❶本案中，被告人并没有将软件复制件提供给英特儿公司，因此有观点认为，被告人并未实施发行行为。

但笔者认为，向公众提供作品，应当包括任何把作品交给不属于权利人及作品载体占有人本人的行为，即使不发生物质载体的转移，仍可以构成发行。对于计算机软件而言，通常我们判断发行商或者销售商销售软件是否经过授权，即是否是正版软件，根据的是其能否提供安装序列号（也称为"安装型注册码"）。因此，具有合法的安装序列号通常是有权复制发行的标志，而由于软件数字化的特点，复制件即安装介质的提供与否，意义并不大。实践中，软件使用方利用以前合法取得的介质或者通过网上下载等方式自行完成安装，是比较常见的现象。本案中，微软对打算在多台电脑上安装软件的客户，以开放式许可协议的方式进行许可，也只提供一套介质。可见，向公众提供作品亦可不存在作品物质载体的转移。

本案被告人并未获得微软"Office 2003 Win32 ChnSim POL PNL"等 6 种软件的许可，却向英特儿公司提供了篡改了的许可文件及软件安装序列号，其行为从本质上讲，是一种向公众提供计算机软件的行为，应当认定为其实施了发行行为。

三、本案的法条竞合问题

本案中被告人篡改许可协议的行为，在侵犯软件著作权人权利的同时，也欺骗了意在使用正版软件的用户的利益。因此，有人认为，虽然被告人的行为构成侵犯著作权罪，但被告人以非法占有为目的，采用虚构事实、隐瞒真相的方法，骗取数额特别巨大的财物，其行为也构成诈骗罪。本案应当从一重罪处罚，定诈骗罪。

---

❶ 王迁. 网络版权法［M］. 北京：中国人民大学出版社，2008：34.

从理论上讲，侵犯著作权罪与诈骗罪均属于破坏社会主义市场经济秩序犯罪，但两者在犯罪构成上仍有着很大的差别：（1）侵犯的客体不同。前者的犯罪对象为他人享有著作权或者邻接权的作品，侵犯的是著作权人或者邻接权人利用作品获取经济利益的权利，后者犯罪对象是公私财物或者财产性收益，直接侵犯了他人的财产权。（2）客观方面不同。前者仅限于复制发行他人作品复制件，后者则可以是用一切虚构事实、隐瞒真相的方法使得被害人主动交出财物，被害人就是提供财物的人。（3）犯罪主体不同。前者包括自然人和单位，后者只能是自然人。

本案中，被告人篡改协议，骗取英特儿公司购买软件的行为，看似也符合诈骗罪的犯罪构成。但我们认为，在侵犯著作权罪的司法实践中，该罪的客观方面常常表现为行为人虚构事实、隐瞒真相后，被害人误以为是正品，而自愿购买的情形。因此，就存在一个法条竞合的处理问题。

法条竞合产生的根源在于《刑法》中不同的法条规范从不同角度对同一法律事实作出规范，是刑事立法在法律规范上的错综交叉的反映。社会生活中的犯罪行为五花八门，不同刑法规范作为广泛适用的抽象规定，只能从自身的角度去规范具体的犯罪现象。法条竞合是犯罪构成之间的竞合，而非刑罚罚则的竞合。重法优于轻法的原则不是也不应是法条竞合的适用原则。对某种犯罪行为的定罪标准不应取决于某一法条的法定刑的轻重，而取决于该法条是否足以全面评价行为人的犯罪行为。为了使立法目的得以实现，应当在出现法条竞合时，按照特别法优于普通法的原则，适用特别法。在刑事立法和司法中，某些犯罪的法定刑设置偏低的情况时有出现，但这是刑事立法的问题，而非司法问题，应通过《刑法》的修订来解决。从上文分析可以看出，能够最全面、最恰当评价本案被告人的犯罪行为所侵犯的犯罪客体而适用的特别法应是侵犯著作权罪。因此，本案应定侵犯著作权罪，而不是诈骗罪。

(一审合议庭成员：倪红霞　冯　祥　董怡娴

编写人：上海市浦东新区人民法院　冯　祥　徐　飞)

45. 陈寿福侵犯著作权案

阅读提示：如何认定捆绑、修改计算机软件的商业插件并复制发行的侵权性质以及与违法所得的关系？

裁判要旨

利用复制免费腾讯 QQ 软件并修改删除部分程序改变其部分原有功能，又为获取经济利益捆绑多款其他商业插件程序，上传至多个网站供人下载的行为应认定为侵犯著作权的复制发行行为。以营利为目的，利用上述侵权行为而获得的广告收入等经济利益，应认定为侵犯著作权罪的违法所得。

案 号

一审：深圳市南山区人民法院（2008）深南法知刑初字第 1 号
二审：深圳市中级人民法院（2008）深中法刑二终字第 415 号

案情与裁判

公诉机关：广东省深圳市南山区人民检察院
被告人（二审上诉人）：陈寿福

指控与辩护

深圳市南山区人民检察院指控：被告人陈寿福以营利为目的，未经著作权人许可，复制发行著作权人的计算机软件，违法所得数额巨大，其行为触犯了《刑法》第 217 条，应当以侵犯著作权罪追究其刑事责任。

被告人陈寿福一审阶段对公诉机关指控的犯罪事实无异议，并当庭表示认罪。

其辩护人辩护称：被告人陈寿福的行为不构成犯罪，理由如下：1. 被告人陈寿福开发、复制并发行腾讯 QQ 软件经过了腾讯公司的许可；2. 被告人陈寿福获得的广告收入人民币 1 172 822 元，不属于《刑法》第 217 条所规定的违法所得；3. 被告人陈寿福的行为不具有社会危害性；4. 被告人陈寿福没有修改腾讯 QQ 软件；5. 被告人陈寿福在与腾讯公司的民事诉讼结束后就停止了提供珊瑚虫增强包软件（插件）和腾讯 QQ 软件打包下载的行为；6. 被告人陈寿福的认罪态度好。

一审审理查明

一审法院经公开开庭审理查明：2005 年底至 2007 年 1 月，被告人陈寿福从腾讯公司的网站下载了不同版本的腾讯 QQ 系列软件后，未经腾讯公司许可，在腾讯 QQ 软件中加入珊瑚虫插件，并重新制作成安装包，命名为"珊瑚虫 QQ"后放到"珊瑚虫工作室"网站上（www.coralQQ.com、www.soff.net）供用户下载。为牟取非法利益，被告人陈寿福在提供下载的珊瑚虫 QQ 软件中加入了智通公司、265 北京公司以及 Google 中国公司的商业插件，为此，智通公司于 2005 年 11 月至 2007 年 1 月期间，向被告人陈寿福支付广告费共计人民币 105 万元（每月 7 万元，共计 15 个月），265 北京公司于 2006 年 4 月将 3 台服务器免费提供给被告人陈寿福使用，并于 2007 年 2 月 2 日向被告人陈寿福支付广告费人民币 122 822 元。被告人陈寿福从上述两公司合计收取广告费人民币 1 172 822 元。

2007 年 8 月 16 日，深圳市公安局南山分局侦查人员在北京市朝阳区域清街融域家园 4 号楼 2 单元 1202 房将被告人陈寿福抓获，并当场扣押了内有被告人陈寿福制作的珊瑚虫 QQ 系列软件的笔记本电脑一台以及招商银行金葵花卡和招商银行一卡通各一张。同日，深圳市公安局南山分局从 265 北京公司调取了被告人陈寿福使用的 3 台服务器的硬盘。

广东安证计算机司法鉴定所接受深圳市公安局南山分局的委托，于 2007 年 4 月 23 日至 2007 年 5 月 14 日从珊瑚虫工作室的网站（www.coralQQ.com、www.soff.net）下载了名为 IPQQ06454.exe、IPQQ2007.exe、IPTM2006.exe 的三个珊瑚虫 QQ 安装文件，并从腾讯公司官方网站下载了名为 QQ2006standard.exe、QQ2007beta1.exe、tm2006spring.exe3 个腾讯 QQ 安装文件，并出具了粤安计司鉴〔2007〕第 014 号《鉴定检验报告书》；于 2007 年 9 月 11 日对公安机关送检的 265 北京公司提供给被告人陈寿福使用的 3 台服务器的硬盘以及被告人陈寿福的 IBM 笔记本电脑中与珊瑚虫 QQ 软件相关的文件进行了提取，从网站 http：//www.QQwangguo.com 下载了两个不同版本的腾讯 QQ 安装程序，分别为 QQ2007beta2kb1.exe 和 QQ2007beta4.exe，并出具了粤安计司鉴〔2007〕第 055 号《鉴定检验报告书》。

中国版权保护中心版权鉴定委员会（简称"版权鉴定委员会"）接受深圳市公安局南山分局的委托，对腾讯 QQ 软件和珊瑚虫 QQ 软件的同异性进行鉴定，并出具了中版鉴字〔2007〕（005）号《关于腾讯科技（深圳）有限公司腾讯 QQ 软件与珊瑚虫工作室珊瑚虫 QQ 软件鉴定报告》（简称中版鉴字〔2007〕（005）号《鉴定报告》）和中版鉴字〔2007〕（023）号《关于腾讯科技（深圳）有限公司腾讯 QQ 软件与珊瑚虫工作室珊瑚虫 QQ 软件鉴定报告》（简称中版鉴字〔2007〕（023）号《鉴定报告》）。

另查明：2006 年 12 月 20 日，北京市海淀区人民法院就腾讯公司诉被告人陈寿福著作权侵权一案作出判决，判令被告人陈寿福停止在"珊瑚虫工作室"网站上使用腾讯公司的腾讯 QQ 软件，在"珊瑚虫工作室"网站上刊登声明向腾讯公司公开致歉，并赔偿腾讯公司经济损失人民币 10 万元。

一审判理和结果

一审法院认为：被告人陈寿福以营利为目的，未经腾讯公司许可，制作的珊瑚虫 QQ 软件包含有腾讯 QQ 软件 95% 以上的文件，且与腾讯 QQ 软件的实质功能相同；同时，被告人陈寿福将珊瑚虫 QQ 软件放置于互联网上供他人下载，其行为已构成对腾讯 QQ 软件的复制发行，并据此获利人民币 1 172 822 元，违法所得数额巨大，其行为已构成侵犯著作权罪。深圳市南山区人民法院综合考虑本案的事实、情节及陈寿福当庭的认罪态度，依照《刑法》第 217 条、第 64 条，《最高人民法院、最高人民检察院关于办理侵犯知识产权刑事案件具体应用法律若干问题的解释》第 5 条第 2 款、第 11 条第 1 款、第 3 款，《最高人民法院、最高人民检察院关于办理侵犯知识产权刑事案件具体应用法律若干问题的解释（二）》第 4 条之规定，作出如下判决：一、被告人陈寿福犯侵犯著作权罪，判处有期徒刑 3 年，并处罚金人民币 120 万元。二、对被告人陈寿福违法所得总计人民币 1 172 822 元予以追缴。

上诉事实及理由

上诉人陈寿福上诉请求以及辩护人辩护提出，请求二审法院依法撤销原审判决，认定上诉人不构成犯罪。事实及理由：

1. 原审判决所依据的事实不清。（1）原审判决所谓"上诉人未经著作权人许可，复制发行著作权人的计算机软件"的事实认定是与事实情况不符的。对于上诉人开发珊瑚虫 QQ 系列软件并提供下载的行为，腾讯 QQ 软件的权利人腾讯公司不仅是知情的，而且是许可的，甚至是加以引导的。（2）原审判决所谓"上诉人所获得的 1 172 822 元的广告收入是复制发行腾讯 QQ 软件所获得的收入"的认定是与实际情况不相符的，也是没有证据支持的。上诉人所获得的收入并不是复制发行腾讯 QQ 软件而得到的收入，而是来源于提供珊瑚虫插件（腾讯 QQ 珊瑚虫增强包）的下载而获得的间接收入（广告收入）。首先，相对于腾讯 QQ 而言，珊瑚虫插件提供了许多新功能和替代功能并因此获得了广大用户的高度认同和喜爱，这正是珊瑚虫插件的真正价值所在，也是珊瑚虫插件的商业价值转化为广告收入的最根本原因；其次，包括腾讯公司官方网站在内的许许多多网站都能免费获得腾讯 QQ 系列软件的下载，如果没有珊瑚虫插件所体现出来的独特功能及其所隐含的商业价值，用户没有理由到非腾讯公司的官方网站下载腾讯公司的 QQ 软件，广告商也没有理由与上诉人进行广告方面的合作。

2. 一审判决适用法律错误。即使上诉人所获得的 1 172 822 元的广告收入来源于腾讯 QQ 软件的下载（实际情况并非如此），该广告收入并也非《刑法》第 217 条所规定的"违法所得"。因为，纵观《刑法》及所有相关的司法解释，没有任何规定认为间接收入（包括广告收入）是"违法所得"。相反，《最高人民法院、最高人民检察院关于办理侵犯知识产权刑事案件具体应用法律若干问题的解释》第 12 条明确规定了非法经营数额的认定标准。❶ 该规定表明，在认定"违法所得"时，是按照被侵权产品的直接收入计算并确定"违法所得"的。在法律没有明确规定间接收入（广告收入）为非法所得的情况下，将广告收入定性为非法所得，实质上是一审法院在适用法律时作了扩大解释。

辩护人还向二审法院提交一份经北京方正公证处公证的证人李莹的书面证言，其称：跟珊瑚虫的合作开始于 2005 年底，截止于 2006 年 12 月。合作时市面上有很多款

---

❶ "本解释所称非法经营数额，是指行为人在实施侵犯知识产权行为过程中，制造、储存、运输、销售侵权产品的价值。已销售的侵权产品的价值，按照实际销售的价格计算。制造、储存、运输和未销售的侵权产品的价值，按照标价或者已经查清的侵权产品的实际销售平均价格计算。侵权产品没有标价或者无法查清其实际销售价格的，按照被侵权产品的市场中间价格计算。"

跟珊瑚虫类似的插件，我们做过调查和比较，发现珊瑚虫从用户体验，以及提供的各方面的功能上，都是用户口碑反馈最好的，受到广大用户的好评和喜爱，……比较看重的也正是珊瑚虫本身这种良好的用户基础和很好的用户口碑，所以我们公司最终选择了与珊瑚虫的合作。

二审审理查明

二审法院经审理查明：原判认定被告人陈寿福未经腾讯公司许可，制作的珊瑚虫QQ软件包含有腾讯QQ软件95%以上的文件，且与腾讯QQ软件的实质功能相同；同时，被告人陈寿福将珊瑚虫QQ软件放置于互联网上供他人下载，并据此获利人民币1172 822元的犯罪事实清楚，原判采信的证据已当庭出示、宣读并质证等法定程序查证属实，证据确实充分，经二审法院审理亦未变化，二审法院依法均予确认。关于辩护人提交的证人李莹书面证言，二审认为，其所谓的"珊瑚虫本身这种良好的用户基础和很好的用户口碑""最终选择了与珊瑚虫的合作"的说法，不能否定上诉人陈寿福侵权行为的性质，与本案犯罪事实没有关联性，不予采纳。

二审判理和结果

控辩双方针对本案事实和法律适用形成如下争议焦点，二审法院裁断如下：

1. 关于上诉人陈寿福是否经著作权人许可其复制发行著作权人的计算机软件的问题

二审认为，上诉人陈寿福及其辩护人所提"上诉人开发珊瑚虫QQ系列软件并提供下载的行为，腾讯公司不仅是知情的，而且是许可的，甚至是加以引导"的上诉意见不能成立，理由如下：首先，《著作权法》第24条规定"使用他人作品应当同著作权人订立许可使用合同"，《计算机软件保护条例》第18条规定"许可他人行使软件著作权的，应当订立许可使用合同"，显然，对于著作权人、使用他人著作权人而言，我国法律法规明确规定，无论是许可他人使用著作权，还是取得他人著作权使用权，均强制要求订立许可使用合同。而本案中，没有任何证据能够证实二者间有此行为或者类似行为，上诉人陈寿福也没有提供任何相关证据。

其次，腾讯公司QQ软件的用户协议中"软件"的授权范围明确载明："2.1用户可以在单一一台计算机上安装、使用、显示、运行本'软件'。2.2保留权利：未授明的其他一切权利仍归腾讯所有，用户使用其他权利时须另外取得腾讯的书面同意。"本案中，上诉人陈寿福在其珊瑚虫QQ软件包中复制腾讯公司的QQ软件并修改删除部分程序改变其部分原有功能，又为获取经济利益捆绑多款其他商业插件程序，后上传至多个网站供人下载，显然，上述侵权行为完全违背了腾讯公司的用户协议，何来腾讯公司有许可的意思？

再次，本案现有证据显示，腾讯公司对于上诉人陈寿福修改复制发行其QQ软件的侵权行为一直在采取法律措施：从2002年11月向其所在学校发出的要求其停止修改复制发行行为的书面专函、同年12月向深圳市公安局网监处举报以及其后上诉人所作的不再实施上述行为的保证书，到腾讯公司于2006年8月在北京市海淀区人民法院提起的要求判令上诉人陈寿福立即停止侵犯其著作权的民事诉讼以及该法院作出的（2006）海民初字第25301号《民事判决书》，直至2007年4月腾讯公司向深圳市公安局举报其侵犯著作权犯罪被立案侦查。上述过程充分说明，被害单位对上诉人陈寿福的侵权行为的否定立场是明确的，完全不存在允许甚至引导的主观意图及客观行为。

最后，上诉人陈寿福在侦查阶段的供述也清楚表明其违法侵权的主观故意，而且所谓腾讯公司"知情"说法也完全不包含授权的内容，所谓受邀参与产品发布会、征求有关QQ功能建议书等证据也完全不能引申出腾讯公司有授权许可其修改复制发行QQ软件的意思，认为腾讯公司对其行为对应的结果不违反其意志的认识显属主观臆断，既不客观，更违常理。

2. 关于上诉人陈寿福收取北京智通公司和265北京公司的款项的性质问题

上诉人陈寿福及辩护人认为其收取的款项属于提供珊瑚虫插件（腾讯QQ珊瑚虫增强包）的下载而获得的间接收入（广告收入），且没有任何规定认为间接收入（包括广告收入）是"违法所得"。

二审认为，上诉人陈寿福从智通公司、265北京公司获取的款项完全符合《刑法》关于"违法所得"的规定，理由如下：

首先，腾讯公司在互联网上提供免费下载QQ即时通讯软件是附条件的，即用户在免费下载使用其软件时需要接受其软件附带的其他事项，如广告等信息，这也是其获取利益的方式所在或者途径之一。腾讯公司作为社会主义市场经济体制下的市场经营活动主体，通过向用户提供软件产品并获取盈利是其当然的权利，也是应当受到法律保护的权利，其研制开发的软件产品的著作权也应当获得法律保护。

其次，《著作权法》第10条明确规定，著作权的内容包括修改权、保护作品完整权、复制权、发行权等，《计算机软件保护条例》更具体规定"修改权，即对软件进行增补、删节，或改变指令、语句顺序的权利""复制权，即将软件制作一份或者多份的权利""发行权，即以出售或者赠与方式向公众提供软件的原件或者复制件的权利"等有关软件著作权的内容。如前所述，上诉人陈寿福免费下载腾讯QQ软件，又未经腾讯公司许可，违反腾讯公司的用户协议，擅自删除腾讯QQ软件的广告、搜索功能，并擅自在QQ软件上捆绑显示好友IP地址功能以及智通公司、265北京公司、Google中国公司的商业插件，并打包放置在其注册的"珊瑚虫工作室"网站以及其他链接网站供用户下载，包括了擅自修改、非法复制发行他人享有著作权的软件等多种侵权行为，其行为具有侵犯他人著作权的违法性当不容置疑。并且，上诉人陈寿福为达到获取经济利益的目的，即以营利为目的，实施的上述多种侵犯他人著作权的行为构成了一个侵权行为复合体，其要达到营利的目的需要擅自修改、捆绑软件，而捆绑商业插件要获得广告效应并获得更多的链接又必须依附于其非法复制发行他人所有的软件的行为。前者是次要侵权行为，后者是主要侵权行为，共同服务于其营利目的。上诉人陈寿福及其辩护人的辩护意见刻意割裂其各具体侵权行为的内在联系，孤立地强调所谓"珊瑚虫插件所体现出来的独特功能及其所隐含的商业价值"，意图证明其获取商业利益的合法性，显然与本案事实不符，其既完全不能否定其侵权行为的性质和侵权行为的整体性，也根本不能割裂其所获利益与其侵权行为的内在联系。

最后，鉴于侵犯知识产权犯罪案件（包括侵犯商标、专利、商业秘密、著作权等）的复杂性，《刑法》对该类案件规定了多种情节以判断认定其社会危害性的大小，如非法经营数额、销售金额、侵权复制品数量、违法所得数额、损失数额等。根据《刑法》第217条规定，侵犯著作权罪的主客观构成要件包括以营利为目的，未经著作权人许可，复制发行其计算机软件等作品，违法所得数额较大或者有其他严重情节。显然，对上诉人陈寿福侵犯他人著作权的行为是否具有刑事违法性以及应受刑罚处罚性的判断，是根据其实施的侵犯著作权行为所获经济利益的大小或其是否具有其他严重情节。而《最高人民法院、最高人民检察院关于办理侵犯知识产权刑事案件具体应用法律若干问题的解释》第5条则明确规定实施《刑法》第217条所列侵犯著作权行为的违法所得数额、非法经营数额、复制品数量等均是评价其行为社会危害性大小的情节。所谓违法所得，即实施违法行为的获利。本案中，上诉人陈寿福正是通过实施在腾讯QQ软件上捆绑第三方商业插件这种软件端插件广告的形式并上传至互联网供人下载的违法行为，将265北京公司的IE浏览器设置为首页、将KK图铃通在个人首页产生快捷方式、点击入口、将Google的IE浏览器生成为搜索工具条等，达到为商品经营者或者服务提供者直接或者间接推介其商品或者服务的广告服务目的，而且因其更有链接功能而实现进一步的商业价值，较传统广告形式具有更多的商业利益，上诉人陈寿福也正是通过上述互联网上的多种广告形式而获利。并且，《关于办理侵犯知识产权刑事案件具体应用法律若干问题的解释》第11条第1款也从认定"以营利为目的"的角度，从另一个侧面确认了"刊登收费广告等方式直接或者间接收取费用"正是实施侵权行为获利的形式之一。

此外，关于上诉人陈寿福及其辩护人认为的广告收入是来源于珊瑚虫插件而非腾讯QQ软件的问题，二审认为，其既忽视互联网用户首先是对腾讯QQ即时通讯软件的需求的基本常识，肆意颠倒腾讯QQ软件与珊瑚虫插件的主从关系，更无视上诉人陈寿福擅自修改他人软件并非法复制发行等侵权行为的基本前提，因此，其辩称广告收入来源于珊瑚虫插件的说法没有事实和法律依据，不予采纳。至于上诉人陈寿福及其辩护人还认为其广告收入非《刑法》217条规定的"违法所得"的问题，而且认为应以"非法经营数额"，即"制造、储存、运输、销售侵权产品的价值"来确定其"违法所得"。二审认为，如前所述，其显然是对《刑法》第217条、《最高人民法院、最高人民检察院关于办理侵犯知识产权刑事案件具体应用法律若干问题的解释》第5条、第11条第1款等法律及司法解释的曲解或者片面理解，在此不予赘述。

综上，本案中，原判认定上诉人陈寿福获取智通公司和265北京公司广告费系侵犯他人著作权的违法所得且数额巨大并无不当。

二审认为，上诉人陈寿福以营利为目的，未经腾讯公司许可，擅自修改腾讯QQ软件制作珊瑚虫QQ软件增强包，其包含有腾讯QQ软件95%以上的文件，且与腾讯QQ软件的实质功能相同；同时，上诉人陈寿福还将珊瑚虫QQ软件增强包上传于其在互联网上登记的网站"珊瑚虫工作室"供他人下载，其行为已构成对腾讯QQ软件的复制发行，并据此获利人民币1 172 822元，违法所得数额巨大，其行为已构成侵犯著作权罪，依法应予惩处。上诉人及辩护人提出的无罪辩护意见，无事实及法律依据，不予采纳。原审判决认定事实清楚，证据确实、充分，定罪准确，适用法律正确，量刑适当，审判程序合法，应予维持。依照《刑事诉讼法》第189条第（1）项之规定，裁定：驳回上诉，维持原判。

法官评述

珊瑚虫 QQ 侵权案作为我国 IT 界目前为止影响最大的软件著作权侵权案，自其进入刑事诉讼程序，便备受相关软件、唱片和影视公司等业界人士、QQ 软件用户乃至法律界的强烈关注。

腾讯 QQ 作为国内即时通讯软件网络服务提供者，拥有数目庞大的用户，基于互联网服务模式的特点，其虽免费提供下载，但通过 QQ 软件的增值服务和广告获取经济利益，因而体积臃肿，附带广告多、插件多等，种种设置都让用户多有非议。于是，由非软件编制方的其他组织或者个人开发的所谓"第三方软件"便应运而生，如"珊瑚虫 QQ""飘云""狂人""传美""阿瑞斯""快乐无极""海峰""威雅""雨林木风"等，它们几乎都无一例外地去除原软件广告，还有免费显示好友 IP、体积小等优点，自然受到众多用户的青睐。因此，在相关博客上"声讨"腾讯公司、替珊瑚虫 QQ 喊"无辜"的声音众多，其主要的观点认为：在没有修改腾讯 QQ 软件的任何源代码的情况下，开发出的"珊瑚虫 QQ 增强包"（又称珊瑚虫 QQ 外挂）提供了新功能和替代功能，并没有修改腾讯 QQ 版本，也就没有侵犯其著作权。而且，其获利来源于珊瑚虫插件（QQ 珊瑚虫增强包）的自身价值。

根据我国《刑法》第 217 条的规定，认定被告人陈寿福的行为是否构成侵犯著作权罪，主要的争议有两点：一是是否具有复制发行行为；二是是否具有营利目的而获取违法所得。发生于互联网虚拟空间中犯罪行为，由于其载体不同于现实空间，作为犯罪对象的计算机软件也有别于传统的著作权载体，如图书、雕塑等。二审判决中已对其复制发行行为的认定理由作了充分阐述，珊瑚虫 QQ 的工作原理类似 QQ 的外挂，即不对软件本身进行实质性修改，只以第三方程序对软件的运行进行一些干预，增减软件的一些功能。从这个角度说，珊瑚虫软件虽未直接对腾讯 QQ 软件作出实质性修改，但因为外挂的运行又要修改原版软件的行为，比如外挂去掉了原版 QQ 的广告、显示了 IP 地址，又客观存在一定程度的修改软件行为；更关键的问题是，其在未经腾讯公司许可的情况下，将腾讯 QQ 软件包含在其增强包内供用户下载，显然属于擅自复制发行他人拥有著作权的软件产品的行为。

但本案认定其侵犯著作权罪是否成立的问题核心是被告人陈寿福的行为是否"以营利为目的"，即其所获收入的性质认定问题。在犯罪构成中，通常需要根据行为人的客观行为方式来判断认定其主观罪过形式和罪过内容。因此，对于被告人陈寿福是否具有"营利目的"也只能从其客观行为中探寻。犯罪活动往往是由个人或者多人的一系列个别、具体的行为组合而成，尤其是一些新类型的犯罪、涉及高科技技术的犯罪，更是如此。被告人陈寿福通过将腾讯 QQ 软件与珊瑚虫增强包捆绑，包括所谓的"流氓软件""恶评插件"或者链接广告等，而这一系列行为的目的，就是为借此获得相应软件提供者和广告商支出的费用。表面上，该收入并非靠复制腾讯公司的 QQ 软件所得，但实际上，珊瑚虫增强包作为腾讯 QQ 的一个外挂，绕过了腾讯 QQ 的正常软件许可机制，将腾讯QQ的广告屏蔽，修改腾讯QQ软件部分功能，并捆绑第三方软件，一方面，显然是侵犯了腾讯QQ的软件增值服务和广告盈利，另一方面，又利用网络用户对腾讯QQ软件本身的需求，来达到推销能为其带来利益的所谓的"流氓软件""恶评插件"或者链接广告等，显然，其行为具有非法的"营利目的"，其所获经济利益也当然应认定为是在侵犯他人软件著作权基础上的"违法所得"。

（二审合议庭成员：王育平　许瑞韩　蔡升琴
编写人：广东省深圳市中级人民法院　王育平）

46. 葛权卫侵犯著作权案

阅读提示：本案被告人的行为构成销售侵权复制品罪，还是侵犯著作权罪？

◎ 裁判要旨

本案中，被告人葛权卫并非购买李世明已印好或者将来按其计划欲印刷的盗版书籍，而是将其收集到的样本提供给李世明承印，李世明按葛权卫所提供样本盗印书籍，葛权卫将李世明印刷的书籍销售给有关单位。葛权卫与李世明主观上均有非法侵犯他人著作权的共同故意。因此，葛权卫与李世明符合共同犯罪，构成侵犯著作权罪。

◎ 案 号

一审：福建省晋江市人民法院（2004）晋刑初字第335号
二审：福建省泉州市中级人民法院（2004）泉刑终字第484号

◎ 案情与裁判

公诉机关：福建省晋江市人民检察院
被告人（二审上诉人）：葛权卫（另名葛宁）
指控与辩护

福建省晋江市人民检察院指控称：2003年4月，被告人葛权卫用胡冬荣的身份证在广西柳州市三江县工商局办理鑫鸿书店营业执照，后伙同蔡成军（在逃，另案处理）窜至晋江市教育局与教育科长许承斌签订协议，由鑫鸿书店负责采购和发行2003年中小学部分教学辅导材料及暑假作业，并以总码洋的40%回扣给晋江市教育局及下属各镇教委办、直属中小学。后许承斌交给被告人葛权卫及蔡成军各类书籍订单计78种681 823本。同月，被告人葛权卫又伙同蔡成军、宋桂芳（身份不详，另案处理）窜至福建省龙岩市龙川中学、长汀三中、长汀新桥中学、上杭职专等四家学校推销《中学生素质教育丛书》，并许以回扣，后该四家中学预订了2003年秋季高中素质教育学习丛书29种22 668本。同年5月，被告人葛权卫将收集到的厦门鹭江出版社出版的部分《高中课时训练》样本、北京教育出版社出版的《中小学暑假作业》样本提供给山西省临汾市天涯印刷厂老板李世明（另案处理）进行印刷，由李世明盗印厦门鹭江出版社出版的《小学课时训练》《初中课时训练》《高中中学生素质教育学习丛书》、北京教育出版社出版的《中小学暑假作业》系列书籍发送到泉州。被告人葛权卫与蔡成军将已到书籍526 094本分送到各预订学校，总价值人民币2 765 951.50元。经福建省新闻出版局鉴定，被告人葛权卫销售给晋江市、龙岩市的教辅书中《中小学暑假作业》《初中课时训练》《小学课时训练》《高中中学生素质教育学习丛书》均属非法出版物，且实际收到书款总额为人民币591 846元。

被告人葛权卫辩解，辩护人辩护：1. 公诉机关指控被告人葛权卫提供《高中课时训练》《中小学暑假作业》样本的证据不足，且没有证据证明被告人葛权卫指使李世明盗印书籍，故被告人的行为是销售侵权复制品罪。2. 被告人葛权卫虽收到50余万元货款，但已支付60余万元，实际未获利。3. 因及时案发，上述书籍未流入实际教学中，没给教学带来太多的负面影响。4. 被告人葛权卫无前科。5. 归案后能如实供述事实，有悔罪表现。

一审审理查明

一审法院经公开审理查明：2003年4月，被告人葛权卫用胡冬荣的身份证在广西柳州市三江县工商局办理了三江县鑫鸿书店营业执照。尔后，伙同蔡成军以鑫鸿书店的名义窜到晋江市教育局教育科找到科长许承斌商谈售书一事，并于2003年4月26日与蔡成军分别化名郭权伟、胡冬荣与许承斌签订了协议：由鑫鸿书店负责晋江市教育局辖区内2003年《中小学寒暑假作业》《小学课时训练》《初中课时训练》《高中学习丛书》《优化设计》等系列书籍的采购和发行，并以总码洋的40%作为回扣给晋江市教育局及下属各镇教委办、直属中小学。随后，许承斌将汇总的各类书籍订单交给被告人葛权卫和蔡成军，共计78种681 823册，分别为《小学暑假作业》8种169 900册，《小学同步课时训练》8种196 620册，《初中同步课时训练》32种197 034册，《初中暑假作业》1种9 943册，《高中中学生素质教育学习丛书》3个年级共29种108 326册。

2003年4月，被告人葛权卫伙同蔡成军、宋桂芳先后窜到福建省龙岩市龙川中学、长汀三中、长汀新桥中学、上杭职专等4家学校，以厦门鹭江出版社业务员的名义推销《中学生素质教育学习丛书》，并分别许诺以总码洋的32%、20%、25%、20%作为回扣给校方，尔后同上述4家中学签订了2003年秋季高中用书预订单。4家中学预订了2003年秋季高中学生素质教育学习丛书计29种22 668册，分别为高一年级8种10 360册，高二年级11种8856册，高三年级10种3 443册。

2003年5月9日，被告人葛权卫以广西柳州市三江县鑫鸿书店名义在广西柳州市三江县农行开户，用于交易教学辅导用书时方便汇款。被告人葛权卫将收集到的厦门鹭江出版社出版的部分《高中课时训练》样本、北京教育出版社出版的《中小学暑假作业》样本提供给山西省临汾市天涯印刷厂老板李世明，由李根据样本进行印刷。后李世明盗印了厦门鹭江出版社出版的《小学课时训练》《初中课时训练》《高中中学生素质教育学习丛书》、北京教育出版社出版的《中小学暑假作业》等系列书籍发送到泉州（被告人葛权卫陆续向李世明支付货款505 000元）。2003年6月、9月初，被告人葛权卫与蔡成军将已到的书籍分送到晋江市教育局下属各镇教委办、直属中小学、龙岩市龙川中学、长汀县新桥中学。据统计，已到书籍总数为526 094册，总价值人民币2 765 951.50元。其中，提供给晋江市各中小学的书籍分别为《小学暑假作业》169 900册、价值人民币475 720元，《初二暑假作业》9943册、价值人民币54 687元，《小学同步课时训练》196 266册、价值人民币1 024 545.90元，《初中课时训练》30 676册、价值人民币 210 653 元,《中学生素质教育丛书》111 613 册、价值人民币 936 703 元,提供给龙岩市新桥中学、龙川中学《中学生素质教育丛书》计 7 696 册、价值人民币 63 642.60 元。

经福建省新闻出版局鉴定,被告人葛权卫销售给晋江市、龙岩市各学校的教学辅导书中《中小学暑假作业》《初中课时训练》《小学课时训练》《高中中学生素质教育学习丛书》均属非法出版物,并先后实际收到购书款人民币 591 846 元。案发后,从被告人葛权卫及证人蔡剑处扣押了用于存取款的印章三枚、部分存折、金穗卡等物;从被告人葛权卫处扣押赃款人民币 22 270 元;分别从龙岩市龙川中学、新桥中学扣押中学生素质教育丛书 550 册、136 册;从龙岩市吴伟鸿处扣押初二年级暑假作业 1 本;收缴了晋江市区域内的涉案教辅书籍及初二年级暑假作业。

上述事实,有下列证据证明:

(1) 报案事由。由晋江市教育局报案称:广西柳州市三江县鑫鸿书店提供给本市中小学的教辅材料为盗版书籍。

(2) 证人许承斌证实胡冬荣、郭权伟到教育局找其洽谈书籍购销事宜,其代表市教育局同胡、郭二人签订购书协议,书货分为暑假作业及教辅材料两大系列,合计 520 240 本、订书总码洋 3 586 614.7 元,后教育局召开各镇教委办、市直小学、中学教导班会部署征订工作,会后其将教育局汇总的征订册数报给书商胡冬荣、郭权伟,由胡、郭二人找各镇教委办、中小学联系并直接送达征订书籍,到位书籍总数为 424 590 册、总码洋 2 532 479.90 元,其将胡、郭提供的鑫鸿书店账号告知各购书单位以便汇款。

(3) 证人许建辉证实晋江市内坑镇教委到位暑假作业 5 633 本、教辅用书 11 176 本。

(4) 证人李厥阅证实扣除回扣后,内坑镇教委办实付给书商人民币 62 984.8 元。

(5) 证人刘东昕证实晋江市东石镇教委到位教辅材料 18 862 本,金额 98 144.3 元,暑假作业 18 384 本,金额 51 475.2 元。

(6) 证人蔡福习证实东石镇教委付购书款 149 619.5 元,书商依约支付了书款的 30%,计 44 885.88 元作为劳务费。

(7) 证人曾家声证实晋江市陈埭镇教委办订购了小学辅导材料 9 687 套,总金额 100 982.7 元,书本下发到学生手中后发现存在质量问题。

(8) 证人庄惠娥证实经其手汇款 100 982.7 元给书商,作为陈埭镇教委办的购书款。

(9) 证人许佰雄证实经市教育局部署,晋江市龙湖镇教委办向鑫鸿书店订购暑假作业 14 864 本、教辅材料 14 862 本,扣除 30% 的手续费后,共付款 83 589.45 元。

(10) 证人吴亮及证实晋江市实验小学向市教育局上报购买暑假作业和教辅材料,书籍全部到位,学校向鑫鸿书店支付了暑假作业货款 13 916 元。

(11) 证人胡小菊证实其夫葛权卫目前经营书籍销售。

(12) 证人丁顺祥证实其帮被告人葛权卫申领了鑫鸿书店的营业执照,使用的是胡冬荣的身份证,并到三江县农行开设了银行账号,2003 年八九月,其帮被告人葛权卫从三江农行取款 43 200 元汇往苏州。

(13) 证人蔡剑证实其受雇于被告人葛权卫,在葛的授意下,其到三明市推销《高中会考纲要》,但未果,并先后两次到三江县为被告人葛权卫取过款,数额分别为 196 300 元及 2 万余元。

(14) 证人吴伟鸿证实晋江二中向鑫鸿书店订购暑假作业及教辅材料,实际到位书籍计 14 种 8 607 本,未付款。

(15) 证人陈振华证实 2003 年龙岩市龙川中学订购到位教辅材料计 4 056 本。

(16) 证人张小娟证实龙川中学汇书款 22 086 元往广西三江鑫鸿书店,该款经由总货款折下 32%。

(17) 证人康文松证实有一自称宋桂芳的女子到新桥中学推销《高中素质教育丛书》,并许以书款的 25% 回扣给校方,订购后,到位书籍为 19 种 3565 本。

(18) 证人刘忠寿证实有一宋氏女性自称供职于厦门鹭江出版社,到上杭职专推销 2003 年秋季《高中生素质教育学习丛书》,并说予以 8 折优惠,校方订购了该类书籍共计 8 110 本,后因该批书货迟未到,校方另行向新华书店采购。

(19) 三江县鑫鸿书店营业执照及银行账户开户申请表,显示该企业经济性质为个体,负责人为胡冬荣,在三江县农行开设了账户。

(20) 协议书,证实被告人葛权卫与许承斌的协议内容。

(21) 2003 年秋季教学辅助资料及暑假作业订单汇总表,证实被告人葛权卫向各中小学承揽的书籍订单数量、金额。

(22) 晋江市教育局关于鑫鸿书店 2003 年秋季教学辅助资料及暑假作业到货清单,证实被告人葛权卫向晋江市教育局下属各中小学提供书货情况。

(23) 汇款单据、鑫鸿书店统一发票、转账支出凭证、支款凭条、农行回单、存款凭条,证实各购书学校的付款情况、被告人葛权卫的领款(及向李世明付款的情况)。

(24) 扣押清单,证实从被告人葛权卫处扣押了鑫鸿书店营业执照(副本)、经营许可证(副本)、开户许可书各 1 份,扣押了书籍订单汇总表、到货清单、验收单、存款回单 6 份、"葛权卫"印章 2 枚、"胡冬荣"印章 1 枚、被告人葛权卫存折 7 本、农业银行金穗卡 6 张、人民币 22 270 元;从证人蔡剑处扣押活期存折 1 本、邮政储蓄卡 1 张、支款凭条 2 张;从证人丁顺祥处扣押支款凭条 1 张;分别从龙岩市龙川中学、新桥中学扣押中学生素质教育丛书 550 册、136 册;从龙岩市吴伟鸿处扣押初二年级暑假作业 1 本。

(25) 收缴书籍清单,证实晋江市扫黄打非领导组办公室已收缴了本辖区内的涉案教辅书籍及初二年级暑假作业。

(26) 福建省新闻出版局关于涉案送检书籍为非法出版物的鉴定。

(27) 福建省扫黄领导小组办公室、晋江市公安局工作说明:涉案人员胡冬荣、蔡成军、李世明在逃,宋桂芳身份不详,山西省临汾有关部门已查封了天涯印刷厂并追捕李世明。

(28) 被告人葛权卫及部分涉案人员身份证明。

(29) 胡冬荣名片。

(30) 涉案部分书籍照片。

(31) 被告人葛权卫的供述。其中，供述其本人向教育界各有关单位取得涉案书籍订单后，交由李世明印刷。

一审判理和结果

一审法院认为：本案被告人葛权卫供述其本人向教育界各有关单位取得涉案书籍订单后，交由李世明印刷。这证明了葛权卫与李世明主观均有非法侵犯他人著作权的共同故意，符合共同犯罪的主观构成要件。客观上，李世明按葛权卫所提供样本盗印书籍，葛权卫将李世明印刷的书籍销售给晋江市教育局、龙岩市龙川中学、长汀三中等单位，这只是共同犯罪的分工不同，虽他们的犯罪目的不同，但仍符合共同犯罪的客观要件。葛权卫的辩护人认为被告人葛权卫构成销售侵权复制品罪，而非侵犯著作权罪。销售侵权复制品罪，是指以营利为目的，违反国家著作权管理法规，销售明知是侵犯他人著作权、专有出版权的文字作品、音乐、电影、电视、录音、录像作品、计算机软件及其他作品、专有出版的图书，假冒他人署名的美术作品，违法所得数额巨大的行为。葛权卫并非购买李世明已印好或将来按其计划欲印刷的盗版书籍，而是将其收集到的样本提供给李世明承印，不符合销售侵权复制品罪的构成要件。

被告人葛权卫以营利为目的，经与李世明通谋后，未经著作权人许可，授意李世明盗印出版他人享有专有出版权的图书，交由其非法发行，其与李世明经策划后相互分工、配合，是共同实施了复制他人专有出版权图书的侵犯著作权行为，而非仅为李世明销售侵权复制品。被告人葛权卫非法经营数额达 2 765 951.50 元，从中违法得款 591 846 元，其行为已构成侵犯著作权罪，且违法所得数额巨大，情节特别严重。被告人葛权卫虽属初犯，且归案后尚能如实交代其主要犯罪事实，但其非法出版教育类书籍销往教育界，扰乱了教学秩序，在本地区造成恶劣影响，应酌情予以从重处罚。辩护人郭传挺的第四、五点辩护意见予以采纳，余者不予采纳。据此，依照《刑法》第 217 条、第 64 条及《最高人民法院关于审理非法出版物刑事案件具体应用法律若干问题的解释》第 2 条的规定，判决如下：一、被告人葛权卫犯侵犯著作权罪，判处有期徒刑 5 年 6 个月，并处罚金人民币 5 万元；二、从被告人葛权卫及证人蔡剑处扣押的赃款人民币 22 270 元、作案工具存折 9 本、金穗卡 6 张、印章 3 枚，从龙川中学、新桥中学、吴伟鸿处扣押的非法出版物教辅书籍、暑假作业 687 册，均予以没收；三、继续追缴被告人葛权卫的违法所得款人民币 569 576 元。

上诉与二审判理和结果

上诉人葛权卫诉称：原判认定其授意李世明盗印出版他人享有专有出版权的图书，并与李世明策划、分工的证据不足，其行为不构成侵犯著作权罪，而是构成销售侵权复制品罪，要求予以改判。

二审法院经审理查明：一审判决认定上诉人葛权卫侵犯著作权事实清楚，据以认定的证据均经一审质证无误，且确实、充分，二审法院予以确认。上诉人葛权卫提出指控其犯侵犯著作权证据不足的意见缺乏事实依据，不予采信。

二审法院认为：上诉人葛权卫以营利为目的，未经著作权人的许可，与非法出版商盗印出版他人享有专有出版权的图书，而后进行销售，非法经营数额达 276 595.5 元，情节特别严重，其行为已构成侵犯著作权罪，原判认定事实清楚，证据充分，定罪准确，量刑适当。审判程序合法。上诉人葛权卫的上诉理由不能成立，不予采纳。据此，依照《刑事诉讼法》第189条第（1）项、《刑法》第217条、第25条第1款，第64条及《最高人民法院关于审理非法出版物刑事案件具体应用法律若干问题的解释》第2条的规定，裁定如下：驳回上诉，维护原判。

法官评述

本案是一起侵犯著作权案，被告人葛权卫未经著作权人许可，擅自利用他人享有专有出版权的《中小学寒暑假作业》《小学课时训练》《初中课时训练》《高中学习丛书》《优化设计》等图书作为样本，授意他人非法出版。并采用行贿的手段与晋江市教育局许承斌签订合同，从中牟取暴利。其侵害的对象有著作权人和晋江市中小学的合法权益，对当地教育事业造成恶劣影响。

1. 本案是否构成销售侵权复制品罪

本案中，被告人葛权卫是否具有印刷制作盗版书籍的情节是区分侵犯著作权罪和销售侵权复制品罪的关键。

本案被告人葛权卫供述其本人向教育界各有关单位取得涉案书籍订单后，交由李世明印刷。这证明了葛权卫与李世明主观均有非法侵害他人著作权的共同故意，符合共同犯罪的主观构成要件。客观上，李世明按葛权卫所提供样本盗印书籍，葛权卫将李世明印刷的书籍销售给晋江市教育局、龙岩市龙川中学、长汀三中等单位，这只是共同犯罪的分工不同，虽他们的犯罪目的不同，但仍符合共同犯罪的客观要件。葛权卫的辩护人认为被告人葛权卫构成销售侵权复制品罪，而非侵犯著作权罪。葛权卫并非购买李世明已印好或者将来按其计划欲印刷的盗版书籍，而是将其收集到的样本提供给李世明承印，不符合销售侵权复制品罪的构成要件。

2. 本案只有被告人葛权卫的供述其提供样本给李世明印刷，庭审中，被告人葛权卫对此予以否认，这可否视为孤证不予认定

被告人葛权卫在归案后供述其提供厦门鹭江出版社出版的部分《高中课时训练》样本、北京教育出版社出版的《中小学暑假作业》样本给山西省临汾市天涯印刷厂老板李世明，由李根据样本进行印刷。且根据侦查机关查明的被告人葛权卫化名胡冬荣以其为厦门鹭江出版社的供销人员的名义与晋江市教育局洽谈业务，并提供样本。且于2003年4月，被告人葛权卫伙同蔡成军、宋桂芳先后窜到福建省龙岩市龙川中学、长汀三中、长汀新桥中学、上杭职专等4家学校，以厦门鹭江出版社业务员的名义推销《中学生素质教育学习丛书》等书。此时，被告人葛权卫尚未认识李世明，不可能未卜先知李世明库存此类书籍，这与葛权卫在庭审供述李世明事前已印刷相矛盾。且葛权卫是以提供纸张款支付李世明货款和结欠货款，更进一步说明当时这批非法出版物尚未印刷，被告人葛权卫提供样本给李世明印刷支付纸张款和加工费的说法更有说服力，故被告人葛权卫在庭审中的供述无其他证据佐证，不予采信。而被告人葛权卫在公安机关的供述其提供样本有证人许承斌的证言证明：葛权卫到晋江市教育、龙川中学、长汀三中等单位洽谈业务时，葛权卫等人是以厦门鹭江出版社的业务人员身份，且洽谈中葛权卫提供了厦门鹭江出版社出版的书籍样本（正版），这印证了被告人葛权卫客观上有提供样本且

主观对盗印书籍是明知的,故对被告人葛权卫的辩解不予采纳。这符合了《刑事诉讼法》第46条规定的:"只有被告人的供述,没有其他证据的,不能认定被告人有罪和处以刑罚;没有被告人的供述,证据充分确实的,可经认定被告人有罪和处以刑罚。"

3. 本案情节轻重问题

《刑法》第217条规定:"以营利为目的,有下列侵犯著作权情形之一,违法所得数额较大或者有其他严重情节的,处3年以下有期徒刑或拘役,并处或者单处罚金;违法所得数额巨大或者有其他特别严重情节的,处3年以上7年以下有期徒刑,并处罚金:(一)未经著作权人许可,复制发行其文字作品、音乐、电影、电视、录像作品、计算机软件及其他作品的;(二)出版他人享有专有出版权的图书的;(三)未经录音录像作者许可,复制发行其制作的录音录像的;(四)制作、出售假冒他人署名的美术作品的。"由此可见,本罪有两档量刑档次。对于"违法所得数额巨大"或者"有其他特别严重情节"的理解,根据《最高人民法院关于审理非法出版物刑事案件具体应用法律若干问题的解释》第2条第2款规定:"个人违法所得数额在20万元以上属于违法所得数额巨大;个人非法经营数额在100万元以上,单位非法经营数额在500万元以上的。"据统计,已到书籍总数为526 094册,总价值人民币2 765 951.5元,这就是被告人葛权卫的非法经营数额,属情节特别严重,应处以3年以上7年以下有期徒刑,并处或者单处罚金。

(二审合议庭成员:连晓东　黄淑卿　陈希进
编写人:福建省晋江市人民法院　苏荣喻)

47. 顾然地等销售侵权复制品案

阅读提示：未取得《音像制品经营许可证》而销售侵权音像制品，同时触犯《刑法》第218条和第225条，应认定构成销售侵权复制品罪还是非法经营罪？

裁判要旨

未经著作权人许可复制发行的电影、电视、录像等制品，属于侵权复制品。在未取得《音像制品经营许可证》和明知是侵权复制品的情况下，销售或者帮助销售该侵权复制品，其行为已触犯《刑法》第218条，构成销售侵权复制品罪，同时还触犯《刑法》第225条，构成非法经营罪。鉴于非法经营罪与销售侵权复制品罪是普通法与特别法的关系，根据特别法优于普通法的适用原则，应以销售侵权复制品罪定罪处罚。

案 号

一审：上海市第二中级人民法院（2005）沪二中刑初字第1号

案情与裁判

公诉机关：上海市人民检察院第二分院
被告人：顾然地（英文名：RANDOLPH HOBSON GUTHRIE III）
被告人：吴东
被告人：库迪（英文名：CODY ABRAM THRUSH）
被告人：吴世彪

指控与辩护

上海市人民检察院第二分院指控称：2002年10月18日至2004年7月1日期间，被告人顾然地在未经工商登记、未取得《音像制品经营许可证》的情况下，在其上海住处先后通过 www.ebay.com（简称"eBay网站"）和 www.threedollardvd.com（简称"三美元DVD网站"），以网上拍卖及订单购买的形式向境外销售侵权高密度光盘（简称"DVD"）共计18万余张，非法经营额计人民币713万余元，获利计人民币202万余元。被告人吴东、库迪、吴世彪在明知被告人顾然地无证销售侵权DVD的情况下，仍分别于2004年3月16日、5月17日和5月25日起为顾然地从事销售侵权DVD提供帮助。至同年7月1日止，吴东参与的非法经营额计人民币504万余元；库迪参与的非法经营额计人民币277万余元；吴世彪参与的非法经营额计人民币240万余元。案发时，查获待销售及已交寄尚未运输出境的侵权DVD共计11.9万余张。

上海市人民检察院第二分院认为：顾然地等4名被告人的行为均已触犯《刑法》第225条第（1）项之规定，结合顾然地系主犯，其余3名被告人均系从犯等情节，建议以非法经营罪分别追究4名被告人的刑事责任。

被告人顾然地称：其不构成非法经营罪，且指控其通过eBay网站销售侵权DVD的证据不足。

被告人吴东、库迪、吴世彪均称：他们没有非法经营的故意和行为。

辩护人的辩护意见：顾然地销售DVD的行为不在中国而无需申请《音像制品经营许可证》，主观上没有非法经营的故意，客观上没有实施非法经营行为，故指控被告人犯非法经营罪的罪名不当。同时，吴东、库迪、吴世彪均系从犯，吴世彪有自首情节，恳请对该3名被告人分别从轻或者减轻处罚。

一审审理查明

一审法院经公开审理查明：被告人顾然地在没有取得《音像制品经营许可证》和明知其销售的DVD系侵权复制品的情况下，于2003年11月3日至2004年7月1日期间，在其住处采用将电脑与三美元DVD网站联网的方法向境外发送销售DVD信息，在境外客户确认所需DVD名称、数量、价格和运费等，并向顾然地指定的华夏银行上海分行、西联汇款上海客户服务中心（简称"西联公司"）账户汇款后，顾然地先后通过超马赫国际运输代理有限公司上海分公司（简称"超马赫运输公司"）、上海市速递服务公司（简称"上海速递公司"）向境外发送侵权DVD，累计发送13.3万余张，销售的金额为39.9万余美元，折合人民币330万余元，违法所得人民币97万余元。其间，被告人吴东、库迪、吴世彪均在明知顾然地销售侵权DVD的情况下，仍分别帮助其收发货、联络客户、电脑管理、运输等。其中，吴东参与销售的金额为39.5万余美元，折合人民币326万余元，涉及违法所得人民币94万余元，个人实际非法获利人民币1.2万元；库迪参与销售的金额为21万余美元，折合人民币175万余元，涉及违法所得人民币38万余元，个人实际非法获利人民币1.2万余元；吴世彪参与销售的金额为18万余美元，折合人民币151万余元，涉及违法所得人民币23万余元，个人实际非法获利人民币5万元。案发后，吴世彪主动向公安机关投案，如实供述上述事实。公安机关在顾然地住处和吴世彪暂借的仓库内查获非法音像制品DVD共计11.9万余张。

一审判理和结果

上海市第二中级人民法院认为：

第一，关于起诉指控的罪名是否正确。

公诉机关认为，被告人顾然地未经工商登记、未获得国家管理部门颁发的《音像制品经营许可证》，擅自销售侵权复制品，情节特别严重；被告人吴东、库迪、吴世彪在明知顾然地未取得《音像制品经营许可证》而销售侵权复制品的情况下，仍积极参与、帮助实施销售，情节特别严重，应以非法经营罪追究4名被告人的刑事责任。

被告人顾然地的辩护人认为，顾然地销售DVD的行为不在中国，无需申领《音像制品经营许可证》，故被告人顾然地不构成非法经营罪。其余被告人的辩护人均以被告人吴东、库迪、吴世彪没有非法经营的故意和行为等为由，提出公诉机关指控的罪名不当。

经查，证人金剑泳、谢春艳、袁伟民的证言证实，顾然地于2003年起以每张人民币5元的低价向他们购入大量侵权DVD；证人彭樱、陈佳琪等多名雇员的证言证实，顾然地等人通过网上发布信息后，客户发送订单，由他们帮助对侵权DVD整理、打包，再由顾然地采用委托快递运输的方法销售侵权DVD。4名被告人对他们在明知销售的DVD是侵权复制品的情况下，仍组织或者帮助销售侵权DVD的事实均供认不讳，且与其他证据相互印证。此外，上海市文化广播影视管理局证实，文化行政部门从未向4名被告人颁发《音像制品经营许可证》。

法院认为，未经著作权人许可复制发行的电影、电视、录像等制品，属于侵权复制品，被告人顾然地在未取得《音像制品经营许可证》和明知是侵权复制品的情况下，仍以网上订购、组织货源、委托运输的方法销售该侵权复制品；被告人吴东、库迪、吴世彪在明知顾然地非法销售侵权复制品的情况下，仍帮助销售或运输，4名被告人的行为均已触犯《刑法》第218条，构成销售侵权复制品罪。4名被告人的行为同时还触犯《刑法》第225条，构成非法经营罪。鉴于非法经营罪与销售侵权复制品罪是普通法与特别法的关系，根据特别法优于普通法的适用原则，对4名被告人应以销售侵权复制品罪定罪处罚。故公诉机关指控4名被告人犯非法经营罪的罪名不当，不予支持。

第二，关于被告人顾然地通过eBay网站销售侵权DVD的事实能否认定。

公诉机关指控，被告人顾然地于2002年10月18日至2003年11月2日期间，通过eBay网站，以网上拍卖方式向境外销售侵权DVD共计5.3万余张，非法经营额15.9万余美元。

被告人顾然地辩称，其通过eBay网站销售的部分货物不是DVD，公诉机关指控该节事实的证据不足。

经查，复兴明方会计师事务所出具的《审计报告》证实，被告人顾然地于2002年10月18日至2003年11月2日期间通过eBay网站网站销售货物，其中，超马赫运输公司提供的运单和华夏银行上海分行、西联上海中心等单位提供的收款单，两份单据在客户姓名、住址、日期方面相一致的货物价值为15.9万余美元；鉴定人单炯的陈述及相关单据等证据，证实上述运单和收款单中均没有反映货物的名称。

法院认为，公诉机关指控被告人顾然地在2002年10月18日至2003年11月2日期间，通过eBay网站销售DVD共计5.3万余张，销售金额15.9万余美元一节，由于查获的运单、收款单等书证以及《审计报告》等证据不能认定顾然地通过eBay网站销售的货物全部是侵权DVD，现有证据无法排除其中有其他货物的可能性，故公诉机关指控该事实的证据不足，不予认定。

被告人顾然地、吴东、库迪、吴世彪以营利为目的，销售明知是未经著作权人许可复制发行的侵权复制品，违法所得均数额巨大，其行为分别构成销售侵权复制品罪，依法均应惩处。上海市人民检察院第二分院指控4名被告人通过三美元DVD网站销售侵权复制品的事实成立，但指控的罪名不当。4名被告人在共同犯罪中，顾然地具体组织销售侵权复制品的犯罪活动，起主要作用，系主犯，依法应按其所组织的全部犯罪处罚；吴东、库迪、吴世彪分别为顾然地销售侵权复制品提供收发货、联系客户、电脑管理、运输等服务，起辅助作用，均系从犯，且吴世彪犯罪后能主动投案，如实供述自己的主要犯罪事实,具有自首情节,依法对该3名被告人分别酌情从轻处罚。

上海市第二中级人民法院根据《刑法》第6条第1款、第218条、第25条第1款、第26条第1款、第4款、第27条、第35条、第67条第1款、第64条和《最高人民法院、最高人民检察院关于办理侵犯知识产权刑事案件具体应用法律若干问题的解释》第6条、第16条以及《最高人民法院关于审理非法出版物刑事案件具体应用法律若干问题的解释》第17条第2款之规定,作出如下判决:1. 被告人顾然地犯销售侵权复制品罪,判处有期徒刑2年6个月,并处罚金人民币50万元,驱逐出境;2. 被告人吴东犯销售侵权复制品罪,判处有期徒刑1年3个月,并处罚金人民币1万元;3. 被告人库迪犯销售侵权复制品罪,判处有期徒刑1年,并处罚金人民币1万元;4. 被告人吴世彪犯销售侵权复制品罪,判处罚金人民币3万元;5. 违法所得财物和犯罪工具予以没收。

一审宣判后,4名被告人在法定期限内均未提出上诉,检察机关亦未抗诉,一审判决发生法律效力。

法官评述

我们知道,销售音像制品涉及的内容和法律关系较为复杂。从销售的音像制品性质看,有销售合法音像制品和销售非法音像制品之分。在非法音像制品中又包括具有淫秽内容的音像制品、宣扬迷信或者内容反动的音像制品、歧视侮辱少数民族的音像制品等等。从销售音像制品的主体看,有合法资格的经营者销售音像制品与没有主体资格的经营者销售音像制品的区别,且不同的经营者从事销售音像制品活动和销售不同性质的音像制品,其法律后果是不同的。目前,我国审理销售音像制品犯罪的案件主要依据《刑法》《最高人民法院关于审理非法出版物刑事案件具体应用法律若干问题的解释》(简称《非法出版物司法解释》)《最高人民法院、最高人民检察院关于办理侵犯知识产权刑事案件具体应用法律若干问题的解释》(简称《侵犯知识产权司法解释》)和国务院颁布的《音像制品管理条例》等法律、法规和司法解释,涉及的罪名有3种,即《刑法》第217条规定的侵犯著作权罪、《刑法》第218条规定的销售侵权复制品罪和《刑法》第225条规定的非法经营罪。其中,对已取得《音像制品经营许可证》的经营者销售侵权音像制品的行为以销售侵权复制品罪处罚;对未取得《音像制品经营许可证》的经营者销售合法音像制品的行为以非法经营罪处罚;对未经音像制品著作权人许可而直接销售其音像制品的行为以侵犯著作权罪处罚这3种情况基本上没有争议。但对未取得《音像制品经营许可证》的经营者又销售侵权音像制品这一行为的处罚,由于现有的法律规定不具体、不明确,从而在刑法理论和司法实践中产生较大争议。一种观点认为应认定销售侵权复制品罪,依其理由的不同可具体分为两类:其一认为行为人非法从事音像制品的销售是一行为触犯了销售侵权复制品罪和非法经营罪两个法条,属法条竞合,且两者是特殊法与一般法的关系,根据我国刑法普遍适用的原则,应以特殊法优于一般法的处断原则认定;其二认为对销售侵权复制品罪的主体本身没有限制,没有合法经营音像制品资格者可以构成,具有这一资格的人同样也可以构成,因为有合法经营音像制品资格的人也不能侵犯他人著作权。另一种观点认为应认定非法经营罪；依其理由的不同也可分为两类：其一认为虽然非法从事侵权音像制品销售的行为属于法条竞合，应按特别法优于一般法定性，但当特别法明显罚不抵罪时，根据罪刑相适应原则，应适用重法而排斥轻法；其二认为由于销售侵权复制品罪的起刑点过高，导致对许多销售侵权复制品的行为难以追究刑事责任，为有效打击非法出版物的犯罪活动，对销售侵权音像制品在未达到起刑点标准的情况下，应以非法经营罪定罪。第三种观点认为应以侵犯著作权罪认定。

笔者认为，上述几种观点从不同的角度阐述了各自的理由，虽然也有合理性的一面，但也存在缺陷或者不够全面、合理的一面。如认为法条竞合的情况下应根据特别法优于一般法原理定性的观点，实际上没有正确理解法条竞合的真实含义，所谓法条竞合是指一个犯罪行为同时触犯两个法律条文，其中一个法律条文的内容包含在另一个法律条文的内容中。而销售侵权复制品罪与非法经营罪之间不存在包容关系，也就不存在法条竞合的问题。又如认为适用特别法优于一般法时，在罚不抵罪的情况下应以重法优于轻法原理定性的观点，它是以罪刑相适应的原则为基础，但由于特别法是法律对某种社会关系加以特别保护而设立的条款，强调把保护这种社会关系放在首位。因此，特别法的设立相对于一般法而言，显得尤为重要和具体，如果弃之不用，就有违罪刑法定原则的要求。再如以销售侵权复制品罪的起刑标准过高为由主张认定非法经营罪的观点更是缺乏理论依据，未达到规定标准要以比销售侵权复制品罪重的非法经营罪认定，就会出现轻罪重罚这一违背罪刑相适应原则的情况。至于那种以侵犯著作权定性的观点，则完全混淆了侵犯著作权罪与销售侵权复制品罪的概念，因而是不正确的。

笔者认为，对未取得《音像制品经营许可证》情况下又销售侵权音像制品的行为可以销售侵权复制品罪认定。

1. 正确把握非法音像制品和侵权音像制品的本质区别，有助于准确定性

根据《现代汉语词典》的解释，"侵权"是指侵犯、损害他人的合法权益；"非法"是指不合法。于是，人们普遍认为侵权是一种非法行为，非法行为包括侵权，由此推定侵权音像制品就是非法音像制品。其实，非法音像制品与侵权音像制品具有本质上的区别。诚然，非法音像制品中的"非法"是一种不合法的意思表示，但它主要是指不符合国务院颁布的《音像制品管理条例》，该条例规定，非法音像制品一是指该音像制品的内容属国家禁止，如危害国家统一、主权和领土完整、反对《宪法》确定的基本原则、宣扬邪教和封建迷信、危害社会公德或者民族优秀文化传统等内容的音像制品；二是指该音像制品制作程序的违法性，即非音像出版单位出版的音像制品或者非音像复制单位复制的音像制品。而侵权音像制品中的"侵权"是行为人违反了《著作权法》的不合法行为，所谓侵权音像制品是指未经著作权人许可，复制发行其文字作品、音乐、电影、电视、录像作品等。由此可见，非法音像制品与侵权音像制品存在三个方面的区别：一是违反的法律法规不同，非法音像制品违反的是《音像制品管理条例》；侵权音像制品违反的是《著作权法》。二是反映的内容不同，非法音像制品在内容上是法律禁止的，在形式上是非正规单位出版或者复制的，它不涉及对著作权人侵权的内容；而侵权音像制品仅是指未经著作权人同意而复制、发行的作品，它不涉及该作品的内容是否国家禁

止，也不涉及是否由正规单位出版或复制等问题。三是管理的机关不同，非法音像制品属于文化行政部门管理，它所作出的非法音像制品的鉴定结论只证明内容和程序是否违法，不涉及侵权问题；而侵权音像制品的确认属于国家版权局的职责范围或者由国家指定的机构进行鉴定。

此外，需要说明的是，在《刑法》第217和第218条中规定侵犯著作权的音像制品有两种，一是未经著作权人许可而复制、发行其音乐、电影、电视、录像的作品；二是未经录音录像制作者许可而复制、发行其制作的录音录像的作品。上述内容实际上回答了什么是侵权音像制品的问题，即侵权音像制品是指未经著作权人许可而复制、发行其音乐、电影、电视、录像作品和未经录音录像制作者许可而复制、发行其制作的录音录像制品等侵犯著作权或邻接权的作品。《刑法》第217条进一步明确，侵权复制品的内容除上述侵权音像制品的内容外，还包括出版他人享有专有出版权的图书和制作、出售假冒他人署名的美术作品等内容，也就是说，侵权复制品的外延比侵权音像制品大，侵权音像制品属于侵权复制品的范畴。

2. 销售侵权音像制品的行为以销售侵权复制品罪认定的理由如下

(1) 我国著作权保护的刑事立法于1979年开始，当时，对于严重侵犯著作权的行为以投机倒把罪认定。后在1987年11月27日《最高人民法院、最高人民检察院关于依法惩治非法出版物犯罪的通知》中又明确规定，以牟取暴利为目的，从事非法出版物的出版、印刷、发行、销售活动，非法经营或者非法获利的数额较大，情节严重的，以投机倒把罪论处。1991年1月30日《最高人民法院、最高人民检察院关于严厉打击非法出版物活动的通知》中再次明确规定，对从事非法出版活动构成犯罪的，依照投机倒把罪的罪名和数额标准追究刑事责任。直到1994年7月5日《全国人民代表大会常务委员会关于惩治侵犯著作权的犯罪的决定》和1995年1月16日《最高人民法院关于适用〈全国人民代表大会常务委员会关于惩治侵犯著作权的犯罪的决定〉若干问题的解释》中第一次明确提出，以营利为目的，销售明知是侵权复制品，违法所得数额较大的，构成销售侵权复制品罪。1997年修订《刑法》时吸收了上述相关内容，把投机倒把罪的内容细化，保留了非法经营罪，包括侵犯著作权、销售侵权复制品在内的侵犯知识产权的犯罪，也从原先的投机倒把罪（非法经营罪）中分离出来，独立为罪，体现了我国政府依法打击侵犯知识产权犯罪的决心和态度。从以上立法的过程可以看出，销售侵权复制品罪与非法经营罪是特殊法与一般法的关系，由于特殊法是立法者认为需要而特别加以保护和重视的内容，通俗地讲，它与一般法也就是例外与原则的关系，在具体适用法律时，原则上应适用一般法，但在例外的情况下就应适用特别法，一般法不再适用，这就是《刑法》中的特殊法优于一般法的适用原则，该原则在司法实践中也普遍适用，故以销售侵权复制品罪认定符合立法者本意和刑法理论。同时，在运用特别法优于一般法原则时，大部分情况下都是特别法的处刑重于一般法，因而不存在罪罚不当的情形。而像本案中作为特别法的销售侵权复制品罪处刑反而比作为一般法的非法经营罪轻的情形也客观存在，也确有违背罪刑相适应原则之嫌，但这种不合理的法律设置只有通过立法程序加以解决，作为司法部门只能严格按照罪刑法定原则予以认定，不能用司法手段来解决立法中的不足，也就是说司法权不能取代立法权。应该强调的是，在保护著作权的刑事法律出台以前，对销售侵权复制品等侵犯著作权的犯罪以投机倒把罪论处有其必然性，但当《刑法》修订后明确规定了销售侵权复制品等侵犯著作权犯罪的罪名后，再以与投机倒把罪性质相似的非法经营罪处罚销售侵权复制品的行为，显然于法相悖。此外，现行司法解释规定，销售侵权复制品罪的起刑标准比非法经营罪高，但量刑却比非法经营罪轻，如果适用重法吸收轻法的原则，那么，销售侵权复制品罪的罪名就形同虚设。

（2）我国于2001年12月加入WTO，成为WTO的成员之后，对于1994年4月15日乌拉圭回合多边贸易谈判中《与贸易有关的知识产权协定》（TRIPS）已全面适用。该协议明确将销售侵权复制品的行为列入了侵犯著作权的违法行为之中，并把包括著作权在内的知识产权规定为私权利属性，要求各成国对著作权提供民事、行政和刑事方面的保护。也就是说，该协议实际上要求各成员对侵犯著作权这种私权利提供刑法保护。所以，《刑法》规定的销售侵权复制品罪侵犯的客体同其他国家一样都是侵犯他人著作权、邻接权等权利，刑法保护的就是著作权人所享有的这些权利。《刑法》还明确规定，著作权人对这类侵权行为可以个人名义提起诉讼，要求对该侵犯著作权的行为给予刑罚制裁，反映了著作权的实质就是私权利。而非法经营罪侵犯的客体是国家的市场管理，即国家通过对市场进行依法管理所形成的稳定、协调、有序的市场运行状态。由此可见，以非法经营罪处理销售侵权复制品罪的行为，从本质上混淆了保护的客体，即将保护文化市场秩序这一公权力同保护文化创作权利人的权利这一私权利混为一谈，完全与TRIPS规定的内容、精神不相符。此外，与国家利益相比，著作权人个人利益受侵害更容易、更直接，著作权人也难以凭借自己的力量与之抗衡，所以，就需要《刑法》加以特别维护。正如有的学者所述，著作权个人利益的维护有助于国家整体利益的维护，著作权人的利益是国家利益的基础，著作权个人利益的萎缩就是国家利益的削弱。所以，我国《刑法》应把对著作权人利益的保护放在首位，这既是TRIPS所要求，也是我国《刑法》特设销售侵权复制品罪的真实目的。

（3）最高人民法院于1998年12月23日公布的《非法出版物司法解释》第11条和第15条中涉及以非法经营罪认定的情况有两种。其中，第11条规定，出版、印刷、复制、发行本解释第1～10条规定以外的其他严重危害社会秩序和扰乱市场秩序的非法出版物，情节严重的，以非法经营罪认定；第15条规定，非法从事出版物的出版、印刷、复制、发行业务，严重扰乱市场秩序，情节特别严重的，以非法经营罪定罪处罚。那么，何谓非法出版物，根据新闻出版署、公安部、广播电影电视部、国家工商行政管理局于1998年发布的《依法查处非法出版犯罪活动工作座谈会纪要》、中共中央办公厅和国务院办公厅于1989年发出《关于整顿、清理书报刊和音像市场，严厉打击犯罪活动的通知》、新闻出版署于1991年发出《关于认定、查禁非法出版物若干问题的通知》等规定，非法出版物是个大概念，内容上既包括宣传色情、迷信、有政治问题的出版物，也包括淫秽出版物、侵犯著作权的出版物等；出版主体上既有非法成立的单位或者个人，也有依法成立的出版单位或者个人。

综上，笔者认为：首先，《非法出版物司法解释》第11条所规定的内容并不包括该解释第4条，而第4条恰恰规定，销售侵权音像制品的行为以销售侵权复制品罪认定，而不是作为"出版、印刷、复制、发行其他严重危害社会秩序和扰乱市场秩序"对待,故顾然地等人的行为不能依据《非法出版物司法解释》第11条规定的非法经营罪认定;其次,《非法出版物司法解释》第15条规定从事出版、印刷、复制、发行业务的出版物应理解为是合法出版物,犯他人著作权犯罪起到帮助作用,虽然这种行为具有一定的危害性,但较之将未经著作权人许可销售的作品予以直接出售的危害性要小,所以在处罚上也比侵犯著作权罪轻。结合本案分析,被告人顾然地等人销售的是侵权音像制品,该侵权音像制品不是顾然地等人自己复制发行的,顾然地等人是从他人处低价购进侵权音像制品后,再加价予以销售。所以,顾然地等人的行为完全符合销售侵权复制品罪的特征。

综上所述,笔者认为,法院对顾然地等人以销售侵权复制品罪认定是正确的。结合顾然地在共同犯罪中起到主要作用,其余3人均起到辅助或者次要作用,以及吴世彪有自首等情节,法院对顾然地等人的量刑是适当的。

(一审合议庭成员:薛　振　何仁利　费　晔
编写人:上海市高级人民法院　贺平凡
上海市第二中级人民法院　费　晔)

48. 幸发芬侵犯商业秘密案

阅读提示：违约带走所掌握的原单位商业秘密能否认定为侵犯商业秘密犯罪的预备行为？刑事案件被害人的经济损失能否适用确定民事赔偿额的相关规定来计算？

裁判要旨

单位涉密岗位工作的技术人员在掌握了单位技术秘密后为跳槽而将所掌握的商业秘密带到新的单位并予以使用的行为，属于侵犯商业秘密的行为，而且其带走商业秘密的行为应当属于侵犯商业秘密犯罪的预备行为。

根据《公安部关于在办理侵犯商业秘密犯罪案件中如何确定"给商业秘密权利人造成重大损失"计算方法的答复》和《反不正当竞争法》第20条，《专利法》第60条及《最高人民法院关于审理不正当竞争民事案件应用法律若干问题的解释》第17条第1款，《最高人民法院关于审理专利纠纷案件适用法律问题的若干规定》第20条第2款、第3款的规定，对难以计算侵犯商业秘密给权利人所造成的损失的，司法实践中一般可参照《反不正当竞争法》规定的民事赔偿额的计算方法来计算经济损失。

案　号

一审：湖北省潜江市人民法院（2007）潜刑初字第284号
二审：湖北省汉江中级人民法院（2008）汉刑终字第9号

案情与裁判

公诉机关：潜江市人民检察院
被告人（二审上诉人）：幸发芬

指控与辩护

潜江市人民检察院指控：被告人幸发芬违反江钻公司关于保守商业秘密的要求，非法使用江钻公司秘密技术，用于立林公司研制、生产三牙轮钻头，至2006年6月30日止，给江钻公司造成直接经济损失为人民币10 692 282.61元。被告人幸发芬的行为侵犯了江钻公司的商业秘密，构成了侵犯商业秘密罪。要求依照《刑法》第219条之规定对被告人幸发芬予以判处。

被告人幸发芬针对公诉机关的指控没有提出辩护意见。

一审审理查明

一审法院经审理查明：江钻公司是我国生产石油勘探与开采用牙轮钻头的最大生产

企业。该公司拥有的三牙轮钻头设计制造技术，是通过有偿转让方式从美国德克萨斯州休斯敦工具公司引进，并经过多年消化吸收与研发，逐步实现了牙轮钻头产品商业化、专业化、国产化。江钻公司按照与美国德克萨斯州休斯敦工具公司签署的协议，将三牙轮钻头设计制造技术视为技术秘密，并采取了必要的保密措施，至今从未对外转让过该项技术。

被告人幸发芬于1983年8月从华东化工学院毕业后分配到江汉石油管理局钻头厂（江钻公司前身）工作，历任车间技术员、产品开发研究所主任、人力资源部培训处经理等职。幸发芬在江钻公司涉密岗位工作多年，先后从事过对美国德克萨斯州休斯敦工具公司图纸及工艺文件等资料进行翻译、复制、汇编等工作，牙轮钻头新品种研制设计工作，牙轮钻头小零件国产化工作，是江钻公司的技术骨干，了解江钻公司三牙轮钻头设计制造技术，并先后两次被委派到美国考察、学习美国德克萨斯州休斯敦工具公司先进的牙轮钻头设计制造技术。幸发芬在江钻公司工作期间，受过保密教育，明知三牙轮钻头设计制造技术是江钻公司的技术秘密。

2001年7月，江钻公司机构改组，被告人幸发芬所在的人力资源部培训处将撤并，幸发芬因此萌生离职的想法。2001年8月初，幸发芬和丈夫王剑锐自荐到天津立林石油机械有限公司工作，经数次商谈，于2001年8月28日与该公司签订劳动合同。2001年9月24日，幸发芬向江钻公司提出辞职。2001年10月，幸携带从江钻公司获取的部分秘密技术资料进入天津立林石油机械有限公司工作。此时，天津立林石油机械有限公司属下的天津立林钻头有限公司（简称"立林公司"）还处于筹备阶段。2002年2月1日，立林公司成立，幸发芬担任该公司技术部部长，主持牙轮钻头的产品设计、负责制定相关企业技术标准和检验规程工作。

被告人幸发芬在立林公司工作期间，非法使用江钻公司轴承设计技术，将江钻公司的三牙轮钻头图纸存放在其移动硬盘中进行比对分析，相继设计和指导立林公司其他技术人员设计了编号为C0023、D0023、C0024、D0024的牙轮、牙掌轴承图纸。上述图纸被立林公司用于生产81/2LHJ517、81/2LHJ537、81/2LHJ127、83/8LHJ517等型号牙轮钻头。经科学技术部知识产权事务中心鉴定，立林公司编号为C0023、D0023、C0024、D0024的牙轮、牙掌轴承图纸与江钻公司编号为084HJ517/ES458－E、084HJ517/EW065图纸中记载的技术信息具有相似性。江钻公司编号为084HJ517/ES458－E、084HJ517/EW065图纸中记载的技术信息（包括牙轮、牙掌轴承公差配合、技术要求等）系江钻公司的商业秘密。

被告人幸发芬非法使用江钻公司的秘密技术，为立林公司编制了《轴承O形供能圈技术标准 LL.Q.ZC－002－2003》《氢化丁腈橡胶轴承O形密封圈技术标准 LL.Q.ZC－003－2003》《轴承密封O形圈技术要求与检验规程 LL.Q.ZC－008－2003第一版》《金属密封轴承用供能圈技术要求与检验规程 LL.Q.ZC－009－2005第1版》《金属密封轴承用供能圈技术要求与检验规程 LL.Q.ZC－009－2005第2版》等文件。上述文件被立林公司运用于生产所有三牙轮钻头产品。经科学技术部知识产权事务中心鉴定，上述文件中对牙轮钻头轴承O形供能圈、密封圈质量要求、性能要求、技术指标与江钻公司《牙轮钻头小零件技术条件轴承O形供能圈Q/JZ.J.168.24－2000（第2

版)》《牙轮钻头小零件技术条件轴承O形密封圈 Q/JZ.J.168.27－2000（第3版）》文件中对牙轮钻头轴承O形供能圈、密封圈质量要求、性能要求基本相同，技术指标相似。江钻公司《牙轮钻头小零件技术条件轴承O形供能圈 Q/JZ.168.24－2000（第2版）》《牙轮钻头小零件技术条件轴承O形密封圈 Q/JZ.168.27－2000（第3版）》文件中记载的技术信息（包括牙轮钻头轴承O形供能圈、密封圈质量要求、性能要求、技术指标）系江钻公司的商业秘密。

被告人幸发芬违反江钻公司关于保守商业秘密的要求，非法使用江钻公司秘密技术，用于立林公司研制、生产三牙轮钻头。至2006年6月30日止，给江钻公司造成直接经济损失10 692 282.61元。

一审判理与结果

一审法院认为：被告人幸发芬违反江钻公司关于保守商业秘密的要求，使用其所掌握的江钻公司的商业秘密为立林公司设计轴承图纸和编制了相关技术标准、检验规程等文件，其行为构成侵犯商业秘密罪，且给江钻公司造成特别严重后果。依照《刑法》第219条第1款第（3）项和《最高人民法院、最高人民检察院关于办理侵犯知识产权刑事案件具体应用法律若干问题的解释》第7条第2款之规定，判决：被告人幸发芬犯侵犯商业秘密罪，判处有期徒刑6年，并处罚金5万元。

上诉及二审判理和结果

幸发芬提出上诉称：1.其没有侵犯江钻公司商业秘密的主观故意。2.原判认定江钻公司经济损失的依据不确实、不充分；立林公司的轴承图、企业标准与江钻公司的经济损失之间没有因果关系。3.原审法院对本案没有管辖权。

二审审理查明的事实与一审查明的一致。

二审法院认为：

关于上诉人幸发芬提出其没有侵犯江钻公司商业秘密主观故意的上诉理由。审理查明的事实表明，幸发芬是江钻公司的技术研发人员，在江钻公司涉密岗位工作多年，掌握了江钻公司的技术秘密。幸发芬受过单位的保密教育，明知江钻公司的保密制度，负有保守江钻公司商业秘密的义务，其离开涉密岗位时不得将其所掌握的技术资料带走，且不得抄写或者复制其掌握的技术资料。幸发芬明知其带走江钻公司秘密技术资料的行为违反江钻公司的保密规定，但其在离开江钻公司时，仍将属于江钻公司的轴承图纸等秘密技术资料带到立林公司，并在该公司从事三牙轮钻头产品设计工作中使用了其从江钻公司带来的部分秘密技术资料。上述客观事实足以认定幸发芬主观上有侵犯江钻公司商业秘密的故意，幸发芬提出的上诉理由不能成立。

关于上诉人幸发芬提出原判认定江钻公司经济损失的依据不确实、不充分；立林公司的轴承图、企业标准与江钻公司的经济损失之间没有因果关系的上诉理由。经查：（1）武汉银河会计评估司法鉴定所的司法鉴定意见书认定，幸发芬的行为给江钻公司造成的直接经济损失（至2006年6月30日止）为10 692 282.61元。（2）武汉银河会计评估司法鉴定所是经湖北省司法厅登记注册的司法会计鉴定机构，有进行司法会计鉴定的资格。武汉银河会计评估司法鉴定所的鉴定人王长斌、皮军华、颜永红均具有司法会计鉴定的资格。武汉银河会计评估司法鉴定所接受司法机关的委托，对江钻公司商业秘密被侵犯所遭受的经济损失进行鉴定的程序合法。(3)《公安部关于在办理侵犯商业秘密犯罪案件中如何确定"给商业秘密权利人造成重大损失"计算方法的答复》规定:"对难以计算侵犯商业秘密给权利人所造成的损失的,司法实践中一般可参照《反不正当竞争法》规定的民事赔偿额的计算方法。"武汉银河会计评估司法鉴定所据此所作司法鉴定意见的法律依据是充分的。(4)幸发芬在立林公司工作期间,非法使用江钻公司轴承设计技术,将江钻公司的三牙轮钻头图纸存放在其移动硬盘中进行比对分析,相继设计和指导立林公司其他技术人员设计了牙轮、牙掌轴承图纸。上述图纸被立林公司用于生产牙轮钻头。幸发芬还非法使用江钻公司的秘密技术,为立林公司编制了技术标准、技术要求与检验规程等文件。上述文件被立林公司用于生产所有三牙轮钻头产品。因此,幸发芬违反江钻公司关于保守商业秘密的要求,使用其所掌握的江钻公司的商业秘密为立林公司设计的钻头轴承图纸、制定的相关企业标准被立林公司用于生产三牙轮钻头,给江钻公司造成了经济损失,其行为与江钻公司的经济损失之间具有刑法意义上的因果关系。幸发芬的上诉理由不能成立。

关于上诉人幸发芬提出原审法院对本案没有管辖权的上诉理由。审理查明的事实表明:(1)幸发芬是江钻公司的技术研发人员,在江钻公司涉密岗位工作多年,其掌握了江钻公司的技术秘密。(2)幸发芬受过单位的保密教育,明知江钻公司的保密制度,负有保守江钻公司商业秘密的义务,其离开涉密岗位时不得将其所掌握的技术资料带走,且不得抄写或者复制其掌握的技术资料。(3)幸发芬明知其带走江钻公司的秘密技术资料行为违反江钻公司的保密规定。(4)幸发芬在江钻公司工作期间,即与天津立林石油机械有限公司签订了劳动合同,随后离开江钻公司时,将属于江钻公司的轴承图纸等秘密技术资料带到天津立林石油机械有限公司,在该公司从事三牙轮钻头产品设计工作中使用了其从江钻公司带走的部分秘密技术资料。因此,幸发芬违约带走江钻公司的秘密技术资料的行为是其实施侵犯商业秘密犯罪的预备行为,其实施上述侵犯商业秘密犯罪预备行为的犯罪地在潜江市,故潜江市人民法院对此案有管辖权。幸发芬的上诉理由不能成立。

二审认为,上诉人幸发芬违反江钻公司关于保守商业秘密的要求,使用其所掌握的江钻公司的商业秘密,给江钻公司造成经济损失1000余万元,其行为已构成侵犯商业秘密罪。原审判决认定事实和适用法律正确,量刑适当,审判程序合法。依照《刑事诉讼法》第189条第(1)项之规定,裁定:驳回上诉,维持原判。

● 法官评述

一、刑事案件中所涉及的经济损失的计算问题

刑事案件中的损失一般是指直接损失,但在司法实践中有些损失难以计算,不好确定时,可以参照有关民事赔偿的标准计算损失。《公安部关于在办理侵犯商业秘密犯罪案件中如何确定"给商业秘密权利人造成重大损失"计算方法的答复》规定:"对难以计算侵犯商业秘密给权利人所造成的损失的,司法实践中一般可参照《反不正当竞争法》规定的民事赔偿额的计算方法。"《反不正当竞争法》第20条规定:"经营者违反本

法规定，给被侵害的经营者造成损害的，应当承担损害赔偿责任，被侵害的经营者的损失难以计算的，赔偿额为侵权人在侵权期间因侵权所获得的利润；并应当承担被侵害的经营者因调查该经营者侵害其合法权益的不正当竞争行为所支付的合理费用。"《最高人民法院关于审理不正当竞争民事案件应用法律若干问题的解释》第17条第1款规定："确定《反不正当竞争法》第10条规定的侵犯商业秘密行为的损害赔偿额，可以参照确定侵犯专利权的损害赔偿额的方法进行。"《专利法》第60条规定："侵犯专利权的赔偿数额，按照权利人因被侵权所受到的损失或者侵权人因侵权所得的利益确定；被侵权人的损失或者侵权人获得的利益难以确定的，参照该专利许可使用费的倍数合理确定。"《最高人民法院关于审理专利纠纷案件适用法律问题的若干规定》第20条第2款、第3款规定："权利人因被侵权所受到的损失可以根据专利权人的专利产品因侵权所造成销售总量减少的总数乘以每件专利产品的合理利润所得之积计算。权利人销售量减少的总数难以确定的，侵权产品在市场上销售的总数乘以每件专利产品的合理利润所得之积可以视为权利人因被侵权所受到的损失。侵权人因侵权所获得的利益可以根据该侵权产品在市场上销售的总数乘以每件侵权产品的合理利润所得之积计算。侵权人因侵权所获得的利益一般按照侵权人的营业利润计算，对于完全以侵权为业的侵权人，可以按照销售利润计算。"本案中，武汉银河会计评估司法鉴定所根据上述法律的规定所作司法鉴定意见是正确的。

二、刑事案件的管辖是犯罪地人民法院管辖

犯罪地是指犯罪行为发生地，犯罪行为当然包括犯罪的预备行为。因此，犯罪的预备行为发生地人民法院对该刑事案件具有管辖权。本案中，上诉人幸发芬所在的江钻公司在湖北省潜江市。幸发芬在江钻公司涉密岗位工作多年，掌握了江钻公司的技术秘密，其受过单位的保密教育，明知江钻公司的保密制度，负有保守江钻公司商业秘密的义务，其离开涉密岗位时不得将其所掌握的技术资料带走，且不得抄写或者复制其掌握的技术资料。但其在江钻公司工作期间，即与天津立林石油机械有限公司签订了劳动合同，随后离开江钻公司时，将属于江钻公司的轴承图纸等秘密技术资料带到天津立林石油机械有限公司，在该公司从事三牙轮钻头产品设计工作中使用了其从江钻公司带走的部分秘密技术资料。因此，幸发芬违约带走江钻公司的秘密技术资料的行为是其实施侵犯商业秘密犯罪的预备行为，其实施上述侵犯商业秘密犯罪预备行为地在潜江市，故潜江市人民法院对此案有管辖权。

（二审合议庭成员：陶雄平　王秀斌　张少华
编写人：湖北省汉江中级人民法院　王秀斌）

49. 苏东岭、陈忠政、何红旭、蔡云良侵犯商业秘密案

阅读提示：侵犯知识产权案件是否属于《最高人民法院关于刑事附带民事诉讼范围问题的规定》所指称的刑事附带民事诉讼范畴？在侵犯知识产权刑事案件中，如何处理相关民事问题？

裁判要旨

侵犯知识产权案件不属于《最高人民法院关于刑事附带民事诉讼范围问题的规定》规定的附带民事诉讼范畴。

由于侵犯知识产权案件的特殊性，处理此类案件的重点和难点在于对权属的准确界定、侵权行为是否成立和损害后果如何计算等知识产权专业性问题，适用"先民后刑"原则有利于权利人和公诉机关根据民事案件审理进程适时提起诉讼。如果就同一事实，刑事裁判在先，法官应向被侵权单位释明相关民事问题的解决途径，而不应将损害赔偿等民事诉求与刑事案件一并审理。

案 号

一审：沈阳高新技术产业开发区人民法院（2007）沈高新法刑初字第 37 号
二审：辽宁省沈阳市中级人民法院（2007）沈刑二终字第 259 号

案情与裁判

公诉机关：沈阳高新技术产业开发区人民检察院
被告人（二审上诉人）：苏东岭
被告人（二审上诉人）：陈忠政
被告人（二审上诉人）：何红旭
被告人：蔡云良

一审审理查明

一审法院经审理查明：被告人陈忠政被捕前系中国科学院沈阳科学仪器研制中心有限公司（简称"沈科仪公司"）的在职员工，被告人何红旭、蔡云良辞职前系沈科仪公司员工。被告人苏东岭、陈忠政与被告人何红旭、蔡云良于 2005 年初共同协商成立一家与沈科仪公司经营范围相同、产品相类似的公司，利用掌握的经济信息和复制出的技术图纸进行营利活动。2005 年 7 月 11 日，被告人苏东岭按 25%、被告人陈忠政按 45%、被告人何红旭、蔡云良各按 15% 比例出资成立了沈阳博远科学仪器有限公司

（简称"博远公司"）。随后4名被告人以该公司的名义先后与北京科技大学、宁波大学、南京工业大学、中国科学院沈阳金属研究所、北京石油化工学院签订设计生产非标准仪器设备的合同，合同标的额为人民币345.85万元，给被害人单位造成直接经济损失人民币103.9万元。具体犯罪事实如下：1. 2006年1月18日，博远公司与南京工业大学科技开发中心签订生产一套金属纳米粉体连续生产设备的合同，合同标的额为人民币110万元，合同签订后南京工业大学支付预付款人民币55万元。2. 2006年3月7日，博远公司与宁波大学签订为其生产一套纳米制备及纳米修饰设备的合同，合同标的额为人民币35万元，合同签订后，宁波大学支付预付款人民币21万元。3. 2006年4月28日，博远公司与北京科技大学签订生产一套单室磁控溅射设备的合同，合同标的额为人民币38万元，合同签订后北京科技大学支付预付款人民币22.8万元。同日，博远公司还与北京科技大学签订为其生产一套高真空单辊旋淬系统的合同，合同标的额为人民币20万元，合同签订后北京科技大学支付预付款人民币12万元。4. 2006年5月31日，博远公司与北京石油化工学院签订为其生产一套化学气相沉积及离子注入系统的合同，合同标的额为人民币79.85万元，合同签订后北京石油化工学院支付预付款人民币55.89万元。5. 2006年7月29日，博远公司与中国科学院沈阳金属研究所签订为其生产一套非晶复合材料制备设备的合同，合同标的额为人民币25万元，合同签订后中国科学院沈阳金属研究所支付预付款人民币10万元。6. 2006年三四月，被告人蔡云良、何红旭听东北大学教师徐民及哈尔滨工业大学教师沈军讲，他们准备购置一套甩带机及电弧炉联合设备用于教学，并与他们达成了生产意向。之后，二被告人便设计生产了一套甩带机及电弧炉联合设备，案发时尚未销售，该设备已被扣押。

一审判理和结果

一审法院依据证人张振忠、穆顺胜、刘新才、朱洁、高学绪、佟雷、卢一民、王海涛、朱玉红、张海峰、徐民、李昌龙、冯彬、于德利、张春光等人证言，书证《技术开发（委托）合同》及附件、产品《订货合同》及附件、《采购合同》及附件、银行《电汇凭证》《送票回执》《发票联》《转账支票存根》、订货方《记账凭证》《暂付款领单》、知识产权司法《鉴定报告》、资产评估《鉴定报告》等证据认定上述事实，并依照《刑法》第219条第1款、第25条第1款、第72条、第52条、第36条、第64条之规定，判决：一、被告人苏东岭犯侵犯商业秘密罪，判处有期徒刑1年6个月，缓刑1年6个月，并处罚金人民币1.5万元；被告人陈忠政犯侵犯商业秘密罪，判处有期徒刑1年6个月，缓刑1年6个月，并处罚金人民币1.5万元；被告人何红旭犯侵犯商业秘密罪，判处有期徒刑1年，缓刑1年，并处罚金人民币1万元；被告人蔡云良犯侵犯商业秘密罪，判处有期徒刑1年，缓刑1年，并处罚金人民币1万元。二、被告人苏东岭赔偿沈科仪公司经济损失人民币103.9万元的25%，即人民币25.975万元，已经赔偿人民币5万元；被告人陈忠政赔偿沈科仪公司经济损失人民币103.9万元的45%，即人民币46.755万元，已经赔偿人民币9万元；被告人何红旭赔偿沈科仪公司经济损失人民币103.9万元的15%，即人民币15.585万元，已经赔偿人民币3万元；被告人蔡云良赔偿沈科仪公司经济损失人民币103.9万元的15%，即人民币15.585万元，已经赔偿人民币3万元。三、扣押物品、设备返还沈科仪公司；冻结合同款按比例返还付款单位；

扣押电脑等作案工具依法没收。

上诉与答辩

宣判后,被告人苏东岭、陈忠政、何红旭对一审判决的定罪量刑、扣押作案工具依法没收没有提出异议,仅就赔偿和扣押物品、设备,冻结合同款返还及部分事实认定等事项提出上诉。其上诉理由是：1. 检察机关和被害单位均没有提起附带民事诉讼,庭审中也没有进行民事诉讼活动,一审法院在刑事判决书中直接判决民事赔偿,在法律程序上欠妥。2. 赔偿金103.9万元数额过大。3. 扣押的设备不完全属于被害单位,其中有他们自己购买或自己设计制造的零部件,不属于侵犯商业秘密的部分,这部分可以从设备上分解拆开的,不应全部返还被害单位,原判赔偿损失额,又判返还设备,存在双重赔偿问题。4. 博远公司是合法的,所签订的合同应当受法律保护,判决预付款返还给客户等于强行中止博远公司与客户的合同。冻结的存款中有股东的入股资金和没有侵权项目的预付款,存在不应返客户的问题。上诉人苏东岭的辩护人对一审判决的定罪量刑部分没有异议,对判决书中涉及民事赔偿和财产处分部分提出如下辩护意见：1. 根据鉴定结论,扣押设备中认定为侵权的共有35个秘密点,其他部分认定为没有侵权,一审法院不应将所扣押的整套设备全部返还给沈科仪公司,而是应该将设备中侵权部分拆出,交由司法机关处理,没有侵权的合法部分返还博远公司。2. 被告人被判决认定为自然人犯罪,而非单位犯罪,冻结并处理博远公司的合法资金是欠妥的。3. 北京紫图知识产权司法鉴定中心的鉴定人中有应该回避而没有回避的人员,损失计算扩大化和计算依据不足,被告人因给被害单位造成经济损失而受到刑事处罚同时还要承担全额赔偿欠妥。4. 被告人家属与沈科仪公司在一审法院的主持下口头达成了赔偿20万元的协议并已交付,请求按照协议确定赔偿款。

二审审理查明

二审法院经审理查明：一审判决认定被告人苏东岭、陈忠政、何红旭、蔡云良的犯罪事实清楚,且上述事实及一审判决所依据的证据均经一审庭审质证,在二审法院审理过程中没有发生变化。

二审判理和结果

二审法院认为：上诉人苏东岭、陈忠政、何红旭和一审被告人蔡云良以不正当的手段获取、使用权利人的商业秘密,给权利人造成重大损失,其行为均已构成侵犯商业秘密罪,应予惩处。但一审在刑事判决中作出民事赔偿和财产处分的裁判,没有法律依据,应予纠正。首先,本案的权利人没有向法院提起附带民事诉讼,即判决书中没有民事诉讼主体,且本案亦不属于《最高人民法院关于刑事附带民事诉讼范围问题的规定》第1条第1款规定的附带民事诉讼的范畴；其次,本案一审被告人的行为侵犯的是商业秘密所有者知识产权权益的行为,并非非法占有、处置被害人的财产,所扣押的设备等也不是违法所得,且并非全部是由侵权部分组成,不应适用《刑法》第64条和《最高人民法院关于刑事附带民事诉讼范围问题的规定》第5条中有关追缴、返还财产的法律规定；再次,冻结的合同款是博远公司与案外人之间的经济往来款项,不应用本案的刑事判决来调整被告人与案外人的民事法律关系。综上,本案不应在刑事判决中作出民事赔偿和财产处分的决定。对于上诉人和辩护人提出的相关上诉理由和辩护意见,经查属实,应予采信。原判定罪准确,量刑适当,但适用《刑法》第36条错误,应予改判。

二审法院依照《刑事诉讼法》第189条第(2)项和《刑法》第219条第1款、第25条第1款、第72条、第64条之规定,判决:一、维持沈阳高新技术产业开发区人民法院(2007)沈高新法刑初字第37号刑事判决的第一项和第三项中的没收作案工具部分,即被告人苏东岭犯侵犯商业秘密罪,判处有期徒刑1年6个月,缓刑1年6个月,并处罚金人民币1.5万元;被告人陈忠政犯侵犯商业秘密罪,判处有期徒刑1年6个月,缓刑1年6个月,并处罚金人民币1.5万元;被告人何红旭犯侵犯商业秘密罪,判处有期徒刑1年,缓刑1年,并处罚金人民币1万元;被告人蔡云良犯侵犯商业秘密罪,判处有期徒刑1年,缓刑1年,并处罚金人民币1万元。扣押电脑等作案工具依法没收;二、撤销沈阳高新技术产业开发区人民法院(2007)沈高新法刑初字第37号刑事判决的第二项和第三项中的扣押、冻结财产返还部分,即被告人苏东岭赔偿沈科仪公司经济损失人民币103.9万元的25%,即人民币25.975万元,已经赔偿人民币5万元;被告人陈忠政赔偿沈科仪公司经济损失人民币103.9万元的45%,即人民币46.755万元,已经赔偿人民币9万元;被告人何红旭赔偿沈科仪公司经济损失人民币103.9万元的15%,即人民币15.585万元,已经赔偿人民币3万元;被告人蔡云良赔偿沈科仪公司经济损失人民币103.9万元的15%,即人民币15.585万元,已经赔偿人民币3万元。扣押物品、设备返还沈科仪公司;冻结合同款按比例返还付款单位。

法官评述

本案是一起涉及知识产权司法保护的刑事案件。根据《刑事诉讼法》第77条第1款规定,被害人由于被告人的犯罪行为而遭受物质损失的,在刑事诉讼过程中,有权提起附带民事诉讼。《最高人民法院关于刑事附带民事诉讼范围问题的规定》(简称《规定》)第1条第1款规定:"因人身权利受到犯罪侵犯而遭受物质损失或者财物被犯罪分子毁坏而遭受物质损失的,可以提起附带民事诉讼。"本案争议焦点是侵犯知识产权案件是否属于《规定》所指称的附带民事诉讼范畴,本案对于司法实践中探讨侵犯知识产权案件相关民事问题的刑事解决方法和途径具有指导意义。

一般认为,"先刑后民"是人民法院审理与经济犯罪有关联的民商事纠纷案件的一个基本指导原则。但是,当因刑民交叉案件引起的刑事诉讼的处理必须以民事诉讼的结果作为前提时,人民法院应当适用"先民后刑"原则,侵犯知识产权犯罪案件即属于此类。侵犯知识产权案件均是侵权行为达到一定程度、造成一定损害后果后,对同一侵权行为承担民事赔偿责任的基础上,再进行刑法评价并给予刑事处罚的问题,这类刑民交叉案件不同于一般的因犯罪行为同时引起民事损害赔偿问题的刑事案件。因此,对于侵犯知识产权案件首先必须处理的是对权属的准确界定、侵权行为是否成立和损害后果如何计算等民事问题。所以侵犯知识产权案件审理的重点和难点在于对案件专业性事实的认定和把握,而适用法律并不占据主要位置,这一点并不因刑事或者民事诉讼程序的不同而有明显的差别,因此该类案件性质方面的特殊把握要重于程序方面的考虑。同时,适用"先民后刑"原则有利于权利人和国家公诉机关根据案件审理进程适时提出刑事自诉或者国家公诉。如果侵权人承担了相应的民事责任，如赔偿损失、销毁侵权产品或者标识、赔礼道歉等足以对权利人予以救济，并且没有严重危害社会经济秩序和国家利益，则没有必要再由国家公诉机关追究侵权人的刑事责任。而且该类案件起诉时往往侵权行为还在进行，从提供及时有效救济手段的角度看，应当通过诉前禁令制止侵权行为的继续，并通过诉前证据保全来收集和固定证据，而这些措施目前还只能在民事诉讼中采用，单一的刑事诉讼形式还存在制度上的缺失。因此，考虑到知识产权的特殊私权属性，适用"先民后刑"原则有其合理性与必要性，符合此类案件的特点和审判规律。而如本案，就同一事实，刑事裁判在先，民事裁判在后，法官应向被侵权单位释明相关民事问题的解决途径，而不应将损害赔偿等民事诉求与刑事案件一并审理。对于已经为刑事诉讼所肯定的事实应当成为民事诉讼中的免证事实，民事裁判文书应当直接认定这部分事实，无需当事人另行举证。同时，为最大限度地保护被害人的合法权益，刑事诉讼中收集到的证据经民事诉讼当事人申请可作为当事人向法庭提交的证据。

本案中，上诉人苏东岭、陈忠政、何红旭和一审被告人蔡云良以不正当的手段获取、使用权利人的商业秘密，给权利人造成重大损失，其行为已经触犯《刑法》第219条第1款的规定，均已构成侵犯商业秘密罪。宣判后，4名被告人对一审刑事部分没有提出上诉，但对于一审法院在原公诉机关和相关权利人在一审诉讼过程中均未就被告人侵犯商业秘密行为提出附带民事诉讼请求的情况下，直接判决被告人赔偿权利人的经济损失，并将扣押被告人的物品、设备中的非侵权部分和冻结的合同款返还侵权行为受害方的判决形式和结果提出了上诉。二审法院采纳了上诉人的上诉理由，认为扣押的设备等不是违法所得，且并非全部是由侵权行为部分组成，不应适用追缴和返还财产的法律规定，冻结的合同款是博远公司与案外人之间的经济往来款项，不应用刑事判决来调整被告人与案外人之间的民事法律关系，故对一审进行了改判。同时，二审法官也向被侵权单位释明了相关民事问题的解决途径，当事人已向沈阳市中级人民法院民四庭提起民事诉讼，主张自己的权利。本案的审理结果及后续民事问题的处理方式很好地解决了侵权人侵犯商业秘密所引起的一系列问题，实现了法律效果和社会效果的统一，具有很强的指导意义和示范价值。

（二审合议庭成员：于　滢　伍庆功　沈　莹
编写人：辽宁省沈阳市中级人民法院　边　锋）

50. 於博怀非法经营案

阅读提示：通过网络销售假冒他人注册商标的药品，应如何定罪？商标权人委托调查公司从被告人处购买假冒药品，被告人与调查公司的交易行为是否应当受到《刑法》规制？

裁判要旨

通过网络销售假冒他人注册商标药品，存在多重刑事法律关系，涉及多个相关罪名。《最高人民法院、最高人民检察院关于办理生产、销售伪劣商品刑事案件具体应用法律若干问题的解释》第10条规定，"实施生产、销售伪劣商品罪，同时构成侵犯知识产权、非法经营等其他犯罪的，依照处罚较重的规定定罪处罚。"本案被告人於博怀在没有获取《药品经营许可证》的情况下，非法销售假冒"万艾可"药品的行为，不仅侵犯了药品管理制度、侵害了公民的身体健康，也侵犯了我国知识产权保护制度，更破坏了社会主义市场经济秩序，故被告人於博怀的行为应予非法经营罪论处。

本案中，在被告人与调查公司的交易行为中，调查公司符合一般意义上交易行为中的买方角色，也未对被告人实施犯意引诱，被告人具有销售假药牟利的客观行为及主观故意，其行为已经产生刑法上的社会危害性，应当受到刑法规制。

案号

一审：上海市第二中级人民法院（2008）沪二中刑初字第18号

案情与裁判

公诉机关：上海市人民检察院第二分院
被告人：於博怀

一审审理查明

一审法院经审理查明：2006年3月至2007年5月间，被告人於博怀为牟取非法利益，以每粒人民币5元的价格，从辽宁省沈阳市的"许东"处购入假冒的辉瑞公司已注册"万艾可"（"VIRGRA""pfizer"）商标的药片，再以每粒1.2～1.5美元的价格对外销售。辉瑞公司发现被告人在网络上发布销售"万艾可"的信息后，由于该公司并未授权其销售"万艾可"，因此委托调查公司以个人名义与被告人取得联系，询问"万艾可"的价格、运输途径及包装等问题，双方谈妥价格后，调查公司在2006年3～6月间分3次先后从被告人处购得9030粒假冒"万艾可"药片。辉瑞公司在获取上述假冒药片后，委托调查公司对药片成分进行鉴定。2007年4月，公安机关接到报告被告人有销售假冒"万艾可"的行为，侦查人员随即赶赴辉瑞公司进行调查。辉瑞公司向公安机关提供了其委托的调查公司从被告人处购买假冒"万艾可"药片时双方的邮件往来记录、付款凭证、鉴定结论等书面材料。辉瑞公司根据公安机关的要求，同年于5月下旬委托调查公司向被告人以每粒1.2美元的价格购买5 000粒假冒"万艾可"，公安机关对上述整个交易过程全程监控。

2007年6月14日，公安机关对被告人执行拘留。被告人到案后，对其多次销售假冒"万艾可"的行为供认不讳，其以每粒1.2～1.5美元的价格先后4次将上述假冒药品向他人销售，共计14 030粒，销售金额共计人民币13万余元。

具体事实分述如下：

1. 2006年3月27日，被告人於博怀以每粒1.5美元的价格通过DHL的快递方式，向他人销售假冒"万艾可"药片30粒，并通过西联汇款方式收取货款75美元。

2. 2006年5月16日，被告人於博怀以每粒1.5美元的价格通过DHL的快递方式向他人销售假冒"万艾可"药片1 000粒，并通过西联汇款方式收取货款1 521.09美元。

3. 2006年6月16日，被告人於博怀以每粒1.2美元的价格在本市向他人销售假冒"万艾可"药片8 000粒。於博怀当场收取货款人民币36 800元，余款5 000美元通过其在中国银行宁波分行的个人银行卡收取。

4. 2007年5月28日，被告人於博怀以每粒1.2美元的价格在本市向他人销售假冒"万艾可"药片5 000粒，於博怀收取货款6 000美元。

截至案发，被告人於博怀共销售假冒"万艾可"药片4次，计14 030粒，销售金额共计人民币13万余元，非法获利人民币6万余元。

一审判理和结果

一审法院认为：被告人於博怀以电子邮箱为联络工具，以每粒人民币5元的价格从他人处购进假冒"万艾可"，通过快递或者托运获取假冒"万艾可"后，再以每粒1.2～1.5美元不等的价格先后4次销售给他人，从中牟取非法利益，销售金额共计人民币13万余元。被告人於博怀销售假冒"万艾可"的行为，不仅侵犯了药品管理制度、侵害了公民的身体健康，也侵犯了我国知识产权保护制度，更破坏了社会主义市场经济秩序。根据2001年4月《最高人民法院、最高人民检察院关于办理生产、销售伪劣商品刑事案件具体应用法律若干问题的解释》第10条规定，"实施生产、销售伪劣商品罪，同时构成侵犯知识产权、非法经营等其他犯罪的，依照处罚较重的规定定罪处罚。"

综上，法院认为，被告人於博怀在没有获取《药品经营许可证》的情况下，非法销售假冒"万艾可"药品，扰乱市场秩序，情节严重，其行为已构成非法经营罪。公诉机关指控的罪名成立。被告人於博怀认罪态度较好，可酌情从轻处罚。根据被告人於博怀的犯罪事实及社会危害程度等情节，不宜适用缓刑。为维护社会主义市场经济秩序，依照《刑法》第225条第（1）项、第64条，《最高人民法院、最高人民检察院关于办理生产、销售伪劣商品刑事案件具体应用法律若干问题的解释》第10条之规定，以非法经营罪判处被告人於博怀有期徒刑2年，并处罚金人民币15万元；违法所得及扣押的假冒"万艾可"药品予以没收。

判决后，被告人於博怀没有上诉，公诉机关亦未抗诉，判决已生效。

法官评述

本案的审理焦点在于：被告人於博怀销售的是药品这一种特殊商品，又系假冒辉瑞公司已注册商标"万艾可"（英文名"VIRGRA"，又名"万艾可"）药片，且上述"万艾可""VIRGRA"文字和图形均在我国依法注册，因此在认定被告人行为性质时，不但涉及对多种罪名的探讨，更重要的是如何准确地对被告人定罪，另外，被告人於博怀与调查公司的交易行为是否应纳入刑法评价范围。

一、被告人於博怀与调查公司的交易行为是否应纳入刑法评价范围

公诉机关当庭提供了被告人於博怀与调查公司的交易行为并经侦查机关认可的证据，证实被告人的犯罪事实。辩护人认为，调查公司对被告人实施犯意引诱，该证据不能成为定罪依据。

笔者认为：

（一）调查公司符合一般意义上交易行为中的买方角色

从本案中调查公司的行为表现来看，其职责主要是受辉瑞公司委托调查相关情况，与一般的购买假冒"万艾可"的买家不同，其购买行为属于为调查而"购买"假药。从被告人的角度看，其在网络上发布假药信息，"邀请交易"的行为针对的是不特定人，但最终的意图在于与"有意购买者"完成买卖假药的交易行为。无论是本案被告人还是调查公司，都持有一种完成交易的主观愿望，并现实地通过自己的行为相互配合完成交易，因此应当将作为特定"有意购买者"的调查公司作为"买方"看待，至于其购买目的或者动机则不应该成为对其交易主体资格认定的决定因素。

（二）调查公司未对被告人实施犯意引诱

调查公司在本案中给被告人提供的犯罪机会，建立在被告人已经具有明显犯罪意图的前提之下。换言之，调查公司对被告人实施"诱惑"，仅仅是将其可能在其他时间、地点、同其他对象进行交易来完成的犯罪行为改变为在预设的时间、地点通过和调查公司的交易来实施而已。

一方面，作为诱惑对象的被告人於博怀本来就有犯罪意图和倾向，并现实地表现为一定的犯罪预备行为或实施行为，潜在的危险性已经一定程度地外化。被诱惑者於博怀虽然客观上受到一定程度的"诱惑"，但基本上还是在自由意志的支配下自愿实施犯罪行为，整个犯罪活动过程中并未丧失主动性。由此可以得出，该行为仍然是犯罪嫌疑人犯罪意志的体现。

另一方面，调查公司的行为虽具有引诱性，但符合适度性原则，即行为的"诱惑"程度并未超过合理限度。理由是：其一，"手段必要"，本案是具有高度隐蔽性和行为人反侦查性较强的案件，要获得充分的足以认定犯罪成立的证据，必须采取必要的诱惑手段。其二，"诱饵适当"，本案不涉及具有一般认识能力和意志能力的正常人难以抵御的诱惑。调查公司隐瞒自身真实身份同被告人进行交易，并导致被告人实施该种犯罪行为

得到"利益",这种利益本来就是被告人所积极追求的,对被告人而言是顺其自然的交易收益。其三,"行为消极",调查公司的诱惑行为仅仅是消极地为被诱惑者於博怀实施犯罪提供机会或者条件,并未积极动员、鼓动、劝说甚至强迫被告人推进犯罪进程。

虽然调查公司与被告人於博怀的交易不完全等同于一般意义上的买卖交易,但不能简单地因为调查公司作为买方参与交易背后系为调查取证的目的,就以此掩盖被告人行为的实质。因为作为被告人个体来说,其在交易中不可能明知对方就是调查公司,从一般的逻辑看其明知后则不会继续进行交易,同时,要实现售卖假药牟利的目的,客观上只需要买方向其购买假药以及支付货款即可,其并不会特别关注买方的身份。因而,无论是调查公司还是一般的买方,所参与完成的交易行为本质上并不存在区别,都是为被告人所积极主动追求和实施的交易行为。

（三）被告人的客观行为及主观意图充分表征社会危害性

第一,被告人通过网络发布销售假冒"万艾可"信息,并针对不特定的人发送电子邮件宣传这一消息,其发布内容已经包含其销售物品的性质、价格、品种。因此,从被告人发布这种信息的行为可以反映出,其主观上产生销售假药的故意完全系个人自主决定,并非外界因素诱使其产生犯意。

第二,调查公司与被告人之间有关假药交易的数量、单价、运货方式、汇款方式等具体事项,均是被告人主动与调查公司确认,并非调查公司的"引诱",这可以从本案关键证据之一的电子邮件的内容中得以证实。

第三,调查公司和被告人的前后几次交易中,购买假冒"万艾可"的数量不断扩大,从索要样品到要求交易 30 粒、1 000 粒及至 8 000 粒等。值得注意的是,在此过程中被告人通过与调查公司人员的邮件联系及亲身接触,也告知对方其有提供大量"万艾可"的能力,这充分表现出被告人强烈的售卖意愿。

因此,通过以上被告人在与调查公司进行交易中的现实表现,一方面可以反映出被告人有积极实施销售假药的行为,另一方面也真实、充分地体现出其销售假药的犯罪意图。正如被告人到案后的多次供述均证实,其销售假药就是为了能够牟取利益,其清楚贩卖的"万艾可"肯定不是真正的辉瑞公司生产的产品,且存在侵犯专利情形,这充分印证了其对自己实施行为性质的主观认知。因而,综合全案证据能够反映出的是,被告人明知是假冒"万艾可"却予以购进并加价予以销售,从中牟取非法利益,这充分表明了被告人主观恶性的程度。

本案被告人具有销售假药牟利的客观行为及主观故意,其行为已经产生刑法上的社会危害性,应当受到刑法规制。至于本案中被告人的交易对象是身份比较"特殊"的调查公司,这不能作为判断被告人行为性质的因素,更不能作为被告人可以免责的法律条件。

二、关于本案的定性

公诉机关认为,被告人於博怀违反国家规定,在无药品经营资质的情况下,非法销售药品,情节严重,其行为构成非法经营罪,提请依法审判。

被告人於博怀及其辩护人对起诉书指控於博怀的犯罪事实均不表异议。辩护人提出,被告人於博怀系初犯、偶犯,认罪态度较好,请求对其从轻处罚并适用缓刑。

笔者认为：

（一）侧重于行为对象来看，被告人的行为涉嫌销售伪劣产品罪和销售假冒注册商标的商品罪

首先，由于被告人销售的是非合法厂商生产的药品，按照我国《刑法》第141条第2款的规定："本条所称假药，是指依照《药品管理法》的规定属于假药和按假药处理的药品、非药品。"而《药品管理法》第48条规定"依照本法必须检验而未经检验即销售的"药品以假药论处。鉴于以上规定，又结合被告人的主观认知看，其对销售的"万艾可"系"非辉瑞公司生产，而是他人非法生产"是明知的，因此被告人涉嫌构成销售假药罪。同时，从一般意义上看，被告人销售的假冒药品可以归入伪劣产品的范畴，由于销售金额已经达到法定的定罪标准，因此被告人也涉嫌构成销售伪劣产品罪。

我国《刑法》第140条规定的销售伪劣产品罪与第141条规定的销售假药罪是一种法条竞合关系，属于"一个行为同时触犯同一法律的普通条款与特别条款"的情形。但是必须看到，我国《刑法》规定销售假药罪属于危险犯，即生产、销售的假药必须"足以严重危害人体健康"，而如何界定本案中假冒"万艾可"是否"足以危害人体健康"则是难点。根据本案的证据状况，难以作出涉案的假冒"万艾可"具有"有毒性""危险性"的判断。事实上，本案被告人所销售的假冒"万艾可"药片，药理功能上并不假，这也是药检管理部门不做真、假结论的原因所在。因此根据《刑法》第149条的规定，即"生产、销售本节第141条至第148条所列产品，不构成各该条规定的犯罪，但是销售金额在5万元以上的，依照本节第140条的规定定罪处罚"，对被告人应以销售伪劣产品罪论处。

其次，被告人销售的假冒药品是辉瑞公司已注册商标"万艾可""VIRGRA"药片，这又涉及对辉瑞公司相关知识产权的侵犯。一方面，从被告人的主观上看，其无论在销售前还是在销售过程中，对该产品的正规生产厂商、药品的注册商标、药品的市场价格等都明知；另一方面，其销售的假冒"万艾可"片剂，虽然为裸装或者散装，但在片剂的颜色、片剂正反使用的文字、符号等上均与合法生产厂商辉瑞公司使用的完全一样，且销售数额较大。应当看到，辉瑞公司耗费资金、人力等研发出具有相应药理功效的"万艾可"并申请知识产权保护，伴随"万艾可"药片知名度的不断提高和市场热销，"万艾可""VIRGRA"商标的价值也不断提升，而被告人正是利用人们对"万艾可""VIRGRA"商标及商品充分信赖这一点，购入进价低廉但形式上与正品"万艾可"无异的假冒"万艾可"加以销售，因此对其可以销售假冒注册商标的商品罪论处。

（二）侧重于行为方式来看，被告人的行为构成非法经营罪

本案被告人在未经药品监督管理部门批准且未取得《药品经营许可证》的情况下，从他人处购入假冒"万艾可"再向其他人出售，这一行为实质上侵犯了法律、行政法规对药品这一种专营、专卖物品的严格的管理制度，并进而扰乱了药品销售领域的市场经营管理秩序，对此可以非法经营罪论处。

根据以上分析，被告人於博怀的行为构成销售伪劣产品罪、销售假冒注册商标的商品罪以及非法经营罪，其行为不仅侵害了公民身体健康权和他人的知识产权，同时也侵害了国家对药品这一种特殊商品的管理制度和药品市场经营秩序。

根据 2001 年 4 月《最高人民法院、最高人民检察院关于办理生产、销售伪劣商品刑事案件具体应用法律若干问题的解释》第 10 条规定："实施生产、销售伪劣商品罪，同时构成侵犯知识产权、非法经营等其他犯罪的，依照处罚较重的规定定罪处罚。"所谓"处罚较重的规定"，是指在比较法定刑时，根据本案被告人销售金额折合人民币 13 万余元这一事实，确定应当适用的法定刑幅度进行比较，可以看出：对被告人以销售伪劣商品罪定应处以 2 年以下有期徒刑或者拘役、以销售假冒注册商标的商品罪定应处以 3 年以下有期徒刑或者拘役、以非法经营罪定应处以 5 年以下有期徒刑或者拘役。通过以上比较，对被告人以非法经营罪追究刑事责任符合法律规定。

综合全案证据、事实以及相关刑法理论和规定，我们认为以非法经营罪追究被告人於博怀的刑事责任是正确的。

（一审合议庭成员：徐松青　薛振　杨庆堂
编写人：上海市第二中级人民法院　杨庆堂）